Testplanung zur statistischen Prüfung psychologischer Hypothesen

Testplanung zur statistischen Prüfung psychologischer Hypothesen

Die Ableitung von Vorhersagen und die Kontrolle der Determinanten des statistischen Tests

von

Willi Hager

 Hogrefe · Verlag für Psychologie
Göttingen · Bern · Toronto · Seattle

Prof. Dr. rer. nat. Willi Hager, geb. 1950. 1971-1977 Studium der Psychologie in Göttingen. 1978 Promotion. Seit 1977 am Institut für Psychologie der Universität Göttingen tätig. 1990 Habilitation. Schwerpunkte in Lehre und Forschung: Quantitative Methoden, statistische Testtheorien, Evaluationsforschung und Wissenschaftstheorie.

Bibliografische Information Der Deutschen Bibliothek

Die Deutsche Bibliothek verzeichnet diese Publikation in der Deutschen Nationalbibliografie; detaillierte bibliografische Daten sind im Internet über <http://dnb.ddb.de> abrufbar.

© by Hogrefe-Verlag, Göttingen · Bern · Toronto · Seattle 2004
   Rohnsweg 25, D-37085 Göttingen

http://www.hogrefe.de
Aktuelle Informationen · Weitere Titel zum Thema · Ergänzende Materialien

 Das Werk einschließlich aller seiner Teile ist urheberrechtlich geschützt. Jede Verwertung außerhalb der engen Grenzen des Urheberrechtsgesetzes ist ohne Zustimmung des Verlags unzulässig und strafbar. Das gilt insbesondere für Vervielfältigungen, Übersetzungen, Mikroverfilmungen und die Einspeicherung und Verarbeitung in elektronischen Systemen.

Druck: AZ Druck und Datentechnik, 87437 Kempten/ Allgäu
Printed in Germany
Auf säurefreiem Papier gedruckt

ISBN 3-8017-1751-8

Vorwort

Viele psychologische und andere Versuche werden durchgeführt, um einmal zu schauen, was mit einer abhängigen Variablen geschieht, wenn man eine oder mehrere ausgewählte unabhängige Variable/n systematisch variiert, oder ob sich Zusammenhänge zwischen den ausgesuchten Variablen nachweisen lassen. Möglicherweise sind die ausgewählten Variablen einem bestimmten oder einem allgemeinen theoretischen Hintergrund entnommen, möglicherweise aber auch nicht. Selbst wenn die Variablen vor einem bestimmten theoretischen Hintergrund angesiedelt sind, unterzieht man sich vglw. selten der Mühe, aus diesem theoretischen Hintergrund bzw. aus einer diesem Hintergrund zugehörigen Hypothese Vorhersagen abzuleiten und in dem Versuch gezielt zu prüfen. Häufig operiert man dabei mit den in der Forschungspraxis ungemein beliebten „Forschungsfragen", also Fragen der Art, *ob* etwas der Fall ist oder nicht. Im vorliegenden Buch wird ein Schritt weiter gegangen. Denn die vorläufige Antwort auf eine „Forschungsfrage" erhält man stets durch eine inhaltliche - oder fachspezifisch - *psychologische Hypothese*. Jede Hypothese behauptet, *dass* etwas der Fall ist oder nicht. Eine Hypothese kann dabei einer Theorie entstammen oder auch sich aus der verfügbaren Literatur und/oder dem Hintergrundwissen ergeben, oder aber sie stellt nur eine „vorläufig unbegründete Antizipation (oder einen) „Einfall" dar (Popper, 2002, S. 7). Es muss lediglich der Wille vorhanden sein, eine Hypothese zu identifizieren, die auf den zu untersuchenden Phänomenbereich passt, und sie dann empirisch zu prüfen. Der Ausgang dieser Konfrontation einer Hypothese mit der (oft widerborstigen und unkooperativen) Empirie beantwortet die „Forschungsfrage" und lässt gleichzeitig Rückschlüsse über die Bewährung oder Nicht-Bewährung der Hypothese zu.

Jedem psychologischen oder anderen Versuch sollte eine prüfbare psychologische Hypothese vorangestellt werden, und wenn es sich dabei um eine möglichst präzise Hypothese handelt, um so besser. Aber in der Psychologie sind nicht immer die präzisesten Hypothesen auch die interessantesten - eine weniger präzise Hypothese, die aber über eine große theoretische Erklärungskraft verfügt, ist oft vorzuziehen. Häufig sind die Hypothesen wegen des geringen Kenntnisstandes im betrachteten Phänomenbereich recht unpräzise, aber auch derartige Hypothesen eignen sich zur Prüfung an der Empirie.

Hypothesen können von ganz einfacher Struktur sein oder auch von komplexer. Sie verbindet aber, dass sie empirisch prüfbar sind und dass sie an der Empirie scheitern können müssen. Jeder Versuch stellt also eine Frage an die Natur dar, und Theorien und Hypothesen fungieren als vorläufige Antworten auf diese Fragen. Die Ergebnisse des Versuches entscheiden darüber, ob diese vorläufigen Antworten wahrscheinlich richtig oder wahrscheinlich falsch sind. Denn: „Sicheres Wissen ist uns versagt. *Unser Wissen ist ein kritisches Raten; ein Netz von Hypothesen; ein Gewebe von Vermutungen*" (Popper, 2002, S. XXV; Hervorhebung im Orig.). Dabei sollte jede Prüfung *kritisch* erfolgen, denn wie Popper (1974, S. 24) ausführt: „Kritische Vernunft ist besser als Leidenschaft, besonders in Dingen, die mit der Logik zu tun haben. Ich gebe aber gern zu, daß ohne ein gewisses Maß an Leidenschaft nie irgend etwas zustandekommt."

Die Daten aus psychologischen und anderen Versuchen werden in aller Regel mit einem oder mehreren statistischen Verfahren ausgewertet. Eine eigene Analyse von 14 deutschsprachigen psychologischen Zeitschriften aus den Jahren 2001 und 2002 ergab 428 empirische Arbeiten, und in 424 Artikeln davon (99,06%) wurde irgend eine Art der statistischen Auswertung vorgenommen. Meistens werden in diesem Zusammenhang *Signifikanztests* als eine von mehreren grundsätzlich in Frage kommenden alternativen statistischen Vorgehensweisen eingesetzt (in den besagten 428 Artikeln standen 402 Signifikanztests 32 anderen statistischen und qualitativen Auswertungen gegenüber). Die Durchführung von Signifikanztests geschieht dabei i.d.R. mit eigens dafür vorgesehenen Computerprogrammen, die zusammenfassende Kennwerte berechnen, die Tests durchführen und die die statistische Signifikanz des Ergebnisses in sog. p-Werten, den Überschreitungswahrscheinlichkeiten, angeben. Der p-Wert steht für die A-posteriori-Mutmaßlichkeit, ein empirisches Resultat erhalten zu haben, das so extrem oder noch extremer ist als der tatsächliche Wert der Teststatistik, und zwar unter der Annahme der Gültigkeit der getesteten Nullhypothese. Die Überschreitungswahrscheinlichkeit p ist dabei eine monotone Funktion des empirischen Wertes der Teststatistik und der Stichprobengröße n. Ist der p-Wert hinreichend klein, besagt dies lediglich, *dass* ein Effekt aufgetreten ist, aber dessen Größe bleibt unbekannt. Nur dann, wenn man bei gleichen Stichprobenumfängen p-Werte miteinander vergleicht, ist dies auch gleichzeitig ein impliziter Vergleich der Größe von Effekten, also des Ausmaßes eines Zusammenhanges oder eines Unterschiedes. Die Größe oder besser Kleinheit des p-Wertes ist leicht beeinflussbar, indem man den Stichprobenumfang genügend groß wählt, so dass auch die kleinsten Unterschiede zu einem kleinen p-Wert und damit zu statistischer Signifikanz führen (vgl. Hays, 1981, S. 293). Die rasche Verfügbarkeit und die leichte Handhabbarkeit dieser Programme, die zumindest teilweise auch auf dem PC installiert werden können, führt m.E. leider nur allzu häufig dazu, dass nach dem Leitsatz „Analyze first; think afterwards" (Preece, 1982, S. 204) verfahren wird.

Das Signifikanzniveau α, mit dessen numerischen Wert der p-Wert häufig - wenn auch meist implizit - verglichen wird, bezeichnet die bedingte A-priori-Wahrscheinlichkeit dafür, sich fälschlicherweise gegen eine zutreffende Nullhypothese und für die Signifikanz eines empirischen Resultates zu entscheiden, und die Bedingung ist das Zutreffen der Nullhypothese. Man nennt die mit α verbundene falsche Entscheidung einen Fehler 1. Art oder α-Fehler. Neben einem Fehler 1. Art kann man - zumindest in drei der verfügbaren statistischen Testtheorien - auch noch einen Fehler 2. Art oder β-Fehler begehen, d.h. sich für ein insignifikantes Resultat bzw. die Beibehaltung der Nullhypothese entscheiden, obwohl tatsächlich das Resultat statistisch signifikant ist, obwohl also die Nullhypothese nicht zutrifft. Die Komplementärwahrscheinlichkeit zu β heißt 1 − β und wird *Teststärke* (engl. „power") genannt; sie bezeichnet die Wahrscheinlichkeit, zutreffenderweise auf die Signifikanz eines empirischen Resultates zu erkennen, also auf das Nicht-Zutreffen der Nullhypothese. Wenn diese Teststärke 0,10 beträgt, bedeutet dies, dass man sich mit 90%iger Wahrscheinlichkeit fälschlich für die Signifikanz eines Resultates entscheidet. Untrennbar mit der Testärke verbunden ist das Konzept der Effektstärke oder - wie ich es nenne - der *Effektgröße* (engl. „effect size"). Diese bringt das Ausmaß eines Zusammenhanges oder eines Unterschiedes *unabhängig* von der Stichprobengröße zum Ausdruck.

Die Forderung nach der Kontrolle der Teststärke 1 − β und nach der Bestimmung von Effektstärken bzw.-größen ist in den „Richtlinien zur Manuskriptgestaltung" der Deutschen Gesellschaft für Psychologie (DGPs, 1997, S. 31-32) sogar fest verankert, heißt es dort doch:

Statistische *power*: Es ist sicherzustellen, daß der verwendete statistische Hypothesentest genügend *power* aufweist (in bezug auf Alpha-Niveau, Effektstärke und Stichprobengröße, ...), und zwar sowohl in Fällen, in denen z.B. ein Unterschied nachgewiesen werden soll, als auch in Fällen, in denen ein Beibehalten der Nullhypothese als wünschenswert erachtet wird. ... *Effektstärke*: Da die traditionelle statistische Signifikanz von der Stichprobengröße abhängt, sollten auch die entsprechenden Informationen über die Effektstärke des Tests oder die Stärke einer Beziehung berichtet werden. ... (Hervorhebungen im Orig.) [vgl. entsprechend auch die Richtlinien der American Psychological Association (APA), 2001, S. 24-26, sowie auch Wilkinson and the Task Force on Statistical Inference, 1999, S. 596-597].

Dessen ungeachtet wird dieser Teststärke 1 − β in der psychologischen Forschung und der Forschung in anderen Disziplinen nur wenig Beachtung geschenkt, und es werden so gut wie keine Artikel publiziert, in denen diese Forderungen auch umgesetzt werden, wie die oben erwähnte Auszählung ergab. Woran mag das liegen?

Die Bedeutung von β bzw. der Teststärke 1 − β wird zwar in vielen, allerdings beileibe nicht allen Lehrbüchern der Statistik und der Versuchsplanung angesprochen, aber leider bestenfalls am Rande behandelt wird. So war das Thema „Teststärke" in dem weit verbreiteten „Lehrbuch der Statistik" von Bortz bis zur 4. Auflage nur summarisch abgehandelt und hat erst in der 5. Auflage (Bortz, 1999) mehr Aufmerksamkeit erfahren, ohne dass diese ausführlich genannt werden kann - Bortz (1999) gibt neben einer grundsätzlichen Einführung (S. 125-127) nur für einige Tests kurze Tabellen an, die die „optimalen Stichprobenumfänge" für die Kontrolle von β bzw. deren Komplement 1 − β enthalten. Allerdings ist sein gemeinsam mit N. Döring verfasstes Werk „Forschungsmethoden und Evaluation" (Bortz & Döring, 1995, S. 566-588) in dieser Hinsicht etwas ausführlicher, weil in ihm - wenn auch in sehr kurzer Form - die Planung für zahlreiche häufig angewendete statistische Tests angesprochen wird. Die Lehrbücher von A. Aron und E.N. Aron (2003), von Jaccard und

Becker (2002), von Keppel (1991), von Marascuilo und Serlin (1988, S. 739-751) sowie von Wilcox (1987a) enthalten die umfangreichsten mir bekannten Behandlungen des Themas. Winer, D.R. Brown und Michels (1991) diskutieren die Teststärke anhand des F-Tests und geben Graphen zur Teststärkebestimmung für Varianzanalysen (S. 983-984). Kirk (1995) verfährt ähnlich und gibt ebenfalls Graphen für die Teststärkenanalyse für einige, aber nicht für alle von ihm behandelten Varianzanalysen an (S. 816-823); vgl. auch die kurze Behandlung der Teststärkenanalyse bei Hays (1988, 1994). Insgesamt wird die Durchführung der Kontrolle der Teststärke für so wenige statistische Tests behandelt, dass es dem Nicht-Spezialisten/der Nicht-Spezialistin auf diesem Gebiet faktisch unmöglich ist, selbst die Berechnungen zur Kontrolle der Teststärke durchzuführen - es sei denn, er/sie operiert mit t- und F-Tests, für die die Kontrolle der Teststärke in jedem der angesprochenen Bücher behandelt wird oder mit einem der entsprechenden Computerprogramme. - Anstelle der Darstellung von konkreten Maßnahmen zur gezielten Kontrolle der Teststärke wird in vielen Lehrbüchern empfohlen, das Signifikanzniveau α zu vergrößern, wenn der Teststärke eine besondere Bedeutung zukommt (bspw. Bortz, 1999, S. 275).

Trotz der Knappheit der Darstellung der Teststärkenanalyse in Lehrbüchern wird in der überwiegenden Mehrheit der einschlägigen Fachliteratur jedoch die Meinung zum Ausdruck gebracht, dass - wenn man sich des statistischen Tests bedient - nicht nur das Signifikanzniveau α zu kontrollieren und auf einen möglichst niedrigen Wert festzulegen ist, und zwar bereits vor dem Versuch, sondern auch die Fehlerwahrscheinlichkeit β, denn: „Low power is poor science" (Keppel, 1991, S. 73).

Bei drei der verfügbaren statistischen Testtheorien, nämlich der von J. Neyman und E.S. Pearson, der von A. Wald sowie bei den Likelihood-Quotienten-Tests, hängt der Ausgang eines statistischen Tests von vier Determinanten ab, und zwar von der Stichprobengröße n (oder N), vom Signifikanzniveau α, vom Ausmaß an systematischen Unterschieden oder des Zusammenhanges zwischen unabhängiger und abhängiger Variable, hier Effektgröße genannt, und von der Teststärke $1 - \beta$. Diese vier Determinanten des statistischen Tests stehen in einer monotonen Beziehung zueinander. Wenn man diese Beziehung dazu nutzt, um nicht nur die bedingte Fehlerwahrscheinlichkeit α zu kontrollieren und auf einen kleinen Wert zu bringen, sondern auch die bedingte Fehlerwahrscheinlichkeit β, spricht man üblicherweise von *Teststärkenanalyse*. Ich bevorzuge den allgemeineren und von R. Westermann vorgeschlagenen Begriff **Testplanung** (Westermann, 2000, S. 287; vgl. auch Hager, 1987, S. 213), d.h. die Planung von statistischen Tests vor dem Versuch derart, dass die Werte der vier Determinanten zu einem den verfügbaren Ressourcen entsprechenden Ausgleich gebracht werden. Diese Planung ist allerdings noch nicht für alle verfügbaren statistischen Tests möglich, aber doch für eine größere Vielzahl, als in einschlägigen Literatur behandelt wird, und ich habe mich bemüht, jeden mir bekannten statistischen Test, für den die Kontrolle der Teststärke beim derzeitigen Kenntnisstand möglich ist, in das vorliegende Buch aufzunehmen - allerdings mit einigen Ausnahmen, bei denen ich auf relativ leicht zugängliche Literatur verweise.

Insgesamt gliedert sich das Buch in folgende Teile: In den Kapiteln 1 bis 4 finden sich zunächst Ausführungen zu verschiedenen Arten von psychologischen Hypothesen und zu Theoriebegriffen, da psychologische Hypothesen häufig einer Theorie entstammen. Es wird dann eine Unterscheidung zwischen fünf Betrachtungsebenen eingeführt, nämlich der der psychologischen Theorie, der der psychologischen Hypothese, der der psychologischen Vorhersage, der der statistischen Vorhersage und der der statistischen Tests und testbaren Hypothesen. In diesem Zusammenhang wird etwas ausführlicher auf „den" statistischen Test als Hilfsmittel zur Prüfung psychologischer Hypothesen eingegangen. Dann wird an einigen Beispielen demonstriert, wie psychologische Vorhersagen, statistische Vorhersagen und testbare statistische Hypothesen aus einer psychologischen Hypothese abgeleitet werden können. Diese Ableitung erfolgt dabei nur „in rather loose sense of derive" (Meehl, 1967, S. 104), wird aber durch die Zusatzspezifikationen der Adäquatheit und der Erschöpfendheit, die beide zusammen die Ableitungsvalidität ausmachen, verschärft. Die Ableitung kommt einer logischen Deduktion nahe, wird aber nicht als strikt logische Deduktion begriffen, weil bei ihr zu viele Hilfshypothesen eine entscheidende Rolle spielen. Dann wird die Bedeutung der Ausgänge von statistischen Tests und den Effektgrößen für die Entscheidung über die psychologische Vorhersage und die psychologische Hypothese diskutiert.

Der zweite Teil des Buches beginnt mit einer näheren Erläuterung des Begriffes „Testplanung", und es werden drei Strategien der Testplanung eingeführt und am Beispiel des t-Tests ausführlich demonstriert (Kap. 5). Im folgenden Kapitel 6 werden diese Testplanungsstrategien auf Varianzanalysen und auf die einfaktorielle Kovarianzanalyse angewendet. Das darauf folgende Kapitel 7 befasst sich etwas ausführlicher mit dem Begriff des Kontrastes und der Methode der a priori geplanten Kontraste und Vergleiche, mit der Kumulation der statistischen Fehlerwahrscheinlichkeiten α und β und mit einigen Zusammenhängen zwischen verschiedenen Effektgrößen. Die Kapitel 8 und 9 sind der Planung von Tests über Kontraste und über Vergleiche in ein- und mehrfaktoriellen Versuchsplänen gewidmet. Dabei wird in Abschnitt 9.6 auch die Planung von Tests in formal multivariaten Plänen behandelt. Den Kapiteln 5 und 6 sowie 8 und 9 ist dabei gemeinsam, dass die Testung von Hypothesen über Mittelwerte mittels der klassischen parametrischen t- und über F-Tests behandelt wird. Im Kapitel 11 wird die Planung von Tests über unabhängige Varianzen dargestellt, im Kapitel 12 die für Korrelationshypothesen, in Kapitel 13 die für Ranghypothesen und in Kapitel 14 die für Hypothesen über Wahrscheinlichkeiten einschließlich von Hypothesen über Kontingenztafeln.

Das Kapitel 10 befasst sich mit einigen multivariaten Verfahren, für die allerdings keine Testplanungsvorschläge unterbreitet werden, weil sich multivariate Verfahren kaum zur Prüfung psychologischer Hypothesen eignen, denn sie testen gegen ungemein unspezifische Alternativhypothesen, die keinen prüfenswerten psychologischen Hypothesen entsprechen. In allen empirischen Situationen, in denen man multivariate Auswertungen meint anwenden zu müssen, gelangt man mit sorgfältig abgeleiteten

Vorhersagen und gezielt geplanten univariaten statistischen Tests zu wesentlich einfacher durchführbaren und vor allem viel einfacher zu interpretierenden statistischen Auswertungen. Multivariate Verfahren zeigen an, dass jemand sucht, aber nicht so genau weiß, wonach, während sorgfältig geplante univariate Methoden anzeigen, dass jemand sucht, aber genau weiß, wonach - Wissenschaft und Forschung ist immer auch Suche.

Der Witz ist, *daß wir stets etwas Besonderes finden, wenn wir nicht nach etwas Bestimmtem suchen*. Irgendwelche Muster entstehen letztlich immer. ... Interessant sind sie nur, wenn eine Theorie sie vorhergesagt hat. Deshalb gehört es zum Standard wissenschaftlicher Studien, daß erst das Untersuchungsziel und die Hypothese angegeben werden müssen und *dann* die Daten erhoben werden. Wer aber nach *irgendwelchen Mustern* in Datensammlungen sucht und *anschließend* seine Theorien bildet, schießt sozusagen auf die weiße Scheibe und malt danach Kreise um das Einschußloch. (von Randow, 2002, S. 94, Hervorhebungen im Orig.; vgl. auch Huber, 2000, S. 56-57, und dabei besonders den Cartoon auf S. 57).

Abgeschlossen wird das Buch mit einem Nachwort (Kap. 15), dem ein Anhang folgt mit Tabellen zur Planung und Auswertung der Tests, die im Verlaufe des Buches behandelt wurden.

Für eine Reihe von Tests stehen verschiedenartige Zugänge zur Testplanung zur Verfügung. Ich habe die jeweils einfachste Zugangsweise gewählt, und diese besteht bei den meisten Tests in der Benutzung der weithin tabellierten Standard-Normalverteilung, denn diese approximiert schon bei moderatem n diskrete Daten auf Nominalskalenniveau ebenso gut wie bspw. die kontinuierlichen t-Verteilungen. Außerdem hat die Benutzung der Standard-Normalverteilung den Vorteil, dass stets einfache Testplanungsformeln resultieren. Lediglich für JxK-Kontingenztafeln mit mehr als einem Zählerfreiheitsgrad, die mittels χ^2-Tests ausgewertet werden, für den Varianz-Test über die F-Verteilungen und für die F-Tests der Varianz- und Kovarianzanalysen sind gesonderte Tabellen notwendig, die aber diesem Buch als Anhang beigefügt sind. Auch die zum Gebrauch dieser Tabellen benötigten Formeln sind denkbar einfach. Es sollte daher jedem/r Versuchsleiter/in (VL) möglich sein, für seinen/ihren Versuch selbst eine Teststärkenanalyse oder Testplanung durchzuführen. Dabei kann man sich auch eines der recht zahlreichen Computerprogramme bedienen, das die Berechnung durchführt, nachdem festgelegt worden ist, über welche Größen diese Berechnungen zu erfolgen haben. Etliche dieser Programme sind am Schluss des Kapitels 5 aufgeführt.

Für jeden Test wird das Vorgehen bei der Testplanung an mindestens einem Beispiel besprochen, und insgesamt wird die Testplanung für die Prüfung von 101 verschiedenen psychologischen Hypothesen demonstriert, und zwar aus den Bereichen der allgemeinen kognitiven Psychologie, der Entwicklungspsychologie, der Sozialpsychologie, der Pädagogischen Psychologie, der Klinischen Psychologie und der psychologischen Diagnostik einschließlich etlicher Hypothesen aus dem Bereich der

Evaluation, also der empirischen Prüfung der Wirksamkeit psychologischer Interventionsmaßnahmen. Ich habe in jedem Fall eine Lösung für die Testplanungsprobleme vorgeschlagen, und es steht jeder/m VL frei, in seinen Versuchen eigene Lösungen zu entwickeln - es gibt dafür kein Patentrezept. Die Hypothesen entstammen einer über mehrere Jahre erfolgten Sammlung von etwa 250 Hypothesen aus den verschiedensten Bereichen der Psychologie. Sichtet man diese Hypothesen, so stellt man rasch fest, dass sie sich bzgl. ihrer Beziehungsbehauptung/en in eine überschaubare Menge von verschiedenen *Aussageformen* kategorisieren lassen. Das heißt, dass die Hypothesen einer Kategorie die Art der Beziehungsbehauptung gemeinsam haben, dass diese Beziehungsbehauptungen aber in Abhängigkeit vom gerade betrachteten Phänomenbereich ganz verschiedene Begrifflichkeiten, Konstrukte und Variablen betreffen. Dabei ist die Anzahl der Hypothesenkategorien weitaus geringer als 101. Um nicht laufend neue Begrifflichkeiten einführen zu müssen, habe ich eine Vielzahl von Hypothesentypen auf die Begrifflichkeiten einer psychologischen Theorie umformuliert, nämlich der bereits etwas älteren Dualen-Kode-Theorie von A. Paivio (1971, 1986). Diese Theorie hat vor anderen ebenfalls in Frage kommenden Kandidatinnen den Vorteil, dass ihre Kernaussage und ihre Begrifflichkeiten ohne besondere Vorkenntnisse nachvollziehbar sind.

Daneben wird noch eine ganze Reihe von Hypothesen aus den verschiedensten Bereichen der Psychologie behandelt, die nicht vor dem Hintergrund einer Theorie angesiedelt sind, sondern die für sich stehen. Ich habe dabei die Hypothesen aus der Sammlung so umformuliert, dass sie ebenfalls ohne große Vorkenntnisse nachvollziehbar und dabei typisch sind, d.h. dass auch sie Hypothesentypen darstellen. Einige Hypothesenbeispiele wurden auch einschlägigen Lehrbüchern der Statistik oder der Versuchsplanung entnommen. - Für jede behandelte psychologische Hypothese wird die Ableitung von Vorhersagen demonstriert.

Die zu prüfenden psychologischen Hypothesen wurden über das Buch hinweg von 1 bis 101 durchnummeriert, aber die fortlaufende Zählung der zur Prüfung der psychologischen Hypothesen aufgestellten statistischen Hypothesen beginnt in jedem Kapitel neu. Dabei werden einige psychologische Hypothesen mehrfach aufgegriffen, vor allem um aufzuzeigen, dass bestimmte Vorgehensweisen bei der Prüfung zwar nahe liegen, aber nicht zwingend sind, dass also der/die VL durchaus selbst zwischen den Alternativen entscheiden kann.

Die Planung eines psychologischen oder anderen Versuches unter Einschluss der Kontrolle der genannten vier Determinanten des statistischen Tests macht allerdings in vielen Fällen ein Umdenken erforderlich, wobei das Motto von Preece (1982, S. 204; s.o.) umgekehrt wird: „Think first; analyze afterwards". Ein Umdenken ist auch erforderlich in Anbetracht der Tatsache, dass die Fehlerwarscheinlichkeiten α *und* β beide kumulieren können und dass sie daher adjustiert werden sollten. Angesichts der typischerweise begrenzten Ressourcen für psychologische Versuche führt diese Adjustierung dazu, dass man die konventionelle Grenze von $\alpha = 0{,}05$ in sehr vielen Fällen überschreiten *muss*, will man nicht unrealistisch große Effekte nachweisen.

Wenn man sich das Buch erarbeitet, empfiehlt es sich beim ersten Lesen sicherlich, die zahlreichen eingestreuten Beispiele nur zu überfliegen oder ganz und gar außen vor zu lassen. Es reicht aus, wenn man sich über die in dem Beispiel zu prüfende Hypothese informiert; die Details der Ableitung der Vorhersagen, der Testplanung und der Hypothesenentscheidung schlägt man dann bei Bedarf nach. Insgesamt eignet sich das Buch besonders für die praktische Arbeit in Forschungskontexten, kann aber auch in Lehrveranstaltungen im Bereich der Methodenlehre eingesetzt werden, wie ich es selbst jahrelang mit Teilen des Buches getan habe. Wegen der Vielzahl von behandelten Hypothesen und Beispielen kann und sollte das vorliegende Buch auch als Nachschlagewerk gute Dienste leisten.

Das Buch wendet sich an alle empirisch arbeitenden Psycholog/inn/en und Studierende der Psychologie und an Fachkolleg/inn/en aus Nachbardisziplinen. Zwar habe ich mich in dem Buch nur auf psychologische Hypothesen bezogen, aber die Struktur von Hypothesen in Nachbardisziplinen unterscheidet sich kaum nennenswert von der Struktur psychologischer Hypothesen. In der Psychologie und in anderen Sozial- und Verhaltenswissenschaften hat man es mit extrem komplizierten Phänomenen, Prozessen, Sachverhalten, Ereignissen usw. zu tun (vgl. auch Hempel, 1991, S. 299), aber die Theorien und Hypothesen, so komplex sie auch sein mögen, sind - gemessen an der Komplexität der Sachverhalte und Prozesse - von bestechender Einfachheit, weil sie sich immer nur auf einen winzigen Ausschnitt der komplexen Gegenstände beziehen. Dennoch sind alle Arten von Theorien und Hypothesen hilfreich, weil sie unsere Forschung leiten können, so dass interpretierbare Befunde zustande kommen, die unser Wissen über die komplexen Gegenstände ein wenig vergrößern können.

Das vorliegende Buch entstand aus verschiedenen Skripten, die ich in den Lehrveranstaltungen „Quantitative Methoden 1 und 2" über mehrere Jahre verwendet habe. Ich danke den Studierenden für ihre Kritik und Verbesserungsvorschläge an den Skripten, die in das vorliegende Buch eingeflossen sind. Ferner danke ich Frau Angela Henschel, Frau Vivien Kurtz und dem Lektorat des Hogrefe-Verlages, vor allem Frau Dipl.-Psych. Karen Fries und Frau Dipl.-Psych. Susanne Weidinger, für das kritische und konstruktive, vor allem aber geduldige Korrekturlesen. Selbstverständlich gehen alle noch verbleibenden Fehler zu meinen Lasten. Des Weiteren danke ich Herrn Dr. Michael Vogtmeier vom Hogrefe-Verlag, der das Zustandekommen des vorliegenden Buches mit steter Hilfsbereitschaft und Ansprechbarkeit entschieden erleichtert hat (auch wenn es ihm zu lang ist). Meiner Frau danke ich besonders dafür, dass sie es klaglos ertragen hat, wenn ich zu den unmöglichsten Zeiten meinen Arbeitsplatz aufgesucht habe, um an dem vorliegenden Buch zu werkeln. Ich habe mich viele Jahre mit dem Thema befasst und fand es einfach an der Zeit, meine Erfahrungen mit der Prüfung von psychologischen Hypothesen und der in diesem Zusammenhang durchzuführenden Testplanung in Buchform zusammenzutragen - ich hoffe, zum Gewinn der Leserin und des Lesers.

Göttingen, im Oktober 2003   Willi Hager

Inhaltsverzeichnis

1.	**Einleitung**	19
2.	**Fünf Betrachtungsebenen**	22
2.1	Ebene der psychologischen Theorie (PT)	22
2.2	Ebene der psychologischen Hypothese (PH)	34
2.3	Ebene der psychologischen Vorhersage (PV)	39
2.4	Ebene der statistischen Vorhersage (SV)	52
2.5	Ebene der testbaren statistischen Hypothesen und der statistischen Tests (ST)	72
2.6	Ableitungsvalidität	78
3.	**Ableitungen**	82
4.	**Entscheidungen**	90
5.	**Die Testplanungsstrategien am Beispiel von t-Tests**	99
5.1	A-priori-Festlegung der Determinanten des statistischen Tests	99
5.2	Die drei Testplanungsstrategien (TPS)	111
5.3	Testplanung mit Strategie TPS 1 beim Zwei-Stichproben-t-Test	119
5.4	Testplanung mit Strategie TPS 2 beim Zwei-Stichproben-t-Test	124
5.5	Testplanung mit Strategie TPS 3 beim Zwei-Stichproben-t-Test	127
5.6	Testplanung für weitere t-Tests	131
5.6.1	Testplanung für t-Tests bei abhängigen Daten (wiederholte Messungen und parallelisierte Paare)	131
5.6.2	Testplanung beim Ein-Stichproben-t-Test	137
6.	**Testplanung für Hypothesen der ein- und der zweifaktoriellen Varianzanalyse und der einfaktoriellen Kovarianzanalyse**	141
6.1	Modelle der Varianzanalyse	142
6.2	Hypothesen der einfaktoriellen Varianzanalyse	143
6.3	Hypothesen der zweifaktoriellen Varianzanalyse	150
6.4	Hypothesen der einfaktoriellen Messwiederholungsvarianzanalyse und bei randomisierten Blöcken	164
6.5	Hypothesen der einfaktoriellen Kovarianzanalyse	173
7.	**Kontraste, Fehlerkumulation und Effektgrößen**	183
7.1	Kontraste, Kontrastkoeffizienten und Orthogonalität	183
7.2	Die Kumulation der statistischen Fehlerwahrscheinlichkeiten und ihre Adjustierung	192

7.3	Korrelationen, Partialkorrelationen und standardisierte Mittelwertsabstände als Effektmaße	205
8.	**Testplanung für Mittelwertshypothesen in einfaktoriellen Versuchsplänen**	**211**
8.1	Hypothesen über Mittelwerte in unabhängigen Stichproben	211
8.2	Hypothesen über Mittelwerte in abhängigen Stichproben (intraindividuelle Bedingungsvariation und randomisierte Blöcke)	228
8.3	Hypothesen über adjustierte Mittelwerte bei der Kovarianzanalyse	231
8.4	Hypothesen über Mittelwerte bei quantitativen Trends	236
9.	**Testplanung für Mittelwertshypothesen in zweifaktoriellen Versuchsplänen**	**258**
9.1	Prüfinstanzen und statistische Interaktion	258
9.2	Hypothesen über Mittelwerte bei unabhängigen Stichproben	263
9.3	Hypothesen über Mittelwerte bei quantitativen Trends	303
9.4	Hypothesen über Mittelwerte bei abhängigen Stichproben	308
9.5	Hypothesen über Mittelwerte im Vortest-Nachtest-Plan und bei mehreren abhängigen Variablen	314
9.6	Hypothesen über Mittelwerte im dreifaktoriellen Versuchsplan	345
9.7	Anmerkungen zu Simultanprüfungen konkurrierender psychologischer Hypothesen	356
10.	**Anmerkungen zu Vorgehensweisen bei mehreren abhängigen Variablen**	**358**
10.1	Multivariate Hypothesen und Testkriterien	358
10.2	Vorteile und Nachteile multivariater Verfahren	363
10.3	Echte und scheinbare multivariate Hypothesen	366
10.4	Andere multivariate Verfahren	371
11.	**Testplanung für Hypothesen über unabhängige Varianzen**	**374**
12.	**Testplanung für Korrelationshypothesen**	**379**
12.1	Hypothesen über einen Korrelationskoeffizienten	380
12.2	Hypothesen über zwei und mehrere unabhängige Korrelationen	394
12.2.1	Hypothesen über zwei unabhängige Korrelationen	394
12.2.2	Hypothesen über mehrere unabhängige Korrelationen	397
12.3	Hypothesen darüber, dass eine Korrelation ρ gleich einer Korrelation $\rho_c \neq 0$ ist	401
12.4	Hypothesen über zwei abhängige Korrelationen	409
12.5	Hypothesen über Rangkorrelationen	413

Inhaltsverzeichnis 15

13.	**Testplanung für Ranghypothesen**	419
13.1	Ranghypothesen im Zwei-Stichproben-Fall	421
13.2	Globale Ranghypothesen im Mehr-Stichproben-Fall	429
13.3	Ranghypothesen über Kontraste im Mehr-Stichproben-Fall	436
13.4	Ranghypothesen über Kontraste in zweifaktoriellen Versuchsplänen	443

14. Testplanung für Hypothesen über Wahrscheinlichkeiten und über JxK-Kontingenztafeln 454

14.1 Hypothesen über eine, zwei und mehrere Wahrscheinlichkeiten 456
14.1.1 Hypothesen über eine Wahrscheinlichkeit 456
14.1.2 Hypothesen über zwei Wahrscheinlichkeiten
aus unabhängigen Stichproben 459
14.1.3 Hypothesen über mehrere Wahrscheinlichkeiten
aus unabhängigen Stichproben 463
14.1.4 Die Hypothese, dass eine Wahrscheinlichkeit $\pi = \pi_c$ 470
14.2 Hypothesen über unabhängige Wahrscheinlichkeiten
bei wiederholten Messungen 472
14.2.1 Hypothesen über zwei unabhängige Wahrscheinlichkeiten
bei wiederholten Messungen 472
14.2.2 Hypothesen über vier unabhängige Wahrscheinlichkeiten
bei wiederholten Messungen 476
14.2.3 Hypothesen über mehrere unabhängige Wahrscheinlichkeiten
bei wiederholten Messungen 479
14.3 Hypothesen über unabhängige Wahrscheinlichkeiten
in JxK-Kontingenztafeln 484
14.4 Hypothesen über die Güte der Anpassung einer empirischen
Verteilung von Daten an eine theoretische Verteilung 506

15. Nachwort 512

16. Anhang: Tabellen zur Testplanung und zur Signifikanzentscheidung 527

Tabelle A.1: z-Werte, Flächen und Ordinaten der
Standard-Normalverteilung 528
Tabelle A.2: Ausgewählte Werte der nonzentralen χ^2-Verteilungen 534
Tabelle A.3: Ausgewählte Werte der nonzentralen F-Verteilungen 539
Tabelle A.4: Ausgewählte Werte für die Planung von Tests über
Rangkorrelationen und unabhängige Varianzen 544
Tabelle A.5: Kritische Werte der zentralen t-Verteilungen 548
Tabelle A.6: Kritische Werte für die Pearson-Korrelation r, die
punkt-biseriale Korrelation r_{pbis} sowie für die
Rangkorrelation r_S 551

Tabelle A.7: Kritische Werte der zentralen χ^2-Verteilungen 554
Tabelle A.8. Kritische Werte der zentralen F-Verteilungen 556
Tabelle A.9: Arcus-sinus-Transformationen 578
Tabelle A.10: Orthogonale Polynomialkoeffizienten 580
Tabelle A.11: Summe der quadrierten Polynomialkoeffizienten 581

Literaturverzeichnis 582

Personenverzeichnis 605

Stichwortverzeichnis 612

„In research, it is better to ask,
‚What is the best way to test my hypothesis?'
rather than
‚Which statistical test is appropriate for this data?'"

(Gonzalez, 1994, S. 326)

„As in all of statistical inference, subjective judgment cannot be avoided. Neither can reasonableness! There are no general rules or set of criteria for being reasonable."

(Huberty & Morris, 1988, S. 573)

„The stubborn failure by researchers to consider power is a bit shocking."

(A. Aron & E.N. Aron, 2003, S. 279)

1. Einleitung

Die moderne Psychologie versteht sich als empirische oder Erfahrungswissenschaft, die vor allem drei **Ziele** verfolgt: die **Erklärung**, die **Beschreibung** und die **Vorhersage** von psychischen Phänomenen, Prozessen, Sachverhalten usw., die zu ihrem Gegenstandsbereich gehören. Zum Gegenstandsbereich der Psychologie gehört alles, was Psycholog/inn/en der Erforschung für Wert halten. Diese Forscher/innen stellen Fragen an den Menschen und die Natur, etwa in der Form: „Was ist der Fall?" „Ist ein psychischer Sachverhalt so und nicht anders?" „Warum ist ein psychischer Sachverhalt so und nicht anders?" „Warum verläuft ein psychischer Prozess so und nicht anders?" „Unter welchen Randbedingungen tritt ein psychisches Phänomen auf?" „Wie verändert sich das psychische Erleben und Verhalten, wenn man eine psychologische Interventionsmaßnahme als Treatment (Behandlung) einsetzt?" usw. Die ersten beiden Fragen können durch eine genaue wissenschaftliche Beobachtung und Beschreibung eines Phänomens beantwortet werden, während die „Warum"-Fragen auf eine theoretische Erklärung eines psychischen Phänomens hinauslaufen. Wenn ein psychischer Sachverhalt erklärt werden kann, dann kann man auch Vorhersagen über ihn treffen. Als vorläufige Antworten auf diese Fragen werden Theorien und Hypothesen erdacht bzw. ersonnen, die von ganz verschiedener Form sein können (vgl. Hussy & Jain, 2002; Hussy & Möller, 1994). Hypothesen können in den größeren Zusammenhang einer Theorie eingebettet sein, müssen es aber nicht.

Jedem psychologischen Versuch sollte irgendeine für den zu untersuchenden Phänomenbereich geeignet erscheindende psychologische Theorie oder - wenn eine solche nicht verfügbar ist - zumindest irgend eine psychologische Hypothese als vorläufige Antwort auf die Fragen vorangestellt werden, zu deren empirischer Prüfung der Versuch dienen kann. Ohne vorangestellte psychologische Hypothese ist kein Versuch vernünftig planbar, d.h. die Planung eines psychologischen Versuches muss immer auf ein Ziel hin erfolgen, und das im vorliegenden Buch gewählte **Ziel der empirisch-psychologischen Forschung ist die Prüfung von psychologischen Hypothesen und ggf. von Theorien**, die zur theoretischen Erklärung oder zur Beschreibung oder zur Vorhersage dienen können:

> The experimental *problem* must come first in planning, and not the requirements of some particular form of analysis, even though, ideally, both should be considered together from the outset. If it should come to a choice between preserving the essential character of the experimental problem, or using a relatively elegant technique such as analysis of variance, then the problem should come first. (Hays, 1981, S. 369)

Gegen den hypothesenprüfenden Ansatz wird oft ins Feld geführt, dass man sich dann nicht mehr vor den Daten „überraschen" lassen kann. Doch ist dieses Argument verfehlt, denn natürlich sollen die Daten auch bei der Prüfung psychologischer Hypothesen genau inspiziert werden, um Auffälligkeiten entdecken zu können oder auch „Überraschungen". Dazu kann der/die VL neben den für die Hypothesenprüfung notwendigen so viele weitere Auswertungen durchführen, wie ihr oder ihm opportun erscheint, um weiteren Aufschluss über das Datenmuster zu erhalten. Auch wird argumentiert, dass die „Vorweg-Planung einzelner Vergleiche" die Entscheidungs- und Handlungsfreiheit des/der VL allzu oft allzu sehr einschränke (vgl. etwa Edwards, 1971, S. 174). Die Hypothesenprüfung engt weder die Entscheidungs- noch die Handlungsfreiheit des/der VL ein, denn sie müssen nicht nur eine „passende" Theorie oder Hypothese auswählen, sondern zu deren adäquater Prüfung auch eine ganze Reihe von Entscheidungen treffen und Handlungen vollziehen, die in ihr eigenes Ermessen fallen. Die verfügbare Handlungs- und Entscheidungsfreiheit sollte allerdings auch dazu genutzt werden, sich bereits *vor* der Datenerhebung zu überlegen, was man *nach* der Datenerhebung zu welchen Bedingungen mehr wissen möchte.

Man kann auch argumentieren, dass psychologischen Versuchen explizite Hypothesen vorangestellt werden sollten, weil all unsere Beobachtungen „theoriegetränkt" sind, und psychologische Theorien und Hypothesen stellen eine Möglichkeit dar, diese Tatsache, auf die neben Popper (2000, 2002) u.a. auch Hanson (1958), Lakatos (1974a) und Kuhn (1979) mit Nachdruck hingewiesen haben, in Rechnung zu stellen. Obwohl die Theoriegetränktheit unserer Beobachtungen oft negiert oder in ihren Folgen missachtet wird, haben gerade Psychologen mit ihrem Forschungsprogramm über die „nicht-sinnlichen Bedingungen des Wahrnehmens" bzw. die „Hypothesentheorie der Wahrnehmung" (vgl. zusammenfassend Graumann, 1974; Gregory, 1971, 1974; Heckhausen, 1989; Neisser, 1974; Stadler, Seeger & Raeithel, 1975) überzeugende *empirische* Belege für die Theoriegetränktheit all unserer Beobachtungen beigebracht. Zumindest im Bereich der Wahrnehmungs- und der Sozialpsychologie wird dieses Phänomen anerkannt, aber Gregory (1971, S. 30) stellt fest, dass die sich daraus ergebende Sichtweise „has never been popular among psychologists". Denn diese Befunde zur nicht-sensorischen Bedingtheit der Wahrnehmung führen mehr oder weniger direkt dazu, die weit verbreitete und für das Selbstverständnis der Wissenschaftler/innen offensichtlich unverzichtbare Auffassung von der Objektivität im Sinne der Vorurteilsfreiheit als zwar nützliche, aber dennoch kaum substanziierbare Fiktion zu entlarven (vgl. Howard, 1985; McClelland, 1985; Siegel, 1985; M. Weber, 1991).

Psychologische Theorien werden über aus ihnen abgeleitete psychologische Hypothesen geprüft, aus denen wiederum psychologische Vorhersagen abgeleitet werden, die sich im Gegensatz zu den psychologischen Theorien und Hypothesen stets auf eine konkrete und genau beschreibbare Versuchssituation beziehen. Zu den aus einer psychologischen Hypothese abgeleiteten Vorhersagen gehören üblicherweise auch statistische Hypothesen, die mittels statistischer Verfahren getestet werden.

Einleitung

Um psychologische Theorien und Hypothesen statistisch prüfen zu können, ist es unabdingbar, die statistischen Fehlerwahrscheinlichkeiten α und β zu kontrollieren und möglichst gering zu halten. Dies geschieht mittels **Teststärkenanalyse** oder mittels **Testplanung**. bzw. einem Spezialfall der Testplanung, nämlich der *Stichprobengrößenbestimmung*. Es gibt m.W. sieben Bücher, die sich vorrangig oder ausschließlich mit diesem Thema befassen, und zwar Bredenkamp (1980), J. Cohen (1988), J. Cohen und P. Cohen (1983), Kraemer und Thiemann (1987), Lipsey (1990), Mace (1964) sowie Murphy und Myors (1998). Dabei bezieht sich Lipsey auf die Ermittlung der Teststärke bei Untersuchungen zur Wirksamkeit von psychologischen Interventionsmaßnahmen. In dem Buch von Kraemer und Thiemann (1987) fehlen jegliche Hinweise auf die Herkunft der benutzten Formeln, und für etliche Fälle, z.B. die **Varianzanalyse** (Kraemer & Thiemann, 1987, S. 49-52), ist die Behandlung der Stichprobengrößenbestimmung praktisch ohne Wert. Bredenkamp behandelt in seinem Buch (1980) vor allem die Stichprobengrößenbesimmung für die globalen Tests von uni- und multivariate Analysen auf der Grundlage der **multiplen Regression**, aber auch die Planung von Rangtests. J. Cohen und P. Cohen (1983) beziehen sich ebenfalls auf die **multiple Regression** und widmen sich u.a. der Stichprobengrößenbestimmung für zahlreiche univariate Tests in ein- und höherfaktoriellen Versuchsplänen. Einen ähnlich generellen Ansatz wählen Murphy und Myors (1998), die die Stichprobengrößenbestimmung für etliche, aber nicht sehr viele Tests einheitlich über die nonzentralen F-Verteilungen durchführen. Mace (1964) behandelt die Stichprobengrößenbestimmung in erster Linie für industrielle Probleme, geht aber auch auf (einfache) Tests ein, die für Psycholog/inn/en relevant sind; auch behandelt er die Stichprobengrößenbestimmung im sequenziellen Setting. *Die* einschlägige und mit Abstand ausführlichste Referenz ist das Buch von J. Cohen (1988), in dem die Teststärkenanalyse für etliche gängige parametrische und einige nonparametrische Tests demonstriert wird und in dem in einem „Technical Appendix" auch die den Teststärkenanalysen zugrunde liegenden Formeln und ihre Quellen angegeben werden. Was in dem Buch von J. Cohen (1988), aber auch in den anderen Werken allerdings fehlt, ist die Behandlung von **a priori geplanten Kontrasten und Vergleichen**, auf die im vorliegenden Buch ein besonderes Gewicht gelegt wird, weil sie überaus häufig aus psychologischen Hypothesen über die psychologischen Vorhersagen abgeleitet werden können und vor allem auch sollten. Des Weiteren werden verschiedene Varianten der Testplanung unterschieden, von denen zwei eingesetzt werden können, wenn die Stichprobengröße festliegt oder begrenzt ist.

Es gibt eine Vielzahl von Computerprogrammen, die die Berechnungen zur Testplanung durchführen. Einige von ihnen sind im Abschnitt 5.6.2 aufgeführt.

Noch eine Bemerkung zu meinem **generellen Vorgehen**. Ich gehe stets vom einfachsten Fall aus und benutze diesen quasi als Referenz. Aus den einfachsten Fällen ergeben sich dann in den meisten Fällen Erweiterungen (z.B. **Varianzanalysen** als Erweiterung des zweiseitigen Zwei-Stichproben-t-Tests), bei deren Behandlung darauf geachtet wird, größtmögliche Ähnlichkeit zum einfachsten Fall herzustellen.

2. Fünf Betrachtungsebenen

2.1 Ebene der psychologischen Theorie (PT)

Psychologische Theorien beziehen sich auf psychisches Erleben, Phänomen, Zustände, Prozesse und auf Verhalten, also auf wissenschaftliche Konstrukte, Begriffe, Merkmale oder auch Variablen. Sie stellen Annahmen oder Behauptungen über kausale oder nicht-kausale Beziehungen und Zusammenhänge zwischen nicht-beobachtbaren psychologischen Konstrukten, Variablen und Sachverhalten dar; dazu gehören auch Gesetzesannahmen, Hypothesen, Modellvorstellungen, theoretische Erklärungen und vorläufige Problemlösungen (vgl. Westermann, 2000, S. 281-282). Dabei bezeichnet man mit *Annahme* oder *Postulat* oder *Axiom* eine Aussage, deren Gültigkeit angenommen wird, ohne dass diese Gültigkeitsannahme selbst geprüft werden kann. Die Annahmen, Postulate und Axiome werden als gültig angesehen, um „weitergehende Überlegungen oder Untersuchungen anstellen zu können" (Westermann, 2000, S. 18). Ein *Gesetz* stellt in der Regel eine Aussage über einen Ursache-Wirkungs-Zusammenhang dar, die empirisch gut gewährt ist. Üblicherweise werden mehrere sich auf den gleichen psychischen Phänomenbereich beziehende Gesetze zusammengefasst, so dass eine *Theorie* entsteht. Mit dem Terminus *Modell* werden dann „häufig anschauliche Vorstellungen über ... (psychische) Strukturen, Zusammenhänge oder Abläufe bezeichnet" (Westermann, 2000, S. 18).

In der lange Zeit vorherrschenden Sichtweise wurden Theorien als Systeme von Aussagen verstanden; man spricht dann von der *Aussagenkonzeption von Theorien*. Einige Autor/inn/en vertreten die auf den logischen Empirismus nach Carnap (z.B. 1986) zurückgehende Auffassung, nur aus formalisierten Theorien, die dann keine umgangssprachlichen Ausdrücke mehr enthält, sondern zur Gänze in einer künstlichen Sprache formuliert ist, seien Hypothesen als logisch deduktive Folgerungen ableitbar, die den wissenschaftlichen Kriterien der Präzision und der Eindeutigkeit genügen. Psychologische Theorien und Hypothesen alltagssprachlich zu formulieren, lasse zu viel Raum für verschiedene Interpretationen der Hypothesen (Steyer, 2003, S. 5). Ferner diene die Formalisierung der Überprüfung der logischen Widerspruchsfreiheit der Theorie (Steyer, 2003, S. 5), die im Übrigen auch für Popper (2002, S. 7) ein wichtiges Kriterium darstellt. Auf der anderen Seite gibt es nur wenige psychologische Theorien und Hypothesen, die diesem Formalisierungsideal auch nur nahekommen, z.B. die Lern- und Motivationstheorie von C. Hull in ihrer letzten Fassung (vgl. dazu Foppa, 1965, S. 336-356) oder die Theorie von Bower und Trabasso (1964) über den Erwerb einfacher Konzepte durch sukzessives Hypothesenprüfen. Westermann (2000, S. 221) nennt drei Gründe, die häufig der Formalisierung einer wissenschaftlichen Theorie auch mit explizit formulierten Axiomen, also unbeweisbaren Grundannahmen, im Wege stehen: *Erstens* ist es oft nicht möglich, „zweifelsfrei festzustellen, ob bestimmte Aussagen tatsächlich aus den Axiomen ableitbar sind". *Zweitens* „gibt es mehr als eine Möglichkeit, eine Menge von Aussagen als Axiome hervorzuheben und die restlichen als Theoreme zu betrachten, ohne dass eine dieser Möglichkeiten die eindeutig beste ist". Und *drittens* folgen „etliche Aussagen, die wir üblicherweise als wesentliche Konsequenzen der Theorie betrachten, ... tatsächlich gar nicht logisch zwingend aus den Axiomen allein. Sie können vielmehr nur mit Hilfe von zusätzlichen Annahmen und Informationen abgeleitet werden" (Westermann, 2000, S. 221-222).

Zwar teile ich Poppers (2002) und Steyers (2003) Auffassung, dass ein hoher Präzisionsgrad von Theorien anzustreben ist, glaube aber auf der anderen Seite, dass ganz überwiegend im psychologischen Wissenschaftsbetrieb nicht mit formalisierten Theorien und mit alltagssprachlich formulierten Hypothesen gearbeitet wird, und zwar insgesamt doch eher erfolgreich. (Die ca. 250 Hypothesen meiner erwähnten Sammlung sind ausnahmslos verbal und in alltagssprachlichen Begriffen formuliert und ebenso die Hypothesen in den 14 psychologischen Fachzeitschriften der Jahre 2001 und 2002.) Und darüber hinaus liegt der Fall, dass mehrere Theorien auf ein und dasselbe Phänomen anwendbar sind, so dass man die präziseste zur Prüfung auswählen kann, doch eher selten vor - man ist häufig schon damit zufrieden, dass man überhaupt eine prüfbare Theorie zur Verfügung hat, aus der sich Kausal- oder auch andere Hypothesen ableiten lassen. Aus diesem Grund sind die in diesem Buch auftauchenden psychologischen Hypothesen ausnahmslos alltagssprachlich formuliert. Dabei können jegliche Theorien und/oder Hypothesen zur Prüfung ausgewählt werden, die einem Forscher/einer Forscherin „geeignet", „interessant" oder „attraktiv" erscheinen oder auf die sich eine Wissenschaftler/innen/gemeinschaft gerade geeinigt hat. Diese Theorien und Hypothesen mögen komplex oder einfach sein, während Popper (2002, S. 8, S. 103) fordert, man solle die einfachste gerade verfügbare Hypothese auswählen. Für mich ist das Hauptkriterium, dass die Theorie oder Hypothese empirisch prüfbar ist. Allerdings soll/en die empirische Prüfung der ausgewählten Theorie oder Hypothese so einfach wie möglich erfolgen.

Kehren wir noch einmal zu den Theorien selbst zurück. Oben war die Aussagen-Konzeption von Theorien angesprochen worden. Ihr sind in den letzten 30 Jahren mehrere alternative Konzeptionen gegenübergestellt worden (vgl. Westermann, 1987, S. 12), von denen die sog. **strukturalistische Theorienkonzeption** von etlichen Psycholog/inn/en aufgegriffen und erfolgreich auf psychologische Theorien angewendet worden ist (vgl. z.B. Westmeyer, 1992; Westermann, 1987, 2000). Diese geht auf Sneeds (1979) Analysen der Struktur physikalischer Theorien zurück und wurde von Stegmüller (1979, 1980, 1986) entscheidend weiterentwickelt. Die strukturalistische Konzeption stellt im Wesentlichen eine Metatheorie zur Theorienstruktur und zur Theoriendynamik dar; sie ist in den Fassungen von Sneed und Stegmüller noch nicht mit einer Methodologie verbunden gewesen. Im Rahmen dieser Metatheorie erfolgt eine sog. *informelle mengentheoretische Axiomatisierung der psychologi-*

schen Theorien, wobei „nur eine informelle Mengenlehre zugrunde gelegt wird, bei der logische Junktoren wie ∧ (‚und') und ∨ (‚oder') und Quantoren wie ∀ (‚für alle ... gilt ...') nicht als Zeichen einer formalen Sprache betrachtet ... [werden; W.H.], sondern als Abkürzungen für die üblichen umgangssprachlichen Ausdrücke" (Westermann, 1987, S. 12); es wird also keine künstliche Sprache benutzt. Diese Art der Axiomatisierung ist nach Westermann (2000, S. 219) „sowohl ausreichend exakt wie hinreichend flexibel".

In der strukturalistischen Auffassung wird jede psychologische **Theorie** (PT) als eine geordnete Struktur verschiedener Theorie-Elemente beschrieben. Eine Theorie besteht aus einer relativ überschaubaren Menge von Postulaten oder Grundannahmen, die im Zuge der strukturalistischen Rekonstruktion in Axiome umgewandelt und dabei gleichzeitig bedarfsweise präzisiert werden. Dies erfolgt durch die informell-mengentheoretischen Axiomatisierungen (vgl. Westermann, 2000, S. 225). Es resultieren dabei eine Menge von Axiomen und ein (harter und indisponibler, d.h. nicht falsifizierbarer) **Theoriekern** K und eine Menge I von intendierten Anwendungen: PT = [K; I] bzw. PT = [M, M_p, M_{pp}, E, I]. Stehen mehrere der Terme PT_m in Beziehung zueinander, dann spricht man von einem „Theoriennetz", für das gilt: PT_m = [K_m; I_m]. Es scheint der Regelfall zu sein, dass psychologische Theorien als ganze Theoriennetze rekonstruierbar sind (vgl. Westermann, 1987, S. 34). Das Basiselement T_b = [K_b; I_b] dieses Netzes umfasst die Grundannahmen und vor allem das *Fundamentalgesetz* der Theorie, und die anderen Elemente enthalten die *Spezialgesetze*, die Anpassungen des Fundamentalgesetzes für spezielle Anwendungen der Theorie darstellen. Jedes dieser Theorie-Elemente besteht aus einem abstrakten Kern und einer Menge von konkreten Situationen, auf die diese abstrakten Begriffe und Zusammenhänge angewendet werden sollen. Im abstrakten Kern eines Theorie-Elementes werden die verwendeten Begriffe charakterisiert und die angenommenen gesetzmäßigen Zusammenhänge (inhaltliche Axiome oder Gesetze) spezifiziert. In den meisten Fällen ist bereits das Fundamentalgesetz des Basiselementes, das auch allen anderen Theorie-Elementen zugrunde liegt, **probabilistisch formuliert**, d.h. unter Einbezug einer Wahrscheinlichkeitsklausel, oder es wird zumindest in einer probabilistischen Form interpretiert: „Für alle i gilt mit einer Wahrscheinlichkeit π > 0, dass A, wenn B" oder „Für alle i gilt, dass im Mittel A, wenn B". In der mathematischen Psychologie ist die explizite Formulierung von Gesetzesaussagen unter Einbezug der Probabilisierung der Regelfall (vgl. Westermann, 2000, S. 148-150). Auch wenn sich die Fundamentalgesetze auf „Tendenzen" oder „Dispositionen" beziehen, entspricht dies einer Probabilisierung: Betrachtet man z.B. das Risiko-Wahl-Modell von Atkinson (1957; vgl. Heckhausen, 1989, S. 176), so bestimmen die Höhe des Erfolgs- und des Misserfolgsmotivs und die subjektive Erfolgswahrscheinlichkeit die resultierende *Tendenz*, sich mit einer Leistungsaufgabe zu befassen. Etliche Gesetze der Psychologie sind zwar deterministisch formuliert („Für alle i gilt, dass A, wenn B") wie z.B. das Fundamentalgesetz der Dissonanztheorie von Festinger (1978): „Die Stärke des Drucks zur Dissonanzreduktion ist eine Funktion der Stärke der Dissonanz", aber in diesen Fällen wird durch den *Umgang* mit den deterministisch formulierten Gesetzesaussagen deutlich, dass auch sie probabilistisch im Sinne von Tendenzen oder Dispositionen und dgl. interpretiert werden, „denn viele Autoren drücken aus, dass die postulierten Zusammenhänge nur tendenziell bestehen sollen oder dass bestimmte Ereignisse eintreten *können*, aber *nicht müssen*" (Westermann, 2000, S. 149).

Des Weiteren werden die Fundamental- und die Spezialgesetze meist nur implizit mit einer Ceteris-paribus- bzw. einer **Ceteris-paribus-distributionibus-Klausel** versehen (Lakatos, 1974a, S. 108; Steyer, 1994, S. 690; Westermann, 1987, S. 40-42; der Ausdruck „Ceteris-paribus-Klausel" geht auf Lakatos (1974a) zurück, während Steyer die Bezeichnung „Ceteris-paribus-distributionibus-Klausel" vorgeschlagen hat). Diese *notwendige* Klausel besagt nichts anderes, als dass die Gesetze nur dann gültig sind, wenn alle übrigen, d.h. nicht vom Gesetz angesprochenen Faktoren konstant gehalten werden bzw. sich zumindest annähernd gleich auf die Versuchsbedingungen verteilen. Variieren derartige „übrige Faktoren", d.h. potenzielle Störfaktoren, gemeinsam mit den vom Gesetz angesprochenen, dann kann der vom Gesetz behauptete Zusammenhang überlagert oder - falls er nicht existiert - vorgetäuscht werden. Diese Ceteris-paribus-distributionibus-Klausel entspricht also m.a.W. der Annahme, dass jeder mögliche potenzielle Störfaktor S_q stochastisch unabhängig von dem Faktor oder den Faktoren ist, der/die vom Gesetz als Kausalfaktor/en benannt wird/werden (vgl. Westermann, 1987, S. 41). Danach nehmen Gesetze die folgende Form an: „Für alle Personen i gilt mit einer Wahrscheinlichkeit $\pi > 0$ und ceteris paribus distributionibus, dass A, wenn B" oder „Für alle i gilt ceteris paribus distributionibus, dass im Mittel A, wenn B". In diesen Ceteris-paribus-distributionibus-Klauseln „kommt also der notwendigerweise idealisierende, vereinfachende und approximative Charakter jeder Theorienformulierung ... zum Ausdruck. Sie zeigen auch, daß sich sowohl in der Physik wie in der Psychologie die Kausaltheorien und Kausalhypothesen nicht unbedingt auf ‚reale', sondern auf ‚ideale' Systeme beziehen, die abgeschlossen gegenüber allen nicht explizit berücksichtigten, aber möglicherweise interferierenden Faktoren sind ..." (Westermann, 1987, S. 42). Aus der Sicht der Versuchsplanung dient diese Klausel der Sicherung der **Ceteris-paribus-distributionibus-** (CPD-) oder **internen Validität**, ohne deren Sicherung keine Prüfungen von Kausalaussagen möglich sind.

Selbst wenn psychologische Hypothesen nicht explizit mit Wahrscheinlichkeitsklauseln versehen sind, werden sie dennoch in aller Regel probabilistisch geprüft, und zwar, indem man zur Prüfung einen statistischen Test heranzieht, die fast durchgängig mit mittleren Werten operieren. Von daher sollte man den probabilistischen Charakter aller psychologischen Hypothesen bereits bei deren Formulierung explizit machen. Die übliche Prüfung „im Mittel" dient aus der Sicht der experimentellen Validität der Minimierung des Einflusses von möglichen Störfaktoren bei der Hypothesenprüfung und der Konstanthaltung aller nicht von der Kausalhypothese explizit benannten Faktoren über die Faktorstufen, wobei es genauer heißen muss: „der zumindest annähernden Gleichverteilung der potenziellen Störfaktoren über alle Versuchsbedingungen", um die CPD- oder interne Validität zu gewährleisten. Bei Einzelfallprüfungen ist die Kontrolle von potenziellen Störfaktoren nur unbefriedigend, wenn überhaupt möglich (vgl. im Einzelnen Erdfelder & Bredenkamp, 1994, S. 607-608). Dennoch sollte man dann, wenn eine Theorie sich mehrfach in Gruppenversuchen bewährt hat, im fortgeschrittenen Stadium des Forschungsprogrammes auch Einzelfallprüfungen vornehmen.

Von einem **Modell** M der Theorie spricht man dann, „wenn die Axiome der Definition einer bestimmten Struktur in einem konkreten Fall erfüllt sind", und dann „ist die betreffende konkrete Struktur ein *Modell* des definierten abstrakten Konzepts" (Westermann, 2000, S. 130). M_p steht für potenzielles Modell. Man unterscheidet zwei Mengen von Modellen, nämlich

die Menge der Axiome zur Einführung der verwendeten Begriffe (Mengen, Relationen und Funktionen) sowie ... die Axiome mit den „eigentlichen inhaltlichen" Forderungen [also die Beziehungsaussagen der Theorie; W.H.] an die eingeführten Begriffe. Läßt man die „eigentlichen inhaltlichen" Axiome fort, können die restlichen Axiome dazu dienen, diejenigen Entitäten und deren Glieder formal zu charakterisieren, von denen es vernünftig ist zu fragen ..., ob sie das Prädikat „ist ein Modell der ... (Theorie)" erfüllen oder nicht. Diese Entitäten werden als „**potenzielle Modelle** der ... (Theorie)" bezeichnet. (Westermann, 1987, S. 19; Hervorhebung hinzugefügt)

M_{pp} steht für partiale potenzielle Modelle der Theorie oder kurz **Partialmodelle**. Im Unterschiede zu den potenziellen Modell tauchen in ihnen nur noch Begriffe auf, die mit Blick auf die Theorie nicht T-theoretisch sind. Auch alle Axiome, die sich auf T-theoretische Begriffe beziehen, werden bei den Partialmodellen fortgelassen. T-theoretische Begriffe sind „spezifisch für ... eine Theorie", und ihre „Bedeutung ... (hängt) wesentlich von ihrer Gültigkeit" ab. Ein Begriff ist daher dann T-theoretisch, „wenn man bei allen bekannten und akzeptierten Bestimmungsmethoden für diesen Begriff die Gültigkeit der Theorie T (in mindestens einem Anwendungsfall) voraussetzen muss" (Westermann, 2000, S. 244). Die gleichen Begriffe können dabei mit Blick auf eine andere Theorie T' nicht-T-theoretisch sein. „T-theoretische Begriffe finden sich in allen etwas komplexeren psychologischen Theorien. Sie fehlen allenfalls in einfachen und empirienahen Hypothesen über Variablenzusammenhänge. Aussagen ohne T-theoretische Begriffe können zwar Befunde zusammenfassend beschreiben, aber eben nicht auf einer allgemeineren und abstrakteren Ebene theoretisch erklären" (Westermann, 2000, S. 245).

E steht für **Eindeutigkeitsbedingungen**. Dieses strukturalistische Konzept umfasst *erstens* numerische Konstanzannahmen, die mit den Axiomen der Theorie verbunden werden müssen, und *zweitens* Skalenniveauanforderungen. Und dieses Konzept umfasst *drittens* „Annahmen über die Art der funktionalen Verbindung zwischen ‚latenten' Variablen ... und ‚manifesten' Variablen" (Westermann, 1987, 28). Die zu den Eindeutigkeitsbedingungen gehörige Validitätsart nennt Westermann

(2000, S. 297-298) die Validität der Eindeutigkeitsbedingungen oder **Variablenvalidität**: „Ganz allgemein ausgedrückt ist die Validität einer empirischen Variablen und des entsprechenden Erhebungsverfahrens um so höher, je eindeutiger und sicherer die individuellen Ausprägungen der interessierenden theoretischen Variablen durch die individuellen Ausprägungen der empirischen Variablen erfasst werden" (a.a.O., S. 297). Und wenig später (S. 298) fährt er einschränkend fort: „Da ein theoretischer Begriff ... meist mehr ausdrücken soll als jede empirische Variable, lässt sich die Validität der empirischen Variablen in der Regel nicht eindeutig und vollständig sichern. Man kann vielmehr nur versuchen, sich mit unterschiedlichen Methoden einer optimalen Variablenvalidierung anzunähern." Für die empirisch sinnvolle Interpretation von Daten ist dabei besonders das Skalenniveau der empirischen abhängigen Variablen von Bedeutung, also derjenigen Variablen, die als Folge der Manipulation der unabhängigen Variablen in mindestens zwei Stufen unterschiedliche Werte annehmen soll (siehe Abschn. 2.3).

Und zuletzt bezeichnet I die **Menge der intendierten Anwendungen** der Theorie, wobei gilt: $I \subseteq M_{pp}$, d.h. die Menge I einer Theorie ist eine ggf. unechte Teilmenge von M_{pp}. „Die Menge der intendierten Anwendungen besteht aus den paradigmatischen Anwendungen (im Sinne von Kuhn ...) [für die sich die Theorie in den ersten Prüfversuchen bewährt hat; W.H.], den übrigen streng geprüften und bewährten Anwendungen (im Sinne von Popper ...) und den daraus abgeleiteten Vermutungen (induktive empirische Vermutungen ...) [über die zukünftige Anwendbarkeit; W.H.]" (Westermann, 2000, S. 225). Man bezeichnet die Menge der ersten erfolgreichen oder paradigmatischen Anwendungen der Theorie oft als I_0; für diese Menge sind üblicherweise die Prüfversuche vom Erfinder oder der Erfinderin der Theorie selbst durchgeführt worden.

Psychologische Theorien beziehen sich immer nur auf kleinen Ausschnitt der psychischen Realität, und die Menge I präzisiert, um welche Ausschnitte der psychischen Realität es sich dabei handelt. Dabei ist es möglich, ein und dasselbe psychische Phänomen durch die „Brille verschiedener Theorien" zu betrachten, die gleichermaßen Anwendbarkeit auf das interessierende Phänomen beanspruchen. Und genauso kann es geschehen, dass eine Theorie zwar im Prinzip auf ein bestimmtes Phänomen anwendbar zu sein behauptet, dass aber kein Interesse an dieser Anwendung besteht (vgl. Westermann, 1987, S. 31). Deshalb ist es „ganz unvermeidlich, bestimmte Strukturen nach pragmatischen Gesichtspunkten auszuwählen, nämlich diejenigen Strukturen, die nach Auffassung der Fachwissenschaftler Anwendungsfälle der Theorie sind" (Stegmüller, 1980, S. 7). Im Gegensatz zum indisponiblen Kern der Theorie ist die Menge der intendierten Anwendung nur grob umrissen, und die empirische Forschung trägt dazu bei, diese Menge entweder zu vergrößern, wenn sich die Theorie in kritischen empirischen Prüfversuchen bewähren konnte, oder zu verkleinern, wenn dies nicht der Fall ist.

Wie kann man auf der Grundlage von probabilistischen Gesetzesaussagen, die sich auf nicht-beobachtbare oder theoretische Begriffe beziehen, zu **theoretischen**

Erklärungen gelangen? Wenn man mit probabilistischen Gesetzen operiert, dann kann das bekannte Schema der theoretischen Erklärung von Hempel und Oppenheim (1948; vgl. auch Hempel, 1977; Westermann, 2000, S. 167) nicht mehr verwendet werden, weil es von *deterministischen* Gesetzesaussagen ausgeht. An seine Stelle treten dann die sog. *induktiv-statistischen Systematisierungen* (Hempel, 1977, S. 62-63; Westermann, 2000, S. 166-167, S. 176-177; vgl. zu verschiedenen Arten der Erklärung auch Westmeyer, 1973, S. 15-30; Westermann, 2000, S. 165-182). Danach wird aus einem probabilistischen Gesetz und einer Menge von Antezedensbedingungen eine Aussage über die Wahrscheinlichkeit eines psychischen Sachverhaltes abgeleitet. „Das probabilistische Gesetz besteht in der Aussage, dass die Wahrscheinlichkeit für einen bestimmten Sachverhalt V gleich einer bestimmten Zahl p ist, falls der Sachverhalt U gegeben ist. Die Antezedensbedingung stellt fest, dass für die Person oder das Objekt a der Sachverhalt U gilt" (Westermann, 2000, S. 175). „Die Aussage E über den zu erklärenden Sachverhalt wird dann mehr oder minder stark vom Explanans [dem Erklärenden, also der Gesetzesaussage; W.H.] gestützt" (Westermann, 2000, S. 176-177). In formaler Darstellung resultiert:

$$\frac{\forall x: \Pi[V(x)|U(x)] = p \\ U(a)}{V(a)} \quad [q] = p$$

[q] bezeichnet das Ausmaß an induktiver Stützung des Explanandums durch das Explanans. Mit dieser induktiv-statistischen Systematisierung sind Probleme verbunden, auf die Westermann (2000, S. 177-178) näher eingeht. Eines dieser Probleme kann näherungsweise dadurch gelöst werden, dass man das Stützungsmaß [q] durch die Wahrscheinlichkeit p ersetzt (s.o.). Ein anderes Problem besteht darin, dass ein Explanandum duch verschiedene Gesetze und Antezedensbedingungen unterschiedlich gut gestützt sein kann. Dies führt zwar nicht zu einem logischen Widerspruch, aber doch zu einer gewissen Ambiguität. Diese lässt sich dadurch reduzieren, dass man das gesamte im Kontext relevante und verfügbare Erfahrungswissen berücksichtigt (Westermann, 2000, S 177). „Insgesamt sind induktiv-statistische Systematisierungen umso berechtigter und akzeptabler, je umfangreicher und je bestimmter das berücksichtigte Wissen ist" (Westermannn, 2000, S. 178).

Damit in hinreichend strengen, aber auch wohlwollenden Versuchen bewährte Kausalhypothesen und Theorien zu theoretischen Erklärungen von psychischen Sachverhalten, Prozessen oder Phänomenen herangezogen werden können, müssen sie sich auf theoretische, also nicht-beobachtbare Begriffe, Variablen oder Konstrukte der Psychologie beziehen, Begriffe und Variablen also, die gegenüber den in einem Versuch verwendeten empirischen oder beobachtbaren Variablen einen *Bedeutungsüberschuss* aufweisen; dies betrifft die UV in der gleichen Weise wie die AV (vgl. Westermann, 2000, S. 245).

Der „harte" Kern einer Theorie ist - wie erwähnt - vom Risiko der **Falsifikation** im Sinne Poppers (2002) oder Verwerfung ausgenommen, d.h. dieser Kern ist „immun gegenüber aufsässigen Erfahrungen" (Stegmüller, 1980, S. 77, S. 121). Denn immerhin hat sich die Theorie auf die oben erwähnten paradigmatischen Anwendungen als erfolgreich anwendbar erwiesen, und man „benutzt dieses Werkzeug solange, wie kein besseres vorhanden ist" (Westermann, 1987, S. 80). Treten der Theorie widersprechende empirische Resultate auf, die in hinreichend strengen Prüfversuchen gewonnen wurden, so betrifft dies ausschließlich die Menge I der ohnehin nur grob umrissenen intendierten Anwendungen, die eingeschränkt werden kann.

Wenn man das stukturalistische Theorienverständnis zugrunde legt, besteht auch nicht mehr die Notwendigkeit, die bei der Theorieprüfung unverzichtbaren Hilfshypothesen gemäß Poppers (2002) Auffassung per Konvention anzuerkennen und damit alle empirischen Fehlschläge der Theorie anzulasten. Vielmehr können (und sollten) die Hilfshypothesen durchaus problematisiert werden „und für weitere versuchsweise Anwendungen der Theorie auch abgeändert werden" (Westermann, 1987, S. 156). Alle diejenigen Immunisierungsstrategien, die Popper (2002, S. 49) aus der Wissenschaft verbannt wissen will, können daher zur Anwendung gelangen: „Einführung von Ad-hoc-Hypothesen, Abänderung der sog. ‚Zuordnungsdefinitionen', ... und Vorbehalte gegen den Scharfsinn des Theoretikers".

In der Psychologie werden Theorien vor allem auf zweierlei Arten verwendet, und zwar zur theoretischen Erklärung und zur Beschreibung zum einen in theorieorientierten Programmen und zum anderen in problem-orientierten Forschungsprogrammen. Diese idealisierende Unterscheidung zwischen zwei grundlagenwissenschaftlichen Forschungsprogrammen geht auf Herrmann (1976, 1995, S. 30-31) zurück. In **theorie-orientierten Programmen** wird *eine* Theorie auf verschiedene Phänomene angewendet und geprüft, ob sie sich zur theoretischen Erklärung und Beschreibung dieser Phänomene eignet, ob sie sich also für diese Phänomene bewähren kann oder nicht. Dabei wird die Theorie ständig modifiziert „und im Idealfall immer weiter verbessert" (Westermann, 2000, S. 201). Bei **problem-orientierten Forschungsprogrammen** steht dagegen *ein* Phänomenbereich im Vordergrund, und es wird mit „verschiedenen Theorien, Hypothesen oder Modellen" (Westermann, 2000, S. 201) versucht, diesen Phänomenbereich immer besser zu erklären. Dies ist eine idealtypische Unterscheidung, und in realen Forschungssituationen findet man häufig Mischformen der beiden Forschungsprogramme. Daneben gibt es noch **technologische Forschungsprogramme**, denen die Aufgabe zukommt, operatives Hintergrundwissen für die nicht-forschende Praxis zu erarbeiten, und „am Ende müssen hier Problemlösungen stehen, die in der Praxis funktionieren, also auch verlässlich, nebenwirkungsfrei, routinisierbar und nicht zuletzt wirtschaftlich sind" (Herrmann, 1995, S. 30). In diesen Bereich gehört u.a. die Konzeption und empirische Erprobung (Evaluation) von psychologischen Interventionsmaßnahmen. Die angesprochene Unterscheidung bedeutet dabei nicht, dass in den verschiedenen Forschungsprogrammen mit unterschiedlichen Methoden gearbeitet wird - wenn man in beiden Forschungsfeldern hypothesenprüfend vorgeht, ist dies auch nicht der Fall -, sondern akzentuiert lediglich den Fokus der Forschungstätigkeit.

Eine psychologische **Theorie** (PT) hat sich - wie erwähnt - auf die Menge I_0 der paradigmatischen Anwendungen als erfolgreich anwendbar erwiesen, und „man hofft, dass sie auch auf eine größere Zahl ‚ähnlicher' Fälle erfolgreich anwendbar sein wird" (Westermann, 1987, S. 80), wobei unter diesen „Fällen" Personen und Situationen gemeint sind, die denen ähnlich sind, in denen die Theorie bislang geprüft worden ist. Man nennt dies „empirische Vermutungen über die zukünftige Anwendbarkeit der Theorie": „Empirische Vermutungen über die **Übertragbarkeit der Ergebnisse** auf andere Personen und Situationen sind *induktive Argumente*. Ihre Berechtigung hängt vor allem von der Ähnlichkeit der untersuchten und der anderen interessierenden Personen ab" (Westermann, 2000, S. 336; Hervorhebung hinzugefügt). „Inwieweit ein Ergebnis generalisiert werden kann, hängt nicht so sehr von Merkmalen der Untersuchung ab, sondern viel mehr von den empirischen Gegebenheiten im jeweiligen Gegenstandsbereich und den Intentionen der Wissenschaftler" (Westermann, 2000, S. 431). Es findet also in der strukturalistischen Wissenschaftskonzeption im Gegensatz zu Poppers „Logik der Forschung" (2002) eine induktiven Argumenten gehorchende „Übertragung" von Befunden bzw. Ergebnissen von Hypothesenprüfungen statt, aber nicht - wie ansonsten üblich - auf ganze Populationen, sondern nur jeweils auf *eine* neue Versuchssituation und *eine* neue Stichprobe, die so genau beschreibbar sind, dass die Ähnlichkeit mit der Stichprobe und der Versuchssituation, in der die in Frage stehende psychologische Hypothese bzw. Theorie geprüft wurde, in den als wichtig erachteten Belangen beurteilt werden kann. Als wichtigstes Kriterium für die Übertragbarkeit eines Befundes oder einer Hypothesenentscheidung auf *eine* neue Situation gilt also die **Ähnlichkeit der Situationen**, in der die Theorie oder Hypothese überprüft wurde, mit der, in der sie ohne erneute Prüfung angewendet werden soll, und die **Ähnlichkeit der Personen**, für die Hypothese geprüft wurde, mit denjenigen Personen, auf die die geprüfte Hypothese ohne weitere Prüfung angewendet werden soll. Grundsätzlich könnte man die in Frage stehende Hypothese auch in der neuen Situation und für die neuen Personen prüfen, aber dies unterbleibt meist aus Ökonomiegründen.

Faktisch läuft dies darauf hinaus, dass die Menge I der intendierten Anwendungen der Theorie immer weiter ausgedehnt und dabei den paradigmatischen Anwendungen immer unähnlicher werden kann. Je unähnlicher die untersuchten empirischen Systeme den paradigmatischen Anwendungen werden, desto strenger wird die Theorie geprüft. Die empirischen Befunde können als „extern valide" bezeichnet werden, wenn die einzelnen Prüfungen der Theorie auch unter diesen der Menge I_0 vglw. unähnlichen Bedingungen erfolgreich verlaufen und wenn zumindest einige der Prüfsituationen „alltagsnah" sind. Die Erprobung der intendierten Anwendungen, deren Erweiterung oder deren Einengung kann nur erfolgen, wenn die Theorie im Rahmen eines ganzen Forschungsprogrammes erprobt wird.

Fragen der Übertragbarkeit oder Generalisierung werden in der klassischen Validitätskonzeption von Campbell und Stanley (1973; vgl. auch Cook & Campbell, 1979) unter der Bezeichnung **externe Validität** als Eigenschaft von empirischen Untersuchungen abgehandelt. Westermann (2000, S. 432) meint dazu jedoch: „Insgesamt hängt das Ausmaß der externen Validität einer Untersuchung ... eindeutig nicht nur von den methodischen Eigenschaften der Untersuchung selbst ab, sondern auch von empirischen Regelmäßigkeiten im betrachteten Phänomenbereich und den intendierten Anwendungen, auf die generalisiert werden soll". Damit ist die externe Validität *kein Gütemerkmal des psychologischen Experiments* mehr. Westermann (2000, S. 336) führt dazu aus: „Experimentelle Ergebnisse beziehen sich also ... nur auf Ursache-Wirkungs-Zusammenhänge für die untersuchten Personen und Situationen" (vgl. auch Bredenkamp, 1980, S. 19).

Um in der klassischen Konzeption extern valide zu sein, muss in dem betreffenden Versuch mit **zufälligen Stichproben** aus realen oder fiktiven Populationen gearbeitet werden. Zufallsstichproben sind dadurch gekennzeichnet, dass jedes Element der Grundgesamtheit die gleiche Wahrscheinlichkeit aufweist, in die Stichprobe gezogen zu werden. Während statistische Populationen als unendlich konzipiert sind, müssen reale Populationen endlich und die sie definierenden Merkmalsträger/innen alle bekannt sein, denn sonst ist das Ziehen einer Zufallsstichprobe nicht möglich. Der angestrebte statistische Inferenzschluss auf eine oder mehrere Population/en ist nur dann möglich, wenn in der Tat mit einer Zufallsstichprobe im soeben definierten Sinne gearbeitet wird. Ist dies der Fall, kann einem verbreiteten Verständnis zufolge „generalisiert" oder „verallgemeinert" werden. Bortz (1999, S. 292) bemerkt dazu: Dahinter „... verbirgt sich der plausible Gedanke, daß generalisierende Aussagen über Unterschiede, die in einer Population gültig sein sollen, erst dann zu rechtfertigen seien, wenn die in einer Stichprobe angetroffenen Unterschiede statistisch bedeutsam sind". Aus diesem Zitat wird deutlich, dass in der klassischen Sichtweise, die in so gut wie allen Lehrbüchern der Statistik und der Versuchsplanung dargestellt wird, der Signifikanztest beim Vorliegen von Zufallsstichproben als Mittel zum **Inferenzschluss** (Generalisierung) von wenigen Stichprobendaten auf die vielen nicht-untersuchbaren Daten einer oder mehrerer Population/en fungiert.

Aber: In der psychologischen Forschung und auch anderswo wird **kaum mit Zufallsstichproben** operiert, weil dies zu aufwändig wäre und weil es kaum gelingt, *alle* Merkmalsträger/innen einer wohl-definierten Population zur Mitarbeit an einem psychologischen Versuch zu bewegen: Stattdessen werden psychologische Versuche mit den gerade aus den verschiedensten Gründen zur Verfügung stehenden Personen durchgeführt, bei denen es sich oft um Psychologiestudierende aus Anfangssemestern handelt. In den Jahren 2001 und 2002 standen in 14 deutschsprachigen Zeitschriften 575 „Gelegenheitsstichproben" nur 28 Zufallsstichproben gegenüber; entsprechend gering fiel die Anzahl der Generalisierungen aus. Der Widerspruch, der darin liegt, dass in der Forschungspraxis so gut wie keine Zufallsstichproben gezogen werden, wird allerdings in einschlägigen Lehrbüchern und auch von den meisten

Statistiker/inne/n hartnäckig ignoriert (vgl. auch Westermann, 2000, S. 337). - Wer im Übrigen an der Idee der Zufallsstichproben festhalten will, dem/der bieten sich zwei Möglichkeiten, über die Westermann (2000, S. 337-338) informiert.

Braucht die psychologische Forschung überhaupt Zufallsstichproben? Diese Frage kann eindeutig verneint werden. Denn *die in der psychologischen Forschung Tätigen sind gar nicht so sehr an Schlüssen auf reale oder fiktive Populationen interessiert oder sollten zumindest nicht daran interessiert sein, sondern vielmehr an psychischen Prozessen, Merkmalen, Phänomenen, Variablen usw., die zum Gegenstandsbereich der Psychologie gehören, und an kausalen und anderen Zusammenhängen zwischen diesen Prozessen etc. sowie an psychologischen Hypothesen und Theorien, die über diese Zusammenhänge formuliert werden* (vgl. Westermann, 2000, S. 336). Diese Hypothesen bzw. Theorien können valide aber auch an Gelegenheitsstichproben geprüft werden.

Im Vorstehenden ist relativ ausführlich auf eine für die Psychologie relevante Metatheorie eingegangen worden, weil ich der Auffassung bin, dass ohne eine derartige metatheoretische Orientierung keine vernünftige psychologische Forschung stattfinden kann. Der von mir in den Vordergrund gerückten strukturalistischen Konzeption muss man dabei natürlich nicht anhängen - es gibt etliche alternative Konzeptionen. Von diesen ist der **logische Empirismus** oder Positivismus u.a. von Carnap (etwa 1986) in empirischen Wissenschaften immer noch weit verbreitet (vgl. Chalmers, 1999, S. 3), unter dem das **Ziel der empirischen Forschung** in der Verifikation von Hypothesen und Theorien besteht. Folgt man dem logischen Empirismus, dann „darf man nur jene Sätze in das Gebäude der Wissenschaft aufnehmen, die entweder harte Tatsachen beschreiben oder unfehlbare induktive Verallgemeinerungen von Sätzen sind, die harte Tatsachen beschreiben" (Lakatos, 1974b, S. 273); ferner gilt: „Eine Entdeckung [ist] nur dann wissenschaftlich, wenn man sich zu ihr durch Tatsachen *hinleiten* läßt und sich dabei nicht durch eine Theorie *fehlleiten* läßt" (Lakatos, 1974a, S. 172; Hervorhebung im Orig.). Innerhalb dieser Konzeption wird mit einer gänzlich theoriefreien Beobachtungssprache L_O und einer theoretischen Sprache L_T operiert. Es kommt hier also darauf an, möglichst theorie- und fehlerfreie Daten zu sammeln, die Ergebnisse in den sog. theoriefreien Protokollsätzen zusammenzufassen und auf induktivem Wege über die Protokollsätze zu Theorien zu gelangen. Über diese Metatheorie wird in der Psychologie wenig geredet, aber nach ihr wird oft gehandelt. U.a. Popper (2002, S. 31, S. 76) und Lakatos (1974b, S. 288) haben überzeugend dafür argumentiert, dass es eine gänzlich theoriefreie Sprache nicht geben kann: „... Beobachtungen und erst recht Sätze über Beobachtungen und über Versuchsergebnisse ... [sind] immer Interpretationen der beobachteten Tatsachen ... und *Interpretationen im Lichte von Theorien* ..." (Popper, 2002, S. 72; Hervorhebung im Orig.). Ich habe in Hager (1983) im Einzelnen dargelegt, dass und warum die meisten Maßnahmen der klassischen Versuchsplanung auf diese Metatheorie zugeschnitten sind. - Insgesamt ist der **logische Empirismus keine Metatheorie**, an der sich die Psychologie orientieren sollte, obwohl viele Psycholog/inn/en dies zumindest implizit tun (vgl. Chalmers, 2001, S. 35-49; Popper, 2002; Westermann, 2000, u.a. S. 218-219).

Als Alternative zum logischen Empirismus wird häufig die **Methodologie Poppers** (2000, 2002) erwähnt, auf die in Abschnitt 2.3 kurz eingegangen wird.

Ein Beispiel für eine psychologische Theorie ist die **Duale-Kode-Theorie** (DKT) von Paivio (1971, 1986), die allerdings noch keine strukturalistische Rekonstruktion erfahren hat. Es handelt sich um eine Theorie zur Verarbeitung verschiedenartiger Informationen, und zwar Bilder, Wörter, Sätze und Texte, und es werden zwei unterschiedliche informationsverarbeitende Systeme postuliert. Bei dem einen System handelt es sich um das sprachliche oder verbale, das für die serielle Verarbeitung von Informationen zuständig ist und das die Informationseinheiten sequenziell, also in ihrer zeitlichen Abfolge, organisiert. Das andere System ist nonverbal oder imaginal und auf die räumlich-parallele Verarbeitung von Informationen spezialisiert; es soll Informationen analog-synchron repräsentieren. Die beiden Kodiersystem sollen unabhängig voneinander operieren und in unterschiedlicher Weise durch unterschiedliche Stimuli aktiviert werden - siehe dazu Tabelle 2.1.

Tabelle 2.1: Grad der Aktivierung der von der Dualen-Kode-Theorie postulierten Kodes durch Eigenschaften der eingehenden Stimuli

	Kodiersystem	
Stimuli	imaginal	verbal
Bilder	+++	++
sehr bildhafte Wörter	+	+++
wenig bildhafte Wörter	−	+++

Anmerkungen. Modifiziert nach Wippich und Bredenkamp (1979, S. 8) und nach Paivio (1971, S. 179)

Ferner unterscheidet Paivio (1971) noch zwischen verschiedenen Stufen der Bedeutungsanalyse von zu verarbeitender Information. Zunächst erfolgt eine repräsentationale Analyse, bei der Bilder als einkommende und zu verarbeitende Information Vorstellungsbilder auslösen, während Wörter implizite sprachliche Benennungen hervorrufen. Die darauf folgende Bedeutungsanalyse bewirkt eine Verknüpfung zwischen repräsentationalen Responses: Ein Bild oder ein anderes Objekt wird benannt, und bildhafte Wörter lösen ein Vorstellungsbild aus (nach Bredenkamp, 1980, S. 7).

Das Prinzip der Koderedundanz lautet dabei, „daß bei dualer Kodierung die Gedächtnisleistung insofern begünstigt wird, als beim Abruf der Informationen potentiell mehr Attribute des enkodierten Ereignisses verfügbar sind" (Wippich & Bredenkamp, 1979, S. 8). Eine der Kernaussagen dieser Theorie besagt: „Wenn dual, also verbal und imaginal, kodiert wird, dann erhöht dies die Gedächtnisleistung im Vergleich zur nur verbalen Kodierung", und die beiden in dieser Kernaussage angesprochenen Speichermöglichkeiten sind DKT-theoretisch. Der intendierte Anwendungsbereich dieser Theorie ist also das Aneignen oder Lernen von lernbarem Material, die auf verschiedene Arten wie etwa akustisch oder optisch und entweder als Ganzes oder Item für Item dargeboten werden können und die unter verschieden Lernparadigmen gelernt werden sollen, und die anschließende Kontrolle, wie gut das Gelernte behalten wurde. Dazu kann man sich ebenfalls verschiedener Paradigmen bedienen. Die verschiedenen Möglichkeiten der Darbietung des zu lernenden Materials und die verschiedenen Möglichkeiten des Abrufs dürften jeweils ein Theorie-Element der DKT mit eigenen speziellen Gesetzen darstellen (zur ausführlichen Darstellung siehe Wippich & Bredenkamp, 1979, S. 6-41).

Die DKT ist nur auf bestimmte Phänomene der allgemeinen kognitiven Psychologie anwendbar, nämlich auf das Sich-Aneignen und das nachfolgende Reproduzieren bzw. Wiedererkennen von optisch oder akustisch dargebotenem Lernmaterial, das aus Bildern, Wörtern, Sätzen oder Texten bestehen kann. Dabei kann die Zeit zwischen der Aneignungsphase und der Abrufphase durchaus variiert werden von sofortigem Abruf bis hin zum Abruf einige Tage, ja sogar Wochen später. Niemand würde auf die Idee kommen, die DKT auf ein Wahrnehmungs- oder ein sozialpsychologisches Phänomen anzuwenden, für das sie keine Anwendbarkeit beansprucht. Bei der Prüfung einer DKT wird davon ausgegangen, dass unterschiedliche Grade der Bildhaftigkeit oder Abstraktheit-Konkretheit auch in unterschiedlichem Ausmaß die beiden Kodes, dem imaginalen und den verbalen, aktivieren. Dazu muss die Darbietungszeit relativ zum Umfang des zu lernenden Materials lang genug gewählt werden, so dass es den Versuchspersonen (Vpn) möglich ist, die beiden Kodes zu aktivieren. - Die empirische Erprobung der Dualen-Kode-Theorie sowohl im US-amerikanischen Sprachraum hauptsächlich durch die Forscher/inn/engruppe um A. Paivio (zusammenfassend 1971, 1986) als auch im deutschen Sprachraum hauptsächlich durch die Forscher/innen/gruppe um W. Wippich und J. Bredenkamp (zusammen-fassend 1979) erfolgte im Rahmen von theorie-orientierten Forschungsprogrammen (s.u.), innerhalb derer die ursprüngliche Theorie mehrfach modifiziert, d.h. verbessert worden ist, um sie in Einklang mit der ursprünglichen Version widersprechenden Befunden zu bringen.

2.2 Ebene der psychologischen Hypothese (PH)

Psychologische Theorien werden als „ein begriffliches Gerüst, ein Instrument oder Werkzeug zur Ableitung immer neuer ... empirischer Hypothesen" verstanden (Westermann, 1987, S. 80). Der empirischen Hypothese vorgeordnet ist eine **empirische Behauptung**, die besagt: „Zu jedem Partialmodell der Theorie, das eine intendierte Anwendung ist, lassen sich T-theoretische Begriffe so ergänzend hinzufügen, daß die Eindeutigkeitsbedingungen erfüllt sind und daß das Resultat ein Modell der Theorie ist" (Westermann, 1987, S. 78). Anders ausgedrückt, besagt eine empirische Behauptung, dass das untersuchte empirische System ein Element des Geltungsbereiches G der Theorie: $I \subseteq G$. Während die Theorie selbst nur aus Strukturen besteht, ist die mit diesen Strukturen verbundene empirische Behauptung eine (verbale) Aussage, „und zwar eine Aussage über die erfolgreiche Anwendbarkeit des Kerns der Theorie auf eine bestimmte Menge I von [empirischen; W.H] Systemen" (Westermann, 1987, S. 79). Mit jedem Theorie-Element ist dabei *eine* derartige empirische Behauptung verbunden. Diese Aussage bezeichnet Westermann (2000, S. 254) als „psychologische Hypothese". Ihr nachgeordnet sind pro Theorie-Element zahlreiche **empirische Hypothesen**, die behaupten, ein beliebiges empirisches System $ES_h \in I$, für das die Anwendbarkeit der Theorie noch fraglich ist, ist ein Element des Geltungsbereiches der Theorie: $ES_h \in G$ (a.a.O.). (Der Index „h" dient zur Unterscheidung verschiedener empirischer Systeme.) Ich nenne diese sog. empirischen Hypothesen **psychologische Hypothesen**, weil sich die Mehrheit meiner psychologischen Hypothesen so interpretieren lässt, dass sie überprüfen, ob ein bestimmtes empirisches System, eine vollständig spezifizierte Versuchssituation, $ES_h \in I$ zum Geltungsbereich einer Theorie gehört, also die Frage stellen: $ES_h \in G$? Empirische Untersuchungen vor dem Hintergrund einer Theorie beziehen sich dabei auf nicht-T-theoretische Begriffe.

Um eine psychologische Theorie (PT) empirisch zu prüfen, werden aus ihr also psychologische Hypothesen abgeleitet, die sich auf eine der möglicherweise zahlreichen Beziehungsaussagen oder inhaltlichen Axiome der Theorie beziehen und die über die theoretischen Begriffe der Theorie formuliert sind. Ggf. werden dabei Hilfshypothesen (HH) herangezogen, mittels derer diese Ableitung erst möglich wird. Es gilt also allgemein: **(PT $\wedge$ HH) $\approx$> PH** („A $\approx$> B": „aus A wird B abgeleitet").

In der gleichen Weise wie psychologische Theorien beziehen sich auch psychologische Hypothesen (PHn) auf das psychische Erleben, auf psychische Prozesse und/oder auf Verhalten, also auf psychische Konstrukte, Begriffe, Merkmale oder auch Variablen. Sie stellen Annahmen oder Behauptungen über kausale oder nicht-kausale Beziehungen und Zusammenhänge zwischen psychologischen Konstrukten, Variablen und Sachverhalten dar. Die zweifellos wichtigste Art von psychologischen Hypothesen stellen die **Kausalhypothesen** der allgemeinen Form „Wenn ..., dann ..." dar. Eine psychologische Kausalhypothese behauptet eine Wenn-dann-Beziehung zwischen zwei oder mehr Variablen. Dabei soll **Kausalität** durch die folgenden Bedingungen gekennzeichnet sein (Westermann, 2000, S. 153):

Eine Ursache U eines Ereignisses V ist Teil einer Menge S von Bedingungen, der unter den vorliegenden Umständen a) einzeln nicht hinreichend ..., aber b) notwendig ... ist, wohingegen die Gesamtbedingung S a) nicht notwendig ..., aber b) insgesamt hinreichend ... für das Auftreten des Ereignisses V ist. Die Bedingungen, die zu S, aber nicht zu U gehören, bezeichnen wir als *Randbedingungen*. Die Bedingungen dafür, dass U eine Ursache für V ist, können dann kurz wie folgt zusammengefasst werden: a) U ist notwendig, aber nicht hinreichend für V, b) U $\wedge$ R ist hinreichend, aber nicht notwendig für V, c) R ist nicht hinreichend für V. („$\wedge$": logisches Und)

Die meisten Kausalhypothesen stehen nicht für sich, sondern sind in den größeren Zusammenhang einer Theorie eingebettet. So kann man etwa aus der oben skizzierten Dualen-Kode-Theorie (DKT) die folgende psychologische Kausalhypothese PH-1 ableiten („≈>"): **(DKT ∧ HH)** ≈> **PH-1**: „Für alle i gilt ceteris paribus distributionibus: Wenn sehr bildhaftes Material gelernt wird, dann erhöht dies im Mittel die Gedächtnisleistung im Vergleich zum Lernen von wenig bildhaftem Material". Wenn man die Konretisierung der einen Variablen, die unabhängige Variable (UV), d.h. im Beispielfall die „eingeschätzte Bildhaftigkeit" (s.u.), unabhängig von den Vpn herstellt und systematisch variiert, soll auch die Konkretisierung der anderen Variable, die abhängige Variable (AV), also im Beispielfall etwa die „Anzahl richtig reproduzierter Wörter" (s.u.), verschiedene Werte annehmen. Variiert man die UV nicht, soll auch die AV über die Versuchsbedingungen keine unterschiedlichen Werte annehmen. Die systematische Variation der UV gilt also als Ursache für die Wirkung „unterschiedliche Werte der AV". - Dabei ist es möglich, dass Kausalhypothesen sowohl theoretische bzw. nicht-beobachtbare als auch empirische Begriffe enthalten. Derartige Hypothesen, bei denen die theoretischen Begriffe für die empirische Prüfung ebenfalls konkretisiert werden müssen, eignen sich zur *Beschreibung* eines Sachverhaltes.

Ursprünglich wurden Kausalhypothesen als deterministische Allsätze konzipiert (vgl. z.B. Popper, 2002), was impliziert, dass bei Vorliegen bestimmter Antezedensbedingungen bestimmte Konsequenzen *mit Sicherheit* eintreten müssen. Bei dieser Konzeption führt dann bereits *ein* abweichender Fall zur „Falsifikation" der Kausalhypothese. Dies wäre ein *unrealistisch strenges Kriterium* für die Hypothesenentscheidung. Nach den Analysen von Westermann (1987; S. 42) werden nicht nur die Gesetze einer Theorie, sondern folgerichtig auch die zu prüfenden psychologischen Kausalhypothesen mit der Einschränkung versehen, dass im Wenn-Teil von „Verhaltenstendenzen oder -potentialen oder -neigungen" usw. die Rede ist. Daher versieht er alle Kausalhypothesen wie die Theorien ebenfalls mit Wahrscheinlichkeitsklauseln oder einer Probabilisierung (Westermann, 1987, S. 42), so dass sich für die PH-1 ergibt: **(DKT ∧ HH)** ≈> **PH-1**: „Für alle Vpn i gilt ceteris paribus distributionibus und mit Wahrscheinlichkeit $\pi > 0$: Wenn sehr bildhaftes Material gelernt wird, dann erhöht dies die Gedächtnisleistung im Vergleich zum Lernen von wenig bildhaftem Material". Oder **PH-1**: „Für alle Vpn i gilt ceteris paribus distributionibus: Wenn sehr bildhaftes Material gelernt wird, dann erhöht dies im Mittel die Gedächtnisleistung im Vergleich zum Lernen von wenig bildhaftem Material". Anders formuliert, werden nicht nur die Theorien, sondern auch alle psychologischen Hypothesen mit einer Wahrscheinlichkeitsklausel und alle Kausalhypothesen zusätzlich mit der Ceteris-paribus-distributionibus-Klausel versehen.

Neben den im Vorstehenden angesprochenen und in eine Theorie eingebettete Kausalhypothesen gibt es auch solche, für die dies nicht gilt. Dieser Fall liegt in der Regel im Bereich der **Evaluation psychologischer Interventionsmaßnahmen** vor, ist aber natürlich nicht auf diesen Bereich beschränkt. Die Evaluation psychologischer Interventionsmaßnahmen ist der technologischen Forschung im Sinne der im vorigen Abschnitt vorgestellten Unterteilung nach Herrmann (1995) zuzuordnen. Hier gibt es im Grunde nur zwei **Paradigmen der Evaluation**, nämlich die *isolierte und die vergleichende Evaluation* (Hager, 2000b, S. 188-194). Mit jedem dieser Paradigmen sind eigene Typen von psychologischen Hypothesen verbunden, die den Wirksamkeitsanspruch von Interventionsprogrammen aufgeifen und die *Kausalhypothesen* darstellen. Denn sie lassen sich z.B. in der Form paraphrasieren: „Wenn die Interventionsmaßnahme EP wirksam ist und ihre Ziele erreicht, dann sind genau spezifizierbare Verbesserungen auf Seiten der eingesetzten abhängigen Variablen zu erwarten" (Wirksamkeitshypothese) (vgl. ausführlich Abschn. 10.5).

Neben den Kausalhypothesen gibt es noch die **Zusammenhangshypothesen**, die behaupten, dass eine Variable X mit einer Variablen Y in einer Beziehung steht, dass sie systematisch miteinander kovariieren, ohne dass gesagt werden kann, dass die eine Variable die Werte der anderen kausal bedingt, oder ob es eine bisher noch unbekannte dritte Variable ist, die die beiden zunächst fokussierten kausal beeinflusst. Es wird - im Gegensatz zur Prüfung von Kausalhypothesen - keine Variable vom/von der VL systematisch variiert, sondern es wird lediglich festgestellt, ob und ggf. wie hoch die Variablen miteinander zusammenhängen oder kovariieren; die Variablen sind „fest" mit ihren „Träger/inne/n", also üblicherweise den Vpn, verbunden. Zur Kategorie der Zusammenhangshypothesen, die sich selbstverständlich auch auf mehr als nur zwei Variablen beziehen können, sollen auch Aussagen der Art zählen, dass zwischen bestimmten psychologischen Konstrukten, Variablen oder Sachverhalten keine Zusammenhänge bestehen. Zusammenhangshypothesen beziehen sich entweder auf empirische, also beobachtbare Variablen wie Geschlecht oder Psychologiestudent/in oder auch auf nicht-beobachtbare Variablen wie Leistungsfähigkeit, Frustrationsneigung usw. Sie eignen sich *nicht* zur theoretischen Erklärung psychischer Phänomene oder Sachverhalte (s.o.), sondern lediglich zur Beschreibung eines psychischen Phänomens oder empirischen Sachverhaltes, und sie haben häufig keinen Bezug zu einer vorgeordneten Theorie. Eine solche Zusammenhangshypothese kann die folgende Form haben: **PH-2**: „Zwischen der Intelligenz und der Frustrationsneigung besteht kein Zusammenhang."

Kausalhypothesen behaupten einen kausalen Einfluss einer oder mehrerer UV/n auf eine oder mehrere AV/n, und dies bedeutet, dass zwischen der oder den UV/n und der oder den AV/n auch ein Zusammenhang behauptet wird. Aus diesem Grund können Kausalhypothesen auch als Zusammenhangshypothesen interpretiert werden, während es nicht möglich ist, Zusammenhangsaussagen als Kausalhypothesen zu formulieren. Wenn zwischen der UV und der AV ein Zusammenhang besteht, bedeutet dies auch, dass unter den verschiedenen Stufen der UV andere (Mittel-) Werte der AV zu erwarten sind, so dass man Kausal- und Zusammenhangshypothesen auch Unterschiedshypothesen nennen kann.

Psychologische Hypothesen können sich dabei auch auf statistische Konstrukte beziehen wie eine Funktionsgleichung oder die Verteilung einer Zufallsvariablen.

Solange in einer Hypothese psychologische Begriffe wesentlich vorkommen, gilt sie als *psychologische* Hypothese.

In der im Vorwort genannten Auszählung von 14 deutschsprachigen psychologischen Zeitschriften der Jahre 2001 und 2002 wurde in 428 Artikeln über 603 Untersuchungen berichtet. Dabei wurden 133 Kausalhypothesen geprüft, von denen 115 gerichtet waren. Ferner wurde über die Prüfung von 361 Zusammenhangshypothesen berichtet, von denen 281 ebenfalls gerichtet waren. In 348 Versuchen wurde mit „Forschungsfragen" und ohne explizite Hypothesen operiert.

Selbst dann, wenn man meint, keine prüfbare Hypothese zur Verfügung zu haben, hat man sicherlich eine Vorstellung davon, welche Ergebnisse in einem geplanten Versuch zu erwarten sind - ist dies nicht der Fall, sollte man sich ernsthaft die Frage stellen, warum man den Versuch überhaupt durchführt. In derartigen Fällen kann die psychologische Hypothese in den Erwartungen über den Versuchsausgang bestehen. An diese „Ad-hoc-Hypothesen" müssen gar keine allzu großen Anforderungen gestellt werden. Denn nach Popper (2002, S. 7) kann auch eine „vorläufig unbegründete Antizipation" oder ein „Einfall" als psychologische Hypothese fungieren, wenn gewährleistet ist, dass sie empirisch prüfbar ist und damit grundsätzlich auch an der Empirie scheitern kann. Meehl (1978, S. 817) greift diesen Gedanken Poppers auf und spricht von „the wildest and ‚unsupported' armchair conjectures" als psychologischen Hypothesen.

Neben den bisher angesprochenen Unterteilungen können psychologische Hypothesen qualitativ oder quantitativ sein. Eine **qualitative PH** bezieht sich auf eine UV, deren Stufen unterscheidbar und in den meisten Fällen auch rangordnungsmäßig oder strikt monoton ordenbar sind. Eine *einfaktorielle qualitative PH* behauptet eine Beziehung zwischen zwei Variablen, einer UV und einer AV. Diese Behauptung kann gerichtet oder ungerichtet sein; zuweilen wird auch das Fehlen einer Beziehung behauptet. Die Gerichtetheit einer Hypothese erkennt man am Gebrauch von Wendungen wie „kleiner als", „größer als", „nicht kleiner als", „nicht größer als", „verbessert sich", „verschlechtert sich", usw. (vgl. auch Hays, 1981, S. 25), während ungerichtete PHn an Wendungen wie „gleich", „ungleich", „bleibt unverändert", „verändert sich" usw. erkennbar sind. Von *mehrfaktoriellen PHn* werden mehrere UVn und eine AV angesprochen; auch sie behaupten in aller Regel gerichtete Beziehungen.

Einen Spezialfall qualitativer Hypothesen stellen Hypothesen über eine *organismische* UV dar, deren Ausprägungen unlösbar mit den Vpn verbunden sind (Bsp.: Geschlecht, Intelligenz, „high vs. low imagers", also Personen, denen das Erzeugen von Vorstellungsbildern besonders leicht fällt, und Personen, denen dies besonders schwer fällt). Hypothesen, die sich auf eine organismische UV beziehen, sind Zusammenhangshypothesen, die nicht experimentell geprüft werden können.

Ferner kann die (empirische) UV der **PH quantitativ** sein, wobei die Stufen der UV Zahlen auf Intervallskalenniveau (s.u.) darstellen, so dass neben der Rangordnung auch die Abstände zwischen je zwei Stufen der UV interpretierbar sind; es kann dann eine funktionale Beziehung zwischen empirischer UV und empirischer AV behauptet werden. Derartige Hypothesen eignen sich üblicherweise zur Beschreibung eines psychischen Phänomens, Sachverhaltes oder Prozesses, es sei denn, dass ihnen eine Theorie vorgeordnet ist.

Bislang sind **Ziele der Wissenschaft auf verschiedenen Ebenen** angesprochen worden. Im folgenden Abschnitt werden u.a. noch einige weitere Ziele aufgegriffen, die sich auf die Versuchsplanung beziehen, also auf das „Wie" der Prüfung psychologischer Hypothesen.

2.3 Ebene der psychologischen Vorhersage (PV)

Auf der Ebene der psychologischen Vorhersage (PV) wird *vor* der Ableitung einer PV aus einer PH die Mehrheit der methodologischen und methodischen Festlegungen und Entscheidungen getroffen.

In Abschnitt 2.1 wurde die **Falsifikationsmethodologie Poppers** (2002) als Alternative zur Metatheorie des logischen Empirismus' erwähnt. Allerdings ist eine Methodologie keine „echte" Alternative zu einer Metatheorie, und deshalb wird die Methodologie erst im vorliegenden Abschnitt aufgegriffen. Zentral in dieser Methodologie ist, dass sie auf logisch-deduktiven Überlegungen aufbaut und dabei besonders auf den modus tollens (Popper, 2002, S. 45): $[(PH \rightarrow B) \wedge \neg B] \rightarrow \neg PH$ (B: Basissatz, „$\rightarrow$": logische Implikation; „$\neg$": logische Negation): Eine psychologische Hypothese (oder Theorie) impliziert eine Basissatz genannte singuläre Prognose B, die nicht eintritt. Dies zieht die Falsifikation der PH nach sich. Das **Ziel der wissenschaftlichen Forschung** ist es in dieser Methodologie, *Hypothesen und Theorien streng zu prüfen und damit einem hohen Falsifikationsrisiko* auszusetzen. Theorien können nach Popper bereits bei einem widerlegendem Befund falsifiziert werden oder erst dann, wenn eine „bessere" Theorie zur Verfügung steht. Als Folge von Falsifikationen sollen dann immer „wahrheitsähnlichere" Theorien ersonnen werden. Dabei konzediert Popper (2002, S. 354), dass „man den Gedanken eines ernstgemeinten und gut ausgedachten Widerlegungsversuches nicht vollständig formalisieren kann".

Nach Popper (2002) sollen alle Prüfungen von (psychologischen) Hypothesen und Theorien - er unterscheidet nicht klar zwischen beiden - einerseits **kritisch** und andererseits **streng** erfolgen. Dabei sind zwei Bedeutungen von „Strenge" zu unterscheiden. Einmal handelt es sich um die **Strenge der Prüfbarkeit**, die eine vom/von der VL nicht beeinflussbare logische Eigenschaft der Theorien und Hypothesen darstellt (Popper, 2002, S. 85-86). Eine Theorie oder Hypothese ist um so strenger prüfbar, je höher ihr empirischer Gehalt ist, je mehr sie also verbietet, und je mehr sie verbietet, desto eher ist sie falsifizierbar. Es gibt allerdings kaum Hypothesen oder Theorien, deren Strenge der Prüfbarkeit sich miteinander vergleichen ließe. - Zum anderen handelt es sich um die **Strenge der Prüfversuche** von Hypothesen und Theorien, die sehr wohl vom/von der VL beeinflussbar ist, und zwar durch entsprechende Maßnahmen der Versuchsplanung (s.u.). Die Strenge von Prüfversuchen als Eigenschaft eben dieser Prüfversuche ist unabhängig von der Strenge der Prüfbarkeit. So kann man eine wenig streng prüfbare Theorie oder Hypothese sehr streng prüfen, in dem man den Versuch besonders valide gestaltet. Andererseits kann eine sehr streng prüfbare Theorie oder Hypothese wenig streng geprüft werden, indem man im Rahmen der Versuchsplanung nicht alles Mögliche zur Kontrolle von potenziellen Störfaktoren unternimmt und/oder die beiden statistischen Fehlerwahrscheinlichkeiten auf vglw. liberale Werte festlegt, so dass der Prüfversuch wenig streng ausfällt (zu einer abweichenden Auffassung siehe Westermann, 2000, S. 208, Fußnote 478). Das entsprechende Desiderat Poppers bezieht sich auf die zweite Bedeutung von Strenge.

Mit dieser Methodologie sind allerdings mindestens vier Probleme verbunden.

Erstens: Ohne Zusatzannahmen bzw. Hilfshypothesen (HH) kann aus einer allgemein formulierten Hypothese (PH) kein auf eine spezielle Versuchssituation bezogener Basissatz B abgeleitet werden. Demzufolge muss die vollständige Version des modus' tollens lauten: $[(PH \land HH) \to B] \land \neg B \to (\neg PH \lor \neg HH)$ („$\land$": logisches Und; „$\lor$": logisches Oder; „$\to$": logische Implikation; „$\neg$": logische Negation). Das heißt aber, dass ein der Hypothese widersprechender Basissatz B nicht unbedingt zur Falsifikation der Hypothese führen muss, sondern auch als nicht zutreffend erkannten Hilfshypothesen angelastet werden kann. Zwar versucht Popper (2002, S. 50-51, S. 71), diese Ambiguität durch methodologische Regeln zu beseitigen, nach denen experimentelle Fehlschläge stets den Hypothesen und niemals den Hilfshypothesen oder Zusatzannahmen angelastet werden sollen, aber durch derartige Regeln wird die logische Struktur des modus' tollens unterminiert.

Zweitens: Die Methodologie Poppers ist einseitig auf Falsifikationen von Hypothesen und Theorien ausgerichtet, während „Experimente überwiegend durchgeführt werden, um die Anwendbarkeit einer Theorie zu demonstrieren, nicht um die Theorie zu widerlegen" (Westermann, 1987, S. 81). Oder wie Chow (1996, S. 63) anmerkt: „... empirical research is carried out to justify theories." Mittels des modus' tollens oder einer anderen allgemeingültigen logischen Schlussfigur kann aber nicht auf die Bewährung einer PH geschlossen werden. Und: Aus psychologischer Sicht wäre es auch nur schwer nachvollziehbar, dass jemand eine Theorie ersinnt oder vertritt, weil er/sie für die ihn/sie interessierenden empirischen Phänomene von großer Erklärungskraft hält, und dann Versuche durchführt, die dem Nachweis der Untauglichkeit der Theorie dienen sollen. Falsifikationen im Sinne Poppers finden denn auch in der empirischen Psychologie so gut wie nie statt (Kuhn, 1979): In den erwähnten 14 Fachzeitschriften aus den Jahren 2001 und 2002 mit 603 empirischen Arbeiten wurde nur eine Hypothese explizit „falsifiziert".

Drittens: Der Wahrheits- oder Falschheitsgehalt logischer Schlussfiguren hängt ausschließlich vom Wahrheits- oder Falschheitsgehalt ihrer Konstituenten ab, der *zweifelsfrei* feststellbar ist. Dementsprechend stellt Popper (2002, S. 425-426) fest, dass „eine Theorie nur dann ‚falsifizierbar' oder ‚empirisch widerlegbar' ist, wenn wir im Prinzip *mit Sicherheit entscheiden* können, ob sie tatsächlich empirisch widerlegt wurde oder nicht. Und es wird dann mit vollem Recht behauptet, daß Theorien (in diesem Sinn!) nicht falsifizierbar sind" (Hervorhebung im Orig.). Genau diese Einschränkung Poppers trifft aber auf alle unsere psychologischen Theorien, Hypothesen, Hilfshypothesen und auf die zur Prüfung von psychologischen Hypothesen aufgestellten statistischen Hypothesen zu, von denen man niemals mit Sicherheit wissen kann, ob sie wahr oder falsch sind, denn: „... *alle Sätze der Wissenschaft sind theoretisch und unheilbar fallibel*" (Lakatos, 1974a, S. 98, Hervorhebung im Orig.). Mit anderen Worten: Popper selbst räumt ein, wenn auch etwas indirekt, **dass Falsifikationen nicht möglich sind**. Wenig später unterscheidet er zwischen der Falsifizierbarkeit einer Theorie, die „eine logische Angelegenheit ist und daher (fast immer) endgültig entscheidbar" sei, und der empirischen Falsifikation einer Theorie, „die wie jede empirische Angelegenheit unsicher und nicht endgültig entscheidbar ist" (Popper, 2002, S. 426). Warum aber hat er zeit seines Lebens an der Schlussfigur des modus' tollens festgehalten? Es sind u.a. diese Argumente, die mich zu der Auffassung haben gelangen lassen, dass die an starren deduktiv-logischen Prinzipien ausgerichtete **Methodologie Poppers** (2002), wie sie Bredenkamp (1980) und Erdfelder und Bredenkamp (1994) auf die Psychologie anzuwenden versucht haben, **keine** adäquate Methodologie für die Psychologie und ihre Nachbardisziplinen darstellt. Zu dieser Methodologie stellt Herrmann (1978, S. 323) fest: „... This position can be said to have greatest influence on German psychology today". Diese Aussage stimmt insofern, als viel über den Falsifikationismus Poppers geredet, aber kaum jemals danach gehandelt wird - ich bin zwischenzeitlich der Auffassung: zu Recht. Denn die empirische Forschung folgt keiner Logik, sondern bestenfalls einer Psycho-Logik oder - um mit Kuhn (1974) zu sprechen - einer „Psychologie der wissenschaftlichen Arbeit", die im Übrigen noch näher zu untersuchen ist (vgl. dazu Knorr-Cetina, 1991; Kuhn, 1974, 1979, 1992).

Als Westermann (1985, 1987) die Metatheorie des Strukturalismus mit Aspekten der Methodologie Poppers (2002) verbunden hat, hat er dessen Ziel der wissenschaftlichen Forschung aufgegeben. Stattdessen formuliert er folgendes Ziel: „Ein ganz wesentliches **Ziel der empirischen Forschung** ist ... die Abgrenzung der erfolgreichen Anwendungsbereiche der wissenschaftliche Theorien: Für jedes Theorie-Element ist die Menge I_e [der erfolgreichen Anwendungen; W.H.] so eindeutig wie möglich gegen die Anwendungen abzugrenzen, die nicht zum Geltungsbereich gehören" (Westermann, 2000, S. 266; Hervorhebung hinzugefügt). Die für die „Logik der Forschung" essenzielle deduktive Schlussfigur des modus' tollens wird dabei aufgegeben und durch das Konzept der **Entscheidung unter Unsicherheit** bzw. **Ungewissheit** ersetzt, wobei gilt: „Alle Unsicherheit beruht auf dem Mangel an Wissen" (Jungermann, Pfister & Fischer, 1998, S. 140; vgl. auch Sixtl, 1996, S. 334-352); die Methodologie Poppers wird sozusagen „entschärft". *Und ferner wird die* **Entscheidung**, *dass eine psychologische Hypothese sich in einem Prüfversuch* **bewährt** *hat,* *als von gleicher Wichtigkeit angesehen wie die Entscheidung, dass sich eine psychologische Hypothese* **nicht bewährt** *hat.*

Um dem einseitigen und aus psychologischer Sicht auch unrealistischen Streben nach Falsifikationen ein gleichwertiges Ziel gegenüberzustellen, fordert Westermann (1987, S. 109), dass die Prüfungen von Theorie und Hypothesen nicht nur streng, sondern auch **wohlwollend** gestaltet werden sollen, um der PT und der PH auch eine Chance zur Bewährung zu geben. G. Maxwell (1974, S. 292) und Westermann (1987, 2000) sehen dabei nicht den Falsifikationsgedanken in Poppers Methodologie als das hervorragende Konzept an, sondern *erstens* Poppers **Forderung nach kritischen Prüfversuchen** und *zweitens*, „daß er die **entscheidende Rolle der Theorie und des Theoretisierens** so überzeugend hervorgehoben hat" (Westermann, 1985, S. 154; Hervorhebung hinzugefügt). Diese beiden Gedanken Poppers hat Westermann (1987) mit der strukturalistischen Theorienkonzeption verbunden, die bis dato keine eigene Methodologie umfasste.

Die beiden Desiderate „Strenge von Prüfversuchen" und „Wohlwollen von Prüfversuchen" können über bedingte „Risiken" definiert werden, und zwar:

(2.1) e_{PH} := Risiko(Entscheidung „PH hat sich bewährt"|PH trifft nicht zu)

(2.2) f_{PH} := Risiko(Entscheidung „PH hat sich nicht bewährt"|PH trifft zu).

e_{PH} und f_{PH} werden hier „Risiken" genannt und nicht Fehler*wahrscheinlichkeiten*, da sie mit dem Kalkül der Wahrscheinlichkeitstheorie von Kolmogorov (1933) vermutlich nicht vereinbar sind. Die Bezeichnung „Risiko" in diesem Kontext stammt von A. Iseler, Berlin. Mit dem „Gegenrisiko" $1 - e_{PH}$ wird eine zutreffende Entscheidung *gegen* die PH getroffen und mit dem „Gegenrisiko" $1 - f_{PH}$ eine zutreffende Entscheidung *für* die PH. Die **Strenge** im Sinne Poppers (2002) oder die **e-Validität einer Untersuchung** ist um so größer, je größer das „Gegenrisiko" $1 - e_{PH}$ ist. Das **Wohlwollen** oder die **f-Validität einer Untersuchung** ist um so größer, je größer das „Gegenrisiko" $1 - f_{PH}$ ist. Ein Versuch wäre **fair**, wenn gelten würde: $\varepsilon_{PH} \approx f_{PH}$. „A good test of a theory is a process that has low probabilities for leading us to reject a true theory or accept a false one" (Giere, 1977, S. 63). Dabei ist jeder Versuch nur mehr oder weniger e_{PH}- oder f_{PH}-valide, niemals vollständig; die beiden Validitätsarten sind daher komparative Konzepte und Ideale. Sie sind der klassischen **experimentellen Validität** von Versuchen vorgeordnet. Obwohl die Höhe der Risiken e und f in keinem Fall zahlenmäßig bestimmbar sind, kann man doch genau angeben, welche Maßnahmen der Versuchsplanung welches der beiden Risiken auf welche Art beeinflussen. – Unabhängig davon, ob sich jemand für eine eher strenge oder eine eher wohlwollende Prüfung einer PH entscheidet, muss erwartet werden, dass deren **Überprüfung kritisch** erfolgt, und zwar auch ungeachtet des Umstandes, ob man von der Erklärungskraft der Theorie überzeugt ist oder nicht, also unabhängig davon, ob man die Theorie vertritt oder nicht.

Bevor aus einer PH eine psychologische Vorhersage abgeleitet werden kann, muss man sich zunächst im Rahmen der **Versuchsplanung** mit den **Anwendungs-**

voraussetzungen der psychologischen Theorie oder Hypothese befassen. Die Theorie behauptet Anwendbarkeit auf bestimmte umschriebene psychische Phänomene, Prozesse, Zustände, Erleben, Verhalten usw., und zudem zeigen die ersten erfolgreichen oder paradigmatischen Anwendungen der Theorie, dass sie sich in der Tat zur Erklärung dieser psychischen Phänomene usw. eignet. Eine besonders wichtige Aufgabe der/des VL besteht dann darin, die Randbedingungen des Versuches so zu gestalten, dass diese psychischen Phänomene usw. auch auftreten können, weil anderenfalls die Anwendungsvoraussetzungen für die zu prüfende Theorie nicht gegeben sind; dies wird leider allzu häufig nicht beachtet (vgl. Hager, 1985). Sind die Anwendungsvoraussetzungen nicht erfüllt, führt der zu planende Versuch zu Ergebnissen, die mit Blick auf die Theorie völlig irrelevant sind: „Um ein Theorie-Element auf einen bestimmten Realitätsausschnitt anwenden zu können, muss diese Situation als Partialmodell des Theorie-Elementes beschreibbar sein. Zu einer Anwendungssituation gehören bestimmte Beobachtungseinheiten, Behandlungen, Beobachtungen, situationale Umstände und Zeitpunkte" (Westermann, 2000, S. 246). Dabei beschreibt ein Partialmodell eine bestimmte empirische Situation in nicht-T-theoretischen Begriffen, während sich ein potenzielles Modell eines Theorie-Elementes auch auf Begriffe bezieht, die mit Blick auf die zu prüfende Theorie T-theoretisch sind (Westermann, 2000, S. 245).

Bei der Prüfung einer aus der Dualen-Kode-Theorie (DKT) abgeleiteten psychologischen Hypothese gehört es zu den Anwendungsvoraussetzungen, dass *erstens* die vorgegebene Lernzeit relativ zur Länge der Liste mit dem einzuprägenden Material lang genug gewählt, dass die Vpn auch beide Kodes aktivieren können. *Zweitens:* Die zu lernenden Listen mit Bildern, Wörtern, Sätzen oder Texten muss in interindividuell einheitlicher Weise unterschiedliche Grade der Bildhaftigkeit bzw. der Abstraktheit-Konkretheit aufweisen. Wenn man Listen wählt, die sich hinsichtlich der eingeschätzten Bildhaftigkeit bzw. der Abstraktheit-Konkretheit nur geringfügig unterscheiden, ist es sehr wahrscheinlich, dass die Vpn diese Listen nicht als unterschiedlich bildhaft erleben, so dass es zu einer fälschlichen Nicht-Bewährung einer aus der DKT abgeleiteten Bildhaftigkeitshypothese kommen kann. Im üblichen Versuch zur Prüfung der DKT sind daher der Abstufbarkeit der Bildhaftigkeit, die üblicherweise auf einer Sieben-Punkte-Skala eingeschätzt wird, Grenzen gesetzt - es dürfte wenig Sinn machen, mit mehr als vier Stufen der eingeschätzten Bildhaftigkeit zu operieren. - Kurz gesagt, muss das gesamte Versuchssetting so ausgelegt sein, dass man begründet sagen kann, eine Anwendung der DKT auf das konkrete empirische System sei sinnvoll.

Viele psychologischen Hypothesen sind über abstrakte oder theoretische Begriffe formuliert (UV und/oder AV). Um sie empirisch prüfen zu können, werden die theoretischen Konstrukte oder Variablen oder Begriffe der PT bzw. der PH operationalisiert oder konkretisiert, d.h. beobachtbar gemacht. Bei der Wahl dieser **Konkretisierungen** oder Operationalisierungen spielen u.a. ggf. die Theorie, aus der die PH gewonnen wurde, und das verfügbare Hintergrundwissen sowie Hilfshypothesen ohne empirischen Gehalt (also empirisch nicht prüfbare Hilfshypothesen) eine große Rolle, und dennoch hat der/die VL eine ziemliche Freiheit bei diesem Akt der Konkretisierung, denn: „*Operationalisierungen* werden *erfunden*, sind Einfälle, Ideen wie die Theorien auch" (Irle, 1975, S. 19). Und weiter:

Eine Zuordnung von empirischen Operationen oder Beobachtungen zu theoretischen Konzepten kann als begriffliche Festlegung oder als empirische Hypothese aufgefasst werden: Interpretiert man eine Operationalisierung als analytische Aussage, das heißt, als Definition oder Konvention, muss sie theoretisch oder argumentativ begründet werden: dadurch, dass sie einfach oder plausibel ist, dass sie erfolgreich oder nützlich ist, dass sie mit einer bestimmten Theorie verträglich ist usf. Fasst man eine Operationalisierung als synthetische, das heißt empirisch gehaltvolle Aussage auf, muss sie zusätzlich durch die Ergebnisse empirischer Untersuchungen bestätigt werden. (Westermann, 2000, S. 298)

Dabei ist die bereits erwähnte **Variablenvalidität** um so höher, „je stringenter sich eine Operationalisierung begründen lässt und je besser die Theorien und Befunde abgesichert sind, auf die man dabei zurückgreift" (Westermann, 2000, S. 299). Man benutzt häufig die paradigmatischen Konkretisierungen, auf die sich die Theorie bereits als anwendbar erwiesen hat bzw. die auch bei den ersten erfolgreichen Anwendungen der Theorie benutzt wurden, oder doch zumindest solche, die einen hohen Plausibilitätsgrad haben und auf die sich eine Forscher/innen/gemeinschaft, die im selben Bereich forscht, explizit oder implizit geeinigt hat. Dies gilt auch, wenn man eine PH ohne vorgeordnete PT prüfen will. Die herangezogenen Hilfshypothesen ohne empirischen Gehalt fungieren als eine Art „Zuordnungsregel", wobei die „Richtigkeit" oder „Güte" der Zuordnung von empirischen zu theoretischen Variablen in keinem Falle empirisch überprüft werden kann, weil die theoretischen Variablen nicht theorie-unabhängig erfasst werden können. Auch kann man neuartige Konkretisierungen oder Operationalisierungen erproben, um versuchsweise den Anwendungsbereich der PT oder der PH zu erweitern. Zur Konkretisierung der theoretischen Begriffe bei der DKT und der aus ihr abgeleiteten PH-1 siehe Kapitel 3.

Die Konkretisierung der theoretischen AV, also die empirische AV, hat ein bestimmtes **Skalenniveau** als Aspekt der Variablenvalidität. Es legt fest, welche Aussagen über die Daten empirisch sinnvoll interpretierbar sind. Dies ist dann der Fall, wenn der Wahrheitswert von Aussagen, z.B. dass ein Wert größer ist als ein anderer, unter erlaubten Transformationen der Daten erhalten bleibt. Stellen die empirischen Daten Erhebungen auf **Intervallskalenniveau** dar, sind die Ränge der Daten sinnvoll interpretierbar wie auch die Abstände zwischen ihnen; es können also Aussagen über die Gleichheit oder Verschiedenheit von Differenzen getätigt werden, und diese Aussagen behalten ihren Wahrheitswert unter positiv-linearen Transformationen der Daten bei. Liegt **Ordinalskalenniveau** vor, so sind nurmehr Aussagen über Größer-/Kleiner-Relationen empirisch sinnvoll, deren Wahrheitsgehalt sich unter den erlaubten monoton steigenden Transformationen nicht ändert, die die Rangfolge der

Daten beibehalten. Hat die AV **Nominalskalenniveau**, so betreffen empirisch sinnvolle Aussagen die Gleichheit und Verschiedenheit eines oder mehrerer zwei- oder mehrstufigen Merkmals/e, denn diese Aussagen behalten ihren Wahrheitsgehalt unter den zulässigen umkehrbar eindeutigen Transformationen, durch die die Gleichheit oder Verschiedenheit der Merkmalausprägungen erhalten bleibt.

Bei der Wahl der auf der vorigen Seite angesprochenen Hilfshypothesen im vorstehenden und anderen Kontexten zur Planung des Versuchs kann man sich von folgenden Überlegungen leiten lassen: Man kann Hilfshypothesen wählen, die gut begründet oder allgemein akzeptiert sind; oder solche, die in erster Linie den syntaktischen Kriterien der logischen Konsistenz genügen, oder auch solche, die „gut verträglich" mit der zu prüfenden Theorie sind, oder auch solche, die auf besonders viele erfolgreiche Anwendungen verweisen können, die also gut bewährt sind usw.

Als nächstes befasst man sich im Zuge der **Versuchsplanung** mit der Art der Kontrolle von bekannten potenziellen Störfaktoren. Dabei besagt das **Prinzip der Kontrolle** für die Prüfung von Kausalhypothesen (Hager, 2000b, S. 182),

dass im Sinne der Sicherung der internen oder CPD-Validität und damit einer hinreichend eindeutigen Interpretierbarkeit der empirischen Daten alle nicht mit der Hypothese verbundenen und daher potenziell störenden Faktoren (Störfaktoren) zu kontrollieren sind, während die von der Hypothese angesprochenen und damit hypothesenrelevanten Faktoren systematisch variiert werden sollen. Die CPD-Validität kann also nicht auf Grund der Wahl einer bestimmten Versuchsplan-Anlage als formaler Vorschrift für die Anordnung der beteiligten hypothesenrelevanten Variablen beurteilt werden, sondern nur auf Grund des Umganges mit dieser Versuchsplan-Anlage, also auf Grund eines mit Blick auf die vorgeordnete Hypothese geeigneten Vorgehens der Versuchsplanung als Umgang mit den hypothesenrelevanten unabhängigen und abhängigen Variablen, der Kontrolle von bekannten und unbekannten potenziellen Störvariablen und der Versuchsdurchführung.

Versuchsplan-Anlagen werden hier also von Versuchsplänen unterschieden. Versuchsplan-Anlagen spezifizieren lediglich die formale Anordnung der zu untersuchenden Variablen. Bei einfaktoriellen Hypothesen muss eine Versuchsplan-Anlage mit mindestens einer UV und einer AV gewählt werden und bei mehrfaktoriellen Hypothesen entsprechend. Erst wenn man diese formalen Anordnungen mit prozeduralen Maßnahmen wie etwa der Randomisierung, der vollständigen Kreuzung oder der Hierarchisierung der Faktoren sowie der gewählten Art der Bedingungsvariation usw. verbindet, entsteht ein Versuchsplan.

Potenzielle Störfaktoren, die das Versuchsmaterial betreffen, können von solchen unterschieden werden, die mit der Versuchssituation zusammenhängen. Im ersteren Fall spreche ich von einer **Konfundierung von Variablen** im engeren Sinne und im zweiten von einer Konfundierung im weiteren Sinn. Z.B. kann bei der Prüfung der PH-1 die unterschiedliche eingeschätzte Bildhaftigkeit des Lernmaterials, die in unterschiedlichem Ausmaß die duale Kodierung evozieren soll, mit der eingeschätzten

Bedeutungshaltigkeit gleichsinnig oder gegensinnig konfundiert sein; es liegt dann eine Konfundierung im engeren Sinne vor. Da man die Bedeutungshaltigkeit nicht aus dem Lernmaterial eliminieren kann, kommen als Kontrolltechniken nur die Konstanthaltung und die systematische Variation als zweiter Faktor (A mit J Stufen) in Frage; im letzteren Fall resultiert ein zweifaktorieller Versuchsplan. Bei der Konfundierung im weiteren Sinne kann man darüber hinaus versuchen, den potenziellen Störfaktor zu eliminieren. Zu derartigen potenziellen Störfaktoren zählen u.a. das unterschiedliche Verhalten des/der VL im Versuch und/oder unterschiedliche Rahmen- bzw. Randbedingungen des Versuchs usw. Um den Einfluss des/der VL auf den Ausgang des Versuches zu minimieren, kann es geraten sein, den/die VL in Vorversuchen in seiner/ihrer Rolle zu trainieren. Sofern eine andere Methode der Kontrolle infolge begrenzter Ressourcen nicht in Frage kommt, kann man auch bei bekannten Störfaktoren randomisieren. Ist ein potenzieller und mit den Vpn verbundener Störfaktor bekannt und weiß oder vermutet man begründet, dass er in einem substanziellen Zusammenhang mit der AV Y steht, so kann man ihn *erstens* als Kontrollfaktor in das Design aufnehmen oder *zweitens* als Kovariate X einer **Kovarianzanalyse**; dies setzt allerdings voraus, dass die Werte der Kovariate bzw. der potenziellen Störvariable *vor* dem Versuch erhoben werden können und ferner, dass die individuellen Werte des Kontrollfaktors auf Intervallskalenniveau erhoben werden können. Dies ist für die Aufnahme eines potenziellen Störfaktors als Kontrollfaktor in den Versuchsplan nicht erforderlich. Eine andere Form der Kontrolle stellt die Parallelisierung der Vpn hinsichtlich des Störfaktors dar; man erhält dann randomisierte Blöcke bzw. im Zwei-Stichprobenfall parallelisierte Paare. (Die Blöcke heißen allerdings nur dann „randomisiert", wenn die Vpn eines jeden Blockes zufällig einer der K ≥ 2 Versuchsbedingungen zugewiesen werden.) Mit der Parallelisierung kann nur eine Präzisionserhöhung erreicht werden, nicht aber eine Erhöhung der CPD-Validität, worauf Bredenkamp (1980, S. 73) nachdrücklich hinweist. Die Präzision ist um so höher, je kleiner die zum Testen benutzte Varianz oder Streuung ist. - Auch die **multiple Regression** kommt als statistische Kontrollmaßnahme in Betracht.

Im nächsten Schritt im Rahmen der Versuchsplanung steht die Kontrolle gegenüber unbekannten potenziellen Störfaktoren an. Dabei handelt es sich in erster Linie um vor dem Versuch bestehende Unterschiede zwischen den Vpn. Gegenüber diesen wird man, sofern möglich, **randomisieren**, d.h. die Vpn zufällig den Versuchsbedingungen zuteilen. Je mehr randomisierbare Einheiten oder Vpn zur Verfügung stehen, um so sicherer ist es, dass die Randomisierung in dem Sinne wirksam ist, dass sie den Einfluss unbekannter potenzieller Störfaktoren annähernd gleichmäßig auf die Bedingungen verteilt und damit die CPD-Bedingung erfüllt (Steyer, 1994, S. 669-670; Westermann, 1987, S. 40-42; s.o.). Bei n ≤ 10 Vpn pro Versuchsbedingung (als Faustregel) ist nicht gewährleistet, dass die Randomisierung wirksam ist. Gelingt die angestrebte Gleichverteilung der potenziellen Störfaktoren nicht, so führt dies zu einer Variablenkonfundierung im weiteren Sinne, die dann letztlich einen Kausaleinfluss vortäuschen oder überlagern bzw. maskieren kann, also die CPD-Validität beeinträchtigt. Dabei eliminiert die Randomisierung die vor dem Versuch bestehenden Unterschiede *nicht*, wie oft geglaubt wird, sondern verteilt sie nur (annähernd) gleich auf die Versuchsbedingungen, und dies führt dazu, dass sich die Binnenvarianzen s^2_k in den Versuchsbedingungen vergrößern. Dies **vermindert die Präzision** des Versuches als nachrangigem statistischem Gütemerkmal (Aspekt der **statistischen Validität**). Versuche, in denen randomisiert wird, nennt man **Experimente**, d.h. die **Randomisierung stellt das entscheidende Merkmal eines Experimentes dar**, durch das letzteres von anderen Untersuchungsarten abgegrenzt wird (vgl. etwa Westermann, 2000, S. 270). *Das Experiment ist dabei die klassische Methode zur Prüfung von Kausalhypothesen.*

Neben dem (Prüf-)Experiment als *der* Methode zur Prüfung von Kausalhypothesen werden noch *Erkundungsexperimente* eingesetzt, die dazu dienen soll, Hypothesen zu erzeugen (Hussy & Jain, 2002, S. 31). Doch muss auch einem Erkundungsexeperiment, einer Pilotstudie, eine wenn auch noch recht unpräzise Hypothese vorangestellt werden, die lediglich zum Ausdruck zu bringen braucht, was man als Ergebnis des Versuches erwartet; ohne eine vorangestellte Hypothese kann auch ein Erkundungsexperiment nicht sinnvoll geplant werden. Und: Nach Popper (2000, 2002) kann man sich Hypothesen auch ausdenken, ohne dass man dazu einen gesonderten Versuch durchführt - die Inspektion von Versuchen, die im interessierenden Phänomenbereich bereits vorliegen, kann dabei als Inspiration dienen.

Bei Zusammenhangshypothesen, die sich im weitesten Sinne auf organismische Variablen wie Intelligenz, Geschlecht, Extraversion, Aggressionseigung, Sechstklässler/in, Psychologiestudent/in usw. beziehen, kann nicht randomisiert werden, um die CPD-Validität zu sichern, und deshalb werden sie in **Quasi-Experimenten** oder in **Korrelationsstudien**, also nicht-experimentell, aber dennoch natürlich empirisch geprüft. Dabei können jedoch vor dem Versuch bestehende andere Unterschiede als gerade die für die Hypothesenprüfung fokussierten nicht ausgeglichen werden. Ist die Randomisierung, die diesen Ausgleich herstellen soll, nicht durchführbar, so ist es streng genommen nicht möglich, aus den Zusammenhangshypothesen Vorhersagen abzuleiten (Westermann, 2000, S. 390; s.o.). Soll man deshalb bei Zusammenhangshypothesen auf die Ableitung von Vorhersagen und damit auch auf eine statistische Prüfung verzichten? Wenn man dies täte - wie könnte eine Prüfung von Zusammenhangshypothesen dann aussehen? Wegen ihrer Bedeutung in der Forschungspraxis, in der zumindest in den Jahren 2001 und 2002 die Anzahl der geprüften Zusammenhangshypothesen (361) die Zahl der Kausalhypothesen (133) bei weitem überstieg, werde ich auch aus Zusammenhangshypothesen, die meist nur unter bedeutsamer Verletzung der Ceteris-paribus-distributionibus-Validität geprüft werden können, Vorhersagen ableiten, und zwar unter der stark idealisierenden Hilfshypothese, dass die gerade nicht fokussierten Variablen nur einen vernachlässigbaren Einfluss auf die interessierende/n ausüben. Ob diese Hilfshypothese im konkreten Fall vertretbar ist, muss von Fall zu Fall entschieden werden. Dass auch bei der Prüfung von Zusammenhangshypothese Vorhersagen abgeleitet werden, darf allerdings nicht darüber hinwegtäuschen, dass ohne Randomisierung die Gefahr *beträchtlich* vergrößert ist, dass Zusammmenhänge oder Unterschiede vorgetäuscht oder überlagert (maskiert) werden: „If randomization is absent, it is virtually impossible in many practical circumstances to be convinced that the estimates of the effects of treatments are in fact unbiased" (Cochran & Rubin, 1973, S. 417). In derartigen Fällen steht jede Entscheidung über die abgeleitete/n Vorhersage/n und die zu prüfende/n Hypothese/n sozusagen „auf tönernen Füßen". Wie groß dieses Risiko ist, muss im konkreten Einzelfall vom/von der VL auf Grund ihrer/seiner Kenntnis des Hintergrundwissens im beforschten Bereich eingeschätzt werden. Wird dieses Risiko im konkreten Fall a priori als zu hoch angesehen, empfiehlt es sich, nach einem weniger risikovollen Weg zur Prüfung der Hypothese zu suchen oder auf deren Prüfung ganz zu verzichten. An diesem grundsätzlichen Problem ändert auch ein sorgfältig ausgesuchter statistischer Test und eine Testplanung nichts, denn beide können gravierende Einschränkungen der CPD-Validität nicht ausgleichen.

Ein Weg, die Validität bei der Prüfung von Zusammenhangshypothesen zu erhöhen, besteht darin, möglichst viele der potenziell störenden Faktoren zu erheben und dann statistisch zu kontrollieren, etwa per **multipler Regression** oder per **Kovarianzanalyse**, wie dies in der Forschungspraxis i.A. auch geschieht.

Allein die Tatsache, dass Störfaktoren wirksam geworden sind, invalidiert den Versuch im Übrigen nicht, sofern diese Störfaktoren in *allen* Versuchsbedingungen gleichermaßen aufgetreten sind. Lediglich *differenziell* wirksam werdende Störfaktoren, die also in einer oder einigen Versuchsbedingung/en auftreten, in anderen dagegen nicht, beeinträchtigen die experimentelle Validität.

Als nächstes wird die Entscheidung über die Art der Bedingungsvariation getroffen, die inter- oder intraindividuell erfolgen kann. Bei der **interindividuellen Bedingungsvariation** werden den Faktorstufen der UV verschiedene Vpn zugewiesen, während bei der **intraindividuellen Bedingungsvariation** jede Vp alle K Versuchsbedingungen durchläuft. Dies spart einerseits Vpn und erhöht andererseits in aller Regel die Präzision. Sie kann aber die sog. *Sequenzwirkungen* zur Folge haben, die die Ceteris-paribus-distributionibus- (CPD-) Validität entscheidend mindern können. Zu diesen Sequenzwirkungen zählen: 1) *Positionswirkungen*: a) Sensibilisierung (die Vpn reagieren unter dem/den folgenden Treatments „anders" als in dem ersten Treatment; b) Übung; c) Ermüdung und/oder Motivationsverlust; d) Erinnerung. 2) *Wirkungen der Vermengung von Behandlungswirkungen oder Übertragungs- bzw. „carry-over"-Wirkungen*: Diese potenziell störenden Wirkungen sind an die Treatments selbst gebunden. So kann es sein, dass in einem Lernexperiment die Lernliste in einer Bedingung es besonders nahelegt und erleichtert, die Items zu Gruppen zusammenzufassen (zu „clustern"), was lernerleichternd wirkt; erhält man diese Liste vor einer anderen, deren Items sich nicht in der gleichen offensichtlichen Art zum "Clustern" eignen, kann man die Erfahrungen mit der ersten Liste auf die Bearbeitung der zweiten übertragen, während dies nicht möglich ist, wenn man die zweite Liste zuerst erhält. 3) *Externes zwischenzeitliches Geschehen*, das die Validität beeinträchtigt, wenn es *differenziell* auftritt, also nicht für alle Vpn in der gleichen Weise (vgl. Hager, 1987, S. 97-103). Gegenüber diesen potenziellen Störfaktoren kann man sich verschiedener Kontrolltechniken bedienen (vgl. dazu Hager, 1987, S. 103-109). Mit diesen Techniken sind Positionswirkungen kontrollierbar, während Übertragungswirkungen nur dann kontrolliert werden können, wenn sie *symmetrisch* sind, wenn also im Beispiel beide Lernlisten in der gleichen Weise das „Clustern" nahelegen. Gegenüber *asymmetrischen* Sequenzwirkungen oder Sequenzwirkungen höherer Ordnung, bei denen die Wirkung der Versuchsbedingung B_k vor der Bedingung $B_{k'}$ anders ausfällt als die Wirkung der Faktorstufe $B_{k'}$ vor der Bedingung B_k, sind die möglichen Kontrolltechniken wirkungslos. Aus diesem Grund sollte man sich nur dann für die intraindividuelle Bedingungsvariation entscheiden, wenn man hinreichend sicher davon ausgehen kann, dass keine oder höchstens vernachlässigbare asymmetrische Sequenzwirkungen auftreten können (vgl. Hager, 1987, S. 96-109). Als Alternative zu den wiederholten Messungen bietet sich die **Parallelisierung** an (s.o), die zwar keine Einsparung von Vpn mit sich bringt, die aber ebenfalls zu einer Präzisionserhöhung führt und bei der keine Sequenzwirkungen auftreten können.

Nach der Entscheidung für eine Art der Bedingungsvariation erfolgt die Wahl eines **Versuchsplanes** auf der Grundlage der zuvor gewählten Versuchsplan-Anlage. Mit dem Versuchsplan werden die Randbedingungen für die Hypothesenprüfung geschaffen, die allerdings allein nicht ausreichen, um eine Kausalhypothese zu prüfen. Sie müssen noch ergänzt werden durch die Ursache U, d.h. durch die UV bzw. den hypothesenrelevanten Faktor (B), der in K Stufen variiert wird. Erst dann ist die Ursache U spezifiziert, die gemeinsam mit den Randbedingungen die Menge S von Bedingungen darstellt, die als tatsächlich kausal verantwortlich ist für unterschiedliche Werte der AV behauptet werden. Dann können im nächsten Schritt die Konstruktion oder Auswahl des Versuchsmaterials und die Spezifikation der übrigen Randbedingungen des Versuchs (wer, wann, wie, wo; Einzel- oder Gruppenversuch usw.) einschließlich der Wahl der Art der Stichprobe und ihrer Gewinnung erfolgen. Der Versuch wird in Vorversuchen geprobt, um Aufschluss darüber zu erhalten, ob sich alle Vorhaben auch so umsetzen lassen wie geplant, so dass sichergestellt ist, dass die Vpn wissen, was sie in dem Versuch zu machen haben.

Alle Maßnahmen der Versuchsplanung zur Prüfung einer psychologischen Theorie oder Hypothese sollen sich von drei **Prinzipien** leiten lassen.

Erstens: **Eine Untersuchung zur Prüfung einer psychologischen Hypothese soll so geplant, durchgeführt und ausgewertet werden, dass innerhalb der gegebenen Möglichkeiten, insbesondere der verfügbaren Ressourcen, das Risiko sowohl von falschen Entscheidungen *für* als auch von falschen Entscheidungen *gegen* die psychologische Hypothese minimiert wird** (Hager, 1992a, S. 16).

Zweitens: **Plane die Untersuchung so einfach, wie es in Anbetracht des untersuchten Phänomenbereiches und der zu prüfenden Hypothese möglich ist**, oder wie Hays (1981, S. 406) es formuliert: „**Keep it simple!**" Denn: „...the simpler the experiment the better will be its execution, and the more likely will one be able to decide what actually happened and what the results mean" (Hays, 1981, S. 368). Popper (2002, S. 8) fordert dabei, bevorzugt solche Folgerungen abzuleiten, die einfach überprüft werden können (s.o.; vgl. auch Popper, 2002, S. 103). Diese Auffassung teile ich allerdings nicht: Man wähle diejenige Folgerung oder Hypothese, die einem/r im konkreten Einzelfall als die interessanteste oder „attraktivste" erscheint, prüfe diese allerdings dann so einfach wie möglich.

Die Faktoren des Experiments sind vor allem naheliegenderweise die hypothesenrelevanten, also die von der geprüften Hypothese benannten. Wenn man zusätzlich einen oder mehrere Faktor/en in den Versuch aufnehmen will, etwa um die Präzision zu erhöhen oder/und einen oder mehrere potenzielle Störfaktoren durch Konstanthaltung oder systematische Variation zu kontrollieren, so sollten zu diesem Zwecke Faktoren ausgewählt werden, von denen bekannt ist oder begründet vermutet wird, dass sie eine nicht zu geringe Assoziation mit der abhängigen Variablen aufweisen. Hierüber gibt das Hintergrundwissen Auskunft. Die Aufnahme von bestenfalls marginal relevanten Faktoren vermindert die Teststärke, erfordert eine größere Stichprobe und erhöht oft die Gefahr der Nichtdurchführbarkeit der Studie (Kraemer & Thiemann, 1987, S. 52).

Drittens: **Plane die Untersuchung innerhalb der gegebenen Möglichkeiten so präzise wie möglich, d.h. so, dass die Testvarianzen bzw. die Teststreuungen möglichst gering sind und damit die Präzision möglichst hoch.** Die Präzision kann dabei durch die Kontrolltechniken der Konstanthaltung, die Elimination und der systematischen Variation von potenziellen und bekannten Störfaktoren und bspw. durch die Parallelisierung erhöht werden.

Die Bedeutung einer sorgfältigen Versuchsplanung bei der Prüfung psychologischer Hypothesen kann gar nicht hoch genug eingeschätzt werden. Je sorgfältiger bei der Planung des Versuches vorgegangen wird, desto höher wird auch die experimentelle Validität und desto höher werden die e- und f-Validität der Prüfung. Und: Der Terminus heißt Versuchs*planung*, wobei die Betonung auf *Planung* liegt, und dies heißt naheliegenderweise, dass damit Maßnahmen, Tätigkeiten, Entscheidungen, Festlegungen usw. gemeint sind, die *vor* dem eigentlichen Versuch zu erfolgen haben. *Versäumnisse und Schludrigkeiten bei der Versuchsplanung können durch kein noch so sophistiziertes statistisches Verfahren ausgeglichen werden*, wie es zuweilen (oft?) suggeriert wird, und im schlimmsten Fall kaschiert eine undurchsichtige statistische Analyse nur die Mängel bei der Versuchsplanung. Skinner (1963, S. 328) bemerkt dazu: „If the graduate student's first result is not significant, statistics tells him to increase the size of his sample; it does not tell him, ... how to achieve the same result by improving his instruments and his methods of observation" (zitiert nach Kleiter, 1969, S. 145).

Erst dann, **wenn alle Randbedingungen des geplanten Versuches bzw. das gesamte „empirische System", auf das die Theorie angewendet werden soll, einschließlich des Versuchsplanes festgelegt sind, wird es möglich, aus einer psychologischen Hypothese eine psychologische Vorhersage abzuleiten. Ich nenne dies die Bedingung der vollständigen Spezifikation der Versuchssituation („VSVS-Bedingung"). **Bei jeder Kausalhypothese gehört die Randomisierung ebenso zwingend mit zur vollständigen Spezifikation der Versuchssituation wie die Ceteris-paribus-distributionibus-Bedingung.** Ohne die letztere Bedingung können „eigentlich" keine Vorhersagen abgeleitet werden (Westermann, 2000, S. 390).

Die empirische Überprüfung von psychologischen Hypothesen erfolgt stets über aus ihnen abgeleitete Vorhersagen. Popper (2002, S. 7-8) führt dazu aus:

Aus der ... Hypothese, dem theoretischen System ... werden (unter Verwendung bereits anerkannter Sätze) empirisch möglichst leicht nachprüfbare ... Folgerungen („Prognosen") deduziert und aus diesen insbesondere jene ausgewählt, die aus bekannten ... (Hypothesen) nicht ableitbar sind bzw. mit ihnen in Widerspruch stehen. (vgl. ähnlich auch Carnap, 1946)

Diese „Ableitung möglichst leicht nachprüfbarer Folgerungen" oder Vorhersagen ist allerdings nur möglich, nachdem man die psychologischen Hypothesen „um geeignete Hilfshypothesen erweitert" hat (Chalmers, 2001, S. 13). Diese Hilfshypothesen werden in die VSVS-Bedingung mit aufgenommen.

Eine psychologische Vorhersage (PV) hat stets die logische Form eines singulären Existenzsatzes; in Poppers (2002, S. 20-21) Sprache stellt sie einen *Basissatz* dar. Die PV bezieht sich immer auf die gerichtete oder ungerichtete Beziehungsbehauptung der PH, auf die Konkretisierungen, auf den gewählten Versuchsplan und die übrigen Randbedingungen des Versuchs bzw. kurz: auf das vollständig spezifizierte empirische System (VSVS) und beinhaltet stets auf irgendeine Art auch eine bestimmte Interpretation der PH; das gilt für alle Ableitungen, die zwar deduktiv als „Ableitungen mit Zusatzspezifikationen", aber nicht strikt logisch erfolgen. Bei PHn, die in einer Theorie verankert sind, kann man sich an den PVn orientieren, die bei den (erfolgreichen) paradigmatischen Anwendungen der Theorie benutzt worden sind, aber der/dem VL steht es natürlich frei, auch andere Vorhersagen abzuleiten. Bei für sich stehenden PHn gibt es diese Möglichkeit der Orientierung an den paradigmatischen Anwendungen einer Theorie nicht, wohl aber kann man sich in derartigen Fällen an gut vergleichbaren Untersuchungen zum gleichen Phänomen orientieren. Wenn bereits in der PH beobachtbare oder empirische Variablen angesprochen werden, unterscheidet sich die PV nur durch die Festlegung eines Versuchsplanes und einiger weiterer notwendiger Randbedingungen von der PH. - Es gilt also allgemein: **(PH ∧ VSVS) ≈> PV**.

Zuweilen führt eine gewählte Konkretisierung dazu, dass sich die Richtung der PH umkehrt. Prüft man die **PH-3:** „Mit der Dauer des Schlafentzugs (beobachtbare UV) sinkt die Konzentrationsleistung (nicht-beobachtbare AV)" über die Fehlerzahlen in einem Konzentrationstest (empirische AV), die mit der Dauer des Schlafentzugs ansteigen sollen, wird trotz der Umkehrung die Gerichtetheit der PH-3 auf der Ebene der PV-3 beibehalten.

Für die PV kann man in Analogie zu e_{PH} und f_{PH} oben der Vollständigkeit halber die bedingten Risiken E_{PV} und F_{PV} definieren:

(2.3) E_{PV}: = Risiko(Entscheidung: „PV ist eingetreten"|PV trifft nicht zu)

(2.4) F_{PV}: = Risiko(Entscheidung: „PV ist nicht eingetreten"|PV trifft zu).

Diese Risiken sind eine nicht näher spezifizierbare Funktion der im Folgenden angesprochenen statistischen Fehlerwahrscheinlichkeiten ε_{SV}, φ_{SV}, α und β.

Prinzipien und Vorgehensweisen der experimentellen Versuchsplanung konnten hier nur gestreift werden; nähere Einzelheiten schlage man bei Bredenkamp (1980), bei Cook und Campbell (1979), bei Cook, Campbell und Peracchio (1990), bei Cozby (1989), bei Graziano und Raulin (1989), bei Hager (1987, 1992a), bei Huber (2000), bei Hussy und Jain (2002), bei Keppel (1991), bei Levine und Parkinson (1994), bei Shaughnessy und Zechmeister (1997), bei Solso und H.H. Johnson (1989), bei Westermann (2000) oder in jedem anderen verfügbaren neueren Werk zur Versuchsplanung und -auswertung nach. Man beachte dabei aber, dass viele Bücher, deren Titel das Wort „Versuchsplanung" enthält, Bücher über die statistische Auswertung von Versuchen sind.

Auf der Ebene der psychologischen Vorhersage findet auch die Entscheidung darüber statt, auf welche Art und Weise man die anfallenden Daten auswerten will, doch soll dieser Aspekt erst im folgenden Abschnitt behandelt werden, in dem auf die wesentlichsten statistischen Ansätze kurz eingegangen wird.

2.4 Ebene der statistischen Vorhersage (SV)

Üblich ist in der Psychologie, aber auch in vielen anderen Fächern, in denen empirisch geforscht wird, irgend eine Art der **statistischen Auswertung** der im Versuch erhobenen Daten. Bewusst habe ich nicht „*die statistische Auswertung*" geschrieben, weil man sehr verschiedenartige statistische Auswertungen vornehmen kann. Die Entscheidung für eine bestimmte Art des statistischen Vorgehens wird dabei getroffen, weil diese Art in dem beforschten Phänomenbereich üblich ist oder weil man in einer bestimmten Art wissenschaftlich sozialisiert worden ist (etwa durch die Methodenausbildung) oder weil man eine bestimmte Art des Vorgehens im konkreten Fall für sinnvoll hält oder weil man generell eine bestimmte statistische Verfahrensweise für am überzeugendsten begründet hält. Im Wesentlichen kommen die im Folgenden kurz skizzierten Ansätze für die statistische Auswertung in Frage.

Beginnen wir mit der **Bayes-Statistik**. Das dieser statistischen Theorie zugrunde liegende Theorem lässt sich dabei aus den klassischen Axiomen der Wahrscheinlichkeitstheorie von Kolmogorov (1933) ableiten, und es lautet:

(2.5) $\pi(SH_j|D) = \dfrac{\pi(SH_j)\pi(D|SH_j)}{\pi(D)} = \dfrac{\pi(SH_j)\pi(D|SH_j)}{\sum \pi(SH_k)\pi(D|SH_k)},$

wobei $\pi(SH_j)$ das subjektive Vertrauen eines/einer Forschers/Forscherin in eine statistische Hypothese SH_j bezeichnet, die Prior-Wahrscheinlichkeit; diese Hypothesenwahrscheinlichkeit ist vor dem Versuch zahlenmäßig zu spezifizieren. Es gilt: $j \in k$. $\pi(D)$ bezeichnet die Wahrscheinlichkeit der Daten ungeachtet des Wahrheitsgehaltes der Hypothese H_j. $\pi(D|SH_j)$ ist die Wahrscheinlichkeit der Daten unter der Bedingung, dass die Hypothese H_j zutrifft. $\pi(SH_j|D)$ bezeichnet dann das Anwachsen $[\pi(SH_j|D) > \pi(SH_j)]$ oder das Abnehmen des Vertrauens $[\pi(SH_j|D) < \pi(SH_j)]$ in diese Hypothese auf Grund der erhobenen Daten, die Posterior-Wahrscheinlichkeit. Dabei gibt es zwei Gruppen von Bayesianern, nämlich solche, die mit objektiven Prior-Wahrscheinlichkeiten operieren, und solche, die mit subjektiven Prior-Wahrscheinlichkeiten arbeiten (Chalmers, 2001, S. 144-146). Fehlerwahrscheinlichkeiten sind unter diesem Ansatz *nicht* definiert. Das **Ziel der empirischen Forschung** besteht dann darin, die Wahrscheinlichkeit für eine bestimmte Hypothese durch mehrfache Versuche auf einen Wert nahe bei Eins zu bringen. Für Personen, die sich nicht als Anhänger/innen des Bayes-Ansatzes sehen, bleibt es allerdings fraglich, ob es sinnvoll sein kann, mit Hypothesenwahrscheinlichkeiten zu operieren. Chow (1996, S. 145) bemerkt zum Vorgehen: „Bayesians do not collect data to test hypotheses: they collect data to affix subjective degrees of belief to hypotheses". Und Westermann (1987, S. 124) stellt fest, dass der Umgang mit Hypothesenwahrscheinlichkeiten „sowohl in der Falsifikationstheorie wie innerhalb der strukturalistischen Theorienkonzeption keine sinnvolle Vorstellung" darstellt. Aber man muss ja weder Popperschen Gedanken noch der strukturalistischen Theorienkonzeption anhängen. Doch habe ich weder in Chalmers (2001) noch in dem Reader von Rouanet, Bernard, Bert, B. Lecoutre, M.-P. Lecoutre und LeRoux (1998) noch in Winkler (1993) noch in einer mir sonst zugänglichen Quelle Hinweise auf eine dem Bayes-Ansatz vorordenbare Metatheorie gefunden; dennoch mag es eine geben. Siehe zur ausführlicheren Darstellung des Bayes-Ansatzes und der Kritik an ihm u.a. Chalmers (2001, S. 141-154), Molenaar und Lewis (1996), Oakes (1986, S. 129-142), Ostmann und Wutke (1994, S. 726-730), Rouanet, Bernard, Bert, B. Lecoutre, M.-P. Lecoutre und LeRoux (1998) sowie Witte (1980, S. 40-44). In der psychologischen Forschungspraxis trifft man statistische Bayes-Analysen so gut wie nicht an - in den 603 Versuchen in den 14 Zeitschriften der Jahre 2001 und 2002 überhaupt nicht.

Der Begriff der „Likelihood" („Mutmaßlichkeit") wurde von R.A. Fisher (1921) eingeführt. Auf ihm beruht die **Likelihood-Quotienten-Inferenz** dar, bei der mit den Fehlerwahrscheinlichkeiten α (Wahrscheinlichkeit, die Nullhypothese zu Unrecht abzulehnen; Fehler 1. Art) und β für eine fälschliche Nicht-Annahme der Alternativhypothese (Fehler 2. Art) operiert wird. Sie kann nur dann zur Anwendung gelangen, wenn man zwei exakte statistische Hypothesen einander gegenüberstellen kann (vgl. ausführlich Haagen & Seifert, 1979, S. 229-241; Wendt, 1983, S. 495-99; Witte, 1980, S. 34-40). Auch diese statistische Zugangsweise findet man so gut wie gar nicht in der psychologischen Forschungspraxis (in den 603 Versuchen der Jahre 2001 und 2002 drei Mal); in neueren Lehrbüchern wird sie nicht besprochen.

Eine andere statistische Verfahrensweise stellt das **Parameterschätzen** dar. Bei diesem werden für die Stichprobe/n berechnete Kennwerte dazu herangezogen, Parameter von Populationen zu schätzen. Um als Schätzer fungieren zu können, müssen die für die Stichprobe/n berechneten Kennwerte den klassischen Kriterien der Parameterschätzung genügen, und zwar der Erwartungstreue, der Konsistenz, der (relativen) Effizienz und der Suffizienz (vgl. dazu Bortz, 1999, S. 95-97). Meist wird die Parameterschätzung noch ergänzt durch die Methode der **Konfidenzintervalle** (vgl. Kähler, 2002, S. 331-350), die im Übrigen auf Neyman und E.S. Pearson zurückgeht (vgl. Neyman, 1937, 1941). Dazu merkt die APA (2001, S. 22) an: „The use of confidence intervals is ... strongly recommended." Umschließt ein Konfidenzintervall den Wert Null, dann wird geschlossen, dass auch der geschätzte Parameter nicht von Null verschieden ist. Auch für Konfidenzintervalle ist im Übrigen eine Bestimmung des benötigten Stichprobenumfanges möglich (Bortz, 1999, S. 103-105). Bei der Methode der Parameterschätzung und der Konfidenzintervalle wird davon ausgegangen, dass das wichtige **Ziel in den empirischen Wissenschaften** nicht in der Prüfung von Hypothesen besteht, sondern in der **Schätzung von Parametern** (vgl. A. Aron & E.N. Aron, 2003, S. 239; Brandstätter, 1999; Klauer, 1996). Auch diese beiden Arten des statistischen Vorgehens sind in der (psychologischen) Forschung selten anzutreffen, wenn auch häufiger als Bayes-Analysen - in den 603 Untersuchungen in 14 psychologischen Fachzeitschriften der Jahre 2001 und 2002 zehn Mal.

Eine weitere alternative Vorgehensweise stellt das **sequenzielle Testen** nach Wald (1947) dar. Dieses setzt voraus, dass *vor* dem Versuch die Fehlerwahrscheinlichkeiten α für einen Fehler 1. Art und β für einen Fehler 2. Art festgelegt werden.

Man beobachtet dann solange, bis eine der kritischen Grenzen α (zur Ablehnung der Nullhypothese H_0) oder β (zur Ablehnung der Alternative H_A) erreicht ist; je nach Ausfall der Stichprobe kann das einmal früher, einmal später der Fall sein. ... Nach jeder Einzelbeobachtung wird entschieden, ob H_0 oder H_A verworfen oder ob weiter beobachtet werden soll. (Wendt, 1993, S. 494; vgl. Diepgen, 1996; E. Weber, 1967, Kap. 55 bis 63; Witte, 1980, S. 28-33)

Dieses Verfahren, bei dem der Entscheidungsgedanke im Vordergrund steht, hat sich allerdings in den Wissenschaften nicht durchsetzen können und wird in neueren Statistik-Lehrbüchern nicht einmal mehr erwähnt (vgl. A. Aron & E.N. Aron, 2003; Bortz, 1999; Kähler, 2002; G. Lehmann, 2002, sowie Nachtigall & Wirtz, 2002; Ausnahme: Sixtl, 1996, S. 353-357). Es ist auch nur schwer vorstellbar, wie man psychologische Versuche gestalten muss, um sie mittels der Sequenzialstatistik auswerten zu können, bei der die Größe der Stichprobe gleichsam als Zufallsvariable fungiert. Wenn man bspw. einen Gruppenversuch durchführen kann, der gegenüber Einzelversuchen stets auch ressourcensparend ist, aber das Ergebnis in der Indifferenzzone liegt, in der weder eine Entscheidung für die H_0 noch für die H_A gefällt werden kann, soll man dann solange Einzelversuche durchführen, bis eine eindeutige Entscheidung möglich ist? Die Ergebnisse können dann nicht mehr miteinander verglichen werden. Auf der anderen Seite bietet die Sequenzialstatistik gegenüber den als nächstes anzusprechenden klassischen statistischen Tests den Vorteil, dass man in aller Regel unter sonst gleichen Bedingungen mit weniger Vpn auskommt. - Die Sequenzialstatistik nach Wald (1947) wurde im Übrigen in den 603 Versuchen in psychologischen Fachzeitschriften der Jahre 2001 und 2002 nicht angewendet.

Mit Abstand am häufigsten eingesetzt werden in der empirisch forschenden Psychologie und ihren Nachbardisziplinen **statistische Tests**, die vor dem Hintergrund zweier verschiedener und **miteinander konkurrierender statistischer Testtheorien** durchgeführt werden können, und zwar der **Theorie des Signifikanztests von Ronald Aylmer Fisher** (z.B. 1956, 1966; FST) und der **Theorie des statistischen Hypothesentestens von Jerzy Neyman und Egon Sharpe Pearson** (vgl. Neyman, 1942, 1950; Neyman & E.S. Pearson, 1933; NPT). Beide Theorien bauen auf der gleichen Grundlage auf, die im Jahre 1990 von K. Pearson, dem Vater von E.S. Pearson, mit der Theorie des χ^2-**Anpassungstests** geschaffen wurde (vgl. K. Pearson, 1992). In der Forschungspraxis herrscht dabei die Theorie von Fisher vor (z.B. in den Jahren 2001 und 2002 in 402 von 428 Artikeln), allerdings angereichert mit Elementen der Neyman-Pearson-Theorie, so dass Spielman (1973, 1974) sowie Gigerenzer, Swijtink, Porter, Daston, Beatty und Krüger (1989; S. 106-109) von einer „hybriden Praxis" sprechen: „This hybrid is essentially Fisherian in its logic, but it pays lip service to the Neyman-Pearson theory of testing ... Some researchers do use the Neyman-Pearson theory of testing in a pure form, but they constitute a small minority" (Spielman, 1974, S. 211; vgl. auch Gigerenzer, 1993, S. 322-331; Gigerenzer & Murray, 1987, S. 20-22). Allerdings: Diese Hybridisierung muss nicht unbedingt nachteilig sein: Wenn man auf der Grundlage der FST nicht nur p-Werte, sondern auch Effektgrößen berechnet, dann hat man damit zwar auf ein Konzept aus der Neyman-Pearson-Theorie zurückgegriffen, aber Effektgrößen sind allemal informativer als p-Werte. Der Hybridisierung wird auch dadurch Vorschub geleistet, dass beide Theorien etliche zentrale Konzepte gemeinsam haben: die Testverteilungen, einen Ablehnungsbereich, statistische Tests wie den **t-Test** von W.S. Gosset („Student", 1908) und die **Varianzanalyse** (Fisher, 1925) usw. - Witte (1980, S. 17) und Wottawa (1983, S. 4) vertreten die meiner Ansicht nach falsche Auffassung, dass in der Forschungspraxis der statistische Test nach Neyman und E.S. Pearson vorherrsche; diese Theorie wurde in den 428 Artikeln in 14 deutschsprachigen Zeitschriften der Jahre 2001 und 2002 nur zehn Mal verwendet.

In der **Signifikanztesttheorie von Fisher** wird jeweils einer „Forschungshypothese" als Negation eine testbare Nullhypothese (H_0) gegenübergestellt, die zurückgewiesen werden soll: „Every experiment may be said to exist only in order to give the facts a chance of disproving the null hypothesis" (Fisher, 1966, S. 16). Ist dies nicht möglich, wird keine Schlussfolgerung gezogen. Diese Zweiteilung ist allerdings in der von Fisher vorgesehenen Form nicht haltbar, denn eine „Forschungshypothese" bezieht sich auf psychologische Inhalte und hat nichts Statistisches an sich. Von daher kann sie nur durch eine andere „Forschungshypothese" negiert werden, nicht aber durch eine statistische Nullhypothese. In der Forschungspraxis, aber auch in

Lehrbüchern ist dabei gar nicht selten der Fall anzutreffen, dass eine „Forschungshypothese" als statistische Hypothese, meist als H_1, bezeichnet wird und ihre explizit verbalisierte Negation als H_0 (vgl. z.B. A. Aron & E.N. Aron, 2003, S. 244 et passim, besonders S. 263; Bortz, 1999, S. 135, 150 et passim; Conover, 1999, S. 96 et passim; Kähler, 2002, S. 244 et passim; Sixtl, 1996, S. 335). Um als statistische Hypothese fungieren zu können, muss sich eine Hypothese auf Zufallsvariablen und deren Kennwerte und/oder deren Verteilung beziehen (vgl. Willmes, 1996, S. 112), da sie andernfalls keinem Test unterzogen werden kann; eine solche Hypothese beinhaltet dann keinerlei Aussage über psychologische Inhalte. Und da „Nullhypothese" ein feststehender Begriff für diejenige statistische Hypothese ist, die mit einem Signifikanztest oder einem statistischen Hypothesentest getestet wird und die auf statistischer Ebene meist der Behauptung äquivalent ist, dass kein Unterschied oder kein Zusammenhang besteht, trägt es nur zur begrifflichen Verwirrung bei, wenn eine derartige Hypothese über psychologische Inhalte formuliert wird. Also: *Eine Nullhypothese bezieht sich immer ausschließlich auf statistische Konzepte, vor allem auf Zufallsvariablen und deren Kennwerte.* Es ist nicht möglich, aus ihrer Ablehnung auf die Richtigkeit der „Forschungshypothese" zu schließen.

Der entscheidende Kennwert, der in der FST bestimmt wird, ist der **p-Wert** (vgl. Cox & Hinkley, 1974, S. 66). Dieser p-Wert wird oft als „evidentialistisches Stützungsmaß gegen die H_0 und für die Forschungshypothese" interpretiert (Cox, 1958b, S. 366), weswegen die Fisher-Theorie auch als evidentialistische Theorie klassifiziert wird (vgl. Mayo, 1985). In der Forschungspraxis, aber auch in Lehrbüchern gibt es etliche *falsche Interpretationen des p-Wertes* (vgl. Greenwald, Gonzalez, Harris & Guthrie, 1996, S. 178). *Erstens*: Der p-Wert gibt *nicht* die Wahrscheinlichkeit an, dass die Nullhypothese falsch ist. *Zweitens*: Der p-Wert bezeichnet *nicht* die Wahrscheinlichkeit dafür, dass die Theorie oder „Forschungshypothese", zu deren Prüfung der statistische Test durchgeführt wurde, zutrifft. Der p-Wert stellt also ein Maß des Vertrauens in das Zutreffen der „Forschungshypothese" bzw. Theorie dar. *Drittens*: Das Komplement des p-Wertes gibt *nicht* die Wahrscheinlichkeit dafür an, dass eine exakte Replikation des Versuches das Ergebnis des Originalversuchs reproduziert. *Viertens*: Der p-Wert stellt *kein* Maß für die Bedeutsamkeit des Ergebnisses für die untersuchte Population dar, kann also Effektgrößen *nicht* ersetzen.

Neyman und E.S. Pearson entwickelten eine alternative **Theorie des statistischen Hypothesentestens**. Sie stimmten mit Fisher in seiner Ablehnung des Bayes-Ansatzes überein, bei dem es darum geht, Hypothesen nicht zu prüfen, sondern mit subjektiven Vertrauenswahrscheinlichkeiten zu versehen (s.o.), und beide „were impressed by Fisher's new ideas, especially by his theory of estimation and his concept of a statistical model" (Gigerenzer, Swijtink, Porter, Daston, Beatty & Krüger, 1989, S. 98). Allerdings meinten sie, dass Fisher keine logische Grundlage für die Entscheidung für eine bestimmte Teststatistik unter gegebenen Umständen bereit gestellt habe (a.a.O., S. 99) und dass ein fundamentales Versäumnis in der Fisher-Theorie darin bestand, nur mit einer statistischen Hypothese zu operieren. Deshalb wird in ihrer statistischen Testtheorie mit einer Nullhypothese und einer dieser üblicherweise komplementären Alternativhypothese operiert, die den gesamten Parameterraum und damit alle überhaupt möglichen Resultate erfassen (Neyman und E.S. Pearson vermeiden die Bezeichnung „Nullhypothese" und sprechen statt dessen von der „getesteten Hypothese"; Neyman, 1942, S. 304). Während sich die Null- oder getestete Hypothese sowohl unter der Fisher- wie unter der Neyman-Pearson-Theorie auf *einen* exakten Wert, meist Null, bezieht, handelt es sich bei „der" Alternativhypothese, H_1, unter der Neyman-Pearson-Theorie stets um eine ganze Menge von Hypothesen, und zwar für jeden möglichen Wert der Effektgröße bzw. des Nonzentralitätsparameters genau eine. Die Spezifikation einer Effektgröße unterteilt die Menge aller Alternativhypothesen in zwei disjunkte Teilmengen, und zwar eine, die sich auf den Effekt festgelegter Größe oder größer bezieht, und eine zweite, die sich auf alle kleineren Werte der Effektgröße bezieht. Ferner entwickelten Neyman und E.S. Pearson Kriterien für die Auswahl einer jeweils besten Teststatistik. Danach soll von allen jeweils in Frage kommenden Tests gerade derjenige ausgewählt werden, der gegenüber seinen Konkurrenten am gleichmäßig teststärksten ist („uniformly most powerful"; UMP). In ihrer Arbeit Neyman und E.S. Pearson (1933) führten sie dann das Konzept der „power" (Teststärke, Trennschärfe; $1 - \beta$) ein, deren Komplement die Wahrscheinlichkeit β ist. In der ihrer Theorie sind sowohl das Signifikanzniveau α als auch die Teststärke $1 - \beta$ a priori festzulegen. Neyman und E.S. Pearson (z.B. 1933, S. 291) verstanden ihre Theorie als Entscheidungstheorie und waren der Auffassung, dass man niemals wissen könne, ob eine statistische Hypothese wahr oder falsch ist (Neyman & E.S. Pearson, 1933, S. 290). Sie sahen vor, die über die statistischen Hypothesen getroffenen **Entscheidungen** als Grundlage entsprechender Handlungen („rule of behavior"; Neyman & E.S. Pearson, 1933, S. 290) zu nehmen, also sich so zu verhalten, als ob die angenommene statistische Hypothese zuträfe: Eine statistische Hypothese anzunehmen oder abzulehnen ist „an act of will or a decision to take a particular action ..." (Neyman, 1957, S. 10). Vor diesem Hintergrund ist die Behauptung von G. Lehmann (2002, S. 237): „Bei Akzeptanz von H_1 gilt ... H_1 im *statistischen Sinne* als *bewiesen* bzw. H_0 als *widerlegt*" (Hervorhebung im Orig.) schlicht falsch. Fisher hingegen lehnte den Entscheidungsgedanken stets vehement ab (Fisher, 1955; vgl. auch Cowles, 1989, S. 194). Neyman (1957, S. 12) und Giere (1972, S. 177) haben aber zu Recht darauf hingewiesen, dass auch in der Fisher-Theorie Entscheidungen erforderlich sind. Und nicht zuletzt unterscheiden Neyman und E.S. Pearson explizit zwischen „substantiven" und statistischen Hypothesen und räumen der „substantiven", also im vorliegenden Fall der psychologischen Hypothese, das Primat vor den statistischen Hypothesen ein (Neyman, 1950, S. 290).

Des Weiteren ist es unter dieser Theorie möglich, auch Nullhypothesen beizubehalten (Neyman, 1942, S. 303), wenn die Fehlerwahrscheinlichkeit β kontrolliert und auf einen kleinen Wert gebracht wird. Die Idee, die Teststärke des jeweils ausgewählten gleichmäßig teststärksten Tests systematisch durch den Stichprobenumfang zu beeinflussen, wird bereits mit den Arbeiten zur Teststärkefunktion des **t-Tests** von

Kolodziejzik (1933), von Neyman (1935), Neyman, Iwaszkiewicz und Kolodziejzik (1935) sowie von Neyman und Tokarska (1936) behandelt (vgl. auch Neyman, 1942, S. 317) und kann ab diesem Zeitpunkt als Bestandteil der Neyman-Pearson-Theorie angesehen werden. Mit dem Erscheinen der Arbeit von E.S. Pearson und Hartley (1951) kann dann die Planung auch für varianzanalytische Tests durchgeführt werden. - Die „Entsprechung" der Teststärke in Fishers Theorie ist das Konzept der „Sensitivität eines experimentellen Designs" (Cox, 1958a, 1992; vgl. Gigerenzer, Swijtink, Porter, Daston, Beatty & Krüger, 1987, S. 102: Lipsey, 1990).

Die nachstehenden Tabellen 2.2 und 2.3 geben einen summarischen Überblick über die wesentlichen Unterschiede zwischen den beiden statistischen Testtheorien (vgl. dazu auch Cowles, 1989, S. 181-199, sowie Ostmann & Wutke, 1994, S. 709-716, S. 716-722; zur Kritik der beiden Testtheorien siehe bspw. Oakes, 1986, S. 118-129). Eine vergleichende Diskussion zwischen den statistischen Tests und konkurrierenden statistischen Methoden findet sich in dem Reader von Harlow, Mulaik und Steiger (1997). Eine ausführlichere Darstellung der Neyman-Pearson-Theorie gibt Willmes (1996); vgl. auch E.L. Lehmann (1997) und Neyman (1942, 1950).

Nicht nur in der Forschungspraxis, sondern auch in *Lehrbüchern der Statistik und der Versuchsplanung* wird zwischen diesen beiden konkurrierenden Theorien nicht differenziert, und was in den Lehrbüchern enthalten ist, ist ebenfalls eine hybride Mischung aus beiden (s.o.). Ferner bleiben kontroverse Konzepte stets ausgespart (Cowles, 1989, S. 198), und es wird auch nicht angesprochen, welcher dieser Theorien die gerade behandelten Konzepte entnommen wurden (Gigerenzer & Murray, 1987, S. 22). Unerwähnt bleibt ferner, dass es sich um Test*theorien* handelt. Würde man die Tatsache, dass es sich in beiden Fällen um (statistische) *Theorien* handelt, deutlich herausstellen, dann wäre allerdings die Gefahr gegeben, dass man Gedanken der „wissenschaftlichen Objektivität", die viele Kolleg/inn/en mit statistischen Tests verbinden, und den „implicit belief in the theory-neutrality of the techniques employed" (Danziger, 1985, S. 3) aufgeben müsste. Doch ist dies möglicherweise eine unangemessene Auffassung von Objektivität, nach der objektiv nur das ist, „what is given by formal logical principles" (Mayo, 1983, S. 316). Sie setzt eine andere Auffassung dagegen: „We take the view that objectivity requires assertions to be checkable, testable, or open to criticism by means of fair standards dards or control" (Mayo, 1983, S. 321).

Nur zwei der mir bekannten Lehrbücher nehmen vergleichend auf die FST und die NPT Bezug, nämlich das von A. Aron und E.N. Aron (2003, besonders S. 620-621) und das von Haagen und Seifert (1979, S. 183-228), und einen lesenswerten Abriss der langandauernden Debatte zwischen den Schöpfern der beiden Testtheorien findet man bei Cowles (1989, S. 189-199) und bei Gigerenzer, Swijtink, Porter, Daston, Beatty und Krüger (1989, S. 90-115). Und selbst von den sieben mir bekannten Büchern zur Teststärkenanalyse (s. Kap. 1) geht lediglich J. Cohen (1988, S. 10-11) kurz darauf ein, dass die Teststärkenanalyse auf der Grundlage der Fisher-Theorie nicht erfolgen kann.

Wie mag es zu erklären sein, dass die FST von Fisher in der Forschungspraxis und in den Lehrbüchern die Vorrangstellung einnimmt? Im Gegensatz zu Neyman und E.S. Pearson hat Fisher etliche Teststastiken entwickelt und ihre Testverteilung, also ihre zentrale Verteilung, abgeleitet und zudem verschiedene Bücher verfasst, die ohne anspruchsvollen mathematischen Hintergrund verstehbar sind, die ohne mathe-

Tabelle 2.2: **Die wichtigsten Unterschiede zwischen den Testtheorien von R.A. Fisher und von J. Neyman und E.S. Pearson**

Merkmal	Signifikanztests nach R.A. Fisher (FST)	Hypothesentests nach J. Neyman und E.S. Pearson (NPT)
1) **Ziel:**	Bestimmung des p-Wertes als Maß des Vertrauens in eine (nichtstatistische) Forschungshypothese	Entscheidung für eine von zwei entgegengesetzten statistischen Hypothesen
2) **Natur:**	statistische Inferenz i.S. von Schlüssen auf (hypothetische) Populationen	Entscheidungsfindung, um nachfolgendes Verhalten zu begründen
3) **Testparadigma:**	evidentialistisch: p-Wert als Maß des Vertrauens	behavioristisch: Entscheidung leitet folgendes Verhalten („rule of behavior")
4) **Zufallsstichproben:**	ein theoretischer Rahmen zur Beurteilung der Daten und logische Grundlage zur Berechnung des p-Wertes	der Mechanismus, unter dem die Daten erhoben werden - und zwar unter gedachten sehr vielen Wiederholungen des gleichen Versuchs
5) **Kontrolle der Fehlerwahrscheinlichkeit α:**	A-priori-Festlegung von α mal vorgesehen (Fisher, 1935, S. 13, S. 25), mal nicht (Fisher, 1956, S. 42)	A-priori-Festlegung von α erforderlich; frequentistische Interpretation
6) **Kontrolle von β bzw. von $1 - \beta$, der Teststärke:**	nicht vorgesehen und nicht möglich; dafür „Sensitivität eines Designs"	vorgesehen, als die entsprechenden nonzentralen Verteilungen abgeleitet worden waren (vgl. Text)
7) **Effektgröße:**	nein, dafür p-Wert	ja
8) **Annehmbarkeit der H_0:**	nein	ja, wenn Kontrolle von β
9) **Ergebnis:**	$\pi(D/H_0)$	$\pi(D/H_0)$ und $\pi(D/H_1)$
10) **inhaltliche Hypothesen:**	ja, „Forschungshypothese", der als Verneinung die zurückzuweisende H_0 gegenübergestellt wird	ja, aber die Beziehung zwischen inhaltlichen und statistischen Hypothesen bleibt offen

Anmerkungen. $\pi(D/H)$ bezeichnet die Wahrscheinlichkeit der Daten unter der Annahme des Zutreffens einer statistischen Hypothese (H_0 oder H_1).

Tabelle 2.3: Das Vorgehen unter den beiden konkurrierenden Testtheorien FST und NPT

Signifkanztests nach R.A. Fisher (FST)	Hypothesentests nach J. Neyman und E.S. Pearson (NPT)
1) Spezifiziere die H_0, d.h. die zurückzuweisende Negation einer Forschungshypothese.	1) Spezifiziere die H_0, die Hypothese einer Nulldifferenz oder eines fehlenden Zusammenhanges, und die ihr komplementäre H_1.
2) Spezifiziere eine geeignete Teststatistik (TS) für die Testung der H_0 und die zugehörige Testverteilung.	2) Spezifiziere eine geeignete Teststatistik (TS) für die Testung der H_0 und die zugehörige Testverteilung.
3) In Fishers Schriften uneinheitlich: Spezifiziere das Signifikanzniveau α a priori oder auch nicht.	3) Spezifiziere a priori das Signifikanzniveau α, die Teststärke $1 - \beta$ und eine nchzuweisende Effektgröße.
	4) Bestimme a priori den benötigten Stichprobenumfang relativ zu α, zu β und zum Wert einer Effektgröße.
4) Erhebe die Daten und bestimme den empirischen Wert von TS, TS_{emp}.	5) Erhebe die Daten und bestimme den empirischen Wert von TS, TS_{emp}.
5) Berechne den p-Wert zu TS_{emp}.	6) Bestimme den kritischen Wert von TS, TS_{krit}, und den Ablehnungsbereich
6) Beurteile die Größe des empirischen p-Wertes. Ist er hinreichend klein (p ≤ 0,05; optional: p ≤ α), weise H_0 zurück und bezeichne die „Forschungshypothese" als zutreffend. Verallgemeinere ggf. auf die Population/en. Ist der p-Wert *nicht* hinreichend klein, ziehe keine Schlüsse.	7) Vergleiche TS_{emp} und TS_{krit}: Gilt, dass $|TS_{emp}| \geq |TS_{krit}|$, weise H_0 zurück und nimm' H_1 an; andernfalls behalte H_0 bei. Verhalte dich so, als ob die angenommene statistische Hypothese zuträfe. – Keine Hinweise, wie mit einer vorgeordneten inhaltlichen Hypothese zu verfahren ist.
	8) Bestimme den Wert der Effektgöße und vergleiche ihn mit dem Kriteriumswert.[1]

Anmerkungen. Zusammengestellt nach Chow (1996, S. 21) und Huberty (1993, S. 318) und in etlichen Punkten ergänzt. [1] Der angesprochene Vergleich ist in der NPT nicht vorgesehen.

matische Beweise auskommen und die sich gleichzeitig auch mit der Gestaltung von Experimenten und der wissenschaftlichen Methode befassen (Fisher, 1925, 1950: „Statistical methods for research workers"; 1935, 1960: „The design of experiments"; 1956: „Statistical methods and scientific inference"). Diese Bücher haben den Signifikanztest popularisiert und gleichzeitig mit der Planung von Experimenten und der „adäquaten" wissenschaftlichen Methode Themen behandelt, die auf ein großes Interesse bei Forscher/inne/n fast aller Disziplinen gestoßen sind. Man kann ohne Übertreibung feststellen, dass Fishers Arbeiten die Statistik und die Durchführung von empirischen Versuchen mit Abstand am nachhaltigsten beeinflusst haben, und zwar bis heute (vgl. Hotelling, 1951b; Mather, 1951; Preece, 1990; Yates, 1951, 1964; Youden, 1951). Die Grundlagen der meisten Versuchspläne, mit denen heutzutage in der empirisch-psychologischen Forschung gearbeitet wird, gehen auf Arbeiten von R.A. Fisher und seine zahlreichen Schüler zurück. Im Gegensatz zu Fisher, dem „Vater" u.a. der **Varianzanalyse** (Fisher, 1925) sowie weiterer Tests, haben Neyman und E.S. Pearson m.W. nur einen Likelihood-Quotienten-Test für den Vergleich verschiedener Varianzen entwickelt, konnten aber dessen Testverteilung nicht ableiten (Neyman & E.S. Pearson, 1931). Auf sie geht auch die Erfindung der Konfidenzintervalle zurück (vgl. Neyman, 1950). Sie haben sich in erster Linie u.a. mit der Frage befasst, welche Eigenschaften bereits existierende statistische Testverfahren aufweisen sollten. Ihre Arbeiten stecken voll von mathematischen Beweisen und sind vorwiegend in mathematisch-statistischen Fachzeitschriften erschienen, was ihrer Rezeption in inhaltlichen Wissenschaften ganz entscheidend entgegen gestanden haben dürfte (zur Nachzeichnung der gemeinsamen Arbeit zwischen J. Neyman und E.S. Pearson siehe E.S. Pearson, 1966). Mit der Frage der adäquaten Versuchsplanung, Fishers Domäne, haben sie sich - wenn überhaupt - dann nur am Rande auseinandergesetzt. Gemeinsame Bücher haben sie m.W. nicht verfasst; das erste Buch zur Darstellung der Neyman-Pearson-Theorie wurde von E.L. Lehmann (1959, 1997) verfasst. Von daher ist es wohl nachvollziehbar, dass die Testtheorie von Fisher in den Lehrbüchern und in der Forschungspraxis dominiert.

Unabhängig davon, unter welcher der Testtheorien man die verbreiteten parametrischen Tests wie den **t-** und den **F-Test** durchführt, sind diese Verfahren doch unter den gleichen Voraussetzungen analytisch abgeleitet worden, und zwar: *Erstens*: Normalverteilung der Fehlerterme ε_{ik}; *zweitens*: Erwartungswert 0 dieser Fehlerterme; *drittens*: Unabhängigkeit der Fehlerterme bzw. der Daten; *viertens*: Homogenität der Binnenvarianzen $\sigma^2_{I,k}$; *fünftens*: Unabhängigkeit von Zähler und Nenner der betreffenden Brüche, also die Unabhängigkeit der Mittelwerte von den Binnenvarianzen, und *sechstens*: Die Daten in den Stichproben stellen Zufallsstichproben aus Populationen dar, die allerdings bereits von R.A. Fisher als „hypothetisch" angesehen wurden (Gigerenzer, Swijtink, Porter, Daston, Beatty & Krüger, 1989, S. 94; Oakes, 1986, S. 120). In für *die praktische Anwendung* dieser Tests ungemein wichtigen und überaus zahlreichen quasi-empirischen Studien, sog. Monte-Carlo-Simulationen, ist jedoch gezeigt worden, dass die genannten Tests selbst dann noch zu validen Resultaten führen, wenn diese Voraussetzungen - mit einer Ausnahme - nicht erfüllt sind (vgl. zusammenfassend etwa Bortz, 1999, S. 138-140, S. 142, S. 276). Selbst dann, wenn man den **t-** und den **F-Test** auf Rangdaten anwendet (Silverstein, 1974; Zimmerman & Zumbo, 1993, S. 487-490), sind die mit diesen Tests erzielbaren Resultate den mit den entsprechenden Rangtests gewonnenen äquivalent. Sogar auf dichotome Daten ist der **F-Test** angewendet worden (D'Agostino, 1971; Lunney, 1970), auf

Daten also, die weder kontinuierlich sind noch normalverteilt sind noch sind Mittelwert und Binnenvarianz unabhängig voneinander [$\mu = \pi$ und $\sigma^2_{I,B} = \pi(1 - \pi)$] noch sind üblicherweise die Binnenvarianzen $\sigma^2_{I,B,k}$ homogen, und selbst unter diesen Verletzungen so gut wie aller Voraussetzungen führt der **F-Test** noch zu validen Resultaten (Bortz, 1999, S. 493); sowohl der F- wie vor allem auch der **t-Test** sind bemerkenswert *robust. Allerdings: Die Annahme der Unabhängigkeit der Rohwerte innerhalb einer Versuchsbedingung und zwischen den Versuchsbedingungen darf unter keiner Interpretation des Signifikanz- oder des statistischen Tests verletzt sein, ohne den Test zu invalidieren.* Diese Voraussetzung ist grundsätzlich verletzt, wenn die Beobachtungen in dem Sinne voneinander abhängig sein, dass die Kenntnis eines Wertes auch ein gewisses Ausmaß an Kenntnis eines oder mehrerer anderer Werte mit sich bringt, wobei es verschiedene Arten der Abhängigkeit gibt, die Kenny und Judd (1986) im Einzelnen untersucht haben.

Welche Folgen hat es aber, wenn man diese Tests anwendet, ohne dass Zufallsstichproben gezogen worden sind, die - wie in Abschnitt 2.1 ausgeführt wurde - ja in der Psychologie und ihren Nachbardisziplinen so gut wie nie tatsächlich gezogen werden? Wenn keine Zufallsstichproben gezogen werden und wenn daher Schlüsse auf irgendeine „reale" oder fiktive Population nicht möglich sind (vgl. Abschn. 2.1), dann stellt der statistische Test ein Verfahren zur Testung von statistischen Hypothesen über die Gleichheit bzw. die Unterschiedlichkeit von Gruppen bzw. Kennwerten dar, *die sich dann nurmehr auf den einen gerade durchzuführenden Versuch beziehen* (siehe Bredenkamp, 1980, S. 19; Westermann, 2000, S. 338). Als Folge davon brauchen auch keine Parameter mehr geschätzt zu werden: Der aus den untersuchten Stichproben berechnete Wert der gewählten Teststatistik und der Effektgröße (EG) sind neben den sonstigen beschreibenden Statistiken die einzigen Werte, die interessieren und die benötigt werden. Auch werden statistische Hypothesen dann nicht mehr als (statistische) „Populationsaussagen" aufgefasst (vgl. aber Bredenkamp, 1980, S. 15-16). Die Parameter, über die die statistischen Hypothesen formuliert werden, betreffen dann nicht mehr irgend welche Populationen, sondern gedachte und im Idealfall unendlich viele Wiederholungen des Versuchs unter den gleichen Bedingungen.

Ohne Zufallstichproben ist auch die Frage nach der Erfülltheit der Voraussetzungen des Signifikanz- und des statischen Tests keine Frage mehr, „die prinzipiell empirisch entscheidbar ist. Die Voraussetzungen des statistischen Tests entsprechen einer *Hilfstheorie ohne empirischen Gehalt*" (Westermann, 2000, S. 338).

Des Weiteren ist erfolgreich versucht worden, die zum t-, F- und anderen **Tests** gehörigen Testverteilungen nur auf Grund von Permutationen von Stichprobendaten, also ohne Populationsannahmen, zu erzeugen (Erdfelder & Bredenkamp, 1994, S. 610-611), und diese Permutations-Testverteilungen lassen sich durch die exakten tabellierten Verteilungen hervorragend approximieren (Bredenkamp, 1980, S. 20-22). Wenn man also einen Test wie üblich unter Verwendung der tabellierten Verteilungen durchführt, dann kann er gefahrlos als „approximativer Permutationstest" interpretiert werden (Westermann, 2000, S. 347), und mögliche Verletzungen der Voraussetzungen bis auf die Unabhängigkeitsannahme sind dann ohne Bedeutung (vgl. auch Westermann, 2000, S. 333-334). Dies stellt einen weiteren guten Grund dafür dar, die Voraussetzungen von parametrischen Tests *nicht* zu testen - entgegen dem entsprechenden Passus in den „Richtlinien" der DGPs (1997, S. 31-32). In 372 von 428 empirischen Arbeiten in 14 psychologischen Zeitschriften aus den Jahren 2001 und 2002 wurden im Übrigen die statistischen Tests ohne Testung der Voraussetzungen durchgeführt, wobei dieses Vorgehen nicht begründet wurde.

Allerdings testet ein Permutationstest gegen eine allgemeinere Alternativhypothese als die parametrischen **t-** und **F-Tests**. Durch die Wahl von Statistiken, die in erster Linie auf Lokationsunterschiede ansprechen, also auf Mittelwertsdifferenzen oder auf Mittelwertsunterschiede, wie dies beim **t-** und beim **F-Test** der Fall ist, kann dieses Manko jedoch behoben werden. Zusätzlich sollte die vglw. schwache Annahme getroffen werden, dass die als zugrunde liegend postulierten Verteilungen symmetrisch oder zumindest von annähernd gleicher Form sind, so dass Unterschiede zwischen den Verteilungen nur oder zumindest vor allem solche der Lokation oder Lage sind. Unter dieser schwachen Annahme wird es auch möglich, für einen Permutationstest eine (approximative) Testplanung in der gleichen Weise vorzunehmen wie für einen verteilungsgebundenen parametrischen Test, der sich nur auf Lokationsunterschiede bezieht (vgl. Westermann, 2000, S. 374; Willmes, 1987, S. 252-285). Derartige Annahmen sind unverzichtbar, und Hays (1988, S. 815) führt dazu aus:

> It is sad but true: the specifity of our final conclusion is more or less bought in terms of what we already know or can at least assume to be true. If we do not know or assume anything, we cannot conclude very much.

Statistische Tests werden sich trotz aller vielleicht berechtigten Argumente gegen sie nicht aus der empirischen Forschung verbannen lassen. Und dies nicht ganz zu Unrecht, denn die überwiegende Mehrzahl von Argumenten stellen Argumente gegen einen defizitären Umgang mit statistischen Tests in der Forschungspraxis dar, und es wird in entsprechenden Diskussionen leider oft nicht unterschieden, welche Argumente sich gegen die Logik der zugrunde liegenden Theorien richten und welche die defizitäre Praxis betreffen (siehe z.B. Harlow, Mulaik & Steiger, 1997, und eine Fülle von Zeitschriftenartikeln, von denen besonders Nickerson, 2000, zu nennen ist, der sich ausführlich mit den Pros und den Kontras und verbreiteten Fehlinterpretationen von statistischen Tests auseinandersetzt). Westermann (2000) nennt einige gute Gründe für das Festhalten am statistischen Test.

Erstens: In jedem Versuch tritt Variation zwischen den Beobachtungsdaten auf. Diese ist zum einen Folge des Einflusses zufälliger Faktoren und zum anderen eine Folge der stets unvermeidlichen Abweichungen von den CPD-Bedingungen. Durch den statistischen Test wird dies systematisch berücksichtigt, indem er testet, ob nur als zufällig klassifizierbare Variation aufgetreten ist (Annahme der Nullhypothese) oder ob über die zufällige Variation oder die „Fehlervariation" hinaus noch systematische Unterschiede bestehen. Der statistische Test ermöglicht also eine Trennung der systematisierbaren von der nicht systematisierbaren Variation auf Grund von weithin akzeptierten probabilistischen Kriterien. Oder wie Abelson (1995, S. 9) ausführt:

... we are left with the choice between the all-chance explanation, and the systematic-plus-chance explanation. We can tell if we need to invoke a systematic factor by first testing the all-chance explanation; if chance factors do not adequately account for the data, then the systematic factor is needed. This is in essence the justification for significance tests of the null hypothesis.

Begreift man die Psychologie als multiparadigmatische Wissenschaft im Sinne Kuhns (1979), dann kann gesagt werden, dass die empirische Herangehensweise an die Gegenstände der Psychologie wie auch die statistische Auswertung (in 424 von 428 empirisch-psychologischen Arbeiten der Jahre 2001 und 2002) zwei Paradigmen darstellen, die so gut wie allen Psycholog/inn/en gemeinsam sind.

Zweitens können die Entscheidungsregeln für den statistischen Test „konsistent und ohne unrealistische Annahmen begründet werden, wenn man das Permutationsprinzip heranzieht" (Westermann, 2000, S. 351).

Drittens kann durch die gezielte Kontrolle der beiden statistischen Fehlerwahrscheinlichkeiten α und β auf der statistischen Ebene systematisch Einfluss genommen werden sowohl auf die Strenge oder e-Validität wie auf das Wohlwollen oder die f-Validität der Prüfung einer psychologischen Hypothese. „Dabei ist es hilfreich, dass die wichtigsten parametrischen Testverfahren als Approximationen von Permutationstests interpretiert werden können" (a.a.O.).

Viertens handelt es sich beim statistischen Test um eine unter den Fachwissenschaftler/inne/n allgemein akzeptierte Strategie zur Datenauswertung und Hypothesenprüfung. „Derartige Konventionen sind ein notwendiger Bestandteil des fachwissenschaftlichen Paradigmas, ohne die eine normalwissenschaftliche Forschung [im Sinne Kuhns, 1979; W.H.] nicht möglich ist" (Westermann, 2000, S. 351).

Fünftens: Der statistische Test trägt durch seinen probabilistischen Charakter den psychologischen Hypothesen und Theorien Rechnung, die ebenfalls unter Einbezug einer Probabilisierung („im Mittel gilt, dass ..., wenn ...) formuliert werden (s.o.). Das bedeutet aber auch: Wenn jemand es bevorzugt, seine/ihre psychologischen Hypothesen und Theorien ohne Wahrscheinlichkeitsklauseln zu formulieren, werden diese durch die Auswertung der Daten mit statistischen Tests quasi „durch die Hintertür" wieder eingeführt.

Trotz dieser wichtigen Vorteile, die statistische Tests bieten, stellen sie nur ein allerdings wichtiges und - wie oben gesagt - allgemein akzeptiertes **Hilfsmittel** oder Werkzeug zur Prüfung der im Vordergrund stehenden psychologischen Hypothesen dar, deren Bewährung oder Nicht-Bewährung unser Wissen mehrt. Trotzdem sind sie kein unverzichtbares Hilfsmittel der Forschung, denn auch vor der „statistischen Revolution" erbrachte die psychologische Forschung beachtenswerte Resultate ohne statistische Tests, wie Gigerenzer (1993, S. 311) zu Recht ausführt; er nennt als Beispiele die Namen F. Bartlett, W. Köhler, J. Piaget, I. Pavlov und B.F. Skinner, und zu ergänzen wären u.a. H. Ebbinghaus, G.T. Fechner, G.E. Müller, H. Münsterberg und W. Wundt (siehe dazu L. Sprung & H. Sprung, 1997). Die „statistische Revolution" fand etwa 1940 bis 1955 in den USA statt (Gigerenzer, a.a.O.) und mit einiger zeitlicher Verzögerung auch in Deutschland. Und heute gilt: „Thou shalt design thy experiment so that thou canst perform significance testing" (Gigerenzer, 1993, S. 311).

Welche statistische Testtheorie ist nun für die empirisch-statistische Prüfung von psychologischen Theorien und Hypothesen besser geeignet?

Oft wird in der Kontroverse um den Signifikanztest, den statistischen Test und um ihre Alternativen (s.o.) nicht deutlich gemacht, welche **vorgeordneten Ziele** man mit der empirischen Forschung (in der Psychologie) verfolgt. In diesem Zusammenhang haben Neyman und E.S. Pearson, im Übrigen im Gegensatz zu Fisher, stets betont, dass es *die* beste Methode des statistischen Vorgehens nicht gibt und dass sie nur eine von verschiedenen Möglichkeiten entwickelt haben (z.B. Neyman & E.S. Pearson, 1928; vgl. auch Stegmüller, 1973, S. 218-219). Wenn man - wie erwähnt - davon ausgeht, dass das **Ziel der empirischen Forschung im Schätzen von Parametern** besteht, benötigt man in der Tat keinen statistischen Test, sondern die Methode der Schätzung von Parametern nach bestimmten Kriterien ist dann zusammen mit der (optionalen) Bestimmung von Konfidenzintervallen die adäquate Vorgehensweise. - Begreift man als das **Ziel der empirischen Forschung die Veränderung des subjektiven Vertrauens** in eine gegebene Hypothese, benötigt man ebenfalls keinen statistischen Test, weil man dann unter dem Bayes-Ansatz an $\pi(SH|D)$ interessiert ist, während statistische Tests die Wahrscheinlichkeit $\pi(D|SH)$ (SH: statistische Hypothese) zu bestimmen erlauben - dies wird im Übrigen oft nicht beachtet. Wenn man jedoch das Ziel der empirisch-psychologischen Forschung in der **Überprüfung von psychologischen Theorien und Hypothesen** sieht, dann erweist sich die **Neyman-Pearson-Testtheorie als „am relativ besten geeignet"** (vgl. auch Lakatos, 1974a, S. 107, Fußnote 65; Willmes, 1996), und dies schließt nicht aus, dass sie in anderen Kontexten weniger gut geeignet oder gar ungeeignet sein mag. Für diese Bevorzugung der Neyman-Pearson-Theorie vor den anderen Theorien sehe ich im Wesentlichen drei Gründe.

Erstens: Bei der Prüfung von psychologischen Hypothesen über psychologische Vorhersagen (PVn) kann in der ganz überwiegenden Mehrzahl der Fälle eine statistische Alternativhypothese (H_1) abgeleitet werden. In diesem Fall stellt die komplementäre Nullhypothese (H_0) das der PH widersprechende Resultat dar. Um die Möglichkeit zu haben, die PH als nicht bewährt ausweisen zu können, muss die vorhersagekonträre H_0 angenommen werden können, und dies kann nur unter der NPT und unter Kontrolle der Teststärke erfolgen (Neyman, 1942, S. 303). Kann in der FST die H_0 nicht zurückgewiesen werden, wird keine Schlussfolgerung über die „Forschungshypothese" gezogen, deren Negation die H_0 darstellt. Zum anderen lässt sich aus gar nicht so wenigen psychologischen Hypothesen über die PV eine statistische Nullhypothese ableiten, und um die PV als eingetreten und die PH als bewährt beurteilen zu können, muss diese Nullhypothese beibehalten werden können; dies ist in der Fisher-Theorie nicht möglich.

Zweitens: In der NPT werden die (statistische) Null- und die (statistische) Alternativhypothese gleichwertig behandelt und von „substantiven" Hypothesen unterschieden. Dies ist bei Fisher nicht der Fall. Allerdings: Neyman und E.S. Pearson lassen die Verbindung von „substantiven" und statistischen Hypothesen offen.

Drittens: Die NPT ermöglicht die Simultankontrolle von α und β relativ zu einer Effektgröße und damit die systematische Beeinflussung der e- und der f-Validität des Experiments. Fisher dagegen operiert nicht mit Effektgrößen, vertrat hinsichtlich der Kontrolle von α gegensätzliche Auffassungen (Fisher, 1935, S. 13, S. 25; 1956, S. 42) und lehnte die Kontrolle des Fehlers 2. Art zeit seines Lebens ab.

Allerdings wird dabei auf die auch in dieser Theorie vorgesehene Parameterschätzung verzichtet, denn es interessieren ausschließlich die Daten in den untersuchten Stichproben (s.o.). Wenn die Grundgedanken der Neyman-Pearson-Theorie hier aufgegriffen und erweitert werden, geschieht dies auch vor dem Hintergrund der folgenden Aussage, die E.S. Pearson (1962, S. 395) mit Blick auf sein gemeinsames Werk mit J. Neyman getätigt hat: „We left in our mathematical model a gap for the exercise of a more intuitive process of personal judgment in such matters as the choice of ... the appropriate significance level, the *magnitude of worth-wile effects* ..." (Hervorhebung hinzugefügt). Nach Giere (1976) und nach Mayo (1983) sind es gerade diese unver-zichtbaren „Vor-Entscheidungen", die verhindern, dass statistische Tests lediglich „sterile formale Exerzitien" darstellen (Mayo, 1983, S. 316). Moroney (1951, S. 218) führt dazu aus: „We must never loose sight of common sense and sound judgment and all other relevant factors which cannot be possibly be taken care of statistically".

Die Tests vor dem Hintergrund der Theorie von Neyman und E.S. Pearson fungieren dabei als Hilfsmittel zur Prüfung von psychologischen Hypothesen, sie dienen als **Entscheidungsregel** (vgl. dazu bereits Neyman, 1942, 1950; Walster & Cleary, 1970). Sie werden als approximative Permutationstests interpretiert, für die also die Voraussetzungen, Hilfstheorien ohne empirischen Gehalt, empirisch nicht geprüft zu werden brauchen. Bedarfsweise werden einem statistischen Test gerade die Voraussetzungen zugeschrieben, die für seine Durchführung erforderlich sind (Westermann, 1987, S. 123). Es handelt sich beim statistischen Test dann um eine **dichotome Entscheidungsregel** mit zwei möglichen Ausgängen: Annahme oder Beibehaltung der getesteten Nullhypothese oder Annahme der Alternativhypothese, gegen die getestet wird: „A statistical test is a set of rules whereby a decision about the [statistical; W.H.] hypothesis is achieved" (Winer, D.R. Brown & Michels, 1991, S. 17; ein Wort in Klammern eingefügt). *Es wird also entschieden, dass eine statistische Hypothese zutrifft, und man verhält sich anschließend so, als ob diese Entscheidung richtig ist.* Dabei dient das **Signifikanzniveau** α als **Entscheidungskriterium** für die Annahme oder Ablehnung der Nullhypothese. Der statistische Test beantwortet die Frage danach, **ob** ein überzufälliger Effekt aufgetreten ist oder nicht - in letzterem Fall wird die Nullhypothese beibehalten und im ersteren die Alternativhypothese angenommen -, und die zusätzliche Berechnung der Effektgröße gibt den wichtigen Aufschluss darüber, **wie groß** dieser Effekt ausgefallen ist.

Solange sich jedoch ein/e in der Forschung Tätige/r *explizit und bewusst auf die Grundlage der Fisher-Theorie* stellt, ist es mit dieser Entscheidung nicht vereinbar, die Teststärke und eine Effektgröße zu berücksichtigen, und es bleibt als innerhalb dieser Theorie einzig zulässige Statistik, die auch etwas über den Effekt, aber leider viel mehr über die Stichprobengröße aussagt, der p-Wert - es sei denn, man hängt der Hybridisierung beider Testtheorien an. Dabei ist das Vertreten der Hybridisierung dem Vertreten der „reinen" Fisher-Theorie immer dann vorzuziehen, wenn es wenigstens zur Bestimmung von Effektgrößen nach dem Versuch führt.

Der Gebrauch einer bestimmten statistischen Testtheorie lässt sich nicht verordnen, im Übrigen genauso wenig wie die Benutzung und Prüfung einer bestimmten psychologischen Theorie und Hypothese, man kann lediglich Gründe für die Bevorzugung einer Testtheorie vor einer anderen anführen und muss es der Leserin und dem Leser überlassen, ob sie/er diese Gründe für überzeugend hält oder nicht. Allerdings: Der Wechsel von der Theorie der Signifikanztests zur Theorie der statistischen Hypothesentests ist einfach zu vollziehen, da beide Theorien mit den gleichen zentralen Konzepten und mit den gleichen Tests operieren, und dies bedeutet, dass nicht einmal die Art der Testdurchführung geändert, sondern lediglich um die Testplanung erweitert werden muss. Man kann sogar - wenn gewünscht - weiter mit dem p-Wert operieren und muss diesen für die Signifikanzentscheidung lediglich mit dem a priori festgesetzten Signifikanzniveau α vergleichen.

Kehren wir nach diesem etwas längeren Diskurs wieder zur psychologischen Vorhersage (PV) zurück. Um eine PV in eine **statistische Vorhersage** (SV) umsetzen zu können, muss zunächst eine Entscheidung über den zu benutzenden statistischen Ansatz gefällt werden. Dies ist im vorliegenden Buch immer die Neyman-Pearson-Theorie (NPT). Um diese anwenden zu können, werden die individuellen Werte der beobachtbaren AV Y als *Realisierungen einer Zufallsvariablen interpretiert*. Über diese Zufallsvariable formuliert man dann verschiedene Hilfshypothesen oder Zusatzannahmen, etwa über ihre theoretische Verteilung (z.B. Normalverteilung, symmetrische oder homomere Verteilungen, also Verteilungen gleicher Form) und ein bestimmtes Datenmodell, etwa bei parametrischen Tests das Allgemeine Lineare Modell. Über die erste wird dann mindestens eine zweite Zufallsvariable definiert, die die Realisierungen der ersten pro Versuchsgruppe zu einem Wert, häufig dem Mittelwert, der Varianz, einer Korrelation, einer Rangsumme usw. zusammenfasst. Die NPT, die Festlegung der statistischen Kennwerte, die Annahmen, die erforderlich sind, um als Permutationstests interpretierte parametrische statistische Verfahren als Tests von Mittelwertshypothesen auffassen zu können, das Datenmodell sowie alle mit diesem Vorgehen verbundenen Annahmen und Voraussetzungen usw. werden zusammengefasst zur Menge **SHH** der statistische **H**ilfs**h**ypothesen und konjunktiv mit der PV verbunden: **(PV ∧ SHH)**. Diese Konjunktion wird dann „umgesetzt" in eine **statistische Vorhersage (SV)**.

Doch wie kann diese „Umsetzung" erfolgen, wie kann die Verbindung zwischen der PV und der SV aussehen? Die beiden ausführlicher besprochenen statistischen Testtheorien, die FST und die NPT, geben keine Antwort auf diese Frage.

Erstens: Die verbreitetste „Lösung" dieses Problems besteht wohl darin, dass man ungeachtet der Struktur der zu prüfenden Hypothese eines der zahlreichen Globalverfahren wie die **Varianzanalyse** durchführt, diese dann bedarfsweise durch eine Technik der multiplen Vergleiche ergänzt und/oder die erwartete Rangordnung der Kennwerte durch Dateninspektion ermittelt (vgl. auch Myers, 1972). Die Techniken der multiplen Vergleiche erlauben nur die Kontrolle für mindestens einen Fehler 1. Art für eine Familie von potenziell durchführbaren Tests, α_{FW}, und nicht die Kontrolle für mindestens einen Fehler 2. Art, β_{FW}. Daneben sind mit der Inspektion der Kennwerte ebenfalls Entscheidungen auf der statistischen Ebene verbunden, die zur Kumulation der Fehlerwahrscheinlichkeiten beitragen. Von dieser in der Forschungspraxis ungemein verbreiteten Standardstrategie ist daher dringend abzuraten: In den bereits erwähnten 14 psychologischen Fachzeitschriften der Jahre 2001 und 2002 wurde diese Strategie in 260 von 428 Artikeln eingesetzt, also in 60,75% der Fälle. Wenn zur erschöpfenden Interpretation eines Testausganges multiple Vergleiche und/oder eine Inspektion der verwendeten Statistiken angeschlossen werden müssen, dann ist der falsche Test gewählt worden, und angesichts der mehrheitlich gerichteten PHn ist ein nur ungerichtete statistische Hypothesen testender Globaltest ebenso mehrheitlich „falsch gewählt".

Zweitens: Erdfelder und Bredenkamp (1994) konstruieren eine aus falsifikationistischem Blickwinkel naheliegende *implikative Beziehung* zwischen *der psychologischen (PH) und der oder den statistischen Hypothese/n (SH)*, da sie der Auffassung sind, dass man aus der Falschheit der SH mit Hilfe des modus tollens logisch auf die Falschheit der PH schließen könne: [(PH → SH) ∧ ¬SH] → ¬PH] (vgl. Abschn. 2.3). Westermann (2000, S. 388) bemerkt dazu: „Zwischen psychologischen und statistischen Hypothesen besteht ... keine Implikationsbeziehung, ...". Die Gründe, die zu Beginn des Abschnittes 2.3 gegen den Falsifikationismus Poppers (2000, 2002) ins Feld geführt worden sind, treffen prinzipiell auch auf die implikative Beziehung zwischen psychologischer und statistischer Hypothese (PH und SH) zu. Sie werden hier kurz wiederholt und ergänzt (vgl. auch Westermann, 2000, S. 388):

1) Logische Schlussfiguren setzen per definitionem voraus, dass man den Wahrheits- oder den Falschheitsgehalt ihrer Konstituenten definitiv erkennen kann. Aber es kann gar nicht eindeutig festgestellt werden, ob eine PH oder SH wahr oder falsch ist (vgl. dazu bereits Neyman & E.S. Pearson, 1933, S. 290). Man kann lediglich die **Entscheidung** fällen, die SH auf Grund der empirischen Er-

gebnisse als zutreffend oder als unzutreffend anzusehen, und sich entsprechend *verhalten*.

2) Logische Schlussfiguren „erzwingen" sozusagen bestimmte Folgerungen (vgl. Abschn. 2.3). Erdfelder und Bredenkamp (1994, S. 609) vertreten eine andere Auffassung: „Die implikative PH-SH-Verknüpfung und die Durchführung eines Signifikanztest ... können die Falsifikation einer PH niemals logisch erzwingen". Wenn man den „deterministischen" Charakter logischer Schlussfiguren nicht zu akzeptieren bereit ist, sollte man auf diese bei der Hypothesen- und Theorienbeurteilung verzichten.

3) Die implikative Beziehung zwischen PH und SH ermöglicht es nicht, von der Annahme der SH logisch auf die Bewährung der PH zu schließen. Aber das Urteil, dass sich eine PH bewährt hat, ist genauso wichtig wie das Urteil, dass sie sich nicht bewährt hat. Lediglich aus strikt falsifikationistischer Perspektive kommt dem Urteil „PH nicht bewährt" das Primat zu (s.o.).

4) Eine PH, die meist über theoretische Begriffe formuliert ist, kann keine SH implizieren, weil dabei die Konkretisierungen der (theoretischen) Variablen sowie die Randbedingungen des Versuchs unberücksichtigt bleiben, die aber zum Ableiten einer SH zwingend notwendig sind. Deshalb wird die SH in diesem Buch auch immer aus der PV abgeleitet, die sich auf das vollständig spezifizierte empirische System, die Versuchssituation, bezieht, die bei der Prüfung von Kausalhypothesen die Sicherung der CPD- oder internen Validität mit umfasst und weitere Aspekte wie etwa das Skalenniveau der konkretisierten abhängigen Variablen usw. Also: *Die Ableitung einer statistischen Vorhersage kann immer nur aus einer psychologischen Vorhersage, niemals aber aus einer psychologischen Hypothese direkt erfolgen, weil zum Ableiten einer statistischen Vorhersage stets Bezug auf eine vollständig spezifizierte Versuchssituation einschließlich eines Versuchsplanes, der Konkretisierungen der Variablen und auf die übrigen Randbedingungen des Versuchs, also auch auf die Hilfshypothesen, Bezug genommen werden muss* (s.o.).

Drittens: Meehl, (1967, S. 104) unterbreitet einen liberaleren Vorschlag, indem er ausführt: „On the basis of a substantive psychological theory T in which he is interested, a psychologist derives (often in a rather loose sense of ‚derive') the consequences that an observable [random] variable will differ as between two groups of subjects" (ein Wort in eckigen Klammern hinzugefügt). Auch Neyman (1950, S. 290) äußert sich ähnlich. „In spite of efforts to achieve a close connection between the primary nonstatistical hypothesis ... [also der PH; W.H.] and the corresponding statistical hypothesis H, this connection is frequently loose and there is the most unfortunate possibility of one being correct while the other is false ... ." Dieser Auffassung schließt sich auch Westermann (2000, S. 388) an, indem er anmerkt: „Zwischen psychologischen und statistischen Hypothesen besteht ... allenfalls eine Ableitungsbeziehung in einem relativ lockeren Sinn".

Viertens: Obwohl ich diese Auffassungen grundsätzlich teile, sehe ich darin doch die Gefahr, dass die in Frage stehende Ableitung hier und da *zu* „locker" vorgenommen wird. Ich definiere deshalb in Abschnitt 2.6 mit der **Adäquatheit** und der **Erschöpfendheit** der Ableitung zwei Kriterien, deren Beachtung verhindern soll, dass die Ableitung *zu* locker vorgenommen wird. Dessen ungeachtet konstruiere auch ich nur **eine „lose" oder „lockere" Ableitungsbeziehung mit Zusatzspezifikationen zwischen den zu testenden statistischen Hypothesen und den psychologischen Vorhersagen sowie den eigentlich interessierenden und zu prüfenden psychologischen Hypothesen und Theorien.**

Ferner gehe ich davon aus, dass *erstens* eine **statistische Hypothese in keinem Falle einer psychologischen Hypothese oder Vorhersage äquivalent** ist: „Statistical hypotheses concern the behavior of observable random variables, whereas scientific hypotheses treat the phenomena of nature and men" (C.A. Clark, 1963, S. 456-457; vgl. auch Serlin & Lapsley, 1993, S. 201). Bereits Neyman (1950, S. 290) bemerkte zu diesem Punkt, dass bei der Planung eines Experimentes üblicherweise eine substantive oder inhaltliche Hypothese im Vordergrund steht, die sich *nicht* auf irgend eine Zufallsvariable und/oder eine statistische Verteilung bezieht und die deshalb *keine* statistische Hypothese darstellen kann. „Wissenschaftliche Hypothesen ... dürfen nicht mit den statistischen Hypothesen gleichgesetzt werden, ..." (Westermann, 2000, S. 281-282; vgl. ähnlich auch Hays, 1988, S. 248, sowie Kirk, 1995, S. 47-50). Eine andere Auffassung vertritt Gadenne (1984, S. 107), für den „die meisten psychologischen Hypothesen *statistische Allaussagen*" sind (Hervorhebung im Orig.). Und *zweitens* **besteht in keinem Falle das Ziel eines psychologischen Versuchs darin, statistische Hypothesen zu testen**, wie Bredenkamp (1980, S. 15-16) es für die von ihm so genannten „statistischen Populationsaussagen" vorsieht. Es gibt keine statistischen Populationsaussagen, weil - wie weiter oben dargelegt wurde - nicht mehr mit realen oder fiktiven Populationen operiert wird.

Damit die aus der Konjunktion **PV ∧ SHH** abgeleitete statistische Hypothese als **statistische Vorhersage** (SV) bezeichnet werden kann, sollen die folgenden vier zusätzlichen Kriterien erfüllt sein: *Erstens*: Die Ableitung muss **adäquat** sein. *Zweitens*: Sie muss **erschöpfend** sein (vgl. zu diesen Kriterien Abschn. 2.6). *Drittens*: Sie muss das **Skalenniveau** der empirischen AV berücksichtigen, also sich auf solche Kennwerte beziehen, bei denen der Wahrheitsgehalt der Aussagen über sie (kleiner, größer gleich, ungleich usw.) auf dem vorliegenden Skalenniveau erhalten bleibt (vgl. Abschn. 2.3). Dabei ist es vorteilhaft, dass weder die psychologischen Hypothesen (PH) über die ihnen nachgeordneten psychologischen Vorhersagen (PV) Angaben darüber enthalten, mittels welcher statistischen Hypothesen und Tests sie geprüft zu werden wünschen. Deshalb müssen aus ihnen auch nicht zwingend statistische Hypothesen über bestimmte Kennwerte abgeleitet werden, sondern man kann z.B. PHn und PVn selbst bei Vorliegen von Intervallskalenniveau mittels statistischer Hypothesen prüfen, die sich nur auf ordinal- oder nominalskalierte Daten beziehen. Dieses Vorgehen kommt z.B. dann in Frage, wenn man die statistischen Tests in der klassischen Weise als Verfahren für einen Inferenzschluss ansieht, aber die Voraussetzungen für nicht erfüllt hält. Das Skalenniveau gehört im Übrigen nicht zu den mathematisch-statistischen Voraussetzungen statistischer Verfahren. *Viertens*: Die Ableitung muss sich auf statistische Kenngrößen oder Parameter beziehen, die mittels solcher statistischer Tests getestet werden können, die **planbar** sind. Diese Planbarkeit setzt voraus, dass für den auszuwählenden Test eine **Effektgröße** definiert ist, denn ohne eine Effektgröße kann keine Testplanung erfolgen. Diese vierte Forderung schränkt den Entscheidungsspielraum der/des VL höchstens geringfügig ein, denn glücklicherweise sind für diejenigen statistischen Verfahren, die in der Forschungspraxis mit Abstand am häufigsten eingesetzt werden, also für die **z-, t-, χ^2-, F-, Korrelations- und Rangtests**, jeweils eigene Effektgrößen verfügbar, und diese lassen sich, wie auf Grund der engen Verwandtschaft der Teststatistiken z, t, χ^2, F und der Korrelation r zu erwarten ist, mehrheitlich ineinander umrechnen (vgl. u.a. Bortz & Döring, 1995, S. 592-597; J. Cohen, 1988; Rosenthal, 1991). Nur wenn diese vier zusätzlichen Forderungen erfüllt sind, erhält die aus der PV abgeleitete statistische Hypothese den Namen „statistische Vorhersage" (SV): **(PV $\wedge$ SHH) $\approx$> SV**, und das heißt: „Aus einer PV und der Menge SHH der statistischen Hilfshypothesen einschließlich der statistischen Testtheorie wird adäquat und erschöpfend unter Berücksichtigung des Skalenniveaus der empirischen AV eine statistische Hypothese abgeleitet, wobei diese Hypothese mit einem planbaren Test testbar sein muss, für den also m.a.W. eine Effektgröße definiert ist."

Die Konstruktion einer **Ableitung mit Zusatzspezifikationen** dient in erster Linie dazu, einem **Prinzip** Folge zu leisten, das unabhängig voneinander der Statistiker R.A. Fisher (1966, S. 15-16) und der Philosoph K.R. Popper (2002, S. 53) aufgestellt haben. **Danach soll die Menge aller möglichen Resultate *eindeutig* in zwei nichtleere und disjunkte Teilmengen zerlegt werden, und zwar so, dass die eine Teilmenge alle möglichen vorhersage*konformen* Resultate umfasst und die andere alle möglichen vorhersage*konträren*.** *Dieses Kriterium soll dabei für alle Ebenen der Ableitung gelten. Alle Ableitungen beziehen sich auf die vorhersagekonformen Resultate.*

Bei der Wahl der statistischen Kennwerte, auf die sich die SV beziehen soll, kann man sich an den paradigmatischen Anwendungen der Theorie orientieren, aber man kann auch ganz andere statistische Hypothesen und Tests wählen, die im konkreten Kontext geeignet erscheinen und die die genannten Forderungen erfüllen. Bei für sich stehenden PHn kann man sich ohnehin nicht an den Tests der paradigmatischen Anwendungen einer Theorie orientieren, wohl aber am Vorgehen in ähnlichen Versuchen. In der Regel gilt dabei: Liegt Intervallskalenniveau der Daten vor, benutzt man überwiegend Mittelwerte, Varianzen und Korrelationen als Kennwerte. Bei Ordinalskalenniveau greift man auf Ränge bzw. erwartete mittlere Ränge und ebenfalls auf Korrelationen zurück. Und für nominalsaklierte Daten kommen als Kennwerte Wahrscheinlichkeiten, Proportionen und auch Korrelationen in Betracht. Entgegen der in den meisten Lehrbüchern vertretenen Auffassung können die bekannten parametrischen **t-** und **F-Tests** auf allen Skalenniveaus eingesetzt werden.

Für die SV werden die bedingten Fehlerwahrscheinlichkeiten ε_{SV} und φ_{SV} eingeführt mit:

(2.6) ε_{SV}: = π(Entscheidung: „Die SV wird angenommen"|die SV trifft nicht zu) und

(2.7) φ_{SV}: = π(Entscheidung: „Die SV wird abgelehnt"|die SV trifft zu).

π: theoretische Wahrscheinlichkeit. Diese bedingten Fehlerwahrscheinlichkeiten ε_{SV} und φ_{SV} werden später benötigt, um das Problem kumulierender Fehlerwahrscheinlichkeiten behandeln zu können, das stets dann auftritt, wenn die PH und die aus ihr abgeleitete PV über mehr als nur eine statistische Hypothese geprüft werden.

2.5 Ebene der testbaren statistischen Hypothesen und der statistischen Tests (ST)

Die Ebene der testbaren statistischen Hypothesen und der statistischen Tests (ST) ist der Ebene der statistischen Vorhersage (SV) nachgeordnet. Auf dieser Ebene ST sind unter der Testtheorie von Neyman und E.S. Pearson die folgenden bedingten Fehlerwahrscheinlichkeiten α und β definiert:

(2.8) α: = π(Entscheidung: „Die H_0 wird abgelehnt und die H_1 angenommen"|die H_0 trifft zu) und

(2.9) β: = π(Entscheidung: „Die H_0 wird beibehalten"|die H_1 trifft zu).

Diese Wahrscheinlichkeiten werden gemäß der Neyman-Pearson-Theorie *frequentistisch* interpretiert, d.h. bei 100 gedachten Wiederholungen eines Versuches treten 100α% Typ-1- oder α-Fehler (Fehler 1. Art) und 100β% Typ-2- oder β-Fehler (Fehler 2. Art) auf. Je kleiner α und/oder β sind, desto höher ist die **statistische Validität** des Versuches. Die Komplementärwahrscheinlichkeiten sind 1 − α, der „Umfang" („size") eines statistischen Tests, d.h. sich zu Recht für das Zutreffen der H_0 zu entscheiden, und 1 − β, die Teststärke („power"), d.h. die Wahrscheinlichkeit, eine zutreffende H_1 anzunehmen.

Für die Prüfung von psychologischen Hypothesen über statistische Tests vor dem Hintergrund der Neyman-Pearson-Theorie ist es **unverzichtbar**, nicht nur das **Signifikanzniveau α zu kontrollieren und gering zu halten**, sondern auch die **statistische Wahrscheinlichkeit β für einen Fehler 2. Art** (vgl. Erdfelder & Bredenkamp, 1994, S. 609; Hager, 1992a, S. 160; Westermann, 2000, Abschn. 15.5).

In Bezug auf die Verbindung der Fehlerwahrscheinlichkeiten auf der Ebene ST (α und β) und den Fehlerwahrscheinlichkeiten ε und φ auf der Ebene der SV sind zwei grundlegende Fälle zu unterscheiden.

Fall 1: Es wird nur mit der Minimalzahl von Versuchsbedingungen operiert, die bei vielen einfaktoriellen qualitativen psychologischen Hypothesen $K_{min} = 2$ oder auch - allerdings wesentlich seltener - $K_{min} = 1$ beträgt (min: Minimum). Die SV besteht dann aus *einer* direkt testbaren statistischen Hypothese. Unter dieser Bedingung sind die beiden Ebenen SV und ST äquivalent („⇔"), d.h. es braucht keine weitere Ableitung zu erfolgen, weil es für K = 1 und für K = 2 (und bei **Varianzanalysen** auch: K ≥ 2) Faktorstufen eine Vielzahl von statistischen Tests gibt, die statistische Hypothesen testen, die sich nur auf eine oder auf zwei Versuchsbedingungen beziehen. Es gilt dann:

(2.10) **PT-A** ≈> (PT-A ∧ HH) ≈> **PH-A** ≈> (PH-A ∧ VSVS) ≈> **PV-A(B;K≤2)** ≈>
≈> [PV-A(B;K≤2) ∧ SHH] ≈> **SV-A(B;K≤2)** ⇔ **ST-A(B;K≤2)**: H_1;

(2.11) **PT-B** ≈> (PT-B ∧ HH) ≈> **PH-B** ≈> (PH-B ∧ VSVS) ≈> **PV-B(B;K≤2)** ≈>
≈> [PV-B(B;K≤2) ∧ SHH] ≈> **SV-B(B;K≤2)** ⇔ **ST-B(B;K≤2)**: H_0,

wobei „≈>" für die Ableitungsbeziehung steht und „∧" für das logische Und. Die Ausdrücke (2.10) und (2.11) sind wie folgt zu verstehen. Man verfügt über eine psychologische Theorie (PT), die man prüfen möchte. Man leitet aus der PT ggf. unter Zuhilfenahme von Hilfshypothesen eine psychologische Hypothese (PH) ab. Für diese PH wird eine Versuchssituation geschaffen und vollständig spezifiziert (VSVS), so dass man aus der Konjunktion PH ∧ VSVS eine psychologische Vorhersage (PV) ableiten kann. Diese bezieht sich auf einen hypothesenrelevanten Faktor B und auf eine Anzahl K von Versuchsbedingungen für B [PV(B;K≤2)]. Man entscheidet sich für eine bestimmte statistische Vorgehensweise und spezifiziert die mit dieser Vorgehensweise verbundenen Annahmen und Voraussetzungen (Menge **SHH**). Man bildet den Ausdruck [PV(B;K≤2) ∧ SHH], aus dem sich eine statistische Vorhersage [SV(B;K≤2)] ableiten lässt. Bei K = 1 oder K = 2 ist die abgeleitete statistische Vorhersage äquivalent zu der zu testenden Hypothese auf der Ebene ST.

Es gelten dann die folgenden Beziehungen zwischen den Risiken e und f und den statistischen Fehlerwahrscheinlichkeiten α und β. Aus der psychologischen Hypothese PH-A und der ihr nachgeordneten psychologischen Vorhersage wird eine Alternativhypothese H_1 als vorhersagekonform abgeleitet:

(2.12) **PH-A** ≈> (PH-A ∧ VSVS) ≈> **PV-A** ≈> (PV-A ∧ SHH) ≈> **SV-A** ≈> **ST-A**:
H_1.

Dann gilt:

(2.13) $\varepsilon_A = \alpha_{krit}$ und $\varphi_A = \beta_{krit}$.

In diesem Fall führt ein α-Fehler mit der Wahrscheinlichkeit ε_A zu einer falschen Annahme der SV-A, und ein β-Fehler führt mit der Wahrscheinlichkeit φ_A zu einer falschen Ablehnung der SV-A. In letzter Konsequenz beeinträchtigt ein β-Fehler über die Fehlerwahrscheinlichkeit φ_A die f-Validität oder das Wohlwollen der Prüfung und erhöht das Risiko, eine zutreffende PH-A irrtümlich als nicht bewährt anzusehen. Je größer man hier also β werden lässt, desto größer wird auch das Risiko einer falschen Entscheidung gegen die geprüfte PH-A. Auf der anderen Seite ist die Fehlerwahrscheinlichkeit α mit der Fehlerwahrscheinlichkeit ε_A verbunden, und je kleiner man α wählt, desto geringer wird das Risiko e_A, eine nicht zutreffende PH-A irrtümlich für bewährt zu halten. Also: Hier ist die Fehlerwahrscheinlichkeit α mit der e-Validität oder der Strenge verbunden und die Fehlerwahrscheinlichkeit β mit der f-Validität oder dem Wohlwollen.

In diesem Fall kann die folgende Situation auftreten: Durch einen α-Fehler wird irrtümlich die H_1 angenommen. Diese Entscheidung zieht die (falsche) Annahme der SV-A mit der Wahrscheinlichkeit ε_A nach sich. Auf Grund dieser Entscheidung wird dann die *richtige* Entscheidung getroffen, dass sich die (zutreffende) PH-A bewährt hat. Diese richtige Entscheidung beruht aber auf einem α-Fehler, so dass man folgende Verbindung konstruieren kann: „falsche Entscheidung für die H_1 (α-Fehler), falsche Entscheidung für die SV-A (Wahrscheinlichkeit ε_A) und richtige Entscheidung für die PH-A: Gegenrisiko $1 - e_A = fkt(\varepsilon_A)$ und $\varepsilon_A = \alpha$. (fkt: „ist eine nicht weiter spezifizierbare Funktion von"). Diese Beziehung gilt allerdings nur unter der stark idealisierenden Bedingung, dass f_A nur von den statistischen Fehlerwahrscheinlichkeiten α und ε abhängt. Faktisch verhält es sich aber so, dass Maßnahmen der Versuchsplanung und damit die Art der Kontrolle oder Nicht-Kontrolle von potenziellen Störfaktoren einen mindestens ebenso großen Einfluss auf die Risiken e_A und f_A ausüben wie die Fehlerwahrscheinlichkeiten α, β, ε und φ.

Hohe Präzision sorgt in diesem Fall dafür, dass die vorhersagekonforme H_1 eher angenommen wird als in einem weniger präzisen Versuch. Dies bedeutet eine Erhöhung des Wohlwollens. Ist das Experiment dagegen wenig präzise, wird die vorhersagekonträre Nullhypothese (H_0) länger beibehalten, und dies erhöht die Strenge der Prüfversuches. Durch die Wahl eines *sehr* kleinen Wertes für α kann hier im Übrigen die Wahrscheinlichkeit einer „Falsifikation" beliebig nahe an den Wert Eins gebracht werden.

Aus der psychologischen Hypothese PH-B und der ihr nachgeordneten psychologischen Vorhersage wird eine Nullhypothese H_0 als vorhersagekonform abgeleitet:

(2.14) PH-B $\approx$> (PH-B $\wedge$ VSVS) $\approx$> PV-B $\approx$> (PV-B $\wedge$ SHH) $\approx$>SV-B $\approx$> ST-B:
$\qquad H_0$.

In diesem Fall gilt:

(2.15) $\varepsilon_B = \beta_{krit}$ und $\varphi_B = \alpha_{krit}$.

Ein β-Fehler führt mit der Wahrscheinlichkeit ε_B zu einer falschen Annahme der SV-B, und ein α-Fehler führt mit der Wahrscheinlichkeit φ_B zu einer falschen Ablehnung der SV-B. Ein β-Fehler beeinträchtigt über die Fehlerwahrscheinlichkeit ε_B das Risiko e_B, also eine nicht zutreffende PH-B irrtümlich als bewährt anzusehen, und je größer β wird, desto geringer wird die e-Validität der Untersuchung zur Prüfung der PH-B. Dagegen beeinträchtigt ein α-Fehler über die Fehlerwahrscheinlichkeit ϵ_B die f-Validität der Untersuchung zur Prüfung der PH-B. Je größer also α gewählt wird, desto größer wird auch das Risiko f_B einer irrtümlichen Entscheidung der Art, dass eine zutreffende PH-B irrtümlich als nicht bewährt angesehen wird. Also: In diesem Falle ist die Fehlerwahrscheinlichkeit α über φ_B mit der f-Validität verbunden und die Fehlerwahrscheinlichkeit β über ϵ_B mit der e-Validität.

Hier kann die folgende Situation auftreten. Auf Grund der Daten wird die vorhersagekonträre H_1 angenommen (α-Fehler), und das heißt, die SV-B wird abgelehnt. Dann entscheidet man *fälschlich*, dass die (zutreffende) PH-B sich „nicht bewährt" hat. Das Risiko dieser falschen Entscheidung über die PH-B wird durch die Irrtumswahrscheinlichkeit α maßgeblich mitbeeinflusst, so dass idealiter gilt: $f_B = fkt(\varphi_B)$ und $\varphi_B = \alpha$. Auch hier gilt, dass allen Maßnahmen der Versuchsplanung in aller Regel eine mindestens eben so große Bedeutung für die Risiken e und f zukommt wie den statistischen Fehlerwahrscheinlichkeiten α, β, ε und φ.

In diesem Fall sorgt ein wenig präzises Experiment dafür, dass die vorhersagekonforme H_0 länger beibehalten wird als in einem präziseren Experiment. Dies erhöht das Wohlwollen (f-Validität). Ein präziseres Experiment führt eher zur Zurückweisung der vorhersagekonformen H_0, wodurch die Strenge (e-Validität) erhöht wird. Bei einer abgeleiteten H_0 kann die Wahrscheinlichkeit einer „Falsifikation" durch die Wahl eines großen Wertes für α substanziell erhöht werden.

Der **Fall 2** wird im folgenden Abschnitt aufgegriffen.

Auf der gegenwärtig betrachteten Ebene ST der testbaren statistischen Hypothesen und der statistischen Tests findet die **Testplanung** statt. Mit ihr wird eine simultane Kontrolle der Determinanten des statistischen Tests angestrebt, also von α, von β, der Effektgröße (EG) und dem Stichprobenumfang n. Während α in gewohnter Weise (vorläufig) auf einen kleinen Wert $0{,}05 \leq \alpha_{krit} \leq 0{,}01$ festgelegt werden kann, benötigt man zur Kontrolle von β zusätzlich den Wert einer **Effektgröße**, die als wichtiges Merkmal auszeichnet, dass sie von der Größe der Stichprobe unabhängig ist. Sie gibt an, für wieviel Unterschiedlichkeit die Variation der unabhängigen Variablen, das Treatment, auf Seiten der AV geführt, welches Ausmaß an Wirkung also die UV erzielt hat. Allerdings unterliegen auch die Effektgrößen, wie alle anderen statistischen Kennwerte auch, *Zufallsschwankungen*, die den Umgang mit ihnen sicherlich nicht einfacher gestalten. Effektgrößen stellen also sicherlich keine optimalen Maße zur Erfassung der Assoziation oder der Unterschiedlichkeit dar, aber das Beste, was uns die statistische Methodenlehre zur Verfügung stellt. Als letzte Determinante des statistischen Tests ist die Stichprobengröße n oder N zu nennen, der in der Forschungspraxis faktisch immer noch eine größere Bedeutung beigemessen wird als der Effektgröße. Dies führt dazu, dass die Entscheidung der Bewährung oder Nicht-Bewährung einer psychologischen Hypothese in erster Linie von der Größe des gänzlich untergeordneten Stichprobenumfanges abhängt. Denn bekanntlich kann jedes noch so unbedeutende Resultat statistisch signifikant gemacht werden, wenn man nur eine genügend große Stichprobe untersucht (z.B. Hays, 1994, S. 335).

Aber keine mir bekannte psychologische Hypothese oder Theorie sagt etwas über die Größe der Stichprobe aus, mit der sie gern geprüft werden möchte, noch sagt sie etwas über die gewünschten Fehlerwahrscheinlichkeiten α und β aus, die mit den zu ihrer Prüfung durchzuführenden statistischen Tests verbunden werden sollten. Auf der anderen Seite folgt aus *jeder* psychologischen Hypothese über kausale oder nicht-kausale Zusammenhänge, dass bei statistischer Prüfung mit einem von Null verschiedenen Effekt zu rechnen ist; bei ungerichteten Hyothesen gilt dabei: EG $\neq$ 0 und bei gerichteten entweder EG $<$ 0 oder EG $>$ 0 (vgl. auch Gigerenzer, 1993, S. 332). Wird das Fehlen eines kausalen oder nicht-kausalen Zusammenhanges behauptet, dann folgt daraus idealiter EG = 0 und realiter, dass EG $\approx$ 0. Behauptet eine Theorie oder Hypothese einen funktionalen Zusammenhang zwischen verschiedenen Variablen, so kann dies zu (EG$_V$ $>$ 0 $\wedge$ EG$_{Abw}$ = 0), zu (EG$_V$ $<$ 0 $\wedge$ EG$_{Abw}$ = 0) oder zu EG$_V$ = 0 führen („V": Vorhersage; „Abw": Abweichungen von der Vorhersage).

Da aus Theorien und Hypothesen nur Aussagen über den *Bereich der Effektgröße* ableitbar sind, aber meiner Kenntnis nach nicht über deren genaue Größe, erfolgt im Zuge der Testplanung eine nicht-theoretische Präzisierung, indem die Bereiche für die Effektgrößen eingeschränkt werden. Diese Einschränkung erfolgt im einen Fall durch die Festlegung eines Kriteriumswertes EG$_{krit}$ = c $>$ 0 oder EG$_{krit}$ = c $<$ 0 als Mindesteffekt, wodurch der Bereich zwischen Null und dem Kriteriumswert als für die Theorie bzw. Hypothese nicht relevant aus der Betrachtung ausgeschlossen wird. Im anderen Fall werden zwei Kriteriumswerte $\pm$EG$_{krit}$ $\approx$ 0 spezifiziert, und zwar EG$_{krit,u}$ = $-$c $<$ 0 und EG$_{krit,o}$ = $+$c $>$ 0, die als Obergrenzen festlegen, welche Abweichungen von dem exakten und von der Theorie spezifizierten Wert Null man noch als mit der Theorie vereinbar zu tolerieren bereit ist, also der Bereich von Effektgrößen, der definiert ist durch EG$_{krit,u}$ = $-$c $\leq$ 0 $\leq$ $+$c = EG$_{krit,o}$. Der **Effektgröße** kommt daher ersichtlich eine besondere Bedeutung zu, **denn sie weist von allen Determinanten des statistischen Tests noch den engsten Bezug zu den psychologischen Inhalten auf**. Auf Grund dieses Sachverhaltes fungiert die Effektgröße als Hauptkriterium bei der **Entscheidung über die psychologische Vorhersage (Effektgröße als Entscheidungskriterium).**

Im Verlauf der Testplanung erfolgen „methodisch-technische" Festlegungen, vor allem die Festlegung eines Wertes für die Effektgröße, und diese Festlegungen kann man so interpretieren, dass sie bestimmte (zusätzliche) Vorhersagen „implizieren". Solange diese jedoch nicht aus der PH, der PV und der SV abgeleitet worden sind, sind diesbezügliche statistische Hypothese nicht aufzustellen und nicht zu testen; zu prüfen sind einzig und allein die auf den vorgeordneten Ebenen der PV und der SV als vorhersagekonform abgeleiteten Vorhersagen. **Die Ableitung einer psychologischen Vorhersage geht der Testplanung immer voraus und wird durch diese nicht (rückwirkend) beeinflusst.**

Die nachstehende Abbildung 2.1 gibt eine summarische Übersicht über das bislang Besprochene.

Psychologische Theorie (Ebene der PT)

Nicht-falsifizierbare Entität, die (probabilistisch formulierte) Gesetzesaussagen enthält und die zur Erklärung von psychischen Phänomenen, Sachverhalten, Prozessen und des Erlebens und Verhaltens herangezogen wird. Sie dient auch dazu, psychologische Hypothesen zu erzeugen, um ihren Geltungsbereich zu erproben.

Psychologische Hypothese (Ebene der PH)

Allgemeine, probabilistisch formulierte und mit einer Ceteris-paribus-distributionibus-Klausel versehene Aussage über eine Kausalbeziehung oder einen Variablenzusammenhang, die sich meist auf nicht-beobachtbare psychologische Variablen, Sachverhalte, Prozesse und Begriffe bezieht. Sie muss empirisch prüfbar sein.

Psychologische Vorhersage (Ebene der PV)

Vollständige Spezifikation der Versuchssituation; Konkretisierungen der nicht-beobachtbaren Begriffe der PH; Auswahl eines Versuchsplanes; Ableitung einer PV unter Berücksichtigung der PH und der vollständig spezifizierten Versuchssituation. Es gibt pro PH stets nur eine einzige PV, die sich aber aus mehreren Teil-Vorhersagen zusammensetzen kann.

Statistische Vorhersage (Ebene der SV)

Die SV wird als vorhersagekonform aus der PV abgeleitet und bezieht sich ausschließlich auf statistische Begriffe wie Zufallsvariablen, Kennwerte oder ganze Verteilungen. Es gibt pro PV und pro PH stets nur eine einzige SV. Ist die SV mit nur einem Test adäquat und erschöpfend testbar (was bei $K = 2$ und $K = 1$ immer der Fall ist), dann sind diese und die nächste Ebene (ST) einander äquivalent. Bei den insgesamt häufigeren Fällen, dass sich die SV *nicht* mit nur einem Test adäquat und erschöpfend testen lässt, ist die Trennung dagegen wichtig.

Statistische Hypothesen und Tests (Ebene ST der statistischen Hypothesen H_0 und H_1 und Tests)

Auf dieser Ebene werden - sofern erforderlich - testbare statistische Hypothesen aus der SV abgeleitet. Hier erfolgt die Planung des/der statistischen Test/s über die aus der SV als vorhersagekonform abgeleitete/n statistische/n Hypothese/n. Wenn mehrere Tests erforderlich sind, können die beiden statistischen Fehlerwahrscheinlichkeiten α und/oder β über die formal festgelegten Grenzwerte hinaus kumulieren.

Abbildung 2.1: Übersicht über die fünf behandelten Betrachtungsebenen

2.6 Ableitungsvalidität

Bei jedem Übergang von einer Ebene zur nächsten ist die **Ableitungsvalidität** zu beachten, die bei Westermann (2000, S. 393) „Hypothesenvalidität" heißt und die gewährleisten soll, dass von der Aussage der psychologischen Hypothese (PH) soviel auf die jeweils nächstniedrige Ebene übertragen wird, wie dies im konkreten Fall möglich ist. Jeder Übergang von einer Ebene zur nächsten stellt einerseits eine Interpretation der Aussage auf der jeweils vorgeordneten Ebene dar (s.o.) und bedeutet andererseits eine Einschränkung, z.B., weil die Konkretisierungen (empirischen Variablen) auf der Ebene der psychologischen Vorhersage (PV) immer eingeschränkter sind als die theoretischen Begriffe der PH und weil statistische Kennwerte nicht psychologisch sind. Die Ableitungsvalidität setzt sich aus den Kriterien Adäquatheit und Erschöpfendheit zusammen.

Die **Adäquatheit** bezieht sich dabei auf die *Richtung* der Beziehungsaussage der PH. Adäquat ist eine Ableitung dann, wenn sich die in der PH behauptete Relation zwischen UV und AV über die verschiedenen Versuchsgruppen auf jeder Ebene wiederfindet: Einer gerichteten PH entspricht also eine gerichtete PV, eine gerichtete statistische Vorhersage (SV) und eine (oder mehrere) gerichtete testbare statistische Hypothese/n; anderenfalls ist die Adäquatheit verletzt (vgl. auch Abschn. 2.4). Anstelle des von mir bevorzugten Adäquatheitskriteriums spricht Westermann (2000, S. 394) von einer „strukturgleichen" Abbildung der psychologischen Vorhersage in eine oder mehrere statistische Hypothesen.

Die **Erschöpfendheit** bezieht sich auf die *Menge an Informationen*, die in der PH enthalten sind. Dieses Kriterium ist verletzt, wenn eine der Ebenen unterhalb der PH nicht alle Behauptungen der PH enthält. Dies ist besonders bei der Ableitung der psychologischen Vorhersage zu beachten. Diese kann dabei bedarfsweise aus mehreren Einzelvorhersagen bestehen, und es ist dann zu entscheiden, ob man diese konjunktiv oder disjunktiv miteinander verknüpfen will. Die Art der Verknüpfung der Einzelvorhersagen bzw. -hypothesen stellt eine der **Entscheidungsregeln** dar (s.o.). Die Einzelvorhersagen sowie die daraus abgeleiteten statistischen Hypothesen sind zur Sicherung der Erschöpfendheit stets dann konjunktiv („∧") miteinander zusammenzufassen, wenn sie sich auf *eine* Prüfinstanz beziehen.

Mit **Prüfinstanz** werden die minimalen formalen Anfangsbedingungen bezeichnet, die eine Versuchsplan-Anlage erfüllen muss, um die Prüfung einer PH zu ermöglichen. Eine Versuchsplan-Anlage muss aus einer minimalen Anzahl (min) von UVn bestehen ($UV_{min} = 1$ bei einfaktoriellen und $UV_{min} = 2$ bei zweifaktoriellen sowie $AV_{min} = 1$ bei univariaten PHn) und aus einer Minimalzahl von K_{min} und von J_{min} von Stufen für diese UV/n B und A. Bei den meisten einfaktoriellen PHn ist $K_{min} = 2$; bei PHn über einen bitonen Trend und bei quantitativen PHn über einen linearen oder quadratischen quantitativen Zusammenhang ist $K_{min} = 3$ und $(JK)_{min} = 4$ bei zweifaktoriellen Interaktionshypothesen usw. In seltenen Fällen gilt $K = 1$, z.B. bei der

PH-4: „Im Mittel haben Psychologiestudierende (beobachtbare organismische UV) eine überdurchschnittliche Intelligenz (nicht-beobachtbare AV)".

Prüfinstanzen selbst können konjunktiv („∧") miteinander verknüpft werden, so dass die damit verbundene **Entscheidungsregel** aussagt, dass **alle** Tests vorhersagekonform ausgehen müssen (KER); dies erhöht die e-Validität oder Strenge der Prüfung. Oder sie können disjunktiv („∨") miteinander verbunden werden, so dass die entsprechende **Entscheidungsregel** besagt, dass **mindestens ein** Test der konstruierten Prüfinstanz vorhersagekonform ausgehen muss oder dass die Tests **mindestens einer** Prüfinstanz vorhersagekonform ausgehen müssen (DER); dies erhöht die f-Validität oder das Wohlwollen der Prüfung. Über die Art der Verknüpfung kann je nach Ausgangslage sowohl auf der Ebene der PV als auch auf der der SV als auch auf der der ST entschieden werden.

Wie im vorigen Abschnitt erwähnt, können bei der Umsetzung der SV in testbare statistische Hypothesen zwei Fälle unterschieden werden. Betrachten wir zuerst noch eine Variante von **Fall 1**. Bei K = 1 und K = 2 sind keine Entscheidungsregeln festzulegen, weil nur mit einem Test operiert wird. Einen Sonderfall stellen dabei die **F-Tests** der **Varianz-** und **Kovarianzanalysen (VA, KOVA)** sowie die χ^2-**Tests** dar. Diese operieren zwar auch mit nur einem Test (pro Faktor und pro Interaktion), benutzen aber **implizite Entscheidungsregeln (ER)**, und zwar *testbedingt* unter der Nullhypothese eine konjunktive (Gleichheit der Mittelwerte für *alle Paare* von Mittelwerten; KER) und unter der Alternativhypothese eine disjunktive (Ungleichheit der Mittelwerte für *mindestens ein Paar* von Mittelwerten; DER). Diese Entscheidungsregeln sind daher vom/von der VL nicht beeinflussbar. Es ergibt sich:

(2.16) **PT-C** ≋> (PT-C ∧ HH) ≋> **PH-C** ≋> (PH-C ∧ VSVS) ≋> **PV-C(B;K≥2)** ≋>
≋> [PV-C(B;K≥2) ∧ SHH] ≋> **SV-C(B;K≥2)** ⇔ **ST-C(B;K≥2;KER)**: $H_{0,VA}$.

(2.17) **PT-D** ≋> (PT-D ∧ HH) ≋> **PH-D** ≋> (PH-D ∧ VSVS) ≋> **PV-D(B;K≥2)** ≋>
≋> [PV-D(B;K≥2) ∧ SHH] ≋> **SV-D(B;K≥2)** ⇔ **ST-D(B;K≥2;DER)**: $H_{1,VA}$.

Fall 2: Der Versuch wird mit *mehr* als der Minimalzahl K_{min} von Versuchsbedingungen durchgeführt, also i.A. mit K ≥ 3. In diesem Fall resultieren in aller Regel statistische Vorhersagen, die nicht adäquat und erschöpfend mit nur einem statistischen Test testbar sind. Die SV ist dann adäquat und erschöpfend so zu zerlegen, dass auf der Ebene ST mindestens zwei Null- oder zwei Alternativhypothesen (H_0, H_1) oder eine Mischung aus beiden resultieren, die mittels planbarer Tests testbar sind. Wenn die PH, die PV und die SV eine Zusammenhangsaussage umfasst, werden bei K ≥ 3 aus der PV und aus der SV i.A. mehrere $H_{1,r}$ abgeleitet. Wird das Fehlen eines Zusammenhanges behauptet, dann resultiert i.A. mindestens eine H_0. Die Behauptung eines präzisen funktionalen Zusammenhanges führt bei K ≥ 3 üblicherweise zu einer gerichteten H_1 und einer ungerichteten H_0. Wann immer mehr als nur eine statistische Hypothese resultiert, ist ebenfalls eine **Entscheidungsregel (ER)** festzulegen. Fasst man alle abgeleiteten statistischen Hypothesen konjunktiv („∧") zusammen, lautet diese Entscheidungsregel: *„Nimm' die statistische Vorhersage nur dann an, wenn alle Tests auf der Ebene ST der statistischen Tests zu einem vorhersagekonformen Resultat geführt haben"* (**konjunktive Entscheidungsregel; KER**). Diese Entscheidungsregel ist stets dann zu wählen, wenn sich die abgeleiteten Hypothesen auf nur eine Prüfinstanz beziehen. Häufig ist es möglich, sich für die disjunktive Verbindung („∨") der abgeleiteten statistischen Hypothesen zu entscheiden. In diesem Fall lautet die Entscheidungsregel: *„Nimm' die statistische Vorhersage bereits dann an, wenn mindestens ein Test auf der Ebene ST der statistischen Tests zu einem vorhersagekonformen Resultat geführt hat"* (**disjunktive Entscheidungsregel; DER**). Über die Art der Verknüpfung von Teilhypothesen bzw. Teilvorhersagen kann *alternativ* auch auf der Ebene der psychologischen Vorhersage entschieden werden. Damit ergibt sich allgemein die folgende Ableitungskette:

(2.16) **PT** ≈> (**PT** ∧ **HH**) ≈> **PH** ≈> (**PH** ∧ **VSVS**) ≈> **PV(B;K≥3;ER)** ≈>

≈> [**PV(B;K≥3)** ∧ **SHH** ∧ **ER**] ≈> **SV(B;K≥3;ER)** ≈>

≈> **SV(B;K≥3;ER)** ≈> **ST(B;K≥3;ER)**.

Und im Einzelnen resultieren folgende Möglichkeiten:

(2.17) **PV(B;K≥3;KER)** ≈> **SV(B;K≥3;KER)** ≈> **ST(B;K≥3;KER)**: ∩ $H_{0,s}$,

(2.18) **PV(B;K≥3;DER)** ≈> **SV(B;K≥3;DER)** ≈> **ST(B;K≥3;DER)**: ∪ $H_{0,s}$,

(2.19) **PV(B;K≥3;KER)** ≈> **SV(B;K≥3;KER)** ≈> **ST(B;K≥3;KER)**: ∩ $H_{1,r}$,

(2.20) **PV(B;K≥3;DER)** ≈> **SV(B;K≥3;DER)** ≈> **ST(B;K≥3;DER)**: ∪ $H_{1,r}$,

(2.21) **PV(B;K≥3;KER)** ≈> **SV(B;K≥3;KER)** ≈> **ST(B;K≥3;KER)**: ∩ ($H_{0,s}$, $H_{1,r}$),

(2.22) **PV(B;K≥3;DER)** ≈> **SV(B;K≥3;DER)** ≈> **ST(B;K≥3;DER)**: ∪ ($H_{0,s}$, $H_{1,r}$).

∪: disjunktiver Verknüpfungsoperator und ∩: konjunktiver Verknüpfungsoperator.

Beim Ableiten von statistischen Hypothesen aus der SV sollte ein weiteres **Prinzip** beachtet werden: **Man leite so viele Einzelvorhersagen und statistische Hypothesen ab, wie zur adäquaten und erschöpfenden Prüfung der psychologischen Hypothese notwendig sind, und man leite so wenig statistische Hypothesen wie möglich ab.** Dabei sollte man prüfen, ob man mehrere statistische Hypothesen nicht zu einer zusammenfassen kann. Diese Möglichkeit besteht des Öfteren, wenn mehrere *ungerichtete* Null- oder *ungerichtete* Alternativhypothesen abgeleitet wurden. *In keinem Falle zusammenfassen lassen sich dagegen gerichtete statistische Hypothesen* (vgl. dazu auch Hager, 1992a).

Die im vorliegenden Kapitel aufgeführten Forderungen und Festlegungen sind ausnahmslos bereits vor der Durchführung des Versuches zu beachten, und auch die Entscheidungskriterien und -regeln, zu denen auch die statistischen Fehlerwahrscheinlichkeiten α, β, ε und φ und die Effektgrößen gehören, müssen vor dem Experiment festgelegt werden (vgl. auch Lakatos, 1974a, S. 94).

Die folgende Abbildung 2.2 gibt einen Überblick über die verschiedenen Zusammenhänge.

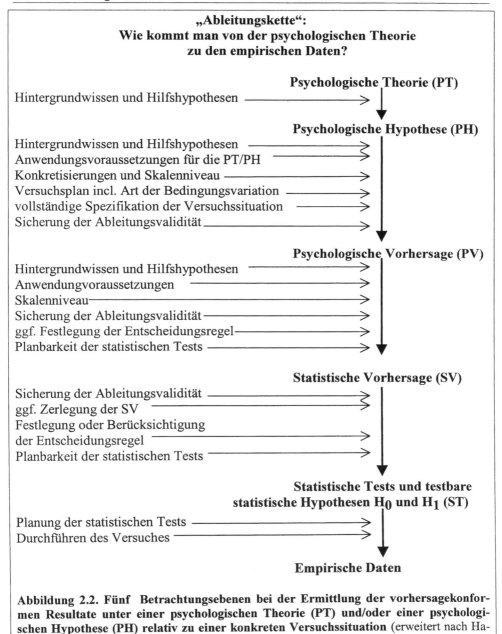

Abbildung 2.2. Fünf Betrachtungsebenen bei der Ermittlung der vorhersagekonformen Resultate unter einer psychologischen Theorie (PT) und/oder einer psychologischen Hypothese (PH) relativ zu einer konkreten Versuchssituation (erweitert nach Hager, 1992b, S. 20)

3. Ableitungen

Einfaktorielle psychologische Hypothesen (PHn) nehmen nur auf eine theoretische oder empirische unabhängige und eine theoretische oder empirische abhängige Variable Bezug. Sie können einer vorgeordneten Theorie entstammen oder auch nicht. Betrachten wir zunächst den Fall, dass eine Theorie vorgeordnet ist.

Beispiel 3.1: Im Vordergrund steht hier die Duale-Kode-Theorie (DKT) von A. Paivio (1971, 1986), die auf immer neue Phänomenbereiche (z.B. vom Aneignen von Bildern und von Wörtern zum Lernen von Texten) angewendet wird, so dass die entsprechenden Experimente im Rahmen von theorie-orientierten grundlagenwissenschaftlichen Forschungsprogrammen im Sinne Herrmanns (1995) stattfanden. Die Kernaussage der DKT von Paivio (1971, 1986) lautet: „Wenn dual, d.h. verbal und imaginal, kodiert werden kann, dann resultiert ceteris paribus distributionibus und mit $\pi > 0$ eine höhere Gedächtnisleistung, als wenn nur verbal kodiert wird." Die duale Kodierung wird als kausal verantwortlich für eine bessere Gedächtnisleistung, eine kontinuierliche Variable, angesehen. Wenn man die Hilfshypothese (HH) als zutreffend unterstellen kann, dass hohe Ausprägungen der Bildhaftigkeit, eine nicht-beobachtbare, komparative unabhängige Variable (UV), beide Kodesysteme aktivieren, während Lernmaterial mit niedriger Bildhaftigkeit nur das verbale Kodiersystem aktiviert, dann kann die folgende **typische qualitative PH über theoretische Begriffe** abgeleitet werden: **(DKT $\wedge$ HH)** $\approx$> PH-1: „Wenn sehr bildhaftes Material gelernt wird, dann erhöht dies ceteris paribus distributionibus im Mittel die Gedächtnisleistung im Vergleich zum Lernen von wenig bildhaftem Material". Die PH-1 benennt also die theoretische UV, die Bildhaftigkeit, deren Konkretisierung zu variieren ist, und die theoretische abhängige Variable (AV), die Gedächtnisleistung, deren Konkretisierung zu erfassen ist. Beide Variablen sind zwar theoretisch, aber nicht in Bezug auf die DKT. Sie können nämlich konkretisiert oder beobachtbar gemacht werden, ohne dass man dazu auf die DKT zurückgreifen muss. Um die UV konkretisieren zu können, wird in den meisten Versuchen die ebenfalls nicht-beobachtbare Bildhaftigkeit benutzt, deren Ausprägungen für verschiedenes Lernmaterial (Bilder, Wörter, Sätze, Texte) in einem Vorversuch mittels einer siebenstufigen Ratingskala entweder als „sehr bildhaft" („erzeugt leicht bildliche Vorstellungen") eingeschätzt worden sind oder als „wenig bildhaft" („erzeugt wenig oder gar keine bildlichen Vorstellungen"); diese Einschätzungen stellen die Konkretisierungen der theoretischen UV Bildhaftigkeit dar (vgl. zu derartigen Normdaten Hager & Hasselhorn, 1994). Die Hilfshypothese mit empirischem Gehalt, die mit diesem Vorgehen verbunden wird, besagt, dass die unterschiedlichen Einschätzungen in interindividuell einheitlicher Weise unterschiedliche Ausprägungen der Bildhaftigkeit repräsentieren, d.h. dass ihrem Rang nach geordnete unterschiedliche Einschätzungen von potenziellen Vpn auch einheitlich als rangordnungsmäßig unterschiedliche Ausprägungen erlebt werden.

Die Forscherin, die die DKT prüfen will, entscheidet sich, mit nur einer Prüfinstanz zu operieren, die bei der PH-1 aus $K = 2$ Versuchsbedingungen besteht. Demzufolge muss sie das Lernmaterial zweistufig variieren. Sie entscheidet sich für Wörter als Lernmaterial, so dass zwei Wortlisten zu konstruieren sind. Aus dem verfügbaren Pool von hinsichtlich ihrer Bildhaftigkeit eingeschätzten Wörtern (vgl. Hager & Hasselhorn, 1994) wählt die Forscherin 40 Wörter mit niedriger eingeschätzter Bildhaftigkeit (B) aus, deren mittlerer eingeschätzter Bildhaftigkeitswert $B_1 = 2,5$ beträgt. Anschließend konstruiert sie eine Liste mit hoher mittlerer eingeschätzter Bildhaftigkeit ($B_2 = 6,3$). Bei dieser Konstruktion achtet sie darauf, dass potenziell konfundierende Variablen wie die Abstraktheit-Konkretheit, die Bedeutungshaltigkeit, der Emotionsgehalt, die Wortlängen usw. kontrolliert werden. Können wider Erwarten die Listen nicht unter Kontrolle der vorstehenden Variablen konstruiert werden, kann mindestens eine von ihnen als Kontrollfaktor systematisch variiert und dadurch kontrolliert werden. Gegenüber weiteren potenziellen Störfaktoren, vor allem gegenüber unbekannten Störfaktoren, die nicht mit dem Lernmaterial verbunden sind, wird randomisiert. Entsprechend werden zwei Listen erneut mit Wörtern unterschiedlicher Bildhaftigkeit konstruiert, die pro Liste in eine zufällige Reihenfolge gebracht werden. Die Vpn werden zufällig einer der Listen zugeordnet und sollen diese auswendig lernen. In Vorversuchen muss ermittelt werden, in welchem Verhältnis die Länge der Wortliste zur Darbietungszeit stehen muss, damit diese als nicht zu kurz zum Lernen der Wortliste angesehen werden kann.

Als nächstes ist die theoretische AV „Gedächtnisleistung" zu konkretisieren. Diese Konkretisierung erfolgt über die „Anzahl der richtig reproduzierten Wörter", die bspw. im Paradigma des seriellen oder des freien Reproduzierens, des Wiedererlernens oder des Wiedererkennens erhoben werden. Dabei wird die Hilfshypothese ohne empirischen Gehalt herangezogen, dass eine höhere Anzahl richtig reproduzierter Wörter einer besseren Gedächtnisleistung entspricht. Es handelt sich um paradigmatische, d.h. typische Konkretisierungen, die bereits in den ersten Prüfungen der DKT (Paivio, 1971) Verwendung fanden, die plausibel und die allgemein akzeptiert sind.

Die Forscherin, die den Versuch allein durchführt, legt fest, dass die Wörter im Paradigma des intentionalen Lernens gelernt werden sollen. Sie entscheidet sich für die schriftliche Reproduktion im Paradigma des freien Reproduzierens und legt 15 min als Reproduktionsdauer fest. Zwischen Aneignungs- und Abrufphase sieht sie eine Zeitdauer von 30 min vor, während der die Vpn schriftlich Arithmetikaufgaben lösen sollen (verzögerter Abruf im Gegensatz zum unmittelbaren Abruf). Der Versuch findet als Gruppenversuch in einem genügend großen Hörsaal innerhalb von Lehrveranstaltungen statt. Die Gewinnung der Vpn erfolgt durch entsprechende Werbung in Lehrveranstaltungen der unteren Semester im Fach Psychologie. Damit ist die Versuchssituation vollständig spezifiziert (VSVS), und die Voraussetzungen für eine Anwendung der DKT sind mit dem Aneignen und Reproduzieren von Lernmaterial geschaffen.

Daher kann im nächsten Schritt die **Ableitung einer psychologischen Vorhersage** (PV) aus der PH-1 erfolgen. Die PH-1 behauptet eine gerichtete Beziehung zwischen der theoretischen UV und der theoretischen AV; für die Konkretisierungen und den gewählten Versuchsplan mit K = 2 Faktorstufen müssen aus ihr also gerichtete Vorhersagen abgeleitet werden. Es gilt dann: (PH-1 ∧ VSVS) ≈> PV-1(B;K=2), und die PV-1(B;K=2) lautet: „Die mittlere Anzahl richtig reproduzierter Wörter (MWR) ist ceteris paribus distributionibus unter einer Liste mit sehr bildhaften Wörtern (mittlerer eingeschätzter Bildhaftigkeitswert: B_2 = 6,3) höher als unter einer Liste mit wenig bildhaften Wörtern (mittlerer eingeschätzter Bildhaftigkeitswert: B_1 = 2,5)". Wenn im Mittel mehr sehr bildhafte als wenig bildhafte Wörter richtig reproduziert werden sollen, dann heißt das auch, dass statistisch gesehen die erwartete (E) Anzahl von richtig reproduzierten sehr bildhaften Wörtern höher sein soll als die erwartete Anzahl von richtig reproduzierten wenig bildhaften Wörtern [$E(WR) = \mu_k$]. Diese Anzahl von richtig reproduzierten Wörtern wird dabei als Zufallsvariable interpretiert, die pro Vp genau einen Wert annimmt.

Die Entscheidung für bestimmte Kennwerte und damit gegen andere wird in die Menge **SHH** der statistischen Hilfshypothesen aufgenommen. Die hier gewählten Erwartungs- oder theoretischen Mittelwerte μ_k sollen - wie alle in diesem Buch benutzten theoretischen Werte - als „Parameter" bezeichnet werden, und sie treten an die Stelle der üblicherweise ebenfalls als „Parameter" bezeichneten Kennwerte von Populationen. Sie ergeben sich, wenn man denselben Versuch idealiter unter den gleichen Bedingungen sehr oft wiederholt. Die Wahl bestimmter Kennwerte legt mehr oder weniger fest, welchen statistischen Test man anwenden will. Interpretiert man die parametrischen Tests als Permutationstests, gehören die zu treffenden Annahmen bzw. Verteilungsvoraussetzungen ebenfalls in die Menge **SHH**. Auch die Wahl einer statistischen Testtheorie, die in diesem Buch durchgängig die Neyman-Pearson-Theorie (NPT) ist, geht in die Menge **SHH** ein. Über den Versuch werden dann weitere Zufallsvariablen definiert, die die Daten der Vpn pro Versuchsgruppe zusammenfassen, also bspw. Mittelwerte M_k und Varianzen s^2_k. Dabei stellen die Mittelwerte M_k die empirischen Entsprechungen der theoretischen Mittelwerte μ_k dar. Auch diese Kennwerte werden der Menge **SHH** zugeordnet. Ist die Menge **SHH** festgelegt, kann aus der psychologischen eine statistischen Vorhersage abgeleitet werden und aus dieser wiederum eine testbare statistische Hypothese, also eine Null- oder eine Alternativhypothese (H_0, H_1).

Dabei lautet die adäquat und erschöpfend abgeleitete **statistische Vorhersage** SV-1(B;K=2): ($\mu_1 < \mu_2$ bzw. $\mu_2 - \mu_1 > 0$).

Da sich die SV(B;K=2) auf nur K = 2 Versuchsbedingungen bezieht, ist sie einer direkt testbaren statistischen Hypothese äquivalent („⇔"). D.h. auf der Ebene ST der statistischen Tests und der testbaren Hypothesen entspricht ihr die $H_{1,1}$: ($\mu_2 - \mu_1 > 0$). Diese Hypothese ist gerichtet und stellt die Alternativhypothese eines einseitigen **t-Tests** dar. Ein **F-Test** wäre hier nicht adäquat, weil er zwei ungerichtete Mittelwertshypothesen gegeneinander testet.

In kurzer Darstellung lässt sich das Vorstehende wie folgt zusammenfassen:

(3.1) DKT ≈> (DKT ∧ HH) ≈> PH-1 ≈> (PH-1 ∧ VSVS) ≈>

≈> PV-1(B;K=2): ($MWR_1 < MWR_2$) ≈> [PV-1(B;K=2) ∧ SHH)] ≈>

≈> SV-1(B;K=2): ($\mu_1 < \mu_2$) ⇔ ST-1(B;K=2): $H_{1,1}$: ($\mu_2 - \mu_1 > 0$).

Aus dieser Hypothese PH-1 lässt sich also ableiten: EG > 0. Tabelle 3.1 fasst das Dargestellte in anderer Form zusammen.

Obwohl die beschriebene statistische Prüfung der PH-1 üblich ist, kann diese mit der gewählten Konkretisierung der UV auch für einzelne Personen geprüft werden, und zwar indem man jede Vp eine Liste mit einer anderen zufälligen Anordnung von sehr bildhaften und wenig bildhaften Wörtern lernen lässt. Man kann dann für jede einzelne Vp ermitteln, ob sie mehr sehr bildhafte als wenig bildhafte Wörter reproduziert hat. Dieser Vergleich kann, muss aber nicht mittels statistischem Test erfolgen; im Fall der nicht-statistischen Auswertung muss man die **Entscheidungskriterien** auf andere Art als durch einen statistischen Test festlegen, um zu verhindern, dass eine oder einige wenige Vp/n, die erwartungskonträre Ergebnisse beibringt/en, schon zur Nicht-Bewährung der PH-1 führen. Bei diesem Vorgehen werden also die Abfolgen der Wörter den Vpn zufällig zugeordnet, so dass die Gefahr von potenziell störenden Sequenzwirkungen minimiert ist, und die Ceteris-paribus-distributionibus- oder CPD-Validität kann als relativ gut gesichert gelten.

Beispiel 3.2: Eine zweite Hypothese vor dem Hintergrund der DKT, die ungerichtete **PH-5**, behauptet: „Beim Lernen von sehr bildhaftem Material ist die Gedächtnisleistung *anders* als beim Lernen von wenig bildhaftem Material." Auch bei ihr besteht eine Prüfinstanz aus K = 2 Versuchsbedingungen. Die PH-5 hat einen geringeren empirischen Gehalt im Sinne Poppers (2002) als die PH-1, weil sie weniger verbietet als die gerichtete PH-1, sie ist also auch weniger streng prüfbar. Auf der Ebene der PV wird erneut die Versuchssituation vollständig spezifiziert, und zwar einschließlich der Anwendungsvoraussetzungen für eine Prüfung der DKT (VSVS), und zwar der Kürze halber wie bei der Prüfung der PH-1. Wenn die Versuchssituation vollständig spezifiziert ist und die Anwendungsvoraussetzungen vorliegen, wird aus der (PH-5 ∧ VSVS) die PV-5(B;K=2) abgeleitet, dass sehr bildhafte Wörter im Mittel und ceteris paribus distributionibus anders als wenig bildhafte Wörter gelernt werden: ($MWR_1 \neq MWR_2$); es wird also mit der Minimalzahl von Versuchsbedingungen operiert. Die individuellen Gedächtnisleistungen werden als Realisierungen einer Zufallsvariable interpretiert, und als Kennwerte für die statistische Analyse werden erneut Erwartungs- oder Mittelwerte ge-

Tabelle 3.1: Ebenen der Vorhersage bei der Prüfung der PH-1				
	UV: mittlerer eingeschätzter Bildhaftigkeitswert			
Vorhersagenebene	Stufe B_1	V	Stufe B_2	**Bemerkungen**
Ebene der PT und der PH: (DKT $\wedge$ HH) $\approx$> PH-1				Die Ableitung der PH erfolgt ggf. unter Hinzuziehung von Hilfshypothesen
Ebene der PV: UV B	$B_1 = 2,5$	(<)	$B_2 = 6,3$	Konkretisierung der UV „Bildhaftigkeit"; Wahl der Anzahl K von Stufen der Bildhaftigkeit
Ebene der PV: AV MWR	MWR_1		MWR_2	Konkretisierung der AV „Gedächtnisleistung"
Ebene der PV				vollständige Spezifikation der Versuchssituation einschließlich der Anwendungsvoraussetzungen
Ebene der PV: (PH-1 $\wedge$ VSVS) $\approx$> PV-1(B;K=2)	MWR_1	<	MWR_2	Die PV-1 wird aus der PH-1 abgeleitet, nachdem die Versuchssituation vollständig spezifiziert worden ist (vgl. Text).
Ebene der SV: [PV-1(B;K=2) $\wedge$ SHH] $\approx$> SV-1 (B;K=2): E(WR); μ_k	$E(WR)_1$ μ_1	< <	$E(WR)_2$ μ_2	Wahl der statistischen Theorie und Entscheidung für statistische Kennwerte (SHH); Übersetzung in statistische Begriffe; hier: Erwartungs- bzw. Mittelwerte μ_k.
Ebene der ST: SV-1(B;K=2) $\Leftrightarrow$ ST-1(B;K=2): $H_{1,1}$: μ_k	μ_1	<	μ_2	Die abgeleitete statistische Hypothese $H_{1,1}$ ist der SV-1(B;K=2) äquivalent.

Anmerkungen. B_1: niedrige und B_2: hohe Bildhaftgkeit; „V" steht für Vorhersage, „MWR" für die mittlere Anzahl richtig reproduzierter Wörter und E(WR) für den Erwartungswert der als Realisierungen einer Zufallsvariablen interpretierten mittleren Anzahlen richtig reproduzierter Wörter.

wählt. Die Menge **SHH** setzt sich dann genauso zusammen wie bei der Prüfung der PH-1. Es wird als nächstes aus der PV-5(B;K=2) und der Menge **SHH** [PV-5(B;K=2) $\wedge$ SHH] die statistische Vorhersage abgeleitet, dass $E(WR)_1 \neq E(WR)_2$ bzw., dass $\mu_1 \neq \mu_2$. Diese statistische Hypothese ist der ungerichteten Alternative eines zweiseitigen **t-** oder einseitigen **F-Tests** äquivalent (Ebene ST): $H_{1,2}$: $\mu_1 - \mu_2 \neq 0$. Man erhält also:

Ableitungen 87

(3.2) DKT: PH-5 $\approx$> (PH-5 $\wedge$ VSVS) $\approx$> PV-5(B;K=2): (MWR$_1 \neq$ MWR$_2$) $\approx$>
[PV-5(B;K=2) $\wedge$ SHH] $\approx$>
$\approx$> SV-5(B;K=2): ($\mu_2 \neq \mu_1$) $\Leftrightarrow$ ST-5(B;K=2): H$_{1,2}$: ($\mu_2 - \mu_1 \neq 0$).

Aus der PH-5 lässt sich also ableiten: EG $\neq$ 0.

Beispiel 3.3: Die **PH-6** lautet in Anlehnung an Paivio und Csapo (1969): „Beim Lernen von Material unterschiedlicher Bildhaftigkeit *verändert* sich im Mittel und ceteris paribus distributionibus die Gedächtnisleistung *nicht*, wenn die Lernzeit zu kurz zum Aktivieren des dualen und des verbalen Kodes ist". Diese Hypothese gibt im Wesentlichen an, unter welchen Randbedingungen die PH-1 *nicht* gültig bzw. die DKT nicht anwendbar sein soll. Sie ist einfaktoriell, qualitativ und ungerichtet, und sie behauptet weder einen kausalen noch irgendeinen anderen Zusammenhang zwischen der UV „unterschiedliche Grade der Bildhaftigkeit" und der AV „Gedächtnisleistung". Die Strenge der Prüfbarkeit der PH-6 ist höher als die der PH-1, weil die PH-6 zu exakten Vorhersagen führt. - Es wird auch hier nur eine Prüfinstanz mit K = 2 gewählt, so dass auf die gleiche Weise wie bei den vorhergehenden Hypothesen erneut zwei Wortlisten zu konstruieren sind. Die Wörter werden pro Vp in eine zufällige Reihenfolge gebracht und über Computer tachystoskopisch einzeln dargeboten (intentionales Lernen). In Vorversuchen klärt die Forscherin ab, wie kurz die Wörter dargeboten werden müssen, um trotz ihrer unterschiedlichen eingeschätzten Bildhaftigkeiten nicht unterschiedlich reproduziert zu werden. Sie ermittelt 1,5 sec pro Wort und legt das Intervall zwischen zwei Präsentationen auf 2 sec. fest. Die Versuche sollen als Einzelversuche stattfinden, um zu vermeiden, dass die tachystoskopische Darbietung durch eine suboptimale Platzierung der Vpn beeinträchtigt wird. Die Abrufphase schließt unmittelbar an die Aneignungsphase an, und die Vpn sollen die gelernten Wörter schriftlich im Paradigma des Wiedererkennens reproduzieren. Die Vpn werden wieder zufällig den Versuchsbedingungen zugewiesen.

Wenn die Versuchssituation vollständig spezifiziert ist (VSVS), wird im nächsten Schritt aus der PH-6 eine PV abgeleitet: (PH-6 $\wedge$ VSVS) $\approx$> PV-6(B;K=2): Die mittlere Anzahl richtig wiederkannter Wörter ist unter niedriger eingeschätzter Bildhaftigkeit (eB$_1$ = 2,3) nicht anders als unter hoher eingeschätzter Bildhaftigkeit (eB$_2$ = 6,3) oder kurz: MWR$_1$ = MWR$_2$. Bezieht man sich erneut auf Erwartungs- oder Mittelwerte μ_k, dann setzt sich die Menge **SHH** der statistischen Hilfshypothesen genauso zusammen wie bei der Prüfung der PH-1 und der PH-5. Dann können die folgenden Vorhersagen aus der PH-5 abgeleitet werden:

(3.3) DKT: (PH-6 $\wedge$ VSVS) $\approx$> PV-6(B;K=2): (MWR$_1$ = MWR$_2$) $\approx$>
$\approx$> [PV-6(B;K=2) $\wedge$ SHH] $\approx$> SV-6(B;K=2): ($\mu_1 = \mu_2$) $\Leftrightarrow$
$\Leftrightarrow$ ST-6(B;K=2): H$_{0,3}$: ($\mu_2 - \mu_1 = 0$).

Da erneut nur mit einer Prüfinstanz, also mit K = 2 Stichproben, gearbeitet wird, gilt auch hier wieder: SV-5(B;K=2): ($\mu_1 = \mu_2$) $\Leftrightarrow$ ST-5(B;K=2): H$_{0,3}$: ($\mu_2 - \mu_1$ =

0). Bei der $H_{0,3}$ handelt es sich um die ungerichtete Nullhypothese eines zweiseitigen **t-** oder eines einseitigen **F-Tests**. Die PH-6 führt zu einer ungerichteten H_0, denn sie behauptet das Fehlen eines Zusammenhanges zwischen der UV und der AV unter genau umschriebenen Bedingungen. Das bedeutet für die Effektgröße: EG = 0.

Beispiel 3.4: Die **PH-3** besagt: „Mit der Dauer des Schlafentzugs sinkt die Konzentrationsleistung". Die Prüfinstanz besteht hier aus K = 2 Versuchsbedingungen. Die Konzentrationsleistung, ein nicht beobachtbarer Begriff, wird auf der Ebene der PV konkretisiert, indem man als empirische abhängige Variable die Fehlerzahlen in einem Konzentrationstest wählt, und diese Fehlerzahlen sollen mit der Dauer des Schlafentzugs ansteigen. Alternativ könnte man auch die Anzahl der richtigen Lösungen als empirische AV wählen oder die Fehler bzw. die richtigen Lösungen relativ zur benötigten Zeit. Als Dauer des Schlafentzugs werden 2 und 4 Std. festgelegt, und die Vpn werden den Versuchsbedingungen zufällig zugewiesen. Der Schlafentzug findet unter kontrollierten Bedingungen in einem Schlaflabor statt, wobei ständig darauf geachtet wird, dass die Vpn nicht vorzeitig einschlafen. Dabei ist zu entscheiden, welche Maßnahmen ergriffen werden dürfen, um die Vpn am Einschlafen zu hindern. Es ist ferner darüber zu entscheiden, welche Tätigkeiten die Vpn ausüben dürfen, während sie am Einschlafen gehindert werden. Auch hier ist die vollständige Spezifikation der Versuchssituation (VSVS) relativ einfach. Aus der PH-3 $\wedge$ VSVS kann dann die PV-3(B;K=2) abgeleitet werden, dass die mittleren Fehlerzahlen (MFZ) in einem konkreten Konzentrationstest mit der Dauer des Schlafentzugs (B_1: 2 Std.; B_2: 4 Std.) ansteigen; die Hypothese wird also nur über eine Prüfinstanz geprüft. Es folgt:

(3.4) (PH-3 $\wedge$ VSVS) $\approx>$ PV-3(B;K=2): ($FKT_1 < FKT_2$) $\approx>$

[PV-3(B;K=2) $\wedge$ SHH] $\approx>$

$\approx>$ SV-3(B;K=2): ($\mu_1 < \mu_2$) $\Leftrightarrow$ ST-3(B;K=2): $H_{1,4}$: ($\mu_1 - \mu_2 < 0$).

Dies bedeutet für die Effektgröße: EG < 0. Wählt man anstelle der Fehlerzahlen im Konzentrationstest die Anzahl der richtigen Lösungen (RL), „kehrt sich die PV-3 um", wobei die Adäquatheit der Ableitung gewahrt bleibt. Man erhält:

(3.5) (PH-3 $\wedge$ VSVS) $\approx>$ PV-3(B;K=2): ($RLT_1 > RLT_2$) $\approx>$

[PV-3(B;K=2) $\wedge$ SHH] $\approx>$

$\approx>$ SV-3(B;K=2): ($\mu_1 > \mu_2$) $\Leftrightarrow$ ST-3(B;K=2): $H_{1,5}$: ($\mu_1 - \mu_2 > 0$).

Für die Effektgröße resultiert dann: EG > 0.

Beispiel 3.5: Bei der Prüfung der **PH-4**: „Im Mittel haben Psychologiestudierende (beobachtbare organismische UV) eine überdurchschnittliche Intelligenz (nichtbeobachtbare AV)" ist keine Theorie vorgeordnet. Die Prüfinstanz besteht hier aus K = 1 Versuchsbedingung, und das bedeutet, dass nicht randomisiert werden kann. Dies wiederum bringt es mit sich, dass die Versuchsergebnissse durch eine Vielzahl von Faktoren beeinflusst werden können, die nicht zu kontrollieren sind.

Nur unter der idealisierenden Hilfshypothese, dass diese „Vielzahl von Faktoren" nur einen vernachlässigbaren Einfluss ausübt, kann der Versuch sinnvoll durchgeführt und interpretiert werden (s.o.). - Die Versuchssituation ist in diesem Fall denkbar einfach: Sie besteht in der Durchführung eines ausgesuchten Intelligenztests (IT), und zwar aus ökonomischen Gründen bevorzugt im Gruppenversuch. Anwendungsvoraussetzungen sind hier keine zu beachten. Lediglich die nicht beobachtbare „überdurchschnittliche Intelligenz" ist konkretisieren. Dazu wird festgelegt, dass alle Werte größer/gleich 116 für eine überdurchschnittliche Intelligenz sprechen. Danach kann aus der PH-4 $\wedge$ VSVS die PV-4(B;K=1) abgeleitet werden, dass Psychologiestudierende im Mittel einen Intelligenzquotienten $\mu_c \geq 116$ aufweisen. Interpretiert man die IQ-Werte als Realisierungen einer Zufallsvariablen und wählt erneut Erwartungs- oder Mittelwerte als statistische Entsprechungen des mittleren IQs, dann setzt sich die Menge **SHH** in der gleichen Weise zusammen wie bei den bisher behandelten Hypothesen auch. Es kann dann aus der PV-4(B;K=1) $\wedge$ SHH die statistische Vorhersage SV-4(B;K=1) abgeleitet werden, dass $\mu \geq \mu_c$. Diese Hypothese ist die Nullhypothese eines einseitigen Ein-Stichproben-**t-Tests**: $H_{0,4}$: $(\mu - \mu_c \geq 0)$. Es ergibt sich also:

(3.6) (PH-4 $\wedge$ VSVS) $\approx$> [PV-4(B;K=1) $\wedge$ SHH] $\approx$> SV-4(B;K=1): $(\mu \geq \mu_c) \Leftrightarrow$

$\Leftrightarrow$ ST-4(B;K=1): $H_{0,6}$: $(\mu - \mu_c \geq 0) \Leftrightarrow H_{0,6}$: $(\mu - 116 \geq 0)$.

In diesem Fall gilt für die Effektgröße: EG < 0, da eine gerichtete H_0 als vorhersagekonform abgeleitet wurde. Der Ein-Stichproben-**t-Test** beruht auf der empirischen Streuung $s_{I,B}$; benutzte man die Streuung $\sigma_{I,T}$, die für den Intelligenztest angegeben ist, würde bei gleicher statistischer Hypothese ein Ein-Stichproben-z-**Test** resultieren. Eine alternative Ableitung wird in Abschnitt 5.6.2 angesprochen. Vor der Durchführung des statistischen Tests sollte der Frage nachgegangen werden, ob die aufgestellte Hilfshypothesen angesichts des tatsächlichen Versuchsablaufs noch plausibel sind oder ob so viele unkontrollierte Störfaktoren aufgetreten sind, dass die Durchführung des statistischen Tests sinnlos und der Versuch uninterpretierbar ist.

Bevor auf die Testplanung eingegangen wird, sollen erst noch einige Ausführungen zu den Entscheidungen auf den verschiedenen Ebenen der Ableitung erfolgen.

4. Entscheidungen

Wenn man die Ableitungen, die Maßnahmen der Versuchsplanung, die Testplanung, auf die ab dem nächsten Kapitel ausführlich eingegangen wird, und den Versuch selbst durchgeführt hat, folgt als erstes, d.h. *vor* der Berechnung irgend welcher Kennwerte, die Suche nach Auffälligkeiten in den empirischen Daten. Zu diesen Auffälligkeiten zählen u.a. extreme Werte, die weit entfernt von den übrigen Werten liegen und die auf Registrierfehler hindeuten. Können diese Daten in dem Versuch gar nicht auftreten, liegt mit Sicherheit ein Registrierfehler vor, und man ersetzt die nicht möglichen Daten durch den Mittelwert der Versuchsgruppe. Eine andere Auffälligkeit stellen die Decken- und die Bodeneffekte dar. Wenn ein Mittelwert bei vglw. geringer Varianz s^2_k relativ nahe am maximal möglichen Wert liegt, liegt ein Deckeneffekt vor, und das kann heißen, dass diese Versuchsbedingung zu leicht für die Vpn war. Ein Bodeneffekt bedeutet, dass der Mittelwert bei vglw. geringer Varianz s^2_k nahe am minimal möglichen Wert der AV liegt, und dies deutet darauf hin, dass diese Versuchsbedingung zu schwierig für die Vpn gewesen ist.

Ist die Inspektion der Daten abgeschlossen, dann werden die erforderlichen statistischen Kennwerte berechnet und die statistischen Tests durchgeführt. Im Anschluss daran stehen dann die Entscheidungen auf den verschiedenen Betrachtungebenen an.

Auf der Ebene ST der statistischen Tests und der testbaren statistischen Hypothesen wird die **Entscheidung** über die als vorhersagekonform abgeleitete/n statistische/n Hypothese/n gemäß dem Ausgang des oder der statistischen Test/s auf Grund des **Entscheidungskriteriums „Signifikanzniveau α_{krit}"** gefällt. Wurde nur eine statistische Hypothese als vorhersagekonform abgeleitet, wird sie angenommen, wenn der entsprechende statistische Test zu einem vorhersagekonformen Ausgang führt; gleichzeitig wird auch die der abgeleiteten testbaren statistischen Hypothese äquivalente statistische Vorhersage (SV) angenommen. Wurden mehrere statistische Einzelhypothesen als vorhersagekonform abgeleitet, dann entscheiden die Ergebnisse der statistischen Tests über die Annahme oder Ablehnung der SV. Bei konjunktiver Verknüpfung der Einzelhypothesen müssen diese alle angenommen werden, um auch die vorgeordnete SV annehmen zu können. Bei disjunktiver Verknüpfung der Einzelhypothesen reicht dagegen eine vorhersagekonform angenommene statistische Einzelhypothese aus, um die SV anzunehmen. Diese Entscheidungen sind hochgradig formalisiert, weil sie auf den als dichotome Entscheidungsregel verstandenen statistischen Tests beruhen.

Wenden wir uns als nächstes der **Entscheidung über die PV** zu.

Die Entscheidung über die PV soll von zwei Determinanten abhängen, und zwar zum einen von der Entscheidung über die SV und zum anderen auf einem Vergleich der empirischen mit der/den kritischen Effektgröße/n, die in der Testplanungsphase festgelegt worden ist/sind (vorrangiges **Entscheidungskriterium „Effektgröße"**). Wurde die SV nicht angenommen, kann auch die PV nicht als eingetreten beurteilt werden. Im anderen Fall erfolgt der Vergleich zwischen empirischer und Kriteriumseffektgröße, und zwar *nicht statistisch*, obwohl man ihn auch statistisch durchführen könnte, da es statistische Tests gibt, die derartige Effektgrößenvergleiche ermöglichen. Nur müsste man für diese Tests erneut wieder eine nachweisbare Effektgröße festlegen und eine entsprechende Testplanung durchführen, was beim näheren Durchdenken zu einem „unendlichen Regress" führen würden, d.h. man könnte diese Testungen beliebig fortsetzen, ohne dass man jemals eine Entscheidung über die PV herbeiführen müsste oder könnte. Also erfolgt an dieser Stelle ein informeller Vergleich, bei dem man nicht zu übergenau, sondern mehr oder minder großzügig verfahren sollte.

Hinsichtlich der Determinanten der Entscheidung sind nun verschiedene Resultatskombinationen, d.h. Ausgänge von statistischen Tests und Effektgrößenvergleichen, möglich. Diese Resultatskombinationen werden nur für den Fall einer abgeleiteten statistischen Hypothese am Beispiel des **t-Tests** aufgeführt; sie ist auf ähnlich gelagerte Fälle wie bspw. einen **Korrelations-Test** oder die **F-Tests** der **Varianzanalysen** usw. übertragbar: Bei allen Entscheidungsregeln wird der Effektgröße (EG) ein höherer Stellenwert beigemessen als dem Ausgang des statistischen Tests, so dass bspw. die Annahme der nachgeordneten SV nicht automatisch zu dem Urteil führt, dass die PV eingetreten ist (vgl. zum Folgenden auch Hager, 2000a, S. 230-233; Westermann, 2000, S. 418-423). EG_{krit} bezeichnet im folgenden einen Kriteriumswert für die Effektgröße, der während der Testplanung festgelegt wird.

1. Entscheidungsregel bei einer abgeleiteten gerichteten Alternativhypothese.
Es gilt:

(4.1) PH-A $\approx$> (PH-A $\wedge$ VSVS) $\approx$> PV-A $\approx$> (PV-A $\wedge$ SHH) $\approx$> SV-A $\Leftrightarrow$ ST-A:
$$H_{1,A}: (\mu_1 - \mu_2 > 0).$$

Muster 1: Die vorhersagekonforme gerichtete Alternativhypothese $H_{1,A}$ wird angenommen, es gilt also: $t_{A,emp} \geq t_{A,krit}$, und der empirische Effekt ist mindestens so groß wie der während der Testplanung spezifizierte, also $EG_A \geq EG_{A,krit}$. In diesem Fall ist die psychologische Vorhersage uneingeschränkt eingetreten, und die psychologische Hypothese hat sich bewährt. Dieses Urteil sowie alle folgenden in Bezug auf die PH werden hier vorläufig gefällt, weil außer der Entscheidung über die PV bei der Entscheidung über die PH noch zahlreiche weitere Faktoren zu berücksichtigen sind, auf die unten eingegangen wird. Je größer der Kriteriumswert der Effektgröße festgelegt wurde, desto schwerer wird es bei der Beziehung PH-A $\approx$> PV-A $\approx$> $H_{1,A}$ einer psychologischen Vorhersage gemacht, als eingetreten bewertet zu werden. Dieser Umstand sollte dazu veranlassen, in der Testplanungsphase eine Vergrößerung des Kriteriumswertes nur „mit Augenmaß" vorzunehmen. Bei mehreren abgeleiteten Alternativhypothesen gilt dann Entsprechendes.

Muster 2: Die vorhersagekonforme Alternativhypothese $H_{1,A}$ wird angenommen, also $t_{A,emp} \geq t_{A,krit}$, aber der empirische Effekt ist nicht von der erwarteten Größe: $0 > EG_A < EG_{A,krit}$. Die PV-A wird als bedingt eingetreten beurteilt oder als eingetreten, aber mit einem geringeren Effekt als erwartet. Auch die vorgeordnete PH-A wird als eingeschränkt bewährt beurteilt. Ist der gefundene Effekt groß, kann man sich auch entschließen, die PH als uneingeschränkt bewährt zu beurteilen, sofern während des Versuchs keine Validitätsmängel aufgetreten sind (s.u.).

Muster 3: Die vorhersagekonträre $H_{0,A}$: $(\mu_1 - \mu_2 \leq 0)$ wird beibehalten, wobei gilt: $0 < t_{A,emp} < t_{A,krit}$; der empirische Effekt ist kleiner als der erwartete, liegt aber in der vorhergesagten Richtung: $0 < EG_A < EG_{A,krit}$. Die PV-A wird als eingeschränkt zutreffend beurteilt, weil der Effekt in der erwarteten Richtung liegt und wenn er als hinreichend groß interpretiert werden kann. Wird der Effekt als zu gering beurteilt, wird die PV-A als nicht eingetreten beurteilt. Im ersteren Fall wird die PH-A als bedingt bewährt beurteilt, im zweiten als nicht bewährt.

Muster 4: Die vorhersagekonträre $H_{0,A}$: $(\mu_1 - \mu_2 \leq 0)$ wird beibehalten. Der Wert der Teststatistik wie auch die Effektgröße liegen nahe bei Null oder sind bei einem in positiver Richtung definierten Ablehnungsbereich negativ: $t_{A,emp} \leq 0 < t_{A,krit}$ und $EG_A \leq 0 < EG_{A,krit}$. In diesem Fall ist die PV-A nicht eingetreten, zumal der Unterschied nicht in der erwarteten Richtung liegt. Die PH-A hat sich nicht bewährt.

2. Entscheidungsregel bei einer abgeleiteten gerichteten Nullhypothese. Es gilt:

(4.2) PH-B $\approx$> (PH-B $\wedge$ VSVS) $\approx$> PV-B $\approx$> (PV-B $\wedge$ SHH) $\approx$> SV-B $\Leftrightarrow$ ST-B:

$H_{0,B}$: $(\mu_1 - \mu_2 \leq 0)$.

In diesem Fall bezieht sich die zu spezifizierende Effektgröße auf die der abgeleiteten Nullhypothese komplementär und vorhersagekonträr gegenübergestellte Alternativhypothese, und mit der gerichteten Nullhypothese sind kleine und große vorhersagekonforme Effekte vereinbar.

Muster 1: Die vorhersagekonforme Nullhypothese wird beibehalten; der kritische t-Wert ist dabei positiv, so dass gilt: $t_{B,emp} < 0 < t_{B,krit}$. Der empirische t-Wert ist vorhersagekonform negativ, und für die empirische Effektgröße $EG_{B,0}$ gilt: $EG_{B,0} < 0$. Sowohl der empirische Wert der Teststatistik als auch der empirische Effekt liegen beide in der vorhersagekonformen Richtung, so dass die PV-B als eingetreten und die PH-B als bewährt beurteilt wird kann, und zwar unabhängig von der Größe des empirischen t-Wertes $t_{B,emp} < 0$ und des Effektes unter der $H_{0,B}$. Dieser Effekt $EG_{B,0}$ hat nichts zu tun mit dem während der Testplanung für die vorhersagekonträre $H_{1,B}$: $(\mu_1 - \mu_2 > 0)$ bestimmten bzw. benutzten Effekt $EG_{B,krit}$. Der Effekt $EG_{B,0}$ sollte aber bei beibehaltener vorhersagekonformer Nullhypothese immer berechnet und angegeben werden.

Muster 2: Die vorhersagekonforme Nullhypothese wird erneut beibehalten, wobei der empirische t-Wert positiv ist, aber den kritischen nicht überschreitet: $0 < t_{B,emp} < t_{B,krit}$. Demzufolge liegt auch der Effekt in der vorhersagekonträren Richtung: $EG_{B,0} > 0$. Auch hier hat $EG_{B,0}$ nichts mit dem Kriteriumswert der Effektgröße während der Testplanung zu tun, für den gilt: $EG_{B,krit} < 0$. Die PV-B wird als bedingt nicht eingetreten beurteilt und die PH-B als bedingt nicht bewährt.

Muster 3: Die vorhersagekonträre Alternativhypothese $H_{1,B}$: $(\mu_1 - \mu_2 > 0)$ wird angenommen, d.h. $t_{B,emp} \geq t_{B,krit}$. Beide t-Werte sind positiv, und damit auch die empirische Effektgröße EG_B. Für diese gilt entweder $0 < EG_B < EG_{B,krit}$ oder $EG_B \geq EG_{B,krit}$. In beiden Fällen gilt die PV-B als nicht eingetreten, und die PH-B hat sich nicht bewährt.

3. Entscheidungsregel bei einer abgeleiteten ungerichteten Alternativhypothese. Es gilt:

(4.3) PH-C ≈> (PH-C ∧ VSVS) ≈> PV-C ≈> (PV-C ∧ SHH) ≈> SV-C ⇔ ST-C:

$$H_{1,C}: (\mu_1 - \mu_2 \neq 0) \text{ bzw. } H_{1,C}: [\Sigma(\mu_k - \mu)^2 > 0].$$

Ungerichtete Hypothesen können mittels zweiseitigen Tests wie dem **t-Test** oder - wenn man eine auf quadrierten Statistiken beruhende Teststatistik wie F benutzt - mittels einseitigen Tests wie dem **F-Tests** getestet werden.

Muster 1: Die abgeleitete Alternativhypothese $H_{1,C}$ wird angenommen, d.h. $|t_{C,emp}| > |t_{C,krit}|$ bzw. $F_{C,emp} > F_{C,krit}$, und für den Effekt gilt: $|\pm EG_C| \geq |\pm EG_{C,krit}|$ bzw. $(EG)^2_C \geq (EG)^2_{C,krit}$. Dieses Muster ist eindeutig: Die PV-C ist eingetreten, und die PH-C hat sich bewährt.

Muster 2: Die vorhersagekonforme Alternativhypothese wird angenommen, also: $|t_{C,emp}| \geq |t_{C,krit}|$ bzw. $F_{C,emp} \geq F_{C,krit}$, aber der empirische Effekt ist nicht von der erwarteten Größe: $|EG_C| < |EG_{C,krit}|$ bzw. $(EG)^2_C < (EG)^2_{C,krit}$. Die PV-C wird als bedingt eingetreten beurteilt oder als eingetreten, aber mit einem geringeren Effekt als erwartet. Auch die vorgeordnete PH-C wird als eingeschränkt bewährt beurteilt. Kann der nachgewiesene empirische Effekt als groß genug interpretiert werden, kann die PH-C als uneingeschränkt bewährt beurteilt werden, sofern während des Versuchs keine Validitätsmängel aufgetreten sind.

Muster 3: Die vorhersagekonforme Alternativhypothese $H_{1,C}$ wird nicht angenommen. Der Wert der Teststatistik wie auch die Effektgröße liegen nahe bei Null: $0 < |t_{C,emp}| < |t_{C,krit}|$ und $0 < |EG_C| < |EG_{C,krit}|$ bzw. $F_{C,emp} < F_{C,krit}$ und $(EG)^2_C < (EG)^2_{C,krit}$. In diesem Fall ist die PV-C nicht eingetreten, und die PH-C hat sich nicht bewährt.

4. Entscheidungsregel bei einer abgeleiteten ungerichteten Nullhypothese. Es gilt:

(4.4) PH-D ≈> (PH-D ∧ VSVS) ≈> PV-D ≈> (PV-D ∧ SHH) ≈> SV-D ⇔ ST-D:

$$H_{0,D}: (\mu_1 - \mu_2 = 0) \text{ bzw. } H_{0,D}: [\Sigma(\mu_k - \mu)^2 = 0].$$

Auch diese ungerichtete Hypothese kann mittels zweiseitigem **t-Test** oder mittels einseitigem **F-Test** getestet werden.

Muster 1: Die vorhersagekonforme Nullhypothese wird beibehalten, und das heißt: $|\pm t_{D,emp}| < |\pm t_{D,krit}|$ bzw. $F_{D,emp} < F_{D,krit}$. Dies bedeutet, dass $|\pm EG_D| < |\pm EG_{D,krit}|$ bzw. $(EG)^2_D < (EG)^2_{D,krit}$ ist. $|\pm EG_D|$ liegt außerdem noch nahe bei Null. Dieses Resultatsmuster führt zu dem Urteil, dass die PV-D eingetreten ist. Die PH-D hat sich dann bewährt.

Muster 2: Es wird die vorhersagekonträre Alternativhypothese $H_{1,D}$ angenommen, also $|\pm t_{D,emp}| \geq |\pm t_{D,krit}|$ bzw. $F_{D,emp} \geq F_{D,krit}$, und dabei gilt: $|\pm EG_D| < |\pm EG_{D,krit}|$ bzw. $(EG)^2_D < (EG)^2_{D,krit}$. Dies führt dazu, die PV-D als eingeschränkt eingetreten zu beurteilen, sofern die empirische Effektgröße erheblich unter dem Kriteriumswert $|\pm EG_{D,krit}|$ liegt. In diesem Fall soll die PH-D als bedingt bewährt gelten.

Muster 3: Es wird die vorhersagekonträre Alternativhypothese $H_{1,D}$ angenommen ($|\pm t_{D,emp}| \geq |\pm t_{D,krit}|$ bzw. $F_{D,emp} \geq F_{D,krit}$), und es gilt: $|\pm EG_D| \geq |\pm EG_{D,krit}|$ bzw. $(EG)^2_D \geq (EG)^2_{D,krit}$. Dies bedeutet, dass die PV nicht eingetreten ist, und die PH hat sich nicht bewährt.

Im Falle **mehrerer Tests** zur Prüfung einer PV und einer PH können die vorstehenden Muster übernommen werden. Passen die Resultatsmuster nicht in das vorstehende Schema, sollen die Entscheidungen fallspezifisch getroffen und begründet werden. Dabei ist die Anzahl der als angenommen beurteilten statistischen Hypothesen und die Größe der Effekte zu berücksichtigen. Sind einige Effekte kleiner als vorab spezifiziert, kann geprüft werden, ob wenigstens der Mittelwert der empirischen Effekte den/die Kriteriumswert/e erreicht.

Im Übrigen gilt allgemein: Wenn der Tests für eine Alternativhypothese für eine bestimmte Effektgröße geplant worden ist und wenn dann diese Alternativhypothese nicht angenommen wird, dann ist der empirische Effekt in keinem Falle größer als der vor dem Versuch festgelegte Kriteriumseffekt.

Die Entscheidung über die psychologische Vorhersage ist die unverzichtbare Grundlage für die **Entscheidung über die Bewährung oder die Nicht-Bewährung der psychologischen Hypothese**.

Wie steht es mit den Entscheidungen über die psychologischen Hypothesen? Bei Nicht-Eintreten der psychologischen Vorhersage sollte in aller Regel auf **Nicht-Bewährung der psychologischen Hypothese** entschieden werden. Auch wenn Kausalhypothesen sich in Experimenten nicht bewähren können, bleibt die Theorie, der sie entstammen, von diesem Ergebnis nach neuerem Verständnis unbeeinflusst (vgl. auch Westermann, 2000, S. 264-266; s.o.). Die Theorie hat sich dann lediglich als nicht anwendbar auf den durchgeführten Versuch erwiesen, und das realisierte empirische System wird dann bestenfalls aus der Menge der intendierten Anwendungen der Theorie entfernt. Dieses Vorgehen stellt in Rechnung, dass sich die Theorie ja zumindest in den ersten, den paradigmatischen Anwendungen als bewährt erwiesen hat. Falsifiziert werden bestenfalls die aus ihnen abgeleiteten Vorhersagen, d.h. die Basissätze. Häufen sich die widersprechenden empirischen Evidenzen oder die An-

omalien, kann man sich aber entschließen, die Theorie zu verändern, so dass sie mit den Anomalien kompatibel wird, oder man kann sich entscheiden, sie aufzugeben und eine andere zu ersinnen und zu erproben, aber auch noch so viele widersprechende empirische Daten können diese Entscheidungen nicht erzwingen. Dies hängt auch damit zusammen, dass die aus ihr ableitbaren Basissätze selbst fallibel sind (Westermann, 2000, S. 191-192). Entschließt man sich jedoch, die Theorie T_1 zu modifizieren, dann entsteht eine neue Theorie T_2, die „besser" als T_1 ist, wenn die folgenden vier Bedingungen erfüllt sind (Westermann, 2000, S. 209):
1. T_2 steht mit allen Fakten in Einklang, mit denen auch T_1 in Einklang steht,
2. T_2 steht mit wenigstens einigen Basissätzen in Einklang, die T_1 widersprechen,
3. T_2 erlaubt darüber hinaus die Ableitung neuer oder präziserer Vorhersagen,
4. T_2 bewährt sich in zumindest einigen dieser Prüfungen.

Erweist es sich, dass auch die neue Theorie T_2 sich in empirischen Prüfungen nicht durchgängig bewähren kann, so kann man sich erneut zu einer Modifikation entschließen, indem man nochmals eine neue Theorie T_3 erdenkt. Auf diese Weise entsteht eine *Theorienreihe* T_1, T_2, T_3 usw., die ein ganzes Forschungsprogramm konstituieren, das solange als *progressiv* bezeichnet werden kann, wie die jeweils neueste Theorie „besser" als ihre Vorgängerinnen im oben definierten Sinne ist (vgl. Westermann, 2000, S. 209). Die im Kapitel 2 angesprochene Duale-Kode-Theorie (DKT) von Paivio (1971) stellt ein Beispiel für eine derartige Theorienreihe dar. Die zunächst von Paivio vertretene Fassung seiner DKT bezeichnen Wippich und Bredenkamp (1979) als die „einfache" DKT, „die ihre Vorhersagen auf die Anzahl der in der Versuchssituation generierten Kodes stützt" (a.a.O., S. 9). Mit dieser einfachen Fassung der DKT standen jedoch nicht alle empirischen Befunde in Einklang. Wippich und Bredenkamp (1979) kreierten daraufhin eine modifizierte Fassung der DKT, und zwar eine "prozeß-orientierte Kodierungstheorie ..., welche stärker gewichtet, mit welchem Kode bei der Informationsverarbeitung bevorzugt operiert wird" (a.a.O., S. 9). Diese modifizierte Fassung der DKT konnte empirische Befunde, die mit der ursprünglichen Fassung der DKT nicht in Einklang standen, erklären und inspirierte darüber hinaus noch eine Fülle von neuen Untersuchungen (vgl. dazu im Einzelnen Wippich & Bredenkamp, 1979).

Für die Entscheidung, dass sich eine **psychologische Hypothese bewährt** hat, stellt das Eintreten der psychologischen Vorhersage nur eine **notwendige, aber keineswegs auch hinreichende** Voraussetzung dar. Denn bei der nicht formalisierbaren Entscheidung über die Bewährung der psychologischen Hypothese ist jeweils auch die **experimentelle Validität** des Versuches zu berücksichtigen, wobei gilt, dass kein Versuch jemals vollständig valide sein kann. Waren die Anfangsbedingungen zur Prüfung der Hypothese gegeben, d.h. konnte die psychologische Hypothese mit dem realisierten Versuchsaufbau überhaupt geprüft werden? Wurde - soweit möglich - randomisiert (Ceteris-paribus-distributionibus-Validität)? Wurden die in Abschnitt 2.3 genannten drei Prinzipien der Versuchsplanung beachtet? Wurden die theoretischen Begriffe der psychologischen Hypothese über paradigmatische oder zumindest plausible und allgemein akzeptierte empirische Begriffe konkretisiert (Variablenvalidität)? Wurde mit einer oder mit mehreren Prüfinstanzen operiert, und wie wurden mehrere Prüfinstanzen zusammengefasst (konjunktiv oder disjunktiv; e- und/oder f-Validi-tät)? Wurden bei den Ableitungen von Vorhersagen die Adäquatheit und die Erschöpfendheit sowie der konkrete Versuchsaufbau berücksichtigt (Ableitungsvalidität)? Wurde durch die Ableitung die Menge der überhaupt möglichen Resultate in zwei disjunkte Teilmengen zerlegt, von denen die eine alle hypothesenkonformen Resultate enthält? Wurde bei der Ableitung der statistischen Vorhersage das Skalenniveau der empirischen AV (Variablenvalidität) und die Planbarkeit der resultierenden Tests beachtet? Wurde eine Testplanung zur Kontrolle der Fehlerwahrscheinlichkeiten α_{krit} und β_{krit} relativ zu EG_{krit} durchgeführt (statistische sowie e- und/oder f-Validität)? Wie wurden bekannte Störfaktoren kontrolliert (e- und/oder f-Validität)? Und wie wurden unbekannte Störfaktoren kontrolliert (e- und/oder f-Validität)? Waren die Randbedingungen des Versuches so wie geplant? Waren die herangezogenen Hilfshypothesen im besten Fall bereits gut bewährt oder aber zumindest plausibel und allgemein akzeptiert? Was wurde unternommen, um größtmögliche Präzision zu sichern (statistische Validität)? Welche nicht vorhersehbaren Störfaktoren sind während des Versuches aufgetreten (e- und/oder f-Validität)? Welche Hilfshypothesen haben sich auf Grund des tatsächlichen Ablaufes des Versuches als nicht aufrecht zu erhalten erwiesen? Sind nachträglich nicht mehr zu beseitigende Validitätsmängel festzustellen? Erfolgte eine Dateninspektion zur Entdeckung von Auffälligkeiten? usw. Die Antworten auf diese Fragen hängen vom tatsächlichen Verlauf des Versuches, vom verfügbaren Hintergrundwissen, vom Sachverstand und vom Expert/inn/enwissen der/des VL ab. Bei gravierenden Validitätsmängeln sollte die Entscheidung über die psychologische Hypothese negativ ausfallen oder nicht getroffen werden, selbst wenn alle Entscheidungen auf den nachgeordneten Ebenen erwartungskonform erfolgt sind. Hat sich eine psychologische Hypothese in einem hinreichend strengen Prüfversuch bewähren können, dann hat sich auch die ihr vorgeordnete Theorie auf den Phänomenbereich als anwendbar erwiesen, und man fügt das untersuchte „empirische System" den erfolgreichen Anwendungen der Theorie hinzu.

Bei der Entscheidung über die Bewährung oder die Nicht-Bewährung von Zusammenhangs- oder auch von Kausalhypothesen, die *nicht* in den größeren Zusammenhang einer Theorie eingebettet sind, stellt sich die Frage des Rückschlusses auf eine Theorie offensichtlich nicht.

Der Bewährungsgrad einer Theorie und/oder einer Hypothese wächst mit der Anzahl der empirischen Prüfungen, die die Theorie bzw. die Hypothese erfolgreich überstanden hat. Aber noch stärker als von der Anzahl der erfolgreichen Prüfungen hängt der Bewährungsgrad von Theorien und/oder Hypothesen von der **Strenge oder e_{PH}-Validität** dieser Prüfversuche ab (vgl. Westermann, 2000, S. 208). Demgegenüber ist dem Urteil der **Nicht-Bewährung einer Theorie oder Hypothese** um so größeres Gewicht beizumessen, je **wohlwollender** oder **f$_{PH}$-valider** die einzelnen Prüfversuche gestaltet waren.

Jede **positive Entscheidung über eine psychologische Hypothese mit theoretischen Begriffen** ist **gehaltserweiternd**, vor allem, weil in einem genau umschriebenen und genau beschreibbaren Versuch mit Konkretisierungen gearbeitet wird, die eingeschränkter sind als die theoretischen Begriffe der psychologischen Hypothese, d.h. die theoretischen oder nicht-beobachtbaren Begriffe der psychologischen Hypothese weisen gegenüber den Konkretisierungen, mit denen im Versuch gearbeitet wird, einen Bedeutungsüberschuss auf. Bei psychologischen Hypothesen, die „empirienah" bereits über empirische Variablen formuliert sind, ergibt sich das Konkretisierungsproblem nicht. In diesem Fall ist mit der Entscheidung über ihre Bewährung oder Nicht-Bewährung auch kein gehaltserweiternder Schluss verbunden.

Und noch ein *Caveat*: Es sollte darauf geachtet werden, dass bloße Zusammenhangshypothesen auf Grund der Daten bzw. auf Grund der Höhe der empirischen Korrelationen *nicht* im Sinne einer Kausalbeziehung interpretiert werden können. Die Interpretation eines Zusammenhanges als kausal setzt stets eine Theorie oder Hypothese voraus, die einen derartigen kausalen Zusammenhang behauptet.

Hat man die Entscheidung über die Bewährung oder Nicht-Bewährung der psychologischen Hypothese gefällt, steht es dem oder der VL frei, so viele zusätzliche statistische Tests über die vorliegenden Daten durchzuführen, wie es ihr oder ihm beliebt. Dies sollte im Übrigen nach Möglichkeit stets geschehen; um in Erfahrung zu bringen, ob die Daten außer den in den statistischen Tests abgebildeten Informationen noch weitere enthalten, die mit Blick auf die geprüfte Hypothese von Interesse sein können. Dies gilt insbesondere dann, wenn man eine ungerichtete Hypothese geprüft hat, bei der es immer naheliegt, sie aufgrund der Daten zu einer gehaltvolleren gerichteten Hypothese zu modifizieren, die einem folgenden Prüfversuch vorangestellt werden kann. Es sollte dabei lediglich beachtet werden, dass die modifizierte Hypothese genau wie ihre geprüfte Vorgängerin sinnvoll interpretierbar ist. Sollte die modifizierte Hypothese dem verfügbaren Hintergrundwissen widersprechen, ist dies nach Popper (2002) nur von Vorteil. Nach Möglichkeit sollten allerdings auch diese Post-hoc-Tests vor ihrer Durchführung geplant werden, und zwar mit einer der Testplanungsstrategien, die von einem festliegenden Stichprobenumfang ausgehen. Auf diese Weise können bei spezifizierter Effektgröße die realisierbaren statistischen Fehlerwahrscheinlichkeiten α und β ermittelt werden oder bei festgelegten Fehlerwahrscheinlichkeiten die nachweisbare Effektgröße (vgl. das folgende Kap.).

Man kann die vorstehenden Ausführungen in Form einer „Rückschlusskette" darstellen, wie sie in Abbildung 4.1 realisiert ist.

Der Planung für die Tests über die als vorhersagekonform abgeleiteten statistischen Hypothesen aus Kapitel 3 wenden wir uns als nächstes zu.

**„Rückschlusskette" für die Entscheidung über die Vorhersagen und Hypothese:
Wie kommt man von den empirischen Daten zurück zur
psychologischen Hypothese bzw. Theorie?**

Empirische Daten

↓

**Ebene der statistischen Tests und
der statistischen Hypothesen H_0 und H_1 (ST) (α und β)**
Durchführung des oder der statistischen Tests und Annahme oder Nicht-Annahme der als vorhersagekonform abgeleiteten $H_{0,s}$ und/oder der $H_{1,r}$ auf Grund der a priori festgelegten Ablehnungsbereiche.

↓

Ebene der statistischen Vorhersage (SV) (ε_{SV} und φ_{SV})
Annahme der SV, wenn die erforderliche Anzahl von vorhersagekonformen statistischen Hypothesen angenommen werden kann; dabei Berücksichtigung der festgelegten Entscheidungsregel.

↓

Ebene der psychologischen Vorhersage (PV) (Risiken E_{PV} und F_{PV})
Positive Entscheidung über die PV (eingetreten oder nicht eingetreten), wenn bei vorhersagekonform ausgefallenen statistischen Tests die Effektgrößenvergleiche ebenfalls erwartungskonform ausfallen; dabei erneut Berücksichtigung der a priori spezifizierten Entscheidungsregel.

↓

Ebene der psychologischen Hypothese (PH) (Risiken e_{PH} und f_{PH})
Entscheidung über die PH (Bewährung bzw. Nicht-Bewährung) auf der Grundlage der Entscheidung über die PV und wenn gravierende Validitätsmängel und nicht widerlegbare Zweifel an den Hilfshypothesen usw. hinreichend sicher ausgeschlossen werden können, wenn also der Versuch hinreichend valide war.

↓

Ebene der psychologischen Theorie (PT)
Entscheidung darüber, ob der durchgeführte Versuch eine erfolgreiche Anwendung der Theorie darstellt oder nicht. Je nach Ausgang dieser Entscheidung wird das untersuchte empirische System zu den erfolgreichen Anwendungen der Theorie hinzugefügt oder aus den intendierten Anwendungen entfernt. Bei erfolgreichen strengen Prüfungen erhöht sich der Bewährungsgrad der Theorie.

Abbildung 4.1: Entscheidungen auf den fünf Betrachtungsebenen, ausgehend von den empirischen Daten über die Ergebnisse der statistischen Tests (ST) zur statistischen und zur psychologischen Vorhersage (SV und PV) und von dort zur psychologischen Hypothese (PH) und zur psychologischen Theorie (PT) (nach Hager, 1992b, S. 23).

5. Die Testplanungsstrategien am Beispiel von t-Tests

5.1 A-priori-Festlegung der Determinanten des statistischen Tests

Dieses Kapitel ist der Testplanung für verschiedene Formen von statistischen Tests über Mittelwertshypothesen gewidmet. Der klassische Test, mittels dessen Hypothesen über K = 2 Mittel- oder Erwartungswert μ_k getestet werden, ist der **t-Test** von Gosset („Student", 1908). Mit ihm wie mit allen Ein- und Zweistichprobenverfahren können gerichtete und ungerichtete statistische Hypothesen getestet werden, und zwar der folgenden Form:

(5.1) $H_0: (\mu_1 - \mu_2 \leq 0)$ vs. $H_1: (\mu_1 - \mu_2 > 0)$ oder auch

$H_0: (\mu_1 - \mu_2 = 0)$ vs. $H_1: (\mu_1 - \mu_2 \neq 0)$.

Dabei ist es auch möglich, unter der Nullhypothese jeden beliebigen und von Null verschiedenen Wert zu spezifizieren, also etwa $H_0: (\mu_1 - \mu_2) = -10$ oder auch $H_0: (\mu_1 - \mu_2) = 25$ usw.

Der empirische Wert t_{emp} der Teststatistik t wird dann wie folgt bestimmt, wobei n_k den Umfang einer Stichprobe und $N = n_1 + n_2$ den Gesamtstichprobenumfang bezeichnet:

(5.2) $t_{emp} = \dfrac{M_1 - M_2 - (\mu_1 - \mu_2)}{s_{I,B}\sqrt{\dfrac{1}{n_1} + \dfrac{1}{n_2}}}$.

Der Test beruht auf den Nennerfreiheitsgraden $FG_N = 2(n-1)$ oder $N - 2$. Bei H_1: $\mu_2 - \mu_1 > 0$ lautet der Zähler von Formel (5.2) $M_2 - M_1 - (\mu_2 - \mu_1)$. Die Reihenfolge der Mittelwerte im Zähler des t-Bruches wird also stets durch die Formulierung der zu testenden statistischen Hypothesen festgelegt. M_k: empirischer Mittelwert in Versuchsbedingung B_k und μ_k: theoretischer Mittelwert; $(\mu_1 - \mu_2) = E(M_1 - M_2)$: Erwartungswert der Mittelwertsdifferenz unter Gültigkeit der H_0, für den meist gilt: $(\mu_1 - \mu_2) = 0$, so dass $(\mu_1 - \mu_2)$ üblicherweise in der **t-Test**-Formel nicht auftaucht. Bei $(\mu_1 - \mu_2) = 0$ und bei gleichen Stichprobenumfängen n ergibt sich die folgende vereinfachte Version der t-Formel:

(5.3) $t_{emp} = \dfrac{M_1 - M_2}{s_{I,B}\sqrt{\dfrac{2}{n}}}$.

Die Binnenstreuung $s_{I,B}$ im Nenner von Formel (5.2) und (5.3) wird bei gleichen Stichprobenumfängen als die Wurzel aus dem Mittelwert der beiden mit $n-1$ gewichteten Inferenz-Binnenvarianzen s^2_k gebildet, also:

$$(5.4) \quad s_{I,B} = \sqrt{\frac{\sum\sum(y_{ik}-M_k)^2}{2(n-1)}} = \sqrt{\frac{\sum QSI(B)_k}{2(n-1)}} = \sqrt{\frac{s_1^2+s_2^2}{2}}.$$

$QSI(B)_k$: Quadratsumme der Werte der AV Y innerhalb der Bedingung k; n: Stichprobenumfang in jeder Versuchsbedingung. Bei ungleichen Stichprobenumfängen erfolgt die Ermittlung der Streuung $s_{I,B}$ dagegen wie folgt (N bezeichnet den Gesamtstichprobenumfang: $N = n_1 + n_2$):

$$(5.5) \quad s_{I,B} = \sqrt{\frac{\sum\sum(y_{ik}-M_k)^2}{\sum(n_k-1)}} = \sqrt{\frac{\sum QSI(B)_k}{\sum(n_k-1)}} = \sqrt{\frac{(n_1-1)s_1^2+(n_2-1)s_2^2}{N-2}}.$$

Für die valide Anwendung dieses Tests muss Unabhängigkeit der Rohwerte vorausgesetzt werden - eine Bedingung, die durch entsprechende Maßnahmen des/der VL und der beteiligten Vpn leicht erfüllt werden kann; gegenüber den Verletzungen seiner anderen Voraussetzungen ist der **t-Test** außerordentlich robust (siehe Abschn. 2.4). - Eine Tabelle zur Signifikanztestung von t-Werten findet sich im Anhang (Tabelle A.5).

Wenn die empirischen Binnenvarianzen s^2_k sehr verschieden sind und wenn zusätzlich noch ungleiche Stichprobenumfänge aufgetreten sind, ist dies immer ein Indiz dafür sind, dass irgend etwas in dem Versuch nicht so abgelaufen ist, wie es geplant war. Und dieser Umstand kann auch durch keinen noch so sophistizierten statistischen Test ausgeglichen werden. Man sollte dann bevorzugt auf die Durchführung des vorgesehenen Tests verzichten und statt dessen nach den Gründen für die heterogenen Binnenvarianzen und ggf. die ungleichen Stichprobenumfänge fahnden. Dies können Decken- oder Bodeneffekte sein (vgl. Kap. 4) oder auch einzelne Ausreißerwerte, für die zu klären ist, ob es sich um einfache Registrierungsfehler handelt oder ob während dieser konkreten Versuchsdurchgänge unerwartete Störfaktoren differenziell, also nicht für alle Versuchsbedingungen in der gleichen Weise, wirksam geworden sind. - Wenn man trotz dieser Validitätseinschränkungen nicht auf eine statistische Auswertung verzichten will, was ja zumeist schwerfällt, kann bei annähernd gleichen Stichprobenumfängen der robuste **t-Test** angewendet werden, obwohl es fraglich ist, ob die Mittelung von heterogenen Binnenvarianzen zur Gewinnung einer Teststreuung sinnvoll ist. Sind die heterogenen Varianzen mit sehr ungleichen Stichprobenumfängen gepaart, kann man als Alternative zum **t-Test** den **Welch-Test** (Welch, 1947) einsetzen (vgl. Winer, 1971, S. 42). Dieser Test ist geringfügig weniger teststark als der **t-Test** und hat sich in der Untersuchung von Kohr und Games (1974) als die beste Alternative zum **t-Test** bei heterogenen Varianzen *und* ungleichen Stichpobenumfängen erwiesen.

Für den **t-Test** soll im Folgenden die **Testplanung** ausführlicher dargestellt werden.

Die Testplanung als Aspekt der umfassenderen Versuchsplanung dient dazu, einen den verfügbaren Ressourcen angemessenen Ausgleich zwischen den Determinanten des statistischen Tests innerhalb der Neyman-Pearson-Theorie herzustellen, also zwischen der Stichprobengröße n (N), den statistischen Fehlerwahrscheinlichkeiten α und β und der Effektgröße (EG) als wichtigste von allen vier Determinanten. Diese vier Determinanten des statistischen Tests sind funktional miteinander verbunden, d.h. wenn man die numerischen Werte von drei der vier Determinanten kennt oder festgelegt hat, kann der Wert der jeweils vierten unter Zuhilfenahme entsprechender Formeln und Tabellen berechnet werden. Die Testplanung bezieht sich dabei stets auf eine Alternativhypothese und findet auf der Ebene ST der testbaren statistischen Hypothesen und nach Festlegung der statistischen Tests nach dem Kriterium ihrer Planbarkeit statt. Mit der Testplanung soll erreicht werden, dass *erstens* die Fehlerwahrscheinlichkeiten α und β so niedrig wie möglich gehalten werden und dass *zweitens* das Versuchsergebnis nicht mehr hauptsächlich von mit Blick auf die Prüfung von psychologischen Hypothesen einer so untergeordneten Determinante wie der Stichprobengröße n (N) abhängig ist, sondern in erster Linie von der **Effektgröße**. Diese bringt allgemein zum Ausdruck, wieviel der Gesamtvariation durch die Variation der unabhängigen Variablen systematisierbar ist; sie drückt also aus, „wie signifikant" im Sinne von „(für die Hypothese) bedeutsam" ein Ergebnis *wirklich* ist (und nicht die Kleinheit des p-Wertes, die stets eine Funktion der Stichprobengröße und der Effektgröße darstellt). Praktisch ist für jeden Test, für den dies möglich ist, eine eigene Effektgröße definiert, aber viele dieser Effektgrößen lassen sich auf die eine oder andere Art in andere Effektgrößen umrechnen, z.B. die standardisierten Mittelwertsabstände in Korrelationen und umgekehrt. Von daher ist es oft am einfachsten, von derjenigen Effektgröße auszugehen, mit der man am besten vertraut ist, und diese für den zu planenden statistischen Tests in dessen Effektgröße umzurechnen, sofern dies möglich ist. Dabei sind die allgemeinsten Effektmaße die einfachen und die multiplen Korrelationen, die für eine Vielzahl ganz verschiedener Tests bestimmt werden können. Ich operiere jedoch soweit wie möglich nicht mit den allgemeinsten Maßen, sondern stattdessen mit den meiner Ansicht nach am einfachsten interpretierbaren und genauso vielsietig wie Korrelationen einsetzbaren standardisierten Mittelwertsabständen, die ich bedarfsweise in Korrelationen umrechne. Zusätzlich werden auch testspezifische Effektgrößen behandelt, die weder Korrelationen noch standardisierte Mittelwertsabstände sind.

Dass eine Effektgröße den direkten und besten Weg zur Ermittlung des Ausmaßes an Zusammenhang zwischen UV und AV bzw. des Ausmaßes an Unterschiedlichkeit in den Werten der AV in Abhängigkeit von der Variation der UV darstellt, ist seit langem hinlänglich bekannt und wird seit genauso langem geflissentlich ignoriert - nur in wenigen empirischen Forschungsarbeiten werden Effekte berechnet und mitgeteilt. Bereits 1951 hat Yates dazu festgestellt: Der Gebrauch von statistischen Tests has caused scientific research workers to pay undue attention to the results of the tests of significance that they perform on their data and too little attention to the estimates of the magnitude of the effects they are investigating. ... The emphasis on tests of significance, and the consideration of the results of each experiment in isolation, have had the unfortunate consequence that scientific workers often have regarded the execution of a test of significance as the ultimate objective. (Yates, 1951, S. 32-33)

Je größer der Wert solcher Effektgrößen unter sonst gleichen Bedingungen ist, desto weiter liegen die **zentralen** und die **nonzentralen Testverteilungen** auseinander und desto größer wird unter sonst gleichen Bedingungen die Teststärke $1 - \beta$ (vgl. dazu die Abbildung auf S. 122 in Bortz, 1999); derartige Abbildungen finden sich in jedem Lehrbuch, das sich mit der Teststärke befasst, und ich werde sie hier nicht reproduzieren. Die sog. zentralen Verteilungen einer Teststatistik werden unter der Annahme der Gültigkeit der H_0 abgeleitet, sind weithin tabelliert und werden zur Hypothesenentscheidung benötigt. Die sog. nonzentralen Verteilungen einer Teststatistik werden unter der Annahme der Gültigkeit für die Menge der unter dem Label „H_1" zusammengefassten Alternativhypothesen abgeleitet, sind kaum tabelliert und werden für die Testplanung benötigt. Sind sie nicht bekannt, muss man annehmen können (Hilfshypothese ohne empirischem Gehalt), dass sie sich durch andere und vor allem leichter zu handhabende zentrale Verteilungen hinreichend genau approximieren lassen. Die nonzentralen Verteilungen werden durch die sog. Nonzentralitätsparameter charakterisiert, bei denen jeder Wert für eine andere Alternativhypothese aus der Menge der H_1 besteht. Sofern die Menge $\mathbf{H_1}$ unexakt ist, gibt es für jedes Element dieser Menge einen eigenen Nonzentralitätsparameter und eine eigene nonzentrale Verteilung.

Die Effektgröße für den **t-Test** kann man ganz verschieden definieren, aber solange man die theoretische Binnenvarianz $\sigma^2_{I,B}$ nicht kennt, ist es günstig, bei Mittelwertshypothesen den Abstand als Teil oder Vielfaches der entsprechenden Standardabweichung $\sigma_{I,B}$ (theoretische Binnenstreuung) zu definieren. Der Index „B" bezieht sich auf den hypothesenrelevanten Faktor B mit K = 2 Stufen. Man erhält damit bei Mittelwertshypothesen und K = 2 Versuchsbedingungen die auf die Binnenstreuung $\sigma_{I,B}$ standardisierte Mittelwertsdifferenz δ_B als Abstandsmaß als **Effektgröße** (J. Cohen, 1988, S. 20):

$$(5.6) \quad \delta_B = \frac{\mu_1 - \mu_2}{\sigma_{I,B}}.$$

$\delta_B = \mathbf{d}$ bei J. Cohen (1988, S. 20). Dadurch, dass die Mittelwertsdifferenz auf die Standardabweichung $\sigma_{I,B}$ relativiert wird, ist das Effektmaß bzgl. der interessierenden Mittelwertsdifferenz letztlich nicht sehr informativ. Tritt eine große Mittelwertsdifferenz mit einer großen Streuung gemeinsam auf, kann für δ_B der gleiche Wert resultieren, als wenn eine kleine Mittelwertsdifferenz zusammen mit einer kleinen

Die Testplanungsstrategien am Beispiel von t-Tests

Binnenstreuung $\sigma_{I,B}$ auftritt. *Beispiel*: Es sei: $\mu_1 - \mu_2 = 10$ und $\sigma_{I,B} = 20$. Dann ist $\delta_B = 10/20 = 0{,}50$. Ferner sei $\mu_1 - \mu_2 = 3$ und $\sigma_{I,B} = 6$, so dass $\delta_B = 3/6 = 0{,}50$. Dies ist sicherlich ein Nachteil von standardisierten Effektgrößen, aber es ist letztlich einfacher, einen Wert für ein standardisiertes Maß festzulegen als für alle drei Kenngrößen separat oder zumindest für zwei, die Mittelwertsdifferenz und die Streuung. Aus den empirischen Daten kann dann allerdings abgelesen werden, wie groß die empirische Differenz der Mittelwerte, $M_1 - M_2$, und die Streuung $s_{I,B}$ sind.

Die empirische Entsprechung d_B von δ_B lautet:

$$(5.7) \quad d_B = \frac{M_1 - M_2}{s_{I,B}},$$

oder bei gleichen Stichprobenumfängen $n_1 = n_2 = n$ auch:

$$(5.8) \quad d_B = t_{emp}\sqrt{\frac{2}{n}}.$$

Man kann auch die Deskriptionsstreuung $S_{I,B}$ benutzen, die auf n anstelle von n − 1 beruht, doch wird in aller Regel $s_{I,B}$ als Standardisierungsgröße herangezogen, wodurch das d_B geringfügig kleiner ausfällt als bei Benutzung von $S_{I,B}$. Dieser Praxis wird im weiteren Verlauf dieses Buches gefolgt.

Kraemer und Thiemann (1987) sowie im Anschluss daran auch Bortz und Döring (1995) benutzen als **allgemeine Effektgröße** das Maß Δ_{KT}; der Index KT steht für Kraemer und Thiemann, die dieses Maß vorgeschlagen haben. Es stellt die Wurzel aus dem multiplen Korrelationsquadrat $\eta^2_{Y \cdot B}$ dar (vgl. Wahlsten, 1991, S. 588). So definieren diese Autorinnen (1987, S. 42) die folgende allgemeine Effektgröße $\Delta_{KT}(\delta)$ unter Verwendung von δ_B:

$$(5.9) \quad \Delta_{KT}(\delta) = \frac{\delta_B}{\sqrt{\delta_B^2 + [1/p(1-p)]}} = \rho,$$

wobei p und 1 − p den relativen Anteil der beiden Stichproben an der Gesamtstichprobe N angeben und ρ eine theoretische Korrelation bezeichnet. Ist $n_1 = n_2$, dann gilt:

$$(5.10) \quad \Delta_{KT}(\delta) = \frac{\delta_B}{\sqrt{\delta_B^2 + 4}} = \rho.$$

Die empirische Entsprechung von Formel (5.10) lautet:

$$(5.11) \quad r = \frac{d_B}{\sqrt{d_B^2 + 4}},$$

wobei r die empirische Produkt-Moment- oder Pearson-Korrelation bezeichnet. Formel (5.11) zeigt an, dass man standardisierte Mittelwertsabstände d_B in Korrelationen r umrechnen kann und umgekehrt.

Um eine Testplanung durchführen zu können, müssen drei der vier Determinanten des statistischen Tests wertemäßig festgelegt werden, so dass der Wert der jeweils vierten errechnet werden kann. Wenn man vor dem Versuch eine nachweisbare Effektgröße spezifizieren soll, stellt sich unmittelbar die Frage, **wie groß dieser Effekt** gewählt werden soll. Viele Kolleg/inn/en dürfte die Schwierigkeit bei der Beantwortung dieser Frage davon abhalten, ihre statistischen Tests zu planen. Bredenkamp (1980) sagt dazu allerdings:

Mancher Psychologe wird sich durch die Schwierigkeit bei der Beantwortung dieser Frage davon abhalten lassen, im deduktivistischen Sinne Hypothesen zu ... [prüfen; W.H]. Allerdings löst er das Problem dadurch nicht, sondern verschärft es. Für den Fall nämlich, dass H_0 falsch ist, ist er durch die unreflektierte Wahl von n auf eine Effektgröße *festgelegt worden*, die sich mit einer bestimmten Wahrscheinlichkeit entdecken lässt. Dadurch wird die Kritisierbarkeit seines Vorgehens ... erschwert. Legt er jedoch die Effektgröße fest, so ist sein Vorgehen durchschaubar, und die Festlegung ist kritisierbar. (S. 22)

Und Howell (1997) führt im gleichen Zusammenhang aus:

It may strike you as peculiar that the investigator is asked to define a difference she is looking for before the experiment is conducted. Most people would respond by saying: „I don't know how the experiment will come out. I just wonder whether there will be a difference." Although many experimenters speak in this way ..., you should question the validity of this statement. Do we really not know, at least vaguely, what will happen in our experiments; if not, why are we running them? Although there is occasionally a legitimate I-wonder-what-would-happen-if experiment, in general, „I do not know" translates to „I have not thought that far ahead". (S. 218)

Für die Festlegung eines **Kriteriumswertes für die Effektgröße** gibt es im Wesentlichen die folgenden Möglichkeiten:

Option 1: Man orientiert sich an einer oder mehreren Untersuchungen, die im gleichen Bereich und unter gut vergleichbaren oder ähnlichen Bedingungen stattgefunden haben wie die geplante eigene Untersuchung. Für diese Untersuchung/en berechnet man den aufgedeckten Effekt oder man entnimmt ihr/ihnen den Effekt, wenn er bereits berechnet worden ist (vgl. dazu auch Wilkinson and the Task Force on Statistical Inference, 1999, S. 596). Sofern man eine psychologische Hypothese prüfen will, die einer Theorie entstammt, kann man den paradigmatischen, d.h. ersten erfolgreichen Anwendungen der Theorie, die dort nachgewiesenen Effektgrößen entnehmen oder diese selbst nachträglich berechnen, um einen Anhaltspunkt für die eigene Festlegung eines Kriteriumswertes für die Effektgröße zu erhalten. Je ähnlicher die eigene Untersuchung einer früheren ist, desto größer ist die Wahrscheinlichkeit, dass sich auch in der eigenen Untersuchung Effekte zeigen, die im gleichen Bereich wie dem der früheren Untersuchung liegen. Allerdings: Es darf dabei nicht übersehen werden, dass **auch Effektgrößen Zufallsschwankungen unterliegen**, was die Festsetzung eines Kriteriumswertes auf der Grundlage eines früher aufgedeckten Effektes nicht gerade erleichtert.

Option 2: Man kann die benötigte Information bei Kolleginnen und Kollegen erfragen, die im selben Bereich und an denselben Hypothesen und/oder Phänomenen arbeiten (ähnlich wie unter 1).

Option 3: Man kann sich auch an den von J. Cohen (1988, S. 25-27, S. 79-80) vorgeschlagenen **Konventionen** orientieren. Nach diesen gilt ein Effekt der Größe **0,2 Standardabweichungen** ($\delta_B = 0{,}20$) als „klein", ein Effekt der Größe **0,5 Standardabweichungen** ($\delta_B = 0{,}50$) als „mittelgroß" und ein Effekt der Größe **0,8 Standardabweichungen** ($\delta_B = 0{,}80$) als „**groß**". J. Cohen (1988, S. 12-13, S. 25) selbst führt aber aus, dass man sich *nur dann* auf diese Vorschläge zurückziehen sollte, wenn man keine andere Möglichkeit zur Festlegung der EG hat. Und:

The terms „small," „medium," and „large" are relative, not only to each other, but to the area of behavioral science or even more particularly to the specific content and research method being employed in any given specific investigation. ... In face of this relativity there is a certain risk inherent in offering conventional ... definitions for these terms for use in power analysis in as diverse a field of inquiry as behavioral science. The risk is nevertheless accepted in the belief that more is to be gained than lost by supplying a common conventional frame of reference which is recommended for use only when no better basis for estimating the ES index is available. (J. Cohen, 1988, S. 25; ES: „effect size": Effektgröße)

Lipsey (1990, S. 21) versteht diese Kategorisierungen als „rules of thumb". Und darüber hinaus kann mit vollem Recht argumentiert werden, dass in jedem Teilbereich der Psychologie, ja in jedem Versuch die Einschätzung der Größe des Effektes je gesondert erfolgen sollte bzw. muss. Effekte, die in einem Phänomenbereich als „klein" gelten, können in einem anderen für „groß" gehalten werden (vgl. Prentice & D.T. Miller, 1992). Effekte fallen gering aus, wenn die Stufen der UV nahe beieinander liegen und/oder wenn man eine AV wählt, die nur schwer zu beeinflussen ist wie bspw. das Verhalten einer Jury vor Gericht gegenüber Angeklagten unterschiedlicher physischer Attraktivität (Prentice & D.T. Miller, 1992, S. 162). Während bspw. in einfachen Lernexperimenten normalerweise mit relativ großen Effekten gerechnet werden kann, werden diese deutlich geringer ausfallen, wenn man die soziale Interaktion in Kleingruppen untersucht. Je weniger verschieden die mittleren Bildhaftigkeitswerte von zu lernenden Listen sind, mit desto kleineren Effekten muss auch gerechnet werden. Führt man eine psychologische Interventionsmaßnahme in Gruppen durch und vergleicht die für diese festgestellte statistische Assoziation mit derjenigen, die entsteht, wenn man die gleiche Intervention im Einzelsetting durchführt, wird es im Allgemeinen so sein, dass der Effekt für die Interventionsmaßnahme im Einzelsetting den Effekt des Gruppensettings übersteigt. Sogar für jede Art der Manipulation ein und derselben unabhängigen Variable und für jede abhängige Variable usw. macht es Sinn, die Überlegungen zur Größe des erwartbaren Effektes *differenziell* anzustellen, wenn man irgendeine Möglichkeit dazu hat. Grundsätzlich stellen aber J. Cohens Konventionen eine brauchbare Orientierungshilfe dar, besonders für Anfänger/innen, von der man aber abweichen sollte, wenn man eine bessere Bestimmungsmöglichkeit für den Kriteriumswert EG_{krit} der Effektgröße zur Verfügung hat. Ich werde bei meinen Beispielen immer wieder auf die von J. Cohen vorgeschlagenen Konventionen als Beispiele zurückgreifen, woraus die Leserin und der Leser aber keine falschen Schlüsse ziehen sollte.

Option 4: Man kann sich Informationen über den erwartbaren Effekt auch in einer dem eigentlich Hypothesenprüfversuch vorausgehenden sog. Pilot-Studie verschaffen. Auch die Vorversuche, die man üblicherweise anstellen muss, eignen sich zur Abschätzung des Kriteriumseffektes, wenn der Hauptversuch den Vorversuchen hinreichend ähnlich ist. Ist dies nicht der Fall, kann man die unähnlichen Aspekte identifizieren und für jeden dieser Aspekte überlegen, ob er mutmaßlich zu einer Vergrößerung oder zu einer Verkleinerung des nachweisbaren Effektes führt.

Option 5: Zuweilen löst sich dieses Problem gewissermaßen von selbst, weil die Größe der verfügbaren Stichprobe nur den Nachweis vergleichbar großer Effekte bei tolerablen Fehlerwahrscheinlichkeiten ermöglicht.

Option 6: Und daneben ist eine völlig beliebig anmutende Festlegung a priori immer noch besser als gar keine Vorgabe, denn durch die meist auch nach Verfügbarkeit, also wenig rational erfolgende Wahl der weniger wichtigen Stichprobengröße n pro Versuchsgruppe oder N für den gesamten Versuch und des Signifikanzniveaus α_{krit} legt man sich auf bestimmte mögliche Kombinationen von entdeckbarem Effekt und Teststärke $1 - \beta_{krit}$ fest, ohne sich der Konsequenzen dieses Tuns bewusst zu sein (vgl. zu diesem Argument das Zitat von Bredenkamp, 1980, oben; vgl. auch Bredenkamp, 1972). „It must be reiterated here that however problematic the setting of an ES, it is a task which simply cannot be shirked. The investigator who insists that he has absolutely no way of knowing how large an ES to posit fails to appreciate that this necessarily means that he has no rational basis for deciding whether he needs to make ten obervations or ten thousand" (J. Cohen, 1988, S. 285).

Option 7: Einige Autor/inn/en (e.g. J. Cohen, 1988, S. 12; Wilkinson and the Task Force on Statistical Inference, 1999, S. 596) deuten an, dass man Werte für Effektgrößen direkt aus psychologischen Theorien gewinnen kann. Mir ist keine psychologische Theorie oder Hypothese bekannt, die dieses ermöglichen würde. Psychologische Theorien und Hypothesen sagen zwar etwas darüber aus, *ob* unter ihnen entweder eine meist in bestimmter Richtung von Null verschiedene oder aber eine nahe bei Null liegende Effektgröße zu erwarten ist (s.o.), aber sie lassen die numerische Größe dieser Effekte offen, so dass dieser Wert erst im Rahmen der Testplanung spezifiziert werden kann. Sollte es wider Erwarten eine Theorie oder Hypothese geben, die auch die Größe des erwartbaren Effektes spezifiziert, dann sollte aus ihr über die PV eine auf diesen Effekt bezogene Nullhypothese abgeleitet werden, wobei unter der vorhersagekonträren Alternativhypothese für die Testplanung eine Effektgröße festgelegt werden muss, die die maximal tolerablen Abweichungen von der exakten Vorhersage definiert.

Im Übrigen wird als kritischer Effekt (EG_{krit}) üblicherweise ein „runder" Wert festgelegt, also etwa 0,65 oder 0,60 anstelle von 0,6346 oder 1,0 (oder 0,95) anstelle von 0,976 (oder 0,945) usw. Diese Bevorzugung „runder" Werte gilt aber *nur* für die Phase der Testplanung vor der Datenerhebung, *nicht* für die Bestimmung des empirischen Wertes der Effektgröße *nach* der Datenerhebung; dieser darf nur innerhalb der üblichen Grenzen gerundet werden.

Wird eine psychologische Hypothese über eine PV und eine SV geprüft, die einer H_0 äquivalent ist, wird das Ausbleiben eines Effektes erwartet. Um aber den Test wie sonst auch planen zu können, ist ein Kriteriumswert für die Effektgröße derart zu spezifizieren, dass dieser Wert diejenigen (möglichst kleinen) Abweichungen vom „Nulleffekt" angibt, die man noch zu tolerieren bereit ist und die man - da ein exakter „Nulleffekt" ohnehin so gut wie nie auftreten wird - praktisch noch mit der Bezeichnung „Nulleffekt" zu belegen bereit ist: „It is important to note that it is because all theories are false that a perfectly precise experimental outcome will *never* exactly agree with theoretical prediction. In order for psychologists to conduct and evaluate experiments whose outcomes are not known in advance, a good-enough belt around the theoretical prediction must be employed" (Serlin & Lapsley, 1993, S. 208). Die als noch vereinbar mit der Nullhypothese festgelegte Effektgröße fungiert als ein derartiger „good-enough belt"; sie ist als **Höchsteffekt** zu interpretieren. Aber: Je kleiner ein Wert für die EG gewählt wird, desto mehr Vpn werden auch gebraucht, ihn bei $\alpha_{krit,t}$ und $\beta_{krit,t}$ nachzuweisen. Deshalb ist dieses Desiderat kleiner Effekte unter abgeleiteten Nullhypothesen nicht immer umsetzbar, nämlich dann nicht, wenn man nur über begrenzte Anzahlen von Vpn verfügt; in diesem Fall hat man oft keine andere Wahl, als auch mit einer abgeleiteten Nullhypothese einen relativ großen Höchsteffekt zu assoziieren. Allerdings: Je größer die Effekte sind, die mit der H_0 assoziiert werden, desto eher gerät man bei den Werten für diese Effekte in einen Bereich, der schon als „substanziell" interpretiert und der eher mit einer abgeleiteten H_1 assoziiert wird, aber dies lässt sich nicht immer vermeiden. Beim Test gegen abgeleitete Alternativhypothesen wird der zu entdeckende Effekt, der Kriteriumswert, stets als Untergrenze oder als **Mindesteffekt** spezifiziert (Hager, 1987, S. 221, S. 224). Die Untergrenze der EG oder der Mindesteffekt unter einer H_1 sollte und kann also auf einen größeren Wert festgelegt werden als die Obergrenze der EG beim Test einer abgeleiteten H_0. Aber: Je größer dieser Effekt spezifiziert wird, desto schwerer wird es auch der vorgeordneten psychologischen Vorhersage gemacht, als eingetreten beurteilt zu werden (siehe Kap. 4). *Die für die Interpretation wichtige Unter-*

scheidung zwischen einem noch tolerablen Höchst- und einem wünschenswerten Mindesteffekt hat keinerlei Einfluss auf das praktische Vorgehen bei der Testplanung.

Die Schwierigkeit der Wahl einer Größe für den Effekt ist allerdings nicht die einzige Schwierigkeit. Denn man kann mit der gleichen Berechtigung fragen, welches **Signifikanzniveau** α und welche **Teststärke** $1 - \beta$ man vor dem Versuch wählen soll, denn auch diese beiden Größen sind *vor dem Versuch* festzulegen. Dabei ist die Entscheidung für einen bestimmten Wert von α noch am einfachsten, weil sich hierfür **Konventionen** eingebürgert haben, nämlich **$0,01 \leq \alpha \leq 0,05$**. Für die Mindestteststärke $1 - \beta$ hat J. Cohen (1988, S. 56) als **Konvention $1 - \beta \geq 0,80$** vorgeschlagen hat - eine Konvention, die bisweilen benutzt wird, die sich aber noch nicht eingebürgert hat. Aber man kann diese Fehlerwahrscheinlichkeiten nicht gänzlich unabhängig voneinander festlegen, denn: „Conventional statistical inference is effectively employed only to the extent that Type I and Type II error risks are appropriately balanced" (J. Cohen & P. Cohen, 1983, S. 169). Bei der Festlegung von **Kriteriumswerten für die Fehlerwahrscheinlichkeiten** α_{krit} und β_{krit} sollte man sich daher von den folgenden Überlegungen leiten lassen.

Grundsätzliches: Grundsätzlich sollte man beide Fehlerwahrscheinlichkeiten so gering wie möglich ansetzen. Dieser Absicht sind aber meist enge Grenzen gesetzt, weil die verfügbaren Stichprobenumfänge dies nicht ermöglichen. Daher:

Größe von α: α wird üblicherweise in der Forschungspraxis auf einen Wert im Bereich $0,01 \leq \alpha_{krit} \leq 0,05$ festgelegt (s.o.), und dies entspricht einer nur historisch nachvollziehbaren und keiner irgendwie „vernünftig" begründeten Konvention, die selten hinterfragt wird. Diese Konvention wird i.A. auf Fisher zurückgeführt: „It is usual and convenient for experimenters to take 5 per cent as a standard level of significance, in the sense that they are prepared to ignore all results which fail to reach this standard ... ." (Fisher, 1935, S. 13); oder: „Convenient as it is to note that a hypothesis is contradicted at some familiar level of significance such as 5% or 2% or 1% ... ." (a.a.O., S. 25; ähnliche Ausführungen finden sich auch in Fisher, 1950, 1956; vgl. auch Cowles, 1989, S. 175; Gigerenzer, 1993, S. 316). Begründungen für die Wahl gerade dieser Werte liefert Fisher in seinen mir bekannten Arbeiten nicht. Und auf der anderen Seite führt er auch aus: „No scientific worker has a fixed level of significance at which from year to year, and in all circumstances, he rejects hypotheses; he rather gives his mind to each particular case in the light of his evidence and his ideas" (Fisher, 1956, S. 42). Cochran (1983, S. 19) führt dazu aus, dass „no strong logical reason lies behind this choice", während Ware, Mosteller, Delgado, Donnelly und Ingelfinger (1992, S. 186) diese Konvention schlicht als „mindless" bezeichnen.

Solange die SV nur aus einer direkt testbaren statistischen Hypothese besteht, so dass die Ebenen der SV und der ST äquivalent sind, wie dies im vorliegenden und in den folgenden Kapiteln der Fall ist, sollte man sich bemühen, die allgemein akzeptierten Konventionen bzgl. des Signifikanzniveaus α einzuhalten, also **$0,01 \leq$**

Die Testplanungsstrategien am Beispiel von t-Tests

$\alpha_{krit} \leq 0{,}05$ (0,10) zu setzen, wobei man nur bei extrem geringen Ressourcen auf den Wert $\alpha_{krit} = 0{,}10$ zurückgreifen sollte.

Größe von β: Für die Wahrscheinlichkeit für einen Fehler 2. Art, β, können nach J. Cohen (1988, S. 56) Werte bis $\beta_{krit,t} = 0{,}20$ gewählt werden, also $\mathbf{0{,}01 \leq \beta_{krit} \leq 0{,}20}$, solange man zur Prüfung der PH nur einen statistischen Test durchzuführen hat.

Was kann über die **relative Größe von α und β** gesagt werden?

Option 1: Man wählt $\mathbf{\alpha_{krit} = \beta_{krit}}$, setzt also gleich große Irrtumswahrscheinlichkeiten fest und hält damit beide Fehlerwahrscheinlichkeiten für gleich wichtig. Diese Kombination stellt ein (α,β)-ausgewogenes Verhältnis der Fehlerwahrscheinlichkeiten dar und bedeutet letztlich, dass auf der Ebene der PH die e- und die f-Validität für gleich wichtig erachtet werden. Insofern stellt Option 1 den Idealfall dar und sichert auf der *statistischen Ebene* ein (α,β)-ausgewogenes Verhältnis bzgl. der Strenge und des Wohlwollens der Prüfung.

Option 2: Man greift in Anbetracht der größeren Bedeutung, die in der *Forschungspraxis* dem Signifikanzniveau α_{krit} ungeachtet seiner Bedeutung für die e- oder die f-Validität beigemessen wird, auf die Festlegung $\alpha_{krit} < \beta_{krit}$ zurück. Dies bedeutet, dass der Fehler 1. Art für wichtiger gehalten wird als der Fehler 2. Art, d.h. eine fälschliche Annahme der H_1 wird für schwerer wiegend angesehen als eine fälschliche Beibehaltung der H_0. Setzt man die Werte für α und für β zueinander ins Verhältnis, kann auch numerisch angegeben werden, für wieviel schwerer man einen Fehler 1. Art ansieht. Wählt man $\alpha_{krit} = 0{,}05$ und $\beta_{krit} = 0{,}20$, dann resultiert: $0{,}20/0{,}05 = 4$; also wird der Fehler 1. Art für viermal so schwerwiegend angesehen wie der Fehler 2. Art. Gilt dabei, dass

(5.12) (PH-A ∧ VSVS) ≈> [PV-A(B;BK=2) ∧ SHH] ≈> SV-A(B;K=2) ⇔ $H_{0,A}$,

dann bedeutet die Festlegung $\alpha_{krit} < \beta_{krit}$, dass $\varphi_{A,krit} < \varepsilon_{A,krit}$ und dass man das Risiko f_A, eine zutreffende PH irrtümlich als nicht bewährt anzusehen, für bedeutender erachtet und daher geringer ansetzt als das Risiko e_A, eine nicht zutreffende PH irrtümlich als bewährt anzusehen. Auf der *statistischen Ebene* wird dadurch die Strenge relativ zum Wohlwollen der Prüfung erhöht. Da die Risiken e_A und f_A neben den statistischen Fehlerwahrscheinlichkeiten entscheidend auch von den anderen Maßnahmen der Versuchsplanung abhängen, folgt aus $\varphi_{A,krit} < \varepsilon_{A,krit}$ nicht unbedingt auch $f_A < e_A$. Gilt dagegen, dass

(5.13) (PH-B ∧ VSVS) ≈> [PV-B(B;K=2) ∧ SHH] ≈> SV-B(B;K=2) ⇔ $H_{1,B}$,

dann folgt aus $\alpha_{krit} < \beta_{krit}$, dass $\varepsilon_{B,krit} < \varphi_{B,krit}$ ist. Dies bedeutet: Man bewertet das Risiko e_B, eine nicht zutreffende PH irrtümlich als zutreffend anzusehen, als bedeutsamer als das Risiko f_B, eine zutreffende PH irrtümlich als nicht bewährt anzusehen, und man setzt daher: $\varepsilon_{B,krit} < \varphi_{B,krit}$, um zumindest auf der *statistischen Ebene* das Wohlwollen relativ zur Strenge der Prüfung zu erhöhen.

Option 3: Man kann es häufig im Übrigen auch gut begründen, dass man sich für die Festlegung $\alpha_{krit} > \beta_{krit}$ entscheidet, obwohl dies in der Forschungspraxis so gut wie gar nicht vorkommt. Diese Festlegung kann sich ergeben, wenn man die Kumulation von α und/oder β berücksichtigt und entsprechend adjustiert, denn es ist in den meisten Fällen β, das kumuliert und daher adjustiert werden sollte (Westermann & Hager, 1986; siehe Abschn. 7.2). Hier wird der Fehler 2. Art für wichtiger erachtet als der Fehler 1. Art. Aus der Festlegung $\alpha_{krit} > \beta_{krit}$ folgt unter der unter Ausdruck (5.12) angegebenen Situation, dass $\varepsilon_{A,krit} > \varphi_{A,krit}$. Dies bedeutet, dass man das Risiko f_A, eine zutreffende PH-A irrtümlich als nicht bewährt anzusehen, für bedeutender ansieht als das Risiko e_A, eine nicht zutreffende PH irrtümlich als bewährt anzusehen. Auf der *statistischen Ebene* wird dadurch das Wohlwollen relativ zur Strenge der Prüfung erhöht. Gilt dagegen die unter (5.13) angegebene Beziehung, folgt aus $\alpha_{krit} > \beta_{krit}$, dass $\varepsilon_{B,krit} < \varphi_{B,krit}$. Dies heißt, dass man das Risiko e_B, eine nicht zutreffende PH irrtümlich als zutreffend anzusehen, für wichtiger hält als das Risiko f_B, eine zutreffende PH irrtümlich als nicht bewährt anzusehen. Auf der *statistischen Ebene* wird dadurch die Strenge relativ zum Wohlwollen der Prüfung erhöht.

Wenn die Berechnungen ergeben, dass man einen dieser Werte überschreiten muss, dann sollte man mindestens eine der übrigen Determinanten des statistischen Tests auf einen höheren Wert festlegen.

Was kann in Bezug auf die „adäquate" **Stichprobengröße** gesagt werden? Bzgl. dieser gibt es keine Konventionen, so dass sie entweder nach Gutdünken relativ groß oder nach Schlechtdünken relativ klein (bspw. $n < 10$ pro Versuchsbedingung) gewählt wird, und diese Wahl erfolgt meist willkürlich nach den gerade verfügbaren Vpn. Dabei findet das typische Experiment in der psychologischen Forschung mit einer zweistelligen Anzahl von Vpn statt, und nur relativ selten trifft man auf psychologische Versuche, bei denen die Stichprobengröße im unteren Bereich dreistelliger Zahlen liegt. Je größer die Stichprobe gewählt wird, desto kleiner kann man die nachzuweisenden Effekte wählen; allerdings muss man dabei i.d.R. darauf achten, dass man nicht in einen Bereich von Werten der Effektgröße gerät, der so kleine Werte umfasst, dass man diese als nicht nennenswert unter einer als vorhersagekonform abgeleiteten Alternativhypothese ansieht. Je geringer unter einer abgeleiteten H_1 die Effekte ausfallen, desto geringer ist auch die Vorhersagekraft der zugeordneten psychologischen Hypothese. Der Nachweis von kleinen Effekten mit relativ großen Stichproben ist dagegen immer dann wünschenswert, wenn man eine als vorhersagekonform abgeleitete Nullhypothese zu testen hat.

Egal, wie man sich auch verhält, man trifft immer - wenn auch oft nur implizit - irgendwelche Entscheidungen, die meist explizite Konsequenzen haben. Die Testplanung soll aus dieser Sicht vor allem dazu dienen, *notwendige* Entscheidungen *explizit* zu machen, offenzulegen und damit der Kritik zugänglich zu machen. Dazu muss lediglich der Wille vorhanden sein, denn wenn man die angesprochenen Probleme lösen *will*, dann kann man sie auch lösen. Der Rest dieses Buches hält eine Fülle von Problemlösungen bereit.

5.2 Die drei Testplanungsstrategien (TPS)

Auch dann, wenn man eine Testplanung durchführt, kann man nicht an den folgenden Fakten vorüber, die die Grenzen für jede Form der Testplanung aufzeigen (vgl. auch Kraemer & Thiemann, 1987, S. 29):
1) Je kleiner das Signifikanzniveau α gewählt wird, desto mehr Vpn sind erforderlich, um bei gegebener Teststärke einen Effekt festgelegter Größe nachzuweisen.
2) Zweiseitige Tests über ungerichtete Hypothesen erfordern bei gegebener Teststärke mehr Vpn zum Nachweis eines Effektes bestimmter Größe als einseitige Tests über gerichtete Hypothesen. Dies gilt auch für einseitige Tests über gerichtete Hypothesen, die mit quadrierten Statistiken operieren.
3) Je geringer der Kriteriumswert für die Effektgröße gewählt wird, desto größer ist der benötigte Stichprobenumfang relativ zu einem festen Wert für α und für β.
4) Je größer die Teststärke zum Nachweis eines Effektes bestimmter Größe sein soll, desto größer ist der benötigte Bedarf an Vpn relativ zu einem fixen α.
5) Je kleiner die Stichprobengröße ist, desto geringer ist auch die Teststärke relativ zu einer fixen Effektgröße EG und relativ zu einem fixen α.
6) Wenn man mit einer Stichprobe der Größe n < 10 operieren will, muss man sich darauf einrichten, hohe Fehlerwahrscheinlichkeiten bei fixem Wert für die Effektgröße in Kauf zu nehmen, es sei denn, man forsche in einem Phänomenbereich, in dem große Effekte die Regel darstellen. Bei n $\leq$ 10 ist die Wirksamkeit der Randomisierung fraglich.
7) Je größer die Präzision des Versuches, d.h. je kleiner die Testvarianz bzw. die Teststreuung ist (z.B. $s_{I,B}$), desto größer ist unter sonst gleichen Bedingungen die Teststärke.
8) Um eine Teststärke von $1 - \beta$ für einen Kriteriumswert von 0,01 für die Effektgröße bei einem „vernünftigen" Signifikanzniveau α zu sichern, muss man sich darauf einstellen, weit mehr als n = 100.000 (!) Vpn zu untersuchen (s.u.).
Wenden wir uns damit den Testplanungsstrategien im Einzelnen zu.
Diese drei Strategien unterscheiden sich darin, welche der Determinanten man vor dem Versuch festlegt und welche sozusagen als „abhängige Variable" betrachtet wird, die man aus den übrigen Festlegungen berechnet. Bei der **Testplanungsstrategie 1 (TPS 1)** wird davon ausgegangen, dass genügend Vpn oder andere Untersuchungseinheiten zur Verfügung stehen. Es wird dann zunächst die Effektgröße auf einen passend erscheinenden Wert $EG_{krit} = \delta_{B,krit}$ festgelegt und danach die beiden statistischen Fehlerwahrscheinlichkeiten α_{krit} und β_{krit}. Dann kann mittels einer entsprechenden Formel bestimmt werden, wie groß der Stichprobenumfang sein muss,

um den Versuch unter den festgelegten Spezifikationen durchführen zu können. Die Effektgröße wird dabei als Höchsteffekt unter einer abgeleiteten Nullhypothese spezifiziert und als Mindesteffekt unter einer abgeleiteten Alternativhypothese. Mittels welcher Formel wird der Stichprobenumfang bestimmt?

Ausgangspunkt ist Formel (5.2), in der t durch z und $s_{I,B}$ durch seine theoretische Entsprechung $\sigma_{I,B}$ ersetzt wird (vgl. zur folgenden Ableitung Bredenkamp, 1969, S. 277-278; siehe auch Kirk, 1978, S. 235-236):

$$(5.14) \quad z = \frac{M_2 - M_1}{\sigma_{I,B} \sqrt{2}/\sqrt{n}}.$$

Die statistisch signifikante Mittelwertsdifferenz D_{krit} entspricht dem Wert $z_{1-\alpha}$:

$$(5.15) \quad z_{1-\alpha} = \frac{D_{krit}}{\sigma_{I,B} \sqrt{2}/\sqrt{n}}.$$

Verwendet man dann das Symbol $\Delta_B = \delta_B \sigma_{I,B}$ für den „wahren" Effekt [siehe Formel (5.6)], ergibt sich für $z_{1-\beta}$, den z-Wert für die Teststärke:

$$(5.16) \quad -z_{1-\beta} = \frac{D_{krit} - \Delta_B}{\sigma_{I,B} \sqrt{2}/\sqrt{n}}.$$

Setzt man dann Formel (5.16) in Formel (5.15) ein, so erhält man:

$$(5.17) \quad -z_{1-\beta} = z_{1-\alpha} - \frac{\Delta_B}{\sigma_{I,B} \sqrt{2}/\sqrt{n}}.$$

Umstellen, Quadrieren und Ersetzen von Δ_B durch $\Delta_B/\sigma_{I,B} = \delta_B$ führt dann zu der gesuchten Formel für die Testplanungsstrategie **TPS 1** (vgl. auch J. Cohen, 1988, S. 540, sowie Singer, A.D. Lovie & P. Lovie, 1986, S. 134):

$$(5.18) \quad n = \frac{2(z_{1-\alpha} + z_{1-\beta})^2}{\delta_{B,krit}^2}.$$

Mit Hilfe von Formel (5.18) kann die Stichprobengrößenbestimmung für einen einseitigen Zwei-Stichproben-**t-Test** zur Testung eines Paares gerichteter statistischer Hypothesen bei interindividueller Bedingungsvariation erfolgen (vgl. auch Levin, 1975, S. 105). n steht für den Umfang einer Stichprobe, so dass N = 2n ist. $z_{1-\alpha}$ bezeichnet den der Standard-Normalverteilung (vgl. Tabelle A.1 im Anhang dieses Buches) zu entnehmenden z-Wert, der zu dem gewählten 1 − α_{krit} gehört, und $z_{1-\beta}$ steht für den z-Wert, der zur festgelegten Teststärke 1 − β_{krit} gehört. Es wird die Normalverteilung anstelle der exakten, aber komplizierteren nonzentralen t-Verteilungen benutzt, was praktisch zu einer geringfügigen Unterschätzung der benötigten Stichprobengröße führt. Diese Unterschätzung wird annähernd dadurch ausgeglichen, dass man die errechneten Werte für n stets auf und niemals abrundet (vgl. dazu etwa Bredenkamp, 1972, S. 91-92, sowie Greenwald, Gonzalez, Harris & Guthrie, 1996, S. 179). Wahlsten (1991, S. 588) gleicht die resultierende Unterschätzung durch die Addition von zwei Vpn aus; dies führt aber zu einer Überschätzung.

Erdfelder und Bredenkamp (1994, S. 630) geben die folgende Formel für die Bestimmung des benötigten Stichprobenumfanges n unter Verwendung des Maßes ϕ^2_{VA} (bei J. Cohen, 1988: f) an, das eine **Effektgröße** für die **Varianzanalysen** (Index „VA") darstellt; von denen der Zwei-Stichproben-t-Test ein Spezialfall ist, solange man von ungerichteten statistischen Hypothesen ausgeht (vgl. Kap. 6):

(5.19) $n = \dfrac{(z_{1-\alpha} + z_{1-\beta})^2}{K\phi^2_{VA,B,krit}}$.

K bedeutet die Anzahl der Versuchsbedingungen, und für zwei Stichproben und damit für einen Zwei-Stichproben-**t-Test** gilt: K = 2. Zwischen den Effektgrößen δ^2_B und $\phi^2_{VA,B}$ besteht bei zwei Stichproben die folgende Beziehung (J. Cohen, 1988, S. 428):

(5.20) $\phi^2_{VA,B} = \delta^2_B / 4$.

Ersetzt man in Formel (5.19) $\phi^2_{VA,B}$ durch $\delta^2_B/4$ nach Formel (5.20) und K durch 2 und vereinfacht anschließend, so erhält man erneut Formel (5.18) für die **TPS 1**:

(5.21) $n = \dfrac{(z_{1-\alpha} + z_{1-\beta})^2}{K\delta^2_{B,krit}/4} = \dfrac{(z_{1-\alpha} + z_{1-\beta})^2}{2\delta^2_{B,krit}/4} = \dfrac{2(z_{1-\alpha} + z_{1-\beta})^2}{\delta^2_{B,krit}}$.

Für einen zweiseitigen Zwei-Stichproben-**t-Test** für ungerichtete Hypothesen mit dem zweiseitigen Signifikanzniveau α_{krit}, der Teststärke $1 - \beta_{krit}$ und der quadrierten Effektgröße $\delta^2_{B,krit}$ resultiert für die **TPS 1**:

(5.22) $n = \dfrac{2(z_{1-\alpha/2} + z_{1-\beta})^2}{\delta^2_{B,krit}}$.

$z_{1-\alpha/2}$ steht für den z-Wert der Standard-Normalverteilung, der zu dem vorgewählten zweiseitigen α_{krit} gehört.

Man beachte beim Benutzen der Formeln, dass beide z-Werte immer das gleiche Vorzeichen aufweisen müssen. Man beachte beim zweiseitigen Test auch: Das Signifikanzniveau α bezieht sich stets auf die *Gesamt*irrtumswahrscheinlichkeit, unabhängig davon, ob ein- oder zweiseitig getestet wird. Bei der Testplanung muss dann beim zweiseitigen Test für die Formel α [siehe Formel (5.22)] halbiert werden, weil das Gesamtsignifikanzniveau α auf beide Seiten der Testverteilung abgetragen wird; es ist also mit $z_{1-\alpha/2}$ anstelle von $z_{1-\alpha}$ zu arbeiten. Für jede dieser Seiten gilt aber der gleiche β-Wert, der also *nicht* zu halbieren ist, denn der „wirkliche" Unterschied liegt entweder im positiven oder aber im negativen Bereich.

Der festgelegte Effekt $\delta_{B,krit}$ kann mit der ebenfalls spezifizierten Teststärke $1 - \beta_{krit}$ nachgewiesen werden, wenn er tatsächlich (in den gedachten Wiederholungen des Versuchs unter den gleichen Bedingungen) so groß ist wie festgelegt, erhofft oder erwartet. Erweist sich der „wirkliche" Effekt als kleiner als der festgelegte, so verringert sich unter Konstanthaltung der übrigen Festlegungen die Teststärke $1 - \beta$; ist er dagegen größer, so erhöht sich auch die Teststärke. All dies weiß man aber vor dem Versuch nicht, und insofern stellt die Festlegung für δ_B auf einen Wert $\delta_{B,krit}$ quasi einen notwendigen *Rateversuch* dar. Aber *nach* dem Versuch kann man natürlich den empirischen Effekt d_B nach Formel (5.7) aus den Daten berechnen und als empirische Entsprechung für $\delta_{B,krit}$ ansehen. Und man kann die Effekte miteinander vergleichen, wie es in Kapitel 4 näher besprochen worden ist.

Die **TPS 1** setzt voraus, dass genügend Vpn und genügend Zeit und Ressourcen etc. zur Durchführung des Prüfversuches zur Verfügung stehen. Dies ist aber oft nicht der Fall (z.B. dann nicht, wenn man einen Versuch im Experimentalpsychologischen Praktikum durchführen soll oder wenn man klinische Gruppen oder Kinder in Kindergärten untersucht, wenn das Zeitfenster eng ist, wenn die Zuteilung von Räumen für die Durchführung des Versuches zeitlich begrenzt ist usw.). In derartigen Situationen ist es wenig sinnvoll, die TPS 1 einzusetzen, weil die untersuchbare Gesamtstichprobe N und (oder) die Gruppengrößen n auf Grund der eingeschränkten Ressourcen festliegen. Man muss sich dann eine der anderen Größen gleichsam als Variable aussuchen. Dazu stellt man die Formeln (5.18) oder (5.21) so um, dass entweder der Zähler oder der Nenner des Bruches links isoliert wird.

Wenn man den Ausdruck $(z_{1-\alpha} + z_{1-\beta})^2$ nach links isoliert, erhält man die Formel für die Anwendung der **Testplanungsstrategie 2 (TPS 2)**. Bei dieser Strategie wird also gefragt, mit welchen Fehlerwahrscheinlichkeiten ein festzulegender Effekt EG_{krit} bei festem Stichprobenumfang n pro Versuchsgruppe nachgewiesen werden kann. Bei der Testplanungsstrategie TPS 2 fungieren die beiden statistischen Fehlerwahrscheinlichkeiten α_{krit} und β_{krit} sozusagen als „abhängige Variablen". Um ihre Größe bestimmen zu können, wird zusätzlich zur bereits feststehenden Stichprobengröße n (pro Gruppe) der **Kriteriumswert der Effektgröße** erneut auf einen großzügig auf- oder abgerundeten „runden" Wert festgelegt. Für die **TPS 2** resultiert als Formel für einen einseitigen t-Test:

(5.23) $(z_{1-\alpha} + z_{1-\beta})^2 = n\delta_{B,krit}^2 / 2$

und für einen zweiseitigen **t-Test** resultiert entsprechend:

(5.24) $(z_{1-\alpha/2} + z_{1-\beta})^2 = n\delta_{B,krit}^2 / 2$.

Um mit dem Resultat weiterarbeiten zu können, ist aus ihm die Wurzel zu ziehen, um die Summe der beiden z-Werte zu erhalten und *nicht das Quadrat* dieser Summe. Die beiden z-Werte und damit auch α und β sind so zu wählen, dass ein vernünftig erscheinender Ausgleich zwischen diesen beiden bedingten Fehlerwahrscheinlich-

Die Testplanungsstrategien am Beispiel von t-Tests

keiten resultiert. Solange die psychologische Hypothese nur über *eine* statistische Hypothese geprüft wird, sollte man sich - soweit bei den verfügbaren Ressourcen möglich - an die allgemein akzeptierten und im Abschnitt 5.1 angesprochenen Konventionen für die Fehlerwahrscheinlichkeiten halten.

Legt man von vornherein besonderen Wert auf das Signifikanzniveau $\alpha_{krit,}$ dann kann man die vorstehenden Formeln auch wie folgt verändern, so dass $z_{1-\beta}$ als abhängige Größe allein auf der linken Seite steht, während α als α_{krit} ebenfalls festgelegt wird. Es resultiert für den einseitigen Test, nachdem bereits die Wurzel gezogen worden ist (**TPS 2**):

$$(5.25) \quad z_{1-\beta} = \frac{\sqrt{n}\, \delta_{B,krit}}{\sqrt{2}} - z_{1-\alpha}.$$

Hält man dagegen im konkreten Fall $\beta_{krit,t}$ für wichtiger, löst man die Formeln entsprechend nach $z_{1-\alpha}$ (auf der linken Seite) auf (**TPS 2**):

$$(5.26) \quad z_{1-\alpha} = \frac{\sqrt{n}\, \delta_{B,krit}}{\sqrt{2}} - z_{1-\beta}.$$

Bei ungerichteten Hypothesen ist auch hier $z_{1-\alpha}$ durch $z_{1-\alpha/2}$ zu ersetzen.

Bei ungleichen Stichprobenumfängen ($n_1 \neq n_2$) wird deren harmonisches Mittel in den Formeln (5.25) und (5.26) benutzt (J. Cohen, 1988, S. 42):

$$(5.27) \quad n_{TP} = \frac{2 n_1 n_2}{n_1 + n_2}$$

[Index TP: Testplanung, d.h. das nach Formel (5.27) berechnete n_{TP} wird in die Testplanungsformeln (5.25) und (5.26) eingesetzt.]

Zuweilen hält man bei aus irgendwelchen Gründen festliegendem Stichprobenumfang aber die Fehlerwahrscheinlichkeiten für wichtiger als den nachzuweisenden Effekt. In diesem Fall fungiert bei vorgegebenen α- und β-Werten die Effektgröße als „abhängige Variable". Dazu wird auf der Grundlage der bekannten Formeln δ_B (bzw. δ^2_B) auf der linken Seite isoliert, und man erhält die Formel für die Anwendung der **Testplanungsstrategie 3** (**TPS 3**). Im Falle eines *ein*seitigen Zwei-Stichproben-t-Tests (für eine gerichtete Hypothese) gilt dabei:

$$(5.28) \quad \delta^2_{B,krit} = \frac{2(z_{1-\alpha} + z_{1-\beta})^2}{n}$$

und für einen **zweiseitigen t-Test** (also über eine ungerichtete Hypothese) ergibt sich entsprechend:

$$(5.29) \quad \delta^2_{B,krit} = \frac{2(z_{1-\alpha/2} + z_{1-\beta})^2}{n}.$$

Bei ungleichen Stichprobenumfängen wird wieder deren harmonisches Mittel n_{TP} benutzt [siehe Formel (5.27)]. - Die vorstehenden Formeln geben an, wie groß der „wahre" Effekt (unter einer abgeleiteten H_1) mindestens sein muss oder (bei einer abgeleiteten H_0) höchstens sein darf, um ihn mit den verfügbaren Vpn bei vorgewählten Fehlerwahrscheinlichkeiten α_{krit} und β_{krit} auch nachweisen zu können, sofern er existiert. Dies bedeutet allerdings nicht, dass man damit bereits den Kriteriumswert berechnet hat. Denn dieser sollte sich durch Rundung aus dem berechneten Wert δ_B ergeben, so dass $\delta_{B,krit}$ (als festzulegender und anzugebender Wert) stets einen mehr oder minder großzügig gerundeten Wert darstellt. Diese großzügige Rundung gilt vor allem bei der TPS 3 (bei den anderen Testplanungsstrategien geht man ohnehin von „geraden" Werten aus), und sie gilt *nur* für den Kriteriumswert $\delta_{B,krit}$.

Da man nicht mit δ^2_B, sondern mit δ_B operiert, ist die Frage zu bedenken, mit welchem Vorzeichen δ_B zu versehen ist. Dies richtet sich nach dem durch die Ableitung der statistischen Hypothesen festgelegten Ablehnungsbereich: Weist die (hypothesenkonforme oder -konträre) H_1 in die negative Richtung, lautet sie also ($\mu_1 - \mu_2 < 0$), dann ist $-\delta_B$ zu benutzen, während bei der H_1: ($\mu_1 - \mu_2 > 0$) der Wert $+\delta_B$ Verwendung findet. Bei einer ungerichteten Hypothese ($\mu_1 - \mu_2 \neq 0$) oder ($\mu_1 - \mu_2 = 0$) und daher einem zweiseitigen **t-Test** ist mit $\pm\delta_B$ zu arbeiten. Die Reihenfolge der Mittelwerte im Zähler von δ_B entspricht immer derjenigen Reihenfolge der Mittelwerte in den zu testenden Hypothesen (s.o.).

Singer, A.D. Lovie und P. Lovie (1986) gehen bei ihrer Testplanung etwas anders vor, ohne dass sich ihre Resultate nennenswert von den meinen unterscheiden.

Was ist über relative Bedeutung der drei Testplanungsstrategien zu sagen?

Wegen der zweifachen Bedeutung, die der **Effektgröße** zukommt, nämlich zum einen als notwendiges Ingrediens bei der Testplanung und zum anderen als entscheidendes Kriterium bei der Beurteilung der psychologischen Vorhersage, auf der die Entscheidung über die psychologische Hypothese ja maßgeblich beruht, sollte grundsätzlich die Testplanungsstrategie **TPS 1** bevorzugt werden, bei der einerseits die Effektgröße unabhängig von den übrigen Determinanten des statistischen Tests auf einen Wert EG_{krit} festgelegt werden kann und andererseits die Kriteriumswerte für die statistischen Fehlerwahrscheinlichkeiten α und β frei gewählt werden können. Bei dieser Wahl darf nicht übersehen werden, dass die Größe von α_{krit} und β_{krit} einen direkten Einfluss auf die e-Validität oder Strenge und auf die f-Validität oder das Wohlwollen eines Prüfversuches hat. Die Festlegung eines Kriteriumswertes für die Effektgröße sollte also in aller Regel wegen ihrer Bedeutung für die den statistischen Tests vorgeordneten Ebenen nicht als Ergebnis von Festlegungen der anderen Determinanten des statistischen Tests erfolgen, sondern unabhängig von diesen - soweit dies realistischerweise und angesichts der üblicherweise begrenzten Ressourcen möglich ist.

Liegt dagegen der Gesamtstichprobenumfang N fest, kommt eine Testplanung nach der **TPS 1** nicht in Frage. Man sollte dann den Effekt auf eine wünschenswerte Größe festlegen und mittels **TPS 2** ermitteln, wie groß die Fehlerwahrscheinlichkeiten unter den Festlegungen ausfallen können. Sind diese zu groß und kann der Gesamtstichprobenumfang nicht vergrößert werde, bleibt keine andere Möglichkeit als die Vergrößerung des Kriteriumseffektes - mit allen Konsequenzen, die diese Maßnahme für die Entscheidung über die psychologische Vorhersage mit sich bringen kann.

Bei der **TPS 3** wird die Effektgröße quasi als „abhängige Variable" behandelt, d.h. bei festliegender Stichprobengröße wird den statistischen Fehlerwahrscheinlichkeiten das Primat zuerkannt. Dies bedeutet, dass man über die Fehlerwahrscheinlichkeiten direkten Einfluss auf die e- und die f-Validität der Untersuchung nehmen will. Will man eine psychologische Hypothese in einem bislang nur wenig oder gar nicht beforschten Phänomenbereich prüfen, dann stehen aller Wahrscheinlichkeit nach weder Referenzuntersuchungen zur Gewinnung von Hinweisen auf plausiblerweise nachzuweisende Effekte noch ein Hintergrundwissen zur Verfügung, aus dem sich derartige Hinweise entnehmen ließen. Befindet man sich in einer solchen Situation, kann es sich erweisen, dass die **TPS 3** den anderen beiden Strategien überlegen ist, denn bei ihr wird die A-priori-Festlegung des Effektes dadurch umgangen, dass man für den verfügbaren Stichprobenumfang und für konventionelle Werte der Fehlerwahrscheinlichkeiten errechnet, wie groß der nachzuweisende Effekt (mindestens oder höchstens) sein kann, den man mit seinen Ressourcen aufdecken kann, wenn er tatsächlich so groß ist wie berechnet. In einer gut vergleichbaren Folgeuntersuchung kann dann allerdings die aus den Daten ermittelte Größe des Effektes als Anhaltspunkt für eine entsprechende Festlegung für den neuen Versuch dienen, so dass der Versuch nach den Testplanungsstrategien TPS 1 oder TPS 2 geplant werden kann, bei denen der Effektgröße ein höherer Stellenwert beigemessen wird als bei der TPS 3. Auch in einer anderen Ausgangssituation ist die **TPS 3** die Strategie der Wahl, nämlich dann, wenn man mehr als nur eine statistische Hypothese als vorhersagekonform aus der PH über die PV abgeleitet hat und wenn man einen besonders wichtigen oder den wichtigsten Test oder den Test, der mit der relativ geringsten Effektgröße verbunden ist, nach der **TPS 1** oder der **TPS 2** geplant hat und dann bei den verbleibenden Tests dafür Sorge tragen will, dass die Fehlerwahrscheinlichkeiten ε und φ auf der Ebene der statistischen Vorhersage, die sich infolge der Kumulation von α und/oder β erhöhen (vgl. Abschn. 7.2), bestimmte obere Grenzwerte nicht übersteigen. Auch in diesem Fall wird man die **TPS 3** mit der für den wichtigsten Test bestimmten Stichprobengröße und den entsprechend adjustierten Fehlerwahrscheinlichkeiten α und/oder β benutzen, um den nachweisbaren Effekt zu bestimmen.

Die Effektgröße wird hier also als die wichtigste Determinante des statistischen Tests angesehen, und die zweitwichtigsten Determinanten sind die beiden bedingten Fehlerwahrscheinlichkeiten α und β. Wenn also die Testplanung ergibt, dass ein Versuch unter den zunächst beabsichtigten Randbedingungen nicht durchgeführt werden kann, dann sollte - soweit möglich - zuerst versucht werden, die Stichprobengröße zu erhöhen. Ist dies infolge der begrenzten Ressourcen, mit denen man üblicherweise arbeiten muss, nicht möglich, sollte man als nächstes mindestens eine der beiden statistischen Fehlerwahrscheinlichkeiten α oder β erhöhen. Wegen der größeren Bedeutung, die in der Forschungspraxis dem Signifikanzniveau α beigemessen wird, wird dabei in aller Regel β erhöht werden; dies hat je nach abgeleiteter statistischer Hypothese (H_0 oder H_1) unmittelbare Konsequenzen für die e- oder die f-Validität des Prüfversuchs (vgl. Kap. 4 und Abschn. 5.1). Diese Validitäten vermindern sich in dem Umfange, in dem α und/oder β erhöht werden. Erst wenn alle Erhöhungen der Fehlerwahrscheinlichkeiten nicht dazu geführt haben, einen Effekt „vernünftiger" Größe als nachweisbar ausweisen zu können - dies ist leider häufiger der Fall -, wird man daran gehen, den Kriteriumswert für die Effektgröße zu erhöhen. Da bei als vorhersagekonform abgeleiteter H_1 gilt, dass es der PV um so schwerer gemacht wird, als eingetreten beurteilt zu werden, je größer der a priori festgelegte Effekt ist, sollte man die Vergrößerung des Kriteriumswertes für den Effekt sozusagen als ultima ratio und nur „mit Augenmaß" vornehmen. Ich verfahre allerdings bei meinen Beispielen fast durchgängig so, dass ich $α_{krit}$ auf einen möglichst niedrigen Wert festlege und die anderen Determinanten dementsprechend spezifiziere. Dadurch wird oft die Wahrscheinlichkeit $β_{krit}$ auf einen Wert anwachsen, bei dem man von einer nennenswerten Beeinträchtigung der e- oder der f-Validität der Prüfung sprechen muss. Derartige Beeinträchtigungen sind allerdings unvermeidlich, wenn man nur eine sehr begrenzte Anzahl von Vpn zur Durchführung des Versuches zur Verfügung hat, und die Untergrenze für ein sinnvolles Experiment wird i.A. in $n \geq 10$ pro Versuchsbedingung bzw. Bedingungskombination bestehen. Deshalb kann zuweilen die klügere Option darin bestehen, einen Versuch, bei dem diese Untergrenze unterschritten wird, gar nicht erst durchzuführen und/oder auf mehr Vpn zu warten. Es sei noch einmal hervorgehoben: Grundsätzlich sind die beiden statistischen Fehlerwahrscheinlichkeiten α und β mit Blick auf die Sicherung der e- und der f-Validität des Prüfversuchs gleich wichtig, weshalb bei Ein- und Zwei-Stichproben-Tests immer $α_{krit} = β_{krit}$ anzustreben ist. Ist dies nicht möglich, wird die „normative Kraft des Faktischen", also die Forschungspraxis, es erfordern, dass $α_{krit} \leq 0{,}05 < β_{krit}$ gesetzt wird. Ich werde mich bei meinen Beispielen allerdings nicht an diesen Überlegungen orientieren, sondern vielmehr versuchen, die drei Testplanungsstrategien aus Demonstrationsgründen halbwegs gleich häufig anzuwenden und in der Mehrzahl der Fälle ungeachtet der Konsequenzen $α_{krit} < β_{krit}$ zu setzen.

Besonders dann, wenn man psychologische Hypothesen im Bereich der psychologischen Diagnostik zu prüfen hat oder wenn man ein standardisiertes psychologisches Testverfahren in einem anderen Teilbereich der Psychologie einsetzt, ist es möglich, bei der Definition der Effektgröße und damit auch bei der Testplanung die Höhe der Reliabilität für die ausgewählte abhängige Variable Y systematisch zu berücksichtigen. Nach Lipsey (1990, S. 109-111) ist die **Effektgröße** $δ_B$ folgendermaßen zu modifizieren, um die Reliabilität (Index „Rel") zu berücksichtigen (vgl. auch S.E. Maxwell, 1980):

$$(5.30) \quad \delta_{B,Rel} = \frac{\mu_1 - \mu_2}{\sqrt{\rho_Y \sigma_Y^2 + (1-\rho_Y)\sigma_Y^2}}.$$

Um diese Formel benutzen zu können, muss allerdings die Varianz von Y, $\sigma^2{}_Y$, sowie ihre Reliabilität ρ_{Rel} bekannt sein. Üblicherweise hat man allerdings keine Information über die Reliabilität des als abhängige Variable fungierenden kontinuierlichen Maßes, doch wenn man diese erlangen kann, sollte man für die Testplanung die modifizierte Effektgröße von Lipsey (1990) berücksichtigen. Bezüglich des Zusammenhanges zwischen der Reliabilität und der Teststärke gibt es in der Literatur widersprüchliche Aussagen: Overall und Woodward (1975) vertreten die Auffassung, dass die Teststärke am höchsten wird, wenn die Reliabilität niedrig ist, während Nicewander und Price (1978, 1983) ausführen, dass zwischen der Reliabilität der AV und der Teststärke eines statistischen Tests keine monotone Beziehung besteht. Eine kritische Analyse dieser konträren Auffassungen findet sich bei Sutcliffe (1980). Wenn man als AV einen Test verwendet, der verlängerbar ist, wird die Teststärke unter sonst gleichen Bedingungen um so größer, je mehr der Test verlängert wird (Bredenkamp, 1980, S. 54-55; vgl. auch S.E. Maxwell, 1980, S. 257-269). Da dieser Fall üblicherweise jedoch nicht vorliegen dürfte, gehe ich auf die Einzelheiten der Testplanung nicht ein; der/die interessierte VL sei auf Bredenkamp (1980), S.E. Maxwell (1980) und Sutcliffe (1980) verwiesen.

Wenden wir uns damit einigen Beispielen zur Anwendung der drei Testplanungsstrategien zu, und zwar anhand der Hypothesenbeispiele aus Kapitel 3.

5.3 Testplanung mit Strategie TPS 1 beim Zwei-Stichproben-t-Test

Im Kapitel 3 wurde u.a. auf vier psychologische Hypothesen eingegangen, aus denen über die jeweilige PV gerichtete und ungerichtete Mittelwertshypothesen bei K = 2 Versuchsbedingungen abgeleitet worden sind. Es handelte sich um die **PH-1** („Wenn sehr bildhaftes Material gelernt wird, dann erhöht dies im Mittel die Gedächtnisleistung im Vergleich zum Lernen von wenig bildhaftem Material"), die **PH-5** („Unter hoher Bildhaftigkeit ist die Gedächtnisleistung *anders* als bei geringer Bildhaftigkeit"), die **PH-6** („Beim Lernen von unterschiedlich bildhaftem Material *verändert* sich im Mittel die Gedächtnisleistung *nicht*, wenn die Lernzeit zu kurz zum Aktivieren der beiden Kodes ist") und die **PH-3** („Mit der Dauer des Schlafentzugs sinkt die Konzentrationsleistung"). Für diese vier psychologischen Hypothesen soll im Folgenden die Testplanung für die jeweils abgeleiteten statistischen Hypothesen über K = 2 Versuchsbedingungen vorgenommen werden, wobei die statistischen Hypothesen mittels **t-Test** getestet werden.

Beispiel 5.1: Für die Prüfung der PH-1 an K = 2 Stichproben lässt sich folgende Ableitungskette konstruieren (vgl. Kap. 3):

(5.31) (DKT $\wedge$ HH) $\approx$> (PH-1 $\wedge$ VSVS) $\approx$> PV-1(B;K=2): (MWR$_1$ < MWR$_2$) $\approx$>

$\approx$> [PH-1(B;K=2) $\wedge$ SHH] $\approx$>

$\approx$> SV-1(B;K=2): ($\mu_1 < \mu_2$) $\Leftrightarrow$ ST-1(B;K=2): H$_{1,1}$: ($\mu_2 - \mu_1 > 0$).

Hier wird vorhergesagt: EG$_{krit,1}$ = $\delta_{B,krit,1}$ > 0. Für die Testplanung wird festgelegt: $\alpha_{krit,1}$ = 0,05; $\beta_{krit,1}$ = 0,10 und $\delta_{B,krit,1}$ = 0,80 und damit $\delta^2_{B,krit,1}$ = 0,64, ein großer Effekt. Zu berechnen ist unter der TPS 1 der Stichprobenumfang n$_1$ pro Versuchsbedingung. Also: $z_{1-\alpha}$ = $z_{1-0,05}$ = $z_{0,95}$ = 1,645; $z_{1-\beta}$ = $z_{1-0,10}$ = $z_{0,90}$ = 1,282. Damit resultiert nach Formel (5.21): n$_1$ = [2(1,645 + 1,282)^2]/0,64 = (8,5673)(2)/0,64 = 26,7729. Da der berechnete Wert für n stets aufgerundet werden soll, werden n$_1$ = 27 und insgesamt N$_1$ = 54 Vpn benötigt. Zum selben Ergebnis führt die Benutzung der Tabelle 2.4.1 in J. Cohen (1988, S. 54). Der Versuch wird mit N = 54 Psychologiestudierenden durchgeführt und erbringt folgende Resultate (die Indizes wachsen mit der eingeschätzten Bildhaftigkeit): M$_1$ = 14,50 und M$_2$ = 29,30 bei $s^2_{I,B}$ = 8,30. Also beträgt t$_{emp,1}$ = (29,30 − 14,50)/[8,30$\sqrt{(2/27)}$] = 14,8/2,2590 = 6,5515 bei t$_{krit(0,05;52),1}$ = 1,675 (vgl. Tabelle A.5 im Anhang). Da t$_{emp,1}$ > t$_{krit,1}$, wird die vorhersagekonforme H$_{1,1}$ angenommen und damit gleichzeitig auch die ihr äquivalente SV-1(B;K=2). Ferner gilt: d$_{B,1}$ = 14,8/8,3 = 1,7831. Da d$_{B,1}$ > $\delta_{B,krit,1}$, wird die PV-1(B;K=2) als eingetreten beurteilt. Sofern keine gravierenden Validitätsmängel aufgetreten sind, kann man sagen, dass sich die PH-1 in dem Versuch bewährt hat. - Die hier als Beispiel benutzten Daten sind genauso wie alle folgenden fiktiv, es sei denn, es wird etwas Gegenteiliges angegeben.

Beispiel 5.2: Die **PH-3** besagt: „Mit der Dauer des Schlafentzugs sinkt die Konzentrationsleistung". Die Prüfinstanz besteht hier aus K = 2 Versuchsbedingungen. Die Konzentrationsleistung wird mit einem Konzentrationstest erfasst, wobei als empirische AV die mittlere Fehlerzahl (FKT) fungiert. Als Dauer des Schlafentzugs werden 2 und 4 Std. festgelegt. Der Schlafentzug findet unter kontrollierten Bedingungen in einem Schlaflabor statt, wobei ständig darauf geachtet wird, dass die Vpn nicht vorzeitig einschlafen. Die vollständige Spezifikation der Versuchssituation (VSVS) ist hier relativ einfach (vgl. Kap. 3, Beispiel 3.4). Aus der PH-3 $\wedge$ VSVS kann die PV-3(B;K=2) abgeleitet werden, dass die mittleren Fehlerzahlen (MFZ) in einem konkreten Konzentrationstest mit der Dauer des Schlafentzugs (B$_1$: 2 Std.; B$_2$: 4 Std.) ansteigen; die Hypothese wird also nur über eine Prüfinstanz geprüft. Es folgt:

(5.32) (PH-3 $\wedge$ VSVS) $\approx$> PV-3(B;K=2): (FKT$_1$ < FKT$_2$) $\approx$>

$\approx$> [PV-3(B;K=2) $\wedge$ SHH] $\approx$>

$\approx$> SV-3(B;K=2): ($\mu_2 > \mu_1$) $\Leftrightarrow$ ST-3(B;K=2): H$_{1,2}$: ($\mu_2 - \mu_1 > 0$).

Auch hier gilt: EG$_{krit,2}$ = $\delta_{B,krit,2}$ > 0. Dass man diesem Fall auch andere abhängigen Variablen wählen kann, ist in Kapitel 3, Besipiel 3.4, angesprochen worden. Es werden spezifiziert: $\alpha_{krit,2}$ = 0,05 und $\beta_{krit,2}$ = 0,05 sowie $\delta_{krit,2}$ = 0,60. Wie groß ist die benötigte Stichprobengröße n (TPS 1)? $z_{1-\alpha}$ = 1,645; $z_{1-\beta}$ = 1,645, so dass

Einsetzen in Formel (5.21) zu: $n_2 = [2(1{,}645 + 1{,}645)^2]/0{,}36 = 60{,}1339$ und damit $n_2 = 61$ pro Versuchsbedingung führt. Dieser Wert wird als zu hoch angesehen, und man kann ihn absenken, indem man mindestens eine der Vorab-Spezifikationen auf einen höheren Wert setzt. Bei $\beta_{krit,2} = 0{,}20$ ergibt sich dabei: $n_2 = 34{,}3068$ oder $n_2 = 35$. Der Versuch mit $N_2 = 70$ Vpn ergibt hinsichtlich der Fehlerzahlen: $M_1 = 20{,}0$ und $M_2 = 25{,}0$ sowie $s^2_{I,B} = 10{,}7$. Der empirische t-Wert lautet: $t_{emp,2} = 6{,}3944$ und $t_{krit(0,01;68),2} = 2{,}381$. Da $t_{emp,2} > t_{krit,2}$, wird die Alternativhypothese und die ihr äquivalente SV-3(B;K=2) angenommen. Der empirische Effekt lautet: $d_{B,2} = 1{,}5285 > \delta^2_{B,krit,2} = 0{,}80$, so dass die PV-3(B;K=2) als eingetreten angesehen werden kann, und die PH-3 hat sich bewährt.

Beispiel 5.3: Zur Prüfung der **PH-5** über die PV-5(B;K=2) werden folgende Ableitungen vorgenommen (vgl. Kap. 3):

(5.33) DKT: PH-5 ≈> (PH-5 ∧ VSVS) ≈> [PV-5(B;K=2) ∧ SHH] ≈>

≈> SV-5(B;K=2): ($\mu_1 \neq \mu_2$) ⇔ ST-5(B;K=2): $H_{1,3}$: ($\mu_1 - \mu_2 \neq 0$).

Hier gilt: $EG_{krit,3} = \delta_{B,krit,3} \neq 0$. Es ist ein zweiseitiger Test vorzusehen. Festgelegt wird erneut: $\alpha_{krit,3} = 0{,}05$, woraus sich $z_{1-\alpha/2} = z_{0,975} = 1{,}96$ ergibt; ferner gilt: $\beta_{krit,3} = 0{,}10$ und $z_{1-\beta} = 1{,}282$ sowie $\delta_{B,krit,3} = \pm 0{,}80$. (Es muss hier $\delta_{B,krit,3} = \pm 0{,}8$ heißen, da ein positives wie ein negatives δ_B mit der Hypothese vereinbar ist.) Zu berechnen ist der Stichprobenumfang n_3 pro Versuchsbedingung (TPS 1) nach Formel (5.22). Also resultiert für die positiven z-Werte: $z_{1-\alpha/2} = z_{1-0,025} = z_{0,975} = 1{,}96$ sowie $z_{1-\beta} = z_{0,90} = 1{,}282$ und ferner $\delta^2_{krit,3} = 0{,}64$. Einsetzen in die Formel (5.22) ergibt: $n_3 = [2(1{,}96 + 1{,}282)^2]/0{,}64 = [2(10{,}5105)]/0{,}64 = 32{,}8455$ bzw. $n_3 = 33$. Es werden also bei einem zweiseitigen **t-Test** $n_3 = 33$ oder insgesamt $N_3 = 66$ Vpn benötigt. J. Cohens Tabelle 2.4.1 (J. Cohen, 1988, S. 55) ergibt $n_3 = 34$. Der Versuch wird mit $N_3 = 66$ Vpn durchgeführt und erbringt folgende Resultate: $M_1 = 22{,}80$ und $M_2 = 14{,}20$ bei $s^2_{I,B} = 9{,}80$, so dass $t_{emp,3} = (22{,}80 - 14{,}20)/[9{,}80\sqrt{(2/33)}] = 3{,}5646$ bei $t_{krit(0,05;64),3} = 1{,}671$ ist. Die $H_{1,3}$ und die ihr äquivalente SV-5(B;K=2) wird angenommen. Für den empirischen Effekt ergibt sich: $d_{B,3} = 0{,}8776 > \delta_{B,krit,3} = |\pm 0{,}80|$, d.h. die PV-5(B;K=2) ist eingetreten, und die PH-5 hat sich bewährt, sofern eine Analyse des Versuches keine schwerwiegenden Validitätsmängel aufdeckt.

Beispiel 5.4: Auch die **PH-6** soll einer Prüfung unterzogen werden. Für sie resultieren die folgenden Ableitungen (vgl. Kap. 3):

(5.34) DKT: PH-6 ≈> (PH-6 ∧ VSVS) ≈> PV-6(B;K=2) ≈>

≈> [PV-6(B;K=2) ∧ SHH) ≈> SV-6(B;K=2): ($\mu_1 = \mu_2$) ⇔

⇔ ST-6(B;K=2): $H_{0,4}$: ($\mu_1 - \mu_2 = 0$).

In diesem Fall kann abgeleitet werden: $EG_{krit,4} = \delta_{B,krit,4} = 0$. Hier wird eine ungerichtete Nullhypothese, die $H_{0,4}$, als vorhersagekonform abgeleitet, für die ein zweiseitiger **t-Test** vorzusehen ist. In dem Versuch ist darauf zu achten, dass die

Darbietungszeit sehr, genauer: zu kurz gewählt wird, also etwa 5 Minuten bei einer Länge der Liste von 40 Wörtern. Hier stellt die Effektgröße einen klein zu wählenden Höchsteffekt dar: $|\pm 0{,}20| \leq |\pm \delta_{B,krit,4}| \leq |\pm 0{,}40|$. Je größer EG_{krit} als Höchsteffekt gewählt wird, desto mehr widerspricht er der abgeleiteten $H_{0,4}$, die einen Nulleffekt behauptet. Die Testplanung für die vorhersagekonträre $H_{1,4}$ erfolgt für diesen Höchsteffekt. Es wird festgelegt: $\alpha_{krit,4} = 0{,}20$ und $\alpha_{krit,4}/2 = 0{,}10$; $\beta_{krit,4} = 0{,}20$ und ferner $\delta_{B,krit,4} = \pm 0{,}40$. Einsetzen in Formel (5.22) führt zu: $n_4 = [2(1{,}282 + 0{,}52)^2]/0{,}16 = 40{,}5901$ bzw. $n_4 = 41$. Mit etwas Aufwand ist diese Stichprobengröße handhabbar. Der entsprechende Versuch erbringt: $M_1 = 11{,}80$ und $M_2 = 12{,}60$ bei $s_{I,B} = 3{,}2863$, so dass $t_{emp,4} = 1{,}1022$ ist bei $t_{krit(0,20;80),4} = \pm 1{,}684$. Die vorhersagekonforme Nullhypothese und die ihr äquivalente SV-6(B;K=2) werden angenommen. Für den empirischen Effekt gilt erwartungsgemäß: $d_{B,4} = 0{,}2434 < \delta_{B,krit,4}$. Die PV-6(B;K=2) ist eingetreten, und die PH-6 hat sich - allerdings unter liberalen Fehlerwahrscheinlichkeiten - bewähren können, sofern der Versuch frei ist von gravierenden Validitätsmängeln.

Die Übereinstimmung der über die Standard-Normalverteilung erzielten Ergebnisse mit den Werten J. Cohens (1988, S. 544-545), die unter Verwendung der exakten nonzentralen t-Verteilungen gewonnen wurden, zeigt, dass diese Verteilungen durch die Standard-Normalverteilung hervorragend approximiert werden.

Betrachten wir kurz die Bedeutung einiger Konstellationen von Effektgröße und Fehlerwahrscheinlichkeiten in ihrer Bedeutung für die benötigte Stichprobengröße.

Beispiel 1: $\delta_{B,krit,5} = 0{,}01$; $\alpha_{krit,5} = 0{,}01$ und $\beta_{krit,5} = 0{,}01$. a) Gerichtete Hypothese, Formel (5.21): $n_{5,g} = 2(2{,}33 + 2{,}33)^2/0{,}01^2 = 434.312$. b) Ungerichtete Hypothese, Formel (5.22): $n_{5,u} = 2(2{,}58 + 2{,}33)^2/0{,}01^2 = 482.162$.

Beispiel 2: $\delta_{B,krit,6} = 0{,}01$; $\alpha_{krit,6} = 0{,}05$ und $\beta_{krit,6} = 0{,}05$. a) Gerichtete Hypothese: $n_{6,g} = 2(1{,}645 + 1{,}645)^2/0{,}01^2 = 216.482$. b) Ungerichtete Hypothese: $n_{6,u} = 2(1{,}96 + 1{,}645)^2/0{,}01^2 = 259.921$.

Beispiel 3: $\delta_{B,krit,7} = 0{,}10$; $\alpha_{krit,7} = 0{,}05$ und $\beta_{krit,7} = 0{,}05$. a) $n_{7,g} = 2(1{,}645 + 1{,}645)^2/0{,}10^2 = 2.165$. b) $n_{7,u} = 2(1{,}96 + 1{,}645)^2/0{,}10^2 = 2.600$.

Beispiel 4: $\delta_{B,krit,8} = 0{,}20$; $\alpha_{krit,8} = 0{,}05$ und $\beta_{krit,8} = 0{,}05$. a) $n_{8,g} = 2(1{,}645 + 1{,}645)^2/0{,}20^2 = 542$. b) $n_{8,u} = 2(1{,}96 + 1{,}645)^2/0{,}20^2 = 650$.

Beispiel 5: $\delta_{B,krit,9} = 0{,}20$; $\alpha_{krit,9} = 0{,}05$ und $\beta_{krit,9} = 0{,}20$. a) $n_{9,g} = 2(1{,}645 + 0{,}84)^2/0{,}20^2 = 309$. b) $n_{9,u} = 2(1{,}96 + 0{,}84)^2/0{,}04 = 392$.

Beispiel 6: $\delta_{B,krit,10} = 0{,}40$; $\alpha_{krit,10} = 0{,}05$ und $\beta_{krit,10} = 0{,}20$. a) $n_{10,g} = 2(1{,}645 + 0{,}84)^2/0{,}40^2 = 78$. b) $n_{10,u} = 2(1{,}96 + 0{,}84)^2/0{,}16 = 98$.

Beispiel 7: $\delta_{B,krit,11} = 0{,}60$; $\alpha_{krit,11} = 0{,}05$ und $\beta_{krit,11} = 0{,}20$. a) $n_{11,g} = 2(1{,}645 + 0{,}84)^2/0{,}36 = 35$. b) $n_{11,u} = (1{,}96 + 0{,}84)^2/0{,}36 = 44$.

Abgesehen davon, dass der Nachweis kleiner Effekte unter einer abgeleiteten Alternativhypothese in aller Regel weniger sinnvoll ist, während abgeleitete Nullhypothesen nach Möglichkeit stets mit kleinen Abweichungseffekten versehen werden sollten, zeigt sich, dass man zur Entdeckung kleiner Effekte bei kleinen Fehlerwahrscheinlichkeiten unrealistisch große Stichprobenumfänge benötigt.

Kann man nicht von vornherein die Nullhypothese so formulieren, dass sie den Kriteriumseffekt der Testplanung umfasst (vgl. zu diesem Vorschlag etwa Murphy & Myors, 1998, S. 34-39)? Da man bspw. die im Beispiel 5.1 betrachteten Hypothesen auch als $H_{0,1}$: $(\mu_1 - \mu_2)/\sigma_{I,B} = \delta_{B,1} = 0$ vs. $H_{1,1}$: $(\mu_1 - \mu_2)/\sigma_{I,B} = \delta_{B,1} > 0$ formulieren kann, könnte man sie unter Berücksichtigung des Kriteriumswertes $\delta_{B,krit,1} = 0{,}50$ auch so umformulieren, dass gilt: $H'_{0,1}$: $(\mu_1 - \mu_2)/\sigma_{I,B} = \delta_{B,krit,1} = 0{,}50$ bzw. $H''_{0,1}$: $(\mu_1 - \mu_2)/\sigma_{I,B} = \delta_{B,krit,1} \leq 0{,}50$ vs. $H'_{1,1}$: $(\mu_1 - \mu_2)/\sigma_{I,B} > 0{,}50$ (siehe zu einem entsprechenden Vorschlag für **Varianzanalysen** Fowler, 1985). Es gibt zwei Gründe, die dagegen sprechen. *Erstens*: Die Vorhersage, die aus der PH-1 und der ihr nachgeordneten PV-1 ableitbar ist, besagt lediglich, dass die Mittelwertsdifferenz von Null verschieden ist, aber nicht, wie sehr. Dieses „wie sehr" wird dann erst auf der nachgeordneten Ebene der testbaren Hypothesen und statistischen Tests (Ebene ST) als „methodisch-technische" Festlegung spezifiziert und darf rückwirkend keine Konsequenzen für die abgeleiteten Vorhersagen haben. *Zweitens*: Auch der Test gegen die $H'_{1,1}$: $\delta_{B,krit,1} > 0{,}50$ muss geplant werden. Dazu ist eine weitere Effektgröße $\delta'_{B,krit,1}$ festzulegen, die angibt, wieviel geringer der Effekt unter der $H'_{1,1}$ sein darf, um noch mit dem Wert $\delta_{B,krit,1} > 0{,}50$ vereinbar zu sein. Man sollte hier einen geringen Effekt festlegen, also etwa $\delta'_{B,krit,1} = -0{,}10$. Trifft man diese oder eine ähnliche Festlegung, könnte man die $H'_{0,1}$ erneut umformulieren, und zwar in $H''_{0,1}$: $\delta''_{B,krit,1} \leq 0{,}40$ vs. $H''_{1,1}$: $(\mu_1 - \mu_2)/\sigma_{I,B} > 0{,}40$. Und natürlich müsste auch dieser Test geplant werden, was die neuerliche Festlegung eines weiteren Kriteriumswertes für die Abweichungseffektgröße mit sich bringen würde. Und wenn man die Planung für diesen erneut gering zu wählenden Kriteriumseffekt durchführt, ohne ihn wieder zur Modifikation der Null- oder/und der Alternativhypothese zu benutzen, wird sich herausstellen, dass dabei eine absolut unrealistische Anzahl von Vpn erforderlich ist, selbst wenn man von *sehr* liberalen Fehlerwahrscheinlichkeiten ausgehen würde. Auf Grund dieser Überlegungen wird die während der Testplanung als Kriteriumswert spezifizierte Effektgröße *nicht* mit der Null- oder der Alternativhypothese verbunden und die Ableitung von Vorhersagen strikt von der Testplanung getrennt, so dass letztere keine Auswirkungen auf erstere hat. Allerdings bedeutet die Festlegung eines Kriteriumswertes für die Effektgröße auf der statistischen Ebene in gewisser Weise immer eine - wenn auch primär methodisch motivierte - Präzisierung der meist unexakten Vorhersagen, an der später auch die empirischen Werte gemessen werden, um etwas über Eintreten oder Nicht-Eintreten der Vorhersagen aussagen zu können.

Leventhal und Huynh (1996) haben vorgeschlagen, der vorhersagekonformen ungerichteten Nullhypothese $H_{0,4}$: $(\mu_1 - \mu_2 = 0)$ des Beispiels 5.4 anstelle der vorhersagekonträren $H_{1,4}$: $(\mu_1 - \mu_2 \neq 0)$ zwei gerichtete Alternativen der Form $H_{1,4,A}$: $(\mu_1 - \mu_2 < 0)$ und $H_{1,4,B}$: $(\mu_1 - \mu_2 > 0)$ gegenüberzustellen und ggf. die Entscheidung dann je nach Richtung der Abweichung von der exakten Nullhypothese zu fällen. Bereits 1972 hat Shaffer den Vorschlag unterbreitet, ungerichtete Nullhypothesen $H_{0,4}$: $(\mu_1 - \mu_2 = 0)$ in zwei gerichtete Hypothesen der Form $H_{0,4,C}$: $(\mu_1 - \mu_2 \leq 0)$ vs. $H_{1,4,C}$: $(\mu_1 - \mu_2 > 0)$ und $H_{0,4,D}$: $(\mu_1 - \mu_2 \geq 0)$ vs. $H_{1,4D}$: $(\mu_1 - \mu_2 < 0)$ zu zerlegen, die unabhängig voneinander getestet werden können (Shaffer, 1972). M.W. taucht dieser Vorschlag erstmals in einer Arbeit von Kaiser aus dem Jahre 1960 auf. Bei der Umsetzung eines dieser beiden Vorschläge muss bedacht werden, dass es für die Entscheidung über die PH (und über die PT) irrelevant ist, in welcher Richtung bei Annahme der $H_{1,4}$: ($\mu_1 - \mu_2 \neq 0$) die Abweichungen von der vorhersagekonformen $H_{0,4}$ vorliegen - statistisch signifikante Abweichungen in jeder der beiden Richtung widersprechen der PH und der PT. Und wenn der zweiseitige Test statistisch signifikant wird, folgt daraus auch die statistische Signifikanz des einseitigen Tests. Genau genommen besteht allerdings die einzig statthafte Schlussfolgerung bei Ablehnung der $H_{0,4}$ darin, dass es statistisch signifikante Abweichungen von Null gibt. Testet man demgegenüber die gerichteten Hypothesen, dann kann auch etwas über die *Richtung* der Abweichungen ausgesagt werden. Auf der anderen Seite: Wenn erst einmal die Entscheidung über die PH gefällt worden ist, kann die festgestellte Rangordnung der Mittelwerte, die ja statistisch signifikant ist (s.o.), dazu herangezogen werden, um darüber zu entscheiden, ob und ggf. wie man die psychologische Hypothese modifizieren will. Darüber hinaus bringen beide Vorschläge keine großen Vorteile hinsichtlich der Testplanung mit sich, denn die Effekte sollten klein und als Höchsteffekte gewählt werden, da ja eine Nullhypothese als vorhersagekonform abgeleitet wurde, und es werden anstelle nur eines zweiseitigen Tests zwei einseitige Tests für die beiden gerichteten Alternativen wie in den Beispielen 5.1 und 5.2 geplant.

Die gleichen Argumente können auch ins Feld geführt werden, wenn aus einer psychologischen Hypothese über die psychologischen Vorhersage eine ungerichtete Alternativhypothese der Form: $H_{1,4}$: ($\mu_1 - \mu_2 \neq 0$) als vorhersagekonform abgeleitet wurde. In diesem Fall ist jede Abweichung von der dann vorhersagekonträren $H_{0,4}$: ($\mu_1 - \mu_2 = 0$) mit der PH vereinbar. Die Durchführung von zwei Tests gegen die gerichteten Alternativen $H_{1,4,C}$: ($\mu_1 - \mu_2 > 0$) und $H_{1,4,D}$: ($\mu_1 - \mu_2 < 0$) gibt dann Aufschluss über die Richtung der Abweichung und ob diese Abweichung statistisch signifikant ist. Diese Information, die für die Präzisierung der psychologischen Hypothese wertvoll ist, kann man aber auch dadurch erhalten, dass man *nach* der Hypothesenentscheidung die entsprechenden Tests plant und durchführt.

5.4 Testplanung mit Strategie TPS 2 beim Zwei-Stichproben-t-Test

In diesem Abschnitt wird die Testplanung nach Strategie TPS 2 für die bereits im vorigen Abschnitt aufgegriffenen psychologischen Hypothesen **PH-1**, **PH-5** und die **PH-6** demonstriert. Dabei ist für die statistische Testung erneut der **Zwei-Stichproben-t-Test** vorgesehen.

Beispiel 5.5: Erneut steht die **PH-1** zur statistischen Prüfung an. Aus ihr wird wieder abgeleitet:

Die Testplanungsstrategien am Beispiel von t-Tests

(5.35) DKT $\approx$> (DKT $\wedge$ HH) $\approx$> (PH-1 $\wedge$ VSVS) $\approx$> PV-1(B;K=2):

$\qquad$ (MWR$_1$ < MWR$_2$) $\approx$> [PV-1(B;K=2) $\wedge$ SHH] $\approx$>

$\qquad$ $\approx$> SV-1(B;K=2): ($\mu_1 < \mu_2$) $\Leftrightarrow$ ST-1(B;K=2): H$_{1,12}$: ($\mu_1 - \mu_2 > 0$).

Die maximale Anzahl verfügbarer Vpn, etwa im Experimentalpsychologischen Praktikum, beträgt N$_{12}$ = 60, also n$_{12}$ = 30. Interessiert ist man am Nachweis eines nach J. Cohens Konventionen „großen Effektes" von $\delta_{B,krit,12}$ = 0,80 (s.o.). Zu berechnen sind unter der TPS 2 die z-Werte für die Fehlerwahrscheinlichkeiten α und β. Also soll gelten: $\delta_{B,krit,12}$ = 0,80; $\delta^2_{B,krit,12}$ = 0,64; n$_{12}$ = 30. Einsetzen in Formel (5.23) führt dann zu: ($z_{1-\alpha} + z_{1-\beta}$)^2 = (0,64)(30)/2 = 9,6; also ist ($z_{1-\alpha} + z_{1-\beta}$) = 3,0984. Was fängt man damit an?

Lösung 1: Man wählt gleich große Fehlerwahrscheinlichkeiten $\alpha_{krit,12}$ = $\beta_{krit,12}$ (Option 1 oben) und bildet demzufolge 3,0984/2 = 1,5492, d.h. $z_{1-\alpha}$ = $z_{1-\beta}$ = 1,5492. Ablesen aus der Tabelle A.1 der Standard-Normalverteilung im Anhang ergibt: 1 − α = 0,9394 und 1 − β = 0,9394, also $\alpha_{krit,12}$ = 0,06 und $\beta_{krit,12}$ = 0,06. Diese Lösung ist akzeptabel, verletzt aber die *praktisch* wichtige Option 1 insofern, als α größer als 0,05 wird. Daher versucht man es mit

Lösung 2: Man wählt $\alpha_{krit,12}$ = 0,05 (und damit 1 − $\alpha_{krit,12}$ = 0,95) und ermittelt nach Formel (5.25), wie groß unter dieser zusätzlichen Festsetzung $\beta_{krit,12}$ wird (Option 2). Zunächst wird bestimmt: $z_{1-\alpha}$ = $z_{0,95}$ = 1,645. Für $z_{1-\beta}$ verbleibt dann noch: 3,0984 − 1,645 = 1,4534, woraus 1 − $\beta_{krit,12}$ = 0,9265 und $\beta_{krit,12}$ = 0,0735 bestimmt werden kann. (Man wird hier meist runden und $\beta_{krit,12}$ = 0,075 angeben.)

Lösung 3: Zuweilen wird man - aus welchen Gründen auch immer - β für wichtiger als α halten, also $\beta_{krit} < \alpha_{krit}$ setzen (Option 3). In dem Fall wird zunächst $\beta_{krit,12}$ (anstelle von $\alpha_{krit,12}$) vorgewählt und Formel (5.26) benutzt: $\beta_{krit,12}$ = 0,10 und $z_{1-\beta}$ = 1,282, so dass $z_{1-\alpha}$ = 3,0984 − 1,282 = 1,8164 und $\alpha_{krit,12}$ = 0,0344 oder großzügig aufgerundet $\alpha_{krit,12}$ = 0,05.

Man hat sich für für Lösung 2 entschieden und führt den Versuch unter den Spezifikationen $\alpha_{krit,12}$ = 0,05, $\beta_{krit,12}$ = 0,075 und $\delta_{B,krit,12}$ = 0,80 mit n$_{12}$ = 30 durch. Die sich ergebenden empirischen Mittelwerte lauten: M$_1$ = 15,60 und M$_2$ = 25,30 bei $s_{I,B}$ = 9,80 (die Indizes wachsen mit der Bildhaftigkeit). Nach Formel (5.3) ergibt sich: $t_{emp,12}$ = 9,7/2,5303 = 3,8730 bei $t_{krit(0,05;58),5}$ = 1,671, so dass $t_{emp,12}$ > $t_{krit(0,05;58),12}$ ist; die H$_{1,12}$ wird angenommen und damit auch die ihr äquivalente SV-1(B;K=2). Für den empirischen Effekt $d_{B,12}$ resultiert: $d_{B,12}$ = 9,7/9,8 = 0,9900 > $\delta_{B,krit,12}$ = 0,80. Also ist auch die PV-1(B;K=2) eingetreten, und die PH-1 hat sich bewährt, sofern nachträglich keine gravierenden Validitätsmängel festzustellen sind.

Beispiel 5.6: Auch die **PH-5** soll einer erneuten statistischen Prüfung unterzogen werden. Bei ergeben sich die folgenden Ableitungen:

(5.36) DKT: PH-5 $\approx$> (PH-5 $\wedge$ VSVS) $\approx$> [PV-5(B;K=2) $\wedge$ SHH] $\approx$>

$\qquad$ $\approx$> SV-5(B;K=2): ($\mu_1 \neq \mu_2$) $\Leftrightarrow$ ST-5(B;K=2): H$_{1,13}$: ($\mu_1 - \mu_2 \neq 0$).

Es gelte für die Planung des zweiseitigen Tests gegen eine ungerichtete Alternative: $\alpha_{krit,6} = 0{,}05$, so dass $z_{1-\alpha/2} = 1{,}96$ und $\delta_{B,krit,13} = \pm 0{,}80$; $\delta^2_{B,krit,13} = 0{,}64$ und $n_{13} = 30$. Wie groß werden unter diesen Spezifikationen die Fehlerwahrscheinlichkeiten $\alpha_{krit,13}$ und $\beta_{krit,13}$? Einsetzen in Formel (5.24) ergibt: $(z_{1-\alpha/2} + z_{1-\beta})^2 = [(0{,}64)(30)/2] = 9{,}60$ und damit $(z_{1-\alpha/2} + z_{1-\beta}) = 3{,}0984$. Was fängt man mit diesem Ergebnis an?

Lösung 1: Man ist wieder an gleich großen Fehlerwahrscheinlichkeiten $\alpha_{krit,13}$ und $\beta_{krit,13}$ interessiert (Option 1) und bildet demzufolge zuerst $z_{1-\alpha/2} = z_{1-\beta} = 3{,}0984/2 = 1{,}5492$. Aber nun ist $z_{1-\alpha/2} = 1{,}5492$, so dass $\alpha/2 = 0{,}0606$ bestimmt wird, woraus sich $\alpha_{krit,13} = 2(0{,}0606) = 0{,}1212$ (bzw. großzügig gerundet $\alpha_{krit,13} = 0{,}15$) ergibt. Aus $z_{1-\beta} = 1{,}5492$ folgt ferner: $\beta_{krit,13} = 0{,}0606$. Dies ist offensichtlich noch nicht die Lösung, denn $\alpha_{krit,13}$ ist genau doppelt so groß wie $\beta_{krit,13}$ ($\alpha = 2\beta$). Also muss nochmals gerechnet werden. Damit $\alpha_{krit,13} = 0{,}0606$ wird, muss der z-Wert für $\alpha/2 = 0{,}0303$ bestimmt werden: $z_{1-\alpha/2} = z_{0,9697} = 1{,}88$. Es verbleibt dann für $z_{1-\beta}$: $z_{1-\beta} = 3{,}0984 - 1{,}88 = 1{,}2184$, wozu $\beta_{krit,13} = 0{,}12$ gehört. Weiteres Probieren zeigt, dass man mit der folgenden Kombination von Werten einen vernünftigen Ausgleich schaffen kann, bei dem $\alpha_{krit,13} = \beta_{krit,13}$ ist: $\beta_{krit,13} = 0{,}10$; $\alpha_{krit,13} = 0{,}10$ (zweiseitig) und $\alpha/2 = 0{,}05$, wozu gehört: $z_{1-\beta} = 1{,}282$ und $z_{1-\alpha/2} = z_{0,95} = 1{,}645$. Daraus kann berechnet werden: $1{,}282 + 1{,}645 = 2{,}927$, was nahe genug an den Wert $3{,}0984$ herankommt. Aber der „gewünschte" Wert $\alpha \leq 0{,}05$ wird auch hier überschritten, allerdings der noch tolerable Wert $\alpha = 0{,}10$ nicht. Wenn man aber $\alpha_{krit,6} = 0{,}05$ bevorzugt, dann versucht man es mit

Lösung 2: Angesichts der Forderung „$z_{1-\alpha/2} + z_{1-\beta} = 3{,}0984$" setzt man zuerst $\alpha_{krit,13} = 0{,}05$ und damit $\alpha/2 = 0{,}025$, so dass $z_{1-\alpha/2} = z_{0,975} = 1{,}96$ wird. Für $z_{1-\beta}$ gilt dann nach Formel (5.25): $z_{1-\beta} = 3{,}0984 - 1{,}96 = 1{,}1384$, was $\beta_{krit,13} = 0{,}13$ entspricht. Diese Lösung ist akzeptabel, besonders, weil $\alpha_{krit,13} = 0{,}05$ (zweiseitig) resultiert.

Lösung 3: Selbstverständlich kann man auch in diesem Beispiel $\beta_{krit,13}$ für wichtiger ansehen, also bspw. $\beta_{krit,13} = 0{,}05$ setzen [Formel (5.26)], so dass $z_{1-\beta} = 1{,}645$ wird. Für α verbleibt dann $z_{1-\alpha/2} = 3{,}0984 - 1{,}645 = 1{,}4534$. Zu diesem z-Wert gehört $\alpha/2 = 1 - 0{,}9265 = 0{,}0735$ und damit $\alpha_{krit,13} = 0{,}147$ bzw. ungefähr $0{,}15$. (Denn es muss ja nicht der z-Wert, sondern der α-Wert jeweils zur Hälfte an beiden Enden der Verteilung abgetragen werden.) Aber damit wäre $3\beta = \alpha$ und $\alpha > 0{,}10$, womit nur wenige Kolleg/inn/en einverstanden sein dürften. Also legt man β etwas größer fest, etwa $\beta_{krit,13} = 0{,}15$. Dazu gehört $z_{1-\beta} = 1{,}04$. Daraus folgt für $z_{1-\alpha/2} = 3{,}0984 - 1{,}04 = 2{,}0584$. Zu diesem z-Wert gehört $\alpha/2 = 0{,}0197$ und damit $\alpha_{krit,13} = 0{,}0394$ (zweiseitig). Im nächsten Schritt könnte man dann β so verringern, dass man etwa auf $\alpha_{krit,13}/2 = 0{,}025$ bzw. $\alpha_{krit,13} = 0{,}05$ kommt. Also: $\beta_{krit,13} = 3{,}0984 - 1{,}96 = 1{,}1384$ und damit $\beta_{krit,13} = 0{,}13$ bei $\alpha_{krit,13} = 0{,}05$ (zweiseitig).

Man entscheidet sich für Lösung 2 und legt fest: $\alpha_{krit,13} = 0{,}05$; $\beta_{krit,13} = 0{,}13$; $\delta_{B,krit,13} = \pm 0{,}80$; $n_{13} = 30$; danach wird der Versuch durchgeführt, der zu folgenden Ergebnissen führt: $M_1 = 12{,}20$ und $M_2 = 22{,}70$ bei $s_{l,B} = 14{,}20$. $t_{emp,13} = +2{,}8638$ bei $t_{krit(0,05/2;58),13} = \pm 2{,}000$. Also gilt: $|t_{emp,13}| > |t_{krit,13}|$, woraus die Annahme der vorhersagekonformen $H_{1,13}$ und der ihr äquivalenten SV-5(B,K=2) folgt. Ferner gilt: $d_{B,13} = 0{,}7394 < |\pm\delta_{B,\text{krit},13}| = |\pm 0{,}80|$, doch ist der Unterschied nicht so groß, dass er ins Gewicht fällt. Man wird die PV-5(B;K=2) als eingetreten bewerten, wenn auch mit einem geringfügig kleineren Effekt als erwartet, und die PH-5 als bewährt ansehen, falls der Versuch frei ist von gravierenden Validitätsmängeln.

Beispiel 5.7: Auch die **PH-6** soll einer weiteren statistischen Prüfung unterzogen werden. Für sie ergeben sich die folgenden Ableitungen:

(5.37) DKT: PH-6 $\approx>$ (PH-6 $\wedge$ VSVS) $\approx>$ [PV-6(B;K=2) $\wedge$ SHH] $\approx>$

$\approx>$ SV-6(B;K=2): $(\mu_1 = \mu_2) \Leftrightarrow$ ST-6(B;K=2): $H_{0,14}$: $(\mu_1 - \mu_2 = 0)$.

Hier ist ein zweiseitiger **t-Tests** zur Testung der abgeleiteten ungerichteten Nullhypothese vorzusehen. Die festliegende Stichprobengröße beträgt $n_{14} = 40$ und $N_{14} = 80$. Da es sich um eine Nullhypothese handelt, soll ein kleiner Effekt der Größe $\delta_{B,\text{krit},14} = \pm 0{,}30$ nachgewiesen werden. Für $\alpha_{\text{krit},14}$ soll gelten: $\alpha_{\text{krit},14} = 0{,}10$ und damit $\alpha_{\text{krit},14}/2 = 0{,}05$ sowie $z_{1-\alpha} = 1{,}645$ (TPS 2). Einsetzen in Formel (5.25) ergibt: $z_{1-\beta} = [(0{,}30)(6{,}3246)/1{,}4142] - 1{,}645 = -0{,}3033$. Diesem negativen z-Wert ist keine vernünftig hohe Teststärke zugeordnet. Deshalb wird im nächsten Schritt der zu entdeckende Effekt auf $\delta_{B,\text{krit},14} = 0{,}40$ vergrößert und $\alpha_{\text{krit},14} = 0{,}20$ gesetzt und damit $\alpha_{\text{krit},14}/2 = 0{,}10$. Erneutes Einsetzen in Formel (5.25) ergibt dann: $z_{1-\beta} = [(0{,}40)(6{,}3246)/1{,}4142] - 1{,}282 = 0{,}5069$. Zu $z_{1-\beta} = 0{,}5069$ gehört eine Teststärke von $1 - \beta_{\text{krit},14} = 0{,}70$. Das Experiment kann bei der geringen festliegenden Stichprobengröße nur unter liberalen Fehlerwahrscheinlichkeiten durchgeführt werden. Will man diese verringern, bleibt nur der Weg über eine Erhöhung der Stichprobengröße. Der Versuch wird mit den liberalen Fehlerwahrscheinlichkeiten $\alpha_{\text{krit},14} = 0{,}20$ und $\beta_{\text{krit},14} = 0{,}30$ bei $n_{14} = 40$ durchgeführt und erbringt folgende Resultate: $M_1 = 9{,}80$ und $M_2 = 11{,}80$ bei $s_{I,B} = 11{,}70$. $t_{\text{emp},14} = 0{,}7645$ bei $t_{\text{krit}(0{,}20;(2);78),14} = \pm 0{,}846$, so dass $|t_{\text{emp},14}| < |\pm t_{\text{krit},14}|$, und daraus folgt die Annahme der vorhersagekonformen $H_{0,14}$ und der SV-6(B;K=2). Die PV-6(B;K=2) ist eingetreten, und die PH-6 hat sich bewährt, wenn der Versuch wie geplant durchgeführt werden konnte und nachträglich keine validitätsmindernden Störfaktoren festgestellt werden konnten.

5.5 Testplanung mit Strategie TPS 3 beim Zwei-Stichproben-t-Test

In diesem Abschnitt wird die Testplanung nach Strategie TPS 3 für die bereits bekannten psychologischen Hypothesen **PH-1, PH-5** und **PH-6** demonstriert. Dabei ist für die statistische Testung erneut der Zwei-Stichproben-**t-Test** vorgesehen.

Beispiel 5.8: Als erstes wird eine erneute statistische Prüfung der **PH-1** behandelt. Für sie ergibt sich bekanntlich folgende Ableitungskette:

(5.38) DKT $\approx$> (DKT $\wedge$ HH) $\approx$> PH-1 $\approx$> (PH-1 $\wedge$ VSVS) $\approx$>

$\approx$> PV-1(B;K=2): (MWR$_1$ < MWR$_2$) $\approx$> [PV- 1(B;K=2) $\wedge$ SHH] $\approx$>

$\approx$> SV-1(B;K=2): (μ_1 < μ_2) $\Leftrightarrow$ ST-1(B;K=2): H$_{1,15}$: ($\mu_2 - \mu_1$ > 0).

Es ist der Test gegen die gerichtete H$_{1,15}$: ($\mu_2 - \mu_1$ > 0), dieses Mal mit der TPS 3, zu planen. Es wird festgelegt: $\alpha_{krit,15}$ = 0,05, $\beta_{krit,15}$ = 0,10, und die Stichprobengröße liegt mit n$_{15}$ = 20 fest (N$_{15}$ = 40). Einsetzen in Formel (5.28) ergibt: $\delta^2_{B,8}$ = [2(1,645 + 1,282)^2]/20 = 0,8567 und damit $\delta_{B,15}$ = 0,9256 bzw. gerundet $\delta_{B,krit,15}$ = 0,95. Der nachzuweisende Effekt ist damit als groß zu bezeichnen. Der durchgeführte Versuch hat ergeben: M$_1$ = 15,5, M$_2$ = 28,2 und s$_{I,B}$ = 15,7, so dass t$_{emp,15}$ = 2,5580 bei t$_{krit(0,05;38),15}$ = 1,697; also gilt: t$_{emp,15}$ > t$_{krit,15}$, und damit wird die vorhersagekonforme H$_{1,15}$ sowie die ihr äquivalente SV-1(B;K=2) angenommen. Für d$_{B,15}$ gilt: d$_{B,15}$ = 0,8089 < $\delta_{B,krit,15}$ = 0,95. Da ein Effekt der Größe 0,80 schon groß ist, sollte man den Unterschied von 0,81 zu 0,95 nicht überbewerten und die PV-1(B;K=2) als eingetreten ansehen, wenn auch mit einem geringfügig kleineren Effekt als erhofft. Die PH-1 hat sich dann bewährt, wenn während des Versuches keine unerwarteten und gravierenden Validitätsmängel aufgetreten sind.

Beispiel 5.9: Bei der statistischen Prüfung der **PH-5** resultieren bekanntlich die folgenden Ableitungen:

(5.39) DKT: (PH-5 $\wedge$ VSVS) $\approx$> [PV-5(B;K=2) $\wedge$ SHH] $\approx$>

$\approx$> SV-5(B;K=2): ($\mu_1 \neq \mu_2$) $\Leftrightarrow$ ST-5(B;K=2): H$_{1,16}$: ($\mu_1 - \mu_2 \neq 0$).

Zu planen ist erneut der zweiseitige **t-Test** gegen die ungerichtete H$_{1,16}$. Die maximale Anzahl verfügbarer Vpn, etwa im Experimentalpsychologischen Praktikum, beträgt N$_{16}$ = 60, also n$_{16}$ = 30. Festgelegt werden unter der TPS 3: $\alpha_{krit,16}$ = 0,05; $\beta_{krit,16}$ = 0,05; gesucht wird hier $\pm\delta_B$, da es sich um eine ungerichtete Hypothese handelt (TPS 3). Dies führt zu: z$_{1-\alpha/2}$ = z$_{0,995}$ = 2,576 und zu z$_{1-\beta}$ = z$_{0,95}$ = 1,645. Einsetzen der Werte in Formel (5.29) ergibt: $\delta^2_{B,16}$ = [2(1,96 + 1,645)^2]/30 = 2(12,9960)/30 = 0,8664. Also: $\delta_{B,16}$ = $\pm$0,9308 und als Kriteriumswert auf die nächste „runde Zahl" gerundet: $\delta_{B,krit,16}$ = $\pm$0,95 - ein sehr großer Effekt. Wenn also der „wahre" Effekt mindestens 0,95 mal so groß ist wie die Standardabweichung $\sigma_{I,B}$, dann kann er mit n$_{16}$ = 30 Vpn bei $\alpha_{krit,16}$ = 0,05 und mit der Teststärke von 1 − $\beta_{krit,16}$ = 0,95 auch nachgewiesen werden. Der Versuch wird unter den angegebenen Spezifikationen durchgeführt und erbringt: M$_1$ = 18,90 und M$_2$ = 35,80 bei s$_{I,B}$ = 15,70. Daraus lässt sich der empirische t-Wert zu t$_{emp,16}$ = 4,1690 bei t$_{krit(0,05/2;58),16}$ = $\pm$2,000 ermitteln, so dass |t$_{emp,16}$| > |t$_{krit,16}$| ist, was zur Annahme der vorhersagekonformen H$_{0,16}$ und der ihr äquivalenten SV-5(B;K=2) führt. Der empirische Effekt lautet: d$_{B,16}$ = (35,80 − 18,90)/15,70 = 1,0764 > $\delta_{B,krit,16}$ = $\pm$0,95. Die PV-5(B;K=2) ist daher eingetreten, und die PH-5 hat sich bewährt – unter den bekannten Kautelen.

Beispiel 5.10: Auch bei der statistischen Prüfung der **PH-6** über die PV-6(K=2) ergeben sich die inzwischen bekannten Ableitungen:

Die Testplanungsstrategien am Beispiel von t-Tests 129

(5.40) DKT: PH-6 ≈> (PH-6 ∧ VSVS) ≈> [PV-6(B;K=2) ∧ SHH] ≈>
≈>SV-6(B;K=2): ($\mu_1 = \mu_2$) ⇔ ST-6(B;K=2): $H_{0,17}$: ($\mu_1 - \mu_2 = 0$).

Hier ist die ungerichtete $H_{0,17}$: ($\mu_1 - \mu_2 = 0$) eines zweiseitigen **t-Tests** als vorhersagekonform abgeleitet worden. In dem zu planenden Versuch liegt der Stichprobenumfang mit $n_{17} = 30$ fest, und ferner gilt: $\alpha_{krit,17} = 0,10$, so dass $\alpha_{krit,17}/2 = 0,05$, und $\beta_{krit,17} = 0,20$. Wie groß ist unter diesen Bedingungen der nachweisbare Effekt $\delta_{B,17}$? Einsetzen in Formel (5.29) ergibt: $\delta^2_{B,17} = [2(1,645 + 0,84)^2]/30 = 0,4117$ und damit $\delta_{B,17} = \pm 0,6416$ bzw. $\delta_{B,krit,17} = \pm 0,65$. Dieser Effekt ist zu groß für eine abgeleitete Nullhypothese. Also wird $\beta_{krit,17}$ auf 0,30 erhöht. Erneutes Einsetzen in Formel (5.29) ergibt dann: $\delta^2_{B,17} = [2(1,645 + 0,52)^2]/30 = 0,3125$ und damit $\delta_{B,krit,17} = \pm 0,55$ ($\pm 0,5590$). Dieser Effekt ist immer noch sehr groß für eine abgeleitete H_0, kann aber unter Beibehaltung der Fehlerwahrscheinlichkeiten nur durch eine Erhöhung der Stichprobengröße verringert werden. Der Versuch wird daher unter den aufgeführten Spezifikationen durchgeführt und ergibt: $M_1 = 8,90$ und $M_2 = 9,90$ bei $s_{I,B} = 11,20$, so dass für $t_{emp,17}$ gilt: $t_{emp,17} = 0,3458$ bei $t_{krit(0,10/2;58),17} = \pm 1,671$. Somit gilt: $|t_{emp,17}| < |t_{krit,17}|$, und daher wird die vorhersagekonforme $H_{0,17}$ beibehalten und die SV-6(B;K=2) angenommen. Die Berechnung des empirischen Effektes ergibt erwartungskonform: $d_{B,17} = (9,90 - 8,90)/11,20 = 0,0893 < \delta_{B,krit,17} = \pm 0,55$. Die PV-6(B;K=2) ist eingetreten, und die PH-6 hat sich bewährt, sofern während des Versuches keine unerwarteten schwerwiegenden Störfaktoren aufgetreten sind.

Das auf Fechner (1860) zurückgehende Gesetz besagt, dass zwischen dem Wahrnehmungsurteil W_{ik} und der Reizgröße S_k eine logarithmische Funktion besteht, so dass für alle Individuen i gilt ceteris paribus distributionibus und mit $\pi > 0$:

(5.41) $W_{ik} = c_i \log S_k + a_i$,

wobei c_i und a_i individuenspezifische Konstanten sind, die aus den Daten ermittelt werden müssen. Prüft man dieses Gesetz mit K = 2 unterschiedlich großen Reizen S_k, dann kann mittels Zwei-Stichproben-**t-Test** die Hypothese getestet werden, dass sich die mittleren Wahrnehmungsurteile in beiden Versuchsgruppen nicht unterscheiden (H_0: $\mu_1 - \mu_2 = 0$). Neue Aspekte für die Testplanung ergeben sich dabei nicht.

Wenn man diese Testplanungsstrategien im Zusammenhang mit der Planung eines Versuches anwendet, dann wird man es in Abhängigkeit von der jeweiligen Ausgangslage sehr oft erleben, dass man zwei oder auch alle drei Testplanungsstrategien miteinander verbinden muss, um so zu einem befriedigenden und vor allem den eigenen Möglichkeiten gerecht werdenden Ergebnis zu gelangen. Dies wird weiter unten noch demonstriert werden.

Der Vollständigkeit halber sei erwähnt, dass man die bisher behandelten **t-Tests** nicht nur über Mittelwertsdifferenzen durchführen kann, sondern mit gleichem Resultat auch über Regressionskoeffizienten $b_{Y.X}$. Zu deren Ermittlung wird zunächst die punkt-biseriale Korrelation r_{pbis} nach Formel (5.42) berechnet (vgl. Bortz, 1999, S. 215):

$$(5.42) \quad r_{pbis} = \frac{M_1 - M_2}{s_Y} \frac{\sqrt{n_1 n_2}}{N},$$

wobei s_Y die mit N gewichtete Streuung der AV Y bezeichnet. Die unabhängige Variable X ist dabei eine Kodiervariable, die die Zugehörigkeit der Vpn zu einer und nur zu einer der beiden Versuchsgruppen kodiert; sie nimmt nur zwei verschiedene Werte an, und zwar üblicherweise 0 und 1. Zur Berechnung von $b_{Y.X}$ wird folgender Ausdruck gebildet, bei dem alle Streuungen und Varianzen auf der n − 1-Gewichtung beruhen (Sachs, 1984, S. 320):

$$(5.43) \quad b_{Y.X} = (r_{pbis}) s_Y/s_X = KOV(X,Y)/s^2_Y,$$

wobei KOV(X,Y) die Kovarianz zwischen den beiden Wertereihen bezeichnet. Dann ergibt sich folgende Form des **t-Tests** bei $FG_N = N - 2$ (Sachs, 1984, S. 339):

$$(5.44) \quad t_{emp} = \frac{b_{Y.X} - \beta_{Y.X}}{\sqrt{1 - r^2_{pbis}}} \frac{s_X}{s_Y} \sqrt{N-2},$$

wobei $\beta_{Y.X}$ den Wert des Regressionskoeffizienten unter der H_0 bezeichnet. Es können gerichtete (H_1: $\beta_{Y.X} > 0$) wie ungerichtete Hypothesen (H_1: $\beta_{Y.X} \neq 0$) getestet werden.

Beispiel 5.11 (nach Bortz, 1999, S. 215-216). Es seien: $M_1 = 16,4667$; $M_2 = 13,50$; $S_Y = 3,1353$; $n_1 = 15$; $n_2 = 12$. Dann folgt nach Formel (5.42): $r_{pbis} = \frac{16,4667 - 13,50}{3,1353} \frac{\sqrt{(15)(12)}}{27} = 0,4702$. Es kann berechnet werden: $s_X = 0,5064$; $s_Y = 3,2559$ und $b_{Y.X} = 0,4702(3,2559)/0,5064 = 3,0232$ [nach Formel (5.43)]. Dann ergibt sich nach Formel (5.44):

$$t_{emp} = \frac{3,0232 - 0}{\sqrt{1 - 0,4702^2}} \frac{0,5064}{3,2559} \sqrt{27-2} = 2,6639.$$

Testet man die Mittelwertsdifferenz D = 16,4667 − 13,50 mit der üblichen Form des **t-Tests** auf statistische Signifikanz, so resultiert:

$$t_{emp} = \frac{16,4667 - 13,50}{2,8756\sqrt{1/15 + 1/12}} = 2,6637.$$

Also führen die alternativen Vorgehensweisen zum selben Resultat. Eine weitere Möglichkeit der Prüfung der in diesem Kapitel aufgegriffenen Hypothesen besteht darin, dass man sie „direkt" über punkt-biseriale Korrelationen r_{pbis} prüft. Dies wird in Abschnitt 12.1 beispielhaft für die PH-1 in Beispiel 12.5 gezeigt.

5.6 Testplanung für weitere t-Tests

5.6.1 Testplanung für t-Tests bei abhängigen Daten (wiederholte Messungen und parallelisierte Paare)

Bei der intraindividuellen Bedingungsvariation oder Messwiederholung erbringt eine Stichprobe von Vpn unter K = 2 Versuchsbedingungen je einen Wert, y_{i1} und y_{i2}, so dass die Werte y_{i1} und y_{i2} abhängig voneinander sind. Sie können damit zunächst keinem **t-Test** unterzogen werden. Man stellt die notwendige Unabhängigkeit der Daten dadurch her, dass man pro Vp i eine Differenz $D_i = y_{i2} - y_{i1}$ bildet, so dass über die Vpn n unabhängige Differenzen D_i resultieren. Die Hypothesentestung per **t-Test** für abhängige Erhebungen beruht dann auf diesen Differenzen D_i. Im anderen Fall werden Paare von Vpn gebildet, die sich hinsichtlich irgendeiner oder auch mehrerer Kriteriumsvariablen gleichen oder ähnlich sind (z.B.: verheiratet sein, den gleichen IQ haben usw.); man nennt dies **parallelisierte Paare** („matched pairs"), so dass sich auch hier individuelle Differenzen D_i bilden lassen (vgl. dazu Glass & Hopkins, 1996, S. 164-166). Auch in diesem Fall kann der **t-Test** für abhängige Daten eingesetzt werden. Die Kriteriumsvariable/n, hinsichtlich derer parallelisiert wird, muss/ müssen dabei in einem nicht zu schwachen Zusammenhang mit der empirischen AV stehen.

Häufig wird die Messwiederholung als Maßnahme der Versuchsplanung (auf der Ebene der PV) eingesetzt, um die Präzision des Versuches zu erhöhen und um Vpn zu sparen. Aber die CPD- oder interne Validität ist bei wiederholten Messungen schwerer zu gewährleisten als bei interindividueller Bedingungsvariation, weil hier zusätzlich Sequenzwirkungen auftreten können, die nur teilweise durch spezielle experimentelle Techniken kontrollierbar sind (siehe Abschn. 2.2). Bei parallelisierten Paaren tritt diese Problem natürlich nicht auf, aber dafür ist der Bedarf an Vpn um ein Vielfaches größer als bei Messwiederholungen: Kn vs. n. Auch die Parallelisierung führt zu einer Präzisionserhöhung, die allerdings i.A. etwas geringer ausfällt als bei wiederholten Messungen an denselben Vpn.

Allerdings kann die Messwiederholung nicht bei allen PHn verwendet werden, z.B. nicht bei der PH-3 („Mit der Dauer des Schlafentzugs sinkt die Konzentrationsleistung"). Dabei gibt es auch Fälle, in denen unter sonst gleichen Bedingungen mit der intraindividuellen Bedingungsvariation eine andere psychologische Hypothese geprüft wird als mit der interindividuellen Bedingungsvariation; Bredenkamp (1980, S. 48-49) gibt ein Beispiel für diesen Ausnahmefall. Üblicherweise können aber PHn sowohl mit inter- wie mit intraindividueller Bedingungsvariation geprüft werden.

Die aus den PHn und den PVn bei wiederholten Messungen oder für parallelisierte Paare als vorhersagekonform abgeleiteten statistischen Hypothesen, die genauso lauten wie für den **t-Test** für unabhängige Stichproben, können mittels **t-Test** für abhängige Stichproben getestet werden. Die Teststatistik lautet:

$$(5.45)\ t_{wdh,B,emp} = \frac{(M_1 - M_2) - E(M_1 - M_2)}{s_{B,D}\sqrt{1/n}} = \frac{\overline{D} - E(\overline{D})}{s_{B,D}/\sqrt{n}} = \frac{(\overline{D} - \mu_{\overline{D}})\sqrt{n}}{s_{B,D}}.$$

$\overline{D}$ bezeichnet den Mittelwert der individuellen Differenzen D_i und $E(\overline{D}) = \mu_{\overline{D}}$ den Erwartungswert der mittleren Differenz $\overline{D} = M_1 - M_2$ unter der H_0, für den meist gilt: $\mu_{\overline{D}} = 0$. Die Freiheitsgrade lauten: $FG_N = n - 1$, wobei n die Anzahl der Vpn oder bei parallelisierten Paaren die Anzahl der Paare bezeichnet. Für die Varianz der individuellen Differenzen $D_i = y_{i1} - y_{i2}$ gilt:

$$(5.46)\ s^2_{B,D} = \frac{\sum(y_{i1} - y_{i2})^2}{n-1} = \frac{\sum D_i^2}{n-1}.$$

Die Formulierung in Formel (5.46) setzt voraus, dass die Alternativhypothese als $H_1: (\mu_1 - \mu_2 > 0)$ aufgestellt wurde vs. $H_0: (\mu_1 - \mu_2 \leq 0)$ bzw. als $H_0: (\mu_1 - \mu_2 = 0)$ vs. $H_1: (\mu_1 - \mu_2 \neq 0)$. M.a.W. werden mit dem **t-Test** für abhängige Messungen die gleichen statistischen Hypothesen gegeneinander getestet wie beim Zwei-Stichproben-t-Test. Für die Streuung des Mittelwertes der Differenzen D_i, $s_{B,\overline{D}}$, gilt:

$$(5.47)\ s_{B,\overline{D}} = s_{B,D}/\sqrt{n} = s_{B,D}\sqrt{1/n}.$$

Bei wiederholten Erhebungen sind die Daten zwischen den beiden Versuchsbedingungen mit der theoretischen Korrelation $\rho_{Z,wdh,B}$ korreliert (empirische Entsprechung: $r_{Z,wdh,B}$), *bei parallelisierten Paaren lautet diese Korrelation $\rho_{Z,RB,B}$* ($r_{Z,RB,B}$) („RB" für randomisierte Blöcke, die Verallgemeinerung von parallelisierten Paaren). Sobald $\rho_{Z,wdh,B}$ oder $\rho_{Z,RB,B}$ positiv sind - dies stellt den Regelfall dar, von dem es nur *sehr* wenige Ausnahmen gibt -, resultiert bei abhängigen Stichproben im Vergleich zu unabhängigen Stichproben ein *verringerter* Standardfehler der Differenz. Dies wirkt sich positiv auf die Präzision und auf die Teststärke aus, die beide unter sonst gleichen Bedingungen größer werden. Ist dagegen die Korrelation $r_{Z,wdh,B}$ zwischen den Wertereihen (ausnahmsweise) negativ, dann verringert sich die Teststärke und auch die Präzision im Vergleich zum Vorgehen ohne wiederholte Messungen. Die Binnenvarianz $\sigma^2_{I,B}$ bei interindividueller Bedingungsvariation und die Fehlervarianz bei wiederholten Messungen $\sigma^2_{B,D} = \sigma^2_{wdh,B}$ stehen in folgender Beziehung zueinander:

$$(5.48)\ \sigma^2_{wdh,B} = 2(1 - \rho_{Z,wdh,B})\sigma^2_{I,B}.$$

Dies ist bei der Testplanung zu beachten bzw. findet Eingang in die angepasste Definition der **Effektgröße** $\delta_{wdh,B}$, die unter Berücksichtigung der Korrelation erfolgt (vgl. J. Cohen, 1988, S. 63):

$$(5.49)\ \delta_{wdh,B} = \frac{\delta_B}{\sqrt{1 - \rho_{Z,wdh,B}}}.$$

Folgt man J. Cohen (1988, S. 49), dann sollte die empirische Bestimmung von d_B unter Außerachtlassung der (empirischen) Korrelation $r_{Z,wdh,B}$ zwischen den Werten in den beiden Versuchsbedingungen so erfolgen, wie dies auch im Falle der *interindividuellen* Bedingungsvariation geschieht ($s_{I,B}$ bezeichnet die mittlere Binnenstreuung innerhalb der Versuchsbedingungen):

$$(5.50) \quad d_B = \frac{M_1 - M_2}{s_{I,B}}.$$

Der Wert für d_B lässt sich leicht auf der Grundlage der empirischen Mittelwerte und der Wurzel aus den gemittelten beiden Binnenvarianzen pro Versuchsbedingung berechnen. Der Vergleich der empirischen (d_B) mit der zuvor festgesetzten **Kriteriumseffektgröße** ($\delta_{B,krit}$) muss bei dem für die psychologische Vorhersage wichtigen Vergleich auf jeden Fall immer auf die gleiche Definition der Effektgröße Bezug nehmen. Benutzt man dagegen

$$(5.51) \quad d_{wdh,B} = \frac{M_1 - M_2}{s_{I,B}\sqrt{1 - r_{Z,wdh,B}}} = \frac{d_B}{\sqrt{1 - r_{Z,wdh,B}}},$$

dann muss zum Vergleich auch auf das $\delta_{wdh,B}$ aus Formel (5.49) zurückgegriffen werden.

Wenden wir uns den Testplanungsformeln zu.

Für die **TPS 1** ergibt sich dann für einen einseitigen **t-Test** für abhängige Stichproben die folgende Formel:

$$(5.52) \quad n = \frac{(z_{1-\alpha} + z_{1-\beta})^2}{\delta_{B,krit}^2 / 2(1 - \rho_{Z,wdh,B})} = \frac{2(z_{1-\alpha} + z_{1-\beta})^2}{\delta_{B,krit}^2 / (1 - \rho_{Z,wdh,B})} = \frac{2(z_{1-\alpha} + z_{1-\beta})^2}{\delta_{wdh,B,krit}^2}.$$

n bezeichnet die Größe der Stichprobe, d.h. die Anzahl der Vpn. Für die Anzahl der Messwerte gilt dann: N = 2 n.

Für einen zweiseitigen Test folgt aus Formel (5.52):

$$(5.53) \quad n = \frac{2(z_{1-\alpha/2} + z_{1-\beta})^2}{\delta_{B,krit}^2 / (1 - \rho_{Z,wdh,B})} = \frac{2(z_{1-\alpha/2} + z_{1-\beta})^2}{\delta_{wdh,B,krit}^2},$$

wobei $\delta_{B,krit}$ und $\rho_{Z,wdh,B}$ separat festgelegt werden können. Man kann jedoch auch gleich mit $\delta_{wdh,B}$ aus Formel (5.49) operieren, wie dies in den Formeln (5.52) und (5.53), rechte Seite, geschehen ist. Die Vergleichsgröße ist dann das $d_{wdh,B}$ aus Formel (5.51). Wenn man jedoch mit dem d_B aus Formel (5.50) arbeitet, dann muss auf das $\delta_{B,krit}$ aus den Formeln (5.52) und (5.53) Bezug genommen werden.

Für die **TPS 2** resultiert für einen einseitigen Test:

$$(5.54) \quad (z_{1-\alpha} + z_{1-\beta})^2 = \frac{n\delta_{B,krit}^2}{2(1 - \rho_{Z,wdh,B})} = \frac{n\delta_{wdh,B,krit}^2}{2},$$

und für die **TPS-3** und einen einseitigen Test:

$$(5.55) \quad \delta^2_{\text{wdh,B,krit}} = \frac{\delta^2_{B,\text{krit}}}{1 - \rho_{Z,\text{wdh,B}}} = \frac{2(z_{1-\alpha} + z_{1-\beta})^2}{n}.$$

In den Formeln (5.54) und (5.55) ist $z_{1-\alpha}$ durch $z_{1-\alpha/2}$ zu ersetzen, wenn ein zweiseitiger Test über eine ungerichtete Hypothese zu planen ist. Bei parallelisierten Paaren ist zudem die Korrelation $\rho_{Z,\text{wdh,B}}$ durch $\rho_{Z,\text{RB,B}}$ zu ersetzen, die üblicherweise als etwas geringer zu erwarten ist als $\rho_{Z,\text{wdh,B}}$, weil die Vpn bei wiederholten Messungen „perfekt parallelisiert" sind, während bei den parallelisierten Paaren nur eine Parallelisierung hinsichtlich einer oder einiger weniger Variable/n erfolgt.

Was man für die Testplanung hier benötigt, ist eine Erwartung oder genauere Kenntnis hinsichtlich der Höhe der Korrelation $\rho_{Z,\text{wdh,B}}$. Um diese zu erhalten, hat man vor allem vier realistische und zwei weitere Optionen.

Option 1: Nach eigenen Erfahrungen kann man zumeist von Werten **0,50 < $\rho_{Z,\text{wdh,B}}$ < 0,80** ausgehen (vgl. auch J. Cohen, 1988, S. 51-52).

Option 2: Man nimmt eine Abschätzung der zu erwartenden Korrelation $\rho_{Z,\text{wdh,B}}$ zwischen den Wertereihen vor, die auf der empirischen Korrelation $r_{Z,\text{wdh,B}}$ in einer oder mehreren gut vergleichbaren Untersuchung/en beruht.

Option 3: Lachin (1981, S. 99) meint, man solle höchstens $\rho_{Z,\text{wdh,B}}$ = **0,10** annehmen.

Option 4: Singer, A.D. Lovie und P. Lovie (1986, S. 135) halten andererseits die Festlegung $\rho_{Z,\text{wdh,B}}$ = **0,50** für sinnvoll.

Option 5: Man nimmt - in der ganz überwiegenden Zahl der Fälle allerdings mit konservativem Ergebnis - eine Korrelation von $\rho_{Z,\text{wdh,B}}$ = **0** an. Dies ist die Korrelation zwischen den Wertereihen, die auch dann resultiert, wenn man mit unabhängigen Stichproben operiert, wenn also *keine* wiederholten Messungen vorliegen. In Anbetracht des Tatbestandes, dass bei abhängigen Erhebungen so gut wie immer positive Korrelationen auftreten, sollte man diese Option nicht wählen. Entscheidet man sich dennoch für sie, kann die Testplanung so erfolgen, wie dies für einen **Ein-Stichproben-t-Test** vorgesehen ist (s.u.).

Option 6: Wählt man $\rho_{Z,\text{wdh,B}}$ **< 0**, dann sind mehr Vpn notwendig, als wenn man mit interindividueller Bedingungsvariation operieren würde, und diese Festlegung würde bedeuten, dass man mit einer Präzisions*verminderung* in dem Versuch rechnen würde - eine erfahrungsgemäß wenig plausible Erwartung.

Den gewählten Wert setzt man dann in den Nenner der entsprechenden Testplanungsformeln ein.

Beispiel 5.12: Auf der Ebene der PV wird im Zuge der Versuchsplanung festgelegt, dass die **PH-1** zur Erhöhung der Präzision mittels wiederholter Messungen geprüft werden soll. Dabei erhält eine Stichprobe von Vpn eine Wortliste zum Lernen vorgelegt, von denen die eine zuerst die sehr bildhaften Wörter enthält und dann die wenig bildhaften, während es bei der anderen Liste genau umgekehrt ist.

Die Vpn werden zufällig einer der beiden Reihenfolgen bzw. Listen zugewiesen, um auf diese Weise zumindest den einfachen Sequenzwirkungen vorzubeugen (siehe Abschn. 2.2). Es gilt dann:

(5.56) (DKT ∧ HH) ≈> (PH-1 ∧ VSVS) ≈> [PV-1(B;wdh;K=2) ∧ SHH] ≈>
SV-1(B;wdh;K=2) ⇔ ST-1(B;wdh;K=2): $H_{1,18}$: ($\mu_2 - \mu_1 > 0$).

Es ist dabei der einseitige **t-Test** gegen die gerichtete $H_{1,18}$ zu planen. Festgelegt wird: $\alpha_{krit,18} = 0,05$; $\beta_{krit,18} = 0,10$, $\delta_{B,krit,18} = 0,60$ und aus einer Vergleichsuntersuchung wurde $\rho_{Z,wdh,B} = 0,60$ ermittelt, so dass $\delta_{wdh,B,krit,18} = 0,95$ (0,9487) wird. Zu berechnen ist unter der TPS 1 der Stichprobenumfang n_{18} pro Versuchsbedingung. Einsetzen in Formel (5.52) ergibt: $n_{18} = [2(1,645 + 1,282)^2(1 - 0,60)]/0,36 = 19,0385$ oder 20 Vpn insgesamt, eine deutliche Ersparnis im Vergleich zum gleichen Beispiel 5.1 ohne wiederholte Messungen. Nach J. Cohens Formeln (1988, S. 54-55) ergibt sich für (das einseitige) $\alpha_{krit,18} = 0,05$ ein $n_{18} = 19$; dies deckt sich gut mit dem oben berechneten $n_{18} = 20$. Hätte man in diesem Beispiel die erwartete Korrelation mit $\rho_{Z,wdh,B} = 0,10$ (Vorschlag Lachin, 1981; s.o.) festgesetzt, dann wären $n_{18} = 43$ Vpn erforderlich gewesen. Bei der von Singer, A.D. Lovie und P. Lovie (1986) bevorzugten Lösung $\rho_{Z,wdh,B} = 0,50$ ergibt sich dagegen $n_{18} = 24$, eine auch ganz beträchtliche Einsparung gegenüber dem Wert, den man berechnen kann, wenn man $\rho_{Z,wdh,B} = 0$ setzt: $n_{18} = 48$. Nach J. Cohens (a.a.O.) Berechnungsweise lässt sich für $\rho_{Z,wdh,B} = 0,10$ ein erforderliches $n_{18} = 44$ ermitteln, und für $\rho_{Z,wdh,B} = 0,50$ beträgt $n_{18} = 25$ (J. Cohen, 1988, S. 54-55). - Der Versuch führt zu folgenden beschreibenden Kennwerten: $M_1 = 18,50$ und $M_2 = 27,80$ bei $\overline{D} = 9,3$ und $s_{B,D} = 10,3$, woraus sich nach Formel (5.45) $t_{wdh,emp,18} = 9,3/2,0795 = 4,0379$ bei $t_{krit(0,05;19),18} = 1,725$ ergibt. Also gilt: $t_{emp,18} > t_{krit,18}$, und damit wird die vorhersagekonforme $H_{1,18}$ angenommen. Der empirische Effekt ist mit $d_{wdh,B,18} = 0,9029$ größer als $\delta_{wdh,B,krit,18} = 0,70$, also kann die PV-1(B;wdh;K=2) als eingetreten angesehen werden, und die PH-1 hat sich erneut bewährt - unter den bekannten Kautelen.

Beispiel 5.13: Die **PH-5** soll unter Verwendung von parallelisierten Paaren (RB) geprüft werden. Dazu werden die Vpn, die sich freiwillig für den Versuch gemeldet haben, hinsichtlich der Variablen Intelligenz, Alter und Geschlecht paarweise parallelisiert; dies führt dazu, dass nicht alle Vpn am Versuch teilnehmen können. Es wird die gleiche Randomisierungsprozedur wie im vorigen Beispiel eingesetzt. Die Ableitungen ergeben:

(5.57) (PH-5 ∧ VSVS) ≈> [PV-5(B;RB;K=2) ∧ SHH] ≈> SV-5(B;RB;K=2) ⇔
⇔ ST-5(B;RB;K=2): $H_{1,19}$: ($\mu_2 - \mu_1 \neq 0$).

Bei der Prüfung der PH-5 und der aus ihr abgeleiteten PV-5(B;MP;K=2) ist bei Parallelisierung der zweiseitige **t-Test** gegen die ungerichtete $H_{1,19}$ zu planen. Für die Planung des Tests mittels TPS 2 wird bei festliegendem Stichprobenumfang von $N_{19} = 60$ a priori $\delta_{B,krit,19} = \pm0,60$ spezifiziert. Man ermittelt aus einer vergleichbaren Untersuchung $\rho_{Z,wdh,B} = 0{,}60$ und erwartet, dass dieser Wert sich annähernd in der eigenen Untersuchung wiederfinden wird; für $\delta_{wdh,B,krit,19}$ gilt dann nach Formel (5.49): $\delta_{wdh,B,19} = 0{,}60 / \sqrt{1-0{,}60} = 0{,}9487$ bzw. $\delta_{wdh,B,krit,19} = 0{,}95$. Gefragt ist nach den Fehlerwahrscheinlichkeiten (TPS 2). Einsetzen des festliegenden $n_{19} = 30$ und von $\delta^2_{wdh,B,krit,19} = 1{,}60$ in Formel (5.54) ergibt: $(z_{1-\alpha/2} + z_{1-\beta})^2 = (0{,}90)(30)/2 = 13{,}50$ und damit $(z_{1-\alpha/2} + z_{1-\beta}) = 3{,}6742$. Man setzt $\alpha_{krit,19} = 0{,}05$ (zweiseitig), so dass $z_{1-\beta} = 3{,}6752 - 1{,}96 = 1{,}7142$ wird und $\beta_{krit,19} = 0{,}05$ - eine optimale Kombination der Fehlerwahrscheinlichkeiten. In dem Versuch haben sich folgende Kennwerte ergeben: $M_1 = 15{,}80$ und $M_2 = 23{,}70$ bei $\overline{D} = 7{,}9$ und $s_{B,D} = 8{,}7$. Der t-Wert nach Formel (5.45) lautet: $t_{wdh,emp,19} = 4{,}9736$ bei $t_{krit(0{,}05;29),19} = \pm 2{,}045$, so dass $|t_{emp,19}| > |t_{krit,19}|$ ist, was zur Annahme der vorhersagekonformen $H_{1,19}$ und der SV-5(B;RB;K=2) führt. Die empirische Effektgröße ist mit $d_{wdh,B,19} = 0{,}9081$ geringfügig kleiner als der Kriteriumswert $\delta_{wdh,B,krit,19} = 0{,}95$, aber der Unterschied ist so gering, dass man die PV-5(B;RB;K=2) als eingetreten und die PH-5 als bewährt ansehen kann - erneut unter den genannten Kautelen.

Beispiel 5.14: Für die gleichfalls mit wiederholten Messungen zu prüfende **PH-6** ergeben sich die folgenden Ableitungen:

(5.58) (PH-6 $\land$ VSVS) $\approx$> [PV-6(B;wdh;K=2) $\land$ SHH] $\approx$> SV-6(B;wdh;K=2) $\Leftrightarrow$

$\Leftrightarrow$ ST-6(B;wdh;K=2): $H_{0,20}$: ($\mu_2 - \mu_1 = 0$).

Für die Prüfung der PH-6 über die PV-6(B;wdh;K=2) ist der zweiseitige Test für die ungerichtete Hypothese $H_{0,20}$ zu planen. Der Stichprobenumfang liegt mit $n_{20} = 25$ fest, und es werden spezifiziert: $\alpha_{krit,20} = 0{,}05$ (zweiseitig), $\beta_{krit,20} = 0{,}10$, und der Wert $\rho_{Z,wdh,B} = 0{,}40$ stammt von Kolleg/inn/en, die im gleichen inhaltlichen Bereich forschen und dort bereits Erfahrungen gesammelt haben. Gefragt ist nach der Größe des nachweisbaren Effektes (TPS 3), und anzuwenden ist Formel (5.55). Einsetzen in diese Formel ergibt: $\delta^2_{wdh,B,20} = [2(1{,}96 + 1{,}282)^2]/25 = 0{,}8408$ und damit $\delta_{wdh,B,krit,20} = \pm 0{,}90$ ($\pm 0{,}9170$); dieser Effekt ist zu groß für eine abgeleitete Nullhypothese. Also setzt man: $\alpha_{krit,20} = 0{,}10$, $\beta_{krit,20} = 0{,}20$ und erhöht den Stichprobenumfang auf $n_{25} = 35$. Erneutes Einsetzen in Formel (5.55) führt zu: $\delta^2_{wdh,B,20} = [2(1{,}645 + 0{,}84)^2]/35 = 0{,}3529$ und damit $\delta_{wdh,B,krit,20} = \pm 0{,}60$ ($\pm 0{,}5940$), ein mittelgroßer Effekt, der unter einer abgeleiteten H_0 gerade noch tolerabel ist. Der Versuch kann unter den festgelegten Spezifikationen durchgeführt werden und erbringt folgende Resultate: $M_1 = 14{,}70$ und $M_2 = 12{,}80$ bei $\overline{D} = -1{,}90$ sowie $s_{B,D} = 9{,}70$. $t_{wdh,emp,20} = -0{,}9794$ bei $t_{krit(0{,}05/2);24),20} = \pm 2{,}064$. Die vorhersagekonforme $H_{0,20}$ kann beibehalten und die ihr äquivalente SV-6(B;wdh; K=2) angenommen werden. Da $d_{wdh,B,20} = 0{,}1959 < \delta_{wdh,B,krit,20} = |\pm 0{,}60|$, kann die PV-6(B;wdh;K=2) nicht als eingetreten bewertet werden, und die PH-6 hat sich nicht bewährt.

Aus den Beispielen wird deutlich, dass mit dem Anwachsen der Korrelation $\rho_{Z,wdh,B}$ die benötigte Vpn-Anzahl sinkt und sich die Präzision des Versuches erhöht. Geringe Korrelationen wie bspw. $\rho_{Z,wdh,B} = 0{,}10$ bedeuten daher kaum eine Ersparnis und führen zu keiner nennenswerten Erhöhung der Präzision.

5.6.2 Testplanung beim Ein-Stichproben-t-Test

In Replikationsuntersuchungen ist man daran interessiert zu überprüfen, ob sich die Befunde einer für einen ausgewählten Phänomenbereich besonders wichtigen Untersuchung wiederholen lassen oder nicht. Die Replikationen voran gestellten psychologischen Hypothesen besagen dabei stets, dass die Replikation erfolgreich ausgehen wird oder dass dies aus bestimmten Gründen nicht der Fall sein wird. Aus derartigen PHn ist die Vorhersagen ableitbar, dass eine bestimmte Variable nur einen genau spezifizierten Wert Mittelwert μ_c annimmt (oder auch nicht), wobei dieser Wert μ_c der zu replizierenden Untersuchung entstammt. Es wird dann ein Vergleich des Stichprobenmittelwertes M der Replikationsuntersuchung mit dem vorgegebenen Wert μ_c vorgenommen, wobei man nur eine Stichprobe mit n Vpn benötigt. Wie die folgenden Beispiele zeigen, resultieren solche Ein-Stichproben-Vergleiche natürlich auch in anderen Kontexten.

Die statistischen Hypothesenpaare lauten dann:

(5.59) $H_0: (\mu - \mu_c \leq 0)$ vs. $H_1: (\mu - \mu_c > 0)$ oder $H_0: (\mu - \mu_c = 0)$ vs. $H_1: (\mu - \mu_c \neq 0)$.

Die Formel für die Teststatistik t (**t-Test**) lautet in diesem Falle bei $FG_N = n - 1$ (n bezeichnet die Gesamtanzahl der Vpn bzw. der Wertepaare):

(5.60) $t_{emp} = \dfrac{M - \mu_c}{s_{I,B}\sqrt{1/n}}$.

Die **Effektgröße** ist definiert als (J. Cohen, 1988, S. 46):

(5.61) $\delta_{B,c} = \dfrac{\mu - \mu_c}{\sigma_{I,B}}$.

Für die empirische Entsprechung von $\delta_{B,c}$ gilt:

(5.62) $d_{B,c} = \dfrac{M - \mu_c}{s_{I,B}}$.

Die Testplanung nach **TPS 1** für einen einseitigen **Ein-Stichproben-t-Test** über eine gerichtete Hypothese erfolgt nach:

(5.63) $n = \dfrac{2(z_{1-\alpha} + z_{1-\beta})^2}{\delta_{B,c,krit}^2}$.

Für die **TPS 2** ergibt sich für eine gerichtete Hypothese:

(5.64) $(z_{1-\alpha} + z_{1-\beta})^2 = n\, \delta^2_{B,c,krit}/2$,

und für die **TPS 3** und eine erneut gerichtete Hypothese resultiert:

(5.65) $\delta^2_{B,c,krit} = \dfrac{2(z_{1-\alpha} + z_{1-\beta})^2}{n}$.

Bei ungerichteten Hypothesen und damit zweiseitigen **t-Tests** ist in allen drei Formeln (5.63) bis (5.65) wieder $z_{1-\alpha}$ durch $z_{1-\alpha/2}$ zu ersetzen.

Beispiel 5.15: Bei der Prüfung der **PH-4**: „Im Mittel haben Psychologiestudierende eine überdurchschnittliche Intelligenz" über die PV-4(B;K=1): „Psychologiestudierende haben im Mittel in einem Intelligenztest einen IQ von mindestens μ_c = 116" an einer Stichprobe wird auf der Ebene der PV-4(B;K=1) der nötige Vergleichswert als untere Grenze μ_c = 116 festgelegt. Die Ableitung von Vorhersagen führt zu (vgl. Kap. 3):

(5.66) (PH-4 $\wedge$ VSVS) $\approx$> [PV-4(B;K=1) $\wedge$ SHH] $\approx$> SV-4(B;K=1) $\Leftrightarrow$

$\Leftrightarrow$ ($H_{0,21}$: $\mu - \mu_c \geq 0$) bzw. $H_{0,21}$: ($\mu - 116 \geq 0$).

Für die als vorhersagekonform abgeleitete gerichtete Nullhypothese ist ein einseitiger **Ein-Stichproben-t-Test** vorzusehen, sofern mit der empirischen Streuung $s_{I,B}$ in der Stichprobe gearbeitet wird. Benutzt man die Streuung, die in dem Intelligenztest angegeben ist (σ_{Test}), dann wird ein **Ein-Stichproben-z-Test** eingesetzt; dies ändert an der Testplanung nichts. Bei diesem Test wird im Gegensatz zum **t-Test** vorausgesetzt, dass die theoretische Varianz $\sigma^2_{I,B} = \sigma^2_{Test}$ bekannt ist. – Die Testplanung erfolgt für die hypothesenkonträre $H_{1,21}$: ($\mu - \mu_c < 0$). Festgelegt werden: $\alpha_{krit,21}$ = 0,10, $\beta_{krit,21}$ = 0,10 und unter der $H_{1,21}$ mit $\delta_{B,c,krit,21}$ = –0,40 ein kleiner Effekt, der als Höchsteffekt als noch mit der abgeleiteten $H_{0,21}$ vereinbar interpretiert wird. Gefragt ist also nach der Stichprobengröße n (TPS 1), weshalb Formel (5.63) zu benutzen ist. Einsetzen ergibt: n_{21} = 2(1,282 + 1,282)²/0,16 = 82,1763, also n_{21} = 83. – Da die abgeleitete H_0 dieses Beispieles gerichtet ist, können unter ihr kleine wie große Effekte auftreten. Deshalb sollte im Falle der Beibehaltung der $H_{0,21}$ in jedem Falle nach dem Versuch der empirische Effekt $d_{B,c,21,0}$ bestimmt und angegeben werden. – Der Versuch kann als Gruppenversuch in einer Lehrveranstaltung für Psycholog/inn/en vor dem Vordiplom durchgeführt werden. Es wird aus den Daten berechnet: M_{21} = 125,0 und $s_{I,B}$ = 17,0, so dass der **t-Test** nach Formel (5.60) zu $t_{emp,21}$ = (125,0 – 116,0)/1,8660 = 4,8232 bei $t_{krit(0,05;73),21}$ = –1,293 führt. Da der Ablehnungsbereich im Negativen liegt, wird die vorhersagekonforme $H_{0,21}$ beibehalten, die SV-4(B;K=1) angenommen, und die PH-4 hat sich bewähren können – erneut unter den bekannten Kautelen. Die Effektgröße $d_{B,c,21,0}$ lautet nach Formel (5.62): $d_{B,c,21,0}$ = 9/17 = 0,5294 – es ist also ein mittlerer Effekt unter der gerichteten $H_{0,21}$ aufgetreten.

Beispiel 5.16: Die **PH-7** behauptet, dass verbesserte didaktische Maßnahmen in scheinpflichtigen Lehrveranstaltungen zu verbesserten Klausurleistungen führen. Eine zusätzliche spezielle motivierende Komponente soll dagegen keinen weiteren Einfluss auf die Klausurergebnisse ausüben. Zum Vergleich wird dieselbe Lehrveranstaltung herangezogen, die vom gleichen Veranstaltungsleiter im vergangenen Semester unter der neuen didaktischen Konzeption, aber ohne die spezielle motivationale Komponente durchgeführt wurde; aus dieser Lehrveranstaltung steht allerdings nurmehr der Mittelwert $\mu_c = 65{,}0$ Punkte (von 100 erreichbaren Punkten) aus allen Klausuren zur Verfügung. Auf der Ebene der PV-7(B;K=1) wird dafür Sorge getragen, dass sich die didaktischen Maßnahmen beider Lehrveranstaltungen nur hinsichtlich der motivationalen Komponente unterscheiden und dass die gleiche Klausur geschrieben wird wie im vergangenen Semester. Es ergibt sich also:

(5.67) (PH-7 $\wedge$ VSVS) $\approx$> [PV-7(B;K=1) $\wedge$ SHH] $\approx$> SV-7(B;K=1) $\Leftrightarrow$

$\Leftrightarrow$ ST-7(B;K=1): ($H_{0,22}$: $\mu - 65{,}0 = 0$).

Zu planen ist der Test für die $H_{0,23}$, und zwar bei $\alpha_{krit,22} = 0{,}10$, $\alpha_{krit,22}/2 = 0{,}05$; $\beta_{krit,22} = 0{,}20$ und festliegenden $N_{22} = 80$. Gefragt ist also nach dem nachweisbaren Effekt, und damit gelangt die TPS 3 und die Formel (5.68) zur Anwendung. Einsetzen in diese Formel ergibt: $\delta^2_{B,c,22} = 2(1{,}645 + 0{,}84)^2/80 = 0{,}1544$ und $\delta_{B,c,krit,22} = \pm 0{,}40$ ($0{,}3929$). Dies ist erfreulicherweise ein relativ kleiner Effekt, der unter vernünftigen Fehlerwahrscheinlichkeiten mit der vorgegebenen Stichprobe nachgewiesen werden kann. Die Lehrveranstaltung wird in einem Semester mit N = 80 Studierenden (s.o.) durchgeführt und durch dieselbe Klausur wie im vorangegangenen Semester abgeschlossen. Die Klausurergebnisse werden durch Zusammenzählen der Punkte ausgewertet, und die mittlere erreichte Punktzahl bei 100 erreichbaren Punkten lautet 75,0 bei einer Streuung von 20,50. Einsetzen in die t-Formel (5.62) ergibt: $t_{emp,22} = (75{,}0 - 65{,}0)/(20{,}5)(0{,}1118) = 4{,}3631$ bei $t_{krit(0{,}05/2;79),22} = \pm 1{,}990$. Der empirische t-Wert überschreitet den kritischen, so dass die vorhersagekonträre $H_{1,22}$ angenommen wird. $d_{B,c,22} = 0{,}4878 > \delta_{B,c,krit,22} = \pm 0{,}40$. Die PV-7(B;K=1) ist nicht eingetreten, und die PH-7 hat sich nicht bewährt. Offenbar sorgt die zusätzliche motivationale Komponente entgegen den Erwartungen für bessere Leistungen in den Klausuren.

Im Übrigen ist die geschilderte Vorgehensweise auch im **Zwei-Stichprobenfall** anwendbar, wenn man also bspw. die folgenden statistischen Hypothesen testen will:

(5.68) H_0: $[(\mu_1 - \mu_2) - (\mu_1 - \mu_2)_c = 0]$ vs. H_1: $[(\mu_1 - \mu_2) - (\mu_1 - \mu_2)_c \neq 0]$ oder

H_0: $[(\mu_1 - \mu_2) - (\mu_1 - \mu_2)_c \leq 0]$ vs. H_1: $[(\mu_1 - \mu_2) - (\mu_1 - \mu_2)_c > 0]$

jeweils mit $[(\mu_1 - \mu_2)_c = c \neq 0]$.

Hier nimmt also eine Mittelwertsdifferenz einen Wert ungleich Null an. Die **Effektgröße** für den entsprechenden **Zwei-Stichproben-t-Test** wird wie folgt definiert:

(5.69) $\delta_B = \dfrac{(\mu_1 - \mu_2) - (\mu_1 - \mu_2)_c}{\sigma_{I,B}}$,

und bei wiederholten Messungen wird aus δ_B nach Formel (5.49) in Abschnitt 5.6.1 $\delta_{wdh,B}$ bestimmt. Die **Testplanung** erfolgt dann wie in den Abschnitten 5.3 bis 5.6 beschrieben. Als Testgröße wird der **t-Test** in Formel (5.2), Abschnitt 5.1, herangezogen, wobei $(\mu_1 - \mu_2)$ durch $(\mu_1 - \mu_2)_c$, den bekannten und von Null verschiedenen Erwartungswert für die Mittelwertsdifferenz, ersetzt wird. Bei wiederholten Messungen gelangt der **t-Test** in Formel (5.45) in Abschnitt 5.6.1 zur Anwendung.

Wenn im Übrigen der Versuch nicht mit der vorgesehenen Anzahl von Vpn durchgeführt wird, ist eine erneute Testplanung post hoc erforderlich, die auf die tatsächliche Anzahl der untersuchten Vpn Bezug nimmt. Diese erfolgt nach der Datenerhebung, aber vor der Datenauswertung bzw. der Testung der statistischen Hypothesen. Zu prüfen ist dabei, welche Bedingungen für den Ausfall an Vpn verantwortlich sein könnten, d.h. ob es sich als zufällig anzusehende Ausfälle handelt oder um systematische. Der letztere Fall liegt dann vor, wenn in einer der Versuchsbedingungen verhältnismäßig viele Vpn ausgefallen oder gar nicht erst erschienen sind. Wenn Vpn, die einer derartigen Bedingung zugewiesen sind, gar nicht erst erscheinen, ist dies ein Indiz dafür, dass es sich um eine für die Vpn schwierige oder unangenehme Versuchsbedingung handelt und dass Vpn, die diese Bedingung bereits durchlaufen haben, nachfolgende Vpn von ihren Erfahrungen berichtet haben. Es ist deshalb in jedem Fall zwingend erforderlich, die Vpn dazu anzuhalten, keine Informationen über den Versuch an nachfolgende Vpn weiter zu geben.

Wenn man die Entscheidungen und Festlegungen für die Durchführung der Testplanung getroffen hat, kann man - so man will - die Berechnungen ohne weiteres einem der zahlreichen Computerprogramme überlassen, die z.T. als Share-ware-Programme verfügbar sind. Zu diesen Programmen gehören u.a. „GANOVA 4 - Power Computations" von Brecht, Woodward und Bonett (1988), „GPOWER" von Erdfelder, Faul und Buchner (1996; vgl. auch Buchner, Erdfelder & Faul, 1996), „G. Gediga's W^3 library" (Gediga, o.J.), „Minitab" (www.minitab.com), „nQuery Advisor" von Elashoff (1995), „PASS" oder „NCSS" (www.ncss.com), „PC Size" von Dallal (1986), „SAMPLEPOWER" und andere Subroutinen des Programmpaketes SPSS (1999) (www.spss.com), „Statistical Power Analysis" von Borenstein und J. Cohen (1988) oder „STAT POWER" von Anderson (1981). Von der Startseite von www.stata.com aus kann man über einen Link auf die vorstehend genannten und andere Programme zugreifen. - Auf der anderen Seite: *Der wichtigere und auch nicht formalisierbare Anteil an der Testplanung sind die diversen* **Entscheidungen** *und* **Festlegungen**. Sind diese erst einmal erfolgt, ist die Anwendung der entsprechenden Testplanungsformel eine sehr kurze Angelegenheit, die üblicherweise nicht einmal so lange dauert wie das Starten eines Programmes zur Teststärkenanalyse.

6. Testplanung für Hypothesen der ein- und der zweifaktoriellen Varianzanalyse und der einfaktoriellen Kovarianzanalyse

Die **Varianzanalyse (VA)** ist ein in der Psychologie und in den Sozial- und Verhaltenswissenschaften überhaupt ungemein beliebtes und sehr häufig eingesetztes Verfahren zur Auswertung von Daten. Wann immer eine qualitative UV mit mehr als zwei Ausprägungen oder mehrere UVn gleichzeitig in ihrer Auswirkung auf eine AV untersucht werden sollen und wenn als Statistiken Mittelwerte interessieren, wird in so gut wie jedem Lehrbuch der Statistik die **VA** als das Verfahren der Wahl vorgeschlagen. Dementsprechend wurden in 382 von 428 Artikeln in 14 psychologischen Fachzeitschriften aus den Jahren 2001 und 2002 **VAn** eingesetzt. Diese statistische Technik wurde von R.A Fisher (1924, 1925, 1950) entwickelt (vgl. auch Scheffé, 1959). Untrennbar mit den **VAn** verbunden ist der **F-Test**, der seinen Namen von G.W. Snedecor zu Ehren Fishers erhielt (vgl. Kirk, 1978, S. 275).

Bei der **VA** liegen im einfachsten Fall zwei Varianzen vor, von denen die eine, $s^2_{I,B}$, ein Maß für die unsystematische Variation innerhalb der Versuchsbedingungen darstellt, während die andere unsystematische und systematische Variation umfasst, die durch die Variation der unabhängigen Variablen B zustande gekommen ist (s^2_B). Der varianzanalytische **F-Test** dient dann dazu zu ermitteln, ob sich diese beiden Varianzen nur zufällig oder aber systematisch unterscheiden. Auf einen sysematischen Unterschied zwischen den beiden Varianzen wird dann erkannt, wenn der empirische F-Wert einen bei α, FG_Z (Zählerfreiheitsgrade, d.h. Freiheitsgrade für die Varianz s^2_B) und FG_N (Nennerfreiheitsgrade, d.h. Freiheitsgrade für die Varianz $s^2_{I,B}$) kritischen F-Wert erreicht oder überschreitet. Die Beurteilung, ob eine Treatmentvarianz (s^2_B) systematische Variation auf sich vereinigt, die über die unsystematische Variation in der Binnenvarianz $s^2_{I,B}$ hinausgeht, erfolgt also nach probabilistischen Kriterien. Diese Art der Trennung von systematischer von unsystematischer Variation ist konsistent mit den probabilistisch formulierten psychologischen Hypothesen. U.a beim **t-Test** wird auf die gleiche Weise verfahren, obwohl dies nicht so offenkundig ist.

Die Entscheidung für eine **Varianz-** oder **Kovarianzanalyse (KOVA)** als Auswerteverfahren bedeutet, dass man die Art der Verknüpfung der Einzelvorhersagen nicht selbst wählen kann, sondern dass das gewählte statistische Verfahren diese Entscheidung implizit trifft. Die Festlegung der Entscheidungsregel erfolgt also bei allen **VAn** und allen **KOVAn** erst auf der Ebene ST der testbaren statistischen Hypothesen. Entsprechen die Einzelvorhersagen ungerichteten Nullhypothesen, erfolgt durch die **VAn** und die **KOVAn testbedingt** eine konjunktive Verknüpfung (KER) zu einer einzigen und globalen Nullhypothese, nämlich der der **VA** oder der **KOVA**. Die Annahme der H_0 der **VA** oder der **KOVA** besagt dann, dass *alle* Mittelwerte gleich sind. Hierdurch wird eine Erhöhung der e-Validität der Prüfung bewirkt. Entsprechen die Einzelvorhersagen ungerichteten Alternativhypothesen, bewirken die **VAn** und die **KOVAn testbedingt** eine disjunktive Verknüpfung (DER) zu einer ungerichteten globalen Alternativhypothese. Wird die H_1 der **VA** oder der **KOVA** angenommen, so besagt dies vereinfacht ausgedrückt, dass *mindestens zwei* Mittelwerte unterschiedlich sind. Diese disjunktive Zusammenfassung der Prüfinstanzen führt zu einer Erhöhung der f-Validität des Prüfversuches.

VAn und **KOVAn** sind zur Prüfung von psychologischen Hypothesen i.A. denkbar ungeeignet, weil aus kaum einer psychologischen Hypothese gerade die ungerichtete Null- oder aber die ungerichtete Alternativhypothese der **VA** als vorhersagekonform abgeleitet werden kann (vgl. auch Erdfelder & Bredenkamp, 1994).

6.1 Modelle der Varianzanalyse

Mit der **VA** sind zwei verschiedene Arten von Modellen verbunden, und zwar zum einen das Modell zufälliger Effekte („random effects model") und das Modell fester Effekte („fixed effects model") und zum anderen das Effektmodell und das Zellenmittelwertsmodell. Beim *Modell der zufälligen Effekte* werden die Stufen der UV als eine Zufallsstichprobe aus einer „Population" von Stufen aufgefasst, die man nicht alle untersuchen kann. Der Mechanismus der Zufallsstichprobe soll dann gewährleisten, dass von den wenigen untersuchten Ausprägungen auch auf die vielen nicht untersuchten geschlossen werden kann. Dazu muss im Prinzip gewährleistet sein, dass alle möglichen Stufen, also die Population von Stufen der UV, bekannt und abzählbar endlich sind, denn jedes Element der Population muss die gleiche Wahrscheinlichkeit haben, in der Stichprobe aufzutauchen - ein unrealistisches Szenario. Beim *Modell der festen Effekte* stellen die im Versuch realisierten Ausprägungen der UV/n die einzigen dar, die interessieren und die mit Bedacht ausgewählt werden, und Schlüsse auf nicht untersuchte Ausprägungen werden nicht angestrebt. Unter den beiden Modellen resultieren in höherfaktoriellen Versuchsplänen unterschiedliche Testvarianzen für die F-Brüche; zudem wird die Teststärke im Rahmen des Modells der zufälligen Effekte nicht über die nonzentralen F-Verteilungen bestimmt, sondern über die zentralen (siehe Winer, D.R. Brown & Michels, 1991, S. 138-140). Ich gehe hier nur vom **Modell der festen oder fixierten Effekte** aus.

Der **VA** liegt ein additives lineares Modell zugrunde, das einen Spezialfall des Allgemeinen Linearen Modells (ALM) darstellt. Danach gilt auf der theoretischen Ebene für jeden Rohwert y_{ik} in einer einfaktoriellen **VA** (**Effektmodell**):

(6.1) $y_{ik} = \mu + \beta_k + \varepsilon_{ik}$ mit

(6.2) $\beta_k = (\mu_k - \mu)$ und

(6.3) $\sum \beta_k = 0$ sowie

(6.4) $\sum \varepsilon_{ik} = 0$,

wobei ε_{ik} den Fehler der Vp i in Bedingung B_k bezeichnet, β_k den Effektparameter in Bedingung B_k, μ den Gesamtmittelwert und μ_k den Mittelwert in der Bedingung B_k. Das zugrunde gelegte additive lineare Modell lässt sich empirisch nicht prüfen; es hat den Status eines Axioms. Die Nebenbedingungen unter Formel (6.3) und unter Formel (6.4) sind dabei nicht zwingend, sondern erleichtern lediglich das Arbeiten mit dem ALM und der VA. Jede mir bekannte Darstellung der VA in Lehrbüchern arbeitet explizit oder in der Mehrzahl der Fälle implizit mit diesen beiden Nebenbedingungen. Wenn man Formel (6.2) in Formel (6.1) einsetzt, ergibt sich das sog. **Zellenmittelwertsmodell** (bei Timm & Carlson, 1975, S. 11: „Full rank model"):

(6.5) $y_{ik} = \mu + \mu_k - \mu + \varepsilon_{ik} = \mu_k + \varepsilon_{ik}$.

Im Folgenden wird das Zellenmittelwertsmodell zugrunde gelegt und von der Unabhängigkeit der Rohwerte ausgegangen.

6.2 Hypothesen der einfaktoriellen Varianzanalyse

Die **VA** mit interindividueller Bedingungsvariation gehört mit zu den Verfahren, deren nonzentrale Verteilungen schon relativ lange bekannt sind. U.a. Tang (1938), Lehmer (1944), E.S. Pearson und Hartley (1951) und Laubscher (1960) haben die Teststärke für **VA** tabelliert vorgelegt, und die von J. Cohen (1988) veröffentlichten Tabellen beruhen auf Tabellen von Owen (1962) und einem von Laubscher (1960) entwickelten Algorithmus.

Auf der Grundlage des Zellenmittelwertsmodelles können die beiden folgenden theoretischen Varianzen σ^2 bestimmt werden:

(6.6) $\sigma^2_B = \sum (\mu_k - \mu)^2 / K$

als Treatmentvarianz und als Binnen- oder Fehlervarianz:

(6.7) $\sigma^2_{I,B} = (\sum \sigma^2_{I,B,k})/K = \sum\sum (y_{ik} - \mu_k)^2 / N$.

Der Index „B" soll darauf hindeuten, dass nur ein Faktor, abgekürzt mit B, vorliegt.

Der folgende Quotient ist das multiple Korrelationsquadrat $\eta^2_{Y.B}$, eine **Effektgröße** u.a. für **VAn**:

(6.8) $\eta^2_{Y.B} = \sigma^2_B / (\sigma^2_B + \sigma^2_{I,B}) = \sigma^2_B / \sigma^2_{Total}$.

Die empirischen Entsprechungen dieser theoretischen Größen sind Quadratsummen, und zwar zunächst die Treatmentquadratsumme zu Lasten von Faktor B (bei $n_1 = n_2 = ... = n_K = n$):

(6.9) $QSB = n \sum(M_k - M)^2 = (K - 1) s^2_B$.

Es werden die quadrierten Abweichungen der Mittelwerte M_k pro Versuchsgruppe vom Gesamtmittelwert M gebildet und aufsummiert, und diese Zusammenfassung der K Mittelwerte zu einem Ausdruck sorgt dafür, dass die einfaktorielle **VA** mit nur *einem* Test auskommt (s.u.). Aus der Treatmentquadratsumme QSB erhält man die empirische Treatmentvarianz s^2_B durch Division durch die Zählerfreiheitsgrade $FG_Z = K - 1$. Ferner wird noch die Innerhalb- oder Binnen- oder Fehlerquadratsumme QSI(B) gebildet:

(6.10) $QSI(B) = \sum\sum(y_{ik} - M_k)^2 = \sum QSI_k = K(n - 1) s^2_{I,B}$.

Man erhält also die Fehlervarianz $s^2_{I,B}$, indem man die Innerhalbquadratsumme durch die Nennerfreiheitsgrade $FG_N = K(n - 1)$ dividiert. Für die beiden Quadratsummen QSB und QSI(B) gilt dabei im einfaktoriellen Fall:

(6.11) $QSB + QSI(B) = QSTotal$.

Die empirische Entsprechung der **Effektgröße** in Formel (6.8) lautet dann:

(6.12) $R^2_{Y.B} = QSB/QSTotal = QSB/[QSB + QSI(B)]$.

Die einfaktorielle **VA** testet dann das folgende ungerichtete Hypothesenpaar über Mittelwerte oder über das multiple Korrelationsquadrat $\eta^2_{Y.B}$ gegeneinander:

(6.13) $H_{0,VA,B}$: ($\mu_k - \mu_{k'} = 0$ für alle k, k' mit k ≠ k' und k = 1, ..., K) oder

$H_{0,VA,B}$: ($\eta^2_{Y.B} = 0$) und

(6.14) $H_{1,VA,B}$: ($\mu_k - \mu_{k'} \neq 0$ für *mindestens ein Paar* k, k' mit k ≠ k' und k = 1, ..., K)

oder $H_{1,VA,B}$: ($\eta^2_{Y.B} > 0$).

Die Formulierung der $H_{1,VA,B}$ ist nicht ganz korrekt. Sie muss richtigerweise lauten: „Es gibt mindestens einen von Null verschiedenen Kontrast ψ_t", bei dem es sich weder um einen Paarkontrast handeln muss noch um einen interpretierbaren komplexen Kontrast (Swaminathan & DeFriesse, 1979; vgl. zum Begriff des Kontrastes Abschn. 7.1). Ich behalte die nicht ganz korrekte Formulierung der Alternativhypothese durchgängig bei.

Getestet wird dieses Hypothesenpaar mit dem einseitigen **F-Test**, der den Quotienten aus der Treatment- und der Binnenvarianz darstellt und der auf $FG_Z = K - 1$ und $FG_N = K(n - 1)$ beruht. Dieser Bruch ist zentral F-verteilt, wenn die beiden Varianzen unter Gültigkeit der Nullhypothese den gleichen Wert annehmen:

(6.15) $F_{VA,B,emp} = \dfrac{QSB/(K-1)}{QSI(B)/[K(n-1)]} = \dfrac{s^2_B}{s^2_{I,B}} = \dfrac{R^2_{Y.B}/(K-1)}{(1-R^2_{Y.B})/[K(n-1)]}$.

Die Hypothesenentscheidung erfolgt dann unter Verwendung der zentralen F-Verteilungen, die im Anhang, Tabelle A.8, enthalten sind.

Die Annahmen, auf denen die **F-Tests** der **VAn** beruhen, sind bereits in Abschnitt 2.4 genannt worden. Solange die Unabhängigkeitsannahmen erfüllt sind, ist auch der **F-Test** bemerkenswert robust gegenüber Verletzungen seiner Voraussetzungen, besonders bei gleich großen Stichprobenumfängen (z.B. Bortz, 1999, S. 276), und er gehört mit zu den Tests, für die gezeigt werden konnte, dass die exakten tabellierten F-Verteilungen durch Permutationsverteilungen der Teststatistik F sehr genau angenähert werden können. Es besteht somit die Möglichkeit, jeden **F-Test** als approximativen Permutationstest zu interpretieren. Erweist es sich in einem Versuch, dass die Binnenvarianzen *und* die Stichprobenumfänge *sehr* unterschiedlich sind, so ist dies in aller Regel ein Indiz dafür, dass während der Versuchsdurchführung Störfaktoren differenziell wirksam geworden sind, mit denen vor Versuchsbeginn nicht gerechnet worden ist. In diesem Fall sollten als erste Option die Daten keinem statistischen Test unterzogen und auf die Prüfung der Hypothesen verzichtet werden, sondern man sollte stattdessen versuchen, diese Störfaktoren zu identifizieren - auch wenn der Verzicht auf die Hypothesenprüfung angesichts des Aufwandes, den die Planung und Durchführung des Versuchs mit sich gebracht hat, eine Entscheidung ist, die schwerfällt. Wenn man hinreichend sicher ausschließen kann, dass während des Versuches keine unvorhergesehene Störfaktoren differenziell wirksam geworden sind, kann man auf den verallgemeinerten K-Stichproben-**Welch-Test** ausweichen (Welch, 1951), über den Games (1978a, S. 665), Keppel (1991, S. 105) und Wilcox, 1987b, S. 143) näher informieren, oder auf die Methode nach M.B. Brown und Forsythe (1974, siehe dazu Wilcox, 1987b, S. 144-145). Der **Welch-Test** gleicht zwar die heterogenen Binnenvarianzen nicht aus, sorgt aber dafür, dass deren Einfluss durch eine Modifikation der Nennerfreiheitsgrade des **F-Tests** minimiert wird.

Für die **Testplanung** definiert J. Cohen (1988, S. 281) die **Effektgröße** $\phi^2_{VA,B}$ für **VAn** wie folgt:

(6.16) $\phi^2_{VA,B} = \sigma^2_B/\sigma^2_{I,B}$.

$\phi^2_{VA,B}$ heißt bei J. Cohen $\mathbf{f^2}$. Ich benutze $\phi^2_{VA,B}$, weil Parameter üblicherweise mit griechischen Buchstaben bezeichnet werden.

Die empirische Entsprechung von $\phi^2_{VA,B}$, also die empirische **Effektgröße** $f^2_{VA,B}$, lautet dann:

(6.17) $f^2_{VA,B} = QSB/QSI(B)$.

Zusätzlich wird auch der bereits bekannte standardisierte Mittelwertsabstand δ_B verwendet, und zwar als $\delta_{R,B}$ (Index R: „Range") für den Abstand des größten (max) vom kleinsten (min) Mittelwert (bei J. Cohen, 1988, S. 276: **d**):

(6.18) $\delta_{R,B} = (\mu_{max} - \mu_{min})/\sigma_{I,B}$.

Liegen nur K = 2 Versuchsbedingungen mit gleichen Stichprobenumfängen vor ($n_1 = n_2 = n$), gilt:

(6.19) $\delta_{R,B} = \delta_B = 2\phi_{VA,B}$ und

(6.20) $\phi_{VA,B} = \delta_{R,B}/2 = \delta_B/2$.

$\delta_{R,B}$ legt den Abstand zwischen dem größten und dem kleinsten Mittelwert fest. Der Wert der **Effektgröße** $\phi_{VA,B}$ ist dann eine Funktion der Verteilung der übrigen Mittelwerte innerhalb dieses Ranges oder Wertebereiches. J. Cohen (1988, S. 277) unterscheidet drei Fälle:

Muster 1 (geringste Variabilität): Ein Mittelwert liegt jeweils am Ende von $\delta_{R,B}$ und die verbleibenden alle in der Mitte von μ_{max} und μ_{min}. Die Effektgröße $\phi_{VA,B}$ nimmt dabei den relativ geringsten Wert an. Für ihre Berechnung gilt:

(6.21) $\phi_{VA,1,B} = \delta_{R,B}\sqrt{1/2K}$.

Muster 2 (mittlere Variabilität): Gleichverteilung der K Mittelwerte über den ganzen Range $\delta_{R,B}$, so dass der Abstand zwischen zwei benachbarten Mittelwerten $\delta_{R,B}/(K-1)$ beträgt. Die Effektgröße $\phi_{VA,B}$ nimmt einen mittleren Wert an.

(6.22) $\phi_{VA,2,B} = \dfrac{\delta_{R,B}}{2}\sqrt{\dfrac{K+1}{3(K-1)}}$.

Muster 3 (größte Variabilität): Alle Mittelwerte befinden sich an den Endpunkten von $\delta_{R,B}$. Die Effektgröße $\phi_{VA,B}$ nimmt den relativ größten Wert an. Muster 3 gibt es in zwei Varianten, und zwar einmal für eine gerade Anzahl K und einmal für eine ungerade Anzahl K. Bei geraden Anzahlen K gilt:

(6.23) $\phi_{VA,3,B} = \delta_{R,B}/2$,

und bei ungeraden Anzahlen K:

(6.24) $\phi_{VA,3,B} = \delta_{R,B}\dfrac{\sqrt{K^2-1}}{2K}$.

Man muss also zusätzlich zur Festlegung von $\delta_{R,B,krit}$ vor dem Versuch eine Vorstellung darüber haben, wie sich die Mittelwerte mutmaßlich über den Range verteilen. Ist dies nicht möglich, sollte man das Muster 2 mit mittlerer Variabilität zugrunde legen und auf seiner Grundlage $\phi_{VA,2,B,krit}$ bestimmen oder die Testplanung ungeachtet des Wertes $\delta_{R,B}$ auf einem gewählten Wert für $\phi_{VA,B}$ beruhen lassen, wobei man sich an den von J. Cohen (1988, S. 285-288) vorgeschlagenen Konventionen orientieren kann, aber nicht muss. Diese lauten für die $\phi_{VA,B}$-Werte: **kleiner Effekt: $\phi_{VA,B} = 0{,}10$; mittlerer Effekt: $\phi_{VA,B} = 0{,}25$ und großer Effekt: $\phi_{VA,B} = 0{,}40$.**

Zwischen dem quadrierten Effektmaß für die **VAn**, $\phi^2_{VA,B}$ in Formel (6.16), und dem multiplen Korrelationsquadrat $\eta^2_{Y.B}$ in Formel (6.8) gilt im theoretischen Fall folgende Beziehung (J. Cohen, 1988, S. 411):

(6.25) $\eta^2_{Y.B} = \phi^2_{VA,B}/(1+\phi^2_{VA,B})$,

und im empirischen Fall gilt entsprechend:

(6.26) $R^2_{Y.B} = f^2_{VA,B}/(1 + f^2_{VA,B})$.

Umstellen der Formeln führt zu:

(6.27) $\phi^2_{VA,B} = \eta^2_{Y.B}/(1 - \eta^2_{Y.B})$,

(6.28) $f^2_{VA,B} = R^2_{Y.B}/(1 - R^2_{Y.B})$.

Zur Bestimmung des benötigten Stichprobenumfanges n pro Versuchsbedingung bedient man sich einer von J. Cohen (1988; S. 390) vorgeschlagenen Formel, die er zwar nur als Näherungsformel für den Fall von ihm nicht tabellierter Effektgrößenwerte $\phi_{VA,B,krit}$ vorsieht. Aber diese Formel reproduziert die Einträge in J. Cohens Tabellen (1988, S. 381-389) so genau, dass man mit ihr grundsätzlich die **Testplanung** nach **TPS 1** durchführen kann. Die Formel lautet:

(6.29) $n = \dfrac{n_{0,05}}{400\phi^2_{VA,B}} + 1$,

wobei $n_{0,05}$ den Stichprobenumfang für das vorgewählte Signifikanzniveau α_{krit}, die Freiheitsgrade für den Zähler des F-Bruches (FG$_Z$) und die festgelegte Teststärke $1 - \beta_{krit}$ für $\phi_{VA,B} = 0{,}05$ darstellt. n bezeichnet den Stichprobenumfang einer Versuchsbedingung mit $n_1 = n_2 = ... = n_K = n$. Die Testplanungstabelle A.3 im Anhang enthält die für die Benutzung von Formel (6.29) notwendigen Werte für $n_{0,05}$, für verschiedene Signifikanzniveaus und verschiedene Teststärkenwerte. Bei nicht tabellierten Werten für α_{krit}, für die Zählerfreiheitsgrade FG$_Z$ und für die Teststärke $1 - \beta_{krit}$ sollte man linear interpolieren.

Umstellen der Formel (6.29) ermöglicht dann eine Testplanung nach der Strategie **TPS 2**:

(6.30) $n_{0,05} = 400(n-1)\phi^2_{VA,B}$.

Mit dem Wert für $n_{0,05}$ sucht man die Tabelle A.3 im Anhang auf und ermittelt bei vorgegebenem Wert für α_{krit} die Teststärke $1 - \beta_{krit}$ oder bei vorgewählter Teststärke das realisierbare Signifikanzniveau α_{krit}. Z.B. betrage $\phi^2_{VA,B,krit} = 0{,}16$ und $n - 1 = 39$. Dann ist $n_{0,05} = (0{,}16)(400)(39) = 2496$ bei K = 4. Das Signifikanzniveau α_{krit} wird auf 0,05 festgelegt. Tabelle A.3 des Anhanges ergibt für FG$_Z$ = 3 $n_{0,05}$ = 2393 bei $1 - \beta_{krit} = 0{,}99$. Also ist die Teststärke bei dem Test größer als 0,99, da $n_{0,05} = 2496 > n_{0,05,Tab} = 2393$.

Und für die **TPS 3** stellt man die Formel (6.29) wie folgt um:

(6.31) $\phi^2_{VA,B} = \dfrac{n_{0,05}}{400(n-1)}$,

wobei für n dasjenige n pro Versuchsgruppe eingetragen wird, das auf Grund beschränkter Ressourcen festliegt.

Beispiel 6.1: Die Bildhaftigkeit als eingeschätztes und damit beobachtbares Merkmal kann in mehr als nur zwei Stufen variiert werden, z.B. in K = 4 Stufen mit B_1 = 2,3; B_2 = 3,6; B_3 = 4,8 und B_4 = 6,3. Eine psychologische Hypothese, die vor dem Hintergrund der Dualen-Kode-Theorie angesiedelt ist, ist die ungerichtete **PH-5**: „Beim Lernen von sehr bildhaftem Material ist die Gedächtnisleistung *anders* als beim Lernen von wenig bildhaftem Material." Diese Hypothese hat einen geringeren empirischen Gehalt im Sinne Poppers (2002) als die PH-1 und dürfte daher kaum von jemandem ernsthaft vertreten werden (vgl. Kap. 3). Dessen ungeachtet soll sie mit K = 4 Versuchsbedingungen geprüft werden. Dazu wird aus ihr die PV-5(B;K=4) abgeleitet, dass sehr bildhafte Wörter anders als Wörter von mittelhoher Bildhaftigkeit und diese anders als weniger bildhafte Wörter und diese anders als wenig bildhafte Wörter gelernt werden. Die Vpn werden zufällig den Versuchsbedingungen zugewiesen. Die Ableitung ergibt dann:

(6.32) DKT: (PH-5 $\wedge$ VSVS) $\approx$> PV-5(B;K=4):

$\quad$ ($MWR_1 \neq MWR_2$, $MWR_2 \neq MWR_3$, $MWR_1 \neq MWR_3$, $MWR_3 \neq MWR_4$,

$\quad$ $MWR_1 \neq MWR_4$, $MWR_2 \neq MWR_4$) $\approx$> [PV-5(B;K=4) $\wedge$ SHH] $\approx$>

$\approx$> SV-5(B;K=4): [($\mu_1 \neq \mu_2$), ($\mu_2 \neq \mu_3$), ($\mu_1 \neq \mu_3$), ($\mu_3 \neq \mu_4$), ($\mu_1 \neq \mu_4$), ($\mu_2 \neq \mu_4$)].

Der/Die VL entscheidet sich dafür, seine/ihre abgeleiteten ungerichteten Einzelhypothesen zusammenzufassen und einer **VA** zu unterziehen. Hier bedeutet die Entscheidung für ein bestimmtes statistisches Verfahren eine **testbedingte disjunktive Verknüpfung** („$\vee$") der K(K − 1)/2 = 6 Einzelvorhersagen oder Prüfinstanzen. Dies bedeutet, dass *bereits eine* vorhersagekonforme Ungleichheit für die Bewährung der PH-5 ausreichen soll. Die Entscheidungsregel wird also erst auf der Ebene ST implizit festgelegt (DER). Wenn der/die VL diese Konsequenz der Entscheidung für die varianzanalytische Auswertung zu tolerieren bereit ist, ist gegen seine/ihre Entscheidung für die **VA** nichts einzuwenden. Es ergibt sich die folgende Ableitung der ST-5(B;K=4,DER) aus der SV-5(B;K=4):

(6.33) SV-5(B;K=4):

$\quad$ [($\mu_1 \neq \mu_2$), ($\mu_2 \neq \mu_3$), ($\mu_1 \neq \mu_3$), ($\mu_3 \neq \mu_4$), ($\mu_1 \neq \mu_4$), ($\mu_2 \neq \mu_4$)] $\approx$>

$\quad$ $\approx$> ST-5(B;K=4;DER):

$\quad$ [($\mu_1 \neq \mu_2$) $\vee$ ($\mu_2 \neq \mu_3$) $\vee$ ($\mu_3 \neq \mu_4$) $\vee$ ($\mu_1 \neq \mu_3$) $\vee$ ($\mu_1 \neq \mu_4$) $\vee$ ($\mu_2 \neq \mu_4$)] $\Leftrightarrow$

$\quad$ $\Leftrightarrow$ ($H_{1,1}$: $\mu_k \neq \mu_{k'}$ für *mindestens ein Paar* von Versuchsbedingungen k und k').

Diese abgeleitete Hypothese $H_{1,1}$ entspricht der $H_{1,VA,B}$ einer **VA** in Formel (6.14) (s.o.). Der varianzanalytische Test für diese Hypothese ist bei K = 4 zu planen, wobei $\delta_{R,B,krit,1}$ = 0,80 gesetzt wird. Dann ergibt sich unter Muster 1 (geringe Variabilität) nach Formel (6.21) oben: $\phi_{VA,1,B,krit,1}$ = 0,80$[(1/(2)(4)]^{1/2}$ = 0,80(0,3536) = 0,30(0,2828) und nach Formel (6.29) und Tabelle A.3 im Anhang: n_k = [1096/(400)(0,0800)] + 1 = 36 bei $\alpha_{krit,1}$ = 0,05 und 1 − $\beta_{krit,1}$ = 0,80, also N_1 = 4(36) = 144. - Unter Muster 2 (mittlere Variabilität) ergibt sich nach Formel

Testplanung bei Hypothesen der Varianz- und der Kovarianzanalyse   149

(6.22) oben: $\phi_{VA,2,B,krit,1}$ = (0,80/2){[(4 + 1)/[3(4 − 1)]}$^{1/2}$ = 0,40(0,7454) = 0,30 (0,2981) und nach Formel (6.29) und Tabelle A.3 des Anhanges: n_k = [1096/ (400)(0,0889)] + 1 = 32. - Für Muster 3 (große Variabilität) gilt dann nach Formel (6.23): $\phi_{VA,3,B,krit,1}$ = 0,80/2 = 0,40 und nach Formel (6.29) und Tabelle A.3 des Anhanges: n_k = [1096/(400)(0,16)] + 1 = 19, also eine merklich geringere Anzahl von Vpn als unter den beiden anderen Mustern. - Wären nur K = 3 Versuchsbedingungen vorgesehen gewesen, hätte sich für Muster 3 nach Formel (6.24) ergeben: $\phi_{VA,3,B, krit,1}$ = 0,80(0,4714) = 0,40 (0,3771) sowie nach Formel (6.29) und der Tabelle A.3 des Anhanges: n_k = [1286/(400)(0,1422)] + 1 = 24.

Die im Versuch erhaltenen empirischen Mittelwerte lauten bei n_k = 36 (Muster 1): M_1 = 25,0; M_2 = 30,0, M_3 = 30,0 und M_4 = 35,0 sowie $s^2_{I,B}$ = 75,0. Die QSB ist dann $n\sum(M_k - M)^2$ = 1800,0 und der empirische F-Wert $F_{VA,B,emp,1}$ = (1800,0/3)/75,0 = 8,0 bei $F_{krit(0,05;3;140),1}$ ≈ 2,68. Die vorhersagekonforme $H_{1,1}$ und die SV-5(B;K=4) werden angenommen. Zur Berechnung des Effektes wird die Quadratsumme innerhalb der Bedingungen, QSI(B), benötigt: QSI(B) = 4(35)75,0 = 10500,0. Mit ihrer Hilfe kann der empirische Effekt zu $f^2_{VA,B,1}$ = 1800,0/10500,0 = 0,1714 bestimmt werden und zu $f_{VA,B,1}$ = 0,4140. Dieser Effekt ist größer als der a priori spezifizierte von $\phi_{VA,1,B,krit,1}$ = 0,30, so dass die PV-5(B;K=4) als eingetreten angesehen werden kann und die PH-5 als bewährt, sofern während des Versuches nichts Auffälliges geschehen ist. Dieser Test kann mit gleichem Resultat auch über die quadrierte multiple Korrelation $\eta^2_{Y.B}$ geplant und ausgewertet werden. Die Durchführung des **F-Tests** über die multiple Korrelation ergibt: $F_{VA,B,emp,1}$ = $R^2_{Y.B}$/(K − 1)]/[(1 − $R^2_{Y.B}$)/[K(n − 1)] = 0,0488/0,0061 = 8,0, also das gleiche Ergebnis wie oben.

Beispiel 6.2: Die einfaktorielle qualitative ungerichtete **PH-6** aus Kapitel 3 lautete: „Beim Lernen von Material unterschiedlicher Bildhaftigkeit *verändert* sich im Mittel die Gedächtnisleistung *nicht*, wenn die Lernzeit zu kurz zum Aktivieren des dualen und des verbalen Kodes ist". Nach ihr besteht *kein* Zusammenhang zwischen der UV eingeschätzte Bildhaftigkeit und der AV Anzahl der richtig reproduzierten Wörter. Diese Hypothese PH-6 soll unter den in Kapitel 3 skizzierten Bedingungen über die dreifach gestufte UV „eingeschätzte Bildhaftigkeit" geprüft werden. Um aus der SV-6(B;K=3) die Nullhypothese einer **VA** ableiten zu können, muss man sich entschließen, die drei **Prüfinstanzen testbedingt konjunktiv** zusammenzufassen, und erst dadurch wird die folgende Ableitung möglich:

(6.34) (PH-6 ∧ VSVS) ≈> PV-6(B;K=3): (MWR_1 = MWR_2, MWR_2 = MWR_3,

MWR_1 = MWR_3) ≈> [PV-6(B;K=3) ∧ SHH] ≈>

SV-6(B;K=3): [(μ_1 = μ_2), (μ_2 = μ_3), (μ_1 = μ_3)] ≈>

ST-6(B;K=3,KER): [(μ_1 = μ_2) ∧ (μ_2 = μ_3) ∧ (μ_1 = μ_3) ⇔

⇔ (μ_1 = μ_2 = μ_3) ⇔ $H_{0,2}$: (μ_k = $\mu_{k'}$ für *alle* k, k' mit k = 1, ..., K = 3).

Bei der $H_{0,2}$ handelt es sich um die $H_{0,VA,B}$ einer einfaktoriellen **VA** (s.o.). Die Zusammenfassung der möglichen $K(K-1)/K = 3$ Prüfinstanzen, die **testbedingt** durch die Anwendung der **VA** zustande kommt, ist konjunktiv und führt dazu, dass die PH-6 sehr e-valide oder streng geprüft wird.

Für die Planung des Tests der $H_{0,2}$: ($\mu_1 = \mu_2 = \mu_3$) einer **VA** gelte: $\alpha_{krit,2} = 0,10$, $\beta_{krit,2} = 0,30$ und $\delta_{R,B,krit,2} = 0,40$; ferner wird von Muster 3 ausgegangen. Einsetzen in die Formel (6.24) ergibt: $\phi_{VA,3,B,krit,2} = 0,40/2 = 0,20$ und Einsetzen in Formel (6.29) sowie Ablesen aus Tabelle A.3 im Anhang führt zu: $n_k = [797/(400)(0,04)] + 1 \approx 51$, ein sehr hoher Stichprobenumfang. Die Untersuchung wird im Rahmen einer Diplomarbeit durchgeführt und erbringt die folgenden empirischen Mittelwerte: $M_1 = 20,0$; $M_2 = 18,0$ und $M_3 = 21,0$ bei $s^2_{I,B} = 85,0$ sowie QSB = 238,0 und $F_{VA,B,emp,2} = (238,0/2)/85,0 = 1,0400$ bei $F_{krit(0,10;2;150),1} \approx 2,35$. Die hypothesenkonforme $H_{0,2}$ kann beibehalten werden, und die ihr vorgeordnete SV-6(B;K=3) wird angenommen. Für den Effekt gilt: $f_{VA,B,2} = 0,1366 < \phi_{VA,3,B,krit,2} = 0,20$. Die PV-6(B;K=3) ist bedingt eingetreten, und die PH-6 hat sich in einer relativ strengen Prüfung bedingt bewähren können, und zwar „relativ" deshalb, weil die Fehlerwahrscheinlichkeiten auf recht liberale Werte festgelegt wurden, was die Strenge vermindert.

Wenden wir uns damit der Planung der Tests in einer zweifaktoriellen **VA** zu.

6.3 Hypothesen der zweifaktoriellen Varianzanalyse

Oft erfolgt bei der Prüfung von einfaktoriellen Hypothesen wie denen, die im vorigen Abschnitt behandelt wurden, die Einführung eines zweiten Faktors in den Versuchsplan in der Phase der Versuchsplanung, also auf der Ebene der PV, um einen bekannten Störfaktor durch systematische Variation zu kontrollieren und um damit gleichzeitig die Präzision des Versuches und die Teststärke der Tests zu erhöhen. Zweifaktorielle PHn müssen auf der Grundlage eines Versuchsplanes geprüft werden, in den mindestens zwei unabhängige Variablen oder Faktoren A und B eingehen.

Der zweifaktoriellen **Varianzanalyse (VA)** wird üblicherweise das folgende Effektmodell unterstellt:

(6.35) $y_{ijk} = \mu + \alpha_j + \beta_k + (\alpha\beta)_{jk} + \varepsilon_{ijk}$,

wobei den Parametern α_j (Effekt zu Lasten von Faktor A in Stufe A_j), β_k (Effekt zu Lasten Faktor B in Stufe B_k) und $(\alpha\beta)_{jk}$ (Interaktionseffekt in Zelle AB_{jk}) die folgenden Restriktionen auferlegt werden:

(6.36) $\sum \alpha_j = \sum(\mu_j - \mu) = 0$,

(6.37) $\sum \beta_k = \sum(\mu_k - \mu) = 0$,

(6.38) $\sum(\alpha\beta)_{jk} = \sum(\mu_{jk} - \mu_j - \mu_k + \mu) = 0$,

(6.39) $\sum\varepsilon_{ijk} = 0$.

Einsetzen der Formeln (6.36) bis (6.38) in Formel (6.35) und Vereinfachen ergibt dann wieder das **Zellenmittelwertsmodell**:

(6.40) $y_{ijk} = \mu + \mu_j - \mu + \mu_k - \mu + \mu_{jk} - \mu_j - \mu_k + \mu + \varepsilon_{ijk} = \mu_{jk} + \varepsilon_{ijk}$.

Auch im Falle der zweifaktoriellen VA verwende ich wieder ausschließlich das Zellenmittelwertsmodell, zumal sich die Interaktionseffekte $(\alpha\beta)_{jk}$ pro Zelle einer einfachen Interpretierbarkeit entziehen (Bernhardson, 1973; Bredenkamp, 1980, S. 26; Toothaker, 1991, S. 119). Ferner wird bzgl. der UVn das Modell fixierter oder fester Effekte unterstellt.

Die nachstehende Tabelle 6.1 zeigt eine JxK-Versuchsplan-Anlage.

Die Randmittelwerte $M_{1.}$ und $M_{2.}$ befinden sich auf der Ebene des *Haupteffektes* (HE) *A* und die Randmittelwerte $M_{.1}$ und $M_{.2}$ auf der Ebene des *Haupteffektes B*. Die Mittelwerte unter einem Faktor auf einer Stufe des anderen nennt man *einfache Haupteffekte B unter A_j oder A unter B_k*.

Tabelle 6.1: Zweifaktorielle Versuchsplan-Anlage mit J Stufen für Faktor A und K Stufen für Faktor B

Faktor A	Faktor B			Randmittelwerte
	B_1	....	B_K	
A_1	M_{11}	...	M_{1K}	$M_{1.}$
....	....	....	....	...
A_J	M_{J1}	....	M_{JK}	$M_{J.}$
Randmittelwerte	$M_{.1}$	....	$M_{.2}$	$M_{..}$

Anmerkungen. Die Punkte („.") zeigen an, dass über die Stufen des jeweils anderen Faktors gemittelt wird. Eingetragen sind empirische Mittelwerte M_{jk} pro Zelle, $M_{j.}$ pro Zeile, $M_{.k}$ pro Spalte und $M_{..}$ als Gesamtmittelwert.

Mit **Interaktion** oder **statistischer Wechselwirkung** bezeichnet man das gleichzeitige Wirken von zwei (oder mehr) UVn auf eine AV. Im Effektmodell betrifft die Interaktion die relative Größe der Interaktionsparameter $(\alpha\beta)_{jk}$, $(\alpha\beta)_{j'k}$, $(\alpha\beta)_{jk'}$ und $(\alpha\beta)_{j'k'}$. Wenn man die vorstehenden Größen nach Formel (6.38) ersetzt, kann man die varianzanalytische Interaktion auch über die **Zellenmittelwerte** μ_{jk} definieren (Timm & Carlson, 1975, S. 17):

(6.41) $(\alpha\beta)_{jk} - (\alpha\beta)_{j'k} - (\alpha\beta)_{jk'} + (\alpha\beta)_{j'k'} = (\alpha\beta)_{11} - (\alpha\beta)_{21} - (\alpha\beta)_{12} + (\alpha\beta)_{22} =$
$= (\mu_{11} - \mu_{1.} - \mu_{.1} + \mu) - (\mu_{21} - \mu_{2.} - \mu_{.1} + \mu) -$
$- (\mu_{12} - \mu_{1.} - \mu_{.2} + \mu) + (\mu_{22} - \mu_{2.} - \mu_{.2} + \mu) =$
$\psi_{A\times B} = (\mu_{11} - \mu_{21} - \mu_{12} + \mu_{22}) = [(\mu_{11} - \mu_{21}) - (\mu_{12} - \mu_{22})] =$
$= (\mu_{11} - \mu_{12} - \mu_{21} + \mu_{22}) = [(\mu_{11} - \mu_{12}) - (\mu_{21} - \mu_{22})] = (\mu_{11} + \mu_{22}) - (\mu_{12} + \mu_{21}) = 0$.

Die Punkte „.." bedeuten, dass über die Stufen des jeweils anderen Faktors gemittelt wird. Die allgemeinen Indizes j und k wurden durch die speziellen Indizes 1 und 2 ersetzt.

Gilt dabei nun nach Formel (6.41), dass $\psi_{AxB} = 0$, spricht man von einer **Nullinteraktion**. Dies bedeutet, dass korrespondierende Mittelwerte die gleichen Ränge aufweisen und dass die Abstände zwischen ihnen gleich sind. In einer graphischen Darstellung verlaufen bei einer Nullinteraktion die Linien, die jeweils zwei korrespondierende Mittelwerte miteinander verbinden, parallel. Ist eine Interaktion gleich Null, so ist sie dies stets für beide Faktoren.

Gilt dagegen, dass $\psi_{AxB} \neq 0$, so liegt eine Interaktion vor. Haben dabei beide Differenzen das gleiche Vorzeichen und die gleichen Ränge für korrespondierende Mittelwerte, aber ist die eine Differenz größer als die andere, so spricht man von einer **ordinalen Interaktion**. In der graphischen Darstellung konvergieren oder divergieren die Verbindungslinien zwischen je zwei Mittelwerten. Eine **disordinale Interaktion** liegt dann vor, wenn korrespondierende Mittelwerte unterschiedliche Ränge und beide Differenzen unterschiedliche Vorzeichen aufweisen; sie können betragsmäßig gleich groß sein oder nicht. In der graphischen Darstellung überkreuzen sich die Verbindungslinien zwischen je zwei Mittelwerten (vgl. dazu die Schaubilder in Bortz, 1999, S. 291, und in Hager, 1987, S. 148-156). Liegt eine Nulldifferenz gepaart mit einer von Null verschiedenen Differenz vor, so kann man dieses Muster entweder als ordinal oder als disordinal bezeichnen. Ich spreche dann von einer disordinalen Interaktion. Während eine Nullinteraktion stets für beide Faktoren gilt (s.o.), kann die Ordinalität entweder für einen oder für beide Faktor/en gegeben sein, und das Gleiche gilt für die Disordinalität; auch ist es möglich, dass die Interaktion ordinal für einen Faktor und disordinal für den anderen Faktor ist; in diesem Fall spricht man oft wenig informativ von einer semi-disordinalen oder hybriden Interaktion. Je nach Art der graphischen Darstellung überkreuzen sich die Verbindungslinien zwischen den Mittelwerten oder nicht, weswegen es sich empfiehlt, stets beide möglichen graphischen Darstellungen zu realisieren. Aus Gründen der Informationshaltigkeit sollte stets angegeben werden, auf welchen Faktor sich ein vorhergesagter oder festgestellter Interaktionstyp bezieht - wenn man überhaupt mit diesen Labels operiert. Winer, D.R. Brown und Michels (1991, S. 442-445) weisen darauf hin, dass man manche ordinalen Interaktionen durch eine „geeignete" Transformation der Rohdaten in eine Nullinteraktion überführen kann. Dieser Weg wird hier nicht beschritten, weil nicht-linear transformierte Rohwerte in aller Regel nur schwer interpretierbar sind. - Bei Interaktionskontrasten gilt $(JK)_{min} = 4$, d.h. eine Prüfinstanz besteht aus jeweils vier Zellen (vgl. zum Begriff des Kontrastes Abschn. 7.1).

Bredenkamp (1980, S. 25) spricht sich dafür aus, die Interpretation von Tests auf der Ebene der Haupteffekte in zwei- und höherfaktoriellen Versuchsplänen davon abhängig zu machen, von welchem Typ die Interaktion auf der Zellenebene ist. Ist diese Interaktion Null oder für einen Faktor ordinal, soll der Test auf der Ebene des entsprechenden Haupteffektes uneingeschränkt interpretiert werden können, während bei Vorliegen einer Disordinalität für einen Faktor der mit diesem verbundene Test nicht interpretiert werden soll. Ist die Interaktion semi-disordinal, kann der Test für den ordinalen Faktor interpretiert werden, während der Test für den disordinalen Faktor nicht interpretiert werden soll. Diese Auffassung wird hier nicht geteilt. Entscheidet man sich für eine Testung auf der Ebene des Haupteffektes in einem zwei- oder höherfaktoriellen Versuchsplan, so ist die Ebene der Zellen des Planes gänzlich ohne Belang - sie wird nur zur Bestimmung der Testvarianz $s^2_{I,BA}$ benutzt - und damit auch die Bestimmung des Interaktionstyps: Die psychologische Hypothese wird „im Mittel" geprüft, und wenn sie sich auf der Ebene der zugehörigen Haupteffektes bewährt, also für die Mittelwerte aus den Zellmittelwerten, dann hat sie sich dort „im Mittel" bewährt. Wenn man an der Ebene der Zellen Interesse hat, dann soll man die Vorhersagen *alternativ* für diese Ebene ableiten, in welchem Fall dann allerdings die Ebenen der Haupteffekte ohne Bedeutung sind (wobei es *eine* allerdings fakultative Ausnahme von dieser Regel gibt). Zudem würde die zusätzliche Bestimmung des Interaktionstyps die Planung von weiteren Tests auf der Ebene der einfachen Haupteffekte oder der Zellen erforderlich machen (siehe dazu aber Bredenkamp, 1982), die bei strikt hypothesenprüfendem Vorgehen aber gänzlich überflüssig ist, wenn man die Vorhersagen auf die Zellenebene bezieht. Hier wird durchgängig die Ableitung von Vorhersagen für die Ebene der Zellen bevorzugt.

Wenn man eine einfaktorielle psychologische Hypothese in einer zweifaktoriellen Versuchsplan-Anlage prüfen will, so ist üblicherweise der zweite Faktor (A mit J Stufen) ein Kontrollfaktor. Für diesen kann man ebenfalls eine psychologische Hypothese prüfen, muss es aber nicht. Im zweifaktoriellen Plan liegt es nahe, die psychologische Hypothese auf der Ebene des Haupteffektes des hypothesenrelevanten Faktors (hier B mit K Stufen) zu prüfen. Bei dieser Vorgehensweise erfolgt dann bei $K_{min} = 2$ Versuchsbedingungen und $K > 2$ eine **testbedingte** disjunktive Zusammenfassung der möglichen Prüfinstanzen zu einer; dies führt zwar zu einer wohlwollenden, aber wenig strengen Prüfung. Um die Strenge zu erhöhen, kann man sich entschließen, die Prüfung auf der Ebene der einfachen Haupteffekte B in A_j, also auf der Zellenebene, vorzunehmen. Bei diesem Vorgehen lassen sich **J voneinander unabhängige Prüfinstanzen** definieren, die entweder konjunktiv zusammengefasst werden - dies erhöht die e-Validität der Prüfung - oder disjunktiv - dies erhöht die f-Validität oder das Wohlwollen der Prüfung. Pro Stufe des Faktors A wird dann eine separate **VA** durchgeführt, von denen jede auf der über die JK Zellen des Versuchsplanes bestimmten Testvarianz $s^2_{I,BA}$ bei $FG_N = KJ(n-1)$ beruht. Allerdings kumulieren bei diesem Vorgehen die statistischen Fehlerwahrscheinlichkeiten α und/oder β und sind entsprechend zu adjustieren - von diesem Problem soll für den Augenblick einmal abgesehen werden (vgl. dazu Abschn. 7.2). Wichtig dabei ist es, *dass man sich vor dem Versuch für eine und damit gegen die andere Prüfmöglichkeit entscheidet.* Es werden niemals alle beiden Prüfmöglichkeiten in einem Versuch realisiert, es sei denn, ein bestimmter Aspekt der vorhergesagten Konstellation von Mittelwerten auf der Ebene der Zellen lässt sich ökonomischer, d.h. nicht zwingend, über einen Test auf der Ebene eines Haupteffektes testen. Dies ist für eine und nur für eine der zu behandelnden Konstellationen der Fall.

Im zweifaktoriellen Versuchsplan kann man, wie das Effektmodell ausweist, nicht mehr nur eine Treatmentquadratsumme berechnen, sondern drei, die bisherige QSB zu Lasten Faktor B, eine neue, QSA, zu Lasten Faktor A und eine weitere, QSAxB, zu Lasten der Interaktion AxB, d.h. der statistischen Wechselwirkung von A und B. Zudem gibt es genau wie im einfaktoriellen Plan eine Binnenquadratsumme QSI(BA) [anstelle der bisherigen QSI(B)]. Für diese Quadratsummen gilt:

(6.42) $QSA = n_j \sum (M_{j.} - M_{..})^2$,

(6.43) $QSB = n_k \sum (M_{.k} - M_{..})^2$ und

(6.44) $QSI(BA) = \sum\sum (y_{ijk} - M_{jk})^2 = JK(n-1)\, s^2_{I,BA,VA}$;

die Binnen- und Testvarianz $s^2_{I,BA}$ wird also in den JK Zellen des Versuchsplanes bestimmt und beruht auf den Nennerfreiheitsgraden $FG_N = JK(n-1)$. Man kann sie auch als die mittlere Binnenvarianz aus allen JK Binnenvarianzen in den Zellen bestimmen, also als:

(6.45) $s^2_{I,BA} = \sum s^2_{jk}/(JK)$

(6.46) $QSTotal = \sum\sum (y_{ijk} - M_{..})^2$.

Dann wird die Interaktionsquadratsumme QSAxB durch Differenzbildung (oder ebenfalls durch direkte Berechnung) gewonnen:

(6.47) $QSAxB = QSTotal - QSA - QSB - QSI(BA) = QSBA - QSB - QSA =$
$\sum\sum n_{jk}(M_{jk} - M_j - M_k + M_{..})^2$.

QSBA bezeichnet die gesamte systematisierbare Variation, also:

(6.48) $QSBA = QSA + QSB + QSAxB = n_{jk}\sum(M_{jk} - M_{..})$

Mit der zweifaktoriellen **VA** werden die folgenden drei Paare von ungerichteten Mittelwertshypothesen gegeneinander getestet (vgl. Timm & Carlson, 1975, S. 16-17), die man auch über multiple Korrelationsquadrate formulieren kann:

(6.49) Für Faktor A: $H_{0,VA,A}$: $(\mu_{j.} - \mu_{j'.} = 0$ für *alle Paare* j, j' mit j ≠ j') vs.
  $H_{1,A,VA}$: $(\mu_{j.} - \mu_{j'.} \neq 0$ für *mindestens ein Paar* j, j').

(6.50) Für Faktor B: $H_{0,VA,B}$: $(\mu_{.k} - \mu_{.k'} = 0$ für *alle Paare* k, k' mit k ≠ k') vs.
  $H_{1,VA,B}$: $(\mu_{.k} - \mu_{.k'} \neq 0$ für *mindestens ein Paar* k, k' mit k ≠ k').

(6.51) Für die Interaktion AxB: $H_{0,VA,AxB}$: $(\mu_{jk} - \mu_j - \mu_k + \mu = 0$ für *alle Zellen* AB_{jk})
  vs. $H_{1,VA,AxB}$: $(\mu_{jk} - \mu_j - \mu_k + \mu \neq 0$ für *mindestens vier Zellen* AB_{jk}).

Die Hypothesen werden einzeln mittels einseitigen **F-Tests** getestet, wobei als Testvarianz $s^2_{I,BA}$ benutzt wird. Die entsprechenden Testgrößen lauten:

$$(6.52) \quad F_{VA,A,emp} = \frac{QSA/(J-1)}{QSI(BA)/[JK(n-1)]} = \frac{s_A^2}{s_{I,BA}^2},$$

$$(6.53) \quad F_{VA,B,emp} = \frac{QSB/(K-1)}{QSI(BA)/[JK(n-1)]} = \frac{s_B^2}{s_{I,BA}^2} \quad \text{und}$$

$$(6.54) \quad F_{VA,AxB,emp} = \frac{QSAxB/(J-1)(K-1)}{QSI(BA)/[JK(n-1)]} = \frac{s_{AxB}^2}{s_{I,BA}^2}.$$

Auch die Hypothesen einer zweifaktoriellen **VA** lassen sich nur höchst selten aus psychologischen Hypothesen und psychologischen Vorhersagen ableiten, weil auch zweifaktorielle PHn in aller Regel einen **gerichteten** Zusammenhang zwischen UV und AV behaupten (s.u.).

In zwei- und höherfaktoriellen Versuchsplänen, die varianzanalytisch ausgewertet werden, können die unabhängigen Variablen korreliert sein, und zwar dann, wenn die Zellen nicht mit der gleichen Anzahl von Vpn besetzt sind; man spricht in derartigen Fällen auch von **nonorthogonalen VAn** oder **VAn mit korrelierten Faktoren**. Bredenkamp (1980, S. 74-78) diskutiert im Einzelnen, welchen Einfluss dieser Umstand auf die Formulierung der Hypothesen hat und gibt Empfehlungen für eine adäquate Vorgehensweise (vgl. auch H.J. Keselman, Carriere & Lix, 1995). Da kaum jemals ein Experiment mit ungleichen Zellenbesetzungen *geplant* werden dürfte, gehe ich nicht weiter auf dieses Problem ein, sondern von gleich großen Stichprobenumfängen und damit unkorrelierten Faktoren aus.

Je mehr Variation Faktor A und die Interaktion AxB auf sich ziehen, desto geringer wird die Binnen- oder Testvarianz im Vergleich zu einem entsprechenden einfaktoriellen Plan, und desto größer wird die **Präzision**, die einen Aspekt der statistischen Validität darstellt. Wichtig ist dabei, dass ein Teil der Variation, die im einfaktoriellen Plan als unsystematisch der (theoretischen) Binnenvarianz $\sigma_{I,B}^2$ zugeschlagen wurde, durch die neu hinzugekommenen Variationsquellen aus dieser Binnenvarianz als systematisierbar herausgelöst wird, so dass die Binnenvarianz im zweifaktoriellen Plan, $\sigma_{I,BA}^2$, in aller Regel kleiner ist als die Binnenvarianz $\sigma_{I,B}^2$ im einfaktoriellen Plan. Der Index „BA" soll auf die Binnenvarianz in einem zweifaktoriellen Plan hinweisen. Es gilt also üblicherweise:

$$(6.55) \quad \sigma_{I,BA}^2 < \sigma_{I,B}^2.$$

Wenn man nun die beiden Varianzen zueinander ins Verhältnis setzt, erhält man eine Maßzahl, die ausdrückt, um wie viel die Varianz $\sigma_{I,BA}^2$ im Vergleich zur einfaktoriellen Binnenvarianz $\sigma_{I,B}^2$ durch das Herauslösen von systematisierbarer Variation reduziert wird:

$$(6.56) \quad \Pi_{BA} = \sigma_{I,BA}^2 / \sigma_{I,B}^2.$$

Π_{BA} soll „**Präzisionsindex**" heißen, und für ihn gilt: $0 < \Pi_{BA} \leq 1{,}0$. Nimmt Π_{BA} den Wert Eins oder einen Wert nahe Eins an, so erfolgt keine Präzisionserhöhung - ein eher ungewöhnlicher Fall. Sonst ist die Präzisionserhöhung um so größer, je kleiner der Wert Π_{BA} ist. Geht man von der einfaktoriellen Binnenvarianz $\sigma^2_{I,B}$ aus, so bezeichnet das Produkt $\sigma^2_{I,B}\Pi_{BA}$ denjenigen Wert, um den die Binnenvarianz $\sigma^2_{I,B}$ des einfaktoriellen Planes durch die Präzisionserhöhung im zwei- oder mehrfaktoriellen Plan vermindert wird. D.h.: Wenn $\Pi_{BA} = 0{,}40$ und $\sigma^2_{I,B} = 90{,}0$ beträgt, dann reduziert sich dieser Wert um $90{,}0(0{,}40)$ auf $\sigma^2_{I,BA} = 36{,}0$.

Auf der Stichprobenebene gilt dabei Entsprechendes. Wenn eine Präzisionserhöhung stattfindet, dann gilt für die Quadratsummen QSI(BA) und QSI(B):

(6.57) $\text{QSI(BA)} < \text{QSI(B)}$,

wobei QSI(BA) die Binnenquadratsumme im zweifaktoriellen Plan bezeichnet und QSI(B) die Binnenquadratsumme im einfaktoriellen Plan. Für die empirische Entsprechung von Π_{BA}, dem **Präzisionsindex** P_{BA} auf der Stichprobenebene, gilt dann:

(6.58) $P_{BA} = \text{QSI(BA)}/\text{QSI(B)}$ mit $0 < P_{BA} \leq 1{,}0$.

Bortz (1999, S. 282, S. 288) gibt ein Zahlenbeispiel, in dem sich die Binnenquadratsumme $\text{QSI(B)} = 95{,}3$ im einfaktoriellen Plan auf $\text{QSI(BA)} = 40{,}8$ im zweifaktoriellen Plan verringert; dies entspricht einem Präzisionsindex von $P_{BA} = 0{,}4281$. Sofern man nicht über andere Erkenntnisse verfügt, können die Werte für Π_{BA} als **Faustregel** für einen zweifaktoriellen Plan zwischen 0,50 und 0,90 festgelegt werden: **$0{,}50 \leq \Pi_{BA} \leq 0{,}90$**, wie eine Reanalyse zahlreicher deutschsprachiger empirischer Untersuchungen der Jahre 2001 und 2002 ergeben hat.

Betrachtet man die VA aus dem Blickwinkel der **multiplen Regressionsanalyse**, so wird auch dort die Erhöhung der Präzision in einem zwei- oder mehrfaktoriellen Versuchsplan dadurch berücksichtigt, dass als Testgröße nicht $1 - R^2_{Y,B}$ Verwendung findet, sondern im zweifaktoriellen Fall $1 - R^2_{Y,B} - R^2_{Y,A} - R^2_{Y,AxB}$. Es werden also auch hier alle systematisierbaren Variationsquellen aus dem Fehlerterm entfernt und dieser entsprechend vermindert; allerdings ist dies nicht zwingend (J. Cohen & P. Cohen, 1983).

Wenn eine Präzisionserhöhung stattfindet, hat dies Konsequenzen für die **Effektgröße**. Dadurch, dass $\sigma^2_{I,BA}$ kleiner ist als $\sigma^2_{I,B}$, verkleinert sich der Nenner von $\delta_{R,B}$ ($\delta_{R,A}$, $\delta_{R,AxB}$) oder von $\phi_{VA,B}$ ($\phi_{VA,A}$, $\phi_{VA,AxB}$) und damit vergrößert sich der Wert von $\phi_{VA,B}$ auf $\phi_{VA,BA,B}$ ($\phi_{VA,BA,A}$ bzw. $\phi_{VA,BA,AxB}$). Wenn man also die Effektgröße $\phi^2_{VA,B}$, die auf die Binnenvarianz $\sigma^2_{I,B}$ eines einfaktoriellen Planes standardisiert ist, in das $\phi^2_{VA,BA,B}$ umrechnen will, das auf der reduzierten Binnenstreuung $\sigma^2_{I,BA}$ des zweifaktoriellen Planes beruht, geschieht dies mittels folgender Formel:

(6.59) $\phi^2_{VA,BA,B} = \phi^2_{VA,B}/\Pi_{BA}$.

Dabei wird die **Effektgröße** wie bisher zunächst als $\phi_{VA,B}$ festgelegt, dann wird eine Abschätzung der Reduktion der Binnenvarianz, also des **Präzisionsindexes**

Π_{BA}, vorgenommen und abschließend wird das $\phi_{VA,BA,B}$ nach Formel (6.59) berechnet. Für Faktor A und die Interaktion AxB resultieren dann auf die gleiche Weise die Effektgrößen $\phi_{VA,BA,A}$ und $\phi_{VA,BA,AxB}$. Zusätzliche Berücksichtigung für die Tests der beiden Haupteffekte A und B können die Muster unterschiedlicher Variabilität finden, die im vorigen Abschnitt im Zusammenhang mit der einfaktoriellen VA angesprochen worden sind [Formeln (6.21), (6.22), (6.23) und (6.24)]. Für den Test des Interaktionseffektes hat J. Cohen (1988) keine entsprechenden Formeln vorgeschlagen.

Da in die Berechnung der Effektgröße $\phi_{VA,B}$ die weitere Effektgröße $\delta_{R,B}$ eingeht, kann anstelle der Effektgröße $\phi_{VA,B}$ auch die Effektgröße $\delta_{R,B}$ in die Größe $\delta_{R,BA,B}$ umgerechnet werden:

(6.60) $\delta_{R,BA,B} = \delta_{R,B}/\sqrt{\Pi_{BA}}$.

Je nach zu testender Hypothese ergibt sich dann auch wieder $\phi^2_{VA,BA,A}$ und $\phi^2_{VA,BA,AxB}$. Die empirischen Entsprechungen für diese **Effektgrößen** lauten:

(6.61) $f^2_{VA,BA,A} = QSA/QSI(BA)$,

(6.62) $f^2_{VA,BA,B} = QSB/QSI(BA)$ und

(6.63) $f^2_{VA,BA,AxB} = QSAxB/QSI(BA)$.

Die **Testplanung** für eine zweifaktorielle VA erfolgt in Analogie zur Testplanung für die einfaktorielle VA. Für die Planung nach der TPS 1 wird die entsprechende Formel (6.29) im vorigen Abschnitt so verändert, dass sie den Präzisionsgewinn berücksichtigt. Dazu operiert man nicht mehr mit der Effektgröße $\phi_{VA,B}$, sondern mit den Größen $\phi_{VA,BA,B}$, $\phi_{VA,BA,A}$ und $\phi_{VA,BA,AxB}$, die nach Formel (6.59) errechnet wurden. Dies ergibt für die **TPS 1** und für den Test von Faktor B:

(6.64) $n'_k = \dfrac{n_{0,05}}{400\phi^2_{VA,B,krit}/\Pi_{BA}} + 1 = \dfrac{n_{0,05}}{400\phi^2_{VA,BA,B,krit}} + 1$.

Umstellen der Formel (6.64) ermöglicht dann eine Testplanung nach der Strategie **TPS 2**:

(6.65) $n_{0,05} = 400(n'_k - 1)\phi^2_{VA,B,krit}/\Pi_{BA} = 400(n'_k - 1)\phi^2_{VA,BA,B,krit}$.

Und für die **TPS 3** stellt man die Formel (6.64) wie folgt um:

(6.66) $\phi^2_{VA,BA,B,krit} = \dfrac{\phi^2_{VA,B}}{\Pi_{BA}} = \dfrac{n_{0,05}}{400(n'_k - 1)}$.

Die vorstehenden Formeln sind für Tests über den Faktor B vorgesehen. Für die beiden anderen möglichen Tests ist dann mit $\phi^2_{VA,BA,A}$ bzw. mit $\phi^2_{VA,BA,AxB}$ zu operieren, und als Ergebnis der TPS 1 erhält man dann Werte n'_j und n'_{jk}. Warum diese Stichprobenumfänge mit einem Apostroph versehen sind, wird sofort erläutert.

Die Testplanungstabelle A.3 im Anhang enthält die für die Benutzung der vorstehenden Formeln notwendigen Werte für $n_{0,05}$, für verschiedene Signifikanzniveaus und verschiedene Teststärken. Bei nicht tabellierten Werten für α_{krit}, für die Zählerfreiheitsgraden FG_Z und für die Teststärke $1 - \beta_{krit}$ sollte man linear interpolieren.

Da J. Cohens Stichprobengrößenbestimmungstabellen für einfaktorielle **VAn** ausgelegt sind, ist am benötigten und mit der Formel (6.64) sowie der Tabelle A.3 des Anhangs zu errechnende n' für zwei- und höherfaktorielle **VAn** eine Adjustierung vorzunehmen, und zwar indem man das für $\phi_{VA,BA,krit}$, α_{krit} und β_{krit} aus den Tabellen mit Formel (6.64) bestimmbare n' nach

(6.67) $\quad n_{jk,A} = \dfrac{(n'_A - 1)(FG_{Z,A} + 1)}{JK} + 1,$

(6.68) $\quad n_{jk,B} = \dfrac{(n'_B - 1)(FG_{Z,B} + 1)}{JK} + 1$ und

(6.69) $\quad n_{jk,AxB} = \dfrac{(n'_{AxB} - 1)(FG_{Z,AxB} + 1)}{JK} + 1$

umrechnet, wobei JK die Anzahl der Zellen des Versuchsplanes bezeichnet (J. Cohen, 1988, S. 396). Bei drei Faktoren ist der Divisor gleich JKL usw. Mittels dieser Formel wird die pro Zelle AB_{jk} benötigte Vpn-Anzahl bestimmt, und die Anzahl n_k für den Haupteffekt B ergibt sich dann als $n_k = (J)n_{jk}$ und für den Haupteffekt A nach $n_j = (K)n_{jk}$. Der Interaktionstest beruht auf n_{jk}.

Diese Umrechnungsformeln werden allerdings nicht allen Fällen gerecht, besonders in einigen Fällen von komplexen **VAn** nicht, wenn die Nennerfreiheitsgrade sich sehr von der Gesamtstichprobengröße unterscheiden und wenn große Effekte nachgewiesen werden sollen (vgl. Erdfelder, Faul & Buchner, 1996, S. 4). Die von diesen Autoren zum Ausgleich der resultierenden Unterschätzung der Teststärke vorgeschlagene Korrektur an der Effektgröße ϕ^2_{VA} ist allerdings wenig hilfreich, weil in das Korrekturglied Größen eingehen, die man im Zuge der Testplanung erst bestimmen will. Da der Benutzung höherfaktorieller Pläne normalerweise der immense Vpn-Bedarf entgegensteht - es sollte, um der Randomisierung eine Chance zu geben, sich als wirksam zu erweisen, keine Zelle des Versuchsplanes mit weniger als n = 11 Vpn besetzt sein (s.o.) -, soll diesem Problem hier nicht weiter nachgegangen werden, zumal in einfachen Versuchsplänen wie den hier besprochenen die genannten Probleme nicht auftreten.

Betrachten wir einige Beispiele.

Beispiel 6.3: Die Prüfung der **PH-6** („Beim Lernen von Material unterschiedlicher Bildhaftigkeit *verändert* sich im Mittel die Gedächtnisleistung *nicht*, wenn die Lernzeit zu kurz zum Aktivieren des imaginalen und des verbalen Kodes ist") soll

Testplanung bei Hypothesen der Varianz- und der Kovarianzanalyse   159

in einem zweifaktoriellen Versuchsplan auf der Ebene des Haupteffektes B mit K = 3 Stufen erfolgen, in den mit der Bedeutungshaltigkeit (m') ein potenzieller Störfaktor durch systematische Variation kontrolliert wird (Faktor A mit K = 2 Stufen). Für diesen Kontrollfaktor wird *keine* eigene Hypothese aufgestellt.

(6.70) PH-6 ≈> (PH-6 ∧ VSVS) ≈> PV-6(BA;K=3;J=2): ($MWR_{1.} = MWR_{2.}$,
$MWR_{2.} = MWR_{3.}$, $MWR_{1.} = MWR_{3.}$) ≈> [PV-6(BA;K=3;J=3) ∧ SHH] ≈>
SV-6(BA;K=3;J=2) ≈> ST-6(AB;K=3;J=2;KER):
($\mu_1 = \mu_2 = \mu_3$) ⇔ ($H_{0,3}$: $\mu_k = \mu_{k'}$ für *alle Paare* k, k' mit k = 1, ..., K = 3).

Hier erfolgt **testbedingt** eine konjunktive Verknüpfung der einzelnen Prüfinstanzen. - Es wird festgelegt: $\alpha_{krit,3}$ = 0,10, $\beta_{krit,3}$ = 0,20 - ein liberaler Wert - und $\delta_{R,B,krit,3}$ = 0,60. Die relative Reduktion der Fehlervarianz wird mit Π_{AB} = 0,70 erwartet, so dass nach Formel (6.61) $\delta_{R,BA,B,3}$ = 0,7171 wird. Es wird Muster 3 ausgewählt, so dass sich ergibt: $\phi_{VA,3,BA,B,krit,3}$ = (0,4339)(0,4714) ≈ 0,35 (0,3381) - ein Effekt mittlerer Größe. Daraus folgt n' = [1029/(400)(0,1143)] + 1 = 23,4656 bzw. n' = 24. Dieses n' muss noch nach Formel (6.69) umgerechnet werden: $n_{jk,B}$ = [(23)(3)/(3)(2)] + 1 = 12,50, also $n_{jk,B}$ = 13. Damit ergibt sich auf der Ebene des Haupteffektes B n_k = (2)(13) = 26 und insgesamt N = 78. Der Versuch wird als Kleingruppenversuch mit schriftlicher Reproduktion im Rahmen einer Diplomarbeit durchgeführt. Seine Ergebnisse lauten: $M_{.1}$ = 30,0; $M_{.2}$ = 33,0; $M_{.3}$ = 32,0 und $s^2_{I,BA}$ = 50,0. Daraus lässt sich berechnen: QSB = 121,3333 und QSI(BA) = (3)(4)(12)(50,0) = 7200,0, so dass $F_{VA,B,emp,3}$ = 1,21333 bei $F_{krit(0,10;2;72),3}$ ≈ 2,39 wird. Die vorhersagekonforme $H_{0,3}$ kann also beibehalten werden, und die ihr äquivalente die SV-5(BA;K=3;J=3) wird angenommen. Für die empirische Effektgröße gilt: $f_{VA,BA,B,3}$ = 0,1298 < $\phi_{VA,3,BA,B,krit,3}$ = 0,20; die PV-5(BA;K=3;J=3) ist damit eingetreten, und die PH-5 hat sich in dem Versuch bewähren können.

Beispiel 6.4: Auch die **PH-5** („Beim Lernen von sehr bildhaftem Material ist die Gedächtnisleistung *anders* als beim Lernen von wenig bildhaftem Material") soll in einem zweifaktoriellen Plan unter Einbezug eines Kontrollfaktors A geprüft werden. Mit dem Kontrollfaktor A (Geschlecht) mit J = 2 Stufen wird ebenfalls eine psychologische Hypothese verbunden, und zwar die **PH-8**: „Männliche Personen lernen im Mittel anders als weibliche Personen". Zunächst erfolgen die Ableitungen aus der PH-5 für die Ebene des Haupteffektes B in einem zweifaktoriellen Plan:

(6.71) DKT: (PH-5 ∧ VSVS) ≈> PV-5(BA;K=3;J=2): ($MWR_{.1} \neq MWR_{.2}$,
$MWR_{.2} \neq MWR_{.3}$, $MWR_{.1} \neq MWR_{.3}$) ≈> [PV-5(BA;K=3;J=2) ∧ SHH] ≈>
SV-5(BA;K=3;J=3): [($\mu_{.1} \neq \mu_{.2}$), ($\mu_{.2} \neq \mu_{.3}$), ($\mu_{.1} \neq \mu_{.3}$)] ≈>
≈> ST-5(BA;K=3;J=2;DER):
($H_{1,4}$: $\mu_{.k} \neq \mu_{.k'}$ für *mindestens ein Paar* von Faktorstufen k und k');

es erfolgt also wieder eine **testbedingte** disjunktive Zusammenfassung der Prüfinstanzen (DER), was zu einer relativ schwachen, aber dafür wohlwollenden Prüfung der PH-5 führt. Die Ableitung für die PH-8 ergibt:

(6.72) PH-8 $\approx$> (PH-8 $\wedge$ VSVS) $\approx$> PV-8(BA;K=3;J=2): ($MWR_{1.} \neq MWR_{2.}$) $\approx$>

$\approx$> ($MWR_{1.} \neq MWR_{2.}$) $\approx$> [PV-8(BA;K=3;J=2) $\wedge$ SHH] $\approx$>

$\approx$> SV-8(BA;K=3;J=2): ($\mu_{1.} \neq \mu_{2.}$) $\approx$>

$\approx$> ST-8(BA,K=3;J=2): ($H_{1,5}$: $\mu_{1.} - \mu_{2.} \neq 0$):

Für die Prüfung der PH-5 wird festgelegt: $\alpha_{krit,4} = 0{,}05$ und $1 - \beta_{krit,4} = 0{,}80$ sowie $\delta_{R,B,krit,4} = 0{,}80$. Die Reduktion der Binnenvarianz durch den zweiten Faktor A und/oder seine Interaktion mit B wird mit $\Pi_{BA} = 0{,}60$ angenommen, so dass sich nach Formel (6.61) ergibt: $\delta_{R,BA,krit,4} = 0{,}80/0{,}7746 \approx 1{,}0$ (1,0328). Dann gilt für Muster 2: $\phi_{VA,2,BA,B,krit,4} = (1{,}0328/2)\{[(3 + 1)/[3(3 - 1)]\}^{1/2} = 0{,}40$ (0,4216). Daraus folgt nach Formel (6.65) (TPS 1): $n'_k = [1286/(400)(0{,}1777)] + 1 = 19{,}0876$ bzw. $n'_k = 20$. Umrechnung nach Formel (6.69) ergibt: $n_{jk,B} = [(19)(3)/(3)(2)] + 1 = 10{,}50$, also $n_{jk,B} = 11$, und damit $n_k = 22$ sowie $N = 66$. Dies bedeutet für die PH-8: $n_{jk,A} = 11$ und nach Umrechnung nach Formel (6.68) $n'_A = 33$. Für die Prüfung der PH-8 wird festgelegt: $\alpha_{krit,5} = 0{,}05$ und $\beta_{krit,5} = 0{,}10$. Es erfolgt dann eine Testplanung nach der TPS 3 und Formel (6.67): $\phi^2_{VA,BA,A,5} = 2102/(400)(22) = 0{,}2389$ bzw. $\phi_{VA,BA,A,krit,5} = 0{,}50$ (0,4887) - ein großer Effekt.

Der Versuch wird unter den festgelegten Spezifikationen durchgeführt und führt zu den in der folgenden Tabelle 6.2 enthaltenen Mittelwerten bei $s^2_{I,BA} = 55{,}0$.

Tabelle 6.2: Ergebnisse (Mittelwerte) bei der Prüfung der PH-5 und der PH-8				
Faktor A:	**Faktor B: eingeschätzte Bildhaftigkeit**			
Geschlecht	B_1: wenig bildhaft	B_2: mittlere Bildhaftigkeit	B_3: sehr bildhaft	**Randmittelwerte**
A_1: weiblich	--	--	--	$M_{1.} = 23{,}0$
A_2: männlich	--	--	--	$M_{2.} = 29{,}0$
Randmittelwerte	$M_{.1} = 20{,}0$	$M_{.2} = 27{,}0$	$M_{.3} = 31{,}0$	$M_{..} = 26{,}0$

Bei der Prüfung der PH-5 ergibt sich: $QSB = 1860{,}0$ und $QSI(BA) = (3)(2)(9)(55{,}0) = 2970{,}0$. Der empirische F-Wert lautet dann: $F_{VA,B,emp,4} = 11{,}2727$ bei $F_{krit(0{,}05;2;87),4} \approx 3{,}07$. Die vorhersagekonforme $H_{1,4}$ kann also angenommen werden und mit ihr die ihr vorgeordnete SV-5(BA;K=3;J=3). Für die Effektgröße ergibt sich: $f_{VA,BA,B,4} = 0{,}4175 \approx \phi_{VA,3,BA,A,krit,4} = 0{,}40$, also kann die PV-5(BA; K=3;J=3) als eingetreten beurteilt werden und die PH-5 als bewährt, sofern während des Versuches keine schwerwiegenden Validitätsmängel aufgetreten sind. Bei der davon unabhängigen Prüfung der PH-8 erhält man: $QSA = 540{,}0$ und $F_{VA,A,emp,5} = 9{,}8182$ bei $F_{krit(0{,}05;1;87),5} \approx 4{,}00$. Die vorhersagekonforme $H_{1,5}$ und die ihr äquivalente SV-8(BA;K=3;J=2) können angenommen werden. Für den empirischen Effekt gilt: $f_{VA,BA,A,5} = 0{,}4264 < \phi_{VA,3,BA,A,krit,5} = 0{,}50$. Damit wird die PV-

8(BA;K=3;J=2) als bedingt eingetreten beurteilt und die (unspezifische) PH-8 als bedingt bewährt.

Beispiel 6.5: *Alternativ* kann - wie oben angesprochen - die Prüfung der **PH-5** (und auch der **PH-6**) auch auf der Ebene der Zellen bzw. der Ebene der einfachen Haupteffekte (EHE) B in A_j erfolgen, wodurch mehr Prüfinstanzen resultieren, die bei konjunktiver Verknüpfung die Strenge der Prüfung erhöhen. Wählt man diesen Weg, ergeben sich die folgenden Ableitungen aus der PH-5:

(6.73) DKT: (PH-5 $\wedge$ VSVS) $\approx$> PV-5(BA;K=3;J=3;EHE; KER):

$(MWR_{j1} \neq MWR_{j2}, MWR_{j2} \neq MWR_{j3}, MWR_{j1} \neq MWR_{j3}$

für *alle Paare* j, j = 1, ..., J = 3) $\approx$>

[PV-5(BA;K=3;J=3) $\wedge$ SHH;KER] $\approx$> SV-5(BA;K=3;J=3;EHE;KER):

$[(\mu_{j1} \neq \mu_{j2}) \vee (\mu_{j2} \neq \mu_{j3}) \vee (\mu_{j1} \neq \mu_{j3})$ für *alle Paare* j, j = 1, ..., J] $\approx$>

ST-5(BA;K=3;J=3;EHE;DER):

$[(H_{1,6}: \mu_{1k} \neq \mu_{1k'}$ für *mindestens ein Paar* k, k') $\vee$

$\vee (H_{1,7}: \mu_{2k} \neq \mu_{2k'}$ für *mindestens ein Paar* k, k') $\vee$

$\vee (H_{1,8}: \mu_{3k} \neq \mu_{3k'}$ für *mindestens ein Paar* k, k').

Es erfolgt also **testbedingt** eine disjunktive Verknüpfung der Prüfinstanzen (jeweils K = 2) über die Stufen des hypothesenrelevanten Faktors B und eine **konjunktive Verknüpfung** der Prüfinstanzen über die Stufen von A. Das heißt, dass die SV-5(BA;K=3;J=3) dann angenommen wird, wenn auf *allen* Stufen von A (KER) *mindestens eine* Ungleichheit (DER) vorliegt.

Die Forscherin, die die PH-5 prüfen möchte, plant die drei vorgesehenen einfaktoriellen **VAn** für $\alpha_{krit,t} = 0,05$ und $\beta_{krit,t} = 0,20$. Sie legt mit $\delta_{R,B,krit,t} = 0,80$ einen großen Effekt fest, und sie rechnet mit einem Präzisionsindex der Höhe $\Pi_{BA} = 0,50$, so dass sich ergibt: $\delta_{R,BA,B,krit,t} = 1,1314$. Für die Bestimmung der Effektgrößen $\phi_{VA,BA,B,t}$ legt sie Muster 2 zugrunde, so dass resultiert: $\phi_{VA,2,BA,B,krit,t} = (1,1314/2)\{[(3+1)/[3(3-1)]\}^{1/2} = 0,4619$ und $\phi^2_{VA,2,B,BA,krit,t} = 0,2133$. Daraus folgt nach Formel (6.64): $n_t = [1286/(400)(0,2133)] + 1 = 16,0695$ bzw. $n_t = 17$ und N = (17)(3)(3) = 153. Der benötigte Stichprobenumfang ist etwas hoch, aber die Forscherin glaubt, dass sie mit etwas Propaganda und unter Einbezug von Lehrenden, die ihre Veranstaltung für den Versuch zur Verfügung stellen, die benötigte Anzahl von Vpn zusammen bekommt. - Der Versuch kann - da eine schriftliche Darbietung des Lernmaterials vorgesehen ist - in größeren Gruppen durchgeführt werden, und die Wortliste ist so lang gewählt worden, dass der gesamte Versuch 45 Minuten dauert. Er erbringt die in Tabelle 6.3 enthaltenen Ergebnisse, aus denen bereits die Mittelwerte M_{jk} berechnet wurden. Die Testvarianz lautet: $s^2_{I,BA} = 60,00$. - Die drei einfaktoriellen **VAn** führen zu den folgenden Resultaten: $F_{VA,B,emp,6} = (1462,00/2)/60,00 = 12,1833$; $F_{VA,B,emp,7} = 527,00/60,00 = 8,7833$ und $F_{VA,B,emp,8} = 731,00/60,00 = 12,1833$ bei $F_{krit(0,05;2;261),t} = 3,060$. Die als vorhersagekonform abgeleiteten ungerichteten Alternativhypothesen und die ihnen vorgeordnete SV-5(BA;K=3;J=3;EHE) können damit angenommen werden. Zur Berechnung der Effektgrößen $f_{VA,BA,B,t}$ wird die Binnenquadratsumme benötigt: QSI(BA) = (60,00)(3)(3)(16) = 8640,00. Damit ergibt sich: $f_{VA,BA,B,6}$ = 0,4114 ≈ $\phi_{VA,BA,B,krit,t}$ = 0,4216; $f_{VAB,,BA,7}$ = 0,3493 < $\phi_{VA,3,BA,B,krit,t}$ = 0,4216 sowie $f_{VA,BA,B,8}$ = 0,4114 ≈ $\phi_{VA,3,BA,B,krit,t}$ = 0,4216. Einer der Effekte fällt geringer aus als der zugehörige Kriteriumswert. Hält man ihn für sich genommen für hinreichend groß, so kann die PV-5(BA;K=3;J=3;EHE) als eingetreten bewertet werden. Die PH-5 hat sich dann in dieser Prüfung bewähren können.

Tabelle 6.3: Ergebnisse bei der Prüfung der PH-5 auf der Ebene der einfachen Haupteffekte B in A_j

Faktor A: Kontrollfaktor (m')	Faktor B: eingeschätzte Bildhaftigkeit			Randmittelwerte
	B_1: niedrig	B_2: mittel	B_3: hoch	
A_1: niedrig	M_{11} = 14	M_{12} = 22	M_{13} = 27	$M_{1.}$ = 21,00
A_2: mittel	M_{21} = 18	M_{22} = 25	M_{22} = 29	$M_{2.}$ = 24,00
A_3: hoch	M_{31} = 22	M_{32} = 30	M_{33} = 35	$M_{3.}$ = 29,00
Randmittelwerte	$M_{.1}$ = 18,00	$M_{.2}$ = 25,6667	$M_{.3}$ = 30,333	$M_{..}$ = 24,6667

Anmerkungen. m' (m: „meaningfulness") bezeichnet die eingeschätzte Bedeutungshaltigkeit als Kontrollvariable. Die Randmittelwerte dienen ausschließlich der folgenden Berechnung des empirischen Präzisionsindexes P_{BA}.

Welche Größe hat der empirische Präzisionsindex P_{BA}? QSI(BA) = 8640,00; QSBA = 5644,00; QSB = 3955,3333; QSA = 1666,00; QSAxB = 5644,00 − 3955,00 − 1666,00 = 23,00; QSI(B) = QSI(BA) + QSA + QSAxB = 10329,00 und P_{BA} = 8640,00/10329,00 = 0,8365. Es hat also eine weit geringere Präzisionserhöhung stattgefunden als vorher vermutet.

Beispiel 6.6: In diesem Beispiel wird sowohl für die Interaktion in einem zweifaktoriellen Plan als auch für die beiden Haupteffekte eine Vorhersage abgeleitet. Myers (1972) untersucht das Verhalten von Vpn in Glücksspielen, an denen sie teilnehmen können oder nicht, wobei mit der Teilnahme resp. Nicht-Teilnahme ein sicherer Gewinn oder Verlust verbunden ist (Faktor B; K = 2 Stufen). Das Risiko in dem Glücksspiel wird in J = 3 Stufen variiert (Faktor A). Die AV sind mittlere Prozentsätze; die weiteren Details brauchen an dieser Stelle nicht zu interessieren. Er leitet für eine varianzanalytische Auswertung die folgenden Vorhersagen aus einer „theory of choice behavior" (**PH-9**) ab (Myers, 1972, S. 106): „(a') There will be a significant AB interaction ... (b') The A main effect will not be significant ... (c') The B main effect will be significant ... . If hypotheses (a'), (b'), and (c') are verified and if, in addition, the effects are in the predicted order, our behavioral hypotheses are supported". Dies ergibt:

(6.74) (PT ∧ HH) ≈> (PH-9 ∧ VSVS) ≈> [PV-9(BA;J=3;K=2) ∧ VSVS] ≈>
SV-9(BA;J=3;K=2) ≈> ST-9(BA;J=3;K=2):
[($H_{0,9}$: $\mu_{1.} = \mu_{2.} = \mu_{3.}$) ∧ ($H_{1,10}$: $\mu_{.1} \neq \mu_{.2}$) ∧
∧ ($H_{1,11}$: $\mu_{jk} - \mu_{j'k} - \mu_{jk'} + \mu_{j'k'} \neq 0$ für *mindestens eine Tetrade* von Zellen)].

Es wird mit $\Pi_{BA} = 0{,}60$ gerechnet. Als erstes wird der Test der $H_{0,9}$ (Faktor A) geplant. Der Effekt $\phi_{VA,A}$ wird auf $\phi_{VA,A,krit,9} = 0{,}25$ festgelegt, was unter Berücksichtigung des Präzisionsindexes zu $\phi_{VA,BA,A,krit,11} = 0{,}30$ (0,3227) führt. Ferner wird spezifiziert: $\alpha_{krit,9} = 0{,}05$ und $\beta_{krit,9} = 0{,}20$. Daraus lässt sich ermitteln: $n_{jk,AxB} = 35$. Nach Formel (6.69) ergibt sich: $n_{jk,AxB} = 18{,}50$, und Aufrunden führt zu $n_{jk,AxB} = 19$. Damit resultiert für die Ebene des Haupteffektes A $n_j = 2(19) = 38$ Vpn und für die Ebene des Haupteffektes B $n_k = 3(19) = 57$, also insgesamt $N = 114$. Die beiden verbleibenden Tests werden unter den gleichen Festlegungen für α und β nach der TPS 3 geplant, und zwar zunächst der Test des Haupteffektes B. Einsetzen in Formel (6.66) ergibt: $\phi_{VA,BA,B,krit,10} = 0{,}45$ (0,4267). Nochmaliges Einsetzen in Formel (6.66) ergibt dann für die Interaktion AxB: $\phi_{VA,BA,AxB,krit,11} = 0{,}40$ (0,4226).

Tabelle 6.4: Mittelwerte zur Prüfung der PH-9			
	Faktor B: Folgen des Verzichts auf ein Glücksspiel		
Faktor A: Höhe des Risikos	B_1: sicherer Verlust	B_2: sicherer Gewinn	**Randmittelwerte**
A_1: gering	$M_{11} = 0{,}70$	$M_{12} = 0{,}10$	$M_{1.} = 0{,}40$
A_2: mittel	$M_{21} = 0{,}62$	$M_{22} = 0{,}23$	$M_{2.} = 0{,}425$
A_3: hoch	$M_{31} = 0{,}48$	$M_{32} = 0{,}33$	$M_{3.} = 0{,}405$
Randmittelwerte	$M_{.1} = 0{,}60$	$M_{.2} = 0{,}22$	$M_{..} = 0{,}41$
Anmerkungen. Angegeben sind die mittleren Prozentsätze pro Bedingung.			

Der Versuch wird durchgeführt und ergibt die in der vorstehenden Tabelle enthaltenen mittleren Prozentsätze bei der Binnenvarianz von $s^2_{I,BA} = 0{,}10$. Die **VA** führt zu den folgenden Resultaten: $F_{VA,A,emp,9} = (0{,}0133/2)/0{,}10 = 0{,}0655$ bei $F_{krit(0,05;2;108),9} = 3{,}04$; $F_{VA,B,emp,10} = (4{,}1154/1)/0{,}10 = 41{,}1540$ bei $F_{krit(0,05;1;108),10} = 3{,}92$ und $F_{VA,AxB,emp,11} = [(5{,}0920 - 4{,}1154 - 0{,}0133)/2]/0{,}10 = 4{,}8165$ bei $F_{krit(0,05;2;108),11} = 3{,}04$. Der statistisch insignifikante F-Wert für den Haupteffekt A zusammen mit dem signifikanten F-Wert für die Interaktion bedeuten, dass letztere für A disordinal ist, und zwar so, dass sich entsprechende Differenzen jeweils von Betrag her gleich sind. Die Binnenquadratsumme lautet: $QSI(BA) = 0{,}10$ $JK(n-1) = 10{,}80$. Damit lassen sich die folgenden Effekte berechnen: $f_{VA,BA,A,9} = 0{,}0351$; $f_{VA,BA,B,10} = 0{,}6173$ und $f_{VA,BA,AxB,11} = 0{,}2987$. Der Effekt zu Lasten Faktor A fällt erwartungsgemäß kleiner aus als der Kriteriumswert, da ja die Nullhypothese vorhersagekonform angenommen wurde. Der Effekt zu Lasten Faktor B ist größer als der Kriteriumseffekt, während der Effekt zu Lasten der Interaktion geringer ausfällt als der zugehörige Kriteriumseffekt. Insgesamt scheint es aber gerechtfertigt, die PV-9(BA;J=3;K=2) als bedingt eingetreten anzusehen und die PH-9 als bedingt bewährt, wobei berücksichtigt wurde, dass die Prüfung alles andere als optimal gewesen ist. Dies wird deutlich, wenn diese Hypothese im Beispiel 9.18 in Abschnitt 9.2 nochmals aufgegriffen wird.

Wie groß ist der Wert des Präzisionsindexes? QSI(BA) = 10,80; QSI(B) = 10,80 + 0,0133 + 0,9633 = 11,7766 und P_{BA} = 10,80/11,7766 = 0,9171 - ein wesentlich größerer Wert als vor dem Versuch angenommen.

Im nächsten Abschnitt wird die Planung von Tests über varianzanalytische Hypothesen im einfaktoriellen Messwiederholungsplan bzw. einem Plan mit randomisierten Blöcken behandelt.

6.4 Hypothesen der einfaktoriellen Messwiederholungsvarianzanalyse und bei randomisierten Blöcken

Ein Versuchsplan mit wiederholten Messungen über K ≥ 3 Versuchsbedingungen stellt die Erweiterung des **t-Tests** für abhängige Stichproben dar. Die Entscheidung für die intraindividuelle Bedingungsvariation oder Messwiederholung fällt in aller Regel auf der Ebene der PV, auf der über den Versuchsplan entschieden wird. Eine **Varianzanalyse** (VA) mit Messwiederholungen hat gegenüber der **VA** bei interindividueller Bedingungsvariation den Vorteil, dass sie zu einer meist beträchtlichen Einsparung an Vpn und zu einer Erhöhung der Präzision führt, sofern die Korrelation $\rho_{Z,wdh,B}$ als Mittelwert aus den Korrelationen $\rho_{Z,wdh,kk'}$ zwischen den Versuchsbedingungen substanziell größer als Null ist, anderenfalls, also bei $\rho_{Z,wdh,B} < 0$, erfolgt eine Verringerung der Präzision. Die empirische Entsprechung der Korrelation $\rho_{Z,wdh,B}$, nämlich $r_{Z,wdh,B}$, wird als Mittelwert aus den paarweise bestimmten K(K − 1)/2 Korrelationen $r_{Z,wdh,kk'}$ über die K Versuchsbedingungen bestimmt.

Der Nachteil von wiederholten Messungen liegt darin, dass dadurch, dass alle Vpn alle Versuchsbedingungen durchlaufen, *Sequenzwirkungen* auftreten können, die die CPD- oder interne Validität gefährden und die nicht immer leicht zu kontrollieren sind (vgl. dazu die Abschn. 2.2 und 5.6.1). Es werden alle K! möglichen Abfolgen der Versuchsbedingungen hergestellt, und wenn man im Zuge der Testplanung genügend Vpn ermittelt hat, wird jeder Vp zufällig eine dieser Abfolgen zugewiesen; andernfalls zieht man aus allen möglichen Abfolgen eine zufällige Stichprobe der Größe n und weist jeder Vp eine dieser Abfolgen zufällig zu. Auf diese Weise werden zumindest die einfachen Sequenzwirkungen kontrolliert (vgl. auch Hager, 1987). - In Abhängigkeit davon, ob man die Vpn als eigenen Faktor interpretiert oder nicht, heißt die hier behandelte **VA** über **wiederholte Messungen** entweder zwei-

oder einfaktoriell. Die Interpretation der Vpn hat allerdings keinen Einfluss auf die Berechnungen.

Ein Sonderfall der intraindividuellen Bedingungsvariation liegt dann vor, wenn man nicht alle Vpn allen Versuchsbedingungen unterzieht, sondern die Vpn nach einer oder mehrerer vor dem Versuch erhobenen und potenziell störenden Variablen **parallelisiert** bzw. zu **homogenen Blöcken** zusammenfasst. Die Vpn sind dann hinsichtlich dieser Variablen ähnlich. Dieses Vorgehen ist nur dann im Sinne der Präzisionssteigerung sinnvoll, wenn zwischen dieser/n Variablen und der AV des Versuchs eine nicht zu geringe statistische Assoziation besteht. Diese Vorgehensweise stellt die Erweiterung der parallelisierten Paare beim **t-Test** für abhängige Stichproben dar. Jeder der J homogenen Blöcke besteht aus K Vpn, wobei K die Anzahl der Versuchsbedingungen von B bezeichnet. Unter jeder Versuchsbedingung wird dann also eine andere Vp untersucht. Man spricht in diesem Fall von **randomisierten Block-Plan** oder vom **Plan der Zufallsblöcke**, wenn die Vpn jedes Blockes zufällig auf die Versuchsbedingungen verteilt werden.

Da bei randomisierten Blöcken (RB) jede Vp nur einer der K Versuchsbedingungen zugewiesen wird, können keine Sequenzwirkungen auftreten. Dies ist der entscheidende Vorteil, den Pläne mit randomisierten Blöcken vor Messwiederholungsplänen aufweisen. Wiederholte Messungen zeichnet demgegenüber aus, dass man mit deutlich weniger Vpn auskommt als im Plan der Zufallsblöcke. Des Weiteren sind die Vpn im Messwiederholungsplan hinsichtlich *aller* möglichen Variablen parallelisiert, während im Plan der Zufallsblöcke die Parallelisierung der Vpn immer nur hinsichtlich weniger Variablen und im Extremfall nur hinsichtlich einer erfolgen kann. Dies hat zur Folge, dass man in Plänen mit randomisierten Blöcken stets mit einer niedrigeren Zwischenkorrelation $\rho_{Z,RB,B}$ rechnen sollte als bei wiederholten Messungen: $\rho_{Z,wdh,B} > \rho_{Z,RB,B}$. Da die Sequenzwirkungen einen negativen Einfluss auf die CPD-Validität ausüben, sind randomisierte Blöcke den wiederholten Messungen stets vorzuziehen, obwohl bei ihnen die Präzisionserhöhung in aller Regel nicht ganz so hoch ausfallen wird wie bei Messwiederholungen. In beiden Plänen kann im Übrigen die Interaktion Treatment-mal-Vpn (BxVpn) nicht selbst getestet werden.

Dass Sequenzwirkungen auftreten können, muss nicht zwangsläufig bedeuten, dass diese Erwartung realistisch ist. Wenn man bei einer Prüfung der Bildhaftigkeitshypothesen mit wiederholten Messungen die Wortlisten so konstruiert, dass eine zufällige Abfolge der Wörter unterschiedlicher Bildhaftigkeit resultiert und wenn man zusätzlich jeder Vp eine andere Liste mit zufällig angeordneten Wörtern vorlegt, ist das Auftreten von Sequenzeffekten, die sich differenziell in den Versuchsbedingungen bemerkbar machen und die dadurch die Ceteris-paribus-distributionibus-Validität einschränken, extrem unwahrscheinlich. Auf der anderen Seite: Wenn die einzige Variation der Reihenfolgen darin besteht, dass man eine Liste mit einem Block sehr bildhafter Wörter, einem Block mit Wörtern mittlerer Bildhaftigkeit und einem letzten Block mit wenig bildhaften Wörtern und diese Blöcke als Ganzes in unterschiedliche Reihenfolgen bringt, kann es geschehen, dass diejenigen Vpn, die eine Liste mit sehr bildhaften Wörtern am Anfang erhalten, im Vorteil sein mögen, weil bildhafte Wörter im Gegensatz zu weniger bildhaften Wörtern mit erhöhter Wahrscheinlichkeit auf spezielle Lernstrategien zurückgreifen, die sie auch beim Lernen der weniger bildhaften Wörter erfolgreich einsetzen können. Auf diese Weise entstehen Sequenzwirkungen höherer Ordnung, die nicht kontrolliert werden können.

Sowohl im Versuchsplan mit randomisierten Blöcken, also bei Parallelisierung, als auch bei der Messwiederholung sind die *gegeneinander getesteten Hypothesen die gleichen* wie bei der oben behandelten einfaktoriellen **VA** ohne wiederholte Messungen [vgl. die Formeln (6.13) und (6.14) in Abschn. 6.2]. Auch die ungerichteten Hypothesen einer **VA** mit wiederholten Messungen oder mit randomisierten Blöcken lassen sich extrem selten aus PHn und PVn ableiten.

Bei wiederholten Messungen und bei randomisierten Blöcken wird der wiederholte Faktor (hier: B) nicht gegen $s^2_{I,B}$ getestet, sondern gegen die Residualvarianz $s^2_{Res,B}$ mit $FG_N = (K-1)(n-1)$. Diese erfasst die Interaktion der Vpn mit den Treatments und kann selbst nicht auf statistische Signifikanz getestet werden. Damit dieser Test valide ist, muss ihm Homogenität oder genauer Zirkularität der Varianz-Kovarianz-Matrix zugeschrieben werden. Zirkularität oder Sphärizität, die einen Spezialfall der Homogenität darstellen, liegen dann vor, wenn gilt, dass die Summe der Streuungen in zwei beliebigen Versuchsgruppen abzüglich der zweifachen Kovarianz zwischen diesen Versuchsgruppen einen Wert ergibt, der für alle möglichen Paare von Versuchsgruppen gleich oder konstant ist (vgl. etwa Winer, D.R. Brown & Michels, 1991, S. 241). Unter der Interpretation von statistischen Tests als Hilfstheorien ohne empirischen Gehalt braucht diese zusätzliche Voraussetzung nicht getestet zu werden; sie wird mit in die Menge **SHH** der statistischen Hilfshypothesen aufgenommen.

Die Testgröße für einen einfaktoriellen Messwiederholungsplan lautet (**F-Test**):

$$(6.75) \quad F_{VA,wdh,B,emp} = \frac{QSB/(K-1)}{QSRes,B/(K-1)(n-1)}.$$

Auf der Modellebene gilt dabei folgende Beziehung zwischen der Testvarianz einer einfaktoriellen **VA**, nämlich $\sigma^2_{I,B}$, und der Residualvarianz bei wiederholten Messungen, $\sigma^2_{Res,B}$:

$$(6.76) \quad \sigma^2_{Res,B} = \sigma^2_{I,B}(1 - \rho_{Z,wdh,B}).$$

$\rho_{Z,wdh,B}$ bezeichnet die Korrelation zwischen den Messwertereihen, die im Modell als konstant angenommen wird, die empirisch aber immer variieren wird. $(1 - \rho_{Z,wdh,B})$ ist also eine andere Art von **Präzisionsindex**, denn auch durch die Multiplikation mit $(1 - \rho_{Z,wdh,B})$ wird $\sigma^2_{I,B}$ reduziert, so dass in aller Regel gilt, dass $\sigma^2_{Res,B} < \sigma^2_{I,B}$. Bei $K = 2$ gilt dabei für den Vergleich der Varianz der Differenzen D_i des **t-Tests**, s^2_D, mit Residualvarianz der **Messwiederholungsvarianzanalyse**, $s^2_{Res,B}$:

(6.77) $s^2_D = 2s^2_{Res,B}$.

Für die Testplanung sollte berücksichtigt werden, dass nach Formel (6.76) gilt:

(6.78) $\phi^2_{VA,wdh,B} = \sigma^2_B/\sigma^2_{Res,B} = \sigma^2_B/\sigma^2_{I,B}(1 - \rho_{Z,wdh,B})$.

Gemeint ist wieder die **Effektgröße** $\phi^2_{VA,B}$ aus der einfaktoriellen **VA**. Man legt zweckmäßigerweise das $\phi_{VA,B}$ wie bei der einfaktoriellen **VA** fest, wie dies in Abschnitt 6.2, Formeln (6.21) bis (6.24), geschehen ist. Das spezifizierte $\phi_{VA,B}$ wird dann nach Formel

(6.79) $\phi^2_{VA,wdh,B} = \phi^2_{VA,B}/(1 - \rho_{Z,wdh,B})$

umgerechnet, und dieses $\phi^2_{VA,wdh,B}$ fungiert dann als **Effektgröße** für (einfaktorielle) **Messwiederholungsvarianzanalysen**. Man geht dann wieder von Formel (6.29) aus, die für die Testplanung nach **TPS 1** für **Messwiederholungsvarianzanalysen** wie folgt modifiziert wird:

(6.80) $n = \dfrac{n_{0,05}}{400\phi^2_{VA,B,krit}/(1-\rho_{Z,wdh,B})} + 1 = \dfrac{n_{0,05}}{400\phi^2_{VA,wdh,B,krit}} + 1$.

Umstellen der Formel ermöglicht dann eine Testplanung nach der Strategie nach **TPS 2**:

(6.81) $n_{0,05} = 400(n-1)\phi^2_{VA,wdh,B,krit}$.

Erneutes Umstellen führt zu einer Formel zur Durchführung einer Testplanung nach der Strategie **TPS 3**:

(6.82) $\phi^2_{VA,wdh,B,krit} = \dfrac{\phi^2_{VA,B}}{1-\rho_{Z,wdh,B}} = \dfrac{n_{0,05}}{400(n-1)}$.

n bezeichnet die Anzahl der Vpn und Kn = N die Anzahl der Messwerte bzw. im Plan der Zufallsblöcke die Anzahl der Vpn. Bei Verwendung von randomisierten Blöcken bzw. bei Parallelisierung ist in den Formel (6.79) und (6.80) bis (6.82) $\rho_{Z,wdh,B}$ durch $\rho_{Z,RB,B}$ zu ersetzen. Die Formeln sind für $FG_N = K(n-1)$ ausgelegt, während die zum Testen bei wiederholten Messungen benutzte Residualvarianz auf $FG_N = (K-1)(n-1)$ beruht. Der Unterschied fällt nicht ins Gewicht.

Beispiel 6.7: Die Bildhaftigkeitshypothesen können auch mit wiederholten Messungen geprüft werden, wozu eine Liste mit einem Drittel wenig bildhafter Wörter ($B_1 = 2,5$), einem weiteren Drittel mit Wörtern mittlerer Bildhaftigkeit ($B_2 = 4,3$) und als letztes Drittel mit sehr bildhaften Wörter ($B_3 = 6,3$) zusammengestellt wird, in der die Reihenfolge der Wörter zufällig variiert wird. Durch dieses Vorgehen ist das Auftreten von Sequenzwirkungen eher unwahrscheinlich, und die Ceteris-paribus-distributionibus- (CPD-) Validität des Versuches kann dabei als gesichert gelten. Für die **PH-5** („Beim Lernen von sehr bildhaftem Material ist die

Gedächtnisleistung *anders* als beim Lernen von wenig bildhaftem Material") ergibt sich:

(6.83) DKT: (PH-5 ∧ VSVS) ≈> PV-5(B;wdh;K=3): (MWR$_1$ ≠ MWR$_2$,
MWR$_2$ ≠ MWR$_3$, MWR$_1$ ≠ MWR$_3$) ≈> [PV-5(wdh;B;K=3) ∧ SHH] ≈>
≈> SV-5(B;wdh;K=3): [(μ$_{.1}$ ≠ μ$_{.2}$), (μ$_{.2}$ ≠ μ$_{.3}$), (μ$_{.1}$ ≠ μ$_{.3}$)] ≈> ST-5(wdh;B;K=3;DER):
(H$_{1,12}$: μ$_{.k}$ ≠ μ$_{.k'}$ für *mindestens ein Paar* von Versuchsbedingungen k und k').

Die abgeleitete Hypothese H$_{1,12}$ entspricht der H$_{1,VA,wdh,B}$ einer **VA** (s.o.). Diese bewirkt hier **testbedingt** eine disjunktive Zusammenfassung der möglichen Prüfinstanzen und führt damit zu einer f-valideren Prüfung als bei konjunktiver Zusammenfassung der Prüfinstanzen, die jeweils aus K = 2 Versuchsbedingungen bestehen. Es wird für die Testplanung festgelegt: α$_{krit,12}$ = 0,05, β$_{krit,12}$ = 0,20 und δ$_{R,B,krit,12}$ = 0,80; für ρ$_{Z,wdh,B}$ gelte aufgrund einer vergleichbaren Vorgängeruntersuchung: ρ$_{Z,wdh,B}$ = 0,60. Dann ist unter Muster 2 φ$_{VA,2,B,12}$ = 0,80/2[4/(3)(2)]$^{1/2}$ = 0,2449 und φ$_{VA,2,wdh,B,12}$ = 0,2449/0,6325 = 0,3872 bzw. φ$_{VA,2,wdh,B,krit,12}$ = 0,40 - ein mittelgroßer Effekt. Einsetzen in Formel (6.80) ergibt: n$_{12}$ = [1286/(400)(0,1500)] + 1 = 22,4333 bzw. n$_{12}$ = 23. Der Versuch wird als Gruppenversuch mit höheren Semestern des Studienfaches Psychologie im Rahmen der Lehrveranstaltung Experimentalpsychologisches Praktikum durchgeführt. Er erbringt folgende Resultate: M$_1$ = 28,0; M$_2$ = 35,0; M$_3$ = 30,0 und s$^2_{Res,B}$ = 45,0. Daraus lässt sich berechnen: QSB = 598,0 und F$_{VA,wdh,emp,12}$ = 6,6444 bei F$_{krit(0,05;2;22),12}$ = 3,44. Die vorhersagekonforme H$_{1,12}$ sowie die SV-5(B; wdh;K=3) wird daher angenommen. QSRes,B = (45)(22)(2) = 1980,0. f$^2_{VA,wdh,B,12}$ = QSB/QSRes,B = 0,3020 und f$_{VA,wdh,B,12}$ = 0,5496, ein Effekt, der den der Testplanung (φ$_{VA,2,wdh,B,krit,12}$ = 0,40) deutlich übersteigt. Damit kann die PV-5(B;wdh;K=3) als uneingeschränkt eingetreten angesehen werden, und die PH-5 hat sich bewähren können, sofern der Versuch so verlaufen ist wie geplant. Der Bewährungsentscheidung liegt allerdings eine relativ schwache Prüfung zugrunde, weil **testbedingt** mit einer disjunktiven Verknüpfung der Prüfinstanzen gearbeitet wurde. Zudem wurde mit einer relativ liberalen β-Fehlerwahrscheinlichkeit operiert.

Beispiel 6.8: Die **PH-6** soll unter Verwendung von randomisierten Blöcken (RB) geprüft werden. Bei ihr resultiert:

(6.84) DKT: (PH-6 ∧ VSVS) ≈> PH-6(B;RB;K=3): (MWR$_1$ = MWR$_2$,
MWR$_2$ = MWR$_3$, MWR$_1$ = MWR$_3$) ≈> [PV-6(B;RB;K=3 ∧ SHH] ≈>
≈> SV-6(B;RB;K=3): [(μ$_1$ = μ$_2$), (μ$_2$ = μ$_3$), (μ$_1$ = μ$_3$)] ≈>
⇔ ST-6(B;RB;K=3;KER): (μ$_1$ = μ$_2$ = μ$_3$) ⇔
⇔ (H$_{0,13}$: μ$_k$ = μ$_{k'}$ für *alle Paare* k, k' mit k = 1, ..., K = 3).

Die abgeleitete Hypothese H$_{0,13}$ entspricht der H$_{0,VA,wdh,B}$ einer **VA** (s.o.). Die **VA** bewirkt hier wieder **testbedingt** eine konjunktive Verknüpfung der möglichen Prüfinstanzen mit jeweils K = 2 (KER), und dies führt dazu, dass die Prüfung der

Testplanung bei Hypothesen der Varianz- und der Kovarianzanalyse

PH-6 über die PV-6(B;RB;K=3) strenger als bei einer disjunktiven Verknüpfung ausfällt. Die PH-6 kann damit einer strengeren Prüfung unterzogen werden als die PH-5 aus dem vorigen Beispiel, weil dort testbedingt eine disjunktive Verknüpfung der einzelnen Prüfinstanzen resultierte. Bei der Prüfung der PH-6 über die PV-6(B;RB;K=3) ist der Test für die als vorhersagekonform abgeleitete $H_{0,13}$ zu planen. Es stehen N = 150 Vpn zur Verfügung, so dass n_k = 50 ist. Es werden festgelegt: $\alpha_{krit,13}$ = 0,10 und $\beta_{krit,13}$ = 0,20. Die Zwischenkorrelation wird mit $\rho_{Z,RB,B}$ = 0,50 erwartet. Wie groß ist der nachweisbare Effekt (TPS 3)? Einsetzen in Formel (6.82) führt zu: $\phi^2_{VA,RB,B,13}$ = 1029/(400)(49) = 0,0525 und $\phi_{VA,RB,B,krit,13}$ = 0,25 (0,2391) - ein mittlerer Effekt. Der Versuch wird durchgeführt, und seine Ergebnisse lauten: M_1 = 33,0; M_2 = 35,0; M_3 = 29,0 und $s^2_{Res,B}$ = 26,0 bei $r_{Z,RB}$ = 0,55. Für QSB gilt: QSB = 933,3333, so dass $F_{VA,RB,B,emp,13}$ = 17,9487 bei $F_{krit(0,10;2;98),13}$ ≈ 2,35 wird. Die vorhersagekonforme $H_{0,13}$ muss abgelehnt werden und damit auch die ihr vorgeordnete SV-6(B;RB;K=3). Der empirische Effekt hat bei $QSRes,B$ = 2548,0 die Größe: $f_{VA,RB,B,13}$ = 0,6052 > $\phi_{VA,RB,B,krit,13}$ = 0,25. Die PV-6(B;RB;K=3) ist nicht eingetreten, und die PH-6 hat sich nicht bewährt. Allerdings waren die Fehlerwahrscheinlichkeiten relativ groß, aber ohne diese Liberalisierung der Fehlerwahrscheinlichkeiten hätte der Versuch kaum durchgeführt werden können.

Wenn man nicht alle möglichen Bedingungskombinationen in einem Versuchsplan realisiert, entstehen *hierarchische Versuchspläne*. Diesen ist gemeinsam, dass entweder nicht alle oder gar keine statistischen Interaktionen getestet werden können und für die Interpretierbarkeit der durchführbaren Tests als nicht von Null verschieden angenommen werden. Spezielle hierarchische Pläne mit dem Namen „**Lateinische Quadrate**" werden zuweilen zur Kontrolle der Sequenzwirkungen in Plänen mit wiederholten Messungen eingesetzt. „Quadrat" heißen diese Anordnung deshalb, weil jeder Faktor mit der gleichen Anzahl von Stufen (L) versehen ist. Und: „The design got its name from an ancient puzzle that dealt with the numbers of different ways that Latin letters could be arranged in a square matrix" (Kirk, 1995, S. 319).

In Lateinischen Quadraten wird stets nur eine Auswahl der überhaupt möglichen Reihenfolgen realisiert. Mit derartigen Anordnungen können *einfache Sequenzwirkungen* kontrolliert werden, aber nicht solche höherer Ordnung, die sog. Übertragungs- bzw. die asymmetrischen Sequenzwirkungen. Diese können darin bestehen, dass z.B. die Abfolge B_1 - B_2 eine spezielle Wirkung erzeugt, die sich auf B_3 überträgt. Da die Abfolge B_1 - B_2 nur noch einmal, und zwar in der 2. Zeile auftritt, ohne dass ihr noch eine weitere Behandlung folgt, kann diese Übertragungswirkung nicht ausgeglichen werden. Die von B_1 und B_2 ausgehende Übertragungswirkung ist damit auf die Gruppe G_2 beschränkt und führt daher zu einer Verfälschung der Resultate des entsprechenden statistischen Tests (vgl. Tab. 6.5).

Die nachstehende Tabelle 6.5 zeigt eine mögliche Abfolge der Bedingungen für einen hypothesenrelevanten Faktor B, einen Kontrollfaktor A und einen Gruppierungsfaktor G in einem Lateinischen Quadrat der Ordnung 4x4. Es erfolgen wiederholte Messungen über Faktor B, d.h. jede Vp pro Gruppe G_m durchläuft eine Abfolge des Treatments B bzw. der Treatmentkombination BA. Die möglichen Abfolgen für den Kontrollfaktor A werden dabei nicht realisiert.

Tabelle 6.5: Veranschaulichung eines Lateinischen Quadrates der Ordnung 4x4

Faktor G:	Faktor B: hypothesenrelevanter Faktor		
Gruppen von Vpn	Faktor A: Kontrollfaktor		
	A_1	A_2	A_3
Gruppe 1	BA_{31}	BA_{12}	BA_{23}
Gruppe 2	BA_{11}	BA_{22}	BA_{33}
Gruppe 3	BA_{21}	BA_{32}	BA_{13}

Lateinische Quadrate gibt es in den verschiedensten Varianten, worunter auch einige sind, in denen keine wiederholten Messungen erfolgen. Eine ausführliche Behandlung von Lateinischen Quadraten und ihren Auswertungsmöglichkeiten findet sich bei Winer, D.R. Brown und Michels (1991, S. 674-735). Allen Lateinischen Quadraten ist gemeinsam, dass die Haupteffekte (in Tabelle 6.5: B, A und G) getestet werden können, aber keine Interaktionen. In dem Plan, der in Tabelle 6.5 veranschaulicht ist, werden die n Vpn pro Gruppe G_m *zufällig* einer der gewählten Reihenfolgen der Stufen des Faktors B zugewiesen. Je stärker sich die Gruppen voneinander unterscheiden, desto mehr Variation können sie als systematisierbar auf sich ziehen. Tabelle 6.6 gibt die Analyse von Winer, D.R. Brown und Michels (1991, S. 682-683) wieder.

Tabelle 6.6: Auswertung eines Lateinischen Quadrates (LQ) nach Winer, D.R. Brown und Michels (1991, S. 702-704)

Quelle der Variation	Freiheitsgrade	Varianzen
Zwischen den Vpn	$Ln - 1$	
Faktor G (Gruppierungsfaktor): QSG	$L - 1$	s^2_G
Vpn innerhalb der Gruppen	$L(n - 1)$	$s^2_{P(G)}$
Innerhalb der Vpn	$nL(L - 1)$	
Faktor B (hypothesenrelevanter Faktor): QSB	$L - 1$	s^2_B
Faktor A (Kontrollfaktor): QSA	$L - 1$	s^2_A
Interaktion AxB (Teilinformation): QS(AxB)'	$(L - 1)(L - 2)$	s^2_{BxA}
Fehler innerhalb der Zellen: QSI(LQ,BAG)	$L(n - 1)(L - 1)$	$s^2_{I,LQ,BAG}$
Total: QSTotal(LQ)	$nL^2 - 1$	

Unterschiede zwischen den Gruppen enthalten teilweise Unterschiede zu Lasten der verschiedenen Kombinationen von B und A, die einen Teil der Interaktion BxA ausmachen. Diese „Teil-Interaktion" AxB wird dabei wie folgt bestimmt:

(6.86) QS(AxB)' = QSAxB - QSG,

wobei die QSAxB wie im zweifaktoriellen Plan berechnet wird.

Testplanung bei Hypothesen der Varianz- und der Kovarianzanalyse

Die Testvarianz für die Haupteffekte, die unter der Annahme getestet und interpretiert werden können, dass die Interaktionen zwischen den Faktoren höchstens von vernachlässigbarer Größe sind, ist die Varianz innerhalb der Zellen, also $s^2_{I,LQ,BAG}$. Zwar stehen im Lateinischen Quadrat nur vglw. wenige Freiheitsgrade zur Verfügung, aber dem gegenüber steht eine üblicherweise im Vergleich zum vollständigen Versuchsplan und zum Plan mit Zufallsblöcken oder wiederholten Messungen eine beträchtliche Reduktion der Testvarianz, die durch die Aufnahme der potenziellen Störfaktoren zustande kommt, die Variation als systematisierbar ausweisen, die in den anderen Plänen der Testvarianz zugeschlagen wird - zu den Einzelheiten vergleiche Kirk (1995, S. 335-337). Demnach gilt im üblichen Fall:

(6.87) $s^2_{I,LQ,BAG} < s^2_{I,B}$,

und dies heißt, dass man für den **Präzisionsindex** $\Pi_{LQ,BAG}$ in aller Regel vglw. kleine Werte ansetzen kann, denn es gilt auch hier:

(6.88) $\sigma^2_{I,LQ,BAG} = \sigma^2_{I,B} \Pi_{LQ,BAG}$.

Für die **Effektgröße** $\delta^2_{R,LQ,BCG}$ folgt daraus:

(6.89) $\delta^2_{R,LQ,BAG} = \dfrac{\delta^2_{R,B}}{\Pi_{LQ,BAG}}$

oder nach Formel (6.79):

(6.90) $\phi^2_{VA,LQ,BAG} = \phi^2_{VA,B} / \Pi_{LQ,BAG}$.

Hat man diese Effektgröße bestimmt, können die folgenden Schritte der Testplanung wie oben beschrieben durchgeführt werden, ohne dass dies hier demonstriert werden soll. Die Durchführung der **F-Tests** erfolgt wie gewohnt, und zwar hier gegen die $s^2_{I,BAG}$ mit $FG_N = L(n-1)(L-1)$.

Der Test, der nach Kirk (1995, S. 325; vgl. auch Winer, D.R. Brown & Michels, 1991, S. 708) zuerst durchgeführt werden sollte, betrifft die Residualvarianz $s^2_{Res,LQ}$, um in Erfahrung zu bringen, ob irgendwelche Interaktionen in den Daten enthalten sind, die ja infolge der Hierarchisierung nicht getestet werden können. Es sollte also der folgende F-Bruch bei $FG_Z = (L-1)(L-2)$ und $FG_N = L(n-1)(L-1)$ gebildet werden:

(6.91) $F_{VA,Res,emp} = s^2_{Res,LQ,B} / s^2_{I,LQ,BAG,B}$.

Bleibt dieser Test statistisch insignifikant, kann daraus geschlossen werden, dass keine nennenswerten Interaktionen in den Daten verborgen sind. Wird er dagegen statistisch signifikant, dann bedeutet dies, dass die **F-Tests** der Haupteffekte zumindest teilweise antikonservativ ausfallen, dass also die entsprechenden F-Werte künstlich zu groß sind. Dieser Test sollte wie ein Test zweier Varianzen nach der TPS 2 oder der TPS 3 geplant werden, wie dies in Kapitel 11 demonstriert wird; allerdings muss man dabei von vornherein von hohen Werten für α_{krit} und für β_{krit} ausgehen, weil die Anzahl der Freiheitsgrade $(L-1)(L-2)$ durchweg sehr gering ausfallen werden. Die TPS 1 kommt für diesen Test nicht in Frage, da die Planung des Stichprobenumfanges für den hypothesenrelevanten Faktor B Vorrang hat.

Wegen der üblicherweise geringen im Lateinischen Quadrat einer handhabbaren Ordnung verfügbaren Nennerfreiheitsgrade schlägt Kirk (1995, S. 327) dann vor, die beiden in Frage kommenden Testvarianzen $s^2_{Res,LQ,B}$ und $s^2_{I,LQ,BAG,B}$ zu „poolen", d.h. zu mitteln:

$$(6.92) \quad s^2_{Res,LQ,pooled,B} = \frac{QS\,Res, LQ, B + QSI(LQ, BAG, B)}{(L-1)(L-2) + L(n-1)(L-1)} = \frac{QS\,Res, LQ, pooled, B}{(nL-2)(L-1)}.$$

Dieses „Poolen" sollte allerdings nur erfolgen, wenn der Test nach Formel (6.91) statistisch insignifikant ausfällt, da anderenfalls die Mittelung der Testvarianzen wenig sinnvoll ist. Da wiederholte Messungen vorliegen, ist auch mit einer Korrelation $\rho_{Z,wdh}$ zwischen den Versuchsbedingungen zu rechnen, die mit der $s^2_{Res,pooled,B}$ verbunden ist. Zudem wird mit der $s^2_{I,BAC,B}$ operiert, die sich aus der Binnenvarianz einer einfaktoriellen VA, $s^2_{I,B}$, durch Multiplikation mit dem Wert des Präzisionsindexes Π_{BAC} ergibt. Daraus resultiert für die Testvarianz:

$$(6.93) \quad \sigma^2_{Res,LQ,pooled,B} = \sigma^2_{I,B}(1 - \rho_{Z,wdh,B})\Pi_{LQ,BAG}.$$

Für die **Effektgröße** $\delta^2_{R,LQ,BAC,t}$ folgt daraus:

$$(6.94) \quad \delta^2_{R,LQ,BAG,B,t} = \frac{\delta^2_{R,B,t}}{(1-\rho_{Z,wdh,B})\Pi_{BAG}}$$

oder nach Formel (6.79):

$$(6.95) \quad \phi^2_{VA,LQ,BAG,B} = \phi^2_{VA,B}/(1 - \rho_{Z,wdh,B})\Pi_{LQ,BAG}.$$

Auf der Grundlage der vorstehenden Formeln kann man dann die Testplanung vornehmen, wie es oben beschrieben worden ist. Die Durchführung der **F-Tests** erfolgt hier entweder gegen die $s^2_{Res,LQ;pooled,BAG,B}$ mit $FG_N = (nL-2)(L-1)$ oder - wenn man kein „Pooling" der Varianzen vorgenommen hat - gegen die $s^2_{I,BAG,B}$ mit $FG_N = L(n-1)(L-1)$.

Weitere Einzelheiten zu den Lateinischen Quadraten, von denen es im Übrigen auch eine Variante gibt, die „Griechisch-Lateinisches Quadrat" heißt, findet man bei Kirk (1995) und bei Winer, D.R. Brown und Michels (1991).

Auch in **höherfaktoriellen Plänen** lassen sich **wiederholte Messungen** durchführen. Dabei sind Eimer (1978, S. 118-129), Girden (1992) sowie Keppel (1991, S. 461-478) die einzigen mir bekannten Quellen, die auch den Fall behandeln, dass im zweifaktoriellen Design Messwiederholungen über beide Faktoren erfolgen. In diesem Fall sind drei Testvarianzen zu benutzen (Keppel, 1991, S. 464), nämlich $s^2_{Res,B}$ für Faktor B [mit $FG_{N,B} = (K-1)(n-1)$ und $\rho_{Z,wdh,B}$], $s^2_{Res,A}$ für Faktor A [mit $FG_{N,A} = (J-1)(n-1)$ und $\rho_{Z,wdh,A}$] und $s^2_{Res,A\times B}$ für die Interaktion AxB [mit $FG_{N,A\times B} = (K-1)(J-1)(n-1)$ und $\rho_{Z,wdh,B,A} = (1 - \rho_{Z,wdh,B})(1 - \rho_{Z,wdh,A})$]. Sofern man mit einem

Plan operiert, für den in den einschlägigen Lehrbüchern keine Auswertungshinweise zu finden sind, so dass man keine Informationen über die Beziehung zwischen der geeigneten Testvarianz und der Testvarianz $s^2_{I,B}$ des einfaktoriellen Planes zur Verfügung hat, kann man eine Hypothese über den oder die wiederholten Faktor/en unter Verwendung der Binnenvarianz $s^2_{I,BA...}$ i.A. konservativ testen. Diese Testvarianz entsteht dabei aus der Testvarianz $s^2_{I,B}$ im einfaktoriellen Fall durch Multiplikation mit dem gewählten Wert für den Präzisionsindex $\Pi_{BA...}$. $\Pi_{BA...}$ tritt dann an die Stelle der (unbekannten) Korrelationsterme der Form $(1 - \rho_{Z,wdh,UV})$. Man kann dabei $\Pi_{BA...}$ um so kleiner wählen, je mehr Faktoren in das Design aufgenommen wurden: $0 < ... < \Pi_{BACD} < \Pi_{BAC} < \Pi_{BA} < 1$. Auf diese Weise kann man den konservativen Charakter des Tests ausgleichen. Bei der Testplanung werden dann die Effektgrößen $\delta_{B,krit,t}$ wie oben geschildert unter Verwendung des Wertes für den Präzisionsindex in Werte $\delta_{BA,t,krit}$, $\delta_{BAC,t,krit}$ usw. umgerechnet. *Auf diese Weise kann man die Testplanung und Auswertung für beliebige Messwiederholungspläne und alle gemischten Pläne (mit wiederholten und mit nicht wiederholten Faktoren) vornehmen.*

Im nächsten Abschnitt folgt die Testplanung für eine einfaktorielle **Kovarianzanalyse**.

6.5 Hypothesen der einfaktoriellen Kovarianzanalyse

Bei der **Kovarianzanalyse (KOVA)** wird neben der eigentlich interessierenden AV Y vor dem Versuch noch eine zweite Variable, die Kovariate X, erhoben, von der begründbar vermutet wird oder von der bekannt ist, dass zwischen ihr und der AV ein substanzieller Zusammenhang besteht, so dass sie die Ergebnisse des Versuches verfälschen könnte, wenn sie nicht kontrolliert wird. Dazu muss die Kovariate auf Intervallskalenniveau erhoben werden können. Die **KOVA** dient dann dazu, den Einfluss dieses potenziellen Störfaktors statistisch zu beseitigen. Dabei wird vorausgesetzt, dass die beiden Variablen linear miteinander verbunden sind, und das Ausmaß des linearen Zusammenhanges zwischen der Kovariate X und der AV Y wird durch die Binnenkorrelation $\rho_{I,KOVA}$ ausgedrückt. Nur wenn ein ausgeprägter linearer Zusammenhang zwischen Kovariate X und AV Y vorliegt, führt die **KOVA** zu Vorteilen gegenüber der **Varianzanalyse (VA)**. Ob durch die **KOVA** auch eine Vergrößerung der Treatmentvarianz $s^2_{B,KOVA}$, die auf den adjustierten Mittelwerte $M_{k,adj}$ beruht, hängt von der relativen Größe zweier Korrelationen ab, $r_{Z,KOVA}$ und $r_{I,KOVA}$, auf die sogleich näher eingegangen wird. Mittels einer linearen Regressionsgleichung wird dann derjenige Anteil an der AV Y, der auf Grund der Kovariate X linear vorhersagbar ist, aus dieser herausgelöst, und es wird dann mit dem durch die Kovariate nicht vorhersagbaren Anteil an der AV Y, den sog. Regressionsresiduen, weiter gearbeitet. Dies geschieht derart, dass die Treatment-, die Fehler- und die totale Quadratsumme der AV Y unter Verwendung von Quadratsummen, die sich auf die Binnenvariation, die Treatmentvariation und die totale Variation der Kovariate X, der AV Y und das Kreuzprodukt der Werte x_{ik} und y_{ik} von Kovariate und AV Y beziehen, „adjustiert" werden.

Die **KOVA** sollte nur bei Randomisierung eingesetzt werden. Ist dies der Fall, kann mit relativ ausgeprägten Unterschieden auf der Kovariaten zwischen den Vpn innerhalb verschiedener Versuchsbedingungen gerechnet werden; dies reduziert den Fehlerterm und erhöht die Präzision (vgl. Keppel, 1991, S. 302). Aber die **KOVA** wird auch bei intakten Gruppen eingesetzt, für die man mindestens eine bekannte potenzielle Störvariable kontrollieren will. Das Problem dabei ist, dass dass sich intakte Gruppen auch noch hinsichtlich einer Vielzahl anderer potenzieller Störvariablen unterscheiden, so dass eine eindeutige Interpretation der mit der **KOVA** erzielbaren empirischen Ergebnisse zumindest nicht unwesentlich erschwert, wenn nicht gar unmöglich gemacht wird; siehe zur Diskussion der **KOVA** bei nicht-äquivalenten Gruppen etwa Reichardt (1979). Keppel und Zedeck (1989, S. 483) sehen die Randomisierung als die essenzielle Voraussetzung für die Durchführung einer **KOVA** an.

Wildt und Ahtola (1978, S. 15) nennen die folgenden Bedingungen für den Einsatz der **KOVA**: 1) Es liegt eine Störvariable vor, von der begründet vermutet wird, dass sie die AV beeinflusst; 2) dieser Störfaktor ist auf Intervallskalenniveau und fehlerfrei erfassbar; 3) die Art der funktionalen Beziehung zwischen der Kovariate und der AV ist bekannt und linear; 4) eine direkte Kontrolle der Störvariablen durch experimentelle Techniken ist nicht möglich oder nicht vorgesehen; 5) die Kovariate kann so erhoben werden, dass sie durch das Treatment nicht beeinflusst wird; dieses Kriterium ist erfüllt, wenn a) die Kovariate vor dem Versuch erhoben werden kann; wenn b) die Kovariate nach dem Treatment erhoben wird, aber bevor das Treatment Gelegenheit hatte, die Kovariate zu beeinflussen; oder wenn c) das Treatment die Kovariate nicht beeinflussen kann. Also ist die direkte experimentelle Kontrolle von potenziellen Störfaktoren vor allem durch die Randomisierung stets vorzuziehen. Eine nicht messfehlerfrei erfassbare Kovariate verringert die Teststärke, wobei das genaue Ausmaß der Verringerung nur dann bestimmbar ist, wenn man die Reliabilität der Kovariate und die Korrelation zwischen den „wahren" Werten der Kovariate und der AV Y abschätzen kann (vgl. Rogers & Hopkins, 1988).

Im Rahmen der **KOVA** wird mit den sog. Regressionsresiduen operiert, also denjenigen Anteilen an der AV, die nicht linear durch die Kovariate vorhergesagt werden können. Diese Regressionsresiduen sind üblicherweise nicht leicht zu interpretieren, und man weiß nicht so genau, was sie eigentlich wie gut messen. Dies kann es nahelegen, anstelle der **KOVA** einen Vortest-Nachtest-Versuchsplan einzusetzen (vgl. Abschn. 9.5), bei dem die Differenzen „Nachtestwerte minus Vortestwerte" einfacher zu interpretieren sind, oder einen Plan mit randomisierten Blöcken, bei dem die Beziehung zwischen dem Störfaktor und der AV jede beliebige Form annehmen kann. Die Analyse von randomisierten Blöcken ist daher vorzuziehen, wenn man lediglich eine Reduktion der Fehlervarianz durch die Kontrolle eines potenziellen Störfaktors erzielen will und wenn man keine ausschließlich lineare Beziehung zwischen der Kovariate und der AV annehmen kann oder will. Andererseits muss man die **KOVA** kennen, da sie sich in der Forschungspraxis einer ziemlichen Beliebtheit erfreut. Dieser Tatbestand darf jedoch nicht darüber hinweg täuschen, „that extreme caution must be exercised in interpreting results obtained from analysis of covariance" (S.E. Maxwell & Cramer, 1975, S. 190) oder wie Elashoff (1969, S. 383) bemerkt: „Analysis of covariance: A delicate instrument".

Die **KOVA** sollte ferner nur dann verwendet werden, wenn die Steigungen innerhalb der Versuchsgruppen ($b_{I,KOVA,k}$) als homogen erwartet werden können, so dass es Sinn macht, einen mittleren Steigungskoeffizienten $b_{I,KOVA}$ zu berechnen; dies ist bei randomisierter Zuweisung der Vpn zu den experimentellen Bedingungen üblicherweise der Fall. Bspw. Bortz (1999, S. 358) sowie Myers und Well (1992, S. 450) heben jedoch hervor, dass in jedem Fall der Test auf Homogenität der Steigungen erforderlich ist, während z.B. Winer, D.R. Brown und Michels (1991, S. 768) meinen, dass diese Testung *nicht* durchgeführt zu werden braucht, *wenn* eine zufällige Zuweisung der Vpn zu den Versuchsbedingungen stattgefunden hat. Bei stark unterschiedlichen Werten $b_{I,k}$, die bei randomisierter Zuweisung zwar möglich, aber doch sehr unwahrscheinlich sind, sollten die individuellen Werte der Kovariate dazu benutzt werden, ein sog. „Post-hoc-Blocking" durchzuführen (vgl. Bortz, 1999, S. 358), also die Vpn nach dem Versuch, aber vor der Datenauswertung in homogene Blöcke zusammenzufassen (Parallelisierung) und die Daten entsprechend auszuwerten (**VA** für randomisierte Blöcke; vgl. Abschn. 6.4). Oder man interpretiert die Kovariate als Kontrollfaktor A mit J Stufen und erhält damit einen zweifaktoriellen Plan. Alternativ kann die Annahme homogener Innerhalbsteigungen $b_{I,k,KOVA}$ unter der Interpretation von statistischen Tests als Hilfstheorie ohne empirischen Gehalt auch in die Menge **SHH** der statistischen Hilfshypothesen mit aufgenommen werden. Der mittlere Steigungskoeffizient $b_{I,KOVA,B}$ wird zur Berechnung der adjustierten Mittelwerte (vgl. dazu Abschn. 8.3) benötigt und wie folgt bestimmt (Kirk, 1995, S. 713):

$$(6.96) \quad b_{I,KOVA,B} = \frac{\sum_{k=1}^{K}\sum_{i=1}^{n}(x_{ik}-\bar{x}_k)(y_{ik}-\bar{y}_k)}{\sum_{k=1}^{K}\sum_{i=1}^{n}(x_{ik}-\bar{x}_k)} = \frac{QSXYFehler}{QSXFehler},$$

wobei y_{ik} und $\bar{y}_k$ bzw. x_{ik} und $\bar{x}_k$ die Roh- und die Mittelwerte der AV Y bzw. der Kovariate X in Bedingung B_k bezeichnen; QSXFehler ist die Quadratsumme innerhalb der Kovariate X (Fehler in X) und QSXYFehler die Quadratsumme der Kreuzprodukte von X und von Y.

Hat man sich für die Durchführung einer **KOVA** entschieden, sollte als erstes die mittlere Binnenkorrelation $r_{I,KOVA,B}$ bestimmt werden:

(6.97) $r_{I,KOVA,B} = \dfrac{\sum_{k=1}^{K}\sum_{i=1}^{n}(x_{ik}-\bar{x}_k)(y_{ik}-\bar{y}_k)}{\sqrt{\sum_{k=1}^{K}\sum_{i=1}^{n}(x_{ik}-\bar{x}_k)^2 * \sum_{k=1}^{K}\sum_{i=1}^{n}(y_{ik}-\bar{y}_k)^2}} =$

$= \dfrac{\text{QSXYFehler}}{\sqrt{(\text{QSXFehler})(\text{QSYFehler})}}.$

Der Korrelationskoeffizient $r_{I,KOVA,B}$ erhält das Vorzeichen der QSXYFehler. - Zwar könnte man diese Korrelation auch auf statistische Signifikanz testen, aber da der Stichprobenumfang für die **KOVA** bestimmt wird und in aller Regel N > 50 beträgt, würde dieser Test schon bei relativ kleinen kritischen Werten für die Korrelation statistisch signifikant, nämlich bei Werten zwischen $0{,}15 \leq r_{I,KOVA,B,krit} \leq 0{,}35$. Wenn dann die Korrelation nur geringfügig größer als der kritische Wert ist, liegt zwar statistische Signifikanz vor, aber dies bedeutet nicht notwendigerweise auch, dass die Korrelation $r_{I,KOVA,B}$ so groß ist, dass eine substanzielle Beziehung zwischen Kovariate und AV besteht, die zu einer Präzisionserhöhung führt. Diese resultiert nämlich nur dann, wenn $r_{I,KOVA} > \pm 0{,}40$. Bei $\pm 0{,}40 < r_{I,KOVA,B} < \pm 0{,}60$ führt eine zweifaktorielle **Varianzanalyse** mit der Kovariate als J-fach gestuftem Kontrollfaktor A oder ein Blockplan zum gleichen oder sogar zu einem größeren Präzisionsgewinn, und erst ab $r_{I,KOVA,B} \geq 0{,}60$ ist die **KOVA** vorteilhaft; bei $0{,}20 \leq r_{I,KOVA,B} \leq \pm 0{,}40$ ist eine Auswertung als Plan mit randomisierten Blöcken der **KOVA** vorzuziehen (vgl. dazu Kirk, 1995, S. 739). Gilt dagegen $r_{I,KOVA,B} < 0{,}20$, führen weder die **KOVA** noch die zweifaktorielle **VA** im Vergleich zu einer einfaktoriellen **VA** zu einer Präzisionserhöhung (vgl. Feldt, 1958, S. 347).

Zusätzlich sollte noch die Korrelation zwischen den Versuchsbedingungen, $r_{Z,KOVA,B}$, berechnet werden, also die Korrelation zwischen den Mittelwerten der Kovariate X und der AV Y (vgl. Bortz, 1999, S. 358):

(6.98) $r_{Z,KOVA,B} = \dfrac{n\sum(\bar{x}_k-\bar{\bar{x}})(\bar{y}_k-\bar{\bar{y}})}{\sqrt{n\sum(\bar{x}_k-\bar{\bar{x}})^2 * n\sum(\bar{y}_k-\bar{\bar{y}})^2}} = \dfrac{\text{QSXYTreat}}{\sqrt{(\text{QSXTreat})(\text{QSYTreat})}},$

und der Korrelationskoeffizient $r_{Z,KOVA,B}$ erhält das Vorzeichen der QSXYTreat. Ist $r_{Z,KOVA,B}$ größer als $r_{I,KOVA,B}$, dann resultiert eine Reduktion der Treatmentvarianz, die relativ zur Verringerung der Fehlervarianz so groß ausfällt, dass der F-Wert der **KOVA** *kleiner* ist als der der entsprechenden **VA**; in diesem Fall bringt die **KOVA** trotz der Präzisionserhöhung ($r_{I,KOVA,B} > 0{,}40$) keinen Vorteil gegenüber der **VA** mit sich. Haben $r_{Z,KOVA,B}$ und $r_{I,KOVA,B}$ unterschiedliche Vorzeichen, so fällt der F-Wert der **KOVA** *größer* aus als der F-Wert der entsprechenden **VA** (vgl. Bortz, 1999, S. 360; Kirk, 1995, S. 719); es resultiert dann neben der Präzisionserhöhung also auch eine Vergrößerung der Treatmentvarianz s^2_B.

Die **KOVA** testet ungerichtete Hypothesen über adjustierte Mittelwerte $\mu_{k,adj}$ mittels einseitigem **F-Test** gegeneinander, und zwar:

Testplanung bei Hypothesen der Varianz- und der Kovarianzanalyse

(6.99) $H_{0,KOVA,B}$: $(\mu_{k,adj} - \mu_{k,adj'} = 0$ für *alle Paare* k, k') gegen die

$H_{1,KOVA,B}$: $(\mu_{k,adj} - \mu_{k,adj'} \neq 0$ für *mindestens ein Paar* k, k' mit k $\neq$ k).

Diese vorstehenden Hypothesen der **KOVA** dürften kaum jemals aus einer psychologischen Hypothese und Vorhersage sowie einer statistischen Vorhersage ableitbar sein. Die **KOVA** stellt in erster Linie ein versuchsplanerisches Mittel zur Ausschaltung des Einflusses einer potenziellen Störvariablen dar, aber psychologische Hypothesen beziehen sich nicht auf potenzielle Störfaktoren. Über ihren Einsatz wird erst in der Planungsphase des Versuches auf der Ebene der PV entschieden, unter der Voraussetzung, dass die PH ungerichtet ist. Nach diesem Kriterium wurden die PH-5 und die PH-6 ausgewählt.

Die Testgröße $F_{KOVA,B,emp}$ in der **KOVA** lautet:

(6.100) $F_{KOVA,B,emp} = \dfrac{(QSYTreat, adj)/(K-1)}{(QSYFehler, adj)/[K(n-1)-1]} = \dfrac{s^2_{YTreat,adj}}{s^2_{I,KOVA,B}}$,

wobei QSYTreat,adj die adjustierte Treatmentquadratsumme bezeichnet und QSYFehler,adj die adjustierte Fehlerquadratsumme zu Lasten der adjustierten AV Y,adj; $s^2_{I,KOVA,B}$ ist die Fehlervarianz der adjustierten AV Y und $s^2_{YTreat,adj}$ die Treatmentvarianz der adjustierten AV. Für die Berechnung der QSYTreat,adj gilt dabei (vgl. Bortz, 1999, S. 355):

(6.101) QSYTreat,adj = QSYTotal,adj − QSYFehler,adj mit:

(6.102) $QSYTotal,adj = QSYTotal - \dfrac{(QSXYTotal)^2}{QSXTotal}$ und

(6.103) $QSYFehler,adj = QSYFehler - \dfrac{(QSXYFehler)^2}{QSXFehler}$.

(QSXYFehler)^2 ist das Quadrat der Fehlerquadratsumme zu Lasten der Fehler in den Kreuzprodukten der Werte der Kovariate X und der AV Y.

Der meist auftretende Vorteil der **KOVA** gegenüber der **VA** wird deutlich, wenn man die beiden Fehlerterme gegenüberstellt (Kirk, 1995, S. 721):

(6.104) $\sigma^2_{I,KOVA,B} = \sigma^2_{I,B}(1 - \rho^2_{I,KOVA,B})\left(\dfrac{FG_{N,VA}}{FG_{N,KOVA}}\right)$,

wobei $\sigma^2_{I,B}$ die Testvarianz in der einfaktoriellen **VA** bezeichnet und $\sigma^2_{I,KOVA,B}$ die Testvarianz der **KOVA**. Diese entsteht, indem man die Binnenvariation des einfaktoriellen Planes ohne Kovariate, $\sigma^2_{I,B}$, mit $(1 - \rho^2_{I,KOVA,B})$ multipliziert, so dass die Varianz $\sigma^2_{I,KOVA,B}$ entsteht, für die in aller Regel gilt: $\sigma^2_{I,KOVA,B} < \sigma^2_{I,B}$. Die Testvarianz der **KOVA**, $\sigma^2_{I,KOVA,B}$, verringert sich also in dem Maße, in dem sich die quadrierte Binnenkorrelation $\rho^2_{I,KOVA,B}$ vergrößert, und je höher diese Vergrößerung ausfällt, desto größer wird die Präzision. Der Term $(1 - \rho^2_{I,KOVA,B})$ ist also ebenfalls ein **Prä-**

zisionsindex. Diese Präzisionserhöhung durch die Verringerung der Testvarianz stellt allerdings noch nicht sicher, dass auch der Wert $F_{KOVA,B,emp}$ größer wird als der Wert $F_{VA,B,emp}$ (siehe dazu oben).

Die einfaktorielle **VA** beruht auf $FG_{N,VA} = K(n-1)$ und die **KOVA** auf $FG_{N,KOVA} = K(n-1) - 1$, so dass der ganz rechte Term in Formel (6.105) in aller Regel von vernachlässigbarer Größe sein wird. Der eine zusätzliche Freiheitsgrad geht zu Lasten der Kovariate verloren. Unter Außerachtlassung des vernachlässigbaren rechten Terms in Formel (6.104) ergibt sich:

(6.105) $\sigma^2_{I,KOVA,B} = \sigma^2_{I,B}(1 - \rho^2_{I,KOVA,B})$.

Für die **Testplanung** bei der **KOVA** wird die **Effektgröße** $\delta_{R,KOVA,B}$ als die Differenz zwischen dem größten adjustierten und dem kleinsten adjustierten Mittelwert ($\mu_{adj,max} - \mu_{adj,min}$), dividiert durch die Binnenstreuung $\sigma_{I,B}\sqrt{1-\rho^2_{I,KOVA}}$ der adjustierten AV Y_{adj}, definieren:

(6.106) $\delta_{R,KOVA,B} = (\mu_{max,adj} - \mu_{min,adj})/\sigma_{I,B}\sqrt{1-\rho^2_{I,KOVA}} = \delta_{R,B}/\sqrt{1-\rho^2_{I,KOVA}}$.

Alternativ kann auch die folgende Formel benutzt werden (vgl. Rogers & Hopkins, 1988, S. 650):

(6.107) $\phi^2_{VA,KOVA,B} = \phi^2_{VA,B}/(1 - \rho^2_{I,KOVA,B}) = \sigma^2_B/[\sigma^2_{I,B}(1 - \rho^2_{I,KOVA,B})]$.

Die empirische Entsprechung für $\phi^2_{VA,KOVA,B}$ lautet:

(6.108) $f^2_{VA,KOVA,B} = QSYTreat,adj/QSYFehler,adj$.

Für die drei Muster von J. Cohen (1988, S. 277-280) resultiert dann:
Muster 1:

(6.109) $\phi_{VA,1,KOVA,B} = \phi_{VA,1,B}/\sqrt{1-\rho^2_{I,KOVA,B}} = \dfrac{\delta_{R,VA,B}}{\sqrt{1-\rho^2_{I,KOVA,B}}}\sqrt{\dfrac{1}{2K}}$.

Muster 2:

(6.110) $\phi_{VA,2,KOVA,B} = \phi_{VA,2,B}/\sqrt{1-\rho^2_{I,KOVA,B}} = \dfrac{\delta_{R,VA,B}}{2\sqrt{1-\rho^2_{I,KOVA,B}}}\sqrt{\dfrac{K+1}{3(K-1)}}$.

Muster 3 für ungerade Anzahlen von Versuchsbedingungen:

(6.111) $\phi^2_{VA,3,KOVA,B} = \phi^2_{VA,3,B}/\sqrt{1-\rho^2_{I,KOVA,B}} = \dfrac{\delta_{R,VA,B}}{\sqrt{1-\rho^2_{I,KOVA,B}}}\dfrac{\sqrt{K^2-1}}{2K}$.

Muster 3 für gerade Anzahlen von Versuchsbedingungen:

Testplanung bei Hypothesen der Varianz- und der Kovarianzanalyse   179

(6.112) $\phi^2_{VA,3,KOVA,B} = \phi^2_{VA,3,B}/\sqrt{1-\rho^2_{I,KOVA,B}} = \dfrac{\delta_{R,VA,B}}{2\sqrt{1-\rho^2_{I,KOVA,B}}}.$

Für die **Testplanung** geht man wieder von Formel (6.29) in Abschnitt 6.2 aus, die für die Zwecke der Testplanung nach **TPS 1** für eine **KOVA** wie folgt modifiziert wird:

(6.113) $n_k = \dfrac{n_{0,05}}{400\phi^2_{VA,B,krit}/(1-\rho^2_{I,KOVA,B})} + 1 = \dfrac{n_{0,05}}{400\phi^2_{VA,KOVA,B,krit}} + 1.$

Die benötigten Werte für $n_{0,05}$ können wieder der Tabelle A.3 des Anhanges entnommen werden. Die **KOVA** beruht auf $FG_Z = K - 1$ und $FG_N = K(n - 1) - 1$ und die Berechnungsformel von J. Cohen auf $FG_N = K(n - 1)$; dieser Unterschied ist ohne praktische Konsequenz. Für die Testplanung nach Strategie **TPS 2** resultiert:

(6.114) $n_{0,05} = 400(n)\phi^2_{VA,KOVA,B,krit}.$

Für die **TPS 3** greift man erneut auf die Formel (6.114) zurück und stellt sie wie folgt um:

(6.115) $\phi^2_{VA,KOVA,B,krit} = \dfrac{\phi^2_{VA,B,krit}}{1-\rho^2_{I,KOVA,B}} = \dfrac{n_{0,05}}{400(n-1)}.$

Beispiel 6.9: Bei der Prüfung der bereits bekannten Bildhaftigkeitshypothese **PH-5** („Beim Lernen von sehr bildhaftem Material ist die Gedächtnisleistung *anders* als beim Lernen von wenig bildhaftem Material") wird auf der Ebene der PV naheliegenderweise der Intelligenzquotient als Kovariate X eingeführt. Es ergeben sich dabei für die PH-5 folgende Vorhersagen:

(6.116) DKT: (PH-5 $\wedge$ VSVS) $\approx$> PV-5(B;KOVA;K=3): (MWR$_1 \neq$ MWR$_2$,
   MWR$_2 \neq$ MWR$_3$, MWR$_1 \neq$ MWR$_3$) $\approx$> [PV-5(B;KOVA;K=3) $\wedge$ SHH] $\approx$>
   $\approx$> SV-5(B;KOVA;K=3): [($\mu_{1,adj} \neq \mu_{2,adj}$), ($\mu_{2,adj} \neq \mu_{3,adj}$), ($\mu_{1,adj} \neq \mu_{3,adj}$)] $\Leftrightarrow$
   $\Leftrightarrow$ ST-5(B,KOVA;K=3;DER):
   $\wedge$ (H$_{1,14}$: $\mu_{k,adj} \neq \mu_{k',adj}$ für *mindestens ein Paar* k, k' mit k = 1, ..., K = 3).

Die abgeleitete Hypothese H$_{1,14}$ entspricht der H$_{1,KOVA,B}$ in Formel (6.105). Auch hier bewirkt die Auswahl eines bestimmten Auswertungsverfahrens, nämlich der **KOVA**, unter der H$_{1,KOVA,B}$ zwangsweise oder **testbedingt** eine disjunktive Zusammenfassung der möglichen Prüfinstanzen und führt damit zu einer f-valideren Prüfung als bei konjunktiver Zusammenfassung der Prüfinstanzen. Für die Testplanung wird festgelegt: $\alpha_{krit,14} = 0{,}10$, $\beta_{krit,14} = 0{,}20$: Ferner wird aus einer vorhergehenden Untersuchung $\rho_{I,KOVA,B} = 0{,}70$ bestimmt, so dass $(1 - 0{,}70^2) = 0{,}51$ ist. Daraus folgt: $\delta_{R,B,krit,14} = 0{,}60$, so dass $\delta_{R,KOVA,B,krit,14} = 0{,}85$ (0,8402). Für Muster 2 ergibt sich dann nach Formel (6.115): $\phi_{VA,2,KOVA,B,14} = 0{,}60[1/(2)(3)]^{1/2}/$

$\sqrt{0{,}51} = 0{,}3430$ und damit $\phi_{VA,2,KOVA,B,krit,14} = 0{,}35$. Anwendung der Formel (6.113) (TPS 1) führt zu $n_{14} = 22{,}8646$ bzw. $n_{14} = 23$ und damit $N_{14} = 69$ - eine handhabbare Größenordnung. Der Versuch wird mit der errechneten Vpn-Anzahl durchgeführt, und aus den Daten können die für die Durchführung der **KOVA** notwendigen adjustierten Quadratsummen berechnet werden: QSYTotal,adj = 185,80; QSYFehler,adj = 56,40 und QSYTreat,adj = QSYTotal,adj − QSYFehler,adj = 129,40. Für die Korrelation innerhalb der Versuchsbedingungen gilt: $r^2_{I,KOVA,B,14}$ = (QSXYFehler)^2/[(QSXFehler)(QSYFehler)] = 82,40^2/[(163,20)(56,40)] = 0,7377 und $r_{I,KOVA,B,14} = 0{,}8589 > \rho_{I,KOVA,B} = 0{,}70$. $r_{I,KOVA,B,14}$ ist also von beträchtlicher Höhe, und dies bedeutet, dass mit der **KOVA** auch eine beträchtliche Präzisionserhöhung verbunden ist. Für den mittleren Steigungskoeffizienten $b_{I,KOVA,B,14}$ gilt: $b_{I,KOVA,14}$ = QSXYFehler/QSXFehler = 135,96/269,28 = 0,5049. Der **F-Test** nach Formel (6.100) ergibt: $F_{KOVA,B,emp,14}$ = {[QSYTreat,adj/(K − 1)]}/{QSYFehler,adj/[K(n − 1) − 1]} = 64,70/0,8677 = 74,5656 bei $F_{krit(0,10;2;65),14} \approx 2{,}39$. Der Test ist also statistisch signifikant, und dies bedeutet die Annahme der vorhersagekonformen $H_{1,14}$ und die der vorgeordneten SV-5(B; KOVA;K=3). Die Effektgröße ist mit $f^2_{VA,KOVA,B,14}$ = QSYTreat,adj/QSYFehler,adj = 275,81/230,96 = 1,1942 und $f_{VA,KOVA,B,14} = 1{,}0928$ wesentlich größer als der a priori spezifizierte Mindesteffekt $\phi_{VA,2,KOVA,B,14} = 0{,}35$, so dass die PV-5(B;KOVA;K=3) als eingetreten beurteilt werden kann. Die PH-5 hat sich in diesem Versuch bewährt.

Beispiel 6.10: Auch für die Prüfung der **PH-6** wird mit dem Intelligenzquotienten auf der Ebene der PV-6 eine Kovariate in den Versuchsplan aufgenommen. Bei ihr resultiert:

(6.117) DKT: (PH-6 ∧ VSVS) ≈> PV-6(B;KOVA;K=3): (MWR$_1$ = MWR$_2$,
MWR$_2$ = MWR$_3$, MWR$_1$ = MWR$_3$) ≈> [PV-6(B;KOVA;K=3 ∧ SHH] ≈>
≈> SV-6(B;KOVA;K=3): [($\mu_{1,adj} = \mu_{2,adj}$), ($\mu_{2,adj} = \mu_{3,adj}$), ($\mu_{1,adj} = \mu_{3,adj}$)] ≈>
≈> ST-6(B;KOVA;K=3;KER):
($H_{0,15}$: $\mu_{k,adj} = \mu_{k',adj}$ für *alle Paare* von Versuchsbedingungen k und k').

Die abgeleitete Hypothese $H_{0,15}$ entspricht der $H_{0,KOVA,B}$ in Formel (6.98) oben. Hier bewirkt die **KOVA testbedingt** und damit zwangsweise eine konjunktive Verknüpfung der möglichen Einzelhypothesen bzw. Prüfinstanzen. Der zur Hypothesenprüfung verfügbare Stichprobenumfang beträgt $n_{15} = 30$ pro Versuchsbedingung, d.h. $N_{15} = 90$ insgesamt. Es ist $\alpha_{krit,15} = 0{,}10$, $\beta_{krit,15} = 0{,}20$ und $\rho_{I,KOVA,B} = 0{,}50$ sowie $1 - \rho^2_{I,KOVA,B} = 1 - 0{,}25 = 0{,}75$. Wie groß ist der nachweisbare Effekt (TPS 3)? Einsetzen in Formel (6.116) führt zu: $\phi^2_{VA,KOVA,B,15}$ = (1029)/[(400)(29)] = 0,0887 und $\phi_{VA,KOVA,B,krit,15} = 0{,}30$ (0,2978) - ein mittlerer Effekt. Der Versuch wird als Gruppenversuch in einer Erstsemesterveranstaltung durchgeführt, und aus seinen Ergebnissen lassen sich u.a. die adjustierten Quadratsummen berechnen: QSTotal,adj = 221,24; QSYFehler,adj = 106,40 und

QSYTreat,adj = 114,84. Für die Korrelation innerhalb der Versuchsbedingungen gilt: $r^2_{I,KOVA,B,15}$ = $(QSXYFehler)^2/[(QSXFehler)(QSYFehler)]$ = $101,82^2/[(263,48)(85,09)]$ = 0,4624 und $r_{I,KOVA,B,15}$ = 0,6800 > $\rho_{I,KOVA,B,krit,15}$ = 0,50. Auch in diesem Fall ist die Binnenkorrrelation von beträchtlicher Größe, so dass mit der **KOVA** ein merkbarer Präzisionsgewinn verbunden ist. Der **F-Test** nach Formel (6.100) ergibt: $F_{KOVA,B,emp,15}$ = [QSYTreat,adj/(K − 1)]/{QSYFehler,adj/[K(n − 1) − 1]} = 64,7/1,2372 = 46,4109 bei $F_{krit(0,10;2;86),15} \approx 2,35$. Es muss die vorhersagekonträre $H_{1,15}$ angenommen werden, die PV-6(B;KOVA;K=3) ist nicht eingetreten, und die PH-6 hat sich nicht bewährt. Für den Effekt $f^2_{VA,KOVA,B,15}$ gilt: $f^2_{VA,KOVA,B,15}$ = 1,0793 und $f_{VA,KOVA,B,15}$ = 1,0389 > $\phi_{VA,2,KOVA,B,krit,15}$ = 0,30 - ein sehr großer Effekt.

Die **KOVA** kann auch mit zwei oder mehr Kovariaten durchgeführt werden (vgl. Winer, D.R. Brown & Michels, 1991, S. 788-800). Ebenso ist es möglich, die **KOVA** in mehrfaktoriellen Plänen einzusetzen - Winer, D.R. Brown und Michels (1979, S. 800-817) beschreiben die Vorgehensweise. Im zweifaktoriellen Fall gilt für den Fehlerterm $\sigma^2_{I,KOVA,BA}$ (Winer, D.R. Brown & Michels, 1991, S. 814):

(6.118) $\sigma^2_{I,KOVA,BA} = \sigma^2_{I,B}(1 - \rho^2_{I,KOVA,B}) \dfrac{JK(n-1)}{JK(n-1)-1}$.

Wenn man den nur unwesentlich von Eins verschiedenen ganz rechten Term in Formel (6.118) außer Acht lässt, ergibt sich für mehrfaktorielle Pläne folgende Beziehung zwischen der Binnenvarianz der adjustierten AV Y und der Binnenvarianz in einem einfaktoriellen Plan:

(6.119) $\sigma^2_{I,KOVA,BA} = \sigma^2_{I,B}(1 - \rho^2_{I,KOVA,B})$.

Hier sind zwei Testvarianzen zu verwenden, und zwar eine für den Faktor B, aus dem die Kovariate entfernt wird [Formel (6.119)], und eine weitere für den zusätzlichen Faktor A, aus dem die Kovariate nicht herausgelöst wird [Formel (6.120)]:

(6.120) $\sigma^2_{I,BA,A} = \sigma^2_{I,A} \Pi_{BA}$.

Der **Präzisionsindex** Π_{BA} aus Abschnitt 6.3 bezieht sich auf den zusätzlichen Faktor A. Bei mehreren solcher Faktoren ist entsprechend Π_{BAC} usw. zu verwenden. Des Weiteren kann die **KOVA** mit **wiederholten Messungen** bzw. mit **Zufallsblöcken** kombiniert werden (vgl. Winer, D.R. Brown & Michels, 1991, S. 820-836). Wenn dabei beide Faktoren, der nicht-wiederholte Faktor A und der Messwiederholungsfaktor B, einer **KOVA** unterzogen werden, werden erneut zwei Testvarianzen benötigt, nämlich $s^2_{P(A)}$ mit $FG_N = J(n − 1) − 1$ für Faktor A und $s^2_{Res,KOVA,B,AxB}$ für Faktor B und die Interaktion AxB mit $FG_N = J(K − 1)(n − 1) − 1$ (a.a.O., S. 825). In beiden Fällen tritt eine Binnenkorrelation zu Lasten der Kovariate auf ($\rho_{I,KOVA}$) und eine Zwischenkorrelation zu Lasten der wiederholten Messungen bzw. der randomisierten Blöcke ($\rho_{Z,wdh,B}$). Dies führt zur folgenden Formel für die adjustierte Residualvarianz:

Neben den bisher vorgestellten einfachen **Varianzanalysen** und der einfaktoriellen **Kovarianzanalyse** gibt es noch eine Fülle weiterer varianzanalytischer Methoden, über die etwa Bortz in seinem Lehrbuch (1999, S. 375-396) oder einschlägige Lehrbücher der Versuchsplanung und -auswertung wie etwa Kirk (1995) oder Winer, D.R. Brown und Michels (1991) informieren. *Die in diesem Kapitel besprochenen Strategien der Testplanung sind auch auf diese komplexeren Fälle anwendbar, und zwar indem man stets von der einfaktoriellen Testvarianz $s^2_{I,B}$ ausgeht und diese durch einen geeignet gewählten Wert des Präzisionsindexes $\Pi_{BA...}$ vermindert* (vgl. auch die entsprechenden Ausführungen am Schluss von Abschn. 6.4).

Bredenkamp (1980), J. Cohen (1988) und Murphy und Myors (1998) zeigen, wie die Testplanung für die **Varianz-** und die **Kovarianzanalysen** des vorliegenden Kapitels und die **t-Tests** des vorigen Kapitels einheitlich auf der Grundlage der **multiplen Regression** bzw. des Allgemeinen Linearen Modells durchgeführt werden können, wobei die nonzentralen F-Verteilungen benutzt werden. Neben der **multiplen Regression** behandeln Murphy und Myors (1998) Teststärkefragen nur für den **t-Test**, für einfache Korrelationen und für **Varianzanalysen**, allerdings jeweils dermaßen fragmentarisch und fast ohne Beispiele, so dass dieses Buch m.E. seinen Zweck nicht erfüllen kann, als eine Hilfestellung für VL zu fungieren, die Versuche zu planen haben. Lesenswert sind allerdings die vglw. umfangreichen allgemeinen Ausführungen von Murphy und Myors (1998). Des Weiteren operieren sie ausschließlich mit den nonzentralen F-Verteilungen, die für die Planung von Tests über gerichtete Hypothesen nicht optimal sind, solange mit den t- und der Standard-Normalverteilung Alternativen verfügbar sind. Am Rande sei angemerkt, dass die beiden Autoren bei der Behandlung einiger Fragen mit Hypothesenwahrscheinlichkeiten $\pi(H_0)$ und $\pi(H_1)$ operieren (Murphy & Myors, 1998, S. 61-64) - einer Konzeption, die nur im Zusammenhang mit Bayes-Analysen sinnvoll erscheint (vgl. Abschn. 2.4).

7. Kontraste, Fehlerkumulation und Effektgrößen

7.1 Kontraste, Kontrastkoeffizienten und Orthogonalität

„The most important limitation of the omnibus F-test is that in general it is so general that it typically does not address an interesting substantive question" (Olejnik & Hubert, 1998, S. 6; vgl. auch Olejnik & Hess, 1997). Dieser Mangel ist jedoch behebbar, und zwar mit der **Methode der geplanten Kontraste und Vergleiche**. Was versteht man unter Kontrasten? **Kontraste** *sind spezielle Linearkombinationen.* Linearkombinationen wiederum stellen eine gewichtete Summe von statistischen Kennwerten dar, wobei jeder Kennwert mit einem Gewichtskoeffizienten multipliziert wird, die nicht alle gleich Null sein dürfen. Behält man diese Forderung bei und fordert zusätzlich, dass die Summe der Gewichtskoeffizienten gleich Null sein soll, dann entsteht ein **Kontrast**, und die Gewichtskoeffizienten heißen dann **Kontrastkoeffizienten** c_k. Diese können, müssen aber nicht ganzzahlig sein. Ein Kontrast ist also nichts anderes als eine verallgemeinerte Differenz, der als Parameter ψ_t und bezogen auf Mittelwerte μ_k die folgende allgemeine Form aufweist:

(7.1) $\psi_t = c_{1,t}\mu_1 + c_{2,t}\mu_2 + ... + c_{K,t}\mu_K = \sum c_{k,t}\mu_k$.

Die theoretischen Mittelwerte μ_k können jedoch durch jeden anderen Parameter wie etwa Wahrscheinlichkeiten π_k ersetzt werden. Der Index t steht für einen ausgewählten Kontrast, von denen es jeweils T gibt (t = 1, ..., T), und k ist der Laufindex für die Mittelwerte μ_k (k = 1, ..., K). $c_{k,t}$ sind die Kontrastkoeffizienten für den Kontrast ψ_t, deren Summe für einen Kontrast stets gleich Null ist.

Die empirische Entsprechung von ψ_t ist D_t:

(7.2) $D_t = c_{1,t}M_1 + c_{2,t}M_2 + ... + c_{K,t}M_K = \sum c_{k,t}M_k$.

Jeder dieser Kontraste D_t hat einen Standardfehler $s(D_t)$, für den im Stichprobenfall bei Mittelwertskontrasten und $n_1 = n_2 = ... = n_K = n$ gilt (vgl. etwa Bortz, 1999, S. 254; Hays, 1981, S. 417):

(7.3) $s(D_t) = s_{I,B}\sqrt{\dfrac{c_{k,t}^2}{n}}$.

Bei K = 4 Versuchsbedingungen kann ein Paarkontrast, der sich nur auf zwei der vier Mittelwerte bezieht, folgende Form annehmen, und zwar im theoretischen Fall:

(7.4) $\psi_A = [(+1)\mu_1 + (-1)\mu_2 + (0)\mu_3 + (0)\mu_4] \Leftrightarrow (\mu_1 - \mu_2)$

bzw. im Stichprobenfall:

(7.5) $D_A = [(+1)M_1 + (-1)M_2 + (0)M_3 + (0)M_4] \Leftrightarrow (M_1 - M_2)$,

d.h., es werden nur die beiden Mittelwerte μ_1 und μ_2 bzw. M_1 und M_2 miteinander kontrastiert oder verglichen. Die Zahlen (+1), (–1) und die (0) sind die Kontrastkoeffienten c_k. Werden nur zwei Kennwerte kontrastiert, entsteht ein **Paarkontrast** mit den Kontrastkoeffizienten +1 und –1, für den die bekannte Differenz $(+1)M_1 + (-1)M_2 = M_1 - M_2$ resultiert. Kontraste der Art

(7.6) $\psi_B = [(+1)\mu_1 + (-1/3)\mu_2 + (-1/3)\mu_3 + (-1/3)\mu_4] \Leftrightarrow [\mu_1 - (\mu_2 + \mu_3 + \mu_4)/3]$

bzw. im Stichprobenfall:

(7.7) $D_B = [(+1)M_1 + (-1/3)M_2 + (-1/3)M_3 + (-1/3)M_4] \Leftrightarrow$

$\Leftrightarrow [M_1 - (M_2 + M_3 + M_4)/3]$,

bei denen mehr als nur zwei Kennwerte kontrastiert bzw. miteinander verglichen werden, heißen **komplexe Kontraste**. Sie haben in der gleichen Weise wie die Paarkontraste einen Zählerfreiheitsgrad ($FG_Z = 1$). Die Klassifizierung als Paar- oder als komplexer Kontrast betrifft jeweils nur einen Kontrast. Statistische Hypothesen über derartige Paar- und komplexe Kontraste über Mittelwerte können lauten:

(7.8) $H_0: \psi_t = \sum c_{k,t} \mu_k = 0$ vs. $H_1: \psi_t = \sum c_{k,t} \mu_k \neq 0$ oder $H_0: \psi_t \leq 0$ vs. $H_1: \psi_t > 0$,

wobei unter der Nullhypothese auch jeder von Null verschiedene Wert eingesetzt werden kann. Diese Hypothesen werden üblicherweise mittels **t-Test** getestet. Dabei nimmt die Formel für den **t-Test** folgende allgemeine Form an:

(7.9) $t_{emp,t} = \dfrac{\sum c_{k,t} M_k - E(\sum c_{k,t} M_k)}{s_e \sqrt{\dfrac{\sum c_{k,t}^2}{n}}} = \dfrac{\sum c_{k,t} M_k - \sum c_{k,t} \mu_k}{s_e \sqrt{\dfrac{\sum c_{k,t}^2}{n}}} =$

$= \dfrac{D_t - \psi_t}{s_e \sqrt{\dfrac{\sum c_{k,t}^2}{n}}}.$

Die Teststreuung s_e wird bei $K \geq 3$ auf varianz- bzw. kovarianzanalytischem Wege ermittelt und beruht dann auf den Freiheitsgraden der Testvarianz der entsprechenden **Varianzanalyse (VA)** bzw. der **Kovarianzanalyse (KOVA)**, also auf $FG_N = K(n-1)$ ($s_e = s_{I,B}$) bei einem einfaktoriellen Versuchsplan; auf $FG_N = JK(n-1)$ in einem zweifaktoriellen Plan ($s_e = s_{I,BA}$); auf $FG_N = (K-1)(n-1)$ bei einem einfaktoriellen Messwiederholungsplan oder in einem Plan mit randomisierten Blöcken ($s_e = s_{Res,B}$); auf $FG_N = K(n-1) - 1$ bei der **KOVA** ($s_e = s_{I,KOVA,B}$) usw.

Für die **Planung** dieser Tests wird wieder eine **Effektgröße** benötigt. Diese lautet in ihrer allgemeinen Form in einem einfaktoriellen Versuchsplan unter Verwendung von Kontrastkoeffizienten (Wahlsten, 1991, S. 588):

Kontraste, Fehlerkumulation und Effektgrößen

(7.10) $\delta_{B,t} = \dfrac{\sum c_{k,t} \mu_k}{\sigma_{I,B}} = \dfrac{\psi_t}{\sigma_{I,B}}$.

$\delta_{B,t}$ ist also eine *verallgemeinerte standardisierte Differenz* bzw. ein (auf die Binnenstreuung $\sigma_{I,B}$) standardisierter Kontrast. Im speziellen Fall K = 2 entsteht die bekannte Größe δ_B, indem man bspw. $c_1 = +1$ und $c_2 = -1$ (oder - je nach Hypothese - auch umgekehrt) wählt:

(7.11) $\delta_{B,t} = (\sum c_{k,t} \mu_k)/\sigma_{I,B} = \psi_t/\sigma_{I,B} = [(+1)\mu_1 + (-1)\mu_2]/\sigma_{I,B} = (\mu_1 - \mu_2)/\sigma_{I,B}$.

Die empirische Entsprechung $d_{B,t}$ für $\delta_{B,t}$ lautet:

(7.12) $d_{B,t} = (\sum c_{k,t} M_k)/s_{I,B} = D_t/s_{I,B} = (M_1 - M_2)/s_{I,B}$.

Man muss nun bei Paar- und komplexen Kontrasten nicht unbedingt die Kontrastkoeffizienten +1 und −1 wählen; es kommen auch andere Werte in Frage, solange deren Summe Null ergibt (s.o.); bei komplexen Kontrasten werden ohnehin andere Werte als (+1) und (−1) gewählt. Man kann bei der Wahl der Koeffizienten vor allem drei Varianten unterscheiden.

Option 1: Man folgt dem Vorschlag von Levin (1997, S. 92) und wählt die Werte der Kontrastkoeffizienten für alle denkbaren Kontraste so, dass die *Summe ihrer Beträge* den Wert 2 ergibt. Mit dieser Wahl kann man Vergleichbarkeit mit dem Zwei-Stichprobenfall bzw. einem Paarkontrast herstellen, und man kann sich vor allem weiter an J. Cohens (1988, S. 25-27) vorgeschlagenen **Konventionen** orientieren: **$\delta_B = 0{,}20$: kleiner Effekt**; **$\delta_B = 0{,}50$: mittlerer Effekt** und **$\delta_B = 0{,}80$: großer Effekt**. Um dies zu erreichen, muss man die zunächst gewählten Kontrastkoeffizienten c'_k so transformieren, dass die Summe ihrer Beträge 2 ergibt. Dazu dividiert man die originalen Koeffizienten $c'_{k,t}$ durch $0{,}5\sum|c'_{k,t}|$, wobei $\sum|c'_{k,t}|$ die Summe der Beträge der originalen Koeffizienten $c'_{k,t}$ bezeichnet (Levin, 1997, S. 92; vgl. auch Hager, 1987, S. 215):

(7.13) $c_{k,t} = \dfrac{c'_{k,t}}{0{,}5 \sum |c'_{k,t}|}$,

so dass die $\sum|c_{k,t}|$ gleich 2 ergibt. Die Veränderung der Kontrastkoeffizienten ändert zwar auch den Wert des Kontrastes, bleibt aber ohne Folgen für die Testplanung und den **t-Test**, sondern hat nur Auswirkungen auf die Interpretierbarkeit und ermöglicht die Benutzung der von J. Cohen (1988, S. 24-27) vorgeschlagenen Konventionen (s.o.). Will man den Wert des Kontrastes ψ'_t oder D'_t auf die Koeffizienten $c_{k,t}$ transformieren, so dividiert man das Quadrat des Kontrastes durch die Summe der Quadrate der Koeffizienten $c'_{k,t}$ und multipliziert das Resultat mit der Summe der Quadrate der gewünschten Kontrastkoeffizienten $c_{k,t}$, und aus dem Ergebnis wird die Wurzel gezogen. Dieses Ergebnis erhält das Vorzeichen des originalen Kontrastes D'_t:

$$(7.14)\ D_t = \sqrt{\frac{D'_t \sum c^2_{k,t}}{\sum c'^2_{k,t}}}.$$

Will man den Kontrast auf seinen ursprünglichen Wert ψ'_t oder D'_t umrechnen, der auf den Kontrastkoeffizienten $c'_{k,t}$ beruht, so benutzt man die Umkehrung von (7.14):

$$(7.15)\ D'_t = \sqrt{\frac{D_t \sum c'^2_{k,t}}{\sum c^2_{k,t}}}.$$

Das Vorgehen unter der Option 1 bedingt im Übrigen, dass die Summe aller Kontrastkoeffizienten mit negativem Vorzeichen gleich –1 wird [$\sum c(-)_k = -1$] und die Summe aller Kontrastkoeffizienten mit positivem Vorzeichen gleich +1 [$\sum c(+)_{k'} = +1$]. Dies führt dazu, dass der Wert des Kontrastes genau gleich der interessierenden Mittelwertsdifferenz ist (Westermann, 2000, S. 403, Fußnote 862); dies ist besonders bei komplexen Kontrasten vorteilhaft. Die Bedingung, dass $\sum c_k = 0$, bleibt dabei erfüllt: $\sum[\sum c(-)_k + \sum c(+)_{k'}] = -1 + (+1) = 0$ und ebenso die Forderung, dass die Summe der Beträge der Kontrastkoeffizienten gleich Zwei sein soll: $|(-1)| + |(+1)| = 2$.

Option 2: Man wählt nur die Werte +1 und –1. Im Zwei-Stichproben-Fall (K = 2) gilt dann $\sum c^2_k = 2$ und im K-Stichprobenfall und einem komplexen Kontrast mit mehr als zwei Mittelwerten allgemein $\sum c^2_k = K$. Man kann hier *nicht* auf die von J. Cohen (1988) vorgeschlagenen Konventionen für die Festlegung von Effektgrößen zurückgreifen, die die Benutzung von (+1) und (–1) bei K = 2 Stichproben voraussetzen.

Option 3: Man wählt die Werte so, dass für jeden Kontrast gilt: $\sum c^2_k = 1$. Diesen Vorschlag hat Wahlsten (1991, S. 588) unterbreitet, und er führt seine Testplanung für Interaktionskontraste für die sich daraus ergebenden Koeffizienten durch (Wahlsten, 1991). Er kann mit dieser Festlegung $\sum c^2_k = 1$ auf einfache Weise die Testplanungstabellen von Kraemer und Thiemann (1987) benutzen. Für mich fällt dieser Vorteil allerdings nicht ins Gewicht, weil die genannten Tabellen nur von begrenzter Verwendbarkeit sind. Man kann außerdem die Konventionen von J. Cohen (1988) erneut *nicht* benutzen.

Ich werde im Folgenden die Option 1 zugrunde legen.

Beispiel 1: Der komplexe Kontrast $D'_C = [(+2)2 + (+2)3 + (-1)5 + (-1)7 + (-1)9 + (-1)10 = -10{,}5] \Leftrightarrow [2(2+3) - (5+7+9+10) = -10{,}5]$ soll nach Option 1 umgeformt werden. Es gilt: $0{,}5\sum|c'_{k,t}| = 0{,}5[(2)+(2)+(1)+(1)+(1)+(1)] = 4$. Dies ergibt: $D_C = (+2/4)2 + (+2/4)3 + (-1/4)5 + (-1/4)7 + (-1/4)9 + (-1/4)10 = -5{,}25$. Es gilt dann: $\sum c(-)_k = 4(-1/4) = -1$ und $\sum c(+)_{k'} = (+2/4) + (+2/4) = +1$. Und ferner: $|-1| + |+1| = 2$ sowie $\sum c_k = (+2/4) + (+2/4) + (-1/4) + (-1/4) + (-1/4) + (-1/4) = 0$.

Beispiel 2: Ein komplexer Kontrast lautet: $D'_B = [(+3)2 + (-1)3 + (-1)5 + (-1)4] \Leftrightarrow [(+3)2 - (3 + 5 + 4)] = -6$ bei $\sum c'^2_{k,t} = 12$. Seine Koeffizienten sollen nach Option 1 umgeformt werden. Es gilt: $0,5|\sum c'_k| = 3$, so dass entsteht: $D_B = [(+3/3)2 + (-1/3)3 + (-1/3)5 + (-1/3)4] \Leftrightarrow [(+1)2 - (3 + 5 + 4)/3] = -2$. Ferner gilt: $\sum c^2_{k,t} = 1,3333$. $D^2_D = (1,3333 \, D'^2_D)/12 = 4$ und $\sqrt{D^2_D} = -2$.

Für die Zwecke der Testplanung, der Berechnung von Kontrastquadratsummen QSD$_r$ (s.u.) und der Durchführung von **t-** und **F-Tests** ist es unerheblich, mit welchen Kontrastkoeffizienten operiert wird, sofern man durchgängig dieselben Koeffizienten benutzt, weil der Einfluss der verschiedenen Koeffizienten durch die Division durch $\sum c^2_{k,t}$ im Nenner der entsprechenden Formeln ausgeglichen wird. Diese Division hat also standardisierende Funktion. Es ist lediglich zu beachten, dass bei der Behandlung der empirischen Daten mit den gleichen Kontrastkoeffizienten operiert wird, die auch in der Phase der Testplanung benutzt wurden.

Zwei Kontraste sind nun zueinander **orthogonal** oder linear unabhängig voneinander bzw. linear unkorreliert, wenn die Produktsumme korrespondierender Kontrastkoeffizienten gleich Null ist. Orthogonale Kontraste enthalten damit voneinander unabhängige Informationen der Daten. Ist die betrachtete Zufallsvariable normalverteilt, bedeutet dies, dass die Kontraste nicht nur linear voneinander unabhängig sind, sondern vollständig voneinander unabhängig (Hays, 1994, S. 434). Liegt keine Normalverteilung vor, bedeutet die Tatsache der linearen Unabhängigkeit, dass unter Umständen nicht-lineare Abhängigkeiten zwischen den Kontrasten bestehen. Die statistisch wünschenswerte Eigenschaft der Orthogonalität von Kontrasten hängt dabei nur von den Kontrastkoeffizienten, nicht aber von den statistischen Kennwerten oder deren Größe ab, die miteinander kontrastiert werden. Um etwas über die Orthogonalität sagen zu können, muss man also Kontraste immer paarweise betrachten. Es gelte:

(7.4) $\psi_A = [(+1)\mu_1 + (-1)\mu_2 + (0)\mu_3 + (0)\mu_4] \Leftrightarrow (\mu_1 - \mu_2)$ und

(7.16) $\psi_D = [(0)\mu_1 + (0)\mu_2 + (+1)\mu_3 + (-1)\mu_4] \Leftrightarrow (\mu_3 - \mu_4)$.

Vergleicht man die Kontrastkoeffizienten $c_{k,D}$ von Kontrast ψ_D mit den $c_{k,A}$ von Kontrast ψ_A, d.h. bildet man ihre Produktsumme, so ergibt sich: $\sum c_{k,A} \, c_{k,D} = (+1)(0) + (-1)(0) + (0)(+1) + (0)(-1) = 0$, also sind die beiden Kontraste ψ_A und ψ_D orthogonal zueinander. Die Produktsumme $\sum c_{k,t} \, c_{k,t'}$, wobei t und t' für zwei verschiedene Kontraste steht, ist der Zähler der Pearson-Korrelation r (vgl. Kirk, 1995, S. 135), und diese Korrelation wird gleich Null, wenn - unabhängig von der Größe des Nenners - der Zähler gleich Null ist, und sie wird von Null verschieden, wenn der Zähler ungleich Null ist. Konstruiert man einen dritten Kontrast:

(7.17) $\psi_E = [(0)\mu_1 + (+1)\mu_2 + (-1)\mu_3 + (0)\mu_4] \Leftrightarrow (\mu_2 - \mu_3)$

und macht die paarweise Orthogonalitätsprobe, dann zeigt sich, dass die Paarkontraste nicht alle orthogonal zueinander sind: $\sum c_{k,D} \, c_{k,E} = (0)(0) + (0)(+1) + (+1)(-1) + (-1)(0) = -1$. Orthogonal ist dagegen die folgende *Familie* von K – 1 Kontrasten:

(7.18) $\psi_B = [(+1)\mu_1 + (-1/3)\mu_2 + (-1/3)\mu_3 + (-1/3)\mu_4] \Leftrightarrow [\mu_1 - (\mu_2 + \mu_3 + \mu_4)/3]$

$\psi_F = [(0)\mu_1 + (+1)\mu_2 + (-1/2)\mu_3 + (-1/2)\mu_4] \Leftrightarrow [\mu_2 - (\mu_3 + \mu_4)/2]$

$\psi_D = [(0)\mu_1 + (0)\mu_2 + (+1)\mu_3 + (-1)\mu_4] \Leftrightarrow (\mu_3 - \mu_4)$.

Bei der vorstehenden Familie von K − 1 Kontrasten handelt es sich um die sog. Helmert-Kontraste (Bortz, 1999, S. 256). Die ersten beiden **Kontraste** in Ausdruck (7.18) sind wieder komplex, weil in jeden von ihnen mehr als zwei Mittelwerte μ_k eingehen, und der letzte ist wieder ein Paarkontrast über nur zwei Mittelwerte. Konstruiert man Familien von orthogonalen Kontrasten, so befindet sich in diesen Familien immer *mindestens ein* komplexer Kontrast und in der Regel auch mindestens ein Paarkontrast. Im Vergleich zu Paarkontrasten sind komplexe Kontraste in der Regel schwerer zu interpretieren, wobei es allerdings von dieser Regel etliche Ausnahmen gibt, wie wir im weiteren Verlauf dieses und des nächsten Kapitels noch sehen werden (vgl. auch Abschn. 6.3, Bsp. 6.6). Die Vertauschung der Vorzeichen pro Kontrast hat im Übrigen keinerlei Einfluss auf deren Orthogonalität.

Eine Familie von Paarkontrasten ist niemals orthogonal zueinander, obwohl es bei genügender Anzahl K von Versuchsbedingungen einzelne Paarkontraste gibt, die wechselseitig orthogonal zueinander sind. Jeder Kontrast in einer Familie von orthogonalen Kontrasten hat ebenfalls einen Zählerfreiheitsgrad (FG$_Z$ = 1) und kann daher mittels **t-Test** auf statistische Signifikanz getestet werden. Bei K Versuchsbedingungen können jeweils nur K − 1 orthogonale Kontraste konstruiert werden; es gibt allerdings stets jeweils mehrere Familien solcher untereinander orthogonaler Kontraste. So kann eine zur Familie von orthogonalen Kontrasten in Ausdruck (7.18) alternative Familie von orthogonalen Kontrasten folgende Form aufweisen:

(7.19) $\psi_G = [(+1/2)\mu_1 + (+1/2)\mu_2 + (-1/2)\mu_3 + (-1/2)\mu_4] \Leftrightarrow$

$[(\mu_1 + \mu_2)/2 - (\mu_3 + \mu_4)/2]$;

$\psi_D = [(0)\mu_1 + (0)\mu_2 + (+1)\mu_3 + (-1)\mu_4] \Leftrightarrow (\mu_3 - \mu_4)$;

$\psi_A = [(+1)\mu_1 + (-1)\mu_2 + (0)\mu_3 + (0)\mu_4] \Leftrightarrow (\mu_1 - \mu_2)$.

Wenn die Kontraste zueinander orthogonal sind, dann kann man sie in quadrierter Form zu einem statistischen **Vergleich** mit FG$_Z$ > 1 oder mit FG$_Z$ = K − 1 zusammenfassen und einer **VA** unterziehen, **wenn die zugehörigen Hypothesen ungerichtet** sind. Dazu werden Kontrastquadratsummen QSD$_t$ unter Verwendung des D$_t$ in Ausdruck (7.2) gebildet (z.B. Bortz, 1999, S. 256; Keppel, 1991, S. 129):

(7.20) $QSD_t = \dfrac{D_t^2}{\sum c_{k,t}^2 / n} = \dfrac{n D_t^2}{\sum c_{k,t}^2}$.

Jede Kontrastquadratsumme hat FG$_Z$ = 1, ist also gleich der Kontrastvarianz. Addiert man diese Kontrastquadratsummen, denen im einfaktoriellen Fall maximal T = K − 1 orthogonale Kontraste zugrunde liegen, dann erhält man die Treatmentquadrat-

Kontraste, Fehlerkumulation und Effektgrößen

summe QSB der einfaktoriellen **VA**, wobei sich auch die Freiheitsgrade FG_Z zu T = K – 1 aufsummieren:

(7.21) $\sum QSD_t = QSB$.

Man muss nicht alle berechenbaren Kontrastquadratsummen aufaddieren, sondern kann sich auch auf eine Untermenge beschränken. Wenn man orthogonale Kontrastquadratsummen aufsummiert und damit einen statistischen Vergleich konstruiert, dann weist dieser Vergleich so viele Freiheitsgrade auf, wie quadrierte Kontraste in ihn eingehen, und zwar im einfaktoriellen Plan maximal K – 1. Auf einen derartigen statistischen **Vergleich** bezogene statistische Hypothesen sind notwendigerweise ungerichtet und können mittels **F-Test** auf statistische Signifikanz getestet werden. Beziehen sich die statistischen Hypothesen auf die einzelnen orthogonalen Kontraste, können diese Hypothesen einzeln und im gerichteten Fall mittels **t-Tests** und im ungerichteten Fall mittels **t-** oder **F-Tests** getestet werden.

Derartige Kontrastquadratsummen lassen sich natürlich auch für nonorthogonale, also linear abhängige Kontraste bestimmen, nur summieren sich die für nonorthogonale Kontraste bestimmten Kontrastquadratsummen nicht zur QSB auf. Auch mit nonorthogonalen Kontrasten können gerichtete wie ungerichtete statistische Hypothesen verbunden werden.

Betrachten wir ein Berechnungsbeispiel, bei dem anstelle einer **VA** mit orthogonalen Kontrasten operiert wird.

Beispiel 7.1: Die Alternativhypothese einer einfaktoriellen **VA** bei K = 4 wird über 4 – 1 = 3 orthogonale Kontraste getestet, die anstelle des globalen Tests eingesetzt werden und die einzeln auf statistische Signifikanz getestet werden können. Sie enthalten mehr Information als der globale Test, aber ihre Fehlerwahrscheinlichkeiten kumulieren auch – davon soll in diesem Beispiel einmal abgesehen werden. Es wird folgende Zerlegung in orthogonale Kontraste vorgenommen:

(7.22) SV: ($\mu_k \neq \mu_{k'}$ für *mindestens ein Paar* von Bedingungen) ≈>

$$\approx > [H_{1,1}: \psi_1 = (+1)\mu_1 + (-1/3)\mu_2 + (-1/3)\mu_3 + (-1/3)\mu_4 \neq 0 \Leftrightarrow$$
$$\Leftrightarrow \mu_1 - (\mu_2 + \mu_3 + \mu_4)/3 \neq 0] \vee$$
$$\vee [H_{1,2}: \psi_2 = (0)\mu_1 + (+1)\mu_2 + (-1/2)\mu_3 + (-1/2)\mu_4 \neq 0 \Leftrightarrow \mu_2 - (\mu_3 + \mu_4)/2 \neq 0] \vee$$
$$\vee [H_{1,3}: \psi_3 = (0)\mu_1 + (0)\mu_2 + (+1)\mu_3 + (-1)\mu_4 \neq 0 \Leftrightarrow \mu_3 - \mu_4 \neq 0].$$

Die Alternativhypothese der **VA**, also die SV, wird angenommen, wenn die Alternativhypothese von mindestens einem der drei orthogonalen Kontraste statistisch signifikant wird; sie wurden daher disjunktiv miteinander verknüpft. Die Kontrastkoeffizienten $c_{k,t}$ wurden alle so gewählt, dass die Summe ihrer Beträge gleich Zwei ergibt. Die empirischen Mittelwerte lauten: $M_1 = 15,0$; $M_2 = 20,0$; $M_3 = 18,0$ und $M_4 = 12,0$ bei $s^2_{I,B} = 64,00$ und n = 20. Dann ergibt sich nach Formel (7.2): $D_1 = -1,6667$; $D_2 = +5,00$ und $D_3 = +6,00$, woraus nach Formel (7.20) $QSD_1 = 41,6667$ sowie $QSD_2 = 333,3333$ und $QSD_3 = 360,00$ errechnet wird. Die Zwischenquadratsumme QSB beträgt: QSB = 735,00, und für $\sum QSD_t$ gilt nach Formel (7.21): 41,6667 + 333,3333 + 360,00 = 735,00. Die einzelnen Tests ergeben: $F_{VA,B,emp,1} = (41,6667/1)/64 = 0,6510$; $F_{VA,B,emp,2} = (333,3333/1)/64 = 5,2083$ und $F_{VA,B,emp,3} = (360/1)/64 = 5,625$ bei $F_{VA,B,krit(0,05;76),t} = 2,74$. Zwei der drei $F_{VA,B,emp}$-Werte sind statistisch signifikant, und die mit den entsprechenden Kontrasten verbundenen Alternativhypothesen können angenommen werden. Die vorgeordnete SV kann damit wegen der disjunktiven Verknüpfung der drei Hypothesen über orthogonale Kontraste ebenfalls angenommen werden; für diese Entscheidung hätte bereits ein statistisch signifikanter $F_{VA,B,emp}$-Wert ausgereicht. Die Entscheidung bedeutet, dass auch die Alternativhypothese der **VA** als zutreffend angesehen wird. Andererseits gilt aber auch, dass ein statistisch signifikanter F-Wert der **VA** nicht notwendigerweise bedeutet, dass auch mindestens ein interpretierbarer Paar- oder komplexer Kontrast statistisch signfikant ist - es kann sich auch um einen nicht interpretierbaren komplexen Kontrast etwa der Form $D_t = (+1,0)M_1 + (-0,6429)M_2 + (-0,2857)M_3 + (-0,0714)M_4$ handeln (vgl. Swaminathan & DeFriesse, 1979, und Abschn. 6.2).

Das Beispiel 7.1 zeigt auf, dass die im vorigen Kapitel behandelten **VAn**- und **KOVAn** nichts anderes darstellen als Tests von ungerichteten Hypothesen über statistische **Vergleiche**, die im einfaktoriellen Fall aus einer Familie von K – 1 beliebigen orthogonalen Kontrasten bestehen und im zweifaktoriellen Fall aus einer Familie von K – 1 orthogonalen Kontrasten für den Faktor B, einer weiteren Familie von J – 1 orthogonalen Kontrasten für den Faktor A und zuletzt einer Familie von (J – 1)(K – 1) orthogonalen Kontrasten für die Interaktion AxB, also insgesamt aus JK – 1 orthogonalen Kontrasten; für höherfaktorielle **VAn** und **VAn** mit wiederholten Messungen sowie der **KOVA** gilt Entsprechendes. Das Beispiel zeigt aber auch die Schwierigkeit, die mit der Interpretation orthogonaler Kontraste verbunden sein kann - man betrachte dazu nur den Kontrast, über den die $H_{1,1}$ formuliert wurde.

In aller Regel werden die Begriffe „Kontrast" und „Vergleich" austauschbar benutzt - man spricht von multiplen Vergleichen anstelle von multiplen Kontrasten -, aber hier wird im Anschluss an Rouanet und Lépine (1970, S. 151-152) zwischen den beiden Begriffen unterschieden: Ein **Vergleich** besteht aus der Summe von quadrierten orthogonalen Kontrasten mit $1 < FG_Z \le K - 1$, während ein **Kontrast** den Spezialfall eines Vergleiches mit $FG_Z = 1$ darstellt.

Im Übrigen können nicht nur Kontraste linear voneinander abhängig sein, sondern auch statistische Tests. So sind alle Tests (schwach) voneinander abhängig, die auf der gleichen Testvarianz beruhen, wie dies z.B. der Fall ist bei allen mehrfaktoriellen **Varianzanalysen**, aber auch bei der **Methode der a priori geplanten Kontraste und Vergleiche**. Ferner sind Tests abhängig voneinander, wenn die Variablen, über die Tests durchgeführt werden, miteinander korreliert sind oder wenn die Tests sich auf linear abhängige bzw. nonorthogonale Kontraste beziehen.

Wie eingangs angemerkt, sind die vor dem Versuch geplanten oder **A-priori-Kontraste** der **VA** in Bezug auf die Informationshaltigkeit überlegen, zumal über sie auch gerichtete Mittelwertshypothesen formuliert werden können; dies ist bei der **VA** nicht möglich. Müssen diese A-priori-Kontraste aus hypothesenprüfender Sicht zueinander orthogonal sein? Nein, müssen sie nicht. Aus dieser Perspektive ist es gänzlich **unerheblich, ob die zur Prüfung abgeleiteten Kontraste orthogonal zueinander sind oder nicht**, denn orthogonale Kontraste können „only infrequently be employed in behavioral science investigations because the questions to be put to the data are simply not usually independent" (J. Cohen & P. Cohen, 1975, S. 158), oder wie Winer (1971, S. 175) es formuliert: „In practice the comparison that are constructed are those having some meaning in terms of the experimental variables; whether these comparisons are orthogonal or not makes little or no difference". Kirk (1995, S. 137) bemerkt dazu: „In designing an experiment, a researcher usually has a specific set of C hypotheses that the experiment is designed to test. Often the associated contrasts are not orthogonal, ...". Oder: „When a researcher is specifying interesting contrasts, orthogonality need *not* be an issue. One should ask interesting questions, without worrying about redudancy!" (Huberty & Morris, 1988, S. 576; vgl. auch Rosenthal & Rosnow, 1985, S. 21-22). Anstelle der aus statistischer Perspektive wünschenswerten Eigenschaft der Orthogonalität dient hier als wesentliches **Kriterium** für abgeleitete Hypothesen über Kontraste allein die **Validität der Ableitung**, also vor allem die Adäquatheit und die Erschöpfendheit, für alle Vorhersagen einschließlich von statistischen Hypothesen aus der psychologischen Theorie und oder der psychologischen Hypothese über die psychologische Vorhersage.

Die **a priori geplanten Kontraste** werden dabei also **anstelle eines globalen Tests** (wie den **F-Tests** der **VAn**) durchgeführt: „.... if planned ... contrasts are tested separately, the overall F test is not carried out, and vice versa" (Hays, 1981, S. 426) bzw.: „It is not necessary to test the omnibus null hypothesis using ANOVA F statistic prior to testing individual contrasts" (Kirk, 1995, S. 129; ANOVA: **VA**); oder: „With planned comparisons, omnibus ANOVA is not performed; the researcher moves straight to the comparisons" (Tabachnick & Fidell, 1989, S. 52; vgl. auch Marascuilo & Levin, 1988, S. 45, und B. Thompson, 1994, S. 21-23). Eine Auflistung der Vorteile von a priori geplanten Kontrasten findet sich im nächsten Abschnitt.

Allerdings ist es in gewissem Sinne nicht falsch, geplanten Kontrasten einen Globaltest vorzuschalten, wie es üblich ist. Man muss dabei ledglich berücksichtigen, dass der globale Test unter anderen probabilistischen Randbedingungen durchgeführt wird als die **t-Tests** für geplante Kontraste. Denn für den Globaltest werden üblicherweise die F-Verteilungen mit $FG_Z > 1$ herangezogen und für die geplanten Kontraste die t-Verteilungen mit $FG_Z = 1$. Darüber hinaus stellt ein statistisch insignifikantes Resultat im Globaltest nicht sicher, dass nicht mit **t-Tests** über geplante Paarkontraste doch mindestens eine statistisch signifikante Differenz aufgedeckt werden kann.

Zum Gebrauch geplanter Kontraste merken Huberty und Morris (1988, S. 576) an, dass only very few research situations would preclude a researcher from specifying all contrasts of interest prior to an examination of the outcome measures and/or outcome „cell" means. (A typical set of contrasts investigated consists of, simply, all pairwise comparisons.) (vgl. auch Levin, 1997).

Aber statistische Auswertungen über geplante Kontraste findet man in der Forschungspraxis selten (nur zwei Mal in den 428 Artikeln in den 14 psychologischen Fachzeitschriften der Jahre 2001 und 2002). Dunnett (1970) spricht für die überwiegende Mehrheit von Kolleg/inn/en, die die Datenanalyse im Rahmen einer *zweistufigen* oder *sequenziellen Teststrategie* durchführen: „The statistical analysis of the data begins with an analysis of variance. This provides an estimate of the error variance to be used in the multiple comparison tests ..." (S. 88). Der geringen Informationshaltigkeit des statistisch signifikanten **F-Tests** der **VA** wird dabei dadurch abzuhelfen versucht, dass im Anschluss an die **VA** weitere statistische Verfahren, vor allem eine der zahlreichen Techniken der sog. **multiplen** oder **Post-hoc-Vergleiche**, durchgeführt werden, auf die im folgenden Abschnitt eingegangen wird. Zuweilen werden diese Techniken auch dann eingesetzt, wenn die Nullhypothese des **F-Tests** beibehalten wurde.

Möglicherweise ist es gerade die Einfachheit der **Methode der geplanten Kontraste und Vergleiche**, die die Mehrheit der Forscher/innen „anspruchsvollere" statistische Verfahren anwenden lässt. Nur allzu häufig ist mit den „anspruchsvolleren" Verfahren leider das Problem verbunden, dass ihre Interpretation mehrdeutig ist, wobei es im Extremfall dazu kommen kann, dass eine sophistizierte statistische Analyse uninterpretierbar ist, so dass der die/der Forscher/in nach ihrem/seinen Versuch genauso klug dasteht wie vorher. Diese Gründe scheinen mir insgesamt überzeugend genug, um die Methode der geplanten Kontraste und Vergleiche, die außerordentlich vielseitig und bei Hypothesen auf allen Skalenniveaus einsetzbar ist, als *die* Methode bei der statistischen Prüfung von psychologischen Hypothesen zu empfehlen. Aber auch diese Methode ist nicht frei von Problemen, denen der folgende Abschnitt gewidmet ist.

7.2 Die Kumulation der statistischen Fehlerwahrscheinlichkeiten und ihre Adjustierung

Wann immer man mehr als nur einen statistischen Test im Rahmen eines Versuches durchführt, wachsen die statistischen Fehlerwahrscheinlichkeiten α und/oder β an - sie kumulieren. Auch bei a priori geplanten Kontrasten, die zur adäquaten und erschöpfenden Prüfung aus einer psychologischen Vorhersage und Hypothese abgeleitet worden sind, kumulieren die statistischen Fehlerwahrscheinlichkeiten. Dabei kumuliert nicht nur α, sondern - je nach Ausgangssituation - alternativ oder zusätzlich auch β. Dadurch erhöhen sich die auf der Ebene der statistischen Vorhersage

(SV) definierten Fehlerwahrscheinlichkeiten ε und φ. Dabei bezeichnet ε die bedingte Wahrscheinlichkeit, eine nicht-zutreffende SV irrtümlich anzunehmen, und φ die bedingte Wahrscheinlichkeit, eine zutreffende SV irrtümlich abzulehnen (siehe Abschn. 2.4). Angesichts dieses Tatbestandes der Kumulation kann man sich folgende grundsätzliche Frage stellen: "Should the probability of committing a type I error be set at α for each test or should the probability of one or more errors be set at α or less for some larger conceptual unit such as the collection of tests?" (Kirk, 1995, S. 102). Man kann diese Frage auf verschiedene Arten beantworten, wie R.G. Miller (1981, S. 31-32) ausführt:

Two extremes of behavior are open to anyone involved in statistical inference. A non-multiple comparisonist regards each separate statistical statement as a family, and does not give increased protection to any group of statements through group error rates. At the other extreme is the ultraconservative statistician who has just a single family consisting of every statistical statement he might make during his lifetime. If all statisticians operated in this latter fashion at the 5 percent level, then 95 percent of the world's statisticians would never falsely reject a null hypothesis, and 5 percent would be guilty of some sin against nullity. There are few statisticians who would adhere to the first principle, but the author has never met one of the latter variety.

Demnach besteht eine mögliche Antwort auf die von Kirk gestellte Frage darin, als die konzeptuelle Einheit der Kumulation den einzelnen Kontrast bzw. Test zu wählen (Toothaker, 1991, S. 11); dabei wird die Kumulation ausgeblendet. Diese Taktik ist in der deutschsprachigen empirischen Psychologie ungemein verbreitet: In 379 von 428 Artikeln der Jahre 2001 und 2002 wurde der einzelne Test als konzeptuelle Einheit gewählt, d.h. es fand keine Adjustierung der Kumulation (von α) statt. Wenn man die Kumulation jedoch als Tatbestand akzeptiert, ist es zweckmäßig, zunächst die „Fehlerrate pro Familie" („error rate familywise"; FW) zu definieren: „The type I *FW* error rate, $α_{FW}$, considers the probability of making *one or more* type I errors in the *set of comparisons* under scrutiny" (Keppel, 1991, S. 164; Hervorhebung im Orig.). Von diesen Familien von Tests gibt es eine ganze Reihe - einen Überblick geben u.a. Kirk (1995, S. 119-123), S.E. Maxwell und Delaney (1990, S. 175-190), R.G. Miller (1981) und Toothaker (1991). So kann man wählen zwischen bspw. allen Tests im Rahmen eines Versuches, allen Tests im Rahmen eines Forschungsprogrammes, allen Tests innerhalb eines bestimmten Zeitraumes usw.

Die verschiedenen Techniken der sog. **multiplen oder Post-hoc-Vergleiche** beruhen jeweils auf unterschiedlichen Definitionen der Familie von Tests, und dabei beziehen sie sich ausnahmslos auf eine *Familie von potenziell durchführbaren Tests*, für die sie die Kumulation von α ausgleichen. Bei der **Scheffé-Technik** (1953) besteht diese Familie von Tests aus allen möglichen Kontrasten mit $FG_Z = 1$ und allen möglichen statistischen Vergleichen mit $1 < FG_Z < K - 1$; bei der **Tukey-Technik** (Tukey, 1953) ist diese Familie von Tests über alle $T = K(K - 1)$ möglichen Paarkontraste bei $FG_Z = 1$ definiert, und bei der **Dunnett-Technik** (Dunnett, 1955) besteht die Familie von Tests in K − 1 Paarkontrasten zwischen K − 1 Versuchs- und einer Kontrollgruppe (vgl. Keppel, 1991, S. 175-177; Kirk, 1995, S. 113-159). Mit Ausnahme der **Technik von Dunnett** (1955) testen diese Post-hoc-Vergleiche in der gleichen Weise wie die vorgeschaltete **VA** nur ungerichtete statistische Hypothesen. Zu den in der Forschungspraxis häufiger anzutreffenden Post-hoc-Techniken gehören auch die sequenziellen **Methoden nach Newman** (1939) **und Keuls** (1952) sowie die nach **Duncan** (1955), mit denen ebenfalls alle denkbaren Paarkontraste durchgeführt werden können. Allerdings kontrollieren diese beiden Techniken das α_{FW} für die Familie von Tests bei K > 3 nicht mehr (Kirk, 1995, S. 157). Aus diesem Grunde ist die Anwendung dieser Verfahren unter keinen denkbaren Umständen zu empfehlen (a.a.O.). Dies gilt auch für die recht beliebte **LSD-Prozedur** nach Fisher (LSD: „Least significant difference"), die nur bei einem statistisch signifikanten **F-Test** der **VA** eingesetzt werden soll, die aber die gesetzte Obergrenze für die Wahrscheinlichkeit für mindestens einen Fehler 1. Art (α_{FW}) nicht einhält (Keppel, 1991, S. 171). - Außer den genannten sind in den letzten 30 bis 40 Jahren noch eine Fülle weiterer Techniken der multiplen Vergleiche entwickelt worden, die hier aber nicht aufgezählt werden sollen, da sie alle nach dem geschilderten Prinzip funktionieren, unabhängig davon, ob es sich um simultane Techniken wie etwa die von Tukey oder um sequenzielle Techniken wie die von Duncan handelt.

Alle genannten Verfahren beziehen sich auf eine Familie von insgesamt nonorthogonalen Kontrasten bzw. Vergleichen, unter der sich aber immer auch einige zueinander orthogonale Kontraste befinden. Diese Techniken werden üblicherweise eingesetzt, wenn der **F-Test** einer **VA** statistisch signifikant geworden ist, aber auch dann, wenn dies nicht der Fall ist, und in anderen Fällen anstelle des **F-Tests**, denn: „... most multiple comparison procedures are not derived under the assumption that a significant F test has already been obtained" (Wilcox, 1987b, S. 189; Ausnahme: die LSD-Technik). Allerdings: In keinem der 428 Artikeln in 14 psychologischen Fachzeitschriften aus den Jahren 2001 und 2002 wurde eine Technik der multiplen Vergleiche ohne einen globalen Voraustest eingesetzt. - Dass alle Techniken der multiplen Vergleiche resp. Kontraste *nur die Fehlerwahrscheinlichkeit α adjustieren*, zeigt, dass sie ausnahmslos vor dem Hintergrund der Signifikanztesttheorie von R.A. Fisher angesiedelt sind.

Nur wenige der Techniken - wie etwa die **Scheffé-Technik** - operieren mit der gleichen Testverteilung wie die **F-Tests** der **VAn** und **KOVAn**. Der Bezug auf die gleichen Testverteilungen stellt die sog. Kohärenz sicher, dass ein statistisch signifikantes Resultat im Voraustest auch zu mindestens einem statistisch signifikanten Resultat in dem Folgetest führt. Liegen einerseits dem globalen Voraustest und andererseits der Technik der multiplen Vergleiche bzw. Kontraste unterschiedliche Testverteilungen zu Grunde wie z.B. die F- und die Verteilung der Studentisierten Spannbreitenstatistik q (vgl. dazu Kirk 1991, S. 144-145, S. 808-809), ist es möglich, dass eine derartige Technik der multiplen Vergleiche resp. Kontraste statistisch signifikante Unterschiede aufdeckt, ohne dass der Voraustest statistisch signifikant wurde - und umgekehrt.

Als R. Westermann und ich das Kumulierungsproblem zu Beginn der achtziger Jahre durchdachten, erschien es uns sinnvoll, als **konzeptuelle Einheit**, auf die hin die Kumulation von Fehlerwahrscheinlichkeiten beurteilt wird, die gerade zur Prüfung anstehende psychologische Hypothese zu wählen und als Familie von Tests alle diejenigen Tests zusammenzufassen, die zur adäquaten und erschöpfenden Prüfung der psychologischen Hypothese erforderlich und ausreichend sind und die Rule (1976, S. 1267) die „essential" Tests nennt: „The essential subset of tests consists of those tests which are of fundamental importance to the purpose of the experiment", also der Prüfung einer psychologischen Hypothese. Die Entscheidung für die zu prüfende psychologische Hypothese als konzeptuelle Einheit für die Behandlung von Fragen der Kumulation und Adjustierung war dabei nicht neu, sondern wurde in vergleichbarer oder ähnlicher Form bereits von Bielby und Kluegel (1977), Dunnett (1970), Federer (1961), Rule (1976) und von Wilson (1962) geäußert. Es gilt dabei: **Die Kumulierung erfolgt immer mit Blick auf eine einzige PH und die SV, die aus ihr über die PV adäquat und erschöpfend abgeleitet wurde, niemals für mehrere SVn, PVn und PHn gleichzeitig.**

Wie sehen die formalen Grundlagen der Kumulation von Fehlerwahrscheinlichkeiten aus?

Der italienische Mathematiker Bonferroni hat analytisch gezeigt, dass allgemein, d.h. für nonorthogonale und orthogonale Kontraste gilt (vgl. auch Dunn, 1961):

(7.23) $\pi(\text{mindestens ein Fehler 1. Art in T Tests}) = \pi(F1 \geq 1) = \alpha_{FW} \leq$

$$\leq 1 - \Pi(1 - \alpha_t) = 1 - (1 - \alpha)^T \leq \sum \alpha_t,$$

wobei das „FW" für „familywise" steht, d.h. für alle Tests, die in einem Versuch zur Prüfung einer bestimmten psychologischen Hypothese durchzuführen sind (Keppel, 1991, S. 164); t = 1, ... T steht für die Anzahl der Tests (vgl. auch Marascuilo & Levin, 1988, S. 45-47; S.E. Maxwell & Delaney, 1990, S. 177; R.G. Miller, 1981, S. 8). Der Ausdruck $1 - \Pi(1 - \alpha_t)$ gilt bei gleichen und ungleichen Werten für $\alpha_{(t)}$, während $1 - (1 - \alpha)^T$ nur für gleiche α-Werte gilt. Bei Formel (7.23) wird davon ausgegangen, dass die Anzahl T nicht zu groß ist, so dass sich der Term rechts in Formel (7.23) nicht zu nahe an Eins kommt oder diese Zahl gar überschreitet. Nach R.G. Miller (1981, S. 8) handelt es sich bei der Bonferroni-Ungleichung um ein „extremely useful practical tool", das sich durch die „tigthness of the bound" (a.a.O., S. 254), also vglw. kleine kritische Werte der benutzten Teststatistiken auszeichnet. - Bei perfekter Abhängigkeit der Kontraste bzw. Tests tritt im Übrigen keine Kumulation auf. Wenn man also Daten bspw. über einen **F-Test** und anschließend noch über einen zweiseitigen **t-Test** auswertet, liegen perfekt voneinander abhängige Tests vor, da bei $FG_Z = 1$ und ungerichteten Hypothesen gilt: $t^2 = F$.

Aus der (Dunn-) Bonferroni-Ungleichung resultiert die folgende einfache Adjustierungsformel:

(7.24) $\alpha_{krit,t} = \alpha_{FW,krit}/T$,

wobei $\alpha_{FW,krit}$ die Obergrenze der Wahrscheinlichkeit für einen Fehler 1. Art in T Tests bezeichnet, die auf einen Wert $\alpha_{FW,krit}$ festgelegt wird.

Sidák (1967) hat analytisch gezeigt, dass für nonorthogonale Kontraste gilt (vgl. auch Toothaker, 1991, S. 11):

(7.25) $\pi(F1 \geq 1) = \alpha_{FW} \leq 1 - (1 - \alpha)^T$.

Die daraus resultierende Adjustierung nach der multiplikativen **Dunn-Sidák-Methode** (vgl. Kirk, 1995, S. 141) fällt etwas geringer aus als die Adjustierung nach der additiven Methode in Formel (7.24):

(7.26) $\alpha_t = 1 - (1 - \alpha_{FW,krit})^{1/T}$.

Der Unterschied ist allerdings so gering, dass er erst bei relativ vielen Tests (etwa T > 15) merkbar wird. Ich verwende daher die einfacher zu handhabende Dunn-Bonferroni-Adjustierung, die in Formel (7.24) angegeben ist.

Von allen Erfinder/inne/n von Techniken der multiplen Vergleiche unberücksichtigt gelassen wurde (und wird) der Umstand, dass unter der Neyman-Pearson-Theorie auch die **Wahrscheinlichkeit für einen Fehler 2. Art, β, kumulieren** kann (vgl. dazu u.a. Haase & Ellis, 1987; Rodger, 1974; J.N. Srivastava, 1969). Die/der Leser/in mag sich fragen: Was denn, β soll kumulieren? Das soll wohl ein Witz sein? Nein, ist es nicht, denn es ist schlicht widersinnig, dass die eine der beiden statistischen Fehlerwahrscheinlichkeiten, nämlich α, kumulieren soll, die andere, nämlich β, dagegen nicht. Für diese Kumulation gilt relativ zu festen Werten für die Effektgröße bzw. für den Nonzentralitätsparameter (Haase & Ellis, 1987, S. 405; Hager & Westermann, 1983, S. 120-123; Westermann & Hager, 1986):

(7.27) π(mindestens ein Fehler 2. Art in T Tests) = $\pi(F2 \geq 1) = \beta_{FW} \leq$
$$\leq 1 - \Pi(1 - \beta_t) = 1 - (1 - \beta)^T \leq \Sigma \beta_t.$$

Dabei erwähnen Rodger (1974) und J.N. Srivastava (1969) nur die Möglichkeit der β-Kumulation, während sich die anderen genannten Arbeiten ausführlicher mit der Kumulation von β-Fehlern befassen (siehe später auch Hager, 1987, S. 171-177; 1992a, S. 388-407; Westermann, 2000, S. 424-430).

Im üblichen Fall der Prüfung einer psychologischen Hypothese bei K > 2 oder mit mehreren Faktoren besteht die statistische Vorhersage aus mehreren Einzelhypothesen über geplante Kontraste und/oder Vergleiche. Diesen entsprechen auf der Ebene der psychologischen Vorhersage häufig auch die gleiche Anzahl von Einzelvorhersagen. Für diese muss entschieden werden, auf welche Art man sie miteinander verbinden will - konjunktiv oder disjunktiv? Diese Entscheidung kann auf der Ebene der psychologischen Vorhersage getroffen werden oder auf der Ebene der statistischen Vorhersage, wobei letzteres den Regelfall darstellt. Mit der **konjunktiven Verknüpfung** („∧") ist die **Entscheidungsregel** verbunden, dass eine statistische Vorhersage nur dann angenommen wird, wenn **alle** als vorhersagekonform abgeleiteten Einzelhypothesen angenommen werden können. Bei der **disjunktiven Verknüpfung** („∨") besagt die zugeordnete **Entscheidungsregel**, dass **mindestens eine** der als vorhersagekonform abgeleiteten Einzelhypothesen angenommen werden muss, um die statistische Vorhersage annehmen zu können (vgl. Abschn. 2.6). Sobald sich die abgeleiteten Einzelhypothesen auf nur eine **Prüfinstanz** beziehen, stellt sich diese Frage nicht, denn in diesem Fall sind alle Einzelhypothesen **konjunktiv** miteinander zu verknüpfen, um die Erschöpfendheit der Ableitung zu sichern. Die Entscheidung über die Art der Verknüpfung muss fallspezifisch begründet erfolgen - eine einfache und narrensichere Richtschnur dafür gibt es nicht, da diese Entscheidung eine direkte Auswirkung auf die e- und/oder die f-Validität des Versuches hat, die im Einzelfall abzuschätzen ist.

Ob nun pro Test α und/oder β kumuliert, hängt ab von der Art der aus der SV abgeleiteten Einzelhypothesen (H_0 oder/und H_1) und der Entscheidungsregel, nach der man sie verknüpft, d.h. konjunktiv ("∧") oder disjunktiv („∨"). Dabei kumuliert immer diejenige Fehlerwahrscheinlichkeit, die über das φ_{SV} auf der Ebene der SV mit der f-Validität verbunden ist, und der Verzicht auf einen Ausgleich der Kumulation beeinträchtigt die f-Validität einer Prüfung bzw. erhöht das Risiko, eine zutreffende psychologische Hypothese irrtümlich für nicht bewährt zu halten.

Zum Ausgleich der α- und/oder β-Kumulation wird die additive **Bonferroni-Adjustierung** pro SV und damit pro PH vorgeschlagen. Dabei werden nicht mehr die Fehlerwahrscheinlichkeiten α und β vor dem Versuch festgelegt, sondern die Fehlerwahrscheinlichkeiten ε und φ als $\varepsilon_{PH,krit}$ und $\varphi_{PH,krit}$, aus denen dann durch Division durch die Anzahl T von Tests je nach vorgeschlagener Adjustierung $\alpha_{krit,t}$ und $\beta_{krit,t}$ pro einzelnem Test berechnet werden.

Bei der Kumulation und der Adjustierung sind daher vor allem die folgenden Fälle zu unterscheiden (vgl. dazu ausführlich Westermann & Hager, 1986):

Fall 1: Es werden R Alternativhypothesen $H_{1,r}$ abgeleitet und konjunktiv miteinander verbunden, kurz: $\bigcap_{r=1}^{R} H_{1,r}$ ($\bigcap$: konjunktiver Verknüpfungsoperator). In diesem Fall kumuliert β, d.h. es gilt für die Kumulierung:

(7.28) $\varepsilon \leq \max(\alpha_r)$ und $\varphi \leq \sum \beta_r$

und für die daraus folgende Adjustierung:

(7.29) $\alpha_{r,krit} = \varepsilon_{krit}$ und $\beta_{r,krit} = \varphi_{krit}/R$.

Die **Entscheidungsregel** lautet: „Nimm die SV dann an, wenn **alle** abgeleiteten Alternativhypothesen angenommen werden können".

Fall 2: Es werden R Alternativhypothesen $H_{1,r}$ abgeleitet und disjunktiv miteinander verknüpft, kurz: $\bigcup_{r=1}^{R} H_{1,r}$ ($\bigcup$: disjunktiver Verknüpfungsoperator). Es gilt dann für die Kumulierung:

(7.30) $\varepsilon \leq \sum \alpha_r$ und $\varphi \leq \max(\beta_r)$

sowie für die Adjustierung:

(7.31) $\alpha_{krit} = \varepsilon_{krit}/R$ und $\beta_{r,krit} = \varphi_{krit}$.

Die **Entscheidungsregel** lautet hier: „Nimm die SV bereits dann an, wenn **mindestens eine** der vorhersagekonformen Alternativhypothesen angenommen werden kann".

Fall 3: Aus der SV werden S Nullhypothesen $H_{0,s}$ abgeleitet und konjunktiv miteinander verbunden, kurz: $\bigcap_{s=1}^{S} H_{0,s}$. Es gilt dann für die Kumulation:

(7.32) $\varepsilon \leq \max(\beta_s)$ und $\varphi \leq \sum \alpha_s$

sowie für die Adjustierung:

(7.33) $\beta_{s,krit} = \varepsilon_{krit}$ und $\alpha_{s,krit} = \varphi_{krit}/S$.

Die **Entscheidungsregel** lautet hier: „Nimm die SV nur dann an, wenn **alle** vorhersagekonformen Nullhypothesen beibehalten werden können".

Fall 4: Aus der SV werden S Nullhypothesen $H_{0,s}$ abgeleitet und disjunktiv miteinander verbunden, kurz: $\bigcup_{s=1}^{S} H_{0,s}$. Es gilt dann für die Kumulation:

(7.34) $\varepsilon \leq \sum \beta_s$ und $\varphi \leq \max(\alpha_s)$

und für die Adjustierung:

(7.35) $\beta_{s,krit} = \varepsilon_{krit}/S$ und $\alpha_{s,krit} = \varphi_{krit}$.

Die **Entscheidungsregel** lautet hier: „Nimm die SV bereits dann an, wenn **mindestens eine** der vorhersagekonformen Nullhypothesen angenommen werden kann".

Fall 5: Die SV wird über eine Konjunktion von R $H_{1,r}$ und S $H_{0,s}$ (also: $\bigcap_{r=1}^{R} H_{1,r} \wedge \bigcap_{s=1}^{S} H_{0,s}$) getestet (R + S = T); die Kumulierung lautet dann:

(7.36) $\varepsilon \leq \max(\alpha_r, \beta_s)$ und $\varphi \leq (\sum \beta_r + \sum \alpha_s)$

und die Adjustierung entsprechend:

(7.37) $\alpha_{r,krit} = \beta_{s,krit} = \varepsilon_{krit}$ und $\beta_{r,krit} = \alpha_{s,krit} = \varphi_{krit}/(R+S) = \varphi_{krit}/T$.

Die **Entscheidungsregel** lautet hier: „Nimm die SV nur dann an, wenn **alle** abgeleiteten Null- und Alternativhypothesen angenommen werden können".

Fall 6: Die SV wird über eine Disjunktion von R $H_{1,r}$ und S $H_{0,s}$ (also: $\bigcup_{r=1}^{R} H_{1,r} \vee \bigcup_{s=1}^{S} H_{0,s}$) getestet; die Kumulierung lautet dann:

(7.38) $\varepsilon \leq (\sum \beta_r + \sum \alpha_s)$ und $\varphi \leq \max(\alpha_r, \beta_s)$,

so dass die Adjustierung wie folgt lautet:

(7.39) $\alpha_{r,krit} = \beta_{s,krit} = \varepsilon_{krit}/(R+S) = \varepsilon_{krit}/T$ und $\beta_{r,krit} = \alpha_{s,krit} = \varphi_{krit}$.

Die **Entscheidungsregel** lautet hier: „Nimm die SV bereits dann an, wenn **mindestens eine** der abgeleiteten Null- und Alternativhypothesen angenommen werden kann".

Fall 7: Ein weiterer wichtiger Fall der Kumulation und Adjustierung liegt dann vor, wenn man W Prüfinstanzen (PI) vorliegen hat, innerhalb derer R_w Alternativhypothesen (w = 1, ..., W) aus Gründen der Sicherung der Erschöpfendheit der Ableitung konjunktiv zusammengefasst werden, während die einzelnen Prüfinstanzen disjunktiv miteinander verbunden werden. Die dazu gehörige **Entscheidungsregel** lautet dann: „Nimm die SV dann an, wenn **in mindestens einer Prüfinstanz alle Alternativhypothesen** angenommen werden können". Innerhalb der Prüfinstanzen erfolgt die Kumulation und Adjustierung nach Fall 1 (s.o.):

(7.40) $\alpha_{FW(PI)w} \leq \max(\alpha_{r,w})$ und

(7.41) $\beta_{FW(PI)w} \leq \sum \beta_{r,w}$,

wobei „FW" für die Familie von Tests innerhalb einer Prüfinstanz w steht. Zwischen den Prüfinstanzen gilt dagegen:

(7.42) $\varepsilon \leq \sum[\max(\alpha_{r,w})] = \sum \alpha_{FW(PI)w}$ und

(7.43) $\varphi \leq \max[\beta_{FW(PI)w}]$.

Für die Adjustierung resultiert dann:

(7.44) $\alpha_{r,w,krit} = \varepsilon_{krit}/W$ und

(7.45) $\beta_{r,w,krit} = \varphi_{krit}/\sum R_w$.

Fall 8: Im Fall 8 besteht jede der W Prüfinstanzen aus S Nullhypothesen, die innerhalb der Prüfinstanzen konjunktiv zusammengefasst sind, während die Prüfinstanzen selbst disjunktiv miteinander verbunden sind. Die dazu gehörige **Entscheidungsregel** lautet: „Nimm die SV dann an, wenn in **mindestens einer Prüfinstanz alle Nullhypothesen** beibehalten werden können". Für die Kumulation pro Prüfinstanz gilt hier:

(7.46) $\alpha_{FW(PI)} \leq \sum \alpha_{s,w}$ und

(7.47) $\beta_{FW(PI)} \leq \max(\beta_{s,w})$.

Über die Prüfinstanzen hinweg erfolgt die Kumulation wie folgt:

(7.48) $\varepsilon \leq \sum[\max(\beta_{s,w})] = \sum \beta_{FW(PI)w}$.

(7.49) $\varphi \leq \max[\alpha_{FW(PI)w}]$.

Daraus folgt als Adjustierungsvorschlag:

(7.50) $\alpha_{s,w,krit} = \varphi_{krit}/\sum S_w$ und

(7.51) $\beta_{s,w,krit} = \varepsilon_{krit}/W$.

Fall 9: Hier besteht jede der W Prüfinstanzen aus R_w Alternativ- und S_w Nullhypothesen, die innerhalb der Prüfinstanz konjunktiv zusammengefasst werden, während die Prüfinstanzen selbst wieder disjunktiv miteinander verknüpft werden. Die hier anwendbare **Entscheidungsregel** lautet: „Nimm die SV dann an, wenn in **mindestens einer Prüfinstanz alle S Null- und alle R Alternativhypothesen** angenommen werden können". Für die Kumulation pro Prüfinstanz gilt hier:

(7.52) $(\alpha\beta)_{FW(PI)rs,w} \leq [\sum_r \alpha_{r,w} + \sum_s \beta_{s,w}]$ und

(7.53) $(\beta\alpha)_{FW(PI)rs,w} \leq \max(\beta_{r,w}, \alpha_{s,w})$

Über die Prüfinstanzen hinweg erfolgt die Kumulation wie folgt:

(7.54) $\varepsilon \leq \sum_w [\max(\beta_{r,w}, \alpha_{s,w})]$.

(7.55) $\varphi \leq \max_w(\sum_r \alpha_{r,w} + \sum_s \beta_{s,w})$.

Dies führt zur folgenden Adjustierungsempfehlung:

(7.56) $\alpha_{r,w,krit} = \beta_{s,w,krit} = \varphi_{krit}/\sum(R_w + S_w)$.

(7.57) $\beta_{r,w,krit} = \alpha_{s,w,krit} = \varepsilon_{krit}/W$.

Während in den einfachen Fällen 1 bis 6 über die statistischen Tests stets nur eine der beiden Fehlerwahrscheinlichkeiten α oder β kumuliert, kumulieren in den Fällen 7 bis 9 *beide* Fehlerwahrscheinlichkeiten.

Wenn in der Forschungspraxis eine Adjustierung für das kumulierende α vorgenommen wird, geschieht dies - in der gleichen Weise wie auch bei den zahlreichen Post-hoc-Techniken - dadurch, dass das Signifikanzniveau abgesenkt wird auf Werte $\alpha_{krit,t} < 0{,}01$. Je stärker jedoch diese Verminderung von α erfolgt, desto geringer wird gleichzeitig auch die Teststärke $1 - \beta$, und dieses Absinken kann dann entweder durch eine Vergrößerung der Stichprobe und/oder durch eine Vergrößerung des nachweisbaren Effektes ausgeglichen werden - im Prinzip jedenfalls, aber praktisch nicht, weil entweder die nachzuweisenden Effekte unrealistisch groß werden und/oder weil die benötigte Stichprobengröße nicht praktikabel ist. Der einzige Ausweg aus diesem angesichts der üblicherweise begrenzten Ressourcen sehr realen Dilemma besteht nach meiner Auffassung darin, die bedingten Fehlerwahrscheinlichkeiten ε und φ auf der Ebene der statistischen Vorhersage als Obergrenzen für die Kumulation auf *gemeinhin nicht gewählte hohe Werte festzulegen*, und zwar auf $\varepsilon_{krit} \leq \mathbf{0{,}30}$ und $\varphi_{krit} \leq \mathbf{0{,}30}$. Bei einer β-Kumulation muss dann α auf einen größeren Wert festgesetzt werden als das konventionell akzeptierte $\alpha_{krit} = 0{,}05$, und zwar bis zu $\alpha_{krit} = 0{,}30$, so dass gelten soll: $\mathbf{0{,}01 \leq \alpha_{krit} \leq 0{,}30}$. Dazu führt bereits Winer (1962, S. 13) in seinem klassischen Lehrbuch zur Versuchsplanung und -auswertung aus: „The frequent use of the .05 and .01 levels of significance is a matter of convention having little scientific or logical basis. When the power of tests is likely to be low under these levels of significance, and when type 1 and type 2 errors are of approximately equal importance, the .30 and .20 levels of significance may be more appropriate than the .05 and .01 levels" (vgl. auch Winer, D.R. Brown & Michels, 1991, S. 20). Bortz (1999, S. 161, S. 275), Bortz, Lienert und Boehnke (2000, S. 82, S. 85), Keppel (1991, S. 127), Kirk (1995, S. 409), Wilcox (1987b, S. 144) sowie Wirtz und Caspar (2002, S. 133) geben als höchsten Wert für das Signifikanzniveau $\alpha = 0{,}25$ an. Und auch Sievers (1987, S. 397) führt aus: „Es kann deshalb ... nicht nur sinnvoll, sondern auch erforderlich sein, andere als die konventionellen $\alpha = 0{,}05$ oder 0,01 zu verwenden, z.B. $\alpha = 0{,}10$ oder $\alpha = 0{,}20$ ... ." Die Graphen zur Stichprobengrößenbestimmung in Lipsey (1990, S. 90-96; „power charts") beginnen bei $\alpha = 0{,}01$ und enden bei $\alpha = 0{,}40$ (zweiseitig); die Tabellen zur Stichprobengrößenbestimmung in Fleiss (1981, S. 260-280) enthalten Werte für n bis zu einem Signifikanzniveau von $\alpha = 0{,}20$. Auch die Tabellen im Anhang des vorliegenden Buches sind auch für höhere Signifikanzniveaus ausgelegt ($\alpha_{krit} \leq \mathbf{0{,}30}$).

Wenn α kumuliert, sollte es ebenfalls adjustiert und auf einen vglw. kleinen Wert festgelegt werden, so dass dann für β ebenfalls gelten kann: $\mathbf{0{,}01 \leq \beta_{krit} \leq 0{,}30}$ (vgl. Overall, 1980, S. 135, sowie Stevens, 1980, S. 728, die als unteren Grenzwert für die Teststärke $1 - \beta = 0{,}70$ angeben). Den Wert 0,30 sollte man jedoch möglichst nicht überschreiten. Die Ergebnisse der Testplanung werden oft dazu führen, dass man die A-priori-Spezifikationen bzgl. ε_{krit} und φ_{krit} nachträglich entweder vergrößern muss oder aber verringern kann, wobei auch ungleich große Fehlerwahrscheinlichkeiten $\alpha_{krit,t}$ und/oder $\beta_{krit,t}$ über alle Tests resultieren können, und zwar vor allem dann, wenn Tests für unterschiedlich große Effekte zu planen sind und/oder wenn mindestens eine Null- und mindestens eine Alternativhypothese als vorhersagekonform abgeleitet worden sind. Solange diese Änderungen während der Testplanungsphase getroffen werden, sind sie natürlich zulässig; die Neufestlegungen bzgl. ε_{krit} und/oder φ_{krit} müssen dann allerdings auch angegeben werden. Ich werde bei meinen Beispielen oft so verfahren, dass ich die Werte für ε_{krit} und φ_{krit} erst nach Abschluss der Testplanung ermittele.

Die Erhöhung des gebräuchlichen Signifikanzniveaus $\alpha = 0{,}05$ auf den Maximalwert $\alpha = 0{,}30$ wird bei den meisten, wenn nicht gar bei allen Forscher/inne/n auf große Skepsis, ja vielleicht auch Unverständnis stoßen. Sie ist aber notwendig, um angesichts der typischerweise begrenzten Ressourcen für psychologische Versuche die Kumulierung von β handhaben zu können. Dabei ist mir bewusst, das Zeitschriftenherausgeber/innen höhere Werte als $\alpha = 0{,}05$ nur ungern bereit sind zu akzeptieren. Daher begründe man die Entscheidung für einen Wert größer als 0,05 entweder in der einzureichenden Arbeit oder/und im Anschreiben an die Herausgeber/innen. Auch diese sind - von Ausnahmen abgesehen - Vernunftgründen zugänglich.

Die im vorigen Kapitel im Zusammenhang mit verschiedenen **VAn** und der **KOVA** behandelten **F-Tests** haben in einfaktoriellen Plänen den Vorteil, dass sie simultan K Mittelwerte auszuwerten erlauben, und dabei kommt es zu keiner Fehlerkumulation. In höherfaktoriellen Plänen werden jedoch mehrere **F-Tests** durchgeführt, wobei die Fehlerwahrscheinlichkeiten in Abhängigkeit von der Definition der konzeptuellen Einheit, auf die hin die Fehlerkumulation beurteilt werden soll, natürlich kumulieren. Dies ist bspw. der Fall, wenn man die konzeptuelle Einheit als den Versuch definiert („per-experiment error rate", $α_{PE}$; vgl. Kirk, 1995, S. 122). Unter dieser Definition kumulieren die Fehlerwahrscheinlichkeiten in allen mehrfaktoriellen Plänen, und sie wird noch erhöht, wenn man auch Tests auf den Ebenen der einfachen Haupteffekte durchführt, also auf der Ebene der Zellen AB_{jk}, ABC_{jkl} usw. Dies wird aber in so gut wie keinem Statistik- oder Versuchsplanungslehrbuch explizit angesprochen (Ausnahme: Winer, D.R. Brown & Michels, 1991, S. 348).

Die Ableitung von statistischen Hypothesen aus einer der psychologischen Hypothese nachgeordneten psychologischen Vorhersage führt bei $K ≤ 3$ stets zu **a priori geplanten Kontrasten und/oder Vergleichen** sowie statistischen Tests. Deren Anzahl ist ausnahmslos - mir ist jedenfalls keine Ausnahme aus der Forschungspraxis bekannt - immer geringer als die Anzahl in der Familie einer beliebigen Technik der Post-hoc-Kontraste oder -Vergleiche. Das heißt, dass bei Anwendung einer derartigen Technik infolge einer zu scharfen α-Adjustierung die Teststärke unnötig gering wird - die Teststärke ist dabei bei der **Scheffé-Technik**, die sich auf die größte Familie von Tests bezieht, am geringsten. Aus diesem Grund ist die einstufige oder simultane Testprozedur der geplanten Kontraste der verbreiteten mehrstufigen oder sequenziellen Strategie „globaler Test plus Technik der multiplen Vergleiche" vorzuziehen (vgl. dazu Games, 1978b, S. 181; Hager, 1992a, S. 372-373). Die simultane Testung bietet zudem den Vorteil, dass a priori nicht nur α kontrolliert werden kann, sondern auch β (vgl. Hager, 1992a, a.a.O.).

Zuweilen wird die Meinung vertreten, dass man bei a priori geplanten Kontrasten die Kumulation der Fehlerwahrscheinlichkeiten nicht zu beachten braucht (z.B. Keppel & Zedeck, 1989, S. 172). Diese Auffassung wird hier nicht geteilt: Sobald eine psychologische Hypothese über mehr als nur einen statistischen Test geprüft wird, tritt eine Kumulation auf, und es ist zu adjustieren.

Die Techniken der multiplen Vergleiche kommen als „Ersatz" für die Methode der geplanten Kontraste und Vergleiche *nicht* in Frage, weil bei diesen Techniken die Kumulation von α bzgl. einer *Menge potenziell durchführbarer Tests* ausgeglichen wird, die in aller Regel - und von dieser Regel ist mir keine Ausnahme bekannt - größer ist als die Menge derjenigen Tests, die zur adäquaten und erschöpfenden Prüfung einer psychologischen Hypothese erforderlich sind. Darüber hinaus lassen die Post-hoc-Tests die Kumulation von β gänzlich unberücksichtigt, obwohl es gerade diese bedingte Fehlerwahrscheinlichkeit ist, die bei der Prüfung von psychologischen Hypothesen mit Abstand am häufigsten kumuliert.

Zusammengefasst bieten vor dem Versuch formulierte oder **a priori geplante Kontraste und Vergleiche** bieten u.a. die folgenden **Vorteile** etwa gegenüber mehrstufigen oder sequenziellen Teststrategien (vgl. Hager, 2000a, S. 208; siehe auch B. Thompsons, 1994, zur „neo-klassischen Sichtweise" zu geplanten Kontrasten):

1) Die herausragende Eigenschaft der Methode der a priori geplanten Kontraste und Vergleiche ist ihre Einfachheit sowohl was ihre Berechnung als auch was ihre Interpretation anbelangt.
2) Sie ist hochgradig flexibel einsetzbar.
3) Sie erlaubt die direkteste und einfachste Prüfung von psychologischen Hypothesen bzw. die Beantwortung von „Forschungsfragen" von Untersucher/innen.
4) Sie ermöglicht immer eindeutige Entscheidungen über die getesteten statistischen Hypothesen, die ihnen vorgeordnete statistische Vorhersage, über die psychologische Vorhersage (unter Einbezug der Effektgröße) und zu guter Letzt auch über die psychologische Hypothese.
5) Mit ihr sind einfach interpretierbare Effektgrößen verbunden.
6) Bei ihr kann auf einfache Weise eine A-priori-Testplanung erfolgen.
7) Sie führt zu teststärkeren Tests als bspw. die globalen **F-Tests** der **VAn**, bedarfsweise gefolgt von Post-hoc-Tests: „Generally speaking, *efficiency* in the form of smaller required *t* values ... is gained in adopting a planned, rather then a ... post hoc, approach" (Marascuilo & Levin, 1988, S. 45; Hervorhebung im Orig.).
8) Hypothesen über geplante Kontraste können sowohl gerichtet als auch ungerichtet sein, während allerdings Hypothesen über Vergleiche stets ungerichtet sind. **VAn** und Post-hoc-Tests testen nur ungerichtete statistische Hypothesen (Ausnahme: **Dunnett-Technik**), und zwar unabhängig davon, ob die Post-hoc-Tests anstelle eines oder nach einem globalen Test/s durchgeführt werden.
9) A priori geplante Tests erlauben nicht nur die Kontrolle des Anwachsens von α, wie dies bei *allen* Post-hoc-Tests wie der **Scheffé-** oder **Tukey-Technik** (s.o.) der Fall ist (vgl. dazu Kirk, 1995, S. 154-155, S. 144-146), sondern auch die Kontrolle der Kumulation von β-Fehlern.
10) Darüber hinaus wird bei a priori geplanten Tests die Kumulation von α und/oder β nur für die *Menge der tatsächlich durchzuführenden Tests* durch die Bonferroni-Adjustierung ausgeglichen, während die Techniken der multiplen Kontraste nur α stets auf eine *Menge von potenziell durchführbaren Tests* adjustieren.
11) Die Testung von statistischen Hypothesen über Paar- und komplexe Kontraste mit $FG_Z = 1$ kann über den bekanntlich sehr robusten **t-Test** erfolgen. Bei statistischen Vergleichen muss allerdings der **F-** oder der χ^2-**Test** eingesetzt werden.
12) Geplante Kontraste und Vergleiche überlassen der/dem VL die freie Entscheidung darüber, ob er/sie ihre Prüfinstanzen konjunktiv oder disjunktiv verknüpfen will, ob er/sie also systematisch die e- oder die f-Validität ihres/seines Versuches beeinflussen will. Diese Frage stellt sich stets, wenn mehr Versuchsbedingungen vorliegen, als die Prüfinstanzen einzeln benötigen.
13) Geplante Kontraste und Vergleiche machen es allerdings erforderlich, eine Untersuchung sorgfältiger zu planen, als es gemeinhin der Fall ist. Dies betrifft insbesondere die Ableitung von Vorhersagen, die auf die Konkretisierungen der nicht-beobacht-baren Variablen und auf statistische Kennwerte Bezug nehmen.

Trotz ihrer Vielseitigkeit trifft man geplante Kontraste und Vergleiche nur selten in der Forschungspraxis an. Statt dessen werden die folgenden defizitären Forschungspraktiken zur Prüfung von gerichteten psychologischen Hypothesen eingesetzt (vgl. Hager, 1992a, S. 332-357):

Erstens: Durchführung eines Globaltests wie etwa der **VA** mit hypothesenkonformer Interpretation bei einem statistisch signifikanten F-Wert, d.h. ohne Inspektion der Kennwerte - schließlich ist der F-Wert ja signifikant geworden. Hierbei tritt keine Kumulation der Fehlerwahrscheinlichkeiten auf, aber die Interpretation muss sich nicht mit der tatsächlichen Rangfolge der Mittelwerte M_k decken.

Zweitens: Durchfürung von mindestens einem Global-Test, Verzicht auf weitere Tests und Inspektion der Kennwerte: „Auf die statistische Prüfung der einfachen Haupteffekte wurde verzichtet, um eine Inflation des Typ I-Fehlers zu vermeiden; außerdem ist die Stärke der Tests gering. Da die interessierenden Mittelwertsrelationen reliabel sind, läßt sich das verantworten" (Wippich & Bredenkamp, 1979, S. 100). Doch der Verzicht auf die Durchführung der zur adäquaten und erschöpfenden Prüfung einer PH erforderlichen statistischen Tests vermeidet das Problem kumulierender Fehlerwahrscheinlichkeiten keineswegs, sondern blendet es nur aus: **Denn die Kumulation erfolgt pro getroffener Entscheidung auf der statistischen Ebene und nicht pro durchgeführtem statistischem Test.** Die Entscheidungen über statistische Hypothesen *per Augenschein* sind gleichbedeutend mit einer formalen Entscheidung mittels eines statistischen Tests, und das heißt, dass man sich bei diesen Entscheidungen auch irren kann. Ohne einen statistischen Test lässt sich dabei die Größe der Wahrscheinlichkeiten für falsche Entscheidungen nicht ermitteln und auch nicht kontrollieren. Also: **Selbst wenn man der Kumulation keine Beachtung schenkt, findet sie statt und beeinträchtigt die Validität des Versuches, und zwar besonders über eine Verminderung der statistischen Validität.**

Drittens: Durchführung von Globaltests, gefolgt von multiplen Vergleichen. Die Richtung der Unterschiede wird auch hier durch Inspektion der empirischen Rangordnung der Kennwerte festgestellt und entsprechend interpretiert.

Viertens: Durchführung von orthogonalen Kontrasten anstelle eines Globaltests mit anschließender Inspektion der empirischen Rangfolge der Mittelwerte. Orthogonale Kontraste erlauben es aber nicht, auf eine bestimmte (vorhergesagte) Rangfolge zu testen. Auch hier erzeugen die Inspektion der Kennwerte und die darauf aufbauende Interpretation eine Kumulation der Fehlerwahrscheinlichkeiten.

Auf keinen Fall darf eine einmal aufgestellte psychologische Hypothese so umformuliert werden, das sie zu einer „eleganten" statistischen Auswertungstechnik passt. Denn es ist völlig inakzeptabel, dass ein fakultatives Hilfsmittel darüber befindet, wie unsere psychologischen Hypothesen zu formulieren sind (vgl. auch Rogosa, 1988, S. 204).

7.3 Korrelationen, Partialkorrelationen und standardisierte Mittelwertsabstände als Effektmaße

Effektgrößen sind der wichtigste Bestandteil der Testplanung. Von ihnen gibt es eine schier unüberschaubare Vielfalt, die zum Teil darauf zurückzuführen ist, dass bei der Erstellung von nonzentralen Verteilungen mit unterschiedlichen Nonzentralitätsparametern operiert wird, die unter Einbezug der Stichprobengröße definiert sind. Aus ihnen können Effektgrößen abgeleitet werden, die vom Einfluss der Stichprobengröße bereinigt sind. Infolge der Beschränkung auf die Standard-Normalverteilungen, die χ^2- und die F-Verteilungen kann jedoch die Menge der Effektgrößen überschaubar gehalten werden. Wie bereits erwähnt, können viele Effektgrößen zudem in andere umgerechnet werden, so dass man in diesen Fällen die Testplanung mit einer Effektgröße beginnen kann, mit der man gut vertraut ist, die man dann in die Effektgröße des gewählten Tests umrechnet.

In Abschnitt 6.2, Formel (6.12), wurde die Effektgröße $R^2_{Y.B}$ für den einfaktoriellen Fall definiert als das **multiple Korrelationsquadrat** $R^2_{Y.B}$:

(7.58) $R^2_{Y.B} = QSB/QSTotal = QSB/[QSB + QSI(B)]$,

und dieser Koeffizient wird zuweilen als „Korrelationsverhältnis" oder „eta-Quadrat" bezeichnet (z.B. Bortz, 1999, S. 245). Er wurde erstmals von K. Pearson (1905) publiziert, wird aber üblicherweise R.A. Fisher zugeschrieben, der als Erster die Testverteilung für diesen Quotienten, nämlich die F-Verteilungen, ableitete (vgl. Kubinger, 1990, S. 213).

Die QSB lässt sich darstellen als Summe von $K - 1$ quadrierten orthogonalen Kontrasten, die zusammengenommen einen statistischen *Vergleich* mit $FG_Z = K - 1$ bilden. Um einen Vergleich zu konstruieren, muss man jedoch nicht alle quadrierten orthogonalen Kontraste aufaddieren, sondern man kann sich auch auf einige beschränken, so dass statistische Vergleiche mit $1 < FG_Z < K - 1$ entstehen. Zu jedem dieser Vergleiche lässt sich als **Effektgröße** ebenfalls ein multiples Korrelationsquadrat $R^2_{Y.Vergleich}$ bestimmen:

(7.59) $R^2_{Y.Vergleich} = \dfrac{\sum QSD_t}{\sum QSD_t + QSI(B)}$.

Im allgemeinen Fall einer beliebigen Anzahl von Faktoren gilt bei $FG_{Z,B} = K - 1$, $FG_{Z,A} = J - 1$ und $FG_{Z,A \times B} = (J - 1)(K - 1)$ usw.:

(7.60) $R^2_{Y.Faktor} = \dfrac{QSFaktor}{QSTotal}$.

Der Term „QSFaktor" soll die möglichen Interaktionen mit umfassen. Für die **Varianzanalysen** ist zusätzlich die **Effektgröße** $f^2_{VA,B}$ definiert, für die im einfaktoriellen Fall gilt:

$$(7.61)\quad f^2_{VA,B} = \frac{QSB}{QSI(B)} = \frac{R^2_{Y.B}}{1-R^2_{Y.B}}$$

und im zweifaktoriellen Fall:

$$(7.62)\quad f^2_{VA,BA,Faktor} = \frac{QSFaktor}{QSI(BA)} = \frac{R^2_{Y.Faktor}}{1-R^2_{Y.A}-R^2_{Y.B}-R^2_{Y.AxB}}.$$

Die Einführung zusätzlicher Faktoren beeinflusst nicht die Größe von QSB und von QSTotal; lediglich die Binnenquadratsumme QSB(I) wird verringert, und zwar um diejenigen Variationsanteile, die auf Grund der zusätzlichen Faktoren als systematisierbar ausgewiesen werden können. Deshalb gilt im Regelfall (vgl. auch Abschn. 6.3):

$$(7.63)\quad QSI(B) > QSI(BA) > QSI(BAC) > \ldots .$$

Je geringer die Binnenquadratsumme wird, desto größer wird unter sonst gleichen Bedingungen die **Präzision** und desto geringer fällt der **Präzisionsindex** Π_{BA} aus Abschnitt 6.3, Formel (6.57), aus. Und dass sich mit größer werdender Präzision auch die Effektgrößen im Vergleich zu einem einfaktoriellen Plan erhöhen, ist eine wünschenswerte Konsequenz (vgl. Abschn. 6.3).

Will man die zusätzlichen Faktoren aus der Bestimmung des multiplen Korrelationsquadrates $R^2_{Y.Faktor}$ herauslösen, bedient man sich der folgenden Formel, auf Grund derer ein partielles multiples Korrelationsquadrat $R^2_{Y.B,p}$ definiert wird, das auf der gleichen Formel beruht wie das $R^2_{Y.B}$ im einfaktoriellen Fall (vgl. S.E. Maxwell, Camp & Arvey, 1981, S. 530):

$$(7.64)\quad R^2_{Y.Faktor,p} = \frac{QSFaktor}{QSFaktor+QSI(BA)}.$$

In der vorstehenden Formel, die für den zweifaktoriellen Fall ausgelegt ist, ist QSI(BA) durch QSI(BAC), QSI(BACD) usw. zu ersetzen, wenn mit höherfaktoriellen Plänen operiert wird.

Häufiger als mit statistischen Vergleichen hat man es bei der Prüfung psychologischer Hypothesen mit Kontrasten mit $FG_Z = 1$ zu tun. Zu diesen kann zunächst eine Kontrastquadratsumme nach Formel (7.20) in Abschnitt 7.1 berechnet werden, und mit Hilfe dieser Kontrastquadratsumme kann auf die folgende Weise eine Pearson-Korrelation ermittelt werden, in Formel (7.65) angegeben für den einfaktoriellen Fall:

$$(7.65)\quad r_t = \sqrt{\frac{QSD_t}{QSTotal}} = \sqrt{\frac{QSD_t}{QSB+QSI(B)}}.$$

Das $t = 1, \ldots, T$ steht für einen beliebigen Kontrast; QSD_t steht für die Kontrastquadratsumme in Formel (7.20) in Abschnitt 7.1. Für das Beispiel 7.1 im Abschnitt 7.1

resultiert: QSI(B) = 64,00(76,00) = 4864,00 und damit QSTotal = 735,00 + 4864,00 = 5599,00 wird. Für die K − 1 = 3 orthogonalen Kontrasten ergibt die Anwendung der Formel (7.65): $r_1 = -0,0863$; $r_2 = 0,2440$ und $r_3 = 0,2536$. Die Quadrate dieser Korrelationen lauten: $r^2_1 = 0,0074$; $r^2_2 = 0,0595$ und $r^2_3 = 0,0643$, und als Summe dieser Quadrate ergibt sich: $\sum r^2_t = 0,1313$. Anwendung von Formel (7.58) führt dann zu: $R^2_{Y.B} = 734,5888/5599 = 0,1313 = \sum r^2_t$. Die Summe der quadrierten Korrelationen, berechnet über K − 1 orthogonale Kontraste, ist gleich dem multiplen Korrelationsquadrat, was einen unbestreitbaren Vorteil von orthogonalen Kontrasten darstellt.

Des Weiteren können auch **partielle Pearson-Korrelationen** $r_{p,t}$ bestimmt werden, deren Quadrate sich allerdings nicht zur quadrierten multiplen Korrelation $R^2_{Y.B}$ aufsummieren. Dafür sind sie mit den für den Zwei-Stichprobenfall berechenbaren Korrelationen r am ehesten vergleichbar. Die Berechnung erfolgt unter Verwendung der Kontrastquadratsumme QSD_t in Formel (7.20) und der Binnenquadratsumme QSI(B) aus Formel (7.59), wobei $r_{p,t}$ das Vorzeichen von D_t erhält (vgl. Keren & Lewis, 1979, S. 124; S.E. Maxwell, Camp & Arvey, 1981, S. 530; Rosenthal & Rosnow, 1985, S. 14):

$$(7.66) \quad r_{p,t} = \sqrt{\frac{QSD_t}{QSD_t + QSI(B)}}.$$

Der Einfluss aller anderen als der gerade interessierenden Variationsquelle (QSD_t) wird also ausgeschaltet. Bestimmt man also die drei Partialkorrelationen $r_{p,t}$ für das Beispiel 7.1, so resultiert: $r_{p,1} = -0,0922$; $r_{p,2} = 0,2532$ und $r_{p,3} = 0,2625$. Je mehr Variation zusätzliche Faktoren in einem zwei- oder mehrfaktoriellen Design als systematisierbar auf sich ziehen, desto geringer werden QSI(BA), QSI(BAC) usw. im Vergleich zu QSI(B) und desto größer werden unter sonst gleichen Bedingungen auch die nach Formel (7.66) bestimmten Partialkorrelationen.

Nun operieren wir nicht nur mit Korrelationen, sondern viel häufiger mit standardsierten Mittelwertsabständen d_B, die im einfaktoriellen Fall wie folgt definiert sind:

$$(7.67) \quad d_B = D_B/s_{I,B} = (\sum c_k M_k)/s_{I,B},$$

und im zweifaktoriellen Fall:

$$(7.68) \quad d_{BA,B,t} = D_{B,t}/s_{I,BA} = (\sum c_{k,t} M_k)/s_{I,BA} = d_{B,t}/\sqrt{P_{BA}}.$$

Da stets gilt, dass $s_{I,B} \geq s_{I,BA,B}$, folgt, dass auch gilt: $d_{BA,B,t} \geq d_{B,t}$. P_{BA} bezeichnet den empirischen Präzisionsindex.

Es ist als nächstes zu ermitteln, in welcher Beziehung Partialkorrelationen $r_{p,t}$ und standardisierte Mittelwertsabstände $d_{B,t}$ zueinander stehen. Glücklicherweise lassen sich die Partialkorrelationen auf einfache Weise in standardisierte Mittelwertsabstände $d_{B,t}$ umrechnen. Dazu geht man von einer Kontrastquadratsumme aus, wie sie in Formel (7.20) angegeben ist, setzt diese Definition in Formel (7.66) ein und ersetzt QSI(B) durch die Definition in Formel (7.59), so dass sich ergibt:

$$(7.69) \quad r_{p,t} = \sqrt{\frac{\dfrac{nD_t^2}{s_{I,B}^2 \sum c_{k,t}^2}}{\dfrac{nD_t^2}{s_{I,B}^2 \sum c_{k,t}^2} + \dfrac{s_{I,B}^2 K(n-1)}{s_{I,B}^2}}}.$$

Einsetzen von Formel (7.67) in Formel (7.69) und anschließendes Quadrieren beider Seiten führt zu:

$$(7.70) \quad r^2_{p,t} = \frac{nd_{B,t}^2 / \sum c_{k,t}^2}{nd_{B,t}^2 / \sum c_{k,t}^2 + K(n-1)}.$$

K steht für die Anzahl der Versuchsbedingungen, aus denen die mittlere Binnenvarianz $s^2_{I,B}$ bestimmt wurde. Solange man mit „vernünftig" großen Stichprobenumfängen operiert, ist der Unterschied zwischen n und n − 1 so gering, dass er praktisch vernachlässigt werden kann, ohne dass man dadurch Gefahr läuft, einen nennenswerten Fehler zu begehen. Damit können die Terme n und n − 1 aus der Formel entfernt werden. *Dies ist erforderlich, weil alle Effektgrößen vom Einfluss der Stichprobe bereinigt sein müssen* (s.o.). Dies ergibt:

$$(7.71) \quad r^2_{p,t} = \frac{d_{B,t}^2 / \sum c_{k,t}^2}{d_{B,t}^2 / \sum c_{k,t}^2 + K} = \frac{d_{B,t}^2}{d_{B,t}^2 + K \sum c_{k,t}^2}.$$

Ist eine Partialkorrelation $r_{p,t}$ vorgegeben und will man diese in einen standardisierten Mittelwertsabstand $d_{B,t}$ umrechnen, so geschieht dies mittels folgender Formel, die sich durch Umstellen aus Formel (7.71) ergibt:

$$(7.72) \quad d^2_{B,t} = \frac{r_{p,t}^2 K \sum c_{k,t}^2}{1 - r_{p,t}^2}.$$

Obwohl formal korrekt, haben diese Formeln den Nachteil, dass ein mit ihrer Hilfe bestimmter Effekt $\delta_{B,t}$ bei konstantem $\rho_{p,t}$ unter sonst gleichen Bedingungen um so größer wird, je mehr Stufen ein Faktor in einem einfaktoriellen Versuchsplan aufweist und/oder je mehr Faktoren in einen Versuchsplan aufgenommen werden, denn in diesen Fällen ist K durch KJ oder KJL usw. zu ersetzen. Anders betrachtet, wird bei konstantem $\delta_{B,t}$ die Korrelation $\rho_{p,t}$ mit zunehmender Anzahl K und/oder mit zunehmender Anzahl der Faktoren immer kleiner, obwohl sich die Präzision erhöht.

Auf der anderen Seite werden die standardisierten Mittelwertsabstände unter sonst gleichen Bedingungen um so größer, je mehr Faktoren in das Design aufgenommen werden, die Variation als systematisierbar aus der Binnenvariation herauslösen und

Kontraste, Fehlerkumulation und Effektgrößen

diese dadurch verringern, was gleichbedeutend mit einer Präzisionserhöhung ist. Es gilt also im Allgemeinen [vgl. auch Formel (7.63)]:

(7.73) $d_B < d_{BA,B} < d_{BAC,B} < ...$

Demgegenüber gilt für nach Formel (7.71) berechnete Partialkorrelationen der umgekehrte und kontraintuitive Zusammenhang, dass diese mit steigender Anzahl von Faktorstufen und/oder mit steigender Anzahl der Faktoren und bei steigender Präzision immer geringer ausfallen:

(7.74) $... < r_{p,BAC,t} < r_{p,BA,B,t} < r_{p,B,t}$.

Also müssen die Partialkorrelationen neu definiert werden, so dass für sie ebenfalls mit steigender Präzision gilt:

(7.75) $r_{pp,B,t} < r_{pp,BA,B,t} < r_{pp,BAC,B,t} < ...$.

Dieses Ziel wird erreicht, indem man generell die Anzahl der Faktorstufen K, JK, JKL usw. durch eine Größe ersetzt, die die Anzahl derjenigen Versuchsbedingungen repräsentiert, auf denen jeweils ein Kontrast beruht. Diese Zahl sei L. Es gilt dann: L = 2 bei Paarkontrasten und $3 \leq L \leq K$ bzw. $3 \leq L \leq JK$ usw. bei komplexen Kontrasten. Dadurch entstehen die folgenden Umrechnungsformeln, in denen $r_{pp,t}$ diejenigen Partialkorrelationen bezeichnet, die durch Herauslösen aller gerade nicht interessierenden Varationsquellen entstehen:

(7.76) $r^2_{pp,t} = \dfrac{d^2_{B,t}}{d^2_{B,t} + L \sum c^2_{k,t}}$.

(7.77) $d^2_{B,t} = \dfrac{r^2_{pp,t} L \sum c^2_{k,t}}{1 - r^2_{pp,t}}$.

Die auf diese Weise berechneten Partialkorrelationen $r_{pp,t}$ genügen der Ungleichung in Formel (7.75). Im zweifaktoriellen Fall gilt dabei:

(7.78) $d^2_{BA,B,t} = \dfrac{r^2_{pp,t} L \sum c^2_{k,t}}{1 - r^2_{pp,t}}$.

Bei L = K = 2 reduziert sich Formel (7.77) auf die bekannte Formel für den Zwei-Stichproben-Fall, nämlich auf:

(7.79) $d_B = \dfrac{2r}{\sqrt{1-r^2}} = \dfrac{2r_{pbis}}{\sqrt{1-r^2_{pbis}}}$.

In Formel (7.79) steht keine partiale, sondern eine „normale" Pearson-Korrelation r bzw. eine punkt-biseriale Korrelation r_{pbis}. Auflösen nach r ergibt (vgl. J. Cohen, 1988, S. 23):

$$(7.80) \quad r = \frac{d_B}{\sqrt{d_B^2 + 4}} = \sqrt{\frac{t_{emp}^2}{t_{emp}^2 + (N-2)}} = r_{pbis}.$$

Die theoretischen Entsprechungen der Effektgrößen in den Formeln (7.76) bis (7.80) ergeben sich, indem man die theoretischen Werte $\delta_{B,t}$, $\delta_{BA,B,t}$ und ρ_t bzw. $\rho_{pp,t}$ in diese Formeln einsetzt. - Jaccard und Becker (2002, S. 277) bevorzugen die Effektgröße r^2 gegenüber d_B, weil sie r^2 für „more intuitively interpretable" halten:

$$(7.81) \quad r^2 = \frac{d_B^2}{d_B^2 + 4}.$$

Aber durch die Quadrierung geht die wichtige Information über das Vorzeichen der Mittelwertsdifferenz verloren, so dass im Folgenden weiter mit dem standardisierten Mittelwertsabstand bzw. mit den aus ihm berechenbaren unquadrierten Korrelationen operiert wird.

Aber nicht nur aus standardisierten Mittelwertsabständen kann man Korrelationen berechnen, sondern auch aus jedem z-Wert der Standard-Normalverteilung. Es gilt nämlich (Rosenthal, 1991, S. 19; vgl. auch Liebetrau, 1983, S. 43):

$$(7.82) \quad r = \frac{z_{emp}}{\sqrt{N}}.$$

Dieser Quotient stellt eine Pearson-Korrelation r und damit eine **Effektgröße** dar, d.h. das r in Formel (7.82) entspricht dem r in Formel (7.80) oben. Diese Berechnung gilt allerdings nur für bei K = 2 und damit für Kontraste mit $FG_Z = 1$. Im Mehr-Stichprobenfall gilt dagegen bei $2 \leq L \leq K$:

$$(7.83) \quad r_{p,t} = \frac{z_{emp,t}}{\sqrt{Ln}}.$$

Bei ungleichen Stichprobenumfängen ist Ln durch $\sum n_k$ zu ersetzen.

Über eine Fülle von weiteren Effektgrößen, von ihm „Assoziationsmaße" genannt, informiert Kubinger (1990).

Im folgenden Kapitel wird die Planung von Tests über Mittelwertshypothesen unter besonderer Berücksichtigung der Kumulation und Adjustierung der Fehlerwahrscheinlichkeiten behandelt.

8. Testplanung für Mittelwertshypothesen in einfaktoriellen Versuchsplänen

8.1 Hypothesen über Mittelwerte in unabhängigen Stichproben

Üblicherweise kann man aus psychologischen Hypothesen (PHn) über die ihnen nachgeordneten psychologischen Vorhersagen (PVn) gerichtete oder ungerichtete statistische Hypothesen über Paar- oder auch komplexe Kontraste ableiten, wobei die Ableitbarkeit von Hypothesen über komplexe Kontraste eher die Ausnahme darstellt. Einzelhypothesen über Paarkontraste beziehen sich nicht gleichzeitig auf alle $K \geq 3$ Versuchsbedingungen des (einfaktoriellen) Versuchsplanes, sondern jeweils auf eine Prüfinstanz, die aus $K = 2$ Faktorstufen besteht. Die Einzelhypothesen können grundsätzlich konjunktiv oder disjunktiv zusammengefasst werden, wobei die konjunktive Zusammenfassung zur Sicherung der **Erschöpfendheit der Ableitung** gewählt werden muss, wenn sich die Einzelhypothesen auf *eine* Prüfinstanz beziehen.

Die in diesem Kapitel getesteten statistischen Hypothesen haben die folgende allgemeine Form, in der ψ_t für einen theoretischen Kontrast steht, μ_k für theoretische Mittelwerte und in der die c_k die Kontrastkoeffizienten bezeichnen [vgl. Abschn. 7.1, Formel (7.8) und (7.9)]:

(8.1) $H_{0,t}: (\psi_t = \sum c_{k,t} \mu_k = 0)$ vs. $H_{1,t}: (\psi_t = \sum c_{k,t} \mu_k \neq 0)$ oder

$H_{0,t}: (\psi_t = \sum c_{k,t} \mu_k \leq 0)$ vs. $H_{1,t}: (\psi_t = \sum c_{k,t} \mu_k > 0)$,

wobei ψ_t unter der H_0 auch jeden beliebigen von Null verschiedenen Wert $\psi_{t,c} \neq 0$ annehmen kann. Die vorstehenden Hypothesen werden mit **t-Tests** getestet:

(8.2) $$t_{emp,t} = \frac{\sum c_{k,t} M_k - \sum c_{k,t} \mu_k}{s_{I,B} \sqrt{\frac{\sum c_{k,t}^2}{n}}} = \frac{D_t - E(D_t)}{s_{I,B} \sqrt{\frac{\sum c_{k,t}^2}{n}}} = \frac{D_t - \psi_t}{s_{I,B} \sqrt{\frac{\sum c_{k,t}^2}{n}}}.$$

Für Tests im Rahmen von Plänen mit wiederholten Erhebungen oder randomisierten Blöcken und bei der **Kovarianzanalyse (KOVA)** ist die vorstehende t-Formel entsprechend zu adaptieren (s.u.).

Der **Planung** von ein- oder zweiseitigen Tests für gerichtete oder ungerichtete Kontrasthypothesen liegt bei der interindividuellen Bedingungsvariation die folgende allgemeine Formel zugrunde (vgl. Erdfelder & Bredenkamp, 1994, S. 629; Levin, 1997, S. 90), die für Paar- und komplexe Kontraste gilt, wobei die **Effektgröße** $\phi_{VA,B}$ das $\phi_{VA,B}$ aus der **Varianzanalyse (VA)** bezeichnet:

(8.3) $\phi^2_{VA,B,t} = \dfrac{\left(\sum c_{k,t}\mu_k\right)^2 / \left(K\sum c^2_{k,t}\right)}{\sigma^2_{I,B}}$.

Es gilt:

(8.4) $\delta^2_{B,t} = (\sum c_{k,t}\mu_k)^2 / \sigma^2_{I,B}$

und

(8.5) $d_{B,t} = (\sum c_{k,t} M_k)/s_{I,B}$.

Ersetzt man den Ausdruck $(\sum c_{k,t}\mu_k)^2/\sigma^2_{I,B}$ in Formel (8.3) durch $\delta^2_{B,t}$, in Formel (8.4), so erhält man:

(8.6) $\phi^2_{VA,B,t} = \dfrac{\delta^2_{B,t}}{K\sum c^2_{k,t}}$.

Für Paarkontraste mit $\sum c^2_{k,t} = 2$ vereinfacht sich Formel (8.6) zu:

(8.7) $\phi^2_{VA,B,t} = \dfrac{(\mu_k - \mu_{k'})^2}{2K\sigma^2} = \dfrac{\delta^2_{B,t}}{2K}$.

Die Formel für die Stichprobengrößenbestimmung lautet dann (vgl. Erdfelder & Bredenkamp, 1994, S. 630):

(8.8) $n_t = \dfrac{(z_{1-\alpha}+z_{1-\beta})^2}{K\phi^2_{VA,B,krit,t}} = \dfrac{(z_{1-\alpha}+z_{1-\beta})^2}{K\delta^2_{B,krit,t}/K\sum c^2_{k,t}} = \dfrac{(z_{1-\alpha}+z_{1-\beta})^2}{\delta^2_{B,krit,t}/\sum c^2_{k,t}}$.

In Formel (8.8) wurde $\phi^2_{VA,B,t}$ nach Formel (8.6) ersetzt und anschließend vereinfacht. Umstellen des rechten Gliedes in Formel (8.8) führt dann zur bekannten Formel für die Testplanung nach **TPS 1** und eine gerichtete Hypothese, die mittels **t-Test** getestet wird, wobei die Testplanung wieder über die Standard-Normalverteilung erfolgt:

(8.9) $n_t = \dfrac{(z_{1-\alpha}+z_{1-\beta})^2 \sum c^2_{k,t}}{\delta^2_{B,krit,t}}$.

Bei den Testplanungsstrategien TPS 2 und TPS 3 liegt der Stichprobenumfang vor dem Versuch fest, kann also nicht mehr frei gewählt werden. Bei der **TPS 2** wird wieder gefragt, wie groß die beiden Fehlerwahrscheinlichkeiten $\alpha_{krit,t}$ und $\beta_{krit,t}$ und damit auch $\epsilon_{PH,krit}$ und $\phi_{PH,krit}$ relativ zum festen n pro Gruppe und relativ zu einem festgelegten Kriteriumswert für die Effektgröße werden können. Man benutzt hier im *ein*seitigen Fall und gerichteten Hypothesen die folgende Formel:

$$(8.10) \quad (z_{1-\alpha} + z_{1-\beta})^2 = \frac{n_t \delta^2_{B,krit,t}}{\sum c^2_{k,t}}.$$

Zu beachten ist wieder, dass mit der Summe der z-Werte gearbeitet werden muss, nicht mit dem Quadrat dieser Summe, das links in der Formel (8.10) auftaucht. Auflösen nach den z-Werten führt zu:

$$(8.11) \quad z_{1-\beta} = \frac{\delta_{B,krit,t} \sqrt{n_t}}{\sqrt{\sum c^2_{k,t}}} - z_{1-\alpha} \quad \text{und}$$

$$(8.12) \quad z_{1-\alpha} = \frac{\delta_{B,krit,t} \sqrt{n_t}}{\sqrt{\sum c^2_{k,t}}} - z_{1-\beta}.$$

Für die **TPS 3** löst man dann angesichts festliegender Stichprobenumfänge n pro Versuchsgruppe die Formel (8.9) nach $\delta_{B,krit,t}$ auf und erhält für einen einseitigen **t-Test**:

$$(8.13) \quad \delta^2_{B,krit,t} = \frac{(z_{1-\alpha} + z_{1-\beta})^2 \sum c^2_{k,t}}{n_t}.$$

Bei ungerichteten Hypothesen ist in den Formeln (8.9) bis (8.13) erneut $z_{1-\alpha/2}$ anstelle von $z_{1-\alpha}$ zu benutzen. Beim Wurzelziehen ist bei ungerichteten Hypothesen und dem daraus folgenden zweiseitigen **t-Test** auf $\pm\delta_{B,krit,t}$ zurückzugreifen und bei gerichteten Hypothesen und dem einseitigen **t-Test** auf dasjenige der beiden möglichen $\delta_{B,krit,t}$'s, dessen Vorzeichen demjenigen Kontrast entspricht, auf den sich die entsprechende Alternativhypothese bezieht. Nach Möglichkeit sollte dieses Vorzeichen positiv sein; dies setzt voraus, dass die Alternativhypothese bereits entsprechend formuliert wurde.

Im Falle *feststehender ungleicher* Stichprobenumfänge sollte bei der TPS 2 und der TPS 3 das n in den Formeln (8.10) bis (8.13) als harmonisches Mittel der beteiligten Stichprobenumfänge bestimmt werden (J. Cohen, 1988, S. 42):

$$(8.14) \quad n' = \frac{2 n_1 n_2}{n_1 + n_2}.$$

Ob man ganzzahlige Kontrastkoeffizienten c'_k wählt oder alternativ solche, bei denen die Summe der Beträge gleich Zwei ist (c_k), hat lediglich Auswirkungen auf den Wert des Kontrastes, aber keine auf die Kontrastquadratsumme QSD_r, die Testplanung und das Ergebnis des statistischen Tests - siehe dazu Abschnitt 7.1.

Wenden wir uns damit einigen Beispielen zur Anwendung der Testplanungsformeln zu.

Beispiel 8.1: Im vorigen Kapitel wurde aus der **PH-5** („Beim Lernen von sehr bildhaftem Material ist die Gedächtnisleistung *anders* als beim Lernen von wenig bildhaftem Material") und der PV-5(B;K=3) die SV-5(B;K=3): ($\mu_1 \neq \mu_2$, $\mu_2 \neq \mu_3$, $\mu_1 \neq \mu_3$) abgeleitet, die als Alternativhypothese für verschiedene **VAn** einschließlich der **KOVA** fungierte, die die Ungleichheit für *mindestens ein Paar* k, k' von Versuchsbedingungen behaupten. Es erfolgte eine **testbedingte** disjunktive Zusammenfassung der $K(K-1)/2 = 3$ möglichen Prüfinstanzen zu einer. Die Ableitung einer varianzanalytischen Hypothese ist allerdings keinesfalls zwingend. Vielmehr kann man auch für jede der drei Prüfinstanzen mit jeweils K = 2 Versuchsbedingungen ungerichtete Alternativhypothesen über nonorthogonale Kontraste für zweiseitige **t-Tests** ableiten und konjunktiv miteinander verbinden, um die e-Validität oder Strenge der Prüfung zu erhöhen:

(8.15) DKT: (PH-5 ∧ VSVS) ≈> PV-5(B;K=3): ($MWR_1 \neq MWR_2$,

$MWR_2 \neq MWR_3$, $MWR_1 \neq MWR_3$) ≈> [PV-6(B;K=3) ∧ SHH] ≈>

≈> SV-5(B;K=3,KER): [($\mu_1 \neq \mu_2 \wedge (\mu_2 \neq \mu_3) \wedge (\mu_1 \neq \mu_3)$)] ≈>

≈> ST-5(B;K=3): [($H_{1,1}$: $\psi_1 = \mu_1 - \mu_2 \neq 0$) ∧ ($H_{1,2}$: $\psi_2 = \mu_2 - \mu_3 \neq 0$) ∧

∧ ($H_{1,3}$: $\psi_3 = \mu_1 - \mu_3 \neq 0$)].

„∧": konjunktive Verknüpfung. - Ist die $H_{1,3}$ erforderlich? Zur Beantwortung dieser Frage gibt es zwei verschiedene Sichtweisen. „**Testorientiert**" heißt die Betrachtungsweise, die sich auf die Ausgänge statistischer Tests und deren Bedeutung für andere, potenziell testbare Hypothesen bezieht, und die „**hypothesenorientierte**" Sichtweise betrifft die den Tests zugrunde liegenden statistischen Hypothesen und deren Bedeutung für andere Hypothesen, die getestet werden könnten. Aus der Annahme (A) der $H_{1,1}$ und der $H_{1,2}$ [A($H_{1,1} \wedge H_{1,2}$)] folgt **testorientiert** nicht auch die $AH_{1,3}$ - die Mittelwertskonfiguration kann so sein, dass $AH_{0,3}$. Und **hypothesenorientiert** folgt aus $\mu_1 \neq \mu_2$ und $\mu_2 \neq \mu_3$ nicht zwingend $\mu_1 \neq \mu_3$ - es könnte auch $\mu_1 = \mu_3$ gelten. Da hier letztlich drei Ungleichheiten vorhergesagt werden, ist eine **VA** bei konjunktiver Verknüpfung der drei Prüfinstanzen nicht erschöpfend. Die **VA** führt nur bei einer **testbedingten** disjunktiven Verknüpfung der Prüfinstanzen zu einer adäquaten und erschöpfenden Prüfung der PH-5 (siehe das vorige Kap.). - Hier kumuliert β (Fall 1 in Abschn. 7.2) und ist zu adjustieren. Die Gesamtstichprobe liegt mit N = 90 fest (n_k = 30). Es wird gesetzt: $\varepsilon_{5,krit} = \alpha_{krit,t}$ = 0,10 und $\delta_{B,krit,t}$ = ±0,90, ein großer Effekt. Wie groß wird unter diesen Spezifikationen die Teststärke $1 - \beta_{krit,t}$ und damit φ_{krit} (TPS 2)? Einsetzen in Formel (8.11) führt zu: $z_{1-\beta} = [(0,90)(5,4772)/\sqrt{2}] - 1,645 = 1,8407$ und damit $\beta_{krit,t}$ = 0,03 und $\varphi_{5,krit} \leq \sum \beta_{krit,t}$ = 0,09. Damit wird die Prüfung der PH-5 (ε,φ)-ausgewogen, da $\varepsilon_5 \approx \varphi_5$ ist. Wenn man die benötigte Stichprobe als handhabbar ansieht, kann der Versuch unter den gegebenen Spezifikationen durchgeführt werden. Er erbringt die folgenden Mittelwerte: M_1 = 18,0; M_2 = 25,0; M_3 = 30,0 bei $s_{I,B}$ = 7,0. Daraus kann nach Formel (8.2) berechnet werden: $t_{emp,1} = (18,0 - 25,0)/[7,0\sqrt{(2/30)}]$ =

−3,8730; $t_{emp,2}$ = (25,0 − 30,0)/[7,0√(2/30)] = −2,7664 und $t_{emp,3}$ = (18,0 − 30,0)/ [7,0√(2/30)] = −6,6394 bei $t_{krit(0,10;87),t}$ = ±1,645. Damit können die als vorhersagekonform abgeleiteten ungerichteten Alternativhypothesen angenommen werden. Für die Effekte lässt sich nach Formel (8.5) berechnen: $d_{B,t}$ = ($\sum c_{k,t} M_k$)/$s_{I,B}$ = $D_t/s_{I,B}$ = $d_{B,1}$ = −1,00; $d_{B,2}$ = −0,7143 und $d_{B,3}$ = −1,7143. Obwohl $d_{B,2}$ etwas kleiner ist als $\delta_{B,krit,5}$ = ±0,90, entschließt sich der VL, die PV-5(B;K=3) als eingetreten anzusehen und die PH-5 als bewährt, da ihm während und nach dem Versuch keine Validitätsmängel aufgefallen sind.

Beispiel 8.2: Aus der **PH-6** („Beim Lernen von Material unterschiedlicher Bildhaftigkeit *verändert* sich im Mittel die Gedächtnisleistung *nicht*, wenn die Lernzeit zu kurz zum Aktivieren des dualen und des verbalen Kodes ist") wurde im vorigen Kapitel über die PH-6(B;K=3) und die SV-6(B;K=3): ($\mu_1 = \mu_2 = \mu_3$) abgeleitet und aus dieser die Nullhypothesen verschiedener einfaktorieller **VAn** einschließlich der **KOVA**. Auch diese Ableitung ist nicht zwingend. An ihrer Stelle kann man auch Hypothesen über nonorthogonale Kontraste für jeweils eine Prüfinstanz mit K = 2 Versuchsbedingungen ableiten und konjunktiv miteinander verbinden, um die e-Validität oder die Strenge des Prüfversuches zu erhöhen. Die separate Betrachtung der Prüfinstanzen führt dabei im Vergleich zur **testbedingten** Zusammenfassung per **VA** auch zu einer Erhöhung der f-Validität, weil infolge der erforderlichen α-Adjustierung die Nullhypothesen länger beibehalten werden können als bei der **VA** und der **KOVA**:

(8.16) DKT: (PH-6 ∧ VSVS) ≈> PH-6(B;K=3):

($MWR_1 = MWR_2$, $MWR_2 = MWR_3$, $MWR_1 = MWR_3$) ≈> [PV-6(B;K=3) ∧ SHH] ≈>

≈> SV-6(B,K=3): ($\mu_1 = \mu_2$, $\mu_2 = \mu_3$, $\mu_1 = \mu_3$) ≈> SV-6(B,K=3;KER):

[($\mu_1 = \mu_2$) ∧ ($\mu_2 = \mu_3$) ∧ ($\mu_1 = \mu_3$)] ≈> ST-6(B;K=3):

[($H_{0,4}$: $\psi_4 = \mu_1 - \mu_2 = 0$) ∧ ($H_{0,5}$: $\psi_5 = \mu_2 - \mu_3 = 0$) ∧ ($H_{0,6}$: $\psi_6 = \mu_1 - \mu_3 = 0$)].

Testorientiert folgt aus A($H_{0,4}$ ∧ $H_{0,5}$) nicht auch die $AH_{0,6}$, so dass auch $H_{0,6}$: $\psi_6 = \mu_1 - \mu_3 = 0$ aufgestellt wird, womit S = K(K − 1)/2 = 3 ungerichtete Hypothesen und zweiseitige **t-Tests** zu planen sind. **Hypothesenorientiert** folgt aus A($H_{0,4}$ ∧ $H_{0,5}$), dass $\psi_6 = \mu_1 - \mu_3 = 0$, und aus dieser Sicht ist die $H_{0,6}$ überflüssig; ließe man sie fort, würde dies zu S = K − 1 = 2 Hypothesen und Tests führen. Bei abgeleiteten Nullhypothesen, die konjunktiv miteinander verbunden sind, kumuliert α und ist entsprechend zu adjustieren (Fall 3 in Abschn. 7.2). Der zur Verfügung stehende Gesamtstichprobenumfang betrage N = 90, so dass n = 30 ist. Es wird festgelegt: $\varepsilon_{6,krit}$ = 0,20 = $\beta_{krit,t}$ und $\varphi_{6,krit}$ = 0,15, so dass $\alpha_{krit,t}$ = 0,15/3 = 0,05 (zweiseitig) wird. Wie groß sind die nachweisbaren Effekte (TPS 3)? Einsetzen in Formel (8.13) ergibt: $\delta^2_{B,t}$ = [2(1,96 + 0,84)^2]/30 = 0,5227 oder $\delta_{B,krit,t}$ = ±0,70 (0,7230). Dieser Effekt ist für abgeleitete Nullhypothesen zu groß. Daher wird φ_{krit} = 0,30 gesetzt, so dass $\alpha_{krit,t}$ = 0,10 ist. Erneutes Einsetzen in Formel (8.13) ergibt: $\delta^2_{B,t}$ = [2(1,645 + 0,84)^2]/30 = 0,4117 und damit $\delta_{B,krit,t}$ = ±0,65. Dieser Effekt ist immer noch zu groß für abgeleitete Nullhypothesen. Will man ihn verkleinern, ohne dabei die Fehlerwahrscheinlichkeiten noch mehr zu liberalisieren, bleibt nur die Erhöhung des Stichprobenumfanges übrig. Es sei n = 40 und damit N = 120. Nochmaliges Einsetzen in Formel (8.13) führt zu: $\delta^2_{B,t} = [2(1{,}645 + 0{,}84)^2]/40 = 0{,}3088$ und $\delta_{B,krit,t} = \pm 0{,}60\ (\pm 0{,}5557)$. Auch dieser Wert ist noch zu hoch für abgeleitete Nullhypothesen. Also entschließt sich die Forscherin, die drei ungerichteten Nullhypothesen $H_{0,4}$, $H_{0,5}$ und $H_{0,6}$ zur ungerichteten Nullhypothese $H_{0,VA,7}$: $\mu_1 = \mu_2 = \mu_3$ zusammenzufassen und über den **F-Test** einer einfaktoriellen **VA** zu testen. Auch hierbei werden die einzelnen Prüfinstanzen, auf die sich die abgeleiteten Hypothesen beziehen, konjunktiv zusammengefasst. Sie legt dafür fest: $\delta_{R,B,krit,7} = 0{,}40$ und wählt der Hypothese entsprechend Muster 1 von J. Cohen (1988, S. 277), bei dem sich die Mittelwerte nahe dem Gesamtmittelwert befinden. Einsetzen in Formel (6.21) in Abschnitt 6.2 ergibt: $\phi^2_{VA,1,B,7} = 0{,}16/[1/(2)(3)] = 0{,}0653$ und $\phi_{VA,1,B,krit,7} = 0{,}25\ (0{,}2556)$. Dieser Effekt ist klein und damit mit der als vorhersagekonform abgeleiteten Nullhypothese vereinbar. Welche Fehlerwahrscheinlichkeiten lassen sich unter diesen Vorgaben realisieren (TPS 2)? Einsetzen in Gleichung (6.30) führt zu: $n_{0,05} = (0{,}0653)(400)(39) = 1018{,}68$ bzw. $n_{0,05} = 1019$. Ablesen aus Tabelle A.3 im Anhang ergibt: $\alpha_{krit,7} = 0{,}10$ und $\beta_{krit,7} = 0{,}20$. Der Versuch wird als Gruppenversuch in zwei Lehrveranstaltungen durchgeführt, deren Studierende sich zur Mitarbeit bereit erklärt haben. Er ergibt: $M_1 = 22{,}0$; $M_2 = 25{,}0$; $M_3 = 26{,}0$ bei $s^2_{I,B} = 41{,}8$. QSB = 346,6667 und $F_{VA,B,emp,7} = 4{,}1467$ bei $F_{krit(0,05;2;117),7} = 3{,}07$. Die als vorhersagekonform abgeleitete $H_{0,VA,7}$ muss abgelehnt werden, so dass die PV-6(B;K=3) nicht eingetreten ist und die PH-6 sich in dem Versuch nicht bewähren konnte. Aus deskriptiven Gründen wird noch der Effekt berechnet: $f^2_{VA,B,7,0} = 0{,}0709$ und $f_{VA,B,0} = 0{,}2662$. Dieser Effekt kann nicht mit dem Effekt $\phi_{VA,1,B,krit,7} = 0{,}25$ verglichen werden.

Beispiel 8.3: Psychologische Hypothesen des Typs der gerichteten und qualitativen **PH-1** („Wenn sehr bildhaftes Material gelernt wird, dann erhöht dies im Mittel die Gedächtnisleistung im Vergleich zum Lernen von wenig bildhaftem Material") sind in der Psychologie außerordentlich häufig anzutreffen. Bei diesem Typ von PH kann über die PV bei $K \geq 3$ stets die statistische Vorhersage eines **strikt monotonen Trends** über den zu wählenden Kennwert θ abgeleitet werden, d.h. es wird eine *strikte Rangfolge (steigend oder fallend) der Kennwerte* vorhergesagt: SV: $\theta_1 < \theta_2 < ... < \theta_K$ oder SV: $\theta_1 > \theta_2 > ... > \theta_K$, wobei θ_k je nach Entscheidung der/des VL durch den gewählten Parameter (hier: μ) ersetzt wird. Allerdings ermöglicht die qualitative Hypothese *keine Ausssage über die Größe dieser Abstände*; diese müssen lediglich statistisch signifikant werden und dabei mindestens so groß sein wie der jeweilige Kriteriumseffekt, wobei ihre *relative Größe zueinander ohne Belang* ist. Gilt dann $d_t \geq \delta_{krit,t}$, so wird ungeachtet der relativen Größe der Abstände eine positive Entscheidung über die vorgeordnete PV gefällt. Bei K = 3 resultieren über die PV-1(B;K=3) die folgenden adäquaten und erschöpfenden Ableitungen:

(8.17) (DKT ∧ HH) ≈> PH-1 ≈> (PH-1 ∧ VSVS) ≈> PV-1(B;K=3) ≈>
[PV-1(B;K=3) ∧ SHH] ≈> SV-1(B;K=3;KER):
[($\mu_1 < \mu_2$) ∧ ($\mu_2 < \mu_3$) ∧ ($\mu_1 < \mu_3$)] ⇔ ($\mu_1 < \mu_2 < \mu_3$).

Qualitative monoton steigende Trends haben die in den Abbildungen 8.1 und 8.2 enthaltene Form. Aufgrund „ungeeigneter" graphischer Darstellungen wie der in Abbildung 8.2 werden in der Literatur sehr häufig qualitative Trends zu quantitativen Trends „aufgewertet" und falsch benannt, nämlich linear anstelle von monoton. Ein linearer Trend setzt Interpretierbarkeit der numerischen Werte der Stufen der quantitativen unabhängige Variable (UV) voraus, die beim qualitativen monotonen Trend nicht gegeben ist. Dadurch wird durch die grafische Darstellung der Eindruck einer Präzision erweckt, der nicht gerechtfertigt ist.

Die (statistische) Vorhersage eines strikt monotonen Trends kann nicht mit nur einem statistischen Test adäquat und erschöpfend getestet werden. **VAn** oder **KO-VAn** sind hier nicht adäquat, weil sie nur ungerichtete Hypothesen gegeneinander testen. An ihrer Stelle kommen die Tests auf einen monotonen Trend (**Monotone-Trend-Tests**) in Frage, von denen es eine Vielzahl gibt (vgl. Berenson, 1982). Wegen der Bedeutung, die Vorhrsagen über einen strikt monotonen Trend bei der Hypothesenprüfung zukommt, sollen diese Tests kurz näher untersucht werden. Sie sind auf den ersten Blick adäquat, denn sie testen nach Meinung zahlreicher Autor/inn/en gegen eine gerichtete Alternative der Form:

(8.18) $H_{1,SMT}$: $\mu_1 \leq \mu_2 \leq ... \leq \mu_K$ für *mindestens eine* Größer-Relation

(vgl. Berenson, 1982; Bortz, Lienert & Boehnke, 2000, S. 233; Jonckheere, 1954), also nur gegen die Alternative eines **schwach monotonen Trends** (SMT). Die getestete Nullhypothese ist die gleiche wie bei der einfaktoriellen **VA** ($H_{0,SMT}$: $\mu_1 = \mu_2 = ... = \mu_K$). Träfe die Behauptung bzgl. der Alternativhypothese zu, gegen die **Monotone-Trend-Tests** testen, wären diese zwar adäquat, nicht aber erschöpfend, denn vorher-

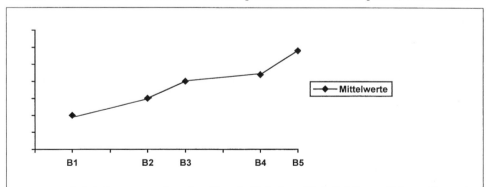

Abbildung 8.1: Monoton steigender Trend (1) bei „willkürlich" gewählten Abständen (Die Abstände auf Seiten der UV sind nicht definiert, können also frei gewählt werden)

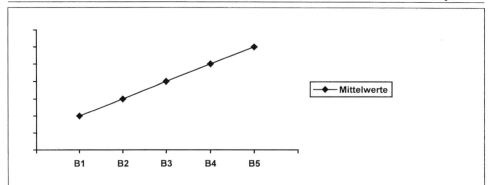

Abbildung 8.2: Monoton steigender Trend (2) bei künstlich hergestellter Gleichabständigkeit (Äquidistanz) auf Seiten der UV.

gesagt wird ein **strikt** monotoner Trend. Doch nicht einmal gegen die Alternative in Formel (8.18) wird getestet, und dies sei am Beispiel des in der Forschungspraxis häufiger anzutreffenden **S_J-Tests** von Jonckheere (1954) demonstriert.

Unter der Annahme identischer und symmetrischer zugrunde liegender Verteilungen kann man den **S_J-Test** von Jonckheere (1954) auf erwartete Mittelwerte beziehen. Um die Alternativhypothese zu identifizieren, gegen die dieser und andere Trendtests tatsächlich testen, werden die Daten verwendet, an denen Jonckheeere (1954) die Anwendung seines Tests demonstriert (vgl. Tab. 8.1). Dieses Zahlenbeispiel führt zu den strikt monoton geordneten Mittelwerten $M_1 = 57{,}25$, $M_2 = 72{,}75$, $M_3 = 97{,}00$ und $M_4 = 117{,}50$ für die vier Versuchsgruppen (Jonckheere, 1954, S. 135; vgl. auch Tab. 8.1 (a). Aus den Rohdaten für n = 4 kann dabei der Wert der Teststatistik $S_J = 46$ berechnet werden (a.a.O.). Zu diesem empirischen Wert lässt sich aus Jonckheeres Tabelle 3 die Überschreitungswahrscheinlichkeit p = 0,017 ablesen (a.a.O., S. 145), die kleiner als ein (gedachtes) Signifikanzniveau von $\alpha = 0{,}05$ ist und die daher zur Annahme der Alternativhypothese des **S_J-Tests** führt.

Tabelle 8.1 (a): Daten zur Ermittlung der Alternativhypothese des S_J-Tests von Jonckheere (1954)				
8.1 (a) Originaldaten von Jonckheere (1954, S. 135)				
	Versuchsgruppe			
	B_1	B_2	B_3	B_4
	19	21	40	49
	20	61	99	110
	60	80	100	151
	130	129	149	160
Mittelwerte	$M_1 = 57{,}25$	$M_2 = 72{,}75$	$M_3 = 97{,}00$	$M_4 = 117{,}50$
Anmerkungen. $S_J = 46$, p = 0,017 < $\alpha = 0{,}05$.				

Wenn man aber in dem Zahlenbeispiel von Jonckheere (1954, S. 135) die beiden ersten Werte der dritten Versuchsgruppe gegen die beiden ersten Werte der zweiten

Versuchsgruppe austauscht, erhält man die Mittelwerte in Tabelle 8.1 (b), die eine Ranginversion aufweisen. Zu diesen Mittelwerten wird $S_J = 40$ berechnet, und für diesen Wert kann aus der Tabelle 3 von Jonckheere (1954, S. 145) der Wert p = 0,034 abgelesen werden, der ebenfalls kleiner als ein gedachtes $\alpha = 0,05$ ist und der daher genau wie der vorher bestimmte Wert $S_J = 46$ zur Annahme der Alternativhypothese führt, nach der die Mittelwerte der Versuchsgruppen **schwach monoton** geordnet sind - gemäß der Alternativhypothese unter Formel (8.18).

Tabelle 8.1 (b) Geringfügig modifizierte Daten nach Jonckheere (1954, S. 135)				
	Versuchsgruppe			
	B_1	B_2	B_3	B_4
	19	40	21	49
	20	99	61	110
	60	80	100	151
	130	129	149	160
Mittelwerte	$M_1 = 57,25$	$M'_2 = 84,75$	$M'_3 = 82,75$	$M_4 = 117,50$
Anmerkungen. $S_J = 40$, p = 0,034 < $\alpha = 0,05$.				

Die Ergebnisse der Anwendung des S_J-Tests an für ihn „weniger günstigen" Daten bedeuten, dass die Testgröße S_J auch dann statistisch signifikant werden kann, wenn die vorhergesagte Rangordnung nur zwischen zwei beliebigen der K ≥ 3 Kennwerte besteht. Denn die Alternativhypothese besagt ja: „Es gibt zwischen mindestens zwei Versuchsgruppen einen Unterschied in bestimmter Richtung", während die „erwünschte" Alternativhypothese eines **strikt monotonen Trends** „ausschließlich vorhersagekonforme Rangordnungen" behauptet. Also muss die Alternativhypothese des S_J-Tests und anderer Tests auf monotonen Trend korrekterweise wie folgt formuliert werden, und zwar als Hypothese über eine **schwach monotone Rangordnung mit zugelassenen Ranginversionen**:

(8.19) $H_{1,SMT,mRI}$: $\mu_k \leq \mu_{k'}$ mit *mindestens einer Ungleichheit für ein Paar k, k'* bei zugelassenen Ranginversionen.

Die strikte Ungleichheit muss also *nicht* einmal zwischen zwei benachbarten Versuchsbedingungen auftreten, für die gilt: k' = k + 1. Die Hypothese eines schwach monotonen Trends ohne zugelassene Ranginversionen würde dann lauten:

(8.20) $H_{1,MT,oRI}$: $\mu_k \leq \mu_{k'}$ mit *mindestens einer strikten Größer-Relation ohne* Ranginversionen.

Das gleiche Problem wie beim S_J-Test von Jonckheere (1954) stellt sich auch bei den anderen in Frage kommenden Tests auf einen monotonen Trend, die alle das Problem teilen, gegen die zwar gerichtete, aber doch eher unspezifische Alternative unter Ausdruck (8.19) zu testen (vgl. dazu auch Berenson, 1982; Bortz, 1999, S. 273; Hager, 1996). So ergibt der von Bortz (1999, S. 271-273) näher besprochene **T*-Test** von R.A. Johnson und Mehrotra (1971) für die modifizierten Daten nach

Jonckheere [vgl. Tab. 8.1 (b)] einen Wert von $z_{emp} = 2{,}57$, der bei einseitigem Signifikanzniveau $\alpha = 0{,}05$ zur Ablehnung der getesteten Nullhypothese führt. Und auch in Bortz' Zahlenbeispiel wird dieser Test statistisch signifikant, obwohl eine Ranginversion zwischen den Mittelwerten vorliegt, worauf Bortz (1999, S. 273) auch explizit hinweist, allerdings ohne irgendwelche Konsequenzen daraus zu diskutieren. - Bei wiederholten Messungen tritt der Trendtest nach Page (1963) an die Stelle des Tests von Jonckheere. Für diesen und andere Tests auf monotonen Trend trifft das oben Ausgeführte ebenfalls zu.

Die diesen Tests zugrunde liegenden statistischen Hypothesen stellen also *keine* erschöpfende Ableitung aus der PH und aus der PV dar. Es gibt nach allen mir derzeit vorliegenden Erkenntnissen keine Tests, bei denen statistische Vorhersagen über einen strikt monotonen Trend entweder als Null- oder als Alternativhypothese fungieren können. Dies gilt nicht nur für monotone, sondern auch für qualitative bi- und tritone usw. Trends (s.u.), für die nicht einmal dem Test von Jonckheere (1954) entsprechende Tests verfügbar sind.

U.a. Bortz, Lienert und Boehnke (2000, S. 278-279), Bredenkamp (1984, S. 227) und Marascuilo und Serlin (1988, S. 458-460) sprechen sich dafür aus, die Hypothese eines monotonen Trends wie die Hypothese eines linearen, also quantitativen, Trends zu behandeln und dabei die speziellen orthogonalen Polynomialkoeffizienten (s.u.) zu benutzen. Es werden dann zwei Hypothesen getestet, die eine über die Linearität ($H_{1,Lin}$) und die andere über Abweichungen von der Linearität ($H_{0,Nonlin}$) (vgl. im Einzelnen Abschn. 8.4). Gilt dann $A(H_{0,Lin} \wedge H_{0,Nonlin})$ (A: Annahme) oder $A(H_{0,Lin} \wedge H_{1,Nonlin})$, liegt kein monotoner Trend vor. Bei $A(H_{1,Lin} \wedge H_{0,Nonlin})$ liegt ein linearer und damit auch ein monotoner Trend vor, allerdings mit gleichen Abständen zwischen den Mittelwerten; dies ist aber *kein* Definiens für einen monotonen Trend. Demgegenüber kann bei $A(H_{1,Lin} \wedge H_{1,Nonlin})$ nicht eindeutig auf das Vorliegen eines monotonen Trends geschlossen werden, weil die Abweichung von der Linearität sowohl zu Lasten ungleicher Abstände bei steigenden oder fallenden Rängen der Kennwerte gehen können als auch zu Lasten von Ranginversionen über die K Mittelwerte. Dabei wären ungleiche Abstände mit der Hypothese eines strikt monotonen Trends vereinbar, invertierte Ränge dagegen nicht. Diese Vorgehensweise würde also das Prinzip aus Abschnitt 2.6 verletzen, nach dem die möglichen empirischen Resultate *eindeutig* in zwei disjunkte Teilmengen zerlegt werden sollen, und zwar eine mit den vorhersagekonformen Resultaten und eine mit den vorhersagekonträren, während die Hypothesenkonjunktion $H_{1,Lin} \wedge H_{1,Nonlin}$ sowohl vorhersagekonforme wie vorhersagekonträre Resultatsmuster umfasst. Und: Die UV ist „nur" qualitativ und nicht quantitativ. Smith und Macdonald (1983, S. 3) bemerken zur vorgeschlagenen Vorgehensweise an: „When the intervals between successive ... (μ_k) are not equal or are not known (and this is very commonly the case in psychology) the linear trend procedure is suspect and alternatives need to be examined" (vgl. auch Hager, 1992a, S. 358-369).

Wenden wir uns damit wieder dem Beispiel 8.3 zu, denn: „alternatives need to be examined". Diese alternative Vorgehensweise ist dabei denkbar einfach, wenn man bedenkt, dass es bei einem qualitativen Trend lediglich darauf ankommt, eine vorhergesagte Rangordnung von Kennwerte, hier: Mittelwerten, nachzuweisen, wobei die Ränge dann als verschieden gelten sollen, wenn die Abstände zwischen ihnen ungeachtet ihrer relativen Größe statistisch signifikant sind.

Beispiel 8.3 (Fortsetzung): Demzufolge werden aus der SV-3(B;K=3) zwei testbare und konjunktiv miteinander verknüpfte gerichtete Einzelhypothesen über nonorthogonale Paarkontraste abgeleitet:

(8.21) SV-1(B;K=3;KER) ≈> ST-1(B;K=3):

$$[(H_{1,8}: \psi_8 = \mu_2 - \mu_1 > 0) \wedge (H_{1,9}: \psi_9 = \mu_3 - \mu_2 > 0)].$$

Können beide abgeleiteten Hypothesen angenommen werden, liegt der **vorhergesagte strikt monotone Trend** vor, d.h. die Mittelwerte sind statistisch signifikant verschieden und folgen dabei der vorhergesagten Rangordnung und. Dabei sind R = K − 1 = 2 Hypothesen über nonorthogonale Paarkontraste und die entsprechenden einseitigen **t-Tests** ausreichend, weil aus $A(H_{1,8} \wedge H_{1,9})$ die $AH_{1,10}$: ($\psi_{10} = \mu_3 - \mu_1 > 0$) über die nicht-benachbarten Faktorstufen 1 und 3 folgt, und bei $R(H_{1,8} \wedge H_{1,9})$ (R: Rejektion) wird die SV-1(B;K=3) ungeachtet des Status' der $H_{1,10}$ ohnehin abgelehnt. Hier erfolgt also keine testbedingte, zwangsweise Festlegung einer Entscheidungsregel, sondern die oder der VL trifft diese **Entscheidung** bewusst. Bei einer noch nicht geprüften oder einer im Sinne Poppers (2000, S. 417) „kühnen" Hypothese könnte man auch die disjunktive Verknüpfung der beiden Einzelvorhersagen erwägen; allerdings würde dann auf einen **schwach monotonen Trend** getestet. Die aus der PH-1 über die PV-1(B;K=3) T = 2 abgeleiteten gerichteten Alternativhypothesen über Paarkontraste werden konjunktiv miteinander verknüpft, es liegt also Fall 1 für die Kumulation und die Adjustierung vor (vgl. Abschn. 7.2). Für die Durchführung der **t-Tests** über diese gerichteten Hypothesen wird festgelegt: $\varepsilon_{1,krit} = \alpha_{krit,t} = 0{,}05$ und $\varphi_{1,krit} = 0{,}20$, so dass $\beta_{krit,t} = \varphi_{1,krit}/2 = 0{,}10$. Ferner wird spezifiziert: $\delta_{B,krit,t} = 0{,}60$. Nach Formel (8.9) für die TPS 1 ergibt sich für beide Hypothesen: $n_t = [2(1{,}645 + 1{,}282)^2]/0{,}36 = 47{,}5962$ oder $n_t = 48$ und $N_t = 144$. Dieser Stichprobenumfang ist relativ zu den Ressourcen der VL zu hoch. Sie setzt deshalb: $\varepsilon_{1,krit} = 0{,}10 = \alpha_{krit,t}$ und $\delta_{B,krit,t} = 0{,}80$ - ein großer Effekt. Erneutes Einsetzen in Formel (8.9) ergibt: $n_t = [2(1{,}282 + 1{,}282)^2]/0{,}64 = 20{,}5441$ bzw. $n_t = 21$ und damit N = 63. Diese Stichprobe ist für die VL handhabbar, und sie führt den Versuch durch. Die Ergebnisse lauten: $M_1 = 21{,}0$; $M_2 = 27{,}0$; $M_3 = 35{,}0$ und $s_{I,B} = 10{,}0$. Daraus kann berechnet werden: $t_{emp,8} = (27{,}0 - 21{,}0)/[10\sqrt{(2/21)}] = 1{,}9442$; $t_{emp,9} = (35{,}0 - 27{,}0)/[10\sqrt{(2/21)}) = 2{,}5923$ bei $t_{krit(0,10;60),t} = 1{,}296$. Also können die beiden abgeleiteten Alternativhypothesen und damit auch die SV-1(B;K=3) angenommen werden. Für die Effektgrößen gilt: $d_{B,8} = 0{,}60$ und $d_{B,9} = 0{,}80$. Beim Test gegen die $H_{1,8}$ ist der Effekt kleiner ausgefallen als vorher festgelegt, während der Effekt $d_{B,9}$ genauso groß ist wie die A-priori-

Spezifikation. Die VL hält einen Effekt der Größe $d_B = 0{,}60$ - zu Recht - für ziemlich groß, so dass sie sich entschließt, ihre PV-1(B;K=3) als eingetreten zu bewerten. Die PH-1 hat sich damit in diesem Versuch, allerdings mit einem liberalen Signifikanzniveau, bewährt, sofern keine gravierenden Validitätsmängel dieser Entscheidung entgegenstehen.

Die Festlegung gleicher Effekte für die beiden abgeleiteten Hypothesen bedeuten, dass zwischen ihnen Gleichabständigkeit angenommen wird, wie dies auch bei einem linearen Trend bei Gleichabständigkeit der Werte der UV der Fall wäre. Man könnte daraus den Schluss ziehen, dass es sich doch um eine lineare Trendhypothese handeln muss. Dieser Schluss wäre jedoch verfehlt. Denn *erstens* ist die UV qualitativ, erfüllt also nicht die Vorbedingungen für die Ableitung einer Hypothese über einen linearen Trend, und *zweitens* sind die Festlegungen jeweils *Mindestwerte*, die beliebig überschritten werden können, ohne dass dies der Vorhersage widerspräche, während bei einem quantitativen Trend und einer gleichabständig gestuften UV die Abstände nur innerhalb von Zufallsschwankungen verschieden sein dürfen, damit die PV als eingetreten beurteilt werden kann. Sind sie ungleich, erfolgt die Annahme der $H_{1,Nonlin}$, und dies bedeutet, dass die SV nicht angenommen wird.

Die abgeleiteten statistischen Hypothesen betreffen in allen drei Fällen Paarkontraste, die nicht orthogonal zueinander sind. Will man berechnen, wie groß das gesamte $\phi^2_{VA,B,G}$ als Summe der Einzeleffekte ist, etwa um Vergleichbarkeit zu den Effekten einer **VA** herzustellen, so geschieht dies mittels folgenden Formeln (Erdfelder & Bredenkamp, 1994, S. 630), in denen der Index „G" für „gesamt" steht:

(8.22) $\quad \phi^2_{VA,B,G} = \dfrac{2}{K} \sum\limits_{t=1}^{T=K(K-1)/2} \phi^2_{VA,B,t}$.

Bei orthogonalen Kontrasten gilt dagegen:

(8.23) $\quad \phi^2_{VA,B,G} = \sum\limits_{t}^{T=K-1} \phi^2_{VA,B,t}$.

Betrachten wir dazu folgendes Beispiel.

Beispiel: Bei K = 4 Versuchsbedingungen hat man für Paarkontraste die Effekte $\delta_{B,A} = \delta_{B,B} = \delta_{B,C} = 0{,}50$ spezifiziert, also $\delta^2_{B,t} = 0{,}25$. Für die Berechnung von $\phi^2_{VA,B,G}$ müssen auch die Effekte für nicht-benachbarte Versuchsbedingungen berücksichtigt werden. Diese werden nach Formel (8.7) in Werte für $\phi^2_{VA,B,t} = \delta^2_{B,t}/(2K)$ umgerechnet: $\phi^2_{VA,B,AB} = 0{,}03125$; $\phi^2_{VA,B,AC} = 0{,}0625$; $\phi^2_{VA,B,AD} = 0{,}09375$; $\phi^2_{VA,B,BC} = 0{,}03125$; $\phi^2_{VA,B,BD} = 0{,}0625$ und $\phi^2_{VA,B,CD} = 0{,}03125$, so dass $\phi^2_{VA,B,G} = 0{,}15625$ und $\phi_{VA,B,G} = 0{,}3953$, also insgesamt ein großer Gesamteffekt gemäß J. Cohens (1988, S. 287) Konventionen, der auf Grund mittlerer Einzeleffekte entstanden ist. Die numerischen Indizes beziehen sich auf die miteinander kontrastierten Versuchsbedingungen. Nach

(8.24) $\quad \eta^2_{Y.B} = \phi^2_{VA,B}/(1 + \phi^2_{VA,B})$

und $\eta^2_{Y.B} = 0{,}2833$ bedeutet dies, dass 28% der Gesamtvariation durch das Treatment aufgeklärt wird ($\eta^2_{Y.B}$: multiples Korrelationsquadrat).

Die Formeln zur Berechnung des Gesamteffektes $\phi^2_{VA,B,G}$ geben Erdfelder und Bredenkamp (1994) an, weil sie von der Auffassung ausgehen, dass man die Einzeleffekte nicht so groß wählen sollte, dass ein unrealistisch großer Gesamteffekt entsteht. Diese Auffassung wird hier nicht geteilt; statt dessen werden die Einzeleffekte pro abgeleiteter Hypothese separat festgelegt, also ohne Berücksichtigung des sich daraus ergebenden Gesamteffektes. Lediglich dann, wenn Effektgrößen über nichtbenachbarte Versuchsbedingungen festgelegt werden, werden die Einzeleffekte über die benachbarten Versuchsbedingungen berücksichtigt.

Beispiel 8.4: Die **PH-10** sagt aus: „Wenn unterschiedlich bildhaftes Material seriell gelernt wird, dann bleibt die lernerleichternde Wirkung der Bildhaftigkeit bei Bildern (B_3) und bildhaften Wörtern (B_2) aus, während bei nicht bildhaften Wörtern (B_1) demgegenüber eine Leistungsminderung resultiert." Auf der Ebene der PV-18(B;K=3) legt die Forscherin u.a. fest, mittels welcher Vorgehensweise sie serielles Lernen induzieren will und welches Versuchsmaterial zweckmäßigerweise zu benutzen ist. Sie leitet dann die folgenden Hypothesen über nonorthogonale Kontraste ab:

(8.25) (PH-10 $\wedge$ VSVS) $\approx$> [PV-10(B;K=3) $\wedge$ SHH] $\approx$>

$\approx$> SV-10(B;K=3;KER): ($\mu_1 < \mu_2 = \mu_3$) $\approx$> ST-10(B;K=3):

[($H_{1,11}$: $\psi_{11} = \mu_2 - \mu_1 > 0$) $\wedge$ ($H_{1,12}$: $\psi_{12} = \mu_3 - \mu_1 > 0$) $\wedge$ ($H_{0,13}$: $\psi_{13} = \mu_3 - \mu_2 = 0$)].

In diesem Beispiel ist es grundsätzlich möglich, sich auf zwei Hypothesen über orthogonale Kontraste zu beschränken, und zwar die folgenden:

(8.26) ST-10(B;K=3): {$H_{0,14}$: $\psi_{14} = (0)\mu_1 + (-1)\mu_2 + (+1)\mu_3 = 0 \Leftrightarrow [(\mu_3 - \mu_2) = 0]$} $\wedge$

$\wedge$ {$H_{1,15}$: ψ_{15}: $(-1)\mu_1 + (+1/2)\mu_2 + (+1/2)\mu_3 > 0 \Leftrightarrow [(\mu_2 + \mu_3)/2 - \mu_1 > 0]$}.

ψ_{14} ist ein Paarkontrast, während ψ_{15} ein komplexer Kontrast ist. Die Kontraste sind orthogonal zueinander, wie man durch die entsprechende Prüfung mit den Kontrastkoeffizienten rasch sieht. **Hypothesenorientiert** folgt aus der Beibehaltung der $H_{0,14}$ zwingend, dass $\mu_2 = \mu_3$ ist, so dass aus ihnen der Mittelwert für den Kontrast ψ_{15} gebildet werden kann, wobei dieser Mittelwert $\mu_{2,3}$ genau gleich μ_2 bzw. μ_3 ist. Kontrast ψ_{15} kontrastiert dann diesen Mittelwert $\mu_{2,3}$ mit μ_1. Wird die $H_{1,15}$ dann angenommen, d.h. ist Kontrast ψ_{15} größer als Null, dann gilt auf der Hypothesenebene zwingend, dass $\mu_1 < \mu_2$ und dass $\mu_1 < \mu_3$ ist, dass also die SV-18(B;K=3) angenommen werden kann. **Testorientiert** *gelten diese strengen Beziehungen aber nicht*. So kann trotz der Beibehaltung der $H_{0,14}$ einer der beiden Mittelwerte M_2 und M_3 gleich M_1 sein. Insofern ist die Ableitung unter Ausdruck (8.24) testorientiert erfolgt. Wer eine hypothesenorientierte Ableitung bevorzugt, leitet nur die beiden orthogonalen Kontraste in Ausdruck (8.25) ab. - In Ausdruck (8.25) werden eine ungerichtete Null- und zwei gerichtete Alternativhypothese/n abgeleitet und konjunktiv miteinander verbunden. Die Kumulierung verläuft also nach Fall 5 in Abschnitt 7.2: $\varepsilon_{10} \leq \max(\alpha_{11}, \alpha_{12}, \beta_{13})$ und $\varphi_{10} \leq (\beta_{11} + \beta_{12} + \alpha_{13})$. Es wird festgelegt: $\varepsilon_{18,krit} = 0,10 = \alpha_{krit,11} = \alpha_{krit,12} = \beta_{krit,13}$ und $\varphi_{10,krit} = 0,30$, so dass $\beta_{krit,11} = \beta_{krit,12} = \alpha_{krit,13} = \varphi_{13,krit}/3 = 0,10$. Es wird für die $H_{1,11}$ und die $H_{1,12}$ mit $\delta_{B,krit,t} = 0,60$ ferner ein mittelgroßer Effekt spezifiziert und für die Nullhypothese ein Effekt von $\delta_{B,krit,13} = 0,40$. Welche Stichprobenumfänge resultieren (TPS 1)? Einsetzen in Formel (8.9) führt zu: $n_{11} = n_{12} = 2(1,282 + 1,282)^2/0,36 = 36,5228$ bzw. $n_{11} = n_{12} = 37$. Für den Test der $H_{0,13}$ ergibt sich: $n_{13} = [2(1,96 + 1,282)^2]/0,16 = 131,3821$ bzw. $n_{13} = 132$ und damit $N_{13} = 396$. Dieser Stichprobenumfang ist eindeutig zu groß. Also wird neu festgelegt: $\beta_{krit,13} = 0,20$ und $\delta_{B,krit,13} = 0,50$. Dadurch ergibt sich für die Fehlerwahrscheinlichkeiten: $\varepsilon_{10} \leq \max(0,10; 0,10; 0,20) = 0,20$ und $\varphi_{10} \leq (0,10 + 0,10 + 0,10) = 0,30$ wie bisher. Erneutes Einsetzen in Formel (8.9) führt zu: $n_{13} = 2(1,96 + 0,84)^2/0,25 = 62,7200$ bzw. $n_{13} = 63$. Dieser Stichprobenumfang ist der Forscherin immer noch zu hoch. Sie legt daher fest: $\delta_{B,krit,13} = \pm 0,56$, so dass $n_{13} = 50$ wird und $N = 150$. Dieser Stichprobenumfang ist zwar immer noch sehr groß, aber die Forscherin ist davon überzeugt, soviele Vpn für ihren Versuch gewinnen zu können. Welcher Effekt ist bei der Testung gegen die $H_{1,11}$ und gegen die $H_{1,12}$ nachzuweisen, wenn man den Versuch mit $n_{13} = 50$ durchführt (TPS 3)? Einsetzen in Formel (8.13) ergibt: $\delta^2_{B,11} = \delta^2_{B,12} = 2(1,282 + 1,282)^2/50 = 0,2630$ bzw. $\delta_{B,krit,11} = \delta_{B,krit,12} = 0,50$ (0,5128) - ein mittelgroßer Effekt, der größer ist als der Effekt, der für die Nullhypothese $H_{0,13}$ vorgegeben worden ist. Angesichts des großen Stichprobenumfanges kann man versuchen, den Versuch als Gruppenversuch mit Studierenden eines Studienfaches durchzuführen, in dem genügend Freiwillige zur Mitarbeit zu bewegen sind. Unter der Zusage, den Interessierten etwas über „die" Psychologie erzählen zu wollen, gelingt es der Forscherin über persönliche Kontakte, genügend Vpn zur Mitarbeit an ihrem Versuch zu gewinnen. Die aus den Daten errechneten Mittelwerte lauten: $M_1 = 27,0$; $M_2 = 30,0$; $M_3 = 29,0$ bei $s_{I,B} = 11,0$. Dies führt zu: $t_{emp,11} = 1,3636$; $t_{emp,12} = 0,9091$ sowie $t_{emp,13} = -0,4545$ bei $t_{krit(0,10;147),t} = 1,287$ und $t_{krit(0,10/2;147),12} = \pm 1,655$. Die $H_{1,11}$ kann also angenommen werden, während die vorhersagewidrige $H_{0,12}$ beibehalten werden muss. Auch beibehalten werden kann die allerdings vorhersagekonforme $H_{0,13}$. Damit kann auch die SV-10(B;K=3) nicht angenommen werden. Die Effektgrößen lauten: $d_{B,11} = 0,2273$; $d_{B,12} = 0,1364$; $d_{B,13} = -0,0909$. Die empirischen Effekte sind um einiges kleiner als die vorab spezifizierten. Da ohnehin vorhersagewidrig die $H_{1,12}$ nicht angenommen werden konnte, ist die PV-10(B;K=3) nicht eingetreten, und die PH-10 hat sich nicht bewährt.

Führen wir die Berechnungen für die aus **hypothesenorientierter** Perspektive abgeleiteten Hypothesen über die beiden orthogonalen Kontraste durch. Hier ergibt sich: $t_{emp,14} = -0,4545$ und $t_{emp,15} = 1,3122$. Demnach kann die vorhersagekonforme $H_{0,14}$ beibehalten, während die vorhersagekonforme $H_{1,15}$ nicht angenommen werden kann. Es wird also hier die gleiche Gesamtentscheidung getroffen wie unter der alternativen Zerlegung. Hätte man jedoch mit n = 108 Vpn pro Bedingung operiert, dann hätten die empirischen t-Werte wie folgt gelautet: $t_{emp,14}$ = –0,4540 und $t_{emp,15}$ = 1,9285. D.h.: Auf Grund der Ergebnisse der Tests über die unter hypothesenorientierter Perspektive abgeleiteten $H_{0,14}$ und $H_{1,15}$ könnte die SV-10(B;K=3) angenommen werden, die PV-10(B;K=3) wäre eingetreten, und die PH-10 hätte sich bewähren können. *Anschaulicher kann kaum demonstriert werden, welchen Unterschied es machen kann, ob man die Ableitung statistischer Hypothesen test- oder hypothesenorientiert vornimmt.* Darüber hinaus macht das Beispiel deutlich, welcher Stellenwert dem Stichprobenumfang bei der Entscheidung über psychologische Hypothesen zukommen kann.

Neben psychologischen Hypothesen, die zur Vorhersage eines (strikt) monotonen Trends führen, gibt es auch solche, aus denen sich ein **bitoner Trend** vorhersagen lässt. Diese können U-förmig oder umgekehrt U-förmig (∩) verlaufen.

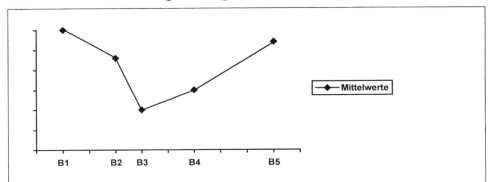

Abbildung 8.3: Bitoner (U-förmiger) Trend (3) bei willkürlichen Abständen der Stufen der UV.

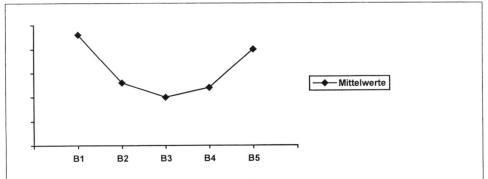

Abbildung 8.4: Bitoner (U-förmiger) Trend bei künstlicher Äquidistanz der Stufen der qualitativen UV.

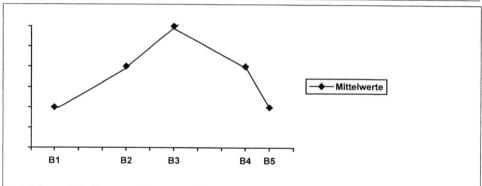

Abbildung 8.5: Bitoner (umgekehrt U-förmiger) Trend bei willkürlichen Abständen der Stufen der UV.

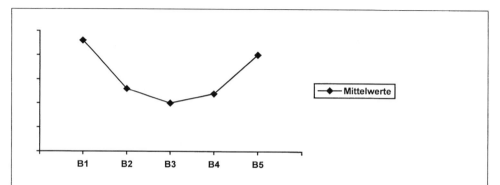

Abbildung 8.6: Bitoner (U-förmiger) Trend bei künstlicher Äquidistanz der Stufen der qualitativen UV.

Durch die abbildungstechnisch vorteilhafte Gleichabständigkeit der Stufen der UV entsteht auch bei bitonen Trends der Eindruck, als handele es sich um quadratische oder kurvilineare quantitative Trends, und zwar in der gleichen Weise wie bei monotonen Trends. Dies ist jedoch eine falsche Interpretation: Bitonen Trends liegt eine qualitative UV zugrunde, bei der etwaige Abstände zwischen den Stufen nur ihrer Rangordnung nach interpretierbar sind, während quadratische oder allgemein lineare und kurvilineare Trends eine quantitative UV voraussetzen.

Beispiel 8.5: Die „Spiegelbildhypothese" von Denney (1982) besagt, dass die Gedächtnisspanne im unteren Altersbereich ansteigt, bis im mittleren Altersbereich ein Maximum zu verzeichnen ist, und anschließend fällt die Gedächtnisspanne allmählich wieder ab, wobei die Gedächtnisspanne im jungen Alter der im höheren Alter annähernd gleicht (**PH-11**). Der Verlauf der Gedächtnisspanne wird demnach als spiegelbildlich postuliert, und dies hat der Hypothese ihren Namen gegeben. Es handelt sich um eine Zusammenhangshypothese, bei deren Prüfung mit intakten Altersgruppen gearbeitet wird, so dass eine Randomisierung nicht möglich ist. Vorhergesagt wird ein umgekehrt bitoner Trend, den als Besonderheit auszeichnet, dass auch eine Vorhersage über die beiden extremen Versuchsbedingungen (B_1 und B_3) abgeleitet werden kann. Auf der Ebene der PV-11(B;K=3) wird ferner die Methode zur Erhebung der Gedächtnisspanne gewählt. Die Ableitung von Vorhersagen ergibt:

(8.27) (PH-11 $\wedge$ VSVS) $\approx$> [PV-11(B;K=3) $\wedge$ SHH] $\approx$>
$\approx$> SV-11(B;K=3;KER): [($\mu_1 < \mu_2 > \mu_3$) $\wedge$ ($\mu_1 = \mu_3$)] $\approx$> ST-11(B;K=3):
[($H_{1,16}$: $\psi_{16} = \mu_2 - \mu_1 > 0$) $\wedge$ ($H_{1,17}$: $\psi_{17} = \mu_2 - \mu_3 > 0$) $\wedge$ ($H_{0,18}$: $\psi_{18} = \mu_3 - \mu_1 = 0$)].

Die Prüfinstanz besteht hier aus K = 3 Versuchsbedingungen, und da sich alle abgeleiteten Einzelhypothesen auf diese eine Prüfinstanz beziehen, müssen sie aus Gründen der Sicherung der Erschöpfendheit der Ableitung konjunktiv zusammengefasst werden. Die Kumulation der Fehlerwahrscheinlichkeiten erfolgt nach Fall 5 in Abschnitt 7.2: $\varepsilon_{11} \leq \max(\alpha_{16}; \alpha_{17}; \beta_{18})$ und $\varphi_{11} \leq (\beta_{16} + \beta_{17} + \alpha_{18})$. Es stehen K = 3 Versuchsgruppen mit jeweils 50 Vpn zur Verfügung. Es wird festgelegt: $\varepsilon_{11,krit} \leq \alpha_{krit,16} = \alpha_{krit,17} = \beta_{krit,18} = 0{,}10$ und $\varphi_{11,krit} \leq 0{,}15$, so dass $\beta_{krit,16} = \beta_{krit,17} = \alpha_{krit,18} = \varphi_{14,krit}/3 = 0{,}05$. Wie groß sind die nachweisbaren Effekte (TPS 3)? Einsetzen in Formel (8.13) ergibt: $\delta^2_{B,t} = 2(1{,}282 + 1{,}645)^2/50 = 0{,}3427$ und damit $\delta_{B,krit,t} = 0{,}60$ (0,5854). Einsetzen in Formel (8.13) für den ungerichteten Kontrast ψ_{18} führt zu: $\delta^2_{B,18} = [2(1{,}96 + 1{,}282)^2]/50 = 0{,}4204$ und $\delta_{B,krit,18} = \pm 0{,}65$ ($\pm 0{,}6484$). Dieser Effekt ist eindeutig zu hoch für eine abgeleitete Nullhypothese. Um ihn zu verringern, wird festgelegt: $\alpha_{krit,18} = 0{,}20$ und $\beta_{krit,18} = 0{,}20$. Erneutes Einsetzen in Formel (8.13) resultiert in (TPS 3): $\delta^2_{B,18} = 2(1{,}282 + 0{,}84)^2/50 = 0{,}1801$ bzw. $\delta_{B,krit,18} = \pm 0{,}40$ ($\pm 0{,}4244$). Dieser Wert, ein relativ kleiner Effekt, ist akzeptabel. Die Neufestlegung hat natürlich Auswirkungen auf die Kumulation der Fehlerwahrscheinlichkeiten: $\varepsilon_{11,krit} \leq (0{,}10; 0{,}10; 0{,}20) = 0{,}20$ und $\varphi_{11,krit} = (0{,}05 + 0{,}05 + 0{,}20) = 0{,}30$, was aber immer noch eine tolerable Größenordnung darstellt. - Als Versuchsmaterial werden Wortlisten konstruiert, die hinsichtlich mehrerer potenzieller konfundierender Störfaktoren kontrolliert werden. Die Listen bestehen aus unterschiedlich vielen Wörtern, und der Wert der AV ist diejenige Anzahl von Wörtern aus der längsten Liste, die die Vp gerade eben noch reproduzieren kann. Der Versuch führt zu folgenden Resultaten: $M_1 = 5{,}60$; $M_2 = 10{,}80$; $M_3 = 6{,}40$ und $s_{I,B} = 7{,}00$. Die Ergebnisse der **t-Tests** lauten: $t_{emp,16} = 7{,}7143$; $t_{emp,17} = 3{,}1429$ und $t_{emp,18} = 0{,}5714$ bei $t_{krit(0,10;147),t} = 1{,}287$ und $t_{krit(0,10/2;147),18} = \pm 1{,}655$. Es können alle abgeleiteten Hypothesen angenommen werden und damit auch die SV-11(B; K=3). Die empirischen Effektgrößen lauten: $d_{B,16} = 0{,}7429$ und $d_{B,17} = 0{,}6286$ sowie $d_{B,18} = 0{,}1183$. Die Werte $d_{B,16}$ und $d_{B,17}$ sind größer als die Vorab-Spezifikationen, also kann die PV-11(B;K=3) als eingetreten angesehen werden, und die PH-11, die „Spiegelbildhypothese", hat sich bewährt, sofern der Versuch lege artis durchgeführt werden konnte.

Sind die Binnenvarianzen s^2_k sehr ungleich und zudem mit ungleichen Stichprobenumfängen gepaart, ist dies - wie bereits angemerkt - immer ein Indiz dafür, dass im Versuch differenziell wirksame Störfaktoren aufgetreten sind, und anstelle der

Durchführung eines statistischen Tests sollte bevorzugt die tatsächliche Versuchsdurchführung kritisch analysiert werden. Will man angesichts dessen dennoch einen statistischen Test über die abgeleiteten Kontrasthypothesen durchführen, so sollte man auf den für Kontraste adaptierten **Test von Welch** (1947) zurückgreifen, den Keppel (1991, S. 124) darstellt. Unter sonst gleichen Bedingungen ist der **Welch-Test** weniger teststark als der **t-Test**, stellt aber eine robuste Alternative zu diesem dar, wenn die Binnenvarianzen sehr heterogen *und* wenn die Stichprobenumfänge *sehr* verschieden sind (M.B. Brown & Forsythe, 1974).

Wenden wir uns damit der Planung von Tests über Kontrasthypothesen in einem einfaktoriellen Messwiederholungsplan zu.

8.2 Hypothesen über Mittelwerte in abhängigen Stichproben (intraindividuelle Bedingungsvariation und randomisierte Blöcke)

Zu den wiederholten Messungen (oder intraindividueller Bedingungsvariation) und den randomisierten Blöcken ist bereits oben alles Wesentliche ausgeführt worden, so dass hier nur die t-Formel für geplante Kontraste und die Formeln für die Testplanung für diese Art des versuchsplanerischen Vorgehens hinzuzufügen sind. Die getesteten Hypothesen nehmen im gerichteten Fall die folgende Forma an:

(8.28) $H_0: (\psi_t = \sum c_{k,t}\mu_k \leq 0)$ vs. $H_1: (\psi_t = \sum c_{k,t}\mu_k > 0)$.

Getestet werden sie mittels **t-Test** unter Verwendung der Wurzel aus der Residualvarianz, $s_{Res,B}$, bei $FG_N = (K - 1)(n - 1)$ (Winer, D.R. Brown & Michels, 1991, S. 230):

(8.29) $t_{wdh,B,emp,t} = \dfrac{\sum c_{k,t} M_k - \sum c_{k,t} \mu_k}{s_{Res,B} \sqrt{\dfrac{\sum c_{k,t}^2}{n}}} = \dfrac{D_t - \psi_t}{s_{Res,B} \sqrt{\dfrac{\sum c_{k,t}^2}{n}}}$.

Auch in diesem Fall gilt in den allermeisten Fällen $\psi_t = 0$, aber für ψ_t kann unter der Nullhypothese auch jeder von Null verschiedene Wert eingesetzt werden.

Nach Formel (6.76) in Abschnitt 6.4 gilt folgende Beziehung zwischen der Testvarianz einer einfaktoriellen **VA**, nämlich $\sigma^2_{I,B}$, und der Residualvarianz bei wiederholten Messungen, $\sigma^2_{Res,B}$, wobei $\rho_{Z,wdh,B}$ die Korrelation zwischen den Messwertereihen angibt:

(8.30) $\sigma^2_{Res,B} = \sigma^2_{I,B}(1 - \rho_{Z,wdh,B})$.

Daraus folgt für die Definition der **Effektgröße** $\delta^2_{wdh,B,t}$:

Testplanung für Mittelwertshypothesen in einfaktoriellen Versuchsplänen

(8.31) $\delta_{wdh,B,t} = \dfrac{\delta_{B,t}}{\sqrt{1-\rho_{Z,wdh,B}}} = \dfrac{\mu_1-\mu_2}{\sigma_{I,B}\sqrt{1-\rho_{Z,wdh,B}}} = \dfrac{\mu_1-\mu_2}{\sigma_{Res,B}}$,

wobei die Reihenfolge der Mittelwerte im Zähler von Formel (8.31) erneut von der Formulierung der statistischen Hypothesen abhängt. Der Index „wdh" soll eine wiederholte Messung anzeigen. Bei randomisierten Blöcken (RB) ist mit $\rho_{Z,RB,B}$ anstelle von $\rho_{Z,wdh,B}$ zu operieren, wobei üblicherweise gilt: $\rho_{Z,RB,B} < \rho_{Z,wdh,B}$.

Für die Testplanung bei $K \geq 3$ Versuchsbedingungen gelten folgende Formeln für einfache und komplexe Kontraste (vgl. Lachin, 1981), und zwar für die **TPS 1**:

(8.32) $n_t = \dfrac{(z_{1-\alpha}+z_{1-\beta})^2 \sum c_{k,t}^2}{\delta_{B,krit,t}^2 / (1-\rho_{Z,wdh,B})} = \dfrac{(z_{1-\alpha}-z_{1-\beta})^2 \sum c_{k,t}^2}{\delta_{wdh,B,krit,t}^2}$.

n_t bezeichnet hier die (Gesamt-) Anzahl der Vpn. Die Anzahl der Messwerte beträgt $N = Kn$; dies ist auch die Gesamtanzahl von Vpn in einem Plan mit randomisierten Blöcken. Es soll für komplexe Kontraste wieder gelten, dass die Summe der Beträge ihrer Kontrastkoeffizienten $c_{k,t}$ gleich 2 ist: $\sum |c_{k,t}| = 2$. Löst man die Versuchspersonenvariation (mit $n-1$ Freiheitsgraden) nicht aus der Gesamtvariation heraus, dann können die Hypothesen bei $FG_N = K(n-1)$ auch gegen die mittlere Binnenvarianz $s_{I,B}^2$ getestet werden; es resultiert dabei eine konservative Testung, d.h. die getestete Nullhypothese wird länger beibehalten, als wenn die Testvarianz geringer wäre. Dies bedeutet, dass von der Tatsache der wiederholten Messungen abgesehen wird, und dementsprechend sollte die Testplanung auch so erfolgen, wie es oben für den Fall der interindividuellen Bedingungsvariation beschrieben wurde.

Das Umstellen der vorstehenden Formel (8.32) für die Zwecke der TPS 2 und der TPS 3 stellt kein Problem dar. Man erhält nämlich für die **TPS 2** bei wiederholten Messungen und einer gerichteten Hypothese:

(8.33) $(z_{1-\alpha}+z_{1-\beta})^2 = \dfrac{n_t \delta_{B,krit,t}^2}{(1-\rho_{Z,wdh,B}) \sum c_{k,t}^2} = \dfrac{n_t \delta_{wdh,B,krit,t}^2}{\sum c_{k,t}^2}$.

Und bei der **TPS 3** erhält man für einseitige **t-Tests** über gerichtete Hypothesen:

(8.34) $\delta_{wdh,B,krit,t}^2 = \dfrac{\delta_{B,krit,t}^2}{1-\rho_{Z,wdh,B}} = \dfrac{(z_{1-\alpha}+z_{1-\beta})^2 \sum c_{k,t}^2}{n_t}$.

Für zweiseitige **t-Tests** über ungerichtete Hypothesen ist auch hier in den Formeln (8.32) bis (8.34) $z_{1-\alpha}$ durch $z_{1-\alpha/2}$ zu ersetzen, und bei randomisierten Blöcken ist $\rho_{Z,RB,B}$ anstelle von $\rho_{Z,wdh,B}$ zu benutzen.

Um mit den vorstehenden Formeln arbeiten zu können, ist immer eine Vorabschätzung der zu erwartenden mittleren Korrelation $\rho_{Z,wdh,B}$ bzw. $\rho_{Z,RB,B}$ zwischen den Wertereihen erforderlich, es sei denn, man operiert gleich mit $\delta_{wdh,B,t}$ oder $\delta_{RB,B,t}$;

dieses Problem ist bereits in Abschnitt 5.6.1 behandelt worden. Bei der Berechnung des empirischen Effektes $d_{wdh,B,t}$ oder $d_{RB,B,t}$ ist zu beachten, dass diese Berechnung unter Einbezug der mittleren empirischen Korrelation $r_{Z,wdh,B}$ oder $r_{Z,RB,B}$ erfolgt, dass also:

$$(8.35) \quad d_{wdh,B,t} = \frac{\sum c_{k,t} M_k}{s_{I,B}\sqrt{1-r_{Z,wdh,B}}} = \frac{\sum c_{k,t} M_k}{s_{Res,B}}$$

berechnet wird, denn nur bei diesem Vorgehen sind die kritischen Werte $\delta_{wdh,B,krit,t}$ direkt mit den empirischen Werten $d_{wdh,B,t}$ vergleichbar [$r_{Z,wdh,B}$: mittlere Korrelation zwischen allen Paare von Messwertereihen; es gibt $K(K-1)/2$ dieser Korrelationen $r_{kk'}$, die nach der Berechnung und dem Aufsummieren durch $K(K-1)/2$ dividiert werden. Diese Berechnungsweise ist zwar nicht ganz exakt, dürfte aber den üblichen Anforderungen genügen; zur exakten Berechnung siehe etwa Winer, 1971, S. 272-273]. Üblicherweise sollte auch bei wiederholten Messungen zusätzlich die empirische **Effektgröße** $d_{B,t}$ unter Verwendung der Binnenstreuung $s_{I,B}$ über

$$(8.36) \quad d_{B,t} = \frac{\sum c_{k,t} M_k}{s_{I,B}} = \frac{D_t}{s_{I,B}}$$

bestimmt werden, wobei für den Vergleich der theoretischen und der empirischen Effektgröße auf $\delta^2_{B,krit,t}$ Bezug genommen wird [$\delta^2_{B,krit,t} = \delta^2_{wdh,B,krit,t}(1 - \rho_{Z,wdh,B})$ nach Formel (8.31)].

Beispiel 8.6: Auch bei der Prüfung der **PH-1** kann man sich auf der Ebene der PV-1 entscheiden, aus Gründen der Vpn-Ökonomie und/oder zum Zwecke der Präzisionserhöhung mit der intraindividuellen Bedingungsvariation zu arbeiten, wozu man das Versuchsmaterial entsprechend konstruieren muss. Dieses besteht aus zwei Listen. Bei einer stehen die sehr bildhaften Wörter am Anfang und bei der zweiten die wenig bildhaften Wörter. Auf diese Weise wird es möglich, die Vpn zufällig einer der Listen zuzuweisen. Bekannte Störvariablen wie die Wortlänge, die Bedeutungshaltigkeit, die Abstraktheit-Konkretheit usw. werden durch Konstanthaltung kontrolliert. Es gilt dann:

(8.37) (PH-1 $\wedge$ VSVS) $\approx$> [PV-1(B;wdh;K=3) $\wedge$ SHH] $\approx$>

$\approx$> SV-1(B;wdh;K=3;KER) $\approx$>

$\approx$> ST-1(B;wdh;K=3): [($H_{1,19}$: $\psi_{19} = \mu_2 - \mu_1 > 0$) $\wedge$ ($H_{1,20}$: $\psi_{20} = \mu_3 - \mu_2 > 0$)].

Es stehen n = 50 Vpn zur Verfügung. Gesucht wird für beide Hypothesen der entdeckbare Effekt bei $\epsilon_{1,krit} = \alpha_{krit,t} = 0{,}05$ und $\phi_{1,krit}/2 = \beta_{krit,t} = 0{,}10$ (TPS 3); $\rho_{Z,wdh,B}$ wird mit 0,50 angenommen. Einsetzen dieser Werte in Formel (8.34) ergibt: $\delta^2_{wdh,B,t} = [(1-0{,}5)(2)(1{,}645+0{,}84)^2]/50 = 0{,}1713$ und damit $\delta_{wdh,B,krit,t} = 0{,}40$ (0,4139), ein mittlerer Effekt. Der entsprechende Versuch bei K = 3 hat ergeben: $M_1 = 25{,}0$; $M_2 = 30{,}0$; $M_3 = 34{,}0$ bei $s_{Res,B} = 5{,}0$. Daraus werden folgende t-Werte berechnet: $t_{wdh,emp,19} = 5{,}00$ und $t_{wdh,emp,20} = 4{,}00$ bei $t_{krit(0{,}05;49),t} = 1{,}676$. Die bei-

Testplanung für Mittelwertshypothesen in einfaktoriellen Versuchsplänen

den vorhersagekonformen Hypothesen können also angenommen werden und desgleichen die ihnen vorgeordnete SV-1(B;wdh;K=3). Die Effekte haben folgende Größe: $d_{wdh,B,19} = 1,00$ und $d_{wdh,B,20} = 0,80$ und sind größer als die vorher festgelegten Effekte ($\delta_{wdh,B,krit,t} = 0,40$). Die empirische Korrelation wurde zu $r_{Z,wdh,B} = 0,57$ errechnet, so dass $s^2_{I,B} = s^2_{Res,B}/0,43 = 58,1395$ und $s_{I,B} = 7,6249$ ist. Die Effektgrößen $d_{B,t}$ nach Formel (8.34) lauten damit: $d_{B,19} = 0,6557$ und $d_{B,20} = 0,5246$. Die PV-1(B;wdh;K=3) kann als auf Grund der erhaltenen Effekte uneingeschränkt eingetreten angesehen werden. Sofern keine Validitätsverletzungen aufgetreten sind, hat sich auch die PH-1 bewährt.

Setzt man zur Kontrolle der einfachen Sequenzwirkungen **Lateinische Quadrate** (LQ) ein, mit denen allerdings keine Übertragungswirkungen oder asymmetrischen Sequenzwirkungen kontrolliert werden können und mit denen auch keine oder zumindest nicht alle Interaktionen einzeln getestet werden können, dann können Hypothesen nur auf der Ebene der Haupteffekte geprüft werden; eine andere Wahl ist nicht möglich. Besteht das Lateinische Quadrat aus einem hypothesenrelevanten Faktor B, einem Kontrollfaktor A und einem Gruppierungsfaktor G, dann ist die Testvarianz $s^2_{I,BAG,B}$. In diesem Fall benutzt man zur Planung von Hypothesen über Paar- oder komplexe Kontraste die folgende Formel für die **Effektgröße** (vgl. dazu Abschn. 6.4):

$$(8.38) \quad \delta^2_{LQ,BAG,B,t} = \frac{\delta^2_{B,t}}{\Pi_{LQ,BAG}},$$

wobei $\Pi_{LQ,BAG}$ vglw. gering gewählt werden kann.

Die Testung von Hypothesen über Kontraste erfolgt dann wie inzwischen gewohnt über den **t-Test**, und zwar entweder unter Verwendung der gemittelten Streuung $s_{Res,LQ;pooled,B}$ mit $FG_N = (nL - 2)(L - 1)$ oder - wenn n = 1 pro Vpn-Gruppe - der Streuung $s_{I,LQ,BAG,B}$ mit $FG_N = (L - 1)(L - 2)$ (vgl. Kirk, 1995, S. 334-335).

Im folgenden Abschnitt dreht es sich um die Planung von Hypothesentests über Kontraste innerhalb der **Kovarianzanalyse**.

8.3 Hypothesen über adjustierte Mittelwerte bei der Kovarianzanalyse

Die **Kovarianzanalyse (KOVA)** dient nicht nur der Ausschaltung eines potenziellen Störfaktors und der Erhöhung der Präzision, sondern sie ermöglicht auch die Bestimmung adjustierter, d.h. vom Einfluss der Kovariate X bereinigter Mittelwerte $M_{adj,k}$, über die gerichtete oder ungerichtete statistische Hypothesen für Paar- und komplexe Kontraste formuliert werden können, also z.B. die folgenden.

(8.39) H_0: ($\psi_t = \sum c_{k,t}\mu_{adj,k} \leq 0$) vs. H_1: ($\psi_t = \sum c_{k,t}\mu_{adj,k} > 0$).

Die adjustierten Mittelwerte $M_{adj,k}$ bestimmen sich wie folgt (Bortz, 1999, S. 356; Kirk, 1995, S. 735):

(8.40) $M_{adj,k} = M_k - b_{I,KOVA,B}(\bar{x}_k - \bar{\bar{x}})$,

wobei $\bar{x}_k$ den Mittelwert der Kovariate X in der Versuchsbedingung B_k bezeichnet und $\bar{\bar{x}}$ den Gesamtmittelwert der Kovariate; $b_{I,KOVA,B}$ steht für die über die Versuchsbedingungen gemittelte Steigung innerhalb der Versuchsbedingungen und M_k für den Mittelwert der AV Y in der Bedingung B_k. Für $b_{I,KOVA,B}$ gilt [vgl. etwa Kirk, 1995, S. 713; siehe auch Abschn. 6.6, Formel (6.95)]:

(8.41) $b_{I,KOVA,B} = \dfrac{\sum_{k-1}^{K}\sum_{i=1}^{n}(x_{ik}-\bar{x}_k)(y_{ik}-\bar{y}_k)}{\sum_{k=1}^{K}\sum_{i=1}^{n}(x_{ik}-\bar{x}_k)} = \dfrac{QSXYFehler}{QSXFehler}$.

y_{ik} und $\bar{y}_k$ bezeichnen die Roh- und den Mittelwert(e) der AV Y in Bedingung B_k und QSXFehler die Quadratsumme innerhalb der Kovariate X (Fehler in X), deren Vorzeichen auch das Vorzeichen von $b_{I,KOVA,B}$ ist. Kirk (1995, S. 725) gibt die folgende t-Formel für beliebige geplante Kontraste über die adjustierten Mittelwerte an (vgl. auch Huitema, 1980, S. 90; Winer, D.R. Brown & Michels, 1991, S. 763):

(8.42) $t_{KOVA,B,emp,t} = \dfrac{\sum c_{k,t} M_{adj,k} - \sum c_{k,t} \mu_{adj,k}}{s_{I,KOVA,B} \sqrt{\left[\dfrac{\sum c_{k,t}^2}{n} + \dfrac{\sum (c_{k,t}\bar{x}_k)^2}{QSXFehler}\right]}}$,

wobei $s_{I,KOVA,B}$ die Wurzel aus der Fehlervarianz der adjustierten AV Y bezeichnet, die als Quadrat auch als Testvarianz für den **F-Test** benutzt wird. Auch hier kann $\sum c_{k,t}\mu_{adj,k}$ unter der H_0 auch Werte ungleich Null annehmen. Bei ungleichen Stichprobenumfängen ist das „n" im Nenner der Formel (8.42) durch „n_k" zu ersetzen.

Für die **Planung** von Tests über gerichtete oder ungerichtete statistische Hypothesen über beliebige, d.h Paar- und komplexe A-priori-Kontraste, die sich auf kovarianzanalytisch adjustierte Mittelwerte $\mu_{adj,k}$ beziehen, ist die **Effektgröße** $\delta_{KOVA,B,t}$ definiert als:

(8.43) $\delta_{KOVA,B,t} = \delta_{B,t}/\sqrt{1-\rho_{I,KOVA,B}^2}$.

Für die Testplanungsstragie **TPS 1** resultiert dann:

(8.44) $n_t = \dfrac{(z_{1-\alpha}+z_{1-\beta})^2 \sum c_{k,t}^2}{\delta_{B,krit,t}^2 /(1-\rho_{I,KOVA,B}^2)} = \dfrac{(z_{1-\alpha}-z_{1-\beta}) \sum c_{k,t}^2}{\delta_{KOVA,B,krit,t}^2}$.

Für die **TPS 2** und eine gerichtete Hypothese sowie einen einseitigen **t-Test** resultiert:

Testplanung für Mittelwertshypothesen in einfaktoriellen Versuchsplänen 233

$$(8.45) \quad (z_{1-\alpha} + z_{1-\beta})^2 = \frac{n_t \delta^2_{B,krit,t}}{(1-\rho^2_{I,KOVA,B})\sum c^2_{k,t}} = \frac{n_t \delta^2_{KOVA,B,krit,t}}{\sum c^2_{k,t}}.$$

Und für die **TPS 3** gilt bei einer gerichteten Hypothese:

$$(8.46) \quad \delta^2_{KOVA,B,krit,t} = \frac{\delta^2_{B,krit,t}}{1-\rho^2_{I,KOVA,B}} = \frac{(z_{1-\alpha} + z_{1-\beta})^2 \sum c^2_{k,t}}{n_t}.$$

Für die Planung der Tests über ungerichtete Hypothesen über Kontraste ist in den vorstehenden Formeln (8.44) bis (8.46) wieder $z_{1-\alpha/2}$ anstelle von $z_{1-\alpha}$ zu benutzen.

Die empirische Bestimmung der **Effektgröße** $d_{KOVA,B,t}$ sollte auf den adjustierten empirischen Mittelwerten $M_{adj,k}$ beruhen, standardisiert auf die Wurzel aus der kovarianzanalytischen Testvarianz $s^2_{I,KOVA,B} = s^2_{I,B,adj}$:

$$(8.47) \quad d_{KOVA,B,t} = \frac{M_{adj,k} - M_{adj,k'}}{s_{I,KOVA,B}}.$$

Zusätzlich sollte der Effekt auch für die adjustierten Mittelwerte und die Wurzel aus der Fehlervarianz der unadjustierten AV Y, $s_{I,B}$, bestimmt werden, um maximale Vergleichbarkeit zum einfachen **t-Test** (ohne kovarianzanalytische Adjustierung) herzustellen, und zwar unter Verwendung der adjustierten Mittelwerte $M_{adj,k}$ und der mittleren Binnenstreuung der AV, $s_{I,B}$:

$$(8.48) \quad d_{B,adj,t} = \frac{M_{adj,k} - M_{adj,k'}}{s_{I,B}}.$$

Will man Kontrasthypothesen über die adjustierten Mittelwerte testen, ist die vorherige Durchführung einer **KOVA** überflüssig; man benötigt nur die Mittelwerte der Kovariate X und der AV Y sowie die QSXTreat, die QSYTreat, die QSXYTreat, die QSXFehler, die QSYFehler und die QSXYFehler.

Beispiel 8.7: Bei der Prüfung der **PH-1** unter Einbezug der Kovariate Intelligenzquotient ergibt sich erneut die Vorhersage eines **strikt monotonen Trends**:

$$(8.49) \quad (PH\text{-}1 \wedge VSVS) \approx> [PV\text{-}1(B;KOVA;K=3) \wedge SHH] \approx>$$
$$SV\text{-}1(B;KOVA;K=3;KER) \approx> ST\text{-}1(B;KOVA;K=3):$$
$$[(H_{1,21}: \psi_{21} = \mu_{adj,2} - \mu_{adj,1} > 0) \wedge (H_{1,22}: \psi_{22} = \mu_{adj,3} - \mu_{adj,2} > 0)].$$

Es stehen $N = 180$ Vpn zur Verfügung, also $n_k = 60$; der zu entdeckende Effekt beträgt $\delta_{B,krit,t} = 0{,}60$, und die Korrelation $\rho_{I,KOVA}$ wird einer Vergleichsuntersuchung mit $\rho_{I,KOVA} = 0{,}40$ entnommen, so dass $(1 - \rho^2_{I,KOVA}) = (1 - 0{,}16) = 0{,}84$ erwartet wird, wodurch $\delta_{KOVA,B,krit,t} = 0{,}70$ (0,7143) wird. Gefragt wird nach den Fehlerwahrscheinlichkeiten $\alpha_{krit,t}$ und $\beta_{krit,t}$ unter diesen Randbedingungen (TPS 2). Einsetzen in Formel (8.45) ergibt: $(z_{1-\alpha} + z_{1-\beta})^2 = (0{,}36)(60)/(0{,}84)(2) =$

12,8571 und damit $(z_{1-\alpha} + z_{1-\beta}) = 3,5857$. Es wird gesetzt: $\alpha_{krit,t} = \beta_{krit,t}$, so dass $z_{1-\alpha} = z_{1-\beta} = 1,7928$, woraus nach Abrundung $z_{1-\alpha} = z_{1-\beta} = 1,645$ und damit $\alpha_{krit,t} = \beta_{krit,t} = 0,05$ sowie $\varepsilon_{1,krit} \leq 0,05$ und $\varphi_{1,krit} \leq 2\beta_{krit,t} = 0,10$ wird. Der Versuch wird mit einer 60 Wörter langen Liste in drei Gruppen in mehreren Lehrveranstaltungen durchgeführt und ergibt für die Kovariate X: $\bar{x}_1 = 125,0$; $\bar{x}_2 = 130,0$; $\bar{x}_3 = 127,0$ und $\bar{\bar{x}} = 127,3333$. Für die AV Y resultiert: $M_1 = 35,0$; $M_2 = 39,0$; $M_3 = 45,0$ und ferner: QSXTreat = 760,00 und QSYTreat = 3040,00 sowie QSXYTreat = 1154,25; QSXFehler = 2030,00; QSYFehler = 4516,875 und QSXYFehler = 1035,625. Daraus werden die beiden Korrelationen $r_{I,KOVA,B}$ und $r_{Z,KOVA,B}$ berechnet [vgl. die Formeln (6.96) und (6.97) in Abschn. 6.5]: $r_{I,KOVA,B}$ = QSXYFehler/[(QSXFehler)(QSYFehler)]$^{1/2}$ = 1035,625/3028,0780 = 0,3420; es besteht also nur eine mäßige Assoziation zwischen der Kovariate und der AV Y, so dass nach den Ausführungen in Abschnitt 6.5 eine Analyse über randomisierte Blöcke vorzuziehen ist. Aus Demonstrationsgründen wird das einmal gewählte Auswertungsverfahren beibehalten. Die Zwischenkorrelation beträgt: $r_{Z,KOVA,B}$ = QSXYTreat/[(QSXTreat)(QSYTreat)]$^{1/2}$ = 1154,25/(760,0)(1154,25)$^{1/2}$ = 0,7594. Da $r_{I,KOVA,B}$ < $r_{Z,KOVA,B}$ gilt, ist nicht mit einer Erhöhung der Treatmentvarianz infolge der Adjustierung zu rechnen, d.h. es hängt allein von der Verringerung der Testvarianz $s^2_{I,KOVA,B}$ gegenüber $s^2_{I,B}$ ab, ob die **KOVA** gegenüber der **VA** zu Vorteilen führt. Für die gemittelte Steigung $b_{I,KOVA,B}$ innerhalb der Versuchsbedingungen gilt nach Formel (8.41): $b_{I,KOVA,B}$ = QSXYFehler/QSXFehler = 1035,625/2030,00 = 0,5102. Die adjustierten Mittelwerte berechnen sich dann nach Formel (8.40) oben zu: $M_{adj,1} = 33,8095$; $M_{adj,2} = 37,6395$; $M_{adj,3} = 44,8299$. Die adjustierte Fehlervarianz wird nach Formel (6.103) in Abschnitt 6.5 berechnet: QSYFehler,adj = QSYFehler − (QSXYFehler)^2/QSXFehler = 4516,875 − (1035,00^2/2030,00) = 3989,1780, und Division durch die Freiheitsgrade $FG_N = K(n-1) - 1 = 176$ ergibt $s^2_{I,KOVA,B} = 22,6658$ sowie $s_{I,KOVA,B} = 4,7609$, die erwartungsgemäß nur geringfügig kleiner ist als $s_{I,B} = 5,0660$. Die beiden **t-Tests** zur Testung der abgeleiteten Hypothesen $H_{1,21}$: [$\psi_{21} = (+1)\mu_{adj,2} + (-1)\mu_{adj,1} > 0$] und $H_{1,22}$: [$\psi_{22} = (+1)\mu_{adj,3} + (-1)\mu_{adj,2} > 0$] nehmen folgende Form an:

$$t_{KOVA,B,emp,21} = \frac{37,6395 - 33,8095}{4,7609 \sqrt{\frac{2}{60} + \frac{[(+1)130 + (-1)125]^2}{2030}}} = 3,7653 \text{ und}$$

$$t_{KOVA,B,emp,22} = \frac{44,8299 - 37,6395}{4,7609 \sqrt{\frac{2}{60} + \frac{[(+1)127 + (-1)130]^2}{2030}}} = 7,7716$$

bei $t_{krit(0,05;157),t} = 1,655$; also können die beiden abgeleiteten gerichteten Alternativhypothesen sowie die ihnen vorgeordnete SV-1(B;KOVA;K=3) angenommen werden. Die empirischen Effekte lauten nach Formel (8.47): $d_{KOVA,B,21} = 0,9045$ und $d_{KOVA,B,22} = 1,5103$ sowie nach Formel (8.48) $d_{B,adj,21} = 0,7141$ und $d_{B,adj,22} =$

1,3406 ($s^2_{I,B}$ = QSYFehler/FG_N = 4516,875/157 = 28,7699 und $s_{I,B}$ = 5,3638). Da die Effekte größer ausgefallen sind als die Vorabspezifikationen, kann die PV-1(B;KOVA;K=3) als uneingeschränkt eingetreten beurteilt werden, und die PH-1 hat sich bewährt, sofern der Versuch ordnungsgemäß und wie geplant durchgeführt werden konnte.

Beispiel 8.8: Auch die **PH-5** („Beim Lernen von sehr bildhaftem Material ist die Gedächtnisleistung *anders* als beim Lernen von wenig bildhaftem Material") wird unter Einbezug der Kovariate Lernfähigkeit, erhoben mit einem geeigneten Testverfahren, geprüft. Die Ableitung ergibt:

(8.50) (PH-5 $\wedge$ VSVS) $\approx$> [PV-5(B;KOVA;K=3) $\wedge$ SHH] $\approx$>

$\approx$> SV-5(B;KOVA;K=3;KER): ($\mu_{k,adj} - \mu_{k',adj} \neq 0$ für alle Paare k, k') $\approx$>

$\approx$> ST-5(B;KOVA;K=3)): [($H_{1,23}$: $\psi_{23} = \mu_{adj,2} - \mu_{adj,1} \neq 0$) $\wedge$

$\wedge$ ($H_{1,24}$: $\psi_{24} = \mu_{adj,3} - \mu_{adj,2} \neq 0$) $\wedge$ ($H_{1,25}$: $\psi_{25} = \mu_{adj,3} - \mu_{adj,1} \neq 0$)].

Bei der Festlegung der Effektgrößen ist zu beachten, dass $\delta_{B,23} = \delta_{B,24} = 2\delta_{B,25}$ ist. Es gelte daher: $\delta_{B,krit,23} = \delta_{B,krit,24} = 0,60$ und $\delta_{B,krit,25} = 1,20$. Ferner sei $\epsilon_{5,krit} = 0,05$ und damit $\alpha_{krit,t} = 0,05$ (zweiseitig) sowie $\varphi_{5,krit} = 0,30$ und damit $\beta_{krit,t} = \varphi_{5,krit}/3 = 0,10$ (Fall 1 der Kumulation und der Adjustierung in Abschn. 7.2). Die Binnenkorrelation wird mit $\rho_{I,KOVA,B} = 0,70$ erwartet, so dass $\delta_{KOVA,B,krit,23} = \delta_{KOVA,B,krit,24} = 0,85$ (0,8402) und $\delta_{KOVA,B,krit,25} = 1,70$ (1,6803) werden. Einsetzen in Formel (8.44) (TPS 1) unter Berücksichtigung der Tatsache, dass Tests für ungerichtete Hypothesen zu planen sind, ergibt: $n_{23} = n_{24} = [2(1,96 + 1,282)^2(0,51)]/0,36 = [2(1,96 + 1,282)^2]/0,7059 = 29,7799$ und daher $n_{23} = n_{24} = 30$. Die Planung des dritten Tests nach Formel (8.44) (TPS 1) ergibt: $n_{25} = [2(1,96 + 1,282)^2(0,51)]/1,44 = 7,4450$ und somit durch Aufrunden auf die Mindestzahl $n_{25} = 10$. Mit diesen unterschiedlichen Stichprobengrößen wird man den Versuch natürlich nicht durchführen. Eine realistische Größenordnung ist der Mittelwert aus den Stichprobengrößen, nämlich n = 20 und N = 60. Welche Fehlerwahrscheinlichkeiten lassen sich damit realisieren? Die Antwort auf diese Frage gibt die TPS 2, Formel (8.45). Für die Tests gegen die ungerichteten $H_{1,23}$ und $H_{1,24}$ resultiert: $(z_{1-\alpha/2} + z_{1-\beta})^2 = (0,36)(20)/(0,51)(2) = 7,0$ und $(z_{1-\alpha/2} + z_{1-\beta}) = 2,6568$. Setzt man wegen der Kumulation von β $\alpha_{krit,t} > \beta_{krit,t}$, so ergibt sich ein zweiseitiges $\alpha_{krit,t} = 0,10$ ($z_{1-\alpha/2} = 1,282$) und $z_{1-\beta} = 1,3748$, so dass $\beta_{krit,23} = \beta_{krit,24} = 0,10$ wird. Für den Test gegen die $H_{1,25}$ resultiert: $(z_{1-\alpha/2} + z_{1-\beta})^2 = (1,44)(20)/(0,51)(2) = 28,2353$ und $(z_{1-\alpha/2} + z_{1-\beta}) = 5,3137$ und $\alpha_{krit,25} = 0,01$ ($z_{1-\alpha/2} = 2,57$) sowie $z_{1-\beta} = 2,7437$ und damit $\beta_{krit,25} = 0,01$. Für ϵ_5 und φ_5 gilt dann: $\epsilon_{5,krit} = (0,10; 0,10; 0,01) = 0,10$ und $\varphi_{5,krit} = (0,10 + 0,10 + 0,01) = 0,21$. - Auf die (zweiseitigen) Tests der abgeleiteten Hypothesen wird verzichtet.

Im folgenden Abschnitt werden Hypothesen über quantitative Trends behandelt.

8.4 Hypothesen über Mittelwerte bei quantitativen Trends

Bei quantitativen psychologischen Hypothesen ist sowohl die UV wie die AV **quantitativ**. Die Hypothesen können sich dann auf einen quantitativen Trend beziehen, also auf eine funktionale Abhängigkeit der Abstände zwischen den Kennwerten auf Seiten der AV von den Abständen der Stufen der UV. Hier ist also nicht nur - wie bei qualitativen Trends - der Nachweis der strikten Rangordnung notwendig, sondern zusätzlich auch der statistische Vergleich von mindestens zwei Abständen auf Seiten der AV in ihrer funktionalen Abhängigkeit von den Abständen auf Seiten der UV, weswegen eine **Prüfinstanz** bei quantitativen Hypothesen aus $K_{min} = 3$ Versuchsbedingungen besteht. Dass man bereits für die Testung eines linearen Trends mindestens $K = 3$ Versuchsbedingungen benötigt, hat dabei zwei Gründe: *Erstens* kann nur zwei Kennwerten immer eine Gerade angepasst werden - die Anpassung wäre trivial -, und *zweitens* werden bei jedem quantitativen Trend die Abstände auf Seiten der AV getestet, und um mindestens zwei derartiger Abstände zu erhalten, bedarf es mindestens $K = 3$ Versuchsbedingungen. *Bei quantitativen und gleichabständigen UVn müssen die Abstände zwischen den Kennwerten auf Seiten der AV - anders als bei qualitativen Trends - innerhalb zufälliger Schwankungen ebenfalls gleich sein; ist dies nicht der Fall, erfolgt eine negative Entscheidung über die vorgeordnete PV*, weil dann die Hypothese des Fehlens von Abweichungen von der Vorhersage abgelehnt wird (s.u.). Die Anzahl von K_{min} ist abhängig von der Art des Trends, den man testen will. Die höchste Ordnung der Trends bestimmt sich in Abhängigkeit von der Anzahl K der Versuchsbedingungen nach der Formel $K - 1$, d.h. bei $K = 3$ kann man einen linearen und einen quadratischen Trend, also Trends erster und zweiter Ordnung, nachweisen und bei $K = 4$ zusätzlich noch einen kubischen oder Trend dritter Ordnung usw. Aber Trends höherer Ordnung als der dritten (kubischer Trend) sind nur schwer interpretierbar: „... if you were to fit a fourth order polynomial and found that the quartic component was significant, what would you have to say about the results? A linear or quadratic component would make some sense, but a quartic component could not be explained by any theory I know" (Howell, 1997, S. 394). Quantitative Trends niederer Ordnung weisen die in den Abbildungen 8.7 bis 8.9 enthaltene Form auf.

Quantitative psychologische Hypothesen behaupten, dass die Daten ausschließlich durch einen **quantitativen Trend bestimmter Ordnung** beschreibbar sind, wobei „bestimmter Ordnung" meist „erster Ordnung" heißt, also „durch einen ausschließlich positiven oder negativen linearen Trend". Quantitative Hypothesen sind strenger prüfbar als qualitative, weil sie infolge des funktionalen quantitativen Zusammenhangs zwischen UV und AV einen höheren empirischen Gehalt im Sinne Poppers (2002) aufweisen.

Für jeden möglichen Trend sind in Abhängigkeit von der Anzahl K der Versuchsbedingungen als spezielle Kontrastkoeffizienten die sog. *Polynomialkoeffizienten* $c'_{Trend,k}$ berechnet und in fast jedem Lehrbuch der Statistik tabelliert worden. Sie stel-

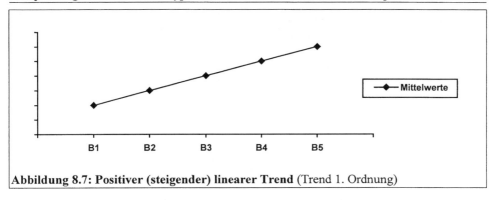

Abbildung 8.7: Positiver (steigender) linearer Trend (Trend 1. Ordnung)

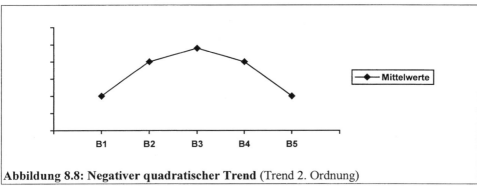

Abbildung 8.8: Negativer quadratischer Trend (Trend 2. Ordnung)

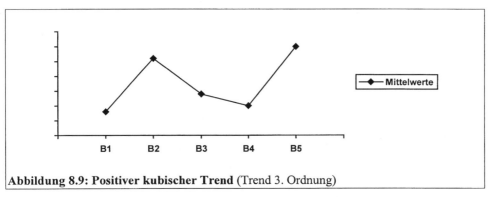

Abbildung 8.9: Positiver kubischer Trend (Trend 3. Ordnung)

len lineare Transformationen der quantitativen UV dar, so dass die Summe der Werte und damit der Mittelwert der neuen Variablen, der orthogonalen Polynomialkoeffizienten c'_k, gleich Null ist. Die Kontrastkoeffizienten für Trends sind für jede Anzahl K von Versuchsbedingungen orthogonal zueinander, so dass jeder Anzahl von Versuchsbedingungen eine Familie von orthogonalen Kontrasten zugeordnet ist, wobei jeder Kontrast einen Trend repräsentiert. Trendkontraste sind fast ausschließlich komplexe Kontraste (Ausnahme: linearer Trend bei K = 3). Die üblicherweise tabellierten Trendkoeffizienten sind ganzzahlig. Die in Tabelle A.10 des Anhanges tabellierten Koeffizienten c_k sind aus den ganzzahligen Koeffizienten c'_k berechnet worden, so dass für jeden Satz von Koeffizienten wieder gilt: $\sum |c_{k,\text{Trend}}| = 2$, wodurch die Vergleichbarkeit mit den sonst verwendeten Kontrastkoeffizienten hergestellt ist.

Die Verwendung der in fast jedem Lehrbuch der Statistik und der Versuchsplanung tabellierten orthogonalen Polynomialkoeffizienten setzt voraus, dass die quantitative UV äquidistant oder gleichabständig gestuft ist. Liegen dagegen ungleich große Abstände und/oder ungleich große Stichproben vor, muss man die passenden Koeffizienten selbst konstruieren - siehe dazu u.a. Bredenkamp (1968), Keppel (1973, S. 581-589) sowie Myers und Well (1991, S. 227-229).

Eine wichtige Tatsache wird in den einschlägigen Büchern zur Statistik und zur Versuchsplanung nicht angesprochen: Wann immer man mit einer ungeraden Anzahl K von Versuchsbedingungen operiert, nimmt für alle Trends ungerader Ordnung, also dem linearen, dem kubischen usw. Trend, der orthogonale Polynomialkoeffizient für den Kennwert an der Position $(K + 1)/2$ den Wert $c_k = 0$ an (vgl. dazu Tab. A.10), und das heißt, dass der Kennwert in der mittleren Versuchsbedingung von beliebiger Größe sein kann - er spielt für die Berechnung des entsprechenden Trendkontrastes *keine* Rolle. Dieser Umstand wiegt besonders schwer, wenn man die Hypothese eines linearen Trends mit nur K = 3 Versuchsbedingungen testen will. Deshalb empfiehlt es sich grundsätzlich, Hypothesen über quantitative Trends nur mit einer geraden Anzahl K von Versuchsbedingungen zu testen.

Im üblichen Fall sollten aus einer Trendvorhersage ungeachtet der Anzahl K von Versuchsbedingungen zwei Hypothesen abgeleitet werden, und zwar eine gerichtete (in sehr seltenen Fällen auch: ungerichtete) Alternativhypothese, die das Vorliegen des vorhergesagten Trends (Trend*) behauptet ($H_{1,\text{Trend}*}$), und eine ungerichtete Nullhypothese, die das Fehlen jeglicher Abweichungen von der Vorhersage behauptet ($H_{0,\text{Abw}}$) (Hager, 1996), denn: „Research reports frequently give significant trends without comment about residual variation, and this is very careless" (Abelson, 1996, S. 127). Bei der $H_{0,\text{Abw}}$ werden alle nicht-vorhergesagten Trendkomponenten in quadrierter Form zusammengefasst, und da die einzelnen Trendkontraste zueinander orthogonal sind, entsteht ein **statistischer Vergleich** mit so vielen Zählerfreiheitsgraden, wie quadrierte Kontraste in ihn eingegangen sind; der Kontrast und der Vergleich sind orthogonal zueinander. Die Hypothese über diesen statistischen Vergleich ist ungerichtet, da positive wie negative nicht vorhergesagte Trends der Vorhersage widersprechen. Die $H_{0,\text{Abw}}$ wird bei gleichabständig gestuften UVn abgelehnt, wenn die Abstände der Kennwerte nicht gleich sind und/oder wenn die Rangordnung der Kennwerte auf Seiten der AV nicht vorhersagekonform ausfällt. Da dieser Vergleich i.A. mehr als nur einen Zählerfreiheitsgrad aufweist, wird er bei $FG_Z = K - 2$ und FG_N mittels **F-Test** getestet, während die meist gerichtete Alternativhypothese über den als vorhersagekonform abgeleiteten Trend mit einem **t-Test** bei $FG_Z = 1$ und $FG_N = N - K$ getestet wird. Da sich die beiden abgeleiteten Hypothesen stets auf nur eine Prüfinstanz beziehen, sind sie zur Sicherung der Erschöpfendheit der Ableitung

Testplanung für Mittelwertshypothesen in einfaktoriellen Versuchsplänen

konjunktiv miteinander zu verbinden (vgl. auch Hager, 1996). Es ergibt sich also allgemein für einen vorhergesagten positiven Trend:

(8.51) SV- Trend* $\approx$>

$$\approx> \text{ST: } (H_{1,\text{Trend*}}: \psi_{\text{Trend*}} = c_{k,\text{Trend*}} \mu_k > 0) \wedge (H_{0,\text{Abw}}: \sum \psi^2_{\text{Abw,Trend*}} = 0) \Leftrightarrow$$

$$\Leftrightarrow \text{ST: } (H_{1,\text{Trend*}}: \rho_{\text{Trend*}} > 0) \wedge (H_{0,\text{Abw}}: \eta^2_{Y.B} - \rho^2_{\text{Trend*}} = 0).$$

Die letzte Zeile von Formel (8.51) zeigt eine alternative Testung, bei der Korrelationen herangezogen werden, und zwar die den vorhergesagten Trend erfassende einfache Pearson-Korrelation ($\rho_{\text{Trend*}}$) und die Differenz zwischen dem die gesamte Zwischenvariation erfassenden multiplen Korrelationsquadrat ($\eta^2_{Y.B}$) und der quadrierten Pearson-Korrelation ($\rho^2_{\text{Trend*}}$) für den vorhergesagten Trend; diese Differenz steht für die Gesamtheit der Abweichungen von der Vorhersage. Die Ergebnisse sind bei beiden Vorgehensweisen identisch.

Die vorstehende Ableitung aus einer quantitativen Trendvorhersage ist für alle möglichen vorhergesagten Trends und die Abweichungen von ihnen adäquat und erschöpfend, d.h. wann immer man die Vorhersage eines bestimmten quantitativen Trends testen will, geschieht dies über die Hypothesenkonjunnktion in Formel (8.51). Für die Sicherung der Adäquatheit ist es erforderlich, dass die $H_{1,\text{Trend*}}$ der PV und der SV entsprechend abgeleitet wird, also die in diesen enthaltene Behauptung über die Richtung des vorhergesagten Trends wiedergibt, während zur Sicherung der Erschöpfendheit einerseits die Testung der $H_{0,\text{Abw}}$ erforderlich ist und andererseits die konjunktive Verknüpfung der beiden abgeleiteten Hypothesen.

Es sind dabei die folgenden vier **Resultatsmuster** möglich (A: Annahme): *Erstens*: **A($H_{1,\text{Trend*}} \wedge H_{0,\text{Abw}}$)**: Die Daten sind durch den vorhergesagten Trend erschöpfend beschreibbar. *Zweitens*: **A($H_{1,\text{Trend*}} \wedge H_{1,\text{Abw}}$)**: Der vorhergesagte Trend liegt zwar vor, es muss jedoch zur erschöpfenden Beschreibung noch mindestes ein nicht vorhergesagter Trend herangezogen werden, und nur bei K = 3 weiß man, dass dies ein quadratischer Trend sein muss. *Drittens*: **A($H_{0,\text{Trend*}} \wedge H_{1,\text{Abw}}$)**: Der vorhergesagte Trend ist nicht nachweisbar, aber es ist mindestens ein nicht vorhergesagter Trend in den Daten vorhanden, und dies heißt bei K = 3 wieder: ein quadratischer Trend. *Viertens*: **A($H_{0,\text{Trend*}} \wedge H_{0,\text{Abw}}$)**: Die Daten folgen keinem Trend; die Mittelwerte unterscheiden sich nicht.

Je mehr Versuchsbedingungen K man wählt, desto mehr vorhersagewidrige Trends können nachgewiesen werden und desto e-valider oder strenger ist die Prüfung einer Trendhypothese.

Die Testgröße $t_{\text{Trend*}}$ für einen beliebigen vorhergesagten Trend (Trend*) lautet bei $FG_N = K(n - 1)$, also in einem einfaktoriellen Versuchsplan ohne wiederholte Messungen (**t-Test**):

$$(8.52)\quad t_{\text{Trend}*} = \frac{\sum c_{k,\text{Trend}*} M_k - \sum c_{k,\text{Trend}*} \mu_k}{s_{I,B} \sqrt{\dfrac{\sum c^2_{k,\text{Trend}*}}{n}}} = \frac{D_{\text{Trend}*} - \psi_{\text{Trend}*}}{s_{I,B} \sqrt{\dfrac{\sum c^2_{k,\text{Trend}*}}{n}}}.$$

$s_{I,B}$ bezeichnet die Fehlervarianz, die durch Mittelung der K Binnenvarianzen s^2_k gewonnen wird. Die vorstehende Formel kann auch dann angewendet werden, wenn einzeln auf das (Nicht-)Vorhandensein von Trendkomponenten getestet werden soll.

Für einen theoretischen Trendkontrast gilt [vgl. auch Formel (8.51)]:

$(8.53)\quad \psi_{\text{Trend}*} = \sum c_{k,\text{Trend}*} \mu_k.$

Die empirische Entsprechung $D_{\text{Trend}*}$ ergibt sich daraus, indem man μ_k durch M_k ersetzt. - Die **Effektgröße** lautet:

$(8.54)\quad \delta_{B,\text{Trend}*} = (\sum c_{k,\text{Trend}*} \mu_k)/\sigma_{I,B}$

mit $\sum |c_{k,\text{Trend}*}| = 2$, und für ihre empirische Entsprechung gilt:

$(8.55)\quad d_{B,\text{Trend}*} = (\sum c_{k,\text{Trend}*} M_k)/s_{I,B} = D_{\text{Trend}*}/s_{I,B},$

wobei zu beachten ist, dass die empirische **Effektgröße** $d_{B,\text{Trend}*}$ auf den gleichen Kontrastkoeffizienten beruht wie auch $\delta_{B,\text{Trend}*,t}$. Es gilt:

$(8.56)\quad \sum QS_{\text{Trend},u} = \sum QS_{\text{Abw}} = QSB - QS_{\text{Trend}*},$

wobei die Treatmentquadratsumme QSB bei $n_1 = n_2 = \ldots = n_K = n$ nach:

$(8.57)\quad QSB = n\sum (M_k - M)^2$

berechnet wird und die Trend-Kontrastquadratsumme QSTrend nach:

$$(8.58)\quad QS_{\text{Trend}} = \frac{n(\sum c_{k,\text{Trend}} M_k)^2}{\sum c^2_{k,\text{Trend}}} = \frac{n D^2_{\text{Trend}}}{\sum c^2_{k,\text{Trend}}}.$$

Die gleiche QSTrend würde auch auf der Grundlage der in den Lehrbüchern tabellierten ganzzahligen Koeffizienten $c'_{\text{Trend},k}$ resultieren.

Aus der QSTrend und der QSI(B) kann für beliebige Versuchspläne eine partielle Pearson-Korrelation $r_{p,\text{Trend}}$ berechnet werden, und zwar wie folgt:

$(8.59)\quad r_{p,\text{Trend}} = \sqrt{\dfrac{QS_{\text{Trend}}}{QS_{\text{Trend}} + QS_{I(B)}}},$

wobei $r_{p,\text{Trend}}$ das Vorzeichen des entsprechenden Trendkontrastes erhält.

Alternativ kann auch eine Pearson-Korrelation bestimmt werden (vgl. Rosenthal & Rosnow, 1985, S. 62):

$(8.60)\quad r_{\text{Trend}} = \sqrt{\dfrac{QS_{\text{Trend}}}{QS_{\text{Total}}}},$

und bei Verwendung dieser Formel gilt dann wegen der Orthogonalität der Trendkontraste:

(8.61) $\sum r^2_{Trend,u} = R^2_{Y.B} = QSB/QSTotal$.

U.a. Bortz (1999, S. 268) und Winer, D.R. Brown und Michels (1991, S. 208) bestimmen die Korrelationen für Trends höherer als der ersten Ordnung unter Einbezug aller Trendkomponenten niederer Ordnung. Meiner Meinung nach sollen die quadrierten Korrrelationen den Beitrag einer Trendkomponente zur QSB zum Ausdruck bringen. Dies ist nur bei Verwendung der Formel (8.60) möglich, denn die nach ihr berechneten Korrelationsquadrate summieren sich zu $R^2_{Y.B}$ auf. Keppel und Zedeck (1989, S. 497-499) bestimmen die Korrelationen dementsprechend nach Formel (8.60). Ferner kann berechnet werden:

(8.62) $R^2_{Y.Trend,Abw} = R^2_{Y.B} - r^2_{Trend*} = \dfrac{QSAbw}{QSTotal}$.

Der **F-Test** für die Summe der Quadrate der von der Vorhersage abweichenden Trendkontraste hat bei $FG_Z = K - 2$ und $FG_N = K(n-1)$ folgende Form:

(8.63) $F_{VA,B,T,Abw,emp} = \dfrac{(QSB - QSTrend*)/(K-2)}{s^2_{I,B}}$.

Für die Testplanung nach der Strategie **TPS 1** wird benutzt:

(8.64) $n_t = \dfrac{(z_{1-\alpha} + z_{1-\beta})^2 \sum c^2_{k,Trend*}}{\delta^2_{B,Trend*,krit}}$.

Für die **TPS 2** ergibt sich:

(8.65) $(z_{1-\alpha} + z_{1-\beta})^2 = \dfrac{n_t \delta^2_{B,Trend*,krit}}{\sum c^2_{k,Trend*}}$,

und für die **TPS 3**:

(8.66) $\delta^2_{B,Trend*,krit} = \dfrac{(z_{1-\alpha} + z_{1-\beta})^2 \sum c^2_{k,Trend*}}{n_t}$.

Es ist wieder mit $z_{1-\alpha/2}$ anstelle von $z_{1-\alpha}$ zu arbeiten, wenn die $H_{1,Trend*}$ ungerichtet ist und damit der zweiseitige t-Test zur Anwendung gelangt.

Beispiel 8.9: Die gemessen an Lehrbuchdarstellungen typische quantitative Hypothese **QPH-12** behauptet einen ausschließlich negativen linearen Trend (T) zwischen der beobachtbaren quantitativen UV (Darbietungszeiten t_k) und der beobachtbaren quantitativen AV (Anzahl der Lernversuche bis zum Lernkriterium). Aus ihr wird die QPV-12(K≥3) abgeleitet, die u.a. den Versuchsplan und die Anzahl K der Versuchsbedingungen spezifiziert, und aus dieser wiederum eine QSV-12(B;T;

K≥3), die wie oben unter Formel (8.51) unabhängig von der Anzahl K der Versuchsbedingungen auf der Ebene der QST-12(B,T;K≥3) in zwei konjunktiv miteinander verbundene testbare Hypothesen zerlegt wird:

(8.67) (QPH-12 ∧ VSVS) ≈> [QPV-12(B;T;K=4) ∧ SHH] ≈>

≈> QSV-12(B,T;K=4;KER) ≈>

≈> QST-12(B;T;K=4): [(H$_{1,26}$: ψ$_{Lin,26}$ = Σc$_{k,Lin}$μ$_k$ < 0) ∧ (H$_{0,27}$: Σψ^2$_{Abw,27}$ = 0)].

c$_{k,Lin}$: tabellierte lineare Kontrastkoeffizienten; bei K = 4 lauten diese für den linearen Trend: c$_{1,Lin}$ = –3/4, c$_{2,Lin}$ = –1/4, c$_{3,Lin}$ = +1/4 und c$_{4,Lin}$ = +3/4 (vgl. Tabelle A.10 im Anhang). Die Summe der Quadrate der Koeffizienten beträgt 1,25, und die Summe der Beträge dieser Kontrastkoeffizienten ergibt Zwei, so dass man auch bei den komplexen Trendkontrasten die Konventionen J. Cohens (1988) als Richtwerte benutzen kann. Bei der Prüfung der QPH-12 ist u.a. ein einseitiger **t-Test** über den komplexen linearen Kontrast (H$_{1,26}$) durchzuführen und zu planen. Die Kumulation erfolgt nach Fall 5 in Abschnitt 7.2: ε$_{12}$ ≤ max(α$_{26}$, β$_{27}$) und φ$_{12}$ ≤ (β$_{26}$ + α$_{27}$), so dass für ε$_{12,krit}$ ≤ 0,05 α$_{krit,26}$ = 0,05 und φ$_{12,krit}$ ≤ 0,30 β$_{krit,23}$ = φ$_{12,krit}$/2 = 0,15 wird, und zwar bei δ$_{B,Lin,krit,26}$ = –0,80 (Summe der Beträge der Kontrastkoeffizienten gleich 2). Daraus lässt sich nach TPS 1 und Formel (8.64) berechnen: n$_{26}$ = 1,25(1,645 + 1,645)^2/0,64 = 21,1408 oder n$_{26}$ = 22 pro Bedingung. Es verbleibt noch die Testplanung für den Test über die Gesamtheit der Abweichungen von der linearen Vorhersage. Für diesen Test werden alle nonlinearen Trendkontraste in quadrierter Form aufsummiert, so dass ein statistischer Vergleich mit FG$_Z$ = K – 2 entsteht, der mittels **F-Test** zu testen ist. Dieser Vergleich entspricht einer einfaktoriellen **VA**, für die aus der linearen Vorhersage Gleichabständigkeit der Mittelwerte μ$_k$ folgt, also Mittelwertsmuster 2 lt. J. Cohen (1988, S. 279); vgl. Formel (6.22) in Abschnitt 6.2. Zunächst wird festgelegt: α$_{krit,27}$ = 0,10 und damit α/2 = 0,05 sowie β$_{krit,27}$ = 0,20. Für die Testplanung wird δ$_{R,Abw,B,krit}$ = 0,40 auf einen kleinen Wert festgelegt, da eine ungerichtete H$_0$ abgeleitet wurde. Es gilt also nach Formel (6.22): φ$_{VA,2,Abw,B,krit,29}$ = (δ$_{R,Abw,B,krit}$/2) [(K + 1)/[(3)(K – 1)]$^{1/2}$ = 0,20(0,7454) = 0,1491 bei K = 4. Zu diesem geringen Effekt ergibt sich ein unrealistischer Stichprobenumfang von n$_{27}$ = 101. Also wird die nachzuweisende Effektgröße, ein Höchsteffekt, erhöht, und zwar auf δ$_{R,Abw,B,krit,27}$ = 0,60. Dies ergibt: φ$_{VA,2,Abw,B,krit,27}$ = 0,30 (0,7454) = 0,2236 und damit n$_{27}$ = 46, also N$_{27}$ = 184. Welche Fehlerwahrscheinlichkeiten lassen sich bei dem anderen Test realisieren, wenn man davon ausgeht, dass der Versuch in der Tat mit 184 Vpn durchgeführt werden kann (TPS 2)? Einsetzen in Formel (8.65) führt zu: (z$_{1-α}$ + z$_{1-β}$)^2 = (46)(0,64)/1,25 = 23,552 und (z$_{1-α}$ + z$_{1-β}$) = 4,8530. Legt man das kumulierende β$_{26}$ auf 0,01 fest, dann ergibt sich: 4,8530 – 2,33 = 2,2530 und damit auch α$_{krit,26}$ = 0,01. Für die Fehlerwahrscheinlichkeiten ε und φ bedeutet dies: ε$_{12,krit}$ ≤ max(0,01; 0,20) = 0,20 und φ$_{12,krit}$ ≤ (0,01 + 0,10) = 0,11. Der Versuch wird mit Wortlisten der Länge 40 Wörter im Rahmen einer Diplomarbeit durchgeführt und erbringt folgende Resultate (die Indizes steigen mit der Darbie-

Testplanung für Mittelwertshypothesen in einfaktoriellen Versuchsplänen 243

tungszeit): $M_1 = 32,0$; $M_2 = 26,0$; $M_3 = 22,0$; $M_4 = 18,0$ bei $s_{I,B} = 10,76$. Die Berechnungen ergeben: $D_{Lin,26} = -11,5$ und $t_{Lin,emp,26} = -6,4835$ nach Formel (8.52) bei $t_{krit(0,01;180),26} = -2,348$. Die vorhersagekonforme $H_{1,26}$ kann also angenommen werden. Der Effekt lautet: $d_{B,Lin,26} = -1,0688$. Nach Formel (8.56) ergibt sich: QSLin = 4866,80 und nach Formel (8.55): QSB = 4922,00, so dass nach Formel (8.54) resultiert: QSAbw = 4922,00 - 4866,80 = 55,20. Der **F-Test** nach Formel (8.63) lautet also: $F_{VA,Abw,B,emp,27} = (55,20/2)/115,7776 = 0,2384$ bei $F_{krit(0,10;2;180),27} = 2,11$. Die $H_{0,27}$ kann also beibehalten werden. Die Ausgänge der beiden Tests führen zur Annahme der QSV-12(B;T;K=4), die PV-12(B;T;K=4) ist eingetreten, und die QPH-12 hat sich, allerdings teilweise unter sehr liberalen Fehlerwahrscheinlichkeiten, bewähren können. Die Daten sind durch einen ausschließlich negativen linearen Trend erschöpfend beschreibbar. - Unter der alternativen Vorgehensweise resultiert: $r^2_{Lin,26} = 4866,80/14647,3184 = 0,3323$; $R^2_{Y,B} = 4922,00/14647,3184 = 0,3360$; $R^2_{Y,Abw,27} = R^2_{Y,B} - r^2_{Lin,26} = 0,3360 - 0,3323 = 0,0038$. Die Tests lauten: $F_{VA,Abw,B,emp,27} = 0,0019/0,0079 = 0,2384$ sowie $t^2_{Lin,emp,26} = 0,3323/0,0079 = 42,0633$ und $t_{Lin,emp,26} = -6,4856$ (s.o.).
Der statistisch signifikante **F-Test** gibt keinen Aufschluss über die Art und Anzahl der Abweichungen, weder welche nonlinearen Trendkontraste für die statistische Signifikanz verantwortlich sind noch für welche Versuchsbedingungen dies gilt. Interessieren diese genaueren Informationen, so wird für jeden der K - 2 nonlinearen Trendkontraste eine separate $H_{0,Trend,u}$: $\psi_{Trend,u} = \sum c_{k,Trend,u} \mu_k = 0$ (u = 2, ..., K - 1; u: Ordnung des Trends) vorgesehen. Es kann daher wieder die Effektgröße $\delta_{B,Trend,u} = \sum c_{k,Trend,u} \mu_k$ aus Formel (8.54) benutzt werden. Es sind K - 1 Tests zu planen.
Beispiel 8.10: Die skizzierte Vorgehensweise soll für die Prüfung der **QPH-12** eingesetzt werden. Dies führt zu folgenden Ableitungen von Vorhersagen.

(8.68) (QPH-12 $\wedge$ VSVS) $\approx$> [QPV-12(B;T;K=4) $\wedge$ SHH] $\approx$>
$\approx$> QSV-12(B;T;K=4;KER) $\approx$> QST-12(B;T;K=4): [($H_{1,28}$: $\psi_{Lin,28} = \sum c_{k,Lin} \mu_k < 0$) $\wedge$
$\wedge$ ($H_{0,29}$: $\psi_{Qua,29} = \sum c_{k,Qua} \mu_k = 0$) $\wedge$ ($H_{0,30}$: $\psi_{Kub,30} = \sum c_{k,Kub} \mu_k = 0$)].

Die quadratischen Polynomialkoeffizienten lauten: $c_{1,Qua} = +1/2$; $c_{2,Qua} = -1/2$; $c_{3,Qua} = -1/2$ und $c_{4,Qua} = +1/2$ und die kubischen Koeffizienten: $c_{1,Kub} = -1/4$; $c_{2,Kub} = +3/4$; $c_{3,Kub} = -3/4$ und $c_{4,Kub} = +1/4$ (vgl. Tabelle A.10 im Anhang). Die Summen ihrer Quadrate lauten: $\sum c^2_{k,Lin} = 1,25$; $\sum c^2_{k,Qua} = 1,0$ und $\sum c^2_{k,Kub} = 1,25$. Die Kumulierung verläuft in diesem Fall wie folgt: $\varepsilon_{12,krit} \leq \max(\alpha_{28}, \beta_{29}, \beta_{30})$ und $\varphi_{12,krit} \leq (\beta_{28} + \alpha_{29} + \alpha_{30})$ (Fall 5 in Abschn. 7.2). Für die Testplanung wird nun angenommen, dass 30 Vpn pro Bedingung, also insgesamt 120 Vpn, zur Verfügung stehen. Es werden ferner festgelegt: $\alpha_{krit,28} = 0,05$; $\beta_{krit,29} = 0,15$; $\beta_{krit,30} = 0,15$ sowie $\beta_{krit,28} = 0,05$; $\alpha_{krit,29} = 0,05$ und $\alpha_{krit,30} = 0,05$, so dass $\varepsilon_{12,krit} \leq \max(0,05; 0,15; 0,15) = 0,15$ und $\varphi_{12,krit} \leq (0,05 + 0,05 + 0,05) = 0,15$ werden. Welche Effekte können unter diesen Spezifikationen nachgewiesen werden (TPS 3)? Einsetzen in Formel (8.66) führt zu: $\delta^2_{B,Lin,krit,28} = 1,25(1,645 + 2,339)^2/30 = 0,6584$ und $\delta_{B,Lin,krit,28} = -0,80$ (-0,8114) sowie zu $\delta^2_{B,Qua,29} = 1(1,96 + 0,67)^2/30 =$

0,2306 und $\delta_{B,Qua,krit,29} = 0,50$ (0,4802) und $\delta^2_{B,Kub,krit,30} = 1,25(1,96 + 0,67)^2/30 =$ 0,2882 und damit $\delta_{B,Kub,krit,30} = 0,55$ (0,5368). Die mit den Nullhypothesen verbundenen Effekte sind zwar etwas groß, aber noch tolerabel. Der Versuch wird durchgeführt, und der Forscher bestimmt die folgenden Werte: $M_1 = 28,0$; $M_2 = 25,0$; $M_3 = 18,0$; $M_4 = 12,0$ bei $s_{I,B} = 9,80$. Dann ergibt sich: $D_{Lin,28} = -13,75$; $D_{Qua,29} = -1,50$; $D_{Kub,30} = 1,25$. Die zugehörigen t-Werte lauten nach Formel (8.52): $t_{Lin,emp,28} = -6,8736$ bei $t_{krit(0,05;116),28} = -1,658$; $t_{Qua,emp,29} = -0,8384$ und $t_{Kub,emp,30} = 0,6249$ jeweils bei $t_{krit(0,10/2;116),t} = \pm 1,655$. Es können damit alle als vorhersagekonform abgeleiteten statistischen Hypothesen und die QSV-12(B;T;K=4;KER) angenommen werden; es liegt demnach ein ausschließlich negativ linearer Trend vor. Seine Effektgröße lautet: $d_{B,Lin,28} = -1,4031 > \delta_{B,Lin,krit,28} = -0,80$. Damit kann die QPV-12(B;T;K=4) als eingetreten angesehen werden und die PH-12 als bewährt. Berechnen wir noch nach Formel (8.58) die Quadratsummen für die einzelnen Kontraste: QSLin = 4537,50; QSQua = 67,50; QSKub = 37,50. Dann gilt: QSB = 4642,50 = ∑QSTrend = 4537,50 + 67,50 + 37,50.

Wenn man die Faktorstufen identifizieren will, in denen ggf. Abweichungen vorliegen, d.h. die Hypothese prüfen, dass in keiner Versuchsbedingung Abweichungen von der linearen Vorhersage vorliegen, wird für jede Faktorstufe die $H_{0,k}$: $(\mu_k - \mu^*_{Trend^*,k} = 0)$ eines Ein-Stichproben-t-Tests abgeleitet (T = K + 1 Hypothesen und Tests). Dabei werden die aufgrund des vorhergesagten Trends erwarteten Mittelwerte $M^*_{Trend^*,k}$ separat für jede Versuchsbedingung bestimmt. Dazu korreliert man die tabellierten ganzzahligen Polynomialkoeffizienten $c'_{k,Trend^*}$ mit den empirischen Mittelwerten M_k der AV und erhält die von der Variation der Rohwerte bereinigte und nicht weiter interessierende Korrelation r', den Steigungskoeffizienten b_{Trend^*} und den Ordinatenabschnitt a_{Trend^*}, woraus sich die gesuchte Vorhersagegleichung für die vorherzusagenden Mittelwerte M^*_k wie folgt bilden lässt:

(8.69) $M^*_{k,Trend^*} = b_{Trend^*} \cdot c'_{k,Trend^*} + a_{Trend^*}$

mit: $a_{Trend^*} = M_{..}$, dem Gesamtmittelwert der AV. Man kann auch die transformierten Kontrastkoeffizienten $c_{k,Trend}$ benutzen, aber bei diesen ist der Eingabeaufwand etwas größer, obwohl sich am Ergebnis nichts ändert. Alternativ kann b_{Trend^*} auch wie folgt berechnet werden (vgl. Keppel, 1991, S. 146):

(8.70) $b_{Trend^*} = \dfrac{D_{Trend^*}}{\sum c^2_{k,Trend^*}}$,

wobei b das Vorzeichen des entsprechenden Trendkontrastes D_{Trend^*} erhält. Die Vorhersagegleichung hat dann folgende Form:

(8.71) $M^*_{k,Trend^*} = M_{..} + b_{Trend^*}(c_k)$

$M_{..}$ bezeichnet den Gesamtmittelwert. - Winer (1971, S. 183) geht einen anderen Weg zur Bestimmung der Vorhersagegleichung, bei dem die in Tabelle A.11 des Anhanges enthaltenen Werte für $\lambda_{Trend,K}$ benötigt werden.

Testplanung für Mittelwertshypothesen in einfaktoriellen Versuchsplänen 245

Für die **Effektgrößen** resultiert:

(8.72) $\delta_{B,Trend*,krit,k} = (\mu_k - \mu^*_{k,Trend*})/\sigma_{I,B,k}$ oder

(8.73) $\delta_{B,Trend*,krit,k} = (\mu_k - \mu^*_{k,Trend*})/\sigma_{I,B}$

sowie

(8.74) $d_{B,Trend*,k} = (M_k - M^*_{k,Trend*})/s_{I,B,k}$ oder

(8.75) $d_{B,Trend*,k} = (M_k - M^*_{k,Trend*})/s_{I,B}$.

Man kann sich also bei der Definition der Effektgröße und bei der späteren Durchführung der Tests dafür entscheiden, entweder die Binnenstreuung $s_{I,B,k}$ in Bedingung B_k (theoretische Entsprechung: $\sigma_{I,B,k}$) oder aber die über alle Versuchsbedingungen gemittelte Binnenstreuung $s_{I,B}$ (theoretische Entsprechung: $\sigma_{I,B}$) zu wählen. Die Formel für die durchzuführenden Ein-Stichproben-**t-Tests** basiert auf der Formel (5.62) in Abschnitt 5.6.2, die für die vorliegenden Zwecke dergestalt modifiziert wird, dass die $M_{k,Trend*}$ an die Stelle des μ_c oben in Abschnitt 5.6.2 treten:

(8.76) $t_{Trend,k} = \dfrac{M_k - M_{k,Trend*}}{s_{I,B}\sqrt{1/n}}$.

Der Bedarf an Vpn (**TPS 1**) wird nach Formel (5.66) in Abschnitt 5.6.2 bestimmt:

(8.77) $n_k = (z_{1-\alpha} + z_{1-\beta})^2/\delta^2_{B,Trend*,krit,k}$.

Beispiel 8.11: Bei der Prüfung der **QPH-12** sollen die Versuchsbedingungen identifiziert werden, in denen ggf. Abweichungen von der Vorhersage auftreten. Damit ergibt sich für die Ableitungen:

(8.78) (QPH-12 $\wedge$ VSVS) $\approx$> [QPV-12(B;T;K=4,VB) $\wedge$ SHH] $\approx$>

QSV-12(B;T;K=4,VB) $\approx$> QST-12(B;T;K=4,VB;KER):

[($H_{1,31}$: $\psi_{Lin,31} = \sum c_{k,Lin} \mu_k < 0$) $\wedge$ ($H_{0,32}$: $\psi_{32} = \mu_1 - \mu^*_{1,Lin} = 0$) $\wedge$

$\wedge$ ($H_{0,33}$: $\psi_{33} = \mu_2 - \mu^*_{2,Lin} = 0$) $\wedge$ ($H_{0,34}$: $\psi_{34} = \mu_3 - \mu^*_{3,Lin} = 0$) $\wedge$

$\wedge$ ($H_{0,35}$: $\psi_{35} = \mu_4 - \mu^*_{4,Lin} = 0$)].

Das Kürzel „VB" verweist darauf, dass nach den Abweichungen von der Vorhersage in jeder Versuchsbedingung gefahndet werden soll.
Die Kumulierung verläuft in diesem Fall wie folgt: $\epsilon_{12} \leq \max(\alpha_{31}, \beta_{32}, \beta_{33}, \beta_{34}, \beta_{35})$ und $\varphi_{12} \leq (\beta_{31} + \alpha_{32} + \alpha_{33} + \alpha_{34} + \alpha_{35})$ (Fall 5 in Abschn. 7.2). Die Randbedingungen sind also hier noch ungünstiger als im vorigen Beispiel. Für die einzelnen Tests wird festgelegt: $\alpha_{krit,31} = 0{,}10$, $\beta_{krit,31} = 0{,}05$ sowie $\alpha_{krit,32} = \alpha_{krit,33} = \alpha_{krit,34} = \alpha_{krit,35} = 0{,}05$ und $\beta_{krit,32} = \beta_{krit,33} = \beta_{krit,34} = \beta_{krit,35} = 0{,}25$, so dass gilt: $\epsilon_{12,krit} \leq \max(0{,}10; 0{,}25; 0{,}25; 0{,}25; 0{,}25) = 0{,}25$ und $\varphi_{12,krit} \leq (0{,}05 + 0{,}05 + 0{,}05 + 0{,}05 + 0{,}05) = 0{,}30$. Wie groß ist der Vpn-Bedarf zum Testen der Alternativhypothese $H_{1,31}$ bei $\delta_{B,Lin,krit,t} = -0{,}60$ (TPS 1)? Einsetzen in Formel

(8.64) ergibt: $n_{31} = 1{,}25(1{,}282 + 1{,}645)^2/0{,}36 = 29{,}7476$ bzw. $n_{31} = 30$ und $N_{31} = 120$. Wie groß werden bei $n = 30$ die Effekte für die ungerichteten Nullhypothesen $H_{0,32}$ bis $H_{0,35}$? Einsetzen in Formel (8.66) (TPS 3) ergibt: $\delta^2_{B,Abw,k} = (1{,}96 + 0{,}675)^2/30 = 0{,}2314$ und damit $\delta_{B,Abw,k} = 0{,}4811$ und $\delta_{B,Abw,krit,k} = \pm 0{,}50$. Es handelt sich um einen mittleren Effekt, den man unter den abgeleiteten Nullhypothesen noch tolerieren kann. Der Versuch wird mit den gewählten Festlegungen durchgeführt und führt zu folgenden Resultaten: $M_1 = 35{,}0$; $M_2 = 28{,}0$; $M_3 = 24{,}0$; $M_4 = 19{,}0$ bei $s_{I,B} = 11{,}10$. Die linearen Koeffizienten lauten wieder: $c_{1,Lin} = -3/4$, $c_{2,Lin} = -1/4$, $c_{3,Lin} = +1/4$ und $c_{4,Lin} = +3/4$ mit $\sum c^2_{k,Lin} = 1{,}25$ (vgl. Tabelle A.10 im Anhang), und mit ihrer Hilfe lässt sich nach Formel (8.53) der lineare Kontrast berechnen, indem μ_k durch M_k ersetzt und ψ_t durch D_t: $D_{Lin,31} = -13{,}00$, zu dem nach Formel (8.52) folgender t-Wert gehört: $t_{Lin,emp,31} = -5{,}2376$ bei $t_{krit(0,05;116),31} = -1{,}658$. Der lineare Kontrast ist damit statistisch signifikant, und es macht Sinn, auf seiner Grundlage Mittelwerte vorherzusagen. Für die Vorhersagegleichung wird bestimmt: $a_{Lin} = 26{,}25$ und $b_{Lin} = -2{,}75$, so dass sich die folgende Vorhersagegleichung ergibt:

$M^*_{k,Lin} = -2{,}75 c'_{k,Lin} + 26{,}25$.

Die Werte $c'_{k,Lin}$ lauten dabei: $c'_{1,Lin} = -3$; $c'_{2,Lin} = -1$; $c'_{3,Lin} = +1$ und $c'_{4,Lin} = +3$. Einsetzen ergibt: $M^*_{1,Lin} = 34{,}5$; $M^*_{2,Lin} = 29{,}0$; $M^*_{3,Lin} = 23{,}5$ und $M^*_{4,Lin} = 18{,}0$. Einsetzen in Formel (8.76) ergibt: $t_{emp,32} = (35{,}0 - 34{,}5)/2{,}0265 = 0{,}2466$; $t_{emp,33} = (28{,}0 - 29{,}0)/2{,}0266 = -0{,}4934$; $t_{emp,34} = (24{,}0 - 23{,}5)/2{,}0266 = 0{,}2467$ und $t_{emp,35} = (19{,}0 - 18{,}0)/2{,}0266 = 0{,}4934$ jeweils bei $t_{krit(0,10/2;116),t} = \pm 1{,}658$. Da alle vorhersagekonformen Nullhypothesen beibehalten werden können, liegen in den einzelnen Versuchsbedingungen keine Abweichungen vom vorhergesagten (negativen) linearen Trend vor. Die QSV-12(B;T;K=4,VB) kann angenommen werden, und die QPV-12(B;T;K=4,VB) kann als eingetreten angesehen werden. Die QPH-12 hat sich auch in diesem Versuch bewähren können.

Die vorangegangenen Beispiele zeigen, wie unterschiedliche Interessen oder Fragestellungen zu unterschiedlichen Vorhersagen bei ein und derselben PH führen können. Der Ableitung von Vorhersagen liegt - wie bereits erwähnt - immer eine bestimmte Interpretation der vorgeordneten psychologischen Hypothese zugrunde, wozu noch zusätzliche Interessen des/der VL kommen.

Die $H_{1,26}$ in Beispiel 8.9, die $H_{1,28}$ in Beispiel 8.10 und die $H_{1,31}$ in Beispiel 8.11 müssen getestet werden, um sicher zu gehen, dass der vorhergesagte Trend in den Daten vorhanden ist. Denn auch aufgrund eines gar nicht vorhandenen Trends lassen sich Vorhersagen aufstellen. Dies sei am folgenden Beispiel verdeutlicht.

Beispiel 8.12: Die in der folgenden Tabelle 8.2 enthaltenen Daten dienen der Demonstration der Vorhersagbarkeit von Mittelwerten auf Grund eines Trends, der nicht vorhanden ist. Vorhergesagt wird ein ausschließlich negativer linearer Trend.

Tabelle 8.2: Fiktive Daten zur Demonstration der Vorhersage von Mittelwerten auf Grund eines Trends, der gar nicht vorhanden ist

UV B: Darbietungszeit in Sekunden					
$B_1 = 18$	$B_2 = 21$	$B_3 = 24$	$B_4 = 27$	$B_5 = 30$	
$c_{1,Lin} = -2/3$	$c_{2,Lin} = -1/3$	$c_{3,Lin} = 0$	$c_{4,Lin} = 1/3$	$c_{5,Lin} = 2/3$	
22	13,50	19	10	18,50	
18	9,50	15	6	14,50	
14	5,50	11	2	10,50	
18	9,50	15	6	14,50	12,60

Anmerkung. Die geringe Anzahl von Vpn dient nur der Abkürzung der Rechnungen.

Aus den Daten der Tabelle 8.2 lässt sich berechnen: $D_{Lin} = -3,50$ und QSLin = 33,0750. Ferner ist QSI(B) = 160,0 und damit $s_{I,B} = 4,0$; QSB = 275,10 und QSTotal = 435,10. Der **t-Test** auf Linearität ergibt: $t_{Lin} = -1,4378$ bei $t_{krit(0,05;10)} = -1,812$. Die Daten sind damit nicht durch einen linearen Trend bescheibbar. Dennoch lässt sich unter Verwendung der in der Tabelle angegebenen Polynomialkoeffizienten folgende Vorhersagegleichung ermitteln: $M^*_{k,Lin} = -3,150(c_{k,Lin}) + 12,60$. Mittels dieser Gleichung können dann die folgenden Mittelwerte linear vorhergesagt werden: $M^*_{1,Lin} = 14,70$; $M^*_{2,Lin} = 13,65$; $M^*_{3,Lin} = 12,60$; $M^*_{4,Lin} = 11,55$ und $M^*_{5,Lin} = 10,50$. Die zugehörige Quadratsumme lautet: QSM* = 33,0750 = QSLin. Womit bewiesen wäre, dass Vorhersagen auch auf Grund eines fehlenden Trends möglich sind, und deshalb darf in keinem Fall auf den Test auf Vorhandensein des vorhergesagten Trends verzichtet werden. - Die Quadratsumme zu Lasten der „Abweichungen von der (nicht vorhandenen) Linearität" lautet: QSAbw = 275,10 - 33,075 = 242,025, so dass $F_{emp} = [242,0.25/3]/16 = 5,0422$ wird - ein erwartungsgemäß statistisch signifikantes Resultat.

Beispiel 8.13: Die **QPH-13** von Erdfelder und Bredenkamp (1994, S. 607) lautet: „Die Gesamtlernzeit T_i ist für ein bestimmtes Lernmaterial eine individuelle Konstante, und zwar unabhängig davon, in welche Darbietungszeiten t_k diese Gesamtlernzeit unterteilt wird: $T_i = y_{ik} t_k$" („y_{ik}": Anzahl der Lernversuche pro Darbietungszeit t_k). Als empirische AV wird a.a.O. die *mittlere* Gesamtlernzeit gewählt; dies entspricht einer Probabilisierung. Die QPV-13(K≥2) bezieht sich auf eine bestimmte Anzahl K von Versuchsbedingungen, und aus ihr wird die QSV-13(K≥2) abgeleitet: „Für den Erwartungswert der Gesamtlernzeiten, E(T), gilt bei K ≥ 2 Faktorstufen t_k: $E(T) = E(Y_k) t_k$ = konstant über *alle* k, k' mit k ≠ k'". Aus ihr ergibt sich dann:

(8.79) (QPH-13 $\wedge$ VSVS) $\approx$> [QPV-13(B;T;K$\geq$2) $\wedge$ SHH] $\approx$>

$\approx$> QSV-13(B;T;K$\geq$2): [($\mu_1 = \mu_2$), ($\mu_1 = \mu_3$), ..., ($\mu_{K-1} = \mu_K$) $\approx$>

$\approx$> QST-13(B;T;K$\geq$2;KER): ($H_{0,36}$: $\mu_1 = \mu_2 = ... = \mu_K$).

Bei der $H_{0,36}$ handelt es sich um die H_0 einer einfaktoriellen **VA**, und diese Ableitung aus der QPV-13(K$\geq$2) ist hier adäquat und erschöpfend; bei Erdfelder und Bredenkamp (1994, S. 607) „impliziert ihre PH die H_0 der **VA**". Sofern K $\geq$ 3 ist, führt die **VA testbedingt** zu einer konjunktiven Verknüpfung der K(K – 1)/2 Prüfinstanzen zu einer einzigen; dadurch wird die e-Validität bei einer ohnehin streng prüfbaren Hypothese erhöht. Die Strenge der Prüfbarkeit dieser Hypothese ist höher als die der QPH-12, weil sie mehr verbietet; aus der QPH-12 wurde auch eine unexakte Hypothese abgeleitet. Die Testplanung ist wie für eine **VA** vorzunehmen. Es sei bei K = 4: $\varphi_{13,krit} \leq \alpha_{krit,36} = 0{,}10$ und $\varepsilon_{13,krit} \leq \beta_{krit,36} = 0{,}20$ und $\delta_{R,B,krit,36} = 0{,}40$, und es wird Muster 3 (J. Cohen, 1988, S. 279) zugrunde gelegt [vgl. Abschn. 6.2, Formel (6.23)]. Dann ist $\phi_{VA,3,B,krit,39} = 0{,}20$ und nach Formel (6.29) und der Tabelle A.3 des Anhanges (TPS 1) $n_{39} = 56$, d.h. $N_{39} = 224$. Es wird $\varepsilon_{15,krit}$ auf 0,30 erhöht, so dass resultiert: $n_{36} = 43$ und $N_{36} = 172$. Der Versuch wird unter diesen Spezifikationen mit einer 40 Wörter umfassenden Liste durchgeführt, und aus ihm können folgende Kennwerte berechnet werden: $M_1 = 28{,}0$; $M_2 = 30{,}0$; $M_3 = 27{,}0$; $M_4 = 29{,}0$ bei $s^2_{I,B} = 54{,}8$ sowie QSB = 215,00 und $F_{VA,B,emp,39} = 1{,}3078$ bei $F_{krit(0,10;3,178),39} = 2{,}11$. Die vorhersagekonforme $H_{0,36}$ kann beibehalten werden, und die ihr vorgeordnete QSV-13(B;T;K=4) wird angenommen. Die QPV-13(B;T;K=4) ist eingetreten, und die QPH-13 hat sich bewährt. Die Funktionsgleichung eignet sich zur Beschreibung der Daten.

Beispiel 8.14: *Alternativ* kann man auch bei **QPH-13** überlegen, ob man aus ihr nicht Einzelhypothesen ableitet und konjunktiv verbindet, weil die Prüfinstanz bei dieser Hypothese aus K = 2 Versuchsbedingungen besteht. Man erhält bei K = 4:

(8.80) (QPH-13 $\wedge$ VSVS) $\approx$> [QPV-13(B;T;K=4) $\wedge$ SHH] $\approx$>

$\approx$> QSV-13(B;T;K=4,KER): ($\mu_k = \mu_{k'}$ für *alle* Paare k, k' mit k $\neq$ k') $\approx$>

$\approx$> QST-13(B;T;K=4): [$H_{0,37}$: $\psi_{37} = \mu_1 - \mu_2 = 0$) $\wedge$ ($H_{0,38}$: $\psi_{38} = \mu_2 - \mu_3 = 0$) $\wedge$

$\wedge$ ($H_{0,39}$: $\psi_{39} = \mu_3 - \mu_4 = 0$) $\wedge$ ($H_{0,40}$: $\psi_{40} = \mu_1 - \mu_3 = 0$) $\wedge$

$\wedge$ ($H_{0,41}$: $\psi_{41} = \mu_1 - \mu_4 = 0$) $\wedge$ ($H_{0,42}$: $\psi_{42} = \mu_2 - \mu_4 = 0$)].

Was dieser Zerlegung entgegensteht, ist die ausgeprägte α-Kumulation nach Fall 3 in Abschnitt 7.2: $\varphi_{13} \leq \Sigma\alpha_t$. Andererseits bietet die Zerlegung den Vorteil, dass man im Falle der Ablehnung einer der Nullhypothesen testgestützt weiß, um welche Versuchsbedingung es sich handelt. Üblicherweise wird man aber zur Vermeidung der Kumulation die Testung der varianzanalytischen Nullhypothese in (8.79) bevorzugen.

Es ist auch möglich, die dargestellten Teststrategien miteinander zu verbinden; dies führt allerdings zu einer kaum handhabbaren Kumulation der Fehlerwahrschein-

Testplanung für Mittelwertshypothesen in einfaktoriellen Versuchsplänen 249

lichkeiten und einer damit verbundenen enormen Stichprobengröße. Allerdings gibt es einen Ausweg aus diesem Dilemma: Man plant die beiden Tests über die Vorhersage und die Abweichungen von der Vorhersage, die ja ausreichend sind für die Beurteilung der quantitativen psychologischen Hypothese. Hat man diese Entscheidung vorgenommen, kann der/die VL zur Inspektion der Kennwerte noch so viele weitere statistische Tests durchführen, wie ihr/ihm interessant erscheinen, ohne dabei auf irgendwelche Kumulationen Rücksicht nehmen zu müssen - die Tests dienen ausschließlich der *Inspektion der Kennwerte nach der Hypothesenentscheidung*; sie sollten allerdings nach Möglichkeit mit der **TPS 2** und/oder der **TPS 3** nachträglich geplant werden.

In seltenen Fällen werden auch zwei Trends vorhergesagt.

Beispiel 8.15 (nach Myers & Well (1991, S. 204): Sie behandeln eine experimentelle Studie zur Generalisierung. In der Vortestphase wird ein milder Schock in Gegenwart eines Rechtecks aus Licht gezeigt, das 11 Inches hoch und 1 Inch breit ist. Die Vpn (N = 100) werden dann zufällig den Versuchsbedingungen zugeordnet, so dass Gruppen der Größe n = 20 entstehen. Jede dieser Versuchsgruppen wird dem Rechteck aus Licht ausgesetzt, aber ohne milden Schock. Der Unterschied zwischen den Versuchsbedingungen besteht in der Größe des Rechtecks, dessen Höhe entweder 7, 9, 11, 13 oder 15 Inches beträgt. Als abhängige Variable fungiert die galvanische Hautreaktion pro Vp (GSR). Es sollen zwei Hypothesen geprüft werden, da die VL vermuten, dass in den Vpn zwei verschiedene Prozesse ablaufen. Die **QPH-14** besagt dabei, dass das Ausmaß der konditionierten Reaktion direkt mit der Größe des Teststimulus anwächst. Dies bedeutet, dass die GSR linear mit der Größe des Rechtecks aus Licht anwachsen soll. Zum anderen erwarten die VL eine Generalisierungswirkung. Nach dieser **QPH-15** besteht ein Trend für die GSR-Werte derart, dass die GSR-Werte um so größer ausfallen, je näher der Teststimulus dem Stimulus in der Vortestphase kommt. Als Ergebnis dieses Generalisierungsprozesses soll ein symmetrischer umgekehrt U-förmiger oder negativer quadratischer Trend über alle Versuchsbedingungen resultieren. Es wird also erwartet, dass die Daten durch einen linearen und einen quadratischen Trend erschöpfend beschreibbar sind. Es ergeben sich die folgenden Ableitungen:

(8.81) $(\text{QPH-14} \wedge \text{QPH-15} \wedge \text{VSVS}) \approx>$

$\approx> [\text{QPV-14}(B;T;K=5) \wedge \text{QPV-15}(B;T;K=5) \wedge \text{SHH}] \approx>$

$\approx> [\text{QSV-14}(B;T;K=5) \wedge \text{QSV-15}(B;T;K=5); \text{KER}] \approx>$

$\approx> [\text{QST-14}(B;T;K=5) \wedge \text{QST-15}(B;T;K=5)]: [(H_{1,43}: \psi_{Lin,43} = \sum c_{k,Lin} \mu_k > 0) \wedge$

$\wedge (H_{1,44}: \psi_{Qua,44} = \sum c_{k,Qua} \mu_k < 0) \wedge (H_{0,45}: \sum \psi^2_{Abw,45} = 0)].$

Die Kumulation der Fehlerwahrscheinlichkeiten verläuft hier wie folgt: $\varepsilon_{14} = \varepsilon_{15} \leq \max(\alpha_{43}; \alpha_{44}; \beta_{45})$ und $\varphi_{14} = \varphi_{15} \leq (\beta_{43} + \beta_{44} + \alpha_{45})$ (Fall 5 in Abschn. 7.2). Die Testplanung beginnt bei dem **F-Test** über die Abweichungen, der wie eine einfaktorielle **VA** zu planen ist. Für diesen Test wird $\alpha_{krit,45} = 0,05$ und $\beta_{krit,45} = 0,10$

festgelegt. Wie groß ist dann der nachzuweisende Effekt [TPS 3 und Formel (6.31) in Abschn. 6.2]? $\phi^2_{VA,Abw,B,45}$ = 1682/(400)(19) = 0,2213 und damit $\phi_{VA,Abw,B,krit,44}$ = 0,45 (0,4704) - ein noch tolerabler Effekt für die Abweichungshypothese. Welche Effekte können für die anderen Hypothesen bei $\alpha_{krit,t}$ = 0,05 und $\beta_{krit,t}$ = 0,05 nachgewiesen werden? Dazu werden die Trendkoeffizienten benötigt (vgl. Anhang, Tabelle A.10): $c_{1,Lin}$ = –2/3; $c_{2,Lin}$ = –1/3; $c_{3,Lin}$ = 0; $c_{4,Lin}$ = +1/3 und $c_{5,Lin}$ = +2/3 bei $\sum c^2_{k,lin}$ = 1,1111 und $c_{1,Qua}$ = +2/4; $c_{2,Qua}$ = –1/4; $c_{3,Qua}$ = –2/4; $c_{4,Qua}$ = –1/4 und $c_{5,Qua}$ = +2/4 bei $\sum c^2_{k,Qua}$ = 0,875. Für $\delta^2_{B,Lin,46}$ gilt dann nach Formel (8.66) oben (TPS 3): $\delta^2_{B,Lin,43}$ = 1,1111(1,645 + 1,645)²/20 = 0,6013 und damit $\delta_{B,Lin,krit,43}$ = 0,80 (0,7755). Für $\delta^2_{B,Qua,44}$ ergibt sich: $\delta^2_{B,Qua,44}$ = 0,875(1,645 + 1,645)²/20 = 0,4736 bzw. $\delta_{B,Qua,44}$ = –0,70 (–0,6882). Diese Effekte sind für abgeleitete Alternativhypothesen hinreichend groß. Für die Fehlerwahrscheinlichkeiten ϵ_{PH} und ϕ_{PH} resultiert: $\epsilon_{14,krit}$ = $\epsilon_{15,krit}$ ≤ max(0,05; 0,05; 0,10) = 0,10 und $\phi_{14,krit}$ = $\phi_{15,krit}$ ≤ (0,05 + 0,05 + 0,05) = 0,15. Die nachstehende Tabelle 8.3 enthält die Daten nach Myers und Well (1991, S. 206) bei $s_{I,B}$ = 1,5023 und QSI(B) = 214,4150.

Tabelle 8.3: Ergebnisse bei der simultanen Prüfung der QPH-14 und der QPH-15							
	UV B: Stimulusgröße (in Inches) und orthogonale Polynomialkoeffizienten					
	$B_1 = 7$	$B_2 = 9$	$B_3 = 11$	$B_4 = 13$	$B_5 = 15$	$\sum c^2_{k,t}$
$c_{Lin,k}$	c_{Lin} = –2/3	c_{Lin} = –1/3	c_{Lin} = 0	c_{Lin} = +1/3	c_{Lin} = +2/3	1,1111
$c_{Qua,k}$	c_{Qua} = +2/4	c_{Qua} = –1/4	c_{Qua} = –2/4	c_{Qua} = –1/4	c_{Qua} = +2/4	0,875
M_k	1,910	3,560	4,440	3,580	3,830	3,464
s^2_k	2,218	2,563	1,964	2,881	1,659	2,257
Anmerkungen. Die Mittelwerte beziehen sich auf die Messung des galvanischen Hautwiderstandes (GSR)							

Zunächst erfolgt die Berechnung der Werte der beiden orthogonalen Kontraste: $D_{Lin,43}$ = 1,2867 und $D_{Qua,44}$ = –1,135. Es folgen die t-Werte: $t_{Lin,emp,43}$ = 1,2867/[1,5023√(1,1111/20)] = 3,6338 bei $t_{krit(0,05;95),43}$ = 1,661 und $t_{Qua,emp,44}$ = –1,135/[1,5023√(0,875/20)] = –3,6120 bei $t_{krit(0,05;95),44}$ = –1,661; diese Werte sind beide statistisch signifikant. Die Trendquadratsummen lauten: QSLin = (20)1,2867²/1,1111 = 30,9572 und QSQua = (20)3,305²/0,875 = 27,0566. Die QSB lautet: QSB = 70,4824. Damit ergibt sich für die Abweichungsquadratsumme: QSAbw = 70,4824 – 30,9572 – 27,0566 = 12,4686. Diese Quadratsumme beruht auf FG_Z = 5 – 1 – 2 = 2, so dass für den **F-Test** auf Abweichungen resultiert: $F_{VA,Abw,B,emp,45}$ = (12,4886/2)/2,257 = 2,76 bei $F_{krit(0,05;2;95),45}$ = 3,11. Der Wert für $F_{emp,45}$ ist also vorhersagegemäß statistisch nicht signifikant. Die QSV-16(B;T;K=5) und die QSV-17(B;T;K=5) können also angenommen werden. Wie groß sind die empirischen Effekte? $d_{B,Lin,43}$ = 0,8565 und $d_{B,Qua,44}$ = –0,7555; dies entspricht den Partialkorrelationen $r^2_{Lin,43}$ = QSLin/[QSLin + QSI(B)] = 30,9572/

(30,9572 + 214,4150) = 0,1262 und $r_{Lin,43}$ = 0,3552 und $r^2_{Qua,44}$ = QSQua/[QSQua + QSI(B)] = 0,1120 und $r_{Qua,44}$ = −0,3347. Beide d_B-Werte übersteigen die Apriori-Spezifikationen, so dass der Entscheidung, die QPV-14(B;T;K=5) und die QPV-15(B;T;K=5) als eingetreten anzusehen, nichts im Wege steht. Damit hat sich auch die Hypothesenkonjunktion QPH-14 ∧ QPH-15 - wenn man nur die Testergebnisse berücksichtigt - bewähren können.

Dieses Beispiel wurde dem Lehrbuch von J.L. Myers und A.D. Well (1991) entnommen. Ich halte das gleichzeitige Auftreten eines linearen und eines quadratischen Trends für uninterpretierbar, zumal bei der Berechnung des linearen Trends der Mittelwert M_3, für den $c_{3,Lin}$ = 0 ist, nicht in die Berechnung mit eingeht - wie bei allen ungeraden Anzahlen von Versuchsbedingungen (s.o.). Eine bessere Lösung besteht m.E. darin, die beiden angesprochenen Hypothesen QPH-14 und QPH-15 voneinander zu trennen, also nicht mehr von einer Hypothesenkonjunktion auszugehen, sondern sie als komplementäre Hypothesen zu begreifen. Es wird dann unter der QPH-14 ein positiver linearer Trend für einige, aber nicht für alle Versuchsbedingungen vorhergesagt und unter der QPH-15 ein negativer quadratischer Trend für alle Versuchsbedingungen. Diese Prüfung sollte bevorzugt mit einer geraden Anzahl von Versuchsbedingungen, also etwa K = 4 oder K = 6, vorgenommen werden. Dabei kann es natürlich geschehen, dass die Daten für keine der beiden Hypothesen sprechen, und in diesem Fall wären die Hypothesen zu modifizieren.

Hypothesen über quantitative Trends können auch mit Versuchsplänen geprüft werden, in denen **wiederholte Messungen** vorgenommen werden bzw. in denen mit **randomisierten Blöcken** gearbeitet wird, d.h. man entscheidet sich im Stadium der Versuchsplanung (auf der Ebene der QPV) für die intraindividuelle Bedingungsvariation bzw. für randomisierte Blöcke.

Die Testgröße $t_{wdh,Trend*}$ hat bei FG_N = (K − 1)(n − 1) für den vorhergesagten Trend (Trend*) die folgende Form:

$$(8.82) \quad t_{wdh,Trend*} = \frac{\sum c_{k,Trend*} M_k - \psi_{Trend*}}{s_{Res,B} \sqrt{\dfrac{\sum c^2_{k,Trend*}}{n}}},$$

die Testung erfolgt also gegen die Wurzel aus der Residualvarianz $s^2_{Res,B}$. ψ_{Trend*} kann, muss aber nicht gleich Null sein.

Die **Effektgröße** wird dann wie folgt definiert:

$$(8.83) \quad \delta_{wdh,B,Trend*} = (\sum c_{k,Trend*}\, \mu_k)/\sigma_{I,B}(1 - \rho_{Z,wdh,B}) = \delta_{B,Trend*}/(1 - \rho_{Z,wdh,B})$$

mit $\sum |c_{k,Trend*}|$ = 2.

Für die **TPS 1** ergibt sich daraus für eine gerichtete Hypothese:

$$(8.84) \quad n_t = \frac{(z_{1-\alpha} + z_{1-\beta})^2 \sum c_{k,\text{Trend}*}^2}{\delta_{B,\text{Trend}*,\text{krit}}^2 / (1 - \rho_{Z,\text{wdh},B})} = \frac{(z_{1-\alpha} + z_{1-\beta})^2 \sum c_{k,\text{Trend}*}^2}{\delta_{\text{wdh},B,\text{Trend}*,\text{krit}}^2}$$

und für die **TPS 2** und eine erneut gerichtete Hypothese:

$$(8.85) \quad (z_{1-\alpha} + z_{1-\beta})^2 = \frac{[\delta_{B,\text{Trend}*,\text{krit},t}^2 / (1 - \rho_{Z,\text{wdh},B})] n_t}{\sum c_{k,\text{Trend}*,t}^2} =$$

$$= \frac{n_t \delta_{\text{wdh},B,\text{Trend}*,\text{krit},t}^2}{\sum c_{k,\text{Trend}*,t}^2},$$

und für die **TPS 3** resultiert für eine gerichtete Hypothese:

$$(8.86) \quad \delta_{\text{wdh},B,\text{Trend}*,\text{krit},t}^2 = \frac{\delta_{B,\text{Trend}*,\text{krit},t}^2}{1 - \rho_{Z,\text{wdh},B}} = \frac{(z_{1-\alpha} + z_{1-\beta})^2 \sum c_{k,\text{Trend}*}^2}{n_t}.$$

In den Formeln (8.84) bis (8.86) ist wieder $z_{1-\alpha}$ durch $z_{1-\alpha/2}$ zu ersetzen, wenn ungerichtete Hypothesen zu testen sind. Bei randomisierten Blöcken ist $\rho_{Z,\text{wdh},B}$ durch $\rho_{Z,\text{RB},B}$ zu ersetzen.

Für die **Effektgröße für die Abweichungen** gilt ferner:

$$(8.87) \quad \phi_{\text{VA},\text{wdh},\text{Abw},B,\text{krit}} = \phi_{\text{VA},\text{Abw},B,\text{krit}} / (1 - \rho_{Z,\text{wdh},B}).$$

Die Abweichungsquadratsumme wird hier unter Einbezug der QSRes,B bei $FG_Z = n(K-1) - 1$ bestimmt nach (Winer, D.R. Brown & Michels, 1991, S. 235):

$$(8.88) \quad \text{QSAbw} = \text{QSRes,B} + (\text{QSB} - \text{QSLin}).$$

Der **F-Test** für die Summe der quadrierten komplexen nonlinearen Kontraste, also die Gesamtheit der Abweichungen von der vorhergesagten Linearität, hat bei $FG_Z = (K-1)(n-1) + (K-2) = n(K-1) - 3$ und $FG_N = (K-1)(n-1)$ folgende Form (Winer, D.R. Brown & Michels, 1991, S. 235):

$$(8.89) \quad F_{\text{VA},\text{wdh},\text{Abw},B,\text{emp}} = \frac{(\text{QSRes,B} + \text{QSB} - \text{QSLin}) / [n(K-1) - 3]}{s_{\text{Res},B}^2}.$$

Beispiel 8.16 (in Anlehnung an Bortz, 1999, S. 324): Die **PH-16** behauptet, dass der galvanische Hautwiderstand von Vpn im Verlauf des Tages abfällt. Wählt man die Messzeitpunkte B_1: 8 Uhr, B_2: 12 Uhr, B_3: 16 Uhr und B_4: 20 Uhr, dann hat man eine quantitative UV mit $K = 4$ gleichabständigen Stufen definiert. Dann kann man die PH-16 zur **QPH-16** präzisieren, dass ein negativer linearer Zusammenhang zwischen dem galvanischen Hautwiderstand und der in Stunden angegebenen Tageszeit besteht. Bei dieser Hypothese liegt es nahe, dass mit wiederholten Messungen operiert wird. Auch die QPH-16 wird in zwei testbare Hypothesen zerlegt:

Testplanung für Mittelwertshypothesen in einfaktoriellen Versuchsplänen 253

(8.90) (QPH-16 ∧ VSVS) ≈> [QPV-16(B;wdh;T;K=4) ∧ SHH] ≈>

≈> SV-16(B;wdh;T;K=4,KER) ≈> QST-16(B;wdh;T;K=4):

[(H$_{1,46}$: ψ$_{Lin,46}$ = Σc$_{k,Lin}$ μ$_k$ < 0) ∧ (H$_{0,47}$: Σψ$^2_{Abw,47}$ = 0)].

Für die Planung des **F-Tests** über die H$_{0,47}$ wird spezifiziert: α$_{krit,47}$ = 0,10 und β$_{krit,47}$ = 0,20 sowie δ$_{R,B,krit,47}$ = 0,40. Auf Grund der linearen Vorhersage wird J. Cohens Muster 2 (Cohen, 1988, S. 279) angenommen - vgl. dazu Abschnitt 6.2, Formel (6.22). Dann gilt: φ$_{VA,2,Abw,B,krit,49}$ = (0,40/2)[(4 + 1)/(3)(3)]$^{1/2}$ = 0,1491. Berücksichtigung der Korrelation ρ$_{Z,wdh,B}$ = 0,50 führt zu: φ$^2_{VA,2,wdh,Abw,B,krit,47}$ = φ$^2_{VA,2,Abw,B,krit,50}$/(1 − 0,50) = 0,0222/0,50 = 0,0444 und φ$_{VA,2,wdh,Abw,B,krit,47}$ = 0,20 (0,2108). Zu diesem Effekt lässt sich eine Stichprobengröße von N$_{47}$ = 236 errechnen. Um diesen Stichprobenumfang zu verringern, wird neu festgelegt: α$_{krit,47}$ = 0,15 und δ$_{R,B,krit,67}$ = 0,60. Dann wird: φ$_{VA,Abw,B,50}$ = (0,60/2)[(4 + 1) /(3)(3)]$^{1/2}$ = 0,2236 und φ$_{VA,2,wdh,Abw,B,krit,50}$ = 0,30 (0,3162). Ferner wird nach Tabelle A.3 im Anhang und nach Formel (6.29) (TPS 1) bestimmt: n$_{47}$ = [883/(400)(0,10)] + 1 = 23,075 bzw. n$_{47}$ = 24. Die benötigte Stichprobe ist problemlos handhabbar. Welche Fehlerwahrscheinlichkeiten können bei n = 24 für den Test gegen die H$_{1,46}$ realisiert werden, wenn man gleichzeitig den Effekt auf δ$_{B,Lin,krit,46}$ = −0,60 festlegt, so dass δ$_{RB,B,Lin,krit,46}$ = −0,85 (−0,8485) wird (TPS 2)? Die linearen Kontrastkoeffizienten lauten: c$_{1,Lin}$ = −3/4, c$_{2,Lin}$ = −1/4, c$_{3,Lin}$ = +1/4 und c$_{4,Lin}$ = +3/4 mit Σc$^2_{k,Lin}$ = 1,25. Einsetzen in Formel (8.85) ergibt: (z$_{1-α}$ + z$_{1-β}$)^2 = [(0,7200)(24)]/1,25 = 13,824 und (z$_{1-α}$ + z$_{1-β}$) = 3,7181. Wegen der Kumulation wird gesetzt: β$_{krit,46}$ < α$_{krit,46}$ mit β$_{krit,46}$ = 0,01 und z$_{1-β}$ = 2,33, so dass z$_{1-α}$ = 3,7181 − 2,33 = 1,3381 und damit α$_{krit,46}$ = 0,10. Setzt man β$_{krit,46}$ = 0,05, dann ergibt sich α$_{krit,46}$ = 0,03. Wegen der Kumulierung ist die vorige Kombination zu bevorzugen: ε$_{16,krit}$ ≤ max(0,10; 0,20) = 0,20 und φ$_{16,krit}$ ≤ (0,01 + 0,15) = 0,16. Der Versuch wird durchgeführt und führt zu folgenden Ergebnissen (die Indizes steigen mit der Tageszeit; die Messwerte wurden einer linearen Transformation unterzogen): M$_1$ = 12,0; M$_2$ = 11,30; M$_3$ = 7,80; M$_4$ = 5,50 bei s$^2_{Res,B}$ = 12,80 und s$_{Res,B}$ = 3,5777. Der lineare Trendkontrast errechnet sich zu: D$_{Lin,46}$ = −5,75, und nach Formel (8.82) resultiert für t$_{Lin,emp,46}$: t$_{Lin,emp,46}$ = −7,0423 bei t$_{krit(0,10;69),46}$ = −1,294. Die Effektgröße lautet: d$_{wdh,B,Lin,46}$ = −1,6072 > δ$_{wdh,B,Lin,krit,46}$ = −0,85. QSLin = 634,80; QSB = 669,36; QSRes,B = 883,20. QSAbw = 883,20 + 669,36 − 634,80 = 917,76. Der F-Bruch nach Formel (8.89) lautet: F$_{VA,wdh,Abw,B,emp,50}$ = (917,76/71)/12,80 = 1,0099 bei F$_{krit(0,10;2;71),47}$ ≈ 2,39. Es können also die vorhersagekonformen H$_{1,46}$ und H$_{0,47}$ angenommen werden; die Daten sind durch einen negativen linearen Trend erschöpfend beschreibbar. Die SV-16(B;wdh;T;K=4) wird daraufhin angenommen, die QPV-16(B;wdh;T;K=4) ist eingetreten, und die QPH-16 hat sich bewähren können.

Auch die alternativen Vorgehensweisen, die oben im Abschnitt im Zusammenhang mit der QPH-12 beschrieben worden sind, sind bei intraindividueller Bedingungsvariation möglich.

Hypothesen über quantitative Trends können auch über die adjustierten Mittelwerte $M_{k,adj}$ einer **KOVA** getestet werden, wobei auf der Ebene der QPV ein potenzieller Störfaktor als Kovariate X eingeführt wird. Die Testgröße t nimmt bei $FG_N = K(n-1) - 1$ für den Test über den vorhergesagten Trend, Trend*, folgende Form an (**t-Test**) (vgl. Kirk, 1995, S. 725):

$$(8.91) \quad t_{KOVA,Trend^*,emp} = \frac{\sum c_{k,Trend^*} M_{k,adj}}{s_{I,KOVA,B}\sqrt{\left[\frac{\sum c_{k,Trend^*}^2}{n} + \frac{\sum (c_{k,Trend^*} \overline{x}_k)^2}{QSXFehler}\right]}},$$

wobei „Trend*" durch den in Frage kommenden Trend ersetzt wird.

Die **Effektgröße** für den vorhergesagten Trend (Trend*) wird definiert als:

$$(8.92) \quad \delta^2_{KOVA,B,Trend^*} = \delta^2_{B,Trend^*}/(1 - \rho^2_{I,KOVA,B}),$$

so dass sich für die **TPS 1** und einen einseitigen Test ergibt:

$$(8.93) \quad n_t = \frac{(z_{1-\alpha} + z_{1-\beta})^2 \sum c_{k,Trend^*}^2}{\delta^2_{B,Trend^*,krit,t}/(1-\rho^2_{I,KOVA,B})} = \frac{(z_{1-\alpha} + z_{1-\beta})^2 \sum c_{k,Trend^*}^2}{\delta^2_{KOVA,B,Trend^*,krit,t}}.$$

Für die **TPS 2** und eine gerichtete Hypothese ergibt sich:

$$(8.94) \quad (z_{1-\alpha} + z_{1-\beta})^2 = \frac{n_t \delta^2_{B,Trend^*,krit,t}/(1-\rho^2_{I,KOVA,B})}{\sum c_{k,Trend^*,t}^2} =$$

$$= \frac{n_t \delta^2_{KOVA,B,Trend^*,krit,t}}{\sum c_{k,Trend^*}^2};$$

und für die **TPS 3** und eine erneut gerichtete Hypothese folgt:

$$(8.95) \quad \delta^2_{KOVA,B,Trend^*,krit,t} = \frac{\delta^2_{B,Trend^*,krit,t}}{1-\rho^2_{I,KOVA,B}} = \frac{(z_{1-\alpha} + z_{1-\beta})^2 \sum c_{k,Trend^*}^2}{n_t}.$$

Für ungerichtete Hypothesen ist auch in den Formeln (8.93) bis (8.95) $z_{1-\alpha}$ durch $z_{1-\alpha/2}$ zu ersetzen.

Für die Abweichungen wird definiert:

$$(8.96) \quad \phi^2_{VA,KOVA,Abw,B,krit} = \phi^2_{VA,Abw,B,krit}/(1 - \rho^2_{I,KOVA,B}).$$

Für die Gesamtheit der Abweichung von der Vorhersage gilt dann:

$$(8.97) \quad QSAbw_{adj} = QSB_{adj} - QSTrend^*_{adj},$$

Testplanung für Mittelwertshypothesen in einfaktoriellen Versuchsplänen   255

wobei QSTrend*$_{adj}$ über die adjustierten Mittelwerte $M_{k,adj}$ unter Verwendung der entsprechen Polynomialkoeffizienten $c_{k,Trend*}$ bestimmt wird. Für den **F-Test** resultiert bei $FG_Z = K - 2$ und $FG_N = K(n - 1) - 1$:

$$(8.98) \quad F_{KOVA,Abw,B,emp} = \frac{(QSB, adj - QSTrend*, adj)/(K-2)}{s^2_{I,KOVA,B}}.$$

Beispiel 8.17: Die „Spiegelbildhypothese" von Denney (1982) in Abschnitt 8.2 besagt, dass die Gedächtnisspanne im unteren Altersbereich ansteigt, bis im mittleren Altersbereich ein Maximum zu verzeichnen ist, und anschließend fällt die Gedächtnisspanne allmählich wieder ab, wobei der Verlauf annähernd spiegelbildlich ist und wobei sich die Leistungen der Kinder nicht von denen der Senior/inn/en unterscheiden sollen (bitoner Trend; PH-11). Man kann bei dieser Hypothese, bei deren Prüfung mit intakten Altersgruppen gearbeitet wird, eine Fülle von potenziellen Störfaktoren, die mit den einzelnen Altersgruppen verbunden sein können und die das Ergebnis des Versuches verfälschen könnten, nicht ausschließen. Obwohl sie überwiegend bekannt sind, können sie doch nicht in einem Versuch kontrolliert werden. Als besonders wichtige Störvariable hat eine Forscherin die Intelligenz identifiziert, und sie entschließt sich, diese Intelligenz als Kovariate in ihren Versuch aufzunehmen. Ferner interpretiert sie das Alter als quantitativen Faktor, so dass sie anstelle eines bitonen Trends einen negativen quadratischen aus der „Spiegelbildhypothese" ableiten kann mit Gleichheit der Performanzen für die beiden extremen Altersgruppen (**QPH-17**). Sie wählt in Anlehnung an Hasselhorn (1988) die Altersstufen mit gleicher Performanz 10 Jahre (± 1 Jahr) und 72 (± 2 Jahre) Jahre und legt für die Altersstufe im mittleren Bereich 41 Jahre (± 2 Jahre) fest [Ebene der PV-17(B;K=3)], so dass die Abstände zwischen den Altersstufen gleich sind. Ob dieser Gleichheit der Zeitintervalle eine gleichartige psychische Entwicklung gegenübersteht, sei einmal dahin gestellt. Es resultiert dann die folgende adäquate und erschöpfende Ableitung:

(8.99) (QPH-17 $\wedge$ VSVS) $\approx>$ [QPV-17(B;KOVA;T;K=3) $\wedge$ SHH] $\approx>$
  QSV-17(B;KOVA;T;K=3;KER) $\approx>$ QST-17(B;KOVA;T;K=3):
  $[(H_{1,48}: \psi_{Qua,48} = \sum c_{k,Qua} \mu_{k,adj} < 0) \wedge$
  $\wedge (H_{0,49}: \sum \psi^2_{Abw,adj,49} = 0) \wedge (H_{0,50}: \varphi_{50}: \mu_{3,adj} - \mu_{1,adj} = 0)].$

In diesem Beispiel verläuft die Kumulation der Fehlerwahrscheinlichkeiten nach Fall 5 in Abschnitt 7.2: $\varepsilon_{17} \leq \max(\alpha_{48}; \beta_{49}; \beta_{50})$ und $\varphi_{17} \leq (\beta_{48} + \alpha_{49} + \alpha_{50})$. Aus einer Vergleichsuntersuchung geht hervor, dass die Forscherin ohne weiteres mit $\rho_{I,KOVA,B} = 0{,}40$ arbeiten kann ($\rho^2_{I,KOVA,B} = 0{,}16$ und $1 - 0{,}16 = 0{,}84$). Die Forscherin wendet sich zunächst dem Test über die Abweichungen zu ($H_{0,49}$). Dieser Test ist wie eine **KOVA** zu planen, wobei die quadratische Vorhersage bedeutet, dass sich zwei Mittelwerte an einem Ende von $\delta_{R,B}$ befinden und einer am anderen Ende. Also ist Muster 3 von J. Cohen (1988, S. 279) für K = 3 anzuwenden - vgl.

Abschnitt 6.2, Formel (6.24). Sie legt fest: $\alpha_{krit,49} = 0,10$ und $\beta_{krit,49} = 0,20$ sowie $\delta_{R,B,krit,49} = 0,50$. Diese Spezifikationen führen zu: $\phi_{VA,3,KOVA,Abw,B,49} = [0,50/\sqrt{0,84}](0,4714) = 0,5455(0,4714) = 0,2572$, woraus sich nach Formel (6.113) für die TPS 1 bei $FG_Z = K - 2 = 3 - 2 = 1$ ergibt: $n_{49} = (942/26,4550) + 1 = 36,6076$ bzw. $n_{49} = 37$. Die Forscherin hält $n = 37$ bzw. $N = 111$ für einen realisierbaren Stichprobenumfang. Für den Test der $H_{0,50}$, einer ebenfalls ungerichteten Hypothese, erfolgt die Bestimmung der Fehlerwahrscheinlichkeiten nach Formel (8.94) (TPS 2). Es wird mit $\delta_{B,krit,50} = \pm 0,50$ ein mittelgroßer Effekt vorgegeben, so dass $\delta_{KOVA,B,50} = 0,50/\sqrt{0,84} = \pm 0,5455$ ($\delta_{KOVA,B,krit,50} = \pm 0,55$) Effekt wird. Einsetzen in Formel (8.92) für die TPS 2 führt dann zu: $(z_{1-\alpha} + z_{1-\beta})^2 = 36(0,5455)/2 = 9,8190$ bzw. $(z_{1-\alpha} + z_{1-\beta}) = 3,1335$. Für diesen Test kumuliert ebenfalls α, so dass $\alpha_{krit,50} < \beta_{krit,50}$ gewählt werden sollte. Das zweiseitige $\alpha_{krit,50}$ wird auf 0,05 festgelegt, wozu $z_{1-\alpha/2} = 1,96$ gehört; $z_{1-\beta} = 3,1335 - 1,96 = 1,1735$ und damit $\beta_{krit,50} = 0,12$. Es verbleibt noch die Planung des Tests gegen die gerichtete $H_{1,48}$. Für diesen Test wird mit $\delta_{B,krit,48} = 0,80$ ein großer Effekt festgelegt, so dass $\delta_{KOVA;B,48} = 0,80/\sqrt{0,84} = 0,8729$ bzw. $\delta_{KOVA,B,krit,48} = 0,90$ wird. Welche Fehlerwahrscheinlichkeiten können damit realisiert werden (TPS 2)? Einsetzen in Formel (8.94) ergibt: $(z_{1-\alpha} + z_{1-\beta})^2 = 36(0,7619)/1,50 = 18,2857$ und $(z_{1-\alpha} + z_{1-\beta}) = 4,2762$. Die Forscherin legt fest: $\alpha_{krit,48} = 0,01$ ($z_{1-\alpha} = 2,33$), so dass $z_{1-\beta} = 4,2762 - 2,33 = 1,9462$ wird und damit $\beta_{krit,48} = 0,025$. Für die Kumulierung resultiert damit: $\varepsilon_{17,krit} \leq \max(0,01; 0,20; 0,12) = 0,20$ und $\phi_{17,krit} \leq (0,025 + 0,10 + 0,05) = 0,175$. Will man Hypothesen über Trendkontraste unter Verwendung der adjustierten Mittelwerte testen, benötigt man nur die Mittelwerte der Kovariate X und der AV Y sowie QSXTreat, QSYTreat, QSXYTreat, QSXFehler, QSYFehler, QSXYFehler sowie QSXTotal, QSYTotal und QSXYTotal. Der Versuch hat bezüglich der Kovariate zu folgenden Mittelwerten geführt: $\bar{x}_1 = 110,0$; $\bar{x}_2 = 112,0$; $\bar{x}_3 = 109,0$ und $\bar{\bar{x}} = 110,3333$ und QSXFehler = 635,6. Bezüglich der Mittelwerte der AV hat sich ergeben: $M_1 = 5,80$; $M_2 = 10,30$; $M_3 = 6,90$ und QSYTreat = 616,3733. Aus den Daten können ferner die beiden Korrelationen $r_{I,KOVA,B}$ und $r_{Z,KOVA,B}$ berechnet werden: $r_{I,KOVA,B} = 0,5719$ und $r_{Z,KOVA,B} = 0,6398$. Da $r_{Z,KOVA,B} > r_{I,KOVA,B}$, rücken die Mittelwerte durch die Adjustierung näher aneinander als die originalen Mittelwerte der AV Y, d.h. die Treatmentquadratsumme wird sich verkleinern. Die adjustierte Fehlervarianz lautet: $s^2_{I,KOVA,B} = 15,678$ und damit $s_{I,KOVA,B} = 3,9595$. Für die gemittelte Steigung $b_{I,KOVA}$ innerhalb der Versuchsbedingungen gilt: $b_{I,KOVA,B} = 0,5696$. Die adjustierten Mittelwerte berechnen sich nach:

(8.100) $M_{k,adj} = M_k - b_{I,KOVA}(\bar{x}_k - \bar{\bar{x}})$

zu: $M_{1,adj} = 5,9899$; $M_{2,adj} = 9,3507$; $M_{3,adj} = 7,6595$. Die Quadratsumme der adjustierten Mittelwerte lautet: QSYTreat,adj = 208,9599. Diese Quadratsumme muss eigentlich nach Formel (6.101) aus Abschnitt 6.5 bestimmt werden, nämlich als:

(8.101) QSYTreat,adj = QSYTotal,adj − QSYFehler,adj.

Doch ist die auf diese Art bestimmte adjustierte Treatmentquadratsumme in aller Regel um einiges geringer, als wenn man sie unter Verwendung der adjustierten Mittelwerte bestimmt. Dadurch wird es möglich, dass die Differenz QSYTreat,adj − QSTrend* kleiner als Null wird. Dies ist bei Bestimmung der QSYTreat,adj über die adjustierten Mittelwerte nicht möglich. Der **t-Test** nach Formel (8.91) erbringt folgendes Ergebnis: $t_{emp,48}$ = −2,526/0,7972 = −3,1685 bei $t_{krit(0,005;108),48}$ ≈ −2,626. Der vorhergesagte negative quadratische Trend liegt vor; die $H_{1,48}$ kann angenommen werden. Die Quadratsumme QSQua berechnet sich zu QSQua = (37)(6,3807)/1,5 = 157,3900. Die Abweichungen von der Vorhersage belaufen sich dann auf QSYTreat,adj − QSQua = 208,9599 − 157,3900 = 56,5699. Für sie gilt FG_Z = 1. Der **F-Test** auf Abweichungen von der Vorhersage nach Formel (8.98) führt zu: $F_{VA,KOVA,Abw,B,emp,49}$ = (56,5699/1)/15,678 = 3,6082 bei $F_{krit(0,10;1;108),49}$ = 2,75. Also wird damit die vorhersagekonträre $H_{1,49}$ angenommen: Neben dem vorhergesagten quadratischen Trend befinden sich auch noch lineare Anteile in den Daten. Der zweiseitige **t-Test** über die beiden extremen Mittelwerte erbringt folgendes Ergebnis: $t_{emp,50}$ = 1,6696/0,9207 = 1,8135 bei $t_{krit(0,10/2;164),50}$ = ±1,645. Also kann auch diese Hypothese nicht angenommen werden. Die QSV-17(B;KOVA;T;K=3) wird abgelehnt, die QPV-17(B;KOVA;T;K=3) ist nicht eingetreten, und die QPH-17 hat sich nicht bewährt.

Hätte man anstelle der **KOVA** eine **VA**, hätten sich die folgende Resultate ergeben. Die unadjustierten Mittelwerte lauten: M_1 = 5,80; M_2 = 10,30; M_3 = 6,90 bei einer Varianz von $s^2_{I,B}$ = 23,2981. $t_{emp,48}$ = −3,95/0,9719 = −4,0644 bei $t_{krit(0,005;108),48}$ = −2,617, so dass die vorhersagekonforme $H_{1,48}$ angenommen wird. Für den Effekt gilt: $d_{B,Qua,48}$ = −0,8183 > $\delta_{B,Qua,krit,48}$ = −0,50. $F_{VA,Abw,B,emp,49}$ = 33,8800/19,5001 = 2,3002 bei $F_{krit(0,10;1;108),49}$ = 2,75. Es liegen demnach keine Abweichungen vom vorhergesagten negativen quadratischen Trend vor. Für den dritten Test, bei dem die beiden extremen Mittelwerte miteinander kontrastiert werden, resultiert: $t_{emp,50}$ = 1,1/1,1222 = 0,9802 bei $t_{krit(0,10/2;108),50}$ = ±1,648. Auch die $H_{0,50}$ kann beibehalten werden, die QSV-17(VA;B;T;K=3) wird angenommen, die QPV-17(VA;B;T;K=3) ist eingetreten, und unter der alternativen Behandlung der Daten hätte sich die QPH-17 bewährt. Nicht immer ist es von Vorteil, eine **KOVA** anstelle einer **VA** einsetzen.

Wenden wir uns damit der Prüfung von psychologischen Hypothesen in zwei- und mehrfaktoriellen Versuchsplänen zu.

9. Testplanung für Mittelwertshypothesen in zweifaktoriellen Versuchsplänen

9.1 Prüfinstanzen und statistische Interaktion

Prüft man einfaktorielle Hypothesen, kann man sich dazu entschließen, einen zweiten Faktor in den Versuchsplan aufzunehmen, um damit einen bekannten potenziellen Störfaktor durch systematische Variation zu kontrollieren. Es resultiert ein zweifaktorieller Versuchsplan, bei dem man überlegen kann, ob nicht auch eine Hypothese über den potenziellen Störfaktor formuliert und geprüft werden kann. In derartigen Versuchsplänen, in die bei einer einfaktoriellen Hypothese die unabhängige Variable (UV) A als Kontrollfaktor mit J Stufen aufgenommen worden ist, lassen sich in der gleichen Weise wie in einfaktoriellen Plänen Hypothesen über Paar- und komplexe Kontraste ableiten. Dabei können **Prüfinstanzen** auf der Ebene der Zellen AB_{jk} definiert werden, so dass sich die Vorhersagen auf die Zellenebene beziehen. Die Testplanung stellt dann sicher, dass die Vpn-Anzahl $n_{jk} = n$ pro Zelle zum Nachweis von EG_{krit} bei α_{krit} und $1 - \beta_{krit}$ genügend groß ist; die Ebene des Haupteffektes (HE) B ist dann ohne Belang. Bei $K > K_{min} = 2$ ergeben sich $J(K - 1)$ Prüfinstanzen über benachbarte Faktorstufen des Faktors B bzw. unter Einbezug der nicht benachbarten Stufen $J[K(K - 1)]/2$ Prüfinstanzen. Diese Prüfinstanzen können wieder konjunktiv oder disjunktiv zusammengefasst werden. *Alternativ* kann man die Prüfinstanzen auf der Ebene des hypothesenrelevanten HE B (und A) festlegen und die Testplanung auf diese Ebene beziehen; die Zellen sind dann für die Hypothesenprüfung irrelevant und dienen bei varianzanalytischer Sichtweise nur der Bestimmung der Testvarianz $s^2_{I,BA}$ als Mittelwert aus den JK Binnenvarianzen $s^2_{I,jk}$, für die bei gleicher Zellenbesetzung bei $FG_N = JK(N - 1)$ gilt [vgl. Formel (6.45) in Abschn. 6.3]:

(9.1) $s^2_{I,BA} = \sum\sum s^2_{I,jk}/JK = s^2_{I,B} P_{BA}$.

P_{BA} bezeichnet den empirischen Präzisionsindex.

„Alternativ" heißt dabei, dass man sich entweder für die eine oder die andere Vorgehensweise entscheidet, nicht für beide gleichzeitig. Die Prüfung auf der Zellenebene ist bei erfolgter Testplanung e-valider als die davon unabhängige Prüfung auf der Ebene des HE B (und A), weil auf der Zellenebene mehr Prüfinstanzen definiert werden können (vgl. dazu auch Abschn. 6.3).

Will man dagegen zweifaktorielle psychologische Hypothesen prüfen, muss der zu wählende Versuchsplan mindestens zwei Faktoren aufweisen. Besagen diese Hypothesen etwas über die Wechselwirkung oder Interaktion der beiden UVn, dann muss oder müssen die Prüfinstanz/en auf der Ebene der Zellen AB_{jk} definiert werden;

Testplanung für Mittelwertshypothesen in zweifaktoriellen Versuchsplänen

die Haupteffekte A und B sind dann ohne Belang. Eine Prüfinstanz besteht in diesem Fall aus vier Zellen, und alle Einzelhypothesen, die sich auf diese Zellen beziehen, sind zur Sicherung der Erschöpfendheit konjunktiv zusammenzufassen. Würde man auf diese **Entscheidungsregel** (KER) verzichten, könnte bereits *ein* vorhersagekonformes Resultat zur Bewährung der vorgeordneten PH führen, und dies müsste nicht einmal der bei zweifaktoriellen Hypothesen in aller Regel ableitbare und besonders wichtige Interaktionskontrast sein. Dies würde nicht einmal eine wohlwollende Prüfung darstellen, sondern eine Prüfung, die wichtige Aspekte der PH nicht berücksichtigt und die daher das **Kriterium der Erschöpfendheit** verletzen würde.

Zweifaktorielle Hypothesen können danach unterschieden werden, ob sie Vorhersagen aus der Sicht nur eines Faktors erlauben oder aber aus der Sicht beider Faktoren. Beide Fälle werden im vorliegenden Kapitel behandelt.

Zweifaktorielle Hypothesen, die etwas über die Wechselbeziehung der beiden UVn besagen, führen auf statistischer Ebene zu einer statistischen Hypothese über einen oder mehrere Interaktionskontrast/e; diese sind stets komplexe Kontraste, die jedoch bei passender Darstellung einfach zu interpretieren ist. Denn der komplexe **Interaktionskontrast** lässt sich unter mehreren anderen Möglichkeiten für die Zwecke der weiteren Erörterungen darstellen als ein *Kontrast über Paarkontraste*. Diese lauten: $\psi_1 = \mu_{12} - \mu_{11}$ und $\psi_2 = \mu_{22} - \mu_{21}$. Um aus diesen beiden Paarkontrasten einen Interaktionskontrast zu bilden, wird ein dritter Kontrast ψ_3 mit den Kontrastkoeffizienten $(+1)$ und (-1) definiert, und dieser Kontrast kontrastiert die beiden Paarkontraste wie folgt: $\psi_{AxB} = (+1)\psi_1 + (-1)\psi_2$. Auf diese Weise erhält man (vgl. auch Abschn. 6.3):

(9.2) $\psi_{Int} = \psi_{AxB} = (+1)\psi_1 + (-1)\psi_2 = (+1)(\mu_{12} - \mu_{11}) + (-1)(\mu_{22} - \mu_{21}) =$
$= (+1)[(+1)\mu_{12} + (-1)\mu_{11}] + (-1)[(+1)\mu_{22} - (-1)\mu_{21}] =$
$= (+1)\mu_{12} + (-1)\mu_{11} + (-1)\mu_{22} + (+1)\mu_{21} = \mu_{12} - \mu_{11} - \mu_{22} + \mu_{21} =$
$= (\mu_{12} - \mu_{11}) - (\mu_{22} - \mu_{21}) = (\mu_{12} - \mu_{22}) - (\mu_{11} - \mu_{21}) = (\mu_{12} + \mu_{21}) - (\mu_{22} + \mu_{11}),$

wobei die dritte und die vierte Zeile durch Ausmultiplizieren der Kontrastkoeffizienten entstanden sind.

Nimmt man nun zur Demonstration einmal an, dass man $\psi_1 = 1{,}0$ und $\psi_2 = 0{,}5$ gewählt hat, dann ergibt sich nach Formel (9.2) $\psi_{Int} = \psi_{AxB} = \psi_1 - \psi_2 = 1{,}0 - 0{,}5 = 0{,}5$. Der Wert des Interaktionskontrastes ist also eindeutig durch die Werte der einfachen Paarkontraste festgelegt, und zwar unabhängig davon, ob die Paarkontraste in einer Spalte B_k über die Zeilen A_j oder alternativ in einer Zeile A_j über die Spalten B_k konstruiert worden sind. Der für den Interaktionskontrast errechnete Wert von $\psi_{AxB} = 0{,}5$ beruht allerdings auf den Koeffizienten $c'_{11,AxB} = (+1)$, $c'_{12,AxB} = (-1)$, $c'_{21,AxB} = (-1)$ und $c'_{22,AxB} = (+1)$. Die Summe der Beträge dieser Koeffizienten ist 4. Division der $c'_{jk,t}$ durch $(0{,}5)4 = 2$ ergibt die neuen Koeffizienten $c_{11,AxB} = +1/2$, $c_{12,AxB} = -1/2$, $c_{21,AxB} = -1/2$ und $c_{22,AxB} = +1/2$. Durch Umrechnung auf diese „neuen" Kontrastkoeffizienten nimmt der Interaktionskontrast den Wert $\psi_{AxB} = 0{,}5/2 = 0{,}25$ an.

Diese Transformation bleibt allerdings ohne Folgen für die Testplanung und die Durchführung der Tests; sie geschieht ausschließlich aus interpretatorischen Gründen, d.h. um alle Paar- und alle komplexen Kontraste zu vereinheitlichen und um auf die Konventionen J. Cohens (1988; S. 24-26) zurückgreifen zu können.

Wenn man einen Interaktionskontrast auf die Binnenstreuung standardisiert, erhält man eine **Effektgröße** für einen Interaktionskontrast:

$$(9.3) \quad \delta_{AxB} = \psi_{AxB}/\sigma_{I,BA} = [(\mu_{jk} - \mu_{j'k}) - (\mu_{jk'} - \mu_{j'k'})]/\sigma_{I,BA} =$$
$$= [(\mu_{jk} - \mu_{jk'}) - (\mu_{j'k} - \mu_{j'k'})]/\sigma_{I,BA}.$$

In Gleichung (9.2) wurde der Interaktionkontrast $\psi_{AxB} = (\mu_{12} - \mu_{11}) - (\mu_{22} - \mu_{21}) = (\mu_{12} - \mu_{22}) - (\mu_{11} - \mu_{21}) = (\mu_{12} - \mu_{22} - \mu_{11} + \mu_{21}) = (\mu_{12} + \mu_{21}) - (\mu_{22} + \mu_{11})$ aufgestellt. Die verschiedenen Ausdrücke nehmen alle den gleichen numerischen Wert an, aber diesem gleichen numerischen Ergebnis können ganz unterschiedliche Einzeldifferenzen zugrunde liegen. **Beispiel**: Die Mittelwerte in den Zellen lauten: $\mu_{11} = 3$; $\mu_{12} = 5$; $\mu_{21} = 7$ und $\mu_{22} = 12$. Dies ergibt: $\psi_1 = \mu_{12} - \mu_{11} = 5 - 3 = 2$; $\psi_2 = \mu_{22} - \mu_{21} = 12 - 7 = 5$; $\psi_3 = \mu_{12} - \mu_{22} = 5 - 12 = -7$ sowie $\psi_4 = \mu_{11} - \mu_{21} = 3 - 7 = -4$. Daraus folgt 1) $\psi_{AxB,1} = \psi_1 - \psi_2 = 2 - 5 = -3$ und 2) $\psi_{AxB,2} = \psi_3 - \psi_4 = -7 - (-4) = -3$ sowie 3) $\psi_{AxB,3} = [(5 + 7) - (12 + 3)] = -3$. Die psychologische Hypothese „benennt" die Einzeldifferenzen, die unter ihr relevant sind [d.h. $\psi_{AxB,1} = \psi_2 - \psi_1 = (\mu_{22} - \mu_{21}) - (\mu_{12} - \mu_{11})$ und/oder $\psi_{AxB,2} = \psi_4 - \psi_3 = (\mu_{11} - \mu_{21}) - (\mu_{12} - \mu_{22})$], und sie besagt auch etwas darüber, ob diese Einzeldifferenzen gleich oder welche größer sein muss als die andere oder ob die hypothesenrelevanten Einzeldifferenzen unterschiedliche Vorzeichen aufweisen müssen. Dabei beziehen sich die als Differenzen ausgedrückten Wirkungen stets auf mindestens eine einfaktorielle Hypothese, die der zweifaktoriellen Interaktionshypothese zugrunde liegt. **Aus diesem Blickwinkel kann man sagen, dass sich einfaktorielle psychologische Hypothesen auf bestimmte Wirkungen beziehen und zweifaktorielle Hypothesen, die eine Interaktion betreffen, auf die relative Größe dieser Wirkungen.** M.a.W. stellt es den Regelfall dar, dass zur adäquaten Interpretation einer zweifaktoriellen Hypothese die Kenntnis derjenigen einfaktoriellen Hypothese/n vorteilhaft oder sogar erforderlich ist, die sich auf die einfachen Wirkungen oder Differenzen bezieht/en. Das ist der Hauptgrund, aus dem es sich empfiehlt, einen Interaktionskontrast als „Differenz von Differenzen" bzw. als Kontrast über Paarkontraste zu interpretieren, wie sie in Formel (9.2) auftreten (vgl. auch Jaccard, 1998, S. 3-6). Dabei entscheidet die zu prüfende psychologische Hypothese darüber, ob dies die Variante $\psi_{AxB,1}$ oder die Variante $\psi_{AxB,2}$ ist. - Die Bewährung der einfaktoriellen Hypothesen stellt dann einen wichtigen Aspekt der **Anwendungsvoraussetzungen** für die zweifaktorielle Hypothese dar. Kann eine oder können mehrere der einfaktoriellen Hypothesen sich nicht bewähren, liegen wichtige Anwendungsvoraussetzungen für die zweifaktorielle Hypothese nicht vor, und ihre Prüfung ist damit nicht sinnvoll durchführbar. Das Gleiche gilt mutatis mutandis für höherfaktorielle Hypothesen und die ihnen zugrunde liegenden Hypothesen, die sich auf weniger UVn beziehen.

Testplanung für Mittelwertshypothesen in zweifaktoriellen Versuchsplänen

Der Umstand, dass sich Hypothesen über eine (statistische) Interaktion immer auf die relative Größe von Mittelwertsdifferenzen beziehen, die ihrerseits die Wirkung mindestens einer im engen Zusammenhang stehenden einfaktoriellen psychologischen Hypothese zum Ausdruck bringt, hat eine potenzielle und eine faktische Konsequenz. Die **faktische Konsequenz** besteht darin, dass es keinen Sinn macht, den Test für die Hypothese über den Interaktionskontrast durchzuführen, wenn die einfaktoriellen Wirkungen nicht nachweisbar oder nicht aufgetreten sind. Der Nachweis der einfaktoriellen Wirkungen ist m.a.W. die Voraussetzung dafür, dass die Hypothese über den Interaktionskontrast getestet und das Ergebnis sinnvoll interpretiert werden kann. Dies ist auch der Hauptgrund dafür, dass die Regel aufgestellt worden ist, Einzelvorhersagen, die sich auf eine Prüfinstanz beziehen, stets konjunktiv zusammenzufassen. Die **potenzielle Konsequenz** sieht vor, dass man die der zweifaktoriellen Hypothese, die eine Vorhersage über die Interaktion macht, zugrunde liegende/n einfaktorielle/n Hypothese/n identifiziert und aus dieser/n die entsprechenden Vorhersagen einschließlich der vorhersagekonformen statistischen Hypothesen über die einfaktoriellen Wirkungen ableitet. **Jeder zweifaktoriellen Interaktionshypothese liegt dabei mindestens eine „eng verwandte" einfaktorielle Hypothese zugrunde**; bei höherfaktoriellen Interaktionshypothesen lassen sich stets ein-, zwei- und ggf. auch höherfaktorielle Hypothesen und Interaktionshypothesen identifizieren, die der interessierenden höherfaktoriellen Interaktionshypothese zugrunde liegen. Kann man nur eine einfaktorielle Hypothese identifizieren, beträgt die Anzahl der zu ihrer Testung erforderlichen Tests unter Minimalbedingungen, also in einem 2x2-Plan, immer zwei; liegen zwei einfaktorielle Hypothesen zugrunde, beträgt die Anzahl der erforderlichen Tests stets vier, sofern man die Prüfinstanzen auf der Ebene der Zellen AB_{jk} festlegt. Die Kumulation der statistischen Fehlerwahrscheinlichkeiten wird dann pro einfaktorieller Hypothese ermittelt und ausgeglichen, denn die einzelne psychologische Hypothese ist diejenige konzeptuelle Einheit, in Bezug auf die die Frage der Kumulation und Adjustierung behandelt wird (vgl. Abschn. 7.2), und es können jederzeit so viele psychologische Hypothesen aufgestellt und geprüft werden, wie es dem/der VL beliebt. Dieses Vorgehen führt im einfachen 2x2-Plan dazu, dass die eigentlich interessierende zweifaktorielle Hypothese, aus der über die psychologische Vorhersage eine statistische Hypothese über einen Interaktionskontrast abgeleitet wurde, mit nur einem einzigen statistischen Test adäquat und erschöpfend geprüft werden kann, so dass es für diese Hypothese zu keiner Fehlerkumulation kommt. Voraussetzung für die Durchführung des Tests über den vorhergesagten Interaktionskontrast bzw. für dessen sinnvolle Interpretation ist es allerdings auch, dass sich die zugrunde liegende/n einfaktorielle/n Hypothese/n bewähren kann/können, d.h. dass die Wirkung/en, auf die sich die Interaktionshypothese bezieht, auch eingetreten ist/sind. Im allgemeinen Fall von KxJ- oder höherfaktoriellen Versuchsplänen sind dann zur adäquaten und erschöpfenden Prüfung der zweifaktoriellen Hypothese über eine Interaktion nurmehr soviele Tests durchzuführen, wie man Prüfinstanzen definiert hat. Diese kann man nur über benachbarte Quadrupel definieren oder zusätzlich auch über nicht benachbarte. Unabhängig davon, für welche Vorgehensweise man sich dabei entscheidet, braucht diejenige Kumulation der statistischen Fehlerwahrscheinlichkeiten bei der Planung der Tests für die Interaktionshypothese nicht mehr berücksichtigt zu werden, die bereits bei den Tests zum Nachweis der einfachen, d.h. der von der zugrunde liegenden einfaktoriellen Hypothese postulierten Wirkungen berücksichtigt wurde.

Diese potenzielle Konsequenz läuft also auf eine Aufteilung der Kumulation und Adjustierung von einer (zweifaktoriellen) Hypothese auf mindestens eine einfaktorielle Hypothese plus die zweifaktorielle Hypothese hinaus, so dass für letztere eine geringere (oder gar keine) Kumulation resultiert. Dies aber erhöht je nach vorhersagekonform abgeleiteter statistischer Hypothese die e- oder die f-Validität der Prüfung der zweifaktoriellen Hypothese. Für höherfaktorielle Pläne gilt Entsprechendes, nur dass dort davon auszugehen ist, dass die zugrunde liegenden Hypothesen sowohl solche sind, die sich auf die einfachen Wirkungen beziehen, als auch solche, die zwei- oder höherfaktoriellen Interaktionen betreffen. Diese Konsequenz heißt „potenziell", weil sie ein mögliches, aber kein zwingendes Vorgehen bei der Hypothesenprüfung beschreibt.

In Abschnitt 6.3 waren verschiedene Typen der Interaktion mit den Bezeichnungen Nullinteraktion, Ordinalität und Disordinalität unterschieden worden. Diese Bezeichnungen stellen lediglich verbale Labels zur Beschreibung von Mittelwertsmustern dar. Wenn eine Hypothese über einen Interaktionskontrast abgeleitet wird, so ist das damit verbundene Mittelwertsmuster genauer spezifiziert als durch die angesprochenen verbalen Etikettierungen, und es wird zumindest implizit eines der Interaktionsmuster angesprochen. Die Testung der als vorhersagekonform abgeleiteten Hypothese über eine statistische Interaktion oder Wechselwirkung ist in jedem Falle ausreichend; *der mit ihr verbundene Interaktionstyp braucht in keinem Falle gesondert bestimmt zu werden.*

Grundsätzlich kann man in zweifaktoriellen Plänen statistische Hypothesen über einfache und komplexe Kontraste und auch Vergleiche sowohl auf der Ebene der Zellen als auch auf der der Haupteffekte formulieren und testen. Kontraste auf der Ebene der Zellen nehmen dabei die folgende Form an, ausgedrückt als Effektgrößen:

a) Kontraste zwischen den Stufen von B unter A:

(9.4) $\delta_{BA,B\text{-in-}A,t} = \psi_{B\text{-in-}A,t}/\sigma_{I,BA} = (\sum_k c_k \mu_{(j)k,t})/\sigma_{I,BA}$ und

b) Kontraste zwischen den Stufen von A unter B:

(9.5) $\delta_{BA,A\text{-in-}B,t} = \psi_{A\text{-in-}B,t}/\sigma_{I,BA} = (\sum_j c_j \mu_{j(k),t})/\sigma_{I,BA}$,

c) Kontraste über die Interaktion AxB:

(9.6) $\delta_{BA,AxB,t} = \psi_{AxB,t}/\sigma_{I,BA} = (\sum_{jk} c_{jk} \mu_{jk,t})/\sigma_{I,BA}$,

wobei $\sigma_{I,BA}$ die theoretische Entsprechung von $s_{I,BA}$ aus Formel (9.1) darstellt.

Die zuordenbaren Hypothesen lauten dann:

(9.7) $H_{0,B\text{-in-}A}$: ($\psi_{B\text{-in-}A,t} = \sum_k c_k \mu_{jk,t} = 0$) vs. $H_{1,B\text{-in-}A}$: ($\psi_{B\text{-in-}A,t} = \sum_k c_k \mu_{jk,t} \neq 0$) bzw.

$H_{0,B\text{-in-}A}$: ($\psi_{B\text{-in-}B,t} = \sum_k c_k \mu_{jk,t} \leq 0$) vs. $H_{1,B\text{-in-}A}$: ($\psi_{B\text{-in-}B,t} = \sum_k c_k \mu_{jk,t} > 0$),

und für die Kontraste $\psi_{A\text{-in-}B,t}$ gelten entsprechende statistische Hypothesen H_0 und H_1. Für die Haupteffekte A und B ergibt sich dann:

(9.8) $H_{0,B,t}$: ($\psi_{B,t} = \sum c_{k,B,t} \mu_{.k} = 0$) vs. $H_{1,t}$: ($\psi_{B,t} = \sum c_{k,B,t} \mu_{.k} \neq 0$) oder

$H_{0,B,t}$: ($\psi_{B,t} = \sum c_{k,B,t} \mu_{.k} \leq 0$) vs. $H_{1,B,t}$: ($\psi_{B,t} = \sum c_{k,B,t} \mu_{.k} > 0$).

(9.9) $H_{0,A,t}$: ($\psi_{A,t} = \sum c_{j,A,t} \mu_{j.} = 0$) vs. $H_{1,A,t}$: ($\psi_{A,t} = \sum c_{j,t} \mu_{j.} \neq 0$) oder

$H_{0,A,t}$: ($\psi_{A,t} = \sum c_{j,A,t} \mu_k \leq 0$) vs. $H_{1,A,t}$: ($\psi_{A,t} = \sum c_{j,A,t} \mu_{j.} > 0$).

Für Kontraste über die Interaktionen resultiert zu guter Letzt:

(9.10) $H_{0,A\times B}$: ($\psi_{A\times B,t} = \sum c_{jk,t} \mu_{jk} = 0$) vs. ($H_{1,A\times B,t}$: $\psi_{A\times B,t} = \sum c_{jk,t} \mu_{jk} \neq 0$) oder

$H_{0,A\times B,t}$: ($\psi_{A\times B,t} = \sum c_{jk,t} \mu_{jk} \leq 0$) vs. $H_{1,A\times B,t}$: ($\psi_{A\times B,t} = \sum c_{jk,t} \mu_{jk} > 0$).

Bei allen Kontrasten können unter der jeweiligen H_0 auch Werte ungleich Null angesetzt werden ($\psi_{t,c} \neq 0$). - Alle vorstehenden Hypothesen werden mittels **t-Test** getestet, der für Tests auf der Zellenebene die folgende Form aufweist [vgl. auch Abschnitt 8.1, Formel (8.2)]

(9.11) $t_{emp,t} = \dfrac{\sum c_{jk,t} M_{jk} - \sum c_{jk,t} \mu_{jk}}{s_{I,BA} \sqrt{\dfrac{\sum c_{jk,t}^2}{n}}} = \dfrac{D_t - \psi_t}{s_{I,BA} \sqrt{\dfrac{\sum c_{jk,t}^2}{n}}}$,

wobei $s_{I,BA}$ je nach gewähltem Versuchsplan durch die diesem angemessene Teststreuung zu ersetzen ist. $s_{I,BA}$ ist die Teststreuung bei interindividueller Bedingungsvariation.

Wenden wir uns damit der Testplanung in zweifaktoriellen Versuchsplänen zu.

9.2 Hypothesen über Mittelwerte bei unabhängigen Stichproben

Wie erwähnt, entstehen zweifaktorielle Versuchspläne dann, wenn man bei der Prüfung einer einfaktoriellen psychologischen Hypothese einen zweiten Faktor als Kontrollfaktor in den Versuchsplan aufnimmt oder wenn man zweifaktorielle psychologische Hypothesen prüfen will. Üblicherweise führen zweifaktorielle Versuchspläne gegenüber einfaktoriellen zu einer Präzisionserhöhung, und dies ist gleichbedeutend mit einer Reduktion der Binnenvarianz $s_{I,B}^2$, so dass $s_{I,BA}^2$ im zweifaktoriellen Plan geringer ausfällt als $s_{I,B}^2$ im einfaktoriellen Plan (vgl. Abschn. 6.3). Um den varianzreduzierenden Vorteil eines zwei- oder höherfaktoriellen Versuchsplanes in die Testplanung einbringen zu können, kann man den Anteil, der aus der Binnenquadratsumme QSI(BA) herausgelöst wird, als Proportion von QSI(B) an QSI(BA) ausdrücken (siehe Abschn. 6.3). Wenn man dann mit Π_{BA}, dem **Präzisionsindex**, die relative Verringerung der theoretischen Binnenvarianz $\sigma^2_{I,BA}$ relativ zur Binnenvarianz $\sigma^2_{I,B}$ bezeichnet und mit P_{BA} den empirischen, so erhält man, wobei sich der Index BA auf die beiden Faktoren des zweifaktoriellen Planes bezieht (vgl. Abschn. 6.3):

(9.12) $\Pi_{BA} = \sigma^2_{I,BA}/\sigma^2_{I,B}$ und

(9.13) $P_{BA} = QSI(BA)/QSI(B)$,

wobei gilt:

(9.14) $0 < \Pi_{BA} \leq 1$ und $0 < P_{BA} \leq 1$.

Als **Faustregel** kann man für zweifaktorielle Pläne durchaus Werte **0,50 $\leq \Pi_{BA} \leq$ 0,90** wählen (vgl. Abschn. 6.3), sofern aus einer gut vergleichbaren Untersuchung kein anderer Wert ermittelbar ist. Werte $\Pi_{BA} > 0{,}90$ sind weniger sinnvoll, weil sie nur einer geringen Präzisionserhöhung entsprechen. Wählt man den Wert $\Pi_{BA} = 1$, entspricht dies der Vermutung, dass keine Präzisionserhöhung stattfindet; dies ist eher unrealistisch. Es resultiert dann eine konservative Testplanung, d.h. es sind mehr Vpn erforderlich, als wenn man die Verringerung der Binnenvarianz $\sigma^2_{I,B}$ bzw. der Binnenquadratsumme systematisch berücksichtigen würde.

Die **Effektgrößen** für Lokationsunterschiede wie δ_B sind für einfaktorielle Pläne definiert und sollten den zwei- und höherfaktoriellen Plänen entsprechend angepasst werden, sofern man die mit diesen üblicherweise einhergehende Erhöhung der Präzision bzw. Verringerung der Binnenvarianz $\sigma^2_{I,B}$ und der Binnenquadratsumme QSI(B) berücksichtigen will. Mittels des Präzisionsindexes Π_{BA} lässt sich der Vorteil eines höherfaktoriellen Planes bereits bei der Testplanung im Sinne einer **Vergrößerung des Effektes** und damit der Verringerung der notwendigen Stichprobenumfänge einsetzen. Denn es gilt:

(9.15) $\delta^2_{BA,B,t} = \delta^2_{B,t}/\Pi_{BA}$.

Für die Effektgrößen $\delta_{BA,A,t}$ und $\delta_{BA,AxB,t}$ gilt dann Entsprechendes.

Für die Planung von **t-** und **F-Tests** über gerichtete oder ungerichtete Mittelwertshypothesen in zweifaktoriellen Plänen wird von der verallgemeinerten Formel von Erdfelder und Bredenkamp (1994, S. 629) ausgegangen:

(9.16) $\phi^2_{VA,B,t} = \dfrac{\left(\sum c_{jkt}\mu_{jk}\right)^2/(JK\sum c^2_{jk,t})}{\sigma_I} = \dfrac{\delta^2_{B,jk,t}}{JK\sum c^2_{jk,t}}$.

Erdfelder und Bredenkamp (1994, S. 630) geben folgende Formel zur Stichprobengrößenbestimmung an, die für den Fall eines zweifaktoriellen Planes erweitert wurde:

Testplanung für Mittelwertshypothesen in zweifaktoriellen Versuchsplänen

(9.17) $n_t = \dfrac{(z_{1-\alpha} + z_{1-\beta})^2}{JK \phi^2_{VA,B,krit,t}}$.

Einsetzen des rechten Gliedes aus Formel (9.15) in Formel (9.16) ergibt zunächst:

(9.18) $n_t = \dfrac{(z_{1-\alpha} + z_{1-\beta})^2 \sum c^2_{jk,t}}{\delta^2_{B,krit,t}}$.

Wenn man mit der nach Formel (9.15) bestimmten **Effektgröße** $\delta^2_{BA,B,t}$ operiert, erhält man für die **TPS 1** und eine gerichtete Hypothese:

(9.19) $n_t = \dfrac{(z_{1-\alpha} + z_{1-\beta})^2 \sum c^2_{jk,t}}{\delta^2_{B,krit,t}/\Pi_{BA}} = \dfrac{(z_{1-\alpha} + z_{1-\beta})^2 \sum c^2_{jk,t}}{\delta^2_{BA,B,krit,t}}$.

Als Spezialisierung für Paarkontraste zwischen zwei Zeilen A_j und $A_{j'}$ innerhalb einer Spalte B_k ergibt sich für gerichtete Hypothesen (**TPS 1**):

(9.20) $n_{A,t} = \dfrac{2(z_{1-\alpha} + z_{1-\beta})^2}{\delta^2_{B(j)k,krit,t}/\Pi_{BA}} = \dfrac{2(z_{1-\alpha} + z_{1-\beta})^2}{\delta^2_{BA,B,(j)k,krit,t}}$

bzw. für Paarkontraste über zwei Spalten B_k und $B_{k'}$ innerhalb einer Zeile A_j und erneut eine gerichtete Hypothese (**TPS 1**):

(9.21) $n_{B,t} = \dfrac{2(z_{1-\alpha} + z_{1-\beta})^2}{\delta^2_{B,j(k),krit,t}/\Pi_{BA}} = \dfrac{2(z_{1-\alpha} + z_{1-\beta})^2}{\delta^2_{BA,B,j(k),krit,t}}$.

Damit können auch im wichtigen Falle der zweifaktoriellen Hypothesen die bisher benutzten Formeln eingesetzt werden. n_t bezeichnet diejenige Stichprobengröße, die pro Bedingungskombination AB_{jk} für einen bestimmten Test und einen bestimmten Kontrast ψ_t bestimmt wird, woraus sich die Gesamt-Stichprobengröße N_t durch Multiplikation mit der Anzahl JK der Zellen ergibt. In aller Regel ist pro Hypothese, pro Test und/oder pro Effekt $\delta_{BA,t}$ ein anderer Stichprobenumfang erforderlich. $\delta^2_{BA,B,t}$ ist ggf. durch $\delta^2_{BA,A,t}$ oder $\delta^2_{BA,AxB,t}$ zu ersetzen.

Für die **TPS 2** und für einen einseitigen **t-Test** über gerichtete Hypothesen ergibt sich dann folgende Formel:

(9.22) $(z_{1-\alpha} + z_{1-\beta})^2 = \dfrac{n_t \delta^2_{B,krit,t}}{\Pi_{BA} \sum c^2_{jk,t}} = \dfrac{n_t \delta^2_{BA,B,krit,t}}{\sum c^2_{jk,t}}$.

Für die **TPS 3** und einen einseitigen **t-Tests** über gerichtete Hypothesen resultiert:

$$(9.23) \quad \delta^2_{BA,B,krit,t} = \frac{\delta^2_{B,krit,t}}{\Pi_{BA}} = \frac{(z_{1-\alpha} + z_{1-\beta})^2 \sum c^2_{jk,t}}{n_t}.$$

In den Formeln (9.19) bis (9.23) ist mit $z_{1-\alpha/2}$ zu operieren, wenn ungerichtete Hypothesen zu testen sind. Auch ist B bedarfsweise durch A oder AxB zu ersetzen.

Die Testplanungsformeln können auch in **höherfaktoriellen Versuchsplänen** angewendet werden, in denen $s^2_{I,B}$ als $s^2_{I,BAC}$ oder $s^2_{I,BACD}$ usw. die Testvarianz darstellt. Je mehr Faktoren aufgenommen werden, desto kleiner kann Π_{BA} als Π_{BAC} oder Π_{BACD} usw. gewählt werden. Allerdings nimmt der Vpn-Bedarf in höherfaktoriellen Plänen bei vollständiger Kreuzung der Faktoren unverhältnismäßig rasch zu, so dass man derartige Pläne sehr selten antrifft.

Betrachten wir einige Beispiele. Dabei wird zunächst noch eine für die weiteren Erörterungen wichtige einfaktorielle Hypothese eingeführt.

Beispiel 9.1: In der amerikanischen Untersuchung von Paivio, Yuille und Madigan (1968), die u.a. die Abstraktheit-Konkretheit und die Bildhaftigkeit von 925 Substantiven einschätzen ließen, korrelierten diese beiden Variablen zu r = 0,83. Paivio (1971, S. 201) nahm die Höhe der Korrelation zum Anlass, um auf ihrer Grundlage die sog. *Identitätsannahme* zu formulieren: „concreteness and imagery are so highly correlated ... that they can be taken as essentially defining the same variable". Durch diese (nicht prüfbare) Annahme konnte er den Anwendungsbereich seiner Theorie auch auf die Abstraktheit-Konkretheit ausweiten. In der deutschsprachigen Untersuchung von Baschek, Bredenkamp, Oehrle und Wippich (1977, S. 368) betrug die entsprechende Korrelation r = 0,89. Die nicht perfekte Korrelation zeigt allerdings, dass es einige, wenn auch nicht sehr viele Wörter geben muss, bei denen hohe eingeschätzte Bildhaftigkeit mit niedriger eingeschätzter Abstraktheit-Konkretheit einhergehen. Dies hat Wippich (1984) dazu veranlasst, die sog. *Trennungsannahme* zu formulieren, nach der es sich bei den Variablen Bildhaftigkeit einer- und der Abstraktheit-Konkretheit andererseits um grundsätzlich verschiedene Variablen handelt. Die Trennungsannahme ist ebenfalls nicht empirisch prüfbar. Vor dem Hintergrund der Trennungsannahme sollen in einem zweifaktoriellen Versuchsplan sowohl eine sich auf die Bildhaftigkeit beziehende Hypothese (**PH-1**) und eine weitere Hypothese gleichzeitig geprüft werden, die sich auf die Wirkung der Abstraktheit-Konkretheit bezieht (**PH-18**). Die bereits behandelte einfaktorielle Hypothese PH-1 besagt, dass sehr bildhafte Wörter im Mittel besser gelernt werden als wenig bildhafte (UV B: eingeschätzte Bildhaftigkeit mit K = 2; AV: mittlere Anzahl der richtig reproduzierten Wörter). Aus ihr werden auf der Zellenebene des zweifaktoriellen Versuchsplanes zwei *konjunktiv* miteinander verknüpfte Teilhypothesen abgeleitet:

(9.24) (PH-1 $\wedge$ VSVS) $\approx$> [PV-1(BA;K=2;J=2) $\wedge$ SHH] $\approx$>
$\approx$> SV-1(BA;K=2;J=2;KER) $\approx$> ST-1(BA;K=2;J=2):
[(H$_{1,1}$: $\psi_1 = \mu_{12} - \mu_{11} > 0$) $\wedge$ (H$_{1,2}$: $\psi_2 = \mu_{22} - \mu_{21} > 0$)].

Die **PH-18** behauptet, dass konkretes Lernmaterial im Mittel besser gelernt wird als abstraktes (UV A: eingeschätzte Abstraktheit-Konkretheit, J = 2; AV: mittlere Anzahl der richtig reproduzierten Wörter). Zur Prüfung dieser Hypothese werden die zu lernenden Listen auf die gleiche Art konstruiert wie bei Hypothesen über die eingeschätzte Bildhaftigkeit. Allerdings muss man auf einen genügend großen Pool eingeschätzter Wörter usw. zurückgreifen können, damit nur die beiden hypothesenrelevanten Variablen (d.h. die eingeschätzte Bildhaftigkeit und die eingeschätzte Abstraktheit-Konkretheit) variieren und keine potenziellen Störfaktoren mit ihnen; dies stellt jedoch kein Problem dar (vgl. Hager & Hasselhorn, 1994). Der Forscher entschließt sich, die PH-18 auf jeder Stufe des anderen Faktors (B) zu prüfen und dabei die entstehenden beiden Prüfinstanzen konjunktiv zusammenzufassen. Die Ableitung ergibt:

(9.25) (PH-18 $\wedge$ VSVS) $\approx$> [PV-18(BA;K=2;J=2) $\wedge$ SHH] $\approx$>

$\approx$> SV-18(BA;K=2;J=2;KER) $\approx$> ST-18(BA;K=2;J=2):

[($H_{1,3}$: $\psi_3 = \mu_{21} - \mu_{11} > 0$) $\wedge$ ($H_{1,4}$: $\psi_4 = \mu_{22} - \mu_{12} > 0$)].

Vergleiche Tabelle 9.1 zur Veranschaulichung der Vorhersagestruktur.

Tabelle 9.1: Vorhersagemuster bei der Prüfung der voneinander unabhängigen PH-1 und der PH-18 in einem Versuch

Faktor A: eingeschätzte Abstraktheit-Konkretheit	Faktor B: eingeschätzte Bildhaftigkeit			Ebene des Haupteffektes A
	B_1: wenig bildhaft	Vorhersagen	B_2: sehr bildhaft	
A_1: abstrakt	μ_{11}	<	μ_{12}	$\mu_{1.}$
Vorhersagen	$\wedge$		$\wedge$	($\wedge$)
A_2: konkret	μ_{21}	<	μ_{22}	$\mu_{2.}$
Ebene des Haupteffektes B	$\mu_{.1}$	(<)	$\mu_{.2}$	$\mu_{..}$

Die Paarkontraste sind unter beiden Hypothesen unabhängig voneinander, und eine Hypothese über einen Interaktionskontrast kann aus beiden Hypothesen über die PVn nicht abgeleitet werden. Wenn man für die Testplanung die Effekte für die Paarkontraste festlegt, wird dadurch eine Vermutung über die relative Größe der Paarkontraste geäußert. Nehmen wir an, dass der Forscher unter der PH-1 größere Effekte erwartet als unter der PH-18, weil er die Bildhaftigkeit für eine potentere Variable hält als die Abstraktheit-Konkretheit (vgl. auch Paivio, 1971). Er beginnt daher mit der Testplanung für die Prüfung der PH-18 und fragt dann nach den realisierbaren Fehlerwahrscheinlichkeiten für die PH-1. Bei der Prüfung der PH-18 kumuliert β (Fall 1 der Kumulation und Adjustierung in Abschn. 7.2): $\varepsilon_{18} \leq \max(\alpha_3; \alpha_4)$ und $\varphi_{18} \leq \Sigma\beta_t$. Es wird festgelegt: $\varepsilon_{18,krit} \leq 0,10 = \alpha_{krit,t} = 0,10$ und $\varphi_{18,krit} \leq 0,10 = 2\beta_{krit,t}$ und und $\beta_{krit,t} = 0,05$; ferner gelte: $\delta_{A,krit,3} = \delta_{A,krit,4} = 0,60$. Es wird mit $\Pi_{AB} = 0,50$ gerechnet, also: $\delta_{BA,A,krit,3} = \delta_{BA,A,krit,4} = 0,85$

(0,8485). Einsetzen in Formel (9.19) (TPS 1) ergibt: $n_t = 2(1{,}282 + 1{,}645)^2/0{,}72 = 23{,}7981$ bzw. aufgerundet $n_t = 24$ und $N_t = 96$. Wie groß können dann die Fehlerwahrscheinlichkeiten unter der PH-1 sein, bei deren Prüfung ebenfalls β kumuliert, wenn man die Effekte etwas größer festlegt (TPS 2): $\delta_{B,krit,1} = \delta_{B,krit,2} = 0{,}70$, so dass $\delta_{BA,B,krit,1} = \delta_{BA,B,krit,2} = 1{,}00$ (0,9899)? Zur Beantwortung dieser Frage wird Formel (9.22) benötigt: $(z_{1-\alpha} + z_{1-\beta})^2 = (1{,}00)(24)/2 = 12{,}00$ und $\sqrt{12} = 3{,}4641$. Es sei $\beta_{krit,1} = \beta_{krit,2} = 0{,}025$ ($z_{1-\beta} = 1{,}96$), so dass $z_{1-\alpha} = 1{,}5041$ wird und damit $\alpha_{krit,1} = \alpha_{krit,2} = 0{,}07$. Damit gilt: $\varepsilon_{1,krit} \leq \max(0{,}07; 0{,}07) = 0{,}07$ und $\varphi_{1,krit} \leq (0{,}025 + 0{,}025) = 0{,}05$ - eine erfreuliche Kombination von Fehlerwahrscheinlichkeiten.

Die Festlegung der nachzuweisenden Effekte unter jeder der beiden psychologischen Hypothesen „implizieren" eine Nullinteraktion. Da eine derartige Hypothese weder aus der PH-1 und der PV-1(BA;K=2) noch aus der PH-18 und der PV-18(BA;J=2) abgeleitet werden kann, braucht sie auch nicht getestet zu werden, denn sie ergibt sich erst auf der den Vorhersagen nachgeordneten Ebene der ST-1(BA;K=2) und der ST-18(BA;J=2) als Folge von „methodisch-technischen" Festlegungen. Der Versuch wird durchgeführt, und aus den Daten können die in Tabelle 9.2 enthaltenen Mittelwerte bestimmt werden.

Tabelle 9.2: Ergebnisse der Prüfung der PH-1 und der PH-18 in einem Versuch			
Faktor A: eingeschätzte Abstraktheit-Konkretheit	**Faktor B:** eingeschätzte Bildhaftigkeit		**Randmittelwerte**
	B_1: wenig bildhaft	B_2: sehr bildhaft	
A_1: abstrakt	$M_{11} = 19{,}0$	$M_{12} = 26{,}0$	$M_{1.} = 22{,}5$
A_2: konkret	$M_{21} = 26{,}0$	$M_{22} = 30{,}0$	$M_{2.} = 28{,}0$
Randmittelwerte	$M_{.1} = 22{,}5$	$M_{.2} = 28{,}0$	$M_{..} = 24{,}75$

Die Binnenstreuung lautet: $s_{I,BA} = 6{,}70$. Welche Ergebnisse erbringen die **t-Tests** für die Prüfung der PH-1? $t_{emp,1} = 3{,}6192$ und $t_{emp,2} = 2{,}0681$ bei $t_{krit(0,07;92),t} \approx 1{,}4735$. Also können die beiden vorhersagekonformen Hypothesen angenommen werden. Die Effekte lauten: $d_{BA,B,1} = 1{,}0448$ und $d_{BA,B,2} = 0{,}5970$: Der Effekt in Zeile A_2 fällt um einiges geringer aus als sein Kriteriumswert. Daher bewertet der Forscher die PV-1(BA;K=2) nur mit der Einschränkung als eingetreten, dass eine der Effektgrößen nicht von der erwarteten Größe ist. Die PH-1 wird daher nur als bedingt bewährt bezeichnet werden.

Was ergibt die Prüfung der PH-18? $t_{emp,3} = 3{,}6192$ und $t_{emp,4} = 3{,}1022$ bei $t_{krit(0,05;92),t} = 1{,}658$. Auch hier können beide Hypothesen angenommen werden und damit auch die SV-18(BA;J=2). Die empirischen Effekte sind von folgender Größe: $d_{BA,A,3} = 1{,}4925$ und $d_{BA,A,4} = 0{,}8955$. Die Effekte sind hier um einiges größer als die Spezifikationen während der Testplanungsphase ($\delta_{BA,A,krit,t} = 0{,}85$), und sie fallen wider Erwarten auch größer aus als die Effekte unter der PH-1. Die PV-

Testplanung für Mittelwertshypothesen in zweifaktoriellen Versuchsplänen   269

18(BA;J=2) kann als uneingeschränkt eingetreten beurteilt werden, und die PH-18 hat sich in diesem Versuch bewähren können.
Für die Quadratsummen kann berechnet werden: QSAB = 1506,00; QSB = 726,00; QSA = 726,00, woraus für die Interaktionsquadratsumme folgt: QSAxB = QSAB − QSB − QSA = 1506,00 − 726,00 − 726,00 = 54,00 und ferner: QSI(BA) = (2)(2)(23)(6,7²) = 4129,88 sowie QSI(B) = 4129,88 + 726,00 + 726,00 + 54,00 = 5635,00, so dass für den Präzisionsindex gilt: P_{BA} = 4129,88/5635,00 = 0,7329. Die Präzisionserhöhung ist also geringer ausgefallen als vor dem Versuch vermutet.

Beispiel 9.2: *Alternativ* kann man hier die Prüfinstanzen für eine der beiden Hypothesen oder für beide *disjunktiv* zusammenfassen. Dies führt für die PH-1 zu:

(9.26) (PH-1 ∧ VSVS) ≈> [PV-1(BA;K=2;J=2) ∧ SHH] ≈>

≈> SV-1(BA;K=2;J=2;DER) ≈> ST-1(BA;K=2;J=2):

[($H_{1,1}$: $\psi_1 = \mu_{12} - \mu_{11} > 0$) ∨ ($H_{1,2}$: $\psi_2 = \mu_{22} - \mu_{21} > 0$)]

und für die PH-18 zu:

(9.27) (PH-18 ∧ VSVS) ≈> [PV-18(BA;K=2;J=2) ∧ SHH] ≈>

≈> SV-18(BA;K=2;J=2;DER) ≈> ST-18(BA;K=2;J=2):

[($H_{1,3}$: $\psi_3 = \mu_{21} - \mu_{11} > 0$) ∨ ($H_{1,4}$: $\psi_4 = \mu_{22} - \mu_{12} > 0$)].

In beiden Fällen kumuliert dann α (Fall 4 in Abschn. 7.2), und zwar nach $\epsilon_{18} \leq$ max(β_3; β_4) und $\varphi_{18} \leq \sum \alpha_t$. Es wird festgelegt: $\epsilon_{18,krit}$ = 0,10 ≤ $\beta_{krit,t}$ und $\varphi_{18,krit}$ = 0,20 ≤ $2\alpha_{krit,t}$ ($\alpha_{krit,t}$ = 0,10) und $\delta_{A,krit,3} = \delta_{A,krit,4}$ = 0,60. Es wird wieder mit Π_{AB} = 0,50 gerechnet, also: $\delta_{BA,A,krit,3} = \delta_{BA,A,krit,4}$ = 0,85 (0,8485). Einsetzen in Formel (9.19) ergibt: n_t = 2(1,282 + 1,282)²/0,72 = 18,2614 oder aufgerundet n_t = 19 und N_t = 76. Wie groß können dann die Fehlerwahrscheinlichkeiten unter der PH-1 sein, wenn man die Effekte etwas größer festlegt: $\delta_{BA,B,krit,1} = \delta_{BA,B,krit,2}$ = 1,00 (0,9899) werden (TPS 2)? Einsetzen in Formel (9.22) ergibt: $(z_{1-\alpha} + z_{1-\beta})^2$ = (1,00)(19)/2 = 9,50 und √9,50 = 3,0822. Es sei $\beta_{krit,1} = \beta_{krit,2}$ = 0,075 ($z_{1-\beta}$ = 1,645), so dass für $z_{1-\alpha}$ = 1,4372 und damit $\alpha_{krit,1} = \alpha_{krit,2}$ = 0,05. Damit gilt: $\epsilon_{1,krit}$ ≤ max(0,075; 0,075) = 0,075 und $\varphi_{1,krit}$ ≤ (0,05 + 0,05) = 0,10 - eine erneut erfreuliche Kombination von Fehlerwahrscheinlichkeiten.

Die Ergebnisse der statistischen Tests und der Effektgrößenbestimmung sind die gleichen wie vorher. Allerdings gilt $d_{BA,B,1}$ = 1,0448 > $\delta_{BA,B,krit,1}$ = 1,00, so dass unter der PH-1 in einer der beiden Prüfinstanzen der empirische Effekt größer ausfällt als der Kriteriumswert. Wegen der disjunktiven Verknüpfung der Prüfinstanzen wird daher die PV-1(BA;K=2;J=2) als uneingeschränkt eingetreten beurteilt und die PH-1 als bewährt.

Beispiel 9.3: Es gibt noch eine weitere *alternative* Art des Vorgehens, bei dem für jede Prüfinstanz eine eigene Hypothese aufgestellt wird, um auf diese Weise allen

Problemen der Kumulation der statistischen Fehlerwahrscheinlichkeiten aus dem Wege zu gehen. Bei dieser Vorgehensweise ergeben die Ableitungen:

(9.28) [PH-1(j=1) ∧ VSVS] ≈> [PV-1(BA;K=2;j=1) ∧ SHH] ≈>
≈> SV-1(BA;K=2;j=1) ⇔ ST-1(BA;K=2;j=1): [(H$_{1,1}$: ψ$_1$ = μ$_{12}$ − μ$_{11}$ > 0).

(9.29) [PH-1(j=2) ∧ VSVS] ≈> [PV-1(BA;K=2;j=2) ∧ SHH] ≈>
≈> SV-1(BA;K=2;j=2) ⇔ ST-1(BA;K=2;j=2): (H$_{1,2}$: ψ$_2$ = μ$_{22}$ − μ$_{21}$ > 0).

Und für die PH-18 resultiert:

(9.30) [PH-18(k=1) ∧ VSVS] ≈> [PV-18(BA;k=1;J=2) ∧ SHH] ≈>
≈> SV-18(BA;k=1;J=2) ⇔ ST-18(BA;k=1;J=2): [(H$_{1,3}$: ψ$_3$ = μ$_{21}$ − μ$_{11}$ > 0).

(9.31) [PH-18(k=2) ∧VSVS] ≈> [PV-18(BA;k=2;J=2) ∧ SHH] ≈>
≈> SV-20(BA;k=2;J=2) ⇔ ST-20(BA;k=2;J=2): (H$_{1,4}$: ψ$_4$ = μ$_{22}$ − μ$_{12}$ > 0).

Es wird für die Prüfung der PH-18(k=1) auf der Stufe B$_1$ des Faktors B festgelegt: δ$_{BA,A,krit,3}$ = 0,85 (0,8485) sowie α$_{krit,3}$ = 0,05 und β$_{krit,3}$ = 0,15. Einsetzen in Formel (9.21) führt dann zu: n$_3$ = 2(1,645 + 1,04)^2/0,7200 = 17,4318 bzw. n$_3$ = 18. Das gleiche Resultat ergibt sich auch für die PH-18(k=2), die auf der Stufe B$_2$ des Faktors B geprüft wird: α$_{krit,4}$ = 0,05 und β$_{krit,4}$ = 0,15. Der kritische t-Wert lautet hier: t$_{krit(0,05;68),t}$ = 1,667. Die empirischen t-Werte waren oben berechnet worden zu: t$_{emp,3}$ = 3,6192 und t$_{emp,4}$ = 3,1022, und die Effekte lauteten: d$_{BA,A,3}$ = 1,4925 und d$_{BA,A,4}$ = 0,8955 - beide größer als das Kriterium δ$_{BA,A,krit}$ = 0,85. Die PV-18(BA;k=1;J=2) und die PV-18(BA; k=2;J=2) können als uneingeschränkt eingetreten angesehen werden, und die PH-18 hat sich auf beiden Stufen des anderen Faktors (B) bewähren können.
Für die Prüfungen der Hypothesen PH-1(j=1) und PH-1(j=2) werden wieder festgelegt: δ$_{BA,B,krit,1}$ = δ$_{BA,B,krit,2}$ = 1,00 (0,9899). Einsetzen von n = 18 in Formel (9.22) (TPS 2) ergibt: (z$_{1-α}$ + z$_{1-β}$)^2 = (18)(0,9799)/2 = 8,8191 und (z$_{1-α}$ + z$_{1-β}$) = 2,9697. Wählt man wieder α$_{krit,1}$ = α$_{krit,2}$ = 0,05, führt dies zu β$_{krit,1}$ = β$_{krit,2}$ = 0,10. Der empirische t-Wert lauteten für die PH-1(j=1) (s.o.): t$_{emp,1}$ = 3,6192 und d$_{BA,B,1}$ = 1,0448 > 1,00 und für die PH-1(j=2): t$_{emp,2}$ = 2,0681 bei t$_{krit(0,05;68),t}$ = 1,667 und d$_{BA,B,2}$ = 0,5970 < 1,00. Die PV-1(BA;K=2;j=1) ist also eingetreten, und auf der Stufe A$_1$ (abstraktes Material) hat sich die PH-1 bewährt, während auf der Stufe A$_2$ (konkretes Material) die PV-1(BA;K=2;j=2) nur bedingt eingetreten ist (d$_{BA,B,2}$ = 0,5970 < δ$_{BA,B,krit,2}$ = 1,00), so dass sich die PH-1(j=1) auf der Stufe A$_1$ nur bedingt hat bewähren können.
Der Vorteil der dritten Vorgehensweise liegt also darin, dass für jede erwartete Wirkung eine separate psychologische Hypothese aufgestellt wird, die dann mit nur einem Test geprüft werden kann, so dass keine Fehlerkumulation auftreten kann. *Es steht dabei jedem oder jeder VL frei, vor dem Versuch soviele psychologische Hypothesen aufzustellen, wie es ihr oder ihm opportun erscheint.*

Beispiel 9.4: Eine weitere *alternative* Vorgehensweise sieht vor, die Hypothesenprüfungen auf der *Ebene der jeweiligen Haupteffekte* (HE) vorzunehmen. Für diesen Fall ergeben sich die folgenden Ableitungen:

(9.32) (PH-1 $\wedge$ VSVS) $\approx$> [PV-1(BA;K=2;J=2;HE B) $\wedge$ SHH] $\approx$>

$\approx$> SV-1(BA;K=2;J=2;HE B) $\approx$> ST-1(BA;K=2;J=2,HE B):

($H_{1,5}$: $\psi_5 = \mu_{.2} - \mu_{.1} > 0$).

(9.33) (PH-18 $\wedge$ VSVS) $\approx$> [PV-18(BA;K=2;J=2;HE A) $\wedge$ SHH] $\approx$>

$\approx$> SV-18(BA;K=2;J=2;HE A) $\approx$> ST-18(BA;K=2;J=2;HE A):

($H_{1,6}$: $\psi_6 = \mu_{2.} - \mu_{1.} > 0$).

Die Vorhersagestruktur ist in Tabelle 9.2 oben enthalten.

Bei dieser Art der Prüfung tritt ebenfalls keine Kumulation der statistischen Fehlerwahrscheinlichkeiten α und β auf. Es wird für die Prüfung der PH-18 auf der Ebene des Haupteffektes A erneut festgelegt: $\delta_{BA,A,krit,5} = 0{,}85$ (0,8485) sowie $\alpha_{krit,6} = 0{,}05$ und $\beta_{krit,6} = 0{,}15$, so dass $n_j = 18$ Vpn resultieren. Für die Prüfung der PH-1 wird wieder gewählt: $\alpha_{krit,5} = 0{,}05$ und damit $\beta_{krit,5} = 0{,}10$ bei $\delta_{BA,B,krit,5} = 1{,}00$. Die Berechnungen ergeben, und zwar zunächst für die PH-18: $t_{emp,6} = 2{,}4627$ bei $d_{BA,A,6} = 0{,}8210 \approx 0{,}85$. Die PV-18(BA;K=2;J=2;HE B) ist eingetreten, und die PH-18 hat sich bei der Prüfung auf der Ebene des Haupeffektes A bewähren können. Was ergibt sich für die PH-1? $t_{emp,5} = 2{,}4627$ und $d_{BA,B,5} = 0{,}8210 < 1{,}00$. Der empirische Effekt ist geringer als der Kriteriumswert, aber für sich genommen groß. Daher wird PV-1(BA;K=2;J=2;HE B) als eingetreten angesehen und die PH-1 als bewährt.

Beispiel 9.5: Die zweifaktorielle psychologische Hypothese **PH-19** besagt, dass bildhaftes Material noch besser gelernt wird, wenn es gleichzeitig auch konkret (im Gegensatz zu abstrakt) ist. Faktor A ist dabei die eingeschätzte Abstraktheit-Konkretheit und Faktor B die eingeschätzte Bildhaftigkeit. Aus der PH-19 wird die PV-19(BA;K=2;J=2) abgeleitet, die sich auf die empirischen UVn eingeschätzte Bildhaftigkeit und eingeschätzte Abstraktheit-Konkretheit und die empirische AV Anzahl richtig reproduzierter Wörter bezieht. Der Forscher, der die PH-19 prüfen will, formuliert für den Kontrollfaktor keine separate Hypothese, obwohl dies möglich wäre; die Ableitung von Vorhersagen erfolgt also nur aus der Perspektive eines der Faktoren. Aus der PH-19 wird dann die PV-19(BA;K=2;J=2) und aus dieser die SV-19(BA;K=2;J=2) abgeleitet, die auf der Ebene der ST-19(BA;K=2;J=2) in drei gerichtete Hypothesen über non-orthogonale Kontraste zerlegt wird, und zwar:

(9.34) (PH-19 $\wedge$ VSVS) $\approx$> [PV-19(BA;K=2;J=2) $\wedge$ SHH] $\approx$>

$\approx$> SV-19(BA;K=2;J=2;KER) $\approx$> ST-19(BA;K=2;J=2):

($H_{1,7}$: $\psi_7 = \mu_{12} - \mu_{11} > 0$) $\wedge$ ($H_{1,8}$: $\psi_8 = \mu_{22} - \mu_{21} > 0$) $\wedge$

$\wedge$ [$H_{1,9}$: $\psi_9 = (\mu_{22} - \mu_{21}) - (\mu_{12} - \mu_{11}) > 0$].

Die nachstehende Tabelle 9.3 enthält die Vorhersagestruktur.

Tabelle 9.3: Vorhersagestruktur unter der PH-19

Faktor A: eingeschätzte Abstraktheit-Konkretheit	Faktor B: eingeschätzte Bildhaftigkeit		
	B_1: wenig bildhaft	Vorhersagen	B_2: sehr bildhaft
A_1: abstrakt	μ_{11}	<	μ_{12}
A_2: konkret	μ_{21}	<<	μ_{22}

Bei dieser Ableitung wird nur auf eine Prüfinstanz, bestehend aus vier Zellen, Bezug genommen. Die drei Hypothesen, die sich auf diese Prüfinstanz beziehen, müssen zur Sicherung der Erschöpfendheit der Ableitung konjunktiv zusammengefasst werden; es kann auf keine der drei abgeleiteten statistischen Hypothesen verzichtet werden. Die Effekte werden gemäß den Vorhersagen auf unterschiedlich große Werte festgelegt: $\delta_{B,krit,7} = 0{,}60$; $\delta_{B,krit,8} = 1{,}20$ und $\delta'_{B,krit,9} = 1{,}20 - 0{,}60 = 0{,}60$, woraus nach Umrechnung auf die Koeffizienten $c_{1,9} = +1/2$ und $c_{2,9} = -1/2$ $\delta_{B,krit,9} = 0{,}30$ wird. Es wird mit einem Präzisionsindex $\Pi_{BA} = 0{,}70$ gerechnet. Damit gilt für die Effekte: $\delta_{BA,B,krit,7} = 0{,}60/0{,}8367 \approx 0{,}70\ (0{,}7171)$; $\delta_{BA,B,krit,8} = 1{,}20/0{,}8944 \approx 1{,}45\ (1{,}4343)$ und $\delta_{BA,AxB,krit,9} = 0{,}30/0{,}8367 \approx 0{,}35\ (0{,}3586)$. Der Forscher, der die PH-19 prüfen will, rechnet mit N = 60 Vpn, also $n_{jk} = 15$. Gefragt ist dann nach den realisierbaren Fehlerwahrscheinlichkeiten (TPS 2). Einsetzen in Formel (9.22) führt dann für n_7 zu: $(z_{1-\alpha} + z_{1-\beta})^2 = 15(0{,}5142)/2 = 3{,}8567$ und $(z_{1-\alpha} + z_{1-\beta}) = 1{,}9639$. Daraus lässt sich keine vernünftige Kombination der Fehlerwahrscheinlichkeiten konstruieren. Also wird der nachweisbare Effekt auf $\delta_{B,krit,7} = 0{,}80$ erhöht, woraus sich $\delta_{BA,B,krit,7} = 0{,}95\ (0{,}9562)$ ergibt. Erneutes Einsetzen in Formel (9.22) resultiert in: $(z_{1-\alpha} + z_{1-\beta})^2 = 15(0{,}9143)/2 = 6{,}8571$ und $(z_{1-\alpha} + z_{1-\beta}) = 2{,}6186$. Legt man das kumulierende β auf $\beta_{krit,7} = 0{,}10$ fest, resultiert $\alpha_{krit,7} = 0{,}10$. Zu welchen Ergebnissen führt die Planung des zweiten Tests (TPS 2)? $(z_{1-\alpha} + z_{1-\beta})^2 = 15(2{,}0572)/2 = 15{,}4291$ und damit $(z_{1-\alpha} + z_{1-\beta})^2 = 3{,}92800$. Hier kann das kumulierende β auf $\beta_{krit,8} = 0{,}01$ festgelegt werden, so dass $z_{1-\alpha} = 1{,}5980$ und $\alpha_{krit,8} = 0{,}05$ wird. Für den Test gegen die gerichtete Interaktionshypothese $H_{1,9}$ resultiert dann: $(z_{1-\alpha} + z_{1-\beta})^2 = 15(0{,}1286)/1 = 1{,}9289$. Auch hieraus kann keine vernünftige Kombination der Fehlerwahrscheinlichkeiten ermittelt werden. Also wird der nachweisbare Interaktionseffekt auf $\delta_{AxB,krit,9} = 0{,}60$ erhöht, und damit ergibt sich: $\delta_{BA,AxB,krit,9} = 0{,}70\ (0{,}7171)$. Die Verletzung der algebraischen Regeln bei der Festlegung des $\delta_{BA,AxB,krit,9}$ für die betrachtete Interaktionshypothese $H_{1,9}$ lässt sich mit dem Hinweis auf die Tatsache begründen, dass ja *interpretatorisch* mit einem Höchsteffekt gearbeitet wird. Der Forscher erhält (TPS 2): $(z_{1-\alpha} + z_{1-\beta})^2 = 15(0{,}5143)/1 = 7{,}7133$ und $(z_{1-\alpha} + z_{1-\beta})^2 = 2{,}7775$. Er legt das kumulierende β auf den Wert $\beta_{krit,9} = 0{,}05$ fest, so dass für α resultiert: $\alpha_{krit,9} = 0{,}13$. Diese Festlegungen führen zu den folgenden Werten für ε_{19} und φ_{19}: $\varphi_{19,krit} \leq \max(0{,}10;\ 0{,}05;\ 0{,}13) = 0{,}13$ und $\varphi_{19,krit} \leq (0{,}10 + 0{,}01 +$

Testplanung für Mittelwertshypothesen in zweifaktoriellen Versuchsplänen 273

0,05) = 0,16 - ein fast (ϵ,φ)-ausgewogenes Verhältnis der allerdings recht hohen Fehlerwahrscheinlichkeiten. Unter diesen Spezifikationen wird der Versuch mit einer 40 Wörter umfassenden Liste im Gruppenversuch bei $n_{jk} = 15$ durchgeführt und erbringt die in Tabelle 9.4 enthaltenen Resultate (Mittelwerte) bei $s_{I,BA} = 6,80$.

Tabelle 9.4: Ergebnisse bei der Prüfung der PH-19 (und der PH-1)			
Faktor A: eingeschätzte Abstraktheit-Konkretheit	**Faktor B:** eingeschätzte Bildhaftigkeit		
	B_1: wenig bildhaft	B_2: sehr bildhaft	**Randmittelwerte**
A_1: abstrakt	$M_{11} = 18,0$	$M_{12} = 24,0$	$M_{1.} = 21,0$
A_2: konkret	$M_{21} = 25,0$	$M_{22} = 35,0$	$M_{2.} = 30,0$
Randmittelwerte	$M_{.1} = 21,5$	$M_{.2} = 29,5$	$M_{..} = 25,5$

Die Durchführung der Tests ergibt: $t_{emp,7} = (24,0 - 18,0)/6,8(2/15)^{1/2} = 2,4264$ bei $t_{krit(0,10;56),7} = 1,298$; $t_{emp,8} = 4,0274$ bei $t_{krit(0,05;56),8} = 1,674$ und $t_{emp,9} = [(17,5 - 12,5) - (12,0 - 9,0)]/[6,8(1/15)^{1/2}] = 2/0,9522 = 2,1004$ bei $t_{krit(0,05;56),9} = 1,674$; also können die vorhersagekonformen Alternativhypothesen und die ihr vorgeordnete SV-19(BA;K=2;J=2) angenommen werden. Für die Effekte gilt: $d_{BA,B,7} = 0,8824 < \delta_{BA,B,krit,7} = 0,95$; $d_{BA,B,8} = 1,4706 > \delta_{BA,B,krit,8} = 1,45$ und $d_{BA,AxB,9} = 0,5882 < \delta_{BA,AxB,krit,9} = 0,70$. Da zwei der drei Effekte kleiner ausgefallen sind als der jeweilige Kriteriumswert, soll die PV-19(BA;K=2;J=2) als bedingt eingetreten angesehen werden und die PH-19 als bedingt bewährt.

Beispiel 9.6: *Alternativ* kann auch die folgende Ableitung vorgenommen werden, bei der die Kumulation der Fehlerwahrscheinlichkeiten auf zwei psychologische Hypothesen aufgeteilt wird, und zwar so, dass für die eigentlich interessierende Hypothese keine Kumulation mehr auftritt. Die der **PH-19** zugrunde liegende **PH-1** wird dabei über zwei konjunktiv miteinander verknüpfte Prüfinstanzen auf der Zellenebene geprüft, so dass die Ableitung ergibt:

(9.35) (PH-1 $\wedge$ VSVS) $\approx$> [PV-1(BA;K=2;J=2) $\wedge$ SHH] $\approx$>
$\approx$> SV-1(BA;K=2;J=2;KER) $\approx$> ST-1(BA;K=2;J=2):
[($H_{1,7}$: $\psi_7 = \mu_{12} - \mu_{11} > 0$) $\wedge$ ($H_{1,8}$: $\psi_8 = \mu_{22} - \mu_{21} > 0$)] und

(9.36) (PH-19 $\wedge$ VSVS) $\approx$> [PV-19(BA;K=2;J=2) $\wedge$ SHH] $\approx$>
$\approx$> SV-19(BA;K=2;J=2;KER) $\Leftrightarrow$ ST-19(BA;K=2;J=2):
[$H_{1,9}$: $\psi_7 = (\mu_{22} - \mu_{21}) - (\mu_{12} - \mu_{11}) > 0$].

Das Vorhersagemuster ändert sich dadurch nicht - vgl. Tabelle 9.3.
Für die Prüfung der PH-1 werden zwei Prüfinstanzen, jeweils bestehend aus zwei Zellen, definiert, und zwar pro Zeile A_j je eine. Die eine Prüfinstanz für die PH-19 besteht dagegen aus vier Zellen. Vorhersagen werden nur aus der Perspektive des hypothesenrelevanten Faktors B (eingeschätzte Bildhaftigkeit) abgeleitet. Der Forscher legt die Effekte wie vorher fest auf: $\delta_{BA,B,krit,7} = 0,95$ (0,9562); $\delta_{BA,B,krit,8}$

= 1,45 (1,4343) und $\delta_{BA,AxB,krit,9}$ = 0,35 (0,3586). Die Festlegungen bringen zum Ausdruck, dass gemäß der Hypothese PH-19 für die gerichteten Paarkontrasthypothesen über die Stufen von B unterschiedliche Werte auf den Stufen von A erwartet werden.

Der Forscher, der die PH-19 und die PH-1 prüfen will, geht wieder von N = 60 Vpn aus, also n_{jk} = 15. Gefragt ist dann nach den realisierbaren Fehlerwahrscheinlichkeiten (TPS 2). Einsetzen in Formel (9.22) führt dann für die PH-1 zu: $H_{1,7}$: $(z_{1-\alpha} + z_{1-\beta})^2$ = 15(0,9074)/2 = 6,8059 und $(z_{1-\alpha} + z_{1-\beta})$ = 2,6088. Der Forscher legt fest: $\alpha_{krit,7}$ = 0,10 und $\beta_{krit,7}$ = 0,10. $H_{1,8}$: $(z_{1-\alpha} + z_{1-\beta})^2$ = 15(2,0572)/2 = 15,4291 und $(z_{1-\alpha} + z_{1-\beta})$ = 3,9280. Der Forscher wählt folgende Wertekombination: $\alpha_{krit,8}$ = 0,05 und $\beta_{krit,8}$ = 0,01. Damit wird: $\varepsilon_{1,krit} \leq$ max(0,10; 0,05) = 0,10 und $\varphi_{1,krit} \leq$ (0,10 + 0,01) = 0,11.

Für die PH-19 ist dann nur noch der Interaktionskontrast ψ_9 zu planen, für den $\delta_{BA,AxB,krit,9}$ = 0,35 (0,3586) festgelegt wurde. Es ist von vornherein klar, dass dieser Effekt mit n = 15 pro Zelle des Designs nicht mit vernünftigen Fehlerwahrscheinlichkeiten nachgewiesen werden kann [$(z_{1-\alpha} + z_{1-\beta})$ = 1,3555]. Also erhöht der Forscher diesen Effekt auf die Größe $\delta_{BA,AxB,krit,9}$ = 0,60. Einsetzen in Formel (9.22) ergibt dann: $(z_{1-\alpha} + z_{1-\beta})^2$ = 15(0,36)/1 = 5,40 und $(z_{1-\alpha} + z_{1-\beta})$ = 2,3238. Der Forscher legt fest: $\alpha_{krit,9}$ = 0,10 und $\beta_{krit,9}$ = 0,15 (0,14).

Zunächst wird die PH-1 geprüft, deren Bewährung die Voraussetzung für eine sinnvolle Prüfung der PH-19 darstellt. Für die PH-1 ergibt sich (s.o.): $t_{emp,7}$ = 2,4264 bei $t_{krit(0,10;56),7}$ = 1,298; $t_{emp,8}$ = 4,0274 bei $t_{krit(0,05;56),8}$ = 1,674. Für die Effekte gilt wieder: $d_{BA,B,7}$ = 0,8824 < $\delta_{BA,B,krit,7}$ = 0,95; $d_{BA,B,8}$ = 1,4706 > $\delta_{BA,B,krit,8}$ = 1,45. Zwar ist die eine Effektgröße geringfügig kleiner ausgefallen als der zugehörige Kriteriumswert, aber dennoch soll die PV-1(BA;K=2;J=2) als eingetreten angesehen werden und die PH-1 als bewährt. Die Wirkungen, auf die sich die PH-19 bezieht, sind aufgetreten, auch wenn sie teilweise etwas geringer ausfallen als erhofft. - Für die PH-19 resultiert: $t_{emp,9}$ = [(17,5 − 12,5) − (12,0 − 9,0)]/ $[6,8(1/15)^{1/2}]$ = 2/0,9522 = 2,1004 bei $t_{krit(0,10;56),9}$ = 1,298; $d_{BA,AxB,9}$ = 0,5882 < $\delta_{BA,AxB,krit,9}$ = 0,60. Auch hier fällt der Effekt etwas geringer aus als erwartet, aber der Unterschied zum Kriteriumswert der Effektgröße ist so gering, dass bei Annahme der $H_{1,9}$ und der ihr äquivalenten SV-19(BA;K=2;J=2;KER) die dieser vorgeordnete PV-19(BA;K=2;J=2) als eingetreten angesehen werden kann und die PH-19 ebenfalls als bewährt.

Wie groß fällt der empirische Präzisionsindex P_{BA} hier aus? Zur Beantwortung dieser Frage müssen die entsprechenden Quadratsummen berechnet zu werden: QSAB = 2235,00; QSB = 960,00; QSA = 1215,00, so dass für QSAxB gilt: QSAxB = 2235,00 − 960,00 − 1215,00 = 60,0; QSI(BA) = $(6,8^2)(2)(2)(14)$ = 2589,440. Danach gilt für QSI(B): QSI(B) = QSI(BA) + QSA + QSAxB = 3864,440 und für den Präzisionsindex P_{BA} = QSI(BA)/QSI(B) = 0,6693. Also hat die Einführung des zweiten Faktors (A) und seine Interaktion mit Faktor B (AxB) für einen höheren Präzisionsgewinn geführt als vor dem Versuch angenommen.

Am vorliegenden Beispiel kann demonstriert werden, warum man sich nicht auf den Interaktionskontrast beschränken darf, sondern stets die einfaktoriellen Wirkungen mindestens einer zugrunde liegenden PH mit berücksichtigen muss, und zwar unabhängig davon, ob die Vorhersagen nur aus der interessierenden Hypothese ableitet oder separat aus dieser Hypothese und zusätzlich aus (mindestens) einer ihr zugrunde liegenden Hypothese. Es wird für die Interaktion vorhergesagt: $\psi_9 = \psi_8 - \psi_7 > 0$. Der vorhersagekonforme Wertebereich größer als Null, also $\psi_9 > 0$, kann auf verschiedene Arten erreicht werden, wobei ich nur von der **hypothesenorientierten Sichtweise** ausgehe („→": daraus folgt, dass ...). *Beispiel 1*: $[(\psi_7 > 0) \wedge (\psi_8 > 0) \wedge (|\psi_8| > |\psi_7|)] \rightarrow (\psi_9 > 0)$. *Beispiel 2*: $[(\psi_7 < 0) \wedge (\psi_8 > 0) \wedge (|\psi_8| > |\psi_7|)] \rightarrow (\psi_9 > 0)$. *Beispiel 3*: $[(\psi_7 = 0) \wedge (\psi_8 > 0)] \rightarrow (\psi_9 > 0)$. *Beispiel 4*: $[(\psi_7 > 0) \wedge (\psi_8 < 0) \wedge (|\psi_7| > |\psi_8|)] \rightarrow (\psi_9 > 0)$. Erwartungskonform ist dabei nur das Muster unter Beispiel 1. Es lassen sich dazu problemlos auch Zahlenbeispiele konstruieren, doch will ich darauf verzichten.

Es sei in diesem Zusammenhang daran erinnert, dass man sich auf der Ebene der PV für eine und damit gegen die anderen Testmöglichkeiten entscheidet. Dass hier mehrere Testmöglichkeiten realisiert worden sind, ist ausschließlich aus Demonstrationsgründen geschehen.

Beispiel 9.7: Von Eye und Krampen (1983, S. 205) haben die folgende zweifaktorielle psychologische Hypothese **PH-20** aufgestellt und geprüft: „Die lernerleichternde Wirkung der Bildhaftigkeit ist noch größer, wenn das Lernmaterial gleichzeitig auch konkret ist, und die lernerleichternde Wirkung der Konkretheit ist noch größer, wenn das Lernmaterial gleichzeitig auch bildhaft ist." In dieser Hypothese werden die Wirkungen von zwei einfaktoriellen Hypothesen direkt angesprochen, nämlich der PH-1 und der PH-18, und die PH-20 bezieht sich auf die relative Größe der von diesen beiden einfaktoriellen Hypothesen behaupteten Wirkungen. Die Ableitungen führen zu:

(9.37) (PH-20 $\wedge$ VSVS) $\approx$> [PV-20(BA;K=2;J=2) $\wedge$ SHH] $\approx$>

$\approx$> SV-20(BA;K=2;J=2;KER) $\approx$> ST-22(BA;K=2;J=2):

$[(H_{1,10}: \psi_{10} = \mu_{12} - \mu_{11} > 0) \wedge (H_{1,11}: \psi_{11} = \mu_{22} - \mu_{21} > 0) \wedge$

$\wedge (H_{1,12}: \psi_{12} = \mu_{21} - \mu_{11} > 0) \wedge (H_{1,13}: \psi_{13} = \mu_{22} - \mu_{12} > 0) \wedge$

$\wedge [H_{1,14}: \psi_{14} = (\mu_{22} - \mu_{12}) - (\mu_{21} + \mu_{11}) = (\mu_{22} - \mu_{21}) - (\mu_{12} - \mu_{11}) > 0)]$.

Es wird eine für beide Faktoren bestimmte ordinale Interaktion vorhergesagt. Insgesamt werden fünf gerichtete Alternativhypothesen abgeleitet, für die die Tests zu planen sind. Der Forscher beginnt mit den Paarkontrasten, für die er festlegt: $\delta_{BA,B,krit,10} = \delta_{BA,A,krit,12} = 0{,}80$ und $\delta_{BA,B,krit,11} = \delta_{BA,A,krit,13} = 1{,}20$, so dass der Effekt für den Interaktionskontrast, also $\delta_{BA,AxB,14} = 1{,}20 - 0{,}80 = 0{,}40$ wird, woraus nach Umrechnung auf die Kontrastkoeffizienten +1/2 und −1/2 $\delta_{BA,AxB,krit,14} = 0{,}20$ wird. Obwohl dieser Wert streng algebraisch aus den übrigen Festlegungen folgt, ist klar, dass sein Nachweis nur mit einer unpraktikabel hohen Stichprobengröße möglich ist.

Tabelle 9.5: Vorhersagemuster bei der Prüfung der PH-20

Faktor A: einge-schätzte Abstrakt-heit-Konkretheit	Faktor B: eingeschätzte Bildhaftigkeit		
	B_1: wenig bildhaft	**Vorhersagen**	B_2: sehr bildhaft
A_1: abstrakt	μ_{11}	<	μ_{12}
Vorhersagen	∧		∧∧
A_2: konkret	μ_{21}	<<	μ_{22}

Es wird daher neu festgelegt: $\delta_{BA,AxB,14} = 0{,}60$. Da mit dem Test gegen die $H_{1,14}$ der kleinste nachzuweisende Effekt verbunden ist, beginnt der Forscher mit seiner Testplanung bei ihm. Ihm stehen für seinen Versuch, den er als Gruppenversuch durchführen will, N = 120 Vpn zur Verfügung, also für jede Zelle des Designs n_{jk} = 30. Er führt also eine Testplanung nach Strategie TPS 2 und damit nach Formel (9.22) durch. Einsetzen ergibt: $(z_{1-\alpha} + z_{1-\beta})^2 = (30)(0{,}36)/1 = 10{,}8$ und damit $(z_{1-\alpha} + z_{1-\beta}) = 3{,}2863$. Da β kumuliert, wählt er β < α und legt fest: $\beta_{krit,14} = 0{,}05$, so dass $z_{1-\beta} = 1{,}645$ wird. Dann gilt $z_{1-\alpha} = 1{,}6413$ und damit auch $\alpha_{krit,14} = 0{,}05$. Als nächstes folgt die Planung der Tests für diejenigen Paarkontraste, die mit den geringsten Effekten verbunden sind. Einsetzen in Formel (9.22) führt zu: $(z_{1-\alpha} + z_{1-\beta})^2 = (30)(0{,}64)/2 = 9{,}6$ und $(z_{1-\alpha} + z_{1-\beta}) = 3{,}0984$. Der Forscher legt erneut fest: $\beta_{krit,t} = 0{,}05$ und erhält: $z_{1-\alpha} = 1{,}4534$ und damit $\alpha_{krit,t} = 0{,}075$. Für den Nachweis der großen Effekte resultiert nach TPS 2: $(z_{1-\alpha} + z_{1-\beta})^2 = (30)(1{,}44)/2 = 21{,}60$ und $(z_{1-\alpha} + z_{1-\beta}) = 4{,}6476$. $\beta_{krit,t} = 0{,}01$, so dass $z_{1-\alpha} = 2{,}3176$ wird und $\alpha_{krit,t} = 0{,}01$. Daraus lässt sich ermitteln: $\epsilon_{20,krit} \leq \max(0{,}075; 0{,}075; 0{,}01; 0{,}01; 0{,}05) = 0{,}075$ und $\varphi_{20,krit} \leq (0{,}05 + 0{,}05 + 0{,}01 + 0{,}01 + 0{,}01) = 0{,}13$. Der Versuch wird mit N = 120 Vpn durchgeführt, und aus den Daten lassen sich bei $s_{I,BA} = 8{,}5$ die in der folgenden Tabelle 9.6 enthaltenen Mittelwerte berechnen.

Tabelle 9.6: Ergebnisse bei der Prüfung der PH-20

Faktor A: eingeschätzte Abstraktheit-Konkretheit	Faktor B: eingeschätzte Bildhaftigkeit		Randmittelwerte
	B_1: wenig bildhaft	B_2: sehr bildhaft	
A_1: abstrakt	$M_{11} = 18{,}00$	$M_{12} = 25{,}00$	$M_{1.} = 21{,}50$
A_2: konkret	$M_{21} = 24{,}00$	$M_{22} = 32{,}00$	$M_{2.} = 28{,}00$
Randmittelwerte	$M_{.1} = 21{,}00$	$M_{.2} = 28{,}50$	$M_{..} = 24{,}50$

Die **t-Tests** zur Testung der einzelnen Differenzen erbringen folgende Resultate: $t_{emp,10} = (24{,}0 - 16{,}0)/2{,}1947 = 3{,}1895$; $t_{emp,11} = 3{,}1895$; $t_{emp,12} = 2{,}7339$; $t_{emp,13} = 3{,}1895$ und $t_{emp,14} = 0{,}3222$. Da der letztlich entscheidende Interaktionskontrast statistisch nicht signifikant wird, kann die vorgeordnete SV-20(BA;K=2;J=2) nicht angenommen werden, und die PV-20(BA;K=2;J=2) ist nicht eingetreten. Die PH-20 hat sich in diesem Versuch nicht bewährt.

Beispiel 9.8: Die zweifaktorielle **PH-21** besagt, dass bildhaftes Material dann besser gelernt wird, wenn das Material gleichzeitig auch konkret ist, während es schlechter gelernt wird, wenn es gleichzeitig auch abstrakt ist (empirische UV und empirische AV wie vorher). Hier wird auf der Zellenebene eine bestimmte disordinale Interaktion für Faktor B vorausgesagt. Die Hypothese erlaubt Vorhersagen nur aus der Perspektive des Faktors B. Für die Ableitungen gilt:

(9.38) (PH-21 $\wedge$ VSVS) $\approx$> [PV-21(BA;K=2;J=2) $\wedge$ SHH] $\approx$>

$\approx$> SV-21(BA;K=2;J=2;KER) $\approx$> ST-21(BA;K=2;J=2):

[($H_{1,15}$: $\psi_{15} = \mu_{11} - \mu_{12} > 0$) $\wedge$ ($H_{1,16}$: $\psi_{16} = \mu_{21} - \mu_{22} < 0$)];

vgl. Tabelle 9.7.

Tabelle 9.7: Vorhersagestruktur unter der PH-21			
Faktor A:	**Faktor B: eingeschätzte Bildhaftigkeit**		
eingeschätzte Abstraktheit-Konkretheit	B_1: wenig bildhaft	**Vorhersagen**	B_2: sehr bildhaft
A_1: abstrakt	μ_{11}	>	μ_{12}
A_2: konkret	μ_{21}	<	μ_{22}

Die beiden abgeleiteten Kontraste sind linear unabhängig voneinander. Hier stellt sich die Frage, ob eine gesonderte Hypothese über einen Interaktionskontrast abgeleitet werden muss. Die PH-21 und die PV-21(BA;K=2;J=2) behaupten lediglich die Inversion der Ränge der Mittelwerte in den beiden Zeilen A_1 und A_2. Betrachten wir zunächst die **hypothesenorientierte Sichtweise**. Es sei ψ_{AxB} der Interaktionskontrast, für den gelte: $\psi_{AxB} = [(\mu_{11} - \mu_{12}) - (\mu_{21} - \mu_{22})$; ferner ist $\psi_{15} = (\mu_{11} - \mu_{12})$ und $\psi_{16} = (\mu_{21} - \mu_{22})$ und damit $\psi_{AxB} = \psi_{15} - \psi_{16}$ mit $\psi_{15} > 0$ und $\psi_{16} < 0$ gemäß den abgeleiteten Hypothesen und $\psi_{AxB} = \psi_{15} - \psi_{16}$. Dann gilt zwangsläufig: $\psi_{15} - \psi_{16} > 0$: *Beispiel 1*: $(16 - 10) - (4 - 8) = 6 + 4 = 10 > 0$. Wenn ferner gilt, dass $|\psi_{15}| = |\psi_{16}|$, folgt daraus ebenfalls, dass $\psi_{15} - \psi_{16} > 0$ ist: *Beispiel 2*: $(16 - 10) - (8 - 2) = 6 + 6 = 12 > 0$]. Gilt dagegen, dass $|\psi_{15}| > |\psi_{16}|$, dann folgt auch daraus, dass $\psi_{15} - \psi_{16} > 0$ ist: *Beispiel 3*: $(16 - 10) - (8 - 10) = 6 + 2 = 8 > 0$. Und bei $|\psi_{15}| < |\psi_{16}|$ folgt ebenfalls $\psi_{15} - \psi_{16} > 0$: *Beispiel 4*: $(16 - 10) - (2 - 10) = 6 + 8 = 14 > 0$. Solange also die beiden Differenzen wie vorhergesagt unterschiedliche Vorzeichen aufweisen, wird der mögliche Interaktionskontrast $\psi_{AxB} = [(\mu_{11} - \mu_{12}) - (\mu_{21} - \mu_{22})$ bei hypothesenorientierter Sichtweise stets größer als Null; wenn man den Interaktionskontrast in der Form $\psi'_{AxB} = [(\mu_{21} - \mu_{22}) - (\mu_{11} - \mu_{12})]$ formuliert, führt jedes mögliche Muster zu einem Wert kleiner als Null.

Bei **testorientierter Sichtweise** folgt aus der Annahme (A) der $H_{1,15}$ und der $H_{1,16}$ $A(H_{1,15} \wedge H_{1,16})$ auch die Annahme der möglichen $H_{1,AxB}$, weil sich die beiden Differenzen, auf denen die Tests beruhen, in jedem Fall aufaddieren. *Beispiel 5*:

$s_{I,B} = 1$, $n = 25$, $M_{11} = 10,0$, $M_{12} = 9,5260$, $M_{21} = 8,0$; $M_{22} = 8,4740$, $t_{emp,15} = 1,676$ = $t_{krit(0,05;50),15} = 1,676$, $t_{emp,16} = -1,676 = t_{krit(0,05;50),16} = -1,676$, $t_{emp,AxB} = [(8,4740 - 8,0 - 9,5260 + 10,0)/2]/0,20 = 2,37$ bei $t_{krit(0,05;50),AxB} = \pm 2,009$. Also erbringt der Test über den Interaktionskontrast $\psi_{AxB} = [(\mu_{11} - \mu_{12}) - (\mu_{21} - \mu_{22}) = (\psi_{15} - \psi_{16}) > 0]$ bei einem statistischen Nachweis der Ranginversion durch die Testung der beiden Paarkontraste in keinem Falle eine neue Information, die von irgendeiner Relevanz für die Beurteilung der PH-21 ist. *Der Nachweis der Inversion der Ränge reicht bei der Vorhersage einer disordinalen Interaktion aus*, so dass für diese Situation, die eigentlich den „Paradefall" der Interaktion darstellt, keine gesonderte Hypothese über die Interaktion abgeleitet zu werden braucht. Sollte die Ranginversion auf Grund der Daten nicht nachgewiesen werden können, ist die Testung des möglichen Interaktionskontrastes ebenfalls irrelevant, weil dann die SV-21(BA;K=2;J=2) ohnehin nicht angenommen wird. Damit besteht in diesem Fall die Anzahl der Tests aus $T = 2$.

Tabelle 9.8: Ergebnisse bei der Prüfung der PH-21

Faktor A: eingeschätzte Abstraktheit-Konkretheit	Faktor B: eingeschätzte Bildhaftigkeit		Randmittelwerte
	B_1: wenig bildhaft	B_2: sehr bildhaft	
A_1: abstrakt	$M_{11} = 24,0$	$M_{12} = 16,0$	$M_{1.} = 20,00$
A_2: konkret	$M_{21} = 26,0$	$M_{22} = 33,0$	$M_{2.} = 29,50$
Randmittelwerte	$M_{.1} = 25,00$	$M_{.2} = 24,50$	$M_{..} = 24,75$

Erneut besteht die Prüfinstanz aus vier Zellen, und die Einzelhypothesen müssen konjunktiv zusammengefasst werden, um die Erschöpfendheit der Ableitung zu sichern. Es werden festgelegt: $\varepsilon_{23,krit} = 0,05 \leq \alpha_{krit,t} = 0,05$ und $\varphi_{23,krit} = 0,20$, so dass $\beta_{krit,t} = \varphi_{krit}/2 = 0,10$ wird. Es gilt also: $z_{1-\alpha} = 1,645$ und $z_{1-\beta} = 1,282$. Ferner soll gelten: $\delta_{B,krit,15} = -0,80$ und $\delta_{B,krit,16} = +0,80$. Es wird mit einer Reduktion der Binnenvarianz von $1 - \Pi_{BA} = 0,15$ gerechnet ($\Pi_{BA} = 0,85$). Also lauten die Effekte: $\delta_{BA,B,krit,15} = -1,00$ ($-1,0666$) und $\delta_{BA,B,krit,16} = 1,00$ ($1,0666$). Über die relative Größe von $\delta_{BA,B,krit,15}$ und $\delta_{BA,B,krit,16}$ macht die PH-21 keine Aussage bis auf die Tatsache, dass sie unterschiedliche Vorzeichen aufweisen müssen. Die Festlegungen der Kriteriumswerte für die Effektgrößen bedeuten dann, dass für die Paarkontraste über die Stufen von B vom Betrag her die gleichen Werte auf den Stufen von A erwartet werden; dies ist unter allen Alternativen die nächstliegende und für die Testplanung die günstigste. Dann kann für $n_{15} = n_{16}$ nach Formel (9.19) errechnet werden (TPS 1): $n_t = 2(1,645 + 1,282)^2/1,1378 = 15,0598$, d.h., dass pro Bedingungskombination $n_t = 16$ Vpn zu untersuchen sind, insgesamt also $N_t = 64$ Vpn. Aus dem durchgeführten Versuch lassen sich die in Tabelle 9.8 enthaltenen Mittelwerte berechnen bei $s_{I,BA} = 7,30$. - Damit gilt: $t_{emp,15} = 3,4871$ bei $t_{krit(0,05;66),15} = 1,658$ und $t_{emp,16} = -2,7122$ bei $t_{krit(0,10;60),16} = -1,658$. Es können also die beiden als vorhersagekonform abgeleiteten Hypothesen und damit auch die

SV-23(BA;K=2;J=2) angenommen werden. Die empirischen Effekte lauten: $d_{BA,B,15} = 1,0959$ und $d_{BA,B,16} = -0,9589$. Nur der Effekt $d_{BA,B,15} = -0,9589$ weicht geringfügig von der Vorgabe $\delta_{BA,B,krit,15} = -1,00$ ab, stellt aber immer noch einen großen Effekt dar. Daher ist es insgesamt wohl gerechtfertigt, die PV-21(BA;K=2;J=2) als eingetreten anzusehen und die PH-21 als bewährt, sofern der Versuch ordnungsgemäß durchgeführt worden ist.

Ferner kann für den Präzisionsindex berechnet werden: QSAB = 2348,00; QSB = 4,00; QSA = 1444,00, woraus für QSAxB folgt: QSAxB = 900,00. Dann ist QSI(AB) = $(7,30^2)(60)$ = 3197,40. Für QSI(B) gilt: QSI(B) = 3197,40 + 2348,00 = 5545,40 und P_{BA} = QSI(AB)/QSI(B) = 3197,40/5545,40 = 0,5766. Die Einführung des zweiten Faktors und seine Interaktion mit Faktor B hat zu einer größeren Präzisionserhöhung geführt als für die Testplanung angenommen.

Beispiel 9.9: Die Bildhaftigkeit ist nicht nur eine Variable, die der/die VL unabhängig von den Vpn variieren kann, sondern die Fähigkeit zum Erzeugen bildhafter Vorstellungen ist auch interindividuell unterschiedlich ausgeprägt. Man kann „high imagers" von „low imagers" trennen, also Personen, denen die Erzeugung bildhafter Vorstellung leicht gelingt, von solchen, denen dies nur schwer gelingt. Marks (1973) hat mit dem VVIQ einen Fragebogen entworfen, der 16 Items umfasst und mittels dessen man die unterschiedliche Fähigkeit, bildhafte Vorstellungen zu erzeugen, erfassen kann (vgl. Wippich, 1980, S. 32). Eine Forscherin vertritt die Hypothese, dass „high imagers" beim Lernen davon profitieren, wenn das Lernmaterial bildhaft ist. Im Vergleich dazu sollen sich die Lernleistungen der „low imagers" als davon unabhängig erweisen, ob das Lernmaterial sehr oder wenig bildhaft ist (**PH-22**). Sie erhebt mittels dieses Fragebogens die individuellen Ausprägungen des in Frage stehenden Merkmals und teilt die vorhandene Stichprobe nach ihren Antworten in „high" und „low imagers" ein, wobei sie als Trennpunkt den Median benutzt. Auf diese Weise erhält sie zwei gleich große Stichproben mit $n_1 = n_2 = 40$. Als Lernmaterial benutzt sie zwei Wortlisten, die Wörter unterschiedlichen Bildhaftigkeitsgrades enthalten, und zwar sehr bildhafte und wenig bildhafte. Der Versuch wird als Gruppenversuch geplant. Die Forscherin leitet aus ihrer Hypothese ab:

(9.39) (PH-22 $\wedge$ VSVS) $\approx$> [PV-22(BA;K=2;J=2) $\wedge$ SHH] $\approx$>
$\approx$> SV-22(BA;K=2;J=2;KER) $\approx$> ST-22(BA;K=2;J=2):
[($H_{0,17}: \psi_{17} = \mu_{12} - \mu_{11} = 0$) $\wedge$ ($H_{1,18}: \psi_{18} = \mu_{22} - \mu_{21} > 0$)].

Die Tabelle 9.9 enthält die Vorhersagestruktur.

Tabelle 9.9: Vorhersagestruktur bei der Prüfung der PH-22			
	Faktor B: eingeschätzte Bildhaftigkeit		
Faktor A	B_1: wenig bildhaft	**Vorhersagen**	B_2: sehr bildhaft
A_1: „low imagers"	μ_{11}	=	μ_{12}
A_2: „high imagers"	μ_{21}	<	μ_{22}

Das vorhergesagte Mittelwertsmuster entspricht je nach Auffassung einer spezifischen disordinalen oder einer ordinalen Interaktion. Es kommt darauf an, nachzuweisen, dass die Mittelwerte in Zeile A_1 die gleiche Rangfolge aufweisen, während die Rangfolge für die Mittelwerte in Zeile A_2 aufsteigend sein soll. Um dies nachzuweisen, sind die beiden Tests über die $H_{0,15}$ und die $H_{1,16}$ ausreichend, d.h. adäquat und erschöpfend. Wenn man zusätzlich eine Hypothese über den m.E. optionalen Interaktionstest vorsieht, kann dieser statistisch insignifikant bleiben, obwohl die beiden anderen Hypothesen angenommen wurden.

Testorientierte Betrachtungsweise. *Beispiel 1*: $M_{11} = 19,3739$; $M_{12} = 20,0$; $M_{21} = 27,4738$; $M_{22} = 28,0$ bei $s_{I,B} = 1,0$ und $n = 20$ sowie $\alpha_{krit,17} = 0,05$ (zweiseitig) führt zu $t_{emp,17} = +1,9799 < t_{krit(0,05;76),17} = \pm 1,990$ sowie $t_{emp,18} = 1,664 = t_{krit(0,05;76),18} = 1,664$ und $t_{emp,AxB} = [(28,0 - 27,4738 - 20,0 + 19,3739)/2]/0,1581 = -0,3147$ bei $t_{krit(0,05/2;76),AxB} = \pm 1,990$ (zweiseitig). Weisen also die beiden Differenzen das gleiche Vorzeichen auf und ist die größere dieser Differenzen statistisch signifikant, hängt die statistische Signifikanz des möglichen Interaktionskontrastes von der relativen Größe der Paardifferenzen ab. *Beispiel 2*: $M_{11} = 20,0$; $M_{12} = 19,10$; $M_{21} = 27,6279$; $M_{22} = 28,0$ bei $s_{I,B} = 1,0$. Bei $n = 40$ und $\alpha_{krit,10} = 0,05$ (zweiseitig) führt dies zu $t_{emp,17} = -0,4472 < t_{krit(0,05/2;76),17} = \pm 1,990$ und zu $t_{emp,18} = 1,664 = t_{krit(0,05;76),18} = 1,664$. Für den Interaktionskontrast gilt dann: $t_{emp,AxB} = [(28,0 - 27,6279 - 19,10 + 20)/2]/0,1581 = 4,0231$ bei $t_{krit(0,05/2;76),AxB} = \pm 1,990$. Weisen also die beiden Paardifferenzen unterschiedliche Vorzeichen auf $[(D_{17} < 0) \wedge (D_{18} > 0)]$ und ist die größere dieser beiden Differenzen (D_{18}) statistisch signifikant, dann wird auch der Interaktionskontrast statistisch signifikant.

Hypothesenorientierte Betrachtungsweise. *Beispiel 3*: $(\psi_{17} = 0) \wedge (\psi_{18} > 0) \rightarrow (\psi_{AxB} > 0)$. Alle anderen Konstellationen führen zur Ablehnung der SV, ohne dass dies hier demonstriert zu werden braucht. - Alles in allem zeigen die Beispiele, dass das Ableiten einer Einzelvorhersage über den Interaktionskontrast aus der PV-22 für eine adäquate und erschöpfende Prüfung nicht nur nicht erforderlich ist, sondern auch, dass diese Ableitung nicht möglich ist.

Es sind die Tests für eine ungerichtete Null- und eine gerichtete Alternativhypothese zu planen. Die Forscherin rechnet nicht mit einer nennenswerten Präzisionserhöhung ($\Pi_{BA} = 0,80$). Sie legt für die Nullhypothese mit $\delta_{B,krit,17} = 0,50$ einen relativ kleinen Effekt fest und verwendet dann die TPS 2 dazu, zu bestimmen, wie groß die Fehlerwahrscheinlichkeiten ausfallen können. Umrechnen des Wertes $\delta_{B,krit,17}$ ergibt: $\delta_{B,BA,krit,17} = 0,55$ (0,5590). Einsetzen in Formel (9.22) führt zu: $(z_{1-\alpha/2} + z_{1-\beta})^2 = 40(0,3125)/2 = 6,2496$ und damit $(z_{1-\alpha/2} + z_{1-\beta}) = 2,4999$. Sie legt $\alpha_{krit,17} = 0,10$ (zweiseitig) fest und erhält $\beta_{krit,17} = 0,20$. Die Effekte für die verbleibende gerichtete Alternativhypothese spezifiziert sie als $\delta_{B,krit,18} = 0,70$; Umrechnung ergibt: $\delta_{BA,B,krit,18} = 0,80$ (0,7826). Einsetzen in Formel (9.21) ergibt dann: $(z_{1-\alpha} + z_{1-\beta})^2 = 40(0,6125)/2 = 12,25$ und damit $(z_{1-\alpha} + z_{1-\beta}) = 3,50$. Sie wählt wegen der Kumulation zuerst eine geringe Wahrscheinlichkeit $\beta_{krit,18} = 0,05$, so dass $\alpha_{krit,18} = 0,03$ wird. Damit gilt für ϵ und φ: $\epsilon_{24,krit} \leq \max(0,20; 0,03) = 0,20$ und

$\phi_{24,krit} \le (0{,}10 + 0{,}05) = 0{,}15$. Aus dem durchgeführten Versuch werden die folgenden Mittelwerte berechnet bei $s_{I,BA} = 5{,}50$ ($FG_N = 76$) (vgl. Tab. 9.10).

Tabelle 9.10: Ergebnisse bei der Prüfung der PH-22

Faktor A	Faktor B: eingeschätzte Bildhaftigkeit	
	B_1: wenig bildhaft	B_2: sehr bildhaft
„low imagers"	$M_{11} = 18{,}0$	$M_{12} = 17{,}0$
„high imagers"	$M_{21} = 19{,}0$	$M_{22} = 33{,}0$

Die Auswertung ergibt: $t_{emp,17} = -0{,}5750$ bei $t_{krit(0{,}10;76),17} = \pm 1{,}292$ und $t_{emp,18} = 8{,}0494$ bei $t_{krit(0{,}03;76),18} = 1{,}900$. Die statistischen Tests sind vorhersagekonform ausgegangen, und damit kann die SV-22(BA;K=2;J=2) angenommen werden. Die empirischen Effekte lauten: $d_{BA,B,17} = -0{,}1818$ und $d_{BA,B,18} = 2{,}5455$. Damit kann auch die PV-22(BA;K=2;J=2) als eingetreten angesehen werden, und die PH-22 der Forscherin hat sich bewähren können.

Beispiel 9.10: Die als nächste zu prüfende zweifaktorielle psychologische Hypothese **PH-23** besagt: „Wenn beim Paar-Assoziations-Lernen von unterschiedlich bildhaften Wörtern einerseits verbale und andererseits imaginale Mediatoren eingesetzt werden, dann resultieren bessere Gedächtnisleistungen unter imaginaler gegenüber verbaler Mediation bei bildhaften Wörtern, während die verbale Mediation gegenüber der imaginalen zu besseren Gedächtnisleistungen bei wenig bildhaften Wörtern führt. Der Vorteil der imaginalen Mediation bei sehr bildhaftem Material ist genau so groß wie der Vorteil der verbalen Mediation bei wenig bildhaftem Material." Hier wird nicht nur eine ganz bestimmte disordinale Interaktion vorhergesagt, sondern zusätzlich auch, dass die Wirkungen der Mediation betragsmäßig gleich groß sind.

(9.40) (PH-23 $\wedge$ VSVS) $\approx$> [PV-23(BA;K=2;J=2) $\wedge$ SHH] $\approx$>

$\approx$>SV-23(BA;K=2;J=2;KER):

$[(\psi_{19} = \mu_{11} - \mu_{21} > 0) \wedge (\psi_{20} = \mu_{12} - \mu_{22} < 0) \wedge (\psi_{21} = |\psi_{17}| - |\psi_{18}| = 0)]$.

Zur Testung der SV-23(BA;K=2;J=2;KER) gibt es mehrere Möglichkeiten.

(9.41) SV-23(BA;K=2;J=2;KER) $\approx$> ST-23(BA;K=2;J=2):

$(H_{1,19}: \psi_{19} = \mu_{11} - \mu_{21} > 0) \wedge (H_{1,20}: \psi_{20} = \mu_{12} - \mu_{22} < 0) \wedge$
$[H_{0,21}: \psi_{21} = (\mu_{11} - \mu_{21}) - (\mu_{22} - \mu_{12}) = 0]$.

ψ_{21} ist ein komplexer Kontrast über zwei Differenzen, aber kein Interaktionskontrast. Es gilt dabei:

(9.42) $\psi_{21} = (\mu_{11} - \mu_{21}) - (\mu_{22} - \mu_{12}) = (\mu_{11} + \mu_{12}) - (\mu_{21} + \mu_{22}) = 0$.

Es gilt weiter:

(9.43) $\psi_{22} = (\mu_{11} + \mu_{12}) = 2\mu_{1.}$ und

(9.44) $\psi_{23} = (\mu_{21} + \mu_{22}) = 2\mu_{2.}$,

wobei μ_1 und μ_2 die beiden Mittelwerte auf der Ebene des **Haupteffektes A** bezeichnen. Ferner gilt:

(9.45) $[(\psi_{19} = -\psi_{20}) \wedge (\psi_{22} - \psi_{23} = 0)] \rightarrow [\psi_{24} = (\mu_1. - \mu_2. = 0)]$,

woraus folgt:

(9.46) $(H_{0,A}: \psi_{24} = 2\mu_1. - 2\mu_2. = 0) \rightarrow (H_{0,24}: \psi_{24} = \mu_1. - \mu_2. = 0)$.

Insgesamt gelangt man damit zu den folgenden als vorhersagekonform abgeleiteten statistischen Hypothesen als *Alternative* zur Umsetzung in Formel (9.40):

(9.47) SV-23(BA;K=2;J=2;KER) $\approx>$ ST-23(BA;K=2;J=2):

$$[(H_{1,19}: \psi_{19} = \mu_{11} - \mu_{21} > 0) \wedge$$
$$\wedge (H_{1,20}: \psi_{20} = \mu_{12} - \mu_{22} < 0) \wedge [H_{0,24}: \psi_{24} = \mu_1. - \mu_2. = 0].$$

Das Vorhersagemuster ist in Tabelle 9.11 enthalten.

Tabelle 9.11: Vorhersagemuster unter der PH-23				
Faktor A: Art der Mediation	**Faktor B: eingeschätzte Bildhaftigkeit**			**Randmittelwerte**
	B_1: wenig bildhaft	**Vorhersagen**	B_2: sehr bildhaft	
A_1: verbal	μ_{11}	(keine)	μ_{12}	$\mu_1.$
Vorhersagen	⇓		⇑	||
A_2: imaginal	μ_{21}	(keine)	μ_{22}	$\mu_2.$

Anmerkungen. Die Pfeile ⇑ und ⇓ besagen, dass μ_{11} kleiner μ_{21} ist und μ_{22} kleiner als μ_{12} und dass für die Differenzen gilt: $(\mu_{11} - \mu_{21}) = (\mu_{22} - \mu_{12})$.

Die alternative Zerlegung unter Einbezug des Haupteffektes A sollte dann bevorzugt werden, wenn mehr als nur zwei Stufen des Faktors A realisiert werden und wenn Gleichheit der Beträge der Differenzen vorhergesagt wird, da man in diesem Fall die Nullhypothesen auf der Ebene des Haupteffektes A zu einer Nullhypothese zusammenfassen kann, um mindestens einen Test einzusparen (vgl. dazu Bsp. 9.13 unten).

Für die Planung der drei Tests wird spezifiziert: $\delta_{B,krit,19} = +0{,}80$ und $\delta_{B,krit,20} = -0{,}80$. Es wird mit einer Präzisionserhöhung gerechnet, die zu $\Pi_{BA} = 0{,}60$ führt. Daraus folgt für die Effekte: $\delta_{BA,B,krit,19} = 1{,}0$ (1,0328) und $\delta_{BA,B,krit,20} = -1{,}0$ (–1,0328). Es wird ferner festgelegt: $\alpha_{krit,t} = 0{,}10$ und $\beta_{krit,t} = 0{,}025$. Einsetzen in Formel (9.19) führt dann zu: $n_t = 2(z_{1-\alpha} + z_{1-\beta})^2/1{,}0667 = 23{,}3673$ bzw. $n_t = 24$. Der Test der $H_{0,21}$ erfolgt über einen Differenzenkontrast. Für ihn wird ein mittlerer Effekt als noch mit der Nullhypothese vereinbar angesehen, also $\delta_{B,krit,21} = \pm 0{,}50$ bzw. $\delta_{BA,B,krit,21} = \pm 0{,}65$ (0,6455) und nach Umrechnung auf die Koeffizienten $+1/2$ und $-1/2$ $\delta_{BA,B,krit,21} = \pm 0{,}3228$. Benutzung der TPS 2 (Formel (9.22), ergibt: $(z_{1-\alpha/2} + z_{1-\beta})^2 = 24(0{,}1042)/1 = 1{,}8750$. Daraus lässt sich keine vernünftige Kombination von α und β konstruieren. Also muss - da die übrigen Spezifikatio-

Testplanung für Mittelwertshypothesen in zweifaktoriellen Versuchsplänen

nen festliegen - nolens volens der nachweisbare Höchsteffekt vergrößert werden, und zwar auf $\delta_{B,krit,21} = \pm 0{,}80$, ein großer Effekt, aus dem folgt: $\delta_{BA,B,krit,21} = \pm 1{,}0$ (1,0328) bzw. $\delta_{BA,B,krit,21} = \pm 0{,}50$ (0,5164). Erneutes Einsetzen in Formel (9.22) führt zu: $(z_{1-\alpha/2} + z_{1-\beta})^2 = 24(0{,}2667)/1 = 6{,}4008$ und $(z_{1-\alpha/2} + z_{1-\beta}) = 2{,}5300$, so dass gewählt werden kann: $\alpha_{krit,21} = 0{,}10$ (zweiseitig) und $\beta_{krit,21} = 0{,}29$. Daraus folgt: $\varepsilon_{23,krit} \leq \max(0{,}10;\ 0{,}10;\ 0{,}29) = 0{,}29$ und $\varphi_{23,krit} \leq (0{,}025 + 0{,}025 + 0{,}10) = 0{,}15$. - Der Versuch wird wie geplant durchgeführt und erbringt Daten, die in Tabelle 9.12 bereits zu Mittelwerten zusammengefasst sind; $s_{I,BA} = 4{,}90$.

Tabelle 9.12: Mittelwerte zur Prüfung der PH-23			
	Faktor B: eingeschätzte Bildhaftigkeit		
Faktor A: Art der Mediation	B_1: wenig bildhaft	B_2: sehr bildhaft	**Randmittelwerte**
A_1: verbal	$M_{11} = 30{,}00$	$M_{12} = 21{,}00$	$M_{1.} = 25{,}50$
A_2: imaginal	$M_{21} = 18{,}00$	$M_{22} = 32{,}00$	$M_{2.} = 25{,}00$
Randmittelwerte	$M_{.1} = 24{,}00$	$M_{.2} = 26{,}50$	$M_{..} = 25{,}25$

Die durchzuführenden Test ergeben folgende Resultate: $t_{emp,19} = 8{,}4835$ bei $t_{krit(0,10;92),19} = 1{,}291$; $t_{emp,20} = -7{,}7766$ bei $t_{krit(0,10;92),20} = -1{,}292$ und $t_{emp,21} = 0{,}5000$ bei $t_{krit(0,10;92),21} = \pm 1{,}6627$. Die als vorhersagekonform abgeleiteten statistischen Hypothesen können alle angenommen werden und damit auch die SV-23(BA; K=2;J=2). Wie groß sind die empirischen Effekte? $d_{BA,B,19} = 2{,}4490$; $d_{BA,B,20} = -2{,}2449$ und $\delta_{BA,B,21} = 0{,}1020$; also kann die PV-23(BA;K=2;J=2) als eingetreten angesehen werden, und die präzise PH-23 hat sich bewähren können. Testen wir informationshalber noch die Nullhypothese auf der Ebene des Haupteffektes A: $t_{emp,24} = 0{,}5/1{,}0002 = 0{,}5000$, also erwartungsgemäß das gleiche Ergebnis wie beim Test über den Differenzenkontrast.

Für die Berechnung des Präzisionsindexes sind folgende Quadratsummen zu bestimmen: $QSI(BA) = 24(4{,}9^2)(4) = 2304{,}96$; $QSAB = 3330{,}00$; $QSB = 150{,}00$; $QSA = 6{,}00$; $QSAxB = 3174{,}00$; $QSI(B) = 5484{,}9600$ und $P_{BA} = 0{,}4202$ - ein beträchtlicher Präzisionsgewinn, der höher ausfällt als erwartet.

Auch in diesem Beispielfall ist es nicht erforderlich oder möglich, eine Hypothese über einen Interaktionskontrast abzuleiten. An seiner Stelle wird jedoch ein Kontrast über Mittelwertsdifferenzen abgeleitet, der äquivalent ist mit der Gültigkeit der Nullhypothese für den Haupteffekt A.

Beispiel 9.11: Die **PH-24** lautet: „Wenn beim Paar-Assoziations-Lernen von unterschiedlich bildhaften Wörtern einerseits verbale und andererseits imaginale Mediatoren eingesetzt werden, dann resultieren bessere Gedächtnisleistungen unter imaginaler gegenüber verbaler Mediation bei bildhaften Wörtern, während die verbale Mediation gegenüber der imaginalen zu besseren Gedächtnisleistungen bei wenig bildhaften Wörtern führt. Die lernerleichternde Wirkung der Mediation ist so ausgeprägt, dass unter ihr wenig bildhafte Wörter besser als sehr bildhafte erinnert werden." Diese qualitative zweifaktorielle Hypothese erlaubt Vorhersagen unter beiden Faktoren, nämlich der Bildhaftigkeit (B) und der Art der Mediation (A), und zwar eine für beide Faktoren disordinale Interaktion. Die Ableitung von testbaren Kontrasthypothesen ergibt:

(9.48) (PH-24 $\wedge$ VSVS) $\approx$> [PV-24(BA;K=2;J=2) $\wedge$ SHH] $\approx$>
SV-24(BA;K=2;J=2;KER) $\approx$> ST-24(BA;K=2;J=2):
[($H_{1,25}$: $\psi_{25} = \mu_{11} - \mu_{12} > 0$) $\wedge$ ($H_{1,26}$: $\psi_{26} = \mu_{21} - \mu_{22} < 0$) $\wedge$
$\wedge$ ($H_{1,27}$: $\psi_{27} = \mu_{11} - \mu_{21} > 0$) $\wedge$ ($H_{1,28}$: $\psi_{28} = \mu_{12} - \mu_{22} < 0$)].

Das Vorhersagemuster ist in Tabelle 9.13 enthalten.

Tabelle 9.13: Vorhersagemuster unter der PH-24			
Faktor A: Art der Mediation	**Faktor B: eingeschätzte Bildhaftigkeit**		
	B_1: wenig bildhaft	Vorhersagen	B_2: sehr bildhaft
A_1: verbal	μ_{11}	>	μ_{12}
Vorhersagen	$\vee$		$\wedge$
A_2: imaginal	μ_{21}	<	μ_{22}

Bei diesem Beispiel kumuliert wieder β_t (Fall 1 der Kumulation in Abschn. 7.2). Es wird festgelegt: $\varepsilon_{24,\text{krit}} = 0{,}10$ und $\varphi_{24,\text{krit}} = 0{,}30$, so dass $\alpha_{\text{krit,t}} = 0{,}10$ ist und $\beta_{\text{krit,t}} = 0{,}30/4 = 0{,}075$. Die einfachen Effekte werden als $\delta_{B,\text{krit,t}} = \delta_{A,\text{krit,t}} = +0{,}80$ bzw. $-0{,}80$ spezifiziert. Es wird mit einer Reduktion der Fehlervarianz gegenüber dem entsprechenden einfaktoriellen Plan von 50% gerechnet, also $\Pi_{BA} = 0{,}50$. Daraus folgt nach Formel (9.14): $\delta_{BA,A,\text{krit,t}} = \delta_{BA,B,\text{krit,t}} = 1{,}10$ (1,1314) bzw. $-1{,}10$ ($-1{,}1314$). Gefragt ist nach der erforderlichen Stichprobengröße (TPS 1). Einsetzen in Formel (9.19) ergibt: $n_t = 2(1{,}282 + 1{,}56)^2/1{,}28 = 12{,}6203$ bzw. $n_t = 13$ und $N_t = 52$. Dies stellt eine problemlos handhabbare Stichprobengröße dar. Das heißt für ε_{24} und φ_{24}: $\varepsilon_{24,\text{krit}} \leq \max(0{,}10; 0{,}10; 0{,}10; 0{,}10) = 0{,}10$ und $\varphi_{24,\text{krit}} \leq (0{,}06 + 0{,}06 + 0{,}06 + 0{,}06) = 0{,}24$. - Der Versuch ergibt die in Tabelle 9.14 enthaltenen Mittelwerte bei einer Binnenstreuung von $s_{I,BA} = 6{,}50$.

Tabelle 9.14: Ergebnisse bei der Prüfung der PH-24			
Faktor A: Art der Mediation	**Faktor B: eingeschätzte Bildhaftigkeit**		**Randmittelwerte**
	B_1: wenig bildhaft	B_2: sehr bildhaft	
A_1: verbal	$M_{11} = 33{,}0$	$M_{12} = 25{,}0$	$M_{1.} = 29{,}0$
A_2: imaginal	$M_{21} = 22{,}0$	$M_{22} = 29{,}0$	$M_{2.} = 25{,}5$
Randmittelwerte	$M_{.1} = 27{,}5$	$M_{.2} = 27{,}0$	$M_{..} = 27{,}25$

Daraus folgt für die empirischen t-Werte: $t_{\text{emp},25} = 3{,}1379$ bei $t_{\text{krit}(0{,}10;48),25} = 1{,}299$; $t_{\text{emp},26} = -3{,}5301$ bei $t_{\text{krit}(0{,}10;48),26} = -1{,}299$; $t_{\text{emp},27} = 5{,}0990$ bei $t_{\text{krit}(0{,}10;48),27} = 1{,}299$ und $t_{\text{emp},28} = -1{,}5689$ bei $t_{\text{krit}(0{,}10;48),28} = -1{,}299$. Es können auch hier alle abgeleiteten statistischen Hypothesen und damit die SV-24(BA;K=2;J=2) angenommen werden. Die empirischen Effektgrößen lauten: $d_{BA,B,25}$ = 1,2308; $d_{BA,B,26}$ = –1,0769; $d_{BA,A,27}$ = 1,6923 und $d_{BA,A,28}$ = –0,6154. Die Effekte sind überwiegend von beträchtlicher Größe und überschreiten die ohnehin großen Werte der Testplanungsphase bis auf eine Ausnahme. Insgesamt sprechen die Ergebnisse dafür, die PV-24(BA;K=2; J=2) als eingetreten anzusehen und die PH-24 als bewährt.

Für den empirischen Präzisionsindex resultiert: QSAB = 893,75; QSB = 6,00; QSA = 294,00, QSAxB = 893,75 – 6,00 – 294,00 = 593,75 und QSI(BA) = (2)(2)(12)(6,5²) = 2028,00. Für QSI(B) gilt damit: QSI(B) = 2028,00 + 294,00 + 593,75 = 2915,75, so dass für den Präzisionsindex gilt: P_{BA} = 2028,00/2915,75 = 0,6955, womit der Präzisionsgewinn um einiges niedriger ausgefallen ist als erwartet oder erhofft.

Beispiel 9.12: Die **PH-25** geht davon aus, dass zum Aktivieren des imaginalen und des verbalen Kodes eine bestimmte Mindestzeit notwendig ist (vgl. Wippich & Bredenkamp, 1979, S. 74). Wird diese Mindestzeit nicht erreicht, führen sehr bildhafte Wörter beim Lernen zu keinen Vorteilen gegenüber wenig bildhaften. Wird diese Mindestzeit dagegen überschritten, führen sehr bildhafte Wörter zu besseren Gedächtnisleistungen als wenig bildhafte, und diese Wirkung der Bildhaftigkeit soll um so ausgeprägter sein, je länger die Lernzeit ist. Die PH-27 ist also eine Verbindung der PH-1 mit der PH-5, und sie spezifiziert Randbedingungen, unter denen die *PH-1 nicht* zutreffen soll; bei ihr besteht die Prüfinstanz aus sechs Zellen AB_{jk}. Auch über den zweiten Faktor, A (Darbietungszeit), könnte man die nahe liegende, aber kaum prüfenswerte Hypothese formulieren, dass mit steigender Darbietungszeit die Gedächtnisleistung anwächst, doch soll dies hier nicht geschehen. Die Ableitung aus dem Blickwinkel des Faktors B ergibt:

(9.49) (PH-25 ∧ VSVS) ≈> [PV-25(BA;K=2;J=3) ∧ SHH] ≈>

SV-25(BA;K=2;J=3;KER) ≈> ST-25(BA;K=2;J=3):

$[(H_{0,29}: \psi_{29} = \mu_{12} - \mu_{11} = 0) \land (H_{1,30}: \psi_{30} = \mu_{22} - \mu_{21} > 0) \land$

$\land (H_{1,31}: \psi_{31} = \mu_{32} - \mu_{31} > 0) \land (H_{1,32}: \psi_{32} = \mu_{30} - \mu_{31} - \mu_{22} + \mu_{21} > 0)]$.

Die Vorhersagestruktur ist in Tabelle 9.15 veranschaulicht.

Für den Versuch ist eine große Lehrveranstaltung mit N = 300 gewonnen worden, die zufällig einer der Bedingungskombinationen zugewiesen werden; der Versuch wird dann als Gruppenversuch mit jeweils n_{jk} = 50 Vpn durchgeführt. Die Fehlerkumulation erfolgt nach Fall 5 in Abschnitt 7.2, so dass $\varepsilon_{25} \leq$ max(β_{29}, α_{30}, α_{31}, α_{32}) und $\varphi_{25} \leq (\alpha_{29} + \beta_{30} + \beta_{31} + \beta_{32})$ gilt. Es wird spezifiziert: $\varepsilon_{25,krit} \leq 0,05$ und $\varphi_{25,krit} \leq 0,10$, so dass $\alpha_{krit,29} = \beta_{krit,30} = \beta_{krit,31} = \beta_{krit,32} = 0,10/4 = 0,025$ wird. Es wird davon ausgegangen, dass der Präzisionsindex den Wert $\Pi_{BA} = 0,70$ annimmt. Welche Effekte lassen sich dann nachweisen (TPS 3)? Einsetzen in Formel (9.23) führt zu: $\delta^2_{BA,B,29} = 2(2,05 + 1,645)^2/50 = 0,5461$ und $\delta_{BA,B,krit,29} = 0,75$ (0,7390) - ein zu großer Effekt für eine Nullhypothese. Es wird daher gesetzt: $\alpha_{krit,29} = 0,10$ und $\beta_{krit,29} = 0,10$, wozu $z_{1-\alpha/2} = 1,645$ und $z_{1-\beta} = 1,282$ gehört. Dann resultiert erneut nach Formel (9.23): $\delta_{BA,B,krit,29} = 0,60$ (0,5854); dieser gut mittelgroße Wert wird für eine Nullhypothese als zu hoch angesehen. Also werden die Fehlerwahrscheinlichkeiten noch einmal erhöht, und zwar auf $\alpha_{krit,29} = 0,15$ und $\beta_{krit,29} = 0,20$: $\delta^2_{BA,B,29} = 2(1,44 + 0,84)^2/50 = 0,2079$ und $\delta_{BA,B,krit,29} = 0,45$ (0,4560). Für die übrigen Hypothesen gilt dann: $\delta^2_{BA,B,krit,t} = 2(1,645 + 2,05)^2/50 \approx 0,75$ (0,7390) und für den Interaktionskontrast $\delta_{BA,AxB,32}$: $\delta^2_{BA,AxB,32} = 1(1,645 + 2,05)^2/50 = 0,2731$ und somit $\delta_{BA,AxB,krit,32} = 0,50$ (0,5226). Durch die Neufestsetzung der Spezifikationen für den Test der $H_{0,29}$ ergeben sich auch andere Werte für ε_{25} und φ_{25}: $\varepsilon_{25,krit} \leq \max(0,15; 0,02; 0,02; 0,02) = 0,15$ und $\varphi_{25,krit} \leq (0,20 + 0,02 + 0,02 + 0,02) = 0,26$. Diese Kombination der Werte für ε_{25} und für φ_{25} ist durchaus als noch tolerabel zu bezeichnen.

Tabelle 9.15: Vorhersagestruktur bei der Prüfung der PH-25

Faktor A: Darbietungszeit	Faktor B: eingeschätzte Bildhaftigkeit		
	B_1: wenig bildhaft	Vorhersagen	B_2: sehr bildhaft
A_1: zu kurz	μ_{11}	=	μ_{12}
A_2: lang genug	μ_{21}	<	μ_{22}
A_3: noch länger	μ_{31}	<<	μ_{32}

Der Versuch wird wie geplant durchgeführt, und aus den Rohwerten y_{ijk} lassen sich die in Tabelle 9.16 enthaltenen Mittelwerte berechnen bei $s_{I,BA} = 5,80$.

Tabelle 9.16: Ergebnisse bei der Prüfung der PH-25

Faktor A: Darbietungszeit	Faktor B: eingeschätzte Bildhaftigkeit		Randmittelwerte
	B_1: wenig bildhaft	B_2: sehr bildhaft	
A_1: zu kurz	$M_{11} = 10,0$	$M_{12} = 11,0$	$M_{1.} = 10,5$
A_2: lang genug	$M_{21} = 18,0$	$M_{22} = 24,0$	$M_{2.} = 21,0$
A_3: noch länger	$M_{31} = 22,0$	$M_{32} = 32,0$	$M_{3.} = 27,0$
Randmittelwerte	$M_{.1} = 16,6667$	$M_{.2} = 22,3333$	$M_{..} = 19,50$

Daraus ergeben sich folgende t-Werte: $t_{emp,29} = 0,8621$ bei $t_{krit(0,10/2;296),29} = \pm 1,653$; $t_{emp,30} = 5,1724$; $t_{emp,31} = 8,9207$ und $t_{emp,32} = 2,4383$ bei $t_{krit(0,02;294),t} = 2,06$. Es können damit alle als vorhersagekonform abgeleiteten Hypothesen und die SV-25(BA;K=2;J=3) angenommen werden. Die empirischen Effekte sind von folgender Größe: $d_{BA,B,29} = 0,1724$; $d_{BA,B,30} = 1,0345$; $d_{BA,B,31} = 1,7241$ und $d_{BA,B,32} = 0,3448$. Während die einfachen Effekte von erwarteter Größe sind, fällt der Interaktionseffekt geringer aus als erwartet ($\delta_{BA,AxB,krit,32} = 0,50$). Deswegen wird das Eintreten der PV-25(BA;K=2;J=3) mit der entsprechenden Einschränkung versehen, und wenn man die Abweichungen zu tolerieren bereit ist, hat sich die PH-25 (bedingt) bewährt.

Für die Quadratsummen gilt: QSAB = 17375,00; QSB = 2408,3333; QSA = 13950,00, so dass QSAxB = 1016,6667 wird. Für QSI(BA) gilt: QSI(BA) =

Testplanung für Mittelwertshypothesen in zweifaktoriellen Versuchsplänen 287

$(2)(3)(49)(5,8^2) = 9890,16$ und für QSI(B) = 9890,16 + 1016,6667 + 13950,00 = 24856,8267. Für den Präzisionsindex P_{BA} gilt damit: P_{BA} = 9890,16/24856,8267 = 0,3979 - eine beträchtliche Steigerung der Präzision.

Beispiel 9.13: Die **PH-26** behauptet, dass nur dann, wenn gleichzeitig hohe Bildhaftigkeit und hohe Konkretheit vorliegen, ein relativer Anstieg der Gedächtnisleistungen erfolgt, während in allen anderen Fällen keine Veränderung auftritt. Die Ableitung testbarer Einzelhypothesen ergibt:

(9.50) (PH-26 $\wedge$ VSVS) $\approx$> [PV-26(BA;K=2;J=2) $\wedge$ SHH] $\approx$>

$\approx$> SV-26(BA;K=2;J=2;KER) $\approx$> ST-26(BA;K=2;J=2):
[($H_{0,33}$: $\psi_{33} = \mu_{11} - \mu_{12} = 0$) $\wedge$ ($H_{0,34}$: $\psi_{34} = \mu_{11} - \mu_{21} = 0$) $\wedge$
$\wedge$ ($H_{1,35}$: $\psi_{35} = \mu_{22} - \mu_{12} > 0$) $\wedge$ ($H_{1,36}$: $\psi_{36} = \mu_{22} - \mu_{21} > 0$)].

Tabelle 9.17 veranschaulicht die Vorhersagen.

Tabelle 9.17: Vorhersagemuster unter der PH-26			
Faktor A: eingeschätzte Abstraktheit-Konkretheit	**Faktor B: eingeschätzte Bildhaftigkeit**		
	B_1: wenig bildhaft	**Vorhersagen**	B_2: sehr bildhaft
A_1: abstrakt	μ_{11}	=	μ_{12}
Vorhersagen	$\parallel$		$\wedge$
A_2: konkret	μ_{21}	<	μ_{22}

Hier kumulieren α_t und β_t (Fall 5 in Abschn. 7.2). Um diese Kumulation etwas zu verringern, kann man die $H_{0,33}$ und die $H_{0,34}$ zur $H_{0,37}$ einer einfaktoriellen **Varianzanalyse** (VA) zusammenfassen, wozu sich die Forscherin entschließt, denn auch die $H_{0,VA}$ führt - wenn auch **testbedingt** - zu einer konjunktiven Verknüpfung der Prüfinstanzen. Sie nimmt dabei eine Änderung der probabilistischen Randbedingungen der Testungen in Kauf, die darin besteht, dass der Test der $H_{0,37}$ über einen statistischen Vergleich bei $FG_Z = 2$ und über die F-Verteilungen erfolgt, während die übrigen Tests über Paarkontraste mit $FG_Z = 1$ und über die t-Verteilungen durchgeführt werden. Dies führt zu den folgenden Vorhersagen:

(9.51) (PH-26 $\wedge$ VSVS) $\approx$> [PV-26(BA;K=2;J=2) $\wedge$ SHH] $\approx$>

$\approx$> SV-26(BA;K=2;J=2;KER) $\approx$>
$\approx$> ST-26(BA;K=2;J=2): [($H_{0,VA,37}$: $\mu_{11} = \mu_{12} = \mu_{21}$) $\wedge$
$\wedge$ ($H_{1,35}$: $\psi_{35} = \mu_{22} - \mu_{12} > 0$) $\wedge$ ($H_{1,36}$: $\psi_{36} = \mu_{22} - \mu_{21} > 0$)].

Kann man nicht auf eine der beiden gerichteten Alternativen verzichten? Aus **hypothesenorientierter Sichtweise** folgt aus der Annahme (A) der $H_{0,VA,37}$ ($AH_{0,VA,37}$), dass ($\mu_{11} = \mu_{12} = \mu_{21}$) ist. Testet man als nächstes die $H_{1,35}$, dann folgt aus $AH_{1,35}$, dass [($\mu_{22} > \mu_{21}$) $\wedge$ ($\mu_{22} > \mu_{12}$)] ist, und aus $AH_{0,35}$, dass [($\mu_{22} = \mu_{21}$ $\wedge$

$\mu_{22} = \mu_{12})]$ gilt. Zu demselben Resultat würde die Testung und Annahme der $H_{1,36}$ führen, so dass man bei hypothesenorientierter Sichtweise entweder auf die $H_{1,35}$ oder aber auf die $H_{1,35}$ verzichten kann. Aus **testorientierter Sichtweise** gelten diese Beziehungen jedoch nicht. *Beispiel 1*: Es seien $M_{11} = 26$, $M_{21} = 24{,}5$, $M_{12} = 27{,}5$ und $M_{22} = 26{,}5797$ bei $n = 25$, $s_{I,B} = 5{,}7$ und $s^2_{I,B} = 32{,}49$. Daraus wird berechnet: $QSVA = 112{,}50$; $F_{emp,37} = (112{,}50/2)/32{,}49 = 1{,}7313$ bei $F_{krit(0,10;2;96),37} = 2{,}370$; dies führt zur $AH_{0,VA,37}$. Der zur $H_{1,36}$ gehörige t-Wert nimmt dann folgenden Wert an: $t_{emp,36} = (26{,}5797 - 24{,}50)/(5{,}70)\sqrt{(2/25)} = 1{,}290$ bei $t_{krit(0,10;96),36} = 1{,}290$; dies bedeutet $AH_{1,36}$. Die empirische Differenz zwischen M_{22} und M_{12} ist gleich $26{,}5797 - 27{,}5 = -0{,}9203$, also kleiner als die Differenz zwischen M_{22} und M_{21}, und sie bedeutet die Annahme der vorhersagekonträren $H_{0,35}$. *Beispiel 2*: Es gelten die gleichen Bedingungen wie in *Beispiel 1*, lediglich M_{22} nimmt den Wert $M_{22} = 29{,}50$ an. Daraus folgt: $t_{emp,35} = 3{,}1013$ bei $t_{krit(0,10;96),35} = 1{,}290$. Und für $t_{emp,36}$ ergibt sich: $t_{emp,36} = 1{,}2405$ und damit $AH_{0,36}$. Also kann aus testorientierter Sicht auf keinen der vorgesehenen Tests verzichtet werden.

Aber kann man die beiden Paarkontraste nicht durch einen komplexen ersetzen, der wie folgt lautet: $\psi = (-1/3)\mu_{21} + (-1/3)\mu_{11} + (-1/3)\mu_{21} + (+1)\mu_{22}$? Dieser Kontrast kontrastiert den Mittelwert aus den drei zu einer einfaktoriellen **VA** zusammengefassten Mittelwerte mit demjenigen Mittelwert, der größer ausfallen soll als μ_{12} und μ_{21}, also mit μ_{22}. Aus **hypothesenorientierter Sicht** kann man die beiden Paarkontraste ψ_{35} und ψ_{36} durch diesen komplexen Kontrast ersetzen. Aus **testorientierter Sicht** wäre dies dagegen nicht unbedingt vorteilhaft. *Beispiel 3*: Es gelten die gleichen Bedingungen wie vorher, nur nimmt M_{22} den Wert $M_{22} = 28{,}0$ an. Der empirische t-Wert für den komplexen Kontrast lautet dann: $t_{emp} = 1{,}5193$ bei $t_{krit(0,10;96)} = 1{,}290$. Es liegt damit ein vorhersagekonformes Resultat vor, da die mit dem komplexen Kontrast verbundene gerichtete Alternativhypothese angenommen werden kann. Was ergeben die Tests über die beiden Paarkontraste? $t_{emp,35} = 0{,}3101$ und $t_{emp,36} = 2{,}1709$ bei $t_{krit(0,10;96),t} = 1{,}290$. Also muss die vorhersagekonträre $H_{0,35}$ beibehalten werden, während die vorhersagekonforme $H_{1,36}$ angenommen werden kann. Es resultieren bei den verschiedenen Vorgehensweisen unterschiedliche Resultatsmuster, und der PH wird es am relativ schwersten gemacht, sich zu bewähren, wenn sie neben dem varianzanalytischen Test auch über die beiden Paarkontraste geprüft wird.

Es wird festgelegt: $\varepsilon_{25,krit} = 0{,}15$ und $\varphi_{25,krit} = 0{,}15$. Daraus folgt: $\alpha_{krit,37} = \varphi_{53,krit}/3 = 0{,}05$ und $\beta_{krit,37} = 0{,}10$; $\beta_{krit,35} = \beta_{krit,36} = 0{,}15/3 = 0{,}05$ und $\alpha_{krit,33} = \alpha_{krit,36} = 0{,}10$. Nehmen wir an, es stünde der Forscherin eine Gesamtstichprobe der Größe $N = 100$ zur Verfügung, also $n_{jk} = 25$, und sie rechnet mit einer Präzisionserhöhung von $\Pi_{BA} = 0{,}65$. Wie groß müssen dann die zu entdeckenden Effekte sein (TPS 3)? Es ist zwar die Nullhypothese einer einfaktoriellen **Varianzanalyse** abgeleitet worden, aber die zur Testung herangezogene Varianz ist $s^2_{I,BA}$, also die als Mittelwert aus den vier Versuchsbedingungen bestimmte Testvarianz, die als geringer erwartet wird als $s^2_{I,B}$. Für die Planung wird daher $\phi^2_{VA,BA,B}$ anstelle von

Testplanung für Mittelwertshypothesen in zweifaktoriellen Versuchsplänen

$\phi^2_{VA,B}$ benutzt. Bei $\alpha_{krit,37} = 0,05$ und $\beta_{krit,37} = 0,10$ ergibt Einsetzen in Formel (6.66) (TPS 3) einen nachzuweisenden Effekt der Größe $\phi^2_{VA,BA,B,35} = 1682/(400)(24) = 0,1752$ und $\phi_{VA,BA,B,krit,35} = 0,40$ (0,4186), was zu groß ist für eine abgeleitete Nullhypothese. Legt man dann $\alpha_{krit,37} = 0,10$ und $\beta_{krit,37} = 0,20$ fest, so ergibt sich nach Formel (6.66) ein nachzuweisender Effekt von $\phi^2_{VA,BA,B,37} = 1029/(400)(24) = 0,1072$ und $\phi_{VA,BA,B,krit,37} = 0,30$ (0,3274). Es liegt damit ein nach J. Cohens Konventionen mittelgroßer Effekt vor (J. Cohen, 1988, S. 286). Dieser Wert ist zwar recht hoch für eine abgeleitete Nullhypothese, muss aber akzeptiert werden, weil die Stichprobengröße und die Kumulation der Fehlerwahrscheinlichkeiten einen kleineren Wert nicht zulassen. Für die Effekte der Paarkontraste resultiert nach Formel (9.22): $\delta^2_{BA,A,35} = \delta^2_{BA,B,36} = 2(1,282 + 1,645)^2/25 = 0,6854$ und damit $\delta_{BA,A,krit,35} = \delta_{BA,B,krit,36} = 0,80$ (0,8279). Der nachweisbare Effekt ist für die Alternativhypothesen hinreichend groß. Durch die Vergrößerung der Fehlerwahrscheinlichkeiten für die VA ergibt sich: $\varepsilon_{26,krit} = \max(0,20; 0,10; 0,10) = 0,20$ und $\varphi_{26,krit} \leq (0,10 + 0,05 + 0,05) = 0,20$. Beide Werte sind akzeptabel. Der Versuch wird unter den vorgenommenen Spezifikationen durchgeführt. Er ergibt die in Tabelle 9.18 enthaltenen Mittelwerte bei $s_{I,BA} = 5,70$, so dass $s^2_{I,BA} = 32,49$.

Tabelle 9.18: Ergebnisse bei der Prüfung der PH-26			
Faktor A: eingeschätzte Abstraktheit-Konkretheit	**Faktor B:** eingeschätzte Bildhaftigkeit		
	B₁: wenig bildhaft	B₂: sehr bildhaft	**Randmittelwerte**
A₁: abstrakt	$M_{11} = 23,00$	$M_{12} = 25,00$	$M_{1.} = 24,00$
A₂: konkret	$M_{21} = 22,00$	$M_{22} = 28,00$	$M_{2.} = 25,00$
Randmittelwerte	$M_{.1} = 22,50$	$M_{.2} = 26,50$	$M_{..} = 24,50$

Für die VA lässt sich errechnen: $QSVA = n\sum(M_{jk} - M_{..})^2 = 116,6667$ mit $M_{jk} = M_{11}, M_{12}$ und M_{21}, woraus $F_{VA,B,emp,37} = 1,7954$ bei $F_{krit(0,10;2;96),37} = 2,37$ folgt ($FG_Z = 2$); also kann die vorhersagekonforme $H_{0,37}$ angenommen werden. Für die Paarkontraste resultiert: $t_{emp,35} = 1,8608$ und $t_{emp,36} = 1,8608$ bei $t_{krit(0,10;96),t} = 1,290$. Die abgeleiteten Hypothesen und damit die ihnen vorgeordnete SV-26(BA;K=2;J=2) können angenommen werden. Die Effekte lassen sich berechnen zu: $f_{VA,BA,A,37} = 0,1934$; $d_{BA,A,35} = 0,5263$ und $d_{BA,B,36} = 0,5263$. Sie fallen für die Paarkonstraste geringer aus als die Vorgaben, so dass sich die Forscherin entschließt, ihre PV-26(BA;K=2;J=2) nur als bedingt eingetreten anzusehen. Auch die PH-26 hat sich nur bedingt bewährt. - Was ergibt die Berechnung des Präzisionsindexes P_{BA}? $QSAB = 525,00$; $QSB = 200,00$; $QSA = 12,50$; $QSAxB = 312,5$; $QSI(BA) = (2)(2)(24)(5,7^2) = 3119,04$ und $QSI(B) = 3444,04$, so dass $P_{BA} = 0,9056$ wird - eine bescheidene Erhöhung der Präzision.

Beispiel 9.14: Die **PH-27** besagt, dass sehr bildhaftes Material besser gelernt wird als wenig bildhaftes, und zwar unabhängig davon, ob es gleichzeitig auch noch konkret oder abstrakt ist. Die PH-27 spricht zwar den zweiten Faktor explizit an, ermöglicht jedoch keine Vorhersagen aus der Perspektive dieses zweiten Faktors. Erneut zugrunde liegen die PH-1 und die PH-18. Die Ableitungen ergeben:

(9.52) (PH-27 ∧ VSVS) ≈> [PV-27(BA;K=2;J=2) ∧ SHH] ≈>

≈> SV-27(BA;K=2;J=2;KER) ≈> ST-27(BA;K=2;J=2):

$\{(H_{1,38}: \psi_{38} = \mu_{12} - \mu_{11} > 0) \wedge (H_{1,39}: \psi_{39} = \mu_{22} - \mu_{21} > 0) \wedge$

$\wedge [H_{0,40}: \psi_{40} = (\mu_{12} - \mu_{11}) - (\mu_{22} - \mu_{21}) = 0]\};$

vgl. Tabelle 9.19.

Tabelle 9.19: Vorhersagestruktur unter der PH-27			
Faktor A:	**Faktor B: eingeschätzte Bildhaftigkeit**		
eingeschätzte Abstrakt-heit-Konkretheit	B_1: wenig bildhaft	**Vorhersagen**	B_2: sehr bildhaft
A_1: abstrakt	μ_{11}	⇐	μ_{12}
A_2: konkret	μ_{21}	⇐	μ_{22}

Die Kumulation der Fehlerwahrscheinlichkeiten erfolgt nach Fall 5 in Abschnitt 7.2: $\varepsilon_{27} \leq \max(\alpha_{38}, \alpha_{39}, \beta_{40})$ und $\varphi_{27} \leq (\beta_{38} + \beta_{39} + \alpha_{40})$. Es werden festgelegt: $\varepsilon_{27,\text{krit}} = 0{,}10 = \alpha_{\text{krit},38} = \alpha_{\text{krit},39} = \beta_{\text{krit},40}$ und $\varphi_{27,\text{krit}} = 0{,}30$, so dass $\beta_{\text{krit},38} = \beta_{\text{krit},39} = \alpha_{\text{krit},40} = 0{,}10 = \varphi_{29,\text{krit}}/3 = 0{,}30/3$, so dass für die Tests der $H_{1,38}$ und der $H_{1,39}$ gilt: $z_{1-\alpha} = 1{,}282$ und $z_{1-\beta} = 0{,}84$ und für den Test der $H_{0,40}$ $\alpha_{\text{krit},40} = 0{,}10/2 = 0{,}05$ und $\beta_{\text{krit},40} = 0{,}10$, also $z_{1-\alpha/2} = 1{,}645$ und $z_{1-\beta} = 1{,}282$. Die Wirkungen unter B sollen auf beiden Stufen von A gleich (⇐) sein ($\delta_{B,\text{krit},38} = \delta_{B,\text{krit},39} = 0{,}80$), und dies bedeutet, dass keine Interaktion vorliegen soll, dass also eigentlich $\delta_{B,\text{krit},40} = 0$ sein muss. Da aber für einen Nulleffekt keine Testplanung erfolgen kann, wird ein relativ kleiner Interaktionseffekt als noch mit dem Nulleffekt vereinbar festgelegt, nämlich $\delta_{A \times B,\text{krit},40} = 0{,}40$, woraus nach Umrechnung auf die Koeffizienten $+1/2$ und $-1/2$ $\delta_{A \times B,\text{krit},40} = 0{,}20$ wird. - Es wird mit vglw. geringfügigen Erhöhung der Präzision von $\Pi_{BA} = 0{,}85$ gerechnet, so dass sich für den Interaktionseffekt ergibt: $\delta_{BA,A \times B,\text{krit},40} = 0{,}20$ (0,2169). Für die übrigen Effekte ergibt sich nach Formel (9.15): $\delta_{BA,B,\text{krit},38} = \delta_{BA,B,\text{krit},39} = 0{,}85$ (0,8677). Dann kann für $n_{38} = n_{39}$ nach Formel (9.22) errechnet werden (TPS 1): $n_t = 2(1{,}282 + 0{,}84)^2/0{,}7356 = 11{,}9614$, d.h., dass pro Bedingungskombination $n_{38} = n_{39} = 12$ Vpn zu untersuchen sind, insgesamt also $N_t = 48$ Vpn. Für den Test gegen die ungerichtete Hypothese $H_{0,40}$ über die Interaktion resultiert bei $\alpha_{\text{krit},40} = 0{,}10$ und $\beta_{\text{krit},40} = 0{,}10$: $n_{40} = 1(1{,}645 +1{,}282)^2/0{,}0470 = 182{,}1069$ bzw. $N_{40} = 732$. Legt man $\alpha_{\text{krit},40} = 0{,}20$ ($z_{1-\alpha} = 0{,}84$) fest und erhöht $\beta_{\text{krit},40}$ auf $0{,}30$ ($z_{1-\beta} = 0{,}52$), ergibt sich ein benötigter Stichprobenumfang von $n_{40} = 40$ und $N_{40} = 160$. Es gilt dann: $\varepsilon_{29,\text{krit}} \leq \max(0{,}10; 0{,}10; 0{,}30) = 0{,}30$ und $\varphi_{29,\text{krit}} \leq (0{,}10 + 0{,}10 + 0{,}30) = 0{,}50$. Die Ergebnisse der Testplanung führen zu unrealistischen Resultaten, und diese lassen sich nur verbessern, indem man den Interaktionseffekt vergrößert. Realistischerweise, obwohl mit ei-

Testplanung für Mittelwertshypothesen in zweifaktoriellen Versuchsplänen 291

ner abgeleiteten Nullhypothese nur schwer vereinbar, wird $\delta_{B,krit,40} = 0{,}60$ festgelegt, so dass $\delta_{BA,B,krit,40} = 0{,}65$ (0,6508) resultiert. Ändert man zusätzlich: $\alpha_{krit,40} = 0{,}10$ und $\beta_{krit,40} = 0{,}10$, dann lässt sich für die TPS 1 und mittels Formel (9.20) errechnen: $n_{40} = (1{,}645 + 1{,}282)^2/0{,}4235 = 20{,}2284$ bzw. $n_{40} = 21$ und damit $N_{40} = 84$, eine realistische Vpn-Anzahl, die allerdings mit dem Preis eines sehr großen Effektes unter einer abgeleiteten Nullhypothese erkauft wurde. Welche Fehlerwahrscheinlichkeiten lassen sich bei diesem Stichprobenumfang bei den beiden verbleibenden Tests realisieren (TPS 2)? Einsetzen in Formel (9.21) ergibt: $(z_{1-\alpha} + z_{1-\beta})^2 = (0{,}8858)(20)/2 = 8{,}858$ und $(z_{1-\alpha} + z_{1-\beta}) = 2{,}9762$. Wegen der β-Kumulation sei $\beta_{krit,38} = \beta_{krit,39} = 0{,}05$. Damit gilt für $z_{1-\alpha} = 2{,}9762 - 1{,}645 = 1{,}3312$ und damit $\alpha_{krit,38} = \alpha_{krit,39} = 0{,}10$. Daraus folgt für $\varepsilon_{27,krit} \leq \max(0{,}10; 0{,}10; 0{,}10) = 0{,}10$ und $\varphi_{27,krit} \leq (0{,}05 + 0{,}05 + 0{,}10) = 0{,}20$ - ein akzeptables Resultat angesichts der begrenzten verfügbaren Ressourcen.

Tabelle 9.20: Ergebnisse bei der Prüfung der PH-27			
Faktor A: eingeschätzte Abstraktheit-Konkretheit	**Faktor B: eingeschätzte Bildhaftigkeit**		
	B_1: wenig bildhaft	B_2: sehr bildhaft	**Randmittelwerte**
A_1: abstrakt	$M_{11} = 16{,}0$	$M_{12} = 24{,}0$	$M_{1.} = 20{,}0$
A_2: konkret	$M_{21} = 25{,}0$	$M_{22} = 30{,}0$	$M_{2.} = 27{,}5$
Randmittelwerte	$M_{.1} = 20{,}5$	$M_{.2} = 27{,}0$	$M_{..} = 23{,}75$

Der Versuch hat bei $s_{I,BA} = 8{,}10$ zu den in Tabelle 9.20 enthaltenen Mittelwerten geführt. Daraus ergeben sich folgende t-Werte: $t_{emp,38} = 3{,}2004$ und $t_{emp,39} = 2{,}0002$ jeweils bei $t_{krit(0,05;80),t} = 1{,}664$ sowie $t_{emp,40} = -0{,}8486$ bei $t_{krit(0,10/2;80),40} = \pm 1{,}664$. Die als vorhersagekonform abgeleiteten statistischen Hypothesen können alle angenommen werden, und dies zieht die Annahme der SV-27(BA;K=2; J=2) nach sich. Die Effekte lauten: $d_{BA,B,38} = 0{,}9877$ und $d_{BA,B,39} = 0{,}6173$. $d_{BA,B,39}$ ist zwar um einiges geringer als die Vorab-Spezifikation, aber andererseits ist der empirische Effekt mit 0,60 relativ groß. Daher soll die PV-27(BA;K=2;J=2) als bedingt eingetreten angesehen werden und die PH-27 als bedingt bewährt, sofern während des Versuchs keine gravierenden Validitätsmängel aufgetreten sind. Ferner gilt für die einzelnen Quadratsummen: QSAB = 2115,75; QSB = 887,25; QSA = 1181,25; QSAxB = 47,20; QSI(AB) = 5248,80; QSI(B) = 6477,25 und für den Präzisionsindex $P_{BA} = 5348{,}80/6477{,}25 = 0{,}8103$. Der Präzisionsgewinn liegt also etwa in der erwarteten Größenordnung.

Die einzelnen Prüfinstanzen auf der Ebene der Zellen sind in der ganz überwiegenden Mehrzahl der bisher betrachteten Fällen konjunktiv zusammengefasst worden. Im nächsten Beispiel erfolgt eine disjunktive Verknüpfung der Prüfinstanzen.

Beispiel 9.15: Ein Forscher vertritt die psychologische Hypothese **PH-28**, dass die Vorteile der imaginalen Kodierung bei Wörtern unterschiedlicher Bildhaftigkeit mit der Wortlänge abnimmt. Er wählt einen zweifaktoriellen Versuchsplan mit dem hypothesenrelevanten Faktor B (eingeschätzte Bildhaftigkeit mit K = 2 Stufen) und dem Kontrollfaktor A (Wortlänge) mit J = 3 Stufen. Er entschließt sich, die einzelnen Prüfinstanzen, von denen jede aus vier Versuchsbedingungen besteht, disjunktiv zusammenzufassen, um anstelle der e- einmal die f-Validität des Versuches zu erhöhen. Die Tests innerhalb jeder Prüfinstanz müssen wegen der Erschöpfendheit weiterhin konjunktiv miteinander verbunden werden. Es können dabei zwei oder drei Prüfinstanzen definiert werden, und zwar zwei über jeweils benachbarte Versuchsbedingungen und eine zusätzliche über die nicht benachbarten Versuchsbedingungen. Der Forscher entscheidet sich für die Definition von drei Prüfinstanzen und leitet ab:

(9.53) (PH-28 $\wedge$ VSVS)$\approx$> [PV-28(BA;K=2;J=3) $\wedge$ SHH] $\approx$>

$\approx$> SV-28(BA;K=2;J=3;KER) $\approx$> ST-28(BA;K=2;J=3):

$\{[(H_{1,41}: \psi_{41} = \mu_{12} - \mu_{11} > 0) \wedge (H_{1,42}: \psi_{42} = \mu_{22} - \mu_{21} > 0) \wedge$

$\wedge (H_{1,43}: \psi_{43} = \psi_{41} - \psi_{42} > 0)] \vee$

$\vee [H_{1,42}: \psi_{42} = \mu_{22} - \mu_{21} > 0) \wedge (H_{1,44}: \psi_{44} = \mu_{32} - \mu_{31} > 0) \wedge$

$\wedge (H_{1,45}: \psi_{45} = \psi_{42} - \psi_{44} > 0)] \vee$

$\vee [(H_{1,41}: \psi_{41} = \mu_{12} - \mu_{11} > 0) \wedge (H_{1,44}: \psi_{44} = \mu_{32} - \mu_{31} > 0) \wedge$

$\wedge (H_{1,46}: \psi_{46} = \psi_{41} - \psi_{44} > 0)]\}$.

Tabelle 9.21: Vorhersagestruktur bei der Prüfung der PH-28 unter Einbezug des Kontrollfaktors A (Wortlänge)

Faktor A: Wortlänge	Faktor B: eingeschätzte Bildhaftigkeit		
	B_1: wenig bildhaft	Vorhersagen	B_2: sehr bildhaft
A_1: kurz	μ_{11}	<<<	μ_{12}
A_2: mittel	μ_{21}	<<	μ_{22}
A_3: lang	μ_{31}	<	μ_{32}

Es werden nur gerichtete Alternativhypothesen abgeleitet, und damit liegt für die Kumulierung und Adjustierung Fall 7 aus Abschnitt 7.2 vor. Die Adjustierung erfolgt nach $\alpha_{w,krit} = \varepsilon_{28,krit}/W$, wobei W = 3 ist (drei Prüfinstanzen) und nach $\beta_{w,krit} = \varphi_{28,krit}/\Sigma R_w$, wobei R die Anzahl der Alternativhypothesen bezeichnet. Der Forscher legt fest: $\varepsilon_{28,krit} \leq 0{,}30$, so dass $\alpha_{krit,r} = \varepsilon_{28,krit/3} = 0{,}10$ wird und $\varphi_{28,krit} = 0{,}30$, so dass $\beta_{krit,r} = 0{,}30/6 = 0{,}05$ wird. Dem Forscher stehen N = 120 Vpn zur Verfügung, also n = 20 pro Zelle des Versuchsplanes, und er rechnet mit einer Präzisionserhöhung, die zu $\Pi_{BA} = 0{,}85$ führt. Wie groß sind dann die nachweisbaren Effekte (TPS 3)? Einsetzen in Formel (9.23) ergibt für die drei Paarkontraste: $\delta^2_{BA,B,t} = 2(1{,}282 + 1{,}645)^2/20 = 0{,}8567$ bzw. $\delta_{BA,B,krit,t} = 0{,}90$ (0,9256). Für die drei Interaktionskontraste ergibt sich: $\delta^2_{BA,AxB,t} = 1(1{,}282 + 1{,}645)^2/20 = 0{,}4284$ und damit $\delta_{BA,AxB,krit,t} = 0{,}65$ (0,6545). Der Versuch wird unter den gegebenen Spezifikationen durchgeführt und erbringt die in Tabelle 9.22 enthaltenen Mittelwerte bei einer Binnenvarianz von $s^2_{I,BA} = 70{,}50$ und $s_{I,BA} = 8{,}3964$.

Tabelle 9.22: Empirische Mittelwerte bei der Prüfung der PH-28 bei einem dreistufigen Kontrollfaktor A

	Faktor B: eingeschätzte Bildhaftigkeit		
Faktor A: Wortlänge	B_1: wenig bildhaft	B_2: sehr bildhaft	**Randmittelwerte**
A_1: kurz	$M_{11} = 18{,}0$	$M_{12} = 36{,}0$	$M_{1.} = 27{,}0$
A_2: mittel	$M_{21} = 15{,}0$	$M_{22} = 23{,}0$	$M_{2.} = 19{,}0$
A_3: lang	$M_{31} = 14{,}0$	$M_{32} = 18{,}0$	$M_{3.} = 16{,}0$
Randmittelwerte	$M_{.1} = 15{,}6667$	$M_{.2} = 25{,}6667$	$M_{..} = 20{,}6667$

Die Auswertung mittels **t-Tests** führt zu folgenden Resultaten: Prüfinstanz 1 (Zeilen A_1 und A_2): $t_{emp,41} = 6{,}7792$; $t_{emp,42} = 3{,}0130$; $t_{emp,43} = 2{,}6631$. Die Effekte lauten: $d_{BA,B,41} = 2{,}1444 > \delta_{BA,B,krit,t} = 0{,}90$; $d_{BA,B,42} = 0{,}9528 > \delta_{BA,B,krit,t} = 0{,}90$ und $d_{BA,AxB,43} = 0{,}2382 < \delta_{BA,AxB,krit,t} = 0{,}65$. Prüfinstanz 2 (Zeilen A_2 und A_3): $t_{emp,42} = 3{,}0130$; $t_{emp,44} = 1{,}5065$; $t_{emp,45} = 1{,}0653$; $d_{BA,B,42} = 0{,}9528 > \delta_{BA,B,krit,t} = 0{,}90$; $d_{BA,B,44} = 0{,}4764 < \delta_{BA,B,krit,t} = 0{,}90$ und $d_{BA,AxB,45} = 0{,}2382 < \delta_{BA,AxB,krit,t} = 0{,}65$. Prüfinstanz 3 (Zeilen A_1 und A_3): $t_{emp,41} = 6{,}7792$; $t_{emp,44} = 1{,}5065$; $t_{emp,46} = 3{,}7284$ bei $t_{krit(0,10;114),t} = 1{,}289$; $d_{BA,B,41} = 2{,}1444 > \delta_{BA,B,krit,t} = 0{,}90$; $d_{BA,B,44} = 0{,}4764 < \delta_{BA,B,krit,t} = 0{,}90$ und $d_{BA,AxB,46} = 0{,}8337 > \delta_{BA,AxB,krit,t} = 0{,}65$. In den Prüfinstanzen 1 und 3 sind jeweils alle Tests vorhersagekonform ausgegangen, in der Prüfinstanz 2 dagegen nicht: Hier wurde der Interaktionstest statistisch nicht signifikant. Wegen des gewählten disjunktiven Kriteriums kann aber die SV-28(BA;K=2;J=3) angenommen werden. Die Effekte fallen sehr unterschiedlich aus, aber in jeder Prüfinstanz gibt es mindestens einen Effekt, der den Kriteriumswert erreicht oder überschreitet. Daher kann die PV-28(BA;K=2; J=3) als eingetreten beurteilt werden, und die PH-28 hat sich in einer wohlwollenden Prüfung bewähren können.

Welche Größe hat P_{BA} in diesem Versuch? $QSAB = 6626{,}6667$; $QSB = 3000{,}0$; $QSA = 2586{,}6667$; $QSAxB = 1040$; $QSI(BA) = (2)(3)(19)(8{,}3964^2) = 8036{,}9465$ und $QSI(B) = 11663{,}6134$. Für den Präzisionsindex gilt damit: $P_{BA} = 0{,}6891$.

Beispiel 9.16: Auf Grund der von Wippich (1984, S. 57) geprüften Vorhersagen kann die folgende **PH-29** rekonstruiert werden: „Die durch den Anstieg der Bildhaftigkeit einer- sowie durch die Konkretheit im Vergleich zur Abstraktheit andererseits bedingten Verbesserungen der Reproduktionsleistungen sind relativ am stärksten ausgeprägt, wenn beide Variablen hohe Werte annehmen, und am relativ schwächsten dann, wenn sie beide niedrige Ausprägungen aufweisen; und wenn eine hohe Ausprägung der einen mit einer niedrigen Ausprägung der anderen Variablen gemeinsam auftritt, bleiben Leistungsunterschiede aus". Es resultiert die folgende Vorhersage (vgl. auch Wippich, a.a.O.):

(9.54) (PH-29 ∧ VSVS) ≈> [PV-29(BA;K=2;J=2) ∧ SHH] ≈>

≈> SV-29(BA;K=2;J=2;KER) ≈> ST-29(BA;K=2;J=2): ($\mu_{11} < \mu_{21} = \mu_{12} < \mu_{22}$).

Bei der Umsetzung dieser statistischen Vorhersage in testbare Einzelhypothesen muss bedacht werden, dass hier keine Ränge für Differenzen pro Zeile und/oder für die Spalten vorhergesagt werden, dass also hinsichtlich des bei einer zweifaktoriellen psychologischen Hypothese stets naheliegenden Interaktionskontrastes keine Einzelvorhersage erfolgen kann. Denn sowohl positive wie negative Werte für diesen Kontrast sind mit der SV-29(BA;K=2;J=2) genauso vereinbar wie der Wert Null. Daher kommt vor allem die folgende und mit den sonstigen Umsetzungen konsistente und testorientierte Dekomposition in Frage:

(9.55) SV-29(BA;K=2;J=2;KER): ($\mu_{11} < \mu_{21} = \mu_{12} < \mu_{22}$) ≈> ST-29(BA;K=2;J=2):

[($H_{1,47}$: $\psi_{47} = \mu_{12} - \mu_{11} > 0$) ∧ ($H_{1,48}$: $\psi_{48} = \mu_{22} - \mu_{21} > 0$) ∧

∧ ($H_{1,49}$: $\psi_{49} = \mu_{21} - \mu_{11} > 0$) ∧ ($H_{1,50}$: $\psi_{50} = \mu_{22} - \mu_{12} > 0$) ∧

∧ ($H_{0,51}$: $\psi_{51} = \mu_{12} - \mu_{21} = 0$)].

Die folgende Tabelle 9.23 veranschaulicht das Vorhersagemuster.

Tabelle 9.23: Vorhersagestruktur unter der PH-29			
Faktor A:	**Faktor B: eingeschätzte Bildhaftigkeit**		
eingeschätzte Abstraktheit-Konkretheit	B_1: wenig bildhaft	**Vorhersagen**	B_2: sehr bildhaft
A_1: abstrakt	μ_{11}	<	μ_{12}
Vorhersagen	∧		∧
A_2: konkret	μ_{21}	<	μ_{22}
Anmerkungen. Die Tabelle ist noch zu ergänzen durch die Einzelvorhersage „$H_{0,51}$: $\mu_{12} - \mu_{21} = 0$".			

Obwohl - wie erwähnt - keine Ränge für die Differenzen pro Zeile und/oder für die Differenzen pro Spalte vorhergesagt werden können, folgt aus der Einzelvorhersage „$\mu_{12} = \mu_{21}$", dass der Abstand der Mittelwerte in der ersten Zeile (A_1) gleich dem Abstand der Mittelwerte in der ersten Spalte (B_1) sein muss, und das Gleiche gilt für die Abstände in der zweiten Zeile (A_2) und in der zweiten Spalte (B_2), wenn man einen zweifaktoriellen Versuchsplan zugrunde legt, also:

(9.56) [($\mu_{12} - \mu_{11}$) − ($\mu_{21} - \mu_{11}$) = 0] ∧ [($\mu_{22} - \mu_{21}$) − ($\mu_{22} - \mu_{12}$) = 0] ⇔

⇔ ($\psi_{47} - \psi_{49} = 0$) ∧ ($\psi_{48} - \psi_{50} = 0$).

Da diese Aussage aber lediglich aus den zuvor betrachteten algebraisch ermittelt wurde, brauchen damit verbindbare Hypothesen nicht aufgestellt und getestet zu werden. Bei der Festlegung der Kriteriumswerte für die Effektgrößen sollten sie dagegen berücksichtigt werden. Allerdings ist die zweifaktoriclle Darstellung

Testplanung für Mittelwertshypothesen in zweifaktoriellen Versuchsplänen

nicht zwingend. Aus der Formulierung der SV-29(BA;K=2;J=2): ($\mu_{11} < \mu_{21} = \mu_{12} < \mu_{22}$) folgt nämlich, dass man genauso gut mit einer einfaktoriellen Anlage operieren könnte, in der die Bedingungskombinationen AB_{jk} die Faktorstufen darstellen. Allerdings würde dies bei testorientierter Betrachtungsweise nicht zu einer Reduktion der erforderlichen Tests führen.

Es wurden vier Alternativ- und eine Nullhypothese/n als vorhersagekonform abgeleitet. Daher verläuft die Kumulation der Fehlerwahrscheinlichkeiten wie folgt: $\epsilon_{29} \leq \max(\alpha_{47}; \alpha_{48}; \alpha_{49}; \alpha_{50}; \beta_{51})$ und $\varphi_{29} \leq (\beta_{47} + \beta_{48} + \beta_{49} + \beta_{50} + \alpha_{51})$. Es wird mit einem Präzisionsindex von $\Pi_{BA} = 0{,}75$ gerechnet. Die Effekte werden für die vier Alternativhypothesen wie folgt festgelegt: $\delta_{A,krit,t} = \delta_{B,krit,t} = 0{,}70$, so dass $\delta_{BA,A,krit,t} = \delta_{BA,B,krit,t} = 0{,}80$ (0,8083). Für die ungerichtete Nullhypothese wird spezifiziert: $\delta_{A,B,krit,51} = 0{,}35$ und damit $\delta_{BA,A,B,krit,51} = \pm 0{,}40$ ($\pm 0{,}4041$). Es stehen $N = 160$ Vpn für den Lernversuch zur Verfügung, also $n = 40$ Studierende des ersten und des dritten Semesters im Fach Psychologie. Wie groß können dann die Fehlerwahrscheinlichkeiten werden (TPS 2)? Die Planung beginnt mit der aus der Perspektive der Testplanung „ungünstigsten" Einzelvorhersage. Einsetzen in Formel (9.22) ergibt: $(z_{1-\alpha/2} + z_{1-\beta})^2 = (40)(0{,}1633)/2 = 3{,}2667$ und damit $(z_{1-\alpha/2} + z_{1-\beta}) = 1{,}8074$. Ohne weitere Berechnung erkennt man rasch, dass sich aus diesem Wert keine vernünftigen Fehlerwahrscheinlichkeiten α und β ergeben können. Also muss der entdeckbare Effekt vergrößert werden: $\delta_{A,B,krit,51} = \pm 0{,}50$, so dass $\delta_{BA,A,B,krit,51} = \pm 0{,}60$ ($\pm 0{,}5774$). Nochmaliges Einsetzen in Formel (9.22) ergibt: $(z_{1-\alpha/2} + z_{1-\beta})^2 = (40)(0{,}3333)/2 = 6{,}6667$ und damit $(z_{1-\alpha/2} + z_{1-\beta}) = 2{,}5820$. Legt man das hier kumulierende $\alpha_{krit,51}$ auf 0,10 fest, ergibt sich $z_{1-\alpha/2} = 1{,}645$ und $z_{1-\beta} = 0{,}9370$ und $\beta_{krit,51} = 0{,}18$. Für die übrigen Tests resultiert: $(z_{1-\alpha} + z_{1-\beta})^2 = (40)(0{,}6533)/2 = 13{,}06670$ und damit $(z_{1-\alpha} + z_{1-\beta}) = 3{,}6148$. Für $\beta_t = 0{,}025$ ergibt sich $z_{1-\beta} = 1{,}96$ und damit $z_{1-\alpha} = 1{,}6548$ und $\alpha_t = 0{,}05$. Es gilt dann: $\epsilon_{29,krit} \leq \max(0{,}05; 0{,}05; 0{,}05; 0{,}05; 0{,}18) = 0{,}18$ und $\varphi_{29,krit} \leq (0{,}025 + 0{,}025 + 0{,}025 + 0{,}025 + 0{,}10) = 0{,}20$. Die Fehlerwahrscheinlichkeiten sind so gut wie ausgewogen.

Vorteilhafterweise können Lernversuche fast immer auch im Gruppenversuch durchgeführt werden, wenn man eine schriftliche Reproduktion oder Wiedererkennensleistung erhebt. Die in der vorstehenden Tabelle 9.24 enthaltenen Mittelwerte können bei einer Binnenstreuung von $s_{I,BA} = 6{,}10$ berechnet werden. Die t-Werte ergeben: $t_{emp,47} = (23{,}0 - 15{,}0)/1{,}3640 = 5{,}8651$; $t_{emp,48} = 8{,}0645$; $t_{emp,49} = 4{,}3988$; $t_{emp,50} = 6{,}9582$ und $t_{emp,51} = 1{,}4663$ bei $t_{krit(0,05;156),t} = 1{,}645$ und $t_{krit(0,10/2;156),51} = \pm 1{,}645$. Damit können alle als vorhersagekonform abgeleiteten statistischen Hypothesen und die ihnen vorgeordnete SV-29(BA;K=2;J=2) angenommen werden. Wie groß sind die empirischen Effekte? $d_{BA,B,47} = 1{,}3115$; $d_{BA,B,48} = 1{,}8033$; $d_{BA,A,49} = 0{,}9836$; $d_{BA,A,50} = 1{,}4754$ und $d_{BA,A,B,51} = 0{,}3279$. Alle mit einer Alternativhypothese verbundenen Effektgrößen überschreiten den Kriteriumswert von $\delta_{BA,krit,t} = 0{,}80$, während der mit der Nullhypothese verbundene Effekt kleiner ausfällt als der Kriteriumswert $_{BA,A,B,krit,51} = \pm 0{,}40$. Ferner gilt: $d_{BA,B,47}$

$- d_{A,BA,49} = 1{,}3115 - 0{,}9836 = 0{,}3279$ und $d_{BA,B,48} - d_{BA,A,50} = 1{,}8033 - 1{,}4754 = 0{,}3279 \neq 0$. Auf der Stichprobenebene findet sich die auf der Ebene der theoretischen Mittelwerte abgeleitete Beziehung aus Formel (9.55) nicht wieder. Führt man jedoch über die Differenzenkontraste einen Test durch, ergibt sich $t_{emp,Diff} = 0{,}1700$, und dieser Wert ist bei $\alpha = 0{,}01$ statistisch nicht signifikant. Die Abweichungen von Null sind also zufällig bedingt. Die PV-29(BA;K=2;J=2) kann als eingetreten angesehen werden, und die PH-29 hat sich bewährt. - Für P_{BA} lässt sich errechnen: $P_{BA} = 0{,}7127$.

Tabelle 9.24: Ergebnisse bei der Prüfung der PH-29

Faktor A: eingeschätzte Abstraktheit-Konkretheit	Faktor B: eingeschätzte Bildhaftigkeit		Randmittelwerte
	B_1: wenig bildhaft	B_2: sehr bildhaft	
A_1: abstrakt	$M_{11} = 15{,}0$	$M_{12} = 23{,}0$	$M_{1.} = 19{,}0$
A_2: konkret	$M_{21} = 21{,}0$	$M_{22} = 32{,}0$	$M_{2.} = 26{,}50$
Randmittelwerte	$M_{.1} = 18{,}0$	$M_{.2} = 27{,}50$	$M_{..} = 22{,}75$

Beispiel 9.17: Eine bekannte psychologische Hypothese stammt von Yerkes und Dodson aus dem Jahre 1908 und wird meist als „Yerkes-Dodson-Gesetz" (**PH-30**; vgl. Weiner, 1988, S. 110-111) bezeichnet. Dieses Gesetz besagt unter Einbezug der Erweiterung von Broadhurst (1957), dass „zwischen dem Aktivierungsgrad (Faktor B) und der Leistung (AV Y) ein Zusammenhang besteht, und zwar derart, dass bei einfachen Aufgaben (Faktor A, Stufe A_1) die Lösungsgüte mit dem Aktivationsniveau (B_1, B_2, B_3) monoton anwächst (monotoner Trend), während bei mittelschweren (A_2) und bei schwierigen Aufgaben (A_3) bei einem mittleren Aktivierungsgrad (B_2) die höchsten Werte und bei geringem (B_1) und bei besonders hohem Aktivierungsgrad (B_3) jeweils niedrigere Leistungswerte resultieren" (bitoner Trend, von Weiner, 1988, S. 110, fälschlich als „kurvilinear" bezeichnet). Der Aktivierungsgrad wird über die Höhe der ausgesetzten Belohnung für die meisten richtigen Lösungen bei leichten, mittelschweren und schweren Arithmetikaufgaben operationalisiert: B_1: keine Belohnung; B_2: 15 Euro Belohnung und B_3: 30 Euro Belohnung. Es werden 30 Arithmetikaufgaben vorgegeben. Als Werte der AV fungieren die Anzahl richtiger Lösungen. Hier besteht die Prüfinstanz aus JK = 9 Versuchsbedingungen, also sind alle abzuleitenden Hypothesen konjunktiv zusammenzufassen. Dies ergibt:

(9.57) (PH-30 $\wedge$ VSVS) $\approx$> [PV-30(BA;K=3;J=3) $\wedge$ SHH] $\approx$>

$\approx$> SV-30(BA;K=3;J=3;KER) $\approx$> ST-30(BA;K=3;J=3):

[($H_{1,52}$: $\psi_{52} = \mu_{12} - \mu_{11} > 0$) $\wedge$ ($H_{1,53}$: $\psi_{53} = \mu_{13} - \mu_{12} > 0$) $\wedge$

$\wedge$ ($H_{1,54}$: $\psi_{54} = \mu_{22} - \mu_{21} > 0$) $\wedge$ ($H_{1,55}$: $\psi_{55} = \mu_{23} - \mu_{22} < 0$) $\wedge$

$\wedge$ ($H_{1,56}$: $\psi_{56} = \mu_{32} - \mu_{31} > 0$) $\wedge$ ($H_{1,57}$: $\psi_{57} = \mu_{33} - \mu_{32} < 0$)].

Die Vorhersagestruktur ist in Tabelle 9.25 veranschaulicht.

Tabelle 9.25: Vorhersagestruktur unter der PH-30

Faktor A: Aufgabenschwierigkeit	Faktor B: Höhe der Belohnung				
	B_1: keine Belohnung	Vorhersagen	B_2: 15 Euro Belohnung	Vorhersagen	B_3: 30 Euro Belohnung
A_1: einfach	μ_{11}	<	μ_{12}	<	μ_{13}
A_2: mittelschwer	μ_{21}	<	μ_{22}	>	μ_{23}
A_3: schwierig	μ_{31}	<	μ_{32}	>	μ_{33}

Es werden hier Einzelvorhersagen für jede Zeile von A abgeleitet, und diese Einzelvorhersage fallen über die Stufen von B verschieden aus. Obwohl das vorhergesagte Mittelwertsmuster verschiedene von Null abweichende statistische Interaktionen impliziert, können diese nicht aus der PH-30 abgeleitet werden, so dass sie auch nicht getestet zu werden brauchen. Mit Blick auf die PH-30 sind einzig und allein der monotone und die beiden bitonen Trends von Bedeutung.

Bei der Planung der Tests für die sechs abgeleiteten Einzelhypothesen muss beachtet werden, dass hier β kumuliert und zu adjustieren ist (Fall 1 in Abschn. 7.2). Es gelte daher: $\varepsilon_{30,krit} \leq 0{,}10$ und $\varphi_{30,krit} \leq 0{,}30$, so dass $\beta_{krit,t} = 0{,}30/6 = 0{,}05$ wird. Es werden mit $\delta_{B,krit,52} = \delta_{B,krit,53} = \delta_{B,krit,54} = \delta_{B,krit,56} = 0{,}80$ und $\delta_{B,krit,55} = \delta_{B,krit,57} = -0{,}80$ große nachzuweisende Effekte festgelegt. Es wird damit gerechnet, dass der zusätzliche Faktor A und seine Interaktion mit B zu $\Pi_{BA} = 0{,}60$ führt. Damit wird: $\delta_{BA,B,krit,52} = \delta_{BA,B,krit,53} = \delta_{BA,B,krit,54} = \delta_{BA,B,krit,56} = 1{,}00$ (1,0328) und $\delta_{BA,B,krit,55} = \delta_{BA,B,krit,57} = -1{,}00$ (−1,0328). Gefragt ist nach dem benötigten Stichprobenumfang (TPS 1). Einsetzen in Formel (9.19) ergibt: $n_t = 2(1{,}282 + 1{,}645)^2/1{,}0667 = 16{,}0634$ bzw. $n_t = 17$, so dass $N = 153$ wird. Da dieser Stichprobenumfang zu groß ist, wird $\varepsilon_{32,krit} = 0{,}10$ gesetzt, so dass $\alpha_{krit,t} = 0{,}10$ wird, und es werden die zu entdeckenden Effekte auf $\delta_{B,t} = 1{,}0$ ($\delta_{B,krit,55} = \delta_{B,krit,57} = -1{,}0$) erhöht. Dies führt zu: $\delta_{BA,B,krit,t} = 1{,}30$ (1,2910) sowie $\delta_{BA,B,krit,55} = \delta_{BA,B,krit,57} = -1{,}30$. Erneutes Einsetzen in Formel (9.19) ergibt: $n_t = [2(1{,}282 + 1{,}645)^2/1{,}6667 = 10{,}2808$ bzw. $n_t = 11$ und $N_t = 99$. Mit etwas Aufwand lässt sich der Versuch unter diesen Spezifikationen durchführen. Der Diplomand erhält die in Tabelle 9.26 enthaltenen Mittelwerte. Die Binnenstreuung beträgt $s_{I,BA} = 7{,}50$. Die Berechnung der t-Werte ergibt: Stufe A_1: $t_{emp,52} = 1{,}1882$; $t_{emp,53} = 1{,}2820$; Stufe A_2: $t_{emp,54} = 1{,}3133$; $t_{emp,55} = 0{,}3752$; Stufe A_3: $t_{emp,56} = 2{,}6579$ und $t_{emp,57} = -1{,}2195$ bei $t_{krit(0,10;90),t} = 1{,}291$ bzw. $-1{,}291$. Es können nicht alle abgeleiteten Hypothesen angenommen werden, so dass auch die SV-30(BA;K=3;J=3) abgelehnt werden muss. Daher ist auch die PV-30(BA;K=3;J=3) nicht eingetreten, und das Yerkes-Dodson-Gesetz (PH-30) konnte sich in dieser Untersuchung nicht bewähren. Allerdings zeigte sich auf der Stufe A_1 der vorhergesagte monotone Trend, wenn auch nur schwach ausgeprägt, und auf der Stufe A_2 zeigte sich anstelle des erwarteten bitonen Trends ebenfalls ein schwach ausgeprägter monotoner Trend. Auf der Stufe A_3 schließlich ergaben die Daten den vorhergesagten bitonen Trend, allerdings erneut nur schwach ausgeprägt. Die Frage bleibt offen, ob die Höhe der ausgesetzten Belohnung in angemessener Weise unterschiedliche Aktivierungsgrade erzeugte oder ob das Yerkes-Dodson-Gesetz tatsächlich bei mittelschweren Aufgaben nicht zutrifft. Bredenkamp (1982) schlägt eine andere Prüfmöglichkeit vor, die jedoch nicht zu einer erschöpfenden Prüfung des Yerkes-Dodson-Gesetzes führt, wie ich in Hager (1992a, S. 258-268) gezeigt habe.

Tabelle 9.26: Ergebnisse bei der Prüfung des Yerkes-Dodson-Gesetzes (PH-30)

Faktor A: Aufgabenschwierigkeit	Faktor B: Höhe der Belohnung			Randmittelwerte
	B_1: keine Belohnung	B_2: 15 Euro Belohnung	B_3: 30 Euro Belohnung	
A_1: einfache	$M_{11} = 18{,}60$	$M_{12} = 22{,}40$	$M_{13} = 26{,}50$	$M_{1.} = 22{,}50$
A_2: mittelschwer	$M_{21} = 14{,}40$	$M_{22} = 18{,}60$	$M_{23} = 19{,}80$	$M_{2.} = 17{,}60$
A_3: schwierig	$M_{31} = 7{,}80$	$M_{32} = 16{,}30$	$M_{33} = 12{,}40$	$M_{3.} = 12{,}17$
Randmittelwerte	$M_{.1} = 13{,}60$	$M_{.2} = 19{,}10$	$M_{.3} = 19{,}5667$	$M_{..} = 17{,}42$

Wie groß ist der Präzisionsindex P_{BA}? Zu seiner Bestimmung müssen wieder die Quadratsummen ermittelt werden. QSAB = 2681,9711; QSB = 726,7578; QSA = 1763,3978; QSAxB = 191,8155; QSI(BA) = $(3)(3)(10)(7{,}5^2)$ = 5062,25. Für QSI(B) gilt: QSI(B) = 5062,5 + 1763,3978 + 191,8155 = 7017,7133, so dass P_{BA} = 5062,25/7017,7133 = 0,7214. Der Präzisionsgewinn ist niedriger als erwartet.

Betrachten wir als nächstes ein Beispiel für eine Ableitung von statistischen Hypothesen aus psychologischen Vorhersagen aus einem Lehrbuch, und zwar dem von Myers (1972). Myers zählt zu den wenigen Lehrbuchautor/inn/en, die sich überhaupt mit der Frage befassen, welche statistischen Hypothesen aufzustellen sind, um eine angemessene Prüfung einer vorgeordneten PV und PH zu erreichen.

Beispiel 9.18: Es handelt sich um die **PH-9**, die bereits in Abschnitt 6.3 aus der Sicht der von Myers vorgesehenen zweifaktoriellen **Varianzanalyse** als Beispiel 6.6 behandelt worden ist. Myers (1972, S. 106) befasst sich mit dem Glücksspielverhalten und einer „theory of choice behavior". Gemäß dieser Theorie müssen die Vpn selbst entscheiden können, ob sie ein Glücksspiel wagen wollen oder nicht. Aus dieser Theorie lässt sich eine psychologische Hypothese **PH-9** ableiten, die sich auf die Faktoren A und B bezieht. Als Faktor A fungiert die „Höhe des Gewinnes oder Verlustes infolge eines Glücksspieles", und zwar mit J = 3 Stufen: A_1: 5 Cent Gewinn oder Verlust; A_2: 15 Cent Gewinn oder Verlust und A_3: 25 Cent Gewinn oder Verlust. die Wahrscheinlichkeiten für einen Gewinn oder Verlust werden dabei über alle Glücksspiele hinweg konstant gehalten. Faktor B betrifft die „Konsequenzen des Verzichts auf ein Glücksspiel". Dieser Faktor wird in K = 2 Stufen variiert, und zwar: B_1: Die Vp muss stets dann einen Cent zahlen, wenn sie/er sich in dem entsprechenden Durchgang des Versuches gegen das Glücksspiel entscheidet („sicherer Verlust"); und B_2: Die Vp erhält einen Cent ausgezahlt, wenn sie/er sich in einem gegebenem Durchgang für das Glücksspiel entscheidet („sicherer Gewinn"). Jede Vp muss sich 100 Glücksspieldurchgängen

unterziehen, und die konkrete AV ist der „Prozentsatz P der Entscheidungen für das Glücksspiel über die 100 Durchgänge" (Myers, 1972, S. 106).
Bezogen auf diese AV, lassen sich die folgenden Einzelvorhersagen aus der PH-9 ableiten: PV-9(BA;K=2;J=3): 1) Der Prozentsatz der Glücksspiele wächst mit der Höhe des Risikos, d.h. dem Gewinn oder Verlust, (Faktor A) an, wenn die Folge des Verzichts auf ein Glücksspiel ein sicherer Gewinn ist (Faktorstufe B_2). 2) Der Prozentsatz P sinkt mit dem Anwachsen des Risikos ab, wenn die Folge des Verzichts auf ein Glücksspiel ein sicherer Verlust ist (Faktorstufe B_1). 3) Das Anwachsen des Prozentsatzes über verschieden hohe Risikowerte [aus 1) oben] erfolgt in der gleichen Weise wie das Absinken dieses Prozentsatzes aus 2). 4) Der Prozentsatz ist größer, wenn die Alternative zum Glücksspiel ein sicherer Verlust ist (B_1), als wenn es ein sicherer Gewinn ist (B_2), und zwar unabhängig von der Höhe des Risikos. Es werden also vorhergesagt (Myers, 1972, S. 105-106): a) Unter B_1 (Vp zahlt einen Cent) erfolgt ein monotones Abfallen der Prozentsätze über die Stufen von A, d.h. von A_1 nach A_3. b) Unter B_2 (Vp erhält einen Cent) wird von A_1 nach A_3 ein monotoner Anstieg der Prozentwerte erwartet. c) Die einander entsprechenden Anstiege und die Abfälle sind vom Betrag her gleich groß. d) Die Prozentsätze sind unter B_1 stets, d.h. über alle Stufen von A, höher als die Prozentsätze unter B_2.

Myers (1972, S. 106) sieht eine varianzanalytische Auswertung der mittleren Prozentsätze vor (vgl. Abschn. 6.3, Beispiel 6.6) und leitet dafür aus den psychologischen Teilvorhersagen die folgenden statistischen Hypothesen ab:

... the translation into statistical hypotheses would be as follows: (a') There will be a significant AB interaction [from a) and b) above]. (b') The A main effect will not be significant [from c) above]. (c') The B main effect will be significant [from d) above]. If hypotheses (a'), (b'), and (c') are verified and if, in addition, the effects are in the predicted order, our behavioral hypotheses are supported. (Myers, 1972, S. 106)

Diese „translation" ist offensichtlich in mehrfacher Hinsicht nicht adäquat. *Erstens* wird die „vorhergesagte Rangordnung" nicht getestet. *Zweitens* bedeutet ein statistisch signifikanter Ausgang des für den Haupteffekt B vorgesehenen **F-Tests** nicht, dass die Prozentsätze unter *allen* Stufen von A vorhersagekonform ausfallen. *Drittens* impliziert ein signifikanter **F-Test** für die Interaktion nicht, dass die vorhergesagte und bestimmte für A disordinale Interaktion in allen JK = (3)(2) = 6 Zellen vorliegt. Auch wenn die vorhergesagte Richtung des Ansteigens und Abfallens der Prozentsätze in den empirischen Daten umgekehrt als vorhergesagt verläuft, kann eine disordinale Interaktion vorliegen und der Test für den Haupteffekt A statistisch insignifikant bleiben. Nach der Methode der geplanten Kontraste und Vergleiche ergeben sich die folgenden Vorhersagen:

(9.58) (PH-9 $\wedge$ VSVS) $\approx$> [PV-9(BA;K=2;J=3) $\wedge$ SHH] $\approx$>

$\approx$> SV-9(BA;K=2;J=3;KER): [($\mu_{11} > \mu_{21} > \mu_{31}$) $\wedge$ ($\mu_{12} < \mu_{22} < \mu_{32}$) $\wedge$
($|\mu_{11} - \mu_{21}| = |\mu_{12} - \mu_{22}|$) $\wedge$ ($|\mu_{21} - \mu_{31}| = |\mu_{22} - \mu_{32}|$) $\wedge$ ($\mu_{j1} > \mu_{j2}$ für alle j)] $\approx$>

$\approx$> ST-9(BA;K=2;J=3): [(H$_{1,58}$: $\psi_{58} = \mu_{11} - \mu_{12} > 0$) $\wedge$

$\wedge$ (H$_{1,59}$: $\psi_{59} = \mu_{21} - \mu_{22} > 0$) $\wedge$ (H$_{1,60}$: $\psi_{60} = \mu_{31} - \mu_{32} > 0$)] $\wedge$

$\wedge$ [(H$_{1,61}$: $\psi_{61} = \mu_{11} - \mu_{21} > 0$) $\wedge$ H$_{1,62}$: $\psi_{62} = \mu_{21} - \mu_{31} > 0$)] $\wedge$

$\wedge$ (H$_{1,63}$: $\psi_{63} = \mu_{22} - \mu_{12} > 0$) $\wedge$ H$_{1,64}$: $\psi_{64} = \mu_{32} - \mu_{22} > 0$)] $\wedge$

$\wedge$ (H$_{0,65}$: $\mu_{1.} = \mu_{2.} = \mu_{3.}$).

Bei der H$_{0,65}$ handelt es sich um die Nullhypothese einer einfaktoriellen **VA**, die bereits im Beipiel 9.6 bei der Prüfung der PH-25 behandelt wurde und die hier eingesetzt wird, um einen Test einsparen zu können. Die Vorhersagestruktur unter der PH-9 ist in der folgenden Tabelle 9.27 veranschaulicht.

Es sind sieben Alternativ- und eine Nullhypothese als vorhersagekonform abgeleitet worden. Dies bedeutet für die Fehlerwahrscheinlichkeiten ε und φ: $\varepsilon_9 \leq$ max(α_{58}; α_{59}; α_{60}; α_{61}; α_{62}; α_{63}; α_{64}; β_{65}) und $\varphi_9 \leq (\beta_{58} + \beta_{59} + \beta_{60} + \beta_{61} + \beta_{62} + \beta_{63} + \beta_{64} + \alpha_{65})$. Die Vielzahl durchzuführender Tests und damit verbundene β-Kumulation erlaubt nur den Nachweis relativ großer Effekte, will man im Bereich bewältigbarer Stichprobenumfänge bleiben. Es wird daher für alle Alternativhypothesen der Wert $\delta_{B,t} = \delta_{A,t} = 0{,}80$ festgelegt. Die Erhöhung der Präzision durch die Einführung des zweiten Faktors und seiner Interaktion mit B wird auf den Wert $\Pi_{BA} = 0{,}65$ vorausgeschätzt. Dies bedeutet für die Effekte: $\delta_{BA,A,krit,t} = \delta_{BA,B,krit,t} = 1{,}0$ (0,9923). Ferner wird festgelegt: $\varphi_9 \leq 0{,}30$, so dass β_{58} bis β_{64} und α_{65} den Wert $0{,}30/3 = 0{,}0375$ annehmen. Für ε_9 soll gelten: $\varepsilon_9 \leq 0{,}30$. Es wird als

Tabelle 9.27: Veranschaulichung der Teilvorhersagen bei der Prüfung der PH-9				
	Faktor B: Folgen des Verzichts auf ein Glücksspiel			
Faktor A: Höhe des Risikos	B$_1$: sicherer Verlust	**Vorhersagen**	B$_2$: sicherer Gewinn	**Randmittelwerte**
A$_1$: gering	μ_{11}	>	μ_{12}	$\mu_{1.}$
Vorhersagen	⇓		⇑	‖
A$_2$: mittel	μ_{21}	>	μ_{22}	$\mu_{2.}$
Vorhersagen	⇓⇓		⇑⇑⇑	‖
A$_3$: hoch	μ_{31}	>	μ_{32}	$\mu_{3.}$
Randmittelwerte	$\mu_{.1}$	(>)	$\mu_{.2}$	$\mu_{..}$
Anmerkungen. Laut Vorhersage sind die Beträge $|\mu_{11} - \mu_{21}|$ und $|\mu_{12} - \mu_{22}|$ einerseits (symbolisiert durch jeweils einen Pfeil (⇓⇑) und die Beträge $|\mu_{21} - \mu_{31}|$ und $|\mu_{32} - \mu_{22}|$ andererseits (symbolisiert durch zwei Pfeile) einander gleich. Über die relative Größe der vier Absolutdifferenzen erfolgt keine Einzelvorhersage.				

Ausgangspunkt $\alpha_{krit,t}$ = 0,10 gewählt. Einsetzen der bekannten Werte in Formel (9.19) führt zu: $n_t = 2(z_{1-\alpha} + z_{1-\beta})^2/1 = 2(1,282 + 1,78)^2/1 = 18,7517$ bzw. $n_t = 19$ und $N_t = 114$. Ebenfalls zu planen ist die einfaktorielle VA über den Haupeffekt A. für diesen Test werden die Fehlerwahrscheinlichkeiten auf die Werte $\alpha_{krit,70} = 0,0375$ und $\beta_{krit,70} = 0,30$ festgelegt. Wie groß ist dann der nachzuweisende Effekt (TPS 3)? Nach Formel (6.66) in Abschnitt 6.3 ergibt sich: $\phi^2_{VA,BA,A,72} = 1235/(400)(18) = 0,1715$ und $\phi_{VA,BA,A,krit,72} = 0,40$ (0,4142). Der nachweisbare Effekt ist nach J. Cohens Konventionen groß zu nennen, aber dieser große Effekt unter einer H_0 muss wohl akzeptiert werden, da die Menge der Tests und die mit ihnen einhergehende Kumulation der Fehlerwahrscheinlichkeiten den Nachweis eines kleineren Efffektes nicht zulässt. - Nach Durchführung des Versuches können aus den Daten die Mittelwerte für die Prozentsätze berechnet werden, die in der folgenden Tabelle 9.28 enthalten sind.

Tabelle 9.28: Mittelwerte zur Prüfung der PH-9			
	Faktor B: Folgen des Verzichts auf ein Glücksspiel		
Faktor A: Höhe des Risikos	B_1: sicherer Verlust	B_2: sicherer Gewinn	**Randmittelwerte**
A_1: gering	$M_{11} = 0,80$	$M_{12} = 0,08$	$M_{1.} = 0,44$
A_2: mittel	$M_{21} = 0,65$	$M_{22} = 0,21$	$M_{2.} = 0,43$
A_3: hoch	$M_{31} = 0,47$	$M_{32} = 0,35$	$M_{3.} = 0,41$
Randmittelwerte	$M_{.1} = 0,64$	$M_{.2} = 0,2133$	$M_{..} = 0,4267$
Anmerkungen. Angegeben sind die mittleren Prozentsätze pro Bedingung.			

Die Fehlervarianz lautet: $s^2_{I,BA} = 0,08$ und die entsprechende Streuung ergibt sich damit zu: $s_{I,BA} = 0,2828$. Für die t-Werte resultiert: $t_{emp,58} = 7,6281$; $t_{emp,59} = 4,2499$; $t_{emp,60} = 1,3077$; $t_{emp,61} = 1,6346$; $t_{emp,62} = 1,9615$; $t_{emp,63} = 1,4166$; $t_{emp,64} = 1,4166$ jeweils bei $t_{krit(0,10;108),t} = 1,289$. Für $F_{VA,A,emp,65}$ ergibt sich: $F_{VA,A,emp,65} = [(0,0177)/2]/0,08 = 0,1108$ bei $F_{krit(0,05;2;108),65} = 3,07$. Die als vorhersagekonform abgeleiteten statistischen Hypothesen können demnach alle angenommen werden und mit ihnen auch die SV-9(BA;K=2;J=3). Wie groß sind die Effekte? $d_{BA,B,58} = 2,5456$; $d_{BA,B,59} = 1,5556$; $d_{BA,B,60} = 0,4243$; $d_{BA,A,61} = 0,5303$; $d_{BA,A,62} = 0,6364$; $d_{BA,A,63} = 0,4596$; $d_{BA,A,64} = 0,4950$ und $f_{VA,BA,A,65} = 0,0205$. Die Effekte fallen nur zum geringeren Teil groß genug aus. Auf der anderen Seite ist das recht komplexe vorhergesagte Mittelwertsmuster uneingeschränkt eingetreten, so dass man die PV-9(BA;K=2; J=3) als bedingt eingetreten ansehen kann und die PH-9 als bedingt bewährt. Wie groß ist in diesem Beispiel der Präzisionsindex P_{BA}? Dazu werden die folgenden Quadratsummen berechnet: QSAB = 6,9185; QSB = 2,5941; QSA = 0,01773; QSAxB = 4,3067; QSI(BA) = (0,08)(3)(2)(18) = 20,2400; QSI(B) = 24,5644, so dass $P_{BA} = 0,8240$ wird, also ein geringerer Wert als während der Planungsphase angenommen.

Beispiel 9.19: Die **PH-31** lautet: „Die Gedächtnisleistung ist unter hoher Bildhaftigkeit höher, wenn das Lernmaterial gleichzeitig auch konkret ist, und die Gedächtnisleistung ist unter hoher Konkretheit höher, wenn das Lernmaterial gleichzeitig auch bildhaft ist." Diese (atypische) „zweifaktorielle" Hypothese bezieht sich einerseits auf die lernerleichternde Wirkung der Bildhaftigkeit und andererseits auf die lernerleichternde Wirkung der Konkretheit im Gegensatz zur Abstraktheit des Lernmaterials. Sie ermöglicht damit wieder Einzelvorhersagen sowohl mit Blick auf B wie mit Blick auf A. Aber das Auftreten der beteiligten Wirkungen wird nur für bestimmte Stufen des jeweils anderen Faktors behauptet, während gleichzeitig nichts über die jeweils verbleibende Stufe ausgesagt wird. Die Wirkung der Bildhaftigkeit führt dabei zur Vergabe von Rängen für paarweise Mittelwerte mit Blick auf Faktor B nur für die Stufe A_2 (konkret), und hier soll die Gedächtnisleistung bei sehr bildhaftem Material höher sein als für wenig bildhaftes. Dagegen wird keine Aussage über die Wirkung der Bildhaftigkeit auf der Stufe A_1 (abstraktes Material) getroffen. Die Wirkung der Konkretheit führt zur Vorhersage von Rängen für paarweise Mittelwerte mit Blick auf A nur für B_2, und hier soll μ_{22} größer sein als μ_{21}. Dagegen erfolgt keine Aussage über die Wirkung der Konkretheit für Stufe B_1 (wenig bildhaftes Material). Das Muster entspricht also *keiner* der zuvor behandelten Interaktionsarten, weil es sich überhaupt nicht auf eine Tetrade von Mittelwerten bezieht, sondern nur auf K = 3 Versuchsbedingungen (Mittelwerte). Die Ableitung lautet also:

(9.59) (PH-31 ∧ VSVS) ≈> [PV-31(BA;K=3) ∧ SHH] ≈>

≈> SV-31(BA;K=3;KER) ≈> ST-31(BA;K=3):

[($H_{1,66}$: $\psi_{66} = \mu_{22} - \mu_{12} > 0$) ∧ ($H_{1,67}$: $\psi_{67} = \mu_{22} - \mu_{21} > 0$)].

Tabelle 9.29 veranschaulicht das Vorhersagemuster.

Tabelle 9.29: Vorhersagestruktur bei der PH-31			
Faktor A: eingeschätzte Konkretheit-Abstraktheit	**Faktor B: eingeschätzte Bildhaftigkeit**		
	B_1: wenig bildhaft	**Vorhersage**	B_2: sehr bildhaft
A_1: abstrakt	μ_{11} (braucht nicht realisiert zu werden)	(keine möglich)	μ_{12}
Vorhersage	(keine möglich)		∧
A_2: konkret	μ_{21}	<	μ_{22}

Es ist daher günstiger, die angesprochenen drei Stufen als Ausprägungen eines einzigen Faktors oder einer Faktorkombination AB zu begreifen, sie entsprechend einfaktoriell anzuordnen und dabei die irrelevante Kombination AB_{11}, für die ja keine Vorhersagen möglich sind, fortzulassen. Tabelle 9.30 enthält diesen Plan und die möglichen Vorhersagen. Aus dieser Darstellung wird deutlich, dass ein spezieller bitoner, nämlich ein umgekehrt U-förmiger Trend vorhergesagt wird.

Tabelle 9.30: Alternative Veranschaulichung der Vorhersagestruktur unter der PH-31

Bedingungskombinationen AB_{jk}				
AB_{12}: sehr bildhaft und abstrakt	Vorhersage	AB_{22}: sehr bildhaft und konkret	Vorhersage	AB_{21}: wenig bildhaft und abstrakt
μ_{12}	<	μ_{22}	>	μ_{21}

In diesem Beispielfall kumuliert β (Fall 1 in Abschn. 7.2). Es wird festgelegt: $\varepsilon_{31,krit} = 0{,}10$ und $\varphi_{31,krit} = 0{,}20$, so dass $\alpha_{krit,66} = \alpha_{krit,67} = 0{,}10$ werden und $\beta_{krit,66} = \beta_{krit,67} = \varphi_{33,krit}/2 = 0{,}10$. Die Effekte seien: $\delta_{B,krit,66} = \delta_{B,krit,67} = 0{,}70$, und es wird mit $\Pi_{BA} = 0{,}70$ gerechnet. Das bedeutet für die Effekte: $\delta_{BA,AB;krit,66} = \delta_{BA,AB;krit,67} = 0{,}85$ (0,8367). Wie groß ist der benötigte Stichprobenumfang (TPS 1)? Einsetzen in Formel (9.19) ergibt: $n_t = 2(1{,}282 + 1{,}282)^2/0{,}70 = 18{,}7831$ bzw. $n_t = 19$ und damit N = 57. Diese Stichprobengröße ist relativ leicht handhabbar, so dass der Versuch mit ihr durchgeführt werden kann. - Aus den erhobenen Daten lassen sich u.a. berechnen: $M_{12} = 21{,}0$; $M_{22} = 30{,}0$; $M_{21} = 25{,}0$ bei $s_{I,BA} = 6{,}70$. Diese Kennwerte führen zu folgenden t-Werten: $t_{emp,66} = 4{,}1403$ und $t_{emp,67} = 2{,}3002$ bei $t_{krit(0,10;54),t} = 1{,}298$. Die als vorhersagekonform abgeleiteten gerichteten Alternativhypothesen können angenommen werden und desgleichen die SV-31(BA;K=3). Die empirischen Effekte ergeben sich zu: $d_{BA,AB,66} = 1{,}3433$ und $d_{BA,AB,67} = 0{,}7463$. Der letztere Effekt ist zwar kleiner als die Vorgabe, aber für sich genommen so groß, dass die PV-31(BA;K=3) als uneingeschränkt eingetreten beurteilt werden kann. Sofern der Versuch wie geplant und ohne nicht-vorhergesehene Validitätseinschränkungen durchgeführt wurde, kann die PH-31 als in diesem Versuch bewährt gelten.

9.3 Hypothesen über Mittelwerte bei quantitativen Trends

Auch quantitative Trendhypothesen lassen sich in einem zweifaktoriellen Versuchsplan prüfen, wobei es verschiedene Testmöglichkeiten gibt (vgl. z.B. Hays, 1988, S. 706-716; Kirk, 1995, S. 389-397; Lindman, 1974, S. 248-283). Wenn sich die Trendhypothese auf den Faktor B bezieht, so kann man sie entweder auf der Ebene des Haupteffektes B prüfen oder *alternativ* auf der Ebene der Zellen AB_{jk}. Die Prüfung von Trendvorhersagen auf der Ebene der Zellen bietet die Möglichkeit, J voneinander unabhängige Prüfinstanzen zu definieren, indem man die Trendvorhersage auf jede Stufe des Faktors A gesondert bezieht, der bspw. als Kontrollfaktor in den Versuchsplan aufgenommen wurde. Verbindet man die J Prüfinstanzen konjunktiv, führt dieses Vorgehen zu einer strengeren Prüfung als die Ableitung von Hypothesen auf der Ebene des Haupteffektes B, auf der nur eine Prüfinstanz definiert werden kann. Zusätzlich kann man über den Interaktionstest F_{AxB} testen, ob die vorhergesagten Trends über alle Stufen von A die gleichen Steigungen aufweisen, wenn sie vorliegen (vgl. Kirk, 1995, S. 395) - dies ist der Fall, wenn die $H_{0,AxB}$ beibehalten werden kann - oder ob sie verschiedene Steigungen aufweisen - dies ist der Fall, wenn die $H_{1,AxB}$ angenommen werden muss. Dieser Test ist allerdings nur dann durchzuführen, wenn die Trendhypothese die Aussage mit umfasst, dass sich die Steigungen der Trends nicht unterscheiden sollen oder unterscheiden können.

Beispiel 9.20: Bei der Prüfung der **QPH-12**, die einen ausschließlich negativen linearen Trend zwischen den Darbietungszeiten t_k und der mittleren Anzahl der Lernversuche bis zum Lernkriterium behauptet, ist der Faktor A mit J = 2 Stufen als qualitativer Kontrollfaktor eingeführt worden, z.B. die eingeschätzte Bildhaftigkeit des Lernmaterials. Der Forscher entschließt sich, die Hypothese für K = 4 Versuchsbedingungen zu prüfen. Es werden dann die Vorhersagen auf der Zellenebene AB_{jk} abgeleitet, und man erhält dadurch J unabhängige Prüfinstanzen, in denen die QPH-12 geprüft werden kann:

(9.60) (QPH-12 $\wedge$ VSVS) $\approx$> [QPV-12(BA;T;K=4;J=2) $\wedge$ SHH] $\approx$>

$\approx$> QSV-12(BA;T;K=4;J=2;KER) $\approx$> QST-12(BA;T;K=4;J=2):

$\{[(H_{1,68}: \psi_{Lin(A1),68} = \sum c_{k,Lin} \mu_k < 0) \wedge H_{0,69}: \sum \psi^2_{Abw(A1),69} = 0] \wedge$

$\wedge [(H_{1,70}: \psi_{Lin(A2),70} = \sum c_{k,Lin} \mu_k < 0) \wedge H_{0,71}: \sum \psi^2_{Abw(A2),71} = 0]$.

Da die Hypothese keine Aussage über die Gleichheit oder die Unterschiedlichkeit der Steigungen des vorhergesagten Trends enthält, braucht die $H_{0,AxB,72}$: $[(\mu_{jk} - \mu_{j'k}) - (\mu_{jk'} - \mu_{j'k'}) = 0$ für alle Quadrupel von Zellen $AB_{jk}]$, die die Gleichheit der Steigungen über alle Zeilen von A behauptet (s.o.), nicht gesondert abgeleitet zu werden.

Die Kumulation der Fehlerwahrscheinlichkeiten fällt in dem Beispiel wie folgt aus: $\epsilon_{12} \leq \max(\alpha_{68}, \beta_{69}, \alpha_{70}, \beta_{71})$ und $\varphi_{12} \leq (\beta_{68} + \alpha_{69} + \beta_{70} + \alpha_{71})$. Die Adjustierung erfolgt auf T = 4 Tests. Der Forscher, der die QPH-12 prüfen will, beginnt seine Testplanung mit der Planung der Tests über die Nullhypothesen. Dazu legt er fest: $\alpha_{krit,69} = \alpha_{krit,71} = 0,05$ und $\beta_{krit,69} = \beta_{krit,71} = 0,20$. Wie groß ist der benötigte Stichprobenumfang (TPS 1)? Zu planen sind zwei einfaktorielle **Varianzanalysen**, die allerdings beide gegen die aus den Zellen ermittelte mittlere Binnenvarianz getestet werden. Die Präzisionserhöhung wird als $\Pi_{BA} = 0,60$ erwartet. $\delta_{R,B,69} = \delta_{R,B,71}$ sei gleich 0,30, so dass $\delta_{R,BA,B,69} = \delta_{R,BA,B,71} = 0,40$ (0,3873), wobei es sich um relativ kleine Effekte handelt. Es wird auf Grund der linearen Vorhersage Gleichverteilung der Mittelwerte angenommen, also Muster 2 bei J. Cohen (1988, S. 278-279). Einsetzen in Formel (6.22) in Abschnitt 6.2 ergibt: $\phi_{VA,2,BA,B,t}$ = $(0,2667/2)(5/9)^{1/2} = 0,0559$ und $\phi_{VA,2,BA,B,krit,t} = 0,25$ (0,2364). Dieser Effekt ist zwar fast von wünschenswerter Kleinheit, aber mit tolerierbaren Fehlerwahrscheinlichkeiten nicht nachzuweisen. Also wird $\delta_{R,B}$ erhöht: $\delta_{R,B,69} = \delta_{R,B,71} =$

0,60, so dass $\delta_{R,BA,B,krit,69} = \delta_{R,BA,B,krit,71} = 0{,}80$ (0,7746). Dies ergibt: $\phi_{VA,2,BA,B,t} = (0{,}7746/2)(5/9)^{1/2} = 0{,}2887$ und $\phi_{VA,2,BA,B,krit,t} = 0{,}30$ - ein tolerabler mittlerer Effekt. Einsetzen in Formel (6.64) in Abschnitt 6.3 und Ablesen aus Tabelle A.3 des Anhanges führt zu (TPS 1): $n_{69} = n_{71} = [1096/(400)(0{,}0833)] + 1 = 33{,}8743$ bzw. n = 35 und N = 280. Diese Stichprobe ist zu groß. Also entschließt sich der Forscher nolens volens, den Abweichungseffekt weiter zu vergrößern; die andere Option wäre die Vergrößerung der Fehlerwahrscheinlichkeiten und die beiden nicht kumulierenden Fehlerwahrscheinlichkeiten β_{69} und β_{71} auf den Wert 0,30 zu erhöhen. Dann resultiert: $\delta_{R,B,69} = \delta_{R,B,71} = 0{,}70$, so dass $\delta_{R,BA,B,69} = \delta_{R,BA,B,71} = 0{,}9037$ wird. Dies ergibt: $\phi_{VA,2,BA,B,t} = (0{,}9037/2)(5/9)^{1/2} = 0{,}3368$ und $\phi_{VA,2,BA,B,krit,t} = 0{,}35$ - ein gerade noch tolerabler mittlerer Effekt. Für die Stichprobenumfänge folgt daraus (TPS 1): $n_{69} = n_{71} = [881/(400)(0{,}1134)] + 1 = 20{,}4165$ bzw. n = 21 und N = 168. Diese Stichprobe ist zwar immer noch sehr groß, aber der Forscher hofft, so viele Vpn für seinen Versuch gewinnen zu können. Wie groß sind die Effekte für die linearen Trendvorhersagen, wenn der Forscher die bisherigen Spezifikationen zugrunde legt (TPS 3)? Die linearen Koeffizienten lauten bei K = 4: $c_{1,Lin,j} = -3/4$; $c_{2,Lin,j} = -1/4$; $c_{3,Lin,j} = +1/4$ und $c_{4,Lin,j} = +3/4$ mit $\sum c^2_{k,Lin,j} = 1{,}25$. Der Forscher legt fest: $\alpha_{krit,68} = \alpha_{krit,70} = 0{,}05$ und $\beta_{krit,68} = \beta_{krit,70} = 0{,}05$. Dann resultiert unter der TPS 3 und Formel (9.23): $\delta^2_{BA,Lin,t} = 1{,}25(1{,}645 + 1{,}645)^2/21 = 0{,}6443$ und damit $\delta_{BA,Lin,krit,68} = \delta_{BA,Lin,krit,70} = -0{,}80$ (−0,8027). Dies bedeutet für die Fehlerwahrscheinlichkeiten: $\epsilon_{12,krit} \leq \max(0{,}05; 0{,}30; 0{,}05; 0{,}30) = 0{,}30$ und $\phi_{12,krit} \leq (0{,}05 + 0{,}05 + 0{,}05 + 0{,}05) = 0{,}20$. Der Versuch hat zu den in Tabelle 9.31 enthaltenen Daten geführt: $s_{I,BA} = 5{,}80$.

Tabelle 9.31: Mittelwerte zur Prüfung der QPH-12 bei K = 4 Stufen des hypothesenrelevanten Faktors B und J = 2 Stufen des Kontrollfaktors A

Faktor A: eingeschätzte Bildhaftigkeit	Faktor B: Darbietungszeit				Randmittelwerte
	B_1: 5 Minuten $c_{1j} = -3/4$	B_2: 7 Minuten $c_{2j} = -1/4$	B_3: 9 Minuten $c_{3j} = +1/4$	B_4: 11 Minuten $c_{4j} = +3/4$	
A_1: wenig bildhaft	$M_{11} = 16{,}0$	$M_{12} = 13{,}0$	$M_{13} = 11{,}0$	$M_{14} = 8{,}0$	$M_{1.} = 12{,}0$
A_2: sehr bildhaft	$M_{21} = 24{,}0$	$M_{22} = 17{,}0$	$M_{23} = 12{,}0$	$M_{24} = 9{,}0$	$M_{2.} = 15{,}50$
Randmittelwerte	$M_{.1} = 20{,}0$	$M_{.2} = 15{,}0$	$M_{.3} = 11{,}50$	$M_{.4} = 8{,}50$	$M_{..} = 13{,}75$

Aus diesen Daten lassen sich die folgenden Kennwerte errechnen: $t_{Lin,emp,68} = -6{,}5/5{,}8(1{,}25/21)^{1/2} = -6{,}5/1{,}4151 = -4{,}5935$ und $t_{Lin,emp,70} = -12{,}5/1{,}4151 = -8{,}8336$ bei $t_{krit(0,10;160),t} = -1{,}287$. Die vorhersagenkonformen Alternativhypothesen können also angenommen werden: Es liegt auf beiden Stufen von A der vorhergesagte negative lineare Trend vor. Die linearen Kontrastquadratsummen lauten: $QSLin,_{68} = 709,80$ sowie $QSLin,_{70} = 2625,00$. Die Summe der quadrierten Abweichungen, bei denen es sich um einen quadratischen oder/und einen kubischen Trend handeln kann, wird separat pro Stufe j von A bestimmt, und zwar als:

(9.61) $QSAbw,j = QSBA_j - QSLin,A_j$.

Die entsprechenden Berechnungen der Quadratsummen unter B auf jeder Stufe von A ergeben auf der Stufe A_1: $QSBA_1 = 714,00$ und auf der Stufe A_2: $QSBA_2 = 2709,00$. Die Berechnungen der Abweichungen von der Vorhersage ergeben auf der Stufe A_1: $QSAbw,A_1 = QSBA_1 - QSLin,A_1,_{68} = 714,00 - 709,80 = 4,2$ und $F_{VA,Abw,B,emp,68} = (4,2/2)/33,64 = 0,0624$ bei $F_{krit(0,10;2;189),68} = 2,33$. Also liegt auf der Stufe A_1 kein anderer Trend vor als der vorhergesagte negative lineare. Auf der Stufe A_2 ergibt sich: $QSAbw,A_2 = 2709,00 - 2625,00 = 84,00$ und $F_{VA,Abw,B,emp,71} = 1,2485$. Auch auf der Stufe A_2 liegt ein ausschließlich negativer linearer Trend vor. Die QSV-12(BA;T;K=4;J=2) wird angenommen. Bestimmen wir die Effektgrößen: $d_{BA,Lin,68} = -1,1207$ und $d_{BA,Lin,70} = -2,1551$ - ein extrem großer Effekt. Die beiden Effekte sind größer als die A-priori-Festlegungen, und deshalb kann die QPV-12(BA;T;K=3;J=2) als eingetreten beurteilt werden. Die QPH-12 hat sich in diesem Versuch bewähren können, wobei allerdings die mit den abgeleiteten Nullhypothesen a priori verbundenen Effekte sehr groß waren.

Berechnen wir noch den nicht geplanten Interaktionstest zur Testung der $H_{0,AxB,72}$, um zu erfahren, ob die Steigungen der Geraden auf beiden Stufen von A die gleichen sind. Dazu muss die Quadratsumme der Zellenmittelwerte M_{jk}, QSAB, die Quadratsumme QSB und die Quadratsumme QSA berechnet werden, und wenn man die Quadratsummen zu Lasten der beiden Haupteffekte von der QSAB subtrahiert, erhält man die Interaktionsquadratsumme QSAxB. QSAB = 3937,50; QSA = 514,50; QSB = 3076,50, so dass: QSAxB = 3937,00 - 514,50 - 3076,50 = 346,00. Die Freiheitsgrade für den Zähler des **F-Tests** lauten: $FG_Z = (J - 1)(K - 1) = 3$, und damit gilt für den Interaktions-F-Test: $F_{VA,AxB,emp,72} = 115,3333/5,8^2 = 3,4285$ bei $F_{krit(0,05;2;168),72} = 2,65$. Also sind die Steigungen der linearen Trends auf beiden Stufen von A unterschiedlich.

Beispiel 9.21: Die Prüfung der **QPH-12** soll auf der Ebene des Haupteffektes B vorgenommen werden. Erneut wird der qualitative Kontrollfaktor A mit J = 2 Stufen eingeführt; unter ihm wird die eingeschätzte Bildhaftigkeit des Lernmaterials variiert. Der Forscher entschließt sich, die Hypothese QPH-12 für K = 4 Versuchsbedingungen zu prüfen. Es ergeben sich dann die folgenden Vorhersagen für die Ebene des Haupteffektes B (HE B), und zwar *alternativ* zu Ausdruck (9.56):

(9.62) (QPH-12 $\land$ VSVS) $\approx$> [QPV-12(BA;T;K=4;HE B) $\land$ SHH] $\approx$>

$\approx$> QSV-12(BA;T;K=4;HE B;KER) $\approx$> QST-12(BA;T;K=3;HE B):

[($H_{1,73}$: $\psi_{Lin,HEB,73} = \sum c_{k,lin} \mu_k > 0$) $\land$ ($H_{0,74}$: $\sum \psi^2_{Abw,HEB,74} = 0$)].

Auf der Ebene des Haupteffektes B kann allerdings nur eine Prüfinstanz definiert werden, während auf der Zellenebene J Prüfinstanzen resultieren, so dass auf diese Weise bei konjunktiver Verknüpfung eine strengere Prüfung resultiert als auf der Ebene des Haupteffektes (s.o.). Die Kumulation erfolgt hier nach: $\epsilon_{12} \leq \max(\alpha_{73}; \beta_{74})$ und $\phi_{12} \leq (\beta_{73} + \alpha_{74})$. Der Forscher legt für die Testplanung fest: $\delta_{BA,B,Lin,73} = -0{,}80$ und $\phi_{VA,2,BA,B,krit,74} = 0{,}30$. Welche Fehlerwahrscheinlichkeiten können damit realisiert werden (TPS 2)? Der Forscher wendet sich zuerst wieder dem Abweichungstest zu. Einsetzen in Formel (6.65) in Abschnitt 6.3 führt zu (TPS 2): $n_{0,05} = 400(41)0{,}09 = 1476$. Aus Tabelle A.3 des Anhanges lässt sich entnehmen, dass man für diesen Wert die Fehlerwahrscheinlichkeiten $\alpha_{krit,74} = 0{,}05$ und $\beta_{krit,74} = 0{,}10$ wählen kann. Für den Test auf Linearität resultiert nach Formel (9.22) in Abschnitt 9.2 (TPS 2): $(z_{1-\alpha} + z_{1-\beta})^2 = 42(0{,}64)/1{,}25 = 31{,}7440$ und damit $(z_{1-\alpha} + z_{1-\beta}) = 5{,}6342$. Hier kann gewählt werden: $\alpha_{krit,73} = 0{,}01$ und $\beta_{krit,73} = 0{,}01$. Dies bedeutet für die Kumulation: $\epsilon_{12} \leq \max(0{,}01; 0{,}10) = 0{,}10$ und $\phi_{12} \leq (0{,}01 + 0{,}05) = 0{,}15$. Aus den Randmittelwerten unter B in Tabelle 9.31 kann berechnet werden: $D_{Lin,73} = -9{,}5$, $t_{Lin,emp,73} = -9{,}4944$ und QSLin $= 3032{,}40$. QSAbw(HE B) = QSB - QSLin = $3076{,}50 - 3032{,}40 = 44{,}10$; $F_{VA,Abw,B,emp,74} = (44{,}10/2)/33{,}64 = 0{,}6555$. Die vorhersagekonformen $H_{1,73}$ und $H_{0,74}$ können angenommen werden und damit auch die QSV-12(BA;T;K=4;HE B). Der Effekt beträgt $d_{BA,Lin,73} = -1{,}6379$ und ist damit sehr groß, so dass die QPV-12(BA,T; K=4;HE B) eingetreten ist, und die auf der Ebene des Haupteffektes B geprüfte QPH-12 kann sich auch dort bewähren.

Zu welchem Präzisionsgewinn hat die Einführung des zweiten Faktors (A) und seine Interaktion mit dem Faktor B geführt? QSI(BA) = $(3)(2)(5{,}8^2)(21) = 4238{,}64$. QSI(B) = $4238{,}64 + 539{,}00 + 363{,}00 = 5140{,}65$, und damit nimmt der Präzisionsindex folgenden Wert an: $P_{BA} = 4238{,}64/5140{,}65 = 0{,}8245$ - ein nicht sehr großer Präzisionsgewinn.

R.E Kirk (1995, S. 389-397) sowie Winer, D.R. Brown und Michels (1991, S. 470-476) sprechen weitere Möglichkeiten der Behandlung von Hypothesen über quantitative Trends in zweifaktoriellen Plänen an. Dabei können bei zwei quantitativen Faktoren zum einen die Hypothesen über die vorhergesagten Trends auf der Ebene der beiden Haupteffekte A und B getestet werden, und zusätzlich kann die Interaktion in verschiedene Trendinteraktionen zerlegt werden wie bspw. linear-mal-linear oder - wenn eine entsprechende Vorhersage vorliegt - auch linear-mal-quadratisch bzw. quadratisch-mal-quadratisch. Da die Trendkontraste aber quadriert und aufsummiert in diese Analyse eingehen, ist dieses Vorgehen aus der Perspektive des Informationsgewinnes wenig sinnvoll. Ist nur einer der beiden Faktoren quantitativ gestuft, können Treatment-mal-Trend-Kontrast-Interaktionen bestimmt werden. Bei diesen wird einerseits der Test über den quantitativen Faktor B geplant und durchgeführt, und zusätzlich wird die Hypothese noch einzeln auf jeder der Stufen des qualitativen Kontrollfaktors geprüft. Wenn man, wie Kirk (1995, S. 396-397) es vorsieht, die Kontraste quadriert und dann über die Stufen von A aufsummiert, um eine lineare Quadratsumme und eine nonlineare Quadratsumme zu erhalten, geht viel von der Information verloren - u.a. das Vorzeichen der Trendkontraste -, die man bei der Testung der Trendhypothese auf jeder Stufe von A erhält. Denn dann wird die Hypothese getestet, dass *auf mindestens einer Stufe* von A die vorhergesagte Linearität ungeachtet der Richtung vorliegt, während es wesentlich informativer ist zu testen, ob auf *allen Stufen* von A die vorhergesagte (positive oder negative) Linearität gegeben ist. Dies erreicht man, indem man die Linearitätshypothese auf jeder Stufe von A einzeln testet, wie oben im Beispiel 9.20 vorgesehen.

9.4 Hypothesen über Mittelwerte bei abhängigen Stichproben

Auf der Grundlage eines zweifaktoriellen Versuchsplanes kann vorgesehen werden, dass über einen der beiden Faktoren, z.B. über B, wiederholte Messungen erfolgen sollen und über den anderen, A, nicht. Die Vpn sind dann in den nicht-wiederholten Faktor A „eingenistet". In derartigen Versuchsplänen sind insgesamt drei Testvarianzen zu benutzen, und zwar eine für Tests über Hypothesen auf der Ebene des nicht-wiederholten Haupteffektes A, nämlich $s^2_{P(A)}$ als Varianz der Vpn innerhalb von Faktor A mit $FG_N = J(n-1)$, eine weitere für den Haupteffekt des wiederholten Faktor B und für die Interaktion AxB, nämlich $s^2_{BxP(A)}$ als Interaktionsvarianz BxVpn-innerhalb-der-Gruppen mit $FG_N = J(K-1)(n-1)$, und eine dritte für bestimmte Kontraste auf der Zellenebene, nämlich $s^2_{I,BA}$ als Binnenvarianz mit $FG_N = JK(n-1)$. $s^2_{I,BA}$ ergibt sich dabei aus den beiden anderen Testvarianzen, nämlich $s^2_{P(A)}$ und $s^2_{BxP(A)}$, und zwar auf der Basis der Quadratsummen QS (vgl. Winer, D.R. Brown & Michels, 1991, S. 526):

$$(9.63) \quad s^2_{I,BA} = \frac{QSP(A) + QSBxP(A)}{J(n-1) + J(n-1)K-1} = \frac{QSI}{JK(n-1)}.$$

Der folgende t-Wert $t_{nichtwdh,A,t}$ wird für Tests von Hypothesen auf der Ebene des nicht-wiederholten Haupteffektes A gegen die Streuung $s_{P(A)}$ mit $FG_N = J(n-1)$ eingesetzt (Winer, 1971, S. 526-530):

$$(9.64) \quad t_{nichtwdh,A,emp,t} = \frac{\sum c_{j,t} M_j}{s_{P(A)} \sqrt{\dfrac{\sum c^2_{j,t}}{n}}}.$$

$t_{wdh,B,t}$ bezieht sich auf die Ebene des Haupteffektes des wiederholten Faktors B; hier wird gegen die Wurzel aus der Interaktionsvarianz $s^2_{BxP(A)}$ bei $FG_N = J(K-1)(n-1)$ getestet:

$$(9.65) \quad t_{wdh,B,emp,t} = \frac{\sum c_{k,t} M_k}{s_{BxP(A)} \sqrt{\frac{\sum c_{k,t}^2}{n}}}.$$

Für die Testung von Einzelhypothesen auf der Zellenebene sind Kontraste zwischen verschiedenen Stufen von A unter B von Kontrasten zwischen verschiedenen Stufen von B unter A zu unterscheiden. Zum einen handelt es sich um Kontraste über den wiederholten Faktor B auf einer Stufe A_j von A. Die adäquate Testgröße lautet für diesen Fall (Winer, 1971, S. 529):

$$(9.66) \quad t_{wdh,B(Bk-Bk' \text{ unter } A),t} = \frac{\sum c_{k,t} M_{jk}}{s_{BxP(A)} \sqrt{\frac{\sum c_{k,t}^2}{n}}}.$$

Zum anderen handelt es sich um Kontraste über die Stufen des nicht-wiederholten Faktors A auf jeweils einer Stufe des Faktors B. Die adäquate Testgröße für diesen Fall ist $s_{I,BA}$ bei $FG_N = JK(n-1)$ (Winer, 1971, S. 529):

$$(9.67) \quad t_{nichtwdh,A(Aj-Aj' \text{ unter } B),t} = \frac{\sum c_{j,t} M_{jk}}{s_{I,BA} \sqrt{\frac{\sum c_{j,t}^2}{n}}}.$$

Hypothesen über Interaktionskontraste werden ebenfalls gegen $s_{I,BA}$ getestet (vgl. Winer, D.R. Brown & Michels, 1991, S. 526-527):

$$(9.68) \quad t_{wdh,AxB(Kontraste AxB),t} = \frac{\sum c_{jk,t} M_{jk}}{s_{I,BA} \sqrt{\frac{\sum c_{jk,t}^2}{n}}}.$$

Im Modell besteht zwischen der Binnenvarianz $\sigma^2_{I,B}$ und der Interaktionsvarianz $\sigma^2_{BxP(A)}$ die folgende Beziehung (vgl. Winer, 1971, S. 516):

$$(9.69) \quad \sigma^2_{BxP(A)} = \sigma^2_{I,B}(1 - \rho_{Z,wdh,B}),$$

und dies führt zur Definition der **Effektgröße** $\delta_{wdh,B,t}$ als:

$$(9.70) \quad \delta^2_{wdh,B,t} = (\sum c_{jk,t} \mu_{jk})/\sigma_{I,BxP(A)} = \delta^2_{B,t}/(1 - \rho_{Z,wdh,B}).$$

Für die Varianz zwischen den Vpn innerhalb des nicht-wiederholten Faktors A, $\sigma^2_{P(A)}$, die zur Testung von Hypothesen auf der Ebene des Haupteffektes A herangezogen wird, gilt (Winer, 1971, S. 516):

$$(9.71) \quad \sigma^2_{P(A)} = \sigma^2_{I,B}[1 + (K-1)\rho_{Z,wdh,B}].$$

K bezeichnet die Anzahl der Stufen des wiederholten Faktors B. - Daraus folgt für die Definition der entsprechenden **Effektgröße** für Hypothesen auf der Ebene des Haupteffektes des nicht-wiederholten Faktors A:

$$(9.72) \quad \delta^2_{\text{nichtwdh},A,t} = \frac{\delta^2_{A,t}}{1+(K-1)\rho_{Z,\text{wdh},B}}.$$

Aus dem $\delta_{A,\text{nichtwdh},t}$ kann noch das $\delta_{BA,B,t}$ berechnet werden, das auf einer Abschätzung desjenigen Anteils an der systematischen Variation beruht, die Faktor A gemeinsam mit seiner Interaktion mit dem wiederholten Faktor B gegenüber einem entsprechenden einfaktoriellen Plan auf sich ziehen kann. Dieser Anteil beträgt Π_{BA}. Daraus ergibt sich für die **Effektgröße**:

$$(9.73) \quad \delta^2_{\text{nichtwdh},BA,A,t} = \frac{\delta^2_{A,t}}{[1+(K-1)\rho_{Z,\text{wdh},B}]\Pi_{BA}} = \frac{\delta^2_{\text{nichtwdh},A,t}}{\Pi_{BA}}.$$

Wegen der Verwendung verschiedener Testvarianzen empfiehlt es sich, einheitlich mit der Effektgröße zu arbeiten, die auf die Binnenstreuung $s_{I,BA}$ standardisiert ist.

Für alle Tests gegen die Wurzel aus der Interaktionsvarianz $s^2_{B\times P(A)}$, die für Tests auf der Ebene des Haupteffektes B und für Kontraste zwischen den Stufen B_k und $B_{k'}$ eingesetzt werden, resultiert damit für die Testplanung nach **TPS 1**:

$$(9.74) \quad n_t = \frac{(z_{1-\alpha}+z_{1-\beta})^2 \sum c^2_{jk,t}}{\delta^2_{B,\text{krit},t}/(1-\rho_{Z,\text{wdh},B})} = \frac{(z_{1-\alpha}+z_{1-\beta})^2 \sum c^2_{jk,t}}{\delta^2_{\text{wdh},B,\text{krit},t}}.$$

n_t steht für den Umfang einer Vpn-Gruppe, so dass sich die Anzahl der Messwerte in dieser Gruppe als $N_t = K\,n$ ergibt. Für die **TPS 2** resultiert:

$$(9.75) \quad (z_{1-\alpha}+z_{1-\beta})^2 = \frac{n_t\,\delta^2_{B,\text{krit},t}}{\sum c^2_{jk,t}(1-\rho_{Z,\text{wdh}})} = \frac{n_t\,\delta^2_{\text{wdh},B,\text{krit},t}}{\sum c^2_{jk,t}},$$

und für die **TPS 3**:

$$(9.76) \quad \delta^2_{\text{wdh},B,\text{krit},t} = \frac{\delta^2_{B,\text{krit},t}}{1-\rho^2_{Z,\text{wdh},B}} = \frac{(z_{1-\alpha}+z_{1-\beta})^2 \sum c^2_{jk,t}}{n_t}.$$

Will man das Ergebnis, das mit Hilfe der Formel (9.75) erzielt wurde, in $\delta_{B,t}$ umrechnen, benutzt man Formel (9.71) und bestimmt: $\delta^2_{B,t} = \delta^2_{\text{wdh},B}(1-\rho_{Z,\text{wdh},B})$.

Nach Formel (9.71) muss Formel (9.74) für Tests über gerichtete und ungerichtete Einzelhypothesen auf der Ebene des Haupteffektes des nicht-wiederholten Faktors A eine gerichtete Hypothese wie folgt verändert werden (**TPS 1**) und resultiert:

Testplanung für Mittelwertshypothesen in zweifaktoriellen Versuchsplänen 311

$$(9.77)\ n_{A,t} = \frac{(z_{1-\alpha}+z_{1-\beta})^2 \sum c_{jk,t}^2 [1+(K-1)\rho_{Z,wdh,B}]\Pi_{BA}}{\delta_{A,krit,t}^2} =$$

$$= \frac{(z_{1-\alpha}+z_{1-\beta})^2 \sum c_{jk,t}^2 [1+(K-1)\rho_{Z,wdh,B}]}{\delta_{BA,A,krit,t}^2} = \frac{(z_{1-\alpha}+z_{1-\beta})^2 \sum c_{jk,t}^2}{\delta_{nichtwdh,BA,A,krit,t}^2}.$$

Für Kontraste oder Vergleiche über die Zellen findet diese Formel keine Verwendung, weil kein Konrast bzw. Vergleich zwischen den Zellen auf $\sigma^2_{P(A)}$ beruht (s.o.). Bei allen Kontrasten bzw. Vergleichen, die auf $\sigma^2_{I,BA}$ beruhen, gilt für die **Effektgröße**:

(9.78) $\delta_{BA,B,t} = (\sum c_{jk,t}\mu_{jk})/\sigma_{I,BA} = \delta_{B,t}/\Pi_{BA}$.

Daraus ergeben sich folgende Testplanungsformeln für geplante Interaktionskontraste und Kontraste zweier Stufen A_j und $A_{j'}$ unter Faktor B, und zwar zunächst für die **TPS 1**:

$$(9.79)\ n_t = \frac{(z_{1-\alpha}+z_{1-\beta})^2 \sum c_{jk,t}^2}{\delta_{B,krit,t}^2/\Pi_{BA}} = \frac{(z_{1-\alpha}+z_{1-\beta})^2 \sum c_{jk,t}^2}{\delta_{BA,B,krit,t}^2}.$$

n_t steht hier erneut für eine Gruppe von Vpn. Für die **TPS 2** resultiert:

$$(9.80)\ (z_{1-\alpha}+z_{1-\beta})^2 = \frac{n_t \delta_{B,krit,t}^2}{\sum c_{jk,t}^2 \Pi_{BA}} = \frac{n_t \delta_{BA,B,krit,t}^2}{\sum c_{jk,t}^2}$$

und für die **TPS 3**:

$$(9.81)\ \delta^2_{BA,B,krit,t} = \frac{(z_{1-\alpha}+z_{1-\beta})^2 \sum c_{jk,t}^2}{n_t}.$$

Will man auch hier das errechnete Resultat $\delta^2_{BA,B,t}$ in den Wert $\delta^2_{B,t}$ rückrechnen, benutzt man Formel (9.77) und bestimmt: $\delta^2_{B,t} = \delta^2_{BA,B,t}\Pi_{BA}$.

Wenden wir uns damit einigen Beispielen zu.

Beispiel 9.22: Es sollen in einem zweifaktoriellen Versuchsplan mit wiederholten Messungen über den Faktor B zwei voneinander unabhängige psychologische Hypothesen gleichzeitig geprüft werden. Die bereits behandelte zweifaktorielle psychologische Hypothese **PH-21** besagt, dass bildhaftes Material noch besser gelernt wird, wenn es gleichzeitig auch konkret (im Gegensatz zu abstrakt) ist (UV: eingeschätzte Bildhaftigkeit mit K = 2; AV: mittlere Anzahl der richtig reproduzierten Wörter). Diese Hypothese kann bei geeigneter Konstruktion der Wortlisten auch mit der intraindividuellen Bedingungsvariation geprüft werden. Aus ihr werden auf der Zellenebene des zweifaktoriellen Versuchsplanes drei konjunktiv miteinander verknüpfte Teilhypothesen abgeleitet:

(9.82) (PH-21 ∧VSVS) ≈> [PV-21(BA;wdh;K=2) ∧ SHH] ≈>
≈> SV-21(BA;wdh;K=2;KER) ≈> ST-21(BA;wdh;K=2):
$\{(H_{1,75}: \psi_{75} = \mu_{12} - \mu_{11} > 0) \wedge (H_{1,76}: \psi_{76} = \mu_{22} - \mu_{21} > 0) \wedge$
$\wedge [H_{1,77}: \psi_{77} = (\mu_{22} - \mu_{21}) - (\mu_{12} - \mu_{11}) > 0]\}.$

Das Vorhersagemuster ist in Tabelle 9.32 veranschaulicht.

Tabelle 9.32: Vorhersagemuster bei der Prüfung der PH-18 und der PH-21 in einem Versuch			
Faktor A: eingeschätzte Abstraktheit-Konkretheit	**Faktor B: eingeschätzte Bildhaftigkeit**		
	B_1: wenig bildhaft	**Vorhersagen**	B_2: sehr bildhaft
A_1: abstrakt	μ_{11}	<	μ_{12}
Vorhersagen		∧	∧
A_2: konkret	μ_{21}	<<	μ_{22}

Für die Kumulierung gilt: $\varepsilon_{21} \leq \max(\alpha_{75}, \alpha_{76}, \alpha_{77})$ und $\varphi_{21} \leq \sum\beta_t$. Es gelte: $\alpha_{krit,75} = \alpha_{krit,76} = 0{,}05$ und $\beta_{krit,75} = \beta_{krit,76} = 0{,}05$ bei $\delta_{B,krit,75} = 0{,}60$ und $\delta_{B,krit,76} = 0{,}80$ und $\alpha_{krit,77} = 0{,}10$ und $\beta_{krit,77} = 0{,}20$ sowie $\delta'_{AxB,krit,77} = 0{,}60$, woraus nach Umrechnung $\delta_{AxB,krit,77} = 0{,}30$ wird. Dann ist $\varepsilon_{23,krit} \leq \max(0{,}05; 0{,}05; 0{,}10) = 0{,}10$ und $\varphi_{23,krit} \leq (0{,}05 + 0{,}05 + 0{,}20) = 0{,}30$. Die als vorhersagekonform abgeleiteten Paarkontraste kontrastieren jeweils zwei Stufen von B in den Zeilen A_j; die Teststreuung ist also $s_{BxP(A)}$, während der Interaktionskontrast ψ_{74} gegen $s_{I,BA}$ zu testen ist. Es wird davon ausgegangen, dass der nicht wiederholte Faktor A und seine Interaktion mit dem wiederholten Faktor B zu einer Reduktion der Binnenvarianz $s^2_{I,B}$ von $\Pi_{BA} = 0{,}50$ führt, so dass $\delta_{BA,AxB,krit,77} = 0{,}40$ (0,4243) wird. Aus einer Vergleichsuntersuchung ergibt sich $\rho_{Z,wdh,B} = 0{,}70$. Damit ergeben sich die folgenden Werte für die Effektgrößen: $\delta_{wdh,B,krit,75} = 1{,}10$ (1,0954), $\delta_{wdh,B,krit,76} = 1{,}45$ (1,4606) und $\delta_{wdh,B,krit,76} = 0{,}40$ (0,4243).

Man plant zuerst den Kontrast mit der kleinsten Effektgröße; dies ist der Interaktionskontrast ψ_{77}. Für ihn resultiert nach Formel (9.79) und TPS 1: $n_{77} = 1(1{,}282 + 0{,}84)^2/[(0{,}30^2)/0{,}50)] = (4{,}5029)/0{,}18 = 25{,}0160$ bzw. $n_{77} = 26$. Dieser Stichprobenumfang wird als noch handhabbar angesehen. Welche Auswirkungen hat diese Festlegung auf die entdeckbaren Effekte in den anderen Tests (TPS 3)? Einsetzen in Formel (9.76) führt zu: $\delta^2_{wdh,B,75} = \delta^2_{wdh,B,76} = [2(1{,}645 + 1{,}645)^2]/26 = 0{,}8326$ und damit $\delta_{wdh,B,krit,75} = \delta_{wdh,B,krit,76} = 0{,}90$ (0,9125).

Die **PH-18** behauptet, dass konkretes Lernmaterial besser gelernt wird als abstraktes (UV A mit J = 2 Stufen, eingeschätzte Abstraktheit-Konkretheit; AV: mittlere Anzahl der richtig reproduzierten Wörter) (s.o.). Aus ihr werden Hypothesen über Paarkontraste vorhergesagt, die die beiden Stufen von A unter Faktor B miteinander kontrastieren.

(9.83) (PH-18 ∧ VSVS) ≈> [PV-18(BA;wdh;J=2) ∧ SHH] ≈>

≈> SV-18(BA;wdh,J=2;KER) ≈> ST-18(BA;wdh;J=2):

[($H_{1,78}$: $\psi_{78} = \mu_{21} - \mu_{11} > 0$) ∧ ($H_{1,79}$: $\psi_{79} = \mu_{22} - \mu_{12} > 0$)]

(vgl. Tabelle 9.32 oben).

Auch die PH-18 könnte mit wiederholten Messungen geprüft werden, aber aus Demonstrationsgründen soll Faktor A (eingeschätzte Abstraktheit-Konkretheit) interindividuell variiert werden, während über den Faktor B (eingeschätzte Bildhaftigkeit) wiederholte Messungen vorgenommen werden. Es liegen hier J Stufen (Versuchspersonengruppen) für Faktor A vor, die K wiederholten Messungen über die Stufen von Faktor B unterzogen werden. Die Anzahl der Vpn beträgt also N = Jn, die Gesamtanzahl der Messwerte JKn.
Bei der Prüfung der PH-18 kontrastieren die Paarkontraste je zwei Stufen von A unter B, und die Tests erfolgen unter Verwendung von $s_{I,BA}$ und der Testgröße unter (9.67). Wie groß können die nachweisbaren Effekte sein, wenn man mit n = 26 operiert, $\varepsilon_{18,krit} \leq \alpha_{krit,78} = \alpha_{krit,79} = 0,05$ sowie $\varphi_{18,krit}/2 \leq \beta_{krit,78} = \beta_{krit,79} = 0,10$ festlegt (TPS 3) und $\Pi_{BA} = 0,50$ (s.o.) erwartet? Einsetzen in die entsprechende Formel (9.76) ergibt: $\delta^2_{B,BA,78} = \delta^2_{B,BA,79} = 2(1,645 + 0,84)^2/26 = 0,4750$ bzw. $\delta_{B,BA,krit,t} = 0,70$ (0,6892), also ziemlich große Effekte. Die aus den Daten berechneten Mittelwerte enthält die Tabelle 9.33; die Streuung beträgt $s_{I,BA} = 8,40$ und die Korrelation zwischen den Bedingungen lautet: $r_{Z,wdh,B} = 0,65$, so dass $s_{BxP(A)} = 4,9695$ ist.

Tabelle 9.33: Ergebnisse der Prüfung der PH-21 mit wiederholten Messungen und der PH-18 ohne wiederholte Messungen in einem Versuch

Faktor A: eingeschätzte Abstraktheit-Konkretheit	Faktor B: eingeschätzte Bildhaftigkeit		
	B_1: wenig bildhaft	B_2: sehr bildhaft	**Randmittelwerte**
A_1: abstrakt	$M_{11} = 17,0$	$M_{12} = 22,0$	$M_{1.} = 19,5$
A_2: konkret	$M_{21} = 23,0$	$M_{22} = 33,0$	$M_{2.} = 28,0$
Randmittelwerte	$M_{.1} = 20,0$	$M_{.2} = 27,5$	$M_{..} = 25,25$

Zunächst wird die PH-21 geprüft. Die Berechnung der **t-Tests** ergibt dabei: $t_{emp,75} = 3,1074$; $t_{emp,76} = 6,2148$ sowie $t_{emp,77} = 2,1928$ bei $t_{krit(0,05;72),t} = 1,667$. Alle abgeleiteten Hypothesen können angenommen werden und damit auch die SV-21(BA;wdh;K=2). Die Größe der empirischen Effekte beträgt: $d_{wdh,B,75} = 1,0061$; $d_{wdh,B,76} = 2,0123$ und $d_{wdh,B,77} = 0,5031$. Die Effektgrößen sind durchweg größer als die während der Testplanung festgelegten, so dass die PV-21(BA;wdh;K=2) als eingetreten beurteilt werden kann. Sofern während des Versuchs keine gravierenden Validitätsmängel aufgetreten sind, hat sich die PH-21 bewährt. - Was ergibt die Prüfung der PH-18? Die theoretische Testvarianz ist hier $\sigma^2_{P(A)} = \sigma^2_{I,B}[1 + (K-1)\rho_{Z,wdh,B}]$ (s.o), und es gilt dann: $s^2_{P(A)} = s^2_{I,B}[1 + (K-1)r_{I,wdh,B}]P_{BA}$. Also muss zunächst noch P_{BA} bestimmt werden: QSAB = 2964,50; QSB = 1237,50; QSA = 1589,50; QSAxB = 137,50; QSI(BA) = 5924,04 und QSI(B) = 5924,04 + 137,50 + 1237,50 = 7302,04, so dass für P_{BA} gilt: P_{BA} = 0,8113. Damit resultiert: $s^2_{P(A)}$ = $8,4^2[1 + (1)(0,65)(0,8113)]$ = 94,4531 und $s_{P(A)}$ = 9,7187 sowie FG_N = J(n − 1) = 2(21) = 42. Damit ergibt sich für die Paarkontraste unter A: $t_{emp,78}$ = 2,0476 und $t_{emp,79}$ = 3,7539 bei $t_{krit(0,05;42),t}$ = 1,684. Die beiden abgeleiteten Alternativhypothesen können angenommen werden und damit auch die SV-18(BA; K=2). Wie groß sind die Effekte? $d_{BA,A,78}$ = 0,6174 und $d_{BA,A,79}$ = 1,1318. $d_{BA,B,78}$ ist kleiner als die Vorgabe, aber $d_{BA,B,79}$ ist um etliches größer als die Vorab-Spezifikation. Die PV-18(BA;J=2) soll daher als bedingt eingetreten gelten und die PH-18 als bedingt bewährt.

Wenden wir uns im Weiteren einigen Hypothesen zu, deren Prüfung in einem Vortest-Nachtest-Versuchsplan erfolgt.

9.5 Hypothesen über Mittelwerte im Vortest-Nachtest-Plan und bei mehreren abhängigen Variablen

Ein Spezialfall der intraindividuellen Bedingungsvariation liegt dann vor, wenn in zwei (oder mehr) Versuchsgruppen Vortest- und Nachtest-Erhebungen erfolgen, es resultiert dann ein **Vortest-Nachtest-Versuchsplan**, auf den ich kurz schon einmal in Abschnitt 5.6.1 eingegangen bin. In diesem Plan erfolgt für (mindestens) zwei Versuchsgruppen eine Vortesterhebung bzgl. einer oder mehrerer AV/n, dann wird ein Treatment appliziert und in einer Nachtesterhebung wird/werden nochmals die AV/n erhoben, um in Erfahrung zu bringen, ob und wenn ja, zu welchen Veränderungen das Treatment geführt hat. Es handelt sich also um einen zweifaktoriellen Versuchsplan, bei dem über mindestens zwei Versuchsgruppen mindestens zwei Erhebungen stattfinden, zwischen denen ein Treatment appliziert wird. In diesen Plänen können drei **F-** oder **t-Tests** durchgeführt werden, und zwar über einen Vortest-Nachtest-Kontrast für die Experimental- und einen weiteren für die Vergleichs- oder Kontrollgruppe und einen dritten Test über die Interaktion der beiden Vortest-Nachtest-Kontraste. Die Testungen der vorausgehenden Paarkontraste über je zwei Erhebungszeitpunkte müssen dabei vorhersagekonform im Sinne von Verbesserungen von einem früheren zu einem späteren Erhebungszeitpunkt ausgegangen sein, damit die Tests über die Interaktionkontraste sinnvoll und hinreichend eindeutig und interpretierbar sind. Die gleichen Resultate wie der Interaktionstest erbringt auch eine **Analyse der Differenzwerte** („gain-scores"-Analyse; Myers & Well, 1991, S. 306), bei der pro Vp der Vortestwert vom Nachtestwert subtrahiert wird und diese Differenz einer einfaktoriellen **Varianzanalyse** (oder einem **t-Test**) unterzogen wird.

Diese Differenzwerte waren lange Zeit wegen ihrer vermeintlich geringen Reliabilität in Verruf geraten, doch hat sich diese Kritik nicht aufrecht erhalten lassen.

Willett (1990, S. 634) plädiert daher mit dem Argument für den Gebrauch von Differenzwerten, dass diese „intuitively appealing, easy to compute, and an unbiased estimate of the underlying true change" seien und weil gelte: „...when differences in growth from one person to the next are large, the reliability of the difference score can be *greater* than the reliabilities of the constituent pretest and posttest scores" (vgl. auch Gottman & Rushe, 1993). Zudem sind die Differenzwerte bei gruppenstatistischen Auswertungen gänzlich unproblematisch: „In fact, the unreliability of difference scores presents no problem whatsoever for using change scores to assess group differences" (S.E. Maxwell & Howard, 1981; vgl. auch Rogosa, 1988, sowie Rogosa & Willett, 1983). Probleme können jedoch dann entstehen, wenn man Vortestdaten für einzelne Personen betrachtet und sie in Korrelationen mit den Zuwächsen eingehen lässt: „... For correlational purposes, however, the unreliability of difference scores may present a formidable problem" (S.E. Maxwell & Howard, 1981, S. 755; vgl. aber Willett, 1990, zur Relativierung auch dieser Feststellung).

Eine weitere Alternative besteht darin, nur die Nachtestwerte einer statistischen Analyse zu unterziehen, doch bleibt dabei die in den Vortests enthaltene Information unberücksichtigt, weshalb die einschlägigen Lehrbücher von dieser Alternative abraten (bspw. Myers & Well, 1991, S. 306). Eine teststarke Alternative zum Vortest-Nachtest-Plan stellt die **Kovarianzanalyse** dar (vgl. Abschn. 6.5), sofern die Beziehung zwischen den Vortestwerten (Kovariate) und den Nachtestwerten (AV Y) in der Tat linear ist (Huck & McLean, 1975; Myers & Well, 1991, S. 306). Beim Vortest-Nachtest-Plan werden die Differenzen „Nachtestwerte minus Vortestwerte" gebildet und die Nachtestwerte auf diese Weise vom Einfluss der Vortestwerte bereinigt. Dies bedeutet auch, dass im Vortest-Nachtest-Plan stets der Test über den Interaktionskontrast $\psi_{AxB} = (\mu_{E,N} - \mu_{E,V}) - (\mu_{K,N} - \mu_{K,V}) = (\mu_{E,N} - \mu_{K,N}) - (\mu_{E,V} - \mu_{K,V})$ der entscheidende Test ist, der Aufschluss darüber vermittelt, ob die Experimentalgruppe (E) der Kontrollgruppe (K) überlegen ist oder nicht (V: Vortest; N: Nachtest). Da diese Differenzbildung sicherlich einfacher zu interpretieren ist als ein Regressionsresiduum, werden Vortest-Nachtest-Pläne in der Forschungspraxis recht häufig benutzt (Huck & McLean, 1975, S. 511). Bei ihnen ist keine Annahme über die Beziehung zwischen den Vortest- und den Nachtestwerten erforderlich; diese wird aber dadurch immer getroffen, das bereits bei der Testplanung die Korrelation $\rho_{Z,wdh}$ benutzt wird, die einen (linearen) Zusammenhang zwischen den Vortest- und den Nachtestwerten ausdrückt. – Ich habe über mehrere Jahre hinweg ca. 100 verschiedene Datensätze sowohl im Rahmen eines Vortest-Nachtest-Planes als auch mit **Kovarianzanalysen** ausgewertet und nur in einem Fall abweichende Ergebnisse erhalten.

Mit dem Vortest wird angestrebt, die Ausgangslage („base line") bei der oder den fokussierten abhängigen Variable/n zu erheben. Zuweilen werden auch mehrere Vortests durchgeführt („multiple base lines") und zusätzlich auch Erhebungen während des Treatments; im Bereich der Evaluation spricht man dann von einer *Prozessevaluation*. Finden keine Erhebungen während des Treatments statt und beschränkt sich die Datenerhebung auf den Vor-, den Nachtest und eine oder mehrere Follow-up-Erhebungen, dann spricht man von einer *Ergebnis-* oder *Erfolgsevaluation*. Dabei empfiehlt sich bei der **Erprobung von psychologischen Interventionsmaßnahmen** der Einbezug von mindestens einer Follow-up- oder Katamnese-Erhebung frühestens einige Monate nach dem Nachtest, der unmittelbar nach der Intervention durchgeführt wird, und ggf. auch erst einige Jahre danach um festzustellen, ob das Treatment, die Interventionsmaßnahme, auch zu längerfristigen Erfolgen geführt hat. Jede psychologische Interventionsmaßnahme sollte zum Ziel haben, Wirkungen zu erzielen, die über positive Wirkungen zum Zeitpunkt des Nachtests hinausgehen und die mindestens einige Monate andauern. Eine Ausnahme bilden hier Coaching-Programme, deren positive Wirkung nur von kurzfristiger Dauer zu sein braucht (Hager & Hasselhorn, 2000, S. 64-65). Tabelle 9.34 veranschaulicht die empfehlenswerte Vortest-Nachtest-Follow-up-Versuchsplan-Anlage.

Sowohl die Experimental- als auch die Vergleichsgruppe erhalten eine psychologische Interventionsmaßnahme, wobei es sich in der Vergleichsgruppe um eine andere Maßnahme handelt als in der Experimentalgruppe. Dann werden sich in beiden Versuchsgruppen üblicherweise Verbesserungen einstellen, bei denen es sich um Zuwächse oder Abnahmen auf der oder den empirischen AV/n handeln kann. Für diese Verbesserungen in *beiden* Gruppen gibt es viele Gründe, u.a. die Tatsache, dass die intervenierenden Personen in eine soziale Interaktion mit den Vpn treten, dass die als AVn fungierenden Tests mehrfach durchgeführt werden usw. Deshalb ist es der Kontrast der beiden Verbesserungen, der Aufschluss darüber gibt, ob das fokussierte Treatment in der Experimentalgruppe zu Verbesserungen geführt hat, die über die in der anders behandelten Kontrollgruppe hinausgehen, wie es zu erwarten ist, wenn die Intervention A wirksam ist. Dieser Kontrast entspricht einem Interaktionskontrast (vgl. Tab. 9.34).

Tabelle 9.34: Vortest-Nachtest-Follow-up-Versuchsplan-Anlage mit zwei Versuchsgruppen				
Versuchsgruppen	Vortest (V)	Psychologische Intervention	Nachtest (N)	Follow-up (FU)
Experimental-programm	$\mu_{E,V}$	Intervention A	$\mu_{E,N}$	$\mu_{E,FU}$
Vergleichs- oder Kontrollprogramm	$\mu_{K,V}$	Intervention B	$\mu_{K,N}$	$\mu_{K,FU}$
Anmerkungen: Die entscheidenden Kontraste haben die Form $\psi_{V,N} = (\mu_{E,N} - \mu_{E,V}) - (\mu_{K,N} - \mu_{K,V})$; $\psi_{FU,N} = (\mu_{E,FU} - \mu_{E,N}) - (\mu_{K,FU} - \mu_{K,N})$ und $\psi_{FU,V} = (\mu_{E,FU} - \mu_{E,V}) - (\mu_{K,FU} - \mu_{K,V})$.				

Im Vortest-Nachtest-Plan kann die sog. *Prätest-Sensibilisierung* zu einer Beeinträchtigung der Interpretierbarkeit der Befunde führen (vgl. Hager & Westermann, 1983, S. 58). Zwar gibt es versuchspersonen-intensive Möglichkeiten wie bspw. den Solomon-Vier-Gruppen-Versuchsplan (a.a.O.), um zu ermitteln, ob derartige Wirkungen auftreten (vgl. a.a.O.), aber im Zusammenhang mit psychologischen Interventionsmaßnahmen ist die Gefahr von Prätest-Sensibilisierungen eher als vernachlässigbar einzuschätzen, zumal weil *erstens* die Interventionsmaßnahme andere Inhalte als die Tests und die anderen Verfahren (AVn) des Vortests aufweist und weil *zweitens* zwischen Vor- und Nachtest immer eine geraume Zeit liegt, auf Grund derer es unwahrscheinlich ist, dass Erfahrungen aus dem Vortest die Nachtestergebnisse beeinflussen. Und wenn eine Prätest-Sensibilisierung auftritt, dann tritt sie in beiden Versuchsgruppen auf und stellt daher für die Interpretation der Daten und Tests kein Problem dar.

Zuweilen trifft man Vortest-Nachtest-Pläne an, in denen nicht mit einer Vergleichs- oder Kontrollgruppe gearbeitet wird. Wegen des vielgestaltigen und nicht kontrollierbaren zwischenzeitlichen Geschehens, der Testwiederholung und der Prätest-Sensibilisierung können in diesen Plänen Verbesserungen auftreten, die man nur allzu geneigt ist, der Interventionsmaßnahme zuzuschreiben. Derartige Schlussfolgerungen sind aber in einfaktoriellen Vortest-Nachtest-Plänen nicht zulässig. Derartige Versuchsanordnungen sind daher wissenschaftlich wertlos, zumal bei ihnen die Ceteris-paribus-distributionibus- oder interne Validität nicht zu sichern ist.

Bei dem angesprochenen Treatment handelt es sich oft um eine psychologische Interventionsmaßnahme wie etwa eine Psychotherapie oder ein Programm zur Förderung der Intelligenz bei Kindern, die zu evaluieren, d.h. auf ihre Wirksamkeit hin zu überprüfen sind. „Wirksam sein" heißt stets, dass (gerichtete) *Verbesserungen* im von der Interventionsmaßnahme angesprochenen Bereich resultieren sollen und nicht nur ungerichtete *Veränderungen*. Im Rahmen einer Prüfung der Dualen-Kode-Theorie von Paivio (1971, 1986) kann das Treatment in einem Training zur Verbesserung des Umgangs mit Texten (Identifizieren von Sinneinheiten, Widersprüchen etc.) bestehen. Es wird im Vortest ein Text gelernt und reproduziert, anschließend wird das Treatment durchgeführt und im Nachtest wird erneut ein Text gelernt und reproduziert. Wenn das Identifizieren von Sinneinheiten erfolgreich trainiert worden ist, dann ist zu erwarten, das die DKT-spezifische Variable Bildhaftigkeit keinen so großen Einfluss auf die Gedächtnisleistung mehr hat wie vor dem Training.

Eine psychologische Interventionsmaßnahme stellt ein Bündel von technologischen Regeln im Sinne Bunges (1967) dar, die im Idealfall auf gut bewährte nomologische Gesetzesaussagen zurückgehen und aus diesen über nomopragmatische Transformationen gewonnen werden. Die nomopragmatischen Aussagen werden dann in technologische Regeln transformiert, die mehr oder weniger konkrete Handlungsanweisungen des Typ „Tue A, um B zu erreichen" oder „Tue nicht-A, um nicht-B zu erreichen". Da die technologischen Regeln nicht aus den nomologischen Gesetzesaussagen logisch deduziert werden können, kann ein und dieselbe Gesetzesaussage zu den beiden vorgenannten sowie zu weiteren technologischen Regeln führen (vgl. Bunge, 1967, S. 132-136). Die Bewährtheit der zugrunde liegenden nomologische Gesetzesaussage bietet dabei keine Gewähr dafür, dass die aus ihr gewonnenen technologischen Regeln auch effektiv sind (Bunge, 1967, S. 136). Aber auch dann, wenn einer technologischen Regel oder einem Interventionsprogramm keine

Gesetzesaussage zugrunde liegt, wie es stets wünschenswert ist (vgl. Patry & Perrez, 2000), kann es sich als wirksam in dem Sinne erweisen, dass es seine Ziele erreicht, und es kann dann eingesetzt werden (Herrmann, 1995, S. 30).

Die „psychologische Interventionsmaßnahmen" genannten technologischen Regeln können nicht „wahr" oder „falsch" oder „bewährt" und „nicht bewährt" sein, sondern nur mehr oder weniger **effektiv** oder **nicht effektiv** im Sinne des Erreichens ihrer Ziele. Ich gehe dabei von einem Kontinuum aus, dessen Endpunkte durch „das Programm ist effektiv" und „das Programm ist nicht effektiv" gekennzeichnet sind, während Bunge (1967, S. 134-135) eine Trichotomie zu Grunde legt: „Die technologische Regel ist effektiv" vs. „die technologische Regel ist nicht effektiv" vs. „der Status der technologischen Regel ist unbestimmt". Das Kriterium der Bewährtheit oder der Nicht-Bewährtheit ist jedoch auf die psychologischen Hypothesen anwendbar, die sich auf die Effektivität der Programme beziehen und die die Frage, ob ein Programm mehr oder weniger effektiv oder auch nicht effektiv ist, vorläufig mit „wahrscheinlich ja" oder „wahrscheinlich nein" beantworten. Die empirische Prüfung dieser Hypothesen gibt dann Aufschluss darüber, welche der vorläufigen Antworten auf Grund der Datenlage aufrecht zu erhalten oder zu verwerfen ist.

Bei den Zielen eines Programmes sind Nah- und Fernziele voneinander zu unterscheiden. Die Nahziele, z.B. die Symptomfreiheit bei der Verhaltenstherapie, sollen unmittelbar nach Ende der Interventionsmaßnahme erreicht werden, während die Fernziele, z.B. Persönlichkeitsänderungen bei der Verhaltenstherapie, erst einige Zeit nach Ende der Interventionsmaßnahme erreicht werden sollen. Um die Fernziele erfassen zu können, ist bei psychologischen Interventionsmaßnahmen immer (mindestens) ein dritter Erhebungszeitpunkt notwendig, die katamnestische Nachuntersuchung oder der Follow-up (s.o.); auf dessen Einbezug wird bei den folgenden Beispielen allerdings mit einer Ausnahme der Einfachheit halber verzichtet.

Die Erschaffung und empirische Erprobung von psychologischen Interventionsmaßnahmen gehört in den Bereich der **technologischen Forschung** im Sinne der Unterteilung Herrmanns (1995). Es scheint mir allerdings auch möglich, z.B. die Psychotherapieforschung als ein **problem-orientiertes Forschungsprogramm** zu rekonstruieren: Es gibt eine bestimmte, wenn auch sehr große Menge von umschreibbaren psychischen Störungsbildern, und es wird mit immer neuen Methoden, also Therapien, versucht, den aus den Störungen resultierenden Leidensdruck zu mildern oder aber im Optimalfall die Störung ganz zu beseitigen. In anderen Bereichen als dem der psychologischen Therapie sind es andere Defizite, die mit immer neuen oder verbesserten Interventionsmaßnahmen verringert oder im Optimalfall beseitigt werden sollen.

Über die Effektivität oder Wirksamkeit einer Interventionsmaßnahme oder eines Programmes lassen sich nun psychologische Hypothesen formulieren, und zwar entweder Wirksamkeits- oder Wirksamkeitsunterschiedshypothesen. Diese beziehen sich allerdings nur auf die Frage, **ob** ein Programm wirksam ist oder nicht, und ihre Prüfung ist nicht auch gleichzeitig eine Prüfung des Wirkmodelles des Programmes, das Antwort auf die Frage gibt, **warum** ein Programm wirkt, wenn es wirkt. Zur Prüfung von Hypothesen über das Wirkmodell bedarf es eigener Untersuchungen. Wirksamkeits- und Wirksamkeitsunterschiedshypothesen sind üblicherweise nicht in umfassende theoretische Gebilde eingeordnet, sondern greifen lediglich den Anspruch der zu untersuchenden Programme auf, wirksam zu sein. Obwohl diese Hypothesen üblicherweise keiner Theorie entstammen, handelt es sich bei ihnen dennoch um Kausalhypothesen, denn sie lassen sich in der Form paraphrasieren: „Wenn das Programm EP wirksam ist und seine Ziele erreicht, dann sind im Mittel genau spezifizierbare Verbesserungen zu erwarten." Oder: „Wenn beide Programme gleich wirksam sind, dann sind im Mittel bei allen unter ihnen eingesetzten Maßen die und die Verbesserungen zu erwarten".

Für jede dieser Hypothesen muss dann auf der Ebene der PV spezifiziert werden, was man unter „wirksam sein" verstehen will. Auf dieser Ebene werden neben den übrigen Randbedingungen auch die Verfahren, meist Tests, ausgewählt, die man für geeignet hält, den Programmerfolg zu erfassen. Dabei sollte beachtet werden, dass die Items oder Aufgaben des ausgewählten Tests den Aufgaben des Programmes nicht zu ähnlich sind, denn zur Wirksamkeit eines Programmes gehört immer auch ein bestimmter Transfer, der sich nur einstellen kann, wenn die Testaufgaben von den Programmaufgaben hinreichend verschieden sind. Das optimale Programm sorgt dabei erstens auch für den Transfer auf Alltagssituationen, bleibt in seiner Wirkung also nicht nur auf die Interventionssituation beschränkt, und ist zweitens von längerfristiger Wirkung (s.o.). Um diese zu erfassen, sollte bei jeder Evaluation mit (mindestens) drei Erhebungszeitpunkten operiert werden, einer Vortesterhebung, einem Nachtest und einem Follow-up einige Monate oder länger nach Ende der Intervention (s.o.).

Im **Paradigma der isolierten Evaluation** soll die grundsätzliche Wirksamkeit eines Interventionsprogrammes festgestellt werden; hier wird eine **Wirksamkeitshypothese** formuliert, die den Anspruch des Programmes aufgreift und die im Wesentlichen aussagt: „Das Experimentalprogramm (EP) ist effektiv und erreicht seine Ziele", wobei man natürlich auch die Auffassung vertreten kann, ein bestimmtes Programm sei unwirksam. In einer isolierten Evaluation wird dem zu evaluierenden Experimentalprogramm ein zweites Programm, ein Kontrollprogramm (KP), gegenübergestellt, das andere Ziele verfolgt als das Experimentalprogramm, aber diesem in allen Belangen (Länge, Durchführungsart, Häufigkeit der Kontakte der das Programm durchführenden Personen mit den Trainees oder Klient/inn/en usw.) angeglichen wird, so dass das EP und das KP im gleichen Rahmen und unter den gleichen Bedingungen durchgeführt werden können. Auf diese Weise gehen etwaige Unterschiede zwischen den Versuchsgruppen in der Tat zu Lasten der Wirksamkeit des Experimentalprogrammes. Stets dann, wenn die Vergleichsgruppe ein Kontrollprogramm erhält, wird sie zu einer *Kontrollgruppe*. Eine Vergleichsgruppe ohne eine Intervention, eine sog. Wartegruppe, taugt zur Kontrolle i.A. nicht, weil in einer derartigen Gruppe alle Faktoren, die eine Intervention kennzeichnen und die das Ergebnis beeinflussen, nicht auftreten können, so dass statistische Vergleiche zwischen dem Experimentalprogramm und einer Wartegruppe in aller Regel zugunsten des Experimentalprogrammes verzerrt sind; die Wirksamkeit des Programmes wird dadurch vorgetäuscht oder zumindest überschätzt. - In isolierten Evaluationen reicht es aus, unter beiden Programmen diejenigen Tests oder Erhebungsverfahren einzusetzen, die mit Blick auf dessen Ziele relevant sind. - In diesem Evaluationsparadigma sind die **Effektgrößen** ein Maß für die Wirksamkeit eines Programmes als solches, sofern mit einer Kontrollgruppe und nicht mit einer Wartegruppe gearbeitet wird.

Wenden wir uns einem Beispiel für eine isolierte Evaluation zu.

Beispiel 9.23: Es ist ein Programm entwickelt worden, mittels dessen bei Vorschulkindern das deduktive Denken trainiert werden soll. Das (fiktive) Experimentalprogramm (EP) enthält 100 kindgerechte Aufgaben, und es ist vorgesehen, das Programm zweimal die Woche für jeweils eine halbe Stunde mit den Kindern durchzuführen. Dabei kommen Einzelsitzungen genauso in Frage wie Sitzungen mit kleinen Gruppen à 3 bis 4 Kindern. Das Programm ist auf insgesamt 20 Sitzungen ausgelegt, kann also innerhalb von fünf Wochen durchgeführt werden. Die Fähigkeiten der Kinder zum deduktiven Denken werden mit einem Test (TDD) erfasst, der trainingsferne Aufgaben enthält, so dass er nur über einen Transfer des Gelernten erfolgreich bearbeitet werden kann. Das Nahziel des Programmes besteht darin, dass nach dem Training bessere Leistungen in diesem Test resultieren als vor dem Training. Die Vergleichsgruppe erhält ebenfalls eine Interventionsmaßnahme und wird dadurch zur Kontrollgruppe. Im konkreten Fall wird für die Vergleichsgruppe ein Sprachförderprogramm ausgewählt, das in 15 halbstündigen Sitzungen mit Vorschulkindern einzeln oder in kleinen Gruppen durchgeführt werden kann. Das Nahziel des Sprachförderprogrammes besteht in einer Verbesserung der sprachlichen Leistungen der Kinder, erfasst mit einem trainingsfernen Sprachtest (TSF), also ein anderes Ziel als das EP, wie es in einer isolierten Evaluation auch sein sollte. Da unter dem Experimentalprogramm 20 Sitzungen vorgesehen sind, wird das Kontrollprogramm (KP) um fünf Sitzungen verlängert. Die Forscherin, die die Evaluation leitet, entscheidet sich für Einzelsitzungen unter beiden Programmen. Sie formuliert die Wirksamkeitshypothese **PH-32**, dass das EP wirksam ist und seine Nahziele erreicht. Auf der Ebene der PV-32 wird festgelegt, dass das Erreichen des Nahzieles des Experimentalprogrammes über den TDD erfasst werden soll, und ferner wird „wirksam sein" so interpretiert, dass das EP im Nachtest (N) größere Verbesserungen im TDD zeigen muss als das KP. Die Forscherin formuliert ferner die Wirksamkeitshypothese **PH-33**, dass auch das Sprachförderprogramm wirksam in dem Sinne ist, dass es im Nachtest bessere Werte im TSF zeigt als im Vortest und dass die Vortest-Nachtest-Differenzen im TST zugunsten der Kontrollgruppe ausfallen sollen, d.h. im TSF soll das Kontrollprogramm größere Verbesserungen zeigen als das Experimentalprogramm. (Üblicherweise wird die Wirksamkeitshypothese nur auf das Experimentalprogramm bezogen, weil man relativ selten den Fall vorliegen hat, dass ein geeigne-

Testplanung für Mittelwertshypothesen in zweifaktoriellen Versuchsplänen

tes Kontrollprogramm zur Verfügung steht, das nicht in größerem Umfang modifiziert werden muss, damit es unter den gleichen Randbedingungen durchgeführt werden kann wie das Experimentalprogramm.) Es soll also eine Erfolgsevaluation durchgeführt werden. Es können mehrere Schulkindergärten zur Mitarbeit gewonnen werden, so dass die Gesamtzahl der Kinder bei N = 120 liegt. Diese werden zufällig einem der beiden Programme zugewiesen. Die Einzeltrainings werden von Studierenden der Psychologie im Rahmen einer Fallarbeit „Pädagogische Psychologie" durchgeführt. Die Studierenden, die beide Programme durchführen, werden in die Programme eingewiesen und zufällig den zu trainierenden Kindern zugewiesen. - Die Evaluatorin leitet aus der PH 32 (AV: Test des deduktiven Denkens; TDD) die folgenden Vorhersagen ab:

(9.84) (PH-32 ∧ VSVS) ≈> [PV-32(VN;J=2;TDD) ∧ SHH] ≈>

≈> SV-32(VN;J=2;TDD;KER) ≈> ST-32(VN;J=2;TDD):

$[(H_{1,80}: \psi_{80} = \mu_{EP,N} - \mu_{EP,V} > 0) \land$

$\land (H_{0,81}: \psi_{81} = \mu_{KP,N} - \mu_{KP,V} \geq 0) \land (H_{1,82}: \psi_{82} = \psi_{90} - \psi_{91} > 0)]$.

Dass die $H_{0,81}$ als gerichtete Nullhypothese formuliert wird, hat seinen Grund darin, dass allein auf Grund der Testwiederholung und bei Kindern zusätzlich durch Reifungs- und Entwicklungsprozesse Verbesserungen vom Vor- zum Nachtest erzielt werden können.

Tabelle 9.35: Vorhersagen unter der Wirksamkeitshypothese PH-32 im Paradigma der isolierten Evaluation

Faktor A: Programme	Faktor B: Zeitpunkte		
	B_1: Vortest (V)	**Vorhersagen**	B_2: Nachtest (N)
A_1: Training des deduktiven Denkens (Experimentalprogramm)	$\mu_{EP,V,TDD}$	<	$\mu_{EP,N,TDD}$
A_2: Sprachfördertraining (Kontrollprogramm)	$\mu_{KP,V,TDD}$	≤	$\mu_{KP,N,TDD}$

Anmerkungen. Empirische AV ist der Test des deduktiven Denkens (TDD). Zwischen Vor- und Nachtest findet die psychologische Intervention statt.

Für die PH-33, die sich auf den Test zur Sprachförderung (TSF) als AV bezieht, ergeben sich im Prinzip die gleichen Vorhersagen:

(9.85) (PH-33 ∧ VSVS) ≈> [PV-33(VN;J=2;TSF) ∧ SHH] ≈>

≈> SV-33(VN;J=2;TSF;KER) ≈> ST-33(VN;J=2;TSF):

$[(H_{1,83}: \psi_{83} = \mu_{KP,N} - \mu_{KP,V} > 0) \land$

$\land (H_{0,84}: \psi_{84} = \mu_{EP,N} - \mu_{EP,V} \geq 0) \land (H_{1,85}: \psi_{85} = \psi_{83} - \psi_{84} > 0)]$.

Die Tests der Hypothesen innerhalb der Versuchsgruppen erfolgen über abhängige Messungen und werden gegen die Streuung $s_{BxP(A)}$ mit $FG_N = J(K - 1)(n - 1)$

getestet - vgl. Formel (9.65). Tests über Interaktionshypothesen werden demgegenüber gegen die mittlere Binnenstreuung, $s_{I,BA}$ mit $FG_N = JK(n - 1)$, getestet - vgl. Formel (9.63). Bei der Prüfung der Wirksamkeitshypothese PH-33 sind die Tests für zwei Alternativ- und eine Nullhypothese zu planen. Die Kumulation ergibt sich nach Fall 5 in Abschnitt 7.2 zu: $\varepsilon_{33} \leq \max(\alpha_{80}; \beta_{81}; \alpha_{82})$ und $\varphi_{33} \leq (\beta_{80} + \alpha_{81} + \beta_{82})$.

Tabelle 9.36: Vorhersagen unter der Wirksamkeitshypothese PH-33 im Paradigma der isolierten Evaluation

Faktor A: Programme	Faktor B: Zeitpunkte		
	B_1: Vortest (V)	Vorhersagen	B_2: Nachtest (N)
A_1: Training des deduktiven Denkens (Experimentalprogramm)	$\mu_{EP,V,TSF}$	$\leq$	$\mu_{EP,N,TSF}$
A_2: Sprachfördertraining (Kontrollprogramm)	$\mu_{KP,V,TSF}$	$<$	$\mu_{KP,N,TSF}$

Anmerkungen. Empirische AV ist der Test zur Sprachförderung (TSF). Zwischen Vor- und Nachtest erfolgt die psychologische Intervention.

Die Größe der Stichprobe erlaubt es, geringe Fehlerwahrscheinlichkeiten festzulegen: $\alpha_{krit,80} = \alpha_{krit,81} = \alpha_{krit,82} = 0{,}05$ und $\beta_{krit,80} = \beta_{krit,81} = \beta_{krit,82} = 0{,}05$, so dass $\varepsilon_{33,krit} \leq \max(0{,}05; 0{,}05; 0{,}05) = 0{,}05$ und $\varphi_{33,krit} = (0{,}05 + 0{,}05 + 0{,}05) = 0{,}15$. Wie groß sind dann die nachzuweisenden Effekte (TPS 3)? Die Forscherin rechnet mit $\rho_{Z,wdh,B} = 0{,}60$ sowie mit $\Pi_{BA} = 0{,}80$. Sie plant zuerst den Test der gerichteten $H_{0,81}$. $\delta^2_{wdh,B,81} = 2(1{,}645 + 1{,}645)^2]/120 = 0{,}1804$ und damit $\delta_{wdh,B,krit,81} = -0{,}40$ ($-0{,}4247$) - ein für eine abgeleitete Nullhypothese tolerabler Effekt. Wie groß werden $\delta_{wdh,B,80}$ und $\delta_{B,BA,82}$ (TPS 3)? $\delta^2_{wdh,B,80} = 0{,}1804$ bzw. $\delta_{wdh,B,krit,80} = 0{,}40$ ($0{,}4247$). Die Forscherin hält diesen nur mittelgroßen Effekt angesichts des Effektes für die Nullhypothese für zu gering. Also nutzt sie diesen Umstand dazu, das kumulierende $\beta_{krit,80}$ abzusenken auf $\beta_{krit,80} = 0{,}01$: $\delta^2_{wdh,B,80} = 2(1{,}645 + 2{,}33)^2]/120 = 0{,}2633$ und damit $\delta_{wdh,B,krit,80} = 0{,}50$ ($0{,}5132$) - ein Effekt von mittlerer Größe. Für den Interaktionseffekt, der gegen $s_{I,BA}$ getestet wird, gilt: $\delta^2_{BA,AxB,82} = 1(1{,}645 + 1{,}645)^2/120 = 0{,}0902$ bzw. $\delta_{BA,AxB,krit,82} = 0{,}30$ ($0{,}3003$). Auch dieser Wert ist für eine abgeleitete Alternativhypothese relativ gering. Erneut nutzt die Forscherin die Gelegenheit, das kumulierende β auf $\beta_{krit,82} = 0{,}01$ zu verkleinern. Dann resultiert: $\delta^2_{BA,AxB,82} = 1(1{,}645 + 2{,}33)^2/120 = 0{,}2633$ bzw. $\delta_{BA,AxB,krit,82} = 0{,}50$ ($0{,}5131$). Zu den gleichen Ergebnissen führt auch die Planung der Tests zur Prüfung der Wirksamkeitshypothese PH-33, so dass für beide Hypothesen gilt: $\varepsilon_{32,krit} = \varepsilon_{33,krit} \leq \max(0{,}05; 0{,}05; 0{,}05) = 0{,}05$ und $\varphi_{32,krit} = \varphi_{33,krit} \leq (0{,}01 + 0{,}05 + 0{,}01) = 0{,}07$. Nach der Durchführung der Programme werden die Daten zu den in Tabelle 9.37 enthaltenen Mittelwerten zusammengefasst.

Die mittlere Binnenvarianz lautet für den TDD $s^2_{I,BA,TDD} = 37{,}5$ ($s_{I,BA,TDD} = 6{,}1237$) und für den TSF $s^2_{I,BA,TSF} = 30{,}7$ ($s_{I,BA,TSF} = 5{,}5408$); $FG_N = JK(n - 1) =$

(2)(2)(119) = 476. Die Korrelation für den TDD beläuft sich auf $r_{Z,wdh,TDD} = 0{,}60$ und für den TSF auf $r_{Z,wdh,TSF} = 0{,}65$. Daraus können berechnet werden: $s^2_{BxP(A),TDD} = 37{,}5(0{,}40) = 15{,}00$ und somit $s_{BxP(A),TDD} = 3{,}8730$ sowie $s^2_{BxP(A),TSF} = 10{,}745$ und $s_{BxP(A),TSF} = 3{,}2780$ [Freiheitsgrade: $FG_N = J(n - 1)(K - 1) = (2)(119)(1) = 238$]. Was ergibt die Prüfung der Wirksamkeitshypothese PH-34? Die Berechnung der t-Werte führt zu: $t_{emp,80} = 23{,}9999 > t_{krit(0,05;238),80} = 1{,}653$; $t_{emp,81} = 3{,}9999$ bei $t_{krit(0,05;238),81} = -1{,}653$ (AH_0) und $t_{emp,82} = 8{,}9443 > t_{krit(0,05;476),82} = 1{,}645$. Die als vorhersagekonform abgeleiteten statistischen Hypothesen können alle angenommen werden und desgleichen die SV-32(VN;J=2). Die Effekte lassen sich zu $d_{wdh,B,80} = 3{,}0984$ ($d_{B,BA,80} = 1{,}9560$), $d_{wdh,B,81,0} = 0{,}5164$ ($d_{BA,B,81,0} = 0{,}3266$) und $d_{BA,AxB,82} = 0{,}8165$ berechnen und fallen damit für die abgeleiteten Alternativhypothesen weit größer aus als während der Testplanung errechnet. $d_{BA,B,81,0}$ stellt den Effekt unter der $H_{0,81}$ in vorhergesagter Richtung dar, der mit dem während der Testplanung festgelegten Wert nichts zu tun hat.

Tabelle 9.37: Mittelwerte des TDD und jeweils darunter des TSF bei der Prüfung der PH-32 und der PH-33 im Paradigma der isolierten Evaluation

	Faktor B: Erhebungszeitpunkte	
Faktor A: Programme	B_1: Vortest (V)	B_2: Nachtest (N)
A_1: Training des deduktiven Denkens (Experimentalprogramm)	$M_{EP,V,TDD} = 12{,}0$ $M_{EP,V,TSF} = 13{,}0$	$M_{EP,N,TDD} = 24{,}0$ $M_{EP,N,TSF} = 15{,}0$
A_2: Sprachfördertraining (Kontrollprogramm)	$M_{KP,V,TDD} = 14{,}0$ $M_{KP,V,TSF} = 15{,}0$	$M_{KP,N,TDD} = 16{,}0$ $M_{KP,N,TSF} = 23{,}0$

Anmerkungen. Angegeben sind die mittleren Punktwerte in den beiden Tests, dem Tests des deduktiven Denkens (TDD) und dem Test zur Sprachförderung (TSF).

Die PV-32(VN;J=2) kann daher als eingetreten gelten, und die Wirksamkeitshypothese PH-32 hat sich bewährt: Das Programm des deduktiven Denkens ist sehr wirksam. - Welche Ergebnisse erbringt die Auswertung des TSF zur Prüfung der Wirksamkeitshypothese PH-33? $t_{emp,83} = 18{,}9041$; $t_{emp,84} = 4{,}7260$ und $t_{emp,85} = 5{,}9312$ bei den gleichen kritischen t-Werten wie oben. Auch unter der PH-35 können alle abgeleiteten statistischen Hypothesen sowie die SV-33(VN;J=2) angenommen werden. Die Effekte lauten: $d_{wdh,B,83} = 2{,}0656$ ($d_{B,BA,83} = 1{,}4438$); $d_{wdh,B,84} = 0{,}5164$ ($d_{BA,B,84} = 0{,}3610$) und $d_{BA,AxB,85} = 0{,}5414$. Damit kann die PV-33(VN; J=2) als eingetreten beurteilt werden, und die PH-33 hat sich ebenfalls bewähren können: In der verlängerten Fassung ist auch das Sprachfördertraining sehr wirksam.

Die Vortest-Nachtest-Kontraste sind auch hier unverzichtbar. Ihr erwartungskonformer Ausgang stellt eine unabdingbare Voraussetzung für die Durchführung und sinnvolle Interpretation des entscheidenden Interaktionstests dar (vgl. dazu ausführlich Hager, 1992a, S. 211-221). Dabei ist es möglich, eine oder auch zwei psychologische/n Hypothese/n zu formulieren, die sich nur auf die Vortest-Nachtest-Kontraste bezieht/en, und die Hypothese über den Interaktionskontrast einzeln zu testen, d.h. ohne Kumulation der Fehlerwahrscheinlichkeiten.

Es werden in diesem Versuch **zwei abhängige Variablen** betrachtet, was üblicherweise im Sinne des Vorliegens eines sog. „multivariaten Versuchsplanes" interpretiert wird, der dann auch mit multivariaten Verfahren ausgewertet wird. Aus hypothesenprüfender Perspektive ist es jedoch aus mehreren Gründen vorzuziehen, jede *AV mit einer eigenen psychologischen Hypothese zu versehen, aus der dann (meist gerichtete) Vorhersagen abgeleitet werden können wie in allen anderen bislang behandelten Fällen auch*. Die Testplanung kann dann wie für jede andere psychologische Hypothese auch erfolgen - es sind keine zusätzlichen Erwägungen notwendig, die über die bisher angestellten hinausgehen. Einer der Vorteile dieser Vorgehensweise liegt darin, dass *über die AVn keine Kumulation der Fehlerwahrscheinlichkeiten auftreten* kann, weil jede mit einer „eigenen" psychologischen Hypothese verbunden ist. Die statistische Prüfung der psychologischen Hypothesen erfolgt dann wieder unter Verwendung von univariaten Methoden, also entweder über Kontraste oder über statistische Vergleiche oder über beiden Verfahren.

Im **Paradigma der vergleichenden Evaluation** soll die vergleichende Wirksamkeit von (mindestens) zwei Programmen festgestellt werden, die die gleichen Ziele anstreben, allerdings auf unterschiedliche Weise. Die Programme sollten sich bereits in isolierten Evaluationen als wirksam erwiesen haben. Ist dies nicht der Fall, d.h. bestehen bezüglich der Wirksamkeit eines oder mehrerer Programme noch Zweifel, so ist eine Kontrollgruppe für diese/s Programm/e aufzunehmen, die nach den gleichen Kriterien ausgewählt wird/werden wie bei einer isolierten Evaluation. Es wird dann eine vergleichende mit einer isolierten Evaluation kombiniert, wobei darauf zu achten ist, dass das/die Kontrollprogramm/e auch mit „seinem"/„ihrem" Alternativprogramm verglichen wird/werden. Das/Die Kontrollprogramm/e dient/en also dazu, die Frage zu beantworten, ob im Falle des Zutreffens der zu prüfenden Wirksamkeitsunterschiedshypothesen alle vergleichend zu evaluierenden Programme gleich wirksam oder gleich unwirksam sind. Es liegen dann ein Experimental-, (mindestens) ein Alternativ- oder Konkurrenzprogramm und mindestens ein Kontrollprogramm vor. Üblicherweise sollten allerdings Interventionsmaßnahmen miteinander verglichen werden, die ihre Wirksamkeit in vorangegangenen Untersuchungen bereits unter Beweis gestellt haben.

In vergleichenden Evaluationen ist es wichtig, dass die Programme oder bspw. Therapien von Personen durchgeführt werden, die Expert/inn/en für die von ihnen durchzuführende Therapie sind. Will man also eine psychoanalytisch orientierte Kurztherapie mit einer verhaltenstherapeutischen Methode mit den gleichen Zielen wie die analytische Kurztherapie vergleichen, so müssen beide Therapieformen von Therapeut/inn/en durchgeführt werden, die speziell in einer der beiden Therapieform ausgebildet sind. Dadurch ergeben sich - im Gegensatz zur isolierten Evaluation - pro Programm andere durchführende Personen, und diese Kombination von Programm und Durchführenden stellt sozusagen ein „Paket" dar, das nicht aufgeschnürt werden darf. Zu diesem „Paket" gehören auch die spezifischen Randbedingungen, die für die jeweilige Therapie vorgesehen sind und die nicht geändert werden dürfen, ohne die Therapierepräsentativität zu beeinträchtigen; derartige Beeinträchtigungen machen in aller Regel den Versuch uninterpretierbar. Ein wesentliches Kennzeichen einer vergleichenden Evaluation ist es daher, dass kein Programm - mit Ausnahme etwaiger Kontrollprogramme - dem anderen angepasst wird: Dauert ein Programm 30 Stunden und ein Konkurrenzprogramm nur 20 Stunden, so müssen die beiden Programme mit diesen unterschiedlichen Längen durchgeführt werden.

Die Vergleichsgruppe/n besteht/en hier nicht aus einem Kontrollprogramm, sondern aus mindestens einem Alternativprogramm. Unter allen Programmen werden die gleichen Verfahren oder Tests zur Erfassung des Programmerfolges eingesetzt. Diese müssen so ausgewählt werden, dass sie jeweils spezifisch für eine der beiden Therapien sind. Zusätzlich können auch Maße eingesetzt werden, die nicht-therapie-theorie-spezifisch sind, sondern störungs-spezifisch. Bei der grundsätzlich möglichen Auswahl weiterer Maße sollte darauf geachtet werden, dass die Gesamtheit der Maße die Klient/inn/en nicht überfordert und demotiviert.

Mit dem Paradigma der vergleichenden Evaluation sind drei Arten von **Wirksamkeitsunterschiedshypothesen** verbunden. Die **Äquivalenzhypothese** sagt aus: „Alle Programme sind gleich wirksam", während die **Überlegenheitshypothese** behauptet, dass „das Experimentalprogramm wirksamer ist als das/die Alternativprogramm/e". Zuletzt besagt die **Nicht-Unterlegenheitshypothese**, dass „das Experimentalprogramm mindestens ebenso wirksam ist wie das Alternativprogramm" (vgl. Hager, 2000b, S. 187-193). Hier stellen die statistischen **Effektgrößen** Maße für den **Wirksamkeitsunterschied** zwischen den zu evaluierenden Interventionsmaßnahmen dar. Sie bringen zum Ausdruck, wie sehr sich die Programme in ihrer Wirksamkeit unterscheiden, während sie in einer isolierten Evaluation die Wirksamkeit als solche erfassen (s.o.). **Die statistischen Effekte sind also unter beiden Evaluationsparadigmen unterschiedlich zu interpretieren**, und deshalb macht es keinen Sinn, Ergebnisse isolierter Evaluationen mit solchen aus vergleichenden Evaluationen „in einen Topf zu werfen", wie dies häufig in *Metaanalysen* geschieht. Genauso wenig Sinn macht es auch, Psychotherapien in sog. *Analogstudien* zu erproben. Therapien sollen bestimmte psychische Störungen oder Krankheiten lindern und im Idealfall eliminieren bzw. heilen. Wenn aber die in einer Analogstudie therapierten Vpn, bei denen es sich meist um „normale" Studierende handeln dürfte, über die von der Therapie fokussierten Störung gar nicht verfügen, dann liegt die entscheidende Anwendungsvoraussetzung für die Therapie nicht vor, und sie kann nichts bewirken. Die an „normalen" Klient/inn/en erhobenen Befunde sagen rein gar nichts darüber aus, was die Therapie erreichen könnte - oder auch nicht -, wenn sie bei „echten" Klient/inn/en angewendet wird, die das von der Therapie fokussierte Störungsbild auch aufweisen (vgl. auch Baumann & Perrez, 1998, S. 145-146).

Vergleicht man die drei Wirksamkeitsunterschiedshypothesen, dann wird deutlich, dass sie nur zu unterschiedlichen Vorhersagen hinsichtlich des Interaktionskontrastes führen, der die Verbesserungen unter den untersuchten Programmen miteinander vergleicht. Dieser Tests ist also unter allen drei Hypothesen der entscheidende Test. Dass sich vom Vor- zum Nachtest Verbesserungen ergeben, kann vielfältige Gründe haben, und erst wenn nachgewiesen wird, dass diese Verbesserungen unter dem Experimentalprogramm höher ausfallen als unter dem/den Vergleichsprogramm/en, kann auf dessen Wirksamkeit geschlossen werden.

Beispiel 9.24: Es sollen zwei verschiedene verhaltenstherapeutische Methoden miteinander verglichen werden, die beide die Symptome einer Depression vermindern oder gar ganz verschwinden lassen und die sich bereits als wirksam erwiesen haben. Da die eine von ihnen 30 Stunden Therapie vorsieht, die andere aber nur 20 Stunden, ist zu prüfen, ob sich nicht in den 20 Stunden die gleichen Ergebnisse erzielen lassen wie in den 30 Stunden. Die verhaltenstherapeutische Methode, die 30 Therapiestunden bis zum angestrebten Erfolg benötigt, sei die bereits eingeführte Alternativtherapie (AT) und die neue konkurrierende Methode mit nur 20 Therapiestunden sei die Experimentaltherapie (ET). Geprüft werden soll die **Äquivalenzhypothese**, nach der sich die beiden Methoden vom Ergebnis her nicht unterscheiden. Unter beiden Therapiemethoden wird als störungsspezifisches Maß ein Depressionsinventar (DI) als abhängige Variable eingesetzt, das aus 30 Items besteht. Die sich auf dieses Maß beziehende Form der Äquivalenzhypothese heiße **PH-34**. Als geheilt gilt, wer weniger als sechs Fragen im Sinne des Vorliegens einer Depression beantwortet, und als depressiv der- oder diejenige, die oder der mehr als 10 Fragen im Sinne des Vorliegens einer Depression beantwortet. Für beide Therapiemethoden sollen vom Vortest zum Nachtest die Werte im DI absinken, und zwar für beide Methoden gleichstark ($\Rightarrow$), so dass die Interaktion gleich Null wird. Zusätzlich kommen unter beiden Therapien noch therapietheoretisch orientierte Maße zur Anwendung, die jeweils auf dem gleichen theoretischen Hintergrund beruhen wie die entsprechende Therapie (Schulte, 1993). Für diese beiden Maße werden die Hypothesen **PH-35** und **PH-36** als Wirksamkeitsunterschiedshypothesen formuliert, unter denen erwartet wird, dass die Therapien auf „ihrem" Maß besser abschneiden als die jeweils andere Therapie. Bei den PH-35 und PH-36 handelt es sich nicht um Äquivalenzhypothesen, die dadurch gekennzeichnet sind, dass auf der statistischen Ebene der Interaktionskontrast gleich Null ist. Insgesamt resultieren damit drei abhängige Variablen unter jeder Therapieform, nämlich ein störungsspezifisches (PH-34) und zwei therapietheoriespezifische Maße, nämlich VTE, das für die Experimentaltherapie spezifisch ist und das mit der Hypothese PH-35 verbunden wird, und VTA, das spezifisch unter der Alternativtherapie ist und mit der PH-36 assoziiert wird. Das VTE und das VTA sind zwei Verhaltensinventare, von denen das VTE 60 Statements umfasst und das VTA 50. Je mehr Items im Sinne einer Symptomreduktion beantwortet werden, desto besser ist die Wirksamkeit der Therapie. Die abhängigen Variablen werden getrennt ausgewertet, und bedarfsweise werden die Interkorrelationen zwischen ihnen bestimmt, um einen Aufschluss über das Ausmaß an Abhängigkeit zwischen den einzelnen univariaten Tests zu erhalten. - Da unter der Äquivalenzhypothese entweder keine oder höchstens geringe Unterschiedseffekte erwartet werden, wird die Untersuchung im Sinne der Erhöhung der Klient/inn/enzahlen an mehreren Kliniken gleichzeitig durchgeführt, die beide verhaltenstherapeutischen Methoden in ihrem Standard-Repertoire haben (sog. „Multicenter"-Studie). Auf diese Weise kommen N = 160 auf Grund von klinischen Interviews und von Fragebögen einschließlich des DI, das 30 Statements zur Depression enthält, als depressiv eingestufte Personen zusammen („Major depression" nach dem DSM-IV von Saß, Wittchen & Zaudig, 1996, S. 400-405). Diese werden zufällig den beiden Therapiemethoden zugewiesen. Beim Eingangs-Interview wird darauf geachtet, dass keine Komorbidität vorliegt, also neben der Depression keine weiteren klinisch relevanten Störungsbilder. Die einzelnen Therapiestunden werden supervidiert, um die Therapierepräsentativität zu gewährleisten, und Manuale sollen die Durchführungsintegrität sicherstellen. Es werden aus den drei Wirksamkeitsunterschiedshypothesen die folgenden Vorhersagen abgeleitet, die in Tabelle 9.38 veranschaulicht sind:

(9.86) (PH-34 $\wedge$ VSVS) $\approx$> [PV-34(VN;J=2,DI) $\wedge$ SHH] $\approx$>
$\approx$>SV-34(VN;J=2;DI;KER) $\approx$> ST-34(VN;J=2;DI):
[($H_{1,86}$: $\psi_{86} = \mu_{ET,V} - \mu_{ET,N} > 0$) $\wedge$ ($H_{1,87}$: $\psi_{87} = \mu_{AT,V} - \mu_{AT,N} > 0$) $\wedge$
$\wedge$ ($H_{0,88}$: $\psi_{88} = \psi_{87} - \psi_{86} = 0$)].

(9.87) (PH-35 $\wedge$ VSVS) $\approx$> [PV-35(VN;J=2;VTE) $\wedge$ SHH] $\approx$>
$\approx$> SV-35(VN;J=2;VTE;KER) $\approx$> ST-35(VN;J=2;VTE):
[($H_{1,89}$: $\psi_{89} = \mu_{ET,N} - \mu_{ET,V} > 0$) $\wedge$ ($H_{0,90}$: $\psi_{90} = \mu_{AT,N} - \mu_{AT,V} \geq 0$) $\wedge$
$\wedge$ ($H_{1,91}$: $\psi_{91} = \psi_{89} - \psi_{90} > 0$)].

(9.88) (PH-36 $\wedge$ VSVS) $\approx$> [PV-36(VN;J=2;VTA) $\wedge$ SHH] $\approx$>
$\approx$>SV-36(VN;J=2;VTA;KER) $\approx$> ST-36(VN;J=2;VTA):
[($H_{0,92}$: $\psi_{92} = \mu_{ET,N} - \mu_{ET,V} \geq 0$) $\wedge$
$\wedge$ ($H_{1,93}$: $\psi_{93} = \mu_{AT,N} - \mu_{AT,V} > 0$) $\wedge$ ($H_{1,94}$: $\psi_{94} = \psi_{93} - \psi_{92} > 0$)].

Die Evaluatorin, die die Arbeit in den verschiedenen Kliniken koordiniert und die die Evaluation durchführt, rechnet auf Grund vorheriger Erfahrung mit $\rho_{Z,wdh,B} = 0{,}70$ sowie mit $\Pi_{BA} = 0{,}75$ und legt fest: $\alpha_{krit,86} = \alpha_{krit,87} = \alpha_{krit,88} = 0{,}05$ und $\beta_{krit,86} = \beta_{krit,87} = 0{,}05$ und $\beta_{krit,88} = 0{,}15$, so dass $\varepsilon_{34,krit} \leq \max(\beta_{86}; \beta_{87}; \beta_{88}) = 0{,}15$ und $\varphi_{34,krit} \leq (\beta_{86} + \beta_{87} + \alpha_{88}) = (0{,}05 + 0{,}05 + 0{,}15) = 0{,}25$ wird. Sie plant zunächst die Tests für die PH-34 nach TPS 3 und als erstes den Test für die ungerichtete Nullhypothese über die Interaktion, $H_{0,88}$, die gegen $s_{I,BA}$ mit $FG_N = (2)(2)(79) = 316$ getestet wird. Einsetzen in Formel (9.23) ergibt (TPS 3): $\delta^2_{BA,A\times B,88} = 1(1{,}96$

+ 1,04)^2/80 = 0,1125 und $\delta_{BA,AxB,krit,88}$ = ±0,35 (±0,3354) - ein tolerabler Effekt unter einer abgeleiteten ungerichteten Nullhypothese. Unter den Hypothesen $H_{1,86}$ und $H_{1,87}$ werden gleich große Effekte vorhergesagt: $\delta^2_{wdh,B,86}$ = $\delta^2_{wdh,B,87}$ = 2(1,645 + 1,645)^2/80 = 0,2706 und $\delta_{wdh,B,krit,86}$ = $\delta_{wdh,B,krit,87}$ = 0,50 (0,5202), also vglw. geringe Effekte, die mit niedrigen Fehlerwahrscheinlichkeiten nachgewiesen werden können. Es resultiert dann: $\varepsilon_{34,krit}$ ≤ max(0,05; 0,05; 0,05) = 0,05 und $\varphi_{34,krit}$ ≤ (0,05 + 0,05 + 0,15) = 0,25.

Tabelle 9.38: Vorhersagen unter der Wirksamkeitsunterschiedshypothese PH-34 (Äquivalenzhypothese) sowie den Hypothesen PH-35 und PH-36 im Paradigma der vergleichenden Evaluation

Faktor A: Therapien	AVn	Faktor B: Zeitpunkte		
		B_1: Vortest (V)	Vorhersagen	B_2: Nachtest (N)
A_1: Verhaltenstherapeutische Methode mit 20 Stunden (Experimentaltherapie; ET)	DI VTE VTA	$\mu_{ET,V,DI}$ $\mu_{ET,V,VTE}$ $\mu_{ET,V,VTA}$	⇒ > ≥	$\mu_{ET,N,DI}$ $\mu_{ET,N,VTE}$ $\mu_{ET,N,VTA}$
A_2: Verhaltenstherapeutische Methode mit 30 Stunden (Alternativtherapie; AT)	DI VTE VTA	$\mu_{AT,V,DI}$ $\mu_{AT,V,VTE}$ $\mu_{AT,V,VTA}$	⇒ ≥ >	$\mu_{AT,N,DI}$ $\mu_{AT,N,VTE}$ $\mu_{AT,N,VTA}$

Anmerkungen. Die empirischen AVn sind ein Depressionsinventar (DI) und zwei therapiespezifische Maße, nämlich VTE für die Experimentaltherapie (ET) und VTA für die Alternativtherapie (AT).

Für die PH-36 ergibt die Testplanung zuerst für die gerichtete Nullhypothese $H_{0,90}$: $\delta^2_{wdh,B,90}$ = 2(1,645 + 1,645)^2/80 = 0,2706 und damit $\delta_{wdh,B,krit,90}$ = –0,50 (–0,5202), also ein zu großer Effekt für eine abgeleitete Nullhypothese. Die Forscherin erhöht daher für diesen Test die Fehlerwahrscheinlichkeiten auf $\alpha_{krit,90}$ = 0,10 und $\beta_{krit,90}$ = 0,15. Dies ergibt: $\delta^2_{wdh,B,90}$ = 2(1,282 + 1,04)^2/80 = 0,1348 und $\delta_{wdh,B,krit,90}$ = –0,35 (–0,3671). Dieser Effekt ist von einer tolerablen Größenordnung für eine abgeleitete H_0. Die gerichtete $H_{1,89}$ bezieht sich auf den Vortest-Nachtest-Kontrast in der Experimentalgruppe. Für sie ergibt die Testplanung: $\delta^2_{wdh,B,89}$ = 2(1,645 + 1,654)^2/80 = 0,2706 und $\delta_{wdh,B,krit,89}$ = 0,50 (0,5202). Die gerichtete $H_{1,91}$ bezieht sich auf den Interaktionskontrast, und ihre Testung erfolgt wieder gegen $s_{I,BA}$. Hier ergibt sich: $\delta^2_{BA,AxB,91}$ = 1(1,645 + 1,645)^2/80 = 0,2706, so dass $\delta_{BA,AxB,krit,91}$ = 0,50 (0,5102) wird. Für diesen Test können die Fehlerwahrscheinlichkeiten sogar verringert werden, und zwar auf $\alpha_{krit,91}$ = 0,01 und $\beta_{krit,91}$ = 0,01, so dass resultiert: $\delta_{BA,AxB,91}$ = 1(2,33 + 2,33)^2/80 = 0,2714 und $\delta_{BA,AxB,krit,91}$ = 0,50 (0,5210). Dies bedeutet für die Fehlerwahrscheinlichkeiten ε und φ: $\varepsilon_{35,krit}$ ≤ max(0,05; 0,10; 0,01) = 0,10 und $\varphi_{35,krit}$ = (0,05 + 0,15 + 0,01) = 0,21. - Die Planung des Tests über die $H_{0,92}$ erfolgt analog zur Planung des Tests für die $H_{0,90}$ bei

$\delta_{wdh,B,krit,92} = -0.35$, und die Planung des Tests gegen die $H_{1,93}$ erfolgt analog zur Planung des Tests gegen die $H_{1,89}$ bei $\delta_{wdh,B,krit,93} = 0.50$. Zuletzt folgt die Planung des Tests für den Interaktionstest ψ_{94} in Analogie zur Planung des Tests gegen die $H_{1,91}$ bei $\delta_{BA,AxB,krit,94} = 0.50$. Für die Fehlerwahrscheinlichkeiten ϵ_{38} und φ_{38} ergibt sich damit: $\epsilon_{36,krit} \leq \max(0.05; 0.10; 0.01) = 0.10$ und $\varphi_{36,krit} = (0.05 + 0.15 + 0.01) = 0.21$. - Die Therapien werden durchgeführt, und aus den Daten können die in Tabelle 9.39 enthaltenen zusammenfassenden Statistiken berechnet werden.

Tabelle 9.39: Mittelwerte des ID, des VTE und des VTA bei der Prüfung der PH-34 (Äquivalenzhypothese), der PH-35 und der PH-36 im Paradigma der vergleichenden Evaluation

Faktor A: Therapien	AVn	Faktor B: Erhebungszeitpunkte	
		B_1: Vortest (V)	B_2: Nachtest (N)
A_1: Verhaltenstherapeutische Methode mit 20 Stunden (Experimentaltherapie; ET)	DI	$M_{ET,V,DI} = 24{,}50$	$M_{ET,N,DI} = 6{,}70$
	VTE	$M_{ET,V,VTE} = 28{,}80$	$M_{ET,N,VTE} = 34{,}00$
	VTA	$M_{ET,V,VTA} = 10{,}60$	$M_{ET,N,VTA} = 35{,}30$
A_2: Verhaltenstherapeutische Methode mit 30 Stunden (Alternativtherapie; AT)	DI	$M_{AT,V,DI} = 22{,}50$	$M_{AT,N,DI} = 5{,}10$
	VTE	$M_{AT,V,VTE} = 18{,}70$	$M_{AT,N,VTE} = 48{,}80$
	VTA	$M_{AT,V,VTA} = 35{,}00$	$M_{AT,N,VTA} = 45{,}10$

Anmerkungen. Angegeben sind die mittleren Punktwerte im DI, dem VTE und dem VTA

Die Binnenvarianz $s^2_{I,BA,DI}$ ist gleich 80,3 und $s_{I,BA,DI} = 8{,}9610$ bei $FG_N = KJ(n-1) = 4(79) = 316$. Die Korrelation $r_{Z,wdh,DI}$ wird zu 0,65 ermittelt, so dass $s^2_{BxP(A),DI} = 28{,}105$ und $s_{BxP(A),DI} = 5{,}3014$ bei den Freiheitsgraden $FG_N = J(K-1)(n-1) = 2(79) = 158$. Befassen wir uns zuerst mit der Prüfung der Äquivalenzhypothese PH-36. Die durchzuführenden **t-Tests** ergeben: $t_{emp,86} = 26{,}2280 > t_{krit(0,05/2;316),86} = \pm 1{,}96$; $t_{emp,87} = 26{,}8309$ und $t_{emp,88} = -0{,}20$ jeweils bei $t_{krit(0,05;158),t} = 1{,}664$. Die Vortest-Nachtest-Wirkungen fallen sehr groß aus - ein im Übrigen übliches Phänomen, wenn ein Programm Wirkung zeigt. Die abgeleiteten Hypothesen können ausnahmslos angenommen werden und damit auch die SV-34(VN;J=2). Als Effekte ergeben sich: $d_{BA,B,86} = 1{,}9417$ ($d_{wdh,B,86} = 3{,}2822$) und $d_{BA,B,87} = 1{,}9864$ ($d_{wdh,B,87} = 3{,}3576$) sowie $d_{BA,AxB,88} = -0{,}0223$. Die PV-34(VN;J=2;DI) ist eingetreten, und die Wirksamkeitsunterschiedshypothese PH-34 (Äquivalenzhypothese) hat sich bewährt: Die beiden Therapiemethoden führen gleichermaßen zu einer sehr ausgeprägten Verminderung der Depression, gemessen an den Vortest-Nachtest-Kontrasten. Der entscheidende Interaktionskontrast, der testet, ob diese Verminderungen unter beiden Therapien gleich ausfallen oder nicht, führt zu einem statistisch insignifikanten Resultat, und dies bedeutet, dass die beiden Therapien in Bezug auf das DI gleichwertig sind, und von daher kann die kürzere bevorzugt werden. Allerdings hat die längere Therapie für einen geringfügig stärkeren Abbau der depressiven Symptomatik geführt, aber der Unterschied ist zu gering, um nicht die kürzere und damit kostengünstigere Therapie zur Standardtherapie zu machen. - Was ergeben die Prüfungen der beiden anderen Hypothesen? Betrachten wir zunächst die PH-35, die sich auf das Maß VTE bezieht. Die Binnenvarianz $s^2_{I,BA,VTE}$ ist gleich 110,8 und $s_{I,BA,VTE}$ = 10,5262 bei FG_N = 4(79) = 316. Die Korrelation $r_{Z,wdh,VTE}$ wird zu 0,55 ermittelt, so dass $s^2_{BxP(A),VTE}$ = 49,86 und $s_{BxP(A),VTE}$ = 7,0612 bei den Freiheitsgraden FG_N = 2(79) = 158 ist. Die durchzuführenden **t-Tests** ergeben: $t_{emp,89}$ = 26,9600 und $t_{emp,90}$ = 4,6575 beide bei $t_{krit(0,05;158),t}$ = 1,664 sowie $t_{emp,91}$ = 10,5789 bei $t_{krit(0,05;316),91}$ = −1,664 (AH_0). Die abgeleiteten Hypothesen können angenommen werden und damit auch die SV-35(VN;J=2;VTE). Als Effekte ergeben sich: $d_{BA,B,89}$ = 2,8595 ($d_{wdh,B,89}$ = 4,2627); $d_{BA,B,90,0}$ = 0,4940 ($d_{wdh,B,90,0}$ = 0,7364) und $d_{BA,AxB,91}$ = 1,1828. Die PV-35(VN;J=2;VTE) kann als eingetreten gelten, und die PH-35 hat sich bewährt: Die Experimentaltherapie ist der Alternativtherapie bei „ihrem" Maß VTE überlegen. - Die PH-36 bezieht sich auf das Maß VTA. Die Binnenvarianz $s^2_{I,BA,VTA}$ ist gleich 120,5 und $s_{I,BA,VTA}$ = 10,9772 bei FG_N = 4(79) = 316. Die Korrelation $r_{Z,wdh,VTA}$ wird zu $r_{Z,wdh,VTA}$ = 0,65 errechnet, so dass $s^2_{BxP(A),VTA}$ = 42,175 und $s_{BxP(A),VTA}$ = 6,4942 bei den Freiheitsgraden FG_N = 2(79) = 158 ist. Die **t-Tests** ergeben: $t_{emp,92}$ = 9,8362; $t_{emp,93}$ = 24,0548 beide bei $t_{krit(0,05;158),t}$ = 1,664 und $t_{emp,94}$ = 5,9481 bei $t_{krit(0,05;316),94}$ = −1,664 (AH_0). Die als vorhersagekonform abgeleiteten statistischen Hypothesen einschließlich der SV-36(VN;J=2;VTA) können angenommen werden. Für die Effektgrößen resultiert: $d_{BA,B,92,0}$ = 0,9201 ($d_{wdh,B,92,0}$ = 1,5552); $d_{B,BA,93}$ = 2,2501 ($d_{wdh,B,93}$ = 3,8034) und $d_{BA,AxB,94}$ = 0,6650. Die PV-36(VN;J=2; VTA) ist damit eingetreten, und die Wirksamkeitsunterschiedshypothese PH-36 hat sich bewährt: Die Alternativtherapie ist der Experimentaltherapie bei „ihrem" Maß VTA überlegen.

Folgt man dem außerordentlich kontrovers diskutierten Buch von Grawe, Donati und Bernauer (1994), dann stellen verhaltenstherapeutische Methoden die Therapien der Wahl dar, die sich in der ganz überwiegenden Mehrzahl der empirischen Untersuchungen bei den verschiedensten Störungsbildern anderen Therapien, besonders den psychodynamisch orientierten Kurztherapien, als überlegen erwiesen haben. Diese Interpretation der Ergebnisse von Metaanalysen ist besonders bei Psychoanalytiker/inn/en auf harsche Kritik gestoßen. Diese Kritik ist so unberechtigt nicht, weil die 22 Studien, die Grawe, Donati und Bernauer (1994, S. 657) zum Vergleich der psychodynamisch orientierten Kurztherapien mit verhaltenstherapeutischen Methoden herangezogen haben, aus den verschiedensten Gründen die von Grawe, Donati und Bernauer gezogenen und sehr dezidierten Schlussfolgerungen nicht zulassen (vgl. im Einzelnen Hager, Leichsenring & Schiffler, 1999).

Beispiel 9.25: Daraufhin wird eine neue Untersuchung zur Behandlung der „Major Depression" nach dem DSM-IV von Saß, Wittchen und Zaudig (1996, S. 400-405) geplant. Die Störung und ihre Schwere wird mit geeigneten Instrumenten und mit klinischen Interviews diagnostiziert, und die klinischen Interviews fördern noch einige weitere psychische Störungen zu Tage (Komorbidität). Es ist deshalb vorteilhaft, dass die Klient/inn/en zufällig den Therapiebedingungen zugewiesen werden können. Ausgewählt werden die psychoanalytisch orientierte Kurztherapie (PAK) mit 20 Stunden Länge, die von Horowitz (1976) entwickelt wurde, und eine verhaltenstherapeutische Technik (VTT) gleicher Länge nach Beck, Rush, Shaw und Emery (1996) (vgl. Brom, Kleber & Defares, 1989). Beide Therapien verfolgen die Symptomreduktion bzw. -elimination als Nahziel. An der Studie beteiligen sich mehrere Kliniken, die die beiden Therapien anwenden, so dass N = 120 Klient/inn/en therapiert werden können. Es werden in der PAKT erfahrene Therapeut/inn/en und erfahrene Verhaltenstherapeut/inn/en für die Mitwirkung an der Untersuchung gewonnen. Die Studie wird von einem Psychoanalytiker geleitet, der naheliegenderweise die Wirksamkeitsunterschiedshypothese vertritt, dass die PAK der VT überlegen ist (**Überlegenheitshypothese; PH-37**). Er leitet aus der Überlegenheitshypothese die folgenden Einzelvorhersagen für das Depressionsinventar DI ab:

(9.89) (PH-37 $\wedge$ VSVS) $\approx$> [PV-37(VN;J=2;DI) $\wedge$ SHH] $\approx$>

$\approx$> SV-37(VN;J=2;DI;KER) $\approx$> ST-37(VN;J=2;DI):

[($H_{1,95}$: $\psi_{95} = \mu_{PAK,V} - \mu_{PAK,N} > 0$) $\wedge$ ($H_{1,96}$: $\psi_{96} = \mu_{VT,V} - \mu_{VT,N} > 0$) $\wedge$

$\wedge$ ($H_{1,97}$: $\psi_{97} = \psi_{95} - \psi_{96} > 0$)].

Darüber hinaus vermutet der Evaluator, dass die PAK auf „ihrem" Maß, dem Persönlichkeitsfragebogen PF mit 60 Items, der VT überlegen ist. Beim PF bedeutet eine hohe Anzahl positiv beantworteter Items eine hohe Symptomausprägung. Der Evaluator leitet aus der **Überlegenheitshypothese PH-38** die folgenden Vorhersagen ab:

(9.90) (PH-38 $\wedge$ VSVS) $\approx$> [PV-38(VN;J=2;PF) $\wedge$ SHH] $\approx$>

$\approx$> SV-38(VN;J=2;PF;KER) $\approx$> ST-38(VN;J=2;PF):

[($H_{1,98}$: $\psi_{98} = \mu_{PAK,V} - \mu_{PAK,N} > 0$) $\wedge$ ($H_{1,99}$: $\psi_{99} = \mu_{VT,V} - \mu_{VT,N} > 0$) $\wedge$

$\wedge$ ($H_{1,100}$: $\psi_{100} = \psi_{98} - \psi_{99} > 0$)].

Ferner hegt er die Vermutung, dass die PAK der VT auch auf deren Maß, einem Verhaltensinventar (VI) mit 50 Items, überlegen ist, wobei ebenfalls die Schwere der Störung mit der Anzahl positiv beantworteter Items wächst (**PH-39**). Aus dieser Variante der Überlegenheitshypothese ergeben sich die folgenden Vorhersagen:

(9.91) (PH-39 $\wedge$ VSVS) $\approx$> [PV-39(VN;J=2;VI) $\wedge$ SHH] $\approx$>

$\approx$> SV-39(VN;J=2;VI;KER) $\approx$> ST-39(VN;J=2;VI):

[($H_{1,101}$: $\psi_{101} = \mu_{PAK,V} - \mu_{PAK,N} > 0$) $\wedge$ ($H_{1,102}$: $\psi_{102} = \mu_{VT,V} - \mu_{VT,N} > 0$) $\wedge$

$\wedge$ ($H_{1,103}$: $\psi_{103} = \psi_{111} - \psi_{112} > 0$)].

Zur Prüfung der Überlegenheitshypothese PH-37 werden nur Alternativhypothesen abgeleitet, und deshalb kumuliert nur β (Fall 1 in Abschn. 7.2). Es gelte: $\alpha_{krit,t}$ = 0,05 und $\beta_{krit,t}$ = 0,05, so dass $\epsilon_{37,krit} \leq \max(\alpha_t)$ = 0,05 und $\phi_{37,krit} \leq \sum\beta_t$ = 0,15. Der Evaluator rechnet mit einer Korrelation zwischen den beiden Erhebungen von $\rho_{Z,wdh,B}$ = 0,60 und einem Präzisionsindex von Π_{BA} = 0,85. Wie groß müssen die Effekte mindestens sein, um unter den erfolgten Festlegungen nachweisbar zu sein (TPS 3)? $\delta^2_{wdh,B,95} = \delta^2_{wdh,B,96} = 2(1{,}645 + 1{,}645)^2/60 = 0{,}3608$ und $\delta_{wdh,B,krit,95} = \delta_{wdh,B,krit,96} = 0{,}60$ (0,6001). Für den Interaktionskontrast ψ_{97} ergibt sich: $\delta^2_{BA,AxB,97} = 1(1{,}645 + 1{,}645)^2/60 = 0{,}1804$ und $\delta_{BA,AxB,krit,97} = 0{,}40$ (0,4247). Es handelt sich um akzeptable Effekte, die infolge der großen Stichprobe mit vernünftigen Fehlerwahrscheinlichkeiten nachgewiesen werden können, wenn sie so groß sind wie berechnet. Für die Überlegenheitshypothesen PH-38 und PH-39 ergibt die Testplanung die gleichen Resultate, so dass $\epsilon_{37,krit} = \epsilon_{38,krit} = \epsilon_{39,krit} = 0{,}05$ ist und $\phi_{37,krit} = \phi_{38,krit} = \phi_{39,krit} = 0{,}15$.

Tabelle 9.40: Vorhersagen unter den Wirksamkeitsunterschiedshypothesen PH-37, PH-38 und PH-39 (Überlegenheitshypothesen) im Paradigma der vergleichenden Evaluation.

Faktor A: Therapien	AVn	Faktor B: Zeitpunkte		
		B_1: Vortest (V)	Vorhersagen	B_2: Nachtest (N)
A_1: Psychoanalytisch orientierte Kurztherapie (PAK)	DI	$\mu_{ET,V,DI}$	>>	$\mu_{ET,N,DI}$
	PF	$\mu_{ET,V,PF}$	>>	$\mu_{ET,N,PF}$
	VI	$\mu_{ET,V,VI}$	>>	$\mu_{ET,N,VI}$
A_2: Verhaltenstherapeutische Methode (VT)	DI	$\mu_{AT,V,DI}$	>	$\mu_{AT,N,DI}$
	PF	$\mu_{AT,V,PF}$	>	$\mu_{AT,N,PF}$
	VI	$\mu_{AT,V,VI}$	>	$\mu_{AT,N,VI}$

Anmerkungen. AVn sind ein symptomspezifisches Depressionsinventar (DI), ein auf die psychoanalytische Behandlung abgestimmter Persönlichkeitsfragebogen (PF) und ein für die Verhaltenstherapie spezifisches Verhaltensinventar (VI)

Die Tabelle 9.41 enthält die nach dem Versuch aus den Rohdaten berechneten Mittelwerte. - Für die Prüfung der PH-37 lautet die mittlere Binnenvarianz: $s^2_{I,BA,DI} = 110{,}3$ bei $r_{Z,wdh,DI} = 0{,}45$, so dass $s^2_{BxP(A),DI} = 60{,}665$ und $s_{BxP(A),DI} = 7{,}7888$ sowie $s_{I,BA,DI} = 10{,}5024$. Als Freiheitsgrade ergeben sich: $FG_N = (2)(2)(59) = 236$ für $s_{I,BA,DI}$ und $FG_N = (2)(59)(1) = 118$ für $s_{BxP(A)(DI)}$. Es lassen sich damit die folgenden t-Werte berechnen: $t_{emp,95} = 13{,}7128$ und $t_{emp,96} = 11{,}1108$ bei $t_{krit(0{,}05;118),t} = 1{,}674$ sowie $t_{emp,97} = 1{,}3645$ bei $t_{krit(0{,}05;236),97} = 1{,}645$. Es können nicht alle als vorhersagekonform abgeleiteten Alternativhypothesen und damit auch nicht die SV-37(VN; J=2;DI) angenommen werden. Bestimmen wir die Effektgrößen: $d_{BA,B,95} = 1{,}8567$ ($d_{wdh,B,95} = 2{,}5036$); $d_{BA,B,96} = 1{,}5044$ ($d_{wdh,B,96} = 2{,}0286$) und $d_{BA,AxB,97} = 0{,}1762$. Während die Vortest-Nachtest-Effekte von beträchtlicher Größe sind, fällt der entscheidende Interaktionseffekt mit 0,18 erwartungsgemäß - schließlich musste die zugehörige Nullhypothese beibehalten werden - klein aus. Er ist zu klein, um von einem substanziellen Vorteil bzgl. des Maßes DI bei der PAK zu sprechen. Die psychoanalytisch orientierte Kurztherapie hat zwar bei dem Maß DI etwas besser abgeschnitten als die verhaltenstherapeutische Methode, aber der Vorteil ist so gering, dass er kaum substanziell genannt werden kann. Daher wird die PV-37(VN;J=2;DI) als nicht eingetreten bewertet, und die Überlegenheitshypothese PH-37 hat sich nicht bewähren können. Hinsichtlich des therapie-übergreifenden störungsspezifischen Maßes DI sind also beide Therapieformen äquivalent.

Tabelle 9.41: Mittelwerte des ID, des PF und des VI bei der Prüfung der Überlegenheitshypothesen PH-37, PH-38 und PH-39 im Paradigma der vergleichenden Evaluation

Faktor A: Therapien	AVn	Faktor B: Erhebungszeitpunkte	
		B_1: Vortest (V)	B_2: Nachtest (N)
A_1: Psychoanalytisch orientierte Kurztherapie (PAK) (Experimentaltherapie)	DI	$M_{PAK,V,DI} = 24{,}60$	$M_{PAK,N,DI} = 5{,}10$
	PF	$M_{PAK,V,PF} = 51{,}60$	$M_{PAK,N,PF} = 15{,}50$
	VI	$M_{PAK,V,VI} = 41{,}30$	$M_{PAK,N,VI} = 10{,}30$
A_2: Verhaltenstherapie (VT) (Alternativtherapie)	DI	$M_{VT,V,DI} = 25{,}50$	$M_{VT,N,DI} = 9{,}70$
	PF	$M_{VT,V,PF} = 50{,}90$	$M_{VT,N,PF} = 25{,}50$
	VI	$M_{VT,V,VI} = 45{,}30$	$M_{VT,N,VI} = 19{,}60$

Anmerkungen. Angegeben sind die mittleren Punktwerte in dem Depressionsinventar DI, in dem psychoanalytischen Persönlichkeitsfragebogen (PF) und in dem Verhaltensinventar (VI).

Was ergeben die Tests für die Prüfung der übrigen beiden Überlegenheitshypothesen? Bei der PH-38 lautet die mittlere Binnenvarianz: $s^2_{I,BA,PF} = 140{,}3$ bei $r_{Z,wdh,PF} = 0{,}70$, so dass $s^2_{BxP(A),PF} = 42{,}09$ und $s_{BxP(A),PF} = 6{,}4877$ sowie $s_{I,BA,PF} = 11{,}8448$. Als Freiheitsgrade ergeben sich wieder: $FG_N = 236$ für $s_{I,BA,PF}$ und $FG_N = 118$ für $s_{BxP(A),PF}$. Es lassen sich damit die folgenden t-Werte berechnen: $t_{emp,98} = 30{,}4773$ und $t_{emp,99} = 21{,}4439$ bei $t_{krit(0,05;118),t} = 1{,}674$ und $t_{emp,100} = 3{,}4987$ bei $t_{krit(0,05;236),100} = 1{,}645$. Die vorhersagekonformen Alternativhypothesen können angenommen werden und damit auch die SV-38(VN;J=2;PF). Die Berechnung der Effektgrößen ergibt: $d_{B,BA,98} = 3{,}0478$ ($d_{wdh,B,98} = 5{,}5644$); $d_{BA,B,99} = 2{,}1444$ ($d_{wdh,B,99} = 3{,}9151$) und $d_{BA,AxB,100} = 0{,}4517$. Die Vortest-Nachtest-Wirkungen fallen wieder sehr groß aus, nur der Interaktionseffekt ist gering. Da er aber größer ist als die A-priori-Spezifikation ($\delta_{BA,AxB,krit,100} = 0{,}40$), kann die PV-38(VN;J=2;PF) als eingetreten beurteilt werden und die PH-38 als bewährt: Die psychoanalytisch orientierte Kurztherapie ist auf „ihrem" Maß, dem Persönlichkeitsfragebogen, der verhaltenstherapeutischen Methode überlegen. - Wie steht es mit der PH-39? Bei ihr lautet die mittlere Binnenvarianz $s^2_{I,BA(VI)} = 160{,}30$ bei $r_{Z,wdh,VI} = 0{,}50$, so dass $s^2_{BxP(A)(VI)} = 80{,}15$ und $s_{BxP(A)(VI)} = 8{,}9527$ bei $FG_N = 118$ sowie $s_{I,BA(VI)} = 12{,}6610$

bei $FG_N = 236$. Die errechenbaren t-Werte lauten: $t_{emp,101} = 18{,}9657$ und $t_{emp,102} = 15{,}7232$ bei $t_{krit(0,05;118),t} = 1{,}674$ und $t_{emp,103} = 1{,}6213$ bei $t_{krit(0,05;236),103} = 1{,}645$. Die entscheidende statistische Hypothese über den Interaktionskontrast kann nicht angenommen werden, so dass auch die SV-39(VN;J=2;VI) nicht angenommen wird. Ohne Bestimmung der Effektgrößen muss daher auf Nicht-Eintreten der PV-39(VN;J=2;VI) entschieden werden, und die das Maß VI betreffende Wirksamkeitsunterschiedshypothese PH-39 hat sich nicht bewähren können. Die psychoanalytisch orientierte Kurztherapie hat sich also nur auf „ihrem" Maß, dem Persönlichkeitsfragebogen, als der verhaltenstherapeutischen Methode überlegen erwiesen.

Beispiel 9.26: Es ist eine neuartige verhaltenstherapeutische Methode zur Verminderung bzw. im günstigsten Fall zur Beseitigung von Zwangsstörungen entwickelt worden. Unter Zwangsstörungen versteht man „sich wiederholende Verhaltensweisen (z.B. Händewaschen, Ordnen, Prüfen) oder geistige Handlungen (z.B. Beten, Zählen, Wörter leise wiederholen), deren Ziel es ist, Angst oder Unwohlsein zu verhindern oder zu reduzieren und nicht, Wohlbefinden oder Befriedigung hervorzurufen" (Saß, Wittchen & Zaudig, 1996, S. 481). Die neue Methode hat sich in zwei isolierten Evaluationen gegen eine Kontrollgruppe als isoliert wirksam erweisen. Es macht dann Sinn, die neue Methode mit einer bereits etablierten Methode zu vergleichen (**Paradigma der vergleichenden Evaluation**), um Aufschluss darüber zu erhalten, ob die neue Methode der etablierten Methode gleichwertig ist oder sogar überlegen; die neue Methode ist nicht kürzer als die etablierte, geht aber von einer anderen Genese und Funktion von Zwangsstörungen aus als die etablierte Therapie. Die Therapiestudie wird erneut an verschiedenen Kliniken durchgeführt, um genügend Klient/inn/en zur Verfügung zu haben. An den Kliniken werden insgesamt N = 180 Patient/inn/en auf Grund des Zwangsinventars (ZI) und anderer Testverfahren sowie eines klinischen Interviews als zwanghaft klassifiziert. Das ZI umfasst 50 Fragen bzw. Statements, und man wird als zwanghaft klassifiziert, wenn man mindestens 10 Fragen bzw. Statements im Sinne einer Zwangsstörung beantwortet. Ab weniger als sechs „positiv" beantworteten Fragen und Statements gilt man als von der Zwangsstörung befreit. Der Einfachheit halber wird hier nur eine AV betrachtet, nämlich das störungsspezifische Zwangsinventar ZI. Die Patient/inn/en sind bereit, sich einer entsprechenden Therapie zu unterziehen und werden zufällig auf die beiden Therapiemethoden verteilt. Die beiden Therapien werden unter Supervision von unterschiedlichen Therapeut/inn/en durchgeführt. - Die Kliniken verwenden die etablierte Methode, und die eine Hälfte der dort tätigen Therapeut/inn/en muss in der neuen Methode erst unterwiesen werden; die Therapeut/inn/en entscheiden sich freiwillig, die neue Methode zu erproben. Für das erforderliche Training in der neuen Methode kann ihr Entwickler gewonnen werden, der gemeinsam mit den Therapeut/inn/en, die sich für die neue Methode entschieden haben, ein Therapiemanual entwirft und der sich auch bereit erklärt, sich an der Supervision der Therapeut/inn/en zu beteiligen. Die Planung und Durchführung der Untersuchung obliegt einer Psychologin, die in Absprache mit den Beteiligten ihre Evaluationsuntersuchung zur Prüfung der **Nicht-Unterlegenheitshypothese** (s.o.) plant (**PH-40**). Es wird also erwartet, dass die neue Therapiemethode (ET) nicht schlechter abschneidet als die bereits etablierte (AT). Diese Hypothese wird in ihre Konstituenten zerlegt, die sich einerseits auf die Vortest-Nachtest-Kontraste beziehen (**PH-41**) und andererseits auf den Kontrast dieser beiden Kontraste (**PH-42**). Des Weiteren besagt die **PH-43**, dass die mit beiden Therapien erzielten Verbesserungen noch mindestens ein halbes Jahr anhalten (Follow-up). Auch diese Hypothese wird in ihre Konstituenten zerlegt, so dass sich die **PH-44** auf die Vortest-Follow-up-Kontraste, die **PH-45** auf den Kontrast der beiden vorstehenden Kontraste bezieht und die **PH-46** auf die Nachtest-Follow-up-Kontraste sowie die **PH-47** auf den Kontrast dieser beiden Kontraste. Es ergeben sich damit die folgenden Ableitungen:

(9.92) (PH-41 $\wedge$ VSVS) $\approx$> [PV-41(VN;J=2;ZI) $\wedge$ SHH] $\approx$>

$\approx$>SV-41(VN;J=2;ZI;KER) $\approx$> ST-41(VN;J=2;ZI):

[($H_{1,104}$: $\psi_{104} = \mu_{ET,V} - \mu_{ET,N} > 0$) $\wedge$ ($H_{1,105}$: $\psi_{105} = \mu_{AT,V} - \mu_{AT,N} > 0$).

(9.93) (PH-42 $\wedge$ VSVS) $\approx$> [PV-42(VN;J=2;ZI) $\wedge$ SHH] $\approx$>

$\approx$> SV-42(VN;J=2;ZI;KER) $\approx$> ST-42(VN;J=2;ZI):

($H_{0,106}$: $\psi_{106} = \psi_{104} - \psi_{105} = (\mu_{ET,V} - \mu_{ET,N}) - (\mu_{AT,V} - \mu_{AT,N}) \geq 0$)].

(9.94) (PH-44 $\wedge$ VSVS) $\approx$> [PV-44(VN;J=2;ZI) $\wedge$ SHH] $\approx$>

$\approx$> SV-44(VN;J=2;ZI;KER) $\approx$> ST-46(VN;J=2;ZI):

[($H_{1,107}$: $\psi_{107} = \mu_{ET,V} - \mu_{ET,FU} > 0$) $\wedge$ ($H_{1,108}$: $\psi_{108} = \mu_{AT,V} - \mu_{AT,FU} > 0$).

(9.95) (PH-45 $\wedge$ VSVS) $\approx$> [PV-45(VN;J=2;ZI) $\wedge$ SHH] $\approx$>

$\approx$> SV-45(VN;J=2;ZI;KER) $\approx$> ST-45(VN;J=2;ZI):

$\wedge$ ($H_{0,109}$: $\psi_{109} = \psi_{107} - \psi_{108} = (\mu_{ET,V} - \mu_{ET,FU}) - (\mu_{AT,V} - \mu_{AT,FU}) \geq 0$)].

(9.96) (PH-46 $\wedge$ VSVS) $\approx$> [PV-46(VN;J=2;ZI) $\wedge$ SHH] $\approx$>

$\approx$> SV-46(VN;J=2;ZI;KER) $\approx$> ST-46(VN;J=2;ZI):

[($H_{0,110}$: $\psi_{110} = \mu_{ET,N} - \mu_{ET,FU} \geq 0$) $\wedge$ ($H_{0,111}$: $\psi_{111} = \mu_{AT,N} - \mu_{AT,FU} \geq 0$).

(9.97) (PH-47 $\wedge$ VSVS) $\approx$> [PV-47(VN;J=2;ZI) $\wedge$ SHH] $\approx$>

$\approx$> SV-47(VN;J=2;ZI;KER) $\approx$> ST-47(VN;J=2;ZI):

$\wedge$ ($H_{0,112}$: $\psi_{112} = \psi_{110} - \psi_{111} = (\mu_{ET,N} - \mu_{ET,FU}) - (\mu_{AT,N} - \mu_{AT,FU}) \geq 0$)].

Die folgenden Tabellen veranschaulichen die einzelnen Vorhersagen.
Die Evaluatorin rechnet auf Grund ihrer Erfahrung mit einer Korrelation zwischen den Vortest- und den Nachtestwerten von $\rho_{Z,wdh,VN} = 0{,}70$, zwischen dem Vortest und dem Follow-up von $\rho_{Z,wdh,VFU} = 0{,}40$ und zwischen dem Nachtest und dem Follow-up von $\rho_{Z,wdh,NFU} = 0{,}60$. Ferner erwartet sie einen Präzisionsindex $\Pi_{BA} =$

Tabelle 9.42: Vorhersagen unter der Nicht-Unterlegenheitshypothese PH-41 und der PH-42 im Paradigma der vergleichenden Evaluation

Faktor A: Programme	Faktor B: Zeitpunkte		
	B_1: Vortest (V)	**Vorhersagen**	B_2: Nachtest (N)
A_1: Neue verhaltensthera-peutische Methode (Experimentaltherapie)	$\mu_{EP,V,ZI}$	>	$\mu_{EP,N,ZI}$
A_2: Etablierte verhaltens-therapeutische Methode (Alternativtherapie)	$\mu_{AT,V,ZI}$	>	$\mu_{AT,N,ZI}$

Anmerkungen. Empirische AV ist das Zwangsinventar (ZI). Zwischen Vor- und Nachtest erfolgt die psychologische Intervention. Zusätzlich zu den eingetragenen Vorhersagen soll unter der PH-42 gelten: $H_{0,106}$: $[(\mu_{ET,V} - \mu_{ET,FU}) - (\mu_{AT,V} - \mu_{AT,FU}) \geq 0]$.

Tabelle 9.43: Vorhersagen unter der Nicht-Unterlegenheitshypothese PH-44 und PH-45 im Paradigma der vergleichenden Evaluation

Faktor A: Programme	Faktor B: Zeitpunkte		
	B_1: Vortest (V)	**Vorhersagen**	B_3: Follow-up (FU)
A_1: Neue verhaltensthera-peutische Methode (Experimentaltherapie)	$\mu_{EP,V,ZI}$	>	$\mu_{EP,FU,ZI}$
A_2: Etablierte verhaltens-therapeutische Methode (Alternativtherapie)	$\mu_{AT,V,ZI}$	>	$\mu_{AT,FU,ZI}$

Anmerkungen. Empirische AV ist das Zwangsinventar (ZI). Zwischen Vor- und Nachtest erfolgt die psychologische Intervention. Zusätzlich zu den eingetragenen Vorhersagen soll unter der PH-45 gelten: $H_{0,109}$: $[(\mu_{ET,V} - \mu_{ET,FU}) - (\mu_{AT,V} - \mu_{AT,FU}) \geq 0]$.

0,65 für alle Tests zwischen Vor- und Nachtest sowie dem Follow-up. Sie beginnt ihre Planung für die Tests zur Prüfung der PH-41 und legt für diese fest: $\delta_{B,104} = 0{,}60$ und $\delta_{B,105} = 0{,}40$. Unter Berücksichtigung der Korrelation $\rho_{Z,wdh,VN} = 0{,}70$ wird daraus: $\delta_{wdh,B,krit,104} = 1{,}10$ (1,0954) und $\delta_{wdh,B,krit,105} = 0{,}75$ (0,7303). Welche Fehlerwahrscheinlichkeiten lassen sich bei N = 180 realisieren (TPS 2)? Einsetzen der kleineren Werte in Formel (9.75) ergibt: $(z_{1-\alpha} + z_{1-\beta})^2 = 90(0{,}5333)/2 = 24{,}00$ und $(z_{1-\alpha} + z_{1-\beta}) = 4{,}8990$. Da in diesem Fall β kumuliert, sollte es auf einen geringen Wert gesetzt werden: $\beta_{krit,105} = 0{,}01$, so dass $\alpha_{krit,105} \approx 0{,}01$ wird. Für den Test der $H_{1,104}$ resultiert: $(z_{1-\alpha} + z_{1-\beta})^2 = 90(1{,}20)/2 = 54{,}00$ und $(z_{1-\alpha} + z_{1-\beta}) = 7{,}3485$. Hier kann $\beta_{krit,104} = 0{,}005$ gewählt werden, so dass $\alpha_{krit,104} < 0{,}01$ resultiert. Es ergibt sich: $\varepsilon_{41,krit} \leq \max(\alpha_t) = 0{,}01$ und $\varphi_{41,krit} \leq (0{,}01 + 0{,}005) = 0{,}015$.

Tabelle 9.44: **Vorhersagen unter der Nicht-Unterlegenheitshypothese PH-46 und PH-47 im Paradigma der vergleichenden Evaluation**

Faktor A: Programme	**Faktor B: Zeitpunkte**		
	B_2: Nachtest (N)	**Vorhersagen**	B_3: Follow-up (FU)
A_1: Neue verhaltenstherapeutische Methode (Experimentaltherapie)	$\mu_{EP,N,ZI}$	$\geq$	$\mu_{EP,FU,ZI}$
A_2: Etablierte verhaltenstherapeutische Methode (Alternativtherapie)	$\mu_{AT,N,ZI}$	$\geq$	$\mu_{AT,FU,ZI}$

Anmerkungen. Empirische AV ist das Zwangsinventar (ZI). Zwischen Vor- und Nachtest erfolgt die psychologische Intervention. Zusätzlich zu den eingetragenen Vorhersagen soll unter der PH-49 gelten: $H_{0,112}$: $[(\mu_{ET,N} - \mu_{ET,FU}) - (\mu_{AT,N} - \mu_{AT,FU}) \geq 0]$.

Für den Interaktionskontrast unter der PH-42 kann berechnet werden: $\delta'_{B,AxB,106} = \delta_{B,104} - \delta_{B,105} = 0{,}60 - 0{,}40 = 0{,}20$, woraus sich unter Berücksichtigung des Präzisionsindexes und der Richtung der Alternativhypothese $H_{1,106}$ ergibt: $\delta'_{BA,AxB,106} = -0{,}25\ (-0{,}2481)$. Umrechnung auf die Kontrastkoeffizienten $+1/2$ und $-1/2$ führt zu: $\delta_{BA,AxB,krit,106} = -0{,}10\ (-0{,}1240)$. Dieser Wert ist zu gering für vernünftige Fehlerwahrscheinlichkeiten und wird daher erhöht auf $\delta_{BA,AxB,krit,106} = -0{,}35$. Einsetzen in Formel (9.80) (TPS 2) ergibt: $(z_{1-\alpha} + z_{1-\beta})^2 = 90(0{,}1225)/2 = 5{,}5125$ und $(z_{1-\alpha} + z_{1-\beta}) = 2{,}3479$. Die Psychologin setzt $\alpha_{krit,106} = 0{,}10$, womit $\beta_{krit,106} = 0{,}15$ wird. - Unter der PH-44 werden ebenfalls gerichtete Alternativhypothesen abgeleitet, und die Testplanung erfolgt hier wie bei der Prüfung der Hypothese PH-41: $\beta_{krit,107} = 0{,}01$, $\alpha_{krit,107} \approx 0{,}01$; $\beta_{krit,108} = 0{,}005$ und $\alpha_{krit,108} < 0{,}01$ resultiert. Es ergibt sich damit: $\varepsilon_{44,krit} \leq \max(\alpha_t) = 0{,}01$ und $\varphi_{44,krit} \leq (0{,}01 + 0{,}005) = 0{,}015$. Ferner lauten die Effektgrößen: $\delta_{wdh,B,107} = 1{,}10$; und $\delta_{wdh,B,krit,108} = 0{,}75$. - Für die PH-45 wird entsprechend der Spezifikationen unter der PH-42 festgelegt: $\delta_{BA,AxB,krit,109} = -0{,}35$; $\alpha_{krit,109} = 0{,}10$ und $\beta_{krit,109} = 0{,}15$. - Unter der PH-46 werden gerichtete Nullhypothesen als vorhersagekonform abgeleitet. Es müssen also Effekte in der vorhersagekonträren Richtung spezifiziert werden. Die Psychologin legt fest: $\delta_{B,110} = -0{,}40$ und $\delta_{B,111} = -0{,}20$, woraus sich unter Berücksichtigung der erwarteten Zwischenkorrelation von $\rho_{Z,wdh,NFU} = 0{,}60$ ergibt: $\delta_{wdh,B,krit,110} = -0{,}65$ $(-0{,}6325)$ und $\delta_{wdh,B,krit,111} = -0{,}30\ (-0{,}3162)$. Einsetzen des kleineren Wertes in Formel (9.74) (TPS 2) führt zu: $(z_{1-\alpha} + z_{1-\beta})^2 = 90(0{,}1)/2 = 4{,}50$ und $(z_{1-\alpha} + z_{1-\beta}) = 2{,}1213$. Hier kumuliert α und sollte entsprechend gering gewählt werden: $\alpha_{krit,111} = 0{,}10$, was zu $\beta_{krit,111} = 0{,}20$ führt. Für die Testung der Hypothese $H_{0,110}$ folgt: $(z_{1-\alpha} + z_{1-\beta})^2 = 90(0{,}4001)/2 = 18{,}0025$ und $(z_{1-\alpha} + z_{1-\beta}) = 4{,}2429$. Hier wird gewählt: $\alpha_{krit,110} = 0{,}01$ und $\beta_{krit,110} = 0{,}03$. Damit gilt: $\varepsilon_{48,krit} \leq \max(\beta_t) = 0{,}10$ und $\varphi_{48,krit} \leq (0{,}10 + 0{,}01) = 0{,}11$. - Die $H_{0,112}$ bezieht sich auf einen gerichteten Interaktionskontrast unter der PH-47. Für diesen gilt: $\psi'_{112} = \psi_{109} - \psi_{110}$, also $\delta'_{AxB,112} = 0{,}40 - 0{,}20 = 0{,}20$, wodurch durch Umrechnung auf die Koeffizienten $+1/2$ und $-1/2$ und unter Berücksichtigung des Vorzeichens resultiert: $\delta_{AxB,112} = -0{,}10$. Hier werden der Einfachheit halber die gleichen Spezifikationen gewählt wie bei den beiden vorausgehenden Interaktionskontrasten: $\delta_{BA,AxB,krit,109} = -0{,}35$; $\alpha_{krit,109} = 0{,}10$ und $\beta_{krit,109} = 0{,}15$.

Tabelle 9.45: Mittelwerte des ZI bei der Prüfung der PHn 41 und 42 sowie 44 bis 47 (Nicht-Unterlegenheitshypothesen) im Paradigma der vergleichenden Evaluation

Faktor A: Therapien	Faktor B: Erhebungszeitpunkte		
	B_1: Vortest (V)	B_2: Nachtest (N)	B_3: Follow-up (FU)
A_1: Neue verhaltenstherapeutische Methode (Experimentaltherapie; ET)	$M_{ET,V} = 38{,}60$	$M_{ET,N} = 5{,}10$	$M_{ET,FU} = 5{,}90$
A_2: Etablierte verhaltenstherapeutische Methode (Alternativtherapie; AT)	$M_{AT,V} = 35{,}50$	$M_{AT,N} = 6{,}70$	$M_{AT,FU} = 7{,}40$

Anmerkungen. Abhängige Variable ist der Punktwert im Zwangsinventar (ZI). Zwischen dem Vor- und dem Nachtest findet die Therapie statt. Der Follow-up-Zeitpunkt liegt ein halbes Jahr nach Ende der Therapie.

Die Therapien werden von erfahrenen Therapeut/inn/en durchgeführt, und es gibt erfreulicherweise keine Therapieabbrecher/innen. Aus den Rohdaten lassen sich die in Tabelle 9.45 enthaltenen Mittelwerte M_{jk} in dem Zwangsinventar ZI errechnen. Die Binnenvarianzen betragen: $s^2_{I,BA,VN} = 60{,}0$ für die Vortest-Nachtestdaten; $s^2_{I,BA,VFU} = 65{,}00$ für die Vortest-Follow-up-Daten und $s^2_{I,BA,NFU} = 58{,}00$ für die Nachtest-Follow-up-Daten. Die Korrelationen betragen: $r_{Z,wdh,VN} = 0{,}62$; $r_{Z,wdh,VFU} = 0{,}55$ und $r_{Z,wdh,NFU} = 0{,}66$. Die beiden letztgenannten Korrelationen werden nach Formel

$$(9.98) \quad Z(r) = 0{,}5 \ln\left(\frac{1+r}{1-r}\right)$$

Z-transformiert (Bortz, 1999, S. 209; siehe auch Abschn. 12.1), gemittelt und rückgerechnet (a.a.O.), so dass sich als mittlere Korrelation $r_{Z,wdh,FU} = 0{,}6079$ ergibt. Damit lauten die Testvarianzen für alle Tests, die auf $s_{BxP(A)}$ beruhen: $s^2_{BxP(A),VN} = 22{,}80$; $s^2_{BxP(A),VFU} = s^2_{BxP(A),NFU} = s^2_{BxP(A),FU} = 24{,}1136$ mit $FG_N = J(K-1)(n-1) = 2(1)(89) = 178$. Die Testvarianzen $s^2_{I,BA,VN}$, $s^2_{I,BA,VFU}$ und $s^2_{I,BA,NFU}$ werden für alle Interaktionskontraste unter Einbezug des Follow-up gemittelt: $s^2_{I,BA,FU} = 61{,}00$ bei $FG_N = JK(n-1) = (2)(2)(90-1) = 356$. - Die Psychologin prüft als erstes die PH-41. Die Tests ergeben: $t_{emp,104} = (38{,}60 - 5{,}10)/\sqrt{22{,}80}\sqrt{(2/90)} = 47{,}0634 > z_{krit,104} = 2{,}33$ und $t_{emp,105} = 40{,}4605 > z_{krit,105} =$

2,33. Die als vorhersagekonform abgeleiteten Hypothesen können angenommen werden und damit auch die SV-41(VN;J=2;ZI). Die Effekte lauten: $d_{wdh,B,104}$ = 7,0158 > $\delta_{wdh,B,krit,104}$ = 0,70 sowie $d_{wdh,B,105}$ = 6,0315 > $\delta_{wdh,B,krit,105}$ = 0,50. Also kann auch die PV-41(VN;J=2;ZI) als eingetreten beurteilt werden, und die PH-41 hat sich bewährt. - Für den Interaktions-t-Test (PH-42) resultiert: $t_{emp,106}$ = [(38,60 − 5,10 − 35,50 + 6,70)/2]/√60,0√(1/90) = 2,35/0,8165 = 2,8782 > $z_{krit,106}$ = −1,282. Auch hier wird die abgeleitete gerichtete Hypothese angenommen und mit ihr die ihr äquivalente SV-42(VN;J=2;ZI). Für den Effekt unter der gerichteten $H_{1,106}$ ergibt sich: $d_{BA,AxB,106,0}$ = 0,3034. Es kann auf Eintreten der PV-42(VN;J=2;ZI) und auf Bewährung der PH-42 entschieden werden. Die neue Therapieform ist der etablierten nicht unterlegen. - Bei der Prüfung der PH-44 ergeben sich folgende t-Werte und Effekte: $t_{emp,107}$ = 43,3046 > $z_{krit,107}$ = 2,33 und $t_{emp,108}$ = 37,7037 > $z_{krit,108}$ = 2,33. Die vorhersagekonformen Alternativhypothesen können angenommen werden und damit auch die SV-44(VN;J=2;ZI). Ferner ergibt sich: $d_{wdh,B,107}$ = 6,4555 > $\delta_{wdh,B,krit,107}$ = 0,75 und $d_{wdh,B,108}$ = 5,6205 > $\delta_{wdh,B,krit,108}$ = 0,50. Damit kann auch entschieden werden, dass die PV-44(VN;J=2;ZI) eingetreten ist, und auch die PH-44 hat sich bewährt. Zur Prüfung der PH-45 ist lediglich der Interaktionskontrast zu testen: $t_{emp,109}$ = 1,8827 bei $z_{krit,109}$ = −1,282. Auch hier wird die erwartungskonforme Hypothese angenommen und mit ihr die SV-45(VN;J=2;ZI). Der Effekt unter der $H_{0,109}$ beträgt: $d_{BA,AxB,109,0}$ = 0,2625. Die PV-45(VN;J=2;ZI) kann als eingetreten angesehen werden und die PH-45 als bewährt. - Bei der Prüfung der PH-46 resultieren die folgenden t-Werte: $t_{emp,110}$ = −1,0929 bei $z_{krit,110}$ = −2,58 und $t_{emp,111}$ = −0,9563 bei $z_{krit,111}$ = −1,645. Die als vorhersagekonform abgeleiteten Nullhypothesen können angenommen werden. Für die Effekte unter den Nullhypothesen gilt: $d_{BA,B,110,0}$ = −0,1629 und $d_{BA,B,krit,111,0}$ = −0,1425. Auch in diesem Fall kann die PV-46(VN;J=2;ZI) als eingetreten angesehen werden, und auch die PH-46 hat sich bewährt. Auf Grund dessen macht es Sinn, auch die PH-47 zu prüfen. Hier ergibt sich: $t_{emp,112}$ = −0,1215 bei $z_{krit,112}$ = −1,282 und $d_{BA,B,112,0}$ = −0,0064. Die $H_{0,112}$ und die ihr äquivalente SV-47(VN;J=2;ZI) werden angenommen, und die PV-47(VN;J=2;ZI) wird als eingetreten angesehen. Die PH-47 hat sich bewähren können. - Die neue Therapie hat Vorteile der etablierten gegenüber, aber ob man diese als ins Gewicht fallend interpretieren will, muss davon abhängig gemacht werden, wieviel Aufwand es erfordert, eine bereits etablierte Therapieform, mit der die Therapeut/inn/en vertraut sind, durch eine geringfügig bessere zu ersetzen. Auf jeden Fall steht fest, dass die neue Therapie der etablierten nicht unterlegen ist, und diese Hypothese sollte geprüft werden, und sie hat sich bewährt. Eine Meta-Evaluation verhaltenstherapeutischer Methoden zur Behandlung von Zwangsstörungen haben Krenge-Grewing, Liebeck und Hager (2002) vorgelegt. Es sei noch angefügt, dass die in diesem Falle fakultativen Hypothesen über die Vortest-Follow-up-Kontraste und die entsprechende Interaktion von großer Bedeutung sind, wenn man der Frage nachgehen will, ob ein Interventionsprogramm über die erzielten Verbesserungen hinaus auch für einen *Entwicklungsanschub* gesorgt hat (siehe dazu Hager & Hasselhorn, 2000, S. 56-58).

Über verschiedene Varianten der im Vorstehenden behandelten psychologischen Hypothesen informiert Hager (2000a, S. 219-220). Diese Varianten unterscheiden sich darin, ob für alle Kriteriumsmaße die gleichen Vorhersagen gemacht werden können, oder ob für mindestens ein Kriteriumsmaß eine andere Vorhersage resultiert als für das unter der Experimentaltherapie verwendete Kriteriumsmaß. Auf diese Weise entstehen für jede der Wirksamkeitsunterschiedshypothesen „starke" und „schwache" Versionen, die aber hinsichtlich des Ableitens von Vorhersagen und der Testplanung keine neuen Aspekte mit sich bringen.

Als letztes Beispiel in diesem Kapitel wird der Fall einer **Kombination von isolierter und vergleichender Evaluation** behandelt. In diesem Beispiel erfolgen allerdings keine Vortest-Nachtest-Erhebungen, sondern die Vortesterhebungen werden sozusagen durch eine Einteilung der Vpn (Schüler/innen) in homogene Blöcke ersetzt. Von daher hätte dieses Beispiel auch im Abschnitt 9.4 behandelt werden können.

Beispiel 9.27 (in Anlehnung an Diehl & Arbinger, S. 603-604): Es sollen K = 4 verschiedene Methoden des effektiveren Vokabellernens erprobt werden, die sich vor allem hinsichtlich eingefügter motivationaler Komponenten, aber auch hinsichtlich der Lernstrategien unterscheiden. Dabei sollen die Schüler/innen in der Kontrollgruppe (B_1) nach ihrem individuellen Lernstil weiterverfahren, und die Trainingsphasen werden für diese Gruppe mit allgemeinen Ausführungen zum Sinn des Lernens von Vokabeln gefüllt; dies stellt eine unspezifische Intervention dar, und die Schüler/innen sollen nach dem Versuch mit der effektivsten Methode nachtrainiert werden. Trainingsmethode 1 (B_2) enthält eine motivationale Komponente, aber keine Strategie zum Vokabellernen - die Schüler/innen sollen hier ihre eigenen Strategien einsetzen. Methode 2 (B_3) enthält keine motivationale Komponente, wohl aber eine als effektiv bekannte Strategie zum Vokabellernen. Methode 3 (B_4) enthält sowohl die motivationale Komponente als auch die als effektiv bekannte Strategie des Vokabellernens. Die drei Trainingsmethoden verfolgen also die gleichen Ziele, und es ist vorteilhaft, dass sie alle unter den gleichen Randbedingungen durchgeführt werden können, weil man andernfalls für jede Trainingsmethode, über deren Wirksamkeit man noch im Ungewissen ist, eine separate Kontrollgruppe konstituieren müsste (s.o.). Es wird unter der **PH-48** erwartet, dass die Programme wirksamer sind als die unspezifische Intervention in der Kontrollgruppe (**Hypothese einer isolierten Evaluation**). Ferner wird unter der Hypothese **PH-49** erwartet, dass die Trainings um so wirksamer sind, je mehr potentiell wirksame Komponenten sie enthalten (motivationale Strategie und Strategie des Vokalbellernens) (**Überlegenheitshypothese einer vergleichenden Evaluation**). Die teilnehmenden Schüler/innen sollen in J = 3 Blöcke mit jeweils homogenem Leistungsniveau bzgl. der Sprache eingeteilt werden, die Gegenstand des Vokabellernens ist. Die Prüfung der Hypothese soll pro Block separat erfolgen, um in Erfahrung zu bringen, ob eine evtl. effektive Methode für alle Fähigkeitsbereiche erfolgreich ist oder nur für einen oder zwei. Dabei werden die einzelnen Prüfinstanzen mit $K_{min} = 2$ disjunktiv verknüpft, um die PH-48 und die PH-49 nicht bereits angesichts eines vorhersagekonträren Kontrasts als nicht bewährt ansehen zu müssen. Es könnte ja sein, dass die eine oder andere Trainingsmethode nicht wirksam ist, während eine oder mehrere andere sich als wirksam erweisen; dies kann bei einer disjunktiven Verknüpfung der Prüfinstanzen im Detail ermittelt werden. Die Vorhersagen ergeben sich also wie folgt:

(9.99) (PH-48 $\wedge$ VSVS) $\approx$> [PV-48(BA;RB;K=4;J=3) $\wedge$ SHH] $\approx$>

$\approx$> SV-48(BA;RB;K=4;J=3;DER) $\approx$> ST-48(BA;RB,K=4;J=3):

$[(H_{1,113}: \psi_{113} = \mu_{11} - \mu_{12} > 0) \vee$

$\vee (H_{1,114}: \psi_{114} = \mu_{11} - \mu_{13} > 0) \vee (H_{1,115}: \psi_{115} = \mu_{11} - \mu_{14} > 0)] \vee$

$\vee [(H_{1,116}: \psi_{116} = \mu_{21} - \mu_{22} > 0] \vee [(H_{1,117}: \psi_{117} = \mu_{21} - \mu_{23} > 0) \vee$

$\vee (H_{1,118}: \psi_{118} = \mu_{21} - \mu_{24} > 0)] \vee [(H_{1,119}: \psi_{119} = \mu_{31} - \mu_{32} > 0) \vee$

$\vee (H_{1,120}: \psi_{120} = \mu_{31} - \mu_{13} > 0) \vee (H_{1,121}: \psi_{121} = \mu_{31} - \mu_{34} > 0)].$

Aus der Überlegenheitshypothese einer vergleichenden Evaluation, also der PH-49, werden die folgenden Vorhersagen abgeleitet und ebenfalls disjunktiv miteinander verbunden:

(9.100) (PH-49 $\wedge$ VSVS) $\approx$> [PV-49(BA;RB;K=4;J=3) $\wedge$ SHH] $\approx$>

$\approx$> SV-49(BA;RB;K=4;J=3;DER) $\approx$> ST-48(BA;RB,K=4;J=3):

$[(H_{1,122}: \psi_{122} = \mu_{13} - \mu_{12} > 0) \vee (H_{1,123}: \psi_{123} = \mu_{14} - \mu_{13} > 0) \vee$

$\vee (H_{1,124}: \psi_{124} = \mu_{14} - \mu_{12} > 0)] \vee$

$\vee [(H_{1,125}: \psi_{125} = \mu_{23} - \mu_{22} > 0) \vee (H_{1,126}: \psi_{126} = \mu_{24} - \mu_{23} > 0) \vee$

$\vee (H_{1,127}: \psi_{127} = \mu_{24} - \mu_{22} > 0)] \vee$

$[(H_{1,128}: \psi_{128} = \mu_{33} - \mu_{32} > 0) \vee (H_{1,129}: \psi_{129} = \mu_{34} - \mu_{33} > 0) \vee$

$\vee (H_{1,130}: \psi_{130} = \mu_{34} - \mu_{32} > 0)].$

Bei der Prüfung der PH-48 einer isolierten Evaluation kumuliert dann α über T = 9 Tests. Es wird festgelegt: $\varepsilon_{48,krit} \leq max(\beta_t) = 0{,}20$ und $\varphi_{48,krit} \leq \Sigma\alpha_t = 0{,}27$, so dass $\alpha_{krit,t} = 0{,}03$ wird. Da Trainingsprogramme auf ihre Wirksamkeit hin untersucht werden sollen, können vglw. große Effekte zum Nachweis vorgegeben werden: $\delta_{krit,t} = 0{,}80$. Die Tests beruhen auf der Wurzel aus der Interaktionsvarianz BxVpn-innerhalb-der-Gruppen mit $FG_N = J(K - 1)(n - 1)$, also auf $s_{BxP(A)}$. Daher ist eine Vorab-Schätzung der zu erwartenden Korrelation zwischen den Bedingungen, $\rho_{Z,RB,B}$, nützlich; es gelte: $\rho_{Z,RB,B} = 0{,}65$. Das bedeutet für die festgelegten Mindesteffekte: $\delta^2_{RB,B,krit,t} = 0{,}64/0{,}35 = 1{,}8286$ und $\delta_{RB,B,krit,t} = 1{,}35$ (1,3522). Gefragt ist dann nach dem benötigten Stichprobenumfang (TPS 1). Einsetzen in Formel (9.75) ergibt: $n_t = 2(z_{1-\alpha} + z_{1-\beta})^2/1{,}60 = 2(2{,}75 + 0{,}84)^2/1{,}8286 = 14{,}0964$

bzw. $n_t = 15$. Dies bedeutet, dass pro Block $n_j = 60$ Schüler/innen benötigt werden und insgesamt bei $J = 3$ Blöcken $N = 180$. - Für die erschöpfende Prüfung der PH-49 sind insgesamt ebenfalls $T = 9$ Tests durchzuführen. Da es hier keinen Grund dafür gibt, andere Effekte festzulegen als im Zusammenhang mit der PH-48, resultieren die gleichen Ergebnisse der Testplanung, so dass auch hier gilt: $\varepsilon_{49} \leq \max(\beta_t) = 0{,}20$ und $\varphi_{49} \leq \sum \alpha_t = 0{,}27$. - Es werden mehrere Schulen zur Mitarbeit gewonnen, an denen sich insgesamt $N = 240$ Schüler/innen aus drei aufeinanderfolgenden Klassenstufen $N = 240$ freiwillig zur Teilnahme an dem Versuch melden. Aus diesen $N = 240$ Schüler/innen werden $N = 180$ so ausgewählt, dass $J = 3$ gleichstarke Blöcke mit unterschiedlicher Leistungsfähigkeit gebildet werden können. Die Schüler/innen werden also nach ihrer allgemeinen Leistungsfähigkeit in drei Gruppen unterteilt: hohe Leistungsfähigkeit (Block A_1): Notendurchschnitt 1, 1-, 2+; mittlere Leistungsfähigkeit (Block A_2): Notendurchschnitt: 2, 2-, 3+ und niedrige Leistungsfähigkeit (Block A_3): Notendurchschnitt: 3, 3-, 4+, 4. Die Schüler/innen eines Blockes werden zufällig den Trainingsprogrammen zugeordnet. - Die Programme werden durchgeführt, und nach ihrem Ende wird ein Test mit neuen Vokabeln, die die Schüler/innen zu lernen hatten, durchgeführt; dieser Test umfasst 50 Items. Tabelle 9.46 enthält die bereits zu Mittelwerten zusammengefassten Daten bei $s^2_{BxP(A)} = 49{,}0$ und $s_{BxP(A)} = 7{,}0$ bei $FG_N = J(K-1)(n-1) = 3(3)(14) = 126$. Zu welchen Ergebnissen führt die statistische Auswertung im Hinblick auf die PH-48?

Tabelle 9.46: Ergebnisse bei der Prüfung der Wirksamkeitshypothese PH-48 und der Wirksamkeitsunterschiedshypothese PH-49					
	Faktor B: Trainingsmethoden				
Faktor A: Blöcke	B_1: Kontrolle	B_2: Methode 1	B_3: Methode 2	B_4: Methode 3	**Randmittelwerte**
A_1: niedrig	$M_{11} = 15{,}0$	$M_{12} = 18{,}0$	$M_{13} = 25{,}0$	$M_{14} = 29{,}0$	$M_{1.} = 21{,}750$
A_2: mittel	$M_{21} = 18{,}0$	$M_{22} = 20{,}0$	$M_{23} = 28{,}0$	$M_{24} = 33{,}0$	$M_{2.} = 33{,}000$
A_3: hoch	$M_{31} = 20{,}0$	$M_{32} = 24{,}0$	$M_{33} = 33{,}0$	$M_{34} = 38{,}0$	$M_{3.} = 28{,}750$
Randmittelwerte	$M_{.1} = 17{,}6667$	$M_{.2} = 20{,}6667$	$M_{.3} = 28{,}6667$	$M_{.4} = 33{,}3333$	$M_{..} = 27{,}8333$
Anmerkungen. Die Blöcke (Faktor A) unterscheiden sich hinsichtlich der Fähigkeitsniveaus der Schüler/innen, konkretisiert über den Notendurchschnitt.					

Für den ersten Block ergibt sich: $t_{emp,113} = (18{,}0 - 15{,}0)/2{,}5560 = 1{,}1737$; $t_{emp,114} = (25{,}0 - 15{,}0)/2{,}5560 = 3{,}9123$ und $t_{emp,115} = (29{,}0 - 15{,}0)/2{,}5560 = 5{,}4772$. Für den zweiten Block resultiert: $t_{emp,116} = 0{,}7825$; $t_{emp,117} = 3{,}9123$ und $t_{emp,118} = 5{,}8685$. Und für den dritten Block lauten die Testergebnisse: $t_{emp,119} = 1{,}5649$; $t_{emp,120} = 5{,}0860$ und $t_{emp,121} = 7{,}0421$. Der kritische t-Wert lautet für alle Tests: $t_{krit(0{,}025;126),t} = 1{,}980$. In allen drei Blöcken erweisen sich die Trainingsmethoden 3 und 4 der Kontrollgruppe als statistisch überlegen, während die nur mit der motivationalen Komponente angereicherte Methode 2 in keinem Fall der Kontrollgruppe überlegen ist. Da bereits die Annahme *einer* vorhersagekonformen statistischen Hypothese für die Annahme der SV-48(BA;K=4; J=3) ausreicht, kann letztere angenommen werden. Wie groß sind die empirischen Effekte? Block 1: $d_{wdh,B,113} = 0,4286$; $d_{wdh,B,114} = 1,4286$; $d_{wdh,B,115} = 2,000$; Block 2: $d_{wdh,B,116} = 0,2857$; $d_{wdh,B,117} = 1,4286$; $d_{wdh,B,118} = 2,1429$; Block 3: $d_{wdh,B,119} = 0,5714$; $d_{wdh,B,120} = 1,8571$; $d_{wdh,B,121} = 2,5714$. Die wirksamen Trainingsmethoden sind ausnahmslos mit einem erfreulich großen Effekt versehen, wobei das kombinierte Training (Methode 4) bei allen Blöcken Effekte von mindestens zwei Standardabweichungen produziert; es ist mithin die relativ effektivste Trainingsmethode. Alle mit einem statistisch signifikanten Testausgang verbundenen empirischen Effekte überschreiten den festgelegten Mindestwert von $\delta_{wdh,B,krit,t} = 1,30$. Daher kann die PV-48(BA;K=4;J=3) als eingetreten beurteilt werden, und die PH-48, die Wirksamkeitshypothese einer isolierten Evaluation, hat sich bewährt. - Was ergibt die Prüfung der Überlegenheitshypothese der vergleichenden Evaluation, also der PH-49? Die Ergebnisse der statistischen Tests lauten: $t_{emp,122} = 2,7386$; $t_{emp,123} = 1,5649$; $t_{emp,124} = 4,3035$; $t_{emp,125} = 2,3474$; $t_{emp,126} = 1,9562$; $t_{emp,127} = 5,0860$; $t_{emp,128} = 3,5211$; $t_{emp,129} = 1,9562$ sowie $t_{emp,130} = 5,4772$ bei $t_{krit(0,025;126),t} = 1,980$. Nur in dem Block mit den leistungsschwächsten Schüler/innen erweist sich die Kombination aus einer motivationalen Komponente mit einer effektiven Strategie des Vokabellernens nicht als unterschiedlich wirksam. In allen anderen Fällen erwies sich das kombinierte Training den anderen Varianten als überlegen. Die SV-49(BA;K=4;J=3) kann daher angenommen werden. Wie groß fallen die Effekte aus? $d_{wdh,B,122} = 1,00$; $d_{wdh,B,123} = 0,5714$; $d_{wdh,B,124} = 1,5714$; $d_{wdh,B,125} = 1,1429$; $d_{wdh,B,126} = 0,7143$; $d_{wdh,B,127} = 1,5714$; $d_{wdh,B,128} = 1,2857$; $d_{wdh,B,129} = 0,7143$ und $d_{wdh,B,130} = 2,00$. Bis auf zwei Ausnahmen sind alle Effekte größer als der vorgegebene Wert, so dass auch die PV-49(BA;K=4;J=3) als eingetreten beurteilt werden kann. Die PH-49 hat sich bewährt. Insgesamt besagen die Ergebnisse, dass die Kombination aus einer bestimmten Vokabellernstrategie mit einer motivationalen Komponente die wirksamste Interventionsmethode darstellt, mit der auch die bis dato nur unspezifisch behandelte Kontrollgruppe nachtrainiert werden kann.

Es ist natürlich auch in diesem Falle möglich, die Hypothesenprüfung *alternativ* auf der Ebene des Haupteffektes B [Teststreuung ebenfalls $s_{BxP(A)}$ bei $FG_N = J(K-1)(n-1)$] vorzunehmen; dies würde jedoch zu Tests führen, deren Informationshaltigkeit die der durchgeführten unterschreitet. Ferner ist es möglich, jeden Kontrast der isolierten Evaluation und jeden Kontrast der vergleichenden Evaluation mit einer eigenen psychologischen Hypothese zu versehen, so dass so viele PHn resultieren, wie Paarkontraste durchgeführt wurden. Diese Vorgehensweise hat den Vorteil, dass die Fehlerwahrscheinlichkeiten nicht kumulieren, wodurch entweder kleinere Effekte nachweisbar werden oder aber mit geringeren Stichprobenumfängen gearbeitet werden kann. Dies wird im Beispiel 13.12 in Abschnitt 13.4 demonstriert.

Ein **Fehler**, der bei einer Kombination von isolierter mit vergleichender Evaluation (aber in anderen Kontexten leider auch) gern gemacht wird, besteht darin, nicht die zur optimalen Informationsgewinnung geeigneten statistischen Paarhypothesen aufzustellen und zu testen, sondern stattdessen die gesamte systematisierbare Variation mittels orthogonaler Kontraste näher aufzuschlüsseln (vgl. etwa Bortz, 1999, S. 254-257; Levis & Carrera, 1967). Einer dieser orthogonalen Kontraste kontrastiert dann den Mittelwert aus allen Interventionsmaßnahmen mit der Kontrollgruppe (Kontrastkoeffizienten: $c_{1,1} = +1$; $c_{2,1} = -1/3$; $c_{3,1} = -1/3$; $c_{4,1} = -1/3$). Bleibt dieser Kontrast statistisch insignifikant, weiß man genau, dass sich die Treatments nicht von der Kontrollgruppe unterscheiden, also unwirksam sind. Wird dieser Kontrast jedoch (erwartungsgemäß) statistisch signifikant, weiß man immerhin, dass die „mittlere Interventionsmaßnahme" Wirkung zeigt. Nur - was hat man unter einer „mittleren Interventionsmaßnahme" zu verstehen, was fängt man mit dieser Information an? Ich muss dem Leser/der Leserin die Antwort auf diese berechtigte Frage leider schuldig bleiben. Ein zweiter und zum ersten orthogonaler Kontrast kontrastiert den Mittelwerte aus zwei Treatments mit dem verbleibenden Treatment (Kontrastkoeffizienten: $c_{1,2} = 0$; $c_{2,2} = +1$; $c_{3,2} = -1/2$ und $c_{4,2} = -1/2$). Auch dieser Kontrast bezieht sich auf ein „mittleres Treatment", und es muss erneut offen bleiben, was man denn darunter zu verstehen hat. Der dritte und zu den beiden anderen orthogonale Kontrast (Kontrastkoeffizienten: $c_{1,3} = 0$; $c_{2,3} = 0$; $c_{3,3} = +1$ und $c_{4,3} = -1$) ist dann ein Paarkontrast und kontrastiert die Methode 2 gegen die Methode 3. Da aber üblicherweise mit orthogonalen Kontrasten ungerichtete statistische Hypothesen verbunden werden - nur auf diese Weise ist Kohärenz zur entsprechenden **Varianzanalyse** herzustellen -, kann man auch diesem Kontrast nicht entnehmen, welche der beiden Methoden der anderen überlegen ist; ein statistisch insignifikanter Kontrast ist allerdings eindeutig interpretierbar: Die beiden Methoden unterscheiden sich nicht.

Zusätzlich zu den durchgeführten Gruppenanalysen sollte jeweils auch festgestellt werden, wieviele Patient/inn/en auf die Therapie angesprochen haben („Responder") und wieviele nicht („Non-Responder") (Einzelfallanalysen). Ferner sollten stets mehrere Versuche unter verschiedenen Randbedingungen erfolgen, bevor man eine Interventionsmaßnahme auf den Markt bringt - die Evaluation sollte also im Rahmen eines ganzen **Forschungsprogrammes** erfolgen (vgl. auch Brandtstädter, 1990).

Bei der Prüfung der drei Wirksamkeitsunterschiedshypothesen ist in den ersten beiden Fällen nicht nur mit einem störungsspezifischen Maß operiert worden, sondern zusätzlich noch mit zwei weiteren AVn. Dieser Einsatz von störungs- wie auch therapiespezifischen Maßen ist dabei üblich in Evaluationsuntersuchungen und insbesondere in Psychotherapiestudien. Da in einer vergleichenden Evaluation alle Maße unter allen miteinander zu vergleichenden Therapieformen verwendet werden sollen, ergeben sich unter Einbezug dieser Maße noch weitere Unterteilungen bei den Wirksamkeitsunterschiedshypothesen (vgl. dazu Hager, 2000a, S. 216-221). Ich habe diese Beispiele u.a. gewählt, um das Vorgehen der *Testplanung auch angesichts mehrerer simultan zu untersuchenden AVn* zu demonstrieren. Denn auch für mehrere

AVn lassen sich spezifische Vorhersagen ableiten und ebenso spezifisch prüfen - man muss nicht zu multivariaten Verfahren greifen. Da die Ableitungsprinzipien grundsätzlich für alle denkbaren AVn gelten, ergeben sich durch deren Einbezug hinsichtlich des Ableitens von Vorhersagen, der testbaren statistischen Hypothesen sowie der Testplanung keinerlei Aspekte, die nicht schon angesprochen wurden. Dass dieses Vorgehen nicht völlig absurd ist, belegt die Psychotherapiestudie von Brom, Kleber und Defares (1989), die die Wirkung einer Kurztherapie auf das posttraumatische Belastungssyndrom untersuchten und die ihre zahlreichen AVn lediglich mittels **t-Tests** auswerteten, u.a. in der gleichen Weise wie bei der Prüfung der PH-69 und der PH-70 (vgl. u.a. auch Gallagher & L.W. Thompson, 1986, sowie Hoffart & Martinsen, 1990; vgl. auch Games, 1978a, b).

Im Vorstehenden sind nur einige typische Evaluationshypothesen aus der Perspektive der Testplanung beleuchtet worden. Ausführlicher mit Problemen, ihren möglichen Lösungen und mit möglichen Standards und Kriterien bei der Evaluation psychologischer Interventionsmaßnahmen beschäftigt sich das Buch von Hager, Patry und Brezing (2000).

Mit diesem Abschnitt sollte auch demonstriert werden, dass die Ableitung von Vorhersagen und die Kontrolle der Determinanten des statistischen Tests nicht auf die Grundlagenforschung beschränkt ist, sondern dass beides auch im Rahmen von technologischen Forschungen einsetzbar ist. Das methodische Vorgehen im technologischen Bereich unterscheidet sich m.a.W. nicht grundsätzlich vom Vorgehen in der Grundlagenforschung, **wenn man in beiden Bereichen hypothesenprüfend vorgeht.** *Und zudem kann auch im technologischen oder angewandten Bereich viel öfter randomisiert werden, als dies allgemein vermutet oder tatsächlich umgesetzt wird*, wie ich aus eigener Erfahrung weiß.

9.6 Hypothesen über Mittelwerte im dreifaktoriellen Versuchsplan

Die in diesem und dem vorigen Kapitel demonstrierten Vorgehensweisen lassen sich auf höherfaktorielle Pläne mit vglw. geringem Aufwand übertragen. Solche Pläne sind zu wählen, wenn die psychologische Hypothese sich auf das gemeinsame Wirken von mehr als zwei UVn auf die AV bezieht oder wenn eine ein- oder zweifaktorielle Hypothese unter Einbezug von einem oder mehreren Kontrollfaktoren geprüft werden soll. Wenn z.B. eine zweifaktorielle Hypothese unter Einbezug eines Kontrollfaktors geprüft wird, mit dem eine eigene Hypothese verbunden sein kann, aber nicht muss, geschieht dies auf der Grundlage eines dreifaktoriellen Planes mit den hypothesenrelevanten Faktoren B (K Stufen) und A (J Stufen) und dem Kontrollfaktor C (L Stufen). Hier treten drei Zweifachinteraktionen auf, nämlich AxB mit $FG_{Z,AxB} = (J-1)(K-1)$, AxC mit $FG_{Z,AxC} = (J-1)(L-1)$ und BxC mit $FG_{Z,BxC} = (K-1)(L-1)$ und zusätzlich eine Dreifachinteraktion AxBxC mit $FG_{Z,AxBxC} = (J-1)(K$

$-1)(L-1)$, so dass bei varianzanalytischer Sichtweise sieben **F-Tests** durchzuführen wären. Bei hypothesenprüfender Sicht werden allerdings nur die Haupteffekte und/oder die Interaktionen beachtet, über die die zu prüfende/n Hypothese/n etwas aussagen. Bspw. kann aus einer zweifaktoriellen PH, die unter Einbezug eines Kontrollfaktors C in einem dreifaktoriellen Plan geprüft wird, keine Hypothese oder Vorhersage über die Dreifachinteraktion abgeleitet werden, so dass diese mit Blick auf die zu prüfende PH irrelevant ist und daher nicht getestet zu werden braucht.

Die Zweifachinteraktionen nehmen folgende Form an, bei der jeweils über die Stufen des dritten Faktors gemittelt wird (J =2, K= 2, L =2):

(9.101) $AxB: \psi_{AxB} = (\mu_{11.} - \mu_{21.}) - (\mu_{12.} - \mu_{22.})$;

$AxC: \psi_{AxC} = (\mu_{1.1} - \mu_{2.1}) - (\mu_{1.2} - \mu_{2.2})$;

$BxC: \psi_{BxC} = (\mu_{.11} - \mu_{.21}) - (\mu_{.12} - \mu_{.22})$.

Die Dreifachinteraktion AxBxC repräsentiert dann die Interaktion der Zweifachinteraktionen. Bezogen auf die Quadratsummen QS, gilt dabei (Winer, D.R. Brown & Michels, 1991, S. 335):

(9.102) $\sum_l QSAxB$ in $C_l - QSAxB = QSAxBxC$,

(9.103) $\sum_k QSAxC$ in $B_k - QSAxC = QSAxBxC$ und

(9.104) $\sum_j QSBxC$ in $A_j - QSBxC = QSAxBxC$.

Bezogen auf die Mittelwerte μ_{jkl}, kann man den Interaktionskontrast ψ_{AxBxC} in allgmeiner Form auch wie folgt anschreiben (Timm & Carlson, 1974, S. 75):

(9.105) $\psi_{AxBxC} = (\mu_{jkl} - \mu_{j'kl} - \mu_{jk'l} + \mu_{j'k'l} - \mu_{jkl'} + \mu_{j'kl'} + \mu_{jk'l'} - \mu_{j'k'l'}) =$

$[(\mu_{jkl} - \mu_{j'kl}) - (\mu_{jk'l} - \mu_{j'k'l})] - [(\mu_{jkl'} - \mu_{j'kl'}) - (\mu_{jk'l'} - \mu_{j'k'l'})]$.

Im 2x2x2-Versuchsplan gibt es dann drei äquivalente Darstellungen des Kontrastes für die Dreifachinteraktion, und zwar zunächst als Interaktion der beiden AxB-Interaktionen auf den Stufen von C:

(9.106) $\psi_{AxBxC} = [(\mu_{222} - \mu_{212}) - (\mu_{122} - \mu_{112})] - [(\mu_{221} - \mu_{211}) - (\mu_{121} - \mu_{111})]$.

Dann die beiden AxC-Interaktionen auf den beiden Stufen von B:

(9.107) $\psi_{AxBxC} = [(\mu_{222} - \mu_{122}) - (\mu_{221} - \mu_{211})] - [(\mu_{212} - \mu_{112}) - (\mu_{211} - \mu_{111})]$.

Und zuletzt die beiden BxC-Interaktionen auf den beiden Stufen von A:

(9.108) $\psi_{AxBxC} = [(\mu_{222} - \mu_{122}) - (\mu_{221} - \mu_{121})] - [(\mu_{212} - \mu_{112}) - (\mu_{211} - \mu_{111})]$.

Diese und andere mögliche Darstellungen des Kontrastes der Dreifachinteraktion AxBxC sind einander äquivalent und führen alle zum gleichen numerischen Wert. - Die Prüfinstanz für die Testung einer Hypothese über eine Dreifachinteraktion besteht aus acht Zellen. Der Test wird statistisch signifikant, wenn die einfachen Interaktionen unterschiedliche Muster (Null-, ordinale und disordinale Interaktion) aufweisen und/oder wenn die ihnen zugeordneten Kontraste, F- oder t-Werte von unterschiedlicher Größe sind (vgl. dazu die ausführliche Erörterung höherfaktorieller Interaktionen in Winer, D.R. Brown & Michels, 1991, S. 333-342). Der statistisch signifikante **F-Test** oder auch ein signifikanter **t-Test** über die Dreifachinteraktion enthält keinerlei Informationen darüber, welche Siuation im konkreten Fall vorliegt.

Aus einer dreifaktoriellen psychologischen Hypothese, die sich auf einen solchen Kontrast bezieht, müssen erstens (implizit oder explizit) Aussagen über die zugrunde liegenden Paarkontraste folgen, zweitens (implizit oder explizit) Aussagen über die Zweifachinteraktionen und drittens ggf. eine Aussage über den oder die Dreifachinteraktionskontrast/e, also $\psi_{AxBxC,t} = 0$ oder $\psi_{AxBxC,t} > 0$ oder $\psi_{AxBxC,t} < 0$ oder $\psi_{AxBxC,t} \neq 0$. Die vorhersagekonformen Ausgänge der Tests über die Paakontraste auf der Ebene der Haupteffekte und die Zweifachinteraktionen sind dabei die Voraussetzung für eine sinnvolle Testung des Kontrastes über die Dreifachinteraktion, und zwar in der gleichen Weise, in der bei zweifaktoriellen Hypothesen die Ausgänge der Testung der Paarkontraste die Voraussetzung für die Testung der Zweifachinteraktion AxB war (s.o.). Mir ist allerdings keine psychologische Hypothese bekannt, die sich simultan auf drei Faktoren bezieht und die dabei eine Vorhersage bzgl. der Dreifachinteraktion ermöglicht; dies muss natürlich nicht heißen, dass es solche psychologischen Hypothesen nicht gibt. Ich demonstriere das Vorgehen daher an einer fiktiven dreifaktoriellen Hypothese, und zwar an einer erweiterten Form der PH-20.

Beispiel 9.28: Die **PH-20** sagt nach von Eye und Krampen (1983, S. 205) aus: „Die lernerleichternde Wirkung der Bildhaftigkeit ist noch größer, wenn das Lernmaterial gleichzeitig auch konkret ist, und die lernerleichternde Wirkung der Konkretheit ist noch größer, wenn das Lernmaterial gleichzeitig auch bildhaft ist." Es wird mit der eingeschätzten Bedeutungshaltigkeit ein weiterer Faktor eingeführt, für den ebenfalls gilt, dass hohe Ausprägungen bei ihm gegenüber niedrigen Ausprägungen zu einer lernerleichternden Wirkung führen. Fasst man diese Aussagen zu einer psychologischen Hypothese zusammen, dann ergibt sich die dreifaktorielle gerichtete **PH-50**: „Die lernerleichternde Wirkung der Bildhaftigkeit (Faktor B) ist noch größer, wenn das Lernmaterial gleichzeitig auch konkret ist, und die lernerleichternde Wirkung der Konkretheit (Faktor A) ist noch größer, wenn das Lernmaterial gleichzeitig auch bildhaft ist. Diese Wirkungen fallen noch größer aus, wenn das Lernmaterial gleichzeitig auch noch von hoher Bedeutungshaltigkeit ist (Faktor C)." Die Ableitungen finden sich auf der folgenden Seite.

(9.109) (PH-50 $\wedge$ VSVS) $\approx$> [PV-50(BAC;K=2;J=2;L=2) $\wedge$ SHH] $\approx$>
$\approx$> SV-50(BAC;K=2;J=2;L=2;KER) $\approx$> ST-50(BAC;K=2;J=2;L=2):

[($H_{1,131}$: $\psi_{131} = \mu_{121} - \mu_{111} > 0$) $\wedge$ ($H_{1,132}$: $\psi_{132} = \mu_{221} - \mu_{211} > 0$) $\wedge$
$\wedge$ ($H_{1,133}$: $\psi_{133} = \mu_{122} - \mu_{112} > 0$) $\wedge$ ($H_{1,134}$: $\psi_{134} = \mu_{222} - \mu_{212} > 0$)] $\wedge$
$\wedge$ ($H_{1,135}$: $\psi_{135} = \mu_{211} - \mu_{111} > 0$) $\wedge$ ($H_{1,136}$: $\psi_{136} = \mu_{221} - \mu_{121} > 0$) $\wedge$
$\wedge$ ($H_{1,137}$: $\psi_{137} = \mu_{212} - \mu_{112} > 0$) $\wedge$ ($H_{1,138}$: $\psi_{138} = \mu_{222} - \mu_{122} > 0$) $\wedge$
$\wedge$ ($H_{1,139}$: $\psi_{139} = \mu_{112} - \mu_{111} > 0$) $\wedge$ ($H_{1,140}$: $\psi_{140} = \mu_{212} - \mu_{211} > 0$) $\wedge$
$\wedge$ ($H_{1,141}$: $\psi_{141} = \mu_{122} - \mu_{121} > 0$) $\wedge$ ($H_{1,142}$: $\psi_{142} = \mu_{222} - \mu_{221} > 0$) $\wedge$
$\wedge$ [$H_{1,143}$: $\psi_{143} = [(\mu_{221} - \mu_{121}) - (\mu_{211} - \mu_{111})] > 0$] $\wedge$
$\wedge$ [$H_{1,144}$: $\psi_{144} = [(\mu_{222} - \mu_{122}) - (\mu_{212} - \mu_{112})] > 0$)] $\wedge$
$\wedge$ {$H_{1,145}$: $\psi_{145} = [(\mu_{222} - \mu_{122}) - (\mu_{212} - \mu_{112})] - [(\mu_{221} - \mu_{121}) - (\mu_{211} - \mu_{111})] > 0$}.

Die Tabellen 9.47 bis 9.49 enthalten die drei Faktoren in unterschiedlicher Anordnungen, um die abgeleiteten statistischen Hypothesen etwas transparenter werden zu lassen. Der Kürze halber sind die später zu erhebenden Daten (Mittelwerte) gleich mit eingetragen. Tabelle 9.50 enthält dann die Veranschaulichung der Vorhersagestruktur.

Tabelle 9.47: Dreifaktorielle Versuchsplan-Anlage zur Prüfung der PH-50

Faktor A: eingeschätzte Abstraktheit-Konkretheit	Faktor C: eingeschätzte Bedeutungshaltigkeit			
	C_1: wenig bedeutungshaltig		C_2: sehr bedeutungshaltig	
	Faktor B: eingeschätzte Bildhaftigkeit		Faktor B: eingeschätzte Bildhaftigkeit	
	B_1: wenig bildhaft	B_2: sehr bildhaft	B_1: wenig bildhaft	B_2: sehr bildhaft
A_1: abstrakt	$M_{111} = 15{,}0$	$M_{121} = 20{,}0$	$M_{112} = 21{,}0$	$M_{122} = 25{,}0$
A_2: konkret	$M_{211} = 20{,}0$	$M_{221} = 31{,}0$	$M_{212} = 26{,}0$	$M_{222} = 43{,}0$

Tabelle 9.48: Dreifaktorielle Versuchsplan-Anlage zur Prüfung der PH-50

Faktor B: eingeschätzte Bildhaftigkeit	Faktor A: eingeschätzte Abstraktheit-Konkretheit			
	A_1: abstrakt		A_2: konkret	
	Faktor C: eingeschätzte Bedeutungshaltigkeit		Faktor C: eingeschätzte Bedeutungshaltigkeit	
	C_1: wenig bedeutungshaltig	C_2: sehr bedeutungshaltig	C_1: wenig bedeutungshaltig	C_2: sehr bedeutungshaltig
B_1: wenig bildhaft	$M_{111} = 15{,}0$	$M_{112} = 21{,}0$	$M_{211} = 20{,}0$	$M_{212} = 26{,}0$
B_2: sehr bildhaft	$M_{121} = 20{,}0$	$M_{122} = 25{,}0$	$M_{221} = 31{,}0$	$M_{222} = 43{,}0$

Testplanung für Mittelwertshypothesen in zweifaktoriellen Versuchsplänen 349

Tabelle 9.49: Dreifaktorielle Versuchsplan-Anlage zur Prüfung der PH-50			
Faktor C: eingeschätzte Bedeutungshaltigkeit	Faktor B: eingeschätzte Bildhaftigkeit			
	B_1: wenig bildhaft		B_2: sehr bildhaft	
	Faktor A: eingeschätzte Abstraktheit-Konkretheit		Faktor A: eingeschätzte Abstraktheit-Konkretheit	
	A_1: abstrakt	A_2: konkret	A_1: abstrakt	A_2: konkret
C_1	$M_{111} = 15{,}0$	$M_{211} = 20{,}0$	$M_{121} = 20{,}0$	$M_{221} = 31{,}0$
C_2	$M_{112} = 21{,}0$	$M_{212} = 26{,}0$	$M_{122} = 25{,}0$	$M_{222} = 43{,}0$

Anmerkungen. C_1: wenig bedeutungshaltig; C_2: sehr bedeutungshaltig

Tabelle 9.50: Vorhersagemuster bei der Prüfung der PH-50 für die beiden Stufen C_1 und C_2 des hypothesenrelevanten Faktors C: eingeschätzte Bedeutungshaltigkeit

Faktor A: eingeschätzte Abstraktheit-Konkretheit	Faktor B: eingeschätzte Bildhaftigkeit		
	B_1: wenig bildhaft	**Vorhersagen**	B_2: sehr bildhaft
A_1: abstrakt	μ_{11}	<	μ_{12}
Vorhersagen	∧		∧∧
A_2: konkret	μ_{21}	<<	μ_{22}

Anmerkungen. Für die Dreifachinteraktion AxBxC gilt zusätzlich: $H_{1,145}$: $\psi_{145} = [(\mu_{222} - \mu_{122}) - (\mu_{212} - \mu_{112})] - [(\mu_{221} - \mu_{121}) - (\mu_{211} - \mu_{111})] > 0$.

Die Teststreuung beträgt $s_{I,BAC} = 5{,}50$. - Die $H_{1,131}$ bis $H_{1,134}$ beziehen sich auf die UV eingeschätzte Bildhaftigkeit auf den beiden Stufen von B und C; die $H_{1,135}$ bis $H_{1,138}$ betreffen die eingeschätzte Abstraktheit-Konkretheit auf beiden Stufen von B und C. Und die $H_{1,139}$ bis $H_{1,142}$ betreffen die Bedeutungshaltigkeit auf den beiden Stufen von A und von B. Die $H_{1,143}$ und die $H_{1,144}$ beziehen sich auf die Zweifachinteraktion eingeschätzte Bildhaftigkeit mal Abstraktheit-Konkretheit (AxB) jeweils auf einer Stufe von C. Und zuletzt betrifft die $H_{1,145}$ die zentrale Aussage der PH-52, dass nämlich die Interaktion AxB auf der Stufe C_2 größer ausfallen soll als auf der Stufe C_1 (vgl. Tab. 9.50).

Es werden insgesamt T = 15 Alternativhypothesen als vorhersagekonform abgeleitet und konjunktiv miteinander verknüpft, da sie sich auf die interessierende Prüfinstanz auf (mindestens) (2)(2)(2) = 8 Zellen beziehen. Die Kumulierung geschieht hier also wieder nach Fall 1 in Abschnitt 7.2: $\varepsilon_{50} \leq \max(\alpha_{krit,t})$ und $\varphi_{50} \leq \sum \beta_{krit,t}$. Es müssen also von vornherein relativ große Werte für $\alpha_{krit,t}$ gewählt werden, damit man auf der anderen Seite genügend kleine Werte für $\beta_{krit,t}$ erhält. Die Kontrastkoeffizienten für die Paarkontraste lauten wieder +1 und −1 ($\sum c^2_k = 2$), für die Zweifachinteraktionen +1/2 und −1/2 ($\sum c^2_k = 1$) und für die Dreifachinteraktion +1/4, −1/4, −1/4, +1/4, −1/4, +1/4, +1/4 und −1/4 ($\sum c^2_k = 0{,}50$). Da das Design dreifaktoriell ist, kann mit einer entsprechend großen Präzisionserhöhung gerechnet werden. Es sei: $\Pi_{BAC} = 0{,}50$. - In Anbetracht der beträchtlichen Fehlerkumulation ist es empfehlenswert, die dreifaktorielle Hypothese **PH-50** in mehrere ein- und zweifaktorielle Hypothesen zu zerlegen. Zunächst bezieht sich die dreifaktorielle Hypothese auf die Wirkungen, die von der einfaktoriellen **PH-1** ausgehen, die behauptet, dass sehr bildhaftes Material im Mittel besser gelernt wird als wenig bildhaftes. Als nächstes steckt die einfaktorielle **PH-18** in der PH-50, und diese Hypothese behauptet, dass konkretes Lernmaterial im Mittel besser gelernt wird als abstraktes. Auch für diese Hypothese sind vier Prüfinstanzen definierbar. Als dritte einfaktorielle Hypothese kann man die Hypothese **PH-51** formulieren und aus der PH-50 herauslösen, die besagt, dass sehr bedeutungshaltiges Material im Mittel besser gelernt wird als wenig bedeutungshaltiges. Dabei wird die UV Bedeutungshaltigkeit (m') auf die gleiche Weise eingeschätzt wie die Variablen Bildhaftigkeit und Abstraktheit-Konkretheit. Auch für diese Hypothese gibt es vier Prüfinstanzen. Des Weiteren lässt sich eine zweifaktorielle Hypothese aus der PH-50 herauszulösen, die sich auf die Zweifachinteraktionen AxB bezieht. Die **PH-22** behauptet, dass die lernerleichternde Wirkung der Bildhaftigkeit noch größer ist, wenn das Lernmaterial gleichzeitig auch konkret ist, und die lernerleichternde Wirkung der Konkretheit gegenüber der Abstraktheit ist noch größer, wenn das Lernmaterial gleichzeitig auch bildhaft ist. Für diese zweifaktorielle Hypothese gibt es zwei Prüfinstanzen. Dann verbleibt nur noch die Kernaussage der **PH-50**, dass die Interaktion zwischen der eingeschätzten Bildhaftigkeit und der eingeschätzten Abstraktheit-Konkretheit bei sehr bedeutungshaltigem Material (C_2) größer ausfällt als bei wenig bedeutungshaltigem Material (C_1). Im nächsten Schritt werden für die identifizierten Hypothesen einzeln die Vorhersagen abgeleitet, und zwar beginnend mit der vorrangig interessierenden Hypothese, der **PH-50**. Aus ihr werden abgeleitet:

(9.110) (PH-50 $\wedge$ VSVS) $\approx$> [PV-50(BAC;K=2;J=2;L=2) $\wedge$ SHH] $\approx$>

$\approx$> SV-50(BAC;K=2;J=2;L=2) $\approx$> ST-50(BAC;K=2;J=2;L=2):

$\{H_{1,145}: \psi_{145} = [(\mu_{222} - \mu_{122}) - (\mu_{212} - \mu_{112})] - [(\mu_{221} - \mu_{121}) - (\mu_{211} - \mu_{111})] =$
$= \psi_{144} - \psi_{143} > 0\}$.

Die Berechnung von D_{145} stellt den Kontrast der Interaktion AxB auf den beiden Stufen von C dar. Für den Effekt $\delta_{BAC,AxBxC,145}$ soll gelten: $\delta_{BAC,AxBxC,145} = 0{,}50$. Diese Effektgröße beruht auf den Kontrastkoeffizienten +1/4 und −1/4. Die zur Verfügung stehende Stichprobe ist vom Umfang N = 144, also n_{jkl} = 18. Nach TPS 2 resultiert: $(z_{1-\alpha} + z_{1-\beta}) = 3{,}00$. Setzt man $\alpha_{krit,145} = 0{,}05$, dann wird $\beta_{krit,145}$ = 0,10. Die Durchführung des statistischen Tests ergibt: $t_{emp,145} = 1{,}9091$ bei $t_{krit(0{,}05;136),145} = 1{,}665$ und $d_{BAC,AxBxC,145} = 0{,}3182$. Die vorhersagekonforme statistische Hypothese über die Dreifachinteraktion kann angenommen werden und damit auch die ihr vorgeordnete SV-50(BAC;K=2;J=2;L=2). Der empirische Effekt erreicht seinen Kriteriumswert jedoch nicht. Die Entscheidung über die PH-

50 soll daher davon abhängig gemacht werden, ob das vorhergesagte komplexe Mittelwertsmuster eingetreten ist oder nicht. Dazu müssen die übrigen Hypothesen einer Prüfung unterzogen werden.

Die zweifaktorielle **PH-22** bezieht sich auf unterschiedliche Wirkungen der PH-1 und der PH-18. Sie behauptet, dass die lernerleichternde Wirkung der Bildhaftigkeit noch größer ist, wenn das Lernmaterial gleichzeitig auch konkret ist, und die lernerleichternde Wirkung der Konkretheit ist noch größer, wenn das Lernmaterial gleichzeitig auch bildhaft ist. Aus ihr werden die folgenden Vorhersagen abgeleitet:

(9.111) (PH-22 $\wedge$ VSVS) $\approx$> [PV-22(BAC;K=2;J=2;L=2) $\wedge$ SHH] $\approx$>

$\approx$> SV-22(BAC;K=2;J=2;L=2;KER) $\approx$> ST-22(BAC;K=2;J=2;L=2):

$H_{1,143}$: $\psi_{143} = (\mu_{221} - \mu_{121}) - (\mu_{211} - \mu_{111}) = \psi_{136} - \psi_{135} = \psi_{132} - \psi_{131} > 0$)] $\wedge$

$\wedge$ [$H_{1,144}$: $\psi_{144} = (\mu_{222} - \mu_{122}) - (\mu_{212} - \mu_{112}) = \psi_{138} - \psi_{137} = \psi_{134} - \psi_{133} > 0$)].

Für die Prüfung dieser Hypothese über eine (bestimmte ordinale) Interaktion können zwei Prüfinstanzen definiert werden, und zwar auf jeder Stufe des Faktors C (Bedeutungshaltigkeit) je eine. Es muss für die Effektgrößen gelten: $2\delta_{BAC,AxB,krit,145} = \delta_{BAC,AxB,krit,144} - \delta_{BAC,AxB,krit,143} = 2(0,50) = 1,00$, weil $\delta_{BAC,AxB,krit,145}$ auf den Koeffizienten $+1/4$ und $-1/4$ beruht, $\delta_{BAC,AxB,krit,144}$ und $\delta_{BAC,AxB,krit,143}$ jedoch auf den Koeffizienten $+1/2$ und $-1/2$. Die Umrechnung ergibt dann: $\delta_{BAC,AxB,krit,145} = 0,50$. Es wird festgelegt: $\delta_{BAC,AxB,krit,144} = 2,00$ und $\delta_{BAC,AxB,krit,143} = 1,00$. Welche Fehlerwahrscheinlichkeiten lassen sich dann für den Test gegen die $H_{1,143}$ realisieren (TPS 2)? Einsetzen in Formel (9.22) führt zu: $(z_{1-\alpha} + z_{1-\beta})^2 = 18(1,00)/1 = 18,00$ und damit $(z_{1-\alpha} + z_{1-\beta})^2 = 4,2426$. Setzt man das kumulierende β auf $\beta_{krit,143} = 0,01$, wird $\alpha_{krit,143} = 0,03$. Für den Test gegen die $H_{1,144}$ ergibt sich nach Formel (9.21): $(z_{1-\alpha} + z_{1-\beta})^2 = 18(2,00)/1 = 36$ und damit $(z_{1-\alpha} + z_{1-\beta}) = 6,00$. Setzt man hier das kumulierende β auf $\beta_{krit,144} = 0,01$, dann folgt daraus $\alpha_{krit,144} < 0,01$. Daraus folgt: $\varepsilon_{22,krit} = \max(0,03; 0,01) = 0,03$ und $\varphi_{22,krit} = (0,01 + 0,01) = 0,02$. Die Durchführung der statistischen Tests ergibt: $t_{emp,143} = 2,3142$ und $d_{BAC,AxB,144} = 0,5454$ sowie $t_{emp,144} = 5,0140$ und $d_{BAC,AxB,144} = 1,1818$. Die abgeleiteten Hypothesen und die ihnen vorgeordnete SV-22(BAC;K=2;J=2;L=2) können angenommen werden. Der kleinere der beiden Effekte ist auch geringfügig kleiner als der zugehörige Kriteriumswert, aber der Unterschied ist so gering, dass die PV-22(BAC;K=2;J=2;L=2) als eingetreten bewertet werden kann. Die PH-22 hat sich bewährt.

Die im Folgenden zu behandelnden Hypothesen sind durchgängig einfaktoriell. Beginnen wir mit der **PH-18**, die auf die Wirkung der Abstraktheit-Konkretheit Bezug nimmt und unter der folgende Ableitungen resultieren:

(9.112) (PH-18 ∧ VSVS) ≈> [PV-18(BAC;K=2;J=2;L=2) ∧ SHH] ≈>

≈> SV-18(BAC;K=2;J=2;L=2;KER) ≈> ST-18(BAC;K=2;J=2;L=2):

($H_{1,135}$: $\psi_{135} = \mu_{211} - \mu_{111} > 0$) ∧ ($H_{1,136}$: $\psi_{136} = \mu_{221} - \mu_{121} > 0$) ∧

∧ ($H_{1,137}$: $\psi_{137} = \mu_{212} - \mu_{112} > 0$) ∧ ($H_{1,138}$: $\psi_{138} = \mu_{222} - \mu_{122} > 0$).

Auch hier sind T = 4 Tests gegen gerichtete Alternativen zu planen, und die Kumulation erfolgt nach $\epsilon_{18} \leq \max(\alpha_{krit,t})$ und $\varphi_{18} \leq \sum\beta_{krit,t}$. Als Effekte werden ohne Berücksichtigung der übrigen Hypothesen auf einen Wert festgelegt, und zwar auf $\delta_{BAC,A,krit,t} = 1,00$. Welche Fehlerwahrscheinlichkeiten lassen sich bei festliegendem $n_{jkl} = 18$ und bei festliegenden Effektgrößen realisieren (TPS 2)? Einsetzen in Formel (9.22) ergibt: $(z_{1-\alpha} + z_{1-\beta})^2 = 18(1,00)/2 = 9,00$ und $(z_{1-\alpha} + z_{1-\beta}) = 3,00$. Das kumulierende β wird auf $\beta_{krit,t} = 0,05$ festgelegt. Daraus folgt: $\alpha_{krit,t} = 0,10$. Auf Grund dessen ergibt sich: $\epsilon_{18,krit} = \max(0,10; 0,10; 0,10; 0,10) = 0,10$ und $\varphi_{18,krit} = (0,05 + 0,05 + 0,05 + 0,05) = 0,20$. Die Durchführung der statistischen Tests ergibt (vgl. zu den Mittelwerten Tabelle 9.48): $t_{emp,135} = 2,7273$; $t_{emp,136} = 6,00$; $t_{emp,137} = 2,7273$ und $t_{emp,138} = 9,8182$ bei $t_{krit(0,10;136),t} = 1,287$. Für die Effekte ergibt sich: $d_{BAC,A,135} = 0,9091$; $d_{BAC,A,136} = 2,00$; $d_{BAC,A,136} = 0,9091$ und $d_{BAC,A,138} = 3,2727$. Die als vorhersagekonform abgeleiteten Alternativhypothesen und damit auch die SV-18(BAC;K=2;J=2;L=2) können angenommen werden. Alle Effekte sind von der erhofften Größe, so dass die PV-18(BAC;K=2;J=2;L=2) als eingetreten gelten kann, und die PH-18 hat sich bewährt.

Wenden wir uns damit der PH-1 zu, einer ebenfalls einfaktoriellen Hypothese. Aus ihr kann abgeleitet werden:

(9.113) (PH-1 ∧ VSVS) ≈> [PV-1(BAC;K=2;J=2;L=2) ∧ SHH] ≈>

≈> SV-1(BAC;K=2;J=2;L=2;KER) ≈> ST-1(BAC;K=2;J=2;L=2):

[($H_{1,131}$: $\psi_{131} = \mu_{121} - \mu_{111} > 0$) ∧ ($H_{1,132}$: $\psi_{132} = \mu_{221} - \mu_{211} > 0$) ∧

($H_{1,133}$: $\psi_{137} = \mu_{122} - \mu_{112} > 0$) ∧ ($H_{1,134}$: $\psi_{138} = \mu_{222} - \mu_{212} > 0$)].

Hier sind erneut T = 4 Tests gegen gerichtete Alternativen zu planen, und die Kumulation erfolgt nach $\epsilon_1 \leq \max(\alpha_{krit,t})$ und $\varphi_1 \leq \sum\beta_{krit,t}$. Die nachzuweisenden Effekte werden in der gleichen Weise spezifiziert wie bei der PH-18, also: $\delta_{BAC,B,krit,t} = 1,00$. Dies ergibt über Formel (9.21) auch hier $\alpha_{krit,t} = 0,10$ und $\beta_{krit,t} = 0,05$. Ferner wird spezifiziert $\alpha_{krit,131} = \alpha_{krit,133} = 0,10$ und $\beta_{krit,131} = \beta_{krit,133} = 0,05$. Somit ergibt sich: $\epsilon_{1,krit} = \max(0,10; 0,10; 0,10; 0,10) = 0,10$ und $\varphi_{1,krit} = (0,05 + 0,05 + 0,05 + 0,05) = 0,20$. Die Durchführung der entsprechenden Tests erbringt folgende Resultate bei $s_{1,BAC} = 5,50$ (vgl. zu den Daten Tab. 9.49 oben): $t_{emp,131} = 2,7273$; $t_{emp,132} = 6,00$; $t_{emp,133} = 2,1818$ und $t_{emp,134} = 9,2727$ bei $t_{krit(0,15;136),t} = 1,041$ und $t_{krit(0,03;136),t} = 1,900$. Also können alle als vorhersagekonform abgeleiteten Alternativhypothesen angenommen werden und damit auch die SV-1(BAC;K=2;J=2;L=2). Welche Werte nehmen die Effekte an? $d_{BAC,B,131} = 0,9091$; $d_{BAC,B,132} = 2,0$; $d_{BAC,B,133} = 0,7273$ und $d_{BAC,B,134} = 3,0909$. Die Kriteriumswerte

Testplanung für Mittelwertshypothesen in zweifaktoriellen Versuchsplänen 353

werden überschritten, so dass die PV-1(BAC;K=2;J=2;L=2) als eingetreten beurteilt werden kann; die PH-1 hat sich bei dieser Prüfung bewährt.

Die **PH-51** besagt, dass sehr bedeutungshaltiges Material im Mittel besser gelernt wird als wenig bedeutungshaltiges. Für diese Hypothese ergeben sich die folgenden Ableitungen:

(9.114) (PH-51 $\wedge$ VSVS) $\approx$> [PV-51(BAC;K=2;J=2;L=2) $\wedge$ SHH] $\approx$>
$\approx$> SV-51(BAC;K=2;J=2;L=2;KER) $\approx$> ST-51(BAC;K=2;J=2;L=2):
[($H_{1,139}$: $\psi_{139} = \mu_{112} - \mu_{111} > 0$) $\wedge$ ($H_{1,140}$: $\psi_{140} = \mu_{212} - \mu_{211} > 0$) $\wedge$
$\wedge$ ($H_{1,141}$: $\psi_{141} = \mu_{122} - \mu_{121} > 0$) $\wedge$ ($H_{1,142}$: $\psi_{142} = \mu_{222} - \mu_{221} > 0$)].

Die Bedeutungshaltigkeit gilt - wie erwähnt - im Rahmen der Dualen-Kode-Theorie als nicht so potente Variable wie die Bildhaftigkeit und die Abstraktheit-Konkretheit. Für sie werden daher geringere nachzuweisende Effekte festgelegt, und zwar: $\delta_{BAC,C,krit,t} = 0{,}80$. Wenn man erneut von $n_{jkl} = 18$ ausgeht, bleibt die Frage zu beantworten, welche Fehlerwahrscheinlichkeiten hier zu realisieren sind. Einsetzen in Formel (9.22) führt zu: $(z_{1-\alpha} + z_{1-\beta})^2 = 18(0{,}64)/2 = 5{,}76$ und $(z_{1-\alpha} + z_{1-\beta}) = 2{,}400$. Legt man fest; dass $\beta_{krit,t} = 0{,}075$, resultiert für $\alpha_{krit,t} = 0{,}25$. Dieser α-Wert erscheint zu hoch. Um ihn zu verringern, bleibt bei feststehendem Stichprobenumfang nur die Vergrößerung der Effekte auf $\delta_{BAC,C,krit,t} = 0{,}90$. Erneutes Einsetzen in Formel (9.22) führt zu: $(z_{1-\alpha} + z_{1-\beta})^2 = 18(0{,}81)/2 = 7{,}290$ und $(z_{1-\alpha} + z_{1-\beta}) = 2{,}70$. Das kumulierende β wird auf $\beta_{krit,t} = 0{,}05$ festgelegt, so dass für $\alpha_{krit,t} = 0{,}15$ resultiert. Dies ergibt für ϵ und φ: $\epsilon_{51,krit} = \max(0{,}15; 0{,}15; 0{,}15; 0{,}15) = 0{,}15$ und $\varphi_{51,krit} = (0{,}05 + 0{,}05 + 0{,}05 + 0{,}05) = 0{,}20$. Die Durchführung der statistischen Tests ergibt (vgl. zu den Mittelwerten Tabelle 9.50 oben): $t_{emp,139} = 3{,}2727$; $t_{emp,140} = 3{,}2727$; $t_{emp,141} = 2{,}7273$ und $t_{emp,142} = 6{,}5455$ jeweils bei $t_{krit(0,15;136),t} = 1{,}041$. Die abgeleiteten statistischen Hypothesen können somit angenommen werden, und das Gleiche gilt auch für die ihnen vorgeordnete SV-51(BAC;K=2;J=2;L=2). Die Berechnung der empirischen Effekte ergibt: $d_{BAC,C,139} = 1{,}0909$; $d_{BAC,C,140} = 1{,}0909$; $d_{BAC,C,141} = 0{,}9091$ und $d_{BAC,C,142} = 2{,}1818$. Da alle Effekte größer ausgefallen sind als der Kriteriumswert 0,85, gilt die PV-51(BAC;K=2;J=2;L=2) als eingetreten und die PH-51 als bewährt.

Die aus der PH-50 extrahierten Hypothesen haben sich alle bewähren können, so dass die PV-50(BAC;K=2;J=2; L=2) als eingetreten gelten soll, weil das komplexe Mittelwertsmuster exakt wie vorhergesagt eingetreten ist und obwohl der empirische Effekt sich als geringer erwiesen hat als erhofft (s.o.). Die PH-50 hat sich damit bewähren können: Die Zweifachinteraktionen AxB sind auf den beiden Stufen des Faktors C wie vorhergesagt statistisch signifikant voneinander unterschiedlich. Dabei zeigen die vorausgegangenen Tests, dass die statistische Signifikanz der Dreifachinteraktion nicht darauf zurückzuführen ist, dass die beiden Zweifachinteraktionen von unterschiedlichem Typ (also ordinal und disordinal oder Null und ordinal bzw. Null und disordinal) sind, sondern dass beide ordinal sind und sich nur hinsichtlich ihrer Größe, also des Wertes der beiden Interaktionskontraste ψ_{143} und ψ_{144}, voneinander unterscheiden, wie es vorhergesagt wurde. Ohne detaillierte Analysen wie die dargestellte könnte diese für die PH-50 entscheidende Frage nicht beantwortet werden.

Der Vorteil der Zerlegung der PH-50 in die sie konstituierenden psychologischen Hypothesen besteht darin, dass insgesamt kleinere Effekte nachgewiesen werden können und dass im entscheidenden Test über die Dreifachinteraktion zudem noch mit geringen Fehlerwahrscheinlichkeiten operiert werden kann, da bei diesem Test keine Kumulation mehr auftritt.

Bestimmen wir noch die empirische Größe des Präzisionsindexes P_{BAC}. QSI(BAC) = $(5,5^2)(2)(2)(2)(17)$ = 4114,00; QSBAC = 9483,50; QSBA = 7314,75; QSBC = 5028,75; QSAC = 5424,75; QSB = 3080,00; QSA = 3422,75; QSC = 1892,25. Daraus ergibt sich: QSBxA = QSBA − QSB − QSA = 811,75; QSBxC = QSBC − QSB − QSC = 55,75; QSAxC = QSAC − QSA − QSC = 110,25; QSBxAxC = QSBAC − QSB − QSA − QSC − QSBxA − QSBxC − QSAxC = 110,50. QSI(B) = QSI(BAC) + QSA + QSC + QSBxA + QSBxC + QSAxC + QSBxAxC = 10406,75 und damit P_{BAC} = QSI(BAC)/QSI(B) = 4114,00/10406,75 = 0,3953. Dieser Wert liegt unter dem vorher erwarteten (Π_{BAC} = 0,50) und ist für einen dreifaktoriellen Plan als durchaus realistisch anzusehen.

Wie man an diesem Beispiel ersieht, können auch komplexe Mittelwertsmuster aus Hypothesen abgeleitet und mit der Methode der geplanten Kontraste und Vergleiche adäquat und erschöpfend getestet werden.

Bei drei- und höherfaktoriellen Versuchsplänen steigt der Bedarf an Vpn mit der Anzahl der Faktoren im Design an, da keine Zelle, die für einen Test benötigt wird, mit weniger als 10 Vpn besetzt sein sollte. Bei J = 2, K = 3 und L = 2 bedeutet dies - ungeachtet der Testplanung - N ≥ 120. Auf der anderen Seite: Je mehr Faktoren das Design aufweist, als desto höher ist die Präzision zu erwarten und desto geringer kann der Wert des Präzisionsindexes $\Pi_{BAC...}$ gewählt werden.

Bei mehrfaktoriellen Designs sind grundsätzlich zwei Fälle zu unterscheiden.

Fall 1: Die zu prüfende psychologische Hypothese bezieht sich gleichzeitig auf mehrere Faktoren und in der Regel zumindest eine Interaktion zwischen den Faktoren, so dass ein mehrfaktorieller Versuchsplan gewählt werden *muss*. In diesem Fall nimmt die Kumulation der Fehlerwahrscheinlichkeiten beträchtliche Ausmaße an. Um diese Kumulation zu vermindern, empfiehlt sich - soweit möglich - die Zerlegung der einen psychologischen Hypothese in ihre Konstituenten, die als psychologische Hypothesen separat geprüft werden, und zwar ggf. auch separat für mehrere Prüfinstanzen. Die Kumulation der Fehlerwahrscheinlichkeiten wird dann für die im Vordergrund stehende Hypothese dadurch vermindert, dass sie für jede der die interessierenden Hypothese konstituierenden Hypothesen separat und ggf. für jede Prüfinstanz ausgeglichen wird. Wenn die zu prüfenden Hypothesen so geartet sind, dass sich nicht für alle Interaktionen Vorhersagen ableiten lasssen, brauchen Hypothesen über diese Interaktionen auch nicht getestet zu werden - es sei denn, man entschließt sich, über diese Interaktionen Ad-hoc-Hypothesen zu formulieren.

Fall 2: Es soll eine einfaktorielle psychologische Hypothese geprüft werden, und man entschließt sich zur Aufnahme eines zweiten Faktors, um eine zweite einfaktorielle Hypothese prüfen zu können, die unabhängig von der ersten ist. Zusätzlich wird ein Kontrollfaktor in den Versuchsplan mit aufgenommen, für den keine eigene Hypothese aufgestellt wird. In diesem Fall entsteht ein dreifaktorieller Plan, also ein Plan mit mehr Faktoren, als sie die zu prüfenden Hypothesen ansprechen. In ihm können grundsätzlich drei Zweifach- und eine Dreifachinteraktion getestet werden. Einfaktorielle Hypothesen beziehen sich jedoch auf keine Interaktionen, und daher können für die möglichen Interaktionen keine Vorhersagen abgeleitet werden - diese sind mit Blick auf die zu prüfenden Hypothesen gänzlich ohne Belang. Hier führt die Konstituierung separater Prüfinstanzen zu einem Anwachsen der Fehlerwahrscheinlichkeiten. Es empfiehlt sich auch hier, die Hypothese auf jede Prüfinstanz einzeln zu beziehen und die Fehlerwahrscheinlichkeiten pro Prüfinstanz zu adjustieren, so dass auch hier die Kumulation für die beiden Hypothesen minimiert wird. Zusätzlich kann man auch den Kontrollfaktor mit einer eigenen zu prüfenden Hypothese versehen, wobei deren Prüfung ebenfalls für jede einzelne Prüfinstanz erfolgen sollte, um die Kumulation der Fehlerwahrscheinlichkeiten gering zu halten. Es sei nochmals darauf hingewiesen, dass *nach der Entscheidung über die Bewährung oder Nicht-Bewährung der geprüften psychologischen Hypothese soviele weitere Tests über die empirischen Daten durchgeführt werden können*, wie sie der/dem VL interessant erscheinen, etwa um Hinweise zur Präzisierung der Hypothese/n zu erhalten oder um die Gründe zu identifizieren, warum sich die psychologische/n Hypothese/n nicht bewährt hat/haben.

Den Umstand, dass ein komplexes Mittelwertsmuster abgeleitet wird, zum Anlass zu nehmen, wieder auf die globalen Verfahren zurückzugreifen und bei deren statistischer Signifikanz die empirischen Muster der Kennwerte per Augenschein zu interpretieren, stellt keine Lösung dar. *Denn jede Entscheidung über die Kennwertemuster per Augenschein ist gleichbedeutend mit einer formalen Entscheidung mit Hilfe eines statistischen Tests, d.h. auch bei diesem Vorgehen kumulieren die Fehlerwahrscheinlichkeiten, und zwar in unbekannter Weise* (vgl. auch Abschn. 7.2).

Üblicherweise werden komplexe Mittelwertsmuster, wie sie mit Dreifach- und/oder Vierfach- bzw. höherfaktoriellen Interaktionen verbunden sind, einem globalen Test unterzogen, und anschließend wird das Resultat zu interpretieren versucht. Dass dies meist nicht gelingt, erkennt man, wenn man in Forschungsberichten die lapidare Feststellung antrifft: „Die Dreifach- und/oder eine höherfaktorielle Interaktion wurde statistisch signifikant", ohne dass auch nur in Ansätzen versucht wird, anzugeben, welche Datenkonfigurationen der statistischen Signifikanz zu Grunde liegen und welche Bedeutung dieser Aussage im konkreten Kontext zukommt. In keiner der 603 empirischen Arbeiten aus den Jahren 2001 und 2002 in psychologischen Fachzeitschriften wurde eine statistisch signifikant gewordene Interaktion erster oder höherer Ordnung adäquat mit Differenzenkontrasten weiter analysiert.

Mit der alternativen und hier favorisierten analytischen Herangehensweise wird sichergestellt, dass die Daten die Informationen erbringen, die eindeutig mit Blick auf die zu prüfenden Hypothesen interpretierbar sind und die damit die Fragen beantworten, die man vor dem Versuch gestellt hat. Das heißt, dass bei analytischer Herangehensweise auch Drei- oder Vierfach- oder auch höherfakorielle Interaktionen wie z.B. AxBxCxDxE usw. keine besonderen Probleme mehr bereiten, weil die empirischen Resultate den Vorhersagen entweder ent- oder widersprechen können.

Im abschließenden Abschnitt dieses Kapitels will ich noch einige Anmerkungen zur Simultanprüfung konkurrierender psychologischer Hypothesen machen.

9.7 Anmerkungen zu Simultanprüfungen konkurrierender psychologischer Hypothesen

Simultanprüfungen konkurrierender psychologischer Hypothesen finden häufig in **problem-orientierten Forschungsprogrammen** im Sinne Herrmanns (1995) statt. Für bekannte und gut dokumentierte psychische Phänomene werden immer neue Theorien, Vorstellungen, Modelle und Hypothesen ersonnen und geprüft, mit denen man hofft, die Phänomene erklären zu können. Wichtig ist dabei, dass bei der Prüfung der zur Erklärung gedachten Hypothesen die experimentelle Variation der UV/n und die übrigen Randbedingungen dazu führen, dass *das zu erklärende Phänomen auch auftritt* - dies wird häufig nicht beachtet (vgl. dazu Hager, 1985).

Meist nennt man die Experimente, in denen Simultanprüfungen konkurrierender psychologischer Hypothesen stattfinden, „Entscheidungsexperimente" (Traxel, 1974, S. 186). Mit diesen ist der Anspruch verbunden, zwischen zwei oder mehr konkurrierenden Hypothesen *definitiv* zu entscheiden. In Simultanprüfungen sollten mehrere **Ausgewogenheiten** angestrebt werden. Dabei bedeutet die (α,β)-Ausgewogenheit, dass alle sich unter den Hypothesen entsprechenden Tests bei gleichen Fehlerwahrscheinlichkeiten α einerseits und β anderseits durchgeführt werden. Angesichts der üblicherweise kumulierenden Fehlerwahrscheinlichkeiten ist die (ε,φ)-Ausgewogenheit allerdings wichtiger. Sie bedeutet, das die Fehlerwahrscheinlichkeiten ε und φ auf der Ebene der statischen Vorhersage über die Hypothesen hinweg gleich sind, wobei sich ε und φ pro Hypothese durchaus unterscheiden können, solange sie über die Hypothesen hinweg die gleichen Werte annehmen; $\varepsilon_{PH-A} = \varepsilon_{PH-B} = ...$ und $\varphi_{PH-A} = \varphi_{PH-B} = ...$ mit $\varepsilon_{PH} = \varphi_{PH}$ oder $\varepsilon_{PH} \neq \varphi_{PH}$. Höherrangig ist aber die (e,f)-Ausgewogenheit einzuschätzen, die bedeutet, dass der Versuch auch so geplant wird, dass alle Hypothesen mit der gleichen Wahrscheinlichkeit e_{PH} und der gleichen Wahrscheinlichkeit f_{PH} geprüft werden, dass also gilt: $e_{PH-A} = e_{PH-B} = ...$ und $f_{PH-A} = f_{PH-B} = ...$. Dabei wäre die Prüfung der Hypothesen fair oder (e,f)-ausgewogen, wenn gelten würde: $e_{PH} = f_{PH}$, d.h. dass alle Hypothesen die gleiche Chance zur Bewährung oder Nicht-Bewährung aufweisen würden. Aber dabei handelt es sich um zugegebenermaßen vermutlich realiter nicht zu erfüllende Bedingung, also eher um eine Idealvorstellung. Eine notwendige Voraussetzung für die (e,f)-Ausgewogenheit ist im Übrigen die (ε,φ)-Ausgewogenheit.

Sind die konkurrierenden Hypothesen mehrfaktoriell, so führen sie üblicherweise für etliche geplante Kontraste zu den gleichen Vorhersagen und unterscheiden sich meist nur hinsichtlich einer Einzelvorhersage. Sarris, Stolze und Musahl (1995, S. 188) befassen sich mit verschiedenen Interferenzphänomenen, zu deren Erklärung sie drei zweifaktorielle Hypothesen (PH-A, PH-B und PH-C) betrachten (zu den theoretischen Erklärungen siehe Sarris, Sturm, Stolze & Musahl, 1995, S. 35-36). Die drei Hypothesen unterscheiden sich nur hinsichtlich des Wertes, den der Interaktionskontrast annehmen soll: $\psi_{AxB,A} > 0$, $\psi_{AxB,B} < 0$ und $\psi_{AxB,C} = 0$. Während die übrigen Tests, die die Interferenzphänomene selbst betreffen und die eine Prüfung eines wichtigen Teiles der Anwendungsvoraussetzungen ermöglichen, problemlos planbar sind, gilt dies nicht für die Interaktionskontraste, u.a. weil für die $H_{0,C}$ ein kleinerer Effekt festgelegt werden muss als für die beiden $H_{1,t}$. Operiert man naheliegenderweise mit gleichgroßen Stichproben, kann weder die (α,β)-Ausgewogenheit noch die (ε,φ)-Ausgewogenheit hergestellt werden - ganz zu schweigen von der (e,f)-Ausgewogenheit. Daneben ist die Beibehaltung der $H_{0,C}$ um so wahrscheinlicher, je unpräziser der Versuch ist, während die Annahme der $H_{1,t}$ um so wahrscheinlicher ist, je präziser der Versuch ist - ceteris paribus. *Eine faire oder ausgewogene Prüfung aller drei Hypothesen in einem Versuch ist also nicht möglich.*

Popper (2002, S. 54) ist von der Möglichkeit derartiger „Entscheidungsexperimente" („experimentum crucis") überzeugt:"Widersprechen anerkannte Basissätze einer Theorie, so sind sie nur dann Grundlage für deren Falsifikation, wenn sie gleichzeitig eine falsifizierende Hypothese bewähren (Popper, 2002, S. 55). Demgegenüber führt Lakatos (1974a, S. 152, S. 167) dazu aus: „*Es gibt keine entscheidenden Experimente*, zumindest nicht, wenn man darunter Experimente versteht, die ein Forschungsprogramm mit *sofortiger Wirkung* stürzen können" (Hervorhebungen im Orig.). Ich teile Lakatos' Auffassung, denn schon aus der Sicht der Versuchsplanung können Experimente nicht so gestaltet werden, dass sie in allen wesentlichen Belangen gleichermaßen fair oder ausgewogen gegenüber den konkurrierenden Hypothesen sind; man muss dazu gar nicht die Fallibilität all unserer Beobachtungen bemühen (vgl. Hager, 1992a, S. 269-280).

Als nächstes erfolgt die Auseinandersetzung mit einigen multivariaten Verfahren.

10. Anmerkungen zu Vorgehensweisen bei mehreren abhängigen Variablen

10.1 Multivariate Hypothesen und Testkriterien

Wenn in einem psychologischen Versuch eine oder mehrere qualitative unabhängige Variable/n (UV/n) und mehrere abhängige Variablen (AV/n) vorliegen, liegt es nahe, die Daten mittels **multivariater Varianzanalyse (MVA)** auszuwerten. Diese stellt die Verallgemeinerung der univariaten **Varianzanalyse** auf mehr als nur eine abhängige Variable dar; für sie gilt also $UV_{min} = 1$ und $AV_{min} = 2$. U bezeichne die Anzahl der Prädiktoren, also die Anzahl der Stufen der UV minus Eins, so dass im einfaktoriellen Fall gilt, dass $U = K - 1$, und W die Anzahl der AVn oder Kriterien ($W \geq 2$).

Für die Analyse sei X: $X_1, X_2, ..., X_U$ und Y: $Y_1, Y_2, ..., Y_W$. Es sei ferner $a_1, a_2, ..., a_U$ eine Menge von Konstanten oder Gewichten, so dass X eine Linearkombination der U Pädiktoren darstellt (vgl. Marascuilo & Levin, 1983, S. 178-179):

(10.1) $X = a_1X_1 + a_2X_2 + ... + a_UX_U = \mathbf{A'X}$.

Ferner sei $b_1, b_2, ..., b_W$ eine zweite Menge von Konstanten oder Gewichten, so dass Y eine Linearkombination der AVn (Kriterien) darstellt:

(10.2) $Y = b_1Y_1 + b_2Y_2 + ... + b_WY_W = \mathbf{B'Y}$.

Die fettgedruckten Symbole stehen für Matrizen. - Die Größe der Gewichte ist nicht bekannt. Sie werden daher auf Grund der Daten per Auswertungsprogramm so gewählt, dass sie die Korrelation zwischen $\hat{X}$ und $\hat{Y}$, den sog. kanonischen Variablen, die aus den Linearkombinationen X und Y durch die Wahl der Koeffizientensätze $\hat{a}_u$ und $\hat{b}_w$ entstehen, maximieren. Diese Korrelation wird *kanonische Korrelation* (r_{kan}) genannt (vgl. dazu auch Bortz, 1999, Kap. 19; Marascuilo & Levin, 1983, Kap. 5, oder Tabachnick & Fidell, 1987, Kap. 6). Es werden dann weitere Linearkombinationen zwischen den U Prädiktoren und den W AVn (Kriterien) konstruiert, für die ebenfalls jeweils eine kanonische Korrelation berechnet wird, die jedoch nicht größer sein kann als die erste kanonische Korrelation. Es können für einen empirischen Datensatz so viele kanonische Korrelationen bestimmt werden, wie es der Anzahl der Variablen im kleineren Variablensatz entspricht, also $Z = \min(U; W)$. Allgemein gilt:

(10.3) $r_{kan,1} \geq r_{kan,2} \geq ... \geq r_{kan,Z} \geq 0$.

Zur Bestimmung aller möglichen kanonischen Korrelationen $r_{kan,z}$ werden für die vorhandenen Daten vier Korrelationsmatrizen definiert, und zwar $\mathbf{R_{YY}}$ für die Korrelationen zwischen den abhängigen Variablen Y_w, R_{XX} für die Korrelationen zwischen den Prädiktoren X und zwei weitere Matrizen R_{XY} und R_{YX} für die Korrelationen zwischen den UVn und den AVn. Aus diesen vier Korrelationsmatrizen wird dann eine fünfte Matrix erzeugt, die Matrix R_{kan} mit den kanonischen Korrelationen:

(10.4) $R_{kan} = R^{-1}_{YY} R_{YX} R^{-1}_{XX} R_{XY}$,

wobei R^{-1} die Inverse der betreffenden Matrix bezeichnet (vgl. dazu etwa Bortz, 1999, S. 696-699).

Wenn man kanonische Korrelationen $r_{kan,z}$ quadriert, erhält man sog. **Eigenwerte** $\lambda_{z,emp}$ (vgl. Marascuilo & Levin, 1988, S. 184). Dabei handelt es sich um auf empirischen Daten beruhende Werte, was durch den Index „emp" zum Ausdruck gebracht wird.

(10.5) $\lambda_{z,emp} = r^2_{kan,z}$,

und für diese Eigenwerte gilt ebenfalls:

(10.6) $\lambda_{1,emp} \geq \lambda_{2,emp} \geq ... \geq \lambda_{Z,emp} \geq 0$.

Wie Formel (10.4) ausweist, sind die kanonischen Korrelationen $r_{kan,z}$ und damit die Eigenwerte $\lambda_{z,emp}$ von Null verschieden, wenn entweder die *Korrelation zwischen mindestens zwei AVn* von genügender Größe ist oder wenn sich *mindestens zwei Mittelwerte hinreichend voneinander unterscheiden*, ohne dass die AVn miteinander korreliert sind, oder wenn sich *mindestens zwei Mittelwerte hinreichend voneinander unterscheiden und wenn mindestens zwei AVn hinreichend hoch miteinander korreliert* sind. Entsprechend ist die Alternativhypothese für die **MVA** zu formulieren:

(10.7) $H_{0,MVA}$: $(\lambda_1 = \lambda_2 = ... = \lambda_Z = 0)$ gegen

(10.8) $H_{1,MVA}$: $\{[(\lambda_1 > 0) \wedge (\lambda_2 = \lambda_3 = ... = \lambda_Z = 0)]\ \hat{\vee}$

$\hat{\vee}\ [(\lambda_1 \geq \lambda_2 > 0) \wedge (\lambda_3 = \lambda_4 = ... = \lambda_Z = 0)]\ \hat{\vee}\ ...\ \hat{\vee}\ [(\lambda_1 \geq \lambda_2 \geq \lambda_3 \geq ... \geq \lambda_Z > 0)]\}$.

$\hat{\vee}$: ausschließendes Oder (entweder ... oder aber ... oder aber ...). Es wird also gegen eine außerordentlich unspezifische Alternativhypothese getestet, so dass sich zwar die Beibehaltung der Nullhypothese unter Formel (10.7) leicht interpretieren lässt, nicht aber die Alternativhypothese unter Formel (10.8): *Ein statistisch signifikantes multivariates Testkriterium ist schlicht uninterpretierbar*, und zwar selbst dann, wenn man es additiv in multiple Korrelationsquadrate zerlegen kann (siehe dazu Bredenkamp, 1980): „The major disadvantage of multivariate procedures concerns the additional testing that is usually required before an adequate interpretation can be given to a significant multivariate test" (Ramsey, 1980, S. 317). Dennoch sind **MVAs** in der Forschungspraxis recht beliebt: In den 428 Artikeln aus den Jahren 2001 und 2002 wurden sie insgesamt 76 Mal durchgeführt.

Zur Testung von multivariaten Hypothesen der vorstehenden Art sind mehrere Testkriterien vorgeschlagen worden. Diese operieren alle mit den Eigenwerten, allerdings auf verschiedene Arten.

Das Testkriterium Λ von Wilks (1932) ist wie folgt definiert (vgl. Bortz, 1999, S. 575; Marascuilo & Levin, 1983, S. 185):

(10.9) $\Lambda_{emp} = \Pi_{z=1}^{Z}\left(\dfrac{1}{1+\lambda_{z,emp}}\right)$

und kann approximativ bpsw. über die F-Verteilungen auf statistische Signifikanz getestet werden (Rao, 1951; vgl. auch Bortz, 1999, S. 576). Dieses Kriterium wurde in 20 von 428 Artikeln aus den Jahren 2001 und 2002 herangezogen.

Ein weiteres Testkriterium, V, wurde von Pillai (1965) und M.S. Bartlett (1938) vorgeschlagen (Marascuilo & Levin, 1983, S. 316). Eine seiner Definitionen hat die folgende Form:

(10.10) $V_{emp} = \sum_{z=1}^{Z} \dfrac{\lambda_{z,emp}}{1+\lambda_{z,emp}}$.

Auch für diesen Test sind spezielle Tabellen erforderlich (Pillai, 1960); allerdings kann eine approximative Testung über die F-Verteilungen erfolgen (vgl. Bortz, 1999, S. 576; Bredenkamp, 1980, S. 82). In den erwähnten 428 Artikeln wurde dieses Testkriterium fünf Mal benutzt.

Als nächstes ist das Spur-Kriterium T von Hotelling (1951a) und Lawley (1940) anzusprechen, das mit der Summe der Eigenwerte operiert (vgl. Marascuilo & Levin, 1983, S. 316):

(10.11) $T_{emp} = \sum_{z}\lambda_{z,emp}$.

Zu seiner Signifikanzbeurteilung sind ebenfalls gesonderte Tabellen erforderlich (Pillai, 1960); allerdings kann auch hier eine approximative Testung über die χ^2-Verteilungen erfolgen (Marascuilo & Levin, 1988, S. 316). In den 428 Artikeln basierte die Auswertung zwei Mal auf diesem Kriterium.

Ein letzter anzusprechender Test geht auf Roy (1957) zurück. Bei diesem Testkriterium wird nur der größte Eigenwert, $\lambda_{1,emp}$, auf statistische Signifikanz getestet. Die Hypothesen lauten dabei:

(10.12) $H_{0,Roy}: (\lambda_1 = 0)$ gegen $H_{1,Roy}: (\lambda_1 > 0)$.

Die Testgröße R_{Roy} bestimmt sich wie folgt (Marascuilo & Levin, 1983, S. 317):

(10.13) $R_{Roy} = \dfrac{\lambda_{1,emp}}{1+\lambda_{1,emp}}$.

Für diesen Test existiert keine approximative Testmöglichkeit; zur Signifikanzentscheidung sind spezielle Tabellen erforderlich, die Pillai (1967) erstellt hat und die sich bspw. in Marascuilo und McSweeney (1988, S. 490-502) finden. Diese Teststatistik wurde in den 428 Artikeln nicht herangezogen, und in 49 Artikeln wurde das benutzte Testkriterium nicht genannt, sondern nur der F-Wert.

Ein Spezialfall der **MVA** liegt dann vor, wenn die eine UV nur zwei Stufen aufweist, so dass gilt: $Z = U = FG_Z = K - 1 = 1$. In diesem Fall wird als Auswertungsverfahren üblicherweise **Hotellings T^2** benutzt, das die direkte Erweiterung des univariaten Zwei-Stichproben-t-Tests für eine UV auf mehrere AVn darstellt (Hotelling, 1931). Da in diesem Fall min(U; W) = 1 ist, kann nur eine kanonische Korrelation und daher auch nur ein Eigenwert λ_1 berechnet werden. Daher lautet das mit T^2 getestete Hypothesenpaar:

(10.14) $H_{0,T2}$: $(\lambda_1 = 0)$ vs. $H_{1,T2}$: $(\lambda_1 > 0)$.

Die Signifikanzentscheidung erfolgt über die F-Verteilungen (Marascuilo & Levin, 1988, S. 282). Dieser Test kann als Ein-Stichproben-Test auch dann eingesetzt werden, wenn einer der beiden Mittelwertsvektoren aus a priori spezifizierten Mittelwerten $\mu_{w,c}$ besteht (Entsprechung des Ein-Stichproben-**t-Tests**).

Für die multivariaten Testkriterien gibt es jeweils auch andere Formen; dies hängt davon ab, auf Grund welcher Matrizen man die Eigenwerte berechnet; die möglichen Berechnungsarten hat Olson (1974, 1976) aufgezeigt; seine Tabelle findet sich auch in Bortz (1999, S. 578). Die vorstehenden Formen der Testkriterien erhält man, wenn man die folgende Matrizenmultiplikation benutzt: **HE**$^{-1}$, wobei **H** die Hypothesenmatrix bezeichnet und **E** die Fehlermatrix (vgl. Bortz, 1999, S. 578-579).

Da sich alle Testkriterien auf die Eigenwerte beziehen, ist die Formulierung der Hypothesen über Mittelwerte bzw. Mittelwertsvektoren nicht korrekt, weil sie die Tatsache unberücksichtigt lässt, dass der Ausgang der Tests auch von der Höhe der Korrelationen zwischen den AVn abhängt (vgl. die falsche Wiedergabe in Hager, 1992a, S. 375, oder in Marascuilo & Levin, 1988, S. 284).

Erwähnt sei noch, dass sich alle genannten multivariaten Testkriterien auch dann einsetzen lassen, wenn intraindividuelle Bedingungsvariation vorliegt.

Die angesprochenen Testkriterien sind Bestandteil der meisten Statistik-Software-Pakete, die in der überwiegenden Mehrzahl die empirischen Werte für alle Testkriterien errechnen und auch deren p-Werte angeben und zum Teil auch die Werte für die approximativen univariaten Teststatistiken χ^2 und F, so dass die Nicht-Verfügbarkeit von exakten Tabellen kein Problem darstellt.

Wenn die UV nur zwei Stufen hat, führen diese Testkriterien zu denselben Resultaten. Sofern min(U; W) = Z > 1, führt keines der genannten Kriterien zu einem „uniformly most powerful unbiased test", also einem „gleichmäßig teststärksten unverfälschten Test" (Olson, 1976), während die univariaten **t-** und **F-Tests** gegenüber allen möglichen von der Nullhypothese abweichenden Mittelwertsmustern den „uniformly most powerful unbiased test" darstellen. Ist der größte Eigenwert von den anderen verschieden, liegt also eine sog. konzentrierte Nonzentralitätsstruktur vor, so führt Roys Kriterium zum teststärksten Test. Sind die Eigenwerte von annähernd gleicher Größe, liegt also eine sog. diffuse Nonzentralitätsstruktur vor, führt das Pillai-Bartlett-Kriterium V zum relativ teststärksten Test; allerdings ist der Vorteil gegenüber den anderen Kriterien, also T_{emp} und Λ_{emp}, in aller Regel nur gering (Stevens, 1979, S. 359; 1980). Olson (1974, S. 907; 1976, S. 583) und im Anschluss daran Bredenkamp (1980, S. 85-86) empfehlen das V-Kriterium von Pillai und M.S. Bartlett für den allgemeinen Gebrauch, weil es am relativ robustesten gegenüber seinen Alternativen und dabei von genügender Teststärke bei den verschiedensten Nonzentralitätsstrukturen ist, und bei ihm kann die **Planung** der vorgesehenen Tests auf relativ einfache Weise unter Verwendung multipler Korrelationsquadrate erfolgen (Bredenkamp, 1980, S. 84-87); siehe zur Planung multivariater Tests auch J. Cohen (1988, Kap. 9) sowie Stevens (1980). Liegen mehrere UVn oder eine UV mit $K \geq 3$ Stufen vor, kann es geschehen, dass einige der Testkriterien zu statistisch signifikanten Resultaten führen und andere nicht, „and the researcher is left wondering which result to believe" (Tabachnick & Fidell, 1989, S. 398). Bortz (1999, S. 579) führt dazu aus, dass die Testkriterien unter den genannten Bedingungen dann zu den gleichen Resultaten führen, wenn gilt: $FG_N \geq 10(W)FG_Z$, wobei für die einfaktorielle **MVA** $FG_Z = K - 1$ und $FG_N = N - K$ ist, also wie im univariaten Fall.

Die **Effektgröße** $R^2_{Y.X}$ kann für **MVA** auf der Grundlage der quadrierten kanonischen Korrelationen oder Eigenwerte bestimmt werden (J. Cohen, 1988, S. 469):

(10.15) $R^2_{Y.X} = 1 - (1 - \lambda_{1,emp})(1 - \lambda_{2,emp}) \ldots (1 - \lambda_{Z,emp})$.

Dieses Maß drückt die aufgeklärte generalisierte Stichprobenvarianz aus; es ist ein multivariates Analogon für die univariate quadrierte multiple Korrelation $R^2_{Y.B}$ (Bredenkamp, 1980, S. 83). Eine weitere **Effektgröße** wird auf der Grundlage von Wilks' Λ wie folgt bestimmt (vgl. u.a. Huberty, 1972; Tabachnick & Fidell, 1989, S. 389):

(10.16) $\eta^2_{mult,\Lambda} = 1 - \Lambda$ und

(10.17) $R^2_{mult,\Lambda} = 1 - \Lambda_{emp}$,

wobei Λ_{emp} nach Formel (10.9) berechnet wird. Die Interpretation dieses Maßes ist die gleiche wie beim vorhergehenden. Ferner gibt es ein Maß, das dem univariaten ω^2 (vgl. dazu Hays, 1988, S. 307) entspricht und das im einfaktoriellen multivariaten Fall folgende Form annimmt (Bredenkamp, 1980, S. 81):

(10.18) $\hat{\omega}^2_{mult,\Lambda} = 1 - \dfrac{N}{(N-K)\Lambda^{-1}_{emp}+1} = 1 - \dfrac{N}{(N-K)\Pi(1+\lambda_{z,emp})+1}$.

Ein weiteres Maß steht in engem Zusammenhang mit dem Spur-Kriterium T von Hotelling und Lawley:

(10.19) $C_{T,emp} = T_{emp}/(W + T_{emp})$.

Auch für das V-Kriterium von Pillai und M.S. Bartlett kann eine **Effektgröße** definiert werden (Huberty, 1972, S. 523):

(10.20) $R^2_{mult,V} = V_{emp}/(1 + V_{emp})$.

Für mich erweisen sich diese multivariaten Effektgrößen, die aus den multivariaten Testkriterien berechnet werden, als nicht leichter interpretierbar als letztere.

In Anbetracht der sehr unspezifischen Alternativhypothese der **MVA** ist es nachvollziehbar, dass üblicherweise bei einem statistisch signifikanten multivariaten Testkriterium weitere statistische Verfahren eingesetzt werden - in der gleichen Weise, wie nach einer statistisch signifikant gewordenen univariaten **Varianzanalyse** (vgl. dazu H.J. Keselman, Huberty, Lix, Olejnik, Cribbie, Donohue, Kowalchuk, Lowman, Petosky, J.C. Keselman & Levin, 1998). Von diesen Anschlusstests ist allerdings nur die Technik nach Roy und Bose (1953), die die multivariate Erweiterung der **Scheffé-Technik** darstellt, kohärent mit den multivariaten Kriterien; über andere in Frage kommende Anschlusstests informiert Ramsey (1980).

Befassen wir uns im folgenden Abschnitt mit einigen vermeintlichen Vor- und Nachteilen multivariater Verfahren.

10.2 Vorteile und Nachteile multivariater Verfahren

Einem verbreiteten Verständnis zufolge kumulieren die statistischen Fehlerwahrscheinlichkeiten nicht nur bei mehrfachen univariaten Tests, sondern auch dann, wenn man unter einer psychologischen Hypothese mehr als nur eine abhängige Variable oder ohne explizite psychologische Hypothese mehrere AVn untersucht. In beiden Fällen resultiert rein formal ein multivariates Design, das man tunlichst auch mittels multivariater statistischer Analysetechniken „auszuwerten" hat. Diese Vorgehensweise soll mindestens fünf Vorteile in sich vereinen.

Vorteil 1: Multivariate Techniken stehen in dem Ruf, das vorgegebene Signifikanzniveau α ungeachtet der Anzahl der AVn und der möglichen Interkorrelationen zwischen den AVn zu kontrollieren. Unter der Gültigkeit der Nullhypothese der **MVA** wird die globale Fehlerrate in der Tat auf dem Wert α gehalten, weil im Falle der Annahme der Nullhypothese (zumindest in der Regel) Folgetests unterbleiben. Auf der anderen Seite schließt ein statistisch signifikantes multivariates Testkri-terium es nicht aus, dass bei Gültigkeit der globalen Alternativhypothese nicht doch Fehler 1. Art auftreten können, und zwar dann, wenn einzelne Nullgemein-sam mit einzelnen Alternativhypothesen zutreffen (siehe Harris, 1985, S. 170-177; Ramsey, 1980, S. 319-320; Share, 1984, S. 351).

Aber: Natürlich ist die Kontrolle der Fehlerwahrscheinlichkeit 1. Art, α, auch im Falle der alternativen multiplen univariaten Analysen möglich, denn:
Suppose ... a researcher were able to define on an a priori basis a finite set of variable combinations and/or between-groups comparisons that were of interest. In such cases ... MANOVA may not be advisable, since the same degree of type 1 error control can be exercised with some much simpler alternative approaches. More importantly, these alternative approaches will often yield con-

fidence intervals that are narrower than the corresponding ... [simultaneous testing procedure; W.H] intervals, thereby making these alternative approaches more powerful. The ... [alternative; W.H.] procedures derive from the versatile Bonferroni equality ... . (Marascuilo & Levin, 1983, S. 337) Und weiter:

It should be clear ... that the Dunn-Bonferroni approach affords a very versatile, and often more powerful, approach to hypothesis testing than omnibus MANOVA hypotheses. Since the approach, with its user-specified weights, is easier to understand as well, we hope that more multivariate researchers will get into the habit of employing the Dunn-Bonferroni technique, as applied either to contrasts or to separate univariate ANOVAs. (Marascuilo & Levin, 1983, S. 338) (**MANOVA: MVA; ANOVA:** univariate **VA**)

Und noch deutlicher:

We consider to be a myth the idea that one is controlling Type I error probability by following a significant MANOVA test with multiple ANOVA tests, each conducted using conventional significance levels. ... To require MANOVA as a prerequisite of multiple ANOVAs is illogical, and the comfort of statistical protection is an illusion. (Huberty & Morris, 1989, S. 307)

Vorteil 2: Ein weiterer Vorteil multivariater Verfahren soll darin liegen, dass man mit ihnen „multivariate Treatment-Wirkungen" (Kaplan & Litrownik, 1977, S. 385) bzw. „wichtige Linearkombinationen" (Share, 1984, S. 355) identifizieren kann, die bei multiplen univariaten Tests „unentdeckt" bleiben (Strahan, 1982, S. 176).

Aber: Die bei multivariaten Analysen erzielbaren Ergebnisse sind nicht sehr informativ: „... it may be found that there is no significant meaningful contrast after rejection of the null hypothesis" (Swaminathan, 1989, S. 219). Um zu interpretierbaren Resultaten zu gelangen, werden den multivariaten Analysetechniken üblicherweise noch univariate **Varianzanalysen** nachgeschaltet, die i.A. anschließend noch durch univariate multiple Kontraste (und statistische Vergleiche) ergänzt werden (s.o.; vgl. dazu die Analyse der Auswertungsverfahren in etlichen pädagogisch-psychologischen Fachzeitschriften von H.J. Keselman, Huberty, Lix, Olejnik, Cribbie, Donohue, Kowalchuk, Lowman, Petosky, J.C. Keselman & Levin, 1998). Swaminathan (1989, S. 231) führt dazu aus:

The often advocated procedure of following up the rejection of the null hypothesis with a more powerful multiple comparison procedure should be discouraged. First, the overall rejection of the null hypothesis does not guarantee any meaningful contrast among the means will be significant, ... Second ..., significant contrasts may be found even when the null hypothesis would not have been rejected. Third, follow up multiple comparison procedures which are unrelated to the overall test result in an inflation of the experiment-wise error rate. If multiple comparisons are of primary interest, a suitable multiple comparison procedure can be used without first performing an overall test. (vgl. auch Huberty & Morris, 1989, S. 303)

Ähnlich wie im univariaten Fall bedeutet auch im multivariaten Fall eine statistisch insignifikante Teststatistik nicht, dass sich mit geeigneten Folgetests nicht statistisch signifikante Linearkombinationen oder Kontraste aufdecken lassen, und auf der anderen Seite muss ein statistisch signifikantes multivariates Resultat nicht bedeuten, dass in einem geeigneten Folgetest ebenfalls statistisch signifikante Resultate aufgedeckt werden - dies hängt von der Art der verwendeten Folgetests ab.

Vorteil 3: Als weiterer Vorteil von multivariaten Analysen wird die Tatsache ins Feld geführt, dass sie auch die Interkorrelationen zwischen den verschiedenen abhängigen Variablen berücksichtigen, d.h. die statistische Signifikanz eines multivariaten Testkriteriums hängt auch von diesen Interkorrelationen ab, und diese Interkorrelationen werden in der Tat mit geplanten oder ungeplanten univariaten Tests nicht erfasst. Allerdings invalidiert dieser Umstand die Durchführung von univariaten Tests als solche nicht, sondern sorgt nur dafür, dass die Teststatistiken miteinander korreliert sind: „Univariate results will provide ... separate but correlated test statistics" (Finn, 1974, S. 320). Dies bedeutet, dass mit der Höhe der Interkorrelationen zwischen je zwei AVn die Wahrscheinlichkeit ansteigt, dass eine für eine AV festgestellte statistische Signifikanz im univariaten Test auch von einer statistischen Signifikanz in einem zweiten univariaten Test begleitet wird.

Aber: Wenn man an den Interkorrelationen interessiert ist ist, können diese jederzeit separat bestimmt werden.

Und: Alle multivariaten Verfahren testen ausschließlich ungerichtete globale Hypothesen, wobei die Gewichtskoeffizienten für die einzelnen Linearkombinationen auf Grund der Daten bestimmt werden, und zwar so, dass sie die kanonischen Korrelationen maximieren (s.o.). Bei univariaten Analysen dagegen können und sollten die Gewichtskoeffizienten hypothesenorientiert von der/dem VL spezifiziert werden, und - wie im Verlaufe des Buches zu zeigen versucht wird - sollten üblicherweise gerichtete statistische Hypothesen von vorrangigem Interesse sein.

Vorteil 4: So gut wie alle univariaten Verfahren lassen sich vereinheitlichen und als Spezialfälle der **kanonischen Korrelationsanalyse** darstellen (vgl. etwa Bortz, 1999, S. 427). Diese Feststellung ist ohne jeden Zweifel richtig, wie Knapp (1978) analytisch gezeigt hat.

Aber: Sie gilt allerdings nur, solange man ungerichtete statistische Hypothesen betrachtet, die für die Prüfung von psychologischen Hypothesen von weit geringerer Relevanz sind als gerichtete (s.o.).

Vorteil 5: Zahlreiche Autor/inn/en sind der Auffassung, dass man nur mit multivariaten Auswertungsverfahren der „multivariaten Natur der Psychologie" gerecht werden könne, und nur diese seien „korrekt". Geht man von einer empiristischen Position aus, ist dieses Argument kaum anfechtbar. Um eine Theorie konstruieren zu können, die der „Multidimensionalität der Psychologie" auch nur annähernd gerecht wird, sind Analysetechniken vonnöten, die die Komplexität der erhobenen empirischen Daten angemessen zu erfassen erlauben und die nicht die für die Theoriekonstruktion so wichtigen Aspekte wie die Variableninterkorrelationen ausblenden. Nur mit einem dem komplexen Gegenstand angemessenen multivariaten, d.h. ebenfalls komplexen, Verfahren ist danach zu gewährleisten, dass nicht etwa wichtige Wirkungen und „important linear combinations" (Share, 1984, S. 355) übersehen werden. Dieses Argument ist für diejenigen Kolleg/inn/en überzeugend genug, sich multivariater Analyseverfahren zu bedienen, die ihre Forschung auf der Grundlage des logischen Empirismus' Carnaps (1986) durchführen, aber es ist bereits erwähnt worden, dass diese Metatheorie für die Psychologie nicht taugt. Aus diesem Blickwinkel können „die zur Zeit überaus beliebten multivariaten Verfahren" als „vorwiegend induktiv" klassifiziert werden (Groeben & Westmeyer, 1975, S. 123).

Aber: Obwohl die Gegenstände der Psychologie fraglos extrem komplex sind, muss dies keineswegs zwingend bedeuten, dass man diese Gegenstände auch durch die Brille multivariater Verfahren betrachten muss, aber man kann dies natürlich tun. Denn: „ ... whether or not a potential multivariate problem is analyzed ‚multivariately' is a function of the researcher's perceptions of the problem and corresponding desired substantive interpretations of the data. In this statistical domain, as in others, a variety of data-analysis options is available for answering a given research question" (Marascuilo & Levin, 1983, S. 2). Da aber auch die multivariate Modellierung insofern immer Stückwerk bleiben muss, als niemals alle relevanten Aspekte erfasst werden (können), kann mit gleicher Berechtigung bedarfsweise auch eine univariate Modellierung vorgenommen werden, bei der gezielt eine Beschränkung auf solche Variablen erfolgt, die von einer psychologischen Theorie oder Hypothese benannt werden. Nach meiner Auffassung muss also aus der Tatsache, dass man simultan mehrere AVn untersucht, keinesfalls zwingend eine multivariate Analyse und eine Adjustierung resultieren. Das hängt davon ab, wie man das Problem betrachtet.

10.3 Echte und scheinbare multivariate Hypothesen

Eine echte multivariate psychologische Hypothese zeichnet sich dadurch aus, dass sie nicht nur eine Aussage über die Beziehung/en zwischen der/den UV/n und den AVn beinhaltet, sondern auch eine Aussage über die Beziehungen zwischen den AVn; die Beziehungen müssten ungerichtet sein. Mir ist keine derartige echte multivariate psychologische Hypothese bekannt, aber sie könnte von folgender Form sein (fiktives Beispiel nach Hager, 1992a, S. 290) (**PH-52**): „Unterschiedliche Ausprägungen der Bildhaftigkeit beeinflussen die Gedächtnisleistung und die Verarbeitungsgeschwindigkeit, aber die Unterschiede zwischen der Gedächtnisleistung (GL) und der Verarbeitungsgeschwindigkeit (VG) sind unabhängig von den Ausprägungen der Bildhaftigkeit gleich groß". Bei dieser echten multivariaten PH gilt: $UV_{min} = 1$ und $AV_{min} = 2$. Die Ableitung von Vorhersagen ergibt:

(10.21) (PH-52 ∧ VSVS) ≈> [PV-52(B;V=1;K=2;W=2) ∧ SHH]:

$(GL_1 \neq GL_2) \wedge (VG_1 \neq VG_2) \wedge [(GL_1 - VG_1) = (GL_2 - VG_2)]$ ≈>

≈> SV-52(B;V=1;K=2;W=2):

$[(\mu_{GL,1} - \mu_{GL,2} \neq 0) \wedge (\mu_{VG,1} - \mu_{VG,2} \neq 0)] \wedge [(\mu_{GL,1} - \mu_{VG,1}) - (\mu_{GL,2} - \mu_{VG,2}) = 0]$.

Für $(\mu_{GL,1} - \mu_{VG,1}) = (\mu_{GL,2} - \mu_{VG,2})$ gilt dabei:

(10.22) $(\mu_{GL,1} - \mu_{VG,1}) = (\mu_{GL,2} - \mu_{VG,2}) = (\mu_{GL,1} - \mu_{VG,1}) - (\mu_{GL,2} - \mu_{VG,2}) = 0$ bzw.

$(\mu_{GL,1} - \mu_{GL,2}) - (\mu_{VG,1} - \mu_{VG,2}) = (\mu_{GL,1} - \mu_{GL,2} - \mu_{VG,1} + \mu_{VG,2}) = 0$.

Die Ableitung von statistischen Hypothesen führt dann zu:

(10.23) SV-52(B;V=1;K=2;W=2) ≈> ST-52(B;V=1;K=2;W=2)):

$\{[H_{1,1}: \psi_1 = \mu_{GL,2} - \mu_{GL,1} \neq 0) \wedge (H_{1,2}: \psi_2 = \mu_{VG,2} - \mu_{VG,1} \neq 0) \wedge$

$\wedge [H_{0,3}: \psi_3 = (\mu_{GL,1} - \mu_{GL,2}) - (\mu_{VG,1} - \mu_{VG,2}) = 0]\}$.

$H_{0,3}$ ist eine statistische Hypothese, die eine Nullinteraktion zwischen den beiden AVn behauptet. Auch diese statistischen Einzelvorhersagen sollte man anstelle einer multivariaten Analyse bevorzugt mit der Methode der univariaten Kontraste testen; dies setzt allerdings voraus, dass die Varianzen $s^2_{GL,k}$ nicht allzu verschieden von den Varianzen $s^2_{VG,k}$ sind. Sollte dies doch der Fall sein, kann man auf den **Welch-Test** zurückgreifen (Keppel, 1991, S. 124-128), mit dem ebenfalls statistische Hypothesen über Paar- und komplexe Kontraste getestet werden können. Die ersatzweise Benutzung von Rangverfahren ist dagegen nicht empfehlenswert (siehe Kap. 13).

Bei nur scheinbaren multivariaten Hypothesen wird zwar mit **mehreren AVn** operiert, aber zwischen diesen werden **keine Beziehungen** behauptet (vgl. auch Hager, 1992a, S. 288-291). Es gibt vor allem drei Fälle, in denen scheinbar multivariate Hypothesen vorliegen, so dass rein formal die Voraussetzungen für eine multivariate Analyse vorliegen.

Fall 1: Man will eine psychologische Hypothese prüfen, die sich auf Seiten der AV auf **mehrere Konstrukte** bezieht. Dann sollte zuerst für jedes Konstrukt eine eigene psychologische Hypothese aufgestellt werden, wie dies etwa in den Beispielen des Abschnittes 9.5 der Fall gewesen ist; es entstehen so viele Hypothesen, wie Konstrukte vorliegen. Dann werden die Konstrukte konkretisiert, d.h. beobachtbar gemacht. Für jede der beobachtbaren AVn lassen sich dabei meist gerichtete und zuweilen auch ungerichtete Vorhersagen ableiten, so dass auch in diesem Fall univariate Analysen das Vorgehen der Wahl darstellen, da ja in der „ursprünglichen" Hypothese keine Aussagen über die Beziehungen zwischen den AVn getroffen werden. Die Testplanung erfolgt pro psychologischer Hypothese. Auf diese Weise kann man in Erfahrung bringen, auf welcher AV sich die vorhergesagten (gerichteten oder ungerichteten) Veränderungen ergeben haben, und man kann dann über die einzelnen Hypothesen entscheiden. Wenn entsprechendes Interesse besteht, werden die Korrelationen zwischen allen abhängigen Variablen berechnet, u.a. um einen Eindruck zu erhalten, wie sehr die einzelnen AVn und damit auch die univariaten Tests miteinander korreliert sind. Des Weiteren gibt es bei der vorgeschlagenen Vorgehensweise auch das Problem nicht mehr, dass die Fehlerwahrscheinlichkeiten über mehrere AVn kumulieren können, denn die konzeptuelle Einheit, auf die hin die Kumulierung erfolgt und ausgeglichen wird, ist genau eine psychologische Hypothese bzw. die aus ihr über die PV abgeleitete statistische Vorhersage SV. Wenn dann für jede der AVn eine eigene PH formuliert wird, kann über die verschiedenen AVn keine Kumulation der Fehlerwahrscheinlichkeiten mehr stattfinden.

Fall 2: Man hat eine psychologische Hypothese vorliegen, die sich auf Seiten der AV nur auf ein (nicht-beobachtbares) Konstrukt bezieht. Dieses eine Konstrukt wird jedoch auf verschiedene Arten konkretisiert. Dann wird jeder Konkretisierung eine eigene psychologische Hypothese zugeordnet, werden psychologische Vorhersagen pro konkretisiertem Konstrukt abgeleitet und daraus erneut univariate statistische Hypothesen. Über letztere werden die entsprechenden Tests durchgeführt, die so gewählt werden sollen, dass sie einfach interpretierbar und einfach planbar sind. Für jede Konkretisierung wird „ihre" Hypothese einzeln geprüft - genauso wie sie auch für ganz bestimmte Personen in ganz bestimmten Settings geprüft wird. Dies ist möglich, da ja wiederum keine Zusammenhangsaussage zwischen den einzelnen Konkretisierungen des Konstruktes getroffen wird. Die Testplanung erfolgt erneut pro psychologischer Hypothese. Die Hypothesen können sich grundsätzlich entweder für alle Konkretisierungen oder für keine oder nur für einen Teil davon bewähren oder nicht bewähren. Es ist gerade von Interesse zu erfahren, für welche Konkretisierungen eine Hypothese zutrifft und für welche nicht. Multivariate Analysen erlauben diese wichtige Unterscheidung nicht. Wenn man also für jede Konkretisierung oder AV eine eigene Hypothese formuliert hat, ergibt sich die Notwendigkeit des Einsatzes multivariater Verfahren nicht mehr; und wie dabei vorzugehen ist, wurde im Abschnitt 9.5 am Beispiel verschiedener Wirksamkeits- und Wirksamkeitsunterschiedshypothesen demonstriert. Die Interkorrelationen zwischen den AVn können ohne weiteres bestimmt und bedarfsweise auch auf statistische Signifikanz getestet werden, um Aufschluss darüber zu erhalten, ob und welche Zusammenhänge bestehen, denn dies ist ja möglich, ohne dass man eine vollständige multivariate Analyse durchführt. Da diese Interkorrelationen für die psychologischen Hypothesen ohne Belang sind, braucht die Kumulation der statistischen Fehlerwahrscheinlichkeiten α und/oder β nicht berücksichtigt zu werden; allerdings sollte eine Testplanung nach der **TPS 2** oder der **TPS 3** vorgenommen werden.

Fall 3: Man will eine Zusammenhangshypothese prüfen, die sich auf mehrere AVn *und* den Zusammenhang zwischen ihnen bezieht. In diesem Fall interessieren lediglich die Interkorrelationen zwischen den von der Hypothese genannten AVn und deren Assoziation. Es können dabei gleich hohe Assoziationen vorhergesagt werden, verschieden hohe Assoziationen und ggf. für einen Teil der AVn auch keine Assoziation; dies ist bei der Planung der geeigneten **Korrelations-Tests** zu berücksichtigen. Diese Interkorrelationen lässt man berechnen und unterzieht sie den geplanten **Korrelations-Tests** - dies erledigt meist das Computerprogramm. Zu beachten ist in diesem Fall die Kumulation der statistischen Fehlerwahrscheinlichkeiten α und/oder β, die im Zuge der Testplanung auszugleichen ist. Eine multivariate Analyse ist auch in diesem Fall nicht erforderlich.

Insgesamt zeigt sich also, dass die **multivariaten Varianzanalysen** sich *nicht zur Prüfung psychologischer Hypothesen eignen*. Letztere ermöglichen immer die Vorhersage von a priori planbaren Kontrasten und zuweilen auch statistischen Vergleichen, und sie sind in aller Regel gerichtet, während die Hypothesen der **MVA** durchgängig ungerichtet sind. Selbst wenn man eine echte multivariate psychologische Hypothese zu prüfen hat, muss dies nicht automatisch zu einer multivariaten Analyse führen - geplante univariate Kontraste, die wesentlich leichter zu interpretieren sind als das Ergebnis einer **MVA**, können in aller Regel auch in derartigen Fällen eingesetzt werden.

Bortz (1999; S. 568) gibt die folgenden Randbedingungen an, unter denen univariate Analysen anstelle einer multivariaten **Varianzanalyse** gerechtfertigt sein sollen:

Erstens: Die abhängigen Variablen sind zumindest theoretisch als wechselseitig unabhängig vorstellbar.

Zweitens: Die Untersuchung dient nicht der Überprüfung von Hypothesen, sondern der Erkundung der wechselseitigen Beziehungen der abhängigen Variablen untereinander und ihrer Bedeutung für Gruppenunterschiede.

Drittens: Man beabsichtigt, die Ergebnisse der Untersuchung mit bereits durchgeführten univariaten Untersuchungen zu vergleichen.

Viertens: Man ist an Parallelstichproben interessiert und möchte die Äquivalenz der untersuchten Stichprobe bezüglich möglichst vieler Variablen nachweisen.

Fünftens: Wann immer die Frage Vorrang hat, ob sich die Stichproben insgesamt, also in Bezug auf alle berücksichtigten abhängigen Variablen unterscheiden, ist ein multivariater Mittelwertsvergleich durchzuführen.

Ich bewerte das etwas anders.

Erstens: Wann immer man eine psychologische Hypothese gezielt prüfen möchte, sollte dies mittels univariater Analysen geschehen, weil nur diese auch die Testung gerichteter statistischer Hypothesen erlauben, die in Anbetracht der Struktur der überwiegenden Mehrzahl der ebenfalls gerichteten psychologischen Hypothesen adäquat sind. Dabei sollte bevorzugt die Methode der univariaten geplanten Kontraste und Vergleiche zur Anwendung gelangen.

Zweitens: Liegen mehrere abhängige Variablen vor, die miteinander korreliert sein können oder auch nicht, wird für jede abhängige Variable eine eigene psychologische Hypothese aufgestellt und geprüft. Besteht Grund zu der Annahme, dass die abhängigen Variablen korreliert sind, kann man das Ausmaß des paarweisen Zusammenhanges separat ermitteln (lassen) und bedarfsweise mit Bezug zur oder unabhängig von der Hypothesenprüfung interpretieren - etwa, um neue Zusammenhangshypothesen zu gewinnen.

Drittens: Wenn man tatsächlich mit seiner eigenen Untersuchung den Befund einer anderen (univariaten) Untersuchung replizieren möchte, so gelangen aus hypothesenprüfender Perspektive auch hier wieder univariate Verfahren zur Anwendung. (Replikationen von psychologischen Untersuchungen finden im Übrigen in der Forschungspraxis nur sehr selten statt - möglicherweise, weil die Veröffentlichungschancen für Replikationsuntersuchungen geringer sind als für Originaluntersuchungen.)

Viertens: „Man ist an Parallelstichproben interessiert und möchte die Äquivalenz der untersuchten Stichproben bezüglich möglichst vieler Variablen nachweisen" (Bortz, 1999, S. 568). Wenn tatsächlich ein solches Interesse bestehen sollte, würde ich ebenso verfahren wie Bortz.

Fünftens: Die Frage, ob sich Stichproben bei Vorliegen mehrerer abhängiger Variablen insgesamt voneinander unterscheiden, stellt sich bei hypothesenprüfender Sicht nicht, vor allem dann nicht, wenn für jede abhängige Variable eine eigene psychologische Hypothese formuliert wird.

Zugegebenermaßen signalisieren multivariate Prozeduren ein größeres Ausmaß an „sophistication" als die (angeblich) einfachen univariaten Verfahren. Wenn aber die zu prüfende psychologische Hypothese hinreichend komplex ist, gestalten sich auch univariate Zugangsweisen relativ komplex. Aber man sollte die gewählten statistischen Verfahren nicht am Grad ihrer „sophistication" beurteilen, sondern nur anhand ihrer Geeignetheit zur adäquaten und erschöpfenden Prüfung von psychologischen Hypothesen. Macht man diese Aspekte zum Kriterium, haben univariate gegenüber multivariaten Prozeduren „die Nase vorn". Und was hindert die forschenden Kolleg/inn/en daran, die Energie, die sie bislang zur Interpretation multivariater Befunde aufgebracht haben, umzuleiten auf die Interpretation von psychologischen Hypothesen und die Ableitung von Vorhersagen aus diesen? Tabachnick und Fidell (1989, S. 4) merken dazu an: „One answer to the question ‚Why multivariate statistics?' is that the techniques are now accessible by computer." Zu dieser Aussage bedarf es keines weiteren Kommentars, obwohl ich befürchte, dass sich viele Kolleg/inn/en genau aus diesem Grund zur multivariaten Analyse ihrer empirischen Daten entschließen. In anderen Fällen wird es das wissenschaftliche Paradigma im Sinne Kuhns (1979) sein, dem man sich zugehörig fühlt, das gar keine anderen als multivariate Analysen zulässt. In wieder anderen Fällen führt man multivariate Analysen durch, weil man ohne diese der Vielzahl der untersuchten Variablen nicht Herr oder Frau werden kann. Doch warum hat man diese Vielzahl von Variablen nicht bereits vor dem Versuch auf eine überschaubare Menge reduziert, die eine Bedeutung mit Blick auf eine psychologische Hypothese haben? Dass alle Variablen in der Psychologie „irgendwie" miteinander zusammenhängen, stellt bereits Hays (1981, S. 293) fest: „There is surely nothing on earth that is completely independent of anything else". Ob man dann diese Variablenzusammenhänge auch statistisch signifikant bekommt, hängt dann vornehmlich von der zur Verfügung stehenden Stichprobe ab - das verhält sich bei multivariaten Verfahren nicht anders als bei univariaten auch. Warum versucht man es stattdessen nicht einmal mit einer psychologischen Hypothese, die angibt, welche Variablen wie zusammenhängen sollen - oder auch nicht?

Ich habe jedenfalls auf Grund der vorstehenden Überlegungen auf die Darstellung der Testplanung bei der **MVA** verzichtet; sofern diese von Interesse ist, sei auf Bredenkamp (1980, S. 80-91), J. Cohen (1988, Kap. 10) und Stevens (1980) verwiesen. Über die Testplanung in Versuchen mit mehreren abhängigen Variablen ist bereits in Abschnitt 9.5 alles Notwendige gesagt worden.

Obwohl Bortz und mit ihm viele forschende Kolleg/inn/en das anders einschätzen mögen, steht für mich insbesondere nach der kurzen Darstellung der mit multivariaten Testkriterien getesteten multivariaten statistischen Hypothesen außer Frage, dass psychologische Hypothesen mittels einfach zu interpretierender univariater Verfahren geprüft werden sollten. Lediglich bei echten multivariaten Hypothesen mag man eine multivariate Prüfung vorsehen, aber dies ist lediglich eine Option, weil man auch echte multivariate psychologische Hypothesen mittels univariater Verfahren prüfen kann und sollte, zumindest wenn sie gerichtet sind.

10.4 Andere multivariate Verfahren

Neben der bisher in den Vordergrund gerückten **MVA** gibt es noch eine Reihe weiterer multivariater Verfahren, die Backhaus, Erichson, Plinke und Weiber (2000, S. XXII-XXVI) in struktur-prüfende und struktur-entdeckende Verfahren einteilen. Zur ersten Gruppe gehört die **multiple Regressionsanalyse**, die den Zusammenhang zwischen einer oder mehreren qualitativen unabhängigen Variablen und einer intervallskalierten abhängigen Variablen zu untersuchen erlaubt. Für die **multiple Regression** ist das Problem der Testplanung gelöst (vgl. J. Cohen, 1988, Kap. 9, und Erdfelder, Faul & Buchner, 1996), und viele der im vorliegenden Buch behandelten Verfahren, z.B. die **Varianzanalysen**, lassen sich als Spezialfälle der **multiplen Regression** darstellen.

Die **Diskriminanzanalyse** hat große Ähnlichkeit mit der multivariaten **Varianzanalyse**, so dass diese beiden Verfahren von Marascuilo und Levin (1988, Kap. 8) gemeinsam behandelt werden. Bei ihr ist die abhängige Variable intervallskaliert, während die unabhängige Variable nominalskaliert ist; es wird hierbei die Zugehörigkeit zu einer der Vpn-Gruppen kodiert. Bei ihr werden ebenfalls Linearkombinationen der beteiligten Prädiktor- und Kriteriumsvariablen so gebildet, dass die kanonische Korrelation r_{kan} bzw. das Diskriminanzkriterium λ_{emp} zwischen ihnen maximal ausfällt:

(10.24) $\lambda_{emp} = \dfrac{QSY(Treat)}{QSY(Fehler)} = max,$

mit λ_{emp}: Diskriminanzkriterium (Eigenwert). Genauer gesagt, werden bei der **Diskriminanzanalyse** die Gewichtskoeffizienten für die Linearkombinationen so gewählt, dass eine maximale Trennung bzw. „Diskriminierung" der Vpn in K Gruppen resultiert, so dass die Vpn in einer Gruppe einander maximal ähnlich und die Vpn verschiedener Gruppen maximal unähnlich sind. Bei $K \geq 3$ existieren mehrere Ausdrücke der Art in Formel (10.24), die nacheinander die Varianz aufklären, die durch den ersten Diskriminanzfaktor nicht aufgeklärt worden ist. Für jeden der weiteren Diskriminanzfaktoren $\lambda_{z,emp}$ werden erneut Quotienten der Art in Formel (10.24) gebildet, so dass insgesamt $Z = min(U; W)$ Diskriminanzfaktoren entstehen. Die Anzahl dieser Faktoren richtet sich wieder nach dem Umfang des kleineren Datensatzes, also wieder nach der Formel $Z = min(U; W)$ (s.o.). Die Gesamtheit der Eigenwerte oder der kanonischen Korrelationen erfasst den gesamten Zusammenhang zwischen den Prädiktor- und den Kriteriumsvariablen. Die Hypothese, dass ein derartiger Zusammenhang besteht, wird bspw. unter Verwendung des V-Kriteriums von Pillai und M.S. Bartlett approximativ über die χ^2-Verteilungen getestet. Der Test wird solange wiederholt, bis keine statistische Signifikanz mehr erreicht wird (vgl. etwa Marascuilo & Levin, 1988, S. 323-324). Bei jedem Folgetest wird der jeweils größte Eigenwert des vorausgegangenen Tests aus der Summe $\sum ln(1 + \lambda_{z,emp})$ entfernt. Für jeden dieser Tests reduzieren sich damit auch die Freiheitsgrade. Als **Effektgröße** für diese Tests dient das $\hat{\omega}^2_{mult}$ aus Formel (10.18).

Die **Planung** einer **Diskriminanzanalyse** erfolgt nach den Ausführungen J. Cohens (1988, S. 492-493). Die Hypothesentestung kann dann nach Bortz (1999, S. 589) über Wilks' Λ vorgenommen werden, das nach entsprechender Transformation approximativ χ^2-verteilt ist. Aber auch alle übrigen multivariaten Testkriterien (s.o.) können zur Auswertung einer Diskriminanzanalyse herangezogen werden (Marascuilo & Levin, 1988).

Die Erweiterung der einfachen **multiplen Regressionsanalyse** für den Fall mehrerer (intervallskalierter oder dichotomer) Prädiktor- und mehrerer intervallskalierter Kriteriumsvariablen ist die **kanonische Korrelationsanalyse** (vgl. dazu Bortz, 1999, S. 607-624), die - wie Knapp (1978) gezeigt hat - auch dann zur Anwendung gelangen kann, wenn die Kriteriumsvariablen nur nominalskaliert sind. Sie stellt den allgemeinsten Zugang zu multivariaten Auswerteverfahren dar und umfasst als Spezialfälle die **einfache multiple Regressionsanalyse**, die uni- und die multivariaten **Varianzanalysen** einschließlich der uni- und multivariaten **Kovarianzanalysen**, die **Diskriminanzanalyse** und die **Analyse von Kontingenztafeln**.

Der **LISREL**-Analyse (LISREL: linear structural relationship; Jöreskog & Sörbom, 1996) liegt die Zwei-Sprachen-Konzeption von Carnap (etwa 1986, S. 252-270; vgl. auch Trout, 1991, S. 388-389) zugrunde, der eine gänzlich theoriefreie Beobachtungssprache L_O („observable-thing language") von einer Theoriesprache L_T

("theoretical terms") unterscheidet. Mittels dieser Gruppe von Verfahren werden substanzwissenschaftliche, also auch psychologische Hypothesen über Kausalzusammenhänge zwischen mehreren Variablen „anhand von nicht-experimentellen, korrelativen Daten" (Westermann, 2000, S. 218) geprüft, wobei explizit zwischen den theoretischen oder latenten (also verborgenen) Variablen, auf die sich Kausalhypothesen beziehen (siehe Kap. 2), und ihren empirischen Manifestationen unterschieden wird; die Hypothesenprüfung erfolgt dann über die Korrelationen zwischen den manifesten Variablen.

Mit dem **LISREL**-Ansatz sind die folgenden Probleme verbunden (vgl. Westermann, 1989): *Erstens* herrscht keine Klarheit über den erkenntnistheoretischen Status der sog. latenten Variablen. Sie werden sowohl als theoretische Begriffe bzw. hypothetische Konstrukte betrachtet als auch wie direkt und vollständig operationalisierbare Größen behandelt. Westermann begründet auch, weshalb die latenten Variablen des **LISREL**-Modells nicht unbedingt mit den hypothetischen Konstrukten und theorieabhängigen Begriffen gleichzusetzen sind, „die in den wesentlichen substantiellen Aussagen psychologischer Theorien vorkommen und mit deren Hilfe typischerweise experimentelle Zusammenhänge vorhergesagt und erklärt werden" (a.a.O., S. 482). *Zweitens* „ist unklar, in welchem Maße Strukturgleichungsanalysen tatsächlich zum wissenschaftlichen Erkenntnisfortschritt beitragen können" (Westermann, 1989, S. 474). „Einerseits kann der empirische Gehalt einer Theorie erhöht werden, andererseits besteht die Gefahr, daß die empirischen Prüfungen dieser Modelle eine zu geringe Validität haben" (a.a.O.); dies demonstriert Westermann (1989, S. 483-484).

Da ich eine andere Lösung des „Überbrückungsproblems" zwischen Begriffen, die mit Blick auf eine bestimmte Theorie T-theoretisch sind, und ihren Operationalisierungen bzw. Konkretisierungen bevorzuge (siehe Kap. 2), brauche ich auf den **LISREL**-Ansatz nicht weiter einzugehen, zumal sie auch in der Forschungspraxis nicht sehr häufig anzutreffen sind: in 13 von 428 Artikeln in psychologischen Fachzeitschriften aus den Jahren 2001 und 2002.

Zu den multivariaten Verfahren kann auch die **Faktorenanalyse** gezählt werden (Bortz, 1999, S. 495-546), die in 57 der 603 Studien in psychologischen Fachzeitschriften der Jahre 2001 und 2002 eingesetzt wurde und die dem Ziel der Strukturentdeckung und dem der Strukturprüfung dienen kann. Diese Methode ist aus dem Bereich der differenziellen, der diagnostischen und der Persönlichkeitspsychologie nicht wegzudenken, aber ich habe keine Möglichkeit gefunden, wie man für dieses Verfahren eine Testplanung durchführen könnte. Dies gilt auch für die **Clusteranalyse** (vgl. Bortz, 1999, S. 547-566). - Über weitere multivariate Verfahren informiere man sich u.a. bei Backhaus, Erichson, Plinke und Weiber (2000), bei Bortz (1999, Teil III), bei Marascuilo und Levin (1988) sowie bei Tabachnick und Fidell (1989).

Damit verlassen wir den kontroversen Topos des Ge-, Nichtge- oder Missbrauchs der multivariaten Verfahren und wenden uns wieder unverfänglicheren Themen zu.

11. Testplanung für Hypothesen über unabhängige Varianzen

Varianzen gehören mit zu den am häufigsten benutzten Statistiken in der Psychologie: Sie gehen als Streuungen in die Beschreibung so gut wie jeder Rohdatenliste und in die Berechnung von statistischen Kenngrößen wie der Pearson-Korrelation r oder dem **t-Test** ein. Auch in einem der Standardauswerteverfahren der Psychologie, der **Varianzanalyse**, werden Varianzen gegeneinander getestet. Kontrastiert man eine Stichproben- mit einer theoretischen Varianz, geschieht dies über einen einseitigen χ^2-**Test**; sind zwei Varianzen miteinander zu kontrastieren, so erfolgt dies typischerweise über den **F-Test**. Daneben gibt es auch noch etliche Tests, mittels derer die Hypothese, dass mehrere Varianzen gleichzeitig homogen sind, bspw. über die χ^2- oder andere Verteilungen getestet werden kann. Tests dieser Art werden empfohlen zur Testung der Voraussetzung der Varianzhomogenität beim **t-Test** und bei der **Varianzanalyse** (siehe dazu u.a. Bortz, 1999; Kirk, 1995; Winer, D.R. Brown & Michels, 1991). Die Testung der Voraussetzung der Varianzhomogenität von Binnenvarianzen ist aber diskutierenswert, weil die **t-** und **F-Tests** gegenüber der Verletzung der Varianzhomogenitätsannahme robust sind, besonders wenn die Stichprobenumfänge mindestens annähernd gleich groß sind (vgl. Abschn. 2.4).

Im Kapitel 5 ist bereits mit Varianzen operiert worden, die das Ausmaß an unsystematischer Variation innerhalb der Versuchsbedingungen zum Ausdruck brachten. Diesen Binnenvarianzen s^2_k kam neben deskriptiven Zwecken vor allem eine Art Hilfsfunktion zu. Sie wurden nämlich herangezogen, um die Teststatistik t konstruieren zu können. Die Varianzen s^2_k, mit denen sich das vorliegende Kapitel befasst, entstehen demgegenüber nicht als Folge von unsystematischer Variation, sondern als Folge der systematischen Variation einer unabhängigen Variablen. Die Varianzen s^2_k fungieren dabei als Statistiken, über die mittels eines geeigneten Tests statistische Hypothesen getestet werden können.

Varianzhypothesen sind dann aus psychologischen Hypothesen und Vorhersagen abzuleiten, wenn auf Grund der Variation der unabhängigen Variablen weniger Mittelwerts- als vielmehr Varianzunterschiede erwartet werden, weil also für die Versuchsbedingungen unterschiedliche Streuungen vorhergesagt werden. Dies kann z.B. der Fall sein, wenn man ein Konstrukt mit zwei verschiedenen beobachtbaren Maßen erfasst, von denen das eine stärker streut als das andere. Ein **Varianz-Test** kann dann testen, ob sich die Varianzen bei beiden Maßen voneinander unterscheiden, und man kann sich dann entschließen, das Maß mit der geringeren Varianz vorzuziehen.

Statistische Hypothesen über zwei unabhängige Varianzen haben die folgende Form:

(11.1) H_0: $(\sigma^2_{B,1}/\sigma^2_{B,2} = 1)$ vs. H_1: $(\sigma^2_{B,1}/\sigma^2_{B,2} > 1)$.

Wenn die beiden unabhängigen Varianzen unter Gültigkeit der H_0 von gleicher Größe sind, ist ihr Quotient zentral F-verteilt. Daher lautet die Testgröße F bei $FG_Z = FG_N = n - 1$ wie folgt, wobei s^2_1 die größere der beiden Varianzen bezeichnet:

(11.2) $F_{emp} = s^2_{B,1}/s^2_{B,2}$.

Die Berechnung der Varianzen erfolgt nach den Formeln (5.4) und (5.5) in Abschn. 5.1.

Auch für diesen Fall ist eine **Testplanung** möglich (Kraemer & Thiemann, 1987, S. 68-70). Die dazu benötigte **Effektgröße** ist definiert als:

(11.3) $\Delta_{KT}(V) = \dfrac{\sigma^2_{B,1} - \sigma^2_{B,2}}{\sigma^2_{B,1} + \sigma^2_{B,2}}$.

Das eingeklammerte „V" (V) steht für „Varianzen". Die empirische Entsprechung von Ausdruck (11.3) lautet:

(11.4) $D_{KT}(V) = (s^2_{B,1} - s^2_{B,2})/(s^2_{B,1} + s^2_{B,2})$.

Da die Effektgröße als nicht-standardisiertes Maß definiert ist, gestaltet sich die Planung von Tests über Varianzhypothesen etwas schwieriger als für andere Tests. Denn es müssen für die beiden Varianzen vorab numerische Werte spezifiziert werden, um auf deren Grundlage die Effektgröße $\Delta_{KT}(V)$ nach Formel (11.3) zu errechnen. Man kann allerdings auch die Effektgröße $\Delta_{KT}(V)_{krit}$ mehr oder minder willkürlich festlegen und dann in Tabelle A.4 des Anhanges für das a priori spezifizierte α_{krit} und β_{krit} nachschauen, ob diese Festlegung zu einer handhabbaren Stichprobe führt (**TPS 1**). Bei gleichen Stichprobenumfängen ($n_1 = n_2 = n$; $N = 2n$) resultiert dann (Kraemer & Thiemann, 1987, S. 69):

(11.5) $n = 2v(V) + 4$.

Will man eine Testplanung nach Strategie **TPS 2** vornehmen, so berechnet man zunächst nach Formel (11.3) die Effektgröße $\Delta_{KT}(V)$ und anschließend nach Formel (11.6)

(11.6) $v(V) = (n - 4)/2$

den Wert $v(V)$, der den Tabelleneintrag darstellt. Man ermittelt dann aus der Tabelle A.4 des Anhanges eine den vorliegenden Gegebenheiten angemessene Kombination von Werten für α_{krit} und für β_{krit}. Für die **TPS 3** wird zunächst die verfügbare Stichprobe ermittelt, und dann werden α_{krit} und β_{krit} festgelegt, bspw. auf die Werte $\alpha_{krit} = 0{,}05$ und $\beta_{krit} = 0{,}20$. Dann kann man der Tabelle A.4 des Anhanges entnehmen, wie groß der zu entdeckende Effekt unter einer abgeleiteten Alternativhypothese mindestens sein muss und unter einer abgeleiteten Nullhypothese höchstens sein darf. Der zu erwartende Stichprobenumfang sei 40, so dass $2v(V) + 4 = 40$ ist. Auflösen nach $v(V) = v$, dem Tabelleneintrag, ergibt: $v = 18$ und $\Delta_{KT}(V)_{krit} = 0{,}55$.

Beispiel 11.1: Die zu prüfende **PH-53** besagt, dass Zeitschätzungen im Mittel um so ungenauer ausfallen, je länger die zu schätzende Zeitdauer ist. Auf der Ebene der PV-53(V;K=2) wird „ungenauer" als „stärker streuen" interpretiert und auch festgelegt, welche K = 2 Zeitdauern zu schätzen sind, nämlich eine Sekunde und eine Minute. Die Vpn werden zufällig den Faktorstufen zugewiesen. Es ergeben sich damit die folgenden Ableitungen:

(11.7) (PH-53 $\wedge$ VSVS) $\approx>$ [PV-53(V;K=2) $\wedge$ SHH] $\approx>$
$\approx>$ SV-53(V;K=2): $(\sigma^2_{B,1} > \sigma^2_{B,2})$ $\approx>$ ST-53(V;K=2): $H_{1,1}$: $(\sigma^2_{B,1}/\sigma^2_{B,2} > 1)$,

so dass eine gerichtete Alternative über K = 2 Varianzen $\sigma^2_{B,k}$ zu testen ist; die zu schätzenden Zeitdauern wachsen mit den Indizes. $\sigma^2_{B,1}$ bezeichnet die größere der beiden Varianzen. Es ist der einseitige Test der Varianzhypothese zu planen, die aus der PH-53 über die PV-53(V;K=2) abgeleitet wurde, und zwar unter folgenden Spezifikationen: $\alpha_{krit,1} = 0{,}05$, $\beta_{krit,1} = 0{,}20$ und $\Delta_{KT}(V)_{krit,1} = 0{,}55$, so dass gemäß Tabelle A.4 im Anhang $v = 17$ ist und $n = (2)17 + 4 = 38$ bzw. $n_1 = n_2 = 38$. Der Versuch wird an einer kooperierenden Schule durchgeführt. Die Varianzen der Zeitschätzungen werden zu $s^2_{B,1} = 68{,}0$ und $s^2_{B,2} = 35{,}0$ berechnet. Der F-Bruch nach Formel (11.2) lautet dann bei $FG_Z = FG_N = 37$: $F_{emp,1} = 68{,}0/35{,}0 = 1{,}9429$ bei $F_{krit(0{,}05;37;37),1} \approx 1{,}69$. Die vorhersagekonforme $H_{1,1}$ kann damit angenommen werden. Die Effektgröße ergibt sich nach Formel (11.5) zu: $D_{KT}(V)_{,1} = (68{,}0 - 35{,}0)/(68{,}0 + 35{,}0) = 0{,}3204 < \Delta_{KT}(V)_{krit,1} = 0{,}55$. Die PV-53(V;K=2) wird als nicht eingetreten beurteilt, und die PH-53 hat sich nicht bewährt. - Da eine gerichtete Varianzhypothese vorliegt, kann der einseitige kritische F-Wert direkt für das gewählte einseitige Signifikanzniveau α aus der Tabelle A.8 des Anhanges abgelesen werden.

Beispiel 11.2: Variiert man im Zusammenhang mit der **PH-53** die Anzahl der Zeitschätzungen in mehr als nur K = 2 Stufen, so kann man die Vorhersage eines **strikt monotonen Trends** über die K $\geq$ 3 Varianzen ableiten:

(11.8) (PH-53 $\wedge$ VSVS) $\approx>$ [PV-53(V;K=4) $\wedge$ SHH] $\approx>$
$\approx>$ SV-53(V;K=4;KER): $(\sigma^2_{B,1} < \sigma^2_{B,2} < \sigma^2_{B,3} < \sigma^2_{B,4})$.

Für diese statistische Vorhersage existiert kein geeigneter statistischer Test. Deshalb wird sie in testbare Einzelhypothesen zerlegt, die drei nonorthogonalen Kontrasten entspechen (**Methode der geplanten Kontraste und Vergleiche**):

(11.9) SV-53(V;K=4;KER): $(\sigma^2_{B,1} < \sigma^2_{B,2} < \sigma^2_{B,3} < \sigma^2_{B,4})$ $\approx>$ ST-53(V;K=4):
[($H_{1,2}$: $\sigma^2_{B,1}/\sigma^2_{B,2} > 1$) $\wedge$ ($H_{1,3}$: $\sigma^2_{B,2}/\sigma^2_{B,3} > 1$) $\wedge$ ($H_{1,4}$: $\sigma^2_{B,3}/\sigma^2_{B,4} > 1$)].

Zur Prüfung der PH-53 mit K = 4 Stufen der UV werden T = K − 1 = 3 Tests vorgesehen. Dies führt zur Kumulation der Fehlerwahrscheinlichkeiten, und zwar

Testplanung für Hypothesen über unabhängige Varianzen 377

kumuliert bei abgeleiteten Alternativhypothesen, die man konjunktiv miteinander verknüpft („∧"), die Fehlerwahrscheinlichkeit β. Um diese Kumulation auszugleichen, sollte diese Wahrscheinlichkeit bei allen Tests auf einen möglichst niedrigen Wert festgelegt werden; dies kann zu Festlegungen der Art führen, dass $\alpha_{krit,t}$ > $\beta_{krit,t}$ wird (vgl. zu den Einzelheiten Abschn. 7.2). Es steht eine Gesamtstichprobe von N = 160 Vpn zur Verfügung, die zufällig gleichmäßig auf die Versuchsbedingungen verteilt werden können, so dass sich n = 40 ergibt. Zweckmäßig ist es nun, wenn man die TPS 2 benutzen will und wenn es keine guten Gründe für eine andersartige Entscheidung gibt, die Effekte $\Delta_{KT}(V)_t$ auf den gleichen Wert festzulegen. Es wird mehr oder weniger willkürlich spezifiziert: $\Delta_{KT}(V)_{krit,t}$ = 0,60, ein sehr großer Effekt gemessen an den Tabellen von Kraemer und Thiemann (1987). Einsetzen in Formel (11.6) ergibt: v(V) = (40 − 4)/2 = 18,00. Damit lässt sich die folgende Kombination von Fehlerwahrscheinlichkeiten realisieren: $\alpha_{krit,t}$ = 0,05 und $\beta_{krit,t}$ = 0,10, so dass sich die Kumulation der einzelnen β-Werte auf $\sum \beta_{krit,t}$ = 3(0,05) = 0,30 beläuft. − Aus den Daten des Versuch können die folgenden Varianzen ermittelt werden: $s^2_{B,1}$ = 108,00; $s^2_{B,2}$ = 70,10; $s^2_{B,3}$ = 25,50 und $s^2_{B,4}$ = 10,00. Daraus ergeben sich die folgenden empirischen F-Werte bei FG_Z = FG_N = 39: $F_{emp,2}$ = 108,00/70,10 = 1,5407; $F_{emp,3}$ = 70,10/25,50 = 2,7490; $F_{emp,4}$ = 25,50/10,00 = 2,550 bei $F_{krit(0,065;39;39),t}$ = 1,69. Nur zwei der drei empirischen F-Werte werden statistisch signifikant, so dass die SV-53(V;K=4) nicht angenommen werden kann. Die Effekte lauten: $D_{KT}(V)_2$ = 0,2128; $D_{KT}(V)_3$ = 0,4665 und $D_{KT}(V)_4$ = 0,4403. Die PV-53(V;K=4) wird als nicht eingetreten angesehen, und die PH-53 hat sich auch in diesem Versuch nicht bewähren können.

Beispiel 11.3 (nach Bortz, 1999, S. 170-171): Die zu prüfende psychologische Hypothese (**PH-54**) besagt bei Bortz, dass Schüler/innen mit schlechten Zensuren im Mittel entweder ein zu hohes oder zu niedriges Anspruchsniveau aufweisen, während Schüler/innen mit guten Schulnoten ihr Leistungsvermögen im Mittel adäquat einzuschätzen vermögen. Es werden Kinder mit guten Schulnoten (Notendurchschnitt 2 und besser) und solche mit schlechten Zensuren (Notendurchschnitt 3 und schlechter) ausgewählt und aufgefordert, eine Mathematikaufgabe zu bearbeiten. Vor der Bearbeitung sollen die Schulkinder jedoch angeben, wie lange sie ungefähr zur Lösung der Aufgaben brauchen werden. Diese Angaben stellen die abhängige Variable des Versuchs dar. Es wird mit intakten Gruppen gearbeitet, so dass keine Randomisierung möglich ist. Erwartet wird unter der PH-54, dass die Varianz der Zeitschätzungen für gute Schüler/innen geringer ausfällt als die für schlechte Schüler/innen. Demzufolge wird die $H_{1,5}$ für einen **Varianz-Test** abgeleitet:

(11.10) (PH-54 ∧ VSVS) ≈> [PV-54(V;K=2) ∧ SHH] ≈>
≈> SV-54(V;K=2): ($\sigma^2_{B,1}$ > $\sigma^2_{B,2}$) ≈> ST-54(V;K=2): $H_{1,5}$: ($\sigma^2_{B,1}/\sigma^2_{B,2}$ > 1).

Für den Versuch haben sich freiwillig N = 200 Schüler/innen zur Verfügung gestellt, weil die Schuldirektorin sich bereit erklärt hat, den Versuch während der regulären Schulzeit durchführen zu lassen. Der Psychologe, der die PH-54 prüfen will, legt a priori fest: $\alpha_{krit,5} = 0{,}05$ und $\beta_{krit,5} = 0{,}20$. Wie groß ist dann der nachzuweisende Effekt $\Delta_{KT}(V)_{krit,5}$? Einsetzen in Formel (11.4) ergibt: $100 = 2v(V) + 4$, so dass $v(V) = (100 - 4)2 = 48$ ist. Aufsuchen der Tabelle A.4 des Anhanges ergibt folgenden Wert für $\Delta_{KT}(V)_{krit,5}$: $\Delta_{KT}(V)_{krit,5} = 0{,}35$. Der Versuch ergibt die folgenden empirischen Varianzen: $s^2_{B,1} = 98{,}40$ und $s^2_{B,2} = 20{,}20$. Der **F-Test** nach Formel (11.2) führt dann zu: $F_{emp,5} = 98{,}40/20{,}20 = 4{,}8713$ bei $F_{krit(0,05;99;99),5} \approx 1{,}27$. Die vorhersagekonforme $H_{1,5}$ kann damit angenommen werden und mit ihr auch die SV-54(V;K=2). Der empirische Effekt lautet: $D_{KT}(V)_5 = (98{,}40 - 20{,}20)/(98{,}40 + 20{,}20) = 0{,}6594 > \Delta_{KT}(V)_{krit,5} = 0{,}35$. Also kann die PV-54(V;K=2) als eingetreten beurteilt werden, und die PH-54 hat sich in diesem Versuch bewähren können.

Auch kann man Hypothesen über **quantitative Trends** über K Varianzen testen, aber mir ist keine entsprechende psychologische Hypothese für diesen Fall bekannt.

Liegen **ungerichtete Hypothesen über Varianzen** vor, benutzt man zur Testplanung die entsprechenden Teile der Tabelle A.4 des Anhanges, setzt erneut die größere Varianz in den Zähler und liest den benötigten kritischen F-Wert bei 2α in der Tabelle A.8 ab.

Kraemer und Thiemann (1987, S. 70-73) behandeln auch den Kontrast zweier Varianzen aus abhängigen Stichproben, auf den ich hier wegen der verschwindend geringe Bedeutung derartiger Tests in der Forschungspraxis nicht eingehe.

Will man eine Varianz σ^2_c bekannter Größe mit einer empirischen Varianz kontrastieren, geschieht dies üblicherweise mittels χ^2-Test. Die Hypothesen lauten:

(11.11) H_0: $(\sigma^2_B/\sigma^2_{B,c} = 1)$ vs. H_1: $(\sigma^2_B/\sigma^2_{B,c} > 1)$.

Die Testgröße ist bei $FG_Z = n - 1$ definiert als:

(11.12) $\chi^2_{emp} = [(n - 1) s^2_B]/\sigma^2_{B,c} = QSB(V)/\sigma^2_{B,c}$,

wobei die empirisch größere Varianz im Zähler des Bruches steht. - Eine alternative Testung erfolgt bei $FG_Z = n - 1$ und $FG_N = \infty$ über den **F-Test**:

(11.13) $F_{emp} = s^2_B/\sigma^2_{B,c}$.

Für die **Effektgröße** gilt dann:

(11.14) $\Delta_{KT}(V_c) = \dfrac{\sigma^2_B - \sigma^2_{B,c}}{\sigma^2_B + \sigma^2_{B,c}}$.

Die **Testplanung** erfolgt dann für die **TPS 1** nach:

(11.15) $n = 2v(V_c) + 4$.

Varianztests der vorgestellten Art sind in der Forschungspraxis überraschenderweise gar nicht anzutreffen, wie die Analyse der 14 Fachzeitschriften für Psychologie mit ihren 428 Artikeln aus den Jahren 2001 und 2002 ergab.

12. Testplanung für Korrelationshypothesen

Korrelationen $r_{XY} = r$ nehmen unter allen statistischen Kennwerten eine Sonderrolle ein, weil sie einerseits als deskriptives Zusammenhangsmaß und damit gleichzeitig auch als **Effektgröße** fungieren können und andererseits als direkt auf statistische Signifikanz testbare Teststatistiken. Man trifft sie in allen Bereichen der Psychologie an, in der allgemeinen und der differenziellen Psychologie genauso wie in der diagnostischen (Testtheorie). Bei Zusammenhangshypothesen werden die Beziehungen zwischen den Variablen üblicherweise mittels Korrelationskoeffizienten erhoben, von denen die **Pearson-Korrelation** r, so genannt nach ihrem Erfinder K. Pearson (1907), am häufigsten benutzt wird - in 153 von 428 psychologischen Artikeln wurde über Pearson-Korrelationen berichtet, und hinzu kommen noch die 57 **Faktorenanalysen**, die auf Korrelationen beruhen. Die Pearson-Korrelation kann bei Vorliegen von Intervallskalenniveau genauso berechnet werden wie bei Ordinalskalen- oder Nominalskalenniveau. Sie hat allerdings historisch bedingt für jedes Skalenniveau einen eigenen Namen. So heißt sie für dichotome Merkmale, also für Nominalskalenniveau, **Phi-Korrelation** oder Phi-Koeffizient (r_ϕ), und bei rangskalierten Daten, also Daten auf Ordinalskalenniveau, spricht man von der **Rangkorrelation nach Spearman** (r_S) und nach **Kendall** (τ). Die Pearson-Korrelation, oft auch Produkt-Moment-Korrelation genannt (bspw. von Bortz, 1999), korreliert zwei Wertereihen X und Y. Wenn die X-Wertereihe nur zwei Werte annehmen kann, etwa 0 und 1, dann wird die **punkt-biseriale Korrelation** r_{pbis} als Spezialfall der Pearson-Korrelation benutzt. Verglichen mit dieser punkt-biserialen Korrelation, bei der die Y-Variable kontinuierlich ist, kann die τ-Korrelation als punkt-biseriale Rangkorrelation interpretiert werden, bei der die Werte der Y-Variablen rangskaliert sind, während die X-Variable nur zwei verschiedene Werte annehmen kann, also dichotom ist. Bis auf die Intraklassen- und die multiple Korrelation gelten für die Korrelationen die theoretischen Grenzen $-1 \leq r \leq +1$. Dabei hängt es von der Verteilung der empirischen Daten ab, ob diese theoretischen Grenzen auch erreicht werden können; dies ist sehr häufig nicht der Fall. - Wie werden diese Korrelationen auf statistische Signifikanz getestet, und wie erfolgt bei ihnen die Testplanung?

12.1 Hypothesen über einen Korrelationskoeffizienten

Betrachten wir als erstes die Pearson-Korrelation r. Sie wird nach folgender Formel berechnet (vgl. bspw. Bortz, 1999, S. 197), aus der deutlich wird, dass r als der Mittelwert aus der Produktsumme von z_i-Werten angesehen werden kann:

$$(12.1)\quad r_{XY} = r = \frac{1}{n}\sum\left(\frac{x_i - \bar{x}}{s_X}\cdot\frac{y_i - \bar{y}}{s_Y}\right) = \frac{1}{n}\sum (z_{x_i})(z_{y_i}) = \frac{KOV(X,Y)}{s_X s_Y} =$$

$$= \frac{n\sum x_i y_i - (\sum x_i)(\sum y_i)}{\sqrt{\left[n\sum x_i^2 - (\sum x_1)^2\right]\left[n\sum y_i^2 - (\sum y_i)^2\right]}},$$

wobei x_i und y_i die Rohwerte der beiden Wertereihen X und Y bezeichnen, $\bar{x}$ und $\bar{y}$ ihre Mittelwerte, s_X und s_Y die mit n gewichteten Streuungen der X- bzw. Y-Wertereihe, KOV(X,Y) die Kovarianz zwischen X und Y und n den Umfang der einen Stichprobe. Sachs (1984, S. 320) benutzt die Inferenzstreuungen s_X und s_Y und den Multiplikator $1/(n-1)$ anstelle von $1/n$.

Mit dem **Korrelations-Test** können dann die folgenden Hypothesen direkt mit der Tabelle A.6 im Anhang gegeneinander getestet werden:

(12.2) H_0: $(\rho \leq 0)$ vs. H_1: $(\rho > 0)$ oder H_0: $(\rho = 0)$ vs. H_1: $(\rho \neq 0)$.

Bei $n \geq 4$ ist auch die Testung dieser Hypothesen über die t-Verteilungen möglich (z.B. Bortz, 1999, S. 207; Sachs, 1984, S. 329):

$$(12.3)\quad t_{emp} = \frac{r\sqrt{n-2}}{\sqrt{1-r^2}}.$$

n bezeichnet den Umfang der einen Stichprobe. Die Freiheitsgrade lauten $FG_N = n - 2$. Auch die für den **t-Test** benötigten Signifikanztabellen sind im Anhang enthalten (Tabelle A.5). Diese Art der Testung geht im Übrigen auf Fisher (1915) zurück. – Eine alternative Testung erfolgt über die F-Verteilungen (vgl. Sachs, 1984, S. 329).

Bei $n \geq 10$ ist es auch möglich, die Testung von statistischen Hypothesen über Korrelationen mit der Teststatistik z (**z-Test**) und damit über die Standard-Normalverteilung vorzunehmen, und zwar wie folgt (Sachs, 1984, S. 333):

$$(12.4)\quad z_{emp} = \frac{Z(r) - E[Z(r)]}{\sqrt{1/(n-3)}} = \frac{Z(r) - 0}{\sqrt{1/(n-3)}} = Z(r)\sqrt{n-3},$$

wobei das Z(r) in der vorstehenden Formel das Ergebnis der Z-Transformation des empirischen Korrelationskoeffizienten r darstellt und $E[Z(r)] = 0$ den Wert, den ρ unter der H_0 annimmt (E: Erwartungswert). Z-transformierte Korrelationskoeffizienten haben einen quadrierten Standardfehler von $s^2_{Z(r)} = 1/(n-3)$ (Sachs, 1984, S.

331). Diese Z-Transformation nach Fisher (1950, S. 198) hat folgende Form (vgl. auch Bortz, 1999, S. 209; J. Cohen, 1988, S. 110), und zwar für empirische Korrelationen r:

$$(12.5) \quad Z(r) = 0{,}5 \ln\left(\frac{1+r}{1-r}\right)$$

und für theoretische Korrelationen ρ entsprechend:

$$(12.6) \quad Z(\rho) = 0{,}5 \ln\left(\frac{1+\rho}{1-\rho}\right).$$

ln bezeichnet den natürlichen Logarithmus zur Basis e = 2,7183... . Ist die zu transformierende Korrelation negativ, dann erhält auch der resultierende Z-Wert ein negatives Vorzeichen. – Die Fishersche Z-Transformation darf im Übrigen keinesfalls mit der z-Transformation verwechselt werden, bei der von jedem Rohwert y_i der Mittelwert M subtrahiert wird und bei der die dadurch resultierende Differenz durch die Streuung $S_{I,B}$ oder $s_{I,B}$ dividiert wird: $z_i = (y_i - M)/s_{I,B}$. Diese lineare Transformation stellt eine Standardisierung dar, bewirkt aber nicht – wie zuweilen angenommen wird –, dass die resultierenden z-Werte einer Normalverteilung folgen, wenn dies auch vor der Transformation nicht der Fall war.

Die Rückrechnung von Z(r) in r bzw. von Z(ρ) in ρ erfolgt nach (Bortz, 1999, S. 209):

$$(12.7) \quad r = \frac{e^{2Z(r)} - 1}{e^{2Z(r)} + 1} \quad \text{bzw. nach}$$

$$(12.8) \quad \rho = \frac{e^{2Z(\rho)} - 1}{e^{2Z(\rho)} + 1}.$$

Beim Testen von Hypothesen über einen Korrelationskoeffizienten ρ ist der Z-transformierte Wert des unter der Gültigkeit der H_1 erwarteten Korrelationskoeffizienten ρ_{krit}, $Z(\rho_{krit})$, die **Effektgröße**.

Die **Planung von Tests** über Korrelationen aus einer Stichprobe nehmen unter Verwendung der Standard-Normalverteilung folgende Form an, die auf den Z-transformierten Korrelationen beruht, und zwar für die **TPS 1** und eine gerichtete Hypothese (Lachin, 1981, S. 108):

$$(12.9) \quad n = \frac{(z_{1-\alpha} + z_{1-\beta})^2}{Z^2(\rho_{krit})} + 3.$$

n bezeichnet die Größe der einen Stichprobe bzw. die Stichprobengröße, für die eine Korrelation berechnet wird. Für die **TPS 2** und für eine gerichtete Hypothese resultiert:

(12.10) $(z_{1-\alpha} + z_{1-\beta})^2 = (n-3) Z^2(\rho_{krit})$.

Und zu guter Letzt führen die entsprechenden Umformungen der Gleichung (12.9) für die **TPS 3** und eine gerichtete Hypothese zu:

(12.11) $Z^2(\rho_{krit}) = \dfrac{(z_{1-\alpha} + z_{1-\beta})^2}{n-3}$.

Die Rückrechnung des ermittelten $Z^2(\rho_{krit})$ in die Korrelation ρ_{krit} erfolgt dann nach Berechnung von $Z(\rho_{krit})$ über Formel (12.8). - In den Formeln (12.9) bis (12.11) ist wieder mit $z_{1-\alpha/2}$ anstelle von $z_{1-\alpha}$ zu operieren, wenn ungerichtete Hypothesen wie etwa die H_1: ($\rho \neq 0$) zu testen sind.

J. Cohen (1988, S. 77) operiert direkt mit der Korrelation ρ_1 als **Effektgröße** und schlägt für diese folgende Konventionen vor: **ρ = 0,10 [entspricht $Z(\rho)$ = 0,1003]: kleiner Effekt; ρ = 0,30 [entspricht $Z(\rho)$ = 0,3095]: mittlerer Effekt und ρ = 0,50 [entspricht $Z(\rho)$ = 0,5493]: großer Effekt** (J. Cohen, 1988, S. 79-80).

Im Gegensatz zu dem zuvor angesprochenen Korrelationskoeffizienten bezieht sich die **punkt-biseriale Korrelation** r_{pbis}, eine spezielle Pearson-Korrelation, stets auf K = 2 Versuchsbedingungen. Bei ihr ist die unabhängige Variable (UV) X eine Kodiervariable, mittels derer die Zugehörigkeit zu einer von zwei Gruppen kodiert wird; diese Gruppen können Versuchsgruppen, aber auch andere Gruppen wie das Geschlecht, Raucher/innen - Nichtraucher/innen usw. sein. Die Kodiervariable nimmt nur zwei Werte an, meist Null und Eins, während die abhängige Variable (AV) Y ein kontinuierliches Merkmal darstellt. Auf diese Weise entstehen Wertepaare, für die sich eine Korrelation berechnen lässt, und zwar am einfachsten wie eine Pearson-Korrelation, nur mit den Wertepaaren „0 – y_{11}", „0 – y_{21}" bis „0 – y_{n1}" und „1 – y_{12}", „1 – y_{22}" bis „1 – y_{n2}", wobei problemlos $n_1 \neq n_2$ sein kann. Alternativ kann man zur Berechnung von r_{pbis} auch die folgende Formel anwenden [Bortz, 1999, S. 215; vgl. auch Formel (5.42) in Abschn. 5.5]:

(12.12) $r_{pbis} = \dfrac{M_2 - M_1}{S_Y} \dfrac{\sqrt{n_1 n_2}}{N}$,

wobei S_Y die mit N (und nicht mit N – 1!) gewichtete Gesamtvarianz der kontinuierlichen AV Y bezeichnet, n_1 und n_2 die beiden Stichprobenumfänge, N den Gesamtstichprobenumfang (N = n_1 + n_2) und M_1 bzw. M_2 die Mittelwerte der AV pro Versuchsgruppe. Die Berechnung von r_{pbis} erfolgt also über die Mittelwerte der beiden Versuchsgruppen, relativiert auf die Gesamtstreuung der AV Y. Dass diese Korrelation r_{pbis} über Mittelwerte berechnet werden kann (aber nicht muss), bedeutet: Wenn ein Zusammenhang zwischen UV und AV besteht, dann sollten nicht nur die Mittelwerte der AV verschieden sein, sondern auch die Korrelation zwischen der UV und der AV größer oder kleiner als Null sein ($r_{pbis} \neq 0$). Berechnet man r_{pbis} als Korrelation, so hängt es von der Art der Kodierung der Zugehörigkeit zu einer der beiden

Versuchsgruppen und der empirischen Mittelwertsdifferenz ab, ob r_{pbis} positiv oder negativ ist. Kodiert man die Versuchsbedingung B_1 mit wenig bildhaften Wörtern mit 0 und ist die Differenz der empirischen Mittelwerte ($D = M_2 - M_1$) vorhersagekonträr negativ, wird auch r_{pbis} negativ ($r_{pbis} < 0$). Ist die empirische Mittelwertsdifferenz dagegen erwartungskonform positiv, wird auch r_{pbis} positiv ($r_{pbis} > 0$). Kodiert man dagegen B_1 mit 1 und B_2 mit 0, dann ist r_{pbis} negativ, wenn die empirische Mittelwertsdifferenz erwartungsgemäß positiv ausfällt. Fällt sie erwartungswidrig negativ aus, nimmt r_{pbis} einen positiven Wert an. Bei der Vergabe der Kodierzahlen sollte daher die niedrigere Ausprägung der UV auch die kleinere Kodierzahl erhalten, um die Interpretation zu erleichtern. Wenn die Mittelwerte der AV in beiden Gruppen gleich sind, folgt daraus $r_{pbis} = 0$. – Hypothesen über die punkt-biseriale Korrelation r_{pbis} können in der gleichen Weise wie Hypothesen über die Pearson-Korrelation getestet werden, also bspw. auch direkt über die Tabelle A.6 im Anhang.

Die punkt-biseriale Korrelation wird über alle $n_1 + n_2 = N$ Daten des Versuchs berechnet. Daher wird Formel (12.9) für die **Testplanung** nach der **TPS 1** wie folgt adaptiert:

$$(12.13) \quad N = \frac{(z_{1-\alpha} + z_{1-\beta})^2}{Z^2(\rho_{pbis,krit})} + 3.$$

Für die **TPS 2** resultiert:

$$(12.14) \quad (z_{1-\alpha} + z_{1-\beta})^2 = (N-3) \, Z^2(\rho_{pbis,krit}).$$

Und für die **TPS 3**:

$$(12.15) \quad Z^2(\rho_{pbis,krit}) = (z_{1-\alpha} + z_{1-\beta})^2 / (N-3).$$

Dass diese Korrelation in enger Beziehung zu Mittelwertsdifferenzen steht, bedeutet, dass sich standardisierte Mittelwertsabstände in Korrelationen umrechnen lassen und umgekehrt, wie dies bereits in Abschnitt 7.3 gezeigt wurde. Diese Möglichkeit der Umrechnung zeigt, dass Unterschiedshypothesen über Mittelwerte Zusammenhangshypothesen über Korrelationen äquivalent sind. Der einzige Unterschied liegt also im Fokus der Betrachtung.

Die **biseriale Korrelation** r_{bis} steht in einem relativ engen Zusammenhang mit der punkt-biserialen Korrelation. Sie wird berechnet, wenn das eine Merkmal intervallskaliert ist und das andere eine künstliche Dichotomie darstellt, der „eigentlich" ebenfalls ein intervallskaliertes Merkmal zugrunde liegt (Bsp.: hohe und niedrige Intelligenz bei dem intervallskalierten Intelligenzquotienten). Für die Berechnung der biserialen Korrelation r_{bis} gilt (vgl. Bortz, 1999, S. 216):

$$(12.16) \quad r_{bis} = \frac{M_1 - M_2}{S_Y} \frac{n_1 n_2}{9N^2},$$

wobei ϑ die Ordinate oder Dichte desjenigen Wertes der Standard-Normalverteilung bezeichnet, der die Grenze zwischen den Teilflächen $p = n_1/N$ und $1 - p = n_2/N$ kennzeichnet. Bei gleich großen Stichprobenumfängen ($n_1 = n_2 = n$) ist dieser Wert $\vartheta = 0{,}3989$ (vgl. Tab. A.1 im Anhang). - Dabei besteht folgender Zusammenhang zwischen r_{bis} und r_{pbis} (Bortz, 1999, S. 218):

$$(12.17) \quad r_{bis} = r_{pbis} \frac{\sqrt{n_1 n_2}}{\vartheta N}.$$

Bei gleichen Stichprobenumfängen ($n_1 = n_2 = n$) folgt:

$$(12.18) \quad \sqrt{n^2}/\vartheta N = n/(0{,}3989)(2n) = 1/0{,}7978 = 1{,}2534,$$

d.h. es gilt unter sonst gleichen Bedingungen bei $n_1 = n_2$ stets, dass $r_{bis} = 1{,}2534 r_{pbis}$.

Die **Testplanung** für eine biseriale Korrelation ρ_{bis} kann in der gleichen Weise erfolgen wie für eine punkt-biseriale Korrelation ρ_{pbis}, wobei der Kriteriumswert für ρ_{pbis} festgelegt wird und bei der **TPS 1** und der **TPS 2** mit dem Faktor 1,2534 multipliziert werden sollte, um den gesuchten Kriteriumswert für ρ_{bis} zu erhalten.

Auch die **Partialkorrelationen** ρ_p und r_p stellen Spezialfälle der Pearson-Korrelation r dar (vgl. Abschn. 7.3). Im einfachsten Fall liegen drei Variablen X, Y und Z vor, die alle miteinander korreliert sind. Gesucht ist die Korrelation zwischen X und Y, die vom Einfluss der Variablen Z bereinigt ist; dazu wird Z aus X und aus Y herauspartialisiert. Die Partialkorrelation $r_p = r_{XY.Z}$ wird wie folgt bestimmt (Bortz, 1999, S. 432):

$$(12.19) \quad r_p = r_{XY.Z} = \frac{r_{XY} - r_{XZ} r_{YZ}}{\sqrt{1-r_{XZ}^2}\sqrt{1-r_{YZ}^2}}.$$

Die Signifikanztestung erfolgt dann per **z-Test** unter Verwendung der Z-transformierten Partialkorrelation über die Standard-Normalverteilung (Bortz, 1999, S. 433):

$$(12.20) \quad z_{emp} = Z(r_p)\sqrt{n-3-(V-2)},$$

wobei V die Anzahl der beteiligten Variablen bezeichnet. Ist - wie im Beispiel - V = 3, reduziert sich Formel (12.20) auf:

$$(12.21) \quad z_{emp} = Z(r_p)\sqrt{n-4}.$$

Die **Planung von Tests** über Hypothesen über derartige Partialkorrelationen kann dann so erfolgen, wie es bisher für Ein-Stichproben-Tests für Korrelationen dargestellt worden ist - es ist lediglich „+ 3" durch „+ 4" zu ersetzen, so dass für die **TPS 1** resultiert:

$$(12.22) \quad n = \frac{(z_{1-\alpha} + z_{1-\beta})^2}{Z^2(\rho_{p,krit})} + 4.$$

Eine Drittvariable (Z) kann nicht nur aus zwei anderen Variablen X und Y herauspartialisiert werden, sondern nur aus einer dieser beiden. Es resultiert dann eine **semipartielle Korrelation** (ρ_{sp}; r_{sp}) (Bortz, 1999, S. 432):

$$(12.23) \quad r_{sp} = r_{Y(X.Z)} = \frac{r_{XY} - r_{XZ} r_{YZ}}{\sqrt{1 - r_{XZ}^2}}.$$

Die Testung von Hypothesen über die semipartielle Korrelation erfolgt analog zur Testung einer Partialkorrelation über Formel (12.21), sofern V = 3 ist. Auch die **Planung eines Tests** für Hypothesen über eine semipartielle Korrelation $\rho_{sp} = \rho_{Y(X.Z)}$ ist mittels der im Zusammenhang mit der Partialkorrelation angesprochenen Vorgehensweise möglich, also für die **TPS 1** über Formel (12.22).

Im Kontext der **multiplen Regressionsanalyse**, der u.a. eine besondere Rolle bei der statistischen Kontrolle von potenziellen Störvariablen bei der Prüfung von Zusammenhangshypothesen zukommt, wird ebenfalls mit **semipartiellen Korrelationen** operiert. Hier erfolgt die Testung der entsprechenden Hypothesen über die t-Verteilungen (**t-Test**), und zwar wie folgt (J. Cohen & P. Cohen, 1983, S. 107):

$$(12.24) \quad t_{emp,t} = \frac{r_{sp,t}}{\sqrt{\frac{1 - R_{Y.B}^2}{N - K}}},$$

wobei $R^2_{Y.B}$ das multiple Korrelationsquadrat bezeichnet:

$$(12.25) \quad R^2_{Y.B} = \frac{QSTreat}{QSTreat + QSI(B)} = \frac{QSB}{QSTotal}.$$

Dabei steht QSTreat = QSB für die Treatmentquadratsumme, QSI(B) für die Binnen- und QSTotal für die gesamte Quadratsumme. Der mittlere Ausdruck in Formel (12.25) ist für einen einfaktoriellen Versuchsplanes ausgelegt, in dem gilt: QSB + QSI(B) = QSTotal, während der rechte Ausdruck auch für höherfaktorielle Pläne Gültigkeit hat.

Für die **Testplanung** wird dann folgende Formel herangezogen (J. Cohen & P. Cohen, 1983, S. 118):

$$(12.26) \quad \phi^2_{VA,B} = \rho^2_{sp}/(1 - \eta^2_{Y.B}),$$

wobei $\phi^2_{VA,B}$ die für die **Varianzanalyse** definierte **Effektgröße** bezeichnet (vgl. im Einzelnen Kap. 7) und $\eta^2_{Y.B}$ die theoretische Entsprechung von $R^2_{Y.B}$. Zur Bestimmung des Stichprobenumfanges n (**TPS 1**) bedient man sich folgender Formel (J. Cohen, 1988, S. 390):

$$(12.27) \quad n = \frac{n_{0,05}}{400 \phi^2_{VA,B}} + 1,$$

in der $n_{0,05}$ die erforderliche Stichprobengröße für ein vorgegebenes α, ein vorgegebenes β und die Zählerfreiheitsgrade FG_Z bezeichnet; und zwar für den Wert der Effektgröße $\phi_{VA,B} = 0,05$; dieser Wert $n_{0,05}$ ist der Tabelle A.3 des Anhanges zu entnehmen. n bezeichnet den Stichprobenumfang pro Versuchsgruppe. Bei gerichteten Hypothesen ist 2α anstelle von α zu benutzen. - Alternativ kann man die von J. Cohen und P. Cohen (1983, S. 117) angegebene Formel (3.7.2) heranziehen; die Ergebnisse unter beiden Formeln sind geringfügig verschieden.

Für die Benutzung der Formel (12.26) sind a priori **zwei Effektgrößen** festzulegen, und zwar ρ^2_{sp} und $\eta^2_{Y.B}$. Bei dieser Festlegung ist darauf zu achten, dass $\rho^2_{sp,krit} < \eta^2_{Y.B,krit}$ gewählt wird. Alternativ kann man auch *einen* Wert für den rechten Term in Formel (12.26) spezifizieren.

Das **multiple Korrelationsquadrat** $R^2_{Y.B}$ kann als Erweiterung der punktbiserialen Korrelation für $K \geq 3$ Versuchsbedingungen interpretiert werden. Die Testung von Hypothesen über multiple Korrelationsquadrate erfolgt über den **F-Test** (vgl. Abschnitt 6.2), und zwar:

$$(12.28) \quad F_{emp} = \frac{R^2_{Y.B}/(K-1)}{(1-R^2_{Y.B})/(N-K)},$$

wobei gilt: $FG_Z = K - 1$ und $FG_N = N - K$. - Es gilt die folgende Beziehung zwischen dem multiplen Korrelationsquadrat $\eta^2_{Y.B}$ und der **Effektgröße** $\phi^2_{VA,B}$ der einfaktoriellen **Varianzanalyse** [J. Cohen, 1988, S. 410; vgl. auch Abschn. 6.2, Formeln (6.25) und (6.27)]:

$$(12.29) \quad \phi^2_{VA,B} = \eta^2_{Y.B}/(1-\eta^2_{Y.B}),$$

so dass man den entsprechenden Test über die nonzentralen F-Verteilungen planen kann (vgl. Tabelle A.3 im Anhang). Die Testplanung nach der **TPS 1** erfolgt dann über die Formel (12.27); für die **TPS 2** und die **TPS 3** ist diese Formel entsprechend umzustellen. - Eine alternative Testmöglichkeit wird in Abschnitt 12.3 angesprochen.

Einen weiteren Spezialfall der Pearson-Korrelation ρ bzw. r stellt die **Intraklassenkorrelation** ρ_{IC} (r_{IC}) dar; Wirtz und Caspar (2002, S. 158) sehen ρ bzw. r als Spezialfall von ρ_{IC} (r_{IC}) an. Diese Korrelation gilt als Maß dafür, in welchem Umfang Beobachtungen in derselben Kategorie zusammenhängen bzw. wie sehr sie im Mittel dazu tendieren, ähnlicher auszufallen als die Beobachtungen in verschiedenen Kategorien oder unter verschiedenen Treatments; sie dient dann als Maß für die Beurteiler/innen/übereinstimmung. Je größer der Wert von ρ_{IC} bzw. r_{IC} ausfällt, desto ähnlicher sind die Beobachtungen unter einem Treatment, unter einer Kategorie, relativ zu Beobachtungen in verschiedenen Kategorien oder Treatments (Hays, 1988, S. 486; vgl. auch Winer, D.R. Brown & Michels, 1991, S. 126). Die Intraklassenkorrelation damit ist ein „Maß dafür, wie gut die Werte eines individuellen Raters mit dem Urteil jedes beliebigen anderen Raters korreliert" sind (Wirtz & Caspar, 2002, S. 158) - siehe ausführlich zur Intraklassenkorrelation Wirtz und Caspar (2002; vgl.

auch Shrout & Fleiss, 1979). Die Intraklassenkorrelation ist für den Fall, dass jedes der K Objekte, Merkmale usw. von jedem/r der n Beurteiler/innen eingeschätzt wird, wie folgt definiert, wobei das varianzanalytische Modell der zufälligen Treatmenteffekte zur Anwendung gelangt (vgl. dazu Abschn. 6.1), während die Beurteiler/innen *nicht* als eine zufällige Stichprobe interpretiert werden (Shrout & Fleiss, 1979, S. 423; Wirtz & Caspar, 2002, S. 174).

(12.30) $\rho_{IC} = \dfrac{\sigma^2_{Treat}}{\sigma^2_{Treat} + \sigma^2_{Fehler}}$.

In Formel (12.30) bezeichnet σ^2_{Treat} die theoretische Varianz zwischen den einzuschätzenden Objekten, Merkmalen usw., und σ^2_{Fehler} steht für die Fehlervarianz. Aus Formel (12.92) wird deutlich, dass auch die Intraklassenkorrelation über $K \geq 2$ Versuchsbedingungen bestimmt wird. ρ_{IC} kann nur positive Werte annehmen. Die testbaren statistischen Hypothesen lauten::

(12.31) H_0: ($\rho_{IC} = 0$) vs. H_1: ($\rho_{IC} > 0$) oder H_0: ($\rho_{IC} = 0$) vs. H_1: ($\rho_{IC} \neq 0$).

Der empirische Wert r_{IC} für ρ_{IC} wird wie folgt ermittelt (vgl. Shrout & Fleiss, 1979, S. 423; Winer, D.R. Brown & Michels, 1991, S. 126; Wirtz & Caspar, 2002, S. 174):

(12.32) $r_{IC} = \dfrac{s^2_{Treat} - s^2_{Fehler}}{s^2_{Treat} + (n-1)s^2_{Fehler}}$,

wobei die Varianzen s^2 die empirischen Entsprechungen der theoretischen Varianzen in Formel (12.30) darstellen; n bezeichnet die Anzahl der Einschätzenden. Für die Testung der Hypothesen in Formel (12.31) über die t-Verteilungen bei $FG_N = n - 1$ wird bestimmt (vgl. Kraemer & Thiemann, 1987, S. 32):

(12.34) $t_{emp} = \dfrac{r_{IC}\sqrt{n-1}}{\sqrt{1-r^2_{IC}}}$.

Die Testung der Hypothesen über ρ_{IC} kann auch per **z-Test** vorgenommen werden:

(12.35) $z_{emp} = \dfrac{Z(r_{IC}) - E[(r_{IC})]}{\sqrt{1/n-3}} = [Z(r_{IC}) - 0]\sqrt{n-3}$.

Bei beiden Tests werden die Vpn als fester oder fixierter Faktor aufgefasst. - Auch über die F-Verteilungen kann eine Testung von Hypothesen über ρ_{IC} bei $FG_Z = FG_N = n - 1$ erfolgen; die Formel findet sich bei Kraemer & Thiemann (1987, S. 33).

Für die **Planung** des Tests über eine Intraklassenkorrelation ρ_{IC} kann man zum einen mit der von Kraemer und Thiemann (1987, S. 54) angegebenen Strategie operieren. Es zeigt sich jedoch, dass die mit dieser Strategie erzielbaren Resultate praktisch identisch sind mit den Ergebnissen der Testplanung für eine Pearson-Korrelation - vgl dazu die Formeln (12.9) bis (12.11) oben. - Zur Bestimmung der Teststärke von **F-Tests** über die Intraklassenkorrelation siehe Winer, D.R. Brown und Michels (1991, S. 138-140).

Einen weiteren Spezialfall der Pearson-Korrelation r stellt die die **Phi-Korrelation** r_ϕ für nominalskalierte Merkmale zu erwähnen, die in den Abschnitten 14.1.3 und 14.3 behandelt wird. Eng verwandt mit der Phi-Korrelation ist die **tetrachorische Korrelation** r_{tet}, für die der Test und die Testplanung ebenfalls in Abschnitt 14.3 behandelt werden.

Beispiel 12.1 (in Anlehnung an Bortz, 1999, S. 208): Die Zusammenhangshypothese **PH-55** besagt, dass bei Studierenden mit steigendem Wortschatz (Variable X) auch eine bessere Rechtschreibleistung (Variable Y) resultiert. Auf der Ebene der PV werden die Tests festgelegt, mittels derer man den nicht beobachtbaren Wortschatz und die beobachtbare Rechtschreibleistung erfassen will. Auch die übrigen Rahmenbedingungen des Versuches werden hier festgelegt, so dass die Versuchsituation vollständig spezifiziert ist (VSVS). Wie für alle Zusammenhangshypothesen kann hier keine Randomisierung stattfinden, und das bedeutet, dass sich die Vpn noch hinsichtlich einer Menge anderer Variablen voneinander unterscheiden als den in der PH-55 genannten, und diese anderen Variablen können mit den in Frage stehenden in unbekannter Weise konfundiert sein. Um eine Vorhersage ableiten zu können, unterstelle ich einen höchstens vernachlässigbaren Einfluss der potenziellen Störfaktoren S_q. Dann lässt sich aus der PH-55 $\wedge$ VSVS die PV-55(XY;K=1) ableiten. Ergänzt man diese um die Menge **SHH** aller Annahmen, die man zur statistischen Auswertung der Daten benötigt einschließlich der zu wählenden statistischen Testtheorie, die im vorliegenden Buch stets die Neyman-Pearson-Theorie (NPT) ist, wird es möglich, aus der PV-55(XY;K=1) $\wedge$ SHH die SV-55(XY;K=1) abzuleiten, dass die in Frage stehende Korrelation größer als Null ist. Insgesamt erhält man also:

(12.36) (PH-55 $\wedge$ VSVS) $\approx$> [PV-55(XY;K=1) $\wedge$ SHH] $\approx$> SV-55(XY;K=1) $\Leftrightarrow$
$\Leftrightarrow$ ST-55(XY;K=1): $H_{1,1}$: ($\rho > 0$).

Bei der Prüfung der PH-55 über die PV-55(XY;K=1) wird festgelegt: $\alpha_{krit,1} = 0,05$ und $\beta_{krit,1} = 0,10$; $\rho_{krit,1} = 0,40$. Gesucht ist der benötigte Stichprobenumfang n_1; also ist Formel (12.10) für die TPS 1 anzuwenden. Zuvor wird die kritische Korrelation $\rho_{krit,1}$ nach Formel (12.6) in einen $Z(\rho_{krit})$-Wert umgerechnet: $Z(\rho_{krit}) = 0,5\ln[(1 + 0,40)/(1 - 0,40)] = 0,4236$ und $Z^2(\rho_{krit}) = 0,1795$. Dann ergibt sich durch entsprechendes Einsetzen in Formel (12.9): $n_1 = [(1,645 + 1,282)^2/0,1795] + 3 = 50,7289$ oder $n_1 = 51$ Vpn. - Zum Vergleich: *Erstens*: Aus J. Cohens Tabelle 3.4.1 (J. Cohen, 1988, S. 101) lässt sich $n_1 = 50$ ablesen. *Zweitens*: Die Berechnung des Effektmaßes von Kraemer und Thiemann (1987, S. 55) ergibt: $\Delta_{KT}(\rho)_{krit,1} = (0,40 - 0)/[1 - (0,40)(0)] = 0,40$ und nach Tabelle A.4 v = 49. Umrechnung in n nach a.a.O. ergibt dann: $n_1 = 49 + 2 = 51$. Der Versuch kann mit n =

51 Vpn durchgeführt werden, und die errechnete Korrelation lautet: $r_1 = 0,66$ bei $r_{krit(0,05;49),1} = 0,231$. Die empirische Korrelation ist damit statistisch signifikant, so dass die vorhersagekonforme $H_{1,1}$ und die ihr vorgeordnete, äquivalente SV-57(XY; K=1) angenommen werden kann. Der vorab spezifizierte Kriteriumswert der Korrelation, nämlich $\rho_{krit,1} = 0,60$, wird überschritten, so dass auch die PV-56(XY; K=1) als eingetreten angesehen werden kann. Die vorgeordnete PH-56 hat sich bewähren können: Es besteht ein positiver Zusammenhang zwischen dem Wortschatz und der Rechtschreibleistung.

Beispiel 12.2: Die Zusammenhangshypothese **PH-2** behauptet, dass zwischen der Intelligenz und der Frustrationsneigung kein Zusammenhang besteht. Auf der Ebene der PV-2 werden der Intelligenztest und der Test zur Erfassung der Frustrationsneigung ausgewählt. Die PV-2 besagt dann, dass zwischen dem Intelligenzquotienten, erfasst mit Test X, und der Frustrationsneigung, erfasst mit Test Y, keine Beziehung besteht. Dann resultiert:

(12.37) PH-2 $\approx$> (PH-2 $\wedge$ VSVS) $\approx$> [PV-2(XY;K=1) $\wedge$ SHH] $\approx$>

$\approx$>SV-2(XY;K=1) $\approx$> ST-2(XY;K=1): $H_{0,2}$: ($\rho = 0$).

Bei einer Prüfung der PH-2 über die PV-2(K=1) liegt der Stichprobenumfang mit $n_2 = 80$ fest. Der entdeckbare Effekt wird mit $\rho_{krit,2} = 0,20$ angegeben, so dass nach Formel (12.6) $Z(\rho_1) = 0,2027$ wird, und für α gelte: $\alpha_{krit,2} = 0,10$. Wie groß wird unter diesen Spezifikationen die Teststärke $1 - \beta_{krit,2}$? Zur Beantwortung dieser Frage ist die TPS 2 und Formel (12.10) anzuwenden: $z_{1-\beta} = (8,7750)(0,2027) - 1,645 = 0,1340$, so dass die Teststärke $1 - \beta_{krit,2} > 0,55$ ist. Also erhöht man $\alpha_{krit,2}$ auf den Wert 0,20 und erhält damit für die Teststärke $1 - \beta_{krit,2}$ abgerundet 0,80. Der Versuch wird als Gruppenversuch in einem der unteren Semester von Psychologiestudierenden durchgeführt. Die errechnete Korrelation r_2 berägt 0,15 und $r_{krit(0,20;78),2} = 0,143$ - das Ergebnis ist - wie es immer so schön heißt - „statistisch knapp signifikant" und führt zur Annahme der vorhersagekonträren $H_{1,2}$. Die empirische Korrelation ist mit $r_2 = 0,15$ kleiner als die Kriteriumskorrelation oder Effektgröße $\rho_{krit,2} = 0,20$. Daher ist die PV-2(XY;K=1) als nicht eingetreten anzusehen. Auch die PH-2 hat sich nicht bewährt.

Beispiel 12.3: Die **PH-56**, ebenfalls eine Zusammenhangshypothese, behauptet, dass es zwischen der Intelligenz (X) und der Studiendauer (Y), angegeben als Anzahl der studierten Semester, einen Zusammenhang gibt. Auf der Ebene der PV-56(XY;K=1) wird u.a. festgelegt, mittels welchem Intelligenztest man die Intelligenz, ein nicht beobachtbares Merkmal, erfassen will, und welche Art von Studierenden (Fach, numerus clausus etc.) man untersuchen will. Für diese Zusammenhangshypothese gelten die gleichen Kautelen wie für die PH-55 und die PH-2.

(12.38) PH-56 $\approx$> (PH-56 $\wedge$ VSVS) $\approx$> [PV-56(XY;K=1) $\wedge$ SHH] $\approx$>

$\approx$> SV-56(XY;K=1) $\Leftrightarrow$ ST-56(XY;K=1): $H_{1,3}$: ($\rho \neq 0$).

Im Rahmen der Prüfung der PH-56 liegt der Stichprobenumfang mit $N_3 = 40$ fest. Die Fehlerwahrscheinlichkeiten werden auf die Werte $\alpha_{krit,3} = \beta_{krit,3} = 0{,}05$ festgelegt; $\alpha_{krit,3}/2 = 0{,}025$. Wie groß ist der entdeckbare Effekt? Hier ist nach der TPS 3 zu verfahren, also nach Formel (12.11), allerdings für eine ungerichtete Hypothese: $Z^2(\rho_{krit,3}) = (1{,}96 + 1{,}645)^2/37 = 0{,}3512$, so dass $Z(\rho_{krit,3}) = 0{,}5927$ ist. Daraus wird der Kriteriumswert der Korrelation nach (12.8) berechnet, und zwar zu $\rho_3 = 0{,}5318$ bzw. gerundet $\rho_{krit,3} = 0{,}55$. Der Wert ist als sehr hoch anzusehen. Er lässt sich vermindern durch die Erhöhung der Fehlerwahrscheinlichkeiten, wenn man den Stichprobenumfang als feste Größe ansieht. Der Versuch, der sich ja in der Feststellung von leicht verfügbaren Daten unter Beachtung des Datenschutzes durchführen lässt, erbringt eine Korrelation von $r_{1,3} = 0{,}18$ bei $r_{krit(0,05;38),3} = 0{,}304$. Also ist die empirische Korrelation geringer als die kritische, und damit wird die vorhersagekonträre $H_{0,3}$ beibehalten. Die PV-56(XY;K=1) ist nicht eingetreten, und die PH-56 hat sich nicht bewähren können. Es gibt offenbar keinen systematischen Zusammenhang zwischen der Anzahl der studierten Semester und der Intelligenz der Studierenden.

Beispiel 12.4: Bei der Gestaltung des Versuchsmaterials für die Prüfung der PH-1 sowie der PH-5 und der PH-6 sind Listen mit sehr bildhaften und wenig bildhaften Wörtern zu konstruieren. Die Bildhaftigkeit von Wörtern ist mit verschiedenen Variablen konfundiert, u.a. der Bedeutungshaltigkeit, der Abstraktheit-Konkretheit usw. Von den beiden genannten Variablen ist bekannt, dass hohe Ausprägungen von ihnen lernerleichternd wirken. Wenn also eine PH zutrifft, dass sehr bedeutungshaltiges Material besser gelernt wird als wenig bedeutungshaltiges (siehe die PH-51 im Beispiel 9.28 in Abschn. 9.6), dann muss der Einfluss der Bedeutungshaltigkeit in den Wortlisten kontrolliert werden, wobei die Elimination als Kontrolltechnik naheliegenderweise ausscheidet. Im Augenblick soll die Abstraktheit-Konkretheit als weitere potenziell konfundierende Variable einmal außer Acht gelassen werden. Ist hohe Bedeutungshaltigkeit mit niedriger Bildhaftigkeit gepaart und hat die Bildhaftigkeit nicht die gleiche „Durchschlagskraft" wie die Bedeutungshaltigkeit, dann können Bildhaftigkeitswirkungen von solchen der Bedeutungshaltigkeit überlagert werden und zu einer falschen Beurteilung der PH-1 als nicht bewährt führen. Ist hohe Bedeutungshaltigkeit mit hoher Bildhaftigkeit gepaart und übt die Bildhaftigkeit keine oder nur eine geringe Wirkung aus, dann kann es zu einer falschen Beurteilung der PH-1 als bewährt kommen. Man sagt dann, dass beide Variablen miteinander (im engeren Sinne) konfundiert sind. Diese Konfundierung kann nicht per Randomisierung beseitigt werden, sondern nur durch eine adäquate Konstruktion der Wortlisten; dies schließt die Konstanthaltung und die systematische Variation des bekannten Störfaktors ein. Die Zusammenhangshypothese **PH-57** behauptet nun, dass es eine Korrelation zwischen den beiden Variablen eingeschätzte Bildhaftigkeit und eingeschätzte Bedeutungshaltigkeit für eine als Versuchsmaterial fungierende Liste mit $n = 50$ Wörtern gibt, dass also eine Konfundierung vorliegt. Für die mittleren Einschät-

Testplanung für Korrelationshypothesen

zungen der Bedeutungshaltigkeits- und der Bildhaftigkeitswerte wird Intervallskalenniveau angenommen. Die Ableitungen ergeben dann:

(12.39) PH-57 ≈> (PH-57 ∧ VSVS) ≈> [PV-57(XY;K=1) ∧ SHH] ≈>
≈> SV-57(XY;K=1) ⇔ ST-57(XY;K=1): $H_{1,4}$: ($\rho \neq 0$).

Der nachzuweisende Effekt wird mit $\rho_{krit,4} = 0{,}30$ auf einen Wert mittlerer Größe festgelegt; dies entspricht $Z(\rho_{krit}) = 0{,}3095$. Der Umfang der Wortliste liegt mit n = 50 Wörtern fest (s.o.). Wie groß fallen die Fehlerwahrscheinlichkeiten beim Test gegen die ungerichtete $H_{1,4}$ aus (TPS 2)? Einsetzen in Formel (12.10) unter Berücksichtigung der Tatsache, dass eine ungerichtete Hypothese als vorhersagekonform abgeleitet wurde, ergibt: $(z_{1-\alpha/2} + z_{1-\beta})^2 = 47(0{,}0958) = 4{,}5027$ sowie $(z_{1-\alpha/2} + z_{1-\beta}) = 2{,}1220$. Legt man realistischerweise $\alpha_{krit,4} = 0{,}15$ fest, resultiert $z_{1-\alpha/2} = 1{,}44$. Dann gilt für $z_{1-\beta} = 2{,}1220 - 1{,}44 = 0{,}6820$ und $\beta_{krit,4} = 0{,}25$. Die Untersuchung an dem Lernmaterial (Liste mit 50 Wörtern) hat eine Korrelation zwischen der eingeschätzten Bildhaftigkeit und der eingeschätzten Bedeutungshaltigkeit von $r_4 = 0{,}20$ ergeben bei $r_{krit(0,15),4} = \pm 0{,}2165$. Also muss die vorhersagekonträre $H_{0,4}$ beibehalten werden, und die PH-57 hat sich nicht bewährt: Es besteht offenbar in der untersuchten Wortliste kein substanzieller Zusammenhang zwischen den beiden Variablen.

Das folgende Beispiel 12.5 soll demonstrieren, dass man Kausalhypothesen wie die PH-1 auch über eine Korrelation, also ein Zusammenhangsmaß, prüfen kann, ohne dass dies irgend etwas am Ergebnis der Prüfung ändert.

Beispiel 12.5: Die neuerliche Prüfung der **PH-1** („Wenn sehr bildhaftes Material gelernt wird, dann erhöht dies im Mittel die Gedächtnisleistung im Vergleich zum Lernen von wenig bildhaftem Material") soll über die punkt-biseriale Korrelation r_{pbis} in Formel 12.16 erfolgen, die sich problemlos in einen standardisierten Mittelwertsabstand umrechnen lässt. Die Versuchsbedingung mit der niedrigen Bildhaftigkeit wird mit „0" und die mit der hohen Bildhaftigkeit mit „1" kodiert. Die Vpn werden zufällig den Versuchsbedingungen zugeteilt. Die Ableitung von Vorhersagen ergibt dann:

(12.40) (DKT ∧ HH) ≈> PH-1 ≈> (PH-1 ∧ VSVS) ≈> PV-1(XY;B;K=2):
(MWR$_1$ < MWR$_2$) ≈> [PV-1(XY;B;K=2) ∧ SHH] ≈>
≈> SV-1(XY;B;K=2) ⇔ ST-1(XY;B;K=2): ($H_{1,5}$: $\rho_{pbis} > 0$).

Für die Stichprobengrößenbestimmung (TPS 1) wird Formel (12.13) herangezogen und festgelegt: $\alpha_{krit,5} = 0{,}05$; $\beta_{krit,5} = 0{,}10$ und $\delta_{B,5} = 0{,}60$, woraus nach Formel (12.15) (TPS 3) in Abschnitt 12.1 $\rho_{pbis,krit,5} = 0{,}40$ (0,3714) wird - ein relativ großer Effekt, dessen Z-Wert lautet: $Z(\rho_{pbis,5}) = 0{,}3900$. Dann ergibt sich nach Formel (12.14) für N: $N_5 = [(1{,}645 + 1{,}282)/0{,}1521] + 3 = 56{,}3167$ bzw. $N_5 = 58$ und $n_1 = n_2 = n = 29$. Mit $N_5 = 58$ kann der Versuch problemlos durchgeführt werden. Er führt zu: $M_1 = 24{,}0$ und $M_2 = 29{,}0$ bei $S_Y = 5{,}0$. Einsetzen in Formel (12.12) ergibt: $r_{pbis,5} = 1[(16)(16)/1024]^{1/2} = 1,0(0,5) = 0,50$ bei $r_{krit(0,05;30),5} = 0,296$. Die $H_{1,5}$ und die ihr äquivalente SV-1(XY;B;K=2) können damit angenommen werden. Also wächst mit der Kodezahl auch die Anzahl der richtig reproduzierten Wörter an. Da gilt: $r_{pbis,5} = 0,50 > \rho_{pbis,krit,5} = 0,40$, kann die PV-1(XY;B;K=2) als eingetreten gelten. Die PH-1 hat sich also in diesem Versuch bewähren können. In Beispiel 5.1 wurde die Planung dieser Hypothese über das standardisierte Abstandsmaß $\delta_{B,t}$ vorgenommen und ergab unter den gleichen Spezifikationen wie hier eine benötigte Stichprobengröße von n = 27 und insgesamt N = 54 Vpn; diese Werte stehen in guter Übereinstimmung mit den für r_{pbis} berechneten. - Zu $r_{pbis,5} = 0,50$ gehört $d_{B,5} = 1,1547$, also ein sehr großer Effekt, was natürlich nicht verwundert, da bereits $r_{pbis,5}$ von beträchtlicher Größe ist.

Beispiel 12.6 (nach Bortz, 1999, S. 429-430): Es soll die Hypothese **PH-58** geprüft werden, dass bei Kindern im Alter zwischen sechs und zehn Jahren ein positiver Zusammenhang zwischen den Merkmalen Abstraktionsfähigkeit (X) und sensumotorische Koordination (Y) besteht, wenn man das Merkmal Alter (Z) herauspartialisiert. Diese Auspartialisierung erscheint erforderlich, da bei Kindern in dem untersuchten Altersbereich die Abstraktionsfähigkeit und die Koordinationsfähigkeit als hochgradig alterskorreliert erwartet werden können. Auf der Ebene der PV-58(XY.Z;K=1) werden u.a. die Verfahren festgelegt, mittels derer man die beiden Merkmale X und Y erfassen will. Des Weiteren werden die für die Untersuchung erforderlichen Randbedingungen festgelegt. Die Ableitung der Vorhersagen ergibt dann, bezogen auf eine Partialkorrelation ρ_p:

(12.41) (PH-58 ∧ VSVS) ≈> [PV-58(XY.Z;K=1) ∧ SHH] ≈> SV-58(XY.Z;K=1) ⇔

⇔ ST-58(XYZ;K=1): ($H_{1,6}$: $\rho_{XY.Z} > 0$).

Es stehen n = 15 Kinder zur Verfügung. Es wird festgelegt: $\alpha_{krit,6} = 0,10$ und $\beta_{krit,6} = 0,20$. Wie groß muss dann die nachweisbare Korrelation $\rho_{p,krit,6} = \rho_{XY.Z,krit,6}$ mindestens sein (**TPS 3**)? Zur Beantwortung dieser Frage wird Formel (12.22) wie folgt umgestellt:

$$(12.42) \quad Z^2(\rho_{p,krit}) = \frac{(z_{1-\alpha} + z_{1-\beta})^2}{n-4}.$$

Einsetzen führt dann zu $Z^2(\rho_{XY.Z,6}) = (1,282 + 0,84)^2/11 = 0,4094$ und $Z(\rho_{XY.Z,6}) = 0,6398$ und damit $\rho_{XY.Z,krit,6} = 0,55$ (0,5648). Die Untersuchung wird an n = 15 Kindern durchgeführt und erbringt folgende Korrelation $r_{XY,6} = 0,89$. Ferner betragen $r_{XZ,6} = 0,77$ sowie $r_{YZ,6} = 0,80$. Um den Einfluss der Variablen Z (Alter) aus den beiden anderen Variablen herauszupartialisieren, werden die empirischen Werte der drei Korrelationen in Formel (12.19) eingesetzt. Dies ergibt:

$r_{p,6} = r_{XY.Z,6} = \dfrac{0,89 - 0,77(0,80)}{\sqrt{1-0,5929}\sqrt{1-0,64}} = 0,7157$; es resultiert also durch die Auspartialisierung des Merkmals Alter eine deutliche Reduktion der Korrelation zwischen den Variablen Abstraktionsfähigkeit und sensumotorische Koordination. Der zu $r_{YX.Z,6} = 0{,}7157$ gehörige Z-Wert lautet: $Z(r_{p,6}) = 0{,}8988$. Einsetzen in Formel (12.21) führt zu: $z_{emp,6} = (0{,}8988 - 0)\sqrt{11} = 2{,}9811$ bei $z_{krit(0,10),6} = 1{,}282$. Die vorhersagekonforme Alternativhypothese $H_{1,6}$ und die ihr äquivalente SV-58(XY.Z;K=1) können angenommen werden. Der Effekt beträgt: $r_{XY.Z,,6} = 0{,}7157 > \rho_{XY.Z,krit,6} = 0{,}55$. Die PV-58(XY.Z;K=1) kann als eingetreten beurteilt werden und die PH-58 als bewährt.

Beispiel 12.7: Es soll nochmals die **PH-58** geprüft werden, dass bei Kindern ein Zusammenhang zwischen den Merkmalen Abstraktionsfähigkeit (X) und sensumotorische Koordination (Y) besteht. Allerdings soll dieses Mal der Altersbereich von zwölf bis sechzehn Jahren untersucht werden. Es wird dabei aufgrund einer Literaturrecherche angenommen, dass kaum mit einer Altersabhängigkeit bei der Koordinationsfähigkeit zu rechnen ist, wohl aber bei der Abstraktionsfähigkeit. In diesem Fall reicht es aus, die Variable Alter aus der Abstraktionsfähigkeit (X) herauszupartialisieren, und zwar nach Formel (12.23). Es resultiert dann eine semipartielle Korrelation (ρ_{sp}; r_{sp}). Auf der Ebene der PV-58(XY.Z;K=1) werden erneut u.a. die Verfahren ausgewählt, mittels derer man die beiden Merkmale X und Y erfassen will. Auch werden die sonstigen erforderlichen Randbedingungen für die Untersuchung festgelegt. Die Ableitung der Vorhersagen ergibt dann:

(12.43) (PH-58 $\wedge$ VSVS) $\approx$> [PV-58(XYZ;K=1) $\wedge$ SHH] $\approx$> SV-58(XYZ;K=1) $\Leftrightarrow$
$\Leftrightarrow$ ST-58(XYZ;K=1): ($H_{1,7}$: $\rho_{Y(X.Z)} = \rho_{sp} > 0$).

Es stehen n = 30 Kinder zur Verfügung. Es wird festgelegt: $\alpha_{krit,7} = 0{,}05$ und $\beta_{krit,7} = 0{,}15$. Wie groß muss dann die nachweisbare Korrelation $\rho_{sp} = \rho_{Y(X..Z),7}$ mindestens sein (TPS 3)? Es wird erneut Formel (12.42) benutzt, und Einsetzen ergibt: $Z^2[\rho_{Y(X.Z),7}] = (1{,}645 + 1{,}04)^2/26 = 0{,}2773$ und $Z(\rho_{XY.Z,7}) = 0{,}5266$ und damit $\rho_{Y(X.Z),krit,7} = 0{,}50$ (0,4828). Die Untersuchung erbringt folgende Korrelationen: $r_{XY,7} = 0{,}67$; $r_{XZ,7} = 0{,}47$ sowie $r_{YZ,7} = 0{,}10$. Um den Einfluss der Variablen Z (Alter) aus der Wortschatz (X) herauszupartialisieren, werden die empirischen Werte der drei Korrelationen in Formel (12.31) eingesetzt. Dies ergibt:

$$r_{sp,7} = r_{Y(X.Z),7} = \frac{0{,}67 - 0{,}47(0{,}10)}{\sqrt{1 - 0{,}47^2}} = 0{,}7996.$$ Einsetzen in Formel (12.21) führt

dann zu: $z_{emp,7} = (1{,}0975)\sqrt{26} = 5{,}5962$. Dieser z-Wert ist statistisch signifikant ($z_{krit,7} = 1{,}645$), und die festgestellte Korrelation überschreitet den Kriteriumswert beträchtlich. Die PV-58(XYZ;K=1) ist eingetreten, und die PH-58 hat sich bewährt. Die geringe Höhe der Korrelation $r_{Y(XZ),7} = r_{sp,7} = 0{,}10$ belegt darüber hinaus die Richtigkeit der Vermutung der Forscher/innen, dass die manuelle Koordinationsfähigkeit im untersuchten Altersbereich nicht mehr substanziell mit dem Alter zusammenhängt.

12.2 Hypothesen über zwei und mehrere unabhängige Korrelationen

12.2.1 Hypothesen über zwei unabhängige Korrelationen

Auch häufig anzutreffen ist der Fall, dass man psychologische Hypothesen zu prüfen hat, die sich auf Zusammenhänge in zwei unabhängigen Stichproben beziehen. Jede dieser Stichproben erbringt einen Wert für ein Zusammenhangsmaß, und die psychologische Hypothese führt dann zu einer Vorhersage hinsichtlich der relativen Größe der beiden Pearson-Korrelationskoeffizienten. Die entsprechenden statistischen Hypothesen können dann lauten:

(12.44) $H_0: (\rho_1 - \rho_2 = 0)$ vs. $H_1: (\rho_1 - \rho_2 \neq 0)$ oder

$H_0: (\rho_1 - \rho_2 \leq 0)$ vs. $H_1: (\rho_1 - \rho_2 > 0)$,

Die Testgröße z_{emp} (**z-Test**) lautet bei $n_1 \geq 10$ und $n_2 \geq 10$ (Hays, 1988, S. 591) und bei $E[Z(r_1) - Z(r_2)] = [Z(\rho_1) - Z(\rho_2)] = 0$:

(12.45) $z_{emp} = \dfrac{Z(r_1) - Z(r_2)}{\sqrt{1/(n_1 - 3) + 1/(n_2 - 3)}}$,

wobei der Nenner der Formel den Standardfehler der Differenz von $Z(r)$-Werten, $s_{[Z(r_1) - Z(r_2)]}$, darstellt. Alternativ kann die Testung der vorstehenden Hypothesen auch über den **t-Test** vorgenommen werden. Die Freiheitsgrade für diesen Test lauten: $FG_N = n_1 + n_2 - 4$ (E. Weber, 1967, S. 375):

(12.46) $t_{emp} = \dfrac{Z(r_1) - Z(r_2)}{\sqrt{\dfrac{n_1 + n_2 - 6}{(n_1 - 3)(n_2 - 3)}}}$.

Auch zwei Partialkorrelationen $r_{p,1}$ und $r_{p,2}$ werden mittels **z-Test** kontrastiert:

(12.47) $z_{emp} = \dfrac{Z(r_{p,1}) - Z(r_{p,2})}{\sqrt{1/(n_1 - 4) + 1/(n_2 - 4)}}$.

Die **Effektgröße** für die Tests in den Formeln (12.45) und (12.46) wird definiert als θ_{rr} (bei J. Cohen, 1988, S. 110: **q**), für das gilt:

(12.48) $\theta_{rr} = [Z(\rho_1) - Z(\rho_2)]$,

und für den Test über die Partialkorrelationen in Formel (12.47) gilt als **Effektgröße**:

(12.49) $\theta_{rr,p} = Z(\rho_{p,1}) - Z(\rho_{p,2})$.

Testplanung für Korrelationshypothesen

J. Cohen (1988, S. 129) bezeichnet für den Zwei-Stichproben-Fall als vorgeschlagene **Konvention $\theta_{rr} = 0,10$ als kleinen Effekt, $\theta_{rr} = 0,30$ als mittleren und $\theta_{rr} = 0,50$ als großen Effekt.** Die empirische Entsprechung von θ_{rr} ist q_{rr} und von $\theta_{rr,p}$ $q_{rr,p}$:

(12.50) $q_{rr} = Z(r_1) - Z(r_2)$ und

(12.51) $q_{rr,p} = Z(r_{p,1}) - Z(r_{p,2})$.

Die **Testplanung** nach der **TPS 1** erfolgt nach J. Cohens Formel (12.4.3) (J. Cohen, 1988, S. 547) für eine gerichtete Hypothese nach:

(12.52) $n = \dfrac{2(z_{1-\alpha} + z_{1-\beta})^2}{\theta^2_{rr,krit}} + 3$.

n ist der Stichprobenumfang für jede der beiden Versuchsgruppen, so dass n = N/2 ist. – Für die **TPS 2** führt Umstellen der Formel (12.52) für eine ebenfalls gerichtete Hypothese zu:

(12.53) $(z_{1-\alpha} + z_{1-\beta})^2 = \dfrac{(n-3)\theta^2_{rr,krit}}{2}$.

Für die **TPS 3** ergibt sich dann:

(12.54) $\theta^2_{rr,krit} = \dfrac{2(z_{1-\alpha} + z_{1-\beta})^2}{n-3}$.

Für die **Planung von Tests** über die Differenz zweier Partialkorrelationen $\rho_{p,1}$ und $\rho_{p,2}$ gilt für die **TPS 1**:

(12.55) $n = \dfrac{2(z_{1-\alpha} + z_{1-\beta})^2}{\theta^2_{rr,p,krit}} + 4$.

In den Formeln (12.53) bis (12.55) ist wieder mit $z_{1-\alpha/2}$ anstelle von $z_{1-\alpha}$ zu operieren, wenn ungerichtete Hypothesen zu testen sind. Die **Testplanung** für die Differenz zweier semipartieller Korrelationen erfolgt ebenfalls nach Formel (12.55).

Wenn die beiden Stichprobenumfänge ungleich sind, wenn also gilt, dass $n_1 \neq n_2$, dann ist nach J. Cohen (1988, S. 141) folgende Umrechnung vorzunehmen:

(12.56) $n' = \dfrac{2(n_1-3)(n_2-3)}{n_1+n_2-6} + 3$,

woraus dann N' = 2n' zum Einsetzen in die Testplanungsformeln ermittelt werden kann. Bei Partial- und bei semipartiellen Korrelationen ist im Zähler von Formel (12.56) mit –4 und im Nenner mit –8 zu operieren.

Beispiel 12.8: Die bereits im vorigen Abschnitt behandelte **PH-55** besagt, dass bei Studierenden mit steigendem Wortschatz (X) auch eine bessere Rechtschreibleistung (Y) resultiert. Diese Hypothese soll getrennt für Studenten (1) und Studentinnen (2) geprüft werden, wobei die Forscherin erwartet wird, dass es keine Unterschiede zwischen den Geschlechtern gibt (**PH-59**).

(12.57) (PH-59 $\wedge$ VSVS) $\approx$> [PV-59(XY;K=2) $\wedge$ SHH] $\approx$> SV-59(XY;K=2) $\Leftrightarrow$

$\Leftrightarrow$ ST-59(XY;K=2): ($H_{0,8}$: $\rho_1 - \rho_2 = 0$).

Für die Prüfung der PH-59 über die PV-59(K=2) wird spezifiziert: $\alpha_{krit,8} = 0,15$ und $\beta_{krit,8} = 0,30$ sowie nach Formel (12.42) $\theta_{rr,krit,8} = |Z(\rho_{1,8}) - Z(\rho_{2,8})| = 0,20$, ein relativ geringer Effekt, da eine H_0 abgeleitet worden ist. Gefragt ist nach dem erforderlichen N, es gelangt also die TPS 1 zum Einsatz. Einsetzen in Formel (12.52) ergibt: $n_8 = [2(1,44 + 0,76)^2/0,04] + 3 = 245$ und $N_8 = 490$. Obwohl bereits zu Beginn von sehr liberalen Fehlerwahrscheinlichkeiten ausgegangen worden ist, resultiert zur Entdeckung eines kleinen Effektes eine große Stichprobe. Der Psychologin, die die PH-59 prüfen will, gelingt es, die Studierenden eines Faches, das nicht dem numerus clausus unterliegt, zur Mitarbeit zu gewinnen (N = 490). Sie führt ihren Versuch als zwei Gruppenversuche in jeweils einem anderen Semester durch und erhält: $r_{1,8} = 0,77$ und $r_{2,8} = 0,58$. Von ihren Vpn sind 290 weiblichen und 200 männlichen Geschlechts. Einsetzen in Formel (12.45) ergibt: $z_{emp,8} = (1,0203 - 0,6625)/[1/287 + 1/197]^{1/2} = 3,8672$ bei $z_{krit(0,15/2),8} = \pm 1,440$. Der empirische z-Wert ist statistisch signifikant und führt zur Annahme der vorhersagekonträren $H_{1,8}$. Die PV-59(XY;K=1) ist nicht eingetreten, und die PH-59 hat sich nicht bewährt; der Zusammenhang zwischen dem Wortschatz und der Rechtschreibleistung ist bei Studentinnen anders als bei Studenten.

Beispiel 12.9 (nach Bortz, 1999, S. 211): Die **PH-60** besagt, dass die Merkmale Intelligenz und verbale Ausdrucksfähigkeit bei Oberschichtkindern (Index 1) stärker miteinander zusammenhängen als bei Unterschichtkindern (Index 2). Auf der Ebene der PV-60(XY;K=2) werden der Test zur Erfassung der Intelligenz, der Test zur Erfassung der verbalen Ausdrucksfähigkeit und vor allem die (soziodemographischen) Kriterien festgelegt, nach denen man ein Kind der Ober- resp. der Unterschicht zuordnen will. Ferner werden die beiden Stichproben sowie die übrigen Rahmenbedingungen des durchzuführenden Versuchs spezifiziert. Da beide Merkmale auf Intervallskalenniveau erfasst werden können, wird aus der PH-60 und der PV-60(XY;K=2) als SV-60(XY;K=2) eine gerichtete Korrelationshypothese für die Kontrastierung zweier Pearson-Korrelationen ρ_1 und ρ_2 abgeleitet:

(12.58) (PH-60 $\wedge$ VSVS) $\approx$> [PV-60(XY;K=2) $\wedge$ SHH] $\approx$> SV-60(XY;K=2):

($\rho_1 > \rho_2$) $\Leftrightarrow$ ST-60(XY;K=2): ($H_{1,9}$: $\rho_1 - \rho_2 > 0$).

Bei der Prüfung der PH-60 über die PV-69(K=2) wird nach Formel (12.56) bei $n_1 = n_2 = 60$ ein mittlerer nachzuweisender Effekt festgelegt, da eine gerichtete H_1 abgeleitet wurde ($H_{1,9}$): $\theta_{rr,krit,9} = |Z(\rho_1) - Z(\rho_2)| = 0,30$. Gefragt ist nach den realisierbaren Fehlerwahrscheinlichkeiten. Verwendung der Formel (12.57) ergibt (TPS 2): $(z_{1-\alpha} + z_{1-\beta})^2 = (57)(0,09)/2 = 2,565$ und $z_{1-\alpha} + z_{1-\beta} = 1,6016$. Man setzt $\alpha_{krit,9} = 0,20$ und erhält damit für $z_{1-\beta} = 1,6016 - 0,84 = 0,7616$, so dass $\beta_{krit,9} =$

0,22 wird. Dies sind zwar liberale Fehlerwahrscheinlichkeiten, unter denen man aber den Versuch durchführen könnte. Will man die Fehlerwahrscheinlichkeiten verkleinern, kommt bei feststehendem Stichprobenumfang nur die Vergrößerung des zu entdeckenden Effektes in Frage. Also wird ein großer Effekt festgelegt: $\theta_{rr,krit,9} = |Z(\rho_{1,9}) - Z(\rho_{2,9})| = 0{,}50$. Man erhält dann: $(z_{1-\alpha} + z_{1-\beta})^2 = (57)(0{,}25)/2 = 7{,}125$ und damit $(z_{1-\alpha} + z_{1-\beta}) = 2{,}6693$. Man setzt: $\alpha_{krit,9} = 0{,}05$, so dass $z_{1-\beta} = 2{,}6693 - 1{,}645 = 1{,}0243$, woraus $\beta_{krit,9} = 0{,}15$ folgt. Unter diesen Festlegungen ist der Versuch durchführbar. Der Versuch wird an einer gleichen Anzahl von Oberschicht- und Unterschichtkindern durchgeführt und führt zu folgenden Resultaten: $r_{1,9} = 0{,}84$ und $r_{2,9} = 0{,}55$. Z-Transformation dieser Werte und anschließendes Einsetzen in Formel (12.45) ergibt: $z_{emp,9} = (1{,}2212 - 0{,}6184)/(0{,}0175 + 0{,}0175)^{1/2} = 0{,}6028/0{,}1873 = 3{,}2180$ bei $z_{krit(0,05),9} = 1{,}645$. Die vorhersagekonforme $H_{1,9}$ kann angenommen werden, ebenso die SV-60(XY;K=2). Der empirische Effekt wird nach Formel (12.50) berechnet: $q_{rr,9} = Z(r_{1,9}) - Z(r_{2,9}) = 0{,}6028 > \theta_{rr,krit,9} = |Z(\rho_{1,9}) - Z(\rho_{2,9})| = 0{,}50$, so dass auch die PV-60(XY;K=2) als eingetreten bewertet werden kann. Die PH-60 hat sich unter den bekannten Kautelen bewähren können.

12.2.2 Hypothesen über mehrere unabhängige Korrelationen

Die Erweiterung von statistischen Hypothesen über zwei unabhängige Korrelationen stellen **Hypothesen über $K \geq 3$ unabhängige Korrelationen** dar. Derartige Hypothesen werden bei $FG = K - 1$ über die χ^2-Verteilungen getestet, und die komplementären Hypothesen für diesen Test lassen sich wie folgt formulieren:

(12.59) H_0: ($\rho_k = \rho_{k'}$ für *alle Paare* k, k' von Versuchsbedingungen) gegen die

H_1: ($\rho_k \neq \rho_{k'}$ für *mindestens ein Paar* von Versuchsbedingungen k, k' mit $k \neq k'$).

Die Testgröße für den χ^2-**Test** lautet im allgemeinen Fall ungleicher Stichprobenumfänge (vgl. Bortz, 1999, S. 212):

(12.60) $\chi^2_{emp} = \sum (n_k - 3)[Z(r_{k,emp}) - U_{emp}]^2$ mit

(12.61) $U_{emp} = \dfrac{\sum (n_k - 3) Z(r_{k,emp})}{\sum (n_k - 3)}$.

Die Signifikanzentscheidung erfolgt unter Verwendung der Tabelle A.7 im Anhang. Für die **Testplanung** wird der Tatbestand genutzt, dass für das multiple Korrelationsquadrat als **Effektgröße** gilt:

(12.62) $R^2_{\chi 2} = \dfrac{\chi^2_{FG>1,emp}}{N}$.

Für die Freiheitsgrade gilt: $FG_Z = (J - 1)(K - 1)$ mit $J \geq 3$ und $K = 2$. Der Effekt wird also als quadrierte multiple Korrelation $\eta^2_{\chi 2}$ festgelegt. Die **Testplanung** erfolgt über die nonzentralen χ^2-Verteilungen. In der von J. Cohen (1988, S. 268) angegebenen Formel (7.4.1) wird die **Effektgröße** ω^2 durch $\eta^2_{\chi 2}$ ersetzt (siehe zur Begründung Abschn. 14.3) und dann nach $\eta^2_{\chi 2}$ aufgelöst, so dass eine Testplanung nach der **TPS 3** erfolgen kann:

$$(12.63) \quad \eta^2_{\chi 2, krit} = \frac{N_{0,10}}{100\,N},$$

wobei für N der auf Grund beschränkter Ressourcen oder aus sonstigen Gründen festliegende Gesamtstichprobenumfang eingesetzt wird. $N_{0,10}$ wird dann aus der Tabelle A.2 des Anhanges für das vorgewählte α und die Teststärke $1 - \beta$ abgelesen. Tabelle A.2 ist für ungerichtete Hypothesen ausgelegt. Will man mit der vorstehenden Formel Tests über gerichtete Hypothesen planen, so ist für die Tabellen A.2 im Anhang mit 2α zu operieren.

Beispiel 12.10 (in Anlehnung an Bortz, 1999, S. 212): Eine Forscherin stellt die Hypothese **PH-61** auf, dass die Zusammenhänge zwischen der Intelligenz und der Kreativität in Abhängigkeit vom kreativen Anteil an der ausgeübten Tätigkeit unterschiedlich ausfallen. Auf der Ebene der PV-61(XY;K=3) legt sie fest, dass sie diese Hypothese für $K = 3$ Berufsgruppen prüfen will, und zwar übt Gruppe 1 eine technische Tätigkeit aus, Gruppe 2 eine Tätigkeit im sozialen Bereich und Gruppe 3 eine Tätigkeit im künstlerischen Bereich. Ferner wird die Entscheidung über die anzuwendenden psychologischen Testverfahren gefällt, mit denen man die Konstrukte Intelligenz und Kreativität bei Erwachsenen am besten erfassen kann. Erwartet wird, dass die Testergebnisse über die drei Gruppen unterschiedlich hoch miteinander korrelieren - eine genauere Hypothese kann mit dem globalen χ^2-**Test** nicht geprüft werden. Die Ableitungen ergeben:

$(12.64) \quad$ (PH-61 $\wedge$ VSVS) $\approx$> [PV-61(XY;K=3) $\wedge$ SHH] $\approx$> SV-61(XY;K=3):
$\qquad [(\rho_1 \neq \rho_2), (\rho_2 \neq \rho_3), (\rho_1 \neq \rho_3)] \Leftrightarrow$ ST-61(XY;K=3;DER):
$\qquad (H_{1,10}: \rho_k - \rho_{k'} \neq 0$ für *mindestens ein Paar* von Versuchsbedingungen).

Es wird hier erneut durch das gewählte Testverfahren implizit die **disjunktive Entscheidungsregel** angewendet, und diese Regel wird auch hier **testbedingt** erst auf der Ebene ST spezifiziert. Es stehen für den Versuch drei intakte Gruppen zur Verfügung, allerdings mit unterschiedlichen Umfängen: $n_{10,1} = 35$; $n_{10,2} = 42$ und $n_{10,3} = 39$ ($N = 116$). Für die Testplanung wird festgelegt: $\alpha_{krit,10} = 0{,}05$ und $\beta_{krit,10} = 0{,}10$. Wie groß ist dann der entdeckbare Effekt (TPS 3)? Einsetzen in Formel (12.63) ergibt: $\eta^2_{\chi 2,10} = (1046/(100)(119)) = 0{,}0879$ und $\eta_{\chi 2,krit,10} = 0{,}30$ (0,2965). Der Versuch wird mit den intakten Gruppen durchgeführt und erbringt die folgenden einfachen Korrelationen: $r_{1,10} = 0{,}15$ [$Z(r_1) = 0{,}1511$]; $r_{2,10} = 0{,}40$ [$Z(r_2) = 0{,}4236$] und $r_{3,10} = 0{,}70$ [$Z(r_3) = 0{,}8673$]. Für die Statistik $U_{emp,10}$ aus Formel

Testplanung für Korrelationshypothesen

(12.61) lässt sich berechnen: $U_{emp,10}$ = [(32)(0,1511) + (39)(0,4236) + (36)(0,8637)]/107 = 0,4914. Für das empirische χ^2 schließlich ergibt sich nach Formel (12.60): $\chi^2_{emp,10}$ = 3,7054 + 0,1792 + 5,0872 = 8,9718 bei $\chi^2_{krit(2;0,05),10}$ = 5,9915. Der empirische χ^2-Wert ist statistisch signifikant, und daher kann die vorhersagekonforme $H_{1,10}$ und die ihr äquivalente SV-61(XY;K=3) angenommen werden. Der empirische Effekt hat nach Formel (12.64) die Größe: $R^2_{\chi2,10}$ = 8,9718/116 = 0,07734 und $R_{\chi2,10}$ = 0,2781 ≈ $\eta_{\chi2,krit,10}$ = 0,30. Es gibt Unterschiede zwischen den Korrelationen, aber diese sind insgesamt etwas geringer ausgeprägt als vorher erwartet. Da der Unterschied zwischen empirischer und Kriteriumseffektgröße nur gering ist, kann man sich entschließen, die PV-61(XY;K=3) als eingetreten anzusehen. Die PH-61 hat sich dann bewähren können.

Da man die χ^2-Statistik in K – 1 orthogonale Anteile zerlegen kann, können auch Hypothesen über **quantitative Trends** über K Korrelationen getestet werden. Die abzuleitenden statistischen Hypothesen für einen positiv-linearen Trend lauten:

(12.65) ($H_{1,11}$: $\psi_{Lin,pos}$ = $\sum c_{k,Lin} \rho_k$ > 0) ∧ ($H_{0,12}$: $\sum \psi^2_{Abw}$ = 0).

Bei gleichen Stichprobenumfängen n findet als Teststatistik für die Testung der $H_{1,11}$ nach Formel (12.65) erneut χ^2 Verwendung:

(12.66) $\chi^2_{emp,Lin}$ = K(n-3)$\{c_{k,Lin}[Z(r_{k,emp}) - U_{emp}]\}^2$ mit

(12.67) $U_{emp} = \dfrac{\sum (n-3)Z(r_{k,emp})}{K(n-3)}$.

Der Wert des globalen $\chi^2_{emp,G}$ (FG$_Z$ = K – 1) wird dann nach Formel (12.66) berechnet, allerdings nicht auf statistische Signifikanz getestet, da diesem Wert lediglich eine „Hilfsfunktion" zur Berechnung der Gesamtheit der Abweichungen von der Vorhersage zukommt. Das $\chi^2_{emp,Abw}$ (FG$_Z$ = K – 2) ergibt sich nämlich als die Differenz zwischen dem $\chi^2_{emp,G}$ und dem $\chi^2_{emp,Lin}$ (FG$_Z$ = 1). Der Test gegen die $H_{1,11}$ wird im Übrigen bei 2α durchgeführt. Zusätzlich ist zur erschöpfenden Testung der $H_{1,11}$ der lineare Trendkontrast zu berechnen, um zu ermitteln, ob der vorhersagekonforme positiv-lineare Trend oder der vorhersagewidrige negativ-lineare Trend vorliegt:

(12.68) D_{Lin} = $c_{k,Lin} r_k$.

Beide Tests werden so geplant und durchgeführt wie im vorstehenden Beispiel beschrieben, wobei die Teststatistik für den Test der $H_{1,11}$ nach dem Wurzelziehen das Vorzeichen erhält, das sich aus dem Kontrast $D_{Lin,11}$ ergibt. Neue Überlegungen, insbesondere zur **Testplanung**, sind nicht erforderlich.

Der globale Test in Formel (12.66) gibt keinen Aufschluss darüber, welche der Korrelationen statistisch signifikant voneinander verschieden sind. Will man dies in Erfahrung bringen, muss zunächst eine entsprechende PH formuliert werden, aus der dann über die PV Hypothesen über Paarkontraste für Korrelationen abgeleitet und mit einem **Korrelations-Test** getestet werden.

Beispiel 12.11: Die Forscherin aus dem vorigen Beispiel präzisiert ihre psychologische Hypothese wie folgt (**PH-62**): Je größer der kreative Anteil an der ausgeübten Tätigkeit ist, desto größer ist auch der Zusammenhang zwischen der Intelligenz und der Kreativität. Im Gegensatz zur PH-61 ist diese Hypothese gerichtet. Daher wird für Gruppe 1 (Techniker/innen) die geringste Korrelation erwartet und für die künstlerisch tätige Gruppe die höchste. Eine Prüfinstanz besteht bei der PH-62 aus $K_{min} = 2$ Versuchsbedingungen. Die Forscherin entschließt sich zu einer konjunktiven Verknüpfung („∧") und leitet ab:

(12.69) (PH-62 ∧ VSVS) ≈> [PV-62(XY;K=3) ∧ SHH] ≈>

$$SV\text{-}62(XY;K=3;DER): (\rho_1 < \rho_2 < \rho_3) \approx>$$

$$\approx> [(H_{1,13}: \psi_{13} = \rho_2 - \rho_1 > 0) \wedge (H_{1,14}: \psi_{14} = \rho_3 - \rho_2 > 0).$$

Die Vorhersage entspricht einem **strikt monotonen Trend** über die drei Korrelationen ρ_k. Es gibt keinen Test, der gegen die Alternative eines strikt monotonen Trends über Korrelationen testet, weswegen die SV-62(XY;K=3;DER) in testbare Einzelhypothesen zerlegt wurde (vgl. auch Bsp. 8.3 in Abschn. 8.1). - Da drei konjunktiv miteinander verbundene Tests über Alternativhypothesen zur Prüfung der PH-62 vorgesehen sind, kumuliert β (vgl. Abschn. 7.2), so dass gilt: $\epsilon_{62} \leq \max(\alpha_t)$ und $\phi_{62} \leq \sum \beta_t$. Die Forscherin legt fest: $\phi_{krit,62} = 0{,}05$ und $\phi_{krit,62} = 0{,}20$, so dass $\alpha_{krit,t} = \phi_{62,krit} = 0{,}05$, und $\beta_{krit,t} = \epsilon_{62,krit}/2 = 0{,}10$ wird. Sie nimmt dann die Planung der beiden Tests nach der TPS 3 vor, fragt also nach der Größe der entdeckbaren Effekte. Da die Gruppengrößen im voraus bekannt und ungleich groß sind, muss eine Umrechnung der unterschiedlichen Gruppengrößen in eine Größe pro Hypothese erfolgen, und zwar nach Formel (12.56). Die Gruppengrößen betragen: $n_1 = 35$; $n_2 = 42$ und $n_3 = 39$ (N = 116), so dass $n_{13} = 38$ und $n_{14} = 40$ wird. Sie setzt dann in Formel (12.48) ein: $\theta_{rr,krit,13} = 2(1{,}84 + 1{,}282)^2/35 = 0{,}5500$ (0,5590) und $\theta_{rr,krit,14} = 2(1{,}84 + 1{,}282)^2/37 = 0{,}50$ (0,5269). Nachweisbar sind also durchweg große Effekte $\theta_{rr,krit,t}$. Die Korrelationen entnimmt die Forscherin dem vorigen Beispiel: $r_{13} = 0{,}15$ [$Z(r_{13}) = 0{,}1511$] und $r_{14} = 0{,}40$ [$Z(r_{14}) = 0{,}4236$]. Die Hypothesentestung erfolgt dann mittels des **z-Tests** in Formel (12.45) und ergibt: $z_{emp,13} = (0{,}4236 - 0{,}1511)/\sqrt{1/32 + 1/39} = 0{,}2725/0{,}2328 = 1{,}1425$ und $z_{emp,14} = 1{,}9197$ jeweils bei $z_{krit(0,05),t} = 1{,}654$. Da nur ein vorhersagekonformes Resultat zu verzeichnen ist, nämlich die Annahme der $H_{1,14}$, kann die vorgeordnete SV-62(XY;K=3) nicht angenommen werden. Die Effekte betragen nach Formel (12.50): $q_{rr,13} = 0{,}2725 < \theta_{rr,krit,13} = 0{,}5500$ und $q_{rr,14} = 0{,}4437 > \theta_{rr,krit,14} = 0{,}5000$. Auch die PV-62(XY;K=3) wird als nicht eingetreten beurteilt; die PH-62 hat sich nicht bewähren können.

Die psychologische Hypothese PH-62 hat zu einer gezielteren und informativeren Datenauswertung geführt als die globale Hypothese PH-61 - eine Folge der präziseren Hypothese und der dieser angepassten **Methode der geplanten Kontraste und Vergleiche** (vgl. Abschn. 7.1).

12.3 Hypothesen darüber, dass eine Korrelation ρ gleich einer Korrelation $\rho_c \neq 0$ ist

Wenn psychologische Hypothesen geprüft werden sollen, die besagen, dass sich die Ergebnisse einer früheren Untersuchung wiederholen lassen oder dass dies aus bestimmten Gründen nicht der Fall ist, so geschieht diese Prüfung mit Replikationsuntersuchungen (vgl. Abschn. 5.6.2). Als eine mögliche Ausgangssituation für eine Replikation denke man an die Eichstichproben in der psychologischen Diagnostik. Aus ihnen werden Korrelationen zwischen den Subtests eines psychologischen Testverfahrens berechnet und Korrelationen zwischen den Subtests und dem Gesamttest sowie mit anderen Tests. Es kann dann von Interesse sein zu prüfen, ob sich diese Korrelationen $\rho_{c,t}$ in neuen Stichproben wiederfinden oder ob sie über einen gewissen Zeitraum konstant sind usw. Eine zu erhebende empirische Korrelation r wird dabei mit einer bekannten Korrelation $\rho_c \neq 0$ über einen **Ein-Stichproben-Korrelations-Test** kontrastiert. Dabei handelt es sich um einen Spezialfall der Kontrastierung zweier Korrelationen aus Abschnitt 12.2.1.

Die folgenden statistischen Hypothesen können dabei getestet werden, und zwar zunächst bezogen auf eine Pearson-Korrelation ρ:

(12.70) $H_0: (\rho \leq \rho_c)$ vs. $H_1: (\rho > \rho_c)$ oder $H_0: (\rho = \rho_c)$ vs. $H_1: (\rho \neq \rho_c)$

jeweils mit $-1 < \rho_c < +1$ und $\rho_c \neq 0$.

Für diese Hypothesen kann die Signifikanzentscheidung *nicht* über die Tabelle A.6 des Anhanges erfolgen, sondern sie müssen approximativ entweder einem **z-Test** (vgl. Bortz, 1999, S. 210) oder aber bei $FG_N = n - 2$ einem **t-Test** (z.B. Sachs, 1984, S. 329) unterzogen werden:

(12.71) $z_{emp} = \dfrac{Z(r) - Z(\rho_c)}{1/\sqrt{n-3}} = [Z(r) - Z(\rho_c)]\sqrt{n-3}$,

(12.72) $t_{emp} = \dfrac{(r - \rho_c)\sqrt{n-2}}{\sqrt{(1-r^2)(1-\rho_c^2)}}$.

Auch für diese Tests ist eine **Testplanung** möglich. Die **Effektgröße** ist definiert als (bei J. Cohen, 1988, S. 132, wieder **q**):

(12.73) $\theta_{r,c} = Z(\rho) - Z(\rho_c)$ für den Fall gerichteter Hypothesen und

(12.74) $\theta_{r,c} = |Z(\rho) - Z(\rho_c)|$ für den Fall ungerichteter Hypothesen,

also unter Verwendung der Z-transformierten Korrelationskoeffizienten (s.o.). J. Cohen (1988, S. 132) schlägt für diesen Ein-Stichproben-Fall als **Konventionen $\theta_{r,c} = 0{,}14$ als kleinen, $\theta_{r,c} = 0{,}42$ als mittleren und $\theta_{r,c} = 0{,}71$ als großen Effekt** vor. Die empirische Entsprechung von $\theta_{r,c}$ lautet hier:

(12.75) $q_{r,c} = Z(r) - Z(\rho_c)$.

J. Cohen (1988, S. 547, S. 142-143) gibt die folgende Formel für die Stichprobengrößenbestimmung unter der **TPS 1** und für eine gerichtete Hypothese an:

$$(12.76) \quad n = \frac{2(z_{1-\alpha}+z_{1-\beta})^2}{0{,}5\theta^2_{r,c,krit}} + 3 = \frac{4(z_{1-\alpha}+z_{1-\beta})^2}{\theta^2_{r,c,krit}} + 3.$$

Für die **TPS 2** führt Umstellen der Formel (12.76) für eine ebenfalls gerichtete Hypothese zu:

$$(12.77) \quad (z_{1-\alpha}+z_{1-\beta})^2 = \frac{(n-3)\,\theta^2_{r,c,krit}}{4}.$$

Für die **TPS 3** ergibt sich dann:

$$(12.78) \quad \theta^2_{r,c} = \frac{4(z_{1-\alpha}+z_{1-\beta})^2}{(n-3)}.$$

Bei als vorhersagekonform abgeleiteten ungerichteten statistischen Hypothesen ist in den Formeln (12.76) bis (12.78) wieder $z_{1-\alpha}$ durch $z_{1-\alpha/2}$ zu ersetzen.

Soll eine **punkt-biseriale Korrelation** ρ_{pbis} gegen einen Wert $\rho_{pbis,c} \neq 0$ bei $-1 < \rho_{pbis,c} < +1$ getestet werden, wird die **Effektgröße** $\theta_{r(pbis),c}$ wie folgt definiert:

$$(12.79) \quad \theta_{r(pbis),c} = Z(\rho_{pbis}) - Z(\rho_{pbis,c}),$$

und dann erfolgt die **Testplanung** nach der **TPS 1** wie folgt:

$$(12.80) \quad N = \frac{4(z_{1-\alpha}+z_{1-\beta})^2}{\theta^2_{\rho(pbis)c,krit}} + 3.$$

Die Formeln für die verbleibenden Testplanungsstrategien ergeben sich dann durch Umstellen der Formel (12.80).

Bei der **Planung von Tests** über **Partialkorrelationen** ρ_p ist in den vorstehenden Formeln mit n – 4 zu operieren. Die Signifikanztestung erfolgt dann per **z-Test** unter Verwendung der Z-transformierten Partialkorrelation (Bortz, 1999, S. 433):

$$(12.81) \quad z_{emp} = [Z(r_p) - Z(\rho_{p,c})]\sqrt{n-3-(V-2)},$$

wobei V die Anzahl der beteiligten Variablen bezeichnet. Ist V = 3, reduziert sich Formel (12.81) auf:

$$(12.82) \quad z_{emp} = [Z(r_p) - Z(\rho_{p,c})]\sqrt{n-4}.$$

Nach Hays (1994, S. 712) können auch **multiple Korrelationen** $R_{Y.B}$ und $\eta_{Y.B}$ Z-Transformationen nach den Formeln (12.5) und (12.6) in Abschnitt 12.1 unterzogen werden. Folgt man diesem Autor (a.a:O.), dann kann mittels **z-Test** die statistische

Hypothese getestet werden, dass eine multiple Korrelation $\eta_{Y.B}$ einen Wert $0 < \eta_{Y.B,c}$ +1 annimmt, und zwar mit Hilfe folgender Formel (Hays, 1994, S. 712):

$$(12.83) \quad z_{emp} = \frac{Z(R_{Y.B}) - Z(\eta_{Y.B,1}) - (FG_Z + \eta_{Y.B,1}^2)}{2\eta_{Y.B,1}(N-1)} \sqrt{N-1}.$$

Diese Formel [15.22.1] scheint mir aber fehlerbehaftet zu sein, denn je größer die verwendete Stichprobe ausfällt, um so kleiner wird der berechenbare z-Wert. Dies ist primär eine Folge des Umstandes, dass der Zähler der Formel mit $\sqrt{(N-1)}$ multipliziert wird, während im Nenner mit $(N-1)$ operiert wird. Üblicherweise führt eine Vergrößerung des Stichprobenumfanges auch zu einer Vergrößerung des Wertes der Teststatistik einschließlich z [siehe die Formeln (12.82), (12.81), (12.72), (12.71) usw.]. Auf der Grundlage der Beispieldaten von Hays (1994, S. 712) lässt sich bei N = 40 $z_{emp} = -0{,}7136$ [$z_{krit(0,05)} = -1{,}645$] berechnen bei einem Abstand der Z-transformierten Korrelationen von immerhin $-0{,}2065$. Erhöht man für die gleichen Zahlen den Stichprobenumfang auf N = 60, resultiert $z_{emp} = -0{,}5753$, und bei N = 100 ergibt sich $z_{emp} = -0{,}4457$. Von daher von der Benutzung der Formel von Hays (1994, S. 712) zum Vergleich eines theoretischen Wertes $\eta_{Y.B}$ für die multiple Korrelation mit einem empirischen Wert $R_{Y.B}$ abzuraten. Ich habe allerdings auch keine alternative Vorgehensweise aufgefunden.

Auch für die **Intraklassenkorrelation** ρ_{IC} (r_{IC}) aus Abschnitt 12.1 können Hypothesen der folgenden Art getestet werden, wobei gelten muss: $0 < \rho_{IC,c} < +1$.

(12.84) H_0: ($\rho_{IC} - \rho_{IC,c} \geq 0$) vs. H_1: ($\rho_{IC} - \rho_{IC,c} < 0$) oder H_0: ($\rho_{IC} - \rho_{IC,c} = 0$) vs.

H_1: ($\rho_{IC} - \rho_{IC,c} \neq 0$) oder H_0: ($\rho_{IC} - \rho_{IC,c} \leq 0$) vs. H_1: ($\rho_{IC} - \rho_{IC,c} > 0$)

Für die Testung der vorstehenden Hypothesen mittels **t-Test** bei $FG_N = n - 1$ wird die folgende Hilfsgröße u_{IC} bestimmt:

(12.85) $u_{IC} = u(r_{IC}, \rho_{IC}) = (r_{IC} - \rho_{IC,c})/(1 - r_{IC}\rho_{IC,c}).$

Dann gilt für den Fall, dass die Vpn einen festen oder fixierten Faktor darstellen (vgl. Kraemer & Thiemann, 1987, S. 32):

$$(12.86) \quad t_{emp} = \frac{u_{IC}\sqrt{n-1}}{\sqrt{1-u_{IC}^2}}.$$

Auch über die F-Verteilungen kann bei $FG_Z = K - 1$ (K einzuschätzende Objekte) und $FG_N = n(K - 1)$ eine Testung von Hypothesen über ρ_{IC} erfolgen (n einschätzende Personen pro einzuschätzendem Objekt) (vgl. Wirtz & Caspar, 2002, S. 176):

$$(12.87) \quad F_{emp} = \frac{s_B^2}{s_{I,B}^2} \frac{1 - \rho_{IC,c}}{1 + (K-1)\rho_{IC,c}}.$$

Die **Planung** von Tests über eine Intraklassenkorrelation ρ_{IC} erfolgt wie bei einer Pearson-Korrelation - vgl. die Formeln (12.76) bis (12.78). Zur Bestimmung der Teststärke von **F-Tests** über die Intraklassenkorrelation siehe auch Winer, D.R. Brown und Michels (1991, S. 138-140).

Auch **Korrelationsdifferenzen** $(\rho_1 - \rho_2)$ können unter der H_0 von Null verschiedene Werte annehmen mit $-2 < (\rho_{1,c} - \rho_{2,c}) = (\rho_1 - \rho_2)_c < +2$:

(12.88) H_0: $[(\rho_1 - \rho_2) - (\rho_1 - \rho_2)_c = 0]$ vs. H_1: $[(\rho_1 - \rho_2) - (\rho_1 - \rho_2)_c \neq 0]$ oder

H_0: $[(\rho_1 - \rho_2) - (\rho_1 - \rho_2)_c \leq 0]$ vs. H_1: $[(\rho_1 - \rho_2) - (\rho_1 - \rho_2)_c > 0]$.

Die Testung der vorstehenden Hypothesen erfolgt bei $n_1 \geq 10$ und $n_2 \geq 10$ mittels **z-** oder mittels **t-Test** bei $FG_N = n_1 + n_2 - 4$:

(12.89) $z_{emp} = \dfrac{[Z(r_1) - Z(r_2)] - [Z(\rho_{1,c}) - Z(\rho_{2,c})]}{\sqrt{1/(n_1 - 3) + 1/(n_2 - 3)}}$,

(12.90) $t_{emp} = \dfrac{[Z(r_1) - Z(r_2)] - [Z(\rho_{1,c}) - Z(\rho_{2,c})]}{\sqrt{\dfrac{n_1 + n_2 - 6}{(n_1 - 3)(n_2 - 3)}}}$.

Die **Effektgröße** für die Tests in den Formeln (12.89) und (12.90) ist definiert als:

(12.91) $\theta_{rr,c} = [Z(\rho_1) - Z(\rho_2)] - [Z(\rho_{1,c}) - Z(\rho_{2,c})]$.

Gemäß dieser Formel müssen die beiden die Differenz konstituierenden Korrelationen $\rho_{1,c}$ und $\rho_{2,c}$ bekannt sein, aus denen dann die Differenz $(\rho_1 - \rho_2)_c \neq 0$ berechnet wird.

Die empirische Entsprechung von $\theta_{rr,c}$ lautet:

(12.92) $q_{rr,c} = [Z(r_1) - Z(r_2)] - [Z(\rho_{1,c}) - Z(\rho_{2,c})]$.

Die Kontrastierung zweier **Differenzen über Partialkorrelationen** $r_{p,1}$ und $r_{p,2}$ sowie $\rho_{p,1,c}$ und $\rho_{p,2,c}$ geschieht ebenfalls mittels **z-Test**:

(12.93) $z_{emp} = \dfrac{[Z(r_{p,1}) - Z(r_{p,2})] - [Z(\rho_{p,1,c}) - Z(\rho_{p,2,c})]}{\sqrt{1/(n_1 - 4) + 1/(n_2 - 4)}}$.

Für den Test über die Partialkorrelationen in Formel (12.93) gilt als **Effektgröße**:

(12.94) $\theta_{rr,p,c} = [Z(\rho_{p,1}) - Z(\rho_{p,2})] - [Z(\rho_{p,1,c}) - Z(\rho_{p,2,c})]$.

Für die Pearson- wie auch für die Partialkorrelationen wird dann die **Testplanung** nach einer der Formeln (12.52) bis (12.55) in Abschnitt 12.2.1 vorgenommen.

Beispiel 12.12: Die PH-63 behauptet, dass die Pearson-Korrelation zwischen zwei Subtests eines bestimmten Intelligenztests bei Studierenden größer ausfällt als in der Eichstichprobe, weil sich die Eichstichprobe aus Studierenden wie auch aus Nicht-Studierenden zusammengesetzt habe. Dies ist einer der sehr seltenen Fälle,

Testplanung für Korrelationshypothesen   405

in denen die zu verwendende statistische Kenngröße bereits in der PH angesprochen wird. Auch bezieht sich die PH nur auf beobachtbare Begriffe, eignet sich also zur Beschreibung. Auf der Ebene der PV-63(XY;K=1) wird die studentische Stichprobe, des Weiteren die Art der Durchführung der Subtests des Intelligenztests und werden die übrigen Randbedingungen der Versuchsdurchführung festgelegt. Die Korrelation zwischen den ausgewählten Subtests, ρ_c, wird dem Manual des Intelligenztests entnommen; diese Korrelation sei $\rho_{c,15} = 0{,}30$, zu der folgender Z-Wert gehört: $Z(\rho_{c,15}) = 0{,}3095$. Aus der PV-63(XY;K=1) wird als vorhersagekonform die SV-63(XY;K=1) abgeleitet:

(12.95) (PH-63 $\wedge$ VSVS) $\approx$> [PV-63(XY;K=1) $\wedge$ SHH] $\approx$> SV-63(XY;K=1) $\Leftrightarrow$
$\Leftrightarrow$ ST-63(XY;K=1): $H_{1,15}$: $(\rho - \rho_c = 0{,}30 > 0)$.

Zu planen ist der einseitige Test gegen die hypothesenkonforme und gerichtete $H_{1,15}$. Es wird festgelegt: $\alpha_{krit,15} = 0{,}10$ und $\beta_{krit,15} = 0{,}20$. Die Effektgröße betrage $\theta_{r,c,krit,15} = 0{,}42$. Gefragt ist nach der Stichprobengröße n_{15} (TPS 1). Einsetzen in Formel (12.76) führt zu: $n_{15} = [4(1{,}282 + 0{,}84)^2/0{,}1764] + 3 = 105{,}1062$ bzw. $n_{15} = 106$. Der Versuch wird als Gruppenversuch mit Psychologiestudierenden in unteren Semestern durchgeführt, die ja bekanntlich großes Interesse an psychologischen Testverfahren haben, weswegen in diesem speziellen Fall ein N = 106 auch nicht unrealistisch erscheint. Die danach bestimmte Korrelation r_{15} ist gleich 0,35. Einsetzen in Formel (12.71) ergibt: $z_{emp,15} = (0{,}3654 - 0{,}3095)\sqrt{103} = 0{,}5573$ bei $z_{krit(0,10),15} = 1{,}282$. Die Differenz zwischen r_{15} und $\rho_{c,15}$ ist statistisch nicht signifikant, und somit wird die hypothesenkonträre $H_{0,15}$ beibehalten. Die Effektgröße lässt sich berechnen zu: Die PV-63(XY;K=1) wird als nicht eingetreten beurteilt, und die PH-63 hat sich nicht bewährt. Die Korrelation in der Eichstichprobe findet sich auch in der studentischen Stichprobe wieder.

In der psychologischen Testtheorie kommt neben den Eichstichproben **Reliabilitäts- und Validitätskoeffizienten** eine herausragende Bedeutung zu, die es in den verschiedensten Varianten gibt (vgl. Fisseni, 1997; Lienert & Raatz, 1994). Es wird allgemein gefordert, dass diese Koeffizienten bestimmte Grenzwerte nicht unterschreiten sollen, um einen psychologischen Test einsetzen zu können. Für Reliabilitätskoeffizienten (ρ_{Rel}) gibt Fisseni (1997, S. 81) als unteren Grenzwert $\rho_{Rel} = 0{,}80$ an, während Landis und Koch (1976) ein differenzierteres Schema anbieten (vgl. auch Donner & Eliasziw, 1987, S. 443). An die Höhe von Validitätskoeffizienten (ρ_{Val}) werden in aller Regel geringere Anforderungen gestellt als an Reliabilitätskoeffizienten; ein Validitätskoeffizient von $\rho_{Val} = 0{,}60$ gilt bereits als hoch (Fisseni, 1997, S. 105). Eine naheliegende Hypothese besagt dann, dass die aus der Eichstichprobe berechnete Korrelation den als Kriterium $\rho_{Rel,krit}$ oder $\rho_{Val,krit}$ festgelegten Koeffizienten nicht unterschreitet (s.o.). Auch in derartigen Fällen führt man einen **Ein-Stichproben-Korrelations-Test** durch, bei dem unter der Nullhypothese der Kriteriumswert eingesetzt wird.

Beispiel 12.13: Ein Team von Psycholog/inn/en hat einen neuen Test des induktiven Denkens mit insgesamt 40 Items für Kinder im Alter zwischen fünf und zehn Jahren entwickelt, der fast ausnahmslos Items enthält, wie sie in den auf dem Markt befindlichen Programmen zum Trainieren des induktiven Denkens nicht enthalten sind. Um diesen Test erfolgreich bearbeiten zu können, muss also das Gelernte auf neue Aufgaben transferiert werden; es wird also ein Anforderungstransfer verlangt. Für die Erstellung der Normen steht dem Psycholog/inn/enteam eine Stichprobe der Größe N = 3000 zur Verfügung. Diese Eichstichprobe wird in drei Altersbereiche unterteilt, und zwar Fünf- und Sechsjährige (n_{16} = 900), Sieben- und Achtjährige (n_{17} = 1100) und Neun- bis Zehnjährige (n_{18} = 1000). Das Psycholog/inn/enteam, das den Test entwickelt hat, benutzt zur Reliabilitätsbestimmung die Testhalbierungsmethode (ungerade Itemzahlen vs. gerade Itemzahlen) und will die Ergebnisse nach der Formel von Flanagan (vgl. Rulon, 1930) „aufwerten", um die mit der gebräuchlichen Formel von Spearman und Brown verbundene Annahme gleicher Streuungen beider Testteile zu vermeiden (Lienert & Raatz, 1994, S. 185). Die Formel nach Flanagan lautet (a.a.O.):

$$(12.96) \quad r_{Rel,korr,t} = \frac{4 s_1 s_2 r_{Rel,1-2}}{s_1^2 + s_2^2 + 2 s_1 s_2 r_{Rel,1-2}},$$

wobei $r_{Rel,1-2}$ die Korrelation zwischen den beiden Testhälften bezeichnet. Psycholog/inn/enteam vertritt die Hypothese **PH-64**, dass die an der Eichstichprobe erhobene Pearson-Korrelation $r_{Rel,t}$ nach der Korrektur mindestens so hoch ist wie der Kriteriumswert $\rho_{Rel,c}$ = 0,80. Das Team leitet also ab:

(12.97) (PH-64 ∧ VSVS) ≈> [PV-64(XY;K=1) ∧ SHH] ≈> SV-64(XY;K=1) ⇔

⇔ ST-64(XY;K=1): [$H_{0,16}$: $\rho_{Rel} \geq \rho_{Rel,c}$ = 0,80) ∧

∧ ($H_{0,17}$: $\rho_{Rel} \geq \rho_{Rel,c}$ = 0,80) ∧ ($H_{0,18}$: $\rho_{Rel} \geq \rho_{Rel,c}$ = 0,80).

Jede abgeleitete Nullhypothese bezieht sich auf eine andere Altersgruppe; die abgeleiteten Nullhypothesen wurden konjunktiv miteinander verbunden, da in keiner der Stichproben die Reliabilität geringer ausfallen darf als der Kriteriumswert. Damit kumuliert die statistische Fehlerwahrscheinlichkeit α und sollte entsprechend gering gewählt werden (vgl. Abschn. 7.2). Den Nullhypothesen gegenüber stehen Alternativhypothesen der Form $H_{1,t}$: ($H_{1,t}$: $\rho_{Rel,t} < \rho_{Rel,c,t}$). Die Größe der drei Stichproben ermöglicht es, kleine Effekte aufzudecken. Das Team legt also fest: $\theta_{r,c,krit,t} = Z(\rho_{Rel,t}) - Z(\rho_{Rel,c,t}) = -0,20$, woraus sich $\rho_{Rel,t}$ = 0,7156 errechnen lässt. - Einsetzen in Formel (12.77) ergibt (TPS 2): $(z_{1-\alpha} + z_{1-\beta})^2$ = (897)(0,04)/4 = 8,9700 und $(z_{1-\alpha} + z_{1-\beta})$ = 2,9950, woraus $\alpha_{krit,16}$ = 0,05 und $\beta_{krit,16}$ = 0,10 resultiert. Für die zweite Stichprobe folgt: $(z_{1-\alpha} + z_{1-\beta})^2$ = (1097)(0,04)/4 = 10,9700 und $(z_{1-\alpha} + z_{1-\beta})$ = 3,3121; $\alpha_{krit,17}$ = 0,025 und $\beta_{krit,17}$ = 0,10. Und zuletzt: $(z_{1-\alpha} + z_{1-\beta})^2$ = (997)(0,04)/4 = 9,9700 und $(z_{1-\alpha} + z_{1-\beta})$ = 3,1575; $\alpha_{krit,18}$ = 0,03 und $\beta_{krit,18}$ = 0,10. Damit gilt: $\varepsilon_{66,krit} \leq \max(\beta_t)$ = 0,10 und $\varphi_{66,krit} = \sum \alpha_{krit,t}$ = (0,05 + 0,025 +

0,03) = 0,105. Nachdem die Eichstichprobe den Test erhalten hat, wird für jedes Kind zunächst festgestellt, wieviele Punkte es in den beiden Testhälften erzielt hat, und anschließend wird über die Kinder die Pearson-Korrelation r_{Rel} für die beiden Testhälften berechnet. Diese Korrelationen sind von folgender Höhe: $r_{Rel,16}$ = 0,75; $r_{Rel,17}$ = 0,77 und $r_{Rel,18}$ = 0,70. Im nächsten Schritt werden diese Korrelationen nach Formel (12.98) „aufgewertet". Es gelte: s_1 = 18,00 und s_2 = 26,00. Damit lauten die empirischen Korrelationen: $r_{Rel,korr,16}$ = [4(18)(26)0,75]/(18^2 + 26^2 + 2(18)(26)0,75) = 0,8249; $r_{Rel,korr,17}$ = 0,8377 und $r_{Rel,korr,18}$ = 0,7917. Da $r_{Rel,korr,16}$ und $r_{Rel,korr,17}$ den Kriteriumswert von $\rho_{Rel,c,t}$ = 0,80 überschreiten, brauchen über diese Koeffizienten keine formalen statistischen Tests durchgeführt zu werden, von denen von vornherein feststeht, dass sie zur Annahme der vorhersagekonformen Nullhypothesen führen. Lediglich $r_{Rel,korr,18}$ ist zu testen, um festzustellen, ob die Abweichung vom Kriterium noch als zufallsbedingt erklärbar ist oder nicht. Nach Formel (12.71) resultiert: $z_{emp,18}$ = $-0,0227\sqrt{997}$ = $-0,7168$ bei $z_{krit(0,03),18}$ = $-1,880$. Dieses Ergebnis führt zur Annahme der erwartungskonformen $H_{0,18}$. Die Effektgröße $q_{r,c}$ lässt sich nach Formel (12.75) berechnen zu: $q_{r,c,18}$ = 1,0759 − 1,0986 = −0,0227 < $\theta_{r,c,krit,18}$ = −0,20. Bei allen Altersgruppen sind demnach die Reliabilitäten mindestens von erwarteter Größe, so dass die PV-64(XY;K=1) als eingetreten beurteilt werden kann und die PH-64 als bewährt.

Liegen der Reliabilitätsbestimmung dichotome Items zugrunde, die mit „ja" oder mit „nein" beantwortet werden, ist anstelle der im vorausgehenden Beispiel benutzten Pearson- die Phi-Korrelation r_ϕ heranzuziehen.

Eine spezielle Methode der Reliabilitätsbestimmung stellt die Analyse der internen Konsistenz eines psychologischen Tests dar. Dabei wird der Test in L ≥ 3 gleichlange und parallele Testteile aufgeteilt. Die unter diesen Bedingungen üblicherweise berechnete Kennzahl ist Cronbachs α (Cronbach, 1951; vgl. Lienert & Raatz, 1994, S. 191-200); ich benutze die Symbole r_α und ρ_α. Die Formel lautet (Lienert & Raatz, 1994, S. 192):

$$(12.98) \quad r_\alpha = \frac{L}{L-1}\left(1 - \frac{\sum s_k^2}{s_T^2}\right),$$

mit L: Anzahl der Items; s_k^2: Varianz der Items des Teiles k des Tests und s_T^2: Varianz der Items des Gesamttests. Die für Cronbachs α, also ρ_α, testbaren statistischen Hypothesen ergeben sich wie folgt:

(12.99) H_0: $(\rho_\alpha - \rho_{\alpha,c} \geq 0)$ vs. H_1: $(\rho_\alpha - \rho_{\alpha,c} < 0)$ oder
H_0: $(\rho_\alpha - \rho_{\alpha,c} = 0)$ vs. H_1: $(\rho_\alpha - \rho_{\alpha,c} \neq 0)$ mit $0 \ll \rho_{\alpha,c} < 1$.

Die Entscheidung zwischen den vorstehenden Hypothesen erfolgt approximativ über einen **z-Test** (Bonett, 2002, S. 336):

$$(12.100) \quad z_{emp} = \frac{\ln\left(\frac{1-\rho_{\alpha,c}}{1-r_\alpha}\right)}{\sqrt{\frac{2L}{(L-1)(n-2)}}} = \frac{\ln(1-\rho_{\alpha,c}) - \ln(1-r_\alpha)}{\sqrt{\frac{2L}{(L-1)(n-2)}}},$$

mit: n: Anzahl der Vpn. - Feldt, Woodruff und Salih (1987, S. 95) geben einen exakten **F-Test** an, der allerdings auf der Voraussetzung beruht, dass sowohl die Personen als auch die Items jeweils eine Zufallsstichprobe darstellen.

Für die **Planung des Tests** in Ausdruck (12.99) benutzt Bonett (2002, S. 236) die folgende **Effektgröße**, allerdings ohne Logarithmierung:

$$(12.101) \quad \theta_{r(\alpha),c} = \left|\ln\left(\frac{1-\rho_{\alpha,c}}{1-\rho_\alpha}\right)\right| = |\ln(1-\rho_{\alpha,c}) - \ln(1-\rho_\alpha)|.$$

Für die **TPS 1** ergibt sich dann (vgl. a.a.O.):

$$(12.102) \quad n = \frac{[2L/(L-1)](z_{1-\alpha} + z_{1-\beta})^2}{\left|\ln\left(\frac{1-\rho_{\alpha,c,krit}}{1-\rho_\alpha}\right)\right|} + 2.$$

Bonett (2002) gibt die Betragsstriche in den Formeln (12.101) und (12.102) nicht an. Sie sind jedoch notwendig, weil in allen Fällen, in denen $\rho_\alpha > \rho_{\alpha,c}$ gilt, der Nenner von Formel (12.102) negativ wird. Dies würde zu einer negativen Stichprobengröße führen. Des Weiteren muss durchgängig gelten: $\rho_\alpha \neq \rho_{\alpha,c}$, da andernfalls die Effektgröße in Formel (12.101) und der Nenner in Formel (12.102) gleich Null wird. Demgegenüber kann gelten: $r_\alpha = \rho_{\alpha,c}$, da dies lediglich zu $z_{emp} = 0$ führt [vgl. Formel (12.100)].

Für die **TPS 2** folgt aus Formel (12.102):

$$(12.103) \quad (z_{1-\alpha} + z_{1-\beta})^2 = \frac{(n-2)|[\ln(1-\rho_{\alpha,c,krit}) - \ln(1-\rho_\alpha)]|}{(2L)/(L-1)}.$$

Für die Testung ungerichteter Hypothesen ist $z_{1-\alpha}$ durch $z_{1-\alpha/2}$ zu ersetzen.

Beispiel 12.14: Die Ermittlung der Reliabilität muss nicht unbedingt an der Eichstichprobe erfolgen, die primär dazu dient, die erforderlichen Normen zu gewinnen, sondern kann auch unter Verwendung einer Kontrollstichprobe des Umfanges n ≈ 200 vorgenommen werden (Lienert & Raatz, 1989, S. 145). Für einen neu entwickelten Neurotizismus-Test soll nach der Eichung die **PH-65** geprüft werden, dass die Reliabilität nach Cronbachs r_α für die nach dem Zufallsprinzip aus der Eichstichprobe gewonnene Kontrollstichprobe der Größe n = 250 mindestens so groß ist wie der Kriteriumswert $\rho_{\alpha,c,krit} = 0{,}80$. Der Test wird in L = 6 parallele und gleichlange Teile aufgeteilt. Es ergibt sich die folgende Ableitung:

(12.104) (PH-65 ∧ VSVS) ≈> [PV-65(XY;K=1) ∧ SHH] ≈> SV-65(XY;K=1) ⇔

⇔ ST-65(XY;K=1): [$H_{0,19}$: $\rho_\alpha \geq \rho_{\alpha,c} = 0,80$).

Es wird ein *sehr* kleiner nachzuweisender Effekt von $\theta_{r(\alpha),c,krit,19} = -0,05$ zugrunde gelegt, der nach Einsetzen in Formel (12.101) und Auflösen zu $\rho_{\alpha,krit,19} = 0,7750$ führt. Gefragt wird dann nach den Fehlerwahrscheinlichkeiten (TPS 2). Einsetzen in Formel (12.103) ergibt: $(z_{1-\alpha} + z_{1-\beta})^2 = (248)(1,0986 - 1,0327)/(12/5) = 6,8081$ und $(z_{1-\alpha} + z_{1-\beta}) = 2,6092$. (Da die Festlegungen bedeuten, dass $\rho_\alpha < \rho_{\alpha,c}$ ist, kann auf die Betragsstriche verzichtet werden.) Daraus können sch die folgenden Festlegungen ergeben: $\alpha_{krit,19} = 0,10$ und $\beta_{krit,19} = 0,10$. Aus den Rohdaten der Untersuchung lässt sich $r_{\alpha,19} = 0,7850$ berechnen. Für diesen r_α-Wert ist zu prüfen, ob die Unterschreitung des Kriteriumswertes zufallsbedingt ist oder bereits systematisch. Einsetzen in Formel (12.100) ergibt: $z_{emp,19} = -0,0659/0,0984 = -0,6697$ bei $z_{krit,19} = -1,282$ - ein statistisch insignifikantes Resultat. Der Effekt lautet informationshalber: $q_{r(\alpha),c,19} = -0,0301 < \theta_{r(\alpha),c,krit,19} = -0,05$. Damit kann die psychologische Vorhersage als eingetreten angesehen werden, und die PH-65 hat sich bewährt: Die Abweichung von r_α vom Kriteriumswert $\rho_{\alpha,c} = 0,80$ ist nur zufallsbedingt.

Die **Planung von Tests** über den Kontrast zweier (abhängiger oder unabhängiger) r_α-Koeffizienten findet man bei Feldt und Ankenmann (1998, 1999). Mit der Testplanung für den Fall, dass die Reliabilität auf varianzanalytischem Wege über die Intraklassenkorrelation ermittelt wird, befassen sich Donner und Eliasziw (1987). Ihre Graphen für die Durchführung der Testplanung nehmen auf eine einfaktorielle **Varianzanalyse** mit wiederholten Messungen Bezug.

12.4 Hypothesen über zwei abhängige Korrelationen

Manche psychologischen Hypothesen beziehen sich auf Zusammenhänge zwischen verschiedenen Variablen in einer Stichprobe. Die in der Stichprobe berechenbaren **Korrelationen** sind dann **abhängig** voneinander, d.h. ihrerseits miteinander korreliert; dies hat Auswirkungen auf den Standardfehler dieser Korrelationen. Eine mögliche Ausgangssituation kann wie folgt aussehen: An einer Stichprobe werden die Korrelationen zwischen zwei Prädiktoren B und C und einem Kriterium A zu r_{AB} und r_{AC} bestimmt und ferner die Korrelation r_{BC} zwischen den beiden Prädiktoren. Die testbaren statistischen Hypothesen können lauten:

(12.105) H_0: $(\rho_{AB} - \rho_{AC} \leq 0)$ vs. H_1: $(\rho_{AB} - \rho_{AC} > 0)$ oder

H_0: $(\rho_{AB} - \rho_{AC} = 0)$ vs. H_1: $(\rho_{AB} - \rho_{AC} \neq 0)$.

Zur Testung von Hypothesen des vorstehenden Typs testen wird bei n ≥ 20 der folgende **z-Test** eingesetzt (Bortz, 1999, S. 213; Steiger, 1980, S. 247; vgl. auch Dunn & V. Clark, 1969):

$$(12.106) \quad z_{emp} = \frac{\sqrt{n-3}\,[Z(r_{AB}) - Z(r_{AC})]}{\sqrt{2(1-KOV_{AB,AC})}}.$$

n steht für den Stichprobenumfang, für den die Korrelationen berechnet werden. $KOV_{AB,AC}$ bezeichnet dabei die Kovarianz zwischen den drei Korrelationen r_{AB}, r_{AC} und r_{BC}, für die $-1 < KOV_{AB,AC} < +1$ gilt. Fällt die Kovarianz der Korrelationen negativ aus, werden für den entsprechenden Test mehr Vpn benötigt, als wenn die Korrelationen unabhängig voneinander wären. - Die statistische Testung der vorstehenden Hypothesen über abhängige Korrelationen kann auch über die t-Verteilungen erfolgen; Kenny (1987, S. 279) gibt die für diese Testung geeignete Form des **t-Tests** an.

Die theoretische Entsprechung $COV_{AB,AC}$ der empirischen Kovarianz $KOV_{AB,AC}$ errechnet sich wie folgt (vgl. Steiger, 1980, S. 245; bei ihm $c_{jk,jh}$):

$$(12.107) \quad COV_{AB,AC} = \frac{\rho_{BC}(1-\rho_{AB}^2-\rho_{AC}^2) - 0{,}5(\rho_{AB}\rho_{AC})(1-\rho_{AB}^2-\rho_{AC}^2-\rho_{BC}^2)}{(1-\rho_{AB}^2)(1-\rho_{AC}^2)}.$$

Diese Kovarianz fällt um so höher aus, je stärker die Korrelationen miteinander korreliert sind. Für sie gilt ebenfalls: $-1 < COV_{AB,AC} < +1$.

Auch für diesen Test ist eine **Testplanung** möglich, und zwar für die **TPS 1** über folgende Formel:

$$(12.108) \quad n = \frac{2(z_{1-\alpha} + z_{1-\beta})^2 (1-COV_{AB,AC})}{\theta_{rr,AB,AC,krit}^2} + 3,$$

wobei für die **Effektgröße** θ_{rr} aus Formel (12.73) hier gilt („abh" steht für „abhängige Korrelationen"):

$$(12.109) \quad \theta_{rr,AB,AC,abh} = [Z(\rho_{AB}) - Z(\rho_{AC})] / \sqrt{1-COV_{AB,AC}}.$$

Die drei Korrelationen können nicht frei variieren. Wenn $r_{AB} = +1$ gilt, dann gilt auch $r_{AC} = r_{BC}$. Wenn $r_{AB} = -1$ ist, dann gilt ferner $|r_{AC}| = |r_{BC}|$, wobei die beiden Korrelationen unterschiedliche Vorzeichen aufweisen. Oder: Ist z.B. r_{AB} positiv, r_{AC} aber negativ, dann muss auch r_{BC} negativ sein.

Eine vergleichbare Situation liegt vor, wenn man eine psychologische Hypothese zu prüfen hat, die sich auf bestimmte Zusammenhänge erneut in nur einer Stichprobe, aber dieses Mal zu zwei verschiedenen Erhebungszeitpunkten bezieht. Auch hier liegen **abhängige Korrelationen** vor (vgl. Bortz, 1999, S. 214). Man erhält auf diese Weise zwei Korrelationen, die sich auf die Merkmale, bspw. Introversion und Einsamkeit, beziehen und vier weitere Korrelationen, die den Zusammenhang zwischen

Testplanung für Korrelationshypothesen

den beiden Korrelationen über die Zeit zum Ausdruck bringen. Alle sechs Korrelationen sind miteinander korreliert, so dass man auch für sie eine Kovarianz, $COV_{AB,CD}$, bestimmen kann. Es soll gelten: Zeitpunkt t_1: Introversion (A) und Einsamkeit (B), Zeitpunkt t_2: Introversion (C) und Einsamkeit (D). Dann können die folgenden Korrelationen berechnet werden: r_{AB}, r_{CD}, r_{AC}, r_{BC}, r_{AD} und r_{BD}. Die Hypothesen aus Formel (12.104) nehmen dann die folgende Form an:

(12.110) H_0: $(\rho_{AB} - \rho_{CD} \leq 0)$ vs. H_1: $(\rho_{AB} - \rho_{CD} > 0)$ oder

H_0: $(\rho_{AB} - \rho_{CD} = 0)$ vs. H_1: $(\rho_{AB} - \rho_{CD} \neq 0)$.

Auch diese Hypothesen werden bei $n \geq 20$ einem **z-Test** unterzogen (Bortz, 1999, S. 214):

(12.111) $z_{emp} = \dfrac{\sqrt{n-3}\,[Z(r_{AB}) - Z(r_{CD})]}{\sqrt{2(1 - KOV_{AB,CD})}}$.

Für die theoretische Entsprechung $COV_{AB,CD}$ der empirischen Kovarianz $KOV_{AB,CD}$ gilt nach Steiger (1980, S. 247; vgl. auch Bortz, 1999, S. 214):

(12.112) $COV_{AB,CD} = \dfrac{V_{AB,CD}}{(1-\rho_{AB}^2)(1-\rho_{CD}^2)}$ mit

(12.113) $V_{AB,CD} = 0{,}5[(\rho_{AC} - \rho_{AB}\rho_{BC})(\rho_{BD} - \rho_{BC}\rho_{CD}) +$
$+ (\rho_{AD} - \rho_{AC}\rho_{CD})(\rho_{BC} - \rho_{AB}\rho_{AC}) + (\rho_{AC} - \rho_{AD}\rho_{CD})(\rho_{BD} - \rho_{AB}\rho_{AD}) +$
$+ (\rho_{AD} - \rho_{AB}\rho_{BD})(\rho_{BC} - \rho_{BD}\rho_{CD})]$.

Für die beiden Kovarianzen gilt auch hier: $-1 < KOV_{AB,CD} < +1$ und $-1 < COV_{AB,CD} < +1$. Die **Testplanung** nach der Strategie **TPS 1** erfolgt nach Formel:

(12.114) $n = \dfrac{2(z_{1-\alpha} + z_{1-\beta})^2 (1 - COV_{AB,CD})}{\theta_{rr,AB,CD,krit}^2} + 3$.

Die **Effektgröße** θ_{rr} aus Formel (12.73) steht hier für:

(12.115) $\theta_{rr,AB,CD,abh} = [Z(\rho_{AB}) - Z(\rho_{CD})]/\sqrt{1 - COV_{AB,CD}}$.

Für die Testplanung müssen für alle sechs Korrelationen Werte festgelegt werden; dies ist i.A. kaum möglich. Man wird sich damit behelfen müssen, dass man den Ausdruck $COV_{AB,CD}$ auf einen mittleren positiven Wert festlegt.

Beispiel 12.15 (nach Bortz, 1999, S. 213): Bei den beiden Prädiktoren (Merkmalen) handelt es sich um die Deutschnote (B) und die Mathematiknote (C); das Kriterium ist der Erfolg im Studium in Psychologie (A). Es wird die Hypothese **PH-66** aufgestellt, dass die Mathematiknote der bessere Prädiktor für den Studienerfolg ist, so dass erwartet wird, dass sie höher mit dem Kriterium korreliert als die

Deutschnote, dass m.a.W. gelten soll: $\rho_{AC} - \rho_{AB} > 0$. Damit liegt die Ableitung so gut wie fest:

(12.116) (PH-66 ∧ VSVS) ≈> [PV-66(XY;K=1) ∧ SHH] ≈>

≈> SV-66(XY;K=1): ($\rho_{AC} > \rho_{AB}$) ⇔ ST-66(XY;K=2): ($H_{1,20}$: $\rho_{AC} - \rho_{AB} > 0$).

Für die Testplanung müssen zunächst die erwarteten Korrelationen spezifiziert und dann Z-transformiert werden. Es sei: $\rho_{AB,krit,20} = 0{,}30$; $\rho_{AC,krit,20} = 0{,}60$ und $\rho_{BC,15} = 0{,}50$. Einsetzen in Formel (12.107) ergibt: $COV_{AB,AC} = [0{,}50(1 - 0{,}36 - 0{,}09) - 0{,}5(0{,}30)(1 - 0{,}25 - 0{,}36 - 0{,}09)]/[1 - 0{,}36)(1 - 0{,}09)] = 0{,}2146$. Für die Z-Werte gilt dann: $Z(\rho_{AB,20}) = 0{,}3095$ und $Z(\rho_{AC,20}) = 0{,}6931$, so dass nach Formel (12.109) resultiert: $\theta_{rr,AB,AC,abh,krit,15} = (0{,}6931 - 0{,}3095)/0{,}8862 = 0{,}3836/0{,}8862 = 0{,}4328$. Es sei ferner $\alpha_{krit,20} = 0{,}05$ und $\beta_{krit,20} = 0{,}10$. Einsetzen in Formel (12.108) (TPS 1) führt dann zu: $n_{20} = [2(1{,}645 + 1{,}282)^2(1 - 0{,}2146)/0{,}1471] + 3 = 94{,}4746$ bzw. $n_{20} = 95$. Der Versuch kann mit 95 Vpn durchgeführt werden und erbringt folgende Resultate: $r_{AB,20} = 0{,}40$; $r_{AC,20} = 0{,}65$ und $r_{BC,20} = 0{,}35$. Als nächstes wird die empirische Kovarianz $KOV_{AB,AC,20}$ ausgerechnet. Dies geschieht auf der Basis der Formel (12.107), in der die theoretischen Korrelationen ρ durch ihre empirischen Entsprechungen r ersetzt werden. Einsetzen ergibt: $KOV_{AB,AC,20} = [0{,}35(1 - 0{,}4225 - 0{,}16) - 0{,}5(0{,}26)(1 - 0{,}4225 - 0{,}1225 - 0{,}16)]/[(0{,}5775)(0{,}84)] = 0{,}2222$. Die Z-Werte für die empirischen Korrelationen lauten: $Z(r_{AB,20}) = 0{,}4236$ und $Z(r_{AC,20}) = 0{,}7753$ und $q_{rr,AB,AC,20} = Z(r_{AC,20}) - Z(r_{AB,20}) = 0{,}3516 \approx \theta_{rr,AB,AC,krit,20} = 0{,}3836$. Also ergibt sich nach Formel (12.106): $z_{emp,20} = \sqrt{92}(0{,}3516)/1{,}2473 = 2{,}7039$ bei $z_{krit(0{,}05),20} = 1{,}645$. Dieser Wert ist statistisch signifikant und führt zur Annahme der als vorhersagekonform abgeleiteten $H_{1,20}$ und der ihr äquivalenten SV-66(XY;K=1). Da auch der Effekt nur geringfügig kleiner ist als die Vorab-Spezifikation, kann die PV-66(XY;K=1) als eingetreten angesehen werden, und die PH-66 hat sich in diesem Versuch bewähren können.

Beispiel 12.16: Zum Zeitpunkt t_1 wird die Korrelation zwischen der Introversion und der Einsamkeit bestimmt. Anschließend erfolgt eine therapeutische Intervention, die zwar das Persönlichkeitsmerkmal Introversion nicht beeinflusst, den Behandelten aber Möglichkeiten aufzeigt, wie sie ihrer Einsamkeit entkommen können. Diese Möglichkeiten werden zunächst unter Aufsicht trainiert und nach Beendigung des Programmes (hoffentlich) in eigener Regie fortgesetzt. Bei einigen Klient/inn/en wird das Programm wirken, bei anderen nicht, und die dritte Gruppe wird Misserfolge beim Umsetzen des Trainierten zum Anlass nehmen, die Maßnahmen und Strategien des Programmes nicht weiter zu beachten. Der Erhebungszeitpunkt t_2 wird auf acht Wochen nach Trainingsende festgelegt. Es wird die Hypothese **PH-67** formuliert, dass zu diesem Zeitpunkt der Zusammenhang zwischen der Introversion und der Einsamkeit geringer ausfällt als zum Zeitpunkt t_1 vor dem Programm. Also:

(12.117) (PH-67 ∧ VSVS) ≈> [PV-67(XY;K=1) ∧ SHH] ≈>

≈> SV-67(XY;K=1): ($\rho_{AB} > \rho_{CD}$) ⇔ ST-67(XY;K=2): ($H_{1,21}$: $\rho_{AB} - \rho_{CD} > 0$).

Es gelte nun für die einzelnen Korrelationen: $\rho_{AB,21}$ = 0,60 [Z($\rho_{AB,21}$) = 0,6931]; $\rho_{CD,21}$ = 0,30 [Z($\rho_{CD,21}$) = 0,3095]; $\rho_{AC,21}$ = 0,80; $\rho_{BC,21}$ = 0,50, $\rho_{AD,21}$ = 0,50 und $\rho_{BD,21}$ = 0,70. Dann gilt nach Formel (12.113) für $V_{AB,CD}$: $V_{AB,CD,21}$ = 0,5[(0,80 − 0,3)(0,70 − 0,15) + (0,50 − 0,24)(0,50 − 0,48) + (0,80 − 0,15)(0,70 − 0,30) + (0,50 − 0,42)(0,50 − 0,21) = 0,5(0,2725 + 0,0052 + 0,2600 + 0,0232) = 0,2805. Für die $COV_{AB,CD,16}$ resultiert dann nach Formel (12.112): $COV_{AB,CD,21}$ = 0,2805/0,5824 = 0,4815. Für die Effektgröße resultiert nach Formel (12.115): $\theta_{rr,AB,CD,abh,krit,21}$ = [Z($\rho_{AB,21}$) − Z($\rho_{CD,21}$)]/0,7201 = (0,6931 − 0,3095)/0,7201 = 1,1609. Es werden $\alpha_{krit,21}$ = 0,05 und $\beta_{krit,21}$ = 0,15 festgelegt. Einsetzen in Formel (12.114) (TPS 1) ergibt dann: n_{21} = [2(1,645 + 1,04)²(0,5185)/0,1472] + 3 = 63,3764 bzw. n_{21} = 64. Die empirischen Daten lauten: $r_{AB,21}$ = 0,65 und $r_{CD,21}$ = 0,25 sowie $KOV_{AB,CD,21}$ = 0,4150. Die zugehörigen Z-Werte ergeben sich zu: Z($r_{AB,21}$) = 0,7753 und Z($r_{CD,21}$) = 0,2554. Einsetzen in Formel (12.111) führt dann zu: $z_{emp,21}$ = √61(0,5199)/1,0817 = 3,7540 bei $z_{krit(0,05),21}$ = 1,645. Dieser z-Wert ist statistisch signifikant und führt zur Annahme der $H_{1,21}$ und der ihr äquivalenten SV-67(XY;K=1). Für die Effektgröße gilt: $q_{rr,AB,CD,21}$ = 0,5199 > $\theta_{rr,AB,CD,krit,21}$ = 0,3836; die PV-67(XY; K=1) als eingetreten beurteilt wird, und die PH-67 hat sich in diesem Versuch bewährt.

12.5 Hypothesen über Rangkorrelationen

In zahlreichen Fällen hat die AV nur Ordinalskalenniveau, d.h. die rangtransformierten oder die erhaltenen Rohwerte y_{ik} lassen sich ihrem Rangplatz R_{ik} nach ordnen. In diesen Fällen können Rangkorrelationen sinnvoll berechnet werden, die im Übrigen in der Forschungspraxis nicht sehr häufig Verwendung finden: in den 428 Artikeln der Jahre 2001 und 2002 nur 21 Mal.

Die Rangkorrelation r_S nach Spearman (1904, 1906) (zuweilen auch „rho" genannt) und die τ-Korrelation von Kendall (1938, 1963) lassen sich als Maße der Übereinstimmung bzw. als Maße für Einschätzurteile interpretieren. Ihnen liegen jedoch unterschiedliche Auffassungen bzgl. der Nichtübereinstimmung zugrunde. Bei r_S geht eine Nichtübereinstimmung bei den Einschätzungen als *quadrierte* Differenz zwischen den Einschätzungen über die Personen in die Formel ein. Bei τ wird demgegenüber ein Ranginversion für jedes Paar von einzuschätzenden Objekten in der gleichen Weise als Hinweis auf eine Nichtübereinstimmung gewertet (vgl. Hays, 1988, S. 837).

Für die Berechnung der **Rangkorrelation r_S** nach Spearman (1904, 1906) werden die Daten pro Versuchsgruppe rangtransformiert, und es wird für jedes Paar R_{ik} von

Rängen deren Differenz gebildet, also $D_i = R_{i1} - R_{i2}$. Mittels dieser Differenzen wird dann r_S wie folgt berechnet (vgl. Bortz, 1999, S. 223):

$$(12.118) \quad r_S = 1 - \frac{6 \sum D_i^2}{n(n^2 - 1)}.$$

Treten mehr als 20% Rangbindungen („tied values") auf, so ist r_S nach einer komplizierteren Formel zu berechnen, die man u.a. bei Bortz (1999, S. 223-224) findet. Berechnet man die Rangkorrelation r_S wie eine Pearson-Korrelation, allerdings unter Verwendung der Ränge, dann werden die Verbundränge bei der Berechnung der beiden Streuungen S_X und S_Y berücksichtigt, so dass keine weitere Korrektur erforderlich ist. Verbundränge sorgen stets zu einer Veringerung der Streuungen. r_S stellt eine spezielle Pearson-Korrelation für Rangdaten dar, behandelt aber wegen der Berechnung von Differenzen D_i die Abstände zwischen den Rängen implizit als äquidistant, wie dies auch bei der Berechnung der Pearson-Korrelation über die Rohwerte y_{ik} geschieht. Ob diese starke Annahme gerechtfertigt ist, muss wohl im Einzelfall entschieden werden.

Die testbaren statistischen Hypothesen lauten:

$$(12.119) \quad H_0: (\rho_S - \rho_{S,c} = 0) \text{ vs. } H_1: (\rho_S - \rho_{S,c} \neq 0) \text{ oder}$$

$$H_0: (\rho_S - \rho_{S,c} \leq 0) \text{ vs. } H_1: (\rho_S - \rho_{S,c} > 0) \text{ jeweils mit } -1 < \rho_{S,c} < +1.$$

Die H_0 besagt, dass die beiden Variablen voneinander unabhängig sind, während die H_1 aussagt, dass zwischen den beiden Variablen X und Y eine monotone Abhängigkeit besteht. $\rho_{S,c}$ bezeichnet den Wert der Korrelation unter der H_0; dieser Wert ist im Regelfall gleich Null. Trifft dies zu, kann die Signifikanzentscheidung direkt mittels der Tabelle A.6 im Anhang erfolgen. In allen anderen Fällen wird die Hypothesenentscheidung bei $n > 20$ (Marascuilo & McSweeney, 1977, S. 437; Hays, 1988, S. 836, gibt $n > 10$ an und Bortz, 1999, S. 223, $n \geq 30$) mit Hilfe eines z- oder eines **t-Tests** bei $FG_N = n - 2$ vorgenommen:

$$(12.120) \quad t_{emp} = \frac{(r_S - \rho_{S,c})\sqrt{n-2}}{\sqrt{(1-r_S^2)(1-\rho_{S,c}^2)}}$$

$$(12.121) \quad z_{emp} = \frac{r_S - E(r_S)}{\sqrt{s^2(r_S)}} = \frac{r_S - \rho_{S,c}}{1/\sqrt{n-1}} = (r_S - \rho_{S,c})\sqrt{n-1}.$$

Die **Planung** von Tests über Hypothesen über die Rangkorrelation r_S kann nicht wie die für eine Pearson-Korrelation erfolgen. Kraemer und Thiemann (1987; vgl. auch Bonett & Wright, 2000) führen die Testplanung mit Hilfe der Arcus-sinus-Transformation (vgl. Freeman & Tukey, 1950) von r_S als **Effektgröße** durch. Die Autorinnen geben allerdings Formeln an, die *nicht* berücksichtigen, dass diese Transformation immer in der Form „$\phi_{as} = 2 \text{ arcus-sinus}\sqrt{X}$" tabelliert wird (vgl. auch Tab.

A.9 im Anhang). Daher lassen sich ihre Beispiele nicht reproduzieren. Auch Bortz und Döring (1995, S. 595) geben die Formeln in ihrer falschen Form an, wobei sie nicht einmal ihre Literaturquelle nennen. Unter Berücksichtigung der üblichen Tabellierung von Arcus-sinus-Transformationen ergibt sich für die **TPS 1** die folgende Modifikation der Formeln von Kraemer und Thiemann (1987, S. 57):

(12.122) $\Delta_{KT}(\rho_S) = (3/\pi)[2 \text{ arcus-sinus}(\rho^2{}_S/4) - 2 \text{ arcus-sinus}(\rho^2{}_{S,c}/4)]$.

(12.123) $n = 1{,}06v(r_S) + 3$.

$\pi = 3{,}1416...$; n bezeichnet den Umfang der einen Stichprobe. $v(r_S) = v$ ist der Eintrag in der Tabelle A.4 des Anhanges (vgl. auch Kraemer & Thiemann, 1987, S. 105-112). Stellt man die Formel (12.123) um, so erhält man den Tabelleneintrag $v(r_S)$, für den sich relativ zu einer festgelegten Effektgröße $\Delta_{KT}(\rho_S)$ innerhalb der begrenzten Möglichkeiten der Tabellen eine passend erscheinende Kombination von Werten für α und für β ablesen lässt (**TPS 2**):

(12.124) $v(r_S) = (n - 3)/1{,}06$.

Für die **TPS 3** berechnet man nach Formel (12.123) aus dem festliegenden n den zugehörigen Wert für $v(r_S)$ und sucht die den gewählten Werten für α und β entsprechende Tabelle auf und liest aus ihr den zu $v(r_S)$, α und β gehörigen Wert für die Effektgröße $\Delta_{KT}(\rho_S)$ ab.

Die empirische Entsprechung für die **Effektgröße** $\Delta_{KT}(\rho_S)$ lautet:

(12.125) $D_{KT}(r_S) = (3/\pi)[2 \text{ arcus-sinus}(r^2{}_S/4) - 2 \text{ arcus-sinus}(\rho^2{}_{S,c}/4)]$.

Beispiel 12.17: Im Rahmen einer Evaluationsstudie in einem Studienfach, das nicht dem numerus clausus unterliegt, wird die gerichtete Zusammenhangshypothese **PH-68** aufgestellt, dass sich die Abschluss-Durchschnittsnote mit der Abitur-Durchschnittsnote verringert. Bei der Ableitung der SV-68(XY;K=1) wird Ordinalskalenniveau der Noten unterstellt, und es wird r_S als Kenngröße festgelegt:

(12.126) (PH-68 $\wedge$ VSVS) $\approx$> [PV-68(XY;K=1) $\wedge$ SHH] $\approx$> SV-68(XY;K=1,r_S) $\Leftrightarrow$
$\Leftrightarrow$ ST-68(XY;K=1,r_S): $H_{1,22}$: ($\rho_S > 0$).

Für die Planung des Tests gegen die $H_{1,22}$ wird festgelegt: $\alpha_{krit,22} = 0{,}05$ und $\beta_{krit,22} = 0{,}10$ bei $\rho(r_S)_{,22} = 0{,}40$. Einsetzen in die Formel (12.122) für die TPS 1 ergibt: $\Delta_{KT}(\rho_S)_{,22} = (3/\pi)(0{,}4027 - 0) = 0{,}3846$ und $\Delta_{KT}(\rho_S)_{,krit,22} = 0{,}40$, so dass $v(r_S)_{,22} = 55$. Der Wert für $v(r_S)$ wird bei errechnetem $\Delta_{KT}(\rho_S)$ der Tabelle A.4 im Anhang entnommen. Nach Formel (12.123) gilt dann: $n_{22} = (1{,}06)(55) + 3 = 61{,}3$, also sind $n_{22} = 62$ Studierende zu untersuchen. (Die Berechnung des Stichprobenumfanges für eine Pearson-Korrelation führt hier zu dem Resultat $n_r = 51$.) Die Durchführung der Erhebung hat eine Rangkorrelation nach Spearman von $r_{S,22} = 0{,}78$ erbracht. Einsetzen in Formel (12.121) ergibt: $z_{emp,22} = 0{,}78\sqrt{61} = 6{,}0920$; dieser Wert ist statistisch signifikant und führt zur Annahme der vorhersagekonformen $H_{1,22}$ und der ihr vorgeordneten SV-68(XY; K=1,r_S). Ferner gilt nach Formel (12.125): $D_{KT}(r_S)_{,22} = 0{,}7648 > \Delta_{KT}(\rho_S)_{,krit,22} = 0{,}40$ oder $r_{S,22} = 0{,}78 > \rho_{S,22} = 0{,}40$, so dass auch die PV-68(XY; K=1) als eingetreten angesehen werden kann. Die PH-68 hat sich bewährt.

Für die **Rangkorrelation** τ nach Kendall (1938, 1963) gilt wie für r_S: $-1 \leq \tau \leq +1$. Sie beruht im Gegensatz zu r_S nicht auf der starken Annahme hinsichtlich der Äquidistanz der Rangwerte (s.o.) und dürfte deshalb i.A. der Rangkorrelation r_S vorzuziehen sein. Die Berechnung von τ gestaltet sich allerdings aufwändiger als die von r_S und sei an einem Beispiel demonstriert.

Beispiel 12.18 (nach Marascuilo & McSweeney, 1977, S. 439-440): n = 5 Vpn sind zwei Tests unterzogen worden, und ihre Werte wurden rangtransformiert. Pro Vp ergaben sich dabei folgende Wertepaare: Vp 1: (1; 1); Vp 2: (3; 3); Vp 3: (2; 4); Vp 4: (4; 5) und Vp 5: (5; 2). Es werden separat für jeden Test jeweils $\binom{n}{2} = 5(4)/2 = 10$ Paarvergleiche angestellt. Jedes Paar von Vpn erhält ein „+", wenn die Rangfolge steigt, und ein „–", wenn die Rangfolge invertiert ist. Anschließend ist jede Vp durch eine Kombination von „+"- und von „–"-Zeichen charakterisiert. Diese Zeichen werden pro Vp miteinander multipliziert, und wenn das Produkt positiv ist, spricht man von Konkordanz (K) für die betreffende Vp. Ist das Produkt negativ, liegt eine Diskordanz (D) vor. Abschließend wird die Anzahl n_K der Konkordanzen und der Diskordanzen, n_D, ausgezählt. Dann gilt für τ bei S = $n_K - n_D$ (Marascuilo & McSweeney, 1977, S. 440):

$$(12.127) \quad \tau = \frac{n_K - n_D}{n(n-1)/2} = \frac{S}{n(n-1)/2} = \frac{2S}{n(n-1)} = 1 - \frac{4n_D}{n(n-1)} = \frac{n_K - n_D}{n_K + n_D}.$$

Auch hier können Rangbindungen auftreten, die zu einer Korrektur von τ führen (vgl. dazu Hays, 1981, S. 602-605, und Marascuilo & McSweeney, 1977, S. 444-446). Der ganz rechte Ausdruck in Formel (12.127) berücksichtigt dies (Conover, 1999, S. 320). - Für das Zahlenbeispiel resultiert bei $n_K = 6$ und $n_D = 4$: $\tau = (6 - 4)/[5(5 - 1)]/2 = 0{,}20$; $\tau = 4/20 = 0{,}20$; $\tau = 1 - [16/5(4)] = 1 - 0{,}80 = 0{,}20$ sowie $\tau = 2/10 = 0{,}20$.

Die Testung von statistischen Hypothesen über $\rho(\tau)$, also z.B.:

$$(12.128) \quad H_0: [\rho(\tau) - \rho(\tau)_c \leq 0] \text{ vs. } H_1: [\rho(\tau) - \rho(\tau)_c > 0] \text{ oder}$$

$$H_0: [\rho(\tau) - \rho(\tau)_c = 0] \text{ vs. } H_1: [\rho(\tau) - \rho(\tau)_c \neq 0] \text{ mit } -1 < \rho(\tau)_c < +1$$

erfolgt bei n > 10 per **z-Test** (Hays, 1988, S. 840; Marascuilo und McSweeney, 1977, S. 444, S. 475):

$$(12.129) \quad z_{emp} = \frac{\tau - \rho(\tau)_c}{\sqrt{\dfrac{2(2n+5)}{9n(n-1)}}}.$$

Für die **Testplanung** für eine Hypothese über die Rangkorrelation $\rho(\tau)$ gilt folgende Modifikation der von Kraemer und Thiemann (1987, S. 57) angegebenen Formel (**TPS 1**), wobei $\Delta_{KT}[\rho(\tau)]$ die **Effektgröße** und $\rho(\tau)_c$ den Wert von $\rho(\tau)$ unter der H_0 bezeichnet:

(12.130) $\Delta_{KT}[\rho(\tau)] = (1/\pi)\{2 \text{ arcus-sinus}[\rho^2(\tau)] - 2 \text{ arcus-sinus}[\rho^2(\tau)_c]\}$.

(12.131) $n = 0{,}437 v(\tau) + 4$.

Die empirische Entsprechung von $\Delta_{KT}[\rho(\tau)]$ in Formel (12.132) lautet:

(12.132) $D_{KT}(\tau) = (1/\pi)\{[2 \text{ arcus-sinus }(\tau^2) - 2 \text{ arcus-sinus }[(\rho^2(\tau)_c]\}$.

Für die **TPS 2** und die **TPS 3** resultiert durch Umstellen der Formel (12.134):

(12.133) $v(\tau) = (n - 4)/0{,}437$.

Beispiel 12.19: In Abschnitt 12.1 wurde die **PH-57** behandelt, nach der bei einer als Lernmaterial vorgesehenen Wortliste der Länge n = 50 eine Konfundierung der eingeschätzten Bildhaftigkeit mit der ebenfalls eingeschätzten Bedeutungshaltigkeit vorliegen soll. Es war dort für die mittleren Einschätzungen der Bedeutungshaltigkeits- und der Bildhaftigkeitswerte Intervallskalenniveau angenommen worden. Eine Forscherin meint, man könne lediglich Ordinalskalenniveau der Einschätzungen unterstellen. Demzufolge will sie die PH-57 über eine Rangkorrelation prüfen und wählt die τ-Korrelation. Die Ableitungen ergeben dann:

(12.134) $(\text{PH-57} \wedge \text{VSVS}) \approx> [\text{PV-57}(XY;K=1) \wedge \text{SHH}] \approx> \text{SV-57}(XY;K=1;\tau) \Leftrightarrow$

$\Leftrightarrow \text{ST-57}(XY;K=1;\tau): H_{1,23}: [\rho(\tau) \neq 0]$.

Die Planung des Tests gegen die ungerichtete $H_{1,23}$ erfolgt über die TPS 3. Es werden zugrunde gelegt: $\alpha_{krit,23} = 0{,}05$ (zweiseitig) und $\beta_{krit,23} = 0{,}20$. Wie groß ist der nachweisbare Effekt? Nach Formel (12.133) gilt für v: $v(\tau) = (50 - 4)/0{,}437 = 105{,}2631$ bzw. $v(\tau) = 105$. Ablesen in der Tabelle A.4 des Anhanges weist einen entdeckbaren Effekt von $\Delta_{KT}[\rho(\tau)]_{,krit,23} = 0{,}30$ (0,31) aus. Durch entsprechendes Umstellen der Formel (12.130) kann ermittelt werden, dass $\rho(\tau)_{,krit,23} = 0{,}4690$ ist. Die Untersuchung an der Wortliste hat zu $\tau_{23} = 0{,}25$ geführt. Einsetzen in die Formel (12.129) führt zu: $z_{emp,23} = 2{,}3327$ bei $z_{krit(0,05/2),23} = \pm 1{,}96$. Damit wird die $H_{1,23}$ und der ihr äquivalente SV-57(XY;K=1;τ) angenommen. Die empirische Effektgröße wird nach Formel (12.132) bestimmt: $D_{KT}(\tau)_{,23} = 0{,}1592 < \Delta_{KT}[\rho(\tau)]_{,krit,23} = 0{,}30$. Dieser Wert ist halb so groß wie der vor dem Versuch festgesetzte Kriteriumswert, so dass trotz Annahme der hypothesenkonformen $H_{1,23}$ die PV-57(XY;K=1) als nicht eingetreten beurteilt wird: Der Zusammenhang zwischen der eingeschätzten Bildhaftigkeit und der eingeschätzten Bedeutungshaltigkeit, ermittelt über die τ-Korrelation, ist nur schwach ausgeprägt. Dennoch sollte man versuchen, in einer neuen Wortliste die Bedeutungshaltigkeit konstant zu halten oder als zweiten Faktor unabhängig von der Bildhaftigkeit zu variieren.

Auch psychologische Hypothesen z.B. des Typs der PH-1, der PH-5 und der PH-6 sowie weitere Hypothesen können bei K = 2 über die τ-Korrelation, interpretiert als punkt-biseriale Rangkorrelation, geprüft werden. Dabei werden die Kodes für die Versuchsgruppen ebenfalls rangtransformiert, und da es nur zwei Kodezahlen gibt, resultieren auch nur zwei Ränge, und jede Vp erhält den Mittelwert desjenigen Ranges zugewiesen, der ihrer Zugehörigkeit zu einer der beiden Versuchsgruppen entspricht. Weiter wird dann so verfahren, wie es oben beschrieben wurde (vgl. auch Marascuilo & McSweeney, 1977, S. 453-454). Die Ableitung von Vorhersagen ist dabei abhängig von der Beziehungsbehauptung in der psychologischen Hypothese und der psychologischen Vorhersage sowie der Art der Kodierung der Gruppenzugehörigkeit (vgl. dazu Abschn. 12.1). - Ein weiteres Beispiel für die Anwendung der Rangkorrelation τ nach Kendall wird im Abschnitt 14.3 behandelt.

Für die Maße r_S und $τ$ können im Übrigen auch **Partialkorrelationen** berechnet werden, und zwar analog zur Formel (12.19) in Abschnitt 12.1 (Conover, 1999, S. 327-328; Gibbons, 1993, S. 49; Marascuilo & McSweeney, 1977, S. 457). Die **Planung** des Tests für Hypothesen über ein partiales $τ_p$ oder eine Partialkorrelation $r_{S,p}$ erfolgt wie oben für r_S und $τ$ beschrieben. Formel (12.125) für $r_{S,p}$ nimmt für die **TPS 1** folgende Form an:

(12.135) $n = 1{,}06v(r_{S,p}) + 4.$

Unf für $τ_p$ ergibt sich nach Formel (12.132) für die **TPS 1**:

(12.136) $n = 0{,}437v(τ_p) + 5.$

Für die Testung von Hypothesen über die Differenz zweier Werte für r_S existiert offenbar kein geeigneter Test (Bortz, Lienert & Boehnke, 2000, S. 417-418). Hypothesen über die Differenz zweier τ-Korrelationen können mit einem approximativen Test getestet werden (vgl. Bortz, Lienert & Boehnke, 2000, S. 427), aber ich habe keine Hinweise darauf gefunden, wie man diesen Test planen könnte.

Liegen mehr als nur zwei Versuchsbedingungen vor und schätzen n Vpn K Objekte ein, dann kommen zur Erfassung monotoner Zusammenhänge bzw. der Beurteiler/innen/übereinstimmung nicht mehr r_S oder $τ$ in Frage, sondern an ihrer Stelle ist der **Konkordanzkoeffizient W** von Kendall (1963) zu benutzen (vgl. Abschn. 13.2). Des Weiteren sind noch die **punkt-biseriale** sowie die **biseriale Rangkorrelation** (r_{pbisR} und r_{bisR}) zu erwähnen, die beide in Abschnitt 13.1 aufgegriffen werden.

Damit sollten die wichtigsten Aspekte der Testplanung bei verschiedenen Korrelationshypothesen angesprochen worden sein.

13. Testplanung für Ranghypothesen

Viele psychologische Hypothesen, deren unabhängige Variable (UV) entweder qualitativ oder aber quantitativ ist, beziehen sich auf eine lediglich ordinal- oder rangskalierte abhängige Variable (AV). In diesem Falle können nach allgemeiner Auffassung z.B. der **t-Test** und die **Varianzanalyse** nicht eingesetzt werden. Statt dessen soll man sich statistischer Verfahren bedienen, die auf Ordinalskalenniveau zu empirisch sinnvollen Aussagen führen; dies gilt für alle **Rangtests**, die Ranghypothesen testen. Aus psychologischen Hypothesen sind über die psychologischen Vorhersagen analog zu den Mittelwertshypothesen des t- und des **F-Tests** natürlich auch Ranghypothesen ableitbar, und wenn die empirische AV Ordinalskalenniveaus aufweist, können nur derartige Ranghypothesen oder Hypothesen über Wahrscheinlichkeiten auf Nominalskalenniveau abgeleitet werden (siehe dazu das folgende Kap.). Doch auch dann, wenn die empirische AV Intervallskalenniveau aufweist, kann man aus einer PH über die nachgeordnete PV statistische Hypothesen ableiten, die ein niedrigeres Skalenniveau wie etwa das Ordinalskalenniveau unterstellen. Dies wird häufig dann empfohlen, wenn unter der Interpretation des statistischen Tests als Hilfshypothese mit empirischem Gehalt entweder die Normalverteilungs- und/oder die Varianzhomogenitätsannahme als verletzt angesehen werden (z.B. Bortz, 1999, S. 146).

Die Rangtests sind nonparametrisch, weil ihre Testverteilungen ohne Verteilungsannahmen und ohne die Verwendung von Parametern nach dem Permutationsprinzip erzeugt werden, aber sie sind nicht notwendigerweise auch verteilungsfrei. Die Nullhypothesen dieser Verfahren werden üblicherweise als die Identität der Verteilungen angegeben, und zwar in der klassischen Sichtweise als Populationsverteilungen und in der hier bevorzugten Sichtweise als Identität der Verteilungen über sehr viele Wiederholungen des gleichen Versuches unter den gleichen Randbedingungen. Diese Nullhypothesen sind zwar eindeutig interpretierbar, können aber unter der Signifikanztesttheorie von Fisher nicht angenommen werden. Die Alternativhypothesen besagen dann, dass diese Verteilungen nicht identisch sind. Dabei besteht das Problem darin, dass die Verteilungen auf vielfältige Arten nicht identisch sein können: Ihre zentralen Tendenzen können ungleich sein und/oder ihre Varianzen und/oder ihre Schiefen und/oder ihre Exzesse und/oder andere Momente höherer Ordnung. Deshalb ist auch weitgehend unklar, gegen welche Alternativen genau diese Tests **ohne** Verteilungsannahmen testen, denn die Formulierung der Alternativhypothesen im Sinne der Nicht-Identität der Verteilungen lässt alle oben skizzierten Interpretationen der Alternativhypothesen zu. Für diese Tests ist auch die Ableitung der nonzentralen Verteilungen, die man für die Testplanung eigentlich benötigt, wegen ihrer Komplexität m.W. bislang noch nicht gelungen.

Ohne Verteilungsannahmen sind also die Alternativhypothesen der nonparametrischen Verfahren nicht eindeutig oder auch gar nicht interpretierbar, und es gilt dann für diese nonparametrischen Tests das, was Neyman in Bezug auf einige der Tests von Fisher angemerkt hat, nämlich, dass „they are ... worse than useless" (zitiert nach Gigerenzer, Swijtink, Porter, Daston, Beatty & Krüger, 1989, S. 104). Nahe liegt es nun, die nonparametrischen Verfahren als Homologe der **t-** und **F-Tests** aufzufassen. Diese Tests beziehen sich auf Mittelwertshypothesen oder allgemeiner auf Hypothesen über die Lokation oder Lage. Um auch die parameterfreien Rangtests als Tests interpretieren zu können, die zumindest in erster Linie auf Unterschiede in der Lage ansprechen, muss man sie mit Verteilungsannahmen versehen, etwa die der Symmetrie oder der Identität der Verteilungen oder die der Homomerität, dass also die Verteilungen für die untersuchten Daten vom gleichen Typ sind (vgl. Bortz, Lienert & Boehnke, 2000, S. 81). Wenn man also die Schiefe, den Exzess und etwaige Potenzmomente höherer Ordnung als zumindest annähernd gleich voraussetzt, dann sind Unterschiede zwischen den Verteilungen solche der zentralen Tendenz oder der Lage. Diese Verteilungsannahmen werden als nicht prüfbare Annahmen, d.h. als Hilfshypothesen ohne empirischen Gehalt, angesehen, und auf ihrer Grundlage kann man dann die Rangtests so *interpretieren*, dass sie Lokationshypothesen oder Hypothesen über die zentrale Tendenz der Daten testen bzw. - genauer - über erwartete mittlere Ränge, $E(\overline{R}_k)$, oder Rangsummen T_k, und auf diese Weise erhält man nonparametrische Entsprechungen (Homologe) des parametrischen **t-Tests** und der **Varianzanalysen**. - Die vorgenannte Beschränkung auf einen bestimmten Typ von Unterschieden wird bei allen Rangtests in die Menge **SHH** der statistischen Hilfshypothesen mit aufgenommen.

Allerdings: Gerade um die genannten Verteilungsvoraussetzungen zu vermeiden, wurden die Rangtests eigentlich entwickelt. Aber auch die parametrischen Tests müssen, interpretiert als (approximative) Permutationstests, mit Verteilungsannahmen versehen werden, und diese Annahmen unterscheiden sich gar nicht so sehr von denen, die mit den Rangverfahren verbunden werden (vgl. Kap. 2).

Rangverfahren stehen in dem Ruf, durchgängig testschwächer zu sein als ihre parametrischen Entsprechungen. Doch hängt der Wahrheitsgehalt dieser Einschätzung von der Art der Verteilungen ab, die man als zugrunde liegend postuliert. Bei angenommener Normalverteilung ist der parametrische **F-Test** in der Tat teststärker als seine nonparametrische Entsprechung, der **H-Test** nach Kruskal und Wallis (1952). Trifft man diese restriktive Annahme nicht, sondern begnügt sich mit den oben erwähnten liberaleren Annahmen, dann hängt es von der Verteilungsform, der Effektgröße und dem Stichprobenumfang ab, welcher Test teststärker ist (siehe im Einzelnen S.E. Maxwell & Delaney, 1990, S. 709). Zimmerman und Zumbo (1993, 490-510) zitieren eine Reihe von empirischen Untersuchungen, in denen sich Rangtests als teststärker als der **t-Test** erwiesen haben, und zwar bei Verteilungen, die man als „heavy-tailed" bezeichnet, weil bei ihnen extreme Werte häufiger auftreten als bei Normalverteilungen. Es gibt m.a.W. eine Vielzahl von plausiblen Verteilungen, unter denen die Rangtests teststärker sind als ihre parametrischen Entsprechungen (Conover, 1999, S. 297). - Da die Rangtests ohne Verteilungsannahmen auch auf unterschiedliche Varianzen sensitiv reagieren, sollte man sie nicht als Ersatz für parametrische Tests einsetzen, wenn die Varianzen *und* die Stichprobenumfänge *sehr* unterschiedlich sind (Zimmerman & Zumbo, 1993, S. 513).

Bei den meist gebräuchlichen Rangtests handelt es sich um den **U-Test** von Mann und Whitney (1947) für zwei unabhängige und den Test von Wilcoxon (1945) für zwei abhängige Stichproben als nonparametrische Entsprechungen des **t-Tests**. Liegen mehr als nur zwei Stichproben vor, entsprechen der **H-Test** von Kruskal und Wallis (1952) für unabhängige und der **Friedman-Test** (Friedman, 1937) für abhängige Stichproben den parametrischen **Varianzanalysen**.

In den letzten Jahren ist bzgl. der geeigneten Tests bei Rangdaten eine andere Philosophie entwickelt worden. Es wurde nämlich gezeigt, dass sich die mit Rangdaten verbindbaren Hypothesen auch mittels der verbreiteten parametrischen **t-** und **F-Test** über die Ränge getestet werden können, und zwar mit demselben Ergebnis wie bei Anwendung der eigentlich für Ordinalskalenniveau vorgesehenen Rangtests (Conover & Iman, 1981; D'Agostino, 1972; Silverstein, 1974; zusammenfassend Zimmerman & Zumbo, 1993, S. 487-490, und A. Aron & E.N. Aron, 2003, S. 554, sowie Bortz, 1999, S. 493). Dabei kann es geschehen, dass bspw. der **t-Test** über die Ränge teststärker ist, als wenn er auf der Grundlage der untransformierten Rohdaten y_{ik} durchgeführt wird (Zimmerman & Zumbo, 1993, S. 490).

13.1 Ranghypothesen im Zwei-Stichproben-Fall

Zunächst sei die UV zweifach gestuft ($K = 2$). Die getesteten Ranghypothesen beziehen sich dann unter der Annahme identischer oder zumindest ähnlicher Verteilungen auf die Gleichheit oder Ungleichheit von erwarteten mittleren Rängen $E(\overline{R}_k)$ und lauten dann (Marascuilo & McSweeney, 1977, S. 268):

(13.1) $H_0: [E(\overline{R}_1) = E(\overline{R}_2)]$ vs. $H_1: [E(\overline{R}_1) \neq E(\overline{R}_2)]$ und

$H_0: [E(\overline{R}_1) \leq E(\overline{R}_2)]$ vs. $H_1: [E(\overline{R}_1) > E(\overline{R}_2)]$.

Diese Hypothesen sind invariant unter auf Ordinalskalenniveau erlaubten monoton steigenden Transformationen. Der für die Testung dieser Ranghypothesen üblicherweise vorgesehene Test ist der **U-Test** von Mann und Whitney (1947). Zu seiner Durchführung werden die Rohwerte aus den beiden Stichproben, also alle Werte y_{ik} der AV, zusammengefasst und anschließend rangtransformiert, so dass neue Werte R_{ik} entstehen. Die in Ränge transformierten Daten werden dann wieder gemäß der ursprünglichen Aufteilung der Werte der AV den beiden Versuchsgruppen zugeordnet, und es wird für jede Versuchsgruppe die Summe der Ränge gebildet und üblicherweise mit T_1 und T_2 bezeichnet:

(13.2) $T_1 = \sum R_{i1}$ und

(13.3) $T_2 = \sum R_{i2}$.

Für die Rangsummen T_1 und T_2 gilt bei $N = n_1 + n_2$ (Bortz, 1999, S. 146):

(13.4) $T_1 + T_2 = T_U = N(N+1)/2$.

Dann werden zwei empirische U-Werte berechnet, und der *kleinere* der beiden (U_m) fungiert als Teststatistik. Er kann direkt auf statistische Signifikanz beurteilt werden, aber bei $n_1 > 10$ oder/und $n_2 > 10$ (vgl. Bortz, 1999, S. 147; Marascuilo & McSweeney, 1977, S. 274) auch in einem **z-Test** unterzogen werden (Bortz, a.a.O.):

(13.5) $z_{emp} = \dfrac{U_m - E(U_m)}{s_U} = \dfrac{U_m - (n_1 n_2)/2}{\sqrt{(n_1 n_2)(n_1 + n_2 + 1)/12}}$.

s_U bezeichnet den Standardfehler des U-Wertes. - Die Vorgehensweise gemäß Formel (13.5) führt jedoch bei einem vorhersagekonformen Ergebnis zu einem *negativen* z-Wert, dessen Signifikanz besagt, dass die größere der beiden Rangsummen, also T_g, statistisch signifikant größer ist als die kleinere (T_m). Um dieses etwas kontraintuitive Resultat zu vermeiden, empfiehlt sich die Verwendung von T_g als Teststatistik. T_g sei die gemäß der Vorhersage (und *nicht* die empirisch) *größere der beiden Rangsummen*, n_g die zugehörige Stichprobengröße und n_m die Stichprobengröße der laut Vorhersage kleineren Rangsumme, nämlich T_m. Auch dann wird als Testverteilung die Standard-Normalverteilung herangezogen und die Teststatistik z_{emp} wie folgt bestimmt (Conover, 1999, S. 281):

(13.6) $z_{emp} = \dfrac{T_g - E(T_k)}{s_T} = \dfrac{T_g - n_g(n_g + n_m + 1)/2}{\sqrt{n_g n_m (n_g + n_m + 1)/12}} = \dfrac{T_g - n_g(N+1)/2}{\sqrt{n_g n_m (N+1)/12}}$

s_T bezeichnet den Standardfehler der Rangsummen T_k. Es gilt: $N = n_g + n_m = n_1 + n_2$.

Bei den vorstehenden Formeln wird davon ausgegangen, dass keine Rangbindungen vorliegen (vgl. dazu Bortz, 1999, S. 148-149). Trifft dies nicht zu und lässt man die Rangbindungen beim Testen mit einer der Formeln (13.5) oder (13.6) unberücksichtigt, resultiert eine konservative Testung, d.h. die Berücksichtigung der Rangbindungen führt bei allen Rangtests stets zu einer *Verringerung des Standardfehlers* der benutzten Rangstatistik (vgl. auch Abschn. 12.5). Die folgende allgemeine Formel berücksichtigt etwaige Rangbindungen (Conover & Iman, 1981, S. 124):

(13.7) $z_{emp} = \dfrac{T_g - n_g(N+1)/2}{\sqrt{\dfrac{n_g n_m}{N(N-1)} \sum_{i=1}^{N} R_i^2 - \dfrac{n_g n_m (N+1)^2}{4(N-1)}}}$.

Testplanung für Ranghypothesen

Es gilt dabei: R^2_i: quadrierter Rang für Vp i (i = 1, ..., N). - Der nach Formel (13.7) berechnete empirische z-Wert kann bedarfsweise in einen t_R-Wert umgerechnet werden (Conover & Iman, 1981, S. 125) (Index R für „Ränge"):

$$(13.8) \quad t_{R,emp} = \frac{z_{emp}}{\sqrt{\frac{N-1}{N-2} - \frac{1}{N-2} z^2_{emp}}}.$$

Der t_R-Wert in Formel (13.8) ist damit eine monoton wachsende Funktion von z_{emp} und umfasst dabei die Korrrektur für Rangbindungen. Der exakt gleiche t_R-Wert kann allerdings auch direkt unter Verwendung der mittleren Ränge $\overline{R}_1$ und $\overline{R}_2$ der rangtransformierten Rohwerte y_{ik} und der Varianzen der Ränge, $s^2_{I,B,R,1}$ und $s^2_{I,B,R,2}$, in den beiden Versuchsgruppen B_1 und B_2 bestimmt werden (a.a.O.):

$$(13.9) \quad t_{R,emp} = \frac{T_1/n_1 - T_2/n_2}{s_{I,B,R}\sqrt{\frac{1}{n_1}+\frac{1}{n_2}}} = \frac{\overline{R}_1 - \overline{R}_2}{s_{I,B,R}\sqrt{\frac{1}{n_1}+\frac{1}{n_2}}}.$$

Die Reihenfolge der mittleren Ränge im Zähler der t_R-Formel (13.9) wird - wie immer - durch die Formulierung der abgeleiteten statistischen Hypothesen festgelegt.

Für diese Rangtests sind auch **Effektgrößen** definiert, und zwar einerseits standardisierte Abstände zwischen den mittleren Rängen und andererseits Korrelationen. Singer, A.D. Lovie und P. Lovie (1986, S. 132, S. 135) gehen vom standardisierten *Mittelwerts*abstand $\delta_{R,B}$ aus (hier: erster Index R für „Range") [vgl. auch Formel (6.18) in Abschn. 6.2 sowie J. Cohen, 1988, S. 276]:

$$(13.10) \quad \delta_{R,B} = \frac{\mu_{max} - \mu_{min}}{\sigma_{I,B}}.$$

Ersetzt man die Mittelwerte μ_k durch die erwarteten mittleren Ränge $E(\overline{R}_k)$, so resultiert (erster Index R für „Ränge", zweiter für „Range")):

$$(13.11) \quad \delta_{R,R,B} = \frac{E(\overline{R}_{max}) - E(\overline{R}_{min})}{\sigma_{I,B,R}}.$$

Lässt man im nächsten Schritt den Range (max - min) außer Acht, der bei K = 2 Stichproben ohnehin keine Rolle spielt, so resultiert für die Testung von Ranghypothesen $\delta_{R,B}$, das den auf die mittlere Streuung der Ränge (Index R) standardisierten Abstand zwischen den beiden erwarteten mittleren Rängen bezeichnet:

$$(13.12) \quad \delta_{R,B} = \frac{E(\overline{R}_1) - E(\overline{R}_2)}{\sigma_{I,R,B}}.$$

Die Effektgröße $\delta_{R,B}$ kann in eine Pearson-Korrelation umgerechnet werden (vgl. J. Cohen, 1988, S. 23; siehe auch Abschn. 7.3):

$$(13.13)\quad \rho = \frac{\delta_{R,B}}{\sqrt{\delta_{R,B}^2 + 4}}.$$

Setzt man in Formel (13.13) die empirische Entsprechung $d_{R,B}$ der theoretischen Größe $\delta_{R,B}$ ein, so erhält man die empirische Korrelation r (vgl. auch Abschn. 7.3). Ferner kann jeder z-Wert in eine Pearson-Korrelation umgerechnet werden [Rosenthal, 1991, S. 19; Liebetrau, 1983, S. 43, sowie Formel (7.82) in Abschn. 7.3]:

$$(13.14)\quad r = \frac{z_{emp}}{\sqrt{N}}.$$

Diese Formel gilt für Kontraste mit $FG_Z = 1$, bei denen $N = n_1 + n_2$ ist.

Als weitere **Effektgröße** für den Fall zweier unabhängiger Stichproben ist die **punkt-biseriale Rangkorrelation**, r_{pbisR}, definiert, für die man bei Lienert und Raatz (1971, S. 412-413) die folgende Berechnungsvorschrift findet, bei der T_g wieder die laut Vorhersage größere Rangsumme bezeichnet und n_g den zugehörigen Stichprobenumfang. Ferner gilt wieder: $N = n_g + n_m = n_1 + n_2$:

$$(13.15)\quad r_{pbisR} = \frac{T_g - n_g(N+1)/2}{\sqrt{(n_g n_m / 12)(N+1)(N-1)}}.$$

Hat man den empirischen z-Wert nach einer der Formeln (13.5) bis (13.7) berechnet, so kann r_{pbisR} auch nach Formel (13.16) bestimmt werden:

$$(13.16)\quad r_{pbisR} = \frac{z_{emp}}{\sqrt{n_g + n_m - 1}} = \frac{z_{emp}}{\sqrt{N-1}}.$$

Wenn ein rangskaliertes und ein natürlich oder künstlich dichotomes Merkmal vorliegen, kann ferner die sog. **biseriale Rangkorrelation** r_{bisR} berechnet werden (Bortz, 1999, S. 222; Glass, 1966):

$$(13.17)\quad r_{bisR} = (2/N)(\overline{R}_1 - \overline{R}_2) = (2/N)[(T_1/n_1) - (T_2/n_2)] = \frac{U_g - U_m}{U_{max}} = \frac{U_g - U_m}{n_1 n_2},$$

wobei gilt: $N = n_1 + n_2$; $\overline{R}_1$ bzw. $\overline{R}_2$: mittlerer Rangplatz in Bedingung B_1 bzw. B_2 und $(n_1)(n_2) = U_{max}$. Die Vorhersage lautet: $E(\overline{R}_1) > E(\overline{R}_2)$. U_g bezeichnet dann den mit der *laut Vorhersage kleineren* Rangsumme T_m (hier: $T_m = T_2$) verbundenen U-Wert mit $U_g \geq U_m$. Die statistische Signifikanz dieses Koeffizienten wird mit Hilfe des **U-Tests** und bei $n_1 > 10$ und/oder $n_2 > 10$ über die Standard-Normalverteilung bestimmt (Bortz, 1999, S. 222-223; s.o.). Die biseriale Rangkorrelation stellt - wie alle auf ihren bei gegebenen Daten maximalen Wert (hier: U_{max}) standardisierten (Korrelations-)Koeffizienten - *keinen* Spezialfall der Pearson-Korrelation dar, so dass ihr Wert **nicht** über Formel (13.16) berechnet werden kann.

Bei abhängigen Stichproben wird anstelle des U-Tests der **Wilcoxon-Test** bzw. anstelle des **t_R-Tests** für unabhängige Stichproben der **$t_{R,wdh}$-Test** für abhängige Stichproben bzw. ein entsprechender **z-Test** eingesetzt. Die Teststatistik $T(+) = T_1$ des **Wilcoxon-** bzw. des **t_R-Tests** wird berechnet, indem von jedem Wertepaar die Absolutdifferenz gebildet und danach in Ränge transformiert wird. Anschließend wird jedem Rang wieder das Vorzeichen zugewiesen, das aus der Differenz berechnet wurde. Damit sind die Ränge und die Differenzen voneinander unabhängig, während die Daten zwischen den Versuchsbedingungen zu $\rho_{Z,wdh,B}$ bzw. $\rho_{Z,RB,B}$ bei parallelisierten Paaren korreliert sind (RB: randomisierte Blöcke) (vgl. Singer, A.D. Lovie & P. Lovie, 1986, S. 135). Die Teststatistik T_1 bezeichnet dabei die Anzahl der positiven Vorzeichen. Der Test testet das folgende Hypothesenpaar (Marascuilo & McSweeney, 1977, S. 330), und zwar im ungerichteten Fall:

(13.18) H_0: [π(positiver Rang) = π(negativer Rang) = 0,50] ⇔

⇔ [$E(\overline{R}(+)) = E(\overline{R}(-))$] und

H_1: [π(positiver Rang) ≠ π(negativer Rang) ≠ 0,50] ⇔ [$E(\overline{R}(+)) \neq E(\overline{R}(-))$].

Mit diesem Test können natürlich auch gerichtete Hypothesen getestet werden.

(13.19) H_0: [$E(\overline{R}(+)) \leq E(\overline{R}(-))$] vs. H_1: [$E(\overline{R}(+)) > E(\overline{R}(-))$].

Für die Anzahl der Paardifferenzen T_W gilt (Bortz, 1999, S. 150):

(13.20) $T(+) + T(-) = T_1 + T_2 = T_W = [n(n+1)]/2$.

Für einen z-Test über die Standard-Normalverteilung bei n > 8 (Hays, 1988, S. 829) gilt dann nach Conover und Iman (1981, S. 126) unter Einschluss der Korrektur für Rangbindungen:

(13.21) $z_{emp} = \dfrac{\sum R_i}{\sqrt{\sum R_i^2}}$,

wobei die R_i die mit dem Vorzeichen versehenen Rangplätze pro Vp i, i = 1, .., n, bezeichnen. Unter Verwendung dieses empirischen z-Wertes lässt sich ein $t_{R,wdh}$-Wert bestimmen (Conover & Iman, 1981, S. 126), den man mit identischem Resultat auch über die folgende Formel direkt berechnen kann (a.a.O.):

(13.22) $t_{R,wdh,emp} = \dfrac{\sum R_i}{\sqrt{\dfrac{n}{n-1}\sum R_i^2 - \dfrac{1}{n-1}(\sum R_i)^2}} = \dfrac{\overline{R}_i}{s_{Diff,B}\sqrt{\dfrac{1}{n}}}$.

Für den **Wilcoxon-Test** wird die **Effektgröße** auf der Grundlage von Formel (13.12) unter Berücksichtigung der Korrelation zwischen den beiden Versuchsbedingungen, nämlich $\rho_{Z,wdh,B}$ bei wiederholten Messungen bzw. $\rho_{Z,RB,B}$ bei randomisierten Blöcken, wie folgt ermittelt:

(13.23) $\delta_{wdh,R,B} = \delta_{R,B} / \sqrt{1-\rho_{Z,wdh,B}}$.

Bei randomisierten Blöcken ist $\rho_{Z,wdh,B}$ durch $\rho_{Z,RB,B}$ zu ersetzen.

Auch hier können Korrelationen als Effektgrößen bestimmt werden, und zwar nach den Formeln (13.13) und (13.14).

Für die **Testplanung** bei Rangtests stehen dann mindestens vier Optionen zur Verfügung.

Option 1: Singer, A.D. Lovie und P. Lovie (1986, S. 132, S. 135) gehen für unabhängige Stichproben vom standardisierten *Mittelwerts*abstand $\delta_{R,B}$ in Formel (13.10) (R für „Range") aus und für abhängige Stichproben von:

(13.24) $\delta_{wdh,B} = \delta_B / \sqrt{1-\rho_{Z,wdh,B}}$.

Sie setzen $\rho_{Z,wdh,B} = 0{,}50$, wenn auf anderem Wege keine Vorabschätzung möglich ist. Den als $\delta_{B,krit}$ festgelegten Effekt in Formel (13.12) multiplizieren die Autoren und die Autorin dann für den U- bzw. t_R-Test mit $\sqrt{3/\pi}$ (a.a.O.). Für den als $\delta_{wdh,B,krit}$ für den **Wilcoxon-** bzw. $t_{R,wdh}$-Test festgelegten Effekt in Formel (13.24) nimmt die multiplikative Konstante die Form $\sqrt{(2)3/\pi}$ an (a.a.O.). Mit diesen Werten nehmen Singer, A.D. Lovie und P. Lovie (1986, S. 135) die Testplanung über die Standard-Normalverteilung vor. Für die Mehr-Stichproben-Entsprechungen des U- und des **Wilcoxon-** bzw. t_R- und des $t_{R,wdh}$-Tests resultiert dann für den H- bzw. F_R-Test: $\phi_{VA,B} = \delta_{R,B}\sqrt{3/\pi}$ und für den **Friedman-** bzw. $F_{R,wdh}$-Test:

(13.25) $\phi_{VA,B} = \delta_{R,B}\sqrt{(3/\pi)[K/(K+1)]} / \sqrt{1-\rho_{Z,wdh,B}}$.

Hier erfolgt die Testplanung über die nonzentralen F-Verteilungen. Die beiden letzten Formeln finden sich nicht bei Singer, A.D. Lovie und P. Lovie (1986). - Diese Testplanung beruht also auf den standardisierten Mittelwertsabständen und den Maßen der symptotischen relativen Effizienz (ARE; Pitman, 1948). Zur Bestimmung der ARE werden zwei (oder mehr) Tests verglichen, mit denen das gleiche Hypothesenpaar gegeneinander getestet werden kann und von denen einer üblicherweise ein parametrischer Test ist und der andere ein nonparametrischer. Für jeden Test wird der Stichprobenumfang ermittelt, der benötigt wird, um bei gleichem Signifikanzniveau und unter denselben Verteilungsannahmen die gleiche Teststärke zu erzielen, und zwar bei sehr großen Stichproben. Die Maßzahl ARE gibt dann das Verhältnis der beiden Stichprobenumfänge an. Diese Kennwerte der ARE lauten unter der Normalverteilungsannahme beim **U-Test**: $ARE_U = 3/\pi = 0{,}955$ (Lienert, 1973, S. 229); beim **Wilcoxon-Test**: $ARE_W = 3/\pi = 0{,}955$ (Marascuilo & McSweeney, 1977, S. 345); beim **H-Test**: $ARE_H = 3/\pi = 0{,}955$ (Lienert, 1973, S. 269) und für den **Friedman-Test**: $ARE_{FR} = (3/\pi)[K/(K+1)]$ (Lienert, 1973, S. 357). Die ARE_H ist relativ zum **F-Test** unter keiner Verteilungsannahme geringer als 0,864 und nimmt bei Verteilungen von identischer

Form, die sich lediglich bzgl. ihrer Mittelwerte unterscheiden, den Wert ARE_H = ∞ relativ zum **F-Test** an (Conover, 1999, S. 297).

Option 2: Auch Bredenkamp (1980, S. 61-62, S. 73-74) geht wie Singer, A.D. Lovie und P. Lovie (1986) von den parametrischen und über standardisierte Mittelwertsunterschiede definierten Effektgrößen aus. Auf ihrer Grundlage wird die Testplanung zunächst in der gleichen Weise durchgeführt wie für ihre parametrischen Homologen (**t-Tests** und **Varianzanalysen**; vgl. Kap. 5 und 6). Im zweiten Schritt wird dann das Ergebnis nach der **TPS 1**, also die Stichprobengröße n, durch die ARE der Verfahren dividiert (s.o.) und damit die benötigte Anzahl von Vpn erhöht. Es resultiert letzlich das gleiche Vorgehen wie bei Singer, A.D. Lovie und P. Lovie (1986).

Option 3: Man führt die Testplanung für Rangtests in der genau gleichen Weise durch wie für Zwei-Stichproben-**t-Tests** und für varianzanalytische **F-Tests**, also über die auf Ränge bezogenen Effektgrößen $\delta_{R,B}$ und $\phi_{VA,R,B}$, da die über Rangdaten durchgeführten t_R- und F_R-Tests zu den gleichen Resultaten führen wie die entsprechenden Rangtests (s.o.), lässt also die von Bredenkamp (1980) und von Singer, A.D. Lovie und P. Lovie (1986) vorgesehenen Korrekturen außer Acht. Dies führt durchgängig zu geringfügig geringeren benötigten Stichprobengrößen als bei den unter Option 1 und Option 2 geschilderten Vorgehensweisen. - Man kann hier bedarfsweise die zusätzliche Annahme als Hilfshypothese ohne empirischen Gehalt treffen, dass die zumindest als ähnlich angenommenen Verteilungen „heavy-tailed" im oben erläuterten Sinne sind, denn: „heavy-tailed distributions are very common in the social sciences ..." (Wilcox, 1996, S. 114). - Die mittleren Ränge $\overline{R}_k$ werden also für die Zwecke der Testplanung und für die Auswertung praktisch wie die Mittelwerte M_k der Rohwerte y_{ik} behandelt.

Option 4: Diese Option sieht vor, die Testplanung über Korrelationen durchzuführen, wobei man wahlweise von standardisierten Mittelwertsabständen $\delta_{B,krit}$, $\delta_{Z,wdh,B,krit}$ und $\delta_{Z,RB,B,krit}$ oder von standardisierten Abständen zwischen den mittleren Rängen ausgehen kann ($\delta_{R,B,krit}$, $\delta_{Z,R,wdh,B,krit}$ und $\delta_{Z,R,RB,B,krit}$), die dann in Korrelationen umgerechnet werden, oder direkt von Korrelationen. Sowohl für den **U**- wie für den **Wilcoxon-Test** kann nach Formel (13.13) bzw. Formel (13.14) eine Pearson-Korrelation als **Effektgröße** berechnet werden. Für diese Korrelationen wird dann die Testplanung so durchgeführt wie im Kapitel 12 beschrieben.

Wegen ihrer Einfachheit wird hier die **Option 3** für die **Testplanung** für Tests über Ranghypothesen gewählt; bei der stets geringfügig kleinere benötigte Stichproben resultieren als bei den unter Option 1 und Option 2 dargestellten Vorgehensweisen. Bei unabhängigen Stichproben und damit für den U- bzw. den z- und den t_R-**Test** und die **TPS 1** sind die folgenden Testplanungsformeln zu benutzen (vgl. Abschnitt 5.2):

$$(13.26) \quad n = \frac{2(z_{1-\alpha} + z_{1-\beta})^2}{\delta_{R,B,krit}^2}.$$

Für die **TPS 2** ergibt sich:

(13.27) $(z_{1-\alpha} + z_{1-\beta})^2 = n\delta^2_{R,B,krit} / 2$,

und für die **TPS 3** resultiert:

(13.28) $\delta^2_{R,B,krit} = \dfrac{2(z_{1-\alpha} + z_{1-\beta})^2}{n}$.

Für den **Wilcoxon-**, den **z-** und den $t_{R,wdh}$-**Test** über abhängige Stichproben gilt folgende Formel für die **TPS 1** (vgl. Abschn. 5.6.1):

(13.29) $n = \dfrac{(z_{1-\alpha} + z_{1-\beta})^2}{\delta^2_{R,B,krit}/2(1-\rho_{Z,wdh,B})} = \dfrac{2(z_{1-\alpha} + z_{1-\beta})^2}{\delta^2_{R,B,krit}/(1-\rho_{Z,wdh,B})} = \dfrac{2(z_{1-\alpha} + z_{1-\beta})^2}{\delta^2_{R,wdh,B,krit}}$.

n bezeichnet die Anzahl der Vpn. Für die Anzahl der Messwerte gilt dann: N = 2n. Bei Parallelisierung beträgt die Anzahl der Vpn N = 2n.

Für die **TPS 2** resultiert für einen einseitigen Test:

(13.30) $(z_{1-\alpha} + z_{1-\beta})^2 = \dfrac{n\delta^2_{R,B,krit}}{2(1-\rho_{Z,wdh,B})} = \dfrac{n\delta^2_{R,wdh,B,krit}}{2}$,

und für die **TPS-3** und einen einseitigen Test:

(13.31) $\delta^2_{R,wdh,B,krit} = \dfrac{\delta^2_{R,B,krit}}{1-\rho_{Z,wdh,B}} = \dfrac{2(z_{1-\alpha} + z_{1-\beta})^2}{n}$.

Auch in den Formeln (13.26) bis (13.31) ist für zweiseitige Tests über ungerichtete Hypothesen $z_{1-\alpha}$ durch $z_{1-\alpha/2}$ zu ersetzen.

Beispiel 13.1: Die **PH-1** besagt, dass im Mittel die Gedächtnisleistung beim Lernen von sehr bildhaftem Material höher ist als beim Lernen von wenig bildhaftem Material. Sie soll über abgeleitete Ranghypothesen (R) und den **U**- bzw. den t_R-**Test** geprüft werden. Die Ableitung ergibt dann:

(13.32) (PH-1 ∧ VSVS) ≈> [PV-1(B;R;K=2) ∧ SHH] ≈> SV-1(B;R;K=2) ⇔
⇔ ST-1(B;R;K=2): $H_{1,1}$: $\psi_{R,1} = E(\overline{R}_1) < E(\overline{R}_2)$.

Für die Testplanung wird festgelegt: $\alpha_{krit,1} = 0{,}05$; $\beta_{krit,1} = 0{,}10$ und $\delta_{R,B,krit,1} = 0{,}80$. Einsetzen in Formel (13.26) führt zu (TPS 1): $n_1 = 2(1{,}645 + 1{,}282)^2/0{,}64 = 26{,}7729$ bzw. $n_1 = 27$ pro Versuchsgruppe. - Nach der Korrelationsmethode (Option 4) kann $n_1 = 30$ ermittelt werden und nach Bredenkamps (1980) Methode (Option 2) $n_1 = 29$. - Der Versuch wird mit $n_1 = 27$ Vpn durchgeführt und ergibt die beiden folgenden Rangsummen: $T_1 = 523$ und $T_2 = 962$. Es gilt nach Formel (13.4): $T_1 + T_2 = N(N + 1)/2$, also $(54)(55)/2 = 1485 = 523 + 962$. Die mittleren Ränge lauten damit: $\overline{R}_1 = 19{,}3704$ und $\overline{R}_2 = 35{,}6296$. Ferner gilt: $s_{I,R,B} = 15{,}8575$. Einsetzen in Formel (13.7) ergibt: $t_{R,emp,1} = 3{,}7742$ bei $t_{krit,1} = 1{,}670$ (sowie $z_{emp,1} = 3{,}2526$). Die Berechnung des standardisierten Abstandes zwischen den mittleren Rängen $d_{R,B,1}$ nach Formel (13.12) unter Verwendung der empirischen Kennwerte führt zu: $d_{R,B,1} = 1{,}0253 > \delta_{R,B,krit,1} = 0{,}80$. Also kann die als vorhersagekonform abgeleitete $H_{1,1}$ und die ihr äquivalente SV-1(B;R;K=2) angenommen werden. Des Weiteren kann auf Grund des Effektgrößenvergleiches die PV-1(B,R;K=2) als eingetreten angesehen werden und die PH-1 als bewährt.

Beispiel 13.2: Die **PH-5** besagt, dass beim Lernen von sehr bildhaftem Material die Gedächtnisleistung *anders* ist als beim Lernen von wenig bildhaftem Material. Die Prüfung soll unter Verwendung von wiederholten Messungen und über einen Rangtest erfolgen, und es werden die folgenden Ableitungen vorgenommen:

(13.33) (PH-5 $\wedge$ VSVS) $\approx>$ [PV-5(B,R;wdh;K=2) $\wedge$ SHH] $\approx>$
$\approx>$ SV-5(B,R;wdh,K=2) $\Leftrightarrow$ ST-5(B,R;wdh;K=2): $H_{1,2}$: $\psi_{R,2} = E(\overline{R}_1) \neq E(\overline{R}_2)$.

Es wird mit $\delta_{R,B,krit,2} = \pm 0{,}60$ ein Effekt mittlerer Größe spezifiziert und eine Korrelation der Größe $\rho_{Z,wdh,B} = 0{,}50$ erwartet, so dass $\delta_{R,wdh,B,krit,2} = \pm 0{,}85$ ($\pm 0{,}8485$) gilt. Ferner wird festgelegt: $\alpha_{krit,2} = 0{,}05$ (zweiseitig) und $\beta_{krit,2} = 0{,}05$. Einsetzen in Formel (13.29) resultiert in (TPS 1): $n_2 = 2(1{,}96 + 1{,}645)^2/0{,}720 = 36{,}1001$ bzw. $n_2 = 37$. Der berechnete Stichprobenumfang ist handhabbar, und der Versuch wird unter den festgelegten bzw. mit den ermittelten Spezifikationen durchgeführt und ergibt: $T(+) = T_1 = 524$ und $T(-) = T_2 = 179$, so dass nach Formel (13.20) $T(+) + T(-) = 524 + 179 = 703 = (37)(38)/2 = 703$ ist. Einsetzen in Formel (13.22) ergibt bei $s_{Diff,R} = 15{,}0994$: $t_{R,wdh,emp,2} = +3{,}7620$ bei $t_{krit,2} = \pm 2{,}052$ (und $z_{emp,2} = +3{,}1367$). Die $H_{1,2}$ kann angenommen werden und damit auch die ihr äquivalente SV-5(B,R;wdh,K=2). Für den Effekt gilt: $d_{R,wdh,B,2} = +0{,}4030 < \delta_{R,wdh,B,krit,2} = \pm 0{,}85$. Der empirische Effekt fällt geringer aus als der erwartete, und daher kann die PV-5(B,R;wdh,K=2) nur als bedingt eingetreten bewertet werden, und die PH-5 hat sich in diesem Versuch ebenfalls nur bedingt bewährt.

Wenden wir uns damit den Mehr-Stichproben-Tests zu.

13.2 Globale Ranghypothesen im Mehr-Stichproben-Fall

In der gleichen Weise, wie es für den **t-Test** in Kapitel 5 parameterfreie Zwei-Stichproben-Alternativen gibt, sind solche auch für den Fall von $K \geq 3$ Stichproben entwickelt worden, nämlich die sog. **Rangvarianzanalyse** nach Kruskal und Wallis (1952) für unabhängige Stichproben (**H-Test**) und der **verallgemeinerte Vorzeichen-Test** nach Friedman (1937) für abhängige Stichproben (vgl. dazu Bortz, Lienert & Boehnke, 2000, S. 222-228, S. 267-272). Auch bei diesen Verfahren werden die Testverteilungen nach dem Permutationsprinzip erzeugt, und dies bedeutet, dass auch sie ohne Verteilungsannahmen gegen eine sehr allgemeine Alternativhypothese testen. Auch bei diesen Mehr-Stichproben-Rangtests sorgt erst die Annahme identischer oder zumindest ähnlicher Verteilungen dafür, dass sie als Tests auf Gleichheit oder Unterschiedlichkeit der Lage oder Lokation interpretiert werden können (Marascuilo & McSweeney, 1977, S. 304). Aber auch im Mehr-Stichproben-Fall können die traditionellen Auswertemethoden durch ihre parametrischen Entsprechungen ersetzt werden (Conover & Iman, 1981; Zimmerman & Zumbo, 1993).

Der **H-Test** von Kruskal und Wallis (1942) testet das folgende ungerichtete Hypothesenpaar gegeneinander:

(13.34) H_0: $[E(\overline{R}_1) = E(\overline{R}_2) = \ldots = E(\overline{R}_K)]$ vs.

H_1: $[E(\overline{R}_k) \neq E(\overline{R}_{k'})$ für *mindestens zwei Versuchsbedingungen*].

Die Hypothesenformulierung entspricht der der parametrischen **Varianzanalyse (VA)** in Abschnitt 6.2.

Für die Rangsummen beim **H-Test** gilt:

(13.35) $\sum\sum R_{H,ik} = \sum T_{H,k} = T_H = N(N+1)/2$.

Der Wert der Teststatistik $H_{FG,emp}$ des **H-Tests** wird unter Berücksichtigung von Verbundrängen wie folgt bestimmt (Conover & Iman, 1981, S. 125):

(13.36) $H_{K-1,emp} = \chi^2_{R,K-1,emp} = \dfrac{\sum_{k=1}^{K} T_k^2 / n_k - N(N-1)^2 / 4}{[\sum\sum R_{ik}^2 - N(N+1)^2 / 4]/(N-1)}$.

T_k bezeichnet die Summe der Ränge in Versuchsbedingung B_k und R_{ik} die individuellen Ränge für die Vpn i in B_k. - Die Teststatistik $H_{FG,emp}$ ist approximativ χ^2-**verteilt** mit $FG_Z = K - 1$ Freiheitsgraden, sofern bei $K = 3$ $n_k > 8$ ist, bei $K = 4$ $n_k > 4$, bei $K = 5$ $n_k > 3$ oder wenn $K > 5$ ist (Bortz, Lienert & Boehnke, 2000, S. 224).

Für die Testung über den F_R-**Test** gibt Conover (1999, S. 297) die folgende Berechnungsvorschrift an (vgl. auch Silverstein, 1974):

(13.37) $F_{R,emp} = \dfrac{\left(\sum T_k^2 / n_k - N(N+1)^2 / 4\right)/(K-1)}{\sum\sum (R_{ik} - T_k/n_k)^2 /(N-K)} = \dfrac{QSB,R/(K-1)}{QSI(B),R/(N-K)}$.

Die F-Verteilungen stellen etwas bessere Approximationen dar als die üblicherweise herangezogenen χ^2-Verteilungen (Conover & Iman, 1981, S. 126). - Dass $F_{R,emp}$ eine monotone Funktion von $H_{FG,emp}$ darstellt, zeigt die folgende Gleichung nach Conover und Iman (1981, S. 125):

(13.38) $F_{R,emp} = \dfrac{H_{FG,emp}/(K-1)}{(N-1-H_{FG,emp})/(N-K)}$.

Für einen F_R-Test wird die **Effektgröße** $\phi^2_{VA,B,R}$ wie folgt definiert:

(13.39) $\phi^2_{VA,R,B} = \sigma^2_{B,R}/\sigma^2_{I,R,B} = \dfrac{\sum[E(\overline{R}_k) - E(\overline{R})]^2 / K}{\sigma^2_{I,R,B}} = \dfrac{\eta^2_{Y,B,R}}{1 - \eta^2_{Y,B,R}}$.

Bei der Festlegung der Kriteriumswerte für $\phi^2_{VA,R,B}$ kann man bedarfsweise auf die drei Muster zurückgreifen, auf die in Abschnitt 6.2 Bezug genommen wurde. Es gilt durch Umstellen von Formel (13.39):

$$(13.40) \quad \eta^2_{Y.B,R} = \frac{\phi^2_{VA,B,R}}{1 + \phi^2_{VA,B,R}}.$$

Das empirische multiple Korrelationsquadrat $R^2_{Y.B,R}$ als Entsprechung des $\eta^2_{Y.B,R}$ kann nicht nur für die **VA** berechnet werden, sondern auch für jeden χ^2-Wert. Lienert und Raatz (1971, S. 409) geben folgende Bestimmungsformel für $R^2_{Y.B,R} = R^2_{\chi 2}$ für Rangdaten an (vgl. auch Serlin, Carr & Marascuilo, 1982, S. 787).

$$(13.41) \quad R^2_{\chi 2} = \frac{12}{N(N^2-1)} \sum \frac{T_k^2}{n_k} - \frac{3(N+1)}{N-1} = H_{FG,emp}/(N-1),$$

so dass gilt:

$$(13.42) \quad H_{FG,emp} = (N-1)R^2_{\chi 2}.$$

Es gibt darüber hinaus noch weitere Zusammenhänge zwischen den bei der Signifikanzentscheidung der Teststatistik $H_{FG,emp}$ benutzten χ^2- und den F-Verteilungen - siehe dazu im Einzelnen D'Agostino (1971) sowie Silverstein (1974).

Die **Testplanung** beim **H-** bzw. **F_R-Test** beruht auf der **Effektgröße** $\phi^2_{VA,R,B}$ aus Formel (13.39) und erfolgt wie für einfaktorielle **VA**, d.h. es werden die folgenden aus Abschnitt 6.2 bekannten Formeln herangezogen (**TPS 1**):

$$(13.43) \quad n = \frac{n_{0,05}}{400 \phi^2_{VA,R,B}} + 1,$$

wobei $n_{0,05}$ den Stichprobenumfang für das vorgewählte Signifikanzniveau α_{krit}, die Freiheitsgrade für den Zähler des F-Bruches (FGZ) und die festgelegte Teststärke $1 - \beta_{krit}$ für die Effektgröße $\phi_{VA,R,B} = 0{,}05$ darstellt (vgl. Tab. A.3 des Anhanges).

Für die Strategie **TPS 2** wird benutzt:

$$(13.44) \quad n_{0,05} = 400(n-1)\phi^2_{VA,R,B}.$$

Und für die **TPS 3** stellt man die Formel (13.43) wie folgt um:

$$(13.45) \quad \phi^2_{VA,R,B} = \frac{n_{0,05}}{400(n-1)}.$$

Die K Stichproben sind voneinander abhängig, wenn n Vpn K wiederholten Messungen unterzogen werden oder wenn bei Verwendung von randomisierten Blöcken und K Versuchsbedingungen in jeder der nK Zellen genau eine Beobachtung vorliegt. In diesen Fällen gelangt der **Friedman-Test** (Friedman, 1937) zur Anwendung. Er stellt die Verallgemeinerung des **Wilcoxon-** und des **Vorzeichen-Tests** dar. Der

Friedman-Test testet unter den getroffenen Verteilungsannahmen das folgende Hypothesenpaar gegeneinander (Marascuilo & McSweeney, 1977, S. 354, 360):

(13.46) $H_0: E(\overline{R}_1) = E(\overline{R}_2) = ... = E(\overline{R}_K)$ vs.

$H_1: E(\overline{R}_k) \neq E(\overline{R}_{k'})$ für *mindestens zwei Faktorstufen* B_k und $B_{k'}$.

Die Teststatistik des **Friedman-Tests** ist üblicherweise χ^2, das unter Einbezug der Korrektur für Rangbindungen definiert ist als:

(13.47) $\chi^2_{R,FR,K-1,emp} = \dfrac{(K-1)\sum[R_k - n(K+1)/2]^2}{\sum\sum R_{ik}^2 - nK(K+1)/4}$,

wobei n die Anzahl der Vpn bzw. der Blöcke mit jeweils n = 1 bezeichnet (Conover & Iman, 1981, S. 126). Diese Teststatistik $\chi^2_{R,FR}$ ist mit $FG_Z = K - 1$ Freiheitsgraden ebenfalls approximativ χ^2-verteilt, wenn n $\geq$ 10 und wenn für die Anzahl K der Versuchsbedingungen K $\geq$ 4 gilt (Hays, 1988, S. 833) (vgl. Tab. A.7 im Anhang).

Für die Rangsummen $T_{FR,k}$ beim **Friedman-Test** gilt:

(13.48) $\sum\sum R_{FR,ik} = \sum T_{FR,k} = T_{FR} = nK(nK+1)/2$.

Auch der **Friedman-Test** kann durch den parametrischen **F-Test** über die Ränge ersetzt werden, denn bei abhängigen Daten führt der $F_{R,wdh}$-Test zu den gleichen Signifikanzentscheidungen wie der **Friedman-Test** (Zimmerman & Zumbo, 1993, S. 488). Conover und Iman (1981, S. 126) geben dazu die folgende Formel an (QS: Quadratsumme):

(13.49) $F_{R,wdh,emp} = \dfrac{QSB,R /(K-1)}{QSRes,B,R /(n-1)(K-1)}$.

QSB,R bezeichnet die Zwischenquadratsumme und QSRes,B,R die Residualquadratsumme. - Es gilt dabei die folgende monotone Beziehung zwischen der Teststatistik F_R und der Friedman-Statistik (a.a.O.):

(13.50) $F_{R,wdh,emp} = \dfrac{\chi^2_{R,FR,emp}/(K-1)}{[n(K-1) - \chi^2_{R,FR,emp}]/(n-1)(K-1)}$.

Auch bei der **Planung** eines **Friedman-Tests** wird von der Effektgröße $\phi^2_{VA,R,B}$ in Formel (13.39) ausgegangen, die allerdings unter Verwendung der erwarteten Zwischenkorrelation $\rho_{Z,wdh,B}$ in $\phi_{VA,wdh,B,R}$ umgerechnet wird:

(13.51) $\phi_{VA,R,wdh,B} = \phi_{VA,R,B}/\sqrt{1 - \rho_{Z,wdh,B}}$.

Bei randomisierten Blöcken ist $\rho_{Z,wdh,B}$ durch $\rho_{Z,RB,B}$ zu ersetzen, so dass $\phi_{VA,RB,B,R}$ resultiert. Mit dem Wert für $\phi_{VA,R,wdh,B}$ bzw. $\phi_{VA,R,RB,B}$ werden dann nach Quadrierung für die Testplanung die Formeln (13.43) bis (13.45) benutzt. - Alternativ kann man auch von der quadrierten multiplen Korrelation $\eta^2_{Y.B,R}$ ausgehen und diese nach Formel (13.39) in die Effektgröße $\phi^2_{VA,R,B}$ umrechnen (vgl. Diehl & Arbinger, 1990, S. 666-673; Kraemer & Andrews, 1982; Lienert & Raatz, 1971; Serlin, Carr & Marascuilo, 1982, sowie Wilcox & Muska, 1999).

Beispiel 13.3: Die ungerichtete **PH-5** behauptet, dass beim Lernen von sehr bildhaftem Material die Gedächtnisleistung *anders* ist als beim Lernen von wenig bildhaftem Material. Die Prüfung soll bei interindividueller Bedingungsvariation mit K = 3 Versuchsbedingungen erfolgen, und zwar über einen Rangtest. Die Ableitung von Vorhersagen erfolgt hier analog der einfaktoriellen **Varianzanalyse** und ergibt für den **H-Test**:

(13.52) (PH-5 $\wedge$ VSVS) $\approx$> [PV-5(B;R;K=3) $\wedge$ SHH] $\approx$> SV-5(B;R;K=3) $\approx$>

$\approx$> ST-5(B;R;K=3;DER):

$H_{1,3}$: [E($\overline{R}_k$) $\neq$ E($\overline{R}_{k'}$) für *mindestens zwei Versuchsbedingungen* B_k *und* $B_{k'}$].

Da die Alternativhypothese des **H**- bzw. eines **F$_R$-Tests** abgeleitet wurde, erfolgt **testbedingt eine disjunktive Zusammenfassung der einzelnen Prüfinstanzen**. Der Forscher, der die PH-5 prüfen will, legt fest: $\alpha_{krit,3}$ = 0,05 und $\beta_{krit,3}$ = 0,10 sowie $\phi_{VA,R,B,krit,3}$ = 0,45. Die Bestimmung des benötigten Stichprobenumfanges geschieht dann nach Tabelle A.3 im Anhang und nach Formel (13.43) (TPS 1): n_3 = 1682/(400)(0,2025) + 1 = 21,7654 bzw. n_3 = 22 und N_3 = 66 - eine handhabbare Stichprobengröße. Der Versuch wird unter den angegebenen Spezifikationen durchgeführt, und aus seinen Rohdaten lassen sich die folgenden Rangsummen berechnen: T_1 = 430; T_2 = 761 und T_3 = 1020. Für diese Rangsummen muss nach Formel (13.48) gelten: $\sum\sum R_{H,ik}$ = (66)(67)/2 = 2211 und 430 + 761 + 1020 = 2211. Einsetzen in Formel (13.49) erbringt: $F_{R,emp,3}$ = 20,9921 > $F_{krit(0,05;2;63),3}$ = 3,15. Dieser Wert ist also statistisch signifikant und führt zur Annahme der $H_{1,3}$ und der ihr äquivalenten SV-5(B;R;K=3). Die Effektgröße $f_{VA,R,B,3}$ lässt sich berechnen zu: $f_{VA,R,B,3}$ = QSB,R/QSI(B),R = 2668,8586/4004,7944 = 0,6664 > $\phi_{VA,R,B,krit,3}$ = 0,45. Also wird die PV-5(B;R;K=3) als eingetreten bewertet, und die PH-5 hat sich bewährt.

Beispiel 13.4: Es soll die ungerichtete **PH-6** geprüft werden, die besagt: „Beim Lernen von Material unterschiedlicher Bildhaftigkeit *verändert* sich im Mittel die Gedächtnisleistung *nicht*, wenn die Lernzeit zu kurz zum Aktivieren des dualen und des verbalen Kodes ist". Die Prüfung soll mit randomisierten Blöcken erfolgen (Friedman-Modell). Die Ableitung der Vorhersagen für K = 4 ergibt:

(13.53) (PH-6 $\wedge$ VSVS) $\approx$> [PV-6(B;RB;R;K=4) $\wedge$ SHH] $\approx$> SV-6(B;RB;R;K=4):

[E($\overline{R}_1$) = E($\overline{R}_2$), E($\overline{R}_1$) = E($\overline{R}_3$), E($\overline{R}_2$) = E($\overline{R}_3$)] $\approx$>

$\approx$> ST-6(B;RB;R;K=4;KER): [$H_{0,4}$: E($\overline{R}_1$) = E($\overline{R}_2$) = E($\overline{R}_3$) = E($\overline{R}_4$)].

Da eine Nullhypothese als vorhersagekonform abgeleitet worden ist, erfolgt **testbedingt** genau wie bei der einfaktoriellen **Varianzanalyse** eine konjunktive Verknüpfung der einzelnen Prüfinstanzen zu einer. Es werden festgelegt: $\alpha_{krit,4}$ =

0,05; $\beta_{krit,4} = 0{,}20$ und $\phi_{VA,R,B,krit,4} = 0{,}30$, und es wird $\rho_{Z,RB,B} = 0{,}60$ erwartet, so dass sich ergibt: $\phi_{VA,R,RB,B,krit,4} = 0{,}45$ (0,4745). Ablesen aus Tabelle A.3 des Anhanges und Einsetzen in Formel (13.43) ergibt: $n_4 = 1096/(400)(0{,}2252) + 1 = 13{,}1697$ bzw. $n_4 = 14$ und $N_4 = 56$. Der Versuch wird wie geplant unter visueller Darbietung des Reizmaterials und einer verzögerten Behaltensprüfung nach zwei Tagen durchgeführt. Aus den Daten lassen sich zunächst die Rangsummen und dann der folgende Wert der Teststatistik berechnen: $F_{R,wdh,emp,4} = 1{,}9750$ bei $F_{krit(0{,}05;3;52),4} = 2{,}8000$. Dieser empirische $F_{R,wdh}$-Wert ist statistisch nicht signifikant und führt zur Annahme der vorhersagekonformen $H_{0,4}$ und damit auch zur Annahme der SV-6(B;RB;R;K=4); $f_{VA,R,RB,B,krit,4} < \phi_{VA,R,RB,B,krit,4}$. Die PV-6(B;RB;R;K=4) ist damit eingetreten, und die PH-6 hat sich bewährt.

Eng verwandt mit dem **Friedman-Test** ist der **Konkordanzkoeffizient W** von Kendall (1963). Wenn n Vpn K Objekte hinsichtlich irgend eines Merkmales einschätzen sollen, muss anstelle der Rangkorrelationen r_S und τ der Konkordanzkoeffizient W von Kendall (1963) berechnet werden. Seine Bestimmung erfolgt nach (Bortz, Lienert & Boehnke, 2000, S. 467-468; Hays, 1988, S. 846):

$$(13.54) \quad W = \frac{12 \sum T_k^2}{n^2 K(K^2 - 1)} - \frac{3(K+1)}{K-1}.$$

Für dieses Maß W gilt: $0 \leq W \leq 1$. Es steht in folgender Verbindung zur Friedman-Statistik (Diehl & Arbinger, 1990, S. 643):

$$(13.55) \quad W = \chi^2_{R,FR,emp} / n(K-1).$$

Mit dem Konkordanzkoeffizienten W werden die folgenden statistischen Hypothesen getestet, wobei W_{th} für den theoretischen Wert von W steht:

(13.56) H_0: $(W_{th} = 0)$ vs. H_1: $(W_{th} > 0)$,

Die statistische Testung dieses Hypothesenpaares über W_{th} erfolgt bei $FG = K - 1$ über die χ^2-Verteilungen, sofern $n > 8$ ist (Hays, 1988, S. 847):

$$(13.57) \quad \chi^2_{K-1,emp} = \chi^2_{Ränge,FR,K-1,emp} = n(K-1)W.$$

Es gilt nun:

$$(13.58) \quad \chi^2_{R,FR,K-1,emp} = n(K-1)W = n(K-1)R^2_{\chi 2}.$$

Also gilt auch:

$$(13.59) \quad W_{th} = \eta^2_{\chi 2}.$$

Der Konkordanzkoeffizienten W_{th} bzw. W stellt damit ein multiples Korrelationsquadrat auf Rangbasis dar. - Aus W kann eine mittlere Rangkorrelation r_S nach Spearman berechnet werden, und zwar nach:

$$(13.60) \quad \overline{r_S} = \frac{nW}{n-1}.$$

Die mittlere Rangkorrelation $\bar{r}_S$ wird häufig aus interpretatorischen Gründen dem Maß W vorgezogen (Hays, 1988, S. 847); für sie gilt: $-1/(n-1) \leq \bar{r}_S \leq +1$, und Gibbons (1993, S. 35) bevorzugt deshalb das Maß W.

Beispiel 13.5: In einem psychologischen Forschungsprogramm soll untersucht werden, auf welche Art und Weise unterschiedlich komplexes Reizmaterial verarbeitet wird. Dabei sollen unterschiedliche Darbietungsarten erprobt werden und auch unterschiedliche Methoden des Abrufs des Materials. Für einige Versuche werden Bilder mit unterschiedlich komplexen Figuren benötigt. Da solche nicht zur Verfügung stehen, werden sie selbst mittels eines Graphikprogrammes erstellt. Die entscheidende Frage, die sich dann stellt, besteht darin, ob dieses Reizmaterial auch in interindividuell einheitlicher Weise als unterschiedlich komplex erlebt wird. Um dies in Erfahrung zu bringen, entschließt man sich, die Reizvorlagen von n Einschätzer/innen hinsichtlich ihrer Komplexität in eine Rangfolge bringen zu lassen. Die Menge der Reizvorlagen beträgt K = 20. Und die Hypothese, die aufgestellt wird, lautet, dass es bei der Einschätzung des Reizmaterials durch verschiedene Vpn eine hohe Interraterübereinstimmung gibt (**PH-69**). Als Maß für die Beurteiler/innen/übereinstimmung wird Kendalls W gewählt, und als Mindestwert $W_{th,krit,5}$ wird festgelegt: $W_{th,krit,5} = \eta^2_{\chi2,krit,5} = 0{,}50$ und $\phi_{VA,R,B,krit,5} = 1{,}0$. Dies bedeutet, dass für die mittlere Rangkorrelation $\bar{r}_S$ nach Formel (13.60) mindestens gelten soll: $\bar{r}_S = 0{,}5094$. Dann ergibt die nachfolgende Ableitung:

(13.61) (PH-69 ∧ VSVS) ≈> [PV-69(B;R;K=20) ∧ SHH] ≈> SV-69(B;R;K=20) ⇔
⇔ ST-69(B;R;K=20): $H_{1,5}$: $W_{th,5} > 0$.

Die Testung der als vorhersagekonform abgeleiteten Hypothese erfolgt mittels $F_{R,wdh}$-Test. Da W nicht kleiner als Null werden kann (s.o.), liegt dem $F_{R,wdh}$-Test eine gerichtete Hypothese zugrunde. Da der **F-Test** ein einseitiger Test ist, kann für die Testplanung direkt die entsprechende Tabelle A.3 des Anhanges mit α_{krit} herangezogen werden. Für die Planung wird festgelegt: $\alpha_{krit,5} = 0{,}05$ (einseitig); ferner stehen $n_5 = 50$ Vpn zur Einschätzung zur Verfügung. Wie groß kann $\beta_{krit,5}$ unter diesen Festlegungen werden (TPS 2)? Einsetzen in Formel (13.44) führt zu: $n_{0,05} = (49)(400)1{,}0 = 19600$. Ablesen in Tabelle A.3 des Anhanges für $\alpha_{krit,5}$ ergibt: $\beta_{krit,5} < 0{,}01$. Der Versuch wird durchgeführt und erbringt $W_5 = R^2_{\chi2,5} = 0{,}62$. Dann gilt: $F_{R,wdh,emp,5} = (0{,}62/19)/[(1 - 0{,}62)/(20)(49)] = 84{,}1551 > F_{krit(0,05;19;980),5}$ = 1,50 und nach Formel (13.60) resultiert: $\bar{r}_{S,5} = 0{,}6327$. Die vorhersagekonforme Alternativhypothese und damit auch die SV-69(B;R;K=25) kann angenommen werden, und der vorher festgesetzte Kriteriumswert $W_{th,krit,5} = 0{,}50$ ($f_{VA,R,wdh,B,5}$ = 1,2773) wird deutlich überschritten. Die PV-69(B;R;K=25) ist eingetreten, und die PH-69 hat sich bewähren können. Die Reizvorlagen werden ganz überwiegend in interindividuell einheitlicher Weise als unterschiedlich eingeschätzt und können daher als Versuchsmaterial Verwendung finden.

In diesem Fall hätte ein statistischer Test nicht durchgeführt zu werden brauchen, da man lediglich an einer bestimmten Höhe von W_{th} interessiert war. Es hätte ausgereicht festzustellen, ob $W \geq W_{th,krit}$ ist - dies kann auch ohne statistischen Test geschehen. Andererseits hätte die bloße Feststellung der statistischen Signifikanz hier nicht ausgereicht, um von einer hinreichend hohen Konkordanz zwischen den Beurteiler/inne/n zu sprechen, weil der statistisch signifikante Wert für W um einiges kleiner ist als der festgelegte Kriteriumswert $W_{th,krit}$.

Wenden wir uns damit der **Methode der a priori geplanten Kontraste und Vergleiche** über Ränge zu.

13.3 Ranghypothesen über Kontraste im Mehr-Stichproben-Fall

Sowohl innerhalb des Modells von Kruskal und Wallis als auch dem von Friedman können gerichtete und ungerichtete Kontrasthypothesen getestet werden. Die entsprechenden Tests über Kontrasthypothesen lassen sich mittels **Effektgrößen** in Form von standardisierten Abständen zwischen den mittleren Rängen $\delta_{R,B,t}$ **planen**. Die **Kontraste** $\psi_{R,t}$ mit $FG_Z = 1$ haben im theoretischen Fall die folgende Form:

(13.62) $\psi_{R,t} = \sum c_{k,t} E(\overline{R}_k) = c_{1,t} E(\overline{R}_1) + c_{2,t} E(\overline{R}_2) + ... + c_{K,t} E(\overline{R}_K)$.

c_k bezeichnet wieder die Kontrastkoeffizienten. Es gilt dann für $D_{R,t}$ als empirische Entsprechung von $\psi_{R,t}$:

(13.63) $D_{R,t} = c_{1,t} \overline{R}_1 + c_{2,t} \overline{R}_2 + ... + c_{K,t} \overline{R}_K$.

Die zugehörige **Effektgröße**, ein standardisierter Kontrast, ist für unabhängige Stichproben definiert als:

(13.64) $\delta_{R,B,t} = [\sum c_{k,t} E(\overline{R}_k)] / \sigma_{I,R,B}$.

Seine empirische Entsprechung lautet:

(13.65) $d_{R,B,t} = [\sum c_{k,t} \overline{R}_k] / s_{I,R,B}$.

Für abhängige Stichproben wird aus Formel (13.64) unter Berücksichtigung der Korrelation zwischen den beiden Versuchsbedingungen, nämlich $\rho_{Z,wdh,B}$ bei wiederholten Messungen, die entsprechende Effektgröße nach Formel (13.23) bestimmt:

(13.66) $\delta_{R,wdh,B,t} = \delta_{R,B,t} / \sqrt{1 - \rho_{Z,wdh,B}}$ und

(13.67) $d_{R,wdh,B,t} = d_{R,B,t} / \sqrt{1 - r_{Z,wdh,B}}$.

Bei randomisierten Blöcken ist wieder $\rho_{Z,wdh,B}$ ($r_{Z,wdh,B}$) durch $\rho_{Z,RB,B}$ ($r_{Z,RB,B}$) zu ersetzen.

Die abgeleiteten gerichteten oder ungerichteten Hypothesen über orthogonale oder nonorthogonale Kontraste, für die im Übrigen unter der H_0 gelten kann: $\psi_{R,t} = \psi_{R,t,c} \neq 0$, werden über die Standard-Normalverteilung auf statistische Signifikanz getestet. Für den **z-Test** lautet der Standardfehler dieser Kontraste unter dem Modell von Kruskal und Wallis (Marascuilo & McSweeney, 1977, S. 306-308):

$$(13.68) \quad s_H(D_{R,t}) = \sqrt{\frac{N(N+1)}{12} \sum \frac{c_{k,t}^2}{n_k}}.$$

Der zugehörige Wert $z_{emp,t}$ für einen Kontrast lautet dann:

$$(13.69) \quad z_{emp,t} = \frac{D_{R,t}}{s_H(D_{R,t})}.$$

Will man aus diesen z-Werten bei komplexen Kontrasten nach Formel (13.14) eine Korrelation r bestimmen, gilt $N = L(n)$ oder $N = \sum n_l$ mit $l \in L$, wobei L ($3 \leq L \leq K$) die Anzahl der Faktorstufen bezeichnet, auf die sich der Kontrast bezieht.

Sind die Kontraste orthogonal zueinander und führen die K − 1 **z-Tests** alle zu einem statistisch insignifikanten Resultat, dann gilt in den meisten Fällen auch die spezifische Nullhypothese des **H-Tests** in Formel (13.34). Ist dagegen mindestens einer der Kontraste statistisch signifikant, so gilt die unspezifische Alternativhypothese des **H-Tests** in Formel (13.34).

Auch beim **Friedman-Test** kann man Kontraste so definieren, wie es in den Formeln (13.62) und (13.63) angegeben ist. Allerdings haben die Kontraste $D_{R,t}$ im Rahmen des Friedman-Modells einen anderen Standardfehler, der sich wie folgt bestimmt (vgl. Marascuilo & McSweeney, 1977, S. 363):

$$(13.70) \quad s_{FR}(D_{R,t}) = \sqrt{\frac{K(K+1)}{12} \sum \frac{c_k^2}{n_k}},$$

so dass bei orthogonalen Kontrasten resultiert, da jeder standardisierte orthogonale Kontrast eine χ^2-verteilte Statistik mit $FG_Z = 1$ darstellt:

$$(13.71) \quad \chi^2_{R,FR,K-1} = \sum [D^2_{R,t}/s^2_{FR}(D_{R,t})] = \sum \chi^2_{R,1,emp,t} = n(K-1) \sum r_t^2.$$

Die statistische Testung der orthogonalen oder nonorthogonalen Kontraste erfolgt auch bei abhängigen Stichproben über die Standard-Normalverteilung (**z-Test**):

$$(13.72) \quad z_{emp,t} = \frac{D_{R,t}}{s_{FR}(D_{R,t})}.$$

Alternativ kann die Testung von Hypothesen über Kontraste auch über den **t_R-Test** erfolgen. Dieser weist im einfaktoriellen Fall die folgende allgemeine Form auf:

(13.73) $\quad t_{R,emp,t} = \dfrac{\sum c_{k,t} \overline{R}_k}{s_{I,R,B} \sqrt{\dfrac{\sum c_{k,t}^2}{n_k}}}$

und für wiederholte Messungen bzw. randomisierte Blöcke:

(13.74) $\quad t_{R,wdh,emp,t} = \dfrac{\sum c_{k,t} \overline{R}_k}{s_{Res,R,B} \sqrt{\dfrac{\sum c_{k,t}^2}{n}}}$.

Die **Testplanung** beruht dann auf den **Effektgrößen** in den Formeln (13.64) und (13.66). Ferner werden die folgenden aus den Abschnitten 8.1 und 8.2 bekannten Formeln herangezogen, und zwar für die **TPS 1**

(13.75) $\quad n_t = \dfrac{(z_{1-\alpha} + z_{1-\beta})^2 \sum c_{k,t}^2}{\delta_{B,R,krit,t}^2}$,

und für die **TPS 2**:

(13.76) $\quad (z_{1-\alpha} + z_{1-\beta})^2 = \dfrac{n_t \, \delta_{B,R,krit,t}^2}{\sum c_{k,t}^2}$.

Für die **TPS 3** benutzt man folgende Formel:

(13.77) $\quad \delta_{B,R,krit,t}^2 = \dfrac{(z_{1-\alpha} + z_{1-\beta})^2 \sum c_{k,t}^2}{n_t}$.

Bei ungerichteten Hypothesen ist in den Formeln (13.75) bis (13.77) erneut $z_{1-\alpha/2}$ anstelle von $z_{1-\alpha}$ zu benutzen. Bei wiederholten Messungen ist zudem mit dem $\delta_{R,wdh,B,t}$ aus Formel (13.66) zu arbeiten und bei Parallelisierung bzw. bei randomisierten Blöcken mit $\delta_{R,RB,B,t}$, wobei das $\rho_{Z,wdh,B}$ in Formel (13.66) durch $\rho_{Z,RB,B}$ ersetzt wird.

Anstelle der Testungen nach den Formeln (13.69), (13.72), (13.73) und (13.74) kann man bei Paarkontrasten bei unabhängigen Stichproben auch paarweise **U**- bzw. die entsprechenden **z-Tests** durchführen, wobei lediglich darauf zu achten ist, dass die Ränge jeweils nur für die kontrastierten Paare von Versuchsbedingungen B_k und $B_{k'}$ zugewiesen werden. Bei abhängigen Stichproben werden entsprechend paarweise **Wilcoxon**- oder die entsprechenden **z-Tests** eingesetzt. Die Ränge werden auch bei dieser Verfahrensweise für die jeweils kontrastierten Versuchsbedingungen vergeben.

Beispiel 13.6: Es soll erneut die ungerichtete **PH-5** geprüft werden, und zwar in der gleichen Weise wie in Beispiel 13.3 bei K = 3 und bei interindividueller Bedingungsvariation (Modell von Kruskal und Wallis). Dieses Mal soll jedoch die Prüfung über disjunktiv miteinander verknüpfte orthogonale Kontraste erfolgen. Die Ableitung von Vorhersagen ergibt:

(13.78) (PH-5 $\wedge$ VSVS) $\approx$> [PV-5(B;R;K=3) $\wedge$ SHH] $\approx$> SV-5(B;R;K=3;DER) $\approx$>
[E($\overline{R}_k$) $\neq$ E($\overline{R}_{k'}$) für *mindestens zwei Versuchsbedingungen* B_k *und* $B_{k'}$] $\approx$>
$\approx$> ST-5(B;R;K=3): [$H_{1,6}$: $\psi_{R,6}$ = (+1)E($\overline{R}_1$) + (-1)E($\overline{R}_2$) + (0)E($\overline{R}_3$) $\neq$ 0] $\vee$
[$H_{1,7}$: $\psi_{R,7}$ = (+1/2)E($\overline{R}_1$) + (+1/2)E($\overline{R}_2$) + (-1)E($\overline{R}_3$) $\neq$ 0].

Bei den orthogonalen Kontrasten handelt es sich um einen Paar- und um einen komplexen Kontrast. Die orthogonalen Kontraste wurden disjunktiv miteinander verbunden, damit sie der Alternativhypothese des **H-Tests** entsprechen (s.o.). Hier kumuliert α, so dass gilt: $\varepsilon_{5,krit} \leq \max(\beta_t) = 0{,}10$ und $\varphi_{5,krit} \leq \sum \alpha_t = 0{,}05 + 0{,}05 = 0{,}10$. Die beiden Kontrasthypothesen sind zu planen, und zwar nach der TPS 1 und damit mit Hilfe der Formel (13.75). Dazu werden neben den Fehlerwahrscheinlichkeiten die Effekte auf die Werte $\delta_{R,B,krit,6} = \pm 0{,}90$ und $\delta_{R,B,krit,7} = \pm 0{,}80$ festgelegt. Einsetzen in Formel (13.75) ergibt für den ersten Kontrast: $n_6 = 2(1{,}96 + 0{,}84)^2/0{,}81 = 19{,}3580$ bzw. $n_6 = 20$. Für den zweiten Kontrast resultiert: $n_7 = 1{,}50(1{,}96 + 0{,}84)^2/0{,}64 = 18{,}375$ bzw. $n_7 = 19$. Der Versuch wird mit N = 60 durchgeführt. Er erbringt die folgenden Rangsummen: $R_1 = 940$; $R_2 = 560$ und $R_3 = 330$. Für diese Rangsummen muss nach Formel (13.35) gelten: $\sum\sum T_{H,ik} = [N(N+1)]/2 = (60)(61)/2 = 1830 = 940 + 560 + 330$. Berechnen wir zunächst informationshalber die globale Statistik F_R nach Formel (13.37): $F_{R,emp,6,7} = 21{,}2005 > F_{krit(0,05;2;57),6,7} = 3{,}15$, wozu ein $f_{VA,R,B,6,7} = 0{,}5844$ gehört. $F_{R,emp,6,7}$ ist also statistisch signifikant, und das bedeutet im Regelfall, dass auch mindestens einer der orthogonalen Kontraste statistisch signifikant werden muss. Wie sieht es also mit den hier interessierenden orthogonalen Kontrasten aus? Die mittleren Ränge lauten: $\overline{R}_1 = 47{,}00$; $\overline{R}_2 = 28{,}00$ und $\overline{R}_3 = 16{,}500$. Der Wert von $D_{R,6}$ ermittelt sich zu: $(+1)\overline{R}_1 + (-1)\overline{R}_2 + (0)\overline{R}_3 = 47{,}00 - 28{,}00 = 19{,}00$ und $D^2_{R,6} = 361{,}00$. Es resultiert nach Formel (13.74) bei $s_{I,B,R} = 16{,}5773$: $t_{R,emp,6} = 3{,}6244 > t_{krit(0,05;57),6} = \pm 2{,}004$. Der Wert des Kontrastes $D_{R,6}$ ist statistisch signifikant. Für $D_{R,7}$ wird berechnet: $D_{R,7} = (+1/2)\overline{R}_1 + (+1/2)\overline{R}_2 + (-1)\overline{R}_3 = 21{,}00$ und $D^2_{R,7} = 441{,}000$. Damit ergibt sich: $t_{R,emp,7} = 4{,}6257$ bei $t_{krit(0,05;57)} = \pm 2{,}004$. Die beiden orthogonalen Kontraste sind statistisch signifikant geworden, und dies führt zur Annahme der globalen Alternative des **H-Tests**. Auch die SV-5(B;R;K=3) wird angenommen. Für deren Annahme hätte bereits ein statistisch signifikant gewordener Kontrast ausgereicht.

Wie sieht es mit den Effekten aus? Für den Kontrast $D_{R,6}$ lässt sich berechnen: $d_{R,B,6} = 1{,}1461 > \delta_{R,B,krit,6} = \pm 0{,}90$. Für $d_{R,B,7}$ wird bestimmt: $d_{R,B,7} = 1{,}2668 > \delta_{R,B,krit,7} = \pm 0{,}80$. Die mit den beiden Kontrasten verbundenen Effekte $d_{R,B,t}$ sind größer als der jeweilige Kriteriumswert. Da wegen der disjunktiven Verknüpfung bereits *ein* vorhersagekonformer Vergleich der Effekte ausreichen würde, kann die PV-5(B;R;K=3) als eingetreten gelten, und die PH-5 hat sich in einer vglw. schwachen Prüfung bewähren können.

Im Mehr-Stichproben-Fall können sowohl im Modell von Kruskal und Wallis als auch im Modell von Friedman auch oder alternativ Hypothesen über nonorthogonale Kontraste getestet werden. Das generelle Vorgehen erfolgt so, wie schon mehrfach beschrieben. Da es sich mehrheitlich um gerichtete statistische Hypothesen handelt, die als vorhersagekonform abgeleitet worden sind, sollten auch einseitige Tests über unquadrierte Teststatistiken zur Anwendung gelangen, also der t_R- bzw. $t_{R,wdh}$-Test.

Beispiel 13.7: Die Prüfung der **PH-3**, die besagt, dass mit der Dauer des Schlafentzugs die Konzentrationsleistung absinkt, erfolgt über die Fehlerzahlen in einem Konzentrationstest, die mit der Dauer des Schlafentzugs ansteigen sollen. Daraus ergibt sich die PV-3(B;R;K=3), dass die mittleren Fehlerzahlen in einem Konzentrationstest (FKT) mit der Dauer des Schlafentzugs (B_1: 2 Std.; B_2: 4 Std.; B_3: 6 Std.) ansteigen; hier wird mit der interindividuellen Bedingungsvariation gearbeitet, die zu dem Modell von Kruskal und Wallis und zu dem t_R-Test führt. Daraus folgt ein **strikt monotoner Trend** über erwartete mittlere Ränge:

(13.79) (PH-3 $\wedge$ VSVS) $\approx>$ PV-3(B;R;K=3): (FKT$_1$ < FKT$_2$ < FKT$_3$) $\approx>$
$$\approx> [PV\text{-}3(B;R;K=3) \wedge SHH] \approx>$$
$\approx>$ SV-3(B;R;K=3;KER): $[E(\overline{R}_1) < E(\overline{R}_2) < E(\overline{R}_3)] \approx>$ ST-3(B;R;K=3):
$[H_{1,8}: \psi_{R,8} = E(\overline{R}_1) < E(\overline{R}_2)] \wedge [H_{1,9}: \psi_{R,9} = E(\overline{R}_2) < E(\overline{R}_3)]$.

Es werden T = 2 Alternativhypothesen als vorhersagekonform abgeleitet, so dass β kumuliert (Fall 1 in Abschn. 7.2). Es gilt also: $\varepsilon_3 \leq \max(\alpha_t)$ und $\varphi_3 \leq \Sigma\beta_t$. Es wird festgelegt: $\alpha_{krit,8} = \alpha_{krit,9} = 0{,}10$ und $\beta_{krit,8} = \beta_{krit,9} = 0{,}05$, so dass $\varepsilon_{3,krit} = \varphi_{3,krit} = 0{,}10$ wird. Es wird ferner mit $\delta_{R,B,krit,t} = 0{,}825$ ein sehr großer Effekt spezifiziert. Einsetzen in Formel (13.75) führt dann zu (TPS 1): $n_t = 2(1{,}645 + 1{,}645)^2/0{,}6806 = 25{,}1749$ bzw. $n_t = 26$ und damit $N_8 = N_9 = 78$. Dieser Wert gilt für beide Paarkontraste. Der Versuch wird unter den genannten Vorgaben, also mit $N_8 = N_9 = 78$, durchgeführt und erbringt folgende Ergebnisse: $T_1 = 210$; $T_2 = 1041$ und $T_3 = 1830$ und die entsprechenden Mittelwerte: $\overline{R}_1 = 8{,}0769$; $\overline{R}_2 = 40{,}0385$ und $\overline{R}_3 = 70{,}3846$. Daraus lässt sich bei $s_{I,B(R)} = 17{,}7751$ errechnen: $t_{R,emp,8} = 6{,}6033$ und $t_{R,emp,9} = 6{,}2696$. Diese empirischen Werte sind bei $t_{krit(0,10;57),t} = 1{,}298$ statistisch signifikant und führen zur Annahme der $H_{1,8}$ und der $H_{1,9}$ und damit auch der SV-3(B;R;K=3). Wie groß sind die beiden Effekte? $d_{R,B,8} = 1{,}7981 > \delta_{R,B,krit,t} = 0{,}825$ und $d_{R,B,9} = 1{,}7072 > \delta_{R,B,krit,t} = 0{,}825$. Beide $d_{R,B}$-Werte überschreiten die vorher festgelegten Kriteriumswerte, so dass die PV-3(B;R;K=3) als eingetreten angesehen wird und die PH-3 als bewährt.

Beispiel 13.8: Als Beispiel diene nochmals die gerichtete und qualitative **PH-1**, die aussagt: „Wenn dual, also verbal und imaginal, kodiert wird, erhöht dies im Mittel die Gedächtnisleistung im Vergleich zur nur verbalen Kodierung". Aus dieser Hypothese war in Abschnitt 8.1 unter Ausdruck (8.17) die statistische Vorhersage eines **strikt monotonen Trends** über K > 2 erwartete Mittelwerte abgeleitet worden. Wenn man sich dabei für die Parallelisierung (RB) entscheidet, erfolgt die Testung der abgeleiteten statistischen Hypothesen vor dem Hintergrund des Friedman-Modells. Die Ableitung der Ranghypothesen ergibt:

(13.80) (DKT $\wedge$ HH) $\approx$> PH-1 $\approx$> (PH-1 $\wedge$ VSVS) $\approx$> PV-1 $\approx$>

$\approx$> PV-1(B;R;RB;K=3) $\approx$> [PV-1(B;R;RB;K=3) $\wedge$ SHH] $\approx$>

$\approx$> SV-1(B;R;RB;K=3;KER): $\{[E(\overline{R}_1) < E(\overline{R}_2) < E(\overline{R}_3)]\} \approx$>

$\approx$> ST-1(B;R;RB;K=3):
$\{H_{1,10}: \psi_{R,10} = [E(\overline{R}_1) < E(\overline{R}_2)] \wedge H_{1,11}: \psi_{R,11} = [E(\overline{R}_2) < E(\overline{R}_3)]\}$.

Auch hier kumuliert β nach $\varphi_1 \leq (\beta_{10} + \beta_{11})$, während für ε_1 wieder gilt: $\varepsilon_1 \leq \max(\alpha_t)$. Es wird festgelegt: $\alpha_{krit,10} = \alpha_{krit,11} = 0,05$ und $\beta_{krit,10} = \beta_{krit,11} = 0,10$, so dass für ε_1 und φ_1 gilt: $\varepsilon_{1,krit} \leq 0,05$ und $\varphi_{1,krit} \leq (0,10 + 0,10) = 0,20$. Es wird $\rho_{Z,RB,B} = 0,50$ vorausgeschätzt. Für die Testung der einzelnen nonorthogonalen Kontraste wird ferner mit $\delta_{R,B,krit,t} = 0,80$ ein großer Effekt spezifiziert, so dass unter Berücksichtigung der Zwischenkorrelation von 0,50 $\delta_{R,RB,B,krit,t} = 1,15$ (1,1314) wird. Einsetzen in Formel (13.75) ergibt: $n_{10} = n_{11} = 2(1,645 + 0,84)^2/1,2801 = 9,6483$ bzw. $n_{10} = n_{11} = 10$ und damit nK = 30. N bezeichnet die Anzahl der Messwerte und n_t die Anzahl der benötigten Vpn im Friedman-Modell. Der Versuch wird unter den angegebenen Spezifikationen durchgeführt und erbringt folgende Resultate: $T_1 = 10$; $T_2 = 19$ und $T_3 = 31$. Für die Summe dieser Werte gilt nach Formel (13.48) $\sum T_{FR,k} = [10(3)(4)]/2 = 60 = [nK(K + 1)]/2$. Aus den Rangsummen T_k pro Versuchsbedingung werden dann die Mittelwerte bestimmt: $\overline{R}_1 = 1,00$; $\overline{R}_2 = 1,90$ und $\overline{R}_3 = 3,10$. Für die Paarkontraste resultiert nach Formel (13.74) bei $s_{Res,R,B} = 0,4718$: $t_{R,wdh,emp,10} = 4,2659$ und $t_{R,wdh,emp,11} = 5,6878$ bei $t_{krit(0,05;18),t} = 1,734$. Beide Kontraste sind also statistisch signifikant, so dass die SV-1(B;R;RB;K=3) angenommen werden kann. Wie groß sind die Effekte? $d_{R,RB,B,10} = 1,9077$ und $d_{R,RB,B,11} = 2,5436$. Beide empirischen $d_{R,RB,B,t}$-Werte überschreiten ihren Kriteriumswert, so dass die PV-1(B;R;RB;K=3) als eingetreten bewertet werden kann, und die PH-1 hat sich in diesem Versuch bewährt.

Marascuilo und McSweeney (1977, S. 449-452) testen Hypothesen über einen monotonen Trend sowohl im Rahmen der **Rangvarianzanalyse** von Kruskal und Wallis als auch im Friedman-Modell mit Hilfe der τ-Korrelation von Kendall. Diese Testung ist allerdings weniger streng als die hier vorgenommene, weil die Rangkorrelation auch bei Ranginversionen statistisch signifikant werden kann.

Mit den Rangtests können nicht nur gerichtete oder ungerichtete Hypothesen über Paar- und komplexe Kontraste wie bspw. über monotone Trends in den vorstehenden Beispielen getestet werden, sondern auch Hypothesen über **quantitative Trends** (vgl. dazu etwa Marascuilo & McSweeney, 1977, S. 362-366). Dies ist möglich, da sich sowohl beim **H-** wie beim **Friedman-Test** die entsprechende F_R-Statistik in K –

1 orthogonale Anteile zerlegen lässt, und zwar im Falle von quantitativen Trends in einen Kontrast über den vorhergesagten Trend und einen statistischen Vergleich mit $FG_Z = K - 2$ über die nicht-vorhergesagten Trends, der orthogonal zu dem Kontrast über den vorhergesagten Trend ist. Der letztere wird dabei mit einer meist gerichteten Alternativhypothese verbunden, während mit dem statistischen Vergleich, d.h. mit der Summe der Quadrate der Kontraste über die nicht-vorhergesagten Trends, immer eine ungerichtete Nullhypothese verbunden ist.

Beispiel 13.9 (in Anlehnung an Bortz, 1999, S. 324): Die aus Abschnitt 8.4 und Beispiel 8.15 bekannte **QPH-18** behauptet, dass der galvanische Hautwiderstand von Vpn mit den Messzeitpunkten B_1: 8 Uhr, B_2: 12 Uhr, B_3: 16 Uhr und B_4: 20 Uhr linear abfällt. Durch diese Festlegung der Messzeitpunkte hat man eine quantitative UV B mit $K = 4$ gleichabständigen Stufen definiert. Bei dieser Hypothese bieten sich wiederholte Messungen an (Friedman-Modell). Zur adäquaten und erschöpfenden Prüfung wird die QPH-18 in zwei testbare Hypothesen zerlegt. Die Ableitung der Vorhersagen ergibt:

(13.81) (QPH-18) $\approx$> [QPV-18(B;R;wdh;K=4) $\wedge$ SHH] $\approx$>

$\approx$>QSV-18(B;R;wdh;K=4;KER) $\approx$> QST-18(B;R;wdh;K=4):

$\approx$> [$H_{1,12}$: $\psi_{R,Lin,12} = \sum c_{Lin,k} E(\overline{R}_k) < 0$] $\wedge$ ($H_{0,13}$: $\sum \psi^2_{R,Abw,13} = 0$).

Hier lautet die Kumulierung wie folgt: $\varepsilon_{18} \leq \max(\alpha_{12}; \beta_{13})$ und $\varphi_{18} \leq (\beta_{12} + \alpha_{13})$. Für die Planung des Tests über die Nullhypothese wird festgelegt: $\alpha_{krit,13} = 0{,}10$ (zweiseitig) und $\beta_{krit,13} = 0{,}20$, so dass für $\varepsilon_{18.krit}$ gilt: $\varepsilon_{18,krit} \leq \max(0{,}05; 0{,}20) = 0{,}20$ und für $\varphi_{18,krit}$: $\varphi_{19,krit} \leq (0{,}10 + 0{,}10) = 0{,}20$. Daraus folgt: $\alpha_{krit,12} = 0{,}05$ und $\beta_{krit,12} = 0{,}10$. Ferner wird für die Summe der quadrierten Abweichungen spezifiziert: $\phi_{VA,R,B,Abw,13} = 0{,}245$. Es wird $\rho_{Z,wdh,B} = 0{,}50$ erwartet, womit gilt: $\phi^2_{VA,R,wdh,B,Abw,13} = 0{,}1201$ und $\phi_{VA,R,wdh,B,Abw,13} = 0{,}35$ (0,3465). Dieser Test ist zu planen wie eine einfaktorielle **Varianzanalyse** mit wiederholten Messungen. Dazu wird Formel (13.43) und Tabelle A.3 herangezogen. Einsetzen ergibt: $n_{13} = 1029/[(400)(0{,}1201)] = 21{,}4286$ bzw. $n_{13} = 22$. Welcher Effekt kann damit für den Test gegen die $H_{1,12}$ nachgewiesen werden (TPS 3)? Einsetzen in Formel (13.77) ergibt: $\delta^2_{R,wdh,B,Lin,krit,12} = 1{,}25(1{,}645 + 1{,}282)^2/22 = 0{,}4868$ und $\delta_{R,wdh,B,Lin,krit,12} = 0{,}70$ (0,6977). Die Forscherin führt den Versuch durch und berechnet die folgenden Rangsummen aus ihren Daten: $T_1 = 83$; $T_2 = 65$; $T_3 = 42$ und $T_4 = 30$, deren Summe $\sum T_{FR,k} = 220$ ist, wobei sich auch nach Formel (13.48) $\sum T_{FR,k} = [(22)4(5)]/2 = 220$ ergibt. Die mittleren Rangsummen berechnen sich zu: $\overline{R}_1 = 3{,}7727$; $\overline{R}_2 = 2{,}9545$; $\overline{R}_3 = 1{,}9091$ und $\overline{R}_4 = 1{,}3636$. Die linearen Kontrastkoeffizienten lauten: $c_{1,Lin} = -3/4$, $c_{2,Lin} = -1/4$, $c_{3,Lin} = +1/4$ und $c_{4,Lin} = +3/4$ mit $\sum c^2_{k,Lin} = 1{,}25$. Damit lässt sich bestimmen: $D_{R,Lin,12} = -2{,}0682$ und $QS_{Lin,R} = 75{,}2831$. Also lautet der empirische $t_{R,wdh,Lin}$-Wert für den linearen Kontrast nach Formel (13.75): $t_{R,wdh,emp,Lin,12} = -9{,}9377$ bei $z_{krit(0,05),12} = 1{,}645$. Zur Ermittlung der Summe der quadrierten Abweichungen muss als nächstes die Zwischenquadratsumme QSB,R bestimmt werden: QSB,R = 76,2719; diese Quadratsumme wird nicht auf statistische Signifikanz getestet, da sie nur als Hilfsgröße zur einfacheren Berechnung der Abweichungen von der Vorhersage dient. Die Differenz QSB,R − QSLin,R gibt dann die Gesamtheit der Abweichungen vom linearen Trend an: QSAbw,R = 0,9887. Auch ohne formale Durchführung eines statistischen Tests erkennt man rasch, dass es keine statistisch signifikanten Abweichungen vom vorhergesagten negativen linearen Trend gibt. Die QSV-18(B;R;wdh; K=4) kann damit angenommen werden. Berechnen wir noch den d-Wert: $d_{R,wdh,B,Lin,12} = -2,2970$ und $f_{VA,R,wdh,B,Abw,13} < \phi_{VA,R,wdh,B,Abw,B,13} = 0,35$. Die QPV-18(B;R;wdh; K=4) ist damit eingetreten, und die QPH-18 hat sich in diesem Versuch bewährt.

Analog wird verfahren, wenn quantitative Trendhypothesen ohne wiederholte Messungen im Rahmen des Modells von Kruskal und Wallis sowie dem **H**- bzw. dem **F_R-Test** getestet werden sollen.

13.4 Ranghypothesen über Kontraste in zweifaktoriellen Versuchsplänen

Auch in zweifaktoriellen Versuchsplänen können Hypothesen über Ränge getestet werden. Traditionell wird bei interindividueller Bedingungsvariation der **H-Test** eingesetzt (vgl. Bortz, Lienert & Boehnke, 2000; Bredenkamp, 1980). Unter der hier präferierten Strategie werden die drei verschiedenen globalen **H-Tests** durch die globalen **F_R-Test** einer zweifaktoriellen parametrischen **VA** ersetzt. Diese F_R-Werte können in der gleichen Weise wie die H-Werte in orthogonale wie nonorthogonale Kontraste zerlegt werden. Die gegeneinander getesteten globalen Hypothesen lauten:

(13.82) $H_{0,A}$: $[E(\overline{R}_{1.}) = E(\overline{R}_{2.}) = ... = E(\overline{R}_{J.})]$ vs.

$H_{1,A}$: $[E(\overline{R}_{j.}) \neq E(\overline{R}_{j'.})$ für *mindestens zwei Faktorstufen* A_j und $A_{j'}$].

(13.83) $H_{0,B}$: $[E(\overline{R}_{.1}) = E(\overline{R}_{.2}) = ... = E(\overline{R}_{.K})]$ vs.

$H_{1,B}$: $[E(\overline{R}_{.k}) \neq E(\overline{R}_{.k'})$ für *mindestens zwei Faktorstufen* B_k und $B_{k'}$].

(13.84) $H_{0,A \times B}$: $[E(\overline{R}_{jk}) - E(\overline{R}_{j.}) - E(\overline{R}_{.k}) + E(\overline{R}_{..}) = 0$ für alle Zellen] gegen

$H_{1,A \times B}$: $[E(\overline{R}_{jk}) - E(\overline{R}_{j.}) - E(\overline{R}_{.k}) + E(\overline{R}_{..}) \neq 0$ für mindestens vier Zellen].

Diese Hypothesen werden dann über die parametrischen **F_R-Tests** einer Testung unterzogen, also als Beispiel für den Faktor B:

(13.85) $F_{R,B} = \dfrac{QSB,R / K - 1)}{QSI(BA),R / [JK(n-1)]}$.

Auch der **Friedman-Test** kann auf zwei UVn erweitert werden (Diehl & Arbinger, 1990, S. 603-605; Marascuilo & Levin, 1977, S. 376-379), und zwar, indem man J hinsichtlich eines oder mehrerer Merkmale parallelisierte Blöcke mit jeweils nK Vpn bildet, die man pro Block zufällig auf K Treatments verteilt; die Merkmale müssen mit der AV in einer nicht zu geringen statistischen Assoziation stehen. Die Anzahl der Vpn beträgt dann N = nJK. Die Teststatistik lautet für den wiederholten Faktor B (der Blockfaktor wird üblicherweise keiner Signifikanztestung unterzogen):

$$(13.86)\quad F_{R,wdh,B} = \frac{QSB,R/K-1)}{QSBxP(A),R/[J(K-1)(n-1)]}.$$

Für die Summe der Ränge gilt im zweifaktoriellen Friedman-Test mit K Versuchsbedingungen, J Blöcken und n Vpn pro Block:

$$(13.87)\quad \sum T_{jk,FR} = JnK(nK+1)/2.$$

Für die Prüfung psychologischer Hypothesen sind Paar- und ggf. auch komplexe Kontraste den globalen Analysen vorzuziehen, die mittels **t_R-Test** getestet werden, und für Interaktionshypothesen auf der Ebene der Zellen resultiert bei einem Blockfaktor A und einem wiederholten Faktor B (vgl. Abschn. 9.4):

$$(13.88)\quad t_{R,emp,t} = \frac{\sum c_{jk,t}\,\overline{R}_{jk}}{s_{I,BA,R}\sqrt{\dfrac{\sum c_{jk,t}^2}{n_{jk}}}}$$

und für Kontraste auf der Zellenebene über den wiederholten Faktor B (bzw. bei randomisierten Blöcken) sowie für Kontraste auf der Ebene des Haupteffektes B:

$$(13.89)\quad t_{R,wdh,emp,t} = \frac{\sum c_{(j)k,t}\,\overline{R}_{(j)k}}{s_{BxP(A),R}\sqrt{\dfrac{\sum c_{(j)k,t}^2}{n_{jk}}}}.$$

Für die Kontraste auf der Ebene des Haupteffektes B ist der Index „(j)k" durch „k" zu ersetzen und „n_{jk}" durch „n_k". – Für die Interaktionsvarianz $\sigma^2_{BxP(A),R}$ gilt:

$$(13.90)\quad \sigma^2_{BxP(A),R} = \sigma^2_{I,R,B}(1 - \rho_{Z,wdh,B}).$$

Für die Planung der Tests über Kontrasthypothesen auf der Zellenebene werden die folgenden **Effektgrößen** benutzt:

$$(13.91)\quad \delta_{R,BA,A,t} = [\sum c_{jk,t}\,E(\overline{R}_{jk})]/\sigma_{I,R,BA} = \delta_{R,A,t}/\sqrt{\Pi_{BA}},$$

$$(13.92)\quad \delta_{R,wdh,B,t} = [\sum c_{jk,t}\,E(\overline{R}_{jk})]/(\sigma_{I,R,B}\sqrt{1-\rho_{Z,wdh,B}}) = \delta_{R,B,t}/\sqrt{1-\rho_{Z,wdh,B}}.$$

(13.93) $\delta_{R,BA,AxB,t} = [\sum c_{jk,t} E(\overline{R}_{jk})]/\sigma_{I,R,BA} = \delta_{R,BA,AxB,t}/\sqrt{\Pi_{BA}}$.

Bei randomisierten Blöcken ist der Ausdruck $\sqrt{1-\rho_{Z,wdh,B}}$ in Formel (13.92) wieder durch $\sqrt{1-\rho_{Z,RB,B}}$ zu ersetzen.

Die **Testplanung** erfolgt über die folgenden Formeln herangezogen, angegeben für Interaktionskontraste auf der Zellenebene (**TPS 1**):

(13.94) $n_t = \dfrac{(z_{1-\alpha}+z_{1-\beta})^2 \sum c_{jk,t}^2}{\delta_{R,BA,AxB,krit,t}^2}$,

und für die **TPS 2**:

(13.95) $(z_{1-\alpha}+z_{1-\beta})^2 = \dfrac{n_t \, \delta_{R,BA,AxB,krit,t}^2}{\sum c_{jk,t}^2}$.

Für die **TPS 3** benutzt man folgende Formel:

(13.96) $\delta_{R,BA,AxB,krit,t}^2 = \dfrac{(z_{1-\alpha}+z_{1-\beta})^2 \sum c_{jk,t}^2}{n_t}$.

Bei ungerichteten Hypothesen ist in den Formeln (13.94) bis (13.96) erneut $z_{1-\alpha/2}$ anstelle von $z_{1-\alpha}$ zu benutzen. Bei wiederholten Messungen ist in den vorstehenden drei Testplanungsformeln ferner mit $\delta_{R,wdh,B,t}$ und bei Parallelisierung bzw. bei randomisierten Blöcken mit $\delta_{R,RB,B,t}$ zu operieren [vgl. Formel (13.91)].

Zur Demonstration des Vorgehens wird nochmals auf die PH-19 aus Abschnitt 9.2, Beispiel 9.5, zurückgegriffen.

Beispiel 13.10: Die zweifaktorielle psychologische Hypothese **PH-19** besagt, dass bildhaftes Material noch besser gelernt wird, wenn es gleichzeitig auch konkret (im Gegensatz zu abstrakt) ist. Faktor A ist also die eingeschätzte Abstraktheit-Konkretheit und Faktor B die eingeschätzte Bildhaftigkeit. Es wird also auf der Zellenebene eine bestimmte und für den Faktor B ordinale Interaktion vorhergesagt. Die Bedingungsvariation erfolgt interindividuell. Huck und Sutton (1975) führen aus, dass man einige ordinalen Interaktionen durch auf Ordinalskalenniveau erlaubte Transformationen eliminieren kann (vgl. auch Bredenkamp, 1980, S. 25; Loftus, 1978; Winer, 1971, S. 399). Ich gehe davon aus, dass man Hypothesen, die zur Vorhersage einer bestimmten ordinalen Interaktion führen, prüfen will, und nicht, dass man diese theoretisch vorhergesagte Interaktion durch erlaubte Transformationen eliminieren will. Die einzige „akzeptable" Transformation ist dann die der Rohwerte in ihre Ränge; auf dieser Voraussetzung beruhen im übrigen alle Rangtests. Aus der PH-19 wird die PV-19(BA;R) abgeleitet und aus ihr die SV-19(BA;R), die auf der Ebene der ST-19(BA;R) in drei gerichtete Hypothesen über erwartete mittlere Ränge zerlegt wird (nonorthogonale Kontraste):

(13.97) (PH-19 ∧ VSVS) ≈> [PV-19(BA;R;K=2;J=2) ∧ SHH] ≈>

≈> SV-19(BA;R;K=2;J=2;KER) ≈>

≈> ST-19(BA;R;K=2;J=2): [$H_{1,14}$: $\psi_{R,14} = E(\overline{R}_{12}) - E(\overline{R}_{11}) > 0$] ∧

∧ [$H_{1,15}$: $\psi_{R,15} = E(\overline{R}_{22}) - E(\overline{R}_{21}) > 0$] ∧

∧ {$H_{1,16}$: $\psi_{R,16} = [E(\overline{R}_{22}) - E(\overline{R}_{21})] - [(E(\overline{R}_{12}) - E(\overline{R}_{11})] > 0$}.

Vorhersagen werden nur aus der Perspektive des hypothesenrelevanten Faktors B (eingeschätzte Bildhaftigkeit) abgeleitet. Tabelle 13.1 enthält die Vorhersagestruktur.

Tabelle 13.1: Vorhersagestruktur unter der PH-19 bei der Prüfung über Ranghypothesen			
Faktor A: eingeschätzte Abstraktheit-Konkretheit	**Faktor B: eingeschätzte Bildhaftigkeit**		
	B_1: wenig bildhaft	**Vorhersagen**	B_2: sehr bildhaft
A_1: abstrakt	$E(\overline{R}_{11})$	<	$E(\overline{R}_{12})$
A_2: konkret	$E(\overline{R}_{21})$	<<	$E(\overline{R}_{22})$

Es werden festgelegt: $\varepsilon_{19,krit} \leq \alpha_{krit,t} = 0{,}10$ und $\varphi_{19,krit}/3 \leq \beta_{krit,t} = 0{,}075$ (Fall 1 der Kumulierung und Adjustierung in Abschn. 7.2) und damit $z_{1-\alpha} = 1{,}282$ und $z_{1-\beta} = 1{,}44$. Die Effekte werden auf die Werte $\delta_{R,B,krit,14} = 0{,}45$ und $\delta_{R,B,krit,15} = 0{,}90$ festgelegt, so dass $\delta'_{R,B,krit,16} = 0{,}45$ wird und nach Umrechnung auf die Koeffizienten +1/2 und −1/2 $\delta_{R,B,krit,16} = 0{,}2250$. Ferner wird davon ausgegangen, dass der Präzisionsindex den Wert $\Pi_{BA} = 0{,}60$ annimmt. Das bedeutet für die festgelegten Effekte: $\delta_{R,BA,B,krit,14} = 0{,}60$ (0,5809), $\delta_{R,BA,B,krit,15} = 1{,}15$ (1,1619) sowie $\delta_{R,BA,AxB,R,krit,16} = 0{,}30$ (0,2905). Da dieser Wert zu gering ist für die Realisierung tolerabler Fehlerwahrscheinlichkeiten, wird er auf $\delta_{R,BA,AxB,krit,16} = 0{,}60$ erhöht.

Zuerst wird der für die Testung des Interaktionskontrastes $\psi_{R,16}$ benötigte Stichprobenumfang n_{16} nach Formel (13.93) (TPS 1) geplant. Einsetzen ergibt: $n_{16} = 1(1{,}282 + 1{,}44)^2/0{,}36 = 21{,}5813$ bzw. $n_{16} = 22$. Die Forscherin, die die PH-19 prüfen will, hält diesen Umfang für handhabbar, vor allem, weil der Versuch im Gruppenversuch durchgeführt werden kann. Welche Fehlerwahrscheinlichkeiten lassen sich unter den bisher ermittelten Vorgaben bei den beiden anderen Tests realisieren? Die Antwort auf diese Frage gibt die TPS 2 und Formel (13.93). Für den Paarkontrast $\psi_{R,14}$ ergibt sich: $(z_{1-\alpha} + z_{1-\beta})^2 = (22)(0{,}36)/2 = 3{,}960$ und damit $(z_{1-\alpha} + z_{1-\beta}) = 1{,}9900$. Legt man das kumulierende β auf $\beta_{krit,14} = 0{,}10$ fest, dann resultiert $z_{1-\alpha} = 0{,}7080$ und $\alpha_{krit,14} = 0{,}25$. Für den verbleibenden Paarkontrast $\psi_{R,15}$ lässt sich berechnen: $(z_{1-\alpha} + z_{1-\beta})^2 = (22)(1{,}3500)/2 = 14{,}8501$ und damit $(z_{1-\alpha} + z_{1-\beta}) = 3{,}8536$. Angesichts des vglw. hohen Wertes für $(z_{1-\alpha} + z_{1-\beta})$ kann β erneut auf einen geringen Wert festgelegt werden, und es sei: $\beta_{krit,15} = 0{,}01$, so dass $z_{1-\beta} = 2{,}33$ wird. Daraus folgt für $z_{1-\alpha} = 1{,}5236$ und $\alpha_{krit,15} = 0{,}06$. Damit ergeben sich für die Fehlerwahrscheinlichkeiten ε_{21} und φ_{21} die folgenden Werte: $\varepsilon_{21,krit} \leq \max(0{,}10; 0{,}25; 0{,}06) = 0{,}25$ und $\varphi_{21,krit} \leq (0{,}10 + 0{,}01 + 0{,}075) = 0{,}185$. - Der Versuch wird durchgeführt, und aus ihm können die in der nachstehenden Tabelle 13.2 enthaltenen Rangsummen und mittleren Ränge berechnet werden.

Tabelle 13.2: Empirische Resultate bei der Prüfung der PH-19 über Ranghypothesen

Faktor A: eingeschätzte Abstraktheit-Konkretheit	Faktor B: eingeschätzte Bildhaftigkeit		
	B_1: wenig bildhaft	B_2: sehr bildhaft	**Randmittelwerte**
A_1: abstrakt	$T_{11} = 320$ $\overline{R}_{11} = 14{,}5454$	$T_{12} = 1010$ $\overline{R}_{12} = 45{,}9091$	$\overline{R}_{1.} = 30{,}2273$
A_2: konkret	$T_{21} = 626$ $\overline{R}_{21} = 28{,}4545$	$T_{22} = 1960$ $\overline{R}_{22} = 89{,}0909$	$\overline{R}_{2.} = 58{,}7727$
Randmittelwerte	$\overline{R}_{.1} = 11{,}9545$	$\overline{R}_{.2} = 77{,}0454$	$\overline{R}_{..} = 44{,}50$

Die Streuung lautet: $s_{I,R,BA} = 26{,}8119$. Damit ergibt sich: $t_{R,emp,14} = (45{,}9091 - 14{,}5454)/8{,}0841 = 3{,}8797$ bei $t_{krit(0{,}10;84),14} = 1{,}292$ und $d_{R,BA,B,14} = 1{,}1698 > \delta_{R,BA,B,krit,14} = 0{,}60$; $t_{R,emp,15} = 7{,}5007$ bei $t_{krit(0{,}25;84),15} = 0{,}678$ und $d_{R,BA,B,15} = 2{,}2615 > \delta_{R,BA,B,krit,15} = 1{,}15$ sowie $t_{R,emp,16} = [(89{,}0909 - 28{,}4545 - 45{,}9091 + 14{,}5454)/2]/5{,}7163 = 2{,}5605$ bei $t_{krit(0{,}06;84),16} = 1{,}663$ und $d_{R,BA,AxB,16} = 0{,}5459 \approx \delta_{R,BA,AxB,krit,16} = 0{,}60$. Damit sind alle abgeleiteten Kontraste statistisch signifikant geworden, so dass die SV-19(BA;R;K=2;J=2) angenommen werden kann. Die Effekte erreichen oder überschreiten ihre Kriteriumswerte, und daher kann die PV-19(BA;R;K=2; J=2) als eingetreten angesehen werden und die PH-19 als bewährt.

Beispiel 13.11: Die **PH-21** aus Abschnitt 9.2 (Beispiel 9.8) besagt, dass bildhaftes Material dann besser gelernt wird, wenn das Material gleichzeitig auch konkret ist, während es schlechter gelernt wird, wenn es gleichzeitig auch abstrakt ist; die Hypothese bezieht sich also einerseits auf die eingeschätzte Bildhaftigkeit und andererseits auf die eingeschätzte Abstraktheit-Konkretheit. Die Hypothese erlaubt Vorhersagen nur aus der Perspektive des Faktors B. Aus ihr folgt über die PV-21 auf der Zellenebene eine bestimmte disordinale Interaktion für Faktor B. Die Prüfung soll unter Verwendung von randomisierten Blöcken erfolgen (Friedman-Modell). Die Ableitungen ergeben:

(13.98) (PH-21 $\wedge$ VSVS) $\approx$> [PV-21(BA;R;K=2;J=2) $\wedge$ SHH] $\approx$>
$\approx$> SV-21(BA;R;K=2;J=2;KER) $\approx$> ST-21(BA;R;K=2;J=2):
$[(H_{1,17}: \psi_{R,17} = E(\overline{R}_{11}) - E(\overline{R}_{12}) > 0] \wedge [H_{1,18}: \psi_{R,18} = E(\overline{R}_{21}) - E(\overline{R}_{22}) < 0]$.

In Abschnitt 9.2 war im Zusammenhang mit der Prüfung der PH-21 begründet worden, warum keine statistische Hypothese über den Interaktionskontrast abgeleitet zu werden braucht, und aus dem gleichen Grund wie dort angegeben reichen auch bei der Prüfung der PH-21 über Ranghypothesen zwei Tests aus.

Tabelle 13.3: Vorhersagestruktur unter der PH-21

Faktor A: einge-schätzte Abstrakt-heit-Konkretheit	Faktor B: eingeschätzte Bildhaftigkeit		
	B_1: wenig bildhaft	**Vorhersagen**	B_2: sehr bildhaft
A_1: abstrakt	$E(\overline{R}_{11})$	>	$E(\overline{R}_{12})$
A_2: konkret	$E(\overline{R}_{21})$	<	$E(\overline{R}_{22})$

Auch hier besteht eine Prüfinstanz aus vier Zellen, so dass die beiden Tests konjunktiv zusammenzufassen sind. Disordinale Interaktionen können durch zulässige Datentransformationen nicht eliminiert werden (s.o.). - Es werden festgelegt: $\varepsilon_{21,krit} = 0{,}05 = \alpha_{krit,t} = 0{,}05$ und $\varphi_{21,krit} = 0{,}30$, so dass $\beta_{krit,t} = \varphi_{krit}/2 = 0{,}15$ wird. Es gilt also: $z_{1-\alpha} = 1{,}645$ und $z_{1-\beta} = 1{,}040$. Die beiden festzulegenden Effekte lauten: $\delta_{R,B,17} = +0{,}70$ und $\delta_{R,B,18} = -0{,}70$. Die vorab geschätzte Zwischenkorrelation betrage $\rho_{Z,RB,B} = 0{,}60$, so dass Effekte der Größe $\delta_{R,RB,B,krit,17} = +0{,}95$ (+0,9682) und $\delta_{R,RB,B,krit,18} = -0{,}95$ nachgewiesen werden können. Einsetzen in Formel (13.94) (TPS 1)ergibt: $n_t = 2(1{,}645 + 1{,}040)^2/0{,}9025 = 15{,}9761$ bzw. $n_t = 16$.

Tabelle 13.4: Ergebnisse bei der Prüfung der PH-21

Faktor A: eingeschätzte Abstraktheit-Konkretheit	Faktor B: eingeschätzte Bildhaftigkeit		Randmittel-werte
	B_1: wenig bildhaft	B_2: sehr bildhaft	
A_1: abstrakt	$T_{11} = 570$ $\overline{R}_{11} = 35{,}6250$	$T_{12} = 320$ $\overline{R}_{12} = 20{,}0000$	$\overline{R}_{1.} = 27{,}8125$
A_2: konkret	$T_{21} = 430$ $\overline{R}_{21} = 26{,}8750$	$T_{22} = 760$ $\overline{R}_{22} = 47{,}5000$	$\overline{R}_{2.} = 37{,}1875$
Randmittelwerte	$\overline{R}_{.1} = 31{,}2500$	$\overline{R}_{.2} = 33{,}7500$	$\overline{R}_{..} = 32{,}5000$

Der Versuch wird mit N = 64 Vpn durchgeführt, und aus den Daten lassen sich die in Tabelle 13.4 enthaltenen Rangsummen T_{jk} und mittleren Ränge $\overline{R}_{jk}$ errechnen. Dann ergibt die Berechnung der Werte der Teststatistiken bei $s_{BxP(A),R} = 18{,}6163$: $t_{R,emp,17} = +2{,}3737$ und $t_{emp,18} = -3{,}1333$ bei bei $t_{krit(0,05;30),18} = -1{,}697$. Also können die beiden als vorhersagekonform abgeleiteten Alternativhypothesen und damit auch die SV-21(BA;R;K=2;J=2) angenommen werden. Wie groß sind die Effekte? $d_{R,RB,B,17} = +0{,}8392 < \delta_{R,RB,B,krit,17} = +0{,}95$ und $d_{R,RB,B,18} = -1{,}1078 > \delta_{R,RB,B,krit,18} = -0{,}95$. Damit hat nur eine der beiden empirischen standardisierten Abstände zwischen den mittleren Rängen seinen Kriteriumswert überschritten, aber bei dem anderen ist der Unterschied so gering und der Effekt für sich genommen groß, dass es gerechtfertigt ist, die PV-21(BA;R; K=2;J=2) als eingetreten zu beurteilen und die PH-21 als bewährt.

Beispiel 13.12: Zwei Verhaltenstherapeuten und eine Verhaltenstherapeutin haben zur Verminderung bzw. der Beseitigung von Spinnenphobien jeweils unterschiedliche verhaltenstherapeutische Konzepte entwickelt und erprobt. Naheligenderweise sind die Verhaltenstherapeuten/in von der Wirksamkeit ihrer Methode überzeugt, aber dies ersetzt natürlich keine empirische Evaluation. Da noch keine isolierten Evaluationen durchgeführt worden sind, wird beabsichtigt, eine **vergleichende mit einer isolierten Evaluation zu kombinieren**. Es wird deshalb eine Kontrollgruppe in das Design aufgenommen, so dass es möglich wird, die einzelnen Therapien auch isoliert zu evaluieren. Da die drei Therapievarianten annähernd gleich lange dauern, reicht eine Kontrollgruppe aus. Die Klient/inn/en in der Kontrollgruppe (B_4) haben ebenfalls eine Spinnenphobie, werden aber mit dem Hinweis auf „Kapazitätsgründe" vertröstet und sollen von einer weiteren Verhaltenstherapeutin, die keine Expertin in der Therapie von Spinnenphobien ist, lediglich eine unspezifische Behandlung erfahren. Nach Abschluss der Studie sollen sie mit der effektivsten Methode nachtherapiert werden. Die drei verhaltenstherapeutischen Methoden werden mit VM1 (B_1), VM2 (B_2) und VM3 (B_3) bezeichnet. Bei allen Verfahren wird als abhängige Variable ein Inventar eingesetzt, das das Ausmaß der Angst vor Spinnen erfasst, und zwar auf Ordinalskalenniveau. Für die Durchführung der Studie, für die die Klient/inn/en zufällig den Bedingungen zugewiesen werden, wird noch das Ausmaß an Komorbidität erhoben, so dass die Klient/inn/en nach dem Ausmaß ihrer Komorbidität in $J = 5$ Blöcke à $n = 20$ eingeteilt werden können ($N = 100$). Die Evaluation wird von einem Evaluator durchgeführt, der gleichzeitig Kenntnisse in der Verhaltenstherapie besitzt. Nach Inspektion der Manuale formuliert er die folgende **Überlegenheitshypothese einer vergleichenden Evaluation (PH-70)**: Die drei Therapiemethoden sind unterschiedlich wirksam, und zwar in der Art, dass gilt: VM1 < VM2 < VM3. Ferner erwartet der Evaluator, dass alle drei Methoden wirksamer sind als die unspezifische Behandlung (**Wirksamkeitshypothese einer isolierten Evaluation; PH-71**). Da die drei verhaltenstherapeutischen Methoden voneinander unabhängig sind, zerlegt der Evaluator die PH-71 und formuliert für jede Kombination der Kontrollgruppe mit einer Therapiemethode eine separate psychologische Hypothese (**PH-72, PH-73 und PH-74**). Diese besagen jeweils, dass eine Therapiemethode im Vergleich zur unspezifisch behandelten Kontrollgruppe wirksam ist. Wirksam ist eine Therapiemethode dann, wenn in den drei Therapiegruppen deutlich geringere Werte in dem Inventar zur Spinnenphobie auftreten als in der Kontrollgruppe (B_4) (PV). - Da pro Treatment und Block lediglich $n = 5$ Klient/inn/en resultieren, wird vorgesehen, die Hypothesenprüfung auf der Ebene des Haupteffektes „Therapiemethoden" vorzunehmen. Da ein Plan mit randomisierten Blöcken gewählt worden ist, kommt als Auswertungsverfahren der **Friedman-**

Test bzw. die entsprechende **Messwiederholungsvarianzanalyse** und damit der F_R-Test in Frage. Die Ableitung ergibt dann:

(13.99) (PH-72 $\wedge$ VSVS) $\approx$> [PV-72(BA;R;K=4;J=3) $\wedge$ SHH] $\approx$>

$\approx$> SV-72(BA;R,RB;K=4;J=3) $\Leftrightarrow$

$\Leftrightarrow$ ST-72(BA;RB;R;K=4;J=3): [($H_{1,19}$: $\psi_{R,19} = E(\overline{R}_1) - E(\overline{R}_4) > 0$].

(13.100) (PH-73 $\wedge$ VSVS) $\approx$> [PV-73(BA;RB;R;K=4;J=3) $\wedge$ SHH] $\approx$>

$\approx$> SV-73(BA;RB;R;K=4;J=3) $\Leftrightarrow$

$\Leftrightarrow$ ST-73(BA;RB;R;K=4;J=3): [$H_{1,20}$: $\psi_{R,20} = E(\overline{R}_2) - E(\overline{R}_4) > 0$].

(13.101) (PH-74 $\wedge$ VSVS) $\approx$> [PV-74(BA;RB,R;K=4;J=3) $\wedge$ SHH] $\approx$>

$\approx$> SV-74(BA;RB;R;K=4;J=3) $\Leftrightarrow$

$\Leftrightarrow$ ST-74(BA;R;K=4;J=3): [($H_{1,21}$: $\psi_{R,21} = E(\overline{R}_3) - E(\overline{R}_4) > 0$].

Durch dieses Vorgehen, das sich so gut wie immer bei einer disjunktiven Zusammenfassung der einzelnen Prüfinstanzen als *Alternative* anbietet, ist der Evaluator jedweder Kumulation von Fehlerwahrscheinlichkeiten aus dem Wege gegangen.
Die Planung der Tests über die einzelnen nonorthogonalen Kontraste erfolgt wie vorher. In Anbetracht der Erwartung VM1 < VM2 < VM3 unter der PH-71 werden die Kriteriumswerte für die standardisierten Abstände zwischen den erwarteten mittleren Rängen $\delta_{R,B}$ auf unterschiedliche Werte festgelegt, und zwar als: $\delta_{R,B,krit,19} = 0{,}60$; $\delta_{R,B,krit,20} = 1{,}20$ und $\delta_{R,B,krit,21} = 1{,}80$. In einer isolierten Evaluation, in denen mindestens eine Interventionsmaßnahme mit einer ebenfalls, aber anders behandelten Kontrollgruppe verglichen wird, muss man mit relativ großen Effekten rechnen können. Der Evaluator erwartet ferner: $\rho_{Z,RB,B} = 0{,}50$. Dies hat zur Folge: $\delta_{R,RB,B,krit,19} = 0{,}85$ (0,8485); $\delta_{R,RB,B,krit,20} = 1{,}70$ (1,6971) und $\delta_{R,RB,B,krit,21} = 2{,}55$ (2,5456). Einsetzen in Formel (13.95) ergibt (TPS 2): $H_{1,19}$: $(z_{1-\alpha} + z_{1-\beta})^2 = (25)(0{,}7200)/2 = 8{,}9994$ und $(z_{1-\alpha} + z_{1-\beta}) = 2{,}9999$. Der Evaluator entscheidet sich für folgende Werte: $\alpha_{krit,19} = 0{,}05$ und $\beta_{krit,19} = 0{,}10$. Für den Test gegen die $H_{1,20}$ resultiert: $(z_{1-\alpha} + z_{1-\beta})^2 = (25)(2{,}8801)/2 = 36{,}0019$ und $(z_{1-\alpha} + z_{1-\beta}) = 6{,}0002$. Der Evaluator entscheidet sich für $\alpha_{krit,20} = 0{,}05$ und $\beta_{krit,20} = 0{,}01$. Zuletzt ergibt sich für den Test gegen die $H_{1,21}$: $(z_{1-\alpha} + z_{1-\beta})^2 = (25)(6{,}4801)/2 = 81{,}0009$ und $(z_{1-\alpha} + z_{1-\beta}) = 9{,}0001$. Der Evaluator legt erneut $\alpha_{krit,21} = 0{,}05$ und $\beta_{krit,21} = 0{,}01$ fest. - Aus der Überlegenheitshypothese der vergleichenden Evaluation (PH-70) löst der Evaluator analog zur Zerlegung der Wirksamkeitshypothese PH-71 drei einzelne Hypothesen heraus, nämlich die **PH-75**, die **PH-76** und die **PH-77**. Jede dieser Hypothesen bezieht sich auf einen Paarkontrast zwischen zwei Therapiemethoden, und sie besagen, dass die VM3 wirksamer ist als die VM2 (PH-75), die VM2 wirksamer als die VM1 (PH-76) und die VM3 wirksamer als die VM1 (PH-77). - Es wird abgeleitet:

(13.102) (PH-75 ∧ VSVS) ≈> [PV-75(BA;RB;R;K=4;J=3) ∧ SHH] ≈>

≈> SV-75(BA;RB,R;K=4;J=3) ⇔

⇔ ST-75(BA;RB;R;K=4;J=3): [(H$_{1,22}$: ψ$_{R,22}$ = E($\overline{R}$ $_1$) − E($\overline{R}$ $_2$) > 0].

(13.103) (PH-76 ∧ VSVS) ≈> [PV-76(BA;RB;R;K=4;J=3) ∧ SHH] ≈>

≈> SV-76(BA;RB;R;K=4;J=3) ⇔

⇔ ST-76(BA;RB;R;K=4;J=3): [H$_{1,23}$: ψ$_{R,23}$ = E($\overline{R}$ $_2$) − E($\overline{R}$ $_3$) > 0].

(13.104) (PH-77 ∧ VSVS) ≈> [PV-77(BA;RB;R;K=4;J=3) ∧ SHH] ≈>

≈> SV-77(BA;RB;R;K=4;J=3) ⇔

⇔ ST-77(BA;RB;R;K=4;J=3): [(H$_{1,24}$: ψ$_{R,24}$ = E($\overline{R}$ $_1$) − E($\overline{R}$ $_3$) > 0].

Bei Therapien mit den gleichen Zielen sind üblicherweise keine Effekte in der Größenordnung zu erwarten wie in einer isolierten Evaluation. Um zu tolerablen Fehlerwahrscheinlichkeiten zu gelangen, sind bereits im Zusammenhang mit der PH-73 größere Effekte spezifiziert worden, die jetzt aufzugreifen sind: $\delta_{R,RB,B,krit,22}$ = $\delta_{R,RB,B,krit,23}$ = 0,85 (0,8485) und $\delta_{R,RB,B,krit,24}$ = $\delta_{R,RB,B,krit,22}$ + $\delta_{R,RB,B,krit,23}$ = 1,70 (1,6971). Einsetzen in Formel (13.94) (TPS 2) ergibt für die H$_{1,22}$ und die H$_{1,23}$: $(z_{1-\alpha} + z_{1-\beta})^2$ = (25)(0,7200)/2 = 8,9994 und $(z_{1-\alpha} + z_{1-\beta})$ = 2,9999. Der Evaluator wählt: $\alpha_{krit,22}$ = $\alpha_{krit,23}$ = 0,05 und $\beta_{krit,22}$ = $\beta_{krit,23}$ = 0,10. H$_{1,24}$: $(z_{1-\alpha} + z_{1-\beta})^2$ = (25)(2,890)/2 = 36,125 und $(z_{1-\alpha} + z_{1-\beta})$ = 6,0104. Hier wird gewählt: $\alpha_{krit,24}$ = 0,05 und $\beta_{krit,24}$ = 0,01. − Die Ränge werden jeweils innerhalb der Blöcke, über die Stufen der UV B und über die Versuchspersonen hinweg vergeben, so dass pro Block 20 Ränge zugeteilt werden; bei Rangbindungen wird der mittlere Rang vergeben. Die Summe der Rangsummen beträgt pro Block dann nach Formel (13.87) $\sum T_{jk,FR}$ = 5(4)[5(4) + 1]/2 = 210 und bei J = 5 Blöcken insgesamt 5$\sum T_{jk,FR}$ = 1050. − Der Versuch wird durchgeführt und ergibt die folgenden Rangsummen: T$_1$ = 279,50; T$_2$ = 195,50; T$_3$ = 100,50 und T$_4$ = 474,50. Die mittleren Rangsummen lauten: $\overline{R}$ $_1$= 11,1800; $\overline{R}$ $_2$ = 7,8200; $\overline{R}$ $_3$ = 4,0200 und $\overline{R}$ $_4$ = 18,9800 und die Residualstreuung $s_{BxP(A),R}$ = 5,0301 bei FG$_N$ = 5(3)24 = 360. Für die PH-74 ergibt sich daraus nach Formel (13.89): $t_{R,wdh,emp,19}$ = (18,9800 − 11,1800)/1,4227 = 5,4824 bei $z_{krit(0,05),19}$ = 1,645 und $d_{R,RB,B,19}$ = 1,5507 > $\delta_{R,RB,B,krit,19}$ = 0,85. Die vorhersagekonforme Alternativhypothese H$_{1,19}$ kann angenommen werden und damit auch die ihr äquivalente SV-72(BA;RB;R;K=4;J=3); der empirische Effekt fällt größer aus als der Kriteriumswert, also kann auch die PV-72(BA;BR;R; K=4;J=3) als eingetreten gelten, und die PH-72 hat sich bewährt: Die Methode VM1 ist der Kontrollbedingung überlegen. Bei der Prüfung der PH-73 ergibt sich: $t_{R,wdh,emp,20}$ = (18,9800 − 7,8200)/1,4227 = 7,8441 bei $z_{krit(0,05),20}$ = 1,645 und $d_{R,RB,B,20}$ = 2,2186 > $\delta_{R,RB,B,krit,20}$ = 1,70. Hier kann ebenfalls die abgeleitete H$_{1,20}$ angenommen werden, und die PV-73(BA;RB;R; K=4;J=3) ist eingetreten; die PH-73 hat sich bewährt: Die Methode VM2 ist im Vergleich zur Kontrollgruppe wirksam. Für die PH-74 kann berechnet werden: $t_{R,wdh,emp,21}$ = (18,90 −

4,02)/1,442 = 10,4587 bei $z_{krit(0,05),21}$ = 1,645 und $d_{R,RB,B,21}$ = 2,9582 > $\delta_{R,RB,B,krit,21}$ = 2,55. Die $H_{1,21}$ und die ihr äquivalente SV-74(BA;RB;R; K=4;J=3) werden ebenfalls angenommen, und auf Grund der Effektgrößenvergleiche wird auch die PV-74(BA;R;K=4;J=3) als eingetreten angesehen. Auch die PH-74 hat sich bewährt. Die drei Interventionsmethoden VM1, VM2 und VM3 erweisen sich isoliert als wirksam, d.h. im Vergleich zu einer ebenfalls, aber anders behandelten Kontrollgruppe. - Was ergibt die Prüfung der PH-75? $t_{R,wdh,emp,22}$ = (11,18 - 7,82)/1,4227 = 2,3617 bei $z_{krit(0,05),22}$ = 1,645 und $d_{R,RB,B,22}$ = 0,6680 < $\delta_{R,RB,B,krit,22}$ = 0,85; die vorhersage-konforme $H_{1,22}$ kann zwar angenommen werden, aber der empirische Effekt ist nicht so groß wie vorher festgelegt. Damit soll die PV-75(BA;RB;R;K=4;J=3) nur als bedingt eingetreten gelten; die PH-75 hat sich nur bedingt bewährt: Die Methode VM2 ist zwar wirksamer als die Methode VM1, aber der Wirksamkeitsunterschied ist geringer als erwartet. Bei der Prüfung der PH-76 resultiert: $t_{R,wdh,emp,23}$ = (7,82 - 4,02)/1,4227 = 2,6709 bei $z_{krit(0,05),23}$ = 1,645 und $d_{R,RB,B,23}$ = 0,7554 < $\delta_{R,RB,B,krit,23}$ = 0,85. Auch hier kann die vorhersagekonforme $H_{1,23}$ angenommen werden, allerdings ist der Effekt erneut geringer als der Kriteriumswert. Daher soll die PV-76(BA;RB;R; K=4; J=3) nur als bedingt eingetreten gelten und die PH-76 als bedingt bewährt: Die Methode VM3 und VM2 unterscheiden sich gemäß den Erwartungen hinsichtlich ihrer Wirksamkeit. Zur Prüfung der PH-77 wird berechnet: $t_{R,wdh,emp,24}$ = (11,18 - 4,02)/1,4227 = 5,0326 bei $z_{krit(0,05)}$ = 1,645 sowie $d_{R,RB,B,24}$ = 1,4234 < $\delta_{R,RB,B,krit,24}$ = 1,70. Auch die vorhersagekonforme $H_{1,24}$ und die SV-77(BA;RB;R;K=4; J=3) können angenommen werden; der empirische Effekt ist zwar geringer als der Kriteriumswert, aber für sich genommen erstaunlich groß. Der Evaluator sieht daher die PV-77(BA;RB; R;K=4;J=3) als eingetreten an und die PH-77 als bewährt: Die Methode VM3 ist wirksamer als die Methode VM1, aber nicht so sehr wie erwartet oder erhofft. Auf Grund der statistischen Tests und der Effektgrößenvergleiche ist die Erwartung VM1 < VM2 < VM3 eingetreten, wenn auch mit geringeren Effekten als erwartet. - Im Beispiel 9.27 in Abschnitt 9.5 wurde eine Analyse pro Block durchgeführt, um den Einfluss der Komorbidität zu ermitteln. Dies war im vorliegenden Beispiel wenig sinnvoll, da jeder Block pro Stufe B_k nur aus n = 5 Klient/inn/en bestand.

Damit ist die Testplanung für Ranghypothesen über geplante Kontraste auch im zweifaktoriellen Fall demonstriert worden, und in der gleichen Weise kann mit den anderen Hypothesen aus den Kapiteln 10 und 11 verfahren werden, aus denen sich über die jeweiligen psychologischen Vorhersagen statistische Hypothesen über Paar- und komplexe (Interaktions-) Kontraste ableiten lassen, die sich auf erwartete mittlere Ränge $\overline{R}_k$ beziehen. - Zur Anwendung der **linearen** und der **monotonen Regressionsanalyse** auf Rangdaten siehe Conover (1999, S. 332-350).

Nach welcher der angesprochenen vier Methoden die Testplanung durchgeführt wird, kann in das Belieben des/r jeweiligen Forschers/in gestellt bleiben, da umfangreiche Berechnungen gezeigt haben, dass alle Methoden einschließlich der Planung der mittels der χ^2-Verteilungen auf statistische Signifikanz beurteilten Tests über die nonzentralen χ^2-Verteilungen durchgängig zu gut vergleichbaren Resultaten führen. Da die Testplanung eines der wenigen Gebiete der Versuchsplanung und damit der der psychologischen Methodenlehre darstellt, in dem man stets ohne allzu große Genauigkeit operiert - mit errechneten 61,2345 Vpn kann man keinen psychologischen Versuch durchführen -, fallen die Unterschiede in aller Regel nicht ins Gewicht.

Die Testung von Ranghypothesen stellt eines der am kontroversesten diskutierten Gebiete der Statistik dar (vgl. etwa die Beiträge von Erdfelder & Bredenkamp, 1984, und von Conover & Iman, 1981). In den Büchern zur Testplanung werden diese Methoden lediglich von Bredenkamp (1980) angesprochen. Auch in verbreiteten Lehrbüchern zur Versuchsplanung wie etwa dem von Keppel (1991), von Kirk (1994) oder von Winer, D.R. Brown und Michels (1991) werden diese Methoden nicht behandelt; in der 5. Auflage seines Lehrbuches „Statistics" verzichtet Hays (1994) ebenfalls auf die Darstellung der Rangverfahren, denen er in der vorausgegangenen Auflage seines Lehrbuches noch ein ganzes Kapitel gewidmet hatte. Wenn sie behandelt werden wie etwa in dem Lehrbuch von Bortz (1999), wird die traditionelle Auswertung via **U-**, **Wilcoxon-**, **H-** und **Friedman-Test** in den Vordergrund gerückt, und Verweise auf neuere Entwicklungen (vgl. etwa Conover, 1999; Conover & Iman, 1981, sowie Erdfelder & Bredenkamp, 1984) werden ausgespart. Dass aber die Rangverfahren außerordentlich facettenreich sind, belegen bspw. die Bücher von Bortz, Lienert und Boehnke (2000), von Conover (1999) und von Marascuilo und McSweeney (1977). Auch in der Forschungspraxis kommt diesen Verfahren ein gewisser Stellenwert zu: In 42 der 428 Artikel in 14 psychologischen Fachzeitschriften mit 603 empirischen Versuchen aus den Jahren 2001 und 2002 wurde eine Analyse mit Hilfe von Rangtests vorgenommen, allerdings ohne auch nur in einem Fall die Verteilungsannahmen zu erwähnen. Aufgrund meiner Analyse der Fachzeitschriften bin ich zu der Auffassung gelangt, dass mehr empirische abhängige Variablen lediglich Ordinalskalenniveau aufweisen, als es die Testung von statistischen Hypothesen nahelegt, die erst ab Intervallskalenniveau empirisch sinnvoll sind. Von daher sollte häufiger mit Rängen operiert werden, wobei geeignete Verteilungsannahmen als Hilfshypothesen ohne empirischen Gehalt gewählt werden sollten.

Dass man parametrische Verfahren auch auf rangtransformierte Rohdaten y_{ik} anwenden kann, hat im Übrigen mit der Frage der sinnvollen Interpretierbarkeit der Ergebnisse und den auf Ordinalskalenniveau erlaubten monoton steigenden Transformationen nichts zu tun, denn dabei werden lediglich mathematisch-statistische Beziehungen ausgenutzt, die zwischen den Testverteilungen Standard-Normalverteilung, den t-, den χ^2- und den F-Verteilungen bestehen (vgl. dazu auch Bortz, 1999, S. 82-83). Diese Beziehungen gelten aber unabhängig vom Skalenniveau der Daten.

14. Testplanung für Hypothesen über Wahrscheinlichkeiten und über JxK-Kontingenztafeln

Die meisten psychologischen Hypothesen beziehen sich auf eine qualitative unabhängige Variable (UV) und eine quantitative abhängige Variable (AV). Doch ist es auch in der Psychologie gar nicht so selten, dass die empirische AV einer psychologischen Vorhersage ebenfalls qualitativ ist, sich also entweder auf ein Merkmal mit mindestens zwei Ausprägungen oder aber auf mehrere mindestens zweifach gestufte Merkmale bezieht. Man kann dann für jede Vp feststellen, welcher der Merkmalsausprägungen oder -kombinationen sie angehört. Danach werden pro Merkmalskombination die absoluten Häufigkeiten (f_b oder n) ausgezählt und in relative Häufigkeiten, Proportionen oder Wahrscheinlichkeiten p umgerechnet. Die auf Nominalskalenniveau üblicherweise aus einer psychologischen Hypothese (PH) über die psychologische Vorhersage (PV) abgeleiteten und getesteten statistischen Hypothesen beziehen sich dann auf (theoretische) Wahrscheinlichkeiten π bzw. Proportionen. Liegen nur zwei Merkmale mit jeweils zwei Abstufungen vor, so gibt es vier Merkmalskombinationen, die i.A. in Form einer sog. **Vier-Felder-Kontingenztafel** angeordnet werden, in deren vier Zellen jk sich die beobachteten Häufigkeiten $f_{b,jk}$ (n_{jk}) der Vpn befinden, die der betreffenden Merkmalskombination zugeordnet worden sind (vgl. Tab. 14.1). Bezogen auf diese und andere Kontingenztafeln, wird dann behauptet, dass zwischen den ausgewählten Merkmalen eine statistische Assoziation besteht (H_1) oder nicht (H_0). - Hypothesen über Wahrscheinlichkeiten können im Übrigen auch dann aus einer PH und der ihr nachgeordneten PV abgeleitet werden, wenn die AV nicht qualitativ, sondern quantitativ ist, denn auch in diesen Fällen kann man anstelle der quantitativen Rohwerte y_{ik} Häufigkeiten $f_{b,jk}$ für die Vpn bestimmen, die bspw. ein Kriterium erreichen oder überschreiten usw. (s.u.).

Tabelle 14.1: Wahrscheinlichkeiten p_{jk} und beobachtete Häufigkeiten $f_{b,jk}$ in den Zellen einer Vier-Felder-Kontingenztafel und Kennzeichnung der vier Felder durch a, b, c und d

		Merkmal B		
		+	−	
Merkmal A	+	$p_{11} = p_a = f_{b,a}/N$	$p_{12} = p_b = f_{b,b}/N$	$p_{1.} = f_{b,1.}/N = (f_{b,a} + f_{b,b})/2N$
	−	$p_{21} = p_c = f_{b,c}/N$	$p_{22} = p_d = f_{b,d}/N$	$p_{2.} = f_{b,1.}/N = (f_{b,c} + f_{b,d})/2N$
		$p_{.1} = f_{b,.1}/N = (f_{b,a} + f_{b,c})/2N$	$p_{.2} = f_{b,.2}/N = (f_{b,b} + f_{b,d})/2N$	$p_{..} = (f_{b,a} + f_{b,b} + f_{b,c} + f_{b,d})/N = 1; N$

Die exakten Wahrscheinlichkeitsverteilungen für diskrete Zufallsvariablen der Art „Anzahl von Personen in bestimmten Merkmalskombinationen" sind diskrete Verteilungen wie die Binomial-, die Multinomial- und die hypergeometrische Verteilung. Üblicherweise werden jedoch diese und andere diskrete Verteilungen durch die leichter handhabbaren kontinuierlichen χ^2- und Standard-Normalverteilungen approximiert. Nach allgemeiner Auffassung ist diese Approximation erst dann befriedigend, wenn für die unter der H_0 pro Zelle jk der 2x2-Kontingenztafel erwarteten Häufigkeiten $f_{e,jk} = p_{jk}(N) = [(f_{b,j.})(f_{b,.k})]/N \geq 5$ und $f_{e,jk} = N(1-p) \geq 5$ gilt (z.B. Fleiss, 1981, S. 13; Marascuilo & McSweeney, 1977, S. 107). Ist dies nicht der Fall oder sind die erwarteten Häufigkeiten $f_{e,jk}$ unter mindestens einer Merkmalsausprägung kleiner als Fünf (z.B. Bortz, 1999, S. 159), dann kann man zur Verbesserung der Güte der Approximation die sog. *Kontinuitätskorrektur* nach Yates (1934) einsetzen, deren Wert in der Literatur jedoch umstritten ist. Neuere Computersimulationen, über die Delucchi (1993, S. 299-300) zusammenfassend berichtet, sprechen eher dafür, auf diese Korrektur grundsätzlich zu verzichten, um einen sehr konservativen Test zu vermeiden (vgl. Delucchi, 1993, S. 303-304). Auch können die erwarteten Häufigkeiten gefahrlos einen Wert unter Eins annehmen, sofern $N \geq 20$ ist (Camilli & Hopkins, 1978). Allgemein gilt nach neueren Erkenntnissen, dass - ohne Berücksichtigung der Teststärke - die Gesamtzahl N von Vpn nicht geringer als 7 sein sollte (Camilli & Hopkins, 1978; Overall, 1980).

Die Testung von statistischen Hypothesen über Wahrscheinlichkeiten erfolgt mittels der vielseitigen χ^2-**Tests**; diese Tests testen allerdings nur ungerichtete Hypothesen. Bei gerichteten statistischen Hypothesen sollten an ihrer Stelle **z-Tests** über die Standard-Normalverteilung verwendet werden.

Die in diesem Kapitel besprochenen nonparametrischen Testverfahren zeichnen sich gegenüber den parametrischen Verfahren wie dem **t-** oder dem **F-Test** dadurch aus, dass sie mit einem Minimum von Voraussetzungen auskommen, nämlich *erstens*, dass jede Beobachtung in der Stichprobe sich eindeutig einer und keiner anderen Merkmalsausprägung oder -kombination zuordnen lässt, und *zweitens*, dass die Beobachtungen an den N Vpn der Stichprobe voneinander unabhängig sind - Voraussetzungen also, die üblicherweise leicht zu erfüllen sind.

Die adäquate und erschöpfende Ableitung von Hypothesen über Wahrscheinlichkeiten, die mittels χ^2- oder **z-Tests** getestet werden, stellt die Vorgehensweise der Wahl für alle diejenigen Fälle dar, in denen man den statistischen Test als Hilfshypothese *mit* empirischem Gehalt begreift, aber seine unter dieser Sichtweise relativ strikten Voraussetzungen als verletzt ansieht. Weisen die Daten nur Nominalskalenniveau auf, kommen ohnehin keine anderen Verfahren in Frage. - Auch in der Forschungspraxis wird relativ häufig auf die χ^2-Techniken zurückgegriffen: In 78 von 428 Artikeln in 14 psychologischen Fachzeitschriften der Jahre 2001 und 2002 wurden diese Verfahren eingesetzt. - Bevor ich im Abschnitt 14.3 auf Kontingenztafeln eingehe, sollen zunächst noch einige andere Verfahrensweisen zur Testung von Hypothesen über Wahrscheinlichkeiten π behandelt werden.

14.1 Hypothesen über eine, zwei und mehrere Wahrscheinlichkeiten

14.1.1 Hypothesen über eine Wahrscheinlichkeit

Der einfachste Fall im Rahmen von Tests über Wahrscheinlichkeiten liegt vor, wenn nur eine Wahrscheinlichkeit auf statistische Signifikanz zu testen ist. In derartigen Fällen wird entweder der **Ein-Stichproben-Binomial-Test** oder im Fall von abhängigen Erhebungen der **Vorzeichen-Test** eingesetzt. Beide Tests operieren mit Vorzeichen bzw. den Wahrscheinlichkeiten p für Plus- oder für Minus-Zeichen. Dabei wird „Merkmal vorhanden" mit „+" kodiert, und weitergearbeitet wird mit der Summe T dieser Plus-Zeichen. Mit den beiden Tests können Hypothesen der Art

(14.1) H_0: ($\pi = 0{,}50$) vs. H_1: ($\pi \neq 0{,}50$) oder H_0: ($\pi \leq 0{,}50$) vs. H_1: ($\pi > 0{,}50$)

getestet werden. Die Testung erfolgt mittels **z-Test**, und zwar für den **Binomial-Test** wie folgt (Marascuilo & McSweeny, 1977, S. 48):

(14.2) $\quad z_{emp} = \dfrac{T - n\pi_0}{\sqrt{n\pi_0(1-\pi_0)}} = \dfrac{p - \pi_0}{\sqrt{\dfrac{\pi_0(1-\pi_0)}{n}}}.$

π_0 bezeichnet den Erwartungswert von p unter Gültigkeit der Nullhypothese. Für π_0 gilt: $\pi_0 = 0{,}50$. Ferner gilt: $p = T/n$.

Eine Variante des **Binomial-Tests** ist der **Vorzeichen-Test**. Dieser setzt **abhängige** oder **gepaarte Stichproben** voraus. Dabei kann so vorgegangen werden, dass jede Vp unter K = 2 Treatments untersucht wird, so dass pro Vp zwei Werte y_{i1} und y_{i2} resultieren, oder man bildet Paare von Vpn, die sich hinsichtlich eines oder mehrerer als besonders relevant erachteten Merkmals/e so ähnlich wie möglich sind (parallelisierte Paare, die bereits beim **t-Test** für abhängige Stichproben in Abschn. 5.6.1 angesprochen wurden). Auch hier werden die individuellen Werte der Vpn voneinander subtrahiert, aber im Gegensatz zum **t-Test** interessieren nicht die Differenzen als solche, sondern nur ihre Vorzeichen; diese n Vorzeichen werden dann ausgezählt und einem **Vorzeichen-Test** unterzogen. Die Hypothesentestung erfolgt dabei approximativ ebenfalls über die kontinuierliche Standard-Normalverteilung, also über den **z-Test** in folgender Form (Marascuilo & McSweeney, 1977, S. 54):

(14.3) $\quad z_{emp} = \dfrac{T - E(T)}{\sqrt{n/4}} = \dfrac{T - n/2}{\sqrt{n/4}} = \dfrac{2T - n}{\sqrt{n}}.$

Die mit dem **Vorzeichen-Test** gegeneinander getesteten statistischen Hypothesen sind dieselben wie in Formel (14.1) aufgeführt.

Für die **Testplanung** für beide Tests definiert J. Cohen (1988, S. 147) die **Effektgröße g**, die ich γ_p nenne:

(14.4) $\gamma_p = \pi_1 - 0{,}50$ oder $0{,}50 - \pi_1$.

Die empirische Entsprechung von γ_p ist g_p, für das gilt:

(14.5) $g_p = p_1 - 0{,}50$ oder $0{,}50 - p_1$.

Allerdings lassen sich mit der von J. Cohen 1988, S. 548) angegebenen Formel (12.5.3) seine Tabelleneinträge auf S. 167 bis 168 nicht reproduzieren, und zudem wird der *Nenner* der Formel, nämlich $(2\pi_0 - 1)$, vor allem dann stets gleich Null, wenn - wie bei J. Cohens Ansatz vorgesehen - $\pi_0 = 0{,}50$ gilt. Daher werden die Testplanungsformeln benutzt, die Lachin (1981, S. 100) angibt und die zu Ergebnissen führen, die praktisch mit den Tabellenwerten von J. Cohen (1988, S. 167-168) identisch sind. Die allgemeinere Effektgröße von Lachin (1981, S. 100), nämlich $\Delta_{L,p} = |\pi_1 - \pi_0|$, wird durch die von J. Cohen (1988, S. 147) gewählte **Effektgröße** γ_p in Formel (14.4) ersetzt, da J. Cohens Ansatz für $\pi_0 = 0{,}50$ als H_0 ausgelegt ist. Also gilt für π_1, die Wahrscheinlichkeit unter Gültigkeit der H_1, nach Formel (14.4):

(14.6) $\pi_1 = \gamma_p + 0{,}50$ oder $\pi_1 = 0{,}50 - \gamma_p$.

Damit resultiert für die **TPS 1**:

(14.7) $n = \left[\dfrac{0{,}5 z_{1-\alpha} + z_{1-\beta} \sqrt{\pi_1(1-\pi_1)}}{\gamma_{p,krit}} \right]^2$,

Aus Formel (14.7) können für die **TPS 2** zwei Formeln abgeleitet werden:

(14.8) $z_{1-\beta} = \dfrac{\sqrt{n}\, \gamma_{p,krit} - 0{,}5 z_{1-\alpha}}{\sqrt{\pi_1(1-\pi_1)}}$,

(14.9) $z_{1-\alpha} = \dfrac{\sqrt{n}\, \gamma_{p,krit} - z_{1-\beta} \sqrt{\pi_1(1-\pi_1)}}{0{,}5}$.

Eine Formel für die **TPS 3** lässt sich aus Formel (14.7) nicht konstruieren. Betrachten wir zwei Beispiele.

Beispiel 14.1: Nach dem Zufallsprinzip ist zu erwarten, dass gleich viele Frauen wie Männer das Psychologiestudium aufnehmen. In vorangegangenen Erstsemestern ist jedoch immer wieder beobachtet worden, dass die Anzahl der Frauen die der Männer übersteigt. Ein Veranstaltungsleiter im Fach Methodenlehre will zu Demonstrationszwecken die Hypothese **PH-78** prüfen, dass dieser Unterschied nicht zufallsbedingt, sondern systematisch ist. Er leitet also ab:

(14.10) (PH-78 $\wedge$ VSVS) $\approx>$ [PV-78(B;p;K=1)$\wedge$ SHH] $\approx>$ SV-78(B;p;K=1) $\Leftrightarrow$

$\Leftrightarrow$ ST-78(B;p;K=1): $H_{1,1}$: $\pi_1 > 0{,}50$.

Das „p" bei der Hypothesenformulierung soll auf „empirische Wahrscheinlichkeiten" hinweisen. - Die Durchführung des Versuchs ist denkbar einfach, da lediglich der Anteil der Frauen an allen Studierenden des ersten Semesters festgestellt werden muss (n = 80). Im Rahmen der Testplanung legt der Veranstaltungsleiter fest: $\alpha_{krit,1} = 0{,}05$ und $\gamma_{p,krit,1} = 0{,}20$, so dass nach Formel (14.4) $\pi_1 = 0{,}20 + 0{,}50 = 0{,}70$. Welche Teststärke lässt sich unter diesen Bedingungen realisieren (TPS 2)? Einsetzen in Formel (14.8) führt zu: $z_{1-\beta} = 2{,}1088$. Dazu gehört $\beta_{krit,1} = 0{,}02$. Im Anschluss an die Testplanung wird die Anzahl der Frauen zu $n_F = T_1 = 60$ ermittelt. Einsetzen in Formel (14.2) ergibt: $z_{emp,1} = 4{,}4721$. Die Effektgröße g_p nimmt den Wert $g_{p,1} = p_1 - 0{,}50 = 0{,}75 - 0{,}50 = 0{,}25 > \gamma_{p,krit,1} = 0{,}20$. Die $H_{1,1}$ und die ihr äquivalente SV-78(B;p;K=1) können angenommen werden, und die PV-78(B;p;K=1) wird als eingetreten bewertet; die PH-78 hat sich bewährt.

Beispiel 14.2 (nach Marascuilo & McSweeney, 1977, S. 52-53): Bei gar nicht so wenigen Grundschulkindern kann ein funktionaler Artikulationsdefekt diagnostiziert werden. Im Rahmen der Schuleignungsuntersuchung ist bei n = 80 Kindern ein solcher artikulatorischer Defekt diagnostiziert worden. Ein Psychologe will die **PH-79** überprüfen, dass Kinder mit einem Artikulationsdefekt auch über eine schlechtere auditorische Diskriminationsfähigkeit verfügen als Kinder ohne einen derartigen Defekt. Zur Erfassung der auditorischen Diskriminationsfähigkeit wird ein entsprechender Test eingesetzt, bei dem hohe Werte eine schlechte auditorische Diskriminationsfähigkeit anzeigen. Aus der Menge der zur Verfügung stehenden Kinder ohne diesen Defekt werden dann n = 100 so ausgesucht, dass eine Parallelisierung mit den anderen Kindern hinsichtlich der Variablen Alter, Geschlecht und IQ erfolgen kann. Auf diese Weise erhält man n = 100 parallelisierte Paare, bei denen die Kinder mit artikulatorischem Defekt die erste Wertereihe bilden und die parallelisierten anderen Kinder die zweite, so dass laut Hypothese die Anzahl der Differenzen $d_{i(+)} = y_{i1} - y_{i2} > 0$ die Anzahl $d_{i(-)} = y_{i1} - y_{i2} < 0$ übersteigen soll. Der Test wird an den Schulen durchgeführt. Der Psychologe leitet ab:

(14.11) (PH-79 $\wedge$ VSVS) $\approx>$ [PV-79(B;p;K=1) $\wedge$ SHH] $\approx>$ SV-79(B;p;K=1) $\Leftrightarrow$
$\Leftrightarrow$ ST-79(B;p;K=1): $H_{1,2}$: $\pi_2 > 0{,}50$.

Der Psychologe legt fest: $\beta_{krit,2} = 0{,}10$ und $\gamma_{p,krit,2} = 0{,}25$. Wie groß wird unter diesen Spezifikationen $\alpha_{krit,2}$? Einsetzen in Formel (14.9) resultiert in: $z_{1-\alpha} = 1{,}8896$ und damit $\alpha_{krit,2} = 0{,}03$. Nach der Testplanung wird der Versuch durchgeführt und die Anzahl der Plus-Zeichen, T, zu $T_2 = 79$ bestimmt. Einsetzen in Formel (14.3) ergibt: $z_{emp,2} = 5{,}80$, so dass die vorhersagekonforme $H_{1,2}$ sowie die ihr äquivalente SV-79(B;p;K=1) angenommen werden können. Der empirische Effekt beläuft sich auf: $g_{p,2} = p_2 - 0{,}50 = 0{,}79 - 0{,}50 = 0{,}29 > \gamma_{p,krit,2} = 0{,}25$. Damit kann die PV-79 (B;p;K=1) als eingetreten gelten, und die PH-79 hat sich bewährt.

Ein-Stichproben-Tests über Wahrscheinlichkeiten dürften selten zur Anwendung gelangen, da - wie der Name schon sagt - nur mit einer Stichprobe operiert wird, d.h. es liegt weder eine Vergleichsgruppe vor noch kann randomisiert werden.

14.1.2 Hypothesen über zwei Wahrscheinlichkeiten aus unabhängigen Stichproben

Relativ häufiger ist der Fall anzutreffen, dass von **zwei unabhängigen Stichproben** jede eine Wahrscheinlichkeit p erbringt, also p_1 und p_2. Die testbaren Hypothesen können erneut gerichtet oder ungerichtet sein:

(14.12) H_0: $(\pi_1 - \pi_2 = 0)$ vs. H_1: $(\pi_1 - \pi_2 \neq 0)$ oder

H_0: $(\pi_1 - \pi_2 \leq 0)$ vs. H_1: $(\pi_1 - \pi_2 > 0)$.

Für die Wahrscheinlichkeiten π wie für die Wahrscheinlichkeiten p als empirische Entsprechungen von π gilt: $0 \leq \pi (p) \leq +1$. In diesem Fall erfolgt die exakte Testung über den Zwei-Stichproben-**Binomial-Test**. Üblich ist es jedoch, auch diese Hypothesen bei $N \geq 20$ über die Standard-Normalverteilung zu testen, wobei die Testgröße lautet (**z-Test**) (Marascuilo & McSweeney, 1977, S. 120):

(14.13) $z_{emp} = \dfrac{T_1/n_1 - T_2/n_2}{\sqrt{\dfrac{p_0(1-p_0)}{n_1} + \dfrac{p_0(1-p_0)}{n_2}}} = \dfrac{p_1 - p_2}{\sqrt{\dfrac{p_0(1-p_0)}{n_1} + \dfrac{p_0(1-p_0)}{n_2}}}$,

mit $p_1 = T_1/n_1$, $p_2 = T_2/n_2$ und $p_0 = (T_1 + T_2)/(n_1 + n_2)$ (a.a.O.). Bei diesem Test beziehen sich die Hypothesen auf zwei beliebige zweistufige Merkmale, von denen eines in einer Unterteilung wie „gebessert" vs. „nicht gebessert" oder „männlich" vs. „weiblich" usw. besteht.

Für die **Planung** des Tests in Formel (14.13) unterzieht J. Cohen (1988, S. 181) die Wurzeln aus den beiden beteiligten Wahrscheinlichkeiten der nonlinearen Arcussinus Transformation (Freeman & Tukey, 1950; vgl. Tabelle A.9 im Anhang), weil die Differenz von Wahrscheinlichkeiten keine brauchbare Effektgröße darstellt, obwohl sie bspw. von Fleiss (1981) und von Lachin (1981) als solche verwendet wird. Dadurch resultiert für eine Wahrscheinlichkeit π:

(14.14) $\phi_p = 2$ arcus-sinus $\sqrt{\pi}$,

wobei das ϕ_p (Index „p" für Wahrscheinlichkeiten) nicht mit dem Gebrauch von ϕ in anderen Teilen dieses Buches verwechselt werden darf.

Als **Effektgröße** ν_{pp} (kleines griechisches ny) fungiert dann die Differenz der beiden Werte $\phi_{p,1}$ und $\phi_{p,2}$ (bei J. Cohen, 1988, S. 181: **h**):

(14.15) $\nu_{pp} = \phi_{p,1} - \phi_{p,2}$ (gerichtet) und

(14.16) $\nu_{pp} = |\phi_{p,1} - \phi_{p,2}|$ (ungerichtet).

J. Cohen (1988, S. 184-185) schlägt **Konventionen** für ν_{pp} vor, die jedoch unberücksichtigt lassen, dass man Hypothesen über Wahrscheinlichkeitsdifferenzen auch über eine 2x2-Kontingenztafel mit der Effektgröße ω [siehe Formel (14.28) in Abschnitt 14.1.3] testen kann. Um Kongruenz der Ergebnisse der Testplanung für beide

Arten der Testung herzustellen, sollten folgende Konventionen benutzt werden: v_{pp} = **0,20: kleiner Effekt; v_{pp} = 0,60: mittlerer Effekt und v_{pp} = 1,00: großer Effekt.**

Die empirische Entsprechung der Effektgröße v_{pp} ist h_{pp}, das unter Verwendung der empirischen arcus-sinus-transformierten Wahrscheinlichkeiten genauso berechnet wird wie v_{pp}, also:

(14.17) $h_{pp} = \phi_{p,1} - \phi_{p,2}$ und

(14.18) $h_{pp} = |\phi_{p,1} - \phi_{p,2}|$.

Für die Planung von einseitigen Tests über zwei unabhängige Proportionen nach der **TPS 1** gibt J. Cohen (1988, S. 549) folgende Formel an:

(14.19) $n = \dfrac{2(z_{1-\alpha} + z_{1-\beta})^2}{v_{pp,krit}^2}$.

n ist der Umfang einer Stichprobe; $n_1 = n_2 = n$ und $N = 2n$. - Für die **TPS 2** resultiert durch Umstellen für einen erneut einseitigen Test:

(14.20) $(z_{1-\alpha} + z_{1-\beta})^2 = \dfrac{n\, v_{pp,krit}^2}{2}$,

und für die **TPS 3** ergibt sich bei einer gerichteten Hypothese:

(14.21) $v_{pp,krit}^2 = \dfrac{2(z_{1-\alpha} + z_{1-\beta})^2}{n}$.

Bei ungerichteten Hypothesen ist in den Formeln (14.19) bis (14.21) wieder $z_{1-\alpha}$ durch $z_{1-\alpha/2}$ zu ersetzen.

Beispiel 14.3: Auf der Grundlage der Hypothese, dass die Durchschnittsnoten im Abitur in einem Studienfach, das nicht dem numerus clausus unterliegt, mit den durchschnittlichen Abschlussnoten positiv zusammenhängen, formuliert eine Forscherin die Hypothese **PH-80**, dass es Unterschiede zwischen Studentinnen (Index W) und Studenten (Index M) gibt. Auf der Ebene der PV-80(B;p;K=2) werden die Durchschnittsnoten getrennt nach Geschlecht erfasst und pro Person i voneinander subtrahiert, so dass für jede Stichprobe eine Anzahl (+)- und (–)-Zeichen resultieren. Zufällig ist die Anzahl der Studenten, $n_M = 125$, gleich der Anzahl der Studentinnen, nämlich $n_W = 125$. Die Forscherin leitet also ab:

(14.22) (PH-80 $\wedge$ VSVS) $\approx$> [PV-80(B;p;K=2) $\wedge$ SHH] $\approx$> SV-80(B;p;K=2) $\Leftrightarrow$
$\Leftrightarrow$ ST-80(B;p;K=2): ($H_{1,3}$: $\pi_W - \pi_M \neq 0$).

Zur Prüfung der Hypothese PH-80 über die PV-80(B,p;K=2) bei $n_W = n_M = n = 125$ und $N = 250$ wird festgelegt: $v_{pp,krit,3} = \pm 0{,}50$, ein mittlerer Effekt, und die Forscherin fragt nach den Fehlerwahrscheinlichkeiten bei dem vorgesehenen Test über zwei unabhängige Proportionen. Anzuwenden ist also die TPS 2 und Formel

Testplanung für Hypothesen über Wahrscheinlichkeiten

(14.20). Einsetzen ergibt: $(z_{1-\alpha} + z_{1-\beta})^2 = 125(0,25)/2 = 16,625$ und damit $(z_{1-\alpha} + z_{1-\beta})^2 = 3,9528$. Die Forscherin wählt: $\alpha_{krit,3} = 0,01$ (zweiseitig), so dass $z_{1-\beta,3} = 0,90$. Die Untersuchung wird unter den gegebenen Spezifikationen durchgeführt und erbringt: $p_W = 0,80$ und $p_M = 0,56$, so dass $(p_W + p_M)/2 = 0,68$ ist. Einsetzen in Formel (14.13) führt zu: $z_{emp,3} = (0,56 - 0,80)/[2(0,68)(0,35)/125]^{1/2} = -0,24/0,0590 = -4,0674$ bei $z_{krit(0,025),3} = \pm 2,576$. Die vorhersagekonforme $H_{1,3}$ sowie die SV-80(B;p;K=2) wird damit angenommen. Die empirische Effektgröße $h_{pp,3}$ berechnet sich nach Formel (14.17) zu: $h_{pp,3} = 2,2143 - 1,6911 = 0,5232 < v_{pp,krit,3} = \pm 0,50$. Der Unterschied zwischen dem vorher festgelegtem und dem empirisch ermittelten Wert der Effektgröße ist zwar relativ gering, aber die Forscherin entschließt sich, ihre PV-83(B;p;K=2) nur mit der Einschränkung als eingetreten anzusehen, dass der empirische Effekt nicht die erwartete Größe hat. Die PH-83 hat sich damit nur bedingt bewährt.

Der **Median-Test** stellt eine Variante des **Zwei-Stichproben-Binomial-Tests** dar, bei der das eine der beiden zweistufigen Merkmale „oberhalb des Medians" vs. „unterhalb des Medians" besteht, so dass auf jede dieser beiden Sufen genau die Hälfte der Vpn entfällt; dies ist beim **Zwei-Stichproben-Binomial-Test** nicht der Fall. Wenn man dann eine Hypothese prüfen will, die einen gerichteten Zusammenhang zwischen der UV B und der AV Y behauptet, so dass in Bedingung B_2 im Mittel höhere Werte als in B_1 erwartet werden, dann muss auch gelten, dass der Anteil an Vpn mit höheren Werte aus B_2 oberhalb des Medians größer ist als der Anteil der Vpn mit höheren Werten aus B_1. M.a.W.: Wenn oberhalb des Medians mehr Vpn aus der Versuchsbedingung B_2 befinden, dann folgt daraus, dass sich unterhalb des Medians entsprechend weniger Vpn aus B_2 befinden. Man kann demnach die statistische Hypothese aufstellen, dass H_1: $\pi_2 - \pi_1 > 0,50$ ist. Wird kein Unterschied zwischen den Versuchsgruppen erwartet, folgt daraus, dass $\pi_1 = \pi_2 = 0,50$ ist (H_0). Die nachfolgende Tabelle 14.2 veranschaulicht das Prinzip.

Die Testung der statistischen Hypothesen erfolgt über den **z-Test** in Formel (14.13). Die kritischen z-Werte finden sich in Tabelle A.1 des Anhanges.

Beispiel 14.4: Die Prüfung der **PH-1** („Wenn sehr bildhaftes Material gelernt wird, dann erhöht dies ceteris paribus distributionibus im Mittel die Gedächtnisleistung im Vergleich zum Lernen von wenig bildhaftem Material") soll über den **Median-Test** erfolgen. Die AV ist die Anzahl von Vpn mit einer Anzahl richtig wiedergegebener Items oberhalb des Medians. Die Vpn werden zufällig den Versuchsbedingungen zugeteilt. Die Ableitung von Vorhersagen ergibt dann:

$$(14.23) \quad (DKT \wedge HH) \approx> (PH\text{-}1 \wedge VSVS) \approx> PV\text{-}1(B;p; K=2): (MWR_1 < MWR_2) \approx>$$
$$\approx> [PV\text{-}1(B;p;K=2) \wedge SHH] \approx> SV\text{-}1(B;p;K=2) \Leftrightarrow$$
$$\Leftrightarrow ST\text{-}1(B;p;K=2): (H_{1,4}: \pi_2 - \pi_1 > 0).$$

Als Effektgröße wird mit $v_{pp,krit,4} = 0,70$ auf einen vglw. großen Effekt festgelegt. Für die Fehlerwahrscheinlichkeiten soll gelten: $\alpha_{krit,4} = 0,05$ und $\beta_{krit,4} = 0,10$. Gefragt wird nach dem benötigten Stichprobenumfang n (TPS 1). Einsetzen in Formel (14.19) ergibt: $n_4 = 2(1{,}646 + 1{,}282)^2/0{,}49 = 34{,}9687$ bzw. $n_4 = 36$ und damit $N_4 = 72$ insgesamt. Der Versuch wird durchgeführt und ergibt die in Tabelle 14.2 enthaltenen Daten. - Die Werte unterhalb des Medians bleiben für den Test unberücksichtigt. Aus der folgenden Tabelle 14.2 lässt sich ablesen: $T_1 = 8$ und $p_1 = T_1/n_1 = 0{,}2222$ sowie $T_2 = 28$ und $p_2 = T_2/n_2 = 0{,}7778$. Einsetzen in Formel (14.13) führt zu: $z_{emp,4} = (0{,}7778 - 0{,}2222)/[(0{,}50)(0{,}50)/(1/36) + (0{,}50)(0{,}50)/(1/36)]^{1/2} = 4{,}7140$ bei $z_{krit(0,05),4} = 1{,}645$. Die vorhersagekonforme Alternativhypothese kann also angenommen werden und damit auch die SV-1(P;K=2). Für die empirische Effektgröße $h_{pp,4}$ wird errechnet: $h_{pp,4} = 2{,}292 - 0{,}850 = 1{,}442 > v_{pp,krit,4} = 0{,}70$, so dass auch die PV-1(B;p;K=2) als eingetreten beurteilt werden kann, und die PH-1 hat sich bewährt, sofern während des Versuches keine Unregelmäßigkeiten aufgetreten sind.

Tabelle 14.2: Veranschaulichung der Häufigkeiten oberhalb und unterhalb des Medians beim Median-Test für zwei unabhängige Gruppen und Daten für die Prüfung der PH-1

Median	Versuchsgruppe		gesamt
	B_1: wenig bildhaft	B_2: sehr bildhaft	
oberhalb	$T_1 = 8$ $p_1 = 0{,}2222$	$T_2 = 28$ $p_2 = 0{,}7778$	$T = 36$
unterhalb	$n_1 - T_1 = 28$	$n_2 - T_2 = 8$	$N - T = 36$
Stichprobenumfang	$n_1 = 36$	$n_2 = 36$	$N = 72$

Auch dann, wenn üblicherweise gerichtete psychologische Hypothesen mit $K \geq 3$ Versuchsbedingungen geprüft werden, kann der **Median-Test** Verwendung finden, und zwar im Rahmen der **Methode der geplanten Kontraste und Vergleiche**. Betrachten wir dies am Beispiel der PH-1.

Beispiel 14.5: Die **PH-1** soll mit $K = 3$ Versuchsbedingungen über Wahrscheinlichkeiten geprüft werden. Die AV ist die Gleiche wie im vorigen Beispiel. Es wird dann über die PV-1 die SV eines **strikt monotonen Trends** über Wahrscheinlichkeiten abgeleitet:

(14.24) PH-1 ≈> (PH-1 ∧ VSVS) ≈> PV-1(B;p;K=3):
≈> [PV-1(B;p;K=3) ∧ SHH] ≈> SV-1(B;p;K=3): ($\pi_1 < \pi_2 < \pi_3$) ≈>
≈> ST-1(B;p;K=3): [($H_{1,5}$: $\pi_2 - \pi_1 > 0$) ∧ ($H_{1,6}$: $\pi_3 - \pi_2 > 0$)].

Wegen der konjunktiven Verknüpfung von zwei $H_{1,t}$ kumuliert hier β. Es wird festgelegt: $\varepsilon_{1,krit} = \alpha_{krit,t} = 0{,}10$ und $\varphi_{1,krit} = 0{,}20$, so dass $\beta_{krit,5} = \beta_{krit,6} = 0{,}10$ wird. Für die beiden Effekte soll nach Formel (14.15) gelten: $v_{pp,krit,t} = 0{,}50$. Nach Formel (14.19) und TPS 1 resultiert: $n_t = 53$ und $N_t = 159$. Der Versuch wird in mehreren Gruppenversuchen mit Anfangssemestern des Faches Psychologie durchgeführt. Die Bestimmung des Medians sollte für jede Hypothese separat erfolgen, so dass zwei Mediane resultieren. Es ergeben sich die folgenden Resultate: $p_{1,5}$ = 0,1698; $p_{2,5}$ = 0,4528 und $p_{2,6}$ = 0,3396 sowie $p_{3,6}$ = 0,6604; $p_{0,5}$ = 0,331 und $p_{0,6}$ = 0,5000. Einsetzen in Formel (14.13) ergibt dann: $z_{emp,5}$ = (0,4528 − 0,1698)/[2(0,2144/53)]$^{1/2}$ = 0,2830/0,0899 = 3,1463 und $z_{emp,6}$ = (0,6604 − 0,3396)/0,0971 = 3,3028. Beide z-Werte sind statistisch signifikant ($z_{krit,t}$ = 1,282) - dies führt zur Annahme der statistischen Vorhersage eines strikt monotonen Trends - und mit den folgenden Effekten verbunden: $h_{pp,5}$ = (1,471 − 0,850) = 0,621 > $\nu_{pp,krit,5}$ = 0,50 und $h_{pp,6}$ = (1,897 − 1,245) = 0,652 > $\nu_{pp,krit,6}$ = 0,50. Also wird auch die PV-1(B;p;K=3) als eingetreten beurteilt, und die PH-1 hat sich erneut bewähren können.

Auch die **PH-5** und die **PH-6**, die vor dem Hintergrund der Dualen-Kode-Theorie angesiedelt sind, können mittels des **Median-Tests** geprüft werden, ohne dass dies hier demonstriert werden soll.

Unter der Normalverteilungsannahme hat der **Median-** gegenüber dem **t-Test** nur eine ARE_M = 2/π = 0,64. Bei anderen Verteilungsformen kann seine asymptotische relative Effizienz aber bis auf den Wert ARE_M = 2 gegenüber dem **t-Test** ansteigen (Marascuilo & McSweeney, 1977, S. 119; siehe auch Conover, 1999, S. 297).

Marascuilo und McSweeney (1977) informieren über weitere Varianten des **Binomial-** und des **Median-Tests**, auch für mehr als nur zwei Stichproben.

14.1.3 Hypothesen über mehrere Wahrscheinlichkeiten aus unabhängigen Stichproben

Häufig wird nicht mit nur K = 2 Wahrscheinlichkeiten operiert, sondern mit K ≥ 3. In diesen Fällen kann der **Median-Test** nicht mehr eingesetzt werden und an seine Stelle tritt bei ungerichteten Hypothesen der χ^2-Test mit FG_Z = K − 1. Ihm liegen die folgenden Hypothesen zugrunde:

(14.25) H_0: ($\pi_k = \pi_{k'}$ für *alle Paare* k, k') vs.

H_1: ($\pi_k \neq \pi_{k'}$ für *mindestens ein Paar* k, k').

Für die Durchführung des Tests werden die interessierenden Merkmale und ihre J bzw. K Ausprägungen in aller Regel in Form einer **Mehr-Felder-Kontingenztafel** angeordnet, so dass jede Ausprägung des einen Merkmals mit jeder Ausprägung der anderen Merkmale einmal gemeinsam auftritt (vgl. Tab. 14.2). Die Vpn werden also einer und nur einer dieser Kombinationen von Merkmalsausprägungen zugeordnet. Untersucht werden dabei die Häufigkeiten unter den Merkmalsausprägungen, die sich leicht durch Division durch N in Wahrscheinlichkeiten resp. Proportionen p umrechnen lassen.

Die Testgröße χ^2 (χ^2-**Test**) ist wie folgt definiert, angegeben für zwei Merkmale mit J ≥ 2 und K ≥ 2 Ausprägungen:

$$(14.26) \quad \chi^2_{emp} = \sum \frac{(f_{b,jk} - f_{e,jk})^2}{f_{e,jk}}.$$

$f_{b,jk}$ bezeichnet die beobachteten und $f_{e,jk}$ die auf Grund der Nullhypothese erwarteten Häufigkeiten in den JK Zellen jk. Letztere werden wie folgt bestimmt:

$$(14.27) \quad f_{e,jk} = (f_{b,j})(f_{b,k})/N,$$

wobei $f_{b,j}$ die Randhäufigkeit in Zeile A_j bezeichnet und $f_{b,k}$ die Randhäufigkeit in Spalte B_k. Die Signifikanzentscheidung für die Teststatistik in Formel (14.26) beruht auf Tabelle A.7 im Anhang. Für sie ist die folgende **Effektgröße** ω definiert (bei Bortz, 1999, S. 162: ε, und bei J. Cohen, 1988, S. 216: **w**):

$$(14.28) \quad \omega = \sqrt{\sum_{j=1}^{J} \sum_{k=1}^{K} \frac{(\pi_{1,jk} - \pi_{0,jk})^2}{\pi_{0,jk}}},$$

wobei $\pi_{1,jk}$ die Wahrscheinlichkeit in Zelle jk bezeichnet, die von der H_1 spezifiziert wird, und $\pi_{0,jk}$ die Wahrscheinlichkeit unter der H_0 als das Produkt der Randwahrscheinlichkeiten; JK bezeichnet die Gesamtanzahl der Zellen bei FG = (J – 1)(K – 1). Der maximale Wert von ω beträgt nicht Eins, sondern $\omega_{max} = \sqrt{L-1}$, wenn die Randwerte frei variieren können. L bezeichnet die Anzahl der Ausprägungen desjenigen Merkmals, das weniger Abstufungen aufweist: L = min(J; K). Wenn die Randwahrscheinlichkeiten gleich $\pi_{l.} = 1/L$ und gleich $\pi_{.k} = 1/K$ sind, gilt bei K ≥ L $\omega_{max} = \sqrt{L(L-1)/K}$ (J. Cohen, 1988, S. 221).

An diesem Effektmaß wird besonders die Schwäche von standardisierten Effektgrößen deutlich: Eine oder einige wenige ausgeprägte Abweichungen der beobachteten von den erwarteten Häufigkeiten können zum gleichen Wert für den Effekt führen wie vglw. viele mittlere oder kleine Abweichungen. Dieses Problem ist nicht befriedigend lösbar und sollte nicht zum Verzicht auf entsprechende A-priori-Spezifikationen führen. *Nach* der Datenerhebung kann allerdings für jede Zelle das Ausmaß der Abweichungen festgestellt werden.

Der empirische Wert für ω ist bei beliebigen Zählerfreiheitsgraden w, definiert als (J. Cohen, 1988, S. 223):

$$(14.29) \quad w = \chi^2_{emp}/N.$$

J. Cohen (1988, S. 224-226) schlägt für ω folgende **Konventionen** vor: **kleiner Effekt: $\omega = 0{,}10$; mittlerer Effekt: $\omega = 0{,}30$, und großer Effekt: $\omega = 0{,}50$.**

Für die **Planung** des vorgesehenen χ^2-**Tests** und zum Ermitteln des benötigten Gesamtstichprobenumfanges N unter der **TPS 1** benutzt man die folgende Formel, die J. Cohen (1988, S. 268) zwar nur als Näherungsformel für von ihm nicht tabellierte exakte Werte angibt, die aber seine Tabellenwerte so genau reproduziert, dass man sie durchgängig für die Testplanung verwenden kann:

Testplanung für Hypothesen über Wahrscheinlichkeiten 465

(14.30) $N = \dfrac{N_{0,10}}{100\,\omega^2_{krit}}$,

wobei $N_{0,10}$ den für α_{krit} und β_{krit} sowie für die Effektgröße $\omega = 0{,}10$ benötigten Stichprobenumfang bezeichnet, der der Tabelle A.2 des Anhanges bei verschiedenen Freiheitsgraden FG, Signifikanzniveaus α_{krit} und Teststärken $1 - \beta_{krit}$ entnommen wird. Für die **TPS 2** wird die vorstehende Formel wie folgt umgestellt:

(14.31) $N_{0,10} = 100(N)\omega^2_{krit}$.

Mit dem errechneten $N_{0,10}$ sucht man die Tabellen A.2 des Anhanges auf und bestimmt relativ zum Wert der Effektgröße $\omega = 0{,}10$ bei vorgewähltem Signifikanzniveau α_{krit} die zugehörige Teststärke $1 - \beta$ oder bei vorgewählter Teststärke das realisierbare α. Für die **TPS 3** ergibt sich durch Umstellen der Formel (14.31):

(14.32) $\omega^2_{krit} = \dfrac{N_{0,10}}{100\,N}$,

wobei für N der auf Grund beschränkter Ressourcen oder aus sonstigen Gründen festliegende Gesamtstichprobenumfang eingesetzt wird. $N_{0,10}$ wird dann aus der Tabelle A.2 des Anhanges für das vorgewählte α und die Teststärke $1 - \beta$ abgelesen. Die vorstehenden Formeln gelten für beliebige Anzahlen von Freiheitsgraden.

Beispiel 14.6: Die ungerichtete **PH-5**, die vor dem allgemeinen Hintergrund der Dualen-Kode-Theorie angesiedelt ist, sagt aus: „Beim Lernen von sehr bildhaftem Material ist die Gedächtnisleistung *anders* als beim Lernen von wenig bildhaftem Material." Sie soll geprüft werden für K = 3 Stufen der eingeschätzten Bildhaftigkeit: niedrig (B_1: 2,5), mittel (B_2: 4,5), hoch (B_3: 6,3). Trifft die Hypothese zu, unterscheiden sich die Wahrscheinlichkeiten für eine richtige Reproduktion über die Versuchsbedingungen. Die Ableitung von Vorhersagen ergibt:

(14.33) DKT: (PH-5 $\wedge$ VSVS) $\approx$> PV-5(B;p;K=3;J=2):
  $[(MWR_1 \neq MWR_2) \vee (MWR_2 \neq MWR_2) \vee (MWR_1 \neq MWR_3)] \approx$>
  $\approx$> [PV-5(B;p;K=3;J=2) $\wedge$ SHH] $\approx$>SV-5(B;p;K=3;J=2) $\Leftrightarrow$
  $\Leftrightarrow$ ST-5(B;p;K=3,J=2): ($H_{1,7}$: $\pi_k - \pi_{k'} \neq 0$ für *mindestens ein Paar* k, k').

Die Vl legt fest: $\alpha_{krit,7} = 0{,}05$, $\beta_{krit,7} = 0{,}20$ und $\omega_{krit,7} = 0{,}50$ - ein großer Effekt. Die Randhäufigkeiten sind bekannt, sobald man die Gesamtstichprobe N kennt. Diese ist den Ergebnissen der Testplanung zu entnehmen. Daher hat der entsprechende χ^2-Test JK − 1 = 5 Freiheitsgrade (Bortz, 1999, S. 153). Einsetzen in Formel (14.30) führt zu: $N_7 = 1283/(100)(0{,}25) = 51{,}32$ oder 54. Nach dem Versuch werden die Reproduktionsleistungen danach unterteilt, ob sie oberhalb oder unterhalb des Medians liegen. Die nachstehende Tabelle 14.3 enthält die Ergebnisse. - Einsetzen der Häufigkeiten in Formel (14.27) zu Errechnung des empirischen χ^2-Wertes führt zu: $\chi^2_{emp,7} = 16{,}00$ bei $\chi^2_{krit(0{,}05;5),7} = 11{,}0705$. Dies führt zur Annahme der vorhersagekonformen $H_{1,7}$ und der ihr äquivalenten SV-5(B;p;K=3). Der Effekt beträgt: w^2_7 = 16,00/54 = 0,2963 und w_7 = 0,5443 > $\omega_{krit,7}$ = 0,50. Also kann auch die PV-5(P;K=3) als eingetreten angesehen werden, und die PH-5 hat sich in diesem Versuch bewährt. Die Wahrscheinlichkeiten für eine Reproduktionsleistung oberhalb des Medians unterscheiden sich.

Tabelle 14.3: Daten bei der Überprüfung der PH-5 über Wahrscheinlichkeiten				
	Bildhaftigkeit			Randhäufigkeiten
	niedrig	mittel	hoch	
oberhalb des Medians	$f_{b,11}$ = 3 $f_{e,11}$ = 9,00 p_{11} = 0,0556	$f_{b,12}$ = 9 $f_{e,12}$ = 9,00 p_{12} = 0,1667	$f_{b,13}$ = 15 $f_{e,13}$ = 9,00 p_{13} = 0,2778	$n_{1.}$ = 27
unterhalb des Medians	$f_{b,21}$ = 15 $f_{e,21}$ = 9,00 p_{21} = 0,2776	$f_{b,22}$ = 9 $f_{e,22}$ = 9,00 p_{22} = 0,1667	$f_{b,23}$ = 3 $f_{e,23}$ = 9,00 p_{23} = 0,0556	$n_{2.}$ = 27
Randhäufigkeiten	$n_{.1}$ = 18	$n_{.2}$ = 18	$n_{.3}$ = 18	N = 54

Vergegenwärtigt man sich, dass üblicherweise *psychologische Hypothesen gerichtet* sind, ist eine Teststatistik wünschenswert, mit der auch gerichtete Hypothesen geprüft werden können. Marascuilo und McSweeney (1977, S. 207) operieren in diesem Fall mit dem Maß γ und seiner empirischen Entsprechung g = $(p_{11})(p_{22})$]/ $[(p_{12})(p_{21})]$ nach Goodman (1964). Doch die quadrierten Werte von g weichen von den über die gleichen Daten berechneten χ^2-Werten teilweise beträchtlich ab, weshalb vom Gebrauch von γ und g abgeraten wird. Dies gilt auch für das von Fleiss (1981, S. 61-75) besprochene Kreuzprodukt-Verhältnis („odds ratio"), dessen Logarithmus naturalis (ln) gleich g ist. Anstelle dieser Maße sollte die **Phi-Korrelation** r_ϕ Verwendung finden, die üblicherweise „ϕ", mit Φ oder mit φ bezeichnet wird, also mit griechischen Buchstaben, die gemeinhin für Parameter verwendet werden. Da die Phi-Korrelation einen Stichprobenkennwert darstellt, wähle ich das Symbol „r_ϕ" (vgl. zur Herleitung aus der Pearson-Korrelation etwa Bortz, Lienert & Boehnke, 2000, S. 330-331, oder Hays, 1994, S. 868). r_ϕ kann wie folgt bestimmt werden (Liebetrau, 1983, S. 43; Marascuilo & McSweeney, 1977, S. 215) (vgl. zu den Abkürzungen Tab. 4.1 oben):

$$(14.34)\ r_\phi = \frac{f_{b,a} f_{b,d} - f_{b,b} f_{b,c}}{\sqrt{(f_{b,a}+f_{b,c})(f_{b,b}+f_{b,d})(f_{b,a}+f_{b,b})(f_{b,c}+f_{b,d})}} =$$

$$= \frac{n_{11} n_{22} - n_{12} n_{21}}{\sqrt{n_{1.} n_{2.} n_{.1} n_{.2}}} = \frac{p_{11} p_{22} - p_{12} p_{21}}{\sqrt{p_{1.} p_{2.} p_{.1} p_{.2}}} = \frac{z_{emp}}{\sqrt{N}} = \sqrt{\frac{\chi^2_{emp}}{N}}.$$

Bei gerichteten Hypothesen ist das Vorzeichen der Teststatistik immer von Interesse, und in derartigen Fällen sollte man r_ϕ *nicht* über die quadrierte Teststatistik χ^2

bestimmen. - Wenn $f_a f_d - f_b f_c > 0$ bzw. $(n_{11})(n_{22}) - (n_{12})(n_{21}) > 0$ gilt, spricht man von einer positiven Assoziation, so dass $0 < r_\phi \leq +1$ wird. Wenn eine negative Assoziation vorliegt, gilt: $-1 \leq r_\phi < 0$, d.h. $f_a f_d - f_b f_c < 0$ bzw. $(n_{11})(n_{22}) - (n_{12})(n_{21}) < 0$. Gilt $r_\phi = 0$, so besteht keine statistische Assoziation zwischen den beiden Merkmalen; es ist dann $f_a f_d - f_b f_c = 0$ bzw. $(n_{11})(n_{22}) - (n_{12})(n_{21}) = 0$. - Die tatsächlich erreichbare Höhe der Phi-Korrelation ist stark abhängig von den Randsummen, und nur wenn diese zeilen- wie spaltenweise identisch sind, gilt $-1 \leq r_\phi \leq +1$. In vielen Fällen liegen die bei gegebenen Daten möglichen Maximalwerte näher an $-0{,}5$ oder $+0{,}5$ als an den theoretischen Grenzen -1 und $+1$ (vgl. Bortz, 1999, S. 219-220).

Die folgenden gerichteten und ungerichteten Hypothesen können getestet werden:

(14.35) H_0: $(\rho_\phi - \rho_{\phi,c} \leq 0)$ vs. H_1: $(\rho_\phi - \rho_{\phi,c} > 0)$ und

H_0: $(\rho_\phi - \rho_{\phi,c} = 0)$ vs. H_1: $(\rho_\phi - \rho_{\phi,c} \neq 0)$ jeweils mit $-1 < \rho_{\phi,c} < +1$.

ρ_ϕ ist die theoretische Entsprechung von r_ϕ. - Die vorstenden Hypothesen werden über die Phi-Korrelation r_ϕ werden bei $N \geq 10$ mit einem **z-Test** (Diehl & Arbinger, 1990, S. 391) auf statistische Signifikanz getestet:

(14.36) $z_{emp} = \dfrac{r_\phi - E(r_\phi)}{s(r_\phi)} = \dfrac{r_\phi - \rho_{\phi,c}}{1/\sqrt{N}} = (r_\phi - \rho_{\phi,c})\sqrt{N}$.

Alternativ kann bei $N \geq 20$ auch die folgende Formel mit Z-transformierten r_ϕ-Werten verwendet werden [vgl. Formel (12.4) aus Abschn. 12.1]:

(14.37) $z_{emp} = \dfrac{Z(r_\phi) - E[Z(r_\phi)]}{1/\sqrt{N-3}} = \dfrac{Z(r_\phi) - Z(\rho_{\phi,c})}{1/\sqrt{N-3}} = [Z(r_\phi) - Z(\rho_{\phi,c})]\sqrt{N-3}$,

Und schließlich ist bei $N \geq 20$ auch eine Testung über die t-Verteilungen möglich [vgl. Formel (12.3) in Abschn. 12.1] (Sachs, 1984, S. 329):

(14.38) $t_{emp} = \dfrac{(r_\phi - \rho_{\phi,c})\sqrt{N-2}}{\sqrt{(1-r_\phi^2)(1-\rho_{\phi,c}^2)}}$.

Die Ergebnisse der drei Testmethoden unterscheiden sich nur geringfügig voneinander (vgl. Bortz, Lienert & Boehnke, 2000, S. 332-334), und nur die Verwendung der Formel (14.34) reproduziert das Ergebnis des bei ungerichteten Hypothesen alternativ einsetzbaren χ^2-Tests exakt insofern, als gilt: $z^2_{emp} = \chi^2_{emp}$.

Die **Effektgröße** für die **Korrelations-Tests** ist das Maß ρ_ϕ. Für die **Planung** eines Tests über ρ_ϕ gilt bei $FG_Z = 1$:

(14.39) $\rho_\phi = \omega$,

wobei ω in Formel (14.28) definiert worden ist. Damit ergibt sich für die **TPS 1**:

$$(14.40)\ N = \frac{(z_{1-\alpha} + z_{1-\beta})^2}{\rho^2_{\phi,\text{krit}}} = \frac{(z_{1-\alpha} + z_{1-\beta})^2}{\omega^2_{\text{krit}}},$$

wobei N die Gesamtstichprobengröße in einer Vier-Felder-Kontingenztafel bezeichnet. Bei Formel (14.40) wurde die Beziehung in Formel (14.40) genutzt. Durch Umstellen der Formel (14.40) erhält man die für die beiden verbleibenden Testplanungsstrategien benötigten Formeln, und zwar zuerst für die **TPS 2**:

$$(14.41)\ (z_{1-\alpha} + z_{1-\beta})^2 = N\ \rho^2_{\phi,\text{krit}} = N\ \omega^2_{\text{krit}}$$

und für die **TPS 3** entsprechend:

$$(14.42)\ \rho^2_{\phi,\text{krit}} = \omega^2_{\text{krit}} = \frac{(z_{1-\alpha} + z_{1-\beta})^2}{N}.$$

Bei der Testung von ungerichteten Hypothesen ist in den vorstehenden Testplanungsformeln $z_{1-\alpha}$ durch $z_{1-\alpha/2}$ zu ersetzen. - Das folgende Beispiel verbindet die beiden im Vorstehenden angesprochenen Ansätze.

Beispiel 14.7 (in Anlehnung an Marascuilo & McSweeney, 1977, S. 131-133): Vier verschiedene Methoden zur Behandlung von Schizophrenien sollen untersucht werden, und zwar 1) wöchentliche Schockbehandlung (B_1); 2) wöchentliche Inhalation von Karbondioxid (B_2) und 3) Einnahme von bewährten Tranquilizern (B_3). Zusätzlich wird eine Kontrollgruppe (B_4) konstituiert, die kein gezieltes Treatment erhält, sondern nur eine unspezifische Intervention mit der gleichen Anzahl von Therapeut/inn/enkontakten wie die anderen Gruppen. Erwartet wird unter der **PH-81**, dass die vier Methoden gleich gute Ergebnisse erzielen und zudem bessere als die Kontrollgruppe. Es wird also die Äquivalenzhypothese einer **vergleichenden Evaluation** aufgestellt, da Therapien mit dem gleichen Ziel, aber unterschiedlichen Vorgehensweisen miteinander verglichen werden, unter denen sich eine Therapie befindet, die ihre Wirksamkeit bereits unter Beweis gestellt hat. Da zusätzlich eine Kontrollgruppe untersucht wird, erfolgt eine **Kombination einer vergleichenden mit einer isolierten Evaluation**. Mit der letzteren wird die **PH-82** verbunden, dass die Therapien wirksamer sind als die unspezifische Behandlung in der Kontrollgruppe (Wirksamkeitshypothese einer isolierten Evaluation). Der Erfolg der Therapien wird dabei sowohl über klinische Interviews und geeignete Erhebungsinstrumente erfasst als auch von nicht an der Studie beteiligten Ärzten und erfahrenen Krankenschwestern, die allerdings nur die Beurteilungen „verbessert" und „nicht verbessert" abgeben können. Es werden hier nur diese „unstandardisierten" Urteile betrachtet. Die Ableitungen ergeben:

(14.43) (PH-81 $\wedge$ VSVS) $\approx$> [PV-81(B;p;J=2;K=3) $\wedge$ SHH] $\approx$>

$\approx$> SV-81(B;p;J=2;K=3) $\Leftrightarrow$

$\Leftrightarrow$ ST-81(B;p;J=2;K=3): ($H_{0,8}$: $\pi_{1,k} = \pi_{1,k'}$ für k = 1, 2, 3 $\wedge$ $\pi_{2,k} = \pi_{2,k'}$ für k = 1, 2, 3).

Testplanung für Hypothesen über Wahrscheinlichkeiten 469

(14.44) (PH-82 ∧ VSVS) ≈> [PV-82(B;p;J=2;K=4) ∧ SHH]

≈> SV-82(B;p;J=2;K=4) ⇔ ST-82(B;p;K=4):
($H_{1,9}$: $\psi_9 = \pi_{11} - \pi_{14} > 0$) ∧ ($H_{1,10}$: $\psi_{10} = \pi_{12} - \pi_{14} > 0$) ∧ ($H_{1,11}$: $\psi_{11} = \pi_{13} - \pi_{14} > 0$).

Es stehen insgesamt N = 112 Patient/inn/en zur Verfügung, die zufällig auf die vier Versuchsgruppen verteilt werden können. Der Test der $H_{0,8}$ erfolgt über die χ^2-Verteilungen. Für den χ^2-Test wird nach Formel (14.27) festgelegt: $\omega_{krit,8}$ = 0,30. Einsetzen in Formel (14.31) für die TPS 2 ergibt: $N_{0,10}$ = 100(112)(0,09) = 1008, woraus sich aus der Tabelle A.2 des Anhanges für FG = JK − 2 = 4 (die Spaltenhäufigkeiten liegen ja fest) ablesen lässt: $\alpha_{krit,8}$ = 0,10 und $\beta_{krit,8}$ = 0,225. Die übrigen Hypothesen beziehen sich sich auf die isolierte Evaluation und sind gerichtet, weswegen sie mittels z-Tests getestet werden; sie werden einzeln für drei 2x2-Kontingeztafeln geplant, und zwar ebenfalls nach der TPS 2. Es wird gewählt: $\rho_{\phi,krit,t}$ = 0,45, ein Effekt mittlerer Größe. Einsetzen in Formel (14.40) ergibt: $(z_{1-\alpha} + z_{1-\beta})^2$ = 56(0,16) = 11,3400 und $(z_{1-\alpha} + z_{1-\beta})$ = 3,3675. Festlegen von $\alpha_{krit,t}$ = 0,05 ($z_{1-\alpha}$ = 1,645) ergibt β_t = 0,05. Über die drei abgeleiteten Alternativhypothesen kumuliert β (vgl. Abschn. 7.2), so dass gilt: $\varepsilon_{82,krit} \leq \max(\alpha_t)$ = 0,05 und $\varphi_{82,krit} \leq (0,05 + 0,05 + 0,05)$ = 0,25.

Tabelle 14.4: Daten zur Prüfung der PH-81 und der PH-82					
	Treatment				
Status der Patient/inn/en	B_1 Therapie	B_2 Therapie	B_3 Therapie	B_4 Kontrolle	Total
verbessert	22	20	23	8	73
nicht verbessert	6	8	5	20	39
Total	28	28	28	28	112

Der Versuch wird duchgeführt und führt zu den in der vorstehenden Tabelle 14.4 enthaltenen Ergebnissen. Zuerst wird die PH-82 geprüft (isolierte Wirksamkeit der drei Therapieformen relativ zur Kontrollgruppe). Zu ihrer Prüfung werden die drei Phi-Korrelationen nach Formel (14.34) berechnet und anschließend dem z-Test aus Formel (14.36) unterzogen. $r_{\phi,9}$ = 0,4931 und $z_{emp,9}$ = 3,6902; $r_{\phi,10}$ = 0,4286 sowie $z_{emp,10}$ = 3,2071 und $r_{\phi,11}$ = 0,5288 sowie $z_{emp,11}$ = 4,0321 bei $z_{krit,t}$ = 1,645 und $\rho_{\phi,krit,t}$ = 0,45. Die abgeleiteten Alternativhypothesen können angenommen werden. Die Effektgrößenwerte fallen bis auf eine Ausnahme größer aus als die Vorab-Spezifikationen, aber $r_{\phi,10}$ ist nur geringfügig kleiner als der Kriteriumseffekt. Deswegen kann die PV-82(B;p;K=4) als eingetreten beurteilt werden. Die Wirksamkeitshypothese PH-82 hat sich bewährt. D.h., die drei Therapien sind der unspezifisch behandelten Kontrollgruppe als überlegen. - Für die Prüfung der PH-81 sind lediglich die drei Bedingungen B_1 bis B_3 von Belang, für die sich errechnen lässt: $\chi^2_{emp,8}$ = 0,9522 bei $\chi^2_{krit(0,10;4),8}$ = 7,7794. Der empirische χ^2-Wert ist damit statistisch nicht signifikant, die als vorhersagekonform abgeleitete $H_{0,8}$

und die ihr äquivalente SV-82(B;p;J=2;K=3) werden angenommen, die PV-81(B;p;J=2;K=3) ist eingetreten, und die PH-81 hat sich bewährt. Die Wahrscheinlichkeit einer Verbesserung ist unter allen vier Therapiemethoden gleich, und da es keinen erwähnenswerten Unterschied zwischen ihnen gibt, sind sie *gleich wirksam* (und nicht gleich unwirksam, wie es als mögliche Alternativinterpretation dann in Frage gekommen wäre, wenn keine Kontrollgruppe aufgenommen worden wäre).

Games (1978a, S. 667-668; 1978b, S. 179-180) zeigt, dass man auch Hypothesen über Wahrscheinlichkeiten mittels **t-Test** testen kann. Dabei können sich diese Hypothesen auf Paar-, aber auch auf komplexe Kontraste beziehen.

14.1.4 Die Hypothese, dass eine Wahrscheinlichkeit $\pi = \pi_c$

Ein Spezialfall des Kontrasts zweier Wahrscheinlichkeiten liegt dann vor, wenn eine dieser Wahrscheinlichkeiten als Wert π_c vorgegeben ist. Sie kann dabei auf theoretischem Wege gewonnen sein, aus einer anderen Untersuchung stammen usw. Folgende statistische Hypothesen können getestet werden:

(14.45) $H_0: (\pi - \pi_c = 0)$ vs. $H_1: (\pi - \pi_c \neq 0)$ oder $H_0: (\pi - \pi_c \leq 0)$ vs. $H_1: (\pi - \pi_c > 0)$.

Für π_c wie für alle Wahrscheinlichkeiten π und p gilt: $0 \leq \pi_c \leq +1$. Die vorstehenden Hypothesen können einem exakten **Binomial-Test** unterzogen werden oder ab n ≥ 20 einem approximativen **z-Test** über die kontinuierliche Standard-Normalverteilung, wobei die letztere Testung den Regelfall darstellt. Die Testgröße lautet dann (Marascuilo & McSweeney, 1977, S. 48):

(14.46) $z_{emp} = \dfrac{T - n\pi_c}{\sqrt{n\pi_c(1-\pi_c)}} = \dfrac{p - \pi_c}{\sqrt{\dfrac{\pi_c(1-\pi_c)}{n}}}$.

T steht für die beobachtete Häufigkeit der Merkmalsalternative „+" oder „1".

Für die **Testplanung** geht J. Cohen (1988, S. 212) von folgender angepassten Definition der **Effektgröße** aus:

(14.47) $v_{p,c} = \phi_p - \phi_{p,c}$.

Die Effektgröße ist hier als unstandardisiertes Maß definiert. In diesem Fall ist nach J. Cohen (1988, S. 212) das festgelegte v_p mit $\sqrt{0{,}50}$ zu multiplizieren, um der Tatsache Rechnung zu tragen, dass es nur *eine* Stichprobe gibt, während die Formeln (14.19) bis (14.21) in Abschnitt 14.1.2 von *zwei* Stichproben ausgehen. Die empirische Entsprechung von $v_{p,c}$ lautet $h_{p,c}$.

Für die **TPS 1** wird dann die folgende Formel verwendet (vgl. J. Cohen, 1988, S. 549):

Testplanung für Hypothesen über Wahrscheinlichkeiten

$$(14.48) \quad n = \frac{2(z_{1-\alpha} + z_{1-\beta})^2}{0{,}5\,v^2_{p,c,krit}} = \frac{4(z_{1-\alpha} + z_{1-\beta})^2}{v^2_{p,c,krit}}.$$

Für die **TPS 2** wird Formel (14.48) umgestellt zu:

$$(14.49) \quad (z_{1-\alpha} + z_{1-\beta})^2 = (n/4)v^2_{p,c,krit};$$

und für die **TPS 3** resultiert aus Formel (14.48):

$$(14.50) \quad v^2_{p,c,krit} = \frac{4(z_{1-\alpha} + z_{1-\beta})^2}{n}.$$

Bei ungerichteten Hypothesen ist in den vorstehenden Formeln (14.48) bis (14.50) wieder $z_{1-\alpha}$ durch $z_{1-\alpha/2}$ zu ersetzen.

Beispiel 14.8: Im Rahmen eines Projektes zur Evaluation der Lehre an einer Hochschule A soll eine Forscherin der Frage nachgehen, ob es einen Unterschied zwischen den Abschlussnoten im Fach Psychologie an ihrer Universität (A) und den Abschlussnoten im gleichen Fach an einer anderen Universität (B) gibt. Auf Grund eines Hochschulrankings vertritt die Forscherin die Hypothese, dass Unterschiede bestehen, und zwar in der Art, dass an der Universität A, an der die Forscherin arbeitet, schlechtere Noten verteilt werden als an der Universität B (**PH-83**). Die Abschlussnoten werden dabei nach 1, 1–, 2+, 2, 2– (+) einerseits und nach 3+, 3, 3– und 4 (–) andererseits gruppiert; von Universität B ist die Proportion von guten Noten (+) mit $\pi_{c,B,krit,10} = 0{,}85$ ermittelt worden. Daraus ergibt sich:

$$(14.51) \quad (PH\text{-}83 \wedge VSVS) \approx\!> [PV\text{-}83(B;p;K=1) \wedge SHH] \approx\!> SV\text{-}83(B;p;K=1) \Leftrightarrow$$
$$\Leftrightarrow ST\text{-}83(B;p;K=1): H_{1,12}: 0{,}85 - \pi_A > 0.$$

Zur Prüfung der Hypothese PH-83 über die PV-83(P;K=1) bei $n_A = 80$ wird festgelegt: $\alpha_{krit,12} = 0{,}05$ und $v_{p,c,krit,12} = 0{,}50$, ein mittlerer Effekt, aus dem nach Formel (14.47) folgt: $\phi_{p,1,krit,12} = 1{,}846$ ($\phi_{p,c,12} = 2{,}346$). Die Forscherin fragt nach der Teststärke $1 - \beta_{krit,12}$ des vorgesehenen Tests über zwei Wahrscheinlichkeiten, von denen eine vorgegeben ist. Anzuwenden ist also die TPS 2 und Formel (14.49). Einsetzen ergibt: $(z_{1-\alpha} + z_{1-\beta})^2 = (80/4)(0{,}25) = 5{,}0$ und damit $(z_{1-\alpha} + z_{1-\beta}) = 2{,}2361$. $z_{1-\alpha} = 1{,}645$ und $\alpha_{krit,12} = 0{,}05$ und damit: $z_{1-\beta} = 2{,}2361 - 1{,}645 = 0{,}5911$. Dazu gehört $\beta_{krit,12} \approx 0{,}28$. Die Forscherin hält diese Wertekombination für akzeptabel und führt ihre Untersuchung durch. Als deren Ergebnis bestimmt sie: $p_{A,12} = 0{,}70$. Einsetzen in Formel (14.46) ergibt: $z_{emp,12} = 0{,}15/0{,}0533 = 2{,}8128$ bei $z_{krit(0,05),12} = 1{,}645$, so dass die vorhersagekonforme $H_{1,12}$ und die ihr äquivalente SV-83(B;p;K=1) angenommen wird. Die Effektgröße $h_{p,c,12}$ ist gleich $2{,}356 - 1{,}982 = 0{,}3740 < v_{p,c,krit,12} = 0{,}50$. Der Effekt ist kleiner als erwartet, also ist die PV-83(B;p;K=1) nur bedingt eingetreten, d.h. mit einem kleineren Effekt als erhofft, und die PH-83 hat sich nur bedingt bewährt.

14.2 Hypothesen über unabhängige Wahrscheinlichkeiten bei wiederholten Messungen

14.2.1 Hypothesen über zwei unabhängige Wahrscheinlichkeiten bei wiederholten Messungen

Gar nicht so selten liegt der Fall vor, dass Vpn wiederholten Messungen unterzogen werden: Die erste Erhebung führt zur Zuordnung zu einer von zwei Merkmalsausprägungen hinsichtlich einer ausgewählten abhängigen Variablen (AV), dann erfolgt irgend eine Art der Einflussnahme auf diese AV, und abschließend wird für die Vpn festgestellt, welcher Merkmalsausprägung sie nach dieser Einflussnahme zuzuordnen sind. Es ergeben sich dadurch Wahrscheinlichkeiten, die **teilweise abhängig** voneinander sind und die man in Form einer Vier-Felder-Tafel anordnen kann (vgl. Tab. 14.5). Nur Hypothesen über diejenigen Wahrscheinlichkeiten, die **unabhängig** voneinander sind, werden statistischen Tests unterzogen; von daher ist die oft anzutreffende Bezeichnung „abhängige" Wahrscheinlichkeiten etwas irreführend..

Tabelle 14.5: Veranschaulichung der diskordanten und der konkordanten Wahrscheinlichkeiten bei wiederholten Messungen in Form einer 2x2-Kontingenztafel			
Zeitpunkt A: vor dem Training	Leistungs- fähigkeit	Zeitpunkt B: nach dem Training	
		gering (−)	hoch (+)
	gering (−)	$f_{b,a}/N = p_{--}$	$f_{b,b}/N = p_{-+}$	p_A
	hoch (+)	$f_{b,c}/N = p_{+-}$	$f_{b,d}/N = p_{++}$	
		p_B		N

Anmerkungen: Bei der Einflussnahme handele es sich um ein Training. Die relevante AV ist die Leistungsfähigkeit. − N bezeichnet den Gesamtstichprobenumfang.

Die Wahrscheinlichkeiten p_{-+} und p_{+-} heißen *diskordant* und sind voneinander unabhängig. Voneinander unabhängig sind auch die beiden Wahrscheinlichkeiten p_{++} und p_{--}, die *konkordant* genannt werden. Demgegenüber sind die Wahrscheinlichkeiten p_{--} und p_{-+} einerseits und p_{+-} und p_{++} andererseits voneinander abhängig. Es gilt dann:

(14.52) $p_A - p_B = p_{-+} + p_{--} - (p_{+-} + p_{--}) = p_{-+} + p_{--} - p_{+-} - p_{--} = p_{-+} - p_{+-}$.

Ferner gilt: $(N)p_{++} = f_{b,a}$; $(N)p_{+-} = f_{b,b}$; $(N)p_{-+} = f_{b,c}$ und $(N)p_{--} = f_{b,d}$ sowie $(f_{b,b} - f_{b,c})/N = p_A - p_B$ und $f_{b,a} + f_{b,d} = n_A + n_B = N$.

Getestet wird die Hypothese, dass die Wahrscheinlichkeit π_{-+}, der Kategorie „−+" anzugehören, sich von der Wahrscheinlichkeit π_{-+}, zur Kategorie „+−" zu gehören, unterscheidet oder nicht. Die Hypothesen kann natürlich auch gerichtet sein:

(14.53) $H_0: (\pi_A - \pi_B = 0)$ vs. $H_1: (\pi_A - \pi_B \neq 0)$ oder

$H_0: (\pi_A - \pi_B \leq 0)$ vs. $H_1: (\pi_A - \pi_B > 0)$.

Die Differenz der beiden unabhängigen Wahrscheinlichkeiten $p_A - p_B$ wird wieder mittels **z-Tests** unter Verwendung der Standard-Normalverteilung (Tabelle A.1 im Anhang) auf statistische Signifikanz getestet (vgl. Lachin, 1981, S. 102):

$$(14.54) \quad z_{emp} = \frac{f_{b,b} - f_{b,c}}{\sqrt{f_{b,b} + f_{b,c}}} = \frac{p_{+-} - p_{-+}}{\sqrt{\frac{(p_{+-} + p_{-+})}{N}}} = \frac{p_A - p_B}{\sqrt{\frac{p_A + p_B}{N}}}.$$

Bei dem vorstehenden Test handelt es sich um den **McNemar-Test** (McNemar, 1947), der meist mittels χ^2-**Test** durchgeführt wird (vgl. z.B. Bortz, 1999, S. 156):

$$(14.55) \quad \chi^2_{emp} = \frac{(f_{b,b} - f_{b,c})^2}{f_{b,b} + f_{b,c}}.$$

Der **McNemar-Test** kann auch zur Testung weiterer Hypothesen über Wahrscheinlichkeiten bei wiederholten Messungen in einer Stichprobe verwendet werden, also über p_{++} (p_a) und p_{--} (p_d), die ebenfalls unabhängig voneinander sind (vgl. Bortz, 1999, S. 156-157). Der **z-Test** nach Formel (14.54) nimmt dann entsprechend die folgende Form an:

$$(14.56) \quad z_{emp} = \frac{f_{b,a} - f_{b,d}}{\sqrt{f_{b,a} + f_{b,d}}}.$$

Bortz (1999, S. 155-157) behandelt auch den Fall, dass man mit Prozentwerten anstelle der beobachteten Häufigkeiten operiert, wodurch sich jedoch hinsichtlich der Testplanung keinerlei neue Aspekte ergeben. - Für den Fall, dass von der ersten zur zweiten Erhebung Vpn „verloren gehen", ist der **McNemar-Test** zu modifizieren; Ekbohm (1982) sowie Marascuilo, Omelick und Gokhole (1988) gehen darauf im Einzelnen ein. Die einfachste Möglichkeit dürfte allerdings darin bestehen, die nur einmal untersuchten Vpn aus den Berechnungen herauszunehmen. Dies macht allerdings eine neuerliche Testplanung erforderlich.

Für die **Planung** des Tests in Formel (14.54) und in Formel (14.56) stehen geeignete Formeln m.W. nicht zur Verfügung. Lachin (1981, S. 102-103) behandelt den Fall zwar, operiert aber mit Differenzen von Wahrscheinlichkeiten; eine Adaptation seiner Formeln auf die hier verwendete Effektgröße $v_{pp,AB}$ ist mir leider nicht gelungen. Aber für den **McNemar-Test** ist eine **Effektgröße** definiert, und zwar das multiple Korrelationsquadrat $R^2_{\chi 2}$ (Serlin, Carr & Marascuilo, 1982, S. 788):

$$(14.57) \quad R^2_{\chi 2} = R^2_M = \chi^2_M / N.$$

Unter Verwendung des multiplen Korrelationsquadrates erfolgt die **Testplanung** für den **McNemar-Test** über die nonzentralen χ^2-Verteilungen. Bei gerichteten Hypothesen ist die Testung der dem **McNemar-Test** zugrunde liegenden Hypothesen mittels **z-Test** (s.o.) vorzunehmen. Wegen der Beziehung:

(14.58) $r = \dfrac{z_{emp}}{\sqrt{N}} = r_\phi$.

[Liebetrau, 1983, S. 43; Rosenthal, 1991, S. 19; vgl. auch Abschn. 7.3, Formel (7.82)] kann dann zur **Testplanung** auch die Phi-Korrelation r_ϕ aus Abschnitt 14.1.3 herangezogen werden [vgl. die Testplanungsformeln (14.40) bis (14.42) in Abschn. 14.1.3]. Dabei gilt für in Form einer Vier-Felder-Kontingenztafel angeordnete Daten:

(14.59) $\omega^2 = \eta^2_{\chi 2} = \rho^2_\phi$.

Überträgt man die Konventionen, die J. Cohen (1988, S. 224-225) für ω vorgeschlagen hat, auf die Effektgröße $\eta^2_{\chi 2} = \omega^2$, dann ergibt sich: $\eta^2_{\chi 2} = \mathbf{0{,}01}$ für einen **kleinen Effekt** ($\eta_{\chi 2} = 0{,}10$); $\eta^2_{\chi 2} = \mathbf{0{,}09}$ für einen **mittleren Effekt** ($\eta_{\chi 2} = 0{,}30$) und $\eta^2_{\chi 2} = \mathbf{0{,}25}$ für einen **großen Effekt** ($\eta_{\chi 2} = 0{,}50$).

Beispiel 14.9: Es wird immer Klage darüber geführt, dass Kinder unter einer eingeschränkten Leistungsfähigkeit leiden. Diese Leistungsfähigkeit kann mit recht zahlreichen Methoden wie Therapien, Trainings, Medikamenten usw. verbessert werden. Ein Team von Psychologinnen hat ein neues Training für Kinder im Vorschulalter entwickelt, das einerseits die Wahrnehmung und andererseits die Konzentration fördern soll. Es erstreckt sich über 20 halbstündige Sitzungen und kann zweimal die Woche durchgeführt werden. Die Wirksamkeit dieses Trainings ist zu evaluieren, womit ein Psychologe betraut wird. Ihm gelingt es, mehrere Vorschulkindergärten zur Mitarbeit zu bewegen, so dass N = 120 Kinder zur Verfügung stehen. Alle Teilnehmer/innen an der Untersuchung vertreten die Wirksamkeitshypothese **PH-84** einer **isolierten Evaluation**, dass das neue Training im Mittel wirksam ist. Auf der Ebene der PV-84(B;p;wdh) wird konkretisiert, mittels welcher Verfahren die Leistungsfähigkeit der Kinder erfasst werden soll, und es werden ein kindgerechter Wahrnehmungstest und ein kindgerechter Konzentrationstest ausgewählt. Diese werden vor und nach dem Training von den Kindern bearbeitet. Ferner konkretisiert der Evaluator auf dieser Ebene, was unter „wirksam sein" verstanden werden soll. Wenn das Training wirkt, dann müsste die Leistungsfähigkeit für die überwiegende Anzahl der Kinder zunehmen. Die Festlegung auf „die überwiegende Mehrheit der Kinder" bedeutet dann, dass mit Wahrscheinlichkeiten operiert werden soll und damit auch mit Einzelfallanalysen, in deren Verlauf die Responder, die also auf das Training ansprechen, ermittelt werden [Ebene der SV-84(B;p;wdh)]. Der Evaluator leitet ab:

(14.60) (PH-84 $\wedge$ VSVS) $\approx$> [PV-84(B;p;wdh) $\wedge$ SHH] $\approx$>

$\approx$ > SV-84(B,p;wdh) $\approx$> ST-84(B;p;wdh): ($H_{1,13}$: $\pi_A - \pi_B > 0$).

π_A steht für die Proportion derjenigen Kinder, deren Leistung sich steigert, und π_B für diejenigen Kinder, bei denen das neue Training nicht wirkt. Nach den Vortests wird das Training durchgeführt, wobei das Team von Psychologinnen von einigen Studierenden, die eingehend in die Trainings und ihre Durchführung eingewiesen werden, tatkräftig unterstützt wird. Die an der Evaluation Teilnehmenden erwarten eine hohe Proportion in der Kategorie −+ und eine kleine Besetzung in der Kategorie +−. Dementsprechend legt der Evaluator einen großen Effekt fest, nämlich $\rho_{\phi,krit,13} = 0{,}40$ ($\rho^2_{\phi,krit,13} = 0{,}16$). Einsetzen in Formel (14.41) ergibt dann: $(z_{1-\alpha} + z_{1-\beta})^2 = (120)0{,}16 = 19{,}20$ und $(z_{1-\alpha} + z_{1-\beta}) = 4{,}3818$. Damit lassen sich die folgenden Fehlerwahrscheinlichkeiten festlegen: $\alpha_{krit,13} = 0{,}01$ und $\beta_{krit,13} = 0{,}025$ - eine Folge der vglw. großen Stichprobe und des großen Effektes. - Zum gleichen Ergebnis führt im Übrigen die Testplanung über die nonzentralen χ^2-Verteilungen und die Verwendung der Formel für die TPS 2 nach Formel (14.31). Die nachstehende Tabelle 14.5 enthält die Ergebnisse.

Tabelle 14.5: Ergebnisse zur Wirksamkeit eines Trainings zur Steigerung der Leistungsfähigkeit (PH-84)				
	Leistungs-fähigkeit	Zeitpunkt B: nach dem Training		
		gering (−)	hoch (+)	
Zeitpunkt A: vor dem Training	gering (−)	$f_{b,a} = 16$ $p_{--} = 0{,}1333$	$f_{b,b} = \sum T_{i,1} = 60$ $p_{-+} = 0{,}50$	$f_{b,1.} = 76$ $p_A = 0{,}6333$
	hoch (+)	$f_{b,c} = \sum T_{i,2} = 4$ $p_{+-} = 0{,}0333$	$f_{b,d} = 40$ $p_{++} = 0{,}3333$	$f_{b,2.} = 44$
		$p_B = 0{,}1667$		$p = 1; N = 120$

Einsetzen der Wahrscheinlichkeiten p in Formel (14.54) führt zu: $z_{emp,13} = (p_A - p_B)/[(p_A + p_B)/N] = (0{,}50 - 0{,}0333)/(0{,}0697) = 5{,}9761$ bei $z_{krit(0,01),13} = 2{,}33$. Die vorhersagekonforme $H_{1,13}$ und die ihr äquivalente SV-84(B,p;wdh;K=1) werden angenommen. Die empirische Effektgröße lautet: $r_{\phi,13} = 0{,}5455$ und ist größer als der Kriteriumswert $\rho_{\phi,krit,13} = 0{,}40$. Daher kann die PV-84(B,p;wdh;K=1) als eingetreten beurteilt werden und die Wirksamkeitshypothese PH-84 als bewährt: Das neue Training hat sich als wirksam erwiesen und bei den meisten Kindern zu einer Leistungssteigerung geführt. - Was bei dieser Evaluationsuntersuchung jedoch fehlt, ist eine Kontrollgruppe, die das zwischenzeitliche Geschehen erfasst, das sich potenziell störend auf die Ergebnisse ausgewirkt haben kann.

Die naheliegende Erweiterung von Tests über unabhängige Wahrscheinlichkeiten aus *einer* Stichprobe mit wiederholen Messungen ist der Test über unabhängige Wahrscheinlichkeiten, die *zwei* unabhängigen Stichproben jeweils mit wiederholten Messungen entstammen. Dies ist das Thema des folgenden Abschnittes.

14.2.2 Hypothesen über vier unabhängige Wahrscheinlichkeiten bei wiederholten Messungen

Bisweilen liegt der Fall vor, dass man Hypothesen über unabhängige Wahrscheinlichkeiten aus zwei voneinander unabhängigen Stichproben prüfen will, in denen wiederholte Messungen vorgenommen werden. Dieser Fall tritt bspw. dann ein, wenn man die PH-84 unter Hinzuziehung einer Kontrollgruppe prüfen will. Die statistischen Hypothesen lauten dann:

(14.61) $H_0: [(\pi_{E,A} - \pi_{E,B}) - (\pi_{K,A} - \pi_{K,B}) = 0]$ vs.

$H_1: [(\pi_{E,A} - \pi_{E,B}) - (\pi_{K,A} - \pi_{K,B}) \neq 0]$ oder

$H_0: [(\pi_{E,A} - \pi_{E,B}) - (\pi_{K,A} - \pi_{K,B}) \leq 0]$ vs. $H_1: [(\pi_{E,A} - \pi_{E,B}) - (\pi_{K,A} - \pi_{K,B}) > 0]$.

Auch hier sind die aufgeführten Wahrscheinlichkeiten unabhängig voneinander. Die vorstehenden Hypothesen werden einem **z-Test** unterzogen, für den gilt (nach Lachin, 1981, S. 104):

$$(14.62) \quad z_{emp} = \frac{(p_{E,A} - p_{E,B}) - (p_{K,A} - p_{K,B})}{\sqrt{\frac{p_{E,A} + p_{E,B}}{N_E} + \frac{p_{K,A} + p_{K,B}}{N_K}}}.$$

In den Formeln (14.61) und (14.62) steht „E" für die Experimentalgruppe und „K" für die Kontrollgruppe. Es gilt dabei: $D_E = (p_{E,A} - p_{E,B})$; $D_K = (p_{K,A} - p_{K,B})$ und $D_{EK} = (p_{E,A} - p_{E,B}) - (p_{K,A} - p_{K,B})$; es handelt sich dabei um einen komplexen Kontrast mit $FG_Z = 1$.

Zunächst werden die beiden Differenzen D_E und D_K separat auf statistische Signifikanz getestet und anschließend die Differenz der beiden Differenzen, D_{EK}. Als **Effektgrößen** werden die Phi-Korrelationen $\rho_{\phi,E}$, $\rho_{\phi,K}$ und $\rho_{\phi,EK}$ benutzt, für die auch die entsprechenden **z-Tests** geplant werden. Da jedoch die Differenz zweier Korrelationen zu testen ist, müssen die Korrelationen nach J. Cohen (1988, S. 110) und nach Sachs (1984, S. 331) einer Z-Transformation nach Fisher [1950, S. 198; vgl. auch Bortz, 1999, S. 209, sowie Abschn. 12.1, Formeln (12.5) bis (12.8)] unterzogen werden, und zwar wie folgt:

$$(14.63) \quad Z(\rho_\phi) = 0{,}5 \ln\left(\frac{1 + \rho_\phi}{1 - \rho_\phi}\right).$$

ln bezeichnet den natürlichen Logarithmus zur Basis e = 2,718... . Die Rückrechnung von $Z(\rho_\phi)$ in ρ_ϕ erfolgt nach (Bortz, 1999, S. 209):

$$(14.64) \quad \rho_\phi = \frac{e^{2Z(\rho_\phi)} - 1}{e^{2Z(\rho_\phi)} + 1}.$$

In beiden Formeln ist ρ_ϕ durch r_ϕ zu ersetzen, wenn empirische Phi-Korrelationen der Z-Transformation unterzogen werden sollen. Damit ergibt sich:

(14.65) $Z(\rho_{\phi,EK}) = Z(\rho_{\phi,E}) - Z(\rho_{\phi,K})$.

Diese Differenzbildung ist im Übrigen statthaft, da die beiden ihr zugrunde liegenden Kontraste voneinander unabhängig sind. Auch der auf dieser Effektgröße $\rho_{\phi,EK}$ beruhende Test wird unter Verwendung der Standard-Normalverteilung geplant. – Nimmt man die **Testplanung** über die nonzentralen χ^2-Verteilungen vor, fungiert das multiple Korrelationsquadrat als **Effektgröße** [vgl. Formel (14.57)]. Auch multiple Korrelationen $R_{Y.B}$, $\eta_{Y.B}$, $R_{\chi 2}$ und $\eta_{\chi 2}$ können nach Hays (1994, S. 712) nach den Formeln (14.63) und (14.64) Z-transformiert werden (vgl. Abschn. 12.4):

(14.66) $Z(\eta_{\chi 2,EK}) = Z(\eta_{\chi 2,E}) - Z(\eta_{\chi 2,K})$.

Für die Testplanung für χ^2-**Tests** werden dann die in Abschnitt 14.1.3 eingeführten Formeln (14.30) bis (14.32) benutzt.

Beispiel 14.10: Gegen das Vorgehen zur Prüfung der Wirksamkeit eines Trainings zur Leistungssteigerung bei Kindern in Beispiel 14.9 im vorigen Abschnitt kann argumentiert werden, dass die Ergebnisse zumindest teilweise auf nicht kontrolliertes zwischenzeitliches Geschehen in der Kontrollgruppe zustande gekommen sind. Daraufhin wird eine weitere Untersuchung (**isolierte Evaluation**) geplant, in der sowohl eine Kontrollgruppe als auch ein Follow-up vorgesehen werden. Mit den Kindern der Kontrollgruppe werden andere Trainingsmaterialien bearbeitet als mit der Experimentalgruppe. Mit der Durchführung der Untersuchung wird erneut der Psychologe aus Beispiel 14.9 betraut, und es stehen dieses Mal $N_E = N_K$ = 120 Kinder zur Verfügung (E: Experimentalgruppe; K: Kontrollgruppe). Naheliegenderweise vertreten die an der Evaluation Teilnehmenden die Wirksamkeitshypothese **PH-85** einer isolierten Evaluation, dass das Programm auch im Vergleich zu einer Kontrollgruppe wirksam ist. Es resultiert:

(14.67) (PH-85 $\wedge$ VSVS) $\approx$> [PV-85(B;p;wdh) $\wedge$ SHH] $\approx$>

$\approx$> SV-85(B;p;wdh) $\approx$> ST-85(B;p;wdh):

[($H_{1,14}$: $\psi_{E,14} = \pi_{E-+} - \pi_{E+-} > 0$) $\wedge$ ($H_{0,15}$: $\psi_{K,15} = \pi_{K-+} - \pi_{K+-} = 0$) $\wedge$

$\wedge$ ($H_{1,16}$: $\psi_{EK,16} = \psi_{E,14} - \psi_{K,15} > 0$)] $\wedge$ ($H_{0,17}$: $\psi_{17} = \pi_{FU} - \pi_N \geq 0$)].

Der Index „N" steht für „Nachtest" und der Index „FU" für „Follow-up" ($H_{0,17}$).
Für die Planung des Tests über den Kontrast ψ_{14} legt der Evaluator den gleichen Kriteriumswert für die Effektgröße fest wie in der vorigen Untersuchung, nämlich $\rho_{\phi,E,krit,14}$ = 0,40, so dass sich bei $N_E = 120$ $\alpha_{krit,14}$ = 0,01 und $\beta_{krit,14}$ = 0,025 ergibt: – Unter der Hypothese $H_{0,15}$ (Kontrollgruppe) werden nur zufällige Veränderungen erwartet. Um jedoch zu akzeptablen Fehlerwahrscheinlichkeiten zu gelangen, legt der Evaluator fest: $\rho_{\phi,K,krit,15}$ = 0,20, obwohl es der abgeleiteten Nullhypothese eher entsprechen würde, einen Effekt in der Größenordnung $\rho_{\phi,K,krit,15} \leq 0,10$ vorzugeben. Einsetzen in Formel (14.41) führt zu: $(z_{1-\alpha} + z_{1-\beta})^2 = 120(0,04) = 4,00$

und damit $(z_{1-\alpha} + z_{1-\beta}) = 2{,}00$. Der Evaluator legt fest: $\alpha_{krit,15} = 0{,}15$ und $\beta_{krit,15} = 0{,}15$. Der Test des komplexen Kontrastes beruht auf der Effektgröße $Z(\rho_{\phi,EK,krit,16}) = Z(\rho_{\phi,E,krit,14}) - Z(\rho_{\phi,K,krit,15}) = 0{,}4236 - 0{,}2027 = 0{,}2209$, so dass $\rho_{\phi,EK,krit,16} = 0{,}2173$ und $\rho^2_{\phi,EK,krit,16} = 0{,}0472$. Daraus folgt: $(z_{1-\alpha} + z_{1-\beta})^2 = 240(0{,}0472) = 11{,}3373$ bzw. $(z_{1-\alpha} + z_{1-\beta}) = 3{,}3671$. Demnach können die folgenden Fehlerwahrscheinlichkeiten gewählt werden: $\alpha_{krit,16} = 0{,}05$ und $\beta_{krit,16} = 0{,}05$. Der statistische Test über den Kontrast $\psi_{EK,16}$ wird allerdings nur dann durchgeführt, wenn die beiden ihm vorgeordneten Kontrasthypothesen angenommen werden können. - Für den abschließenden **Vorzeichen-Test** wird festgelegt: $\alpha_{krit,17} = 0{,}01$ und $\gamma_{p,krit,17} = 0{,}20$ nach Formel (14.4) in Abschnitt 14.1.1. Gefragt ist nach der Teststärke [TPS 2; Formel (14.8) in Abschn. 14.1.1]. Einsetzen ergibt: $z_{1-\beta} = [\sqrt{120}(0{,}20) - 2{,}33(0{,}5)]/[(0{,}20)(0{,}80)]^{1/2} = 2{,}5647$ und damit $\beta_{krit,17} = 0{,}01$. Die Kumulation beläuft sich hier auf: $\varepsilon_{85,krit} \leq \max(0{,}01; 0{,}15; 0{,}05; 0{,}01) = 0{,}15$ und $\varphi_{85,krit} = (0{,}025 + 0{,}20 + 0{,}05 + 0{,}01) = 0{,}285$. - Das Training wird durchgeführt, und nach seinem Abschluss ergeben sich die Daten, die in den beiden Tabellen 14.6 und 14.7 zusammengefasst sind. Das in den Tabellen nicht enthaltene Ergebnis des **Vorzeichen-Tests** (Kontrast Nachtest - Follow-up) lautet: $T_{17} = 65$.

Tabelle 14.6: Ergebnisse zur Wirksamkeit eines Trainings zur Steigerung der Leistungsfähigkeit (PH-85) (Experimentalgruppe)					
	Leistungs-fähigkeit	**Zeitpunkt B: nach dem Training**		
Zeitpunkt A: Vor dem Training		gering (−)	stark (+)	
	gering (−)	$f_{b,a} = 14$ $p_{--} = 0{,}1167$	$f_{b,b} = 76$ $p_{-+} = 0{,}6333$	$f_{b,1.} = 90$ $p_A = 0{,}750$
	hoch (+)	$f_{b,c} = 4$ $p_{+-} = 0{,}0333$	$f_{b,d} = 40$ $p_{++} = 0{,}3333$	$f_{b,2.} = 30$
		$p_B = 0{,}150$		$N_E = 120$

Die Auswertung führt zu: $D_{E,14} = (p_{E-+} - p_{E+-}) = 0{,}750 - 0{,}150 = 0{,}600$ und $D_{K,15} = (p_{K-+} - p_{K+-}) = 0{,}5833 - 0{,}5750 = 0{,}0080$ und $D_{EK,16} = D_{E,14} - D_{K,15} = 0{,}5917$. Die Berechnung der empirischen z-Werte nach Formel (14.56) ergibt dann: $z_{emp,14} = 6{,}9282$ bei $z_{krit(0,01),14} = +2{,}22$ sowie $z_{emp,15} = 0{,}084$ bei $z_{krit(0,15/2),15} = \pm 1{,}440$ und $z_{emp,16} = 4{,}5179$ bei $z_{krit(0,05),16} = +1{,}645$ [nach Formel (14.62)]. Für den **Vorzeichen-Test** nach Formel (14.3) in Abschnitt 14.1.1 ergibt sich: $z_{emp,17} = 4{,}5644$ bei $z_{krit(0,01),17} = -2{,}580$. Alle vorhersagekonformen Hypothesen können angenommen werden und damit auch SV-85(B;p;wdh;K=2). Die empirischen Effekte lauten: $r_{\phi,E,krit,14} = 0{,}6325 > \rho_{\phi,E,krit,14} = 0{,}40$; $r_{\phi,E,krit,15} = 0{,}0008 < \rho_{\phi,K,krit,15} = 0{,}20$; $r_{\phi,EK,krit,16} = 0{,}2915 > \rho_{\phi,E,krit,16} = 0{,}2173$ und $g_{p,17} = 0{,}50 - 0{,}2708 = 0{,}2292 > \gamma_{p,krit,17} = 0{,}20$. Die Effekte sind alle mindestens so groß wie die Vorgaben, dass die PV-85(B;p;wdh) als eingetreten beurteilen wird und die Wirksamkeitshypothese PH-85 als bewährt. Auch im Vergleich zu einer Kontrollgruppe erweist sich das neue Programm als sehr wirksam, und zudem dauert die Wirksamkeit bei etwa 70% der Kinder auch mindestens ein halbes Jahr an.

Testplanung für Hypothesen über Wahrscheinlichkeiten 479

Tabelle 14.7: Ergebnisse zur Wirksamkeit eines Trainings zur Leistungssteigerung bei Kindern in der später behandelten Kontrollgruppe (PH-85)

	Leistungs-fähigkeit	Zeitpunkt B: nach den Training		
		gering (–)	stark (+)	
Zeitpunkt A: Vor den Trainings	gering (–)	$f_{b,a,K} = 67$ $p_{K--} = 0{,}5583$	$f_{b,b,K} = 3$ $p_{K-+} = 0{,}025$	$f_{b,1.} = 70$ $p_{K,A} = 0{,}5833$
	hoch (+)	$f_{b,c,K} = 2$ $p_{K+-} = 0{,}0167$	$f_{b,d,K} = 48$ $p_{K++} = 0{,}40$	
		$p_{K,B} = 0{,}5750$		$N_K = 120$

Auch in diesem Beispiel ist es möglich, die PH in vier einzelne psychologische Hypothesen zu zerlegen, so dass jede Hypothese einem der abgeleiteten Kontraste entspricht. Es tritt dann keine Kumulierung der statistischen Fehlerwahrscheinlichkeiten auf, und damit braucht auch nicht adjustiert zu werden. Auch ist es mglich, die PH-88 in zwei prüfbare Hypothesen zu zerlegen, von denen sich die eine auf die Wirksamkeit des Trainings relativ zur Kontrollgruppe bezieht (konjunktive Zusammenfassung der Kontraste ψ_{14}, ψ_{15} und ψ_{16}), während die zweite Hypothesen die längerfristige Wirksamkeit des Trainings behauptet (Kontrast ψ_{17}).

14.2.3 Hypothesen über mehrere unabhängige Wahrscheinlichkeiten bei wiederholten Messungen

Die Verallgemeinerung des **McNemar-Tests** besteht darin, dass Erhebungen an denselben Vpn nicht nur zweimal durchgeführt werden, sondern K-mal mit $K \geq 3$. In jeder Versuchsbedingung wird dann pro Vp festgestellt, ob sie ein bestimmtes Kriterium erreicht (1) oder nicht (0), ob sie ein bestimmtes Merkmal aufweist (1) oder nicht (0) usw. Die abhängige Variable ist also dichotom. Nach der Datenerhebung wird pro Versuchsbedingung B_k die Anzahl der Einsen bestimmt; diese Anzahl sei T_k. Dann wird pro Vp i über die K Bedingungen B_k die Anzahl der Einsen ausgezählt; diese Anzahl sei T_i. Ferner bezeichne $T = \sum T_k = \sum T_i$ die Gesamtanzahl aller Einsen. Aus diesen Informationen wird der Wert der Teststatistik Q_{emp} auf die folgende Art bestimmt (vgl. Bortz, 1999, S. 157; Conover, 1999, S. 252; Silverstein, 1974, S. 333) (**Q-Test** nach Cochran, 1950):

$$(14.68) \quad Q_{emp} = \frac{(K-1)\left(K\sum T_k^2 - T^2\right)}{KT - \sum T_i^2} = \frac{QSB(K-1)}{(QSB + QSRes)/nK}.$$

Die Teststatistik Q_{emp} ist mit $FG_Z = K - 1$ approximativ χ^2-verteilt, sofern $nK = N > 30$ ist (Bortz, 1999, S. 158) (vgl. Tab. A.7 im Anhang). Auch Q_{emp} kann unter Verwendung von Quadratsummen berechnet werden (Conover, 1999, S. 258; Silverstein, 1974, S. 332-333; s.o.):

(14.69) $\text{QSB} = \sum T^2_k/n - T^2/nK$,

(14.70) $\text{QSP(A)} = \sum T^2_i/K - T^2/nK$

(14.71) $\text{QSRes} = T - \sum T^2_k/n - \sum T^2_i/K + T^2/nK$.

Der empirische F-Wert ist dabei mit $FG_Z = (K-1$ und $FG_N = (n-1)(K-1)$ eine monotone Funktion von Q_{emp} (Conover, 1999, S. 258; Silverstein, 1974, S. 332):

(14.72) $F_{emp} = \dfrac{(n-1)Q_{emp}}{n(K-1)Q_{emp}} = \dfrac{\text{QSB}/(K-1)}{\text{QSRes}/[(n-1)(K-1)]} = \dfrac{\text{QSB}}{\text{QSRes}/(n-1)}$.

Die mit dem **Q-Test** gegeneinander getesteten statistischen Hypothesen lauten:
(14.73) $H_{0,Q}$: ($\pi_k = \pi_{k'}$ für *alle Paare* k, k') bzw.

$[E(\overline{T}_k) = E(\overline{T}_{k'})$ für *alle Paare* k, k'] und

$H_{1,Q}$: ($\pi_k \neq \pi_{k'}$ für *mindestens ein Paar* k, k') bzw.

$[E(\overline{T}_k) \neq E(\overline{T}_{k'})$ für *mindestens ein Paar* k, k'].

Der **Q-Test** nach Cochran ist also ein einseitiger globaler Test, der simultan $K \geq 3$ Wahrscheinlichkeiten miteinander kontrastieren kann, wobei ihm ungerichtete Hypothesen zugrunde liegen. Für ihn ist die folgende **Effektgröße** definiert (Serlin, Carr & Marascuilo, 1982, S. 788):

(14.74) $R^2_{\chi 2} = R^2_Q = Q_{emp}/[n(K-1)]$.

Die **Testplanung** erfolgt hier über die nonzentralen χ^2-Verteilungen, also nach den Formeln (14.30) bis (14.32) in Abschnitt 14.3.1.

Eine Variante des **Q-Tests** ergibt sich dann, wenn man J Blöcke mit jeweils n Vpn bildet (Blockfaktor A), so dass die Gesamtzahl der Beobachtungen $N = nJK$ beträgt. Die Teststatistik Q_{emp} wird dann berechnet nach (Conover, 1999, S. 258):

(14.75) $Q_{emp} = nK(K-1) \dfrac{\sum (T_k - T/K)^2}{\sum T_i(nK - T_i)}$.

Mittels dieser Formel werden die statistischen Hypothesen auf der Ebene des Haupteffektes B getestet. Die **Testplanung** des Tests erfolgt ebenfalls nach den Formeln (14.30) bis (14.32). Ist dagegen die Anzahl der ähnlichen Vpn pro Block hinreichend groß ($n \geq 15$), kann man separat für jeden Block eine PH formulieren und prüfen. Die **Planung der Tests** erfolgt erneut den soeben angegebenen Formeln und die Testung der statistischen Hypothesen mit dem **Q-Test** in Formel (14.68). Darüber hinaus ist es auch möglich, Hypothesen über die (voneinander unabhängigen) Stufen des Blockfaktors A zu testen, und zwar entweder mit dem χ^2- oder dem **Korrelations-Test** in Abschnitt 14.1.3, denn die Daten pro Block sind abhängig voneinander.

Beipiel 14.11 (in Anlehnung an Marascuilo & McSweeney, 1977, S. 166, S. 176-180). Ein Psychologe benötigt für eine geplante Hypothesenprüfung einen Satz von gleichschweren Problemen. Diese hat er selbst entworfen und will nun in einem Vorversuch ermitteln, ob diese Probleme von Kindern auch als gleich schwer erlebt werden. Die Hypothese, die er dem Vorversuch voranstellt, besagt, dass die vier Probleme gleichschwer sind (**PH-86**). Die abhängige Variable besteht in der Feststellung, dass ein Kind ein Probem gelöst (1) oder nicht gelöst (0) hat. Er will den Vorversuch mit n = 39 Schulkindern durchführen, die alle Probleme bearbeiten sollen, allerdings in randomisierter Reihenfolge, um zumindest die einfachen Sequenzwirkungen zu kontrollieren. Der VL leitet folgende Vorhersagen ab:

(14.76) (PH-86 $\wedge$ VSVS) $\approx$> [PV-86(B;p;wdh;K=4) $\wedge$ SHH] $\approx$>

$\approx$> SV-86(B;p;wdh;K=4) $\approx$> ST-86(B;p;wdh;K=4;DER):

($H_{0,18}$: $\pi_k = \pi_{k'}$ *für alle Paare* k, k').

Der Forscher legt mit $\omega_{krit,18}$ = 0,20 einen relativ kleinen nachzuweisenden Effekt fest. Wie groß sind dann die beiden Fehlerwahrscheinlichkeiten (TPS 2)? Einsetzen in Formel (14.32) führt zu: $N_{0,10}$ = 100(39)(4)0,04 = 156. Mit diesem geringen Stichprobenumfang lassen sich keine vernünftigen Fehlerwahrscheinlichkeiten realisieren. Also wird der Effekt auf $\omega_{krit,18}$ = 0,30 vergrößert, und erneutes Einsetzen in Formel (14.32) resultiert in: $N_{0,10}$ = 100(39)(4)0,09 = 1404. Ablesen in Tabelle A.2 des Anhanges ergibt: $\alpha_{krit,18}$ = 0,05 und $\beta_{krit,18}$ = 0,10. Der Versuch wird als Gruppenversuch durchgeführt und erbringt folgende Kennwerte, die nur auf den sog. „informativen" Zeilen beruhen, für die gilt: 0 < T_i < K (Marascuilo & McSweeney, 1977, S. 179). Im Beispiel liegen neun „uninformative" Zeilen vor (T_i = 0 oder T_i = K), die aus der Berechnung ausgeschlossen werden. Dies erfordert eine neuerliche Testplanung. Erneute Berechnung führt zu: $N_{0,10}$ = 100(30)(4)0,09 = 1080. Daraus kann die folgende Kombination von Fehlerwahrscheinlichkeiten konstruiert werden: $\alpha_{krit,18}$ = 0,05 und $\beta_{krit,18}$ = 0,20. Für die verbleibenden Daten lässt sich errechnen: T_1 = 9, T_2 = 5, T_3 = 18, T_4 = 26 und $\sum T_i$ = T = 58 sowie $\sum T^2_i$ = 126. Einsetzen in Formel (14.68) ergibt:

$$Q_{emp,18} = \frac{3[(4)1106 - 3364]}{4(58) - 126} = 30,00.$$ Zu diesem Wert gehört $\chi^2_{krit(0,05;FG=3),18}$ = 7,8147. Also ist der Q_{emp}-Wert wider Erwarten statistisch signifikant und führt zur Ablehnung der SV-86(B;p;wdh;K=4): Die ausgewählten Probleme werden entgegen den Erwartungen als unterschiedlich schwer erlebt; die PH-86 hat sich nicht bewährt. Die Effektgröße lautet nach Formel (14.74): $R^2_{\chi 2,18}$ = $R^2_{Q,18}$ = 0,2564 und $R_{\chi 2,18}$ = 0,5064 > $\omega_{krit,18}$.

Im Rahmen des **Q-Tests** von Cochran lässt sich auch die **Methode der geplanten Kontraste und Vergleiche** anwenden. Dazu definiert man einen Kontrast wie folgt (Marascuilo & McSweeney, 1977, S. 180):

(14.77) $\psi_{Q,t} = \sum c_{k,t} E(\overline{T}_k)$,

wobei die c_k wieder die Kontrastkoeffizienten darstellen (vgl. ausführlich Abschn. 7.1); E: Erwartungswert. Bei Paarkontrasten wählt man üblicherweise die Werte +1 und −1. T_k bezeichnet die Anzahl der Einsen pro Messzeitpunkt und T_i die Anzahl der Einsen pro Vp i. Jeder Kontrast beruht auf einem Freiheitsgrad (FG$_Z$ = 1). Die empirische Entsprechung des $\psi_{Q,t}$ in Formel (14.77) lautet:

(14.78) $D_{Q,t} = \sum c_{k,t}(\overline{T}_k)$.

Der Standardfehler dieses Kontrastes lautet wie folgt (Marascuilo & McSweeney, 1977, S. 180):

(14.79) $s_Q(D_t) = \sqrt{\dfrac{K\sum T_i - \sum T_i^2}{nK(K-1)} \left(\dfrac{\sum c_k^2}{n}\right)}$.

Bei einem Paarkontrast und damit K = 2 vereinfacht sich Formel (14.79) zu:

(14.80) $s_Q(D_t) = \sqrt{\dfrac{2\sum T_i - \sum T_i^2}{n^2}}$.

Ungerichtete Hypothesen über diese Kontraste können sowohl mittels χ^2- als auch mittels zweiseitigem **z-Test** getestet werden. Bei gerichteten Hypothesen sollte dagegen der einseitige **z-Test** bevorzugt werden:

(14.81) $z_{emp,t} = D_{Q,t}/s(D_{Q,t})$.

Für die **Testplanung** ist auch bei Kontrasten das multiple Korrelationsquadrat $\eta^2_{\chi 2} = \omega^2$ in Formel (14.59) die **Effektgröße**. Demnach wird im Rahmen des Modells von Cochran für die Planung der Tests von ungerichteten Hypothesen ausgegangen, und bei gerichteten Hypothesen ist dann bei der Heranziehung der Tabelle A.2 des Anhanges mit 2α zu operieren. - Paarkontraste können alternativ, aber mit gleichem Ergebnis auch mit dem **McNemar-Test** getestet werden (siehe zur Herleitung des **McNemar-Tests** aus dem **Q-Test** von Cochran Conover, 1999, S. 255-256).

Beipiel 14.12: Ein Psycholog/inn/enteam hat in Zusammenarbeit mit Mediziner/inne/n eine neue Therapie gegen das nächtliche Bettnässen (Enuresis nocturna) bei Kindern entwickelt, die **isoliert evaluiert** werden soll, und zwar wegen einer fehlenden Vergleichsgruppe nur an einer Stichprobe. Naheliegenderweise vertreten die Beteiligten die Wirksamkeitshypothese **PH-87** einer **isolierten Evaluation**, dass die neue Therapie wirksam ist, dass sie also zu Verbesserungen führt, und ferner die Wirksamkeitshypothese **PH-88**, nach der diese Verbesserungen mindestens ein halbes Jahr andauern sollen. Auf der Ebene der PV-87(B;p;wdh; K=3) wird festgelegt, dass man von einer „wirksamen Therapie" sprechen will, wenn beim Kontrast der beiden Erhebungszeitpunkte nach der Therapie untereinander und jeweils mit den beiden zusammengefassten Erhebungszeitpunkten vor der Therapie deutliche Verbesserungen zu verzeichnen sind. Die n = 15 Kinder, bei denen nächtliches Bettnässen diagnostiziert wurde, sollen dabei stationär behandelt werden. In zwei aufeinanderfolgenden Nächten wird festgestellt, ob die Kinder einnässen (0) oder nicht (1) (zwei Vortests). Danach erhalten alle Kinder, die mindestens einmal in den beiden Nächten eingenässt haben, die Therapie; die beiden Vortests werden also zusammengefasst (B_V). Unmittelbar nach der Therapie wird eine Nachtesterhebung durchgeführt (B_N), die ein halbes Jahr später wiederholt wird (Follow-up) (B_{FU}). Die Ableitung der Vorhersagen ergibt:

(14.82) (PH-87 $\wedge$ VSVS) $\approx$> [PV-87(B;p;wdh;K=3) $\wedge$ SHH] $\approx$>

$\approx$>SV-87(B;p;wdh;K=3;KER) $\approx$> ST-87(B;p;wdh;K=2):

[$H_{1,19}$: ψ_{19} = E($\bar{T}_N$) − E($\bar{T}_V$) > 0] $\wedge$ [$H_{1,20}$: ψ_{20} = E($\bar{T}_{FU}$) − E($\bar{T}_V$) > 0].

(14.83) (PH-88 $\wedge$ VSVS) $\approx$> [PV-88(B;p;wdh;K=2) $\wedge$ SHH] $\approx$>

$\approx$>SV-88(B;p;wdh;K=2) $\approx$> ST-88(B;p;wdh;K=2):

[$H_{0,21}$: ψ_{21} = E($\bar{T}_N$) − E($\bar{T}_{FU}$) = 0].

Es werden in allen drei Fällen die Kontrastkoeffizienten +1 und −1 gewählt. $\bar{T}_k$ bezeichnet den Mittelwert von T_k pro Erhebungszeitpunkt. Es kumulieren in diesem Fall $\beta_{krit,19}$ und $\beta_{krit,20}$ (vgl. Abschn. 7.2). Da n = 15 und K = 3 bereits festliegen, kommt für die Planung der drei vorgesehenen Tests nurmehr die TPS 2 oder die TPS 3 in Frage. Zur Benutzung der TPS 2 nach Formel (14.31) legt der Psychologe, der die Evaluation durchführt, fest: $\omega_{krit,19}$ = $\omega_{krit,20}$ = 0,50. Dies ergibt für die Tests der $H_{1,19}$ und der $H_{1,20}$: $N_{0,10}$ = 100(30)0,25 = 750. Der Psychologe entscheidet sich für $\alpha_{krit,19}$ = $\alpha_{krit,20}$ = 0,10 (einseitig), so dass $\beta_{krit,19}$ = $\beta_{krit,20}$ = 0,075 wird. Daraus folgt: $\varepsilon_{87,krit}$ = max(0,10; 0,10) = 0,10 und $\varphi_{87,krit}$ ≤ (0,075 + 0,075) = 0,15. − Für den Test zur Prüfung der PH-88 resultiert bei $\omega_{krit,21}$ = 0,40: $N_{0,10}$ = 100(30)0,16 = 480. Mit diesem Wert lassen sich $\alpha_{krit,21}$ = 0,20 (zweiseitig) und $\beta_{krit,21}$ = 0,175 realisieren. − Es werden für den Versuch zunächst die Daten in den beiden Vortests erhoben, dann wird die sich über drei Wochen erstreckende Therapie durchgeführt, nach deren Abschluss der Nachtest erhoben wird, und ein halbes Jahr später wird der Follow-up durchgeführt. Tabelle 14.8 enthält die aggregierten Daten.

Tabelle 14.8: Ergebnisse der Evaluation einer Therapie zur Beseitigung des Symptoms Bettnässen (PH-87 und PH-88)					
Untersuchungszeitpunkt und Kontraste					
Vortest 1 und 2 (B_V)	**Nachtest (B_N)**	Kontrast ψ_{19}	**Follow-up (B_{FU})**	Kontrast ψ_{20}	Kontrast ψ_{21}
$\sum T_V$ = 0	$\sum T_N$ = 13	$\sum T_i$ = 13 $\sum T^2_i$ = 13	$\sum T_{FU}$ = 12	$\sum T_i$ = 12 $\sum T^2_i$ = 12	$\sum T_i$ = 24 $\sum T^2_i$ = 45
$\bar{T}_V$ = 0	$\bar{T}_N$ = 0,8667		$\bar{T}_{FU}$ = 0,80		

Der Standardfehler des ersten Kontrastes errechnet sich zu $s(D_Q) = 0,2404$. Damit ergibt sich für die empirischen z-Werte nach Formel (14.81): $z_{emp,19} = (0,8667 - 0,00)/0,2404 = 3,6056$ und $z_{emp,20} = 3,4641 > z_{krit(0,10),t} = 1,282$. Die unter der PH-87 als vorhersagekonform abgeleiteten Alternativhypothesen können beide angenommen werden. Wie groß sind die empirischen Effekte? $R_{\chi2,19} = z_{emp,19}/\sqrt{2n} = 0,6583 > \omega_{krit,19} = 0,50$ und $R_{\chi2,20} = 0,6325 > \omega_{krit,20} = 0,50$. Die beiden empirischen Effekte fallen erwartungskonform aus, so dass die PV-87(B;p;wdh;K=3) als eingetreten angesehen werden soll. Die Wirksamkeitshypothese PH-87 hat sich bewähren können: Die Therapie ist wirksam. Hält ihre Wirksamkeit auch ein halbes Jahr an (PH-88)? Zur Beantwortung dieser Frage wird berechnet: $z_{emp,21} = 0,5774 < z_{krit(0,20/2),21} = \pm 0,84$ und: $R_{\chi2,21} = 0,1054 < \omega_{krit,21} = 0,30$. Die Frage kann positiv beantwortet werden (Bewährung der PH-88).

Allerdings ist eine Einschränkung zu machen: Es wurde keine Kontrollgruppe konstituiert, die u.a. Aufschluss darüber geben könnte, wie viele spontane Remissionen beim nächtlichen Einnässen von Kindern auftreten. Eine Verbesserung des Versuchs bestünde deshalb darin, dass man eine Kontrollgruppe mit einnässenden und eine weitere ohne einnässende Kinder in den Versuchsplan einfügt. Da sich dabei aus der Perspektive der **Testplanung** keinerlei neue Überlegungen ergeben, gehe ich auf die Einzelheiten des Vorgehens nicht weiter ein.

Wegen ihrer Bedeutung für die Prüfung gerichteter psychologischer Hypothesen sei noch erwähnt, dass man auch bei abhängigen Erhebungen statistische Vorhersagen über einen **strikt monotonen Trend** über die K > 2 abhängigen Wahrscheinlichkeiten aufstellen und testen kann; dies geschieht mittels Formel (14.77) bzw. (14.78). Die **Testplanung** beruht dann auf einer der Formeln (14.30) bis (14.32), wobei als **Effektgröße** das $\omega = \eta_{\chi2}$ in Formel (14.59) (Abschn. 14.2.1) benutzt wird, dessen empirische Entsprechung auch bei Kontrasten das multiple Korrelationsquadrat $R^2_{\chi2}$ in Formel (14.74) darstellt.

14.3 Hypothesen über unabhängige Wahrscheinlichkeiten in JxK-Kontingenztafeln

Wie bereits erwähnt, werden als Häufigkeiten anfallende Daten üblicherweise in Form von Mehr-Felder-Kontingenztafeln angeordnet, wobei am häufigsten die 2x2-, also die Vier-Felder-Kontingenztafeln anzutreffen sind (vgl. dazu Tab. 14.1 zu Beginn dieses Kap.). Mittels Kontingenztafeln werden mindestens zwei Merkmale mit je mindestens zwei Stufen oder Ausprägungen untersucht; im einfachsten Fall gilt $J = 2$ und $K = 2$, so dass sich die Freiheitsgrade zu $FG_Z = (J-1)(K-1) = 1$ errechnen. Die Vpn werden genau einer und keiner anderen Merkmalskombination zugeordnet; auf diese Weise entstehen die beobachteten Häufigkeiten pro Zelle, $f_{b,jk}$. Diese lassen sich, falls gewünscht, leicht in (empirische) Wahrscheinlichkeiten p_{jk} umrechnen: p_{jk}

= $f_{b,jk}/N$. Es interessiert dabei, ob die Merkmale stochastisch voneinander unabhängig sind. Stochastische Unabhängigkeit liegt nach dem Multiplikationstheorem der Wahrscheinlichkeitstheorie von Kolmogorov (1933) dann vor, wenn sich die Proportionen oder Wahrscheinlichkeiten p_{jk} in allen Zellen jk als Produkt der zugehörigen der Randwahrscheinlichkeiten p_j und p_k ergeben. Dies findet sich in der Formulierung der Hypothesen wieder, die ungerichtet sind und die lauten:

(14.84) H_0: ($\pi_{jk} = \pi_j \pi_k$ für *alle Zellen* jk) oder ($f_{b,jk} = f_{e,jk}$ für *alle Zellen*) vs.

H_1: ($\pi_{jk} \neq \pi_j \pi_k$ für *mindestens vier Zellen*) oder

($f_{b,jk} \neq f_{e,jk}$ für *mindestens vier Zellen*),

wobei π_j und π_k die Randwahrscheinlichkeiten in der 2x2-Kontingenztafel bezeichnen. $f_{e,jk}$ bezeichnet die unter der Annahme der stochastischen Unabhängigkeit erwarteten Zellenhäufigkeiten, für die bei einer 2x2-Kontingenztafel gilt:

(14.85) $f_{e,jk} = (f_{b,j})(f_{b,k})/N = N(p_j)(p_k)$,

wobei $f_{b,j}$ die Randhäufigkeit in Zeile A_j und $f_{b,k}$ die Randhäufigkeit in Spalte B_k bezeichnet. p_j steht für die Randwahrscheinlichkeit in Zeile A_j und p_k für die Randwahrscheinlichkeit in Spalte B_k. Bildet man dann den Quotienten $f_{b,jk}/N$, erhält man die Wahrscheinlichkeit p_{jk} pro Zelle: $f_{b,jk}/N = p_{jk}$. Besteht die Kontingenztafel aus drei Merkmalen A, B und C mit J, K und L Stufen, ist die vorstehende Formel zu erweitern, da dann gilt:

(14.86) $f_{e,jkl} = (f_{b,j})(f_{b,k})(f_{b,l})/N$.

Zur Testung von Hypothesen der Art in Ausdruck (14.84), die sich auf eine JxK-Kontingenztafel mit $FG_Z = (J-1)(K-1) \geq 1$ beziehen, wird i.A. der einseitige χ^2-**Test** eingesetzt (Bortz, 1999, S. 165; Hays, 1994, S. 858):

(14.87) $\chi^2_{emp} = \sum\sum \frac{(f_{b,jk} - f_{e,jk})^2}{f_{e,jk}} = N\left[\sum\sum \frac{f^2_{b,jk}}{f_{b,j} f_{b,k}} - 1\right]$.

Auch bei dieser Formel sind bei höherdimensionalen Kontingenztafeln entsprechende Erweiterungen vorzunehmen, z.B. bei drei Merkmalen $f_{b,jkl}$ usw.

Für den am häufigsten anzutreffenden Spezialfall einer **Vier-Felder-Kontingenztafel** mit FG = (2-1)(2-1) = 1 kann die Testgröße χ^2_{emp} alternativ auch mit folgender Formel berechnet werden, in der die vier Zellenhäufigkeiten mit $f_{b,a}$ (AB_{11}), $f_{b,b}$ (AB_{12}), $f_{b,c}$ (AB_{21}) und $f_{b,d}$ (AB_{22}) bezeichnet werden (Bortz, 1999, S. 164):

(14.88) $\chi^2_{emp} = \frac{N(f_{b,a} f_{b,d} - f_{b,b} f_{b,c})^2}{(f_{b,a} + f_{b,b})(f_{b,c} + f_{b,d})(f_{b,a} + f_{b,c})(f_{b,b} + f_{b,d})}$.

Eine Prüfinstanz besteht bei einem derartigen χ^2-**Test** aus vier Zellen. Durch den Test werden diese einzelnen Prüfinstanzen unter der ungerichteten Nullhypothese

testbedingt konjunktiv zusammengefasst (KER) und unter der ungerichteten Alternativhypothese **testbedingt** disjunktiv (DER) [vgl. Formel (14.83)]. Die **Entscheidungsregel** wird also auch hier durch das gewählte statistische Verfahren implizit erst auf der Ebene ST festgelegt und nicht vom/von der VL.

Für eine beliebige Mehr-Felder-Kontingenztafel ist die **Effektgröße** ω für die Planung aller χ^2-Tests wie folgt definiert (vgl. J. Cohen, 1988, S. 216), angegeben für eine JxK-Kontingenztafel mit zwei Merkmalen und $J \geq 2$ und $K \geq 2$ [vgl. auch Formel (14.28) in Abschn. 14.1.3]:

$$(14.89) \quad \omega = \sqrt{\sum_{j=1}^{J} \sum_{k=1}^{K} \frac{(\pi_{1,jk} - \pi_{0,jk})^2}{\pi_{0,jk}}}.$$

Kommt noch ein drittes Merkmal hinzu, wird jede Zelle mit jkl indiziert und werden die Formeln (14.84), (14.85) und (14.89) entsprechend erweitert [vgl. auch Formel (14.86)], und bei weiteren Merkmalen wird entsprechend verfahren.

Bei einer 2x2-Kontingenztafel gibt es zwei empirische Entsprechungen der **Effektgröße** ω, nämlich [vgl. auch Formel (14.29)]:

$$(14.90) \quad w = \chi^2_{emp}/N,$$

und die **Phi-Korrelation** aus Abschnitt 14.1.3, Formel (14.34):

$$(14.91) \quad r_\phi = \frac{n_{11} n_{22} - n_{12} n_{21}}{\sqrt{n_{1.} n_{2.} n_{.1} n_{.2}}} = \frac{p_{11} p_{22} - p_{12} p_{21}}{\sqrt{p_{1.} p_{2.} p_{.1} p_{.2}}} = \frac{z_{emp}}{\sqrt{N}} = \sqrt{\frac{\chi^2_{emp}}{N}}.$$

Im Nenner der beiden ersten Brüche stehen die Randhäufigkeiten bzw. -wahrscheinlichkeiten. - Auf der theoretischen Ebene besteht für eine 2x2-Kontingenztafel folgende Beziehung, wobei ρ_ϕ die theoretische Phi-Korrelation bezeichnet:

$$(14.92) \quad \rho_\phi = \omega.$$

Gilt für eine Kontingenztafel, dass $J \geq 3$ und $K = 2$ ist, kann die Phi-Korrelation nicht mehr sinnvoll als Effektgröße berechnet werden, und an ihre Stelle tritt das multiple Korrelationsquadrat $R^2_{\chi2}$ als Spezialfall von w (vgl. Bortz, 1999, S. 493):

$$(14.93) \quad R^2_{\chi2} = w^2 = \chi^2_{FG>1,emp}/N.$$

Unter den genannten Bedingungen gilt ferner (vgl. Hays, 1994, S. 873):

$$(14.94) \quad R^2_{\chi2} = w^2 = \chi^2_{emp}/N = \frac{QSB}{QST} = \frac{\sum \frac{f^2_{j1}}{f_{j.}} - \frac{f^2_{1.}}{N}}{\frac{f_{1.} f_{2.}}{N}} = \frac{\sum \frac{f^2_{1k}}{f_{.k}} - \frac{f^2_{.1}}{N}}{\frac{f_{.1} f_{.2}}{N}}.$$

Da auch hier die Berechnung von Quadratsummen möglich ist, können anstelle der vorgesehenen χ^2- auch **F-Tests** bei $FG_Z = (J-1)(K-1)$ und $FG_N = \infty$ durchgeführt werden (a.a.O.), denn es gilt, dass jeder durch seine Freiheitsgrade $FG_Z = K - 1$

dividierte χ^2-Wert einer F-Verteilung mit FG_Z und $FG_N = \infty$ folgt (vgl. Silverstein, 1974, S. 333).

Des Weiteren gilt bei $J \geq 3$ und $K = 2$:

(14.95) $\omega^2 = \eta^2_{\chi 2}$.

$\eta^2_{\chi 2}$ bezeichnet die theoretische Entsprechung von $R^2_{\chi 2}$. In diesem Fall von Jx2-Kontingenztafeln mit $J \geq 3$ kann eine alternative Auswertung auch über den **F-Test** unter Verwendung des multiplen Korrelationsquadrates erfolgen (Bortz, Lienert & Boehnke, 2000, S. 368).

Für den Fall einer JxK-Kontingenztafel mit $J \geq 3$ *und* $K \geq 3$ lässt sich dann auch die multiple Korrelation nicht mehr sinnvoll berechnen, wohl aber neben w die **Effektgröße V_C** von Cramér (1958) (vgl. J. Cohen, 1988, S. 223):

(14.96) $V_C = \sqrt{\dfrac{\chi^2_{emp}}{N(L-1)}}$,

wobei für L gilt: $L = \min(J; K)$ und für V_C: $0 \leq V_C \leq 1$. Für eine 2x2-Tafel ist dabei $V_C = r_\phi$ (J. Cohen, 1988, S. 224). Zwischen w und V_C besteht folgende Beziehung (J. Cohen, 1988, S. 223):

(14.97) $w = V_C \sqrt{(L-1)}$.

Sehr häufig wird zur Bestimmung des Ausmaßes an Assoziation in einer Mehr-Felder-Kontingenztafel auch der **Kontingenzkoeffizient** C von K. Pearson (1904) als **Effektgröße** herangezogen. Für diesen gilt (J. Cohen, 1988, S. 222):

(14.98) $C = \sqrt{\chi^2_{emp}/(\chi^2_{emp} + N)}$.

Die Effektgröße C steht in folgender Beziehung zu w (J. Cohen, 1988, S. 222):

(14.99) $w = \sqrt{C^2/(1 - C^2)}$.

Für C gilt: $0 \leq C \leq \sqrt{(L-1)/L}$. Die variable Obergrenze des Kontingenzkoeffizienten C von K. Pearson wird häufig als Nachteil angesehen. Ist $C = 0$, dann liegt keine Assoziation zwischen den untersuchten Merkmalen vor.

Für die **Testplanung** in Kontingenztafeln, für die die (ungerichteten) statistischen Hypothesen per χ^2-**Tests** getestet werden sollen, werden hier nochmals die benötigten Formeln aus Abschnitt 14.1.3 aufgeführt. Für die Ermittlung des Gesamtstichprobenumfanges N unter der **TPS 1** benutzt man die folgende Formel (J. Cohen, 1988, S. 268):

(14.100) $N = \dfrac{N_{0,10}}{100\, \omega^2_{krit}}$,

wobei $N_{0,10}$ den für α_{krit} und β_{krit} sowie für die Effektgröße $\omega = 0,10$ benötigten Stichprobenumfang bezeichnet, der der Tabelle A.2 des Anhanges bei verschiedenen Freiheitsgraden FG, Signifikanzniveaus α_{krit} und Teststärken $1 - \beta_{krit}$ entnommen wird. Für die **TPS 2** wird die vorstehende Formel wie folgt umgestellt:

(14.101) $\quad N_{0,10} = 100(N)\omega^2_{krit}$.

Mit dem errechneten $N_{0,10}$ sucht man die Tabellen A.2 des Anhanges auf und bestimmt relativ zum Wert der Effektgröße $\omega = 0,10$ bei vorgewähltem Signifikanzniveau α_{krit} die zugehörige Teststärke $1 - \beta$ oder bei vorgewählter Teststärke das realisierbare α. Für die **TPS 3** ergibt sich durch Umstellen der Formel (14.102):

(14.102) $\quad \omega^2_{krit} = \dfrac{N_{0,10}}{100\,N},$

wobei für N der verfügbare Gesamtstichprobenumfang eingesetzt wird. $N_{0,10}$ wird dann aus der Tabelle A.2 des Anhanges für das vorgewählte α und die Teststärke $1 - \beta$ abgelesen. Die vorstehenden Formeln gelten für beliebige Anzahlen von Freiheitsgraden. - Betrachten wir einige Beispiele.

Beispiel 14.13: Es soll die ungerichtete **PH-6** geprüft werden, die besagt: „Beim Lernen von Material unterschiedlicher Bildhaftigkeit *verändert* sich im Mittel und ceteris paribus distributionibus die Gedächtnisleistung *nicht*, wenn die Lernzeit zu kurz zum Aktivieren des dualen und des verbalen Kodes ist". Die Prüfung soll dieses Mal auf der Grundlage von Häufigkeiten erfolgen. Die UV eingeschätzte Bildhaftigkeit wird in K = 3 variiert; die zu lernende Liste umfasst 40 Wörter. Die Präsentation des Lernmaterials und der Abruf erfolgen schriftlich. Die Lernleistung wird Median-dichotomisiert. Damit entsteht eine 3x2-Kontingenztafel. Es werden die folgenden Ableitungen vorgenommen:

(14.103) DKT $\approx$> PH-6 $\approx$>(PH-6 $\wedge$ VSVS) $\approx$> [PV-6(B;p;2x3) $\wedge$ SHH] $\approx$>
$\quad\quad\quad\quad\quad\approx$> SV-6(B,p;2x3) $\approx$> ST-6(B;p;2x3):
$\quad\quad\quad\quad\quad\{H_{0,22}: [\pi_{11} = \pi_{21} = (0,50)(0,3333) = 0,1667] \wedge [\pi_{12} = \pi_{22} = 0,1667] \wedge$
$\quad\quad\quad\quad\quad\quad\quad\quad\quad\quad\quad\quad\quad\quad\quad\quad\quad\quad\quad\quad\quad\quad\quad\quad\wedge [\pi_{13} = \pi_{23} = 0,1667]\}$.

Tabelle 14.9: Daten zur Prüfung der PH-6				
Median	**UV B: eingeschätzte Bildhaftigkeit**			**Randhäufigkeiten**
	B_1: niedrig	B_2: mittel	B_3: hoch	
oberhalb (A_1)	$f_{b,11} = 20$ $f_{b,11} = 18$	$f_{b,12} = 22$ $f_{b,12} = 18$	$f_{b,13} = 23$ $f_{b,13} = 18$	$n_{1.} = 54$ $p_{1.} = 0,50$
unterhalb (A_2)	$f_{b,21} = 16$ $f_{b,21} = 18$	$f_{b,22} = 14$ $f_{b,22} = 18$	$f_{b,23} = 13$ $f_{b,23} = 18$	$n_{2.} = 54$ $p_{2.} = 0,50$
Randhäufigkeiten	$n_{.1} = 36$ $p_{.1} = 0,3333$	$n_{.2} = 36$ $p_{.2} = 0,3333$	$n_{.3} = 36$ $p_{.3} = 0,3333$	$N = 108$

In diesem Beispiel brauchen die erwarteten Wahrscheinlichkeiten π_{jk} nicht aus den Daten errechnet zu werden, sondern sie können bereits *vor* dem Versuch bestimmt werden. Zur Berechnung der erwarteten Häufigkeiten $f_{e,jk}$ wird dann nur noch der Gesamtstichprobenumfang N benötigt. Es geht damit nur ein Freiheitsgrad „verloren", und die Teststatistik χ^2 beruht daher auf $FG_Z = (2)(3) - 1 = 5$ Freiheitsgraden (vgl. Bortz, 1999, S. 163). - Wieviele Vpn werden benötigt, um einen mittleren Effekt der Größe $\omega_{krit,22} = 0{,}35$ bei $\alpha_{krit,22} = 0{,}05$ und $\beta_{krit,22} = 0{,}20$ nachzuweisen (TPS 1)? Einsetzen in Formel (14.100) ergibt: $N_{22} = 1283/(100)(0{,}1225) = 104{,}7347$ oder $N_{22} = 108$ und damit $n_{22} = 36$ pro Bedingung. - Der Versuch wird als Gruppenversuch durchgeführt und erbringt die in Tabelle 14.9 zusammengefassten Resultate. Aus diesen Werten lässt sich errechnen: $\chi^2_{emp,22} = 5{,}00$ bei $\chi^2_{krit(0{,}05;5),22} = 11{,}0705$. Die vorhersagekonforme $H_{0,22}$ kann angenommen werden. Die Effektgröße lautet: $w_{22} = 0{,}2152 < \omega_{krit,22} = 0{,}30$. Damit wird die PV-6(B;p;K=3) als eingetreten angesehen und die PH-6 als bewährt.

Beispiel 14.14: Die Hypothese **PH-89** besagt, dass in einem bestimmten Fach, das nicht dem numerus clausus unterliegt, die Durchschnittsnote im Diplomzeugnis unabhängig vom Geschlecht der Diplomand/inn/en ist. Sofern man die Durchschnittsnoten auf- bzw. abrundet, erhält man hier eine 2x4-Kontingenztafel mit $FG = (J - 1)(K - 1) = (3)(1) = 3$. Es wird folgende Ableitung vorgenommen:

(14.104) $(PH-89 \land VSVS) \approx> [PV-89(B;p;2x4) \land SHH] \approx>$

$\approx> SV-89(B;p;2x4;KER) \Leftrightarrow$

$\Leftrightarrow ST-89(B;p;2x4): H_{0,23}: (\pi_{jk} = \pi_j \pi_k$ *für alle Zellen* jk).

Tabelle 14.10: Daten zur Prüfung der PH-89 über das Geschlecht und die durchschnittlichen Abschlussnoten				
	Geschlecht (B)		
Noten	weiblich (B_1)	männlich (B_2)	**Randhäufigkeiten**
1 und 1– (A_1)	$f_{b,11} = 50$ $f_{e,11} = 54$	$f_{b,12} = 60$ $f_{e,12} = 56$	$f_{b,1.} = 110$ $p_{1.} = 0{,}50$
2+, 2, 2– (A_2)	$f_{b,21} = 35$ $f_{e,21} = 29{,}4545$	$f_{b,22} = 25$ $f_{e,22} = 30{,}5455$	$f_{b,2.} = 60$ $p_{2.} = 0{,}2727$
3+, 3, 3– (A_3)	$f_{b,31} = 20$ $f_{e,31} = 19{,}6364$	$f_{b,32} = 20$ $f_{e,32} = 20{,}3636$	$f_{b,3.} = 40$ $p_{3.} = 0{,}1818$
4+, 4 (A_4)	$f_{b,41} = 3$ $f_{e,41} = 4{,}0909$	$f_{b,42} = 7$ $f_{e,42} = 5{,}0909$	$f_{b,4.} = 10$ $p_{4.} = 0{,}0455$
Randhäufigkeiten	$f_{b,.1} = 108$ $p_{.1} = 0{,}4909$	$f_{b,.2} = 112$ $p_{.2} = 0{,}5091$	$N = 220$ $p = 1{,}00$
Anmerkungen. $f_{b,jk}$: beobachtete Häufigkeiten; $f_{e,jk}$: auf Grund der Unabhängigkeitsannahme erwartete Häufigkeiten.			

Für die Planung des Tests zur Prüfung der PH-89 über die PV-89(B;p;2x4) ist ein einseitiger χ^2-**Test** mit $\alpha_{krit,23} = 0{,}10$ und $\beta_{krit,23} = 0{,}20$ vorgesehen. Da eine Nullhypothese als vorhersagekonform abgeleitet worden ist, wird mit $\omega_{krit,23} = 0{,}20$ ein relativ geringer Wert für die Effektgröße festgelegt. Gefragt ist dann nach der benötigten Vpn-Anzahl (TPS 1): $N_{23} = 880/(100)(0{,}04) = 220$ nach Tabelle A.2 des sen (TPS 1). - Der Versuch wird als Gruppenversuch durchgeführt und erbringt die in Tabelle 14.9 zusammengefassten Resultate. Aus diesen Werten lässt sich errechnen: $\chi^2_{emp,22} = 5{,}00$ bei $\chi^2_{krit(0,05;5),22} = 11{,}0705$. Die vorhersagekonforme $H_{0,22}$ kann angenommen werden. Nach Formel (14.87) lässt sich berechnen: $\chi^2_{emp,23} = 2{,}5855$ bei $\chi^2_{krit(0,10;3),23} = 6{,}2514$ (vgl. zum kritischen Wert die Tab. A.7 des Anhanges). Also kann die vorhersagekonforme $H_{0,23}$ und die ihr äquivalente SV-88(B,p;2x4) beibehalten werden. Der empirische Effekt bestimmt sich nach Formel (14.93) zu: $R_{\chi2,23} = w_{23} = 0{,}1084 < \omega_{krit,23} = 0{,}20$. Die PV-89(B;p;2x3) ist eingetreten, und die PH-89 hat sich bewährt.

JxK-Kontingenztafeln resultieren auch dann, wenn J = 2 Beurteiler/innen N Objekte oder Merkmale auf einer Ratingskala einschätzen, die über eine beliebige Anzahl K von Stufen verfügt. Die Gesamtheit der Urteile der Beurteiler/innen entsprechen dann für den/die eine Rater/in die Randwerte für die Zeilen und für den/die andere/n die Randwerte für die Spalten. Nur die Häufigkeiten in der Hauptdiagonale der Kontingenztafel enthalten die übereinstimmenden Urteile (vgl. Wirtz & Caspar, 2002, S. 53).

Beispiel 14.15: In diesem Rahmen soll die Hypothese **PH-90** geprüft werden, dass die Urteile zweier Raterinnen bzgl. der Attraktivität von N = 75 Porträts von Frauen übereinstimmen. Dazu wird eine dreistufige Ratingskala vorgegeben. Die Ableitung sieht wie folgt aus:

(14.105) (PH-90 ∧ VSVS) ≈> [PV-90(B;p;3x3) ∧ SHH] ≈>

≈> SV-90(B;p;3x3;DER) ⇔ ST-90(B;p;3x3):

($H_{1,24}$: $f_{b,jk} \neq f_{e,jk}$ für *mindestens vier Zellen*).

Die beiden VL (M. Wirtz und F. Caspar) legen fest: $\alpha_{krit,24} = 0{,}05$, und ich ergänze: $\beta_{krit,24} = 0{,}20$. Wie groß muss dann der nachweisbare Effekt mindestens sein (TPS 3)? Einsetzen in Formel (14.102) führt zu: $\omega^2_{krit,24} = 1194/(100)(75) = 0{,}1592$ bzw. $\omega_{krit,24} = 0{,}40$ (0,3990) - ein Effekt, dessen Größe zwischen einem mittleren und einem großen Effekt gemäß den von J. Cohen (1988, S. 225) vorgeschlagenen Konventionen liegt. Der Versuch wird durchgeführt und erbringt die in Tabelle 14.11 enthaltenen Daten (nach Wirtz & Caspar, 2002, S. 53). Für diese wird berechnet: $\chi^2_{emp,24} = 11{,}83$ bei $\chi^2_{krit(0,05;FG=4),24} = 9{,}490$. Demzufolge können die vorhersagekonforme $H_{1,24}$ und die ihr äquivalente SV-90(B;p;3x3) angenommen werden. Der empirische Wert der Effektgröße w bestimmt sich zu: $w_{24} = 0{,}3972 \approx \omega_{krit,24} = 0{,}40$. Damit kann die PV-90(B;p;3x3) als eingetreten beurteilt werden. Die PH-90 hat sich bewährt: Es gibt eine Übereinstimmung hinsichtlich der Urteile der Rater/innen, und diese fällt ungefähr so groß aus wie erhofft.

Testplanung für Hypothesen über Wahrscheinlichkeiten 491

Tabelle 14.11: KxK-Kontingenztafel bei zwei Beurteilerinnen, die N = 75 Objekte auf einer K-stufigen Ratingskala einschätzen (hier: K =3) (PH-90)

	Stufen der Skala			
	k = 1	k = 2	k = K = 3	Raterin 2
k = 1	$f_{b,11} = 12$ $f_{e,11} = 7{,}74$	$f_{b,12} = 8$ $f_{e,12} = 8{,}12$	$f_{b,13} = 9$ $f_{e,13} = 13{,}15$	29
k = 2	$f_{b,21} = 5$ $f_{e,21} = 5{,}87$	$f_{b,22} = 9$ $f_{e,22} = 6{,}16$	$f_{b,23} = 8$ $f_{e,23} = 9{,}97$	22
k = K = 3	$f_{b,31} = 3$ $f_{e,31} = 6{,}40$	$f_{b,32} = 4$ $f_{e,32} = 6{,}72$	$f_{b,33} = 17$ $f_{e,33} = 10{,}88$	24
Raterin 1	20	21	34	75

Mit der Teststatistik χ^2 können nur ungerichtete Hypothesen wie die in Formel (14.84) getestet werden. Die typischerweise gerichteten psychologischen Hypothesen führen jedoch über die jeweilige psychologische Vorhersage zu **gerichteten statistischen Hypothesen**. Hat man diese abgeleitet, so geschieht deren Testung mit Hilfe der **Phi-Korrelation** r_ϕ in Formel (14.91). Diese kann allerdings nur auf **2x2-Kontingenztafeln** angewendet werden. Ihre Testung auf statistische Signifikanz erfolgt bspw. mit dem **z-Test** in Formel (14.36) in Abschnitt 14.1.3. Im selben Abschnitt sind auch weitere Testmöglichkeiten angegeben. Für die **Testplanung** eines Tests über die Phi-Korrelation ergibt sich für die **TPS 1** (vgl. auch Abschn. 14.1.3):

$$(14.106) \quad N = \frac{(z_{1-\alpha} + z_{1-\beta})^2}{\rho^2_{\phi,\text{krit}}} = \frac{(z_{1-\alpha} + z_{1-\beta})^2}{\omega^2_{\text{krit}}},$$

wobei N die Gesamtstichprobengröße in einer Vier-Felder-Kontingenztafel bezeichnet. Bei Formel (14.106) wurde die Beziehung in Formel (14.92) genutzt. Die übrigen benötigten Formeln lauten, und zwar zuerst für die **TPS 2**:

$$(14.107) \quad (z_{1-\alpha} + z_{1-\beta})^2 = N \rho^2_{\phi,\text{krit}} = N \omega^2_{\text{krit}}$$

und für die **TPS 3** entsprechend:

$$(14.108) \quad \rho^2_{\phi,\text{krit}} = \omega^2_{\text{krit}} = \frac{(z_{1-\alpha} + z_{1-\beta})^2}{N}.$$

Betrachten wir als nächstes ein Beispiel, in dem sowohl die Phi-Korrelation zur Anwendung gelangt als auch ein χ^2-Test.

Beispiel 14.16 (in Anlehnung an Bortz, Lienert & Boehnke, 2000, S. 350-351): Es soll ein Präparat gegen Rheuma evaluiert werden. Ein Viertel der Patient/inn/en erhält eine einfache Dosis des Präparates (B_1), ein weiteres Viertel eine doppelte Dosis (B_2), ein nächstes Viertel eine dreifache Dosis (B_3) und das letzte Viertel eine vierfache Dosis. Die AV besteht in den Aussagen der Patient/inn/en, ob sie sich nach der Behandlung schmerzfrei fühlen (A_1) oder nicht (A_2). Es wird unter der **QPH-91** erwartet, dass der Anteil schmerzfreier Patient/inn/en mit der Menge des verabreichten Präparates **linear** anwächst.

(14.109) (QPH-91 ∧ VSVS) ≈> [QPV-91(B;p;2x4) ∧ SHH] ≈> SV-91(B;p;2x4) ⇔
⇔ ST-91(B,p;2x4;KER):
($H_{1,25}$: $\psi_{Lin,25} = \sum c_{k,Lin}\pi_{jk} > 0$) ∧ [$H_{0,26}$: $\sum\sum[(\pi_{jk} - \pi_{e,jk})^2/\pi_{e,jk}] - (\sum c_{k,Lin}\pi_{jk})^2 = 0$}.

$c_{k,Lin}$ sind die Kontrastkoeffizienten für einen linearen Trend (vgl. Tab. A.10 im Anhang). Bei der Testung von Hypothesen über **quantitative Trends** ist es immer von Vorteil, wenn sich die zur Testung herangezogene Statistik in orthogonale Anteile zerlegen lässt, die voneinander unabhängige Informationen enthalten; dies ist bei der Teststatistik χ^2 der Fall, auf der der **Q-Test** beruht (vgl. Hager, 1996, und Abschn. 8.4). Zu planen ist der Test auf Linearität des Zusammenhanges, der über die Phi-Korrelation erfolgt, und der Test der Hypothese, dass es keine Abweichungen von der Linearität gibt. Dieser Test wird als χ^2-**Test** geplant. Für die Planung des Tests über die Phi-Korrelation wird festgelegt: $\alpha_{krit,25} = 0{,}05$; $\beta_{krit,25} = 0{,}10$ und $\rho^2_{\phi,krit,25} = 0{,}50$. Einsetzen in Formel (14.106) ergibt (TPS 1): $N_{Lin,25} = (1{,}645 + 1{,}282)^2/0{,}25 = 34{,}2693$ bzw. 36. Für den Abweichungseffekt wird ein mittlerer Wert festgelegt: $\omega_{Abw,26} = 0{,}40$. Welche Fehlerwahrscheinlichkeiten lassen sich bei diesem Test realisieren (TPS 2)? Einsetzen in Formel (14.101) führt zu: $N_{0,10} = (100)(36)(0{,}16) = 676$. Relativ zu diesem Wert kann man die Fehlerwahrscheinlichkeiten $\alpha_{krit,26} = 0{,}10$ und $\beta_{krit,26} = 0{,}20$ wählen.

Tabelle 14.12: Daten zur Prüfung der QPH-91						
Variable A: Befinden		**Variable B: Dosis des Präparates**				
		B_1	B_2	B_3	B_4	**Total**
	$c_{k,Lin}$	$c_{1,Lin} = -3/4$	$c_{2,Lin} = -1/4$	$c_{3,Lin} = +1/4$	$c_{4,Lin} = +3/4$	
schmerzfrei	$c_{j,1} = +1$	0	2	5	8	15
nicht schmerzfrei	$c_{j,2} = -1$	9	7	4	1	21
Total		9	9	9	9	36

Aus den in Tabelle 14.12 enthaltenen Daten sind die folgenden fünf Kennziffern zu berechnen (vgl. Marascuilo & McSweeney, 1977, S. 201):

1. $\sum y_1 = (+1)(15) + (-1)(21) = -6$;

2. $\sum y^2_1 = (+1)^2(15) + (-1)^2(21) = 36$;

3. $\sum y_2 = (-3/4)(9) + (-1/4)(9) + (+1/4)(9) + (+3/4)(9) = 0$;

4. $\sum y^2_2 = (-3/4)^2(9) + (-1/4)^2(9) + (+1/4)^2(9) + (+3/4)^2(9) = 11{,}25$ und

5. $\sum y_1 y_2 = (-3/4)(+1)(0) + (-1/4)(+1)(2) + ... + (+1/4)(-1)(4) + (+3/4)(-1)(1) =$
$$= 13{,}0.$$

Dies sind die Größen, über die man direkt eine Pearson-Korrelation berechnen kann [vgl. Formel (12.1) in Abschn. 12.1]. Entsprechendes Einsetzen ergibt: $r_{25} = 0{,}6094 = r_{\phi,25}$. Weiteres Einsetzen in Formel (14.36) resultiert in: $z_{emp,25} = 0{,}6094 \sqrt{36} = 3{,}6564$ bei $z_{krit(0,05),25} = 1{,}645$. Die lineare Korrelation ist wie erwartet statistisch signifikant und positiv wie vorhergesagt. Zu ihr gehört ein empirischer χ^2-Wert von: $\chi^2_{emp,Lin,25} = N(r^2_{\phi,25}) = 36(0{,}3714) = 13{,}3714$. Wie ist es um die Abweichungen von der Linearität bestellt? Dazu muss zunächst der globale χ^2-Wert nach Formel (14.87) bestimmt werden. $\chi^2_{emp,G} = 18{,}6742$. Da dieser Wert nur eine „Hilfsfunktion" hat, wird er keinem Test unterzogen. Dann gilt für die Gesamtheit der Abweichungen von der Vorhersage: $\chi^2_{Abw,emp,26} = \chi^2_{emp,G} - \chi^2_{emp,Lin,25} = 5{,}3028$ bei $\chi^2_{krit(0,10;1),26} = 2{,}7055$. Da statistisch signifikante Abweichungen von der linearen Vorhersage vorliegen, sind die Daten nicht erschöpfend durch einen ausschließlich linearen Trend beschreibbar. Damit kann die SV-91(B,p;2x4;KER) nicht angenommen werden, die QPV-91(B;p;2x4) ist nicht eingetreten, und die QPH-91 hat sich nicht bewähren können.

Beispiel 14.17: Die gerichtete psychologische Zusammenhangshypothese **PH-92** behauptet, dass Studentinnen bessere Durchschnittsnoten im Diplomzeugnis haben als Studenten; bei der Prüfung dieser gerichteten Hypothese ist also ein einseitiger **z-Test** zu bevorzugen. Die Ableitung der Vorhersagen ergibt:

(14.110) (PH-92 $\wedge$ VSVS) $\approx$> [PV-92(B;p;2x2) $\wedge$ SHH] $\approx$> SV-92(B;p;2x2) $\Leftrightarrow$
$\Leftrightarrow$ ST-92(B;p;2x2): $H_{1,27}$: ($\rho_{\phi,27} > 0$).

Im Zuge der Testplanung wird festgelegt: $\alpha_{krit,27} = 0{,}01$, $\beta_{krit,27} = 0{,}05$ und $\omega_{krit,27} = \rho_{\phi,krit,27} = 0{,}40$, ein relativ großer Effekt. Wie groß ist der benötigte Stichprobenumfang (TPS 1)? Einsetzen in Formel (14.106) führt zu: $N_{27} = (2{,}33 + 1{,}645)^2/0{,}16 = 98{,}7539$ bzw. $N_{27} = 100$ Vpn. Nach dem Versuch haben sich in einer Vier-Felder-Kontingenztafel die in Tabelle 14.13 enthaltenen Häufigkeiten ergeben.

Tabelle 14.13: Studienerfolg in Abhängigkeit vom Geschlecht (PH-92)			
Variable A: **Studienabschluss**	**Variable B: Geschlecht**		
	weiblich	männlich	**Randhäufigkeiten**
Note 1 und 2	$f_{b,11} = 50$ $f_{e,11} = 49$	$f_{b,12} = 20$ $f_{e,12} = 21$	$f_{b,1.} = 70$
Note 3 und 4	$f_{b,21} = 10$ $f_{e,21} = 21$	$f_{b,22} = 20$ $f_{e,22} = 9$	$f_{b,2.} = 30$
Randhäufigkeiten	$f_{b,.1} = 70$	$f_{b,.2} = 30$	100

Aus diesen Werten kann nach Formel (14.91) berechnet werden: $r_{\phi,27} = 0{,}3563$. Einsetzen in Formel (14.34) ergibt: $z_{emp,27} = 0{,}3563\sqrt{100} = 3{,}5634$; dieses Ergebnis ist statistisch signifikant. $r_{\phi,27}$ ist nur unwesentlich geringer als der vorher festgelegte Wert für $\rho^2_{\phi,krit,27} = 0{,}40$, so dass man die PV-92(B;p;2x2) als eingetreten ansehen kann und die PH-92 als bewährt (Beispielzahlen aus Marascuilo & McSweeney, 1977, S. 208).

Die **Phi-Korrelation** in Formel (14.91) kann auch dazu herangezogen werden, die Wahrscheinlichkeiten aus zwei voneinander unabhängigen 2x2-Kontingenztafeln gegeneinander zu kontrastieren. Da auch in diesem Fall eine Korrelationsdifferenz zu testen ist, müssen die Korrelationen einer Z-Transformation unterzogen werden [siehe Abschn. 14.2.2, Formel (14.63) und (14.64)]. Dann nimmt die Testgröße z_{emp} folgende Form an (**z-Test**) [vgl. auch die Formeln (12.91) und (12.92) in Abschn. 12.3]:

$$(14.111) \quad z_{emp} = \frac{Z(r_{\phi,1}) - Z(r_{\phi,2}) - [Z(\rho_{\phi,1}) - Z(\rho_{\phi,2})]}{\sqrt{1/(N_1 - 3) + 1/(N_2 - 3)}}.$$

Die Hypothesen können lauten:

$(14.112) \quad H_0: (\rho_{\phi,1} - \rho_{\phi,2}) - (\rho_{\phi,c,1} - \rho_{\phi,c,2}) = 0)$ vs. $H_1: (\rho_{\phi,1} - \rho_{\phi,2}) - (\rho_{\phi,c,1} - \rho_{\phi,c,2}) \neq 0)$

oder $H_0: (\rho_{\phi,1} - \rho_{\phi,2}) - (\rho_{\phi,c,1} - \rho_{\phi,c,2}) \leq 0)$ vs. $H_1: (\rho_{\phi,1} - \rho_{\phi,2}) - (\rho_{\phi,c,1} - \rho_{\phi,c,2}) > 0)$

jeweils mit $-2 < \rho_{\phi,c,1} - \rho_{\phi,c,2} < +2$.

Dabei wird für jede der 2x2-Kontingenztafeln zunächst eine separate **Testplanung** unter Verwendung von $\omega_1 = \rho_{\phi,1}$ und $\omega_2 = \rho_{\phi,2}$ nach einer der Formeln (14.100) bzw. (14.106) (TPS 1), (14.101) bzw. (14.107) (TPS 2) oder (14.102) bzw. (14.108) (TPS 3) vorgenommen, so dass $N = N_1 + N_2$ ist. Damit liegen die Gesamtstichprobengröße N und die beiden Effekte $\rho_{\phi,1}$ und $\rho_{\phi,2}$ fest sowie ihre nach der Z-Transformation nach Formel (14.63) in Abschnitt 14.2.2 berechenbare Differenz $Z(\rho_{\phi,Diff,krit}) = [Z(\rho_{\phi,1}) - Z(\rho_{\phi,2})] - [Z(\rho_{\phi,c,1}) - Z(\rho_{\phi,c,2})]$ [vgl. auch Formel (12.93) in Abschn. 12.3]. Sollte diese Differenz Null betragen, ist eine Differenz $\rho_{\phi,Diff,krit}$ festzulegen, die als noch vereinbar mit dem Nulleffekt angesehen wird. Für den Test der Hypothese in Ausdruck (14.112) erfolgt dann eine Testplanung nach Strategie TPS 2 oder TPS 3.

Für die **Testplanung** nach **TPS 2** gilt dabei mit der **Effektgröße** $\rho_{\phi,Diff,krit}$, errechnet aus $Z(\rho_{\phi,Diff,krit}) = [Z(\rho_{\phi,1}) - Z(\rho_{\phi,2})] - [Z(\rho_{\phi,c,1}) - Z(\rho_{\phi,c,2})]$:

$$(14.113) \quad (z_{1-\alpha} + z_{1-\beta})^2 = \frac{(N-6)\rho^2_{\phi,Diff,krit}}{2},$$

und für die **TPS 3** resultiert:

$$(14.114) \quad \rho^2_{\phi,Diff,krit} = \frac{2(z_{1-\alpha} + z_{1-\beta})^2}{N-6}$$

Testplanung für Hypothesen über Wahrscheinlichkeiten

Bei den beiden vorstehenden Testplanungsformeln wird berücksichtigt, dass der Standardfehler jeder Z-transformierten Korrelation $s_{Z(r)} = \sqrt{1/(N-3)}$ lautet.

Alternativ kann man sich in diesem und vergleichbaren Fällen auch die Tatsache zunutze machen, dass gilt (Rosenthal, 1991, S. 62):

(14.115) $z_{emp} = (z_{emp,1} - z_{emp,2})/\sqrt{2}$.

Für die Planung dieses **z-Tests** nehmen die Testplanungsformeln (14.113) und (14.114) die folgende Form an, und zwar zunächst für die **TPS 2**:

(14.116) $(z_{1-\alpha} + z_{1-\beta})^2 = \dfrac{N \, \rho^2_{\phi,\text{Diff,krit}}}{2}$,

und für die **TPS 3** resultiert:

(14.117) $\rho^2_{\phi,\text{Diff,krit}} = \dfrac{2(z_{1-\alpha} + z_{1-\beta})^2}{N}$.

Beispiel 14.18: Es wird immer wieder behauptet, dass mehr qualifizierte Oberschichtkinder das Studium aufnehmen als gleichermaßen qualifizierte Unter- und Mittelschichtkinder. Ein Forscher will diese Hypothese getrennt für weibliche und männliche Psychologiestudierende als **PH-93** und **PH-94** prüfen und dann feststellen, ob es Unterschiede zwischen den Geschlechtern gibt. Dabei erwartet er, dass solche Unterschiede nicht bestehen (**PH-95**). Er unterscheidet dabei, ob die Studierenden das Studium unmittelbar nach dem Abitur aufgenommen haben oder ob sie über den sog. zweiten Bildungsweg die Zulassung zum Studium erhalten haben. Er legt auf der Ebene der PV-93(B;p;2x2) die soziodemographischen Daten fest, nach denen er die Studierenden entweder der Oberschicht oder der Mittel- und Unterschicht zuordnen will, sowie die übrigen Randbedingungen des Versuches. Er will die Untersuchung an allen vier Semestern vor dem Vordiplom durchführen, um genügend Vpn zur Verfügung zu haben. Der Forscher leitet dann für die Studentinnen ab:

(14.118) (PH-93 $\wedge$ VSVS) $\approx$> [PV-93(B;p;2x2) $\wedge$ SHH] $\approx$> SV-93(B;p;2x2) $\Leftrightarrow$
$\Leftrightarrow$ ST-93(B,p;2x2): $H_{1,28}$: $(\rho_{\phi,28} > 0)$.

Die zur Verfügung stehende Stichprobengröße beträgt $N_W = 200$. Er legt zusätzlich fest: $\alpha_{\text{krit},28} = 0{,}05$ und $\beta_{\text{krit},28} = 0{,}10$. Wie groß ist dann der nachweisbare Effekt $\omega_{\text{krit},28} = \rho_{\phi,\text{krit},28}$ (TPS 3)? Einsetzen dieser Werte in Formel (14.108) ergibt: $\rho^2_{\phi,28} = (1{,}645 + 1{,}282)^2/200 = 0{,}0428$ bzw. $\rho_{\phi,\text{krit},28} = 0{,}20\ (0{,}2070)$. Der Versuch erbringt die in Tabelle 14.14 enthaltenen Werte für die $N_{28} = 200$ Studentinnen.

Tabelle 14.14: Studium in Abhängigkeit von der Schichtzugehörigkeit (Studentinnen) (Prüfung der PH-93)

Variable A: Schichtzugehörigkeit	Variable B: Zeitpunkt der Aufnahme des Studiums		Randhäufigkeiten
	unmittelbar nach Abitur	auf dem zweiten Bildungsweg	
Oberschicht	$f_{b,11} = 130$ $f_{e,11} = 112$	$f_{b,12} = 10$ $f_{e,12} = 28$	$f_{b,1.} = 140$
Mittel- und Unterschicht	$f_{b,21} = 30$ $f_{e,21} = 48$	$f_{b,22} = 30$ $f_{e,22} = 12$	$f_{b,2.} = 60$
Randhäufigkeiten	$f_{b,.1} = 160$	$f_{b,.2} = 40$	$N_W = 200$

Für die Phi-Korrelation wird nach Formel (14.91) berechnet: $r_{\phi,28} = 0{,}4910 >$ $\omega_{krit,28} = \rho_{\phi,krit,28} = 0{,}20$. Einsetzen in Formel (14.34) ergibt dann: $z_{emp,28} = 6{,}9437$. Die abgeleitete Alternativhypothese und die ihr äquivalente SV-93(B;p;2x2) können beide angenommen werden, und die PV-93(B,p;2x2) ist eingetreten, und die PH-93 hat sich bewährt: Es ist bei den Studentinnen tatsächlich so, dass ihre Chancen auf ein Studium um einiges höher sind, wenn sie aus der Oberschicht stammen. - Wie sieht es bei den Studenten aus? Hier liegt die gleiche Vermutung zugrunde, und aus der entsprechenden PH-94 kann abgeleitet werden:

(14.119) (PH-94 $\wedge$ VSVS) $\approx$> [PV-94(B;p;2x2) $\wedge$ SHH] $\approx$> SV-94(B;p;2x2) $\Leftrightarrow$
$\Leftrightarrow$ ST-94(B,p;2x2): $H_{1,29}$: ($\rho_{\phi,29} > 0$).

Für die Prüfung dieser Hypothese stehen nur $N_{29} = 80$ Studenten zur Verfügung. Der Forscher legt wieder fest: $\alpha_{krit,29} = 0{,}05$ und $\beta_{krit,29} = 0{,}10$. Nach TPS 3 und Formel (14.108) lautet dann der entdeckbare Effekt $\rho^2_{\phi,29} = (1{,}645 + 1{,}282)^2/80 = 0{,}1071$ bzw. $\rho_{\phi,krit,29} = 0{,}30$ (0,3272). - Der Versuch erbringt die in der nachstehenden Tabelle 14.15 enthaltenen Daten.

Tabelle 14.15: Studium in Abhängigkeit von der Schichtzugehörigkeit (Studenten) (Prüfung der PH-94)

Variable A: Schichtzugehörigkeit	Variable B: Zeitpunkt der Aufnahme des Studiums		Randhäufigkeiten
	unmittelbar nach Abitur	auf dem zweiten Bildungsweg	
Oberschicht	$f_{b,11} = 55$ $f_{e,11} = 48{,}75$	$f_{b,12} = 5$ $f_{e,12} = 11{,}25$	$f_{b,1.} = 60$
Mittel- und Unterschicht	$f_{b,21} = 10$ $f_{e,21} = 16{,}25$	$f_{b,22} = 10$ $f_{e,22} = 3{,}75$	$f_{b,2.} = 20$
Randhäufigkeiten	$f_{b,.1} = 65$	$f_{b,.2} = 15$	$N_M = 80$

Für $r_{\phi,29}$ wird errechnet: $r_{\phi,29} = 0{,}4623$. Für den empirischen z-Wert aus Formel (14.34) ergibt sich damit: $z_{emp,29} = 6{,}5372$. Demzufolge kann die ST-94(B;p;2x2) sowie die ihr äquivalente SV-93(B;p;2x2) angenommen werden, die PV-94(B;p;2x2) ist eingetreten, und die PH-94 hat sich bewährt: Die für die Studentinnen festgestellten Abhängigkeiten gelten auch für die Studenten.

Die PH-95 behauptet, dass es keine Unterschiede zwischen Studentinnen und Studenten bezüglich der Schichtzugehörigkeit und der Tatsache des Studiums gibt. Aus dieser PH lassen sich die folgenden Vorhersagen ableiten:

(14.120) (PH-95 $\wedge$ VSVS) $\approx$> [PV-95(B;p;2x2) $\wedge$ SHH] $\approx$> SV-95(B;p;2x2) $\Leftrightarrow$

$\Leftrightarrow$ ST-95(B;p;2x2): $H_{0,30}$: ($\psi_{30} = \rho_{\phi,28} - \rho_{\phi,29} = 0$).

Als erstes unterzieht der Forscher die beiden Korrelationen $\rho_{\phi,krit,28} = 0{,}2070$ und $\rho_{\phi,krit,29} = 0{,}3272$ der Z-Transformation und erhält: $Z(0{,}2070)_{28} = 0{,}2100$ und $Z(0{,}3272)_{29} = 0{,}3397$, so dass $Z(\rho_{\phi,Diff,krit,30}) = -0{,}1297$ und damit $\rho_{\phi,Diff,krit,30} = -0{,}1290$ ($\rho^2_{\phi,Diff,krit,30} = 0{,}0166$). Er fragt dann nach den realisierbaren Fehlerwahrscheinlichkeiten bei $\rho^2_{\phi,Diff,krit,30} = 0{,}0166$. Einsetzen in Formel (14.116) (TPS 2) ergibt: $(z_{1-\alpha/2} + z_{1-\beta})^2 = (274)(0{,}0166)/2 = 2{,}2787$ und damit $(z_{1-\alpha/2} + z_{1-\beta}) = 1{,}5095$. Aus dieser Summe lassen sich keine vernünftigen Fehlerwahrscheinlichkeiten ableiten. Also erhöht der Forscher nolens volens den entdeckbaren Effekt auf eine mittlere Größe: $\rho_{\phi,Diff,krit,30} = 0{,}20$, woraus $\rho^2_{\phi,Diff,krit,30} = 0{,}04$ folgt. Erneutes Einsetzen in Formel (14.116) führt zu: $(z_{1-\alpha/2} + z_{1-\beta})^2 = (274)(0{,}04)/2 = 5{,}4800$ und damit $(z_{1-\alpha/2} + z_{1-\beta}) = 2{,}3409$. Er setzt dann: $\alpha_{krit,30} = 0{,}10$ ($z_{1-\alpha/2} = 1{,}654$), so dass gilt: $z_{1-\beta} = 2{,}2664 - 1{,}645 = 0{,}7214$ und somit $\beta_{krit,30} \approx 0{,}20$. Unter diesen Spezifikationen kann der Test über den Kontrast durchgeführt werden, zumal der mit der abgeleiteten Nullhypothese assoziierte Effekt von tolerabler mittlerer Größe ist. Die Z-Transformation der beiden Korrelationen ergibt: $Z(r_{\phi,28}) = 0{,}5374$ und $Z(r_{\phi,29}) = 0{,}5002$. Einsetzen in Formel (14.111) unter der Annahme, dass die Differenz der beiden Korrelationen unter der Nullhypothese gleich Null ist, ergibt: $z_{emp,30} = 0{,}0371/0{,}3775 = 0{,}0984$. Dieser Wert ist statistisch nicht signifikant, und dieses Ergebnis führt dazu, die als vorhersagekonform abgeleitete $H_{0,30}$ beizubehalten und die ihr äquivalente SV-95(B;p;2x2) anzunehmen. Der empirische Effekt ist verschwindend gering. Die PV-95(B;p;2x2) wird als eingetreten beurteilt, und die PH-95 hat sich bewährt. - Für den z-Test nach Formel (14.115) resultiert: $z_{emp} = (6{,}9437 - 6{,}5372)/\sqrt{2} = 0{,}2874$, also ein ebenfalls statistisch insignifikantes Resultat.

Zuweilen sind die beiden Merkmale in einer 2x2-Kontingenztafel kontinuierlich und werden aus irgendwelchen Gründen „künstlich" dichotomisiert. Z.B. werden die kontinuierlichen Merkmale „Intelligenz" und „Merkfähigkeit" auf der empirischen Ebene in zwei dichotome Merkmale umgewandelt, und zwar mit den Ausprägungen „hohe" und „niedrige Intelligenz" sowie „hohe" und „niedrige Merkfähigkeit". N Vpn werden dann daraufhin untersucht, welcher Kombination von Merkmalsausprägungen sie zugeordnet werden können, um eine entsprechende psychologische Hypothese zu prüfen. In diesem Fall sollte das Ausmaß des Zusammenhanges, der statistischen Assoziation, nicht mehr mit der Phi-Korrelation r_ϕ erfasst werden, sondern mit der sog. **tetrachorischen Korrelation** r_{tet}, die auf K. Pearson (1907) zurückgeht. Diese bestimmt sich näherungsweise wie folgt (vgl. Bortz, 1999, S. 220, sowie Glass & Hopkins, 1996, S. 137):

$$(14.121) \quad r_{tet} = \frac{f_{b,b} f_{b,c} - f_{b,a} f_{b,d}}{\vartheta_A \vartheta_B N^2} = \cosinus \frac{180°}{1+\sqrt{\frac{f_{b,b} f_{b,c}}{f_{b,a} f_{b,d}}}}.$$

Ihr Standardfehler lautet (Bortz, 1999, S. 221):

$$(14.122) \quad s_{r(tet)} = \sqrt{\frac{p_A(1-p_A) p_B(1-p_B)}{N}} \frac{1}{\vartheta_A \vartheta_B}.$$

In der vorstehenden Formel bedeuten p_A (p_B) die Anteile derjenigen Vpn, die beim Merkmal A (B) der einen Alternative zugehörig sind; $1 - p_A$ ($1 - p_B$) bezeichnet dann denjenigen Anteil der Vpn, der zur anderen Alternative des Merkmals A (B) gehört. Ferner steht ϑ_A (ϑ_B) für die Ordinate desjenigen z-Wertes der Standard-Normalverteilung, der die Verteilung in die Anteile p_A und $1 - p_A$ (p_B und $1 - p_B$) trennt (vgl. Tab. A.1 im Anhang). Ein Berechnungsbeispiel findet sich in Bortz (1999, S. 220-221). Die Werte der tetrachorischen Korrelation, bei der ja eines der Merkmale als kontinuierlich angenommen wird, fallen durchgängig größer aus als die Werte der Phi-Korrelation - eine Folge der zugrunde liegenden kontinuierlichen Merkmale. Für das Zahlenbeispiel von Glass und Hopkins (1996, S. 137) lässt sich ermitteln: $r_\phi = 0{,}546 < r_{tet} = 0{,}901$ und für Bortz' Beispiel: $r_\phi = -0{,}1521 < r_{tet} = -0{,}24$ (Bortz, 1999, S. 221). - Im Gegensatz zur Phi-Korrelation kann die tetrachorische Korrelation Werte annehmen, für die unabhängig davon, wie sehr ($f_{b,a} + f_{b,b}$) und ($f_{b,c} + f_{b,d}$) voneinander abweichen, gilt: $-1 \leq r_{tet} \leq +1$. Glass und Stanley (1970, S. 167) meinen daher, die tetrachorische Korrelation sei der Phi-Korrelation grundsätzlich vorzuziehen. Diese Auffassung wird hier nicht geteilt, denn beiden Korrelationen liegen unterschiedliche Voraussetzungen zugrunde.

Gilt $n > 20$ (Bortz, 1999, S. 220), kann die Testung von Hypothesen über einen tetrachorischen Korrelationskoeffizienten r_{tet} mittels **z-Test** erfolgen:

$$(14.123) \quad z_{emp} = \frac{r_{tet} - E(r_{tet})}{s_{r_{tet}}} = \frac{r_{tet} - 0}{s_{r_{tet}}} = \frac{(f_{b,b} f_{b,c} - f_{b,a} f_{b,d})/N^2}{\sqrt{\frac{p_A(1-p_A) p_B(1-p_B)}{N}}}.$$

Die **Planung** dieses Tests erfolgt wie für eine Phi-Korrelation r_ϕ; es finden also die Testplanungsformeln (14.106) bis (14.108) Anwendung. Unter abgeleiteten Alternativhypothesen können dabei die nachweisbaren Mindesteffekte um einiges größer festgelegt werden als bei der Phi-Korrelation.

Zuweilen können die Kategorien einer JxK-Tafel in eine Rangordnung gebracht werden, etwa „schlecht", „mittel" „gut". In diesem Fall wäre die gängige Analyse mit einem χ^2- oder **z-Test** nicht optimal, weil beide die zusätzliche Ranginformation nicht nutzen können. In diesem Fall wird die τ-Korrelation nach Kendall oder auch die Rangkorrelation r_S nach Spearman eingesetzt (vgl. Gibbons, 1993, S. 62-69; siehe auch Abschn. 12.5), weil auch die Häufigkeiten der JxK-Tafel gemäß den Kategorien geordnet werden können.

Beispiel 14.19: Es soll die psychologische Hypothese **PH-96** geprüft werden, dass N Studierende im Grundstudium Psychologie von einer inhaltlichen Veranstaltung mehr profitieren als von einer methodischen. Für die Erhebung werden vier Bewertungskategorien vorgegeben, und zwar: „ich habe sehr davon profitiert", „ich habe ziemlich viel davon profitiert", „ich habe wenig davon profitiert" und „ich habe gar nicht davon profitiert". Es wird zur Erfassung des monotonen Zusammenhanges Kendalls τ gewählt. Für die Ableitung der statistischen Vorhersage und damit auch der testbaren statistischen Hypothese wird von folgender Überlegung ausgegangen: Wenn die inhaltliche Lehrveranstaltung insgesamt besser eingeschätzt wird als die Methodenveranstaltung, dann müssten in den beiden Kategorien „ich habe sehr davon profitiert" und „ich habe viel davon profitiert" unter der Methodenveranstaltung weniger Nennungen sein als unter der inhaltlichen Veranstaltung, während gleichzeitig unter beiden Antwortkategorien mehr Nennungen in den genannten beiden Kategorien für die inhaltliche Veranstaltung auftreten müssten. Wandelt man dann die Häufigkeiten in mittlere Ränge um, dann müsste auch die über diese zu berechnende τ-Korrelation nach Kendall positiv werden, also zugunsten der inhaltlichen Veranstaltung ausfallen.

(14.124) (PH-96 ∧ VSVS) ≈> [PV-96(B;p;4x4) ∧ SHH] ≈>
≈> SV-96(B;p;4x4;DER) ⇔ ST-96(B;p;4x4): [$H_{1,31}$: ρ(τ)$_{31}$ > 0].

Für die Hypothesenprüfung stehen N = 100 Studierende aus zwei verschiedenen Semestern zur Verfügung, die sich freiwillig zur Teilnahme entschlossen haben. Die **Testplanung** erfolgt für eine τ-Korrelation nach Kraemer und Thiemann (1987), wie es im Abschnitt 12.5 beschrieben wurde, und zwar für das Beispiel nach der **TPS 3**. Dazu werden die folgenden Fehlerwahrscheinlichkeiten festgelegt: $\alpha_{krit,31}$ = 0,01 und $\beta_{krit,31}$ = 0,05. Welcher Effekt ist nachweisbar? Dazu wird Formel (12.135) aus Abschnitt 12.5 benötigt:

(14.125) v(τ) = (n − 4)/0,437.

Einsetzen ergibt: v(τ) = 96/0,437 = 219,6796, wozu sich aus Tabelle A.4 des Anhanges $\Delta_{KT}(\tau)_{krit,31}$ = 0,26 ablesen lässt. Da unter der Nullhypothese ρ(τ)$_{31}$ = 0 angenommen wird, folgt aus der kritischen Effektgröße nach Abschnitt 12.5:

(14.126) $\Delta_{KT}(\tau)$ = (1/π){2 arcus-sinus[ρ^2(τ)] − 0]}

$\tau_{krit,31} = 0{,}017$, also ein sehr kleiner Effekt. Die Untersuchung wird wie geplant durchgeführt und führt zu den in Tabelle 14.16 zusammengefassten Daten.

Tabelle 14.16: Daten zur Prüfung der PH-96					
Einstellung zur methodischen Lehrveranstaltung	**Einstellung zur inhaltlichen Lehrveranstaltung**				
	sehr viel	ziemlich viel	wenig	gar nicht	**gesamt**
sehr viel	1	2	12	10	25
ziemlich viel	4	2	8	14	28
wenig	5	10	8	2	25
gar nicht	6	8	1	7	22
gesamt	16	22	29	33	100

Zunächst werden die Daten spalten- und dann zeilenweise in Ränge transformiert, so dass auf die erste Spalte („sehr viel") die Rangplätze von 1 bis 16 entfallen, und zwar mit einem mittleren Rangplatz von 8,5. Danach werden den nächsten 22 Vpn innerhalb der Kategorie „ziemlich viel" die Rangplätze von 17 bis 38 zugewiesen, und der Mittelwert dieser Ränge beträgt 27,5. Da die Vpn in einer Merkmalskombination ununterscheidbar sind - zumindest was ihre Einschätzungen anbelangt -, erhalten sie alle den mittleren Rangplatz zugewiesen. Auf die gleiche Weise wird mit den verbleibenden Spalten und anschließend mit den Zeilen verfahren, so dass am Ende des Verfahrens jede Vp zwei mittlere Rangplätze erhalten hat, der ihre Stellung hinsichtlich des Zeilen- und hinsichtlich des Spaltenmerkmals angibt. Es ergeben sich die in Tabelle 14.17 enthaltenen Resultate.

Tabelle 14.17: Ergebnisse der Zuordnung von mittleren Rängen zu den Kategorien					
mittlere Ränge für die Zeilen	mittlere Ränge für die Spalten	beobachtete Häufigkeit f_b	mittlere Ränge für die Zeilen	mittlere Ränge für die Spalten	beobachtete Häufigkeit f_b
8,5	13	1	53	13	12
8,5	39,5	4	53	39,5	8
8,5	66	5	53	66	8
8,5	89,5	6	53	89,5	1
27,5	13	2	83,5	13	10
27,5	39,5	2	83,5	39,5	14
27,5	66	10	83,5	66	2
27,5	89,5	8	83,5	89,5	7

Im nächsten Auswertungsschritt werden die mittleren Ränge in eine Rangordnung gebracht, und diese Ränge werden paarweise für jeweils zwei Vpn miteinander verglichen. Entsprechen sich die Rangfolgen (Proversion), wird für diesen Vergleich eine „+1" vergeben. Entsprechen sich die Ränge nicht (Inversion), wird dieses Resultat als „–1" kodiert. Die Kodierung „0" wird vergeben, wenn unterschiedlichen Rängen bei einem Merkmal eine Rangbindung, also gleiche Ränge, beim anderen Merkmal gegenübersteht (vgl. Abschn. 12.5). Dann wird τ_{31} wie folgt berechnet (a.a.O.):

(14.127) $\tau_{31} = \dfrac{S}{\sqrt{\binom{n}{2} - U_1} \cdot \sqrt{\binom{n}{2} - U_2}} = \dfrac{-1074}{\sqrt{\binom{100}{2} - 1285} \cdot \sqrt{\binom{100}{2} - 1209}} = -0{,}290$.

Am Ende dieses etwas mühseligen Rechenganges erhält man als Ergebnis für die erhobenen Daten: $S_{31} = -1074$ (vgl. Marascuilo & McSweeney, 1977, S. 448). Wegen der hohen Anzahl von Vpn treten zahlreiche Rangbindungen auf, so dass der Standardfehler von S resp. von τ entsprechend zu korrigieren ist. Dies geschieht für jedes Merkmal einzeln, und zwar mittels folgender Formeln:

(14.128) $U_1 = 0{,}5 \sum^P t_p(t_p - 1)$ und

(14.129) $U_2 = 0{,}5 \sum^P u_p(u_p - 1)$,

wobei $p = 1, ..., P$ für die Anzahl aller Rangbindungen auf Seiten des X-Merkmals einerseits (U_1) und des Y-Merkmals andererseits steht (U_2); t_p bezeichnet die Länge der jeweiligen Rangbindung bei dem einen Merkmal, und u_p steht für die Rangbindungen beim zweiten Merkmal. Für das Beispiel resultiert (a.a.O.): $U_{1,31}$ = 1285 und $U_{2,31}$ = 1209. Der entsprechend den Rangbindungen modifizierte Standardfehler von S_{31} lautet: $s_{S,31} = 312{,}02$, so dass sich ergibt (a.a.O.): $z_{emp,31}$ = $-1074/312{,}02 = -3{,}4421$. Dieser negative z-Wert führt zur Beibehaltung der vorhersagewidrigen $H_{0,31}$ und zur Ablehnung der SV-96(B;p;4x4;DER). Die PV-96(B;p;4x4;DER) ist nicht eingetreten, und es wird entschieden, die PH-96 als nicht bewährt zu betrachten. Die negative τ-Korrelation bedeutet, dass die Studierenden glauben, von der Methodenveranstaltung mehr profitiert zu haben als von der inhaltlichen Veranstaltung. Die Daten wurden Marascuilo und McSweeney (1977, S. 447) entnommen.

Die empirischen χ^2-Werte aus JxK-Tafeln mit $J \geq 3$ und/oder $K \geq 3$ oder aus höher-dimensionalen Kontingenztafeln sind um so uninformativer und um so schwerer zu interpretieren, je mehr Merkmale die Kontingenztafel enthält und/oder je mehr Ausprägungen bspw. nur zwei Merkmale aufweisen. Zwar weiß man im Falle der statistischen Insignifikanz eines empirischen χ^2-Wertes, dass die beteiligten Variablen stochastisch voneinander unabhängig sind, dass also kein systematischer Zusammenhang besteht. Wird der empirische χ^2-Wert jedoch statistisch signifikant, weiß man nur, dass in mindestens vier Zellen eine Abhängigkeit zwischen den Variablen vorliegt, welche der Zellen das sind oder ob es sich um mehr als nur vier Zellen handelt, weiß man nicht. Aber psychologische Hypothesen beinhalten Aussagen darüber, welche Merkmale miteinander assoziiert sind und welche nicht. Wenn man sich auf die von der zu prüfenden psychologischen Hypothese angesprochenen Merkmale beschränkt und solche unberücksichtigt lässt, „die auch noch relevant sein könnten", entsteht eher selten eine komplexe Mehr-Felder-Kontingenztafel. Ist dies doch der Fall, kann man die vollständigen Kontingenztafeln in einzelne 2x2- bzw. Jx2-Tafeln zerlegen und die abgeleiteten statistischen Hypothesen separat testen (vgl. Kraemer & Thiemann, 1987, S. 87). Aus der Sicht der Hypothesenprüfung sollte man auch bei Hypothesen über Kontingenztafeln mit der **Methode der geplanten Kontraste und Vergleiche** operieren, die sich auf gerichtete oder ungerichtete Hypothesen beziehen; die bevorzugte Statistik sollte hier die Phi-Korrelation r_ϕ sein. Die Methode der geplanten Kontraste ist aus der Sicht der Testplanung stets günstiger als eine Testplanung über die gesamte JxK-Tafel (Kraemer & Thiemann, 1987, S. 91-92). Dabei weist die Teststatistik χ^2 ebenso wie F den Vorteil auf, dass sie in orthogonale, also linear unabhängige Anteile zerlegt werden kann, weshalb es möglich wird, das gesamte χ^2 der Mehr-Felder-Kontingenztafel in orthogonale (also linear unabhängige) oder in nonorthogonale χ^2-Komponenten zu zerlegen (siehe dazu Bortz, Lienert & Boehnke, 2000, S. 152-154). Diese Vorgehensweise ist allerdings dann mit einem gravierenden **Nachteil** behaftet, wenn vor dem Versuch der Gesamtstichprobenumfang nicht feststeht. Ferner ist vor dem Versuch auch nicht bekannt, welche Häufigkeiten auf die einzelnen 2x2-Kontingenztafeln entfallen, weswegen vor dem Versuch keine Testplanung erfolgen kann. Liegt die Gesamtstichprobengröße nicht fest, schlage ich vor, im ersten Schritt eine Testplanung für den globalen χ^2-**Test** nach der **TPS 1** [Formel (14.102)] vorzunehmen, als deren Ergebnis dann die Anzahl N festliegt. Auf dieser Grundlage wird der Versuch durchgeführt, und die Tests der abgeleiteten gerichteten Hypothesen werden dann unmittelbar nach der Versuchsdurchführung, aber *vor* der Versuchsauswertung mittels **TPS 2** oder **TPS 3** geplant. Es sollten dann alle 2x2-Kontingenztafeln analysiert werden, für die gilt: $\alpha_{krit} \leq 0{,}30$ und $\beta_{krit} \leq 0{,}30$. - Betrachten wir dazu zwei Beispiele.

Beipiel 14.20: Zwei Psychologen haben erfahrungs-basiert je eine neuartige verhaltenstherapeutische Methode gegen Hundephobien entwickelt, die 10 bzw. 12 Therapiestunden erfordern. Diese Therapien sollen zum einen mit einer ebenfalls, aber unspezifisch behandelten Kontrollgruppe kontrastiert werden (**isolierte Evaluation**). Des Weiteren sollen die Therapien auch miteinander kontrastiert werden (**vergleichende Evaluation**). Eine Kollegin plant die Evaluation in enger Zusammenarbeit mit den beiden Kollegen und führt sie auch durch. Alle Beteiligten vertreten die **Wirksamkeitshypothese einer isolierten Evaluation**, dass die beiden Therapieformen im Vergleich zur Kontrollgruppe wirksam sind (**PH-97**). Dagegen sollen sie sich im direkten Vergleich nicht unterscheiden (**Äquivalenzhypothese einer vergleichenden Evaluation; PH-98**). Insgesamt liegt damit eine Kombination von isolierter und vergleichender Evaluation vor. Es werden nur die beiden Kategorien „geheilt" und „nicht geheilt" unterschieden, und diese Diagnosen werden nach der Therapie vergeben auf Grund des Verhaltens der Klient/inn/en gegenüber verschiedenen Hunderassen. Ist dieses Verhalten angstfrei, gilt ein/e Klient/in als geheilt. Auf Grund einer Bekanntmachung in einer Tageszeitung in einer Großstadt kommen die Klient/inn/en freiwillig zur Therapie oder

Testplanung für Hypothesen über Wahrscheinlichkeiten

auf „sanften Druck" ihrer Eltern, so dass sie die Diagnose „Hundephobie" praktisch selbst gestellt haben. Auf die Annonce hin melden sich N = 120 Personen, die angeben, sich vor Hunden zu fürchten. Um die Selbstdiagnose abzusichern, werden alle Personen mit einem großen Hund konfrontiert, und es wird registriert, wie die Person auf den Hund reagiert. Diese Reaktionen bestätigen in allen Fällen die Selbstdiagnosen. Im nächsten Schritt werden die Personen den Versuchsbedingungen zufällig zugewiesen, und die Kontrollgruppe wird mit dem Hinweis auf Kapazitätsprobleme vertröstet; sie erhält jedoch die Zusage, sofort der Therapie unterzogen zu werden, wenn dafür Kapazitäten frei sind. Die Therapie werden mit B_1 und B_2 bezeichnet und die Kontrollgruppe mit B_3. Es werden folgende Ableitungen für eine 2x3-Kontingenztafel vorgenommen:

(14.130) (PH-97 ∧ VSVS) ≈> [PV-97(B;p;2x3) ∧ SHH] ≈>
≈>SV-97(B;p;2x3;KER) ≈> ST-97(B;p;K=2):
$[H_{1,32}: \psi_{32} = \pi_1 - \pi_3 > 0] \wedge [H_{1,33}\ \psi_{33} = \pi_2 - \pi_3 > 0]$.

(14.131) (PH-98 ∧ VSVS) ≈> [PV-98(B;p;2x2) ∧ SHH] ≈>
≈>SV-98(B;p;2x2;KER) ≈> ST-98(B;p;2x2):
$[H_{0,34}: \psi_{34} = \pi_1 - \pi_2 = 0]$.

Da der Stichprobenumfang mit N = 120 festliegt, braucht keine Planung des globalen χ^2-Tests vorgenommen zu werden. Für die beiden Tests zur Prüfung der PH-97 mittels Phi-Korrelation wird festgelegt: $\omega_{krit,32} = \omega_{krit,33} = \rho_{\phi,krit,32} = \rho_{\phi,krit,33}$ = 0,35. Zu welchen Fehlerwahrscheinlichkeiten führt diese Festlegung (TPS 2)? Einsetzen in Formel (14.107) ergibt: $(z_{1-\alpha} + z_{1-\beta})^2 = 80(0,1225) = 9,80$ und $(z_{1-\alpha} + z_{1-\beta}) = 3,1305$. Es wird gewählt: $\alpha_{krit,t} = 0,05$ und $\beta_{krit,t} = 0,07$, so dass $\varepsilon_{97,krit} \leq \max(\alpha_{krit,t}) = 0,05$ und $\varphi_{97,krit} \leq (\beta_{krit,32} + \beta_{krit,33}) = 0,14$. Der Effekt für den χ^2-Test mit $FG_Z = 2$ (die Randhäufigkeiten unter den Treatments liegen ja fest) muss auf einen geringeren Wert festgelegt werden: $\omega_{krit,34} = 0,25$. Auch für diesen Test erfolgt die Testplanung nach TPS 2. Einsetzen in Formel (14.101) führt zu: $N_{0,10} = 500$, so dass $\alpha_{krit,34} = 0,20$ gewählt werden muss und $\beta_{krit,34} = 0,225$.

| Tabelle 14.18: Daten zur Prüfung der PH-97 und der PH-98 ||||
Status der Klient/inn/en nach der Therapie	Therapien		Kontrolle	Randhäufigkeiten
	B_1	B_2	B_3	
geheilt	$f_{b,11} = 33$ $f_{e,11} = 23,3333$	$f_{b,12} = 35$ $f_{e,12} = 23,3333$	$f_{b,13} = 2$ $f_{e,13} = 23,3333$	$f_{b1.} = 70$
nicht geheilt	$f_{b,21} = 7$ $f_{e,21} = 16,6667$	$f_{b,22} = 5$ $f_{e,22} = 16,6667$	$f_{b,23} = 38$ $f_{e,23} = 16,6667$	$f_{b2.} = 50$
Randhäufigkeiten	$f_{b,.1} = 40$	$f_{b,.2} = 40$	$f_{b,.3} = 40$	N = 120

Nach den Therapien werden die in Tabelle 14.18, eine 2x3-Kontingenztafel, enthaltenen Daten erhoben. Zur Prüfung der einzelnen Hypothesen wird diese 2x3-Kontingenztafel nonorthogonal in drei 2x2-Kontingenztafeln zerlegt.

Tabelle 14.19: Daten zur Prüfung der PH-97: Testung der $H_{1,32}$			
Status der Klient/inn/en nach der Therapie	Therapie B_1	Kontrolle B_3	Randhäufigkeiten
geheilt	$f_{b,11} = 33$ $f_{e,11} = 17,50$	$f_{b,13} = 2$ $f_{e,13} = 17,50$	$f_{b,1.} = 35$
nicht geheilt	$f_{b,21} = 7$ $f_{e,21} = 22,50$	$f_{b,23} = 38$ $f_{e,23} = 22,50$	$f_{b,2.} = 45$
Randhäufigkeiten	$f_{b,.1} = 40$	$f_{b,.3} = 40$	$N = 80$

Tabelle 14.20: Daten zur Prüfung der PH-97: Testung der $H_{1,33}$			
Status der Klient/inn/en nach der Therapie	Therapie B_2	Kontrolle B_3	Randhäufigkeiten
geheilt	$f_{b,12} = 35$ $f_{e,12} = 18,50$	$f_{b,13} = 2$ $f_{e,13} = 18,50$	$f_{b,1.} = 37$
nicht geheilt	$f_{b,22} = 5$ $f_{e,22} = 21,50$	$f_{b,23} = 38$ $f_{e,23} = 21,50$	$f_{b,2.} = 43$
Randhäufigkeiten	$f_{b,.1} = 40$	$f_{b,.3} = 40$	$N = 80$

Tabelle 14.21: Daten zur Prüfung der PH-98: Testung der $H_{0,34}$			
Status der Klient/inn/en nach der Therapie	Therapien B_1	B_2	Randhäufigkeiten
geheilt	$f_{b,11} = 33$ $f_{e,11} = 34,00$	$f_{b,12} = 35$ $f_{e,12} = 34,00$	$f_{b,1.} = 68$
nicht geheilt	$f_{b,21} = 7$ $f_{e,21} = 6,00$	$f_{b,22} = 5$ $f_{e,22} = 6,00$	$f_{b,2.} = 12$
Randhäufigkeiten	$f_{b,.1} = 40$	$f_{b,.2} = 40$	$N = 80$

Zur Prüfung der PH-97 wird der empirische Wert der Statistik r_ϕ nach Formel (14.91) (vgl. Tab. 14.18) berechnet: $r_{\phi,32} = 0,7811 > \rho_{\phi,krit,32} = 0,35$. Einsetzen in die z-Formel (14.34) ergibt dann: $z_{emp,32} = 6,9866$. Die vorhersagekonforme $H_{1,32}$ wird angenommen. - Bei der Testung der $H_{1,33}$ (vgl. Tab. 14.19) resultiert: $r_{\phi,33} = 0,7797 > \rho_{\phi,krit,33} = 0,35$ und $z_{emp,33} = 6,9738$. Die $H_{1,33}$ kann ebenfalls angenommen werden und damit auch die SV-97(B;p;J=2;K=2;KER). Auf Grund der Effektgrößenvergleiche wird die PV-97(B;p;J=2;K=2) als eingetreten angesehen und die Wirksamkeitshypothese PH-97 als bewährt: Beide Therapien sind im Ver-

Testplanung für Hypothesen über Wahrscheinlichkeiten   505

gleich zur Kontrollgruppe sehr wirksam. - Bei der Prüfung der Äquivalenzhypothese PH-98 ergibt sich (Tab. 14.21): $\chi^2_{emp,34}$ = 0,3922 bei $\chi^2_{krit(0,20;2),34}$ = 3,3835 und $r_{\phi,34}$ = 0,0700. Die vorhersagekonforme $H_{0,34}$ kann beibehalten werden, die PV-98(B;p;J=2;K=2) ist eingetreten, und die PH-98, die Äquivalenzhypothese, hat sich bewährt. Es sind keine Wirksamkeitsunterschiede zwischen den neuen Therapieformen feststellbar.

Beispiel 14.21: Als letztes Beispiel in diesem Abschnitt wird nochmals die gerichtete Hypothese **PH-92** aufgegriffen, die behauptet, dass Studentinnen bessere Durchschnittsnoten im Diplomzeugnis haben als Studenten und deren Prüfung in einer 2x2-Kontingenztafel bereits als Beispiel 14.17 behandelt wurde. Es ist die Möglichkeit nicht auszuschließen, dass durch die Kategorienbildung bei den Noten Information verschenkt wurde. Deshalb soll eine neuerliche Prüfung vorgenommen werden, bei der jede Note eine eigene Kategorie zugewiesen erhält. Dass die interessierende Hypothese gerichtet ist, bedeutet, dass die resultierende Jx2-Kontingenztafel mit J = 4 in drei einzelne 2x2-Tafeln zerlegt werden sollte, da andernfalls eine Testung gerichteter statistischer Hypothesen nicht möglich ist, wobei die Zahl drei nicht die einzige Möglichkeit darstellt - es könnten auch alle sechs Paare von Kombinationen untersucht werden. Die Ableitung der Vorhersagen ergibt:

(14.132) (PH-92 ∧ VSVS) ≈> [PV-92(B;p;4x2) ∧ SHH] ≈> SV-92(B;p;4x2) ⇔

⇔ ST-92(B;p;4x2): ($H_{1,35}$: $\rho_{\phi,35}$ > 0) ∧ ($H_{1,36}$: $\rho_{\phi,36}$ > 0) ∧ ($H_{1,37}$: $\rho_{\phi,37}$ > 0).

Zunächst wird wieder die Planung des globalen χ^2-**Tests** für N = 100 und $\omega_{krit,G}$ = 0,40 vorgenommen. Nach Formel (14.101) resultiert (TPS 2): $N_{0,10}$ = 100(100)(0,16) = 1600. Damit lassen sich die Fehlerwahrscheinlichkeiten $\alpha_{krit,G}$ = 0,05 und $\beta_{krit,G}$ = 0,07 realisieren. Es werden die Daten aus Beispiel 14.17 herangezogen, und dies ergibt die in Tabelle 14.22 zusammengestellten Häufigkeiten. - Die Häufigkeit für die Zeilen A_1 und A_2 beträgt $N_{1,2}$ = 48 + 27 = 75. Im Zuge der Testplanung wird festgelegt: $\alpha_{krit,35}$ = 0,05, $\beta_{krit,35}$ = 0,10. Wie groß ist der nachweisbare Effekt (TPS 3)? Einsetzen in Formel (14.108) führt zu: $\rho^2_{\phi,35}$ = (1,645 + 1,282)²/75 = 0,1142 bzw. $\rho_{\phi,krit,35}$ = 0,35 (0,3380). Die Häufigkeit der Zeilen A_2 und A_3 beträgt $N_{2,3}$ = 70. Hier wird festgelegt: $\alpha_{krit,36}$ = 0,05 und $\beta_{krit,36}$ = 0,10. Wie groß ist der nachweisbare Effekt (TPS 3)? Formel (14.111) ergibt: $\rho^2_{\phi,36}$ = (1,645 + 1,282)²/70 = 0,1224 bzw. $\rho_{\phi,krit,36}$ = 0,35 (0,3498). Für die letzte 2x2-Kontingenztafel, bestehend aus den Zeilen A_3 und A_4, ergibt sich: $N_{3,4}$ = 25. Auf Grund der Festlegungen $\alpha_{krit,37}$ = 0,10 und $\beta_{krit,37}$ = 0,15 resultiert für TPS 3: $\rho^2_{\phi,37}$ = (1,282 + 1,04)²/25 = 0,2157 bzw. $\rho_{\phi,krit,37}$ = 0,45 (0,4644). Dies führt zu: $\epsilon_{91,krit}$ = max(0,05; 0,05; 0,10) = 0,10 und $\phi_{91,krit}$ = (0,10 + 0,10 + 0,10) = 0,30. - Die Daten zur Prüfung der PH-92 sind in Tabelle 14.22 enthalten. - Berechnen wir zur Hypothesenprüfung für jede der drei „benachbarten" 2x2-Kontingenztafeln die Phi-

Tabelle 14.22: Studienerfolg in Abhängigkeit vom Geschlecht zur Prüfung der PH-92			
Variable A:	**Variable B: Geschlecht**		
Studienabschluss	weiblich	männlich	**Randhäufigkeiten**
Note 1 (A_1)	$f_{b,11} = 30$ $f_{b,11} = 33{,}60$	$f_{b,12} = 18$ $f_{b,12} = 14{,}40$	48
Note 2 (A_2)	$f_{b,21} = 25$ $f_{b,21} = 18{,}90$	$f_{b,22} = 2$ $f_{b,22} = 8{,}10$	27
Note 3 (A_3)	$f_{b,31} = 14$ $f_{b,31} = 15{,}40$	$f_{b,32} = 8$ $f_{b,32} = 8{,}60$	22
Note 4 (A_4)	$f_{b,41} = 1$ $f_{b,41} = 2{,}10$	$f_{b,42} = 2$ $f_{b,42} = 0{,}90$	3
Randhäufigkeiten	70	30	100

Korrelation. Zeilen A_1 und A_2: $r_{\phi,35} = -0{,}3619 < \rho_{\phi,\text{krit},35} = 0{,}35$ und $z_{\text{emp},35} = -3{,}0275$; Zeilen A_2 und A_3: $r_{\phi,36} = 0{,}3574 < \rho_{\phi,\text{krit},36} = 0{,}40$ und $z_{\text{emp},36} = 2{,}5015$; Zeilen A_3 und A_4: $r_{\phi,37} = 0{,}1814 < \rho_{\phi,\text{krit},37} = 0{,}45$ und $z_{\text{emp},37} = 0{,}9938$. Von den drei als vorhersagekonform abgeleiteten Alternativhypothesen kann nur eine angenommen werden, und die negative Korrelation für die beiden Zeilen A_1 und A_2 der Tafel besagt deutlich, dass die Studenten überdurchschnittlich viele Einsen auf ihrem Diplomzeugnis haben. Die SV-92(B;p;4x2) wird nicht angenommen, und die PV-92(B;p;4x2) ist nicht eingetreten, und auf Grund der detaillierten Analyse hat sich die PH-92 - anders als im Beispiel 14.17 - nicht bewähren können.

Im Übrigen können auch in Form von Kontingenztafeln angeordnete Daten mit den Tests über Wahrscheinlichkeiten in den Abschnitten 14.1.2 und 14.1.3 ausgewertet werden, um gezielt psychologische Hypothesen zu überprüfen.

Komplexe Mehr-Felder-Kontingenztafeln können auch mit Hilfe der sog. **Log-linearen Modelle** (vgl. dazu Andersen, 1996; Brier, 1993; Hays, 1988, S. 802-807; Langeheine, 1980) und der **Konfigurationsfrequenzanalyse** (KFA) (von Eye, 1990; Krauth & Lienert, 1975; Lautsch & S. v. Weber, 1995; vgl. auch Lautsch & Lienert, 1993) ausgewertet werden. Auch bei diesen Vorgehensweisen wird vorwiegend mit dem χ^2-**Test** operiert, für den die Testplanung ausführlich besprochen wurde.

14.4 Hypothesen über die Güte der Anpassung einer empirischen Verteilung von Daten an eine theoretische Verteilung

Liegt ein K-fach gestuftes Merkmal vor, können die statischen Hypothesen getestet werden, dass alle Ausprägungen dieses Merkmals gleich wahrscheinlich sind oder dass die Wahrscheinlichkeiten unter den Ausprägungen nicht von denen abweichen, die für das gleiche Merkmal in einem anderen Kontext ermittelt worden sind. Es

Testplanung für Hypothesen über Wahrscheinlichkeiten

werden also empirische Häufigkeiten mit erwarteten Häufigkeiten verglichen, die einer beliebigen Verteilungsform entsprechen. Man spricht dann vom χ^2-**Anpassungstest** („goodness-of-fit test"), der auf K. Pearson zurückgeht. Dabei gilt für die Wahrscheinlichkeiten p oder Proportionen p:

(14.133) $p = f_{b,k}/N$,

wobei $f_{b,k}$ die beobachteten Häufigkeiten unter der Merkmalsausprägung k bezeichnet, mit $k = 1, ..., K$, und N den Gesamtstichprobenumfang. Die Teststatistik für die vorstehenden Hypothesen ist χ^2_{emp}, das sich wie folgt bestimmt (χ^2-**Test**):

(14.134) $\chi^2_{emp} = \sum \dfrac{(f_{b,k} - f_{e,k})^2}{f_{e,k}}$.

Die Signifikanzentscheidung über diese Teststatistik beruht auf Tabelle A.7 im Anhang. Für sie ist die folgende **Effektgröße** ω definiert (J. Cohen, 1988, S. 216):

(14.135) $\omega = \sqrt{\sum_{k=1}^{K} \dfrac{(\pi_{1,k} - \pi_{0,k})^2}{\pi_{0,k}}}$.

Für die **Planung** des vorgesehenen χ^2-**Tests** und zum Ermitteln des benötigten Gesamtstichprobenumfanges N werden erneut die Formeln (14.100) bis (14.102) aus dem vorigen Abschnitt herangezogen.

Betrachten wir einige Beispiele.

Beispiel 14.22: An einem Institut für Psychologie gibt es unter dem Lehrpersonal drei Diplom-Psycholog/inn/en (A), 15 promovierte Lehrende (B), einen habilitierten Diplompsychologen und einen Junior-Professor (C) und sieben C3- und C4-Professor/inn/en (D), also insgesamt N = 27 Lehrende. Die **PH-99** besagt nun, dass diese Zahlen (Häufigkeiten unter den Merkmalsausprägungen) nicht gleichverteilt sind. Unter der Nullhypothese der Gleichverteilung ergeben sich die folgenden erwarteten Häufigkeiten $f_{e,k}$: $f_e = 0{,}25(27) = 6{,}75$ für alle Ausprägungen des untersuchten Merkmals, wobei $p_{e,k} = 1/K = 1/4 = 0{,}25$ die Wahrscheinlichkeit für jede Merkmalsausprägung bezeichnet. Es wird die folgende Ableitung von Vorhersagen vorgenommen:

(14.136) (PH-99 $\wedge$ VSVS) $\approx$> [PV-99(B;p;K=4) $\wedge$ SHH] $\approx$> SV-99(B;p;K=4) $\Leftrightarrow$
$\Leftrightarrow$ ST-99(B;p;K=4):
$H_{1,38}$: ($\pi_k \neq \pi_{e,k} = 0{,}25$ für *mindestens zwei Merkmalsausprägungen*).

Die Fehlerwahrscheinlichkeiten werden bei N = 27 auf $\alpha_{krit,38} = 0{,}10$ und $\beta_{krit,38} = 0{,}20$ festgelegt. Wie groß ist dann der entdeckbare Effekt? Einsetzen in Formel (14.102) ergibt: $\omega^2_{krit,38} = 880/(100)(27) = 0{,}30$ (0,2963) und $\omega_{krit,38} = 0{,}55$ (0,5443). Nachweisbar ist unter den vorgegebenen Spezifikationen nur ein großer Effekt. Einsetzen der bekannten Werte in Formel (14.134) führt zu: $\chi^2_{emp,38} = 15{,}5185$ bei $\chi^2_{krit(0,10;FG=3),38} = 6{,}2514$. Das Ergebnis ist also erwartungsgemäß statistisch signifikant und führt zur Annahme der $H_{1,38}$ und der ihr äquivalenten SV-99(B;p;K=4). Bei der Bestimmung des empirischen Effektes nach Formel (14.93) resultiert: $w^2_{38} = \chi^2_{emp,38}/N = 0{,}5748$ und $w_{38} = 0{,}7581 > \omega_{krit,38} = 0{,}55$. Also kann auch die PV-99(B;p;K=4) als eingetreten angesehen werden, und die PH-99 hat sich bewährt. Die Anzahl der Lehrenden in den K = 4 Kategorien weicht statistisch bedeutsam von der Gleichverteilung ab.

Nun muss man nicht auf Gleichverteilung prüfen. Man kann sich - um im Rahmen des vorigen Beispiels zu bleiben - auch die Frage stellen, ob sich die Anzahlen der Lehrenden in den einzelnen Kategorien von den Anzahlen der Lehrenden in der Fakultät, der die Psychologie zugeordnet ist, unterscheidet.

Beispiel 14.23: Dazu wird die **PH-100** aufgestellt, dass sich die Verteilung der Lehrenden auf die einzelnen Kategorien nicht von der Verteilung der Lehrenden in der zugehörigen Fakultät unterscheidet. Dann lauten die Vorhersagen:

(14.137) (PH-100 $\wedge$ VSVS) $\approx$> [PV-100(B;p;K=4)$\wedge$ SHH] $\approx$> SV-100(B;p;K=4) $\Leftrightarrow$
$\Leftrightarrow$ ST-100(B;p;K=4): $H_{0,39}$: ($\pi_k = \pi_{e,k}$ für *alle Merkmalsausprägungen*).

Der Gesamtstichprobenumfang liegt wieder fest: N = 27. Der Effekt wird mit $\omega_{krit,39} = 0{,}30$ auf einen vglw. geringen Wert festgelegt ($\omega^2_{krit,39} = 0{,}09$). Wie groß sind dann die realisierbaren Fehlerwahrscheinlichkeiten? Einsetzen in Formel (14.101) ergibt: $N_{0,10} = 100(27)0{,}09 = 243$. Aus diesem Wert lässt sich keine vernünftige Kombination der Fehlerwahrscheinlichkeiten ableiten. Also muss der nachweisbare Effekt vergrößert werden, und zwar auf $\omega_{krit,39} = 0{,}50$ - ein großer Effekt, der sich nur schwer mit einer abgeleiteten Nullhypothese verträgt ($\omega^2_{krit,39} = 0{,}25$). Erneutes Berechnen führt zu: $N_{0,10} = 675$. Dazu kann folgende Kombination der Fehlerwahrscheinlichkeiten gewählt werden: $\alpha_{krit,39} = 0{,}10$ und $\beta_{krit,39} = 0{,}30$. - In der Fakultät gibt es N = 270 Lehrende, davon 25 diplomierte (A), 190 promovierte (B), 20 habilitierte und Juniorprofessor/inn/en (C) und 55 C3- und C4-Professor/inn/en. Dies entspricht den folgenden Wahrscheinlichkeiten: $p_A = 0{,}0926$; $p_B = 0{,}7037$; $p_C = 0{,}0741$ und $p_D = 0{,}2037$. Bezogen auf die Häufigkeiten der Lehrenden am Institut für Psychologie resultiert damit für die Erwartungswerte unter Gültigkeit der Nullhypothese: $f_{e,A} = 0{,}0926(27) = 2{,}5$; $f_{e,B} = 19$; $f_{e,C} = 2$ und $f_{e,D} = 5{,}5$. Einsetzen dieser Werte in Formel (14.134) führt zu: $\chi^2_{emp,39} = 1{,}0951$ bei $\chi^2_{krit(0,10;FG=3),39} = 6{,}2514$. Dieser Wert ist also statistisch nicht signifikant und führt zur Annahme der vorhersagekonformen $H_{0,39}$ und der ihr äquivalenten SV-100(B;p;K=4). Für den Effekt gilt nach Formel (14.97): $w^2_{39} = 0{,}0406$ und $w_{39} = 0{,}2014 < \omega_{krit,39} = 0{,}50$. Also kann auch die PV-100(B;p;K=4) als eingetreten angesehen werden, und die PH-100 hat sich bewährt: Die relative Anzahl der Lehrenden am Institut für Psychologie entspricht der relativen Anzahl der Lehrenden in der Fakultät in den einzelnen Kategorien.

Mit dem χ^2-**Test** kann man nicht nur die Güte der Anpassung an beliebige Verteilungsformen testen, sondern auch die Anpassung an spezifizierte Verteilungen wie etwa die Normal- oder jede beliebige andere statistische Verteilung.

Testplanung für Hypothesen über Wahrscheinlichkeiten 509

Beispiel 14.24: Im Zuge der Evaluation eines Interventionsprogrammes erhebt ein Forscher in einem Vortest an N = 90 Vorschulkindern die Intelligenzquotienten (IQ). An diesen Daten will er die Ad-hoc-Hypothese **PH-101** überprüfen, dass die IQ-Werte approximativ einer Normalverteilung (NV) folgen - *diskrete Daten können immer nur approximativ einer kontinuierlichen Verteilung folgen*. Auf der Ebene der PV-101(X;p;K) spezifiziert er, mittels welchem Intelligenztest er den IQ erfassen will, und die Rahmenbedingungen dieser Erfassung, u.a. die Stichprobe und die Durchführungsart des Tests. Er leitet die folgenden Vorhersagen ab:

(14.138) (PH-101 $\wedge$ VSVS) $\approx$> [PV-101(X;p;K) $\wedge$ SHH] $\approx$> SV-101(X;p;K):
(Die Daten stellen Realisierungen einer appoximativ normalverteilten
Zufallsvariablen dar) $\Leftrightarrow$

$\Leftrightarrow$ ST-101(X;p;K): ($H_{0,40}$: $f_{b,k} - f_{e,NV,k} = 0$ für alle K Kategorien).

Vor der Testplanung wird festgelegt, in wie viele Kategorien die empirischen Werte eingeteilt werden sollen. Der Forscher rechnet nicht mit Werten unterhalb von 70 und oberhalb von 150. Demnach liegt die Bildung von K = 8 Kategorien mit einer Kategorienbreite von b = 9,9 nahe. Die Kategorien werden nach folgendem Muster konstruiert: 1. Kategorie: 70 – 79,9; 2. Kategorie: 80 – 89,9 usw. Die Freiheitsgrade FG_Z für den χ^2-**Test** ergeben sich dabei zu FG_Z = K – L, wobei K die Anzahl der Kategorien bezeichnet und L die zur Bestimmung der erwarteten Häufigkeiten benötigten Kennziffern. Dies sind im vorliegenden Fall L = 3, nämlich N, M und s; also resultiert: FG_Z = 8 – 3 = 5 (vgl. Bortz, 1999, S. 160). Dann legt der Forscher fest: $\omega_{krit,40}$ = 0,35, und er fragt nach der Größe von $\alpha_{krit,40}$ und $\beta_{krit,40}$ bei N_{40} = 90. Nach Formel (14.107) wird berechnet: $N_{0,10}$ = 1102,50. Dies führt zu $\alpha_{krit,40}$ = 0,05 und $\beta_{krit,40}$ $\approx$ 0,25. Zur Testung der statistischen Hypothesen werden die Häufigkeiten pro Kategorie ermittelt und dann wie in den beiden folgenden Tabellen beschrieben weiter verrechnet (vgl. dazu Sachs, 1984, S. 253). Dabei sind noch die folgenden Zwischenrechnungen notwendig:

(14.139) $\overline{\overline{x}} = \dfrac{\sum f_{b,k} \overline{x}_k}{N} = \dfrac{9555}{90} = 106,1\overline{6}$.

(14.140) $s = \sqrt{\dfrac{\sum f_{b,k} \overline{x}^2 - (\sum f_{b,k} \overline{x}_k)/N}{N-1}} = \sqrt{\dfrac{1028472,5 - 9555^2/90}{89}} = 12,5644$.

(14.141) $K = \dfrac{Nb}{s} = \dfrac{900}{12,5644} = 71,6307$.

In der Tabelle 14.23 (a) sind in der erste Spalte die gerundeten Mittelwerte der jeweiligen Kategorien angegeben. - Üblicherweise wird eine Kategorie, für die ein Wert kleiner als Fünf ermittelt wird, mit der darauf folgenden Kategorie zusammengefasst. Dadurch geht allerdings ein Freiheitsgrad verloren, so dass man eine

Tabelle 14.23 (a): Vergleich einer empirischen mit einer theoretischen Verteilung (Normalverteilung) (Berechnungen zur Prüfung der PH-101, 1)

$\bar{x}_k$	$f_{b,k}$	$\bar{x}_k^2$	$(f_{b,k})\bar{x}_k$	$(f_{b,k})(\bar{x}^2_k)$	$(\bar{x}_k - \bar{\bar{x}})/s = z_k$
74,50	2	5550,25	149,00	11100,50	−2,5203
84,50	5	7140,25	422,50	35701,25	−1,7244
94,50	17	8930,25	1606,50	151814,25	−0,9285
104,50	33	10920,25	3448,50	360368,25	−0,1326
114,50	22	13110,25	2519,00	288425,50	0,6632
124,50	8	15500,25	996,00	124002,00	1,4591
134,50	2	18090,25	269,00	36180,50	2,2550
144,50	1	20880,25	144,50	20880,25	3,0509
	90		9555,00	1028472,50	

Tabelle 14.23 (b): Vergleich einer empirischen mit einer theoretischen Verteilung (Normalverteilung) (Berechnungen zur Prüfung der PH-101, 2)

$(\bar{x}_k - \bar{\bar{x}})/s = z_k$	Ordinate von z_k: ϑ	(K) $\vartheta = f_{e,k}$	$f_{b,k} - f_{e,k}$	$(f_{b,k} - f_{e,k})^2/f_{e,k}$
−2,5203	0,0167	1,1962	+0,8038	0,5601
−1,7244	0,0909	6,5112	−1,5112	0,3507
−0,9285	0,2589	18,5452	−1,5452	0,1287
−0,1326	0,3956	28,3371	+4,6629	0,7673
0,6632	0,3209	22,9863	−0,9863	0,0423
1,4591	0,1374	9,8421	−1,8421	0,3448
2,2550	0,0310	2,2206	−0,2206	0,0219
3,0509	0,0043	0,3080	+0,6920	1,5548
		89,95 ≈ 90	0,0533 ≈ 0	$\chi^2_{emp,40} = \mathbf{3,7616}$

neuerliche Testplanung vornehmen muss. Zu Beginn des Kapitels war jedoch angemerkt worden, dass sogar erwartete Häufigkeiten kleiner als Eins den χ^2-**Test** nicht invalidieren, sofern N > 7 ist (vgl. Camilli & Hopkins, 1978; Delucchi, 1993, S. 300). Demzufolge wurde auf die Zusammenfassung der drei Kategorien mit $f_{e,k}$ < 5 verzichtet. Die Anzahl der Kategorien oder Klassen sollte jedoch mindestens Fünf betragen (Sachs, 1984, S. 258). - Der berechnete χ^2-Wert, nämlich $\chi^2_{emp,40}$ = 3,7616, ist geringer als der kritische Wert von $\chi^2_{krit(5;0,05),40}$ = 11,0705, so dass die vorhersagekonforme $H_{0,40}$ angenommen werden kann. Der Effekt fällt erwartungsgemäß geringer aus als der Kriteriumswert: w^2_{40} = 3,7616/90 = 0,0418 < $\omega^2_{krit,40}$ = 0,1225, so dass auch die PV-101(B;p;K) als eingetreten beurteilt werden kann. Die PH-101 hat sich bewährt, die IQ-Werte der N = 90 Vpn einer Stichprobe folgen approximativ einer Normalverteilung.

Man mag sich in diesem Beispielfall darüber streiten, ob tatsächlich eine *psychologische* Hypothese geprüft wird, da mit dem Konzept der Normalverteilung ein statistischer Begriff wesentlich in der Hypothesenformulierung auftaucht. Auf der anderen Seite handelt es sich bei der Intelligenz um ein genuin psychologisches Konstrukt, und dies rechtfertigt es, von einer *psychologischen* Hypothese zu sprechen.

Auf die gleiche Weise kann man empirische mit anderen theoretischen Verteilungen vergleichen. Allerdings ist der χ^2-Test für die Güte der Anpassung insgesamt dem **Kolmogorov-Smirnov-Anpassungstest** (Kolmogorov, 1941; Smirnov, 1948) unterlegen, u.a. weil der χ^2-Test nur mit Kategorien operiert - dies bedeutet immer einen Informationsverlust -, während der **Kolmogorov-Smirnov-Anpassungstest** sämtliche Rohwerte benutzt (Bortz, Lienert & Boehnke, 2000, S. 323). Auf der anderen Seite: Der χ^2-Test für die Güte der Anpassung ist *planbar*, während ich für den **Kolmogorov-Smirnov-Anpassungstest** keine Möglichkeit zur Planung gefunden habe; ich ziehe deshalb den χ^2-**Anpassungstest** vor, da Planbarkeit ein ganz wichtiges Kriterium bei der Entscheidung für einen statistischen Test darstellt, zu dem Alternativen verfügbar sind. Im Gegensatz zum χ^2-**Anpassungstest** setzt der Anpassungstest nach Kolmogorov und Smirnov voraus, dass die Parameter der theoretischen Verteilung bekannt sind und nicht, wie beim χ^2-**Anpassungstest**, aus den Daten bestimmt werden müssen. Wenn auch beim **Kolmogorov-Smirnov-Anpassungstest** die Parameter aus den Daten ermittelt werden müssen, dann wird für die Signifikanzentscheidung die von Lilliefors (1967) per Computersimulationen erstellte Testverteilung herangezogen (siehe zu den Einzelheiten Bortz, Lienert & Boehnke, 2000, S. 321-323; Conover, 1999, S. 428-465; Hays, 1994, S. 849-856).

Damit enden die Ausführungen zur Planung statistischer Tests im Dienste der Prüfung psychologischer Hypothesen und Theorien.

15. Nachwort

J. Cohen war der erste Wissenschaftler, der 1962 die 70 Beiträge einer empirischen US-amerikanischen Zeitschrift, des „Journal of Abnormal and Social Psychology" (Bd. 61, 1960), daraufhin analysierte, welche Teststärke in den empirischen Arbeiten vorlag. Er fand, dass diese zur Entdeckung kleiner Effekte $1 - \beta = 0,18$ betrug, zur Entdeckung mitterer Effekte $1 - \beta = 0,48$ und zur Entdeckung großer Effekte $1 - \beta = 0,83$ (J. Cohen, 1962, S. 153). Da dieser Artikel sehr häufig zitiert wird, sollte man meinen, dass - wenn auch mit einiger zeitlicher Verzögerung -, Konsequenzen aus den Ergebnissen von J. Cohens Analysen gezogen worden wären, und zwar dergestalt, dass der Teststärke in empirischen Versuchen mehr Aufmerksamkeit gewidmet würde. Sedlmeier und Gigerenzer (1989) haben dies in einer ebenfalls empirischen Analyse von US-amerikanischen Zeitschriften geprüft und gefunden, dass sich gegenüber J. Cohens (1962) Analyse nicht nur nichts gebessert, sondern sogar geringfügig verschlechtert hat, und zwar insofern, als die mittlere Teststärke gegenüber 1962 leicht abgesunken ist. Clark-Carter (1997) hat eine entsprechende Analyse für britische Zeitschriften vorgelegt und gelangt zu ähnlichen Ergebnissen wie Sedlmeier und Gigerenzer. Von diesen Analysen hat es in den vergangenen 30 Jahren eine ganze Fülle gegeben, und ich will sie hier nicht zitieren, denn ihre Botschaft ist eindeutig: Die Teststärke gehört zu den Aspekten der statistischen Analyse, dem so gut wie keine Aufmerksamkeit gewidmet wird. Was sich allerdings in den letzten 10 bis 15 Jahren geändert hat, ist die Anzahl der Artikel, die sich mit der Testplanung für spezielle Kennwerte befassen, die merklich zugenommen hat.

Aber auch schon wesentlich früher sind Arbeiten zu nonzentralen Verteilungen, also den Verteilungen, die man für die Testplanung benötigt, veröffentlicht worden. Bereits 1933 hat Kolodziejzik die Teststärkefunktion des **t-Tests** untersucht, und seine Ergebnisse wurden in veränderter Form von Neyman, Iwaszkiewicz und Kolodziejzik (1935) veröffentlicht. Ebenfalls mit der Teststärkefunktion des **t-Tests** beschäftigte sich die Arbeit von Neyman und Tokarska (1936; vgl. auch N.L. Johnson & Welch, 1940; Owen, 1965; Resnikoff & Lieberman, 1957). Im Jahre 1938 hat Tang die Teststärkefunktion des **F-Tests** für **Varianzanalysen** tabelliert (vgl. auch Feldt & Mahmoud, 1958; Fox, 1966; Lehmer, 1944; Patnaik, 1949; Tiku, 1967), und E.S. Pearson und Hartley (1951, 1970, 1972) haben Graphen der nonzentralen F-Verteilungen erstellt, die etwa in Winer (1971, S. 879-880) abgedruckt sind und die bspw. Levin (1972, 1975) zur Testplanung bei a priori geplanten und A-posteriori-Kontrasten herangezogen hat. Im Jahre 1949 publizierte Patnaik Graphen der nonzentralen χ^2-Verteilungen (vgl. auch Fix, 1949; Hayman, Govindarajulu & Leone, 1962; Seber, 1966). Laubscher hat 1960 Normalapproximationen für die nonzentralen t- und F-Verteilungen abgeleitet, und 1966 veröffentlichte Seber Tabellen der nonzentralen Beta-Verteilungen, die als Spezialfall bspw. die F-Verteilungen umfassen. Ein ganzes Handbuch mit statistischen Tabellen hat Owen (1962) veröffentlicht (vgl. auch Fisher & Yates, 1953, 1963). 1964 erschien die Monographie von Mace, der sich ausschließlich mit der Stichprobengrößenbestimmung befasste, allerdings im allgemeinen Rahmen von Problemen im Ingenieurwesen. Der Rezeption dieser Arbeiten in der Psychologie und ihren Nachbardisziplinen dürfte allerdings entgegen gestanden haben, dass sie entweder in statistischen Fachzeitschriften veröffentlicht worden sind, die nicht primär zu dem Lesestoff gehören, mit dem sich Psycholog/inn/en und empirisch arbeitende Kolleg/inn/en der Nachbardisziplinen befassen, oder als Buch unter einem Titel erschienen sind, der das Buch für Psycholog/inn/nen uninteressant machte.

Im deutschen Sprachraum war es Bredenkamp, der im Jahre 1969 in seiner Arbeit „Über die Anwendung von Signifikanztests bei Theorie-testenden Experimenten" nachdrücklich die Kontrolle des β-Fehlers bzw. der Teststärke $1-\beta$ forderte und die dazu benötigten Formeln für verschiedene Formen des **t-Tests** und der einfaktoriellen **Varianzanalyse** unter dem Modell der fixierten Effekte vorstellte, und zwar in den „Psychologischen Beiträgen", einer Zeitschrift für Psycholog/inn/en. Doch ist nach meiner Einschätzung diese Arbeit für die deutschsprachige psychologische Forschungspraxis genau so ohne Folgen geblieben wie verschiedene weitere Arbeiten des gleichen Autors (bspw. Bredenkamp, 1972, 1980) oder anderer Autor/inn/en. Ob dies damit zusammenhängt, dass Bredenkamp seine eigenen und nur zu berechtigten Forderungen kaum jemals in eigenen Experimenten umgesetzt hat (vgl. als Beispiel etwa Wippich & Bredenkamp, 1979), vermag ich nicht zu beurteilen.

Ebenfalls im Jahre 1969 ist dann die erste Auflage des Buches von J. Cohen erschienen: „Statistical power analysis for the behavioral sciences" - ein Buch, das sich ausschließlich der Teststärkenanalyse für einige der auch in der Psychologie sehr häufig eingesetzten Verfahren widmet; von ihm gibt es eine „revised edition" aus dem Jahre 1977 und eine überarbeitete 2. Auflage aus dem Jahre 1988. Obwohl relativ oft zitiert, hat es doch kaum dazu beigetragen, dass Experimentator/inn/en in ihren Versuchen eine Teststärkenkontrolle bzw. eine Testplanung durchführen. In meinem Kapitel zur Versuchsplanung (Hager, 1987; vgl. auch Hager & Möller, 1986) habe ich als Anhang Tabellen zur Planung von **F-, χ^2- und t-Tests** aufgenommen, und dies ist die einzige mir bekannte deutschsprachige Referenz, die derartige Tabellen enthält, aber mir ist keine Literaturquelle bekannt, in der eine Testplanung nach diesen Tabellen vorgenommen wurde.

Meiner Ansicht nach ist einer der Hauptgründe für die Missachtung der Teststärke in empirischen Untersuchungen darin zu sehen, dass sie in allen Lehrbüchern eher stiefmütterlich behandelt wird, quasi als notwendiges Übel. Die Behandlung geht dabei nicht über das Aufzeigen des Zusammenhanges zwischen α und β (und möglicherweise noch der Stichprobengröße) hinaus, der fast immer an zwei sich überlappenden Verteilungen, einer zentralen und einer nonzentralen, veranschaulicht wird. Es wird zwar betont, das die Beachtung des β-Fehlers „auch wichtig" sei, aber es werden kaum Strategien angesprochen oder gar demonstriert, wie diese „Beachtung des β-Fehlers" genau geschehen kann (vgl. bspw. das jüngst erschienene Lehrbuch von Kähler, 2002) - mit Ausnahme der häufiger anzutreffenden Empfehlung, das Signifikanzniveau α dann heraufzusetzen, wenn der β-Fehler besonders wichtig sei. Daraus wird offensichtlich der Schluss gezogen, dass der β-Fehler nur in Ausnahmefällen von Bedeutung ist und ansonsten unbeachtet bleiben kann. Die Beachtung des β-Fehlers ist aber bei der Prüfung von psychologischen Hypothesen *immer* „besonders wichtig", und in dem Lehrbuch „Experimentelle Hypothesenprüfung in der Psychologie" von Hussy und Jain (2002, S. 158-165) wird relativ ausführlich auf die Teststärke und die anderen Determinanten des statistischen Tests eingegangen, und zur Teststärkenanalyse wird das Programm GPOWER von Erdfelder, Faul und Buchner (1996) empfohlen; diese Empfehlung sprechen auch Nachtigall und Wirtz (2002, S. 209) aus. Bortz (1999) hat eines der best-eingeführten Lehrbücher der Statistik in Deutschland verfasst. In der 5. Auflage (1999) wird die Teststärkethematik ausführlicher dargestellt (S. 122-128), und es werden für einige einfache Verfahren auch Formeln zur Bestimmung des Stichprobenumfanges angegeben - Bortz (1999) spricht in diesem Zusammenhang von „optimalen Stichprobenumfängen" (vgl. auch Bortz & Döring, 1995, S. 564-589).

Dass sich empirisch arbeitende Psycholog/inn/en mit der Teststärkenanalyse oder der Testplanung so schwer tun, kann auch damit zusammenhängen, dass in vielen Fällen die Bestimmung der Teststärke relativ zu einem feststehenden Stichprobenumfang und relativ zu einer gewählten und nicht zu großen Effektgröße ein ernüchterndes Bild ergibt, weil man nämlich feststellen muss, dass mit den verfügbaren Ressourcen nur eine geringe Teststärke zu erzielen ist oder unrealistisch groß erscheinende Effektgrößen nachzuweisen sind. Also führt man den Versuch besser ohne Testplanung durch, weil natürlich auch Zeitschriften-Herausgeber/innen in den meisten oder gar in allen Fällen keinen Wert auf die Testplanung legen. Und wenn der Artikel diese „gatekeepers of science" (vgl. Finch, Thomason & Cumming, 2002) passiert, hat die Strategie ja Erfolg gehabt. Allerdings wird auch in den „Richtlinien zur Manuskriptgestaltung" (DGPs, 1997, S. 31-32) gefordert, dass ein statistischer Test über eine hinreichend hohe Teststärke relativ zum Signifikanzniveau und zur Effektgröße aufweisen soll und dass die Effektgrößen zu bestimmen und mitzuteilen sind (s. das Vorwort). Jedoch: In nur 10 von 428 Arbeiten in den Jahren 2001 und 2002 in 14 Fachzeitschriften der Psychologie wurde dieses berechtigte Desiderat auch umgesetzt. Ein entsprechender Passus findet sich auch in den APA-Richtlinien:

> Take seriously the statistical power considerations associated with your tests of hypotheses. Such considerations relate to the likelihood of correctly rejecting the tested hypotheses, given a particular alpha level, effect size, and sample size. In that regard, you should routinely provide evidence that your study has sufficient power to detect effects of substantive interest (e.g. J. Cohen, 1988).

You should be similarly aware of the role played by sample size in cases in which not rejecting the null hypothesis is desirable ... . (APA, 2001, S. 24)
Und weiter (APA, 2001, S. 25-26):
For the reader to fully understand the importance of your findings, it is almost always necessary to include some index of effect size or strength of relationship in your Results section. You can estimate the magnitude of effect or the strength of the relationship with a number of common effect size estimates. ... The general principle to be followed ... is to provide the reader not only with information about statistical significance but also with enough information to assess the magnitude of the observed effect or relationship.

In ihrem zusammenfassenden Bericht über die Arbeit einer speziell eingesetzten „Task Force on Statistical Inference" führen Wilkinson and the Task Force on Statistical Inference (1999, S. 596) aus:

Provide information on sample size and the process that led to sample size decisions. Document the effect sizes, sampling and measurement assumptions, as well as analytic procedures and power calculations. Because power computations are most meaningful when done before data are collected and examined, it is important to show how effect-size estimates have been derived from previous research and theory in order to dispel suspicions that they might have been taken from data used in the study or, even worse, constructed to justify a particular sample size. (Hervorhebung im Orig.)

Und einige Seiten später (a.a.O., S. 599):

Always present effect sizes for primary outcomes. If the units of measurement are meaningful on a practical level (e.g., number of cigarettes smoked per day), then we usually prefer an unstandardized measure (regression coefficient or mean difference) to a standardized measure (r or d). It helps to add brief comments that place these effect sizes in a practical and theoretical context. (Hervorhebung im Orig.)

Allerdings fehlt in allen zitierten Quellen der wichtige Hinweis darauf, dass weder die Teststärkenanalyse oder Testplanung noch die Bestimmung von Effektgrößen unter der vorherrschenden Fisher-Theorie des Signifikanztests möglich ist.

Der Verzicht auf die Kontrolle des β-Fehlers wird auch durch die verschiedenen Computer-Programme zur Auswertung von Daten unterstützt. Diese Programme werten zwar vorhandene Daten schnell und effizient aus, behandeln aber die Teststärkenanalyse wenn überhaupt, dann doch eher stiefmütterlich. Sie berechnen die deskriptiven Statistiken, sofern man diese anfordert - „ein Knopfdruck genügt" -, und den empirischen Wert einer gewählten Teststatistik. Mit ihren zahlreichen implementierten Möglichkeiten erleichtern es die Computerprogramme ungemein, die „überaus komplizierte und sensible Handlungslogik des Hypothesentestens" durch die „schlichte Automatik der Berechnung von p-Werten" (Diepgen, 1994, S. 11) zu ersetzen. Und sie leisten der nicht all zu selten anzutreffenden Haltung Vorschub, mit ihrer Hilfe alles an statistisch Signifikantem aus den Daten herauszuholen, was irgendwie herauszuholen geht, um damit einen Beitrag zu „jener üblen Forschungspraxis (zu leisten), bei der nur ‚Signifikanzen' zählen" (Ostmann & Wutke, 1994, S. 722). Oft wird das Ergebnis der Signifikanztestung nur in Form von p-Werten angegeben, also ohne den Wert der Teststatistik bzw. ohne die benutzte Teststatistik.

Häufig wird der p-Wert noch mit Sternchen (*) versehen, und je mehr Sternchen einem solchen p-Wert zuerkannt werden, als desto „signifikanter" im Sinne von „bedeutungsvoller" wird das Resultat angesehen: $0{,}01 < p \leq 0{,}05$: „signifikant" (*); $p \leq 0{,}01$: „sehr signifikant" (**) und $p \leq 0{,}001$: „höchst signifikant" (***). Dabei wird geschickterweise häufig die wichtige Qualifikation „statistisch" fortgelassen. G. Lehmann (2002, S. 235) stellt fest, dass bei Vorliegen von drei Sternchen die H_0 „*mit Sicherheit widerlegt*" ist (Hervorhebung im Orig.); ohne eine Information über die Teststärke des entsprechenden Tests ist diese Interpretation schlicht falsch. Wir können niemals wissen, ob eine statistische Hypothese „wirklich" zutrifft oder nicht (vgl. bereits Neyman & E.S. Pearson, 1933, S. 290); man *entscheidet* sich nur auf Grund der Daten für eine der beiden komplementären statistischen Hypothesen und verhält sich im Anschluss so, als ob sie zuträfe. Je kleiner aber der p-Wert wird, desto geringer wird unter sonst gleichen Bedingungen die aus den Daten ermittelbare Teststärke. Und was nutzt ein Resultat, das mit einem p-Wert von 0,001 versehen ist, für das a posteriori aber nur eine Teststärke von 0,10 berechnet werden kann, d.h. die Wahrscheinlichkeit, eine zutreffende H_1 als zutreffend auszuweisen, beträgt gerade einmal 10%? Bei dieser geringen Teststärke liegt es nahe zu vermuten, dass eine zufällige statistische Signifikanz vorliegt, dass also eigentlich die Nullhypothese zutrifft. Aus diesem Grund habe ich eingangs dafür plädiert, den statistischen Test als dichotome Entscheidungsregel zu verstehen, bei der es relativ zu vor dem Versuch festgelegten Werten für α_{krit} und β_{krit} nur die beiden Ausgänge „Beibehaltung oder Annahme der H_0" und „Annahme der H_1" gibt. Differenzierungen dieser **dichotomen Entscheidung** finden dann auf der vorgeordneten Ebene der psychologischen Vorhersage statt, indem die **empirischen Effekte mit den für die Testplanung benutzten verglichen** werden. **Nur die Effektgrößen zeigen an, „wie signifikant" ein Resultat ist, denn sie stellen ein vom Umfang der Stichprobe bereinigtes Maß für die Größe eines Unterschiedes oder Zusammenhanges dar.** Allerdings: *Erstens* unterliegen auch Effektgrößen in der gleichen Weise wie alle anderen statistischen Kennwerte beträchtlichen Zufallsschwankungen; *zweitens* sind standardisierte Effektmaße häufig nicht einfach zu interpretieren, weil sie den gleichen Wert bei unterschiedlichen Zähler- und Nennerwerten aufweisen können; und *drittens* sind unstandardisierte Maße für die Testplanung in aller Regel ungünstiger, weil bei ihnen die Festlegung von mehr als nur einem Wert erfolgen muss. Trotz dieser Mängel bleiben mangels Alternativen Effektgrößen die bevorzugenswerten statistischen Kennwerte, um das Ausmaß einer Assoziation, eines Zusammenhanges oder die Größe eines Unterschiedes zu erfassen. p-Werte erlauben dies nicht, und daran ändert auch die Anzahl der Sternchen nichts, die in der Forschungspraxis gern mit ihnen verbunden werden (s.o.). Die entsprechenden Qualifikationen auf der statistischen Ebene gehören schlicht aus der Wissenschaft verbannt, wobei einzuräumen ist, dass dann, wenn man sich explizit auf die Grundlage der Signifikanztesttheorie von R.A. Fisher stellt, der p-Wert das einzig legitime Maß darstellt, mittels dessen die Abweichung von der getesteten Nullhypothese ausgedrückt werden kann.

Allerdings darf die Testplanung oder Teststärkenanalyse keinen Selbstzweck darstellen, sondern soll stets auf ein Ziel hin erfolgen. Als **das wichtigste Ziel** war eingangs im vorliegenden Buch **die Prüfung psychologischer Hypothesen** genannt worden, die sich entweder aus einer Theorie ableiten lassen oder auch nicht. Die Tatsache, dass eine Reihe von psychologischen Hypothesen aus einer Theorie abgeleitet werden konnte, machte es erforderlich, einige Ausführungen zum modernen Theoriebegriff erfolgen zu lassen. Psychologische Hypothesen werden in der Forschungspraxis fast durchgängig mit statistischen Tests geprüft, und dieser Umstand führte zu etlichen Anmerkungen zu verschiedenen statistischen Testtheorien, die „hinter" den statistischen Tests stehen, die aber in den einschlägigen Lehrbüchern nicht thematisiert werden - in diesen werden statistische Tests losgelöst von den Testtheorien, die sie fundieren, dargestellt, und zwar als eine hybride Mischung aus zwei konkurrierenden Testtheorien. Dabei steht die **Theorie des Signifikanztests** von R.A. Fisher im Vordergrund und wird in aller Regel mit einigen Konzepten der **Theorie des statistischen Hypothesentestens** von J. Neyman und E.S. Pearson „angereichert", z.B. dem Konzept der Effektgröße und der Teststärke, das Fisher zeit seines Lebens vehement ablehnte. Angesichts dessen kann es natürlich nicht verwundern, dass auch die Anwendung von statistischen Tests in der Forschungspraxis eine hybride Mischung aus beiden Testtheorien darstellt. Es wurde dabei begründet, warum die Testtheorie von J. Neyman und E.S. Pearson für die Zwecke der Prüfung psychologischer Hypothesen geeigneter ist als die in der Praxis dominierende Testtheorie von R.A. Fisher oder alternative statistische Vorgehensweisen wie etwa der Ansatz nach Bayes, das sequenzielle Testen, die Likelihood-Quotienten-Tests und das Parameterschätzen, ergänzt durch die Konstruktion von Konfidenzintervallen.

Es wurde dann mit der Ableitungsvalidität, die sich aus den beiden Kriterien der Adäquatheit und der Erschöpfendheit zusammensetzt, ein Konzept eingeführt, dessen Anwendung auf die Ableitung von psychologischen und statistischen Vorhersagen aus einer psychologischen Hypothese dazu führen soll, dass die Menge der möglichen empirischen Resultate eindeutig in zwei disjunkte Teilmengen zerlegt wird, von denen die eine alle hypothesenkonformen Resultate umfasst, während die andere Teilmenge alle hypothesenkonträren Resultate enthält. Die Ableitung von Vorhersagen einschließlich von testbaren statistischen Hypothesen auf der Ebene ST der statistischen Tests und der direkt testbaren Hypothesen wurde dabei als „Ableitung in einem lockeren Sinn" (Meehl, 1967) konzipiert, und die Ableitungsvalidität soll gewährleisten, dass die Ableitungen nicht „*zu* locker" vorgenommen werden.

Es wurden dann insgesamt fünf Betrachtungsebenen eingeführt, und zwar die Ebene der psychologischen Theorie (PT), die Ebene der psychologischen Hypothese

(PH), die aus ihr abgeleitet wird und die zu prüfen ist, und dann die Ebene der psychologischen Vorhersage (PV), die nach vollständiger Spezifikation der Versuchssituation aus der PH unter Hinzuziehung von Hilfshypothesen abgeleitet wird. Die nächste Ebene betrifft die statistische Vorhersage (SV), die aus der PV abgeleitet wird. Die letzte Ebene ist die der testbaren statistischen Hypothesen und der planbaren statistischen Tests (ST), wobei im Regelfall mehr als nur eine testbare statistische Hypothese aus einer SV abgeleitet wird.

In den ersten vier Kapiteln wurde auch hervorgehoben, dass es für die Prüfung psychologischer Hypothesen von eminenter Bedeutung ist, die beiden unter der Neyman-Pearson-Theorie definierten bedingten statistischen Fehlerwahrscheinlichkeiten α **und** β zu kontrollieren, weil andernfalls die e-Validität oder Strenge bzw. die f-Validität oder das Wohlwollen des Prüfversuches empfindlich eingeschränkt sein können. Die Kontrolle von α und β ist allerdings nur möglich, wenn man eine Effektgröße definieren kann, die das Ausmaß des systematischen Zusammenhanges zwischen der oder den unabhängigen und der abhängigen Variable/n angibt oder - statistisch gesehen - den Abstand der nonzentralen Testverteilung von der zentralen. Wenn man dann den Stichprobenumfang als vierte Determinante des statistischen Tests begreift, wird es möglich, auf dem Wege der Testplanung einen „vertretbaren" Ausgleich zwischen den vier Determinanten zu schaffen, der verhindert, dass vor allem der gar nicht so wichtige Stichprobenumfang über die Bewährung oder Nicht-Bewährung einer psychologischen Hypothese entscheidet.

Wenn die Daten erhoben worden sind, werden sie den vorgesehenen und geplanten statistischen Tests unterzogen. Es wird dann eine **Entscheidung** gegen eine der getesteten statistischen Hypothesen und für die andere gefällt. Als Entscheidungen (unter Unsicherheit) sind auch die weiteren Rückschlüsse von den erhobenen Daten auf die verschiedenen Betrachtungsebenen, auf denen Ableitungen erfolgt sind, konzipiert. Die Entscheidung über die SV erfolgt auf Grund der mit den statistischen Tests gefällten Entscheidungen und der vorher spezifizierten Entscheidungsregel. Bei der Entscheidung über die PV kommt der Effektgröße ein besonderer Stellenwert zu, weil *jede* psychologische Theorie und Hypothese (zumindest implizit) eine Aussage darüber beinhaltet, ob unter ihr auf der statistischen Ebene mit einem Effekt größer oder kleiner als Null zu rechnen ist, wenn sie zutrifft, oder mit dem Ausbleiben eines Effektes, also einem Nulleffekt. Als nächstes wird über die zu prüfende PH entschieden, und zwar auf der Grundlage der vorher getroffenen Entscheidungen und einer Einschätzung der experimentellen Validität des Versuchs. Dabei wird die Entscheidung „PH bewährt" als genauso wichtig angesehen wie die Entscheidung „PH nicht bewährt". Logische Schlussfiguren, die in der Methodologie Poppers (2002) eine zentrale Rolle spielen, werden nicht eingesetzt. Zuletzt wird auf Grund der Entscheidung über die PH darüber entschieden, ob sie zur Menge der erfolgreichen Anwendungen der vorgeordneten Theorie gehört oder zur Menge der erfolglosen Anwendungen.

Die Testplanung wurde dann in Kapitel 5 ausführlich am Beispiel des **t-Tests** besprochen, und in diesem Zusammenhang wurden drei Testplanungsstrategien vorgestellt, mittels derer auch bei festliegendem Stichprobenumfang oder aus anderen Gründen begrenzter Ressourcen eine Testplanung zur Kontrolle von α und β vorgenommen werden kann. Dies wurde ausführlich an verschiedenen Formen des **t-Tests** demonstriert und im folgenden Kapitel für verschiedene **Varianzanalysen** und die einfaktorielle **Kovarianzanalyse**, deren statistische Hypothesen sich auf Mittelwerte aus $K \geq 2$ bzw. $K \geq 2$ und $J \geq 2$ Versuchsbedingungen beziehen, wobei die Mittelwerte ungeachtet der Größe von K oder von K und J usw. nur einem Test unterzogen werden. Dabei wurde ein **Präzisionsindex** Π_{BA} eingeführt, der das Verhältnis aus der Binnenvarianz im zwei- oder höherfaktoriellen Versuchsplan ($\sigma^2_{I,BA}$ oder $\sigma^2_{I,BAC}$ usw.) im Vergleich zur Binnenvarianz im einfaktoriellen Plan ($\sigma^2_{I,B}$) zum Ausdruck bringt. Er erfasst das Ausmaß an Präzisionserhöhung in einem mehrfaktoriellen Plan gegenüber einem einfaktoriellen, und diese Information ist direkt relevant für die Planung von Tests in höherfaktoriellen Versuchsplänen, weil eine erhöhte Präzision auch zu einer Vergrößerung der Effektgrößen für die Testplanung führt.

Aus psychologischen Hypothesen lassen sich über die ihnen nachgeordneten psychologischen Vorhersagen nur in sehr seltenen Ausnahmefällen die globalen Hypothesen von **Varianzanalysen** ableiten. Im Regelfall sind psychologische Hypothesen gerichtet und führen zu ebenfalls gerichteten psychologischen Vorhersagen und auch zu gerichteten Hypothesen über **geplante Kontraste**, die in den meisten Fällen nicht orthogonal zueinander sind. Operiert man mit geplanten Kontrasten, ist es in keinem Fall notwendig, den gezielten Analysen die in der Forschungspraxis so beliebten, aber in allen Fällen nur ungerichtete statistische Hypothesen testenden Globaltests vorzuschalten.

Wegen ihrer Bedeutung wurde im Abschnitt 7.1 etwas ausführlicher auf Kontraste und das Konzept der Orthogonalität eingegangen. Die Prüfung von psychologischen Hypothesen erfolgt, wenn man die Ableitungsvalidität beachtet, in der Regel über nonorthogonale Kontraste, und erneut in der Regel führt die Beachtung des Kriteriums der Erschöpfendheit dazu, dass mehrere Hypothesen über diese Kontraste zu testen sind. Es sind also auch mehr als nur ein statistischer Test durchzuführen, und dies wiederum führt zur Kumulation der statistischen Fehlerwahrscheinlichkeiten α und/oder β. Dieses Problem und die dafür vorgeschlagene einfache und im Prinzip seit langem bekannte Lösung wurde in Abschnitt 7.2 behandelt.

In allen Fällen, in denen zur Prüfung einer psychologischen Hypothese über die nachgeordnete psychologische Vorhersage mehrere (gerichtete oder ungerichtete) Alternativhypothesen abgeleitet und konjunktiv miteinander verbunden wurden - dies stellt den Regelfall dar -, kumuliert β, und in diesen Fällen ist eine α-Adjustierung, wie sie üblich ist - wenn überhaupt adjustiert wird -, entschieden kontraindiziert. In den bedeutend weniger Fällen, in denen mehrere Nullhypothesen abgeleitet und konjunktiv miteinander verknüpft wurden, kumuliert α, und in seltenen Fällen (z.B. bei der Testung von Hypothesen über quantitative Trends) werden Null- und Alternativhypothesen als vorhersagekonform abgeleitet und konjunktiv miteinander verbunden, so dass α *und* β kumulieren. Dabei stellt die Prüfung der PH über abgeleitete und konjunktiv miteinander verbundene Alternativhypothesen den Regelfall dar, und in diesen findet eine β-Kumulation statt. Deren Ausgleich führt zu relativ geringen Werten für $\beta_{krit,t}$, und angesichts der meist nur begrenzten verfügbaren Ressourcen besonders hinsichtlich der Vpn hat man i.A. gar keine andere Wahl, als die Werte für das Signifikanzniveau $\alpha_{krit,t}$ größer als die Werte $\beta_{krit,t}$ zu wählen, also als $\alpha_{krit} > \beta_{krit}$. Dabei soll für β_{FW} gelten: $\beta_{FW} = \sum \beta_{krit,t} \leq 0{,}30$. Dabei steht das „FW" („familywise") für die Familie derjenigen Tests, die aus der PH über die PV adäquat und erschöpfend abgeleitet wurden und die zu deren Prüfung erforderlich und hinreichend sind. Angesichts der β-Kumulation muss man - sofern man nicht unrealistisch hohe Werte für die Effektgröße festlegen will, die es der PV erschweren, als eingetreten beurteilt zu werden -, in aller Regel die Werte für $\alpha_{krit,t}$ auf einen höheren Wert festlegen als die konventionalistisch und allgemein akzeptierte „magische Grenze" von 5%, so dass allgemein bei mehreren abgeleiteten $H_{1,r}$ gelten soll: **0,01 $\leq \alpha_{krit,t} \leq$ 0,30**. Aber für die Bevorzugung des 5%-Niveaus gibt es ohnehin lediglich historisch nachvollziehbare Gründe, jedoch keine stichhaltige wissenschaftliche oder logische oder sonstwie geartete Begründung (vgl. dazu bereits Winer, 1962, S. 13). Auf der anderen Seite ist das 5%-Niveau als feste Größe dermaßen fest in der Forschungspraxis verankert, dass man auch mit vernünftigen Gründen die forschenden Kolleg/inn/en unserer Zunft wohl kaum dazu veranlassen kann, höhere Werte zu wählen. Dann sind jedoch angesichts der kumulierenden Fehlerwahrscheinlichkeiten β und der üblicherweise begrenzten Ressourcen andere Lösungen zu erwarten. Wenn man jedoch genügend Vpn zur Verfügung hat, kann man α_{krit} auch im Fall mehrerer abgeleiteter $H_{1,r}$ auf den konventionellen Wert α = 0,05 bringen, doch dürfte dies die seltene Ausnahme darstellen.

Im Falle von abgeleiteten und konjunktiv miteinander verknüpften Nullhypothesen kumuliert α und sollte adjustiert werden, so dass gilt: $\alpha_{FW} = \sum \alpha_{krit,t} \leq 0{,}30$. Hier sorgt die Adjustierung für geringe Werte von $\alpha_{krit,t}$, wobei für β gelten kann: **0,01 $\leq \beta_{krit,t} \leq$ 0,30**. Es gilt dann auch $\alpha_{krit,t} < \beta_{krit,t}$. In beiden Fällen der Kumulation ist es mit Blick auf die notwendige Stichprobengröße und einen realistischen nachweisbaren Effekt nicht möglich, $\alpha_{krit,t}$ oder $\beta_{krit,t}$ auf wünschenswert konventionelle kleine Werte zu bringen, wie dies in Bezug auf α bei allen Techniken der multiplen Vergleiche, allerdings zu Lasten von β, geschieht.

In allen soeben angesprochenen Fällen wird im vorliegenden Buch durchgängig die außerordentlich flexible additive (Dunn-)Bonferroni-Adjustierung eingesetzt. Diese ist in jedem Falle ausreichend, um sich gegen die kumulierenden Fehlerwahrscheinlichkeiten α und/oder β abzusichern; dies leisten die vorgeschalteten Globaltests im Übrigen nicht.

Eine Alternative zu den vorgeschlagenen Adjustierungen wäre die Erhöhung der nachzuweisenden Effektgrößen. Dabei kommt man jedoch rasch in einen Bereich, der unrealistisch hoch ist und der praktisch von vornherein ausschließt, dass die psychologische Vorhersage als eingetreten beurteilt werden kann und damit letzten Endes die psychologische Hypothese als bewährt. Eine andere Alternative bestünde darin, die Kumulation der Fehlerwahrscheinlichkeiten α und/oder β einfach zu ignorieren. Diese Strategie ist in der Forschungspraxis verbreiteter, als man glauben sollte: In 379 von 428 Artikeln in psychologischen Fachzeitschriften der Jahre 2001 und 2002 wurde auf die α-Adjustierung unter der Fisherschen Signifikanztheorie verzichtet, wobei es etliche Studien gab, in denen für einen Teil der Tests eine Adjustierung vorgenommen wurde, für einen anderen Teil aber nicht. Aber von Statistiker/inne/n wurde dieses Problem bereits gegen Ende der Vierziger Jahre des vorigen Jahrhunderts erkannt, und dies führte zur Entwicklung einer Vielzahl von Techniken der multiplen Vergleiche, die auf verschiedene Arten die Kumulation von α ausgleichen. Diese Techniken oder zumindest einige von ihnen werden in so gut wie jedem Lehrbuch der Statistik und der Versuchsplanung und -auswertung behandelt. Das Ignorieren der Kumulation - und dies sei an dieser Stelle wiederholt - verhindert diese nicht, sondern blendet sie lediglich aus.

Auf der anderen Seite: Wird eine psychologische Hypothese nur über *eine* statistische Hypothese adäquat und erschöpfend geprüft, wie dies im Ein- und Zwei-Stichproben-Fall und mit Einschränkungen bei den **Varianzanalysen** der Fall ist, sollte es auch mit den üblicherweise zweistelligen Stichprobengrößen möglich sein, halbwegs realistisch große Effekte bei $0{,}01 \leq \alpha_{krit} \leq 0{,}05\ (0{,}10)$ und $0{,}01 \leq \beta_{krit} \leq 0{,}20$ nachzuweisen.

Kapitel 8 war dann der Prüfung von einfaktoriellen psychologischen Hypothesen mit der Methode der geplanten Kontraste gewidmet, also Hypothesen, die sich nur auf eine unabhängige Variable B beziehen. Im Kapitel 9 wurde die gleiche Methode auf die statistische Prüfung von psychologischen Hypothesen angewendet, die sich auf zwei unabhängige Variablen B und A simultan beziehen. Bei derartigen Hypothesen kommt dem Konzept der statistischen Interaktion eine besondere Bedeutung zu (Abschn. 6.2 und 9.1). Ebenfalls in Kapitel 9 wurde die Prüfung von Hypothesen in einem multivariaten Setting behandelt (Abschn. 9.5), wobei die Auffassung vertreten wurde, dass auch bei Vorliegen mehrerer abhängiger Variablen eine univariate Vorgehensweise über geplante univariate Kontraste den beliebten multivariaten „Auswertungen" vorzuziehen ist, weil sich für mehrere abhängige Variablen in der gleichen Weise differenzierte Vorhersagen ableiten lassen wie für univariate Fälle. Im Kapitel 10 wurde in allgemeiner Form auf multivariate Vorgehensweisen eingegangen und u.a. zwischen zwei Fällen unterschieden: *Erstens*: Die Hypothese ist nur „scheinbar" multivariat, d.h. sie enthält *keine* Aussage über Beziehungen zwischen den verschiedenen abhängigen Variablen. In diesem Fall empfiehlt es sich, jede abhängige Variable mit einer eigenen psychologischen Hypothese zu versehen und dann die Prüfung dieser Hypothese univariat vorzunehmen, wobei bedarfsweise die Interkorrelationen zwischen den abhängigen Variablen bestimmt werden können. *Zweitens*: Die Hypothese ist „echt" multivariat und beinhaltet *eine Aussage über die Beziehungen zwischen den abhängigen Variablen*. An einem fiktiven Beispiel wurde dann gezeigt, dass auch in diesem Fall eine univariate Auswertung indiziert sein kann. In Kapitel 11 erfolgte die Planung von Tests für Hypothesen über unabhängige Varianzen und im folgenden Kapitel für eine Vielzahl verschiedener Korrelationshypothesen, und es wurde in diesem Zusammenhang hervorgehoben, dass sich statistische Hypothesen über Mittelwerte auch als Hypothesen über Korrelationen testen lassen. Im Kapitel 13 wurde die approximative Planung von Tests für statistische Hypothesen über erwartete mittlere Ränge (Ranghypothesen) auf der Grundlage der parametrischen Entsprechungen der einschlägigen Rangtests behandelt, nämlich der verschiedenen t- und F-Tests. Im abschließenden Kapitel 14 wurde auf die Planung von Tests über Wahrscheinlichkeitshypothesen bzw. Proportionen einschließlich von Tests über JxK-Kontingenztafeln und über die Güte der Anpassung eingegangen.

Von den drei Testplanungsstrategien, die in Kapitel 5 eingeführt worden sind, ist die **TPS 1** zu bevorzugen, wann immer dies möglich ist. Bei ihr können die wichtigsten Determinanten des statistischen Tests, nämlich *erstens* die Effektgröße und *zweitens* die statistischen Fehlerwahrscheinlichkeiten α und β, relativ zu den verfügbaren Ressourcen frei festgelegt werden. Dabei ist die Effektgröße die wichtigste Determinante, weil sie auch als Kriterium zur Entscheidung über das Eintreten oder Nicht-Eintreten der psychologischen Vorhersage dient, und auf dieser Entscheidung beruht dann auch die Entscheidung über die geprüfte psychologische Hypothese und Theorie. Kaum weniger wichtig sind allerdings die statistischen Fehlerwahrscheinlichkeiten α und β, die einen direkten Einfluss auf die e- und die f-Validität (Strenge und Wohlwollen) eines Versuches haben. Liegt der Stichprobenumfang als die am wenigsten wichtige Determinante des statistischen Tests auf einem bestimmten Wert fest, sollte die **TPS 2** zur Anwendung gelangen, bei der immer noch die Effektgröße auf einem mehr oder minder frei wählbaren Wert festgelegt werden kann. Die **TPS 3** ist dann indiziert, wenn man keine Möglichkeit hat, auf Grund vorhergehender Versuche oder auf Grund des Hintergrundwissens einen Wert für die Effektgröße zu spezifizieren, was allerdings selten vorkommen dürfte. Die **TPS 3** ist auch dann indiziert, wenn man bereits einen als besonders wichtig angesehenen Test nach einer der beiden anderen Strategien geplant hat und wenn bei kumulierenden Fehlerwahrscheinlichkeiten dafür Sorge zu tragen ist, dass diese ihre zulässigen Grenzwerte nicht überschreiten.

Wenn die Entscheidung über die geprüfte psychologische Hypothese auf Grund der Ausgänge der statistischen Tests, der Effektgrößenvergleiche und der Beurteilung der Validität des Versuches vorgenommen worden ist, können ohne weiteres noch soviele zusätzliche statistische Tests über die Daten durchgeführt werden, wie dies erforderlich erscheint, um weiteren Aufschluss über das Datenmuster zu erhalten. Allerdings sollten auch diese Tests nachträglich mit einer der Testplanungsstrategien **TPS 2** oder **TPS 3** geplant werden; die TPS 1 kommt dabei nicht in Frage, weil der Stichprobenumfang ja festliegt.

Soweit für die im Vorstehenden erwähnten Tests notwendig, sind im Anhang die Tabellen zur Testplanung enthalten, und zwar für **z-Tests** über die Standard-

Normalverteilung, für χ^2-**Tests** vor allem über Proportionen bzw. Wahrscheinlichkeiten und Kontingenztafeln, für die **F-Tests** der **Varianzanalyse** sowie für Tests über zwei unabhängige Varianzen und zwei Rangkorrelationen. Wenn jemand anstelle dieser Tabellen die Planung seiner zur erschöpfenden und adäquaten Prüfung einer psychologischen Hypothese abgeleiteten statistischen Hypothesen lieber mit Hilfe von entsprechenden Computer-Programmen durchführen möchte, sobald sie/er die für die Testplanung notwendigen Festlegungen vorgenommen und Entscheidungen getroffen hat, so bleibt ihm/ihr dies natürlich unbenommen - einige dieser Programme sind am Schluss des Abschnitts 5.6.2 aufgelistet. Aber diese Programme beschränken sich nur auf den „formalen Anteil" an der Testplanung, also dem Einsetzen der festgelegten Werte in die „richtige" Formel, ohne dabei darauf einzugehen, welche psychologischen Hypothesen und Vorhersagen der Planung von Tests vorausgehen.

Viele psychologische Hypothesen wurden wiederholt geprüft, und zwar jeweils unter Benutzung anderer statistischer Kennwerte, und zwar zunächst über Mittelwerte μ_k, danach über Korrelationen, dann über erwartete mittlere Ränge und zuletzt über Wahrscheinlichkeiten π_k, also unter der Annahme des Intervall-, des Ordinal- und des Nominalskalenniveaus. Dies geschah, um zu demonstrieren, dass die übliche Prüfung über Mittelwerte keinesfalls zwingend ist. Besonderer Wert wurde dabei darauf gelegt zu zeigen, dass man auf *jedem* Skalenniveau die **Hypothese eines strikt monotonen Trends** testen kann, die stets dann abgeleitet werden kann und sollte, wenn eine gerichtete psychologische Hypothese mit $K \geq 3$ Versuchsbedingungen geprüft werden soll - also im Regelfall. Der einfachste Fall einer derartigen Hypothese über einen monotonen Trend ist im Übrigen die gerichtete Alternativhypothese eines einseitigen **t-Tests**, der - genau wie andere Zwei-Stichprobentests - in der Forschungspraxis gänzlich zu Unrecht so sehr vernachlässigt wird. Ist er zu einfach? Das ist er nicht mehr, wenn man ihn bspw. auf komplexe (Interaktions-) Kontraste anwendet. Die vermeintliche Einfachheit eines statistischen Verfahrens darf nie dazu veranlassen, es nicht anzuwenden, wenn seine Anwendung indiziert ist. Daneben ermöglicht er stets eine einfache Prüfung einer psychologischen Hypothese und ist stets auch einfach interpretierbar - man muss allerdings mit ihm umgehen können. Die **Kunstfertigkeit** von Experimentator/inn/en sollte nicht darin zum Ausdruck kommen, dass sie eine komplexe psychologische Hypothese über komplexe statistische Verfahren prüfen und dann an deren Interpretation scheitern, sondern darin, dass sie eine komplexe Hypothese so weit analysieren, dass diese mit einfachen und interpretierbaren statistischen Mitteln prüfbar wird. Wie Gonzalez (1994, S. 326) so richtig anmerkt: „In research, it is better to ask, 'What is the best way to test my hypothesis?' rather than ‚Which statistical test is appropriate for this data?'"

Es wurden zahlreiche psychologische Hypothesen aus dem Bereich der **Evaluation** behandelt, um zu zeigen, dass dort keineswegs eine eigene Methodologie erforderlich ist, sondern dass die skizzierte Methodologie, die in der Grundlagenforschung Anwendung finden kann, ihren Zweck auch bei der Prüfung von Evaluationshypothesen erfüllt (vgl. im Einzelnen Hager, Patry & Brezing, 2000). In diesem Bereich, der unterteilbar ist in „isolierte" und „vergleichende Evaluationen", gibt es dabei nur ganz wenige Hypothesentypen, die von vorrangigem Interesse sind, und jeder dieser Hypothesentypen wurde im Buch aufgegriffen.

Es sollte deutlich geworden sein, dass man hinsichtlich der Ableitung von testbaren statistischen Hypothesen aus einer psychologischen Vorhersage und einer psychologischen Hypothese und ggf. einer psychologischen Theorie mehr Freiheiten zur Verfügung hat, als man zunächst meinen möchte, wenn man sich mit den Ausführungen zu den Ableitungen und der Ableitungsvalidität vertraut gemacht hat. Diese *Handlungsfreiheit* bzw. dieser *Entscheidungsspielraum sollte aber auch genutzt werden, vor allem dazu, sich vor dem Versuch genau zu überlegen, was man nach dem Versuch zu welchen Bedingungen mehr wissen möchte.* Das dem Versuch vorausgehende Aufstellen oder Ableiten von psychologischen Hypothesen und das Ableiten von Vorhersagen aus diesen einschließlich der testbaren statistischen Hypothesen und eine Planung der vorgesehenen Tests ist ein sicheres Mittel - wenn auch kein narrensicheres -, um nach dem Versuch Daten vorliegen zu haben, die auch interpretiert werden können, d.h. die Gefahr von uninterpretierbaren Daten ist durch das hypothesenorientierte Vorgehen und die damit verbundene Methode der geplanten Kontraste minimiert.

Ferner sollten psychologische Hypothesen stets mit einfach handzuhabenden und interpretierbaren univariaten Methoden geprüft werden. Je einfacher die zur Prüfung vorgesehenen statistischen Tests sind, um so eindeutiger sind auch die Testresultate im Sinne einer Bewährung oder Nicht-Bewährung der Hypothese interpretierbar. Und wenn man etwas Energie auf das Ableiten von prüfbaren Vorhersagen aus der psychologischen Hypothese und der psychologischen Vorhersagen verwendet, wird es sich zeigen, dass diese Vorhersagen immer zu univariaten Auswertungstechniken führen, wenn man diese denn anwenden will.

Mit ziemlicher Sicherheit habe ich den einen oder anderen Test übersehen, der in bestimmten Forschungsbereichen bevorzugt eingesetzt wird. Wenn sich keine Publikation findet, in der die Planung für diesen Test behandelt wird, sollte zunächst geprüft werden, ob er approximativ über die Standard-Normalverteilung durchgeführt werden kann, denn in diesem Fall ist für diesen Test auch eine Pearson-Korrelation bestimmbar, auf Grund derer eine Testplanung erfolgen kann. Viele Tests werden approximativ nicht über die Standard-Normalverteilung, sondern über die ebenfalls außerordentlich flexibel einsetzbaren χ^2-Verteilungen durchgeführt. In derartigen Fällen sollte geprüft werden, ob sich eine Effektgröße in terminis ω, also über Häufigkeiten, oder in terminis $\eta^2_{\chi 2}$, also als multiples Korrelationsquadrat, definieren lässt. Ist dies der Fall, kann der vorgesehene Test über die χ^2-Verteilungen zumindest approximativ geplant werden. Einige Tests werden auch über die F-Verteilungen durchgeführt, für die die Effektgrößen $\phi_{V_{A,B}}$ und $\eta^2_{Y.B}$ definiert sind. Es wäre in derartigen Fällen zu prüfen, ob sich für den vorgesehenen Test eine dieser Effektgrößen bestimmen lässt. Lassen sich Effektgrößen in den genannten Fällen definieren, kann die Testplanung über die Tabellen im Anhang dieses Buches oder über eines der erwähnten Computer-Programme erfolgen. Wer einen Test kennt, der in einem bestimmten Forschungsbereich von besonderer Wichtigkeit ist, für den eine Testplanung erfolgen kann, der aber im vorliegenden Buch nicht angesprochen wurde, den oder die bitte ich, mich über diesen Test, am besten mit Literaturangabe, zu informieren (e-mail: whager@uni-goettingen.de).

Die Testplanung wurde behandelt für eine ganze Reihe von Hypothesentypen, die sich aus einer ungefähr 250 Hypothesen umfassenden Sammlung ergab. Zwar gibt es in der Psychologie eine unüberschaubare Vielfalt von Variablen, die man zueinander in Beziehung setzen kann, aber es gibt nur vglw. wenige *Aussageformen*, mit denen diese Variablen bzw. die Zusammenhänge zwischen ihnen verbunden werden können. Ich hoffe, die wichtigsten dieser Aussageformen im vorliegenden Buch behandelt zu haben. Man muss diese Aussage lediglich identifizieren und kann sich dann den zu ihrer Prüfung passenden Fall heraussuchen. Auf der anderen Seite sind die Prinzipien der Testplanung auch für solche Hypothesen anwendbar, die keine Entsprechung im vorliegenden Buch haben. In derartigen Fällen obliegt es dann der/dem VL, diese Prinzipien auf seinen/ihren konkreten Fall, auf seine/ihre konkrete Hypothese anzuwenden. Dieses Problem sollte eigentlich in Anbetracht der Fülle von Problemlösungen im vorliegenden Buch nicht allzu schwierig zu lösen sein.

Noch ein Wort zu den von mir gewählten Parametern für die statistischen Hypothesen. Ich habe, soweit dies möglich war, mit Mittelwerten und standardisierten Mittelwertsabständen als Effektgrößen operiert. Zwar könnten so gut wie alle behandelten Verfahren auch aus dem Blickwinkel der **multiplen Regression** betrachtet werden, aber zum einen wird in einschlägigen Lehrbüchern bevorzugt mit Mittelwerten operiert und zum anderen halte ich den Zugang über Mittelwerte für leichter nachvollziehbar und zudem für flexibel genug, um damit die meisten Probleme befriedigend lösen zu können. Es waren also zumeist (Hypothesen über) Mittelwerte, die in die Menge **SHH** der statistischen Hilfshypothesen mit aufgenommen wurden. Dabei wurde als Referenz nicht der allgemeinste Fall gewählt, sondern der speziellste oder einfachste: Ich bin vom **t-Test** ausgegangen und bin dann über die univariaten **Varianzanalysen** zu den multivariaten Verfahren gelangt. Im Verlaufe des Buches hat es sich dabei erwiesen, dass man mit den „einfachen" t-, z-, χ^2- und **F-Tests** auch komplexere psychologische Hypothesen einfach und von den Resultaten her auch eindeutig prüfen kann, und zwar unter konsequenter Anwendung der **Methode der geplanten Kontraste und Vergleiche**, die im Übrigen in den einschlägigen Statistik-Lehrbüchern nur am Rande und vermutlich vor allem der Vollständigkeit halber behandelt wird. Allerdings: Bei vielen Zusammenhangshypothesen empfiehlt sich der zusätzliche Einsatz von Techniken der **multiplen Regression** zur statistischen Kontrolle von potenziell störenden Faktoren, für die die Testplanung bei Bredenkamp (1980), bei J. Cohen (1988) und bei J. Cohen und P. Cohen (1983) ausführlich behandelt wird.

Zum Abschluss noch einige Bemerkungen zur Metatheorie und zur Methodologie, die in diesem Buch vertreten wird. J. Bredenkamp hat mich vor ziemlich genau 30 Jahren mit der Teststärkenanalyse und der Falsifikationsmethodologie Poppers (2002) bekannt gemacht, die lange Jahre die Methodologie gewesen ist, an der ich mich orientiert habe - auch wenn ich keine der von mir geprüften psychologischen Hypothesen selbst angesichts erwartungskonträrer Befunde „falsifiziert" habe. Durch die Habilitationsschrift meines Kollegen R. Westermann (1985) und seine Bücher „Strukturalistische Theorienkonzeption und empirische Forschung in der Psychologie. Eine Fallstudie" (Westermann, 1987) sowie „Wissenschaftstheorie und Experimentalmethodik" (Westermann, 2000) bin ich zu der Auffassung gelangt, dass die von Popper entworfene Methodologie in ihrer Originalfassung für die Psychologie nicht tauglich ist, denn die Forschung gehorcht keinen logischen Schlussfiguren wie dem modus tollens, sondern bestenfalls einer „Psychologie wissenschaftlichen Arbeitens" (Kuhn, 1974), die ihrerseits im Übrigen noch Gegenstand psychologischer Forschungsaktivitäten werden sollte. Rückt man jedoch vom einseitigen und psychologisch betrachtet auch kontraintuitiven Streben nach Falsifikationen ab, ersetzt den modus tollens durch Entscheidungen und sieht die Entscheidungen „bewährt" und „nicht bewährt" (oder „falsifiziert") als gleichermaßen wichtig an, dann hat man zwar wesentliche Aspekte der Methodologie Poppers (2002) aufgegeben, aber es bleiben aus dieser Methodologie noch genügend Gedanken erhalten, deren Anwendung auf psychologische und andere Versuche lohnenswert ist. Denn Popper hat die Bedeutung des Theoretisierens so überzeugend hervorgehoben, so dass jeder psychologischen und anderen empirischen Untersuchung eine zu prüfende Theorie oder Hypothese vorangestellt werden sollte, und zwar selbst dann, wenn diese Hypothese in nichts anderem besteht als einer begründeten Vermutung über einen Versuchsausgang; auch „eine vorläufig unbegründete Antizipation" (Popper, 2002, S. 7) ist immer noch besser als gar keine prüfbare Hypothese. Des Weiteren hat Popper die Forderung aufgestellt, *kritisch* mit unseren Hypothesen umzugehen und ihre Prüfung *streng*, also e-valide, vorzunehmen - zwei Forderungen, die ich ebenfalls vorbehaltlos für befolgenswert halte, wobei die Forderung nach Strenge von Prüfversuchen aus strukturalistischer Perspektive durch die gleichwichtige Forderung nach Wohlwollen oder f-Validität der Prüfung zu ergänzen ist. Und nicht zuletzt hat Popper (2000, 2002), aber auch u.a. Lakatos (1974a) die Theoriegetränktheit und die grundsätzlich nicht behebbare Fallibilität all unserer Daten betont - ein Aspekt, den zu akzeptieren vielen Psycholog/inn/en schwerer zu fallen scheint, als man meinen sollte.

Ich hoffe, dass das vorliegende Buch dazu beiträgt, dass einerseits in Zukunft mit mehr Nachdruck nach prüfbaren psychologischen Hypothesen Ausschau gehalten wird und dass andererseits der systematischen Kontrolle der beiden statistischen Fehlerwahrscheinlichkeiten α und β relativ zu einer Effektgröße und relativ zu einem Stichprobenumfang in der empirischen Forschung der Psychologie und ihren Nachbardisziplinen mehr Aufmerksamkeit geschenkt wird, als dies gegenwärtig noch der Fall ist.

16. Anhang

Tabellen zur Testplanung
und zur Signifikanzentscheidung

Tabelle A.1: z-Werte, Flächen und Ordinaten der Standard-Normalverteilung (1)

z	Fläche	Ordinate ϑ	z	Fläche	Ordinate ϑ	z	Fläche	Ordinate ϑ
−3,000	0,0013	0,0044	−2,650	0,0040	0,0119	−2,310	0,0104	0,0277
−2,990	0,0014	0,0046	−2,640	0,0041	0,0122	−2,300	0,0107	0,0283
−2,980	0,0014	0,0047	−2,630	0,0043	0,0126	−2,290	0,0110	0,0290
−2,970	0,0015	0,0048	−2,620	0,0044	0,0129	−2,280	0,0113	0,0297
−2,960	0,0015	0,0050	−2,610	0,0045	0,0132	−2,270	0,0116	0,0303
−2,950	0,0016	0,0051	−2,600	0,0047	0,0136	−2,260	0,0119	0,0310
−2,940	0,0016	0,0053	−2,590	0,0048	0,0139	−2,250	0,0122	0,0317
−2,930	0,0017	0,0055	−2,580	0,0049	0,0143	−2,240	0,0125	0,0325
−2,920	0,0018	0,0056	**−2,576**	**0,0050**	0,0145	−2,230	0,0129	0,0332
−2,910	0,0018	0,0058	−2,570	0,0051	0,0147	−2,220	0,0132	0,0339
−2,900	0,0019	0,0060	−2,560	0,0052	0,0151	−2,210	0,0136	0,0347
−2,890	0,0019	0,0061	−2,550	0,0054	0,0154	−2,200	0,0139	0,0355
−2,880	0,0020	0,0063	−2,540	0,0055	0,0158	−2,190	0,0143	0,0363
−2,870	0,0021	0,0065	−2,530	0,0057	0,0163	−2,180	0,0146	0,0371
−2,860	0,0021	0,0067	−2,520	0,0059	0,0167	−2,170	0,0150	0,0379
−2,850	0,0022	0,0069	−2,510	0,0060	0,0171	−2,160	0,0154	0,0387
−2,840	0,0023	0,0071	−2,500	0,0062	0,0175	−2,150	0,0158	0,0396
−2,830	0,0023	0,0073	−2,490	0,0064	0,0180	−2,140	0,0162	0,0404
−2,820	0,0024	0,0075	−2,480	0,0066	0,0189	−2,130	0,0166	0,0413
−2,810	0,0025	0,0077	−2,470	0,0068	0,0194	−2,120	0,0170	0,0422
−2,800	0,0026	0,0079	−2,460	0,0069	0,0194	−2,110	0,0174	0,0431
−2,790	0,0026	0,0081	−2,450	0,0071	0,0198	−2,100	0,0179	0,0440
−2,780	0,0027	0,0084	−2,440	0,0073	0,0203	−2,090	0,0183	0,0449
−2,770	0,0028	0,0086	−2,430	0,0075	0,0208	−2,080	0,0188	0,0459
−2,760	0,0029	0,0088	−2,420	0,0078	0,0213	−2,070	0,0192	0,0468
−2,750	0,0030	0,0091	−2,410	0,0080	0,0219	−2,060	0,0197	0,0478
−2,740	0,0031	0,0093	−2,400	0,0082	0,0224	−2,050	0,0202	0,0488
−2,730	0,0032	0,0096	−2,390	0,0084	0,0229	−2,040	0,0207	0,0498
−2,720	0,0033	0,0099	−2,380	0,0087	0,0235	−2,030	0,0212	0,0508
−2,710	0,0034	0,0101	−2,370	0,0089	0,0241	−2,020	0,0217	0,0519
−2,700	0,0035	0,0104	−2,360	0,0091	0,0246	−2,010	0,0222	0,0529
−2,690	0,0036	0,0107	−2,350	0,0094	0,0252	−1,999	0,0228	0,0540
−2,680	0,0037	0,0110	−2,340	0,0096	0,0258	−1,990	0,0233	0,0551
−2,670	0,0038	0,0113	−2,330	0,0099	0,0264	−1,979	0,0239	0,0562
−2,660	0,0039	0,0116	−2,320	0,0102	0,0270	−1,970	0,0244	0,0573

Tabelle A.1: z-Werte, Flächen und Ordinaten der Standard-Normalverteilung (2)

z	Fläche	Ordinate ϑ	z	Fläche	Ordinate ϑ	z	Fläche	Ordinate ϑ
−1,960	**0,0250**	0,0584	−1,610	0,0537	0,1092	−1,270	0,1020	0,1781
−1,950	0,0256	0,0596	−1,600	0,0548	0,1109	−1,260	0,1038	0,1804
−1,940	0,0262	0,0608	−1,590	0,0559	0,1127	−1,250	0,1056	0,1826
−1,930	0,0268	0,0620	−1,580	0,0571	0,1145	−1,240	0,1075	0,1849
−1,920	0,0274	0,0632	−1,570	0,0582	0,1163	−1,230	0,1093	0,1872
−1,910	0,0281	0,0644	−1,560	0,0594	0,1182	−1,220	0,1112	0,1895
−1,900	0,0287	0,0656	−1,550	0,0606	0,1200	−1,210	0,1131	0,1919
−1,890	0,0294	0,0669	−1,540	0,0618	0,1219	−1,200	0,1151	0,1942
−1,880	0,0301	0,0681	−1,530	0,0630	0,1238	−1,190	0,1170	0,1965
−1,870	0,0307	0,0694	−1,520	0,0643	0,1257	−1,180	0,1190	0,1989
−1,860	0,0314	0,0707	−1,510	0,0655	0,1276	−1,170	0,1210	0,2012
−1,850	0,0322	0,0721	−1,500	0,0668	0,1295	−1,160	0,1230	0,2036
−1,840	0,0329	0,0734	−1,490	0,0681	0,1315	**−1,150**	**0,1251**	0,2059
−1,830	0,0336	0,0748	−1,480	0,0694	0,1334	−1,140	0,1271	0,2083
−1,820	0,0344	0,0761	−1,470	0,0708	0,1354	−1,130	0,1292	0,2107
−1,810	0,0351	0,0775	−1,460	0,0721	0,1374	−1,120	0,1314	0,2131
−1,800	0,0359	0,0790	−1,450	0,0735	0,1394	−1,110	0,1335	0,2155
−1,790	0,0367	0,0804	**−1,440**	**0,0749**	0,1415	−1,100	0,1357	0,2179
−1,780	0,0375	0,0818	−1,430	0,0764	0,1435	−1,090	0,1379	0,2203
−1,770	0,0384	0,0833	−1,420	0,0778	0,1456	−1,080	0,1401	0,2227
−1,760	0,0392	0,0848	−1,410	0,0793	0,1476	−1,070	0,1423	0,2251
−1,750	0,0401	0,0863	−1,400	0,0808	0,1497	−1,060	0,1446	0,2275
−1,740	0,0409	0,0878	−1,390	0,0823	0,1518	−1,050	0,1469	0,2299
−1,730	0,0418	0,0893	−1,380	0,0838	0,1539	−1,040	0,1492	0,2323
−1,720	0,0427	0,0909	−1,370	0,0853	0,1561	**−1,036**	**0,1500**	0,2337
−1,710	0,0436	0,0925	−1,360	0,0869	0,1582	−1,030	0,1515	0,2347
−1,700	0,0446	0,0940	−1,350	0,0885	0,1604	−1,020	0,1539	0,2371
−1,690	0,0455	0,0957	−1,340	0,0901	0,1626	−1,010	0,1562	0,2396
−1,680	0,0465	0,0973	−1,330	0,0918	0,1647	−1,000	0,1587	0,2420
−1,670	0,0475	0,0989	−1,320	0,0934	0,1669	−0,990	0,1611	0,2444
−1,660	0,0485	0,1006	−1,310	0,0951	0,1691	−0,980	0,1635	0,2468
−1,645	**0,0500**	0,1023	−1,300	0,0968	0,1714	−0,970	0,1660	0,2492
−1,640	0,0505	0,1040	−1,290	0,0985	0,1736	−0,960	0,1685	0,2516
−1,630	0,0516	0,1057	**−1,282**	**0,0900**	0,1754	−0,950	0,1711	0,2541
−1,620	0,0526	0,1074	−1,280	0,1003	0,1758	−0,940	0,1736	0,2565

Tabelle A.1: z-Werte, Flächen und Ordinaten der Standard–Normalverteilung (3)

z	Fläche	Ordinate ϑ	z	Fläche	Ordinate ϑ	z	Fläche	Ordinate ϑ
−0,930	0,1762	0,2589	−0,580	0,2810	0,3372	−0,230	0,4090	0,3885
−0,920	0,1788	0,2614	−0,570	0,2843	0,3391	−0,220	0,4129	0,3894
−0,910	0,1814	0,2637	−0,560	0,2877	0,3410	−0,210	0,4168	0,3902
−0,900	0,1841	0,2661	−0,550	0,2912	0,3429	−0,200	0,4207	0,3910
−0,890	0,1867	0,2685	−0,540	0,2946	0,3448	−0,190	0,4247	0,3918
−0,880	0,1894	0,2709	−0,530	0,2981	0,3467	−0,180	0,4286	0,3925
−0,870	0,1921	0,2732	−0,520	0,3015	0,3485	−0,170	0,4325	0,3932
−0,860	0,1949	0,2756	−0,510	0,3050	0,3503	−0,160	0,4364	0,3939
−0,850	0,1977	0,2780	−0,500	0,3085	0,3521	−0,150	0,4404	0,3945
−0,840	0,2005	0,2803	−0,490	0,3121	0,3538	−0,140	0,4443	0,3951
−0,830	0,2033	0,2827	−0,480	0,3156	0,3555	−0,130	0,4483	0,3956
−0,820	0,2061	0,2850	−0,470	0,3192	0,3572	−0,120	0,4522	0,3961
−0,810	0,2090	0,2874	−0,460	0,3228	0,3589	−0,110	0,4562	0,3965
−0,800	0,2119	0,2897	−0,450	0,3264	0,3605	−0,100	0,4602	0,3970
−0,790	0,2148	0,2920	−0,440	0,3300	0,3621	−0,090	0,4641	0,3973
−0,780	0,2177	0,2943	−0,430	0,3336	0,3637	−0,080	0,4681	0,3977
−0,770	0,2206	0,2966	−0,420	0,3372	0,3653	−0,070	0,4721	0,3980
−0,760	0,2236	0,2989	−0,410	0,3409	0,3668	−0,060	0,4761	0,3982
−0,750	0,2266	0,3011	−0,400	0,3446	0,3683	−0,050	0,4801	0,3984
−0,740	0,2296	0,3034	−0,390	0,3483	0,3697	−0,040	0,4840	0,3986
−0,730	0,2327	0,3056	−0,380	0,3520	0,2712	−0,030	0,4880	0,3988
−0,720	0,2358	0,3079	−0,370	0,3557	0,3725	−0,020	0,4920	0,3989
−0,710	0,2389	0,3101	−0,360	0,3594	0,3739	−0,010	0,4960	0,3989
−0,700	0,2420	0,3123	−0,350	0,3632	0,3752	**±0,000**	**0,5000**	**0,3989**
−0,690	0,2451	0,3144	−0,340	0,3669	0,3765	0,010	0,5040	0,3989
−0,680	0,2483	0,3166	−0,330	0,3707	0,3778	0,020	0,5080	0,3989
−0,670	0,2514	0,3187	−0,320	0,3745	0,3790	0,030	0,5120	0,3988
−0,660	0,2546	0,3209	−0,310	0,3783	0,3802	0,040	0,5160	0,3986
−0,650	0,2578	0,3230	−0,300	0,3821	0,3804	0,050	0,5199	0,3984
−0,640	0,2611	0,3251	−0,290	0,3859	0,3825	0,060	0,5239	0,3982
−0,630	0,2643	0,3271	−0,280	0,3897	0,3836	0,070	0,5279	0,3980
−0,620	0,2676	0,3292	−0,270	0,3936	0,3847	0,080	0,5319	0,3977
−0,610	0,2709	0,3312	−0,260	0,3974	03857	0,090	0,5359	0,3973
−0,598	0,2743	0,3332	−0,250	0,4013	0,3867	0,100	0,5398	0,3970
−0,590	0,2776	0,3352	−0,240	0,4052	0,3876	0,110	0,5438	0,3965

Tabelle A.1: z-Werte, Flächen und Ordinaten der Standard–Normalverteilung (3)								
z	Fläche	Ordinate ϑ	z	Fläche	Ordinate ϑ	z	Fläche	Ordinate ϑ
0,120	0,5478	0,3961	0,470	0,6808	0,3572	0,800	0,7881	0,2897
0,130	0,5517	0,3956	0,480	0,6844	0,3555	0,810	0,7910	0,2874
0,140	0,5557	0,3951	0,490	0,6879	0,2538	0,820	0,7939	0,2850
0,150	0,5596	0,3945	0,500	0,6915	0,3521	0,830	0,7967	0,2827
0,160	0,5636	0,3939	0,510	0,6950	0,3502	0,840	0,7995	0,2803
0,170	0,5675	0,3932	0,520	0,6985	0,3485	**0,842**	**0,8000**	0,2798
0,180	0,5714	0,3925	**0,524**	**0,7000**	0,3674	0,850	0,8023	0,2780
0,190	0,5753	0,3918	0,530	0,7019	0,3467	0,860	0,8051	0,2756
0,200	0,5793	0,3910	0,540	0,7054	0,3448	0,870	0,8078	0,2732
0,210	0,5832	0,3902	0,550	0,7088	0,3429	0,880	0,8106	0,2709
0,220	0,5871	0,3894	0,560	0,7123	0,3410	0,890	0,8133	0,2685
0,230	0,5910	0,3885	0,570	0,7157	0,3391	0,900	0,8159	0,2661
0,240	0,5948	0,3876	0,580	0,7190	0,3372	0,910	0,8186	0,2637
0,250	0,5987	0,3867	0,590	0,7224	0,3352	0,920	0,8212	0,2613
0,260	0,6026	0,3857	0,600	0,7257	0,3332	0,930	0,8238	0,2589
0,270	0,6064	0,3847	0,610	0,7291	0,3312	0,940	0,8264	0,2565
0,280	0,6103	0,3836	0,620	0,7324	0,3292	0,950	0,8289	0,2541
0,290	0,6141	0,3825	0,630	0,7357	0,3271	0,960	0,8315	0,2516
0,300	0,6179	0,3814	0,640	0,7389	0,3251	0,970	0,8340	0,2492
0,310	0,6217	0,3802	0,650	0,7422	0,3230	0,980	0,8365	0,2468
0,320	0,6255	0,3790	0,660	0,7454	0,3209	0,990	0,8389	0,2444
0,330	0,6293	0,3778	0,670	0,7486	0,3187	1,000	0,8413	0,2420
0,340	0,6331	0,3765	**0,674**	**0,7500**	0,3175	1,010	0,8438	0,2396
0,350	0,6368	0,3752	0,680	0,7517	0,3166	1,020	0,8461	0,2371
0,360	0,6406	0,3739	0,690	0,7549	0,3144	1,030	0,8485	0,2347
0,370	0,6443	0,3725	0,700	0,7580	0,3123	**1,036**	**0,8500**	0,2334
0,380	0,6480	0,3712	0,710	0,7611	0,3101	1,040	0,8508	0,2323
0,390	0,6517	0,3697	0,720	0,7642	0,3079	1,050	0,8531	0,2299
0,400	0,6554	0,3683	0,730	0,7673	0,3056	1,060	0,8554	0,2275
0,410	0,6591	0,3668	0,740	0,7703	0,3034	1,070	0,8577	0,2251
0,420	0,6628	0,3653	0,750	0,7734	0,3011	1,080	0,8599	0,2227
0,430	0,6664	0,3637	0,760	0,7764	0,2989	1,090	0,8621	0,2203
0,440	0,6700	0,3621	0,770	0,7793	0,2966	1,100	0,8643	0,2179
0,450	0,6736	0,3605	0,780	0,7823	0,2920	1,110	0,8665	0,2155
0,460	0,6772	0,3589	0,790	0,7852	0,2943	1,120	0,8686	0,2131

Tabelle A.1: z-Werte, Flächen und Ordinaten der Standard–Normalverteilung (4)								
z	Fläche	Ordinate ϑ	z	Fläche	Ordinate ϑ	z	Fläche	Ordinate ϑ
1,130	0,8708	0,2107	1,470	0,9292	0,1354	1,810	0,9649	0,0775
1,140	0,8729	0,2083	1,480	0,9306	0,1334	1,820	0,9656	0,0761
1,150	**0,8749**	0,2059	1,490	0,9319	0,1315	1,830	0,9664	0,0748
1,160	0,8770	0,2036	1,500	0,9332	0,1295	1,840	0,9671	0,0734
1,170	0,8790	0,2012	1,510	0,9345	0,1276	1,850	0,9678	0,0721
1,180	0,8810	0,1989	1,520	0,9357	0,1257	1,860	0,9686	0,0707
1,190	0,8830	0,1965	1,530	0,9370	0,1238	1,870	0,9693	0,0694
1,200	0,8849	0,1942	1,540	0,9382	0,1219	1,850	0,9699	0,0681
1,210	0,8869	0,1919	1,550	0,9394	0,1200	1,890	0,9706	0,0669
1,220	0,8888	0,1895	1,560	0,9406	0,1182	1,900	0,9713	0,0656
1,230	0,8907	0,1872	1,570	0,9418	0,1163	1,910	0,9719	0,0644
1,240	0,8925	0,1849	1,580	0,9429	0,1145	1,920	0,9726	0,0632
1,250	0,8943	0,1826	1,590	0,9441	0,1127	1,930	0,9732	0,0620
1,260	0,8962	0,1804	1,600	0,9452	0,1109	1,940	0,9738	0,0608
1,270	0,8980	0,1781	1,610	0,9463	0,1092	1,950	0,9744	0,0596
1,280	0,8997	0,1758	1,620	0,9474	0,1074	**1,960**	**0,9750**	0,0584
1,282	**0,9000**	0,1753	1,630	0,9484	0,1057	1,970	0,9756	0,0573
1,290	0,9015	0,1736	1,640	0,9495	0,1040	1,980	0,9761	0,0562
1,300	0,9032	0,1714	**1,645**	**0,9500**	0,1032	1,990	0,9767	0,0551
1,310	0,9049	0,1691	1,650	0,9505	0,1023	2,000	0,9772	0,0540
1,320	0,9066	0,1669	1,660	0,9515	0,1006	2,010	0,9778	0,0529
1,330	0,9082	0,1647	1,670	0,9525	0,0989	2,020	0,9783	0,0519
1,340	0,9099	0,1626	1,680	0,9535	0,0973	2,030	0,9788	0,0508
1,350	0,9115	0,1604	1,690	0,9545	0,0957	2,040	0,9793	0,0498
1,360	0,9131	0,1582	1,700	0,9554	0,0940	2,050	0,9798	0,0488
1,370	0,9147	0,1561	1,710	0,9564	0,0925	2,060	0,9803	0,0478
1,380	0,9162	0,1539	1,720	0,9573	0,0909	2,070	0,9808	0,0468
1,390	0,9177	0,1518	1,730	0,9582	0,0893	2,080	0,9812	0,0459
1,400	0,9192	0,1497	1,740	0,9591	0,0878	2,090	0,9817	0,0449
1,410	0,9207	0,1476	1,750	0,9599	0,0863	2,100	0,9821	0,0440
1,420	0,9222	0,1456	1,760	0,9608	0,0848	2,110	0,9826	0,0431
1,430	0,9236	0,1435	1,770	0,9616	0,0833	2,120	0,9830	0,0422
1,440	**0,9251**	0,1415	1,780	0,9625	0,0818	2,130	0,9834	0,0413
1,450	0,9265	0,1394	1,790	0,9633	0,0804	2,140	0,9838	0,0404
1,460	0,9279	0,1374	1,800	0,9641	0,0790	2,150	0,9842	0,0396

Tabelle A.1: z-Werte, Flächen und Ordinaten der Standard–Normalverteilung (5)								
z	Fläche	Ordinate ϑ	z	Fläche	Ordinate ϑ	z	Fläche	Ordinate ϑ
2,160	0,9846	0,0387	2,440	0,9927	0,0203	2,720	0,9967	0,0099
2,170	0,9850	0,0379	2,450	0,9929	0,0198	2,730	0,9968	0,0096
2,180	0,9854	0,0371	2,460	0,9931	0,0194	2,740	0,9969	0,0093
2,190	0,9857	0,0363	2,470	0,9932	0,0189	2,750	0,9970	0,0091
2,200	0,9861	0,0355	2,480	0,9934	0,0184	2,760	0,9971	0,0088
2,210	0,9864	0,0347	2,490	0,9936	0,0180	2,770	0,9972	0,0086
2,220	0,9868	0,0339	2,500	0,9938	0,0175	2,780	0,9973	0,0084
2,230	0,9871	0,0332	2,510	0,9940	0,0171	2,790	0,9974	0,0081
2,240	0,9875	0,0325	2,520	0,9941	0,0167	2,800	0,9974	0,0079
2,250	0,9878	0,0317	2,530	0,9943	0,0163	2,810	0,9975	0,0077
2,260	0,9881	0,0310	2,540	0,9945	0,0158	2,820	0,9976	0,0075
2,270	0,9884	0,0297	2,550	0,9946	0,0154	2,830	0,9977	0,0073
2,280	0,9887	0,0290	2,560	0,9948	0,0151	2,840	0,9977	0,0071
2,290	0,9890	0,0290	2,570	0,9949	0,0147	2,850	0,9978	0,0069
2,300	0,9893	0,0283	**2,576**	**0,9950**	0,0145	2,860	0,9979	0,0067
2,310	0,9896	0,0277	2,580	0,9951	0,0143	2,870	0,9979	0,0065
2,320	0,9898	0,0270	2,590	0,9952	0,0139	2,880	0,9980	0,0063
2,326	**0,9900**	0,0266	2,600	0,9953	0,0136	2,890	0,9981	0,0061
2,330	0,9901	0,0264	2,610	0,9955	0,0132	2,900	0,9981	0,0060
2,340	0,9904	0,0258	2,620	0,9956	0,0129	2,910	0,9982	0,0058
2,350	0,9906	0,0252	2,630	0,9957	0,0126	2,920	0,9982	0,0056
2,360	0,9909	0,0246	2,640	0,9959	0,0122	2,930	0,9983	0,0055
2,370	0,9911	0,0241	2,650	0,9960	0,0119	2,940	0,9984	0,0053
2,380	0,9913	0,0235	2,660	0,9961	0,0116	2,950	0,9984	0,0051
2,390	0,9916	0,0229	2,670	0,9962	0,0113	2,960	0,9985	0,0050
2,400	0,9918	0,0224	2,680	0,9963	0,0110	2,970	0,9985	0,0048
2,410	0,9920	0,0219	2,690	0,9964	0,0107	2,980	0,9986	0,0047
2,420	0,9922	0,0213	2,700	0,9965	0,0104	2,990	0,9986	0,0046
2,430	0,9925	0,0208	2,710	0,9966	0,0101	3,000	0,9987	0,0044

Anmerkungen. Die Einträge in dieser Tabelle wurden mit der entsprechenden Subroutine von IMSL (1990–2001) dankenswerterweise von Frau Dipl.-Psych. Stefanie Wolf erstellt. - Weitere Flächenwerte: z = 3,20: 0,9993; z = 3,40: 0,9997; z = 3,60: 0,9998; z = 3,80: 0,99993; z = 4,00: 0,999968; z = 4,50: 0,999997; z = 5,00: 0,9999997; z = 5,50: 0,9999999. - Die Werte der Ordinaten ϑ sind für negative z-Werte dieselben wie für positive - eine Folge der Symmetrie der Standard-Normalverteilung. - Kritische z-Werte sind durch Fettdruck hervorgehoben.

Tabelle A.2: Stichprobengrößen $N_{0,10}$ zur Planung von χ^2-Tests einschließlich solchen für JxK-Kontingenztafeln bei $\omega = 0,10$ (1)

Test-stärke $1 - \beta$	Signifikanzniveau $\alpha = 0,01$; Zählerfreiheitsgrade $FG_Z = FG$						
	FG = 1	FG = 2	FG = 3	FG = 4	FG = 5	FG = 6	FG = 7
0,60	800	975	1101	1204	1294	1374	1447
0,70	961	1157	1297	1412	1512	1601	1683
0,75	1056	1264	1412	1535	1640	1734	1820
0,80	1168	1388	1546	1648	1787	1887	1979
0,85	1305	1540	1709	1847	1966	2073	2171
0,90	1488	1743	1925	2074	2203	2318	2424
0,95	1781	2065	2267	2433	2576	2704	2821
0,99	2403	2742	2983	3180	3350	3502	3641

Test-stärke $1 - \beta$	Signifikanzniveau $\alpha = 0,01$; $FG_Z = FG$					
	FG = 8	FG = 9	FG = 10	FG = 12	FG = 16	FG = 20
0,60	1515	1579	1639	1750	1948	2121
0,70	1759	1830	1896	2020	2240	2432
0,75	1900	1975	2046	2177	2408	2611
0,80	2064	2143	2218	2356	2601	2816
0,85	2261	2346	2425	2573	2843	3063
0,90	2521	2612	2698	2858	3139	3385
0,95	2929	3030	3126	3302	3614	3886
0,99	3769	3889	4002	4211	4580	4903

Tabelle A.2: Stichprobengrößen $N_{0,10}$ zur Planung von χ^2-Tests einschließlich solchen für JxK-Kontingenztafeln bei $\omega = 0,10$ (2)

Test-stärke $1 - \beta$	Signifikanzniveau $\alpha = 0,05$; Zählerfreiheitsgrade $FG_Z = FG$						
	FG = 1	FG = 2	FG = 3	FG = 4	FG = 5	FG = 6	FG = 7
0,60	490	621	715	792	859	919	973
0,70	617	770	879	968	1045	1114	1177
0,75	694	859	976	1072	1155	1229	1296
0,80	785	964	1090	1194	1283	1362	1435
0,85	898	1092	1230	1342	1439	1526	1604
0,90	1051	1265	1417	1540	1647	1742	1828
0,95	1300	1544	1717	1857	1978	2086	2184
0,99	1837	2140	2352	2524	2673	2805	2925

Test-stärke	Signifikanzniveau α = 0,05; FG$_Z$ = FG					
1 – β	FG = 8	FG = 9	FG = 10	FG = 12	FG = 16	FG = 20
0,60	1024	1071	1115	1198	1343	1471
0,70	1235	1289	1340	1435	1603	1750
0,75	1359	1417	1472	1574	1753	1911
0,80	1502	1565	1624	1734	1927	2096
0,85	1677	1745	1809	1928	2137	2320
0,90	1908	1983	2053	2183	2412	2613
0,95	2274	2359	2438	2586	2845	3072
0,99	3036	3139	3236	3416	3733	4010

Tabelle A.2: Stichprobengrößen $N_{0,10}$ zur Planung von χ^2-Tests einschließlich solchen für JxK-Kontingenztafeln bei ω = 0,10 (3)

Test-stärke	Signifikanzniveau α = 0,10; Zählerfreiheitsgrade FG$_Z$ = FG						
1 – β	FG = 1	FG = 2	FG = 3	FG = 4	FG = 5	FG = 6	FG = 7
0,60	360	465	541	604	658	706	750
0,70	470	597	688	763	827	884	936
0,75	538	677	776	857	927	990	1047
0,80	618	771	880	968	1045	1113	1175
0,85	719	888	1008	1105	1189	1264	1332
0,90	856	1046	1180	1288	1382	1465	1541
0,95	1082	1302	1457	1583	1691	1787	1875
0,99	1577	1856	2051	2209	2344	2465	2574

Test-stärke	Signifikanzniveau α = 0,10; FG$_Z$ = FG					
1 – β	FG = 8	FG = 9	FG = 10	FG = 12	FG = 16	FG = 20
0,60	791	829	865	931	1049	1153
0,70	985	1030	1073	1152	1291	1414
0,75	1099	1148	1195	1281	1432	1565
0,80	1232	1286	1337	1430	1595	1740
0,85	1395	1454	1510	1612	1793	1951
0,90	1611	1677	1739	1853	2054	2230
0,95	1955	2031	2102	2233	2464	2666
0,99	2876	2770	2858	3022	3310	3562

Anmerkungen. Die Tabelleneinträge wurden den Tabellen J. Cohens (1988, S. 253-267) entnommen. Sie bezeichnen den Wert für die Gesamtstichprobe N, der sich für ω = 0,10 und gewähltem α sowie gewähltem 1 – β aus den nonzentralen χ^2-Verteilungen ergibt. Cohen (1988, S. 549-550) hat seine Tabelleneinträge einer Arbeit von Hayman, Govindarajulu und Leone (1962) entnommen.

Tabelle A.2: Stichprobengrößen $N_{0,10}$ zur Planung von χ^2-Tests einschließlich solchen für JxK-Kontingenztafeln bei $\omega = 0{,}10$ (4)

Teststärke $1-\beta$	Signifikanzniveau $\alpha = 0{,}15$; Zählerfreiheitsgrade $FG_Z = FG$						
	FG = 1	FG = 2	FG = 3	FG = 4	FG = 5	FG = 6	FG = 7
0,60	286	373	436	488	533	574	611
0,70	386	494	566	632	687	736	781
0,75	447	567	647	717	778	832	881
0,80	521	655	761	817	884	944	998
0,85	613	763	880	968	1043	1111	1172
0,90	741	911	1041	1140	1229	1301	1370
0,95	952	1153	1303	1418	1518	1606	1678
0,99	1419	1679	1862	2009	2136	2248	2351

Teststärke $1-\beta$	Signifikanzniveau $\alpha = 0{,}15$; $FG_Z = FG$					
	FG = 8	FG = 9	FG = 10	FG = 12	FG = 16	FG = 20
0,60	645	677	707	763	862	949
0,70	823	861	898	966	1086	1191
0,75	927	970	1010	1085	1216	1331
0,80	1075	1123	1168	1221	1366	1492
0,85	1229	1282	1332	1424	1587	1730
0,90	1434	1494	1550	1654	1836	1996
0,95	1761	1831	1896	2017	2229	2415
0,99	2445	2553	2616	2768	3037	3217

Tabelle A.2: Stichprobengrößen $N_{0,10}$ zur Planung von χ^2-Tests einschließlich solchen für JxK-Kontingenztafeln bei $\omega = 0{,}10$ (5)

Teststärke $1-\beta$	Signifikanzniveau $\alpha = 0{,}20$; Zählerfreiheitsgrade $FG_Z = FG$						
	FG = 1	FG = 2	FG = 3	FG = 4	FG = 5	FG = 6	FG = 7
0,60	234	305	358	402	440	474	505
0,70	326	418	485	537	585	628	667
0,75	382	487	563	618	772	719	763
0,80	451	569	654	713	795	849	899
0,85	537	671	768	856	924	985	1041
0,90	657	812	922	1021	1099	1168	1231
0,95	857	1042	1173	1288	1380	1462	1537
0,99	1302	1546	1718	1857	1977	2083	2179

Test-stärke	Signifikanzniveau $\alpha = 0{,}20$; $FG_Z = FG$					
$1-\beta$	FG = 8	FG = 9	FG = 10	FG = 12	FG = 16	FG = 20
0,60	534	561	587	634	718	792
0,70	703	737	769	829	933	1025
0,75	803	863	877	942	1059	1161
0,80	919	961	1001	1074	1203	1316
0,85	1093	1141	1186	1269	1377	1546
0,90	1290	1344	1396	1491	1658	1804
0,95	1605	1670	1730	1842	2039	2211
0,99	2268	2351	2428	2572	2825	3046

Tabelle A.2: Stichprobengrößen $N_{0,10}$ zur Planung von χ^2-Tests einschließlich solchen für JxK-Kontingenztafeln bei $\omega = 0{,}10$ (6)

Test-stärke	Signifikanzniveau $\alpha = 0{,}25$; Zählerfreiheitsgrade $FG_Z = FG$						
$1-\beta$	FG = 1	FG = 2	FG = 3	FG = 4	FG = 5	FG = 6	FG = 7
0,60	194	252	296	332	364	393	419
0,70	279	357	416	460	502	540	574
0,75	332	422	489	537	584	627	665
0,80	396	500	575	628	703	729	796
0,85	478	597	684	765	827	882	933
0,90	591	731	832	923	994	1058	1116
0,95	782	952	1074	1180	1266	1342	1412
0,99	1209	1438	1601	1732	1845	1945	2036

Test-stärke	Signifikanzniveau $\alpha = 0{,}25$; $FG_Z = FG$					
$1-\beta$	FG = 8	FG = 9	FG = 10	FG = 12	FG = 16	FG = 20
0,60	444	467	488	528	599	661
0,70	605	635	663	715	806	887
0,75	701	735	766	824	928	1018
0,80	813	850	886	951	1067	1169
0,85	948	1023	1064	1141	1275	1351
0,90	1170	1220	1268	1355	1509	1644
0,95	1476	1536	1592	1697	1880	2040
0,99	2120	2199	2272	2408	2648	2857

Tabelle A.2: Stichprobengrößen $N_{0,10}$ zur Planung von χ^2-Tests einschließlich solchen für JxK-Kontingenztafeln bei $\omega = 0,10$ (7)

Test-stärke	Signifikanzniveau $\alpha = 0,30$; Zählerfreiheitsgrade $FG_Z = FG$						
$1 - \beta$	FG = 1	FG = 2	FG = 3	FG = 4	FG = 5	FG = 6	FG = 7
0,60	160	206	243	273	299	323	345
0,70	240	306	356	398	434	467	497
0,75	290	367	426	474	516	554	588
0,80	351	441	509	564	613	656	696
0,85	428	534	613	677	733	783	828
0,90	537	662	755	830	895	954	1007
0,95	719	875	988	1080	1160	1231	1295
0,99	1131	1346	1499	1632	1730	1825	1912

Test-stärke	Signifikanzniveau $\alpha = 0,30$; $FG_Z = FG$					
$1 - \beta$	FG = 8	FG = 9	FG = 10	FG = 12	FG = 16	FG = 20
0,60	366	385	403	436	495	547
0,70	525	551	575	621	701	766
0,75	620	650	678	730	823	893
0,80	732	766	799	858	964	1040
0,85	870	910	947	1015	1137	1258
0,90	1056	1102	1145	1225	1366	1503
0,95	1355	1410	1463	1560	1730	1890
0,99	1991	2066	2136	2265	2492	2690

Anmerkungen. Die in den Tabellen enthaltenen Werte hat mir freundlicherweise Frau Monika Undorf und Herr Prof. Dr. Edgar Erdfelder (beide Uni Mannheim) zur Verfügung gestellt. Sie wurden mit dem Programm GPOWER von Erdfelder, Faul und Buchner (1996) berechnet.

Tabelle A.3: Stichprobengrößen $n_{0,05}$ zur Planung von F-Tests in Varianz- und Kovarianzanalysen bei $\phi_{VA} = 0,05$ (1)

Teststärke	Signifikanzniveau $\alpha = 0,01$; Zählerfreiheitsgrade FG_Z					
$1 - \beta$	FG = 1	FG = 2	FG = 3	FG = 4	FG = 5	FG = 6
0,50	1329	1093	933	820	737	673
0,70	1924	1543	1299	1128	1009	917
0,75	2131	1697	1424	1235	1101	999
0,80	2338	1851	1548	1341	1193	1080
0,85	2658	2088	1738	1501	1331	1203
0,90	2978	2325	1927	1661	1469	1326
0,95	3564	2756	2270	1948	1719	1547
0,99	4808	3658	2986	2546	2235	2003

Teststärke	Signifikanzniveau $\alpha = 0,01$; Zählerfreiheitsgrade FG_Z				
$1 - \beta$	FG = 8	FG = 10	FG = 12	FG = 15	FG = 24
0,50	580	515	467	413	318
0,70	785	691	623	548	417
0,75	852	751	675	590	451
0,80	918	810	726	632	485
0,85	1020	896	804	701	532
0,90	1122	982	881	769	578
0,95	1303	1138	1017	885	662
0,99	1676	1456	1297	1125	831

Tabelle A.3: Stichprobengrößen $n_{0,05}$ zur Planung von F-Tests in Varianz- und Kovarianzanalysen bei $\phi_{VA} = 0,05$ (2)

Teststärke	Signifikanzniveau $\alpha = 0,05$; Zählerfreiheitsgrade FG_Z					
$1 - \beta$	FG = 1	FG = 2	FG = 3	FG = 4	FG = 5	FG = 6
0,50	769	662	577	514	467	429
0,70	1235	1028	881	776	698	638
0,75	1403	1157	989	866	777	709
0,80	1571	1286	1096	956	856	780
0,85	1837	1484	1256	1094	977	888
0,90	2102	1682	1415	1231	1098	995
0,95	2600	2060	1718	1486	1320	1192
0,99	3675	2855	2353	2021	1783	1604

Test-stärke	Signifikanzniveau $\alpha = 0{,}05$; Zählerfreiheitsgrade FG_Z				
$1-\beta$	FG = 8	FG = 10	FG = 12	FG = 15	FG = 24
0,50	374	335	306	272	213
0,70	548	488	443	391	303
0,75	609	540	489	431	333
0,80	669	591	534	471	363
0,85	759	669	604	530	410
0,90	848	747	673	588	457
0,95	1012	888	796	697	525
0,99	1351	1177	1052	915	680

Tabelle A.3: Stichprobengrößen $n_{0,05}$ zur Planung von F-Tests in Varianz- und Kovarianzanalysen bei $\phi_{VA} = 0{,}05$ (3)

Test-stärke	Signifikanzniveau $\alpha = 0{,}10$; Zählerfreiheitsgrade FG_Z					
$1-\beta$	FG = 1	FG = 2	FG = 3	FG = 4	FG = 5	FG = 6
0,50	542	475	419	376	343	317
0,70	942	797	690	612	551	506
0,75	1090	913	787	693	622	571
0,80	1237	1029	883	773	693	635
0,85	1475	1212	1032	902	808	737
0,90	1713	1395	1180	1031	922	838
0,95	2165	1738	1458	1267	1128	1022
0,99	3155	2475	2051	1768	1564	1408

Test-stärke	Signifikanzniveau $\alpha = 0{,}10$; Zählerfreiheitsgrade FG_Z				
$1-\beta$	FG = 8	FG = 10	FG = 12	FG = 15	FG = 24
0,50	278	250	229	205	161
0,70	436	390	355	315	246
0,75	491	436	396	351	272
0,80	545	482	437	386	298
0,85	631	558	504	444	340
0,90	717	633	571	502	382
0,95	870	765	688	603	456
0,99	1190	1040	931	812	607

Anmerkungen. Es sind diejenigen Stichprobenumfänge $n_{0,05}$ verzeichnet, die sich für $\phi_{VA} = 0{,}05$ ergeben und die man für die entsprechenden Testplanungsformeln im Text benötigt. – FG bezeichnet die Zählerfreiheitsgrades (FG_Z) des F-Tests. – Die Werte wurden den Tabellen J. Cohens (1988, S. 381-389) entnommen. Sie beruhen auf den Tabellen von Owen (1962) und Laubschers (1960) Algorithmen.

Tabelle A.3: Stichprobengrößen $n_{0,05}$ zur Planung von F-Tests in Varianz- und Kovarianzanalysen bei $\phi_{VA} = 0,05$ (4)

Teststärke	Signifikanzniveau $\alpha = 0,15$; Zählerfreiheitsgrade FG_Z					
$1 - \beta$	FG = 1	FG = 2	FG = 3	FG = 4	FG = 5	FG = 6
0,50	413	365	324	292	267	248
0,70	763	652	567	504	457	420
0,75	909	768	663	588	531	487
0,80	1054	883	759	671	604	553
0,85	1274	1054	900	791	710	648
0,90	1493	1224	1040	911	816	743
0,95	1913	1545	1302	1134	1012	918
0,99	2837	2239	1862	1608	1425	1286

Teststärke	Signifikanzniveau $\alpha = 0,15$; Zählerfreiheitsgrade FG_Z				
$1 - \beta$	FG = 8	FG = 10	FG = 12	FG = 15	FG = 24
0,50	218	197	180	162	128
0,70	365	326	297	264	206
0,75	437	376	341	299	235
0,80	478	425	385	333	264
0,85	558	495	447	391	304
0,90	637	564	509	449	343
0,95	783	690	621	545	414
0,99	1088	962	853	744	558

Tabelle A.3: Stichprobengrößen $n_{0,05}$ zur Planung von F-Tests in Varianz- und Kovarianzanalysen bei $\phi_{VA} = 0,05$ (5)

Teststärke	Signifikanzniveau $\alpha = 0,20$; Zählerfreiheitsgrade $FG_Z = FG$					
$1 - \beta$	FG = 1	FG = 2	FG = 3	FG = 4	FG = 5	FG = 6
0,50	322	285	254	230	211	196
0,70	643	551	480	429	389	358
0,75	778	660	571	509	452	415
0,80	913	768	662	589	514	471
0,85	1119	930	796	703	623	569
0,90	1325	1091	929	816	732	667
0,95	1723	1397	944	1030	920	835
0,99	2604	2062	1719	1486	1318	1191

Test-stärke	Signifikanzniveau α = 0,20; Zählerfreiheitsgrade FG$_Z$ = FG				
1 − β	FG = 8	FG = 10	FG = 12	FG = 15	FG = 24
0,50	173	156	143	129	102
0,70	312	280	255	227	178
0,75	360	327	293	264	206
0,80	408	374	330	301	233
0,85	491	441	395	353	272
0,90	573	508	459	405	310
0,95	714	598	567	499	379
0,99	1009	884	792	692	520

Tabelle A.3: Stichprobengrößen $n_{0,05}$ zur Planung von F-Tests in Varianz- und Kovarianzanalysen bei ϕ_{VA} = 0,05 (6)

Test-stärke	Signifikanzniveau α = 0,25; Zählerfreiheitsgrade FG$_Z$ = FG					
1 − β	FG = 1	FG = 2	FG = 3	FG = 4	FG = 5	FG = 6
0,50	252	222	198	179	165	153
0,70	549	470	411	367	334	308
0,75	662	562	488	434	394	362
0,80	775	653	565	501	453	416
0,85	984	818	702	620	558	510
0,90	1193	983	839	738	662	604
0,95	1572	1276	1080	944	844	767
0,99	2418	1918	1601	1386	1231	1112

Test-stärke	Signifikanzniveau α = 0,25; Zählerfreiheitsgrade FG$_Z$ = FG				
1 − β	FG = 8	FG = 10	FG = 12	FG = 15	FG = 24
0,50	136	123	113	102	81
0,70	269	241	229	196	154
0,75	315	282	261	228	178
0,80	361	322	293	260	202
0,85	441	392	355	314	243
0,90	520	461	417	368	283
0,95	656	579	522	460	350
0,99	943	827	724	649	488

Tabelle A.3: Stichprobengrößen $n_{0,05}$ zur Planung von F-Tests in Varianz- und Kovarianzanalysen bei $\phi_{VA} = 0,05$ (7)

Teststärke	Signifikanzniveau $\alpha = 0,30$; Zählerfreiheitsgrade $FG_Z = FG$					
$1 - \beta$	FG = 1	FG = 2	FG = 3	FG = 4	FG = 5	FG = 6
0,50	194	169	151	137	126	117
0,70	472	402	351	314	286	264
0,75	579	489	425	379	344	316
0,80	685	575	498	443	401	368
0,85	884	733	630	557	502	459
0,90	1083	891	761	670	602	550
0,95	1446	1173	994	869	778	708
0,99	2262	2691	1499	1299	1154	1044

Teststärke	Signifikanzniveau $\alpha = 0,30$; Zählerfreiheitsgrade $FG_Z = FG$				
$1 - \beta$	FG = 8	FG = 10	FG = 12	FG = 15	FG = 24
0,50	104	94	87	78	63
0,70	231	189	179	169	133
0,75	276	238	220	200	157
0,80	320	286	260	231	180
0,85	397	353	321	284	220
0,90	474	420	381	336	259
0,95	606	535	483	425	325
0,99	886	777	698	610	460

Anmerkungen. Es sind diejenigen Stichprobenumfänge $n_{0,05}$ verzeichnet, die sich für $\phi_{VA} = 0,05$ ergeben und die man für die entsprechende Testplanungsformel im Text benötigt. - FG bezeichnet die Zählerfreiheitsgrades (FG_Z) des F-Tests. - Die Werte der nonzentralen F-Verteilungen für die Signifikanzniveaus $\alpha = 0,15$ bis $\alpha = 0,30$ haben mir freundlicherweise Frau Monika Undorf und Herr Prof. Dr. Edgar Erdfelder (beide Uni Mannheim) zur Verfügung gestellt. Sie wurden mit dem Programm GPOWER von Erdfelder, Faul und Buchner (1996) berechnet.

Tabelle A.4: Einträge v für die Testplanung für Hypothesen über Rangkorrelationen und über Varianzen nach Kraemer und Thiemann (1987) (1)						
Effektgröße	einseitiges Signifikanzniveau $\alpha = 0{,}05$ Teststärke $1 - \beta$					
Δ_{KT}	0,99	0,95	0,90	0,80	0,70	0,60
0,10	1568	1076	852	616	469	359
0,12	1086	746	704	427	325	249
0,14	796	546	590	313	238	183
0,16	607	417	330	239	182	140
0,18	478	328	260	188	144	110
0,20	385	265	210	152	116	89
0,22	317	218	173	125	96	74
0,24	265	182	144	105	80	62
0,26	224	154	122	89	68	52
0,28	192	132	105	76	58	40
0,30	166	114	91	66	51	39
0,32	145	100	79	58	44	34
0,34	127	88	70	51	39	30
0,36	113	78	62	45	35	27
0,38	100	69	55	40	31	24
0,40	89	62	49	36	28	21
0,45	69	48	38	28	21	17
0,50	54	37	30	22	17	13
0,55	43	30	24	17	14	11
0,60	34	24	19	14	11	–
0,65	28	19	16	12	–	–
0,70	23	16	13	10	–	–
0,75	18	13	10	–	–	–
0,80	15	10	–	–	–	–
0,85	12	–	–	–	–	–
0,90	–	–	–	–	–	–

Tabelle A.4: Einträge v für die Testplanung für Hypothesen über Rangkorrelationen und über Varianzen nach Kraemer und Thiemann (1987) (2)

Effekt- größe	zweiseitiges Signifikanzniveau α = 0,05 Teststärke 1 – β					
Δ_{KT}	0,99	0,95	0,90	0,80	0,70	0,60
0,10	1826	1292	1045	781	615	488
0,12	1265	895	724	541	426	338
0,14	927	656	531	397	312	248
0,16	707	500	405	303	238	190
0,18	556	394	319	238	188	149
0,20	449	318	257	192	152	121
0,22	369	261	212	158	125	99
0,24	308	218	177	133	105	83
0,26	261	185	150	112	89	71
0,28	223	159	128	96	76	61
0,30	193	137	111	83	66	53
0,32	169	120	97	73	58	46
0,34	148	105	85	64	51	41
0,36	131	93	75	57	45	36
0,38	116	83	67	51	40	32
0,40	104	74	60	45	36	29
0,45	80	57	46	35	28	22
0,50	62	45	36	27	22	18
0,55	50	35	29	22	18	14
0,60	40	29	23	18	14	12
0,65	32	23	19	15	12	10
0,70	26	19	15	12	10	–
0,75	21	15	13	10	–	–
0,80	17	12	10	–	–	–
0,85	13	10	–	–	–	–
0,90	10	–	–	–	–	–

Tabelle A.4: Einträge v für die Testplanung für Hypothesen über Rangkorrelationen und über Varianzen nach Kraemer und Thiemann (1987) (3)

Effektgröße Δ_{KT}	einseitiges Signifikanzniveau $\alpha = 0{,}01$ Teststärke $1 - \beta$					
	0,99	0,95	0,90	0,80	0,70	0,60
0,10	2152	1568	1295	998	809	663
0,12	1490	1086	897	692	560	459
0,14	1092	796	657	507	411	337
0,16	833	607	501	387	314	257
0,18	655	478	395	305	247	202
0,20	528	385	318	246	199	163
0,22	434	317	262	202	164	135
0,24	363	265	219	169	137	113
0,26	307	224	185	143	116	95
0,28	263	192	159	123	100	82
0,30	227	166	137	106	86	71
0,32	198	145	120	93	75	62
0,34	174	127	105	82	66	55
0,36	154	113	93	72	59	48
0,38	137	100	83	64	52	43
0,40	122	89	74	57	47	39
0,45	94	69	57	44	36	30
0,50	73	54	45	35	29	24
0,55	58	43	36	28	23	19
0,60	47	34	29	23	19	16
0,65	38	28	23	18	15	13
0,70	30	23	19	15	12	11
0,75	25	18	15	12	10	–
0,80	20	15	12	10	–	–
0,85	16	12	10	–	–	–
0,90	12	–	–	–	–	–

Tabelle A.4: Einträge v für die Testplanung für Hypothesen über Rangkorrelationen und über Varianzen nach Kraemer und Thiemann (1987) (4)						
Effektgröße	zweiseitiges Signifikanzniveau α = 0,01 Teststärke 1 − β					
Δ_{KT}	0,99	0,95	0,90	0,80	0,70	0,60
0,10	2389	1771	1480	1162	956	797
0,12	1654	1227	1025	805	663	552
0,14	1212	898	751	590	485	405
0,16	924	685	573	450	371	309
0,18	727	539	451	354	292	243
0,20	586	435	364	286	235	196
0,22	482	358	299	235	194	162
0,24	403	299	250	196	162	135
0,26	341	253	212	166	137	115
0,28	292	217	181	143	118	98
0,30	252	187	157	123	102	85
0,32	220	163	137	108	89	74
0,34	193	144	120	95	78	65
0,36	171	127	106	84	69	58
0,38	152	113	94	74	62	52
0,40	125	101	84	67	55	46
0,45	104	77	65	51	42	36
0,50	81	61	51	40	33	28
0,55	64	48	40	32	27	23
0,60	52	39	32	26	22	19
0,65	41	31	27	21	18	15
0,70	33	25	22	17	15	13
0,75	27	21	17	14	12	10
0,80	22	17	14	11	−	−
0,85	17	13	11	−	−	−
0,90	13	10	−	−	−	−

Anmerkungen. Die vorstehenden Tabellen wurden in gekürzter Form Kraemer und Thiemann (1987, S. 105-112) entnommen. Die Tabelleneinträge müssen für jeden Test auf andere Art in den benötigten Stichprobenumfang umgerechnet werden (vgl. Text)

Tabelle A.5: Kritische Werte der zentralen t-Verteilungen (1)

Frei-heits-grade FG_N	Einseitiges Signifikanzniveau α							
	0,30	0,25	0,20	0,15	0,10	0,05	0,025	0,01
10	0,542	0,700	0,879	1,093	1,372	1,812	2,228	2,764
11	0,540	0,697	0,876	1,088	1,363	1,796	2,201	2,718
12	0,539	0,695	0,873	1,083	1.356	1,782	2,179	2,618
13	0,538	0,694	0,870	1,079	1,350	1,771	2,160	2,650
14	0,537	0,692	0,868	1,076	1,345	1,761	2,145	2,624
15	0,536	0,691	0,866	1,074	1,341	1,753	2,131	2,602
16	0,535	0,690	0,865	1,071	1,337	1,746	2,120	2,583
18	0,534	0,688	0,862	1,067	1,330	1,734	2,101	2,552
20	0,533	0,687	0,860	1,064	1,325	1,725	2,086	2,528
22	0,532	0,686	0,858	1,061	1,321	1,717	2,074	2,508
24	0,531	0,685	0,857	1,059	1,318	1,711	2,064	2,492
25	0,531	0,684	0,856	1,058	1,316	1,708	2,060	2,485
26	0,531	0,684	0,856	1,058	1,315	1,706	2,056	2,479
28	0,530	0,683	0,855	1,056	1,312	1,701	2,048	2,467
29	0,530	0,683	0,854	1,055	1,311	1,699	2,045	2,462
30	0,530	0,683	0,854	1,055	1,310	1,697	2,042	2,457
35	0,529	0,681	0,852	1,052	1,307	1,689	2,030	2,437
40	0,529	0,681	0,851	1,050	1,303	1,684	2,021	2,423
45	0,528	0,680	0,850	1,049	1,301	1,679	2,014	2,412
50	0,528	0,679	0,849	1,047	1,299	1,676	2,009	2,403
55	0,528	0,679	0,848	1,046	1,298	1,674	2,004	2,396
60	0,527	0,679	0,848	1,046	1,296	1,671	2,000	2,390
70	0,527	0,678	0,847	1,044	1,294	1,667	1,994	2,381
80	0,526	0,678	0,846	1,043	1,292	1,664	1,990	2,374
90	0,526	0,677	0,846	1,042	1,291	1,662	1,987	2,368
100	0,526	0,677	0,845	1,042	1,290	1,660	1,984	2,364
120	0,526	0,677	0,845	1,041	1,289	1,658	1,980	2,358
150	0,526	0,676	0,844	1,040	1,287	1,655	1,976	2,351
175	0,525	0,676	0,844	1,040	1,286	1,654	1,974	2,348
200	0,525	0,676	0,843	1,039	1,286	1,653	1,972	2,345
z	0,524	0,674	0,842	1,036	1,282	1,645	1,960	2,326

Tabelle A.5: Kritische Werte der zentralen t-Verteilungen (2)

Freiheitsgrade FG_N	Zweiseitiges Signifikanzniveau α					
	0,30	0,20	0,10	0,05	0,02	0,01
10	±1,093	±1,372	±1,812	±2,228	±2,764	±3,169
11	±1,088	±1,363	±1,796	±2,201	±2,718	±3,106
12	±1,083	±1,356	±1,782	±2,179	±2,681	±3,055
13	±1,079	±1,350	±1,771	±2,160	±2,650	±3,012
14	±1,076	±1,345	±1,761	±2,145	±2,624	±2,977
15	±1,074	±1,341	±1,753	±2,131	±2,602	±2,947
16	±1,071	±1,337	±1,746	±2,120	±2,583	±2,921
18	±1,076	±1,330	±1,734	±2,101	±2,552	±2,878
20	±1,064	±1,325	±1,725	±2,086	±2,528	±2,845
22	±1,061	±1,321	±1,717	±2,074	±2,508	±2,819
24	±1,059	±1,318	±1,711	±2,064	±2,492	±2,797
25	±1,058	±1,316	±1,708	±2,060	±2,485	±2,787
26	±1,058	±1,315	±1,706	±2,056	±2,479	±2,779
28	±1,056	±1,312	±1,701	±2,048	±2,467	±2,763
30	±1,055	±1,310	±1,697	±2,042	±2,457	±2,750
35	±1,052	±1,307	±1,689	±2,030	±2,437	±2,723
40	±1,050	±1,303	±1,684	±2,021	±2,423	±2,704
45	±1,049	±1,301	±1,679	±2,014	±2,412	±2,690
50	±1,047	±1,299	±1,676	±2,009	±2,403	±2,678
55	±1,046	±1,298	±1,674	±2,004	±2,396	±2,668
60	±1,046	±1,296	±1,671	±2,000	±2,390	±2,660
70	±1,044	±1,294	±1,667	±1,994	±2,381	±2,648
80	±1,043	±1,292	±1,664	±1,990	±2,374	±2,539
90	±1,042	±1,291	±1,662	±1,987	±2,368	±2,632
100	±1,042	±1,290	±1,660	±1,894	±2,364	±2,626
120	±1,041	±1,289	±1,658	±1,980	±2,358	±2,617
150	±1,041	±1,287	±1,655	±1,976	±2,351	±2,609
175	±1,040	±1,286	±1,654	±1,974	±2,348	±2,604
200	±1,039	±1,286	±1,653	±1,972	±2,345	±2,601
z	±1,036	±1,282	±1,645	±1,960	±2,326	±2,576

Anmerkungen. Bei den Tabelleneinträgen zur Testung von gerichteten Hypothesen über einen einseitigen **t-Test** wird davon ausgegangen, dass unter der Alternativhypothese ein *positiver Ablehnungsbereich* definiert ist. Liegt der Ablehnungsbereich dagegen im Negativen, muss jeder kritische t-Wert mit einem negativen Vorzeichen versehen werden. Bei den Tabellen zur Testung von ungerichteten Hypothesen mittels zweiseitigem **t-Test** und damit auch einem zweiseitigen Signifikanzniveau α wird von ungerichteten Hypothesen und daher auch zwei Ablehnungsbereichen sowie zwei kritischen t-Werten mit unterschiedlichen Vorzeichen ausgegangen. - Die Freiheitsgrade FG_N betragen jeweils $N - 2$ oder $2(n - 1)$, wobei N den Gesamtstichprobenumfang bezeichnet. Bei ungleichen Stichprobenumfängen gilt: $N - 2 = n_1 + n_2 - 2$. - Die Tabellen mit den kritischen t-Werten hat dankenswerterweise Frau Dipl.-Psych. Stefanie Wolf mit der entsprechenden Subroutine von IMSL (1990-2001) erzeugt.

Tabelle A.6: Kritische Werte für die Pearson-Korrelation r, die punkt-biseriale Korrelation r_{pbis} und die Rangkorrelation r_S nach Spearman (1)

Freiheitsgrade FG_N	Einseitiges Signifikanzniveau α							
	0,30	0,25	0,20	0,15	0,10	0,05	0,025	0,01
10	0,169	0,216	0,268	0,327	0,398	0,497	0,576	0,658
11	0,161	0,206	0,255	0,312	0,380	0,476	0,553	0,634
12	0,154	0,197	0,244	0,298	0,365	0,457	0,532	0,612
13	0,148	0,189	0,235	0,287	0,351	0,441	0,514	0,592
14	0,142	0,182	0,226	0,276	0,338	0,426	0,497	0,574
15	0,137	0,175	0,218	0,267	0,327	0,412	0,482	0,558
16	0,133	0,170	0,211	0,259	0,317	0,400	0,468	0,542
18	0,125	0,160	0,199	0,244	0,299	0,378	0,444	0,515
20	0,118	0,152	0,189	0,231	0,284	0,360	0,423	0,492
22	0,113	0,145	0,180	0,221	0,271	0,344	0,404	0,472
24	0,108	0,138	0,172	0,211	0,260	0,330	0,388	0,453
25	0,106	0,136	0,169	0,207	0,255	0,323	0,381	0,445
26	0,104	0,133	0,166	0,203	0,250	0,317	0,374	0,437
28	0,100	0,128	0,160	0,196	0,241	0,306	0,361	0,423
29	0,098	0,126	0,157	0,192	0,237	0,301	0,355	0,416
30	0,096	0,124	0,154	0,189	0,233	0,296	0,349	0,409
35	0,089	0,114	0,143	0,175	0,216	0,275	0,325	0,381
40	0,083	0,107	0,133	0,164	0,202	0,257	0,304	0,358
45	0,078	0,101	0,126	0,154	0,190	0,243	0,288	0,338
50	0,074	0,096	0,119	0,146	0,181	0,231	0,273	0,322
55	0,071	0,091	0,114	0,140	0,172	0,220	0,261	0,307
60	0,068	0,087	0,109	0,134	0,165	0,211	0,250	0,295
70	0,063	0,081	0,101	0,124	0,153	0,195	0,232	0,274
80	0,059	0,076	0,094	0,116	0,143	0,183	0,217	0,257
90	0,055	0,071	0,089	0,109	0,135	0,173	0,205	0,242
100	0,053	0,068	0,084	0,104	0,128	0,164	0,195	0,230
120	0,048	0,062	0,077	0,095	0,117	0,150	0,178	0,210
150	0,043	0,055	0,069	0,085	0,105	0,134	0,159	0,189
175	0,040	0,051	0,064	0,078	0,097	0,124	0,148	0,175
200	0,037	0,048	0,060	0,073	0,091	0,116	0,138	0,164

Tabelle A.6: Kritische Werte für die Pearson-Korrelation r und die punkt-biseriale Korrelation r_{pbis} und die Rangkorrelation r_S nach Spearman (2)

Freiheits-grade FG_N	Zweiseitiges Signifikanzniveau α					
	0,30	0,20	0,10	0,05	0,02	0,01
10	±0,327	±0,398	±0,497	±0,576	±0,658	±0,708
11	±0,312	±0,380	±0,476	±0,553	±0,634	±0,684
12	±0,298	±0,365	±0,457	±0,532	±0,612	±0,661
13	±0,287	±0,351	±0,441	±0,514	±0,592	±0,641
14	±0,276	±0,338	±0,426	±0,497	±0,574	±0,623
15	±0,267	±0,327	±0,412	±0,482	±0,558	±0,606
16	±0,259	±0,317	±0,400	±0,468	±0,542	±0,590
18	±0,244	±0,299	±0,378	±0,444	±0,515	±0,561
20	±0,231	±0,284	±0,360	±0,423	±0,492	±0,537
22	±0,221	±0,271	±0,344	±0,404	±0,472	±0,515
24	±0,211	±0,260	±0,330	±0,388	±0,453	±0,496
25	±0,207	±0,255	±0,323	±0,381	±0,445	±0,487
26	±0,203	±0,250	±0,317	±0,374	±0,437	±0,479
28	±0,196	±0,241	±0,306	±0,361	±0,423	±0,463
30	±0,189	±0,232	±0,296	±0,349	±0,409	±0,449
35	±0,175	±0,216	±0,275	±0,325	±0,381	±0,418
40	±0,164	±0,202	±0,257	±0,304	±0,358	±0,393
45	±0,154	±0,190	±0,243	±0,288	±0,338	±0,372
50	±0,146	±0,181	±0,231	±0,273	±0,322	±0,354
55	±0,140	±0,172	±0,220	±0,261	±0,307	±0,339
60	±0,134	±0,165	±0,211	±0,250	±0,295	±0,325
70	±0,124	±0,153	±0,195	±0,232	±0,274	±0,302
80	±0,116	±0,143	±0,183	±0,217	±0,257	±0,273
90	±0,109	±0,135	±0,173	±0,205	±0,242	±0,267
100	±0,104	±0,128	±0,164	±0,195	±0,230	±0,254
120	±0,095	±0,117	±0,150	±0,178	±0,210	±0,232
150	±0,085	±0,105	±0,134	±0,159	±0,189	±0,208
175	±0,078	±0,097	±0,124	±0,148	±0,175	±0,193
200	±0,073	±0,091	±0,116	±0,138	±0,164	±0,181

Anmerkungen. Die Einträge in Tabelle A.6 gelten für die Pearson-, die punktbiseriale Korrelation und die Rangorrelation r_S, und zwar für alle Fälle, in denen die H_0 lautet: H_0: ($\rho \leq 0$) oder H_0: ($\rho \geq 0$) oder H_0: ($\rho = 0$) bzw. H_0: ($\rho_S \leq 0$) oder H_0: ($\rho_S \geq 0$) oder H_0: ($\rho_S = 0$). Beziehen sich die statistischen Hypothesen dagegen auf Differenzen von Korrelationen (vgl. die Abschnitte 12.2 bis 12.5), muss die Signifikanzentscheidung für r und für r_{pbis} auf der Grundlage der jeweiligen Tests in den Abschnitten 12.2 und 12.3 getroffen werden. - Den kritischen Werten für die einseitigen Signifikanzniveaus liegen gerichtete Hypothesen und damit einseitige Tests mit einem positiven Ablehnungsbereich zugrunde. Wird mit einem negativen Ablehnungsbereich gearbeitet, erhalten alle kritischen Werte ein negatives Vorzeichen. Den Tabellen mit einem zweiseitigem Signifikanzniveau liegen ungerichtete Hypothesen und damit zweiseitige Tests zugrunde, so dass zwei Ablehnungsbereiche zu definieren sind. - Die Freiheitsgrade betragen $FG_N = n - 2$ mit n: Anzahl der Wertepaare. - Die Tabellen mit den kritischen Werten für r und für r_{pbis} hat dankenswerterweise Frau Dipl.-Psych. Mona Assmus-Kumke nach dem von Terrell (1982) vorgegebenen Algorithmus erzeugt.

Tabelle A.7: Kritische Werte der zentralen χ^2-Verteilungen

Freiheitsgrade FG_Z	Signifikanzniveau α							
	0,30	0,25	0,20	0,15	0,10	0,05	0,025	0,01
1	1,0742	1,3233	1,6425	2,0721	2,7055	3,8415	5,0239	6,6349
2	2,4078	2,7726	3,2190	3,7942	4,6052	5,9915	7,3778	9,2104
3	3,6647	4,1083	4,6417	5,3170	6,2514	7,8147	9,3484	11,3449
4	4,8787	5,3853	5,9888	6,7446	7,7794	9,4877	11,1433	13,2767
5	6,0642	6,6257	7,2894	8,1146	9,2364	11,0705	12,8325	15,0863
6	7,2308	7,8408	8,5584	9,4461	10,6446	12,5916	14,4494	16,8119
7	8,3839	9,0371	9,8036	10,7487	12,0170	14,0671	16,0128	18,4753
8	9,5249	10,2189	11,0303	12,0264	13,3616	15,5073	17,5346	20,0903
9	10,6562	11,3888	12,2421	13,288o	14,6837	16,9190	19,0228	21,6660
10	11,7804	12,5489	13,4412	14,5349	15,9872	18,3070	20,4832	23,2093
11	12,8980	13,7007	14,6322	15,7682	17,2750	19,6751	21,9201	24,7250
12	14,0105	14,8454	15,8130	16,9907	18,5493	21,0261	23,3367	26,2170
13	15,1193	15,9839	16,9847	18,2035	19,8119	22,3620	24,7356	27,6883
14	16,2225	17,1169	18,1511	19,4055	21,0641	23,6848	26,1189	29,1412
15	17,3209	18,2451	19,3121	20,6012	22,3071	24,9958	27,4884	30,5779
16	18,4170	19,3689	20,4668	21,7949	23,5418	26,2962	28,8454	31,9999
17	19,5120	20,4887	21,6132	22,9786	24,7690	27,5871	30,1910	33,4087
18	20,6005	21,6049	22,7615	24,1545	25,9894	28,8693	31,5264	34,8053
19	21,6893	22,7178	23,9008	25,3295	27,2036	30,1435	32,8523	36,1909
20	22,7747	23,8277	25,0366	26,4966	28,4120	31,4104	34,1696	37,5662
22	24,9393	26,0393	27,304	28,8240	30,8133	33,9244	36,7807	40,2894
24	27,0952	28,2412	29,5518	31,1338	33,1962	36,4150	39,3641	42,9798
25	28,1723	29,3389	30,6732	32,2846	34,3816	37,6525	40,6465	44,3141
26	29,2452	30,4346	31,7922	33,4299	35,5632	38,8851	41,9232	45,6417
28	31,3923	32,6205	34,0276	35,7144	37,9159	41,3371	44,4608	48,2782
30	33,5284	34,7997	36,2494	37,9871	40,2560	43,7730	46,9792	50,8922
40	44,1626	45,6160	47,2681	49,2432	51,8051	55,7585	59,3417	63,6907
50	54,7211	56,3336	58,1635	60,3485	63,1671	67,5048	71,4202	76,1539
60	65,2258	66,9815	68,9685	71,3416	74,3970	79,0819	83,2977	88,3794
70	75,6867	77,5717	79,7113	82,2577	85,5206	90,5279	95,0262	100,441
80	86,1182	88,1256	90,4053	93,1104	96,5723	101,877	106,632	112,344
90	96,5204	98,6455	101,058	103,903	107,559	113,145	118,139	124,130
100	106,903	109,137	111,664	114,655	118,493	124,340	129,564	135,820
110	117,271	119,604	122,253	125,382	129,380	135,478	140,919	147,427
120	127,610	130,051	132,810	136,062	140,228	146,565	152,214	158,963

Anmerkungen. Die Tabelleneinträge hat Frau Dipl.-Psych. Stefanie Wolf mit der entsprechenden Subroutine von IMSL (1990-2001) berechnet. Einige Werte hat Frau Vivien Kurtz mit dem Programm Günther Gediga's W^3 library (Gediga, o.J.) erstellt.

Tabelle A.8: Kritische Werte der zentralen F-Verteilungen (1)

FG_N	α	Zählerfreiheitsgrade FG_Z							
		1	2	3	4	5	6	7	8
10	0,300	1,195	1,361	1,398	1,408	1,411	1,412	1,411	1,409
	0,250	1,491	1,598	1,603	1,595	1,585	1,576	1,569	1,562
	0,200	1,883	1,899	1,861	1,829	1,803	1,782	1,766	1,752
	0,100	3,285	2,924	2,728	2,605	2,522	2,461	2,414	2,377
	0,075	3,948	3,394	3,119	2,955	2,844	2,764	2,703	2,656
	0,050	4,965	4,103	3,708	3,478	3,326	3,217	3,135	3,072
	0,025	6,937	5,456	4,826	4,468	4,236	4,072	3,950	3,855
	0,010	10,044	7,559	6,552	5,994	5,636	5,386	5,200	5,057
11	0,300	1,183	1,346	1,381	1,390	1,392	1,392	1,390	1,388
	0,250	1,475	1,577	1,580	1,570	1,560	1,550	1,542	1,535
	0,200	1,859	1,870	1,830	1,796	1,768	1,747	1,730	1,716
	0,100	3,225	2,860	2,660	2,536	2,451	2,389	2,342	2,304
	0,075	3,866	3,308	3,032	2,866	2,754	2,673	2,612	2,564
	0,050	4,844	3,982	3,587	3,357	3,204	3,095	3,012	2,948
	0,025	6,724	5,256	4,630	4,275	4,044	3,881	3,759	3,664
	0,010	9,646	7,206	6,217	5,668	5,316	5,069	4,886	4,744
12	0,300	1,173	1,333	1,366	1,375	1,376	1,375	1,373	1,371
	0,250	1,461	1,560	1,561	1,550	1,539	1,529	1,520	1,512
	0,200	1,839	1,846	1,804	1,768	1,740	1,718	1,700	1,686
	0,100	3,177	2,807	2,606	2,480	2,394	2,331	2,283	2,245
	0,075	3,800	3,239	2,962	2,794	2,681	2,600	2,538	2,489
	0,050	4,747	3,885	3,490	3,259	3,106	2,996	2,913	2,849
	0,025	6,554	5,096	4,474	4,121	3,891	3,728	3,607	3,512
	0,010	9,330	6,927	5,953	5,412	5,064	4,821	4,640	4,499
13	0,300	1,165	1,323	1,355	1,362	1,363	1,362	1,359	1,357
	0,250	1,450	1,545	1,545	1,534	1,521	1,511	1,501	1,493
	0,200	1,823	1,826	1,783	1,746	1,717	1,694	1,676	1,661
	0,100	3,136	2,763	2,560	2,434	2,347	2,283	2,234	2,195
	0,075	3,746	3,182	2,904	2,735	2,622	2,539	2,477	2,427
	0,050	4,667	3,806	3,411	3,179	3,025	2,915	2,832	2,767
	0,025	6,414	4,965	4,347	3,996	3,767	3,604	3,483	3,388
	0,010	9,074	6,701	5,739	5,205	4,862	4,620	4,441	4,302

Tabelle A.8: Kritische Werte der zentralen F-Verteilungen (2)

FG_N	α	\multicolumn{8}{c}{Zählerfreiheitsgrade FG_Z}								
		9	10	11	12	15	20	24	30
10	0,300	1,408	1,406	1,405	1,403	1,400	1,395	1,393	1,390
	0,250	1,556	1,551	1,547	1,543	1,534	1,523	1,518	1,512
	0,200	1,741	1,732	1,723	1,716	1,700	1,682	1,673	1,663
	0,100	2,347	2,323	2,302	2,284	2,244	2,201	2,178	2,155
	0,075	2,617	2,586	2,559	2,537	2,485	2,431	2,403	2,374
	0,050	3,020	2,978	2,943	2,913	2,845	2,774	2,737	2,700
	0,025	3,779	3,717	3,665	3,621	3,522	3,419	3,365	3,311
	0,010	4,942	4,849	4,772	4,706	4,558	4,405	4,327	4,247
11	0,300	1,386	1,385	1,383	1,381	1,377	1,372	1,369	1,366
	0,250	1,528	1,523	1,518	1,514	1,504	1,493	1,487	1,481
	0,200	1,704	1,694	1,685	1,678	1,661	1,642	1,632	1,622
	0,100	2,274	2,248	2,227	2,209	2,167	2,123	2,100	2,076
	0,075	2,525	2,492	2,465	2,442	2,390	2,334	2,305	2,276
	0,050	2,896	2,854	2,818	2,788	2,719	2,646	2,609	2,570
	0,025	3,588	3,526	3,474	3,430	3,330	3,226	3,173	3,118
	0,010	4,632	4,539	4,462	4,397	4,251	4,099	4,021	3,941
12	0,300	1,369	1,367	1,365	1,363	1,358	1,353	1,349	1,346
	0,250	1,505	1,500	1,495	1,490	1,480	1,468	1,461	1,454
	0,200	1,673	1,663	1,654	1,646	1,628	1,609	1,598	1,587
	0,100	2,214	2,188	2,166	2,147	2,105	2,060	2,036	2,011
	0,075	2,449	2,417	2,389	2,366	2,312	2,256	2,226	2,196
	0,050	2,796	2,753	2,717	2,687	2,617	2,544	2,505	2,466
	0,025	3,436	3,374	3,321	3,277	3,177	3,073	3,019	2,963
	0,010	4,388	4,296	4,220	4,155	4,010	3,858	3,780	3,701
13	0,300	1,354	1,352	1,350	1,348	1,343	1,337	1,333	1,329
	0,250	1,486	1,480	1,475	1,470	1,459	1,447	1,440	1,432
	0,200	1,648	1,637	1,628	1,620	1,601	1,581	1,570	1,558
	0,100	2,164	2,138	2,116	2,097	2,053	2,007	1,983	1,958
	0,075	2,387	2,354	2,326	2,303	2,248	2,191	2,161	2,129
	0,050	2,714	2,671	2,635	2,604	2,533	2,459	2,420	2,380
	0,025	3,312	3,250	3,197	3,153	3,053	2,948	2,893	2,837
	0,010	4,191	4,100	4,025	3,960	3,815	3,665	3,587	3,507

Tabelle A.8: Kritische Werte der zentralen F-Verteilungen (3)

FG_N	α	Zählerfreiheitsgrade FG_Z				
		40	50	60	100	200
10	0,300	1,387	1,385	1,383	1,381	1,378
	0,250	1,506	1,502	1,499	1,493	1,489
	0,200	1,653	1,646	1,642	1,633	1,626
	0,100	2,132	2,117	2,107	2,087	2,071
	0,075	2,344	2,326	2,314	2,288	2,269
	0,050	2,661	2,637	2,621	2,588	2,563
	0,025	3,255	3,221	3,198	3,152	3,116
	0,010	4,165	4,115	4,082	4,014	3,962
11	0,300	1,363	1,360	1,360	1,355	1,353
	0,250	1,474	1,469	1,466	1,460	1,455
	0,200	1,611	1,604	1,599	1,589	1,582
	0,100	2,052	2,036	2,026	2,005	1,989
	0,075	2,245	2,226	2,213	2,187	2,167
	0,050	2,531	2,507	2,490	2,457	2,431
	0,025	3,061	3,027	3,004	2,956	2,920
	0,010	3,860	3,810	3,776	3,708	3,656
12	0,300	1,342	1,340	1,338	1,334	1,331
	0,250	1,447	1,443	1,439	1,433	1,428
	0,200	1,576	1,568	1,564	1,553	1,545
	0,100	1,986	1,970	1,960	1,938	1,921
	0,075	2,164	2,145	2,132	2,105	2,084
	0,050	2,426	2,401	2,384	2,350	2,323
	0,025	2,906	2,871	2,848	2,800	2,763
	0,010	3,619	3,569	3,535	3,467	3,414
13	0,300	1,325	1,322	1,320	1,316	1,313
	0,250	1,425	1,420	1,416	1,409	1,404
	0,200	1,546	1,539	1,534	1,523	1,514
	0,100	1,931	1,915	1,904	1,882	1,864
	0,075	2,097	2,077	2,064	2,036	2,015
	0,050	2,339	2,314	2,297	2,261	2,234
	0,025	2,780	2,744	2,720	2,671	2,634
	0,010	3,425	3,375	3,341	3,272	3,219

Tabelle A.8: Kritische Werte der zentralen F-Verteilungen (4)

FG_N	α	\multicolumn{8}{c}{Zählerfreiheitsgrade FG_Z}								
		1	2	3	4	5	6	7	8
14	0,300	1,158	1,314	1,345	1,352	1,352	1,350	1,347	1,344
	0,250	1,440	1,533	1,532	1,519	1,507	1,495	1,485	1,477
	0,200	1,809	1,809	1,765	1,727	1,697	1,674	1,655	1,639
	0,100	3,102	2,726	2,522	2,395	2,307	2,243	2,193	2,154
	0,075	3,700	3,135	2,855	2,686	2,571	2,489	2,425	2,376
	0,050	4,600	3,739	3,344	3,112	2,958	2,848	2,764	2,699
	0,025	6,298	4,857	4,242	3,892	3,663	3,501	3,380	3,285
	0,010	8,862	6,515	5,564	5,035	4,695	4,456	4,278	4,140
15	0,300	1,152	1,306	1,336	1,342	1,342	1,340	1,337	1,334
	0,250	1,432	1,523	1,520	1,507	1,494	1,482	1,472	1,463
	0,200	1,797	1,795	1,749	1,710	1,680	1,656	1,637	1,621
	0,100	3,073	2,695	2,490	2,361	2,273	2,208	2,158	2,119
	0,075	3,660	3,094	2,813	2,644	2,529	2,445	2,382	2,332
	0,050	4,543	3,682	3,287	3,056	2,901	2,790	2,707	2,641
	0,025	6,200	4,765	4,153	3,804	3,576	3,415	3,293	3,199
	0,010	8,683	6,359	5,417	4,893	4,556	4,318	4,142	4,004
16	0,300	1,147	1,299	1,328	1,334	1,334	1,331	1,328	1,325
	0,250	1,425	1,514	1,510	1,497	1,483	1,471	1,460	1,451
	0,200	1,787	1,783	1,736	1,696	1,665	1,641	1,621	1,605
	0,100	3,048	2,668	2,462	2,333	2,244	2,178	2,128	2,088
	0,075	3,627	3,059	2,778	2,607	2,492	2,408	2,344	2,294
	0,050	4,494	3,634	3,239	3,007	2,852	2,741	2,657	2,591
	0,025	6,115	4,687	4,077	3,729	3,502	3,341	3,219	3,125
	0,010	8,531	6,226	5,292	4,773	4,437	4,202	4,026	3,890
17	0,300	1,143	1,293	1,322	1,327	1,326	1,323	1,320	1,317
	0,250	1,419	1,506	1,502	1,487	1,473	1,460	1,450	1,441
	0,200	1,778	1,772	1,724	1,684	1,652	1,628	1,608	1,591
	0,100	3,026	2,645	2,437	2,308	2,218	2,152	2,102	2,061
	0,075	3,597	3,028	2,746	2,576	2,460	2,376	2,311	2,261
	0,050	4,451	3,592	3,197	2,965	2,810	2,699	2,614	2,548
	0,025	6,042	4,619	4,011	3,665	3,438	3,277	3,156	3,061
	0,010	8,400	6,112	5,185	4,669	4,336	4,102	3,927	3,791

Tabelle A.8: Kritische Werte der zentralen F-Verteilungen (5)

FG_N	α	Zählerfreiheitsgrade FG_Z							
		9	10	11	12	15	20	24	30
14	0,300	1,342	1,339	1,337	1,335	1,329	1,323	1,319	1,315
	0,250	1,470	1,463	1,458	1,453	1,441	1,428	1,421	1,414
	0,200	1,626	1,615	1,606	1,598	1,578	1,557	1,546	1,534
	0,100	2,122	2,095	2,073	2,054	2,010	1,962	1,938	1,912
	0,075	2,335	2,302	2,274	2,249	2,194	2,136	2,105	2,074
	0,050	2,646	2,602	2,565	2,534	2,463	2,388	2,349	2,308
	0,025	3,209	3,147	3,095	3,050	2,949	2,844	2,789	2,732
	0,010	4,030	3,939	3,864	3,800	3,656	3,505	3,427	3,348
15	0,300	1,331	1,328	1,326	1,323	1,318	1,311	1,307	1,302
	0,250	1,456	1,449	1,443	1,438	1,426	1,413	1,405	1,397
	0,200	1,608	1,596	1,587	1,578	1,558	1,537	1,525	1,513
	0,100	2,086	2,059	2,037	2,017	1,972	1,924	1,899	1,873
	0,075	2,291	2,257	2,229	2,204	2,148	2,089	2,058	2,026
	0,050	2,588	2,544	2,507	2,475	2,403	2,328	2,288	2,247
	0,025	3,123	3,060	3,008	2,963	2,862	2,756	2,701	2,644
	0,010	3,895	3,805	3,730	3,666	3,522	3,372	3,294	3,214
16	0,300	1,322	1,319	1,316	1,314	1,307	1,300	1,296	1,291
	0,250	1,443	1,437	1,431	1,426	1,413	1,399	1,391	1,383
	0,200	1,591	1,580	1,570	1,561	1,541	1,519	1,507	1,494
	0,100	2,055	2,028	2,005	1,985	1,940	1,891	1,866	1,839
	0,075	2,253	2,219	2,190	2,165	2,109	2,049	2,017	1,984
	0,050	2,538	2,494	2,456	2,425	2,352	2,276	2,235	2,194
	0,025	3,049	2,986	2,934	2,889	2,788	2,681	2,625	2,568
	0,010	3,780	3,691	3,616	3,553	3,409	3,259	3,181	3,101
17	0,300	1,313	1,310	1,307	1,305	1,298	1,291	1,286	1,281
	0,250	1,433	1,426	1,420	1,414	1,401	1,387	1,379	1,370
	0,200	1,577	1,566	1,555	1,547	1,526	1,503	1,491	1,478
	0,100	2,028	2,001	1,978	1,958	1,912	1,862	1,836	1,809
	0,075	2,219	2,185	2,156	2,131	2,074	2,013	1,981	1,948
	0,050	2,494	2,450	2,413	2,381	2,308	2,230	2,190	2,148
	0,025	2,985	2,922	2,870	2,825	2,723	2,616	2,560	2,502
	0,010	3,682	3,593	3,519	3,455	3,312	3,162	3,084	3,003

Tabelle A.8: Kritische Werte der zentralen F-Verteilungen (6)

FG_N	α	Zählerfreiheitsgrade FG_Z				
		40	50	60	100	200
14	0,300	1,310	1,307	1,305	1,301	1,297
	0,250	1,405	1,400	1,397	1,389	1,383
	0,200	1,521	1,513	1,508	1,497	1,488
	0,100	1,885	1,869	1,857	1,834	1,816
	0,075	2,041	2,020	2,006	1,978	1,956
	0,050	2,266	2,241	2,223	2,187	2,159
	0,025	2,674	2,638	2,614	2,565	2,526
	0,010	3,266	3,215	3,181	3,112	3,059
15	0,300	1,297	1,294	1,292	1,287	1,284
	0,250	1,389	1,383	1,380	1,372	1,366
	0,200	1,500	1,491	1,486	1,474	1,465
	0,100	1,845	1,828	1,817	1,793	1,774
	0,075	1,992	1,971	1,957	1,928	1,905
	0,050	2,204	2,178	2,160	2,123	2,095
	0,025	2,585	2,549	2,524	2,474	2,435
	0,010	3,132	3,081	3,047	2,977	2,923
16	0,300	1,286	1,283	1,280	1,276	1,272
	0,250	1,374	1,369	1,365	1,356	1,350
	0,200	1,481	1,472	1,466	1,454	1,445
	0,100	1,811	1,793	1,782	1,757	1,738
	0,075	1,950	1,929	1,914	1,885	1,862
	0,050	2,151	2,124	2,106	2,068	2,039
	0,025	2,509	2,472	2,447	2,396	2,357
	0,010	3,018	2,967	2,933	2,863	2,808
17	0,300	1,276	1,273	1,270	1,265	1,261
	0,250	1,361	1,355	1,351	1,343	1,336
	0,200	1,464	1,455	1,449	1,437	1,427
	0,100	1,781	1,763	1,751	1,726	1,706
	0,075	1,913	1,892	1,877	1,847	1,823
	0,050	2,104	2,077	2,058	2,020	1,991
	0,025	2,442	2,405	2,380	2,329	2,289
	0,010	2,920	2,869	2,835	2,764	2,709

Tabelle A.8: Kritische Werte der zentralen F-Verteilungen (7)

FG_N	α	\multicolumn{8}{c}{Zählerfreiheitsgrade FG_Z}
		1	2	3	4	5	6	7	8
18	0,300	1,139	1,288	1,316	1,321	1,320	1,317	1,313	1,310
	0,250	1,413	1,499	1,494	1,479	1,464	1,452	1,441	1,431
	0,200	1,770	1,762	1,713	1,673	1,641	1,616	1,596	1,579
	0,100	3,007	2,624	2,416	2,286	2,196	2,130	2,079	2,038
	0,075	3,571	3,002	2,719	2,548	2,432	2,347	2,283	2,232
	0,050	4,414	3,555	3,160	2,928	2,773	2,661	2,577	2,510
	0,025	5,978	4,560	3,954	3,608	3,382	3,221	3,100	3,005
	0,010	8,285	6,013	5,092	4,579	4,248	4,015	3,841	3,705
19	0,300	1,135	1,284	1,311	1,316	1,314	1,311	1,307	1,303
	0,250	1,408	1,493	1,487	1,472	1,457	1,444	1,432	1,423
	0,200	1,763	1,754	1,704	1,663	1,631	1,605	1,585	1,568
	0,100	2,990	2,606	2,397	2,266	2,176	2,109	2,058	2,017
	0,075	3,548	2,978	2,695	2,524	2,407	2,322	2,257	2,206
	0,050	4,381	3,522	3,127	2,895	2,740	2,628	2,544	2,477
	0,025	5,922	4,508	3,903	3,559	3,333	3,172	3,051	2,956
	0,010	8,185	5,926	5,010	4,500	4,171	3,939	3,765	3,631
20	0,300	1,132	1,279	1,306	1,311	1,309	1,305	1,301	1,297
	0,250	1,404	1,487	1,481	1,465	1,450	1,437	1,425	1,415
	0,200	1,757	1,746	1,696	1,654	1,622	1,596	1,575	1,558
	0,100	2,975	2,589	2,380	2,249	2,158	2,091	2,040	1,999
	0,075	3,528	2,957	2,674	2,502	2,385	2,300	2,235	2,183
	0,050	4,351	3,493	3,098	2,866	2,711	2,599	2,514	2,447
	0,025	5,871	4,461	3,859	3,515	3,289	3,128	3,007	2,913
	0,010	8,096	5,849	4,938	4,431	4,103	3,871	3,699	3,564
21	0,300	1,129	1,276	1,302	1,306	1,304	1,300	1,296	1,292
	0,250	1,400	1,482	1,475	1,459	1,444	1,430	1,419	1,409
	0,200	1,751	1,739	1,688	1,646	1,614	1,588	1,567	1,549
	0,100	2,961	2,575	2,365	2,233	2,142	2,075	2,023	1,982
	0,075	3,510	2,938	2,654	2,482	2,365	2,280	2,214	2,163
	0,050	4,325	3,467	3,072	2,840	2,685	2,573	2,488	2,420
	0,025	5,827	4,420	3,819	3,475	3,250	3,090	2,969	2,874
	0,010	8,017	5,780	4,874	4,369	4,042	3,812	3,640	3,506

Tabelle A.8: Kritische Werte der zentralen F-Verteilungen (8)

FG_N	α	\multicolumn{8}{c}{Zählerfreiheitsgrade FG_Z}							
		9	10	11	12	15	20	24	30
18	0,300	1,306	1,303	1,300	1,297	1,290	1,282	1,278	1,273
	0,250	1,423	1,416	1,410	1,404	1,391	1,376	1,368	1,359
	0,200	1,565	1,553	1,543	1,534	1,513	1,489	1,477	1,463
	0,100	2,005	1,977	1,954	1,933	1,887	1,837	1,810	1,783
	0,075	2,190	2,155	2,126	2,101	2,044	1,982	1,950	1,916
	0,050	2,456	2,412	2,374	2,342	2,269	2,191	2,150	2,107
	0,025	2,929	2,866	2,814	2,769	2,667	2,559	2,503	2,445
	0,010	3,597	3,508	3,434	3,371	3,227	3,077	2,999	2,919
19	0,300	1,299	1,296	1,293	1,290	1,283	1,275	1,270	1,265
	0,250	1,414	1,407	1,401	1,395	1,382	1,367	1,358	1,349
	0,200	1,554	1,542	1,531	1,522	1,500	1,477	1,464	1,450
	0,100	1,984	1,956	1,932	1,912	1,865	1,814	1,787	1,759
	0,075	2,164	2,129	2,100	2,075	2,017	1,955	1,922	1,888
	0,050	2,423	2,378	2,340	2,308	2,234	2,155	2,114	2,071
	0,025	2,880	2,817	2,765	2,720	2,617	2,509	2,452	2,394
	0,010	3,523	3,434	3,360	3,297	3,153	3,003	2,925	2,844
20	0,300	1,294	1,290	1,287	1,284	1,277	1,268	1,263	1,258
	0,250	1,407	1,399	1,393	1,387	1,374	1,358	1,349	1,340
	0,200	1,544	1,531	1,521	1,512	1,490	1,466	1,452	1,439
	0,100	1,965	1,937	1,913	1,892	1,845	1,794	1,767	1,738
	0,075	2,141	2,106	2,076	2,051	1,993	1,930	1,897	1,862
	0,050	2,393	2,348	2,310	2,278	2,203	2,124	2,082	2,039
	0,025	2,837	2,774	2,721	2,676	2,573	2,464	2,408	2,349
	0,010	3,457	3,368	3,294	3,231	3,088	2,938	2,859	2,778
21	0,300	1,288	1,285	1,282	1,279	1,271	1,262	1,257	1,252
	0,250	1,400	1,392	1,386	1,380	1,366	1,350	1,341	1,332
	0,200	1,535	1,522	1,511	1,502	1,480	1,455	1,442	1,428
	0,100	1,948	1,920	1,896	1,875	1,827	1,776	1,748	1,719
	0,075	2,120	2,085	2,055	2,030	1,971	1,908	1,875	1,840
	0,050	2,366	2,321	2,283	2,250	2,176	2,096	2,054	2,010
	0,025	2,798	2,735	2,682	2,637	2,534	2,425	2,368	2,308
	0,010	3,398	3,310	3,236	3,173	3,030	2,880	2,801	2,720

Tabelle A.8: Kritische Werte der zentralen F-Verteilungen (9)

FG_N	α	Zählerfreiheitsgrade FG_Z				
		40	50	60	100	200
18	0,300	1,267	1,264	1,261	1,256	1,251
	0,250	1,350	1,344	1,340	1,331	1,324
	0,200	1,449	1,440	1,434	1,421	1,411
	0,100	1,754	1,736	1,723	1,698	1,678
	0,075	1,881	1,859	1,844	1,813	1,789
	0,050	2,063	2,035	2,017	1,978	1,948
	0,025	2,384	2,347	2,321	2,269	2,229
	0,010	2,835	2,784	2,749	2,678	2,623
19	0,300	1,259	1,255	1,253	1,247	1,235
	0,250	1,339	1,333	1,329	1,320	1,312
	0,200	1,436	1,427	1,420	1,407	1,396
	0,100	1,730	1,711	1,699	1,673	1,652
	0,075	1,852	1,830	1,815	1,783	1,758
	0,050	2,026	1,999	1,980	1,940	1,910
	0,025	2,333	2,295	2,270	2,217	2,176
	0,010	2,761	2,709	2,674	2,602	2,547
20	0,300	1,252	1,248	1,245	1,239	1,235
	0,250	1,330	1,324	1,319	1,310	1,302
	0,200	1,424	1,414	1,408	1,394	1,383
	0,100	1,708	1,690	1,677	1,650	1,629
	0,075	1,826	1,804	1,788	1,756	1,731
	0,050	1,994	1,966	1,946	1,907	1,875
	0,025	2,287	2,249	2,223	2,170	2,128
	0,010	2,695	2,643	2,608	2,535	2,479
21	0,300	1,245	1,241	1,239	1,232	1,228
	0,250	1,322	1,315	1,311	1,301	1,293
	0,200	1,413	1,403	1,397	1,383	1,371
	0,100	1,689	1,670	1,657	1,630	1,608
	0,075	1,803	1,780	1,764	1,732	1,706
	0,050	1,965	1,936	1,916	1,876	1,845
	0,025	2,246	2,208	2,182	2,128	2,086
	0,010	2,636	2,584	2,548	2,475	2,419

Tabelle A.8: Kritische Werte der zentralen F-Verteilungen (10)

FG_N	α	Zählerfreiheitsgrade FG_Z							
		1	2	3	4	5	6	7	8
22	0,300	1,127	1,272	1,298	1,302	1,300	1,296	1,292	1,287
	0,250	1,396	1,477	1,470	1,454	1,438	1,424	1,413	1,402
	0,200	1,746	1,733	1,682	1,639	1,606	1,580	1,559	1,541
	0,100	2,949	2,561	2,351	2,219	2,128	2,060	2,008	1,967
	0,075	3,493	2,921	2,637	2,465	2,347	2,262	2,196	2,144
	0,050	4,301	3,443	3,049	2,817	2,661	2,549	2,464	2,397
	0,025	5,786	4,383	3,783	3,440	3,215	3,055	2,934	2,839
	0,010	7,945	5,719	4,817	4,313	3,988	3,758	3,587	3,453
23	0,300	1,124	1,269	1,295	1,298	1,296	1,292	1,287	1,283
	0,250	1,393	1,473	1,466	1,449	1,433	1,419	1,407	1,397
	0,200	1,741	1,728	1,676	1,633	1,599	1,573	1,552	1,534
	0,100	2,937	2,549	2,339	2,207	2,115	2,047	1,995	1,953
	0,075	3,478	2,905	2,621	2,449	2,331	2,245	2,179	2,127
	0,050	4,279	3,422	3,028	2,796	2,640	2,528	2,442	2,375
	0,025	5,750	4,349	3,750	3,408	3,183	3,023	2,902	2,808
	0,010	7,881	5,664	4,765	4,264	3,939	3,710	3,539	3,406
24	0,300	1,122	1,266	1,292	1,295	1,292	1,288	1,284	1,279
	0,250	1,390	1,470	1,462	1,445	1,428	1,414	1,402	1,392
	0,200	1,737	1,722	1,670	1,627	1,593	1,567	1,545	1,527
	0,100	2,927	2,538	2,327	2,195	2,103	2,035	1,983	1,941
	0,075	3,464	2,891	2,607	2,434	2,316	2,230	2,164	2,112
	0,050	4,260	3,403	3,009	2,776	2,621	2,508	2,423	2,355
	0,025	5,717	4,319	3,721	3,379	3,155	2,995	2,874	2,779
	0,010	7,823	5,614	4,718	4,218	3,895	3,667	3,496	3,363
25	0,300	1,120	1,264	1,289	1,292	1,289	1,285	1,280	1,276
	0,250	1,387	1,466	1,458	1,441	1,424	1,410	1,398	1,387
	0,200	1,733	1,718	1,665	1,622	1,588	1,561	1,539	1,521
	0,100	2,918	2,528	2,317	2,184	2,092	2,024	1,971	1,929
	0,075	3,452	2,878	2,594	2,421	2,303	2,217	2,150	2,098
	0,050	4,242	3,385	2,991	2,759	2,603	2,490	2,405	2,337
	0,025	5,686	4,291	3,694	3,353	3,129	2,969	2,848	2,753
	0,010	7,770	5,568	4,675	4,177	3,855	3,627	3,457	3,324

Tabelle A.8: Kritische Werte der zentralen F-Verteilungen (11)

FG_N	α	Zählerfreiheitsgrade FG_Z							
		9	10	11	12	15	20	24	30
22	0,300	1,283	1,280	1,277	1,273	1,266	1,257	1,251	1,246
	0,250	1,394	1,386	1,379	1,374	1,359	1,343	1,334	1,324
	0,200	1,526	1,514	1,503	1,494	1,471	1,446	1,433	1,418
	0,100	1,933	1,904	1,880	1,859	1,811	1,759	1,731	1,702
	0,075	2,102	2,066	2,036	2,011	1,951	1,888	1,854	1,819
	0,050	2,342	2,297	2,259	2,226	2,151	2,071	2,028	1,984
	0,025	2,763	2,700	2,647	2,602	2,498	2,389	2,331	2,272
	0,010	3,346	3,258	3,184	3,121	2,978	2,827	2,749	2,668
23	0,300	1,279	1,275	1,272	1,269	1,261	1,252	1,246	1,241
	0,250	1,388	1,380	1,374	1,368	1,353	1,337	1,327	1,318
	0,200	1,519	1,506	1,495	1,486	1,463	1,438	1,424	1,410
	0,100	1,919	1,890	1,866	1,845	1,796	1,744	1,716	1,686
	0,075	2,085	2,049	2,019	1,993	1,934	1,870	1,836	1,800
	0,050	2,320	2,275	2,236	2,204	2,128	2,048	2,005	1,961
	0,025	2,731	2,668	2,615	2,570	2,466	2,357	2,299	2,239
	0,010	3,299	3,211	3,137	3,074	2,931	2,781	2,702	2,620
24	0,300	1,275	1,271	1,268	1,265	1,257	1,247	1,242	1,236
	0,250	1,383	1,375	1,390	1,470	1,462	1,445	1,428	1,414
	0,200	1,512	1,499	1,737	1,722	1,670	1,627	1,593	1,567
	0,100	1,906	1,877	2,927	2,538	2,327	2,195	2,103	2,035
	0,075	2,069	2,034	3,464	2,891	2,607	2,434	2,316	2,230
	0,050	2,300	2,255	4,260	3,403	3,009	2,776	2,621	2,508
	0,025	2,703	2,640	5,717	4,319	3,721	3,379	3,155	2,995
	0,010	3,256	3,168	7,823	5,614	4,718	4,218	3,895	3,667
25	0,300	1,271	1,268	1,264	1,261	1,253	1,243	1,237	1,231
	0,250	1,378	1,370	1,387	1,466	1,458	1,441	1,424	1,410
	0,200	1,506	1,493	1,733	1,718	1,665	1,622	1,588	1,561
	0,100	1,895	1,866	2,918	2,528	2,317	2,184	2,092	2,024
	0,075	2,055	2,019	3,452	2,878	2,594	2,421	2,303	2,217
	0,050	2,282	2,236	4,242	3,385	2,991	2,759	2,603	2,490
	0,025	2,677	2,613	5,686	4,291	3,694	3,353	3,129	2,969
	0,010	3,217	3,129	7,770	5,568	4,675	4,177	3,855	3,627

Tabelle A.8: Kritische Werte der zentralen F-Verteilungen (12)

FG_N	α	Zählerfreiheitsgrade FG_Z				
		40	50	60	100	200
22	0,300	1,239	1,235	1,232	1,266	1,221
	0,250	1,314	1,307	1,303	1,293	1,285
	0,200	1,403	1,393	1,386	1,372	1,361
	0,100	1,671	1,652	1,639	1,611	1,590
	0,075	1,782	1,759	1,743	1,710	1,684
	0,050	1,938	1,909	1,889	1,849	1,817
	0,025	2,210	2,171	2,145	2,090	2,047
	0,010	2,583	2,531	2,495	2,422	2,365
23	0,300	1,234	1,230	1,227	1,220	1,215
	0,250	1,307	1,300	1,295	1,285	1,277
	0,200	1,394	1,384	1,377	1,362	1,351
	0,100	1,655	1,636	1,622	1,594	1,572
	0,075	1,763	1,739	1,723	1,689	1,663
	0,050	1,914	1,885	1,865	1,823	1,791
	0,025	2,176	2,137	2,111	2,056	2,013
	0,010	2,535	2,483	2,447	2,373	2,316
24	0,300	1,229	1,225	1,221	1,215	1,209
	0,250	1,402	1,392	1,383	1,375	1,270
	0,200	1,545	1,527	1,512	1,499	1,341
	0,100	1,983	1,941	1,906	1,877	1,556
	0,075	2,164	2,112	2,069	2,034	1,644
	0,050	2,423	2,355	2,300	2,255	1,768
	0,025	2,874	2,779	2,703	2,640	1,981
	0,010	3,496	3,363	3,256	3,168	2,271
25	0,300	1,224	1,220	1,217	1,210	1,204
	0,250	1,398	1,387	1,378	1,370	1,263
	0,200	1,539	1,521	1,506	1,493	1,333
	0,100	1,971	1,929	1,895	1,866	1,542
	0,075	2,150	2,098	2,055	2,019	1,627
	0,050	2,405	2,337	2,282	2,236	1,746
	0,025	2,848	2,753	2,677	2,613	1,952
	0,010	3,457	3,324	3,217	3,129	2,230

Tabelle A.8: Kritische Werte der zentralen F-Verteilungen (13)									
		Zählerfreiheitsgrade FG_Z							
FG_N	α	1	2	3	4	5	6	7	8
26	0,300	1,118	1,261	1,286	1,289	1,286	1,282	1,277	1,272
	0,250	1,384	1,463	1,454	1,437	1,420	1,406	1,393	1,383
	0,200	1,729	1,713	1,660	1,617	1,583	1,556	1,534	1,516
	0,100	2,909	2,519	2,307	2,174	2,082	2,014	1,961	1,919
	0,075	3,440	2,866	2,582	2,408	2,290	2,204	2,138	2,085
	0,050	4,225	3,369	2,975	2,743	2,587	2,474	2,388	2,321
	0,025	5,659	4,265	3,670	3,329	3,105	2,945	2,824	2,729
	0,010	7,721	5,526	4,637	4,140	3,818	3,591	3,421	3,288
27	0,300	1,117	1,259	1,284	1,286	1,283	1,279	1,274	1,269
	0,250	1,382	1,460	1,451	1,433	1,417	1,402	1,390	1,379
	0,200	1,726	1,709	1,656	1,612	1,578	1,551	1,529	1,510
	0,100	2,901	2,511	2,299	2,165	2,073	2,005	1,952	1,909
	0,075	3,430	2,855	2,571	2,397	2,279	2,193	2,126	2,073
	0,050	4,210	3,354	2,960	2,728	2,572	2,459	2,373	2,305
	0,025	5,633	4,242	3,647	3,307	3,083	2,923	2,802	2,707
	0,010	7,677	5,488	4,601	4,106	3,785	3,558	3,388	3,256
28	0,300	1,115	1,257	1,281	1,234	1,281	1,276	1,271	1,266
	0,250	1,380	1,457	1,448	1,430	1,413	1,399	1,386	1,375
	0,200	1,723	1,706	1,652	1,608	1,573	1,546	1,524	1,505
	0,100	2,894	2,503	2,291	2,157	2,064	1,996	1,943	1,900
	0,075	3,420	2,845	2,560	2,387	2,268	2,182	2,115	2,062
	0,050	4,196	3,340	2,947	2,714	2,558	2,445	2,359	2,291
	0,025	5,610	4,221	3,626	3,286	3,063	2,903	2,782	2,687
	0,010	7,636	5,453	4,568	4,074	3,754	3,528	3,358	3,226
29	0,300	1,134	1,255	1,279	1,282	1,278	1,274	1,269	1,264
	0,250	1,378	1,455	1,445	1,427	1,410	1,395	1,383	1,372
	0,200	1,720	1,702	1,648	1,604	1,569	1,542	1,519	1,501
	0,100	2,887	2,495	2,283	2,149	2,057	1,988	1,935	1,892
	0,075	3,411	2,836	2,551	2,377	2,259	2,172	2,105	2,052
	0,050	4,183	3,328	2,934	2,701	2,545	2,432	2,346	2,278
	0,025	5,588	4,201	3,607	3,267	3,044	2,884	2,763	2,669
	0,010	7,598	5,420	4,538	4,045	3,725	3,499	3,330	3,198

Tabelle A.8: Kritische Werte der zentralen F-Verteilungen (14)									
		Zählerfreiheitsgrade FG$_Z$							
FG$_N$	α	9	10	11	12	15	20	24	30
26	0,300	1,268	1,264	1,264	1,260	1,257	1,249	1,233	1,227
	0,250	1,374	1,366	1,384	1,463	1,454	1,437	1,420	1,406
	0,200	1,500	1,487	1,729	1,713	1,660	1,617	1,583	1,556
	0,100	1,884	1,855	2,909	2,519	2,307	2,174	2,082	2,014
	0,075	2,042	2,006	3,440	2,866	2,582	2,408	2,290	2,204
	0,050	2,265	2,220	4,225	3,369	2,975	2,743	2,587	2,474
	0,025	2,653	2,590	5,659	4,265	3,670	3,329	3,105	2,945
	0,010	3,182	3,094	7,721	5,526	4,637	4,140	3,818	3,591
27	0,300	1,264	1,261	1,257	1,254	1,246	1,235	1,300	1,223
	0,250	1,370	1,361	1,382	1,460	1,451	1,433	1,417	1,402
	0,200	1,495	1,482	1,726	1,709	1,656	1,612	1,578	1,551
	0,100	1,874	1,845	2,901	2,511	2,299	2,165	2,073	2,005
	0,075	2,030	1,994	3,430	2,855	2,571	2,397	2,279	2,193
	0,050	2,250	2,204	4,210	3,354	2,960	2,728	2,572	2,459
	0,025	2,631	2,568	5,633	4,242	3,647	3,307	3,083	2,923
	0,010	3,149	3,062	7,677	5,488	4,601	4,106	3,785	3,558
28	0,300	1,262	1,258	1,254	1,251	1,242	1,232	1,226	1,220
	0,250	1,366	1,358	1,380	1,457	1,448	1,430	1,413	1,399
	0,200	1,490	1,477	1,723	1,706	1,652	1,608	1,573	1,546
	0,100	1,865	1,836	2,894	2,503	2,291	2,157	2,064	1,996
	0,075	2,019	1,983	3,420	2,845	2,560	2,387	2,268	2,182
	0,050	2,236	2,190	4,196	3,340	2,947	2,714	2,558	2,445
	0,025	2,611	2,547	5,610	4,221	3,626	3,286	3,063	2,903
	0,010	3,120	3,032	7,636	5,453	4,568	4,074	3,754	3,528
29	0,300	1,259	1,255	1,251	1,248	1,239	1,229	1,223	1,216
	0,250	1,362	1,354	1,347	1,340	1,325	1,307	1,297	1,286
	0,200	1,485	1,472	1,461	1,451	1,427	1,400	1,385	1,369
	0,100	1,857	1,827	1,802	1,781	1,731	1,676	1,647	1,616
	0,075	2,009	1,973	1,942	1,915	1,854	1,788	1,752	1,715
	0,050	2,223	2,177	2,138	2,104	2,027	1,945	1,901	1,854
	0,025	2,592	2,529	2,475	2,430	2,325	2,213	2,154	2,092
	0,010	3,092	3,005	2,931	2,868	2,726	2,574	2,495	2,412

Tabelle A.8: Kritische Werte der zentralen F-Verteilungen (15)

FG_N	α	\multicolumn{5}{c}{Zählerfreiheitsgrade FG_Z}				
		40	50	60	100	200
26	0,300	1,220	1,215	1,212	1,205	1,993
	0,250	1,393	1,383	1,374	1,366	1,257
	0,200	1,534	1,516	1,500	1,487	1,325
	0,100	1,961	1,919	1,884	1,855	1,528
	0,075	2,138	2,085	2,042	2,006	1,610
	0,050	2,388	2,321	2,265	2,220	1,726
	0,025	2,824	2,729	2,653	2,590	1,925
	0,010	3,421	3,288	3,182	3,094	2,193
27	0,300	1,216	1,211	1,208	1,201	1,195
	0,250	1,390	1,379	1,370	1,361	1,251
	0,200	1,529	1,510	1,495	1,482	1,318
	0,100	1,952	1,909	1,874	1,845	1,515
	0,075	2,126	2,073	2,030	1,994	1,596
	0,050	2,373	2,305	2,250	2,204	1,708
	0,025	2,802	2,707	2,631	2,568	1,900
	0,010	3,388	3,256	3,149	3,062	2,159
28	0,300	1,212	1,208	1,204	1,197	1,191
	0,250	1,386	1,375	1,366	1,358	1,246
	0,200	1,524	1,505	1,490	1,477	1,311
	0,100	1,943	1,900	1,865	1,836	1,504
	0,075	2,115	2,062	2,019	1,983	1,582
	0,050	2,359	2,291	2,236	2,190	1,691
	0,025	2,782	2,687	2,611	2,547	1,877
	0,010	3,358	3,226	3,120	3,032	2,127
29	0,300	1,209	1,204	1,200	1,193	1,187
	0,250	1,275	1,267	1,262	1,250	1,241
	0,200	1,352	1,341	1,334	1,317	1,304
	0,100	1,583	1,562	1,547	1,517	1,493
	0,075	1,676	1,651	1,633	1,597	1,569
	0,050	1,806	1,775	1,754	1,710	1,675
	0,025	2,028	1,987	1,959	1,901	1,855
	0,010	2,325	2,271	2,234	2,158	2,097

Tabelle A.8: Kritische Werte der zentralen F-Verteilungen (16)

FG_N	α	Zählerfreiheitsgrade FG_Z							
		1	2	3	4	5	6	7	8
30	0,300	1,112	1,254	1,248	1,280	1,276	1,271	1,266	1,261
	0,250	1,376	1,452	1,443	1,424	1,407	1,392	1,380	1,369
	0,200	1,717	1,699	1,645	1,600	1,565	1,538	1,515	1,497
	0,100	2,881	2,489	2,276	2,142	2,049	1,980	1,927	1,884
	0,075	3,402	2,827	2,542	2,368	2,250	2,163	2,096	2,043
	0,050	4,171	3,316	2,922	2,690	2,534	2,421	2,334	2,266
	0,025	5,568	4,182	3,589	3,250	3,026	2,867	2,746	2,651
	0,010	7,562	5,390	4,510	4,018	3,699	3,473	3,304	3,173
40	0,300	1,103	1,241	1,263	1,264	1,260	1,254	1,249	1,243
	0,250	1,363	1,435	1,424	1,404	1,386	1,371	1,357	1,345
	0,200	1,698	1,676	1,620	1,574	1,538	1,509	1,486	1,467
	0,100	2,835	2,440	2,226	2,091	1,997	1,927	1,873	1,829
	0,075	3,342	2,765	2,479	2,304	2,185	2,097	2,029	1,975
	0,050	4,085	3,232	2,839	2,606	2,449	2,336	2,249	2,180
	0,025	5,424	4,051	3,463	3,126	2,904	2,744	2,624	2,529
	0,010	7,314	5,179	4,313	3,828	3,514	3,291	3,124	2,993
60	0,300	1,093	1,228	1,249	1,249	1,244	1,238	1,232	1,226
	0,250	1,349	1,419	1,405	1,385	1,366	1,349	1,335	1,323
	0,200	1,679	1,653	1,595	1,548	1,511	1,481	1,457	1,437
	0,100	2,791	2,393	2,177	2,041	1,946	1,875	1,819	1,775
	0,075	3,283	2,705	2,418	2,243	2,122	2,033	1,965	1,910
	0,050	4,001	3,150	2,758	2,525	2,368	2,254	2,167	2,097
	0,025	5,286	3,925	3,343	3,008	2,786	2,627	2,507	2,412
	0,010	7,077	4,977	4,126	3,649	3,339	3,119	2,953	2,823
80	0,300	1,088	1,222	1,242	1,242	1,236	1,230	1,223	1,217
	0,250	1,343	1,411	1,396	1,375	1,355	1,338	1,324	1,311
	0,200	1,670	1,642	1,583	1,535	1,497	1,467	1,443	1,422
	0,100	2,769	2,370	2,154	2,016	1,921	1,849	1,793	1,748
	0,075	3,254	2,676	2,388	2,212	2,091	2,002	1,933	1,878
	0,050	3,960	3,111	2,719	2,486	2,329	2,214	2,126	2,056
	0,025	5,218	3,864	3,284	2,950	2,730	2,571	2,450	2,355
	0,010	6,963	4,881	4,036	3,563	3,255	3,036	2,871	2,742

Tabelle A.8: Kritische Werte der zentralen F-Verteilungen (17)

FG_N	α	\multicolumn{8}{c}{Zählerfreiheitsgrade FG_Z}								
		9	10	11	12	15	20	24	30
30	0,300	1,257	1,253	1,249	1,245	1,237	1,226	1,220	1,213
	0,250	1,359	1,351	1,343	1,337	1,321	1,303	1,293	1,282
	0,200	1,481	1,468	1,456	1,446	1,422	1,395	1,380	1,364
	0,100	1,849	1,819	1,794	1,773	1,722	1,667	1,638	1,606
	0,075	1,999	1,963	1,932	1,906	1,844	1,777	1,742	1,704
	0,050	2,211	2,165	2,126	2,092	2,015	1,932	1,887	1,841
	0,025	2,575	2,511	2,458	2,412	2,307	2,195	2,136	2,074
	0,010	3,067	2,979	2,906	2,843	2,700	2,549	2,469	2,386
40	0,300	1,238	1,234	1,230	1,226	1,216	1,205	1,198	1,190
	0,250	1,335	1,327	1,319	1,312	1,295	1,276	1,265	1,253
	0,200	1,451	1,437	1,424	1,414	1,388	1,360	1,344	1,326
	0,100	1,793	1,763	1,737	1,715	1,662	1,605	1,574	1,541
	0,075	1,931	1,894	1,863	1,835	1,772	1,703	1,666	1,626
	0,050	2,124	2,077	2,038	2,003	1,924	1,839	1,793	1,744
	0,025	2,452	2,388	2,334	2,288	2,182	2,068	2,007	1,943
	0,010	2,888	2,801	2,727	2,665	2,522	2,369	2,288	2,203
60	0,300	1,220	1,215	1,211	1,206	1,199	1,183	1,754	1,167
	0,250	1,312	1,303	1,294	1,287	1,269	1,248	1,236	1,223
	0,200	1,420	1,406	1,393	1,382	1,355	1,324	1,307	1,288
	0,100	1,738	1,707	1,680	1,657	1,603	1,543	1,511	1,476
	0,075	1,865	1,827	1,795	1,767	1,701	1,630	1,591	1,549
	0,050	2,040	1,993	1,952	1,917	1,836	1,748	1,700	1,649
	0,025	2,334	2,270	2,216	2,169	2,061	1,944	1,882	1,815
	0,010	2,718	2,632	2,559	2,496	2,352	2,198	2,115	2,028
80	0,300	1,211	1,206	1,201	1,197	1,186	1,172	1,164	1,155
	0,250	1,300	1,291	1,282	1,275	1,256	1,234	1,222	1,208
	0,200	1,405	1,390	1,377	1,366	1,338	1,306	1,288	1,269
	0,100	1,711	1,680	1,653	1,629	1,574	1,513	1,479	1,443
	0,075	1,832	1,794	1,761	1,733	1,667	1,593	1,553	1,510
	0,050	1,999	1,951	1,910	1,875	1,793	1,703	1,654	1,602
	0,025	2,277	2,213	2,158	2,111	2,003	1,884	1,820	1,752
	0,010	2,637	2,551	2,478	2,415	2,271	2,115	2,032	1,944

Tabelle A.8: Kritische Werte der zentralen F-Verteilungen (18)						
		\multicolumn{5}{c}{Zählerfreiheitsgrade FG_Z}
FG_N	α	40	50	60	100	200
30	0,300	1,206	1,201	1,197	1,189	1,183
	0,250	1,270	1,263	1,257	1,245	1,257
	0,200	1,347	1,336	1,328	1,312	1,325
	0,100	1,573	1,552	1,538	1,507	1,528
	0,075	1,664	1,639	1,622	1,585	1,610
	0,050	1,792	1,761	1,740	1,695	1,726
	0,025	2,009	1,968	1,940	1,882	1,925
	0,010	2,299	2,245	2,208	2,131	2,193
40	0,300	1,182	1,176	1,172	1,163	1,155
	0,250	1,240	1,231	1,225	1,212	1,251
	0,200	1,308	1,295	1,287	1,268	1,318
	0,100	1,506	1,483	1,467	1,434	1,515
	0,075	1,584	1,557	1,539	1,499	1,596
	0,050	1,693	1,660	1,637	1,589	1,708
	0,025	1,875	1,832	1,803	1,741	1,900
	0,010	2,114	2,058	2,019	1,938	2,159
60	0,300	1,157	1,150	1,146	1,135	1,126
	0,250	1,208	1,198	1,191	1,176	1,246
	0,200	1,267	1,254	1,244	1,223	1,311
	0,100	1,437	1,413	1,395	1,358	1,504
	0,075	1,504	1,474	1,454	1,410	1,582
	0,050	1,594	1,559	1,534	1,481	1,691
	0,025	1,744	1,699	1,667	1,599	1,877
	0,010	1,936	1,877	1,836	1,749	2,127
80	0,300	1,144	1,137	1,132	1,120	1,110
	0,250	1,192	1,181	1,174	1,157	1,241
	0,200	1,247	1,232	1,222	1,199	1,304
	0,100	1,403	1,377	1,358	1,318	1,493
	0,075	1,463	1,432	1,411	1,364	1,569
	0,050	1,545	1,508	1,482	1,426	1,675
	0,025	1,679	1,632	1,599	1,527	1,855
	0,010	1,849	1,788	1,746	1,655	2,097

Tabelle A.8: Kritische Werte der zentralen F-Verteilungen (19)

FG_N	α	\multicolumn{8}{c	}{Zählerfreiheitsgrade FG_Z}
		1	2	3	4	5	6	7	8
100	0,300	1,085	1,219	1,238	1,237	1,232	1,225	1,218	1,212
	0,250	1,339	1,406	1,391	1,369	1,349	1,332	1,317	1,304
	0,200	1,664	1,636	1,576	1,527	1,489	1,459	1,434	1,414
	0,100	2,756	2,356	2,139	2,002	1,906	1,834	1,778	1,732
	0,075	3,237	2,659	2,371	2,194	2,073	1,984	1,914	1,859
	0,050	3,936	3,087	2,696	2,463	2,305	2,191	2,103	2,032
	0,025	5,179	3,828	3,250	2,917	2,696	2,537	2,417	2,321
	0,010	6,895	4,824	3,984	3,513	3,206	2,988	2,823	2,694
120	0,300	1,084	1,216	1,235	1,234	1,228	1,221	1,215	1,208
	0,250	1,336	1,402	1,387	1,365	1,345	1,328	1,313	1,300
	0,200	1,661	1,631	1,571	1,522	1,484	1,454	1,429	1,408
	0,100	2,748	2,347	2,130	1,992	1,896	1,824	1,767	1,722
	0,075	3,226	2,647	2,359	2,182	2,061	1,971	1,902	1,846
	0,050	3,920	3,072	2,680	2,447	2,290	2,175	2,087	2,016
	0,025	5,152	3,805	3,227	2,894	2,674	2,515	2,395	2,299
	0,010	6,851	4,786	3,949	3,480	3,174	2,956	2,792	2,663
200	0,300	1,080	1,211	1,230	1,228	1,222	1,215	1,208	1,201
	0,250	1,331	1,396	1,380	1,358	1,337	1,319	1,304	1,291
	0,200	1,653	1,622	1,561	1,512	1,474	1,443	1,417	1,396
	0,100	2,731	2,329	2,111	1,973	1,876	1,804	1,747	1,701
	0,075	3,203	2,624	2,336	2,159	2,037	1,947	1,877	1,821
	0,050	3,888	3,041	2,650	2,417	2,259	2,144	2,056	1,985
	0,025	5,100	3,758	3,182	2,850	2,630	2,472	2,351	2,256
	0,010	6,763	4,713	3,881	3,414	3,110	2,893	2,730	2,601
∞	0,300	1,075	1,205	1,223	1,221	1,215	1,207	1,200	1,193
	0,250	1,291	1,340	1,313	1,282	1,538	1,486	1,444	1,409
	0,200	1,609	1,563	1,492	1,435	1,664	1,600	1,548	1,505
	0,100	2,669	2,256	2,031	1,886	2,041	1,935	1,852	1,785
	0,075	3,132	2,544	2,249	2,067	2,191	2,068	1,972	1,896
	0,050	3,803	2,949	2,553	2,316	2,399	2,251	2,137	2,047
	0,025	4,984	3,643	3,065	2,731	2,746	2,555	2,410	2,295
	0,010	6,594	4,559	3,732	3,266	3,191	2,944	2,757	2,610

Tabelle A.8: Kritische Werte der zentralen F-Verteilungen (20)

FG_N	α	\multicolumn{8}{c}{Zählerfreiheitsgrade FG_Z}							
		9	10	11	12	15	20	24	30
100	0,300	1,206	1,200	1,195	1,191	1,180	1,166	1,157	1,148
	0,250	1,293	1,283	1,275	1,267	1,248	1,226	1,213	1,198
	0,200	1,396	1,381	1,368	1,356	1,328	1,295	1,277	1,257
	0,100	1,695	1,663	1,636	1,612	1,557	1,494	1,460	1,423
	0,075	1,813	1,774	1,741	1,713	1,646	1,571	1,531	1,487
	0,050	1,975	1,927	1,886	1,850	1,768	1,676	1,627	1,573
	0,025	2,244	2,179	2,124	2,077	1,968	1,849	1,784	1,715
	0,010	2,590	2,503	2,430	2,368	2,223	2,067	1,983	1,893
120	0,300	1,202	1,197	1,192	1,187	1,175	1,161	1,153	1,143
	0,250	1,289	1,279	1,270	1,262	1,243	1,220	1,207	1,192
	0,200	1,390	1,375	1,361	1,350	1,321	1,288	1,270	1,249
	0,100	1,684	1,652	1,625	1,601	1,545	1,482	1,447	1,409
	0,075	1,800	1,761	1,728	1,699	1,632	1,557	1,516	1,471
	0,050	1,959	1,910	1,869	1,834	1,750	1,659	1,608	1,554
	0,025	2,222	2,157	2,102	2,055	1,945	1,825	1,760	1,690
	0,010	2,559	2,472	2,399	2,336	2,192	2,035	1,950	1,860
200	0,300	1,195	1,189	1,184	1,179	1,167	1,152	1,143	1,133
	0,250	1,279	1,269	1,260	1,252	1,232	1,209	1,195	1,179
	0,200	1,378	1,363	1,349	1,337	1,308	1,274	1,254	1,233
	0,100	1,663	1,631	1,603	1,579	1,522	1,458	1,422	1,383
	0,075	1,775	1,735	1,702	1,673	1,604	1,528	1,486	1,440
	0,050	1,927	1,878	1,837	1,801	1,717	1,623	1,572	1,516
	0,025	2,178	2,113	2,058	2,010	1,900	1,778	1,712	1,640
	0,010	2,497	2,411	2,338	2,275	2,129	1,971	1,886	1,794
∞	0,300	1,186	1,180	1,175	1,170	1,157	1,141	1,132	1,121
	0,250	1,379	1,353	1,330	1,309	1,258	1,195	1,156	1,216
	0,200	1,469	1,438	1,410	1,386	1,327	1,255	1,212	1,261
	0,100	1,730	1,683	1,642	1,607	1,522	1,424	1,367	1,387
	0,075	1,832	1,779	1,733	1,692	1,597	1,488	1,425	1,435
	0,050	1,972	1,909	1,855	1,809	1,698	1,573	1,503	1,500
	0,025	2,201	2,123	2,056	1,998	1,863	1,711	1,627	1,604
	0,010	2,491	2,392	2,308	2,235	2,067	1,881	1,778	1,732

Tabelle A.8: Kritische Werte der zentralen F-Verteilungen (21)

FG_N	α	Zählerfreiheitsgrade FG_Z				
		40	50	60	100	200
100	0,300	1,137	1,129	1,124	1,111	1,099
	0,250	1,182	1,171	1,163	1,145	1,129
	0,200	1,234	1,219	1,208	1,184	1,163
	0,100	1,382	1,355	1,336	1,293	1,257
	0,075	1,438	1,407	1,384	1,335	1,293
	0,050	1,515	1,477	1,450	1,392	1,342
	0,025	1,640	1,592	1,558	1,483	1,420
	0,010	1,797	1,735	1,692	1,598	1,518
120	0,300	1,131	1,124	1,118	1,105	1,092
	0,250	1,175	1,164	1,156	1,137	1,120
	0,200	1,226	1,210	1,199	1,174	1,151
	0,100	1,368	1,340	1,320	1,277	1,239
	0,075	1,422	1,390	1,367	1,316	1,272
	0,050	1,495	1,457	1,429	1,369	1,316
	0,025	1,614	1,565	1,530	1,454	1,388
	0,010	1,763	1,700	1,656	1,559	1,477
200	0,300	1,121	1,112	1,106	1,108	1,077
	0,250	1,162	1,149	1,140	1,120	1,100
	0,200	1,208	1,192	1,180	1,152	1,127
	0,100	1,339	1,310	1,289	1,242	1,199
	0,075	1,389	1,355	1,330	1,276	1,226
	0,050	1,455	1,415	1,386	1,321	1,263
	0,025	1,562	1,511	1,474	1,393	1,320
	0,010	1,694	1,629	1,583	1,481	1,391
∞	0,300	1,108	1,098	1,091	1,074	1,056
	0,250	1,146	1,171	1,123	1,100	1,077
	0,200	1,187	1,205	1,155	1,124	1,094
	0,100	1,299	1,299	1,245	1,191	1,139
	0,075	1,341	1,334	1,278	1,216	1,156
	0,050	1,398	1,382	1,322	1,249	1,178
	0,025	1,487	1,458	1,392	1,301	1,212
	0,010	1,595	1,550	1,477	1,363	1,254

Anmerkungen. Die F-Tabellen wurden überwiegend von Frau Dipl.-Psych. Stefanie Wolf, der mein Dank gilt, mit Hilfe des Programmpaketes IMSL (1990-2001) erstellt. Die Werte für das Signifikanzniveau $\alpha = 0{,}30$ hat dankenswerterweise der Kollege Dr. Peter Breuer mit dem Programm R beigesteuert. - FG_N bezeichnet die Nennerfreiheitsgrade für den F-Test.

Tabelle A.9: Arcus-sinus-Transformationen: $\phi_{as} = 2$ arcus-sinus $\sqrt{X}$ (1)

X	ϕ_{as}	X	ϕ_{as}	X	ϕ_{as}	X	ϕ_{as}
0,00	0,0000	0,035	0,3764	0,25	1,0472	0,60	1,7722
0,001	0,0633	0,036	0,3818	0,26	1,0701	0,61	1,7926
0,002	0,0895	0,037	0,3871	0,27	1,0928	0,62	1,8132
0,003	0,1096	0,038	0,3924	0,28	1,1152	0,63	1,8338
0,004	0,1266	0,039	0,3976	0,29	1,1374	0,64	1,8546
0,005	0,1415	0,040	0,4027	0,30	1,1593	0,65	1,8755
0,006	0,1551	0,041	0,4078	0,31	1,1810	0,66	1,8965
0,007	0,1675	0,042	0,4128	0,32	1,2025	0,67	1,9177
0,008	0,1791	0,043	0,4178	0,33	1,2239	0,68	1,9391
0,009	0,1900	0,044	0,4227	0,34	1,2451	0,69	1,9606
0,010	0,2003	0,045	0,4275	0,35	1,2661	0,70	1,9823
0,011	0,2101	0,046	0,4323	0,36	1,2870	0,71	2,0042
0,012	0,2195	0,047	0,4371	0,37	1,3078	0,72	2,0264
0,013	0,2285	0,048	0,4418	0,38	1,3284	0,73	2,0488
0,014	0,2372	0,049	0,4464	0,39	1,3490	0,74	2,0715
0,015	0,2456	0,050	0,4510	0,40	1,3694	0,75	2,0944
0,016	0,2537	0,06	0,4949	0,41	1,3898	0,76	2,1177
0,017	0,2615	0,07	0,5355	0,42	1,4101	0,77	2,1412
0,018	0,2691	0,08	0,5735	0,43	1,4303	0,78	2,1652
0,019	0,2766	0,09	0,6094	0,44	1,4505	0,79	2,1895
0,020	0,2838	0,10	0,6435	0,45	1,4706	0,80	2,2143
0,021	0,2909	0,11	0,6761	0,46	1,4907	0,81	2,2395
0,022	0,2078	0,12	0,7075	0,47	1,5108	0,82	2,2653
0,023	0,3045	0,13	0,7377	0,48	1,5308	0,83	2,2916
0,024	0,3111	0,14	0,7670	0,49	1,5508	0,84	2,3186
0,025	0,3176	0,15	0,7954	0,50	1,5708	0,85	2,3462
0,026	0,3239	0,16	0,8230	0,51	1,5908	0,86	2,3746
0,027	0,3301	0,17	0,8500	0,52	1,6108	0,87	2,4039
0,028	0,3364	0,18	0,8763	0,53	1,6308	0,88	2,4341
0,029	0,3423	0,19	0,9021	0,54	1,6509	0,89	2,4655
0,030	0,3482	0,20	0,9273	0,55	1,6710	0,90	2,4981
0,031	0,3540	0,21	0,9521	0,56	1,6911	0,91	2,5322
0,032	0,3597	0,22	0,9764	0,57	1,7113	0,92	2,5681
0,033	0,3564	0,23	1,0004	0,58	1,7315	0,93	2,6062
0,034	0,3709	0,24	1,0239	0,59	1,7518	0,94	2,6467

Tabelle A.9: Arcus-sinus-Transformationen: $\phi_{as} = 2$ arcus-sinus $\sqrt{X}$ (2)							
X	ϕ_{as}	X	ϕ_{as}	X	ϕ_{as}	X	ϕ_{as}
0,950	2,6906	0,965	2,7652	0,980	2,8578	0,995	3,0001
0,951	2,6952	0,966	2,7707	0,981	2,8650	0,996	3,0150
0,952	2,6998	0,967	2,7762	0,982	2,8725	0,997	3,0320
0,953	2,7045	0,968	2,7819	0,983	2,8801	0,998	3,0521
0,954	2,7093	0,969	2,7876	0,984	2,8879	0,999	3,0783
0,955	2,7141	0,970	2,7934	0,985	2,8960	1,000	3,1420
0,956	2,7189	0,971	2,7993	0,986	2,9044		
0,957	2,7238	0,972	2,8053	0,987	2,9131		
0,958	2,7288	0,973	2,8115	0,988	2,9221		
0,959	2,7338	0,974	2,8177	0,989	2,9315		
0,960	2,7389	0,975	2,8240	0,990	2,9413		
0,961	2,7440	0,976	2,8305	0,991	2,9516		
0,962	2,7492	0,977	2,8371	0,992	2,9625		
0,963	2,7545	0,978	2,8438	0,993	2,9741		
0,964	2,7598	0,979	2,8507	0,994	2,9865		

Anmerkungen. Diese Tabelle wurde Kirk (1995, S. 815) entnommen und um einige Angaben aus J. Cohen (1988, S. 183) ergänzt. Die Tabelle stammt aus Owen (1962, Tab. 9.9). ϕ_{as} steht für $\phi_{as,r}$ und $\phi_{as,\rho}$ bzw. für $\phi_{as,p}$ und $\phi_{as,\pi}$, bezieht sich also auf arcus-sinus-transformierte Korrelationen r (ρ) und Wahrscheinlichkeiten p (π) und wird für die Planung einiger Tests benötigt (siehe Text). - Wenn die Korrelationen bzw. Wahrscheinlichkeiten auf drei Nachkommastellen berechnet werden und wenn gilt, dass $0,050 < r (\rho) < 0,950$ bzw. $0,050 < p (\pi) < 0,950$, dann erbringt die lineare Interpolation innerhalb des angegebenen Bereiches hinreichend genaue Resultate. Dies gilt für alle X-Werte auch dann, wenn die Korrelationen bzw. Wahrscheinlichkeiten auf vier Nachkommastellen berechnet werden.

Tabelle A.10: Orthogonale Polynomialkoeffizienten u.a. für die Prüfung von Hypothesen über quantitative Trends									
Anzahl K	Art des Trends	Versuchsbedingungen B_k								
		B_1	B_2	B_3	B_4	B_5	B_6	B_7	B_8
K = 3	Lin	−1	0	+1	—	—	—	—	—
	Qua	+1/2	−1	+1/2	—	—	—	—	—
K = 4	Lin	−3/4	−1/4	+1/4	+3/4	—	—	—	—
	Qua	+1/2	−1/2	−1/2	+1/2	—	—	—	—
	Kub	−1/4	+3/4	−3/4	+1/4	—	—	—	—
K = 5	Lin	−2/3	−1/3	0	+1/3	+2/3	—	—	—
	Qua	+2/4	−1/4	−2/4	−1/4	+2/4	—	—	—
	Kub	−1/3	+2/3	0	−2/3	+1/3	—	—	—
	Qrt	+1/8	−4/8	+6/8	−4/8	+1/8	—	—	—
K = 6	Lin	+5/9	−3/9	−1/9	+1/9	+3/9	+5/9	—	—
	Qua	+5/10	−1/10	−4/10	−4/10	−1/10	+5/10	—	—
	Kub	−5/16	+7/16	+4/16	−4/16	−7/16	+5/16	—	—
	Qrt	−1/6	−3/6	+2/6	+2/6	−3/6	+1/6	—	—
K = 7	Lin	−3/6	−2/6	−1/6	0	+1/6	+2/6	+3/6	—
	Qua	+5/10	0	−3/10	−4/10	−3/10	0	+5/10	—
	Kub	−1/3	+1/3	+1/3	0	−1/3	−1/3	+1/3	—
	Qrt	+3/14	−7/14	+1/14	+6/14	+1/14	−7/14	+3/14	—
K = 8	Lin	−7/16	−5/16	−3/16	−1/16	+1/16	+3/16	+5/16	+7/16
	Qua	+7/16	+1/16	−3/16	−5/16	−5/16	−3/16	−1/16	+7/16
	Kub	−7/22	+5/22	+7/22	+3/22	−3/22	−7/22	−5/22	+7/22
	Qrt	+7/32	−13/32	−3/32	+9/32	+9/32	−3/32	−13/32	+7/32

Anmerkungen. K: Anzahl der Versuchsbedingungen: Lin: linearer Trend (Trend 1. Ordnung); Qua: quadratischer Trend (Trend 2. Ordnung); Kub: kubischer Trend (Trend 3. Ordnung); Qrt: quartischer Trend (Trend 4. Ordnung). - Ist die UV nicht quantitativ gestuft, wie es für die Testung von Hypothesen über quantitative Trends notwendig ist, dann können die aufgelisteten orthogonalen Kontrastkoeffizienten zur Konstruktion von orthogonalen Kontrasten etwa anstelle von Helmert-Kontrasten herangezogen werden. Die Anwendung der Methode der orthogonalen Kontraste empfiehlt sich allerdings nur dann, wenn Orthogonalität das ausschließliche Kriterium bei der Konstruktion der Kontraste darstellt. Die tabellierten Koeffizienten sind dann natürlich nicht mehr im Sinne eines quantitativen Trends zu interpretieren.

Tabelle A.11: Summe der quadrierten Polynomialkoeffizienten und der Werte für $\lambda_{Trend,K}$			
Anzahl K der Versuchs- bedingungen	**Art des Trends**	$\sum c^2_{k,Trend,u}$	$\lambda_{Trend,K}$
K = 3	Linear	$\sum c^2_{k,Lin,3} = 2$	$\lambda_{Lin,3} = 1$
	Quadratisch	$\sum c^2_{k,Qua,3} = 6/4 = 1{,}5$	$\lambda_{Qua,3} = 3$
K = 4	Linear	$\sum c^2_{k,Lin,4} = 20/16 = 1{,}25$	$\lambda_{Lin,4} = 2$
	Quadratisch	$\sum c^2_{k,Qua,4} = 4/4 = 1{,}0$	$\lambda_{Qua,4} = 1$
	Kubisch	$\sum c^2_{k,Kub,4} = 10/16 = 1{,}25$	$\lambda_{Kub,4} = 10/3$
K = 5	Linear	$\sum c^2_{k,Lin,5} = 10/9 = 1{,}11111$	$\lambda_{Lin,5} = 1$
	Quadratisch	$\sum c^2_{k,Qua,5} = 14/16 = 0{,}875$	$\lambda_{Qua,5} = 1$
	Kubisch	$\sum c^2_{k,Kub,5} = 10/9 = 1{,}11111$	$\lambda_{Kub,5} = 5/6$
	Quartisch	$\sum c^2_{k,Qrt,5} = 70/64 = 1{,}09375$	$\lambda_{Qrt,5} = 35/12$
K = 6	Linear	$\sum c^2_{k,Lin,6} = 70/81 = 0{,}86419$	$\lambda_{Lin,6} = 2$
	Quadratisch	$\sum c^2_{k,Qua,6} = 84/100 = 0{,}84$	$\lambda_{Qua,6} = 3/2$
	Kubisch	$\sum c^2_{k,Kub,6} = 180/256 = 0{,}70313$	$\lambda_{Kub,6} = 5/3$
	Quartisch	$\sum c^2_{k,Qrt,6} = 28/36 = 0{,}77778$	$\lambda_{Qrt,6} = 7/12$
K = 7	Linear	$\sum c^2_{k,Lin,7} = 28/36 = 0{,}77778$	$\lambda_{Lin,7} = 1$
	Quadratisch	$\sum c^2_{k,Qua,7} = 84/100 = 0{,}84$	$\lambda_{Qua,7} = 1$
	Kubisch	$\sum c^2_{k,Kub,7} = 6/9 = 0{,}66667$	$\lambda_{Kub,7} = 1/6$
	Quartisch	$\sum c^2_{k,Qrt,7} = 154/196 = 0{,}78571$	$\lambda_{Qrt,7} = 7/12$
K = 8	Linear	$\sum c^2_{k,Lin,8} = 168/256 = 0{,}65625$	$\lambda_{Lin,8} = 2$
	Quadratisch	$\sum c^2_{k,Qua,8} = 168/256 = 0{,}65625$	$\lambda_{Qua,8} = 1$
	Kubisch	$\sum c^2_{k,Kub,8} = 264/484 = 0{,}54545$	$\lambda_{Kub,8} = 2/3$
	Quartisch	$\sum c^2_{k,Qrt,8} = 616/1024 = 0{,}60156$	$\lambda_{Qrt,8} = 7/12$

Anmerkungen. Die Größe $\lambda_{Trend,K}$ hängt von der Anzahl K der Versuchsbedingungen und von der Ordnung des Trends ab. Die Werte für $\lambda_{Trend,K}$ wurden Winer, D.R. Brown und Michels (1991, S. 982) entnommen.

Literaturverzeichnis

Abelson, R.P. (1995). *Statistics as principled argument*. Hillsdale, NJ: Erlbaum.

APA (American Psychological Association). (2001). *Publication manual of the American Psychological Association* (5th ed.). Washington, DC: Author.

Andersen, E.B. (1996). Log-lineare Modelle. In E. Erdfelder, R. Mausfeld, T. Meiser & G. Rudinger (Hrsg.), *Handbuch Quantitative Methoden* (S. 303-314). Weinheim: Psychologie Verlags Union.

Anderson, R.B. (1981). *STAT POWER - An Apple computer program*. Cambridge, MA: Abt Associates.

Aron, A. & Aron, E.N. (2003). *Statistics for psychology* (3rd ed.). Upper Saddle River, NJ: Prentice Hall.

Atkinson, J.W. (1957). Motivational determinants of risk taking behavior. *Psychological Review, 64*, 359-372.

Backhaus, K., Erichson, B., Plinke, W. & Weiber, R. (2000). *Multivariate Analysemethoden*. Berlin: Springer.

Bartlett, M.S. (1938). Further aspects of the theory of multiple regression. *Proceedings of the Cambridge Philosophical Society, 34*, 33-40.

Baschek, I.-L., Bredenkamp, J., Oehrle, B. & Wippich, W. (1977). Bestimmung der Bildhaftigkeit (I), Konkretheit (C) und der Bedeutungshaltigkeit (m') von 800 Substantiven. *Zeitschrift für Experimentelle und Angewandte Psychologie, 24*, 239-281.

Baumann, U. & Perrez, M. (1998). Ätiologie/Bedingungsanalyse: methodische Gesichtspunkte. In U. Baumann & M. Perrez (Hrsg.), *Lehrbuch Klinische Psychologie - Psychotherapie* (2. Aufl., S. 135-148). Bern: Huber.

Beck, A.T., Rush, A.J., Shaw, B.F. & Emery, G. (1996). *Kognitive Therapie der Depression* (5. Aufl.). Weinheim: Psychologie Verlags Union.

Berenson, M.L. (1982). A comparison of several k sample tests for ordered alternatives in completely randomized designs. *Psychometrika, 47*, 265-280.

Bernhardson, C.S. (1973). Comment on logic of analysis of variance in relation to predictions and evaluation of interaction terms. *Psychological Reports, 32*, 1329-1330.

Bielby, W.T. & Kluegel, J.R. (1977). Statistical inference and statistical power in application of the general linear model. In D.R. Heise (Ed.), *Sociological methodology 1977* (pp. 283-312). San Francisco, CA: Jossey-Bass.

Bonett, D.G. (2002). Sample size requirements for testing and estimating coefficient alpha. *Journal of Educational and Behavioral Statistics, 27*, 335-340.

Bonett, D.G. & Wright, T.A. (2000). Sample size requirements for estimating Pearson, Spearman and Kendall correlations. *Psychometrika, 65*, 23-28.

Borenstein, M. & Cohen, J. (1988). *Statistical power analysis. A computer program*. Hillsdale, NJ: Erlbaum.

Bortz, J. (1999). *Statistik für Sozialwissenschaftler* (5. Aufl.). Berlin: Springer.

Bortz, J. & Döring, N. (1995). *Forschungsmethoden und Evaluation* (2. Aufl.). Berlin: Springer.

Bortz, J., Lienert, G.A. & Boehnke, K. (2000). *Verteilungsfreie Methoden der Biostatistik* (2. Aufl.). Berlin: Springer.

Bower, G.H. & Trabasso, T.R. (1964). Concept identification. In R.C. Atkinson (Ed.), *Studies in mathematical psychology* (pp. 32-94). Stanford, CA: Stanford University Press.

Brandstätter, E. (1999). Confidence intervals as an alternative to significance testing. *Methods of Psychological Research, 4*(2), 33-46.

Brandtstädter, J. (1990). Evaluationsforschung: Probleme der wissenschaftlichen Bewertung von Interventions- und Reformprojekten. *Zeitschrift für Pädagogische Psychologie, 4*, 215-227.

Brecht, M.L., Woodward, J.A. & Bonett, D.G. (1988). GANOVA 4. (Beziehbar von Dr. J.A. Woodward, Department of Psychology, University of California, Los Angeles, CA, 90024)

Bredenkamp, J. (1968). F-Tests zur Prüfung von Trends und Trendunterschieden. *Zeitschrift für Experimentelle und Angewandte Psychologie, 15*, 239-272.

Bredenkamp, J. (1969). Über die Anwendung von Signifikanztests bei Theorie-testenden Experimenten. *Psychologische Beiträge, 11*, 275-285.

Bredenkamp, J. (1972). *Der Signifikanztest in der psychologischen Forschung*. Frankfurt am Main: Akademische Verlagsgesellschaft.

Bredenkamp, J. (1980). *Theorie und Planung psychologischer Experimente*. Darmstadt: Steinkopff.

Bredenkamp, J. (1982). Verfahren zur Bestimmung des Typs einer statistischen Wechselwirkung. *Psychologische Beiträge, 24*, 56-75.

Bredenkamp, J. (1984). Anmerkungen und Korrekturen zu Hager & Westermann: Entscheidung über statistische und wissenschaftliche Hypothesen: Probleme bei mehrfachen Signifikanztets zur Prüfung *einer* wissenschaftlichen Hypothese. *Zeitschrift für Sozialpsychologie, 15*, 224-229.

Brier, S.S. (1993). Analysis of categorical data. In G. Keren & C. Lewis (Eds.), *A handbook for data analysis in the behavioral sciences: Statistical issues* (pp. 259-294). Hillsdale, NJ: Erlbaum.

Broadhurst, P.L. (1957). Emotionality and the Yerkes-Dodson law. *Journal of Experimental Psychology, 54*, 345-352.

Brom, D., Kleber, R.J. & Defares, P.B. (1989). Brief psychotherapy for posttraumatic stress disorders. *Journal of Consulting and Clinical Psychology, 57*, 607-612.

Brown, M.B. & Forsythe, A.B. (1974). The small sample behavior of some statistics which test the equality of several means. *Technometrics, 16*, 129-132.

Buchner, A., Erdfelder, E. & Faul, F. (1996). Teststärkeanalysen. In E. Erdfelder, R. Mausfeld, T. Meiser & G. Rudinger (Hrsg.), *Handbuch Quantitative Methoden* (S. 123-136). Weinheim: Psychologie Verlags Union.

Bunge, M. (1967). *The search for system* (Scientific research, vol. 1). New York: Springer.

Camilli, G. & Hopkins, K.D. (1978). Applicability of chi-square to 2x2-contingency tables with small expected cell frequencies. *Psychological Bulletin, 85*, 163-167.

Campbell, D.T. & Stanley, J.C. (1973). Experimentelle und quasi-experimentelle Anordnungen in der Unterrichtsforschung. In K. Ingenkamp (Hrsg.), *Strategien der Unterrichtsforschung* (Teilausgabe des „Handbuches der Unterrichtsforschung", S. 99-193). Weinheim: Beltz. [Orig. erschienen 1963: „Experimental and quasi-experimental designs for research on teaching", in N.L. Gage (Ed.), *Handbook of research in teaching*. Chicago, IL: Rand McNally]

Carnap, R. (1946). Theory and prediction in science. *Science, 104*, 520-521.

Carnap, R. (1986). *Einführung in die Philosophie der Naturwissenschaften*. Frankfurt am Main: Ullstein.

Chalmers, A.F. (1999). *Grenzen der Wisssenschaft*. Berlin: Springer.

Chalmers, A.F. (2001). *Wege der Wissenschaft* (5. Aufl.). Berlin: Springer.

Chow, S.L. (1996). *Statistical significance: Rationale, validity and utility*. London: Sage.

Clark, C.A. (1963). Hypothesis testing in relation to statistical methodology. *Review of Educational Research, 33*, 455-473.

Clark-Carter, D. (1997). The account taken of statistical power in research published in the British Journal of Psychology. *British Journal of Psychology, 88*, 71-83.

Cochran, W.G. (1950). The comparison of percentages in matched samples. *Biometrika, 37*, 256-266.

Cochran, W.G. (1983). *Planning and analysis of observational studies*. New York: Wiley.

Cochran, W.G. & Rubin, D.B. (1973). Controlling bias in observational studies: A review. *Sankhya, Series A, 35*, 417-446.

Cohen, J. (1969). *Statistical power analysis for the behavioral sciences*. New York: Academic Press.

Cohen, J. (1988). *Statistical power analysis for the behavioral sciences* (2nd ed.). Hillsdale, NJ: Erlbaum.

Cohen, J. & Cohen, P. (1975; 1983). *Applied multiple regression/correlation analysis for the behavioral sciences* (1st ed., 2nd ed.). Hillsdale, NJ: Erlbaum.

Conover, W.J. (1999). *Practical nonparametric statistics* (3rd ed.). New York: Wiley.

Conover, W.J. & Iman, R.L. (1981). Rank transformations as a bridge between parametric and nonparametric statistics. *The American Statistician, 35*, 124-129.

Cook, T.D. & Campbell, D.T. (1979). *Quasi-experimentation. Design and analysis issues for field settings*. Boston: Houghton Mifflin.

Cook, T.D., Campbell, D.T. & Peracchio, L. (1990). Quasi-experimentation. In M.D. Dunette & L. M. Hough (Eds.), *Handbook of industrial and organizational psychology* (Vol. 1, 2nd ed., pp. 491-576). Palo Alto, CA: Consulting Psychologists Press.

Cowles, M. (1989). *Statistics in psychology: An historical perspective*. Hillsdale, NJ: Erlbaum.

Cox, D.R. (1958a; 1992). *Planning of experiments* (1st ed., reprint). New York: Wiley.

Cox, D.R. (1958b). Some problems connected with statistical inference. *Annals of Mathematical Statistics, 29*, 357-372.

Cox, D.R. & Hinkley, D.V. (1974). *Theoretical statistics*. London: Chapman and Hall.

Cozby, P.C. (1989). *Methods in behavioral research* (4th ed.). Mountain View, CA: Mayfield.

Cramér, H. (1958). *Mathematical methods of statistics* (8th ed.). Princeton: Princeton University Press.

Cronbach, L.J. (1951). Coefficient alpha and the internal structure of tests. *Psychometrika, 16*, 297-334.

D'Agostino, R.B. (1971) A second look at analysis of variance on dichotomous data. *Journal of Educational Measurement, 8*, 327-333.

Dallal, G.E. (1986). PC-Size: A program for sample size determination. *The American Statistician, 40*, 52.

Danziger, K. (1985). The methodological imperative in psychology. *Philosophy of the Social Sciences, 15*, 1-13.

Delucchi, K.L. (1993). On the use and misuse of the chi-square. In G. Keren & C. Lewis (Eds.), *A handbook for data analysis in the behavioral sciences: Statistical issues* (pp. 295-320). Hillsdale, NJ: Erlbaum.

Denney, N.W. (1982). Aging and cognitive changes. In B.B. Wolman (Ed.), *Handbook of developmental psychology* (pp. 807-827). Englewood Cliffs, NJ: Prentice-Hall.

DGPs (Deutsche Gesellschaft für Psychologie). (1997). *Richtlinien zur Manuskriptgestaltung* (2. Aufl.). Göttingen: Hogrefe.

Diehl, J.M. & Arbinger, R. (1990). *Einführung in die Inferenzstatistik*. Eschborn: Klotz.

Diepgen, R. (1994). Inferenzstatistische Sprachspiele in den Humanwissenschaften. Eine Fallstudie. *Stochastik in der Schule, 14*, 10-22.

Diepgen, R. (1996). Sequentielles Testen. In E. Erdfelder, R. Mausfeld, T. Meiser & G. Rudinger (Hrsg.), *Handbuch Quantitative Methoden* (S. 137-144). Weinheim: Psychologie Verlags Union.

Donner, A. & Eliasziw, M. (1987). Sample size requirements for reliability studies. *Statistics in Medicine, 6*, 441-448.

Duncan, D.B. (1955). Multiple range and multiple F tests. *Biometrics, 11*, 1-42.

Dunn, O.J. (1961). Multiple comparisons among means. *Journal of the American Statistical Association, 56*, 52-64.

Dunn, O.J. & Clark, V. (1969). Correlation coefficients measured on the same individuals. *Journal of the American Statistical Association, 64*, 366-377.

Dunnett, C.W. (1955). A multiple comparison procedure for comparing several treatments with a control. *Journal of the American Statistical Association, 50*, 1096-1121.

Dunnett, C.W. (1970). Multiple comparisons. In J.W. McArthur & T. Colton (Eds.), *Statistics in endocrinology* (pp. 79-103). Cambridge, MA: MIT Press.

Edwards, A.L. (1971). *Versuchsplanung in der psychologischen Forschung*. Weinheim: Beltz.

Eimer, E. (1978). *Varianzanalyse*. Stuttgart: Kohlhammer.

Ekbohm, G. (1982). On testing the equality of proportions in the paired case with incomplete data. *Psychometrika, 49*, 147-152.

Elashoff, J.D. (1969). Analysis of covariance: A delicate instrument. *American Educational Research Journal, 6*, 383-401.

Elashoff, J.D. (1995). *nQuery Advisor: Study planning software*. Boston: Statistical Solutions.

Erdfelder, E. & Bredenkamp, J. (1984). Kritik mehrfaktorieller Rangvarianzanalysen. *Psychologische Beiträge, 26*, 263-282.

Erdfelder, E. & Bredenkamp, J. (1994). Hypothesenprüfung. In T. Herrmann & W. Tack (Hrsg.), *Methodologische Grundlagen der Psychologie* (Enzyklopädie der Psychologie, Serie Forschungsmethoden, Bd. 1, S. 604-648). Göttingen: Hogrefe.

Erdfelder, E., Faul, F. & Buchner, A. (1996). GPOWER: A general power analysis program. *Behavior Methods, Instruments, & Computers, 28*, 1-11. http://www.psycho.uni-duesseldorf.de/aap/projects/gpower

Eye, A. v. (1990). *Introduction to configural freqency analysis*. Cambridge, MA: Cambridge University Press.

Eye, A. v. & Krampen, G. (1983). Zur Interaktion semantischer Eigenschaften beim Lernen verbalen Matrials. *Zeitschrift für Experimentelle und Angewandte Psychologie, 30*, 200-214.

Fechner, G.T. (1860). *Elemente der Psychophysik*. Leipzig: Breitkopf & Härtel.

Federer, W.T. (1961). Exprimental error rates. *Proceedings of the American Society for Horticultural Science, 8*, 605-615.

Feldt, L.S. (1958). A comparison of the precision of three experimental designs employing a concomitant variable. *Psychometrika, 23*, 335-353.

Feldt, L.S. & Ankenmann, R.D. (1998). Appropriate sample size for a test of equality of alpha coefficients. *Applied Psychological Measurement, 22*, 170-178.

Feldt, L.S. & Ankenmann, R.D. (1999). Determining sample size for a test alpha coefficients when the number of part-tests is small. *Psychological Methods, 4*, 366-377.

Feldt, L.S. & Mahmoud, M.W. (1958). Power function charts for specification of sample size in analysis of variance. *Psychometrika, 23*, 201-211.

Feldt, L.S., Woodruff, D.J. & Salih, F.A. (1987). Statistical inference for coefficient alpha. *Applied Psychological Measurement, 11*, 93-103.

Festinger, L. (1978). *Theorie der kognitiven Dissonanz*. Bern: Huber. (Orig. erschienen 1957: *A theory of cognitive dissonance*. Evanston, IL: Row, Peterson)

Finch, S., Thomason, N. & Cumming, G. (2002). Past and future American Psychological Association guidelines for statistical practice. *Theory & Psychology, 12*, 825-853.

Finn, J.D. (1974). *A general model for multivariate analyses*. New York: Holt, Rinehart & Winston.

Fisher, R.A. (1915). *Biometrika, 10*, 507ff. (zitiert nach Kreyszik, 1985, S. 316)

Fisher, R.A. (1921). On the mathematical foundation of theoretical statistics. *Philosophical Transactions of the Royal Society, Series A, 222,* 309-368.

Fisher, R.A. (1924). On a distribution yielding the error functions of several well-known statistics. In: *Proceedings of the International Mathematical Congress* (pp. 805-813). Toronto. (zitiert nach Fisher, 1950, S. 341)

Fisher, R.A. (1925, 1950). *Statistical methods for research workers* (1st, 11th ed.). Edinburgh: Oliver and Boyd.

Fisher, R.A. (1935, 1966). *The design of experiments* (1st, 8th ed.). Edinburgh: Oliver and Boyd.

Fisher, R.A. (1955). Statistical methods and scientific induction. *Journal of the Royal Statistical Society, Series B, 17,* 69-78.

Fisher, R.A. (1956). *Statistical methods and scientific inference.* Edinburgh: Oliver and Boyd.

Fisher, R.A. & Yates, F. (1953, 1963). Statistical tables for biological, agricultural, and medical research (4th ed., 6th ed.). Edinburgh: Oliver & Boyd.

Fisseni, H.-J. (1997). *Lehrbuch der psychologischen Diagnostik* (2. Aufl.). Göttingen: Hogrefe.

Fix, E. (1949). Tables of noncentral χ^2. *University of California Publications in Statistics, 1,* 15-19. (zitiert nach Mace, 1964, S. 191)

Fleiss, J.L. (1981). *Statistical methods for rates and proportions* (2nd ed.). New York: Wiley.

Foppa, K. (1965). *Lernen, Gedächtnis, Verhalten: Ergebnisse und Probleme der Lernpsychologie.* Köln: Kiepenheuer & Witsch.

Fowler, R.L. (1985). Testing for substantive significance in applied research by specifying nonzero effect null hypotheses. *Journal of Applied Psychology, 70,* 215-218.

Fox, M. (1956). Charts of the power of the *F*-test. *Annals of Mathematical Statistics, 27,* 585-597.

Freeman, M.F. & Tukey, J.W. (1950). Transformations related to the angular and the square root. *Annals of Mathematical Statistics, 21,* 607-611.

Friedman, M. (1937). The use of ranks to avoid the assumption of normality implicit in the analysis of variance. *Journal of the American Statistical Association, 32,* 675-701.

Gadenne, V. (1984). *Theorie und Erfahrung in der psychologischen Forschung.* Tübingen: Mohr Siebeck.

Gallagher, D.E. & Thompson, L.W. (1982). Treatment of major depressive disorder in older adult outpatients with brief psychotherapy. *Psychotherapy: Theory, Research, and Practice, 19,* 482-489.

Games, P.A. (1978a). A four-factor structure for parametric tests on independent groups. *Psychological Bulletin, 85,* 661-672.

Games, P.A. (1978b). A three-factor model encompassing many possible statistical tests on independent groups. *Psychological Bulletin, 85,* 168-182.

Gediga, G. (o.J.). *Günther Gediga's W^3 library.* Universität Osnabrück. www.psycho.uni-osnabrueck.de/ggediga/www/w3lib/kalk.htm

Gibbons, J.D. (1993). *Nonparametric measures of association.* Newbury Park, CA: Sage.

Giere, R.N. (1972). The significance test controversy. *British Journal for the Philosophy of Science, 23*, 170-181.

Giere, R.N. (1976). Empirical probability, objective statistical methods, and scientific inquiry. In W.L. Harper & C.A. Hooker (Eds.), *Foundations of probability theory, statistical inference and statistical theories of science* (Vol. II, pp. 63-101). Dordrecht: Reidel.

Giere, R.N. (1977). Testing versus information models of statistical inference. In R.G. Colodny (Ed.), *Logic, laws, and life* (pp. 19-70). Pittsburgh: University of Pittsburgh Press.

Gigerenzer, G. (1993). The Superego, the Ego, and the Id in statistical reasoning. In G. Keren & C. Lewis (Eds.), *A handbook for data analysis in the behavioral sciences: Methodological issues* (pp. 311-339). Hillsdale, NJ: Erlbaum.

Gigerenzer, G. & Murray, D.J. (1987). *Cognition as intuitive statistics*. Hillsdale, NJ: Erlbaum.

Gigerenzer, G., Swijtink, Z., Porter, T., Daston, L., Beatty, J. & Krüger, L. (1989). *The empire of chance. How probability changed science and everyday life*. Cambridge, CDN: Cambridge University Press.

Girden, E.R. (1992). *ANOVA: Repeated measures*. Newbury Park, CA: Sage.

Glass, G.V. (1966). Note on rank biserial correlation. *Educational and Psychological Measurement, 26*, 623-631.

Glass, G.V. & Hopkins, K.D. (1996). *Statistical methods in education and psychology* (3rd ed.). Boston, MA: Allyn & Bacon.

Glass, G.V. & Stanley, J.C. (1970). *Statistical methods in education and psychology*. Englewood-Cliffs, NJ: Prentice Hall.

Gonzalez, R. (1994). The statistical ritual in psychological research. *Psychological Science, 5*, 321, 325-328.

Goodman, L.A. (1964). Simultaneous confidence limits for cross-product ratios in contingency tables. *Journal of the Royal Statistical Society, Series B, 26*, 86-102.

Gottman, J.M. & Rushe, R.H. (1993). The analysis of change: Issues, fallacies, and new ideas. *Journal of Consulting and Clinical Psychology, 61*, 907-910.

Graumann, C.F. (1974). Nicht-sinnliche Bedingungen des Wahrnehmens. In W. Metzger & H. Erke (Hrsg.), *Wahrnehmung und Bewußtsein* (Handbuch der Psychologie, Bd.1, 1. Halbband, 2. Aufl., S. 1031-1096). Göttingen: Hogrefe.

Grawe, K., Donati, R. & Bernauer, F. (1994). *Psychotherapie im Wandel - Von der Konfession zur Profession*. Göttingen: Hogrefe.

Graziano, A.M. & Raulin, M.L. (1989). *Research methods. A process of inquiry*. New York: Harper & Row.

Greenwald, A.G., Gonzalez, R., Harris, R.J. & Guthrie, D. (1996). Effect sizes and *p* values: What should be reported and what should be replicated? *Psychophysiology, 33*, 175-183.

Gregory, R.L. (1971). *The intelligent eye*. New York: McGraw-Hill.

Gregory, R.L. (1974). *Concepts and mechanisms of perception*. New York: Scribner.

Groeben, N. & Westmeyer, H. (1975). *Kriterien psychologischer Forschung*. München: Juventa.

Haagen, K. & Seifert, H.-G. (1979). *Methoden der Statistik für Psychologen* (Bd. II). Stuttgart: Kohlhammer.
Haase, R.F. & Ellis, M.V. (1987). Multivariate analysis of variance. *Journal of Counseling Psychology, 34*, 404-413.
Hager, W. (1993). „Experimental design", Hypothesenentdeckung und Hypothesenprüfung: Zur Rekonstruktion einiger Maßnahmen der klassischen Versuchsplanung aus hypothesenprüfender Perspektive. In L. Montada (Hrsg.), *Bericht über den 38. Kongreß der Deutschen Gesellschaft für Psychologie in Trier 1992* (Bd. 2, S. 565-572). Göttingen: Hogrefe.
Hager, W. (1985). Beurteilung inhaltlicher Hypothesen als Alternative zur Metaanalyse: Wirken Zielvorgaben aufmerksamkeitslenkend oder allgemein motivierend? *Psychologische Beiträge, 27*, 200-217.
Hager, W. (1987). Grundlagen einer Versuchsplanung zur Prüfung empirischer Hypothesen der Psychologie. In G. Lüer (Hrsg.), *Allgemeine experimentelle Psychologie* (S. 43-264). Stuttgart: G. Fischer.
Hager, W. (1992a). *Jenseits von Experiment und Quasi-Experiment. Zur Struktur psychologischer Versuche und zur Ableitung von Vorhersagen.* Göttingen: Hogrefe.
Hager, W. (1992b). Eine Strategie zur Entscheidung über psychologische Hypothesen. *Psychologische Rundschau, 43*, 18-29.
Hager, W. (1996). On testing a priori hypotheses about quantitative and qualitative trends. *Methods of Psychological Research, 1*, 1-25.
Hager, W. (2000a). Planung von Untersuchungen zur Prüfung von Wirksamkeits- und Wirksamkeitsunterschiedshypothesen. In W. Hager, J.-L. Patry & H. Brezing (Hrsg.), *Evaluation psychologischer Interventionsmaßnahmen - Standards und Kriterien* (S. 202-239). Bern: Huber.
Hager, W. (2000b). Wirksamkeits- und Wirksamkeitsunterschiedshypothesen, Evaluationsparadigmen, Vergleichsgruppen und Kontrolle. In W. Hager, J.-L. Patry & H. Brezing (Hrsg.), *Evaluation psychologischer Interventionsmaßnahmen - Standards und Kriterien* (S. 180-201). Bern: Huber.
Hager, W. & Hasselhorn, M. (Hrsg.). (1994). *Handbuch deutschsprachiger Wortnormen.* Göttingen: Hogrefe.
Hager, W. & Hasselhorn, M. (2000). Psychologische Interventionsmaßnahmen: Was sollen sie bewirken können? In W. Hager, J.-L. Patry & H. Brezing (Hrsg.), *Evaluation psychologischer Interventionsmaßnahmen - Standards und Kriterien* (S. 41-85). Bern: Huber.
Hager, W., Leichsenring, F. & Schiffler, A. (1999). Wann ermöglicht eine Therapiestudie direkte Wirksamkeitsvergleiche zwischen verschiedenen Therapieformen? *PPmP - Psychotherapie, Psychosomatik und medizinische Psychologie, 50*, 51-63.
Hager, W. & Möller, H. (1986). Tables and procedures for the determination of power and sample sizes in univariate and multivariate analysis of variance and regression. *Biometrical Journal, 28*, 647-663.

Hager, W., Patry, J.-L. & Brezing, H. (Hrsg.). (2000). *Evaluation psychologischer Interventionsmaßnahmen - Standards und Kriterien*. Bern: Huber.

Hager, W. & Westermann, R. (1983). Planung und Auswertung von Experimenten. In J. Bredenkamp & H. Feger (Hrsg.), *Hypothesenprüfung* (Enzyklopädie der Psychologie, Themenbereich Methodologie und Methoden, Serie Forschungsmethoden der Psychologie, Bd. 5, S. 24-238). Göttingen: Hogrefe.

Hanson, N.R. (1958). *Patterns of discovery*. London: Cambridge University Press.

Harlow, L.L., Mulaik, S.A. & Steiger, J.H. (Eds). (1997). *What if there were no significance tests?* Mahwah, NJ: Erlbaum.

Harris, R.J. (1985). *A primer of multivariate statistics* (2nd ed.). New York: Academic Press.

Hasselhorn, M. (1988). Wie und warum ändert sich die Gedächtnisspanne über die Lebensspanne? *Zeitschrift für Entwicklungspsychologie und Pädagogische Psychologie, 20*, 322-337.

Hayman, G.E., Govindarajulu, Z. & Leone, F.C. (1962). *Tables for the cumulative noncentral chi-squared distribution*. Cleveland: Case Institute of Technology Statistical Laboratory (Case Statistical Laboratory, Publication No. 104). (zitiert nach: J. Cohen, 1988, S. 556)

Hays, W.L. (1963, 1981, 1988). *Statistics* (1st, 3rd, 4th ed.). London, UK/Orlando, FL: Holt, Rinehart & Winston.

Hays, W.L. (1994). *Statistics* (5th ed.). Belmont, CA: Wadsworth.

Heckhausen, H. (1989). *Motivation und Handeln*. Berlin: Springer.

Hempel, C.G. (1977). *Aspekte wissenschaftlicher Erklärung*. Berlin: deGruyter.

Hempel, C.G. (1991). Laws and their role in scientific explanation. In R. Boyd, P. Gasper & J.D. Trout (Eds.), *The philosophy of science* (pp. 299-315). Cambridge, MA: Bradford/MIT Press.

Hempel, C.G. & Oppenheim, P. (1948). Studies in the logic of explanation. *Philosophy of Science, 15*, 135-175.

Herrmann, T. (1976). *Die Psychologie und ihre Forschungsprogramme*. Göttingen: Hogrefe.

Herrmann, T. (1978). The philosophy of psychological science in the Federal Republic of Germany. *German Journal of Psychology, 2*, 320-334.

Herrmann, T. (1995). Methoden als Problemlösungsmittel. In E. Roth (Hrsg.), *Sozialwissenschaftliche Methoden* (2. Aufl., S. 20-48). München: Oldenbourg.

Hoffart, A. & Martinsen, E.W. (1990). Exposure-based integrated vs. pure psychodynamic treatment of agoraphobic inpatients. *Psychotherapy, 27*, 210-218.

Horowitz, M.J. (1976). *Stress response syndromes*. New York: Aronson.

Hotelling, H. (1931). The generalization of Student's ratio. *Annuals of Mathematical Statistics, 2*, 360-378.

Hotelling, H. (1951a). A generalized T-test and measure of multivariate dispersion. *Proceedings of the Second Berkeley Symposium of Mathematical Statistics and Probability, 2*, 23-41.

Hotelling, H. (1951b). The impact of R.A. Fisher on statistics. *American Statistical Association Journal, 46*, 35-46.

Howard, G.S. (1985). The role of values in the science of psychology. *American Psychologist, 40*, 255-265.
Howell, D.C. (1997). *Statistical methods for psychology* (4th ed.). Belmont, CA: Duxbury.
Huber, O. (2000). *Das psychologische Experiment: Eine Einführung* (3. Aufl.). Bern: Huber.
Huberty, C.J. (1993). Historical origins of statistical testing practices: The treatment of Fisher versus Neyman-Pearson views in textbooks. *Journal of Experimental Education, 61*, 317-333.
Huberty, C.J. & Morris, J.D. (1988). A single contrast test procedure. *Educational and Psychological Measurement, 48*, 567-578.
Huberty, C.J. & Morris, J.D. (1989). Multivariate analysis versus multiple univariate analyses. *Psychological Bulletin, 105*, 302-308.
Huck, S.W. & McLean, R.A. (1975). Using a repeated measures ANOVA to analyze the data from a pretest-posttest design: A potentially confusing task. *Psychological Bulletin, 82*, 511-518.
Huck, S.W. & Sutton, C.O. (1975). Some comments concerning the use of monotonic transformations to remove the interaction in two-factor ANOVA's. *Educational and Psychological Measurement, 35*, 789-791.
Huitema, B.E. (1980). *The analysis of covariance and alternatives*. New York: Wiley.
Hussy, W. & Jain, A. (2002). *Experimentelle Hypothesenprüfung in der Psychologie*. Göttingen: Hogrefe.
Hussy, W. & Möller, H. (1994). Hypothesen. In T. Herrmann & W. Tack (Hrsg.), *Methodologische Grundlagen der Psychologie* (Enzyklopädie der Psychologie, Themenbereich B: Methodologie und Methoden, Serie I: Forschungsmethoden der Psychologie, Bd. 1, S. 475-507). Göttingen: Hogrefe.
IMSL (International Mathematical and Statistical Libraries). (1990-2001). *C Numerical Library, V 5.0*. Houston, TX: Visual Numerics, Inc.
Irle, M. (1975). *Lehrbuch der Sozialpsychologie*. Göttingen: Hogrefe.
Jaccard, J. (1998). *Interaction effects in factorial analysis of variance*. Sage University Papers Series on Quantitative Applications in the Social Sciences, 07-118. Thousand Oaks, CA: Sage.
Jaccard, J. & Becker, M.A. (2002). *Statistics for the behavioral sciences* (4th ed.). Belmont, CA: Wadsworth.
Jöreskog, K.G. & Sörbom, D. (1996). *LISREL 8 - User's reference guide*. Chicago, IL: Scientific Software International.
Johnson, N.L. & Welch, B.L. (1940). Applications of the noncentral t distribution. *Biometrika, 41*, 362-389. (zitiert nach Mace, 1964, S. 191)
Johnson, R.A. & Mehrotra, K.G. (1971). Some c-sample nonparametric tests for ordered alternatives. *Journal of the Indian Statistical Society, 9*, 8-23.
Jonckheere, A.R. (1954). A distribution-free-sample test against ordered alternatives. *Biometrika, 41*, 133-145.
Jungermann, H., Pfister, H.-R. & Fischer, K. (1998). *Die Psychologie der Entscheidung*. Heidelberg: Spektrum Akademischer Verlag.

Kähler, W.-M. (2002). *Statistische Datenanalyse* (2. Aufl.). Braunschweig: Vieweg.
Kaiser, H.F. (1960). Directional statistical decisions. *Psychological Review, 67*, 160-167.
Kaplan, R.M. & Litrownik, A.J. (1977). Some statistical methods for the assessment of multiple outcome criteria in behavioral research. *Behavior Therapy, 8*, 383-392.
Kendall, M.G. (1938). A new measure of rank correlation. *Biometrika, 30*, 81-93.
Kendall, M.G. (1963). *Rank correlation methods* (3rd ed.). London: Griffin.
Kenny, D.A. (1987). *Statistics for the social and behavioral sciences*. Boston, MA: Little, Brown and Company.
Kenny, D.A. & Judd, C.M. (1986). Conseqences of violating the independence assumption in analysis of variance. *Psychological Bulletin, 99*, 422-431.
Keppel, G. (1973, 1991). *Design and analysis: A researcher's handbook* (1st, 3rd ed.). Englewood Cliffs, NJ: Prentice-Hall.
Keppel, G. & Zedeck, S. (1989). *Data analysis for research designs: Analysis of variance and multiple regression/correlation approaches*. New York: Freeman.
Keren, G. & Lewis, C. (1979). Partial omega squared for ANOVA design. *Educational and Psychological Measurement, 39*, 119-128.
Keselman, H.J., Carriere, K.C. & Lix, L.L. (1995). Robust and powerful nonorthogonal analyses. *Psychometrika, 60*, 395-418.
Keselman, H.J., Huberty, C.J., Lix, L.L., Olejnik, S., Cribbie, R.A., Donohue, B., Kowalchuk, R.A., Lowman, L.L., Petosky, M.D., Keselman, J.C. & Levin, J.R. (1998). Statistical practices of educational researchers: An analysis of their ANOVA, MANOVA, and ANCOVA analyses. *Review of Educational Research, 68*, 350-386.
Keuls, M. (1952). The use of the „Studentized range" in connection with an analysis of variance. *Euphytica, 1*, 112-122.
Kirk, R.E. (1968; 1995). *Experimental design* (1st, 3rd ed.). Belmont, CA: Wadsworth.
Kirk, R.E. (1978). *Introductory statistics*. Monterey, CA: Brooks/Cole.
Kirk, R.E. (1996). Practical significance: A concept whose time has come. *Educational and Psychological Measurement, 56*, 746-759.
Klauer, K.C. (1996). Parameterschätzung. In E. Erdfelder, R. Mausfeld, T. Meiser & G. Rudinger (Hrsg.), *Handbuch Quantitative Methoden* (S. 99-107). Weinheim: Psychologie Verlags Union.
Kleiter, G. (1969). Krise der Signifikanztests in der Psychologie. *Jahrbuch für Psychologie, Psychotherapie und medizinische Anthropologie, 17*, 144-163.
Knapp, T.R. (1978). Canonical correlation analysis: A general parametric significance testing system. *Psychological Bulletin, 85*, 410-416.
Knorr-Cetina, K. (1991). *Die Fabrikation von Erkenntnis. Zur Anthropologie der Naturwissenchaft*. Frankfurt am Main: Suhrkamp (ST 959).
Kohr, R.L. & Games, P.A. (1974). Robustness of the analysis of variance, the Welch procedure and a Box procedure to heterogeneous variances. *The Journal of Experimental Education, 43*, 61-69.
Kolmogorov, A. (1933). *Grundbegriffe der Wahrscheinlichkeitsrechnung*. Berlin: Springer.

Kolmogorov, A. (1941). Confidence limits for an unknown distribution function. *Annals of Mathematical Statistics, 12*, 461-464.

Kolodziejczyk, S. (1933). Sur l'erreur de la seconde categorie dans le problème de ‚Student'. *Comptes Rendus,* Acad. Sci. Paris. (zitiert nach Neyman, 1942, S. 421)

Kraemer, H.C. & Andrews, G. (1982). A nonparametric effect size for meta-analytic effect size calculations. *Psychological Bulletin, 91*, 404-412.

Kraemer, H.C. & Thiemann, S. (1987). *How many subjects?* Newbury Park, CA: Sage.

Krauth, J. & Lienert, G.A. (1995). *Die Konfigurationsfrequenzanalyse (KFA)* (2. Aufl.). Weinheim: Psychologie Verlags Union.

Krenge-Grewing, S., Liebeck, H. & Hager, W. (2002). Verhaltenstherapie bei Zwangsstörungen - eine Metaevaluation. *Verhaltenstherapie & psychosoziale Praxis, 34*, 599-615.

Kreyszik, E. (1985). *Statistische Methoden und ihre Anwendungen* (7. Aufl., 2. Nachdruck). Göttingen: Vandenhoeck & Ruprecht.

Kruskal, W.H. & Wallis, W.A. (1952). The use of ranks in one-criterion variance analysis. *Journal of the American Statistical Association, 47*, 583-621.

Kubinger, K.D. (1990). Übersicht und Interpretation verschiedener Assoziationsmaße. *Psychologische Beiträge, 32*, 290-346.

Kuhn, T.S. (1974). Logik der Forschung oder Psychologie der wissenschaftlichen Arbeit? In I. Lakatos & A. Musgrave (Hrsg.), *Kritik und Erkenntnisforschritt* (S. 1-24). Braunschweig: Vieweg.

Kuhn, T.S. (1979). *Die Struktur wissenschaftlicher Revolutionen* (4. Aufl.). Frankfurt am Main: Suhrkamp.

Kuhn, T.S. (1992). *Die Entstehung des Neuen* (4. Aufl.). Frankfurt am Main: Suhrkamp.

Lachin, J.M. (1981). Introduction to sample size determination and power analysis for clinical trials. *Controlled Clinical Trials, 2*, 93-113.

Lakatos, I. (1974a). Falsifikation und die Methodologie wissenschaftlicher Forschungsprogramme. In I. Lakatos & A. Musgrave (Hrsg.), *Kritik und Erkenntnisfortschritt* (S. 89-189). Braunschweig: Vieweg.

Lakatos, I. (1974b). Die Geschichte der Wissenschaft und ihre rationalen Rekonstruktionen. In I. Lakatos & A. Musgrave (Hrsg.), *Kritik und Erkenntnisfortschritt* (S. 271-311). Braunschweig: Vieweg.

Langeheine, R. (1980). *Log-lineare Modelle zur multivariaten Analyse qualitativer Daten.* München: Oldenbourg.

Landis, J.R. & Koch, G.G. (1977). The measurement of observer agreement for categorical data. *Biometrics, 33*, 159-174.

Laubscher, N.F. (1960). Normalizing the noncentral t and F distributions. *Annals of Mathematical Statistics, 31*, 1105-1112.

Lautsch, E. & Lienert, G.A. (1993). *Binärdatenanalyse.* Weinheim: Psychologie Verlags Union.

Lautsch, E. & Weber, S. v. (1995). *Methoden und Anwendungen der Konfigurationsfrequenzanalyse (KFA).* Weinheim: Psychologie Verlags Union.

Lehmann, E.L. (1959). *Testing statistical hypotheses.* New York: Wiley.

Lehmann, E.L. (1997). *Testing statistical hypotheses* (2nd ed., reprint). New York: Springer.

Lehmann, G. (2002). *Statistik. Eine Einführung.* Heidelberg: Spektrum Akademischer Verlag.

Lehmer, E. (1944). Inverse tables of probabilities of error of the second kind. *Annals of Mathematical Statistics, 15,* 388-398.

Leventhal, L. & Huynh, C.-L. (1996). Directional decisions for two-tailed tests: Power, error rates, and sample size. *Psychological Methods, 1,* 278-292.

Levin, J.R. (1972). *Some new approaches and approximations to statistical power in educational research.* Occasional paper no. 8, University of Wisconsin, Madison: Laboratory of Experimental Design.

Levin, J.R. (1975). Determining sample size for planned and post hoc analysis of variance comparisons. *Journal for Educational Measurement, 12,* 99-108.

Levin, J.R. (1997). Overcoming feelings of powerlessness in „aging" researchers: A primer on statistical power in analysis of variance designs. *Psychology and Aging,* 12, 84-106.

Levine, G. & Parkinson, S. (1994). *Experimental methods in psychology.* Hillsdale, NJ: Erlbaum.

Levis, D.J. & Carrera, R. (1967). Effects of ten hours of implosive therapy in the treatment of outpatients. A preliminary report. *Journal of Abnormal Psychology, 72,* 504-508.

Liebetrau, A.M. (1983). *Measures of association.* Beverly Hills, CA: Sage.

Lienert, G.A. (1973). *Verteilungsfreie Methoden in der Biostatistik* (Bd. 1, 2. Aufl.). Meisenheim am Glan: Anton Hain.

Lienert, G.A. & Raatz, U. (1971). Das Rangkorrelationsverhältnis η^2_H als nicht-lineares Abhängigkeitsmaß. *Biometrische Zeitschrift, 13,* 407 – 415.

Lienert, G.A. & Raatz, U. (1994). *Testaufbau und Testanalyse* (5. Aufl.). Weinheim: Psychologie Verlags Union.

Lilliefors, H.W. (1967). On the Kolmogorov-Smirnov test for normality with mean and varaince unknown. *Journal of the American Statistical Association, 62,* 399-402.

Lindman, H.R. (1974). *Analysis of variance in complex experimental designs.* San Francisco, CA: Freeman.

Lipsey, M.W. (1990). *Design sensitivity. Statistical power analysis for experimental research.* Newbury Park, CA: Sage.

Loftus, G.R. (1978). On interpretation of interactions. *Memory & Cognition, 6,* 312-319.

Lunney, G.H. (1970). Using analysis of variance with a dichotomous dependent variable: An empirical study. *Journal of Educational Measurement, 7,* 263-269.

Mace, A.E. (1964). *Sample-size determination.* New York: Reinhold.

Mann, H.B. & Whitney, D.R. (1947). On a test of whether one of two random variables is stochastically larger than the other. *The Annals of Mathematical Statistics, 18,* 50-60.

Marascuilo, L.A. & Levin, J.R. (1970). Appropriate post hoc comparisons for interaction and nested hypotheses in analysis of variance designs: The eliminaton of Type IV errors. *American Educational Research Journal, 7,* 397-421.

Marascuilo, L.A. & Levin, J.R. (1983). *Multivariate statistics in the social sciences: A researcher's guide.* Montery, CA: Brooks/cole.

Marascuilo, L.A. & McSweeney, M. (1977). *Nonparametric and distribution-free methods for the social sciences*. Monterey, CA: Brooks/Cole.

Marascuilo, L.A., Omelick, C.L. & Gokhole, D.V. (1988). Planned and posthoc methods for the multiple-sample McNemar (1947) test with missing data. *Psychological Bulletin, 103*, 238-245.

Marascuilo, L.A. & Serlin, R.C. (1988). *Statistical methods for the social and behavioral sciences*. New York: Freeman.

Marks, D.F. (1973). Visual imagery differences in the recall of pictures. *British Journal of Psychology, 64*, 17-24.

Mather, K. (1951). R.A. Fisher's *Statistical Methods for Research Workers*: An appreciation. *American Statistical Association Journal, 46*, 51-54.

Maxwell, G. (1974). Corroboration without demarcation. In P.A. Schilpp (Ed.), *The philosophy of Karl Popper* (pp. 292-321). La Salle, IL: Open Court.

Maxwell, S.E. (1980). Dependent variable reliability and determination of sample size. *Applied Psychological Measurement, 4*, 253-260.

Maxwell, S.E., Camp, C.J. & Arvey, R.D. (1981). Measures of strength of association: A comparative examination. *Journal of Applied Psychology, 66*, 525-534.

Maxwell, S.E. & Cramer, E.M. (1975). A note on analysis of covariance. *Psychological Bulletin, 82*, 187-190.

Maxwell, S.E. & Delaney, H.D. (1990). *Designing experiments and analyzing data - a model comparison perspective*. Belmont, CA: Wadsworth.

Maxwell, S.E. & Howard, G.S. (1981). Change scores - necessarily anathema? *Educational and Psychological Measurement, 41*, 747-756.

Mayo, D. (1983). An objective theory of statistical testing. *Synthese, 57*, 297-340.

Mayo, D. (1985). Behavioristic, evidentialistic, and learning models of statististical testing. *Philosophy of Science, 52*, 493-516.

McClelland, D.C. (1985). How motives, skills, and values determine what people do. *American Psychologist, 40*, 812-825.

McNemar, Q. (1947). Note on the sampling error of the difference between two correlated proportions or percentages. *Psychometrika, 12*, 153-157.

Meehl, P.E. (1967). Theory testing in psychology and physics: A methodological paradox. *Philosophy of Science, 34*, 103-115.

Meehl, P.E. (1978). Theoretical risks and tabular asterisks: Sir Karl, Sir Ronald, and the slow progress in psychology. *Journal of Consulting and Clinical Psychology, 46*, 806-834.

Miller, R.G. (1981). *Simultaneous statistical inference* (2nd ed.). New York: Springer.

Molenaar, I. & Lewis, C. (1996). Bayes-Statistik. In E. Erdfelder, R. Mausfeld, T. Meiser & G. Rudinger (Hrsg.), *Handbuch Quantitative Methoden* (S. 145-156). Weinheim: Psychologie Verlags Union.

Moroney, M.J. (1951). *Facts from figures*. New York: Penguin.

Murphy, K.R. & Myors, B. (1998). *Statistical power analysis*. Mahwah, NJ: Erlbaum.

Myers, J.L. (1972). *Fundamentals of experimental design* (2nd ed.). Boston: Allyn & Bacon.

Myers, J.L. & Well, A.D. (1991). *Research design and statistical analysis*. New York: HarperCollins.

Nachtigall, C. & Wirtz, M. (2002). *Wahrscheinlichkeitsrechnung und statistische Inferenz*. (Statistische Methoden für Psychologen, Teil 2). Weinheim: Juventa.

Neisser, U. (1974). *Kognitive Psychologie*. Stuttgart: Klett-Cotta.

Newman, D. (1939). The distribution of the range in samples from a normal population, expressed in terms of an independent estimate of standard deviation. *Biometrika, 31*, 20-30.

Neyman, J. (1935). *Journal of the Royal Statistical Society, Suppl. 2*, 107. (zitiert nach A.B.L. Srivastava, 1958, S. 429)

Neyman, J. (1937). Outline of a theory of statistical estimation based on the classical theory of probability. *Philosophical Transactions of the Royal Society, A, 236*, 330ff. (zitiert nach Neyman, 1950, S. 14)

Neyman, J. (1941). Fiducial argument and the theory of confidence intervals. *Biometrika, 32*, 128-150.

Neyman, J. (1942). Basic ideas and some recent results of the theory of testing statistical hypotheses. *Journal of the Royal Statistical Society, 105*, 292-327.

Neyman, J. (1950). *First course in probability and statistics*. New York: Holt, Rinehart and Winston.

Neyman, J., Iwaszkiewicz, K. & Kolodziejcyk, S. (1935). Statistical problems in agricultural experimentation. *Journal of the Royal Statistical Society, Supplement, Vol. II*, 114. (zitiert nach Neyman, 1942, S. 321)

Neyman, J. & Pearson, E.S. (1928). On the use and interpretation of certain test criteria for purposes of statistical inference. Pt. I. *Biometrika, 20*A, 175-240.

Neyman, J. & Pearson, E.S. (1931). On the problem of k samples. *Bulletin de l'Academie Polonaise des Sciences et des Lettres, A, 3*, 460-481.

Neyman, J. & Pearson, E.S. (1933). On the problem of the most efficient tests of statistical hypotheses. *Philosophical Transactions of the Royal Society, Series A, 231*, 289-337.

Neyman, J. & Tokarska, B. (1936). Errors of second kind in testing Student's hypothesis. *Journal of the American Statistical Association, 31*, 322ff. (zitiert nach Mace, 1964, S. 191-192)

Nicewander, W.A. & Price, J.M. (1978). Dependent variable reliability and the power of significance tests. *Psychological Bulletin, 85*, 405-409.

Nicewander, W.A. & Price, J.M. (1983). Reliability of measurement and the power of statistical tests: Some new results. *Psychological Bulletin, 94*, 524-533.

Nickerson, R.S. (2000). Null hypothesis significance testing: A review of an old and continuing controversy. *Psychological Methods, 5*, 241-301.

Oakes, M. (1986). *Statistical inference: A commentary for the social and behavioural sciences*. Chichester, UK: Wiley.

Olejnik, S. & Hess, B. (1997). Top ten reasons why most omnibus ANOVA F tests should be abandoned. *Journal of Vocational Education Research, 22*, 219-232.

Olejnik, S. & Huberty, C.J. (1993). *Preliminary statistical tests*. Paper presented at the annual meeting of the Psychometric Society, Banff, Canada. (zitiert nach H.J. Keselman et al., 1998, S. 384)

Olson, C.L. (1974). Comparative robustness of six tests in multivariate analysis of variance. *Journal of the American Statistical Association, 69*, 894-908.

Olson, C.L. (1976). On choosing a test statistic in multivariate analysis of variance. *Psychological Bulletin, 83*, 579-586.

Ostmann, A. & Wutke, J. (1994). Statistische Entscheidung. In T. Herrmann & W. Tack (Hrsg.), *Methodologische Grundlagen der Psychologie* (Enzyklopädie der Psychologie, Themenbereich B: Methodologie und Methoden, Serie I: Forschungsmethoden der Psychologie, Bd. 1, S. 694-737). Göttingen: Hogrefe.

Overall, J.E. (1980). Power of the chi-square tests in contingency tables with small expected freqencies. *Psychological Bulletin, 87*, 132-135.

Overall, J.E. & Woodward, J.A. (1975). Unreliability of difference scores: A paradox for the measurement of change. *Psychological Bulletin, 82*, 85-86.

Owen, D.B. (1960). *Handbook of statistical tables*. Reading, MA: Addison-Wesley.

Owen, D.B. (1965). The power of Student's t test. *Journal of the American Statistical Association, 60*, 320-333.

Page, E.B. (1963). Ordered hypotheses for multiple treatments. A significance test for linear ranks. *Journal of the American Statistical Association, 32*, 675-701.

Paivio, A. (1971). *Imagery and verbal processes*. New York: Holt, Rinehart & Winston.

Paivio, A. (1986). *Mental representations. A dual coding approach*. New York: Oxford University Press.

Paivio, A. & Csapo, K. (1969). Concrete-image and verbal memory codes. *Journal of Experimental Psychology, 80*, 279-285.

Paivio, A., Yuille, J.C. & Madigan, S. (1968). Concreteness, imagery and meaningfulness values for 925 nouns. *Journal of Experimental Psychology, 76*, Monograph Supplement 1, Pt. 2.

Patry, J.-L. & Perrez, M. (2000). Theorie-Praxis-Probleme und die Evaluation von Interventionsprogrammen. In W. Hager, J.-L. Patry & H. Brezing (Hrsg.), *Evaluation psychologischer Interventionsmaßnahmen - Standards und Kriterien* (S. 19-40). Bern: Huber.

Pearson, E.S. (1962). Some thoughts of statistical inference. *Annals of Mathematical Statistics, 33*, 394-403.

Pearson, E.S. (1966). The Neyman-Pearson story: 1926-1934. In F.N. David (ed.), *Research papers in statistics* (pp. 1-24). London: Wiley.

Pearson, E.S. & Hartley, H.O. (1951). Charts of the power function for analysis of variance tests derived from the non-central F-distribution. *Biometrika, 38*, 112-130.

Pearson, E.S. & Hartley, H.O. (Eds.). (1970). *Biometrika tables for statisticians* (Vol. 1, 3rd ed.). New York: Cambridge University Press.

Pearson, E.S. & Hartley, H.O. (Eds.). (1972). *Biometrika tables for statisticians* (Vol. 2). London: Cambridge University Press.

Pearson, K. (1900/1992). On the criterion that a given system of derivations from the probable in the case of a correlated system of variables is such that it can reasonably be supposed to have arisen from random sampling. In S. Kotz & N.L. Johnson (Eds.), *Breakthroughs in statistics* (Vol. II, pp. 11-28). New York: Springer.

Pearson, K. (1904). *On the theory of contingency and its relation to association and normal correlation.* London: Draper's Company Memoirs.

Pearson. K. (1907). *On further methods of determining correlation.* London: Draper's Company Memoirs, Biometrical Series, IV.

Pillai, K.C.S. (1960). *Statistical tables for tests of multivariate hypotheses.* Manila: Statistical Center, University of the Philippines.

Pillai, K.C.S. (1965). On the distribution of the largest characteristic root in multivariate analysis. *Biometrika, 52,* 405-415.

Pillai, K.C.S. (1967). Upper percentage points of the largest root of a matrix in multivariate analysis. *Biometrika, 54,* 190-193.

Pitman, E.J.G. (1948). *Notes on nonparametrical statistical inference.* New York: Columbia University.

Popper, K.R. (1974). *Objektive Erkenntnis. Ein evolutionärer Entwurf* (2. Aufl.). Hamburg: Hoffmann und Campe.

Popper, K.R. (2000). *Vermutungen und Widerlegungen.* Tübingen: Mohr Siebeck.

Popper, K.R. (2002). *Logik der Forschung* (Nachdruck der 10. Aufl., Jub.-Ausg.). Tübingen: Mohr Siebeck.

Preece, D.A. (1982). The design and analysis of experiments: What has gone wrong? *Utilitas Mathematica, Series A, 21,* 201-244.

Preece, D.A. (1990). R.A. Fisher and experimental design: A review. *Biometrics, 46,* 925-935.

Prentice, D.A. & Miller, D.T. (1992). When small effects are impressive. *Psychological Bulletin, 112,* 160-164.

R. (o.J.). Wien: The R Foundation for Statistical Computing. http://www.r-project.org

Ramsey, P.H. (1980). Choosing the most powerful pairwise multiple comparison procedure in multivariate analysis of variance. *Journal of Applied Psychology, 65,* 317-326.

Randow, G. von (2002). *Das Ziegenproblem. Denken in Wahrscheinlichkeiten* (11. Aufl.). Reinbek bei Hamburg: Rowohlt.

Rao, B.R. (1951). An asymptotic expansion of the distribution of Wilk's criterion. *Bulletin of the International Statistical Institute, 33,* 177-180.

Reichardt, C.S. (1979). The statistical analysis of data from nonequivalent group designs. In T.D. Cook & D.T. Campbell, *Quasi-experimentation. Design & analysis issues for field settings* (pp. 147-205). Boston: Houghton Mifflin.

Resnikoff, G.J. & Lieberman, G.J. (1957). *Tables of the non-central t-distribution.* Stanford: Stanford University Press.

Rodger, R.S. (1974). Multiple contrasts, factors, error rate and power. *British Journal of Mathematical and Statistical Psychology, 27,* 179-198.

Rogers, W.T. & Hopkins, K.D. (1988). Power estimates in the presence of a covariate and measurement error. *Educational and Psychological Measurement, 48*, 647-656.

Rogosa, D.R. (1988). Myths about longitudinal research. In K.W. Schaie, R.T. Campbell, W. Meredith & S.C. Rawlings (Eds.), *Methodological issues in aging research* (pp. 171-210). New York: Springer.

Rogosa, D.R. & Willett, J.B. (1983). Demonstrating the reliability of the difference score in the measurement of change. *Journal of Educational Measurement, 20*, 335-343.

Rosenthal, R. (1991). *Meta-analytic procedures for social research* (rev. ed.). Newbury Park, CA: Sage.

Rosenthal, R. & Rosnow, R.L. (1985). *Contrast analysis: Focused comparisons in the analysis of variance*. Cambridge: Cambridge University Press.

Rouanet, H., Bernard, J.-M., Bert, M.-C., Lecoutre, B., Lecoutre, M.-P. & LeRoux, B. (1998). *New ways in statistical methodology. From significance tests to Bayesian inference*. Bern: Lang.

Rouanet, H. & Lépine, D. (1970). Comparison between treatments in a repeated-measurement design: ANOVA and multivariate methods. *British Journal of Mathematical and Statistical Psychology, 23*, 147-163.

Roy, S.N. (1957). *Some aspects of multivariate analysis of variance*. New York: Wiley.

Roy, S.N. & Bose, R.C. (1953). Simultaneous confidence interval estimation. *Annals of Mathematical Statistics, 24*, 513-536.

Rule, S.J. (1976). A general experimentwise error rate for multiple significance tests. *Perceptual and Motor Skills, 43*, 1263-1277.

Rulon, P.J. (1930). A graph for estimating reliability in one range knowing it in another. *Journal of Educational Psychology, 21*, 140.

Sachs, L. (1984). *Angewandte Statistik. Anwendung statistischer Methoden*. Berlin: Springer.

Sarris, V., Stolze, G. & Musahl, H.-P. (1995). *Experimentalpsychologisches Praktikum: Bd. 3: Arbeitsprojekte: Labor- und Feldexperimente* (2. Aufl.). Lengerich: Pabst.

Sarris, V., Stolze, G., Sturm, Y. & Musahl, H.-P. (1995). *Experimentalpsychologisches Praktikum: Bd. 1: Grundversuche: Wahrnehmungs- und kognitionspsychologische Experimente* (2. Aufl.). Lengerich: Pabst.

Saß, H., Wittchen, H.-U. & Zaudig, M. (1996). *Diagnostisches und statistisches Manual psychischer Störungen – DSM IV*. Göttingen: Hogrefe.

Scheffé, H. (1953). A method for judging all contrasts in the analysis of variance. *Biometrika, 40*, 87-104.

Scheffé, H. (1959). *The analysis of variance*. New York: Wiley.

Schulte, D. (1993). Wie soll der Therapieerfolg gemessen werden? *Zeitschrift für Klinische Psychologie, 22*, 374-393.

Seber, G.A. (1966). The non-central χ^2 and beta distributions. *Biometrika, 50*, 542-254.

Serlin, R.C., Carr, J. & Marascuilo, L.A. (1982). A measure of association for selected nonparametric procedures. *Psychological Bulletin, 92*, 786-790.

Serlin, R.C. & Lapsley, D.K. (1993). Rational appraisal of psychological research and the good-enough principle. In G. Keren & C. Lewis (Eds.), *A handbook for data analysis in the behavioral sciences: Methodological issues* (pp. 199-228). Hillsdale, NJ: Erlbaum.

Shaffer, J.P. (1972). Directional statistical hypotheses and comparisons among means. *Psychological Bulletin, 77*, 195-197.

Share, D.L. (1984). Interpreting the output of multivariate analyses: A discussion of currrent approaches. *The British Journal of Psychology, 75*, 349-362.

Shaughnessy, J.J. & Zechmeister, E.B. (1997). *Research methods in psychology* (4th ed.). Boston, MA: McGraw-Hill.

Shrout, P.E. & Fleiss, J.L. (1979). Intraclass correlations: Uses in assessing rater reliability. *Psychological Bulletin, 86*, 420-428.

Sidák, Z. (1967). Rectangular confidence regions for the means of multivariate normal distributions. *Journal of the American Statistical Association, 62*, 626-633.

Siegel, H. (1985). What is the question concerning the rationality of science? *Philosophy of Science, 52*, 517-537.

Sievers, W. (1987). *Elemente der Statistik*. Göttingen: Beratungsstelle für empirische Methoden und Statistik in den Erziehungswissenschaften, Universität Göttingen.

Silverstein, A.B. (1974). Relations between analysis of variance and its nonparametric analogs. *Psychological Reports, 34*, 331-333.

Singer, B.R., Lovie, A.D. & Lovie, S. (1986). Sample size and power. In A.D. Lovie (Ed.), *New developments in statistics for psychology and the social sciences* (pp. 129-142). London: The British Psychological Society and Methuen.

Sixtl, F. (1996). *Der Mythos des Mittelwertes. Neue Methodenlehre der Statistik*. München: Oldenbourg.

Skinner, B.F. (1963). The flight from laboratory. In M.H. Marx (Ed.), *Theories in contemporary psychology*. New York. (zitiert nach Kleiter, 1969, S. 163)

Smirnov, N.W. (1948). Tables for estimating the goodness of fit of emipirical distributions. *Annals of Methematical Statistics, 19*, 279-281.

Smith, P.T. & Macdonald, R.R. (1983). Methods for incorporating ordinal information into analysis of variance: Generalizations of one-tailed tests. *British Journal of Mathematical and Statistical Psychology, 36*, 1-21.

Sneed, J.D. (1979). *The logical structure of mathematical physics* (2nd ed.). Dordrecht: Reidel.

Solso, R.L. & Johnson, H.H. (1989). *An introduction to experimental design in psychology* (4th ed.). New York: Harper & Row.

Spearman, C. (1904). The proof and measurement of association between two things. *American Journal of Psychology, 15*, 72-101.

Spearman, C. (1906). A footnote for measuring correlation. *British Journal of Psychology, 2*, 89-108.

Spielman, S. (1973). A refutation of the Neyman-Pearson theory of testing. *British Journal of the Philosophy of Science, 24*, 201-222.

Spielman, S. (1974). The logic of tests of significance. *Philosophy of Science, 41*, 211-225.

Sprung, L. & Sprung, H. (1997). Georg Elias Müller (1850 - 1934) - Skizzen zum Leben, Werk und Wirken. In G. Lüer & U. Lass (Hrsg.), *Erinnern und Behalten. Wege der Erforschung des menschlichen Gedächtnisses* (S. 338-368). Göttingen: Vandenhoeck & Ruprecht.

SPSS (1999). *SPSS Advanced models 10.0*. Chicago: SPSS Inc.

Srivastava, A.B.L. (1958). Effect of non-normality on the power function of t-test. *Biometrika, 45*, 421-429.

Srivastava, J.N. (1969). Some studies on intersection tests in multivariate analysis of variance. In P.R. Krishnaiah (Ed.), *Multivariate analysis* (Vol. II, pp. 145-168). New York: Academic Press.

Stadler, M., Seeger, F. & Raeithel, A. (1975). *Psychologie der Wahrnehmung*. München: Juventa.

Stegmüller, W. (1973). *Statistisches Schließen - Statistische Begründungen - Statistische Analyse* (Probleme und Resultate der Wissenschaftstheorie und analytischen Philosophie, Bd. II, 1. Halbband). Berlin: Springer.

Stegmüller, W. (1979). *The structuralist view of theories*. Berlin. Springer.

Stegmüller, W. (1980). *Neue Wege der Wissenschaftsphilosophie*. Berlin: Springer.

Stegmüller, W. (1986). *Die Entwicklung des neuen Sturkturalismus seit 1973* (Theorie und Erfahrung: Dritter Teilband). Berlin: Springer.

Steiger, J.H. (1980). Tests for comparing elements of a correlation matrix. *Psychological Bulletin, 87*, 245-251.

Stevens, J.P. (1979). Comment on Olson: Choosing a test statistic in multivariate analysis of variance. *Psychological Bulletin, 86*, 355-360.

Stevens, J.P. (1980). Power of the multivariate of variance tests. *Psychological Bulletin, 88*, 728-737.

Steyer, R. (1994). Stochastische Modelle. In T. Herrmann & W. Tack (Hrsg.), *Methodologische Grundlagen der Psychologie* (Enzyklopädie der Psychologie, Themenbereich B: Methodologie und Methoden, Serie I: Forschungsmethoden der Psychologie, Bd. 1, S. 649-693). Göttingen: Hogrefe.

Steyer, R. (2003). *Wahrscheinlichkeit und Regression*. Berlin: Springer.

Strahan, R.F. (1982). Multivariate analysis and the problem of type I error. *Journal of Counseling Psychology, 29*, 175-179.

„Student" (Gosset, W.S.). (1908). The probable error of the mean. *Biometrika, 6*, 1-25.

Sutcliffe, J.P. (1980). On the relationship of reliability to statistical power. *Psychological Bulletin, 88*, 509-515.

Swaminathan, H. (1989). Interpreting the results of multivariate analysis of variance. In B. Thompson (Ed.), *Advances in social science methodology* (Vol. 1, pp. 205-232). Greenwich, CT: Jai Press.

Swaminathan, H. & DeFriesse, F. (1979). Detecting significant contrasts in analysis of variance. *Edcuational and Psychological Measurement, 39*, 39 44.

Tabachnick, B.G. & Fidell, L.S. (1989). *Using multivariate statistics* (2nd ed.). Cambridge, PA: Harper & Row.

Tang, P.C. (1938). The power function of the analysis of variance tests with tables and illustrations of their use. *Statistical Research Memoirs, 2*, 126-149.

Terrell, C.D. (1982). Significance tables for the biserial and the point biserial. *Educational and Psychological Measurement, 42*, 975-981.

Thompson, B. (1994). Planned versus unplanned and orthogonal versus nonorthogonal contrasts: the neoclassical perspective. In B. Thompson (Ed.), *Advances in social science methodology* (Vol. 3, pp. 3-27). Greenwich, CT: Jai Press.

Tiku, M.L. (1967). Tables of the power of the F test. *Journal of the American Statistical Association, 62*, 525-539.

Timm, N.H. & Carlson, J.E. (1975). Analysis of variance through full rank models. *Multivariate Beavioral Research Monographs, Monograph 75-1*, 1-120.

Toothaker, L.E. (1991). *Multiple comparisons for researchers*. Newbury Park, CA: Sage.

Traxel, W. (1974). *Grundlagen und Methoden der Psychologie*. Bern: Huber.

Trout, J.D. (1991). Reductionism and the unity of science. In R. Boyd, P. Gasper & J.D. Trout (Eds.), *The philosophy of science* (pp. 387-392). Cambridge, MA: Bradford/MIT Press.

Tukey, J.W. (1953). *The problem of multiple comparisons*. Unpublished manuscript, Princeton University, Princeton, NJ. (zitiert nach: Kirk, 1995, S. 913)

Wahlsten, D. (1991). Sample size to detect a planned contrast and a one degree-of-freedom interaction effect. *Psychological Bulletin, 110*, 587-595.

Wald, A. (1947). *Sequential analysis*. New York: Wiley.

Walster, G.W. & Cleary, T.A. (1970). Statistical significance as a decision rule. In E.F. Borgatta & G.W. Bohrnstedt (Eds.), *Sociological methodology - 1970* (pp. 246-257). San Francisco: Jossey-Bass.

Ware, J.H., Mosteller, F., Delgado, F., Donnelly, C. & Ingelfinger, J.A. (1992). P values. In J.C. Bailor & F. Mosteller (Eds.), *Medical uses of statistics* (pp. 181-200). Boston: New England Journal of Medicine Books.

Weber, E. (1967). *Grundriß der biologischen Statistik* (6. Aufl.). Stuttgart: G. Fischer.

Weber, M. (1991). Value-judgments in social science. In R. Boyd, P. Gasper & J.D. Trout (Eds.), *The philosophy of science* (pp. 719-731). Cambridge, MA: Bradford/MIT Press.

Weiner, B. (1988). *Motivationspsychologie* (2. Aufl.). München: Psychologie Verlags Union.

Welch, B.L. (1947). The generalization of „Student's" problem when several different population variances are involved. *Biometrika, 34*, 28-35.

Welch, B.L. (1951). On the comparison of several means values: An alternative approach. *Biometrika, 38*, 330-336.

Wendt, D. (1983). Statistische Entscheidungstheorie und Bayes-Statistik. In J. Bredenkamp & H. Feger (Hrsg.), *Hypothesenprüfung* (Enzyklopädie der Psychologie, Themenbereich Methodologie und Methoden, Serie Forschungsmethoden der Psychologie, Bd. 5, S. 471-529). Göttingen: Hogrefe.

Westmeyer, H. (1973). *Kritik der psychologischen Unvernunft. Probleme der Psychologie als Wissenschaft*. Stuttgart: Kohlhammer.

Westmeyer, H. (Ed.). (1992). *The structuralist program in psychology: Foundations and applications*. Seattle: Hogrefe & Huber.

Westermann, R. (1985). *Theoriestruktur und Forschungsmethodik in der Psychologie. Zur strukturalistischen Rekonstruktion psychologischer Theorien und zur Entwicklung einer post-falsifikationistischen Methodologie experimenteller Psychologie*. Unveröffentlichte Habilitationsschrift, Georg-August-Universität Göttingen.

Westermann, R. (1987). *Strukturalistische Theorienkonzeption und empirische Forschung in der Psychologie*. Berlin: Springer.

Westermann, R. (1989). Theoretische Begiffe und empirische Validität bei der Anwendung von LISREL-Kausalmodellen. *Psychologische Beiträge, 31,* 472-489.

Westermann, R. (2000). *Wissenschaftstheorie und Experimentalmethodik*. Göttingen: Hogrefe.

Westermann, R. & Hager, W. (1986). Error probabilities in educational and psychological research. *Journal of Educational Statistics, 11,* 117-146.

Wilcox, R.R. (1987a). New designs in analysis of variance. *Annual Review of Psychology, 38,* 29-60.

Wilcox, R.R. (1987b). *New statistical procedures for the social sciences*. Hillsdale, NJ: Erlbaum.

Wilcox, R.R. (1989). Comparing the variances of dependent groups. *Psychometrika, 54,* 305-315.

Wilcox, R.R. (1996). *Statistics for the social sciences*. San Diego, CA: Academic Press.

Wilcox, R.R. & Muska, J. (1999). Measuring effect size: A non-parametric analogue of ω^2. *British Journal of Mathematical and Statistical Psychology, 52,* 93-110.

Wilcoxon, F. (1945). Individual comparisons by ranking methods. *Biometrics, 1,* 80-83.

Wildt, A.R. & Ahtola, O.T. (1978). *Analysis of covariance*. Newbury Park, CA: Sage.

Wilkinson, L., and the Task Force on Statistical Inference. (1999). Statistical methods in psychology journals: Guidelines and explanations. *American Psychologist, 54,* 594-604.

Wilks, S.S. (1932). Certain generalizations in the analysis of variance. *Biometrika, 24,* 471-494.

Willett, J.B. (1990). Measuring change: The difference score and beyond. In H.J. Walberg & G.D. Haertel (Eds.), *The international encyclopedia of educational evaluation* (pp. 632-637). Oxford, UK: Pergamon.

Willmes, K. (1987). *Beiträge zu Theorie und Anwendung von Permutationstests in der uni- und multivariaten Datenanalyse*. (unveröffentlichte Dissertation). Trier: Fachbereich I - Psychologie.

Willmes, K. (1996). Neyman-Pearson-Theorie statistischen Testens. In E. Erdfelder, R. Mausfeld, T. Meiser & G. Rudinger (Hrsg.), *Handbuch Quantitative Methoden* (S. 109-122). Weinheim: Psychologie Verlags Union.

Wilson, W. (1962). A note on the inconsistency inherent in the necessity to perform multiple comparisons. *Psychological Bulletin, 59,* 296-300.

Winer, B.J. (1962, 1971). *Statistical principles in experimental design* (1st, 2nd ed.). New York: McGraw-Hill.

Winer, B.J., Brown, D.R. & Michels, K.M. (1991). *Statistical principles in experimental design* (3rd ed.). New York: MacGraw-Hill.

Winkler, R.L. (1993). Bayesian statistics: An overview. In G. Keren & C. Lewis (Eds.), *A handbook for data analysis in the behavioral sciences: Statistical issues* (pp. 201-232). Hillsdale, NJ: Erlbaum.

Wippich, W. (1984). Bildhaftigkeit, Konkretheit und Emotionalität: Dimensionen beim Behalten verbalen Materials. In A. von Eye & W. Marx (Hrsg.), *Semantische Dimensionen. Verhaltenstheoretische Konzepte einer psychologischen Semantik* (S. 45-72). Göttingen: Hogrefe.

Wippich, W. (1980). *Bildhaftigkeit und Organisation*. Darmstadt: Steinkopff.

Wippich, W. & Bredenkamp, J. (1979). *Bildhaftigkeit und Lernen*. Darmstadt: Steinkopff.

Wirtz, M. & Caspar, F. (2002). *Beurteilerübereinstimmung und Beurteilerreliabilität*. Göttingen: Hogrefe.

Witte, E.H. (1980). *Signifikanztest und statistische Inferenz: Analysen, Probleme, Alternativen*. Stuttgart: Enke.

Wottawa, H. (1983). *Strategien und Modelle in der Psychologie*. München: Urban & Schwarzenberg.

Yates, F. (1934). Contingency tables involving small numbers and the χ^2 test. *Journal of the Royal Statistical Society, 1*, 217-235.

Yates, F. (1951). The influence of *Statistical Methods for research Workers* on the development of the science of statistics. *American Statistical Association Journal, 46*, 19-34.

Yates, F. (1964). Sir Ronald Fisher and the design of experiments. *Biometrics, 20*, 307-321.

Youden, W.J. (1951). The Fisherian revolution in methods of experimentation. *American Statistical Association Journal, 46*, 47-50.

Yerkes, R.M. & Dodson, J.D. (1908). The relation of strength of stimulus to rapidity of habit-formation. *Journal of Comparative Neurology and Psychology, 18*, 459-482.

Zimmerman, D.W. & Zumbo, B.D. (1993). The relative power of parametric and nonparametric statistical methods. In G. Keren & C. Lewis (Eds.), *A handbook for data analysis in the behavioral sciences: Methodological issues* (pp. 481-517). Hillsdale, NJ: Erlbaum.

Personenverzeichnis

A
Abelson, R.P.: 64, 238
Ahtola, O.T.: 174
Andersen, E.B.: 506
Anderson, R.B.: 145
Andrews, G.: 432
Ankenmann, R.D.: 409
Arbinger, R.: 340, 431, 432, 434, 444, 467
Aron, A.: 17, 54, 55, 421
Aron, E.N.: 17, 54, 55, 421
Arvey, R.D.: 206, 207
Atkinson, J.W.: 24

B
Backhaus, K.: 370, 372
Bartlett, F.: 65
Bartlett, M.S.: 360, 362, 371
Baschek, I.-L.: 266
Baumann, U.: 326
Beatty, J.: 55, 56, 58, 61, 419
Beck, A.T.: 331
Becker, M.A.: 210
Berenson, M.L.: 217, 219
Bernard, J.-M.: 53
Bernauer, F.: 330, 331
Bernhardson, C.S.: 151
Bert, M.-C.: 53
Bielby, W.T.: 195
Boehnke, K.: 201, 217, 220, 418, 420, 429, 430, 434, 443, 453, 466, 467, 487, 502, 510, 511
Bonett, D.G.: 140, 407, 408, 414
Borenstein, M.: 140
Bortz, J.: 31, 54, 55, 62, 71, 102, 103, 130, 145, 152, 156, 175, 176, 177, 181, 183, 188, 201, 205, 217, 220, 232, 241, 252, 339, 344, 358, 359, 360, 361, 362, 365, 371, 372, 373, 374, 377, 379, 380, 381, 383, 388, 392, 396, 397, 398, 401, 402, 410, 411, 414, 418, 419, 420, 421, 422, 423, 424, 429, 430, 434, 442, 443, 453, 454, 461, 464, 466, 467, 472, 473, 476, 479, 485, 486, 487, 488, 491, 497, 498, 501, 502, 509, 510, 511, 514
Bose, R.C.: 363
Bower, G.H.: 22
Brandstätter, E.: 54
Brecht, M.L.: 140
Bredenkamp, J.: 21, 26, 31, 33, 34, 41, 46, 52, 62, 63, 68, 69, 70, 72, 82, 95, 104, 106, 112, 113, 119, 131, 142, 151, 152, 153, 155, 182, 204, 211, 212, 220, 222, 223, 238, 247, 248, 264, 266, 285, 298, 359, 360, 362, 370, 425, 426, 428, 443, 445, 453, 512, 525
Brezing, H.: 345, 523
Brier, S.S.: 506
Broadhurst, P.L.: 296
Brom, D.: 331, 345
Brown, D.R.: 66, 142, 152, 166, 170, 171, 172, 175, 181, 182, 201, 202, 228, 232, 241, 252, 307, 308, 309, 346, 347, 374, 386, 387, 388, 453
Brown, M.B.: 145, 228
Buchner, A.: 140, 158, 370, 514
Bunge, M.: 317, 318

C
Camilli, G.: 455, 509
Camp, C.J.: 206, 207
Campbell, D.T.: 30, 52, 174
Carlson, J.E.: 143, 151, 154, 346
Carnap, R.: 22, 32, 50, 366, 371
Carr, J.: 431, 432, 473, 480
Carrera, R.: 344
Carriere, K.C.: 155
Caspar, F.: 201, 386, 387, 404, 490
Chalmers, A.F.: 32, 50, 53
Chow, S.L.: 40, 53, 60
Clark, C.A.: 70

Clark, V.: 409
Clark-Carter, D.: 511
Cleary, T.A.: 66
Cochran, W.G.: 47, 108, 479, 480, 481, 482
Cohen, J.: 21, 58, 71, 102, 105, 106, 108, 109, 112, 113, 115, 120, 121, 122, 125, 132, 134, 135, 137, 140, 143, 145, 146, 147, 156, 157, 158, 178, 179, 182, 185, 186, 191, 209, 213, 216, 222, 242, 248, 253, 256, 260, 289, 301, 304, 362, 370, 371, 381, 382, 385, 386, 388, 394, 395, 398, 401, 402, 425, 431, 456, 457, 459, 464, 470, 476, 486, 487, 490, 507, 512, 513, 514, 525
Cohen, P.: 21, 156, 191, 385, 388, 525
Conover, W.J.: 55, 416, 418, 420, 421, 422, 424, 426, 430, 431, 432, 453, 463, 479, 480, 511
Cook, T.D.: 30, 52, 154
Cowles, M.: 57, 58, 108
Cox, D.R.: 56, 58
Cozby, P.C.: 52
Cramer, E.M.: 175
Cramér, H.: 487
Cribbie, R.A.: 363, 364
Cronbach, L.J.: 407, 408, 409
Csapo, K.: 87
Cumming, G.: 514

D

D'Agostino, R.: 61, 421, 431
Dallal, G.E.: 140
Danziger, K.: 58
Daston, L.: 55, 56, 58, 61, 419
Defares, P.B.: 331, 345
DeFriesse, F.: 144, 190
Delaney, H.D.: 193, 195, 420
Delgado, F.: 108
Delucchi, K.L.: 455, 509
Denney, N.W.: 226, 255
Diehl, J.M.: 340, 431, 432, 434, 444, 467
Diepgen, R.: 54, 515
Dodson, J.D.: 296

Döring, N.: 71, 103, 414, 514
Donati, R.: 330, 331
Donnelly, C.: 108
Donner, A.: 409
Donohue, B.: 363, 364
Duncan, D.B.: 194
Dunn, O.J.: 195, 196, 364, 409, 520
Dunnett, C.W.: 192, 193, 194, 195, 203

E

Ebbinghaus, H.: 65
Edwards, A.L.: 20
Eimer, E.: 172
Ekbohm, G.: 472
Elashoff, J.D.: 140, 175
Eliasziw, M.: 409
Ellis, M.V.: 196
Emery, G.: 331
Erdfelder, E.: 26, 41, 63, 68, 69, 72, 113, 140, 142, 158, 211, 212, 222, 223, 247, 248, 264, 370, 453, 514
Erichson, B.: 370, 372
Eye, A. von: 275, 347, 506

F

Faul, F.: 140, 158, 370, 514
Fechner, G.T.: 65, 129
Federer, W.T.: 195
Feldt, L.S.: 176, 408, 512
Festinger, L.: 24
Fidell, L.S.: 191, 358, 362, 369, 373
Finch, S.: 513
Finn, J.D.: 365
Fischer, K.: 41
Fisher, R.A.: 53, 55, 56, 57, 58, 59, 60, 61, 65, 66, 67, 71, 76, 108, 141, 194, 205, 380, 381, 419, 476, 513, 515, 516, 517, 521
Fisseni, H.-J.: 405, 406, 407
Fix, E.: 512
Flanagan, J.C.: 406
Fleiss, J.L.: 201, 387, 454, 459, 466
Foppa, K.: 22
Forsythe, A.B: 182, 228
Fowler, R.L.: 123

Fox, M.: 512
Freeman, M.F.: 414
Friedman, M.: 421, 425, 426, 429, 431, 432, 433, 434, 437, 440, 441, 442, 444, 449, 453

G
Gadenne, V.: 70
Gallagher, D.E.: 345
Games, P.A.: 100, 145, 202, 345, 469
Gediga, G.: 140
Gibbons, J.D.: 418, 435, 498
Giere, N.: 42, 57, 66
Gigerenzer, G.: 55, 56, 58, 61, 65, 76, 108, 419, 512
Girden, E.R.: 172
Glass, G.V.: 131, 423, 497, 498
Gokhole, D.V.: 472
Gonzalez, R.: 17, 56, 113, 523
Goodman, L.A.: 466
Gosset, W.S. (siehe „Student")
Gottman, J.M.: 315
Govindarajulu, Z.: 512
Graumann, C.F.: 20
Grawe, K.: 330, 331
Graziano, A.M.: 52
Greenwald, A.G.: 56, 113
Gregory, R.L.: 20
Groeben, N.: 366
Guthrie, D.: 56, 113

H
Haagen, K.: 53, 58
Haase, R.F.: 196
Hager, W.: 32, 36, 37, 43, 45, 49, 52, 72, 80, 81, 82, 83, 91, 98, 107, 110, 152, 164, 185, 196, 197, 202, 204, 220, 238, 267, 298, 316, 317, 323, 325, 331, 340, 345, 356, 357, 361, 366, 367, 492, 513, 523, 525
Hanson, N.R.: 20
Harlow, L.L.: 58, 63
Harris, R.J.: 56, 113, 363
Hartley, H.O.: 58, 143, 512
Hasselhorn, M.: 82, 83, 255, 267, 340
Hayman, G.E.: 512

Hays, W.L.: 19, 38, 49, 70, 75, 183, 187, 191, 303, 362, 369, 386, 403, 413, 414, 416, 420, 424, 432, 434, 435, 453, 466, 476, 485, 506, 511
Heckhausen, H.: 20, 24
Hempel, C.G.: 28
Herrmann, T.: 29, 36, 41, 82, 318, 356
Hess, B.: 183
Hinkley, D.V.: 56
Hoffart, A.: 345
Hopkins, K.D.: 131, 174, 178, 455, 497, 509
Horowitz, M.J.: 331
Hotelling, H.: 61, 360, 361, 362
Howard, G.S.: 20, 315
Howell, D.C.: 104, 236
Huberty, C.J.: 17, 60, 191, 362, 363, 364, 365
Huck, S.W.: 315, 445
Huitema, B.E.: 232
Hussy, W.: 19, 47, 52, 514
Huynh, C.-L.: 123

I
Iman, R.L.: 421, 422, 424, 430, 431, 432, 453
Ingelfinger, J.A.: 108
Irle, M.: 44
Iseler, A.: 42
Iwaszkiewicz, K: 57, 512

J
Jaccard, J.: 210, 260
Jain, A.: 19, 47, 52, 514
Johnson, H.H.: 52
Johnson, N.L.: 512
Johnson, R.A.: 219
Jonckheere, A.R.: 217, 218, 219, 220
Judd, C.M.: 62
Jungermann, H.: 41

K
Kähler, W.-M.: 54, 56, 514
Kaiser, H.F.: 124
Kaplan, R.M.: 364

Kendall, M.G.: 379, 413, 416, 418, 434, 435, 441, 499
Kenny, D.A.: 62, 410
Keppel, G.: 52, 145, 172, 174, 188, 193, 194, 195, 201, 202, 228, 238, 241, 244, 367, 453
Keren, G.: 207
Keselman, H.J.: 155, 363, 364
Keselman, J.C.: 363, 364
Keuls, M.: 194
Kirk, R.E.: 70, 112, 141, 169, 171, 175, 176, 177, 182, 187, 191, 193, 194, 196, 201, 203, 231, 232, 254, 303, 304, 307, 308, 374, 453
Klauer, K.C.: 54
Kleber, R.J.: 330, 345
Kleiter, G.: 50
Kluegel, J.R.: 195
Knapp, T.R.: 365, 371
Knorr-Cetina, K: 41
Koch, G.G.: 404
Köhler, W.: 65
Kohr, R.L.: 100
Kolmogorov, A.: 42, 52, 484, 510, 511
Kolodziejczyk, S.: 57, 512
Kowalchuk, R.A.: 363, 364
Kraemer, H.C.: 21, 50, 103, 111, 186, 375, 377, 378, 387, 388, 404, 414, 415, 417, 432, 499, 501
Krampen, G.: 275, 347
Krauth, J.: 506
Krenge-Grewing, S.: 340
Kreyszik, E.: 585
Krüger, L.: 55, 56, 58, 61, 419
Kruskal, W.H.: 420, 421, 429, 430, 436, 437, 439, 440, 443, 445, 447
Kubinger, K.D.: 205, 210
Kuhn, T.S.: 20, 27, 40, 41, 64, 369, 526

L

Lachin, J.M.: 134, 135, 229, 381, 396, 456, 457, 458, 459, 473, 476
Lakatos, I.: 20, 25, 32, 41, 65, 80, 357, 526
Landis, J.R.: 404

Langeheine, R.: 506
Lapsley, D.K.: 70, 107
Laubscher, N.F.: 143, 512
Lautsch, E.: 506
Lecoutre, B.: 53
Lecoutre, M.-P.: 53
Lehmann, E.L.: 58, 61
Lehmann, G.: 54, 57, 516
Lehmer, E.: 143, 512
Leichsenring, F.: 331
Leone, F.C.: 512
Lépine, D.: 190
LeRoux, B.: 53
Leventhal, L.: 123
Levin, J.R.: 112, 185, 191, 192, 195, 203, 211, 358, 359, 360, 361, 363, 364, 366, 370, 371, 373, 444, 512
Levine, G.: 52
Levis, D.J.: 344
Lewis, C.: 53, 207
Liebeck, H.: 340
Lieberman, G.J.: 511
Liebetrau, A.M.: 210, 426, 466, 473
Lienert, G.A.: 201, 217, 220, 389, 405, 407, 409, 418, 420, 423, 426, 429, 430, 431, 432, 434, 443, 453, 466, 467, 487, 491, 502, 506, 510, 511
Lilliefors, H.W.: 511
Lindman, H.C.: 303
Lipsey, M.W.: 21, 58, 105, 118, 119
Litrownik, A.J.: 364
Lix, L.L.: 155, 363, 364
Loftus, G.R.: 445
Lovie, A.D.: 112, 116, 134, 135, 424, 425, 426
Lovie, P.: 112, 116, 134, 135, 424, 425, 426
Lowman, L.L.: 363, 364
Lunney, G.H.: 62

M

Macdonald, R.R.: 220
Mace, A.E.: 21, 512
Madigan, S.: 266
Mahmoud, M.W.: 512

Marascuilo, L.A.: 191, 195, 203, 220, 358, 359, 360, 361, 364, 366, 370, 371, 373, 414, 416, 418, 422, 423, 424, 426, 430, 431, 432, 437, 441, 442, 444, 453, 454, 456, 458, 459, 463, 466, 468, 469, 470, 472, 473, 480, 481, 492, 493, 500, 501
Marks, D.F.: 279
Martinsen, E.W.: 345
Mather, K.: 61
Maxwell, G.: 42
Maxwell, S.E.: 118, 119, 175, 193, 195, 206, 207, 315, 420
Mayo, D.: 56, 58, 66
McClelland, D.C.: 20
McLean, R.A.: 315
McNemar, Q.: 472, 473, 479, 482
McSweeney, M.: 360, 414, 416, 418, 422, 423, 424, 426, 430, 431, 437, 441, 442, 453, 454, 456, 458, 459, 463, 466, 468, 470, 473, 480, 481, 492, 493, 500, 501
Meehl, P.E.: 38, 69, 517
Michels, K.M.: 66, 142, 152, 166, 170, 171, 172, 175, 181, 182, 201, 202, 228, 232, 241, 252, 307, 308, 309, 346, 347, 374, 386, 387, 388, 453
Miller, D.T.: 105
Miller, R.G.: 193, 195
Möller, H.: 19, 513
Molenaar, I.: 53
Moroney, M.J.: 66
Morris, J.D.: 17, 191, 364, 365
Mosteller, F.: 108
Müller, G.E.: 65
Mulaik, S.A.: 58, 63
Murphy, K.R.: 21, 123, 182
Murray, D.J.: 55, 60
Musahl, H.-P.: 357
Muska, J.: 432
Myers, J.L.: 68, 162, 238, 249, 250, 251, 298, 299, 314, 315
Myors, B.: 21, 123, 182

N
Nachtigall, C.: 54, 5143
Neisser, U.: 20
Newman, D.: 194
Neyman, J.: 54, 55, 56, 57, 58, 59, 60, 61, 65, 66, 67, 68, 69, 70, 72, 76, 84, 101, 196, 389, 419, 512, 516, 517, 518
Nicewander, W.A.: 119
Nickerson, R.S.: 63

O
Oakes, M.: 53, 58
Olejnik, S.: 183, 363, 364
Olson, C.L.: 361, 362
Omelick, C.L.: 472
Oppenheim, P.: 28
Ostmann, A.: 53, 58, 515
Overall, J.E.: 119, 201, 455
Owen, D.B.: 143, 512, 513

P
Page, E.B.: 220
Paivio, A.: 33, 34, 82, 83, 87, 95, 266, 267, 317
Parkinson, S.: 52
Patnaik, P.B.: 511
Patry, J.-L.: 317, 345, 523
Pavlov, I.: 64
Pearson, E.S.: 54, 55, 56, 57, 58, 59, 60, 61, 65, 66, 67, 68, 72, 76, 84, 101, 143, 196, 516, 517, 518, 524
Pearson, K.: 55, 56, 103, 187, 205, 206, 207, 209, 210, 239, 374, 379, 380, 382, 383, 384, 385, 386, 389, 395, 398, 407, 408, 409, 410, 413, 415, 423, 426, 427, 487, 497, 506
Peracchio, L.: 52
Perrez, M.: 318, 326
Petosky, M.D.: 363
Pfister, H.-R.: 41
Piaget, J.: 64
Pillai, K.C.S.: 360, 362, 371
Pitman, E.J.G.: 425
Plinke, W.: 370, 372

Popper, K.R.: 20, 22, 23, 27, 28, 30, 32, 33, 36, 38, 39, 40, 41, 42, 47, 49, 50, 53, 68, 71, 85, 148, 236, 357, 518, 525, 526
Porter, T.: 55, 56, 58, 61, 419
Preece, D.A.: 6, 11, 61
Prentice, D.A.: 105
Price, J.M.: 119

Q, R
Raatz, U.: 405, 407, 409, 423, 431, 432
Raeithel, A.: 20
Ramsey, P.H.: 359, 363
Raulin, M.L.: 52
Reichardt, C.S.: 174
Resnikoff, G.J.: 511
Rodger, R.S.: 196
Rogers, W.T.: 174, 178
Rogosa, D.R.: 204, 315
Rosenthal, R.: 71, 191, 207, 210, 240, 426, 473, 494
Rosnow, R.L.: 191, 207, 240
Roy, S.N.: 360, 361, 363
Rouanet, H.: 53, 190
Rubin, D.B.: 47
Rule, S.T.: 195
Rulon, P.J.: 406
Rush, A.J.: 331
Rushe, R.H.: 315

S
Sachs, L.: 130, 380, 401, 467, 476, 509
Salih, F.A.: 408
Sarris, V.: 357
Saß, H.: 327, 331, 334
Scheffé, H.: 141, 193, 194, 202, 203, 363
Schiffler, A.: 331
Schulte, D.: 326
Seber, G.M.: 512
Seeger, F.: 20
Seifert, H.-G.: 53, 58
Serlin, R.C.: 70, 107, 220, 431, 432, 473, 480

Shaffer, J.P.: 123, 124
Share, D.L.: 363, 364, 366
Shaughnessy, J.J.: 52
Shaw, B.F.: 331
Shrout, E.: 387
Sidák, Z.: 196
Siegel, H.: 20
Sievers, W.: 201
Silverstein, A.B.: 61, 421, 430, 431, 479, 486
Singer, B.R.: 112, 116, 134, 135, 424, 425, 426
Sixtl, F.: 41, 54, 56
Skinner, B.F.: 50, 64
Smirnov, M.W.: 510, 511
Smith, P.T.: 220
Snedecor, G.W.: 141
Sneed, J.D.: 23
Solso, R.L.: 52
Spearman, C.: 379, 406, 413, 414, 415, 418, 435, 499
Spielman, S.: 55
Sprung, H.: 65
Sprung, L.: 65
Srivastava, A.B.L.: 596
Srivastava, J.N.: 196
Stadler, M.: 20
Stanley, J.C.: 30, 498
Stegmüller, W.: 23, 27, 29, 65
Steiger, J.H.: 58, 63, 410, 411
Stevens, J.P.: 201, 362, 370
Steyer, R.: 22, 23, 25, 46
Stolze, G.: 357
Strahan, R.F.: 364
„Student" (W.S. Gosset): 55, 99
Sturm, Y.: 357
Sutcliffe, J.P.: 119
Sutton, C.O.: 445
Swaminathan, H.: 144, 190, 364
Swijtink, Z.: 55, 56, 58, 61, 419

T
Tabachnick, B.G.: 191, 358, 362, 369, 373
Tang, P.C.: 143, 512
Terrell, C.D.: 553

Thiemann, S.: 21, 50, 103, 111, 186, 375, 377, 387, 388, 404, 414, 415, 417, 499, 501
Thompson, B.: 191, 202
Thompson, L.W.: 345
Tiku, M.L.: 512
Timm, N.H.: 143, 151, 154, 346
Tokarska, B.: 58, 512
Toothaker, L.E.: 151, 193, 196
Trabasso, T.: 22
Traxel, W.: 356
Tukey, J.W.: 193, 194, 203, 414

U, V, W
Wahlsten, D.: 103, 113, 184, 186
Wald, A.: 54
Wallis, W.A.: 420, 421, 429, 430, 436, 437, 439, 441, 443, 445, 447
Walster, G.W.: 66
Ware, J.H.: 108
Weber, E.: 54, 394
Weber, M.: 20
Weber, S. v.: 506
Weiber, R.: 370, 372
Weiner, B.: 296
Welch, B.L.: 100, 145, 228, 367, 512
Well, A.D.: 175, 238, 249, 250, 251, 314, 315
Wendt, D.: 53, 54
Westmeyer, H.: 23, 28, 366
Westermann, R.: 22, 23, 24, 25, 26, 27, 28, 29, 30, 31, 32, 34, 35, 36, 40, 41, 42, 43, 44, 46, 47, 50, 51, 52, 53, 62, 63, 64, 66, 68, 69, 70, 72, 78, 91, 94, 95, 96, 110, 186, 195, 196, 197, 317, 371, 372, 526
Wilcox, R.R.: 145, 194, 201, 426, 432
Wildt, A.R.: 174
Wilks, S.S.: 360, 362, 371
Willett, J.B.: 315
Willmes, K.: 56, 58, 63, 65
Wilson, W.: 195
Winer, B.J.: 66, 100, 142, 152, 166, 170, 171, 172, 175, 181, 182, 191, 200, 201, 202, 228, 230, 232, 241, 245, 252, 307, 308, 309, 346, 347, 374, 386, 387, 388, 445, 453, 511, 520
Winkler, R.L.: 53
Wippich, W.: 33, 34, 82, 95, 204, 266, 279, 285, 293, 294, 513
Wirtz, M.: 54, 201, 386, 387, 404, 490, 514
Wittchen, H.-U.: 327, 331, 333
Witte, E.H.: 53, 54, 55
Woodruff, D.J.: 408
Woodward, J.A.: 119, 140
Wottawa, H.: 55
Wright, T.A.: 414
Wundt, W.: 65
Wutke, J.: 53, 58, 515

X, Y
Yates, F.: 61, 101, 102, 454, 513
Yerkes, R.M.: 296, 298
Youden, W.J.: 61
Yuille, J.C.: 266

Z
Zaudig, M.: 327, 331, 334
Zechmeister, E.B.: 52
Zedeck, S.: 176, 202, 241
Zimmerman, D.W.: 61, 420, 421, 430, 432
Zumbo, B.D.: 61, 420, 421, 430, 432

Stichwortverzeichnis

A

Ableitung (von Vorhersagen): 22, 23, 27, 35, 39, 50, 51, 66, 69, 70, 71, 73, 76, 78-89, 119-122, 124-140
- hypothesenorientiert: 214-216, 223-224, 225, 275, 277, 280, 288, 365
- testorientiert: 214, 215, 223, 277, 278, 280, 288, 294, 295

Ableitungsvalidität: 78-89, 96, 517, 519, 524
- Adäquatheit (der Ableitung): 70, 71, 77, 78-80, 84, 85, 88, 96, 191, 192, 194, 195, 202, 204, 214, 216, 217, 247, 255, 261, 280, 299, 354, 369, 442, 517, 520, 521, 523
- Erschöpfendheit (der Ableitung): 70, 71, 77, 78-80, 84, 96, 191, 192, 195, 197, 199, 202, 204, 211, 214, 216, 217, 220, 227, 239, 247, 255, 259, 261, 271, 272, 278, 280, 292, 298, 342, 354, 369, 442, 448, 517, 519, 520, 521, 523

Adjustierung von statistischen Fehlerwahrscheinlichkeiten (α und β) (siehe statistische Fehlerwahrscheinlichkeiten, Adjusiterung):

Ähnlichkeit von Personen und Situationen: 30, 71, 91, 104

Anwendbarkeit (einer Theorie oder Hypothese): 23, 27, 28, 30, 40, 42, 43, 44, 87, 94, 96
- empirische Vermutung: 27, 30

Anwendung/en einer Theorie oder Hypothese: 24, 26, 27, 28, 29, 30, 34, 41, 43, 44, 45, 50, 71, 94, 96, 98, 104
- erfolgreiche A. (I_e): 29, 41, 43, 44, 45, 50, 96, 98, 104
- intendierte A. (I): 24, 27, 28, 29, 30, 34, 94
- paradigmatische A. (I_0): 27, 28, 41, 43, 44, 45, 50, 96, 98, 104

Anwendungsvoraussetzungen: 42-43, 81, 85, 86, 89, 260, 326-327, 357

Arcus-sinus-Transformation (von Korrelationen, Varianzen und Wahrscheinlichkeiten) (ϕ_{as}, $\phi_{as,p}$, $\phi_{as,r}$, $\phi_{as,v}$): 413-418, 459, 469, 475, 499

Äquivalenzhypothese (siehe Evaluation, Hypothesen der E.)

asymptotische relative Effizienz (ARE): 425-426, 463

Ausgewogenheit (von Prüfungen) [(α,β)-, (ε,φ)- und (e,f)-A.]: 109, 214, 272, 295, 356-357

Axiomatisierung: 22-23
- informelle mengentheoretische A.: 23-24

B

Basiselement: 24

Basissatz: 39, 40, 50, 94, 95

Bayes-Statistik (siehe statistische Testheorien)

Bedingungsvariation: 46, 48, 49, 81
- interindividuell: 48, 112-114, 119-122, 124-130, 143-164, 173-181, 211-228, 231-251, 253-257, 263-308, 346-354, 374-378, 395-402, 422-423, 428, 430-433, 438-441, 445-449, 458-470, 489-505, 506-510
- intraindividuell (Messwiederholung; vgl. auch randomisierte Blöcke): 48-49, 131-137, 164-173, 181-182, 228-231, 251-253, 308-316, 320-324, 326-344, 384-386, 402-405, 412-418, 423-425, 429, 431-435, 442-443, 449-452, 472-483

Beobachtungssprache (L_O): 33, 371

Beschreibung (als Ziel der Psychologie): 19, 26, 29, 36, 37, 38, 39

Bewährung (einer psychologischen Hypothese/Theorie): 26, 27, 28, 29,

38, 39, 40, 41, 42, 45, 65, 66, 69, 74, 75, 91-92, 93, 94, 95, 96, 97
- Nicht-B.: 29, 39, 41, 42, 43, 65, 69, 74, 75, 85, 91, 92, 93, 94
Bewährungsgrad einer Theorie: 96, 98
Binomial-Test: 455-458, 459-463, 470-471

C
Ceteris-paribus-(distributionibus)-Klausel: 25, 36, 50, 77
Ceteris-paribus-distributionibus-Validität (CPD-V., interne V.): 25, 47, 51, 85, 95, 166, 168, 317
χ^2-Anpassungs-Test: 506-511
χ^2-Test: 79, 374, 378, 396, 397, 436, 455, 463-466, 472, 473, 477, 482, 484, 486, 490-492, 498, 502, 504, 507, 506-510, 511, 523 und Anhang
-- C (Kontingenzkoeffizient C von K. Pearson als EG): 487
-- eta-Quadrat ($\eta^2_{\chi2}$, $R^2_{\chi2}$, $\eta^2_{\chi2,E}$, $R^2_{\chi2,E}$, $\eta^2_{\chi2,K}$, $R^2_{\chi2,K}$, $\eta^2_{\chi2,EK}$, $R^2_{\chi2,EK}$) (multiples Korrelationsquadrat als EG für χ^2-Tests): 474, 476, 479, 481, 483, 485, 486
-- omega (ω) (EG für χ^2-Tests nach J. Cohen; w): 464-465, 474, 477, 482, 486, 487, 507
-- V_C (ϕ_C) (EG nach Cramér für χ^2-Tests): 486-487, 491
-- wiederholte Messungen: 472-484
χ^2-Verteilungen: 360, 371, 397, 430, 431, 434, 453, 468, 476, 480, 512, 524 und Anhang
Clusteranalyse: 373
Cronbachs alpha: 407-408

D
deterministischer Allsatz: 24, 25, 32, 35
Differenzwert: 314-315
Diskriminanzanalyse: 370, 371

Duale-Kode-Theorie (DKT): 33-34, 35-36, 43, 44, 82-88, 95

E
Effektgröße (EG): 55, 56, 57, 59, 60, 62, 66, 67, 71, 75, 76, 80, 85, 87, 88, 89-90, 90-94, 97, 98, 101, 102, 103, 104-108, 110, 111, 113, 114, 115, 116, 118, 119, 122, 132, 132, 136, 139, 143-144, 145-147, 157, 167, 171, 172, 173, 178, 196, 205-210, 211, 223, 228, 230, 231, 232, 233, 239-240, 244, 251, 252, 254, 260, 264, 309-311, 320, 325, 362, 379, 381, 382, 385, 394-395, 398, 401, 402, 404, 408, 409, 411, 414, 417, 420, 423, 425, 431, 436, 444, 456, 457, 459, 464, 467, 470, 473, 476, 477, 480, 482, 485, 487, 494, 507, 514, 515, 516, 517, 518, 519, 520, 522, 524, 525, 526
-- Delta (Δ_{KT}, D_{KT}) (allgemeine EG nach Kraemer & Thiemann): 103, 137, 142
- multivariate EGn (siehe Varianzanalyse, multivariate)
- univariate EGn (siehe die einzelnen Tests und die Korrelationen)
Effektivität (von Interventionsmaßnahmen) (siehe Wirksamkeit von Interventionsmaßnahmen)
Eigenwert (λ_z): 359, 360, 361, 362, 370, 371
Eindeutigkeitsbedingungen: 26-27
empirische Behauptung: 27-28
empirischer Gehalt: 39, 43, 44, 62, 66, 82, 83, 85, 102, 147, 160, 175, 236, 372, 420, 426, 453, 455
Entscheidung: 20, 30, 36, 39, 41, 47, 49, 51, 52, 54, 56, 57, 59, 66, 67, 68, 72, 74, 75, 76, 84, 86, 89, 90-97, 98, 108, 110, 116, 117, 123, 124, 134, 140, 141, 148, 153, 190, 201, 203, 204, 217, 221, 225, 236, 248, 351, 355, 377, 510, 516, 522, 523, 524, 526

- Entscheidungskriterium (EK): 67, 76, 85, 90
- Entscheidungsregel (ER): 64, 66, 78, 79, 80, 81, 98, 148, 196, 197-200, 221, 400, 485-486
-- disjunktive ER (DER): 79, 80, 141, 148, 197, 398, 485
--- testbedingte DER: 79, 141, 148, 197, 400, 485
-- konjunktive ER (KER): 79, 80, 142, 196, 259
--- testbedingte KER: 79, 142, 196, 259, 485

Erklärung, theoretische (als Ziel der Psychologie): 19, 22, 26, 28, 29, 38, 39, 40, 42, 77, 95, 356, 357, 372

e-Validität (Strenge) der Prüfung: 42, 49, 64, 66, 74, 75, 79, 96, 109, 116, 117, 118, 142, 149, 153, 197, 203, 214, 215, 239, 247, 258, 262, 267, 292, 517, 521, 526

Evaluation: 29, 36-37, 316, 317-345, 414-415, 449-452, 468-469, 471, 474-475, 476-478, 481-483, 501-504, 523
- Hypothesen der E.: 36, 524
-- Wirksamkeitsh.: 319-324, 340-344, 449-454, 474, 475, 477, 482, 484, 502-504
-- Wirksamkeitsunterschiedsh.: 325-330, 341-344, 449-452, 468-469, 476-478, 501-503
--- Äquivalenzh.: 325-330, 468-469, 502-504
--- Nicht-Unterlegenheitsh.: 325, 335-340
--- Überlegenheitsh.: 325, 331-340, 341-344, 449-452
- Paradigmen der E.: 36
-- isolierte E.: 36, 319-324, 340-344, 449-452 468-469, 474-475, 477-478, 482-484, 502-504, 524
-- vergleichende E.: 36, 324-330, 340-344, 449-452, 468-469, 502-504, 524
-- Kombination von isolierter und vergleichender E.: 340-344, 449-452, 468-469, 502-504

Experiment: 19, 31, 38, 40, 46-47, 49, 52, 54, 55, 60, 61, 64, 66, 70, 74, 75, 80, 82, 84, 94, 102, 104, 105, 107, 110, 155, 174, 175, 191, 195, 356, 357, 513, 526
- Entscheidungse.: 356-357
- Erkundungse. (Pilot-Studie): 47
- Korrelationsstudie: 47
- Quasi-E.: 47

experimentelle Validität: 25, 42, 47, 49, 95, 182, 518

externe Validität: 30-31

F

Faktorenanalyse: 372, 379

Falsifikation: 24, 28, 36, 39, 40, 41, 69, 74, 75, 77, 94, 526

Falsifikationsmethodologie nach Popper: 32, 39-41, 53, 68, 69, 526

Forschungsprogramm: 20, 26, 29, 34, 82, 95, 193, 318, 344, 356, 357, 435
- problem-orientiertes F.: 29, 318, 356
- technologisches F.: 29, 318, 345
- theorie-oientiertes F.: 29, 34, 82

Friedman-Test: 421, 425, 426, 431-432, 433-436, 437-439, 441-443, 444-445, 449-452, 453
- eta-Quadrat ($\eta^2_{\chi 2}$, $R^2_{\chi 2}$) (multiples Korrelationsquadrat als EG beim Friedman-Test): 431, 432, 434-436
- phi ($\phi_{VA,wdh,B,R}$; $\phi_{VA,RB,B,R}$) (EG für den Friedman-Test): 432-433

F-Test: 61, 62, 63, 72, 79, 85, 87, 88, 91, 93, 94, 141, 144-182, 183, 187, 189, 191, 192, 194, 195, 201, 203, 216, 232, 238, 239, 240, 241-243, 252, 255, 264, 299, 346, 347, 361, 374, 386, 404, 408, 420, 421, 426, 431, 432, 435, 455, 486, 487, 512, 513, 522, 523, 525 und Anhang

- F_R-, $F_{R,wdh}$-Test (F-Test für Rangdaten). 425, 426, 430, 433, 442, 443, 444, 449
f-Validität (Wohlwollen) der Prüfung: 42, 49, 64, 66, 73, 74, 75, 79, 96, 109, 116, 117, 118, 142, 153, 168, 179, 197, 203, 215, 221, 262, 292, 518, 522, 526
F-Verteilungen: 21, 142, 144, 145, 182, 191, 205, 287, 360, 361, 375, 380, 389, 404, 425, 426, 430, 431, 453, 479, 512, 513, 524 und Anhang

G

Gelegenheitsstichprobe: 31-32
Generalisierung: 30-31
Gesetz: 22, 24, 25, 28, 34, 36, 77, 129, 296-298, 317, 318
- deterministisches G.: 24, 25, 28, 36
- Fundamentalg.: 24, 25
- probabilistisches G.: 27, 28, 36, 77
- Spezialg.: 24, 25
Güte der Anpassung: 506-510, 522

H

Hilfshypothesen (HH): 29, 35, 36, 40, 43, 44, 45, 50, 51, 67, 69, 73, 81, 86, 89, 96, 98, 102, 420, 426, 453, 518, 525
- mit empirischem Gehalt: 44, 82, 419, 453, 455
- ohne empirischen Gehalt: 43, 83, 102, 420, 426, 453
- statistische HH (siehe dort)
homogene Blöcke (siehe randomisierte Blöcke)
Homomerität (von statistischen Verteilungen): 67, 420
H-Test nach Kruskal und Wallis: 420, 421, 426, 429, 430, 432-433, 437, 439, 440, 443
- eta-Quadrat ($\eta^2_{\chi 2}$, $R^2_{\chi 2}$) (multiples Korrelationsquadrat als EG beim H-Test): 431

- phi ($\phi_{VA,B,R}$) (EG für den H-Test): 431, 432-433
Hypothese:
- empirische H.: 34, 35
- psychologische H. (siehe dort)
-- Kausalh. (siehe psychologische H., Kausalh.)
-- Zusammenhangsh. (siehe psychologische H., Zusammenhangsh.)
- statistische H. (siehe dort)
hypothesenorientiert (siehe Ableitung von Vorhersagen, hypothesenorientiert)
Hypothesentheorie der Wahrnehmung: 20

I, J

induktiv-statistische Systematisierung: 28
Implikationsbeziehung (zwischen PH und SH): 68-70, 247
Inferenzschluss: 31, 71
interne Validität (siehe Ceteris-paribus-distributionibus-Validität)
Intervallskalenniveau (siehe Skalenniveau, Intervallskalenniveau)

K

kanonische Korrelationsanalyse: 365, 371
Kausalität: 22, 23, 25, 28, 32, 35, 36, 37, 46, 47, 48, 50, 51, 69, 76, 77, 78, 82, 87, 94, 96, 97
Koderedundanz: 34
Kolmogoroff-Smirnov-Anpassungstest: 510-511
Konfidenzintervalle (siehe statistische Testtheorien): 54, 61, 65, 517
Konfigurationsfrequenzanalyse (KFA): 505
Konfundierung (von Variablen): 45-46, 83, 227, 390, 417
Konkordanzkoeffizient (siehe Korrelation, Rangk.)
Konkretisierung (Operationalisierung): 36, 43-44, 50, 51, 69, 77, 78, 81,

82-88, 89, 97, 203, 367, 368, 372, 474
Kontingenzkoeffizient C nach K. Pearson (siehe χ^2-Test)
Kontingenztafel: 371, 389, 454, 463, 467, 468, 472, 474, 484-506, 522, 523
Kontinuitätskorrektur: 455
Kontrast (ψ_t, D_t): 21, 144, 152, 153, 183-192, 193, 205, 206, 209, 211, 222, 223, 229, 231, 232, 238, 239, 242, 252, 258, 259, 260, 262, 309-311, 314-315, 344, 436-452, 481-483, 487-491, 492-497, 501-505, 512, 519, 521, 524, 525
- geplante Kontraste (siehe Methode der geplanten K. und Vergleiche)
- komplexer K.: 144, 152, 153, 158, 184, 188, 190, 193, 209, 211, 229, 231, 232, 239, 242, 252, 258, 259, 260, 262, 282, 367, 377
- nonorthogonale Ke.: 188, 189, 191, 194, 195, 214-217, 223, 377
- orthogonale Ke.: 187-188, 189-190, 191, 194, 195, 205, 222, 223, 238, 344
- Paark.: 144, 184, 185, 188, 190, 193, 209, 211, 221, 222, 231, 232, 258, 259, 260, 262, 367, 377, 474
Kontrastkoeffizienten: 183, 184, 185-187, 189, 236-238 und Anhang
Kontrolle: 26, 39, 45, 46, 47, 48, 49, 74, 83, 89, 96, 131, 150, 153, 159, 162, 164, 166, 169, 170, 173, 174, 227, 230, 231, 255, 258, 263, 271, 292, 304, 306, 308, 346, 355, 391, 480, 525
- Prinzip der Kontrolle: 45
Korrelation (ρ, r, $\eta_{Y.B}$, $R_{Y.B}$):
- biseriale K. (ρ_{bis}, r_{bis}): 383-384
- Intraklassenk. (ρ_{IC}, r_{IC}): 386-388, 403-404
- kanonische K. (ρ_{kan}, r_{kan}): 358-359, 361, 362, 365, 370, 371
- K. innerhalb der Bedingungen (KOVA) ($\rho_{I,KOVA}$, $r_{I,KOVA}$): 173, 175-176, 177, 178, 180, 235
- K. zwischen den Bedingungen:
-- Kovarianzanalyse ($\rho_{Z,KOVA,B}$, $r_{Z,KOVA,B}$): 173, 176, 180
-- Messwiederholung ($\rho_{Z,wdh,B}$, $r_{Z,wdh,B}$): 132, 134, 164, 230, 231
-- randomisierte Blöcke (Parallelisierung) ($\rho_{Z,RB,B}$, $r_{Z,RB,B}$): 132, 230
- multiple K. ($\eta_{Y.B}$, $R_{Y.B}$): 403-404, 409
- multiples K.squadrat ($\eta^2_{Y.B}$, $R^2_{Y.B}$, $\eta^2_{\chi2}$, $R^2_{\chi2}$): 101, 103, 143, 146, 149, 154, 205, 206, 207, 222, 239, 359, 362, 386, 407-408, 431-432, 435, 473-474, 476, 480, 482, 484, 486-487, 508, 525
-- partielles multiples K.squadrat: 206
- Partialk. (ρ_p, ρ_{pp}, r_p, r_{pp}): 207-209, 250, 384-385, 391, 394, 401, 406, 418
- Pearson-K. (Produkt-Moment-K.; ρ, r): 103, 187, 206, 209, 210, 239, 240-241, 374, 379, 380-384, 392-394, 400-401, 405-406, 412, 414, 423, 426, 427, 493, 525 und Anhang
-- abhängige Pearson-K.: 401-403
- Phi-K., Phi-Koeffizient (ρ_ϕ, r_ϕ): 379, 388, 466-469, 474, 476, 486, 491-498, 501
- Produkt-Moment-K. (siehe Pearson-K.)
- punkt-biseriale K. (ρ_{pbis}, r_{pbis}): 130, 209-210, 379, 382-384, 384, 407, 427 und Anhang
- Rangk.:
--biseriale Rangk. (ρ_{bisR}, r_{bisR}): 418, 423
-- Konkordanzkoeffizient W nach Kendall: 418, 434-436
-- punkt-biseriale R. (ρ_{pbisR}, r_{pbisR}): 418, 423

-- r_S nach Spearman (ρ_S): 379, 413-415, 418, 434, 435, 497 und Anhang
--- Delta [$\Delta_{KT}(\rho_S)$] (EG für die arcus-sinus-transformierte Rangkorrelation ρ_S): 413-414
-- τ nach Kendall: 379, 413, 416-417, 418, 441, 499-501
--- Delta {$\Delta_{KT}[\rho(\tau)]$} [EG für die arcus-sinus-transformierte Rangkorrelation $\rho(\tau)$]: 416-417, 499 und Anhang
- semipartielle K. (ρ_{sp}, r_{sp}): 385, 392
- tetrachorische K. (ρ_{tet}, r_{tet}): 388, 497-498
- theta (θ_r, q_r; $\theta_{r,p}$, $q_{r,p}$, $\theta_{r,c}$, $q_{r,c}$;) (Differenz zweier Z-transformierter K.en; EG nach J. Cohen; **q**): 396-397, 403, 406-407
- $Z(\rho)$, $Z(r)$, $Z(\rho_\phi)$, $Z(r_\phi)$, $Z(\eta_{\chi 2})$, $Z(R_{\chi 2})$: (Z-transformierte K.en): 338, 381-382, 386-387, 394, 395-396, 402, 406-407, 427, 476-477, 494, 495, 497
Korrelations-Test: 91, 369, 380-418, 467, 480
Kovarianz: 130, 166, 380, 403, 404, 405
Kovarianzanalyse (KOVA): 46, 48, 79, 141-142, 173-182, 184, 190, 194, 201, 214, 215, 217, 231-235, 253-257, 315, 371, 519
- phi ($\phi_{VA,KOVA,B}$, $f_{VA,KOVA,B}$) (Effektgröße für die KOVA; bei J. Cohen: **f**) (siehe Kovarianzanalyse)
Kriteriumsvariable: 131, 370-371
Kumulation der Fehlerwahrscheinlichkeiten (siehe statistische Fehlerwahrscheinlichkeiten, Kumulation)

L
Lateinisches Quadrat: 169-172, 231
Likelihood-Quotienten-Test: 53, 61, 518

Linearkombination: 183, 358, 364, 365, 370
LISREL: 371-372
logischer Empirismus (Carnap): 22, 33, 39, 367
Log-lineare Modelle: 505

M
McNemar-Test: 472-474, 479
Median-Test: 461-463, 469
Messwiederholung (siehe Bedingungsvariation, intraindividuell)
Methode der geplanten Kontraste und Vergleiche: 21, 183, 190, 191, 192, 196, 202-204, 211-257, 263-356, 372, 375-378, 400-418, 436-452, 455-463, 466-478, 481-484, 491-497, 502-506, 511, 519, 521, 524, 525
Mittelwert (μ, M): 61, 62, 63, 67, 71, 79, 84, 85, 86, 87, 89, 90, 92, 99, 102, 112, 119-140, 142-164, 167-182, 183-192, 211-257, 263-314, 316, 320-323, 326-344, 346-356, 359, 361, 372, 380-381, 383, 392, 419, 420, 422, 425, 426, 427, 428, 436, 439, 440-441, 447-448, 450, 482, 499, 509, 520, 523, 524, 526
- adjustierte Mittelwerte ($\mu_{k,adj}$, $M_{k,adj}$) (KOVA): 173, 175, 176-177, 178, 211, 231-235, 253-257
- vorhergesagte Mittelwerte (μ^*_k, M^*_k) (quantitative Trends): 244-247, 255-257
Modell: 22, 24, 26-28, 33, 43, 67, 142-143, 150-151, 154, 166, 309, 319, 356, 366, 372, 385, 433, 436, 437, 439, 440, 441, 442, 443, 445, 446, 447, 449, 505, 513
- Partialmodell: 26, 28, 43
- potenzielles Modell: 26, 43
modus tollens: 39, 40, 41, 68, 526
multiple Regression: 21, 46, 48, 156, 182, 370, 371, 385, 452, 525
multiple Vergleiche resp. Kontraste, Post-hoc-V.: 192-204

- Duncan-Technik: 194
- Dunnett-Technik: 193, 194, 203
- Fishers LSD-Technik: 194
- Newman-Keuls-Technik: 194
- Scheffé-Technik: 193, 194, 202, 203, 363
- Tukey-Technik: 194, 203

multivariate Testkriterien: 359-363
- Lambda (Λ) von Wilks: 360, 362, 371
- Spurkriterium T von Hotelling und Lawley: 360, 361, 362
- Testgröße R_{Roy} von Roy: 360, 361
- T^2 von Hotelling: 361
- V-Kriterium von Pillai und Bartlett: 360, 361, 362, 371

N

Neyman-Pearson-Theorie (siehe statistische Testtheorien)
Nicht-Bewährung (siehe Bewährung, Nicht-B.)
Nicht-Unterlegenheitshypothese (siehe Evaluation, Hypothesen der E.)
Nominalskalenniveau (siehe Skalenniveau, Nominalskalenniveau)
Nonzentralitätsparameter: 57, 102, 196, 205
Normalverteilung [siehe (Standard-) Normalverteilung]

O

Operationalisierung (siehe Konkretisierung)
Ordinalskalenniveau (siehe Skalenniveau, Ordinalskalenniveau)

P

Parallelisierung (siehe randomisierte Blöcke)
Parameterschätzung (siehe statistische Testtheorien)
Permutationsprinzip/-test: 62-64, 66, 67, 84, 145, 419, 420, 429
Polynomialkoeffizienten (siehe Kontrastkoeffizienten)

Populationsaussage: 62, 70
„Post-hoc-Blocking": 175
Post-hoc-Techniken (siehe multiple Vergleiche)
Prädiktorvariable: 358-359, 370, 371, 402, 404
Präzision (als Aspekt der statistischen Validität): 46, 47, 48, 49, 73, 74-75, 96, 111, 131, 132, 134, 136, 150, 155, 156-157, 161, 164, 165, 174, 176, 177, 180, 206-207, 208-209, 230, 231, 264, 264, 354, 357, 519
- Präzisionsindex (Π_{BA}, P_{BA}): 156, 166, 171, 172, 173, 177, 181, 206, 263, 264, 354, 519
Prinzip der Kontrolle (siehe Kontrolle)
Probabilisierung von Theorien und Hypothesen (Wahrscheinlichkeitsklausel): 24, 25, 32, 36, 64, 77, 141, 247
Proportion (siehe Wahrscheinlichkeit)
Protokollsätze: 33
Prüfinstanz (PI): 78-80, 83, 85, 87, 88, 96, 120, 142, 148, 149, 152, 153, 159, 161, 168, 169, 179, 197, 199-200, 211, 214, 215, 216, 227, 236, 247-248, 258-262, 278, 285, 291-292, 296, 303-304, 307, 347, 355, 433, 448, 485
- Zusammenfassung (Verknüpfung) von PIen: 78-80, 96
-- (testbedingt) disjunktiv (DER): 80, 142, 148, 159, 161, 168, 179, 214, 291-292, 433, 450, 485
-- (testbedingt) konjunktiv (KER): 80, 149, 159, 161, 168, 197, 211, 215, 216, 227, 247-248, 278, 434, 485
Prüfung (von psychologischen Hypothesen und Theorien): 19, 20, 21, 23, 25, 27, 28, 30, 31, 32, 33, 34, 35, 36, 37, 38, 39, 40, 41, 42, 43, 45, 47, 48, 49, 50, 51, 56, 64, 65, 66, 67, 68, 69, 70, 72, 73, 74, 75, 76, 77, 78, 80, 81-88, 92, 95, 96, 97, 98, 101, 104, 106, 107, 109, 110, 114, 115, 116, 117, 118, 119,

Stichwortverzeichnis

120, 1, 124, 125, 127, 128, 129, 130, 131, 134, 135, 136, 138
- Einzelfallp.: 26, 85, 344, 474
- Simultanp.: (konkurrierender Hypothesen): 356-357

psychoanalytische Kurztherapie (PAK): 324, 331-333

psychologische Diagnostik: 40, 405-409

psychologische Hypothese (PH): 19, 20, 21, 22, 23, 25, 28, 29, 30, 32, 34, 35, 36, 37, 38, 39, 40, 41, 42, 43, 44, 45, 48, 49, 50, 51, 57, 64, 65, 66, 67, 68, 69, 70, 71, 72, 73-75, 76, 77, 78, 79, 80, 81, 82, 83, 84, 85, 86, 87, 88, 89, 91, 92, 93, - 94, 95, 96, 97, 98, 101, 104, 106, 109, 110, 115, 116, 117, 118, 119, 120, 121, 122, 123, 124, 125, 127, 128, 129, 130, 131, 134, 400, 405
- Ad-hoc-H.: 29, 38, 355, 508
- dreifaktorielle PH: 346-356
- einfaktorielle PH: 38, 45, 73, 78, 82-87, 119-122, 124-140, 147-181, 211-257, 258, 260, 261, 262, 263, 264, 266, 274, 275, 284, 287, 288, 294, 295, 300, 301, 302, 304, 310, 314, 317, 349, 350, 352, 355, 358, 362, 374-378, 379-417, 428-443, 455-483, 506-510, 513, 519, 521
- Kausalh.: 25, 33, 35, 36, 37, 45, 47, 48, 50, 51, 69, 94, 96, 319, 371, 392-393
- organismische PH: 38, 47, 79, 88
- qualitative PH: 38, 73, 82, 87, 119-122, 124-140, 143-182, 214-235, 266-303, 311-344, 347-356, 374-378, 389-418, 428-442, 443-453, 455-492, 493-510
- quantitative PH: 38, 78, 217, 220, 222, 226, 236-257, 303-308, 378, 400-401, 442-443, 492-493, 519
- Zusammenhangsh.: 37, 38, 47, 51, 97, 226, 368, 373, 379, 383, 389-392, 399-400, 401-402, 404-406, 408-412, 415, 417-418, 525

- zweifaktorielle PH: 45, 78, 158-164, 258, 259, 260, 261, 262, 263, 265, 266-302, 316, 320-324, 326-343, 445-453

psychologische Testtheorie: 405-409

psychologische Vorhersage (PV): 39-52, 65, 66, 67, 68, 69, 70, 71, 72, 73-75, 76, 77, 78, 80, 81, 84, 85, 86, 87, 88, 89, 90, 91-94, 95, 98, 107, 109, 116, 117, 118, 119, 120, 121, 122, 123, 124, 127, 128, 129, 131, 133, 134

p-Wert: 55, 56, 59, 60, 67, 101, 361, 515, 516

Q

Quadratsumme (QS): 100, 144, 145, 149, 154, 156, 157, 161, 170, 173, 175, 176, 177, 178, 179, 189, 205, 207, 213, 232, 240, 244, 252, 255, 288-289, 306, 308, 346, 387, 430, 432, 479

Q-Test nach Cochran: 479-483, 492

R

Ränge: 419-453

Rangtests: 419-453
- Effektgrößen für R. (u.a. $\delta_{B,R}$, $d_{B,R}$, $\eta^2_{Y.B,R}$, $R^2_{Y.B,R}$, $\phi^2_{VA,B,R}$, $f^2_{VA,B,R}$): 419-453

randomisierte Blöcke (RB; Plan der Zufallsblöcke; Parallelisierung): 46, 49, 132, 164, 165, 166, 167, 168, 171, 174, 175, 181, 184, 211, 228, 229, 234, 251, 252, 340, 341-343, 424, 431, 433, 438, 439, 444, 445, 449, 451, 452

Randomisierung (Zufallsaufteilung): 45, 46, 47, 50, 51, 83, 88, 95, 111, 136, 140, 158, 174, 175, 226, 345, 376, 378, 389, 392
- Wirksamkeit der R.: 46, 111, 158

Randomisierungsprinzip (siehe Permutationsprinzip)

Rangkorrelation (siehe Korrelation)

Reliabilität(skoeffizient): 118-119, 174, 315, 404-409
Reliabilität und Teststärke: 119
Replikation(suntersuchung): 56, 137, 370, 400
Robustheit (von statistischen Tests): 62, 100, 145, 203, 228, 362, 374

S

Sequenzialstatistik (siehe statistische Testtheorien)
Sequenzwirkungen: 48-49, 85, 131, 134, 164-167, 169, 231, 480
Signifikanzniveau (α): 57, 58, 60, 67, 72, 73-74, 90, 106, 108-110, 111, 113, 115, 118, 147, 158, 200-201, 218-219, 363, 412, 425, 432, 464, 487, 514, 520
S_J-Test von Jonckheere: 217-220
Skalenniveau: 26, 27, 38, 44, 46, 69, 70, 71, 72, 81, 96, 173, 174, 379, 392, 398, 412, 413, 417, 419, 421, 445, 449, 453, 456, 523
- Intervallskalenniveau: 38, 44, 46, 70, 71, 173, 174, 371, 372, 379, 384, 392, 398, 413, 417, 419, 453
- Nominalskalenniveau: 45, 70, 371, 372, 379, 389, 419, 420, 454, 455, 523
- Ordinalskalenniveau: 44, 71, 379, 413, 417, 419, 420, 421, 446, 449, 453
Spearman-Brown-Formel: 406, 407
(Standard-)Normalverteilung: 61, 62, 67, 112, 113, 122, 125, 187, 205, 210, 212, 381, 384, 385, 386, 395, 403, 407, 410, 416, 420, 421, 422, 423, 424, 425, 426, 437, 453, 454, 455, 456, 459, 463, 470, 472, 497, 508-510, 522, 524 und Anhang
statistische Fehlerwahrscheinlichkeiten (α, β, ε und φ): 21, 39, 52, 53, 54, 57, 59, 64, 68, 72-75, 76, 77, 80, 96, 97, 101, 106, 108-110, 111, 114, 115, 116, 117, 118, 122, 123, 125, 126, 127, 129, 136, 150, 168, 192-202, 204, 262, 344, 355-356, 357-358, 364, 369, 370, 519, 520, 521, 523, 527
- Adjustierung von α und/oder β:
-- Bonferroni-Methode: 195-196, 197-200
-- Dunn-Sidák-Methode: 196
-- multiple Vergleiche (siehe dort)
- Kumulation von α und/oder β: 68, 72, 77, 110, 117, 153, 192-202, 203, 204, 210, 249, 261-262, 269, 270, 271, 273, 324, 344, 351, 355-356, 363, 364-365, 369, 370, 519, 521-522, 523
statistische Hilfsh. (SHH): 68, 70, 71, 73, 74, 79, 80, 84, 95, 86, 87, 88, 89, 387
statistische Hypothese/n (SH/n): 21, 40, 53, 55, 56, 60, 62, 66, 68, 69-70, 71, 72-76, 77, 78, 79-80, 85, 86, 90, 91
- Alternativh. (H_1): 53, 56, 57, 59, 60, 63, 65-66, 67, 72, 73, 74, 75, 77, 79, 80, 91, 84, 85, 86, 87, 88, 91-93, 94, 98, 99, 101, 102, 107, 109, 110, 112, 116, 118, 120, 121, 122, 123, 124, 125, 127, 128, 130, 132, 135, 136, 137, 139, 142, 144, 154, 159, 176, 184, 197-200, 211, 214, 217, 219, 220, 228, 231, 239, 263, 288-289, 360, 361, 362, 376, 380, 393, 396, 400, 403, 407, 409, 410, 414, 416, 423-424, 425, 431, 432, 434, 444-445, 457, 460, 464, 467, 470, 472, 475, 480, 485, 508-511, 517, 521
- Nullh. (H_0): 53, 54, 55, 56, 57, 59, 60, 64, 67, 68, 72, 73, 74, 75, 77, 79, 80, 81, 84, 87-88, 89, 92-93, 94, 98, 99, 102, 104, 107, 109, 110, 112, 116, 121, 122, 123, 124, 127, 129, 130, 132, 136, 137, 138, 139, 142, 144, 154, 176, 184, 211, 215, 216, 220, 228, 231, 239, 263, 282,

Stichwortverzeichnis 621

360, 361, 362, 376, 380, 393, 396, 400, 403, 407, 409, 410, 414, 416, 423, 424, 425, 431, 432, 434, 444-445, 457, 460, 462, 464, 467, 470, 475, 480, 485, 508-511, 515, 517, 518, 520, 521

statistische Interaktion (Int, AxB): 78, 79, 150-154, 155, 157, 163, 165, 166, 169, 170-171, 172, 181, 190, 205, 231, 258-263, 267-268, 275, 277-278, 279-280, 283-284, 290, 294, 297, 299-300, 302, 304, 307, 308, 309, 310-311, 312, 314, 315, 323-324, 326, 346-348, 353-356, 445, 447-448, 521, 523

statistische Signifikanz: 75, 112, 124, 130, 163, 166, 171, 172, 176, 180, 188, 189, 190, 191, 192, 194-195, 216, 219, 221, 243, 246, 247, 250, 251, 276, 280, 293, 299, 300, 329, 343, 344, 347, 353-354, 355, 356, 359, 360, 362, 363, 365, 368, 369, 371, 377, 379, 388, 391, 394, 395, 397, 400, 401, 405, 406, 406, 415, 421, 422, 423, 433, 434, 436, 437, 439, 440, 441, 442, 443, 447, 453, 455, 462, 466, 469, 472, 480, 487, 493, 494, 496, 500, 507, 508, 515, 516

statistische Testtheorien: 52-67, 71, 72, 84, 194, 389, 419, 516, 517
- statistische Analysen auf der Grundlage des Bayes-Theorems: 52-53, 54, 56, 65, 516
- Signifikanztesttheorie nach R.A. Fisher (FST): 55-56, 58, 59-61, 65-66, 67, 76, 108
- Theorie der Konfidenzintervalle: 54, 61, 65, 517
- Theorie der Parameterschätzung : 54, 65, 66, 517
- Theorie des sequenziellen Testens nach A. Wald: 54-55
- Theorie des statistischen Hypothesentestens nach J. Neyman und E.S. Pearson (NPT): 55, 56-60, 66-67, 68, 84, 387

statistische Validität: 47, 72, 96, 204

statistische Verteilungen: 21, 55, 56, 59, 60, 61, 63, 67, 70, 77, 84, 112, 113, 122, 125, 126, 142, 143, 145, 182, 187, 194, 205, 210, 212, 218, 287, 360, 361, 371, 374, 378, 380, 381, 384, 385, 386, 387, 388, 395, 397, 403, 404, 407, 411, 416, 419-420, 421, 422, 423, 424, 425, 426, 429, 430, 431, 434, 436, 437, 453, 454, 455, 456, 459, 463, 467, 468, 470, 472, 479, 497, 506, 507, 508-510
- nonzentrale V.: 21, 59, 102, 122, 142, 143, 182, 205, 398, 404, 425, 426, 453, 477, 480, 511, 513, 518 und Anhang
- zentrale V.: 55, 59, 60, 61, 62, 102, 113, 140, 142, 145, 194, 287, 360, 461, 371, 373, 378, 380, 387, 388, 396, 399, 401, 419, 429, 430, 431, 432, 436, 438, 453, 462, 466, 468, 513, 518 und Anhang

statistische Vorhersage (SV): 67-72, 73-74, 75, 77, 79-80, 84, 89, 91-94

statistischer Test (ST): 21, 25, 46, 51, 55, 56, 57, 58, 61-66, 67, 68, 70-71, 72-76, 77, 79, 80, 81, 84, 85, 87, 88, 89
- Determinanten (des ST): 75, 76, 90-91, 101-110, 111, 116-118, 345, 514, 518, 522
- Voraussetzungen (des ST): 61-63, 66, 68, 71, 73, 100, 145, 166, 374, 411, 420, 455

statistischer Vergleich: 183, 188, 189, 190, 192, 193, 194, 196, 202, 203, 204, 205, 206, 236, 238, 239, 242, 287, 311, 381, 402, 421, 442, 456, 462, 481, 501, 520, 521, 525

Steigung:
- bei Trends (b_{Trend}): 244-245, 304, 306

- innerhalb der Bedingungen (KOVA; $b_{I,KOVA}$): 175, 232, 234, 258
Störvariable/-faktor: 25, 26, 39, 45, 46, 47, 48, 49, 74, 83, 89, 96, 100, 124, 129, 145, 150, 159, 171, 173, 174, 177, 182, 227, 230, 231, 254, 258, 267, 318, 325, 387, 389, 392
Strenge
- der Prüfbarkeit: 39-40, 51, 85, 236, 248
- der Prüfung (siehe e-Validität)
strukturalistische Theoriekonzeption (siehe Theorie, Theorienkonzeptionen)
Studentisierte Spannbreiten-Statistik q: 194

T
technologische Regel: 317-318
testorientiert (siehe Ableitung von Vorhersagen, testorientiert)
Testplanung: 21, 51, 63, 67, 71, 75, 76, 89, 90, 91, 92, 93, 96, 101-102, 104, 106, 107, 108, 110
Testplanungsstrategien (TPS): 111-140
- TPS 1: 111-112, 113, 114, 116, 117, 119-122, 133, 138, 147, 157, 167, 178-179, 212, 229, 232, 241, 245, 252, 254, 265, 310, 311, 375, 378, 381, 383, 384-385, 385-386, 395, 402, 408, 410, 411, 417, 418, 425, 427, 432, 438, 445, 457, 459-460, 464, 467, 470, 487, 491, 494, 502, 522
- TPS 2: 114-115, 116, 117, 124-127, 133, 138, 147, 157, 167, 179, 212-213, 229, 232-233, 241, 249, 252, 254, 265, 310, 311, 368, 375, 382, 383, 384, 395, 402, 408, 417, 427, 428, 432-433, 438, 445, 457, 460, 464-465, 467, 470, 487, 491, 494-495, 502, 522
- TPS 3: 115-116, 117, 127-130, 133-134, 138, 147, 157, 167, 179, 213, 229, 233, 241, 249, 252, 254, 265, 310, 311, 368, 375-376, 382, 383, 385, 392, 395, 398, 402, 417, 427, 433, 438, 445, 460, 465, 468, 470, 488, 491, 494-495, 502, 522
Teststärke $(1 - \beta)$: 21, 49, 57-58, 59, 65, 67, 72, 102, 106, 108-110, 111, 112, 113, 114, 119
Teststrategie: 192, 202, 249
- simultan: 202
- sequenziell: 192, 194, 202
Theorie: 19, 20, 21-32, 34-35, 36, 37, 38, 39, 40, 41, 42, 43, 44, 45, 49, 50, 53, 64, 66, 67, 69, 71, 72, 75, 76, 80, 81, 94-96
- indisponibler Kern einer T.: 24, 28
- psychologische T.: 19, 20, 21, 22, 23, 24, 26, 27, 30, 32, 33-34, 39, 43
- statistische Testt. (siehe dort)
- T.-Element: 24, 34, 35, 41, 43
- T.konzeptionen:
-- Aussagenk.: 22-23
-- Falsifikationsmethodologie (siehe dort)
-- logischer Empirismus (siehe dort)
-- strukturalistische TK: 23-32, 34-35
- T.nnetz: 24
Theoriesprache (L_T): 32, 371
Trend:
- qualitativer T.:
-- bitoner T.: 76, 225-226, 255, 296-298, 303
-- (strikt) monotoner T.: 38, 216-222, 225-226, 233-235, 296-298, 299-301, 376-377, 400, 440-442, 462-463, 484, 523
- quantitativer T.:
-- Abweichungen von der Vorhersage (Abw): 220, 238-239, 242-243, 244-246, 247, 249-250, 252, 305-306, 307, 398, 442-443, 492-493
-- kubischer T. (Kub): 236-238, 243, 306
-- linearer T. (Lin): 78, 217, 220, 222, 226, 237, 238, 241-242, 243-251, 252-253, 257, 304-307, 308, 399, 440-441, 442-443, 491-492

Stichwortverzeichnis

-- quadratischer T. (Qua): 78, 226, 236-237, 239, 243, 249-251, 255-256, 257, 306, 307
-- quartischer T. (Qrt): 236
t-Test: 21, 55, 57, 62, 85, 89, 91, 93, 94, 99-101, 119-140, 203, 211-257, 263-314, 320-324, 326-344, 345, 347-356, 380, 385, 394, 401, 404, 410, 425, 426, 429, 438-440, 422, 423, 424, 425, 426, 428, 438-440, 440-441, 442-443, 444-452, 463, 469, 512, 513, 518, 519, 523, 525 und Anhang
- delta (δ_B, d_B, $\delta_{R,B}$, $d_{R,B}$, $\delta_{BA,B}$, $d_{BA,B}$, $\delta_{wdh,B}$, $d_{wdh,B}$, $\delta_{RB,B}$, $d_{RB,B}$, $\delta_{KOVA,B}$, $d_{KOVA,B}$ usw.) (EG für den t-Test; siehe dort ab S. 102)
- Delta [$\Delta_{KT}(\delta_B)$] (EG nach Kraemer und Thiemann): 103, 137
- t_R-, $t_{R,wdh}$-Test (t-Test für Rangdaten): 422, 423, 425, 426, 427, 428, 437, 440, 444
t-Verteilungen: 112, 122, 287, 378, 380, 385, 387, 410, 467 und Anhang

U
Überlegenheitshypothese (siehe Evaluation, Hypothesen der E.)
Übertragung (von Befunden) (siehe Generalisierung)
unabhängige Variable (UV): 27, 28, 36, 37, 38, 43, 45, 47, 48, 51, 75, 78, 79, 82, 84, 85, 86, 87, 88, 101, 105, 130, 141, 142, 149, 150, 151, 155, 217, 220, 222, 225-226, 236, 237, 238, 241, 252, 258, 259, 260, 266, 271, 277, 311, 312, 346, 348, 350, 356, 358, 359, 361, 362, 366, 367, 370, 374, 388, 383, 421, 442, 444, 451, 454, 461, 489, 517, 521
- organismische UV (siehe psychologische Hypothese, organismische PH)
- qualitative UV (siehe psychologische Hypothese, qualitative PH)
- quantitative UV (siehe psychologische Hypothese, quantitative PH)
Unabhängigkeitsannahme (bei statistischen Tests): 61-63, 100, 131, 143, 145
Ursache - Wirkung: 22, 31, 35, 36, 37, 47, 49, 75, 141
U-Test: 421, 422, 423, 425, 426, 427, 428, 453

V
Validität der Eindeutigkeitsbedingungen (siehe Variablenvalidität)
Validität (im testtheoretischen Sinn): 405
- Validitätskoeffizient: 405
Variablenvalidität: 27, 44, 96
Varianz (σ^2, s^2): 61, 67, 71, 119, 130, 132, 144, 155, 166, 171, 172, 385, 410, 419, 420, 436, 437, 481,
- Binnenv. ($\sigma^2_{I,B}$, $s^2_{I,B}$, $\sigma^2_{I,BA}$, $s^2_{I,BA}$): 46, 61, 62, 84, 90, 100, 102, 132, 141, 143, 144, 145, 154, 155, 156, 160, 166, 171, 172, 173, 181, 227, 228, 229, 231, 232, 234, 258, 266, 288, 289, 308, 310
- Fehlerv.: 132, 143, 144, 159, 174, 176, 233, 240, 385
- Interaktionsv. [$\sigma^2_{BxP(A)}$, $s^2_{BxP(A)}$]: 308, 309, 310
- Residualv. ($\sigma^2_{Res,B}$, $s^2_{Res,B}$): 166, 167, 171, 181, 228, 251, 451
- Testv.: ($\sigma^2_{I,B}$, $s^2_{I,B}$, $\sigma^2_{I,BA}$, $s^2_{I,BA}$, $\sigma^2_{Res,B}$, $s^2_{Res,B}$, $\sigma^2_{I,KOVA,B}$, $s^2_{I,KOVA,B}$): 46, 49, 111, 138, 143, 153, 154, 155, 161, 166, 171, 172, 173, 177, 181, 182, 228, 229, 231, 232, 234, 258, 266, 288, 289
- Treatmentv. (σ^2_B, s^2_B, σ^2_A, s^2_A, σ^2_{AxB}, s^2_{AxB}): 141, 142, 144, 173, 176, 177, 234, 374-378, 385, 521, 522
- V. der adjustierten AV (KOVA; $\sigma^2_{I,KOVA,B}$, $s^2_{I,KOVA,B}$): 177, 181, 232, 233

- V. zwischen den Vpn [$\sigma^2_{P(A)}$, $s^2_{P(A)}$]: 308, 309, 314
Varianzanalyse (VA):
- univariate VA: 21, 55, 58, 61, 68, 73, 79, 91, 113, 123, 141-173, 184, 188, 190, 191, 192, 194, 201, 203, 204, 205, 214, 215, 216, 217, 222, 228, 234, 242, 248, 249, 250, 257, 258, 287, 288, 289, 299, 315, 363, 364, 385, 386, 409, 419, 420, 421, 425, 426, 430, 431, 433, 434, 442, 443, 449, 467, 469, 512, 519, 521, 522, 525
-- Modelle der univariaten VA:
--- Effektmodell: 142, 150, 151, 154
--- Zellenmittelwertsmodell: 143, 151
--- Modell fester/fixierter Effekte: 142, 151, 512
--- Modell zufälliger Effekte: 142, 385
-- mit Messwiederholung oder randomisierten Blöcken: 164-173, 184, 190, 211
-- nonorthogonale VA (VA mit korrelierten Faktoren): 155
-- phi ($\phi_{VA,B}$, $f_{VA,B}$, $\phi_{VA,BA,B}$, $f_{VA,BA,B}$, $\phi_{VA,RB,B}$, $f_{VA,RB,B}$, $\phi_{VA,wdh,B}$, $f_{VA,wdh,B}$) (EGn für VAn nach J. Cohen: **f**) (siehe VA, univariat)
- multivariate VA (MVA): 358, 362, 363, 369, 370, 371
- multivariate EGn: 362-363, 371
Varianz-Test: 374-378
- Delta [$\Delta_{KT}(V)$] (EG nach Kraemer und Thiemann für den Varianz-T.): 375 und Anhang
Verhaltenstherapie (VT): 318, 325, 326, 328, 329, 330, 331, 333, 334, 340, 449-452
Versuchsplan: 45, 46, 48, 50, 69, 77, 81, 84, 150, 153, 154, 156, 158, 164, 166, 169, 171, 175, 177, 180, 184, 208, 211, 228, 239, 242, 258, 263, 266, 292, 294, 303, 304, 308, 311, 312, 313, 347, 354, 483, 519, 521

Versuchsplan-Anlage: 45, 48, 78, 151, 153, 316
Versuchsplanung: 25, 31, 32, 39, 40, 42, 43, 45, 46, 49, 50, 52, 58, 61, 74, 90, 95, 101, 109, 131, 139, 150, 182, 200, 202, 238, 251, 357, 453, 513, 521
- allgemeine Prinzipien der V.: 49-50
Vorhersage (als Ziel der Psychologie): 19, 38-39
Vortest-Nachtest-Plan: 314-316, 320-324, 326-340
Vorzeichen-Test: 429, 431, 455-458, 477-478

W

Wahrscheinlichkeit (π, p): 24, 25, 26, 28, 31, 36, 52-53, 56, 65, 71, 72, 74, 75, 104, 142, 166, 183, 365, 454-510, 522, 523
- gamma (γ_p, g_p) (EG für Hypothesen über Wahrscheinlichkeiten nach J. Cohen: **g**): 456-458, 477
- ny (v_{pp}, $v_{p,c}$, $v_{pp,AB}$, h_{pp}, $h_{p,c}$, $h_{pp,AB}$) (EG nach J. Cohen: **h**; arcus-sinus-transformierte Wahrscheinlichkeiten): 459-463, 470-472, 473-475, 476-478
Wahrscheinlichkeitsklauseln (siehe Probabilisierung)
Welch-Test: 100, 145, 228, 367
Wilcoxon-Test: 423-424, 425, 426, 431
Wirksamkeit (Effektivität) von Interventionsmaßnahmen: 21, 37, 317, 319, 320, 324, 325, 326, 327, 341, 342, 449, 452, 468, 474, 476, 478, 483
Wirksamkeitshypothese (siehe Evaluation, Hypothesen der E.)
Wirksamkeitsunterschiedshypothese (siehe Evaluation, Hypothesen der E.)
Wirkung (siehe Ursache - Wirkung)

Stichwortverzeichnis

X, Y, Z

z-Test: 71, 89, 138, 380, 384, 387, 388, 394, 401, 404, 410, 411, 416, 417, 421, 422, 423, 424, 427, 437, 455, 456, 459, 461, 466, 467, 470, 472, 473, 476, 482, 493-494, 497, 498, 521, 524 und Anhang
- wiederholte Messungen: 472-483
- $Z(\rho_\phi)$ [$Z(\rho_\phi)$, $Z(\rho_{\phi,E})$, $Z(\rho_{\phi,EK})$, $Z(\rho_{\phi,K})$]: Z-transformierte Phi-Korrelationen als EGn für z-Tests): 476-478, 494-498

Z-Transformation von Korrelationen nach Fisher [$Z(\rho)$, $Z(r)$, $Z(\eta_{\chi2})$, $Z(R_{\chi2})$]: 380-381, 398, 476-478, 494-498 [siehe auch Korrelation, $Z(\rho)$, $Z(r)$]
Z-Transformation von Rohwerten: 381
Zufallsstichprobe: 31-32, 59, 61, 62, 142, 411
Zufallsvariable (ZV): 54, 56, 67, 70, 77, 84, 86, 89, 187, 508